昆明年鉴

KUNMING YEARBOOK

2006

昆明市人民政府 主办

云南民族出版社

图书在版编目（CIP）数据

昆明年鉴.2006/《昆明年鉴》编辑部编.—昆明：
云南民族出版社，2006.11
ISBN 7-5367-3407-7

Ⅰ.昆… Ⅱ.昆… Ⅲ.昆明市—2006—年鉴 Ⅳ.Z527.41

中国版本图书馆CIP数据核字（2006）第129547号

书　　名：昆明年鉴（2006）
总　　编：王奇英　陈　勇
出 版 者：云南民族出版社（昆明市环城西路170号云南民族大厦五楼 邮政编码：650032）
网　　址：http：//www.ynbook.com
责任编辑：董　艾　　李跃波
特约编辑：方玉红
排　　版：云南天元彩色制版印刷有限公司
彩图制版：云南佳信达印务有限公司
印　　装：深圳佳信达印务有限公司
开　　本：889mm×1194mm 1/16
印　　张：31.5
字　　数：1280千
彩　　页：48码
版　　次：2006年11月第1版
印　　次：2006年11月第1次印刷
印　　数：1-2500册
书　　号：ISBN 7-5367-3407-7/K·951
定　　价：180.00

昆明市政区图

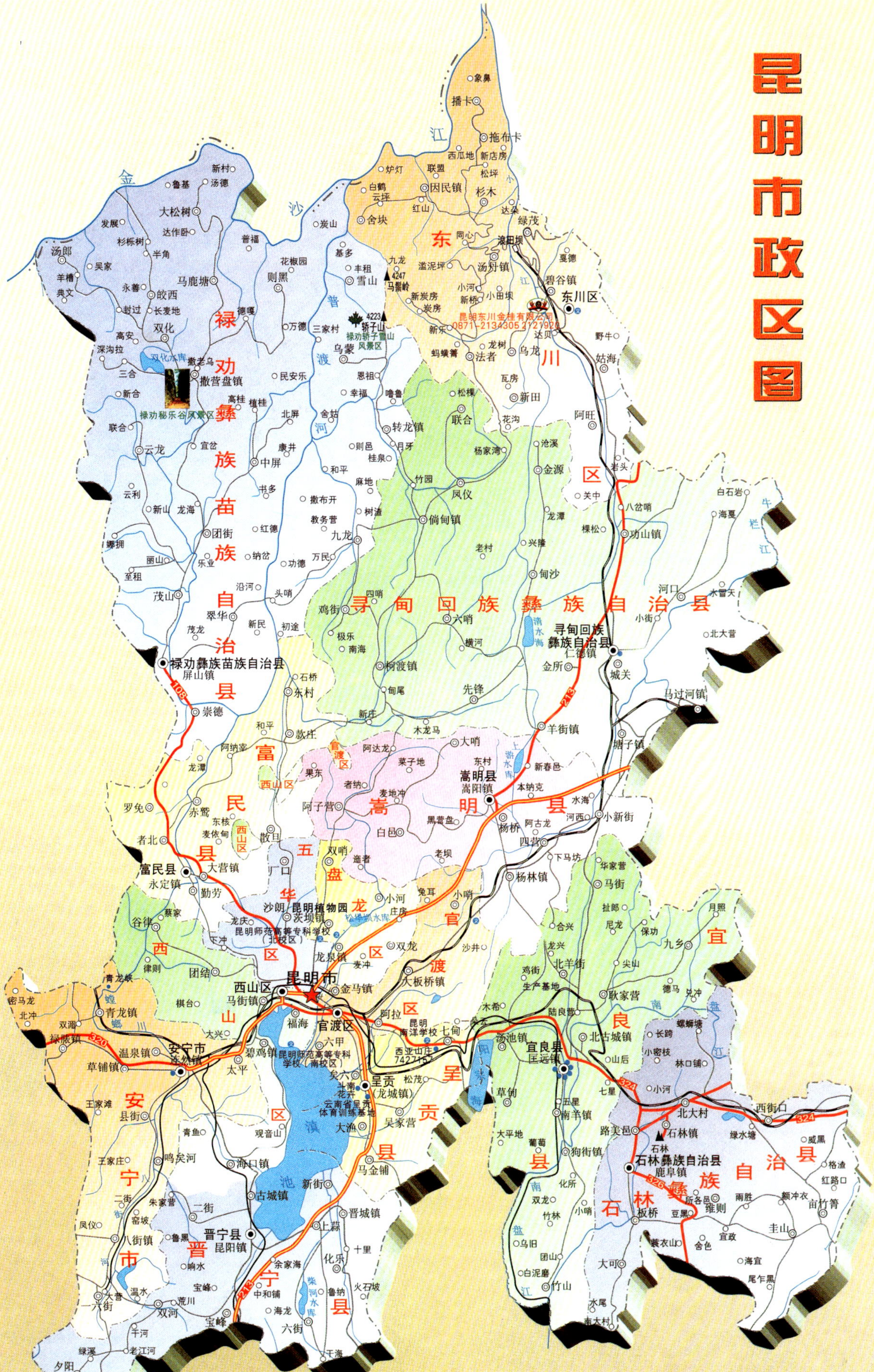

昆明市
禄劝彝族苗族自治县
东川区
寻甸回族彝族自治县
富民县
嵩明县
五华区
盘龙区
官渡区
西山区
呈贡县
宜良县
石林彝族自治县
安宁市
晋宁县
滇池
金沙江
普渡河
牛栏江
南盘江
昆明东川金桂有限公司
0871-2134305 2121920
禄劝轿子雪山风景区
禄劝秘乐谷风景区
双化水库
清水海
松华坝水库
柴河水库
阳宗海
昆明植物园
昆明师范高等专科学校（北校区）
昆明师范高等专科学校（南校区）
云南省呈贡体育训练基地
昆明南洋学校
西亚山庄
4247 马鬃岭
4223 轿子山
108
213
320
324
326
东川区
寻甸回族彝族自治县 仁德镇
禄劝彝族苗族自治县 屏山镇
富民县 永定镇
嵩明县 嵩阳镇
宜良县 匡远镇
石林彝族自治县 鹿阜镇
安宁市 连然镇
晋宁县 昆阳镇
呈贡 （龙城镇）

编辑说明

一、《昆明年鉴》是昆明市人民政府主办的综合性地方年鉴，是系统反映昆明市情的大型年刊。是集知识、信息、资料为一体的具有公报性、资料性、权威性的工具书。

二、本年鉴由全市各县（市）区、各部委办局、各人民团体撰稿，昆明市地方志编纂委员会办公室《昆明年鉴》编辑部编辑。

三、本年鉴旨在逐年全面系统地记载昆明市社会主义现代化建设的历史进程，为海内外了解昆明、建设昆明提供信息资料，也为编纂与续修地方志书积累资料。

四、本年鉴全面系统地反映了2005年昆明市深化改革、扩大开放，国民经济和社会各项事业发展的主要情况，特别是全市各条战线为昆明经济的发展和城市形象的提升所作的努力和奉献。

五、本年鉴设特载、2005年10件大事、大事记、政治、军事、法制、民族·宗教、经济管理、农林水利、工业、交通·运输、城市建设与管理、环境保护、建筑业·房产业、现代新昆明建设·开发区建设、会展业、信息·通信、非公经济·乡镇企业、财政·税务、商业、烟草、金融、对外经济贸易、旅游·风景区、科学研究、教育·文化、新闻媒体、卫生·体育、社会、人物、市及县（市）区概况、附录32个部类。

六、为全面反映昆明的重大建设，本年鉴特设年度10件大事和现代新昆明建设栏目。

七、本年鉴采用分类编辑法，以条目为主体，体例分一、二、三级目。一级目为大类，如城市建设与管理、工业、农林水利等；二级目排在一级目之下，如城市建设与管理下设城市规划、园林等；三级目为撰写单元（条目），用黑体字加【 】号作标题。

八、《昆明年鉴》检索方法有目录和索引两种，目录在卷首，索引在卷尾。目录编排到条目，索引采用主题分析法，按主题词首字笔划顺序排列。

九、本年鉴在编纂过程中，得到各级领导、同仁和社会各界的协助支持，在此谨表谢忱。

《昆明年鉴》编辑部

编辑委员会

编 辑 部

撰稿人员（按部类顺序排列）

字应军	王仁智	王文萍	王　力	杨庭荣	包昌奎	张鹏升	唐晓越	段跃红
郑云宏	赵淑芳	陈卫芳	厉鸿华	万晓琪	胡志虎	齐　平	屈　尽	王智明
刘建新	张放乔	孙思民	马颖生	祁俊娴	钟　华	戴　霞	吕瑜琳	黄秋苹
郝昆宁	訾兴全	韩　洁	杨　萍	张晓明	陈万英	周云忠	李沐荣	刘瑞华
马　波	袁光泉	杨建军	李　红	吴　华	孙　坚	王瑞林	代　彦	刘让和
曹红杰	邵　磊	赵殿桦	程世林	贺丽君	何　波	李世新	沈　然	杨　春
马金荣	尚　明	姚晓茂	朱　珠	陈　林	杨亚娟	张莉华	鲁轶群	周　帆
寸立峰	杨　坚	孙　军	陈志忠	李明燕	郑天媛	严静萍	康　龙	李燕萍
李一果	吴志坚	张玲玲	周利康	张正元	黄新林	叶宇澄	舒　伟	杨　芳
黎　丽	易文胜	杨剑屏	梁俊雄	陶柯妃	高丽萍	杨学群	余　芳	武石富
康晓明	吴青芮	曹益芽	黄　昆	沈庆惠	王森淼	赵　洁	侯至群	钟高飞
王云鸥	陇　猷	李　霞	彭　昕	陈　燕	邱　兰	曾互岽	陈星笔	郝万平
段惠莲	周哲源	赵志良	王国先	张文治	翟小武	陈玉惠	黄跃初	杨　昆
邬　江	胡明良	谷雁冰	杨裕萍	郑　滨	丁江萍	文成举	王　颖	赵海月
聂　绳	黄丽莉	古勇坚	周　玮	杨云祥	李　红	滕庆华	杨子荣	冯雁云
冷少萍	彭　怡	吴瑞菁	孙根娣	杨　旭	濮靖川	叶　莹	刘智晖	陈玉婷
钟文佑	李金平	成小兵	那　静	李小昆	石正华	缪照和	姚　愚	刘　祎
沈　德	马淑惠	陆　涛	李永坤	俞菊美	班　文	溥　杰	蔡　明	陈　洁
李志荣	樊广林	孙丽玲	顾　凝	杨雨春	代　玲	张　德	张伟岱	李　苇
关学智	张　宏	黄　梅	李云华	黄国财	曾　筹	庞　文	方玉红	吴焰红
李晓燕	缪开和	加三益	罗桂莲	刘　荣	张丽华	唐荣华	吴永华	吴加姰
徐守云	刘世生	毕晓冬	黄勤昌	孙显芳				

昆明市十五期间生产总值（亿元）

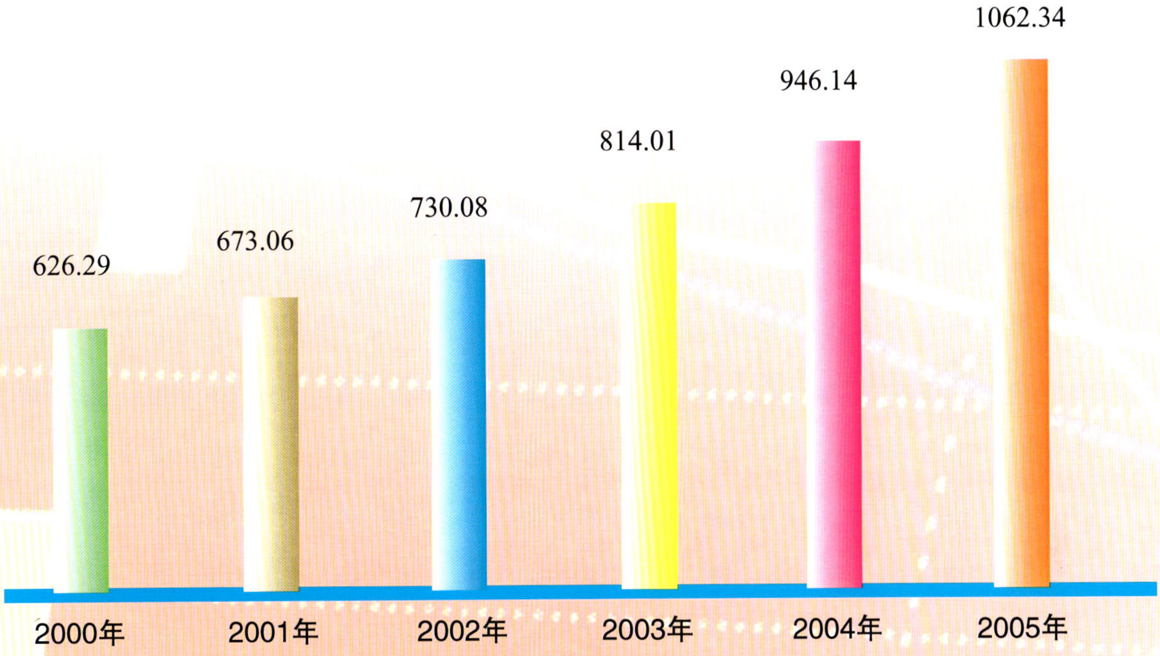

"十五"期间，年均增长10.2%

昆明市十五期间地方财政收入（亿元）

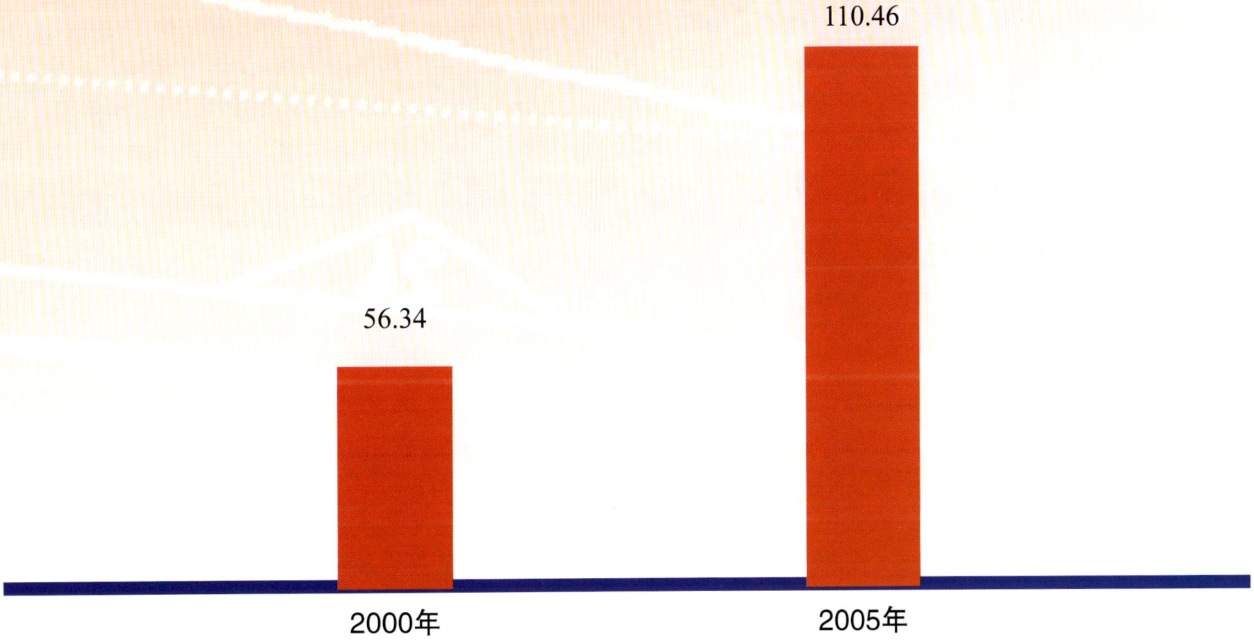

"十五"期间，年均增长17.5%

昆明市十五期间
社会消费品零售总额（亿元）

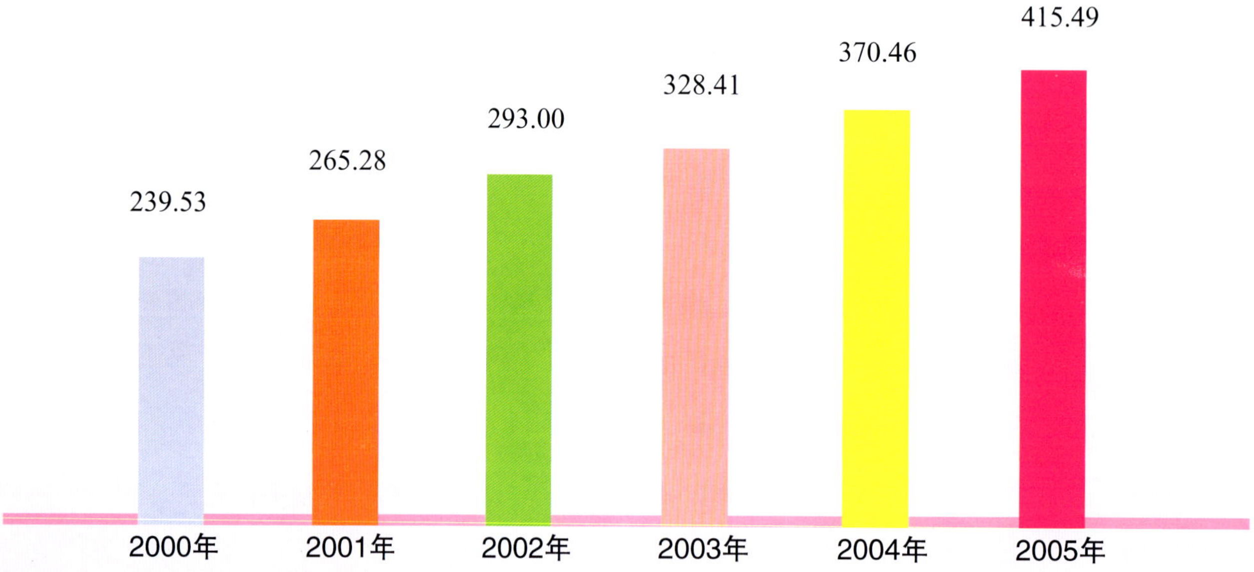

"十五"期间，年均增长11.6%

昆明市十五期间
全社会固定资产投资（亿元）

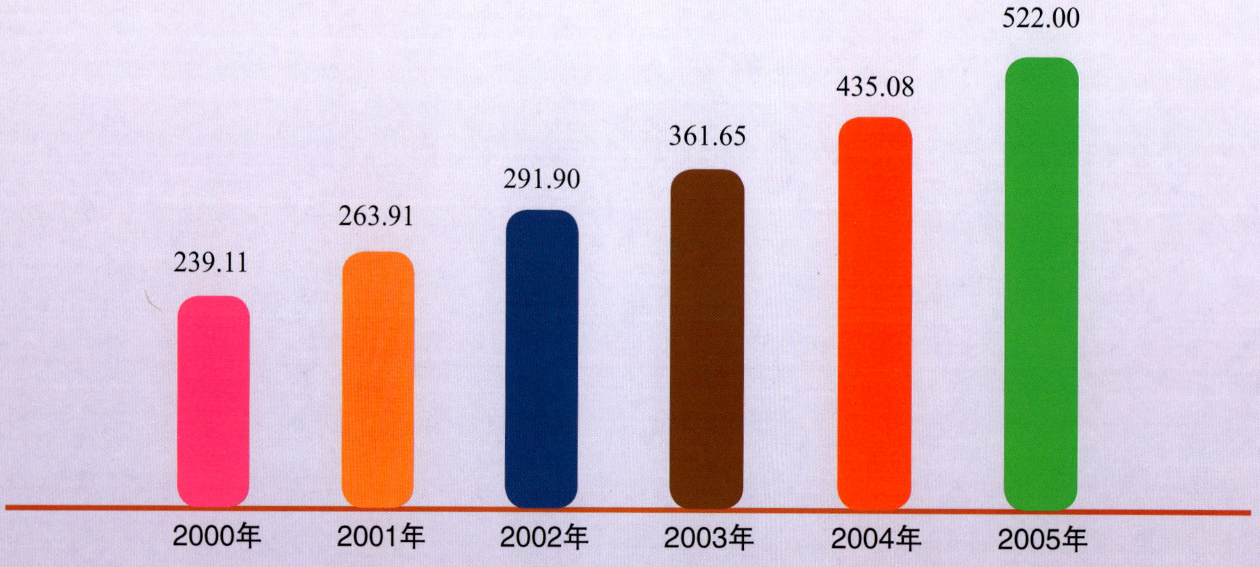

"十五"期间，年均增长15.4%

昆明市十五期间城乡人民生活

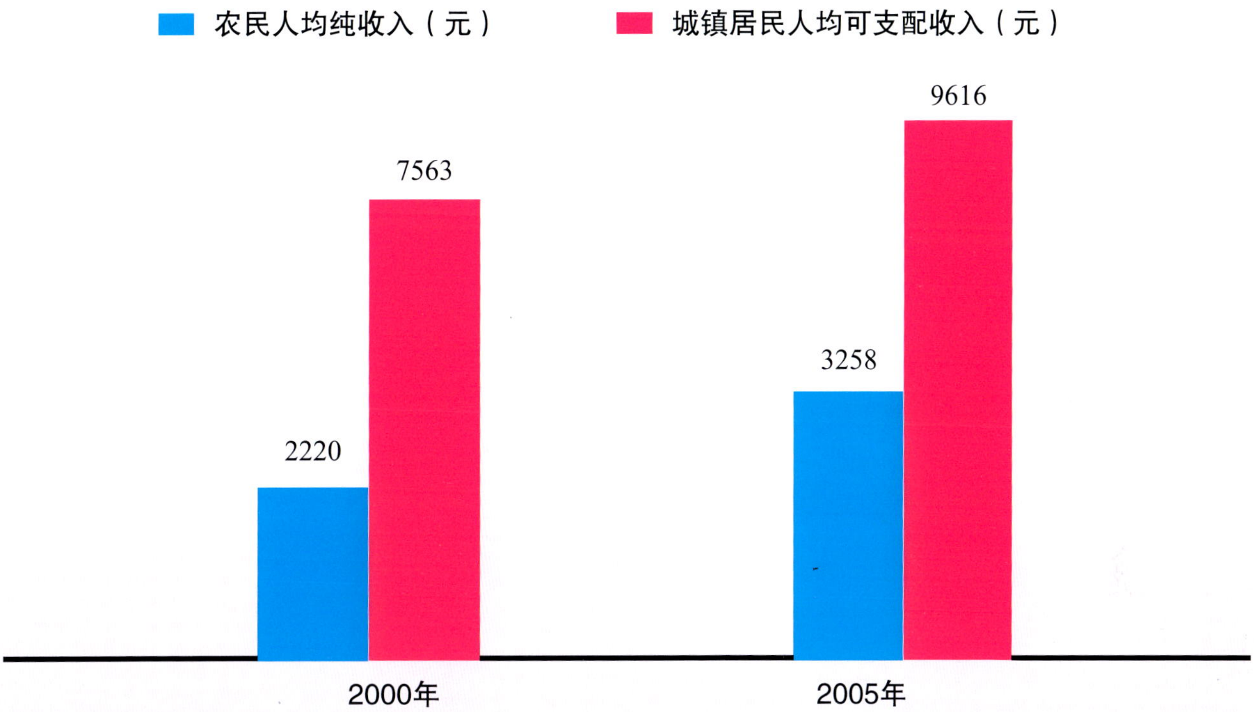

"十五"期间城镇居民人均可支配收入年均实际增长6.6%，农民人均纯收入年均实际增长5.9%

昆明市十五期间
海关进出口贸易总额（万美元）

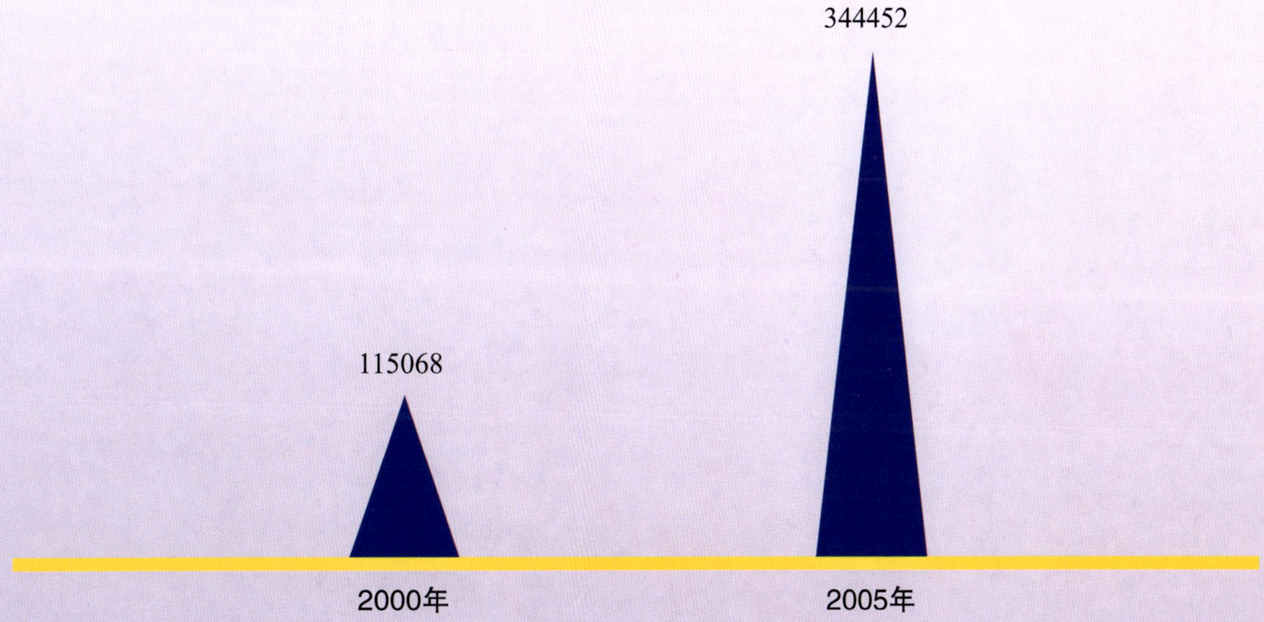

"十五"期间，年均增长24.5%

2005年西部省会城市经济指标对比图

生产总值（亿元）

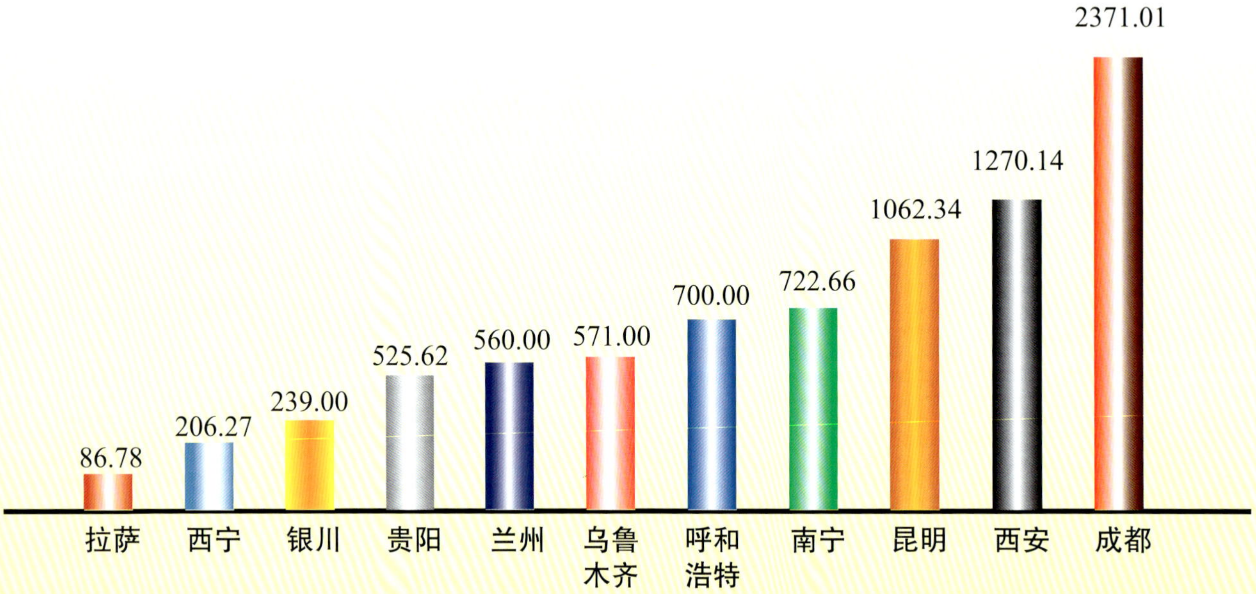

地方财政收入（亿元）

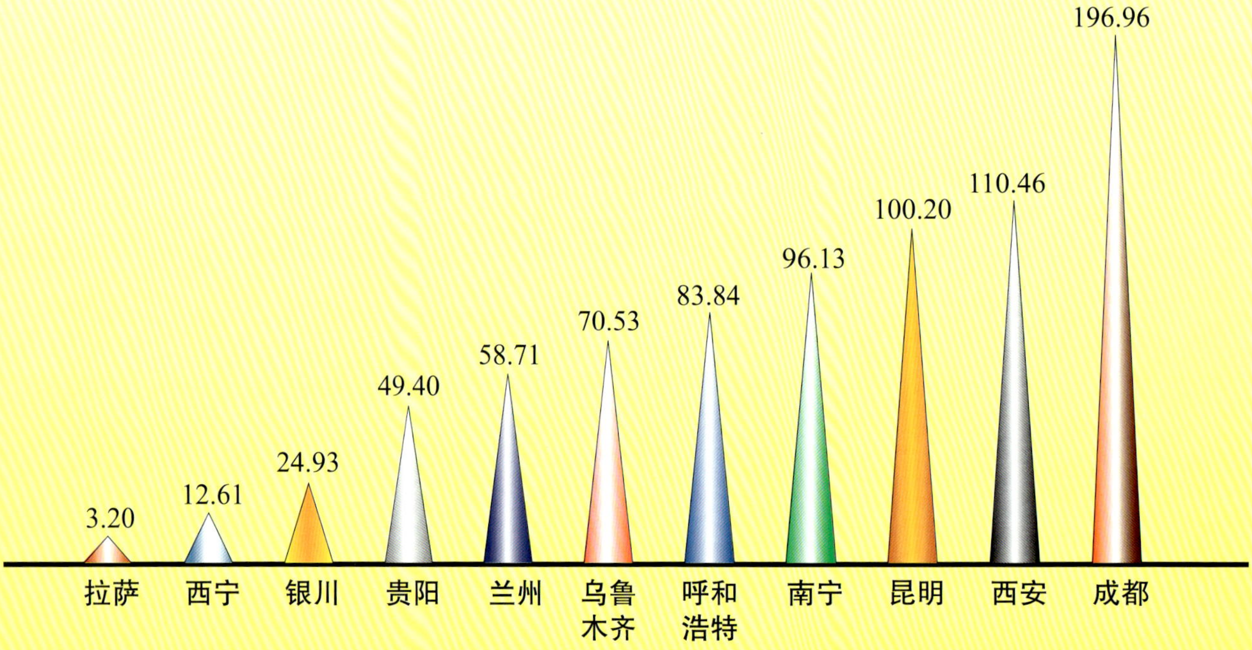

第十三届中国广告节

本版图片摄影 张卫明

2005年
首届昆明国际农业博览会

9月9日～13日，2005首届昆明国际农业博览会在昆明举办。共有来自美国、泰国、马来西亚等14个国家和地区以及国内的长沙、南昌、西宁、长春等14个友好城市、省内15个地州市，国内10多个大专院校和科研所参会。博览会展位突破1000个。会展期间，观众人数累计突破13万人次。农博会上共达成签约项目108项，合同协议签约总金额达37.8亿元。现金交易额1000万元。

饮和
食德
云南特产
宣威火腿
XUANWEI HAM

驼峰故事流传久远
普洱香茶回味悠长
驼峰飞行纪念

2006 中国昆明进

′2006 中国昆明进出口商品交易会在昆明举办。本届"昆交会"各项经贸成交累计达 20.03 亿美元，其中进出口成交 9.68 亿美元。在招商引资方面，仅云南省就与境外企业达成协议外资项目 33 个，协议外资金额 7.4 亿美元，项目涉及农业、基础设施、服务贸易、制造业、旅游业等广泛的领域。对外经济技术合作签约项目 6 项，合同金额累计 2.95 亿美元。

出口商品交易会

玉溪

三届泛珠三角区域经贸合作洽谈会

昆钢

CLYNE FOODS / MILDURA REGION AUSTRALIA
2-218
SUNBEAM FOODS
澳大利亚
Horticulture & Viticulture

2006 中国昆明

2006 年 5 月 1 日，中国昆明国际文化旅游节在昆明举办，10 余万昆明市民观看了开幕式表演。

国际文化旅游节

本版图片摄影 张卫明

掌鸠河正向昆明流来

1 昆明市市长王文涛（右一）在市人大巡视员、掌鸠河引水工程管理局局长何有德陪同下视察云龙水库

2 隧洞超前固结灌浆施工

经过7年多的建设，昆明市民翘首以盼的掌鸠河水正向昆明流来。在2005年圆满完成蓄水3亿立方米的基础上，2006年4月置换水体6513.77万立方米，水质为2类优质水。当前，施工队伍正抓紧掘进和衬砌，力争早日试通水。

3 中国工程院院士马洪琪（右）等专家到掌鸠河工程隧洞施工面指导工作

4 巨龙横卧几重山，低首俯冲一瞬间图为全长三五七七米的大婆树倒虹吸

5 云龙水库取水塔（左）和洪闸室（右）

掌鸠河引水工程管理局 供稿

保护我们的生存环境

随着昆明城市化、现代化建设的推进，环保工作任务更加繁重。在省市领导的关心重视下，经过全市环保战线广大干部、工程技术人员的不懈努力，在2005年公布的2004年“城考”排名中，昆明市排名为云南省17个“城考”城市第一名。2005年，环保工作者再接再厉，取得更优异的成绩。

市长王文涛（左一）到松华坝水源保护区调研

市环保局局长和丽川率队夜查某化工厂污染情况

组织实施出租车尾气抽测工作

市和局领导向省级绿色社区颁奖

昆明市纪念“6.5世界环境日”座谈会

（昆明市环保局 供稿）

方兴未艾的方志事业

昆明市第四次地方志工作会议于二〇〇四年十二月十五日在市政府召开，全市近二百名地方志工作者参会

昆明是全国最早成立地方志办公室的省会中心城市之一。经过 20 余年的努力，昆明在 2004 年圆满完成了首轮修志。共出版 10 个分册，1076 万字的《昆明市志》；1800 余万字的 14 部县（市）区志；16 册、1900 万字的《昆明年鉴》；每年一册的 10 部县（市）区年鉴，近 500 部部门志和不间断出版学术刊物《史与志》季刊，为地方文化建设、信息建设做出了较大贡献。当前第二轮地方志续修已在全市范围内全面铺开，广大方志工作者正认真学习国务院新颁布的《地方志工作条例》，使续修志书工作有一个好的起点。

会议总结了全市二十余年的地方志工作，表彰了二十个修志先进集体，一百一十二名先进个人，并对第二轮修志工作进行了部署

2006 年一季度，昆明市地方志续修全面铺开。图为市志办在培训修志人员

2005 年版《昆明年鉴》发行会暨县（市）区志办主任会于 12 月 20 日在市政府举行

①已出版的 10 个分册，1076 万字的《昆明市志》

②累获全国大奖的《昆明年鉴》

③ 10 册市志三册获省特等奖；一册获一等奖；六册获二等奖

④创办 19 年，出刊 76 期的《史与志》季刊以其特有的风貌，深受学术界和广大读者的欢迎。荣获云南省优秀连续性内部出版物评审二等奖

⑤市志办党员到寻甸柯渡红军长征纪念馆接受革命传统教育

（张卫民　赵平　王云　摄）

红云集团
HONGYUN GROUP
http://www.hongyun.com

红云烟草（集团）有限责任公司（简称“红云集团”）是一个以卷烟生产经营为主，在中国烟草行业首家建立现代产权制度和现代企业制度的现代大型国有企业。于2005年11月授牌成立。2005年底集团资产总额248亿元，生产规模240多万箱，品牌市场规模近300万箱，是中国卷烟工业第二大集团。

目前，集团拥有昆明卷烟厂、曲靖卷烟厂、会泽卷烟厂、昆明卷烟分厂、乌兰浩特卷烟厂五个生产工厂，控股山西昆明烟草有限责任公司，参股内蒙古昆明卷烟有限责任公司，拥有近400台（套）先进的关键加工装备，正在进行近年来最大的异地技术改造工程。

INTRODUCTION

集团主要产品有“云烟”、“小熊猫”、“红山茶”、“石林”、“香格里拉”、“福”、“茶花”、“春城”、“吉庆”等，其中10个品牌入选“中国卷烟百牌号”名录，核心品牌“云烟”先后荣获“中国驰名商标”、“中国名牌产品”等称号。目前，集团制定了将“云烟”品牌培育成为年创税利超百亿元的强势品牌、将“红山茶”品牌培育成为规模过百万箱大品牌的“双百”品牌发展战略。

2005年，红云集团实现税利155亿多元，下属昆明卷烟厂位列2004年全国纳税百强第九位、中国企业五百强第二百一十四位；下属曲靖卷烟厂位列全国纳税百强第二十七位、中国企业五百强第三百三十位。集团下属各企业还荣获全国文明单位、2005年度中国最具成长性企业、2005年度中国企业管理创新成果奖（一等）等荣誉称号，体现了集团的实力与活力。

前进中的昆明市人民防空办公室

人民防空是国防的重要组成部分，昆明市是国家一类防空重点城市。2005年，在市委、市政府、昆明警备区的领导和上级人防部门的指导及社会各界的关心支持下，市人防办公室以军事斗争准备为重心，注重人民防空信息化和防空地下室建设，不断完善通信警报设施，依法建设、依法管理人防，顺利完成人民防空"十五"规划。

为纪念抗日战争暨世界反法西斯战争胜利60周年，按市政府的决定，组织昆明市14个县（市）区于9月18日同步进行防空警报试鸣。这次警报试鸣活动，是昆明市26年来规模最大的一次在主城区鸣放。警报声响彻春城大地，旨在提醒市民牢记历史，不忘国耻，珍爱和平。

①省委常委、市委书记杨崇勇（中）视察某人防工程

②市委书记杨崇勇（左一）、副市长梁晓谷（左二），在市人防办主任洪昆德（左三）陪同下参观防空展览

③昆明市人防办主任洪昆德向副省长李汉柏（右）汇报人防工作

④副市长杜敏（中）、昆明警备区政委何志海（右），听取洪昆德主任汇报人防工作

⑤在昆明市庆祝《中华人民共和国人民防空法》颁布10周年宣传现场，副市长杜敏冒雨接受新闻媒体采访

昆明市总工会

昆明市工会第十三次代表大会

昆明市工会十三大选举产生的新一届市总工会领导班子

2005年5月30日至6月1日，昆明市工会第十三次代表大会在昆明市委礼堂隆重召开。中共云南省委常委、市委书记杨崇勇，省人大常委会副主任、省总工会主席江巴吉才，中共昆明市委副书记、市长王文涛，省总工会党组书记、常务副主席张在权分别在会上作了重要讲话。中共昆明市委、市人大、市政府、市政协、市纪委、省总工会、昆明军分区、共青团昆明市委、市妇联、市中级人民法院、市人民检察院的有关领导出席了会议。

会议选举产生了昆明市总工会新一届领导班子和两委会委员。杨丽当选为昆明市总工会主席；张建生当选为常务副主席；张光华、方越、赵春华、彭萍安当选为副主席。赵涤群当选为经费审查委员会主任；林英、洪萍、高云梅当选为副主任。

大会表彰了五年来全市工会工作战线上涌现出的115个模范职工之家、136个模范职工小家、200名优秀工会工作者、500名工会工作积极分子，100名关心支持工会工作的领导被评为“荣誉工会积极分子”。

大会实事求是地总结了昆明市总工会第十二届工会委员会五年来的工作，提出了今后五年“锁定一个目标，实施五项工程”的任务。大会要求全市各级工会组织，在同级党委的领导下，夯实基础，发挥优势，突出重点，真抓实干，高举邓小平理论和“三个代表”重要思想伟大旗帜，更加紧密地团结在以胡锦涛同志为总书记的党中央周围，在市委和省总工会的领导下，再接再厉，继续努力，团结动员全市广大职工，同心同德，顽强拼搏，建设现代新昆明，为构建和谐社会，全面实现小康社会宏伟目标而努力奋斗！

铸就辉煌展风采

——昆明市广播电视事业发展概况

在中共昆明市委、市政府的领导下，通过全市广电系统一代又一代人的顽强拼搏、努力奋斗，昆明市广播电视从小到大、从弱到强、从有到优，取得了骄人的业绩，广电事业日新月异、突飞猛进、蓬勃发展，呈现出良好的发展态势。

昆明市广播电视事业发展迅速，人才辈出，节目精彩，传输优质，资源丰富，规模庞大，实力雄厚。全系统现有从业人员1173人，拥有资产12亿多元，广播电视覆盖面积达2万多平方公里，覆盖人口500多万人，综合覆盖率达96%。广播拥有3个频率，从编辑到播出实现了电脑操作及自动化管理，建立了音频数据库，实现了全天24小时不间断播出。电视拥有6个频道，采编播设备先进，制作精良，推出了一批获国家级大奖的《我们的河流》、《晚间关注》和深受群众喜爱的《街头巷尾》、《盛世典藏》等品牌栏目节目。全市网络实现了14个县（市）区光缆大联网，收视用户达110万余户，已具有SDH、ATM、IP等多种接入模式。在广播电视"村村通"工程建设上，从90年代初开始至2000年底，历经10年建设，共完成行政村"村村通"工程1486座，率先在全省实现行政村"村村通"建设任务，实现了全市农村行政村听广播、看电视的宏伟目标；从2001～2006年，市政府已连续4年将自然村"村村通"建设作为为民办的十件实事之一，共完成自然村"村村通"工程1453座，极大地丰富了广大农民群众的精神文化生活，发挥了广电在推进社会主义新农村建设中的示范带头作用。

事业腾飞需奋进，继往开来创辉煌。过去令人瞩目的成绩凝聚了广电人的智慧和汗水，展望未来我们更应该奋发图强。要以高度的历史责任感和使命感，昂扬的精神状态，饱满的工作热情，扎实的工作作风，把智慧放在创新上，把力量凝聚在发展上，把心思用在抓工作落实上。在新的征程中实现新的跨越，不断开创昆明市广播电视事业新局面，为加快推进现代新昆明建设作出新的更大的贡献。

昆明市数字电视整体转换试点工作推进大会

电视节目播出机房

表彰优秀共产党员

开拓进取攀新高

市委常务副书记杨远翔(中)视察市广电局

市广电局党委书记、局长 周忻

广播节目播出机房

广播电视到农村

昆明市妇女联合会

2005年1月11日，在云安会都召开县(市)区妇联主席工作会

2005年12月9日，昆明市维护妇女儿童合法权益联席会议第一次会议在市人大召开

市政协副主席、市妇联主席陆玉珍慰问贫困母亲

在金碧广场举办庆祝“三八”国际劳动妇女节95周年宣传咨询服务活动

参加全市组织的全民健身活动

2005年，市妇联在市委、市政府的领导下，坚持以“三个代表”重要思想为指导，坚持“一手抓发展，一手抓维权”的工作方针，推进“四项主体活动”，实施“四项工程”，团结动员广大妇女群众积极投身昆明市“三个文明”建设，在现代新昆明建设和全面建设小康社会的历史进程中，充分发挥了党和政府联系妇女群众的桥梁和纽带作用，为全市“三个文明”建设和妇女儿童事业的发展做出了积极贡献。

1、为农村妇女增收致富服务

各级妇联共创建“巾帼科技致富示范村”84个，举办农村适用技术培训班3231期，培训妇女62万余人次，认真组织妇女参加农函大、绿证培训，完成了年初下达的5000人的培训任务。组织实施农村小额信贷资金1296.3万元、妇女发展循环金109.7万元，信贷资金受益农户4233户，受益人数15830人。

2、为下岗、失业女性实现创业与再就业服务

开展职业技能培训，提供创业和就业指导，向用工单位进行就业推荐，共发放城市小额贷款150.1万元，培训下岗失业女性6423人，帮助4600名下岗失业女性实现了创业和再就业。市妇联举办了第四期“巾帼创新业带头人”培训班。

3、为现代新昆明建设服务

市妇联与市环保局、市滇管局联合发起了“保护滇池巾帼行动”，号召沿湖妇女群众在保护滇池的行动中，充分发挥自身作用，组织广大妇女群众积极参与滇池治理和环境保护行动，在旱厕推广、农业和生活垃圾处理、绿色生态家园建设中发挥“半边天”作用。各级妇联在滇池流域建“保护滇池巾帼行动示范村”6个，在示范村推广生态卫生旱厕1066个。

市妇联党组书记、常务副主席郭跃红（右）接待越南南定省妇女代表团

与市文明办在市公交集团联合举行 71 路全国“巾帼文明岗”和 5 路、52 路市级“巾帼文明示范公交线”授牌仪式

召开城市社区妇女工作经验交流会，参会人员在五华区三合营社区参观

4、开展群众性精神文明创建活动

市妇联与文明办、环保局等单位联合在全市开展了以“倡导家庭美德，营建绿色家园，创造美好生活”为主题的“美德进万家”,及“不让黄赌毒进我家”、“不让艾滋病进我家”等各项活动，倡导文明、健康、科学的生活方式，提高家庭成员思想道德素质和科学文化水平，激发广大城乡家庭参与我市“三个文明”建设的积极性，促进了社会风气的好转。全市先后涌现出全国“五好文明家庭”1户，省级18户，市级110户（其中标兵户10户），县级1273户。妇联组织认真贯彻落实《公民道德建设实施纲要》，组织妇女参与精神文明建设，丰富创建内容，拓宽创建领域，继续深入开展“巾帼文明示范岗”创建活动。2005年，全国妇联授予昆明市71路公交线、市公安局交警支队女子特勤大队等5个单位“巾帼文明岗”称号，市妇联、市文明办授予5路、52路公交线为“巾帼文明示范公交线”称号。

5、开展“廉政文化进万家”活动

市妇联以“倡导廉洁文明家风，促进昆明和谐发展”为主题，以提高家庭成员反腐倡廉意识和能力为重点的“廉政文化进万家”活动。

6、维护妇女儿童合法权益

实施国际合作维权项目。认真实施了与国际劳工组织合作的“湄公河次区域预防拐卖妇女儿童项目”和与欧盟合作的“促进城市贫困妇女性别平等参与式行动项目”，成立了“进城务工妇女之家”，有300余名低收入和进城务工的贫困妇女参加了10余项职业技能培训。

7、实施妇女儿童发展规划

共有2万余名妇女参加了“尊重生命尊重爱——婚前医学检查”大型宣传教育活动。

8、开展“双合格”宣传实践活动

开展“争做合格家长，培养合格人才”的“双合格”家庭教育宣传实践活动，表彰了一批“五好小公民”、“好家长”。

9、做好扶贫帮困工作

市妇联与云南省九洲医院联合开展“迎‘三·八’关爱女性健康”活动，向500名下岗、失业、享受低收入保障和进城务工妇女分别赠送价值1000元的“爱心卡”，并进行了免费妇科检查。

10、加强妇联组织自身建设

开展保持共产党员先进性教育活动，努力提高党员素质。各级妇联继续开展“五进妇女之家”活动，实施妇女代表联系制，拓宽妇女工作的覆盖面。市妇联作为云南省的惟一代表，还获得全国妇联“基层组织建设创新”二等奖。

11、发挥团体会员的作用

市妇联注重加强团体会员的工作指导，完成了市女企业家协会、妇女理论研究会和家庭教育研究会的换届工作，为全市妇女儿童事业的发展起到了积极的作用。

副主席梅会芬在三合营社区向参加妇女工作经验交流会的代表介绍工作情况

官渡区的巾帼志愿者清理入滇河道漂浮物

市妇联实施国际合作项目，对进城务工和低收入贫困妇女进行职业技能培训

昆明市人民政府
经济体制改革办公室

团结奋进的领导班子

研究国企改革工作

昆明市人民政府经济体制改革办公室是负责全市经济体制改革的工作部门。2005 年，市体改办在市委、市政府的领导下，在各有关部门的大力支持下，坚持以邓小平理论和“三个代表”重要思想为指导，认真贯彻党的十六届四中、五中全会精神，牢固树立和落实科学发展观，按照市委、市政府进一步深化国企改革的部署和要求，以保持共产党员先进性教育活动为契机，不断加强机关自身建设，继续把国有企业改革作为经济体制改革的中心环节，正确处理改革、发展、稳定的关系，以增强国有经济的控制力、带动力和影响力为目标，以产权制度为核心，突出结构调整、制度创新和技术创新重点，解放思想，锐意进取，以改革促发展，三年国有企业改革扫尾工作目标圆满实现，新一轮深化国有企业改革全面启动。全市列入三年深化改革的 463 户企业，已完成改革任务 433 户，占 93.5%。其中：列入产权制度改革 414 户，已完成方案论证 413 户，占 99.8%，列入兼并破产 49 户，已完成 38 户，占 77.6%；企业办学校 151 所、医院 27 所全面完成分离。各项改革目标和任务的完成，为激活企业机制，实施工业强市战略，构建现代新昆明的工业支撑做出了应有贡献。

经济体制改革是一项长期而艰巨的任务，面临许多机遇和挑战。市体改办将在市委、市政府的正确领导下，继续以邓小平理论和“三个代表”重要思想为指导，围绕昆明“十一五”规划纲要确定的目标，全面落实科学发展观，坚持建立现代企业制度的改革方向，继续深化以产权制度为核心的经济体制改革，不断增强经济发展的整体活力，为促进全市经济社会持续快速协调发展，建设现代新昆明再创佳绩。

昆明市副市长许云（左二）到改制企业检查指导工作

举办市属国有改制企业经营者培训班

昆明市人民政府外事侨务办公室

昆明市人民政府外事侨务办公室是主管全市外事侨务工作的市政府工作部门，同时承担市委外事工作领导小组办公室的日常工作。负责办理、协调全市重大外事和侨务事项，根据党和国家的有关政策，结合昆明的实际，向市委、市政府提出昆明市外事、侨务工作的意见和建议，为全市经济建设和社会发展服务。内设七个处室：综合处、礼宾接待处、出国审批处、友好城市处、友协办公室、对外联络处和侨政法规处。昆明 · 藤泽友谊馆是市外侨办下属事业单位。

2005 年，市外侨办确保重点、协调配合、突出特色，请进和接待工作有新的突破；强化服务、规范管理、严格把关，因公派出工作在服务大局、规划有序和确保质量方面有新进展；拓展友谊、深化合作、完善布局、国际友城工作持续向全方位、多渠道和宽领域发展；健全机制、广结友谊、促进合作，民间对外友好交往方兴未艾；联络侨情、引资引智、为侨服务、招商引资和服务侨资企业工作成效显著；信访接待、维权护侨、扶贫济困，侨法普及和社会侨务工作有力推进。

2006 年，市外侨办以邓小平理论和“三个代表”重要思想为指导，认真贯彻党的十六届五中全会、省委七届七次全会和市委八届七次全会精神，突出又快又好这一发展主题，以科学发展观总揽全局，紧紧围绕“十一五”规划确立的奋斗目标、可持续发展战略和“两个服务”宗旨，抓住中国－东盟自由贸易区建设和大湄公河次区域经济合作的重大历史机遇，树立和强化“大外事”、“大侨务”意识，充分挖掘昆明市外事侨务资源潜力，进一步解放思想，振奋精神，与时俱进，开拓创新，扎实工作，不断开创外事侨务工作新局面，为现代新昆明建设和构建和谐社会做出应有的贡献。

❶市长王文涛出席赠送马来西亚古晋南市马中友谊园园林项目移交仪式

❷市外侨办领导班子，左起：机关总支书记李建生、副主任严建文、党组书记（主任）徐小川、副主任许昌明

❸市外侨办安排在晋宁县举办老挝县委书记培训班

❹市长王文涛与芬兰于韦斯屈莱市市长安德森先生签署合作意向书

昆明市生物资源

“十五”期间，在省创新办的指导下，在市委、市政府的正确领导下，生物资源办以邓小平理论和“三个代表”重要思想为指导，努力贯彻落实党的十六大精神。紧紧围绕以天然药物为主的现代医药产业、生物化工产业、以绿色食品为主的精、深加工及保健食品产业、以野生、食用、加工型花卉为主的花卉产业为中心，坚持以农业产业结构调整为主线，以促进农村经济发展，农民增收致富，加快县域经济发展为主题。为实现“开好头、起好步、打基础、有所为、谋发展”的工作目标，锐意进取、开拓创新，努力推进生物资源开发创新产业的发展。

嵩明县副县长李自金（左四）、生物办主任陈博（左三）调研魔芋种植收获情况

一、深入基层开展调查研究： 为进一步做好全市生物资源开发创新产业的服务工作，生物办结合项目筛选、检查、验收等项目管理及春耕抗旱工作，深入到各县（市）区及企业，特别是北部五县区，开展调查研究，根据各县（市）区的资源和企业现状，与县（市）区领导和企业负责人进行分析研究，共同寻找当地生物资源开发创新产业的切入点和突破口。

二、以天然药物为主的现代医药产业： 根据企业及市场的需求，自 2003 年以来，在云南省中药材规范化种植技术（GAP）指导中心、云南省农科院药用植物研究所的指导下，引导制药企业到市东川、禄劝、寻甸、官渡等县区建立中药材种苗基地及种植示范园 8 个，为规模化种植中药材提供了种苗及种植技术的保障。同时按照企业牵头、政府扶持和农户种植的方式在寻甸、禄劝、东川等县区建立了丹参、板蓝根、重楼、雪上一枝蒿、阿坝当归、中华雪胆等为主的种植基地 5000 多亩，平均每亩收益 1600 多元，实现产值近千万元。

支持云南金柯制药有限公司在寻甸县发展的 2000 亩丹参种植基地

果园套种的香叶天竺葵种植基地

三、生物化工产业： 为进一步加快生物化工产业的发展，2003 年和 2004 年共扶持安宁市发展香叶天竺葵原料基地 10000 多亩，实现产值 2000 多万元；2004 年和 2005 年支持昆明紫昊天然色素有限公司从青岛引进日本川山紫甘薯在东川建立种苗及原料基地 2000 多亩，实现农民每亩收益 1200 多元。同时支持企业进行技改，引进紫甘薯色素干粉加工线，建成一套年加工 3000 吨紫甘薯的生产线；为配合市农业局、市工商局等部门做好蔬菜及其他农副产品农药残留超标专项治理，积极推动蔬菜等农副产品无公害生产。2004 年，支持中科生物产业有限公司，在宜良县蓬莱、狗街、南洋等乡（镇）的莲花白、辣椒和白菜等蔬菜上进行以印楝素、康禾林、百草一号等为主的生物农药示范推广，面积 2000 亩。通过示范推广，摸索出一套无公害蔬菜安全生产操作规程，指导昆明市蔬菜等农副产品的无公害生产。

开发创新办公室

我省首条板栗精深加工生产线建成并投入生产

四、以绿色食品为主的精深加工及保健食品产业：昆明市现有板栗种植面积 60 多万亩，近 3 万吨的产量。为开发利用丰富的板栗资源，先后扶持昆明宜良滇王食品有限公司和寻甸仁德食品有限公司建成两条板栗精深加工生产线。产品主要有保鲜板栗、袋装栗仁及滇中栗饼等。产品投放市场后，受到了消费者的青睐；支持云南菌苑食品有限公司在官渡区、宜良县、寻甸县等地推广示范人工食用菌杏鲍菇、茶树菇、真姬菇、姬菇、榆黄菇等反季节人工栽培 70 多万袋和林下仿野生栽培，取得了较好的经济和生态效益。

采收法国百叶玫瑰

五、以野生、食用、加工型花卉为主的花卉产业：为解决食用加工花卉原料紧缺的问题，支持云南花果叶植物开发有限责任公司、西山区供销合作社在晋宁县和西山区发展 500 亩法国百叶玫瑰种苗基地和种植示范园，为加快食用加工型玫瑰产业的发展奠定了坚实的基础。

召开项目专家咨询论证会

六、开拓创新、促进横向交流：充分利用在昆高校和科研院所的科技优势，定期组织企业负责人、科研院所的专家、教授及相关部门领导参加座谈会、工作会、协调会，加大企业、科研院所和有关业务部门之间的横向交流。把企业发展实际与科研院所的研究紧密结合，以科技促进产业的发展。

组织相关企业参加“第十一届亚洲药用植物、香料及其他天然产物学术大会”

七、扩大对外宣传，组织参展参会：积极组织昆明晨农绿色食品公司、昆明方戈菌类科技开发有限公司、昆明宜良滇王食品有限公司等近百家企业参加了“第十一届亚洲药用植物、香料及其他天然产物学术大会”、“2005 年云南优质生态农产品上海推介展”、“首届泛珠三角区域产品展示暨经济技术合作洽谈会”、“首届昆明国际农业博览会”等各种大型会展活动。在各种展会上实现签约项目 30 余项，签约金额 5 亿多元。通过参展参会，加大了昆明市生物资源开发创新产业对外宣传的力度，为各种特色农产品走出云南搭建平台，扩大企业知名度，同时把昆明市生物资源开发创新产业特色产品推向国内外市场。

昆明市生物资源开发创新办公室主任：陈博
地址：昆明市环城西路 442 号　邮编：650034　电话：(0871) 4166053 4160695
传真：(0871) 4166053　网址：www.kmhrd.gov.cn

昆 明 市 地

昆明市地方税务局党组书记、局长张红霞

昆明市地方税务局领导班子

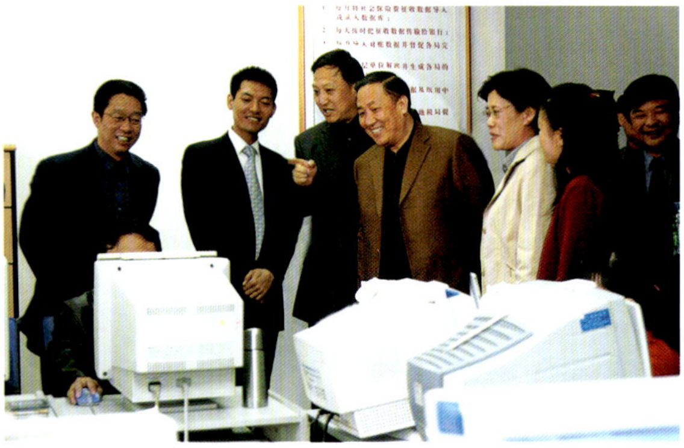

省政府省长助理李磊率省市政府和有关部门领导视察指导昆明地税社会保险费征管系统的开发

2005年，昆明市地方税务局在省地税局和市委、市政府的正确领导下，坚持“依法治税、从严治队”的方针，围绕组织收入这一中心，以保持共产党员先进性教育活动为动力，创造性地开展工作。保持共产党员先进性教育、农业税免征、推行税收执法责任制、机构改革、竞争上岗、行风评议等重点工作卓有成效，区划调整工作圆满结束，党风廉政建设、干部队伍建设、信息化建设取得突破性发展。全市地税系统做到了安全无事故，继2001年之后再次荣获“昆明市文明行业”称号，圆满完成各项工作任务。全年共征收各项税费88亿元，同比增长17.6%，增收13.2亿元，其中税收61.6亿元、社会保险费26.4亿元，为全市经济社会发展做出了积极的贡献。至目前，全市地税系统共创建国家级先进6个、省级先进32个、市级先进87个。

市地税局被市政府再次授予昆明市文明行业称号

集税收业务、纳税服务、信息化服务为一体的地税办税服务厅

方 税 务 局

市、区地税局领导上街开展税法宣传活动

市地税局授予基层地税机关“‘云岭先锋’模范党员示范窗口”

在开展保持共产党员先进性教育活动中，市地税局领导慰问贫困群众

地税干部在石林风景区向少数民族群众宣传税法知识

昆明市地方税务局第三届职工运动会

昆明市体育局

昆明市体育局局长张萱宣布2006年春节全民健身活动展演开始

“十五”期间昆明市的竞技体育工作在昆明市体育局党组的领导下，认真贯彻“奥运争光计划”、《云南省竞技体育三星工程第二期计划纲要》，在全局各单位及各县（市）区大力支持和共同努力下，圆满完成了各项工作任务。5 年来，昆明市运动员在国际重大比赛中，获金牌 13 枚、银牌 10 枚、铜牌 12 枚；在全国比赛中获金牌 42 枚、银牌 23 枚、铜牌 22 枚。参加第五届全国城市运动会获金牌 4 枚、银牌 1 枚、铜牌 6 枚，名列省会城市第十四名，在参赛的 78 个城市中位列二十二名。参加云南省第十一届运动会获金牌 128.5 枚、银牌 72 枚，实现了金牌、奖牌、团体总分十一连冠。向省体工队输送优秀运动员 58 名，向省少体校输送后备人才 79 名。与 12 个县（市）区签订联办训练点 19 个，建成体育项目学校 53 所 71 项次，夯实了业余训练基础，逐步完善了后备人才梯队建设。5 年间承办国家级竞赛 10 余项次、省级竞赛 20 余项次，完成市级竞赛 120 余项次。培养高级教练员 13 名、一级教练员 124 名。

“6·20”全民健身周活动启动仪式

在全市体育工作会上，确定昆明体育事业“十一五”发展规划

昆明市
投资促进局

昆明市投资促进局于2004年6月成立，主管全市投资促进、招商引资工作。昆明市投资促进局设7个职能处（室）：办公室、综合调研处、国际合作处、国内合作处、项目与督办处、联络服务处、人事处，并设机关党委、机关纪委、机关工会、机关妇委会等。

2005年，在市委、市政府的高度重视和正确领导下，在省级有关部门的指导帮助下，在全市各级、各部门的支持配合下，市投资促进局紧紧抓住建设现代新昆明的发展机遇，解放思想，开拓创新，奋发有为，大力开展工作，取得了招商引资的较大突破。

2005年，全市新批外商投资企业77户，合同利用外资完成26332万美元，同比增长51.2%；实际利用外资完成8261万美元，同比增长32.6%。全市组织实施国内经济合作项目481项，项目协议投资总额594.7亿元，同比增长9.1%，实际引进市外到位资金143.4亿元，同比增长23.8%，其中实际引进省外到位资金61.8亿元，同比增长45.3%。

局领导班子

局长、党组书记齐江（中）、副局长潘惠礼（左二）、副局长张宗能（右二）、副局长骆晓林（左一）、副局长何燕（右一）

市长王文涛陪同省委书记白恩培视察'2005昆交会展馆

'2005昆交会签字仪式

昆明市宗教工作积极服从和服务于现代新昆明建设

昆明市宗教局局长　金塔明

局长金塔明与伊斯兰教界朋友研究教务工作

昆明市的宗教工作积极服从和服务于现代新昆明建设，为全市的政治稳定、社会稳定、经济发展、民族团结做出了应有贡献。

一是加强了对宗教工作的领导。各县（市）区都成立了宗教工作领导小组，各县（市）区和乡镇党委、政府都有一名领导分管宗教工作，宗教工作列入了各级政府的考评内容。二是强化了宗教工作目标管理责任制。市，县（市）区、乡镇（街道办事处）层层签订宗教工作目标管理责任书，各级依据责任书条款，加强了工作督导和工作检查，确保这一工作落到了实处。三是落实了新时期宗教工作的基本任务。各县（市）区采取有力措施，加强贯彻党的宗教信仰自由政策、依法管理宗教事务、引导宗教与社会主义社会相适应。坚持独立自主自办原则的力度，加强了宗教工作“三支队伍”建设。四是学习宣传贯彻《条例》工作扎扎实实，卓有成效。各县（市）区狠抓《宗教事务条例》的贯彻工作，使宗教工作“三支队伍”做到了“五个基本掌握”，即：基本掌握了《条例》颁布实施的重大意义、《条例》的精神实质、《条例》的主要内容、《条例》确立的管理模式及《条例》的法律责任。

昆明市宗教工作在开拓中进取，在发展中前进。宗教工作队伍淡泊名利，团结干事；宗教界爱国爱教，和谐稳定。

祝贺昆明市道教协会挂牌

市委副书记田云翔视察宗教活动场所

工作考察

蓬勃发展的昆明市供销合作事业

2005 年 7 月 15 日，市供销社在石林县召开经济工作会议

历史上被称为三大桥梁之一的供销合作社，经过近 80 年来的艰辛努力，从无到有，从小到大，由弱变强，构成了沟通城乡，连结工农，促进生产的商品双向流通的桥梁和纽带，是服务“三农”的重要机构，成为农村商品流通中最大的合作经济组织。2005 年末，昆明市供销合作社联合社和 12 个县（市）区联合社共有直属企业 64 个，下设 116 个基层供销合作社，共有经营网点 2464 个。并建立专业合作社 5 个，行业协会 19 个，农村便民超市 20 个，综合服务社 323 个。

面对机遇与挑战并存的“十一五”，全市供销合作社将在坚持合作制原则的同时，努力把供销社建成经营规模化，管理标准化，设施网络化，服务系列化，资本多元化，发展持续化，品牌最优化，利益最大化的联合企业集团，构建新型的农村商品流通网络，为我市新农村建设和新昆明建设作出新的贡献，为发展供销合作事业再谱新篇。

◀ 2005 年 3 月 23 日，市政协主席徐之信视察农资储备情况

◀ 2005 年 1 月 26 日，与泰国合作社代表团进行合作经济交流

▶ 2005 年 12 月 31 日，市供销社主任杨年年到东川区绿茂综合服务社调研

◀ 2005 年 12 月 31 日，杨年年到东川区再生资源公司检查废旧物资交易市场建设情况

▶ 2005 年 7 月 8 日，杨年年到石林县维则玉米专业合作社宜政收购点调研

昆明市红

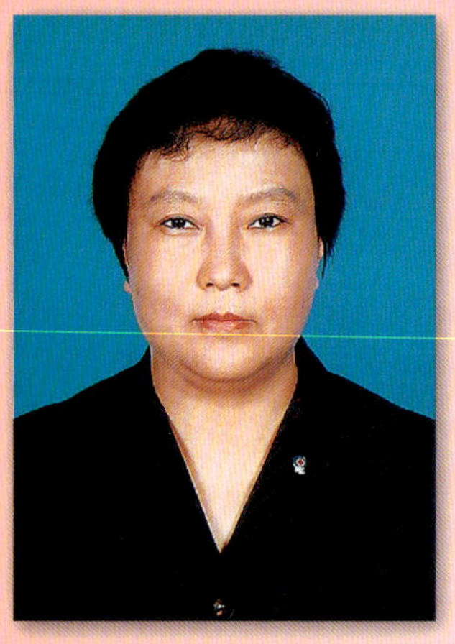

常务副会长 阮 姮

2005年，昆明市红十字会遵循“人道、博爱、奉献”的红十字精神，坚持以邓小平理论和“三个代表”重要思想为指导，紧紧围绕市委、市政府的中心工作，依法兴会、建会、治会。在市委、市政府的正确领导下，在云南省红十字会的指导下，积极开展备灾救灾、艾滋病预防宣传、无偿献血宣传、基层组织建设、红十字青少年等工作，得到全市各单位和社会各界爱心人士的关心、支持。积极参与，为促进社会发展、构建和谐昆明做出了应有贡献，在建设小康社会中发挥了政府在人道主义领域工作中的独特作用。

在省政协副主席、省红十字会会长陈勋儒的陪同下，中国红十字会会长彭珮云视察昆明阳光家园红十字服务站，并题词：“充分发挥志愿者的作用，办好阳光家园，让温暖的阳光帮助更多的人走向新生活”

昆明市红十字会常务副会长阮姮向彭珮云会长赠送生产自救产品

2005年昆明市红十字会工作会议

组织会员单位进行宣传活动

与其他非政府组织加强合作

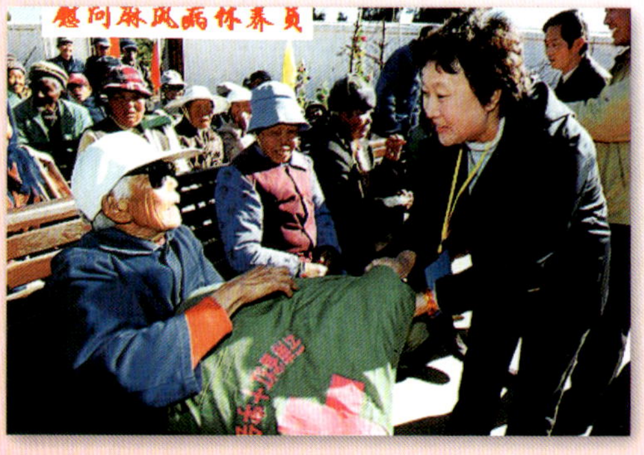

到安宁螺乡塘慰问麻风病休养员

十 字 会

圆满地完成了全国各省（市）、香港特别行政区、澳门特别行政区及海峡两岸红十字青少年会员夏令营活动

调研社区红十字服务工作

进行艾滋病预防知识宣传

与市政协联合对禄劝县彝族村进行慰问活动

向彝族村民发放棉被

向市教育局捐赠物品

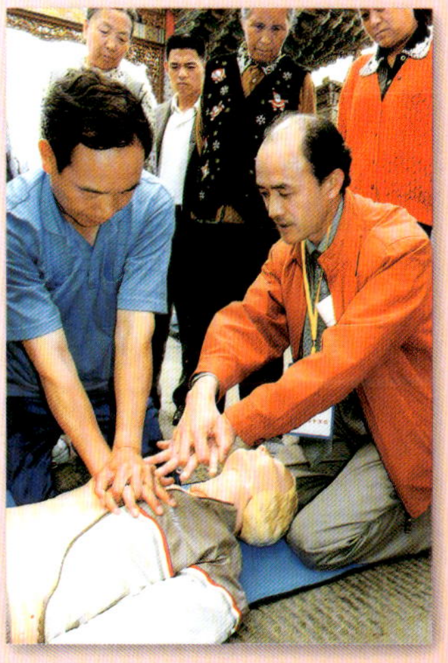

到社区进行卫生救护知识宣传

向困难群众发放大米

与非政府组织项目官员到社区进行预防艾滋病知识宣传活动

昆明市住房公积金管理中心

昆明市住房公积金管理中心党组书记、主任 谢彩荣

昆明市住房公积金管理中心（简称管理中心），是根据《住房公积金管理条例》（国务院令第350号）和《国务院关于进一步加强住房公积金管理的通知》精神，经昆明市人民政府批准，在昆明市住房资金管理中心的基础上，对机构和人员进行重组后，于2003年3月31日组建成立。

管理中心是直属于昆明市人民政府领导的正县级单位。下辖2个分中心（省直分中心、铁路分中心）和11个管理部（呈贡县、富民县、寻甸县、嵩明县、宜良县、石林县、禄劝县、晋宁县、东川区、安宁市和滇黔桂石油管理部），内设8个处、部（综合处、法规处、人事教育处、纪检监察处、财务处、公积金管理处、贷款管理处、营业部）。

管理中心的主要职责是：

（一）编制、执行昆明市住房公积金的归集、使用计划；

（二）负责记载昆明市职工住房公积金的缴存、提取、使用等情况；

（三）负责昆明市住房公积金的核算；

（四）审批昆明市住房公积金的提取、使用；

（五）负责昆明市住房公积金的保值和归还；

（六）编制昆明市住房公积金归集、使用计划执行情况的报告；

（七）承办昆明市住房公积金管理委员会决定的其他事项；

（八）指导、监督分中心和石油管理部的工作，协调处理各县（市）区有关住房公积金方面的问题。

2005年是昆明市深入贯彻党的“十六大”“十六届五中全会”精神，全面建设小康社会和加快推进新昆明建设的一年，也是全市住房公积金管理工作走向全面发展的一年。一年来，在中共昆明市委、市政府和云南省建设厅的正确领导下，在各相关职能部门的大力支持和中心全体干

昆明市住房公积金管理中心党组会议

昆明市住房公积金管理中心行政办公会议

昆明市住房公积金管理中心机构调整移交接收仪式

全市住房公积金查询对帐凭证发放仪式

住房公积金提取、转移业务窗口

住房公积金缴存审核业务窗口

部职工的共同努力下，中心认真贯彻落实国务院新修订的《住房公积金管理条例》和《国务院关于进一步加强住房公积金管理的通知》的文件精神，坚持以“三个代表”重要思想为指导，按照“管委会决策，中心运作，银行专户存储，财政监督”的原则，认真履行《条例》赋予的职能，中心党组班子站在讲政治的高度，服从全局，开拓进取，务真求实，坚持原则，努力工作。住房公积金管理机构调整、领导班子交替过渡、信息系统建设和网络改造以及内部制度的建立完善和各方面关系理顺等大项工作，有力地促进和推动了全市住房公积金管理工作的健康发展，得到了市委、市政府和省建设厅的充分肯定。

截止 2005 年 12 月 31 日，全市共有 7089 个单位建立了住房公积金制度，缴存职工达到 64.8 万人，住房公积金缴存比例为：财政预算单位 8%；非财政预算单位 8% ～ 15%。累计归集住房公积金 78.11 亿元，累计归集住房公积金余额 57.7 亿元；累计发放住房公积金个人贷款 17.99 亿元，累计发放住房公积金个人贷款余额 11.64 亿元。为 22.43 万户职工家庭改善住房条件提供了资金上的支持，当年实现住房公积金增值收益 2514.8 万元。

随着昆明市房地产业的日益发展和广大城镇居民居住水平的不断提高，为进一步完善建立以不同收入对象的多层次城镇住房供应体系，管理中心将努力扩大住房公积金缴存覆盖面，大力推进住房公积金个人贷款，为广大职工购房提供方便、快捷、高效的融资渠道。

住房公积金个人住房贷款业务咨询窗口

保持共产党员先进性教育活动

保持共产党员先进性教育党小组学习活动

市安全生产监督管理局党组书记、局长：潘开平

昆明市安全生产监督管理局

副市长陈鹰在2005年全国安全生产月咨询日活动上讲话

市安全生产监督管理局副处长钱树森、监察员付晓松到企业检查规章制度建立健全情况

市长王文涛在全市GMS会议及安全生产月安全大检查启动仪式上作重要讲话

2005年，昆明市安全生产监督管理局在市委、市政府的领导和省安全生产监督管理局的指导下，以邓小平理论和“三个代表”重要思想为指导，深入贯彻学习十六届四中、五中全会和全国、省、市安全生产工作会议精神，坚持“安全第一，预防为主，综合治理”方针，落实“以人为本”的科学发展观，开展切实可行的安全生产监管模式，消除事故隐患。一是进一步扭转了严峻的安全生产形势。各级各部门齐心协力积极配合，全市各类事故明显下降，安全生产形势总体平稳。二是以控制伤亡事故指标为核心、落实责任制为中心，建立安全生产指标控制体系，强化各级领导和相关人员的安全生产责任，遏制重特大事故，减少一般性事故的发生。三是狠抓安全生产基层和基础工作。安全生产监管工作，重在抓基层，强基础，筑牢安全监管防线。四是大力营造安全文化氛围。组织开展“安全生产月”活动、“安全信息传递”、媒体宣传报道、安全文化宣传进社区和学校等系列活动，提高全民安全意识，进一步强化人人关注安全、关爱生命的良好氛围。五是强化安全生产制度建设。为规范基层安全生产监管工作，制定《昆明市乡镇人民政府、街道办事处安全生产管理工作规范（暂行）》等规范性文件，强化责任，明确目标和任务。六是提高事故应急救援能力。在市级有关部门的支持配合下，成功举行了“化学事故应急救援预案演练”，增强了各级各部门的协作意识，提高了全市事故应急救援实战能力。

全局干部职工紧紧围绕省政府下达昆明市安全生产控制指标和年初制定的工作计划、目标和任务，开拓工作思路，创新工作方法，使工作取得明显成效，为全市经济社会发展提供了良好的安全环境和安全保障。

1 副市长陈鹰检查煤矿安全生产工作

2 安全生产事故应急预案演练现场

3 2005 年 12 月 13 日，市长王文涛在全市今冬明春安全生产工作会上作重要讲话

4 市安全生产监督管理局监督管理一处处长冯冶（右一）陪同省安全生产监督管理局局长纳宗会（右二）检查非煤矿山安全生产工作

5 消防安全事故预案演练现场

6 市安全生产监督管理局监察员李琳，就加强烟花爆竹安全管理答记者问

7 副市长许云（主席台左四）在全市安全生产工作会上作重要讲话

8 市安全生产监督管理局局长潘开平到昆明锦洋化工厂检查安全生产责任落实情况

9 安全生产警示教育会会场

昆明市劳动保

成绩显著 任重道远

根据省、市政府的工作部署，昆明市劳动保障监察支队按照“发展要有新思路，改革要有新突破，开放要有新局面，各项工作要有新举措”的要求，带领全市劳动保障监察机构加大监察执法力度，全面贯彻落实劳动保障法律、法规，采取多种监察措施落实责任目标。各项工作取得了显著成绩，为维护社会稳定，促进经济发展做出了积极贡献。

一是加大执法力度，畅通“追薪”热线，做到“思想过硬、快速反应、公正廉明、切实维权”，建立应急预案，提高处理突发事件能力，完善劳动保障执法年审工作，开展劳动力市场、砖瓦窑厂、石灰石料厂及禁止使用童工等专项检查活动，加大相关法律、法规宣传力度；

二是把解决拖欠农民工工资问题作为工作重点，加强部门间协调配合，标本兼治，规范运作，依法查处劳动保障违法行为，保证农民工工资按时、足额支付。2005年，劳动保障监察工作取得了显著成绩。共对74615户（件次）用人单位及职业介绍机构实施了监察，涉及劳动者158.5897万人（次）。补办流动就业证卡2.89万人（份），补签劳动合同8.9万人；为1888名劳动者清退风险抵押金46.848万元，为9.3997万名劳动者追发工资等待遇5999.67万元；督促7326户缴费单位办理社会保险登记，涉及劳动者21.80万人；督促5424户用人单位依法缴纳社会保险费，涉及劳动者15.5964万人，涉及保险费5062.2570万元；审查用人单位劳动规章5773件，纠正与劳动保障法律、法规不符的规章制度2481件；纠正违反职业资格和职业培训规定的单位19户，取缔非法职业介绍机构52户。

昆明市劳动保障监察支队队员在处理农民工采用极端方式讨要工钱的突发事件，并最终避免了恶性事件的发生

某开发商因拖欠工资导致售楼处被农民工围堵

党的十六大将“社会保障体系比较健全、社会就业比较充分”作为全面建设小康社会的重要内容。党的十六届四中全会从全局和战略的高度，提出了构建社会主义和谐社会的战略目标，对协调好各方面的利益关系和维护社会稳定提出了更高要求。通过劳动保障监察维护劳动关系双方合法权益，构建和谐劳动关系，是创建和谐社会的重要措施，也是以人为本思想的具体体现。劳动保障监察工作受到了从中央到地方各级党委、政府的高度重视，同时也得到了相关部门的积极配合及社会各界的热情关心与支持，地位和作用将越来越突出。

随着国有企业改革的不断深入和多种所有制经济的进一步发展，就业压力大，就业方式多，非全日制等灵活多样的用工方式快速增长，劳动关系趋于多元化、复杂化，用人单位法制观念淡薄，劳动者维权意识不强，劳动关系双方的利益冲突趋于显性化，许多问题和矛盾集中反映在劳动保障监察工作上，热点、难点、焦点问题突出、尖锐。劳动保障违法案件继续呈上升趋势，特别是群体性、突发性事件不断发生并有所增加，劳动保障监察任务十分繁重，监察制度亟待完善。

在未来几年，我们将加强以下目标建设：强化劳动保障监察职能意识，逐步完善适应市场就业机制和新型社会保障体系需要的监察执法体制；加强队伍建设，使劳动保障监察在组织机构、人员配置、办案装备等方面取得突破；完善内部科室设置，建立监察科与案件审理科相互监督机制；简化程序，推行案件受理告知制度；形成长效的劳动保障监察机制，提高服务意识，全方位多层次地开展工作；进一步发挥好劳动保障监察在“110社会联动”、“市政府12345便民热线”、“矛盾纠纷排查调处”等工作中的作用；逐步完善劳动保障诚信制度，建立劳动保障违法案件举报有奖制度，建立突发事件预警和应急处理机制；建立工资保障金制度，进一步规范农民工工资支付行为；以“金保”工程建设为契机，建立劳动保障监察信息网络，加强网格化建设，把劳动保障监察相关业务纳入计算机管理，实现全市联网，并尝试开展网上举报、网上监察，使劳动保障监察工作适应信息化发展的需要，更好的为新昆明建设和经济发展、社会稳定做贡献。

某制衣厂违禁使用的童工

障监察支队

昆明市劳动保障监察支队严格执法，多次开展大规模建筑施工企业拖欠农民工工资专项检查，不断规范劳动力市场秩序，严厉查处企业拖欠农民工工资行为，积极保障和维护农民工权益，切实贯彻落实国家劳动保障法律法规

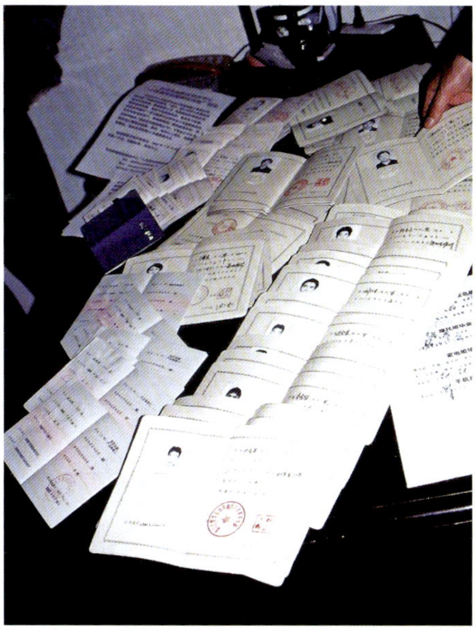

市劳动保障监察支队取缔一家非法职业介绍所时清理假冒职业资格证

支队领导班子及中层干部在对典型案件进行合议，经过讨论研究，提高办案质量

昆明市劳动保障监察支队紧紧围绕劳动保障中心工作，充分利用各种媒体开展形式多样的宣传活动

农民工工资发放现场

昆明市档案局（馆）

召开全市档案工作会议

档案利用成绩显著

省档案局局长杨汝鉴、市政府秘书长陈勇到昆明市档案馆检查、指导工作

省档案局局长杨汝鉴、市政府秘书长陈勇参观市档案馆爱国主义教育基地

2005 年，昆明市档案局（馆）以邓小平理论和“三个代表”重要思想为指导，在市委、市政府的领导下，按照“依法治档、科技兴档、强化服务、发挥效益的工作思路”，坚持“管好用好档案、充分发挥效益”的工作方针，通过全市档案工作者的共同努力，顺利完成了《昆明市档案事业发展“十五”规划》制定的奋斗目标，档案工作为昆明市的经济建设做出了新的贡献。

“十五”期间昆明市档案事业取得了“一个推进、一个加快、四个提高”的成绩：一是广泛宣传贯彻《档案法》，依法治档工作稳步推进；二是基础业务建设加强，档案信息化步伐加快；三是坚持科技兴档方针，档案现代化管理水平不断提高；四是强化业务指导和监督，档案规范管理水平不断提高；五是认真进行档案编研和学术研讨，档案理论水平不断提高；六是积极开展档案服务机制创新，档案服务水平不断提高。2005 年底，昆明市 15 个综合档案馆馆藏档案共计 1376 个全宗 806204 卷，共接待利用者 148300 人次，利用档案资料 263803 卷（件、册）次；建立局域网络 4 个，著录档案目录 300 万条，扫描档案 30 万页；档案馆爱国主义教育基地接待参观者 8000 多人次；52 个单位通过档案目标管理考评；106 个社区完成建档案工作；先后对 14 个档案馆、30 个单位、21 个重点工程进行档案执法检查，对 30 个破产企业档案处置情况进行督查，开展 2847 人次档案业务培训。档案工作为现代新昆明建设和构建社会主义和谐社会做出了新的贡献！

目　　录
CONTENTS

特　　载
SPECIAL ISSUE

大事记
MAJOR EVENTS

政　　治
POLITICS

·中国共产党昆明市委员会·
Kunming Municipal Committee of the CPC

办公厅
The general office

组织工作
Organized affairs

党员电化教育
Education with electrical audiovisual aids

农林水利
AGRICULTURE·FORESTRY·WATER CONSERVANCY

农　业
Agriculture

林　业
Forestry

水　利
Water conservancy

农场管理
Farm administration

生物资源开发创新
Industrial of developing and blazing biological resource

工　业
INDUSTRY

综　述
General introduction

机电工业
Mechanical and electrical industry

重化工业
Heavy and chenmical industry

冶金工业
Metallurgical industry

轻纺工业
Light and textile industry

二轻工业
Second light industry

供　电
Electric power industry

交通运输
TRANSPORTATION

交　通
Traffic

铁　路
Railway

民用航空
Civil aviation

公共交通
public traffic

交通管理
Traffic administration

城市建设与管理
CITY CONSTRUCTION AND ADMINIST RATION

综　述
General introduction

城市规划与管理
City layout and administration

城市公用事业与管理
Public utilities and administration

园林·绿化
Green public space and gardening

对外经济贸易
FOREIGN ECONOMIC RELATIONS AND TRADE

卫生·体育
HEALTH AND SPORTS

社　会
SOCIAL

人　物
FIGURES

市及县（市）区概况
BRIEFINGS OF LOCAL DISTRICTS

附 录
APPENDIX

索 引
INDEX

以科学发展观统领全局 加快建设现代新昆明 努力构建和谐昆明

——在中共昆明市委八届七次全会上的报告

（2005年12月26日）

中共云南省委常委、昆明市委书记 杨崇勇

同志们：

现在，我受市委常委会的委托，向全会报告工作，请予审议。

一、“十五”以来的主要工作

“十五”时期是不平凡的五年，是昆明攻坚克难、阔步前进的五年。五年来，在党中央、国务院和省委、省政府的正确领导下，市委常委会坚持以邓小平理论和“三个代表”重要思想为指导，认真贯彻落实党的十六大和十六届三中、四中、五中全会精神及省委、省政府的一系列重要指示精神，按照落实科学发展观和构建和谐社会的要求，团结和带领全市干部群众，解放思想，振奋精神，开拓创新，扎实工作，加快推进现代新昆明建设，圆满完成了“十五”计划确定的目标任务，各方面工作都取得了显著成绩，保持了经济发展、社会进步、人民生活水平不断提高的良好局面。

（一）*加强对经济工作的领导，促进国民经济持续快速协调健康发展。*紧紧抓住经济建设这个中心，积极应对经济发展中出现的新情况、新问题，加强对经济工作的指导、协调和服务，努力解决经济运行中的突出问题和矛盾，千方百计加快经济发展。坚定不移地贯彻执行国家宏观调控政策，优化经济结构，努力提高经济增长的质量和效益。强化农业基础地位，认真研究昆明农业与其他州市农业的区别，立足省会中心城市的特点和实际，用抓工业的思路、理念、机制和办法发展农业，加大支农力度，加快农业结构调整和农业产业化发展步伐，提高农业综合生产能力，努力增加农民收入。深入实施工业强市战略，坚持走新型工业化道路，围绕把昆明建设成为面向东南亚、南亚的加工制造业基地的目标，加强对工业规划布局的指导，组织制定工业发展纲要，设立工业发展基金，扶持企业技术改造和技术创新，狠抓战略合作伙伴的引进，加强行业和资源整合，深化国有企业改革，提高工业经济的整体素质和综合竞争力。把招商引资作为经济工作的生命线来抓，改善投资环境，强化责任制，创新招商引资工作机制，广泛动员社会各方面力量参与招商引资工作，大力引进现代新昆明建设产业支撑项目。认真落实国家和省扶持非公经济发展的政策措施，努力营造非公经济平等参与竞争的环境，坚持领导干部联系非公企业制度，完善对非公经济的社会服务体系，建立健全民营企业服务平台，建设民营企业信息网，引导和支持非公经济加快发展。把旅游业放在全市经济社会发展的重要地位，研究部署了转变旅游发展方式、实现二次创业的思路目标、发展重点和工作措施，促进了旅游业的持续快速发展。加快发展商贸、餐饮、房地产、金融保险、交通运输、文体娱乐、信息咨询等服务业。预计2005年，全市生产总值突破1 000亿元，“十五”期间年均增长10.2%，超过“十五”计划年均增长9%的目标，人均生产总值达到17 624元；地方财政收入突破100亿元，比2000年增长一倍；固定资产投资突破500亿元，增长118.3%；社会消费品零售总额突破400亿元，增长73%；“十五”期间昆明市存款翻了一番以上，截止2005年末，金融机构贷款余额是“十五”初期的2.1倍；城镇居民人均可支配收入达9 730元，农民人均纯收入突破3 000元。

（二）重视城市工作，努力提高规划、建设和管理水平。我们把做好城市工作作为一项重要职责，围绕建设现代新昆明，高水平规划城市，高质量建设城市，高标准管理城市，高效益经营城市。在规划方面，坚持走国际化、市场化的路子，引进国内外先进理念和高水平专家，高起点、高标准地做好规划制定工作，完成了城市总体规划修编调整、呈贡新城8个片区、主城55个片区控制性详规及一批专项规划，加强规划管理，规划的龙头作用得到较好发挥。在建设方面，启动了呈贡新城建设，云药港、信息产业基地、市级行政中心搬迁、高校搬迁、物流中心等7类重点项目进入开发建设；空港经济区建设前期工作富有成效；高海公路、国道东连接线路基基本成型，官南路立交桥建成通车，昆洛公路、东三环和南三环工程等基本建成，东、南二环路征地拆迁工作基本完工。完善提升主城功能，城市建设规模不断扩大，城市建成区面积扩展到200平方公里；实施城市拆迁改造，拆除了一批违章、临时、危旧建筑；城市道路、供排水与污水处理、供气供电、园林绿化等市政基础设施明显改善，柴石滩水库、掌鸠河引水供水主体工程等先后建成。加快滇池污染治理步伐，坚持标本兼治，综合治理，工程措施和生物措施相结合，加强点源污染治理，实施环湖截污工程，整治入滇池河道，抓好湖滨生态湿地建设、退塘（田）还湖、农村生态卫生旱厕建设、沿湖垃圾集中堆放收集处理等工作，滇池水体水质总体保持稳定，主要污染物含量稳中有降，基本遏制了滇池水质恶化的势头。重视土地、矿产、能源、森林、水等资源的保护和管理，加强城乡生态环境保护和建设。在管理方面，以在昆举办GMS会议为契机，加大城市环境综合整治力度，实施整治交通环境、市容市貌和社会治安“三大战役”，城市面貌发生了新的变化。积极探索和建立城市管理长效机制，改革城市管理体制，下放管理权限，主城四区行政区划局部调整顺利完成，推行数字化城市管理，城市管理水平明显提高。

（三）谋划和构建和谐昆明，为现代新昆明建设创造良好环境。认真贯彻落实党中央关于构建社会主义和谐社会的要求，坚持从解决群众最关心的现实问题入手，扎实推进和谐昆明建设。一是大力发展先进文化。牢牢把握先进文化的前进方向，高度重视精神文明建设，不断加强和改进新闻舆论工作。深入实施《公民道德建设实施纲要》，抓好未成年人思想道德建设，积极开展群众性精神文明创建活动。在全市广泛开展“昆明精神”大讨论，确定了团结和激励全市人民共同奋斗的“昆明精神”。大力发展各项社会事业，全民受教育水平、人民健康水平显著提高，科技、文化、体育以及人口和计划生育等社会事业持续健康发展。二是切实加强社会主义政治文明建设。把坚持党的领导、人民当家作主与依法治市结合起来，凡是涉及人民群众切身利益的问题都坚持走群众路线，注重听取专家和市民的意见；提出了加强人大、政协工作的新举措，支持和保证人大、政协履行职能；积极推进基层民主政治建设，坚持和完善政务、厂务、村务公开制度，接受群众和社会监督。做好民族、宗教、港澳台侨和双拥工作，充分发挥工青妇等群团组织的桥梁纽带作用。三是着力解决好关系人民群众切身利益的突出问题。实施积极的就业政策，促进就业和再就业，城镇登记失业率连续五年控制在2.5%以内。健全社会保障制度，进一步巩固“两个确保”，提高了城市居民最低生活补助标准。扩大社会保障覆盖面，以城市低保和农村特困人口社会救助机制为基础的新型社会救助体系逐步健全。加强城市水源区的管理和保护。重视解决低收入群众住房困难，关心和解决好困难家庭、外来务工人员子女入学的问题。在土地征用、城市拆迁、企业改革等工作中重视维护群众的利益。四是统筹城乡和区域协调发展。采取特殊优惠政策，支持北部五县区加快发展。落实省、市扶持政策，加快东川再就业特区建设。加大扶贫开发力度，实施安居温饱、易地开发、劳务输出等扶贫开发措施，不断改善贫困地区群众的生产生活条件。五是全力维护社会稳定。积极开展创建“平安昆明”活动，深入开展“严打”整治斗争，依法严厉打击各类犯罪活动。加强禁毒和防治艾滋病工作，遏制毒品和艾滋病蔓延。认真落实社会治安综合治理措施，建立健全社会治安打防控长效机制，加强对社会矛盾纠纷的排查调处，维护了社会稳定。

（四）加强和改进党的建设，提高执政能力和领导水平。坚持党要管党、从严治党的方针，按照“抓班子、建制度、强素质”的思路，大力加强党的建设。加强思想政治建设，认真组织开展“三个代表”重要思想、科学发展观和团结干事等学习教育活动。严格按照中央、省委的部署和要求开展保持共产党员先进性教育活动，坚持边学边整边改，注重解决实际问题，努力办成“群众满意工程”。第一、二批先进性教育活动基本实现预期目标，第三批先进性教育活动正在进行。针对我市各级党政组织和干部队伍的实际，着力提高干部领导发展、服务群众、依法治市、建设先进文化和抓落实的能力。重视干部教育培训工作，举办领导干部理论学习专题系列讲座，邀请国内著名专家学者辅导授课。分期分批组织县处级领导干部赴上海、浙江等地学习培训，促使他们转变观念，开阔视野，启迪思维，提高素质。加强领导班子和干部队伍建设，制定了县级党政领导班子和干部队伍建设规划，对部分县（市）区和市级部门领导干部进行调整，开展市级机关部分中层干部轮岗交流工作，下派年轻干部到基层锻炼。深入实施“云岭先锋”工程，党的基层组织建设不断加强。以落实党风廉政建设责任制为重点，加强惩治和预防腐败体系建设，推进反腐倡廉工作。市委常委向全市人民作出了“五项廉政承诺”，接受人民监督。把狠抓工作落实作为党的作风建设的重要措施，倡导实干、反对空谈，强化督促检查，促进了各级干部转变作风。围绕谋划“十一五”发展，开展了一系列调查研究和座谈研讨，广泛听取各方面意见和建议，精心组织制定体现科学发展观要求的“十一五”规划。

今年是我市战胜各种困难和挑战，各项工作继续取得好的成绩的一年。一年来，市委常委会突出加快推进现代新昆明建设、全面建设小康社会这个主题，紧紧围绕市委八届五次、六次全会确定的目标和任务，攻坚克难，扎实工作，在解决“三农”问题、推进工业强市和产业发展、加快滇池污染治理步伐、大力改善城市面貌、优化创业发展环境、深化改革扩大开放、加快社会事业发展和创建“平安昆明”等方面取得了新的进展。针对水、电、煤、运供应紧张和50年一遇严重干旱等不利因素的影响，深入实际调查研究，组织开展防灾减灾工作，搞好协调服务，解决实际问题，国民经济实现了持续快速健康发展。预计今年全市生产总值比上年增长11%以上；地方财政收入增长28%；固定资产投资增长20%；社会消费品零售总额增长12%；城镇居民人均可支配收入实际增长5.2%，农民人均纯收入实际增长6%。加强对城市工作的领导，注重发挥规划对城市建设的指导作用，加快推进新城建设，完善提升主城功能，切实搞好城市管理，城市面貌发生了新的变化；加强以滇池污染治理为重点的城乡生态环境建设，不断增强可持续发展的能力；着眼于提高全市人民的思想道德素质和科学文化素质，加强精神文明建设，科技、教育、文化、卫生、体育等各项社会事业蓬勃发展；推进民主政治建设，加强对人大、政协工作的领导，统战、民族、宗教和群团工作取得新成绩；围绕改革发展稳定大局，研究部署了建设平安、和谐昆明的工作，加强社会建设和管理；以执政能力建设和先进性教育活动为重点，大力加强和改进党的建设，各级党组织的战斗堡垒作用和党员的先锋模范作用不断增强。

上述成就的取得，为"十一五"期间加快发展奠定了良好的基础，使我们站在了一个新的历史起点上。

我市"十五"期间取得的成绩，是在党中央和省委的正确领导下，在历届市委工作的基础上，全市共产党员和广大干部群众团结拼搏、开拓创新、辛勤工作的结果，也是与驻昆党政军机关、中央省属企事业单位及各州市的大力支持和帮助分不开的。在此，我代表中共昆明市委，向所有为昆明的改革和发展作出贡献的同志们，向所有关心支持昆明建设的朋友们，表示衷心的感谢和崇高的敬意！

回首"十五"，市委常委会认为，在看到成绩的同时，必须正视我市存在的突出问题：我市的综合实力在全国省会城市中仍处于相对滞后的地位，与东部沿海甚至与西部部分地区差距拉大的基本态势，仍未根本扭转；城乡二元结构特征明显，地区间发展不平衡的基本市情，仍未根本改变；产业发展严重不足，特别是工业弱小的局面，仍未根本转变；主城人口和建筑密度大、交通拥堵、绿化不足、市容环境差、城市形象不够好的问题，仍未根本解决；投资规模偏小、结构不合理、投资效益低，基础设施和基础产业"瓶颈"制约，生态环境比较脆弱，特别是滇池污染的状况，仍未根本改变；一些旧的体制机制性问题比较突出、创业发展环境还不够理想、招商引资成效不大的状况，仍未根本突破；人民生活水平和质量不高、贫富差距悬殊、就业形势严峻、社会建设和管理滞后等影响和谐稳定的因素，仍未根本消除。

因此，"十一五"时期必须高度重视和认真解决好以下问题：一是要突出解决好统筹城乡协调发展的问题，加快社会主义新农村建设；二是要突出抓好工业强市，强化产业支撑；三是要突出加快新城建设，从根本上解决主城人口密度过大、交通拥堵的问题；四是要突出解决体制机制不活的问题，加快政府职能转变、投融资改革和扩大对内对外开放；五是要突出解决科技、教育、文化、卫生等社会事业发展相对滞后的问题；六是要突出解决群众最关心、最直接、最现实的利益问题；七是要突出解决抓工作落实不够等作风问题，坚决惩治腐败和纠正各种不正之风。我们要认真总结经验教训，不断改进领导方式和工作方法，把各方面的工作做得更好。

二、以科学发展观统领经济社会发展全局，开创现代新昆明建设新局面

正确分析和判断形势，历来是我们谋划发展、推进事业的前提和基础。"十一五"时期，我们将面临一个机遇和挑战并存、机遇大于挑战的环境。全球经贸合作、产业转移和跨国资本流动步伐加快，国内沿海地区产业和生产要素加快向内地和西部地区转移，西部大开发深入实施，中国—东盟自由贸易区建立，省委、省政府高度重视并大力支持现代新昆明建设，都为昆明提供了前所未有的加快发展的历史性机遇。面对机遇，只要我们奋发有为，积极进取，就能赢得主动。经过"十五"的发展，我市经济实力进一步增强。特别是经过现代新昆明建设两年多的实践，更加坚定了我们加快发展的信心和决心。建设现代新昆明的思路已经明确，广大干部群众加快建设和发展的热情高涨。全省人民对昆明的发展寄予厚望。未来五年是建设现代新昆明极为重要的关键时期。面对省委、省政府的重托和全省人民的厚望，面对全国其他省会中心城市的快速发展，我们要深刻认识所肩负的历史使命，牢记昆明加快自身发展和促进全省发展的双重责任，自加压力，负重前行，以高度的历史责任感和强烈的忧患意识，切实用好各种机遇，积极应对各种挑战，科学谋划和推进我市"十一五"经济社会发展，加速推进现代新昆明建设，力求取得突破性的进展，当好全省现代化建设的排头兵，不辜负省委、省政府和全省、全市人民的期望。

"十一五"时期我市经济社会发展的目标是：全市生产总值年均增长10%以上，到2008年实现人均生产总值比2000年翻一番；资源利用效率明显提高，单位生产总值能耗比"十五"末降低20%；社会主义新农村建设取得进展，城乡一体化迈出新的步伐；工业强市有重大突破，开放型经济达到新水平；新城建设有重大突破，山水园林城市初步显现；主城功能进一步完善，城市管理水平明显提高；改革取得重大突破，经济活力明显增强；生态环境建设成效明显，投资环境进一步改善；社会保障和社会救助体系较为健全，就业岗位持续增加；城乡居民收入水平和生活质量普遍提高，居住、交通、教育、文化、卫生、体育和环境等方面的条件有较大改善；民主法制建设和精神文明建设不断加强，社会治安状况进一步好转，构建和谐社会取得新进步，为在2020年初步建成"现代新昆明"，努力把昆明建设成为融"春城"、历史文化名城为一体的面向东南亚、南亚的区域性国际化城市打下坚实基础。

在"十一五"时期要开创现代新昆明建设的新局面，必须以科学发展观统领经济社会发展全局，努力做到立足科学发展，着力自主创新，完善体制机制，促进社会和谐，推动经济社会又快又好地发展。科学发展观是指导发展的世界观和方法论的集中体现，我们要深刻领会和准确把握科学发展观的基本内涵、精神实质和基本要求，增强贯彻科学发展观的自觉性和坚定性，切实把科学发展观贯穿于昆明经济社会发展的全过程，落实到经济社会发展的各个环节。以科学发

展观指导现代新昆明建设，必须明确建设现代新昆明的根本目的是提高人民群众的生活水平和质量。其主要内容是：坚持规划立市，建设“一湖四环、一湖四片”的山水园林城市；实施工业强市，做大做强产业，不断增强我市的综合实力和城市竞争力；注重城市与农村、经济与社会、不同地区之间、人与自然统筹协调发展；加大改革开放力度，为发展增添动力和活力；坚持以人为本，着力解决人民群众最关心、最直接、最现实的利益问题，构建和谐昆明。

“十一五”时期我市经济社会发展的指导思想是：以邓小平理论和“三个代表”重要思想为指导，以科学发展观统领经济社会发展全局，以加快建设现代新昆明为主题，抓住世界及我国沿海地区产业转移和西部大开发深入推进等重大机遇，以工业强市为基础，以改革开放为动力，以经济结构调整和经济增长方式转变为主线，以提高人民生活水平为根本目的，建设学习型、创新型社会，构建和谐昆明。

根据这个指导思想，“十一五”时期我市经济社会发展必须坚持四条原则，即：必须保持经济又快又好的发展；必须坚持解放思想，始终保持昂扬向上的精神状态；必须深化改革扩大开放，增强发展的动力和活力；必须让全市人民共享改革发展的成果。

今后五年，我们要重点解决好关系发展全局的十个重大问题：

（一）推进城乡一体化进程，建设社会主义新农村。“三农”问题是关系现代新昆明建设全局的根本性问题，要作为“十一五”时期的重中之重，高度重视，认真抓好。我们要按照中央统筹城乡发展、建设社会主义新农村的重大战略决策，围绕“生产发展、生活宽裕、乡风文明、村容整洁、管理民主”的要求，实施城乡规划、产业布局、就业保障、基础设施、社会事业和政策措施一体化，扎实推进全市新农村建设。在五华、盘龙、官渡、西山、安宁、呈贡和其他8个县（区）的县城以及有条件的区域中心镇，推进城乡政策一体化、农村城市化、农业产业化、农民市民化。完善和实施新一轮城市总体规划、土地利用总体规划、产业布局规划。以产业发展为支撑，推进产业向园区集中，使更多的农村劳动力从事非农产业。坚持工业反哺农业、城市支持农村的方针，建立以工促农、以城带乡、城乡互动、协调发展的新型城乡关系。立足省会中心城市的特点，把昆明建成全省有影响的优质高效农产品生产基地、农产品精深加工基地、绿色经济示范基地、良种基地和科技研发、市场交易、会展博览的中心。积极推进农业科技创新和普及，加大农业基础设施建设和产业结构调整力度，加快农业机械化步伐，转变农业增长方式，提高农业综合生产能力，调整优化农业生产布局和产业结构，巩固提升粮、烟、畜、菜、花、果等支柱产业，积极发展乳业、标准化药物种植等新兴特色产业，提高林业发展水平。大力发展设施农业、外向型农业和休闲观光农业等，构建现代都市农业格局。发展壮大龙头企业，发展各类农村专业合作经济组织，推动农业产业化经营。加快农业标准化建设，健全农业技术推广、农业信息服务、农村生产资料流通、农产品市场、农产品质量安全保障和动植物病虫害防控体系。全面推进农村综合改革，发展壮大农村集体经济。坚持“多予少取放活”，加大对农业和农村的投入力度，加快农村小水窖、沼气、旱厕、小库塘和农村道路、通信、电网等基础设施建设。强化政府对农村的公共服务，发展农村公共事业，加快发展农村教育、医疗卫生和文化事业。加强乡镇文化体育设施、农村基层群众文化活动阵地建设及农村文化市场管理，丰富农村文化生活。发展远程教育和广播电视“村村通”。开展创建文明生态村、镇活动，解决村庄环境“脏、乱、差”的问题，改变农村面貌。加强对农民的培训教育，努力提高广大农民的思想道德水平、科学文化素质和创业致富本领。挖掘农业内部增收潜力，支持和鼓励农民发展特色种养业，发展农村二、三产业和多种经营，发展专业化、规模化经营，广泛开辟农民增收渠道，千方百计增加农民收入。全面落实惠农政策，切实减轻农民负担。加强农村劳动力技能培训，提高农村富余劳动力转移的组织化程度，促进农村富余劳动力向非农产业和城镇有序转移。引导信贷资金合理流向农村，引导和支持商业保险业服务“三农”，引导企业和个人投入农业开发和农村建设。

（二）实施工业强市战略，提高综合竞争力。做大做强产业，是昆明“十一五”发展的战略重点。我们既要转变增长方式，注重质量、效益的提高，也要有量和规模的增长，这样才能增强昆明的经济实力和综合竞争力，增强发展的后劲。要把增投入、上项目、增效益作为工业发展的关键，充分利用国际国内产业结构调整、转移的重大机遇，把招商引资作为经济工作的生命线，力争实现重大突破。积极支持本地国有、民营企业上大的工业项目。多方筹集资金，用于重大工业项目的引进和支持重大技改项目，不断增大工业投入在固定资产投入中的比重。同时，要主动为驻昆的中央、省属企业搞好服务，支持他们做大做强。优化工业布局，完善政策，加大力度，积极引导产业向园区集中，建设好工业园区。加快呈贡新区、空港经济区、高新区、经开区、安宁传统工业区、北部五县区六大产业片区的发展，抓好安宁、东川、海口、杨林、呈贡5个省级工业园建设，把工业布局规划和工业用地安排纳入城市总体规划和土地利用规划。各县（市）区也要根据各自资源禀赋、基础设施状况和经济技术条件，相对集中和规划建设产业发展聚集区，改变“村村点火”的状况。以新型工业化为方向，以信息化带动工业化，做大做强优势产业，用高新技术和先进适用技术改造提升烟草、冶金、机械、化工、能源等传统产业。积极发展软件业、光电子、生物医药等新兴产业。形成优势产业集群。高度重视机电、输配电、先进动力装置等的发展。工业发展要注重高效利用资源，减少环境污染，提高企业自主创新能力。实施大企业、大集团战略，推动生产要素向优势企业、优势行业集中，形成一批有较强市场竞争力的企业。加快中小企业发展，支持产品有市场、有效益、技术进步快的增长型中小企业做大做强。大力实施名牌战略，切实增强企业的自主创新能力，积极开发具有自主知识产权、市场占有率高的技术产品。以骨干企业为纽带，延伸产业链，增强配套能力，扩大和提高我市制造业的发展规模和水平。紧紧围绕“居住、休闲、养生、体验在昆明”这个主题，推动昆明旅游产业从单一观光型向复合型转变，集中力量打造六大景区，以丰富的历史文化和浓郁的民族风情增强旅游的吸引力，把昆明建设成为国内外重要的观光、休闲和面向东南亚、南亚的国际休闲度假目的地。发展壮大一批文化产业龙头企业，使文化产业成为新的支柱产业。加快现代服务业的发展。

（三）聚焦新城、提升主城，建设宜居城市。昆明有独特的气候优势和“春城”的美誉，但由于长期以来规划水平不高等因素，导致城市发展空间受限，滇池污染严重。能否改变城市面貌，关系云南、关系昆明的对外形象、投资环境的改善和人民生活水平的提高。改变昆明城市面貌，根本出路在于新城。未来五年，要按照集中力量、重点突破、基础先行、成片开发、合理布局、完善功能的原则，举全市之力，在新城建设上取得突破。在呈贡新城、空港经济区、西城和南城，要通过加大招商引资力度，吸引国内外投资者到新区开发建设，使之成为产业投资的热点，建成一批产业项目，以产业发展带动城市化进程，避免新城“空壳化”。启动南城和西城的基础设施建设，加快产业发展步伐。加快新城基础设施建设，搞好主城到呈贡新区和新航空港的高速公路建设，30平方公里的呈贡新城核心区、启动区基本建成。完成主城至呈贡新区和新航空城的轻轨建设。加大路网改造建设力度，完成环湖公路建设、二环快速系统改造和广福路改扩建等重点工程建设，构建三环交通体系，加快提高主城交通通行能力。完成市级行政中心和首批建设的部分高校搬迁，物流中心、商业中心、昆医附一院、昆三中投入使用。昆明高新技术产业开发区、经济技术开发区和滇池旅游度假区在呈贡新区开发的产业片区初具规模。按照省委、省政府的统一部署，做好服务工作，搞好新机场征地、拆迁、移民安置和外部基础设施配套建设项目，配合省完成新机场建设任务，加快空港经济区开发建设。

市委、市政府决定，用五年时间，把昆明建成国家园林城市、国家卫生城市、国家环保模范城市。这是一个自加压力、需要奋发拼搏才能实现的目标，任务十分艰巨。希望全市广大党员干部以自己的模范行为，带领全市人民共同努力，下决心完成这一任务。坚持规划立市，突出规划的指导性、权威性和刚性，确立规划在城市发展中的龙头地位。下大力解决城市绿化、管线入地、恢复水城风貌、加强“城中村”改造、保护城市自然和人文资源、加强城市管理以及合理布局学校、医院、农贸市场等方面的问题。建立健全城市管理综合执法机制和综合管理长效机制，提高城市管理的现代化水平。在城市建设中，要倍加珍惜昆明独特的自然和人文资源，重视保护体现传统风貌的传统街区和建筑。建设完善主城及呈贡新区给排水、煤气管网和电力、电信网，提高公共服务设施保障能力。完成掌鸠河引水供水工程等重大项目。合理开展城市地下空间的综合开发利用，加强地下公共服务设施的综合管理。加强环卫基础设施建设。要加快“数字昆明”建设，加大信息化基础设施建设力度，建立社会管理和服务信息系统，积极推行“数字城管”，实现精确高效的城市管理。

昆明作为省会中心城市，辖区内集中了全省最重要的党政军机关，中央、省属部门和企业，科研院所、大专院校，也集中了全省最多的流动人口和外来务工人员。我们要认真搞好对辖区内机关、部门、企事业单位的服务；同时加强对流动人口和外来务工人员的教育、管理和服务工作，使他们成为促进现代新昆明建设的重要力量。

（四）深化改革、扩大开放，为经济社会发展增添动力和活力。改革是强市之路，是一个城市发展的不竭动力，也是昆明实现跨越式发展的强大动力。“十一五”时期的第一项改革任务是转变政府职能，改善创业发展环境。昆明作为西部城市，交通、港口及区位条件与沿海和东部地区相比处于劣势，外商和东部企业到昆投资成本高。我们有一定优势的是劳动力、电价、商务成本较低；但如果我们各级政府办事不透明，工作效率低，服务不规范，对外来投资的吸引力就将大大下降。因此，改善投资和创业发展环境，是建设现代新昆明的重大课题，必须下决心建设服务型政府、法治政府、责任政府和诚信政府，使各级政府的服务理念和行为方式真正体现以人为本和执政为民的要求。要通过改革政府运行机制，推进政企分开、政事分开、政资分开、政府与市场中介组织分开，实现政府职能转变，为群众提供优质、高效、便捷和公开、公平、公正的服务，提高政府信用，接受人民监督，从而构建良好的投资软环境。完善政府科学、民主决策机制，积极推行政府新闻发布和重大决策、重要事项的公开咨询、社会听证和公示等制度，让人民群众更广泛地参与公共事务管理。深化行政审批制度改革，减少和规范行政审批。提高行政效率，降低行政成本。要认真贯彻执行《公务员法》，推进机关人事管理的科学化、民主化和制度化，提高工作效能。

加大投融资改革力度是深化改革的另一个重点。投融资改革能否取得突破，关系昆明投资环境的优化、城市竞争力的提高和现代新昆明建设能否成功。投融资改革要体现公平、公正的要求，对所有投资主体一视同仁，实行“非禁即入”，凡法律和政策没有明确限制的投资领域，都要对所有投资者全面放开。要合理界定政府投资职能，规范政府投资行为，健全政府投资决策责任制度，严格政府投资监管，提高政府投资效益。政府投资主要用于公益性项目和基础性、引导性项目。对政府投资项目实行投资、建设、运行、管理、监督五分立，实行项目业主制。充分运用市场经济规律，合理有效地配置政府控制的资源，盘活存量资产，广泛挖掘城市无形资产的潜在效益，积极采用BOT、TOT等国际通行模式，扩大社会投资的范围，拓宽投资渠道，减轻政府公益性基础设施建设资金短缺的压力。强化企业的投资主体地位，改变政府投资方式，增强投融资平台的资本运作能力。金融是现代经济的核心，没有金融的支持，现代新昆明建设将举步维艰。要积极争取金融机构的支持，充分发挥金融机构对经济社会发展的支持作用。

进一步加快非公经济发展。落实加快非公经济发展的政策措施，支持非公企业投资金融服务、基础设施、公共事业，支持非公企业扩大经营规模，提升发展层次和水平。使其成为自主创新、外贸出口、引进外资和“走出去”的重要力量。继续深化国有企业改革，推动优势资本向优势产业集中。深化以产权制度为核心的国有企业改革，大力发展混合所有制经济。完善公司法人治理结构，建立现代企业制度。加快配套改革步伐，认真解决好国有、集体企业改革中的历史遗留问题。完善国有资产管理和监管方式，落实国有资产保值增值的责任，完善多种方式的激励约束机制。

整顿和规范市场经济秩序，加快建立社会信用步伐。推进财税体制改革，加快公共财政体系建设。深化商品流通体制改革，推行现代流通方式，大力发展专业批发市场，积极推进资本、土地、技术、劳动力等要素市场建设。重视培植县（市）区财源，增强县域经济发展后劲和活力。

紧紧抓住中国—东盟自由贸易区建设的重大机遇，全力配合省加快建设公路、铁路、航空、航运立体交通网络，建设面向东盟交通通讯网络。加快发展对外贸易。转变外贸增长方式，调整优化出口商品结构，加强出口基地建设，培育出口品牌，大力发展加工贸易和服务贸易。巩固欧、美和东南亚等传统市场，积极拓展南美、中东、南亚等新兴市场，扩大我市对外贸易、经济技术合作和劳务输出规模。支持有条件的企业“走出去”，拓展发展空间。充分发挥市属3个开发（度假）区的优势，努力提高对外开放的水平和层次。加快引进国内外资金、技术、人才和管理，与东盟各国实施产业对接。充分利用我市会展、博览设施，把昆明建成面向东盟经贸合作的重要平台。广泛开展与东盟的教育、文化合作，建设面向东南亚、南亚的教育基地和文化交流平台，为在2020年建成面向东南亚、南亚的制造、贸易、会展、商业物流、人才中心打下坚实基础。积极参加澜沧江—湄公河次区域合作，推动昆明与河口、曼谷、仰光等经济带发展。深入开展同东部沿海发达地区、西部城市及省内各州市的合作与交流。把招商引资作为经济工作的生命线，切实加大工作力度。加强基础设施建设，营造优质、高效、规范、公正的政务环境和良好的法治环境，不断改善招商引资的软硬环境。以六大产业片区、各县（市）区和各相关部门为招商引资的主体，健全目标考核奖惩激励机制。对已经投资落户的企业，要做好后续服务工作，使它们发展得更快更好。

（五）*让人民群众共享改革发展的成果，努力构建和谐昆明*。以人为本是科学发展观的本质和核心，人民群众的利益是我们一切工作的出发点和落脚点。“十一五”期间，我们要从多方面入手，解决人民群众最关心的现实问题，让人民群众共享改革发展的成果，推进和谐昆明建设。千方百计扩大就业，新增30万个就业岗位，城镇登记失业率控制在4.5%以内。深入贯彻落实《劳动法》，保护包括进城务工人员在内的劳动者的合法权益。全面建立新型农村合作医疗制度，解决2万职工的医疗保险问题，确保每个社区和村委会都有卫生站（室），深入推进平价药品“惠民工程”，切实解决群众看病难、看病贵的问题。从2006年开始，对义务教育阶段的农村学生免收杂费，对城市低收入群众子女和农村贫困家庭子女免收杂费、免费提供教科书，为农村困难家庭子女提供寄宿生活费补助；采取切实措施，保障进城务工人员子女的义务教育权利，在所有高中阶段学校设立“助学金”，对困难家庭学生给予学费补助或减免。确保每个困难家庭子女都有平等接受教育的机会，确保每个考上大学的学生都不因贫困而失学。扩大优质高中教育资源，解决上高中难的问题。基本实现城镇职工基本养老、基本医疗、失业、工伤、生育保险的全覆盖。完善城市最低生活保障制度，切实解决失地农民和进城务工人员的基本生活保障问题，积极稳妥地推进农村养老保险工作，逐步扩大农村最低生活保障覆盖范围。加强松华坝、云龙水库等重点水源区的保护和管理，确保城市饮用水安全，解决好103万农村人口的饮水困难，促进水源保护区经济社会的协调发展。搞好经济适用房和廉租房建设，解决2.3万户城镇低收入家庭的住房困难。基本解决11.6万绝对贫困人口的温饱问题，巩固提高42.4万贫困人口的温饱水平。在城市，要搞好就业指导和培训，加大就业援助力度，重视解决因病致贫问题，逐步提高最低生活保障标准。要加大支路次干道和背街小巷整治力度，打通断头路，增加单行道，进一步改善交通微循环系统，减轻主城交通压力。强化交通管理和疏导，优先发展公共交通，优化公共交通路网结构，提高公交营运管理水平，努力缓解主城交通拥堵的状况。深入推进“平安昆明”建设，完善社会治安打防控体系，依法严厉打击各类犯罪活动；以服务群众为重点，创新基层社会管理体制，加强和谐社区、和谐村镇、和谐单位建设，夯实社会和谐基础；建立健全社会利益协调和社会矛盾纠纷排查调处机制；抓好禁毒和防治艾滋病工作；抓好安全生产；提高保障公共安全和处置突发事件的能力。

（六）*深入实施可持续发展战略，建设资源节约型社会、环境友好型城市*。资源、环境是经济社会可持续发展和人民生活质量不断提高的重要基础。随着工业化、城镇化的推进，资源和环境的约束会继续加大，人民群众对生产生活环境质量的要求将越来越高。要加大滇池污染治理力度，认真编制好《滇池流域水污染防治“十一五”规划》。要以草海治理为突破口，实施滇池北岸环境综合治理、盘龙江等主城河道综合整治及滇池东、西岸截污工程等重大项目，加快滇池污染治理步伐。坚持标本兼治、综合治理，工程措施与生物措施相结合，全力推进滇池污染治理工作。加强截污、清淤、河道整治和生态修复等措施，加快草海生态区建设，使草海水达到景观水要求，恢复滇池草海的湖光山色。继续推广农村卫生旱厕，建立完善沿湖农村生活垃圾收集、清运及处置系统，规范畜禽养殖，有效控制农村面源污染，改善滇池湖滨生态系统。同时，要进一步抓好阳宗海等高原湖泊的生态环境保护，编制好阳宗海保护规划。进一步加大环境保护力度，大力发展循环经济，加快转变经济增长方式，使经济增长真正建立在提高人口素质、高效利用资源、减少环境污染、注重质量效益的基础之上。继续实施退耕还林和天然林保护工程，加快发展生态农业、生态旅游和环保产业，推进清洁生产，治理环境污染，提高城乡环境质量。坚持节约开发并重、节约优先、依法保护、科学管理的原则，合理开发利用土地、水、矿产、能源等自然资源。加大中水回用系统建设力度，创建节水型城市，努力建成资源节约型社会。大力发展循环经济，从资源开发、产业布局到废弃物管理和再利用，始终贯彻循环经济理念，按照减量化、再利用、资源化的原则，形成低投入、低消耗、低排放和高效率的节约型增长方式，积极推行健康文明的消费模式。鼓励企业推行循环式生产，推动产业循环式组合，形成能源资源节约型的经济增长方式，不断提高资源综合利用水平。

（七）统筹和促进区域协调发展，构建区域之间良性互动发展新格局。统筹区域协调发展，是落实“五个统筹”、推进科学发展的必然要求，是发挥我市各个区域优势、增强现代新昆明发展合力的迫切需要。统筹区域发展的核心目标是实现各地区之间优势互补、分工协作、相互促进、良性互动的协调关系。目前我市还有3个国家扶贫开发工作重点县（区），11.6万绝对贫困人口主要集中在北部五县区，区域发展不平衡的问题突出，县域经济发展不足成为我市发展的一条“短腿”。如果不采取有效措施，差距还将继续拉大，这不仅影响现代化建设的全局，还会影响社会的和谐与稳定。为此，市委、市政府根据各地经济社会发展的水平，把14个县（市）区划分为“三大发展板块”：第一板块是主城四区、安宁和呈贡，要率先发展，通过加快产业结构优化升级，大力发展现代服务业、高新技术产业、先进制造业和都市旅游业，强化在信息、科技、物流、金融、文化等方面的集聚、创新和辐射作用，搞好与大工业的产业配套，发挥“领跑”作用，在加快发展中“增优势”；第二板块是石林、宜良和晋宁，要依托资源优势，建立特色产业园区，大力发展旅游、农副产品加工和现代农业等特色产业，加速新型工业化、农业产业化和城镇化进程，在加快发展中“增实力”；第三板块是北部五县区，要落实各项优惠政策，加大以交通、水利、电力为重点的基础设施建设力度，调整产业结构，打造能源、重化工和农副产品加工等主导产业，强化环境保护和地质灾害治理，改善发展环境，缩小差距，在提速发展中“增后劲”。要针对不同地区的情况进行分类指导，确定差别化的目标任务、鼓励政策和考核体系，推动县（市）区各展所长、优势互补、错位发展，逐步形成功能定位清晰、发展导向明确、开发秩序规范、经济发展与人口资源环境相协调的区域发展格局。

围绕壮大县域经济，增加县乡财政收入、增加城乡居民收入，从不同实际出发，选准和发展特色支柱产业，培育市场竞争力强的优势产业、优势企业和优势产品，形成具有县域特色的产业结构。抓紧研究制定鼓励主城区产业转移的政策措施，引导更多的工业企业退出主城，向相关县（市）区产业园区集中。加强城乡规划，集约发展县城和中心镇。建立县域经济综合评价指标体系，强化县级政府的责任，激发县域经济发展的内在动力。进一步简政放权，赋予县级政府更多的经济、行政管理权限，促进县域经济快速发展。要采取特殊政策和措施，加大资金、技术和人才的支持力度，加快少数民族和民族地区经济社会发展。

（八）发挥投资和消费对经济增长的拉动作用，加快基础设施建设和基础产业发展。基础设施和基础产业在经济社会发展中起着基础性、全局性和先导性作用。昆明经济社会发展相对落后的一个重要原因是投入严重不足，基础设施和基础产业薄弱。“十五”期间我市固定资产投资年均增长15.7%，投资规模不仅大大低于沿海发达城市，而且低于西部周边城市。如，去年南京、杭州两市的固定资产投资均在1 200亿元以上，增幅均在22%以上，成都、西安、南宁三市分别达1 085亿元、640亿元和698亿元，增幅分别为25%、34%和37%，而昆明仅为435亿元，增幅仅为20%。我市投资对经济发展的带动作用还有很大潜力。为此，“十一五”期间，必须把加强基础设施建设和加快基础产业发展作为一项重大战略任务，摆在十分突出的重要位置。遵循国家产业政策，正确处理投资导向与产业需求的关系，坚持适度超前原则，加强对重大基础设施的统筹规划、科学论证和信息引导，优化布局，多渠道筹集资金，保持适度的投资扩张，加快项目建设步伐，力争“十一五”时期固定资产投资年均增长20%以上。要把扩大投资的重点放在工业及技术改造、城乡交通道路、农业基础设施、滇池污染治理等方面，加大对农业、科技、教育、文化、卫生、生态环境、社会保障等方面的投入，努力保持基础设施建设和基础产业发展与经济社会发展相适应，打开“瓶颈”，为加快发展提供支撑和保障。

在扩大投资的同时，要努力促进消费需求的增长。在满足群众吃穿用等基本消费的基础上，不断拓展城乡居民消费领域，优化消费结构，改善消费环境。努力创造新的消费热点，提高城乡居民特别是中低收入者的消费能力，促进消费升级，增强消费对经济增长的拉动作用。

（九）大力发展先进文化，促进各项社会事业全面发展。加快社会事业发展是贯彻落实科学发展观的重要内容。建设现代新昆明，既要重视有形的城市发展、也要重视城市精神的塑造，既要重视基础设施等硬件建设、也要重视提高市民素质，要把社会事业发展作为“十一五”时期的一项重大战略任务来抓。加强思想道德建设，弘扬爱国爱乡精神和以改革创新为核心的时代精神，积极实践“昆明精神”。深入开展群众性精神文明创建活动，不断提高城乡文明程度和市民文明素质。认真贯彻落实新时期国家科技工作方针，以提高自主创新能力为核心，以增强城市综合竞争力为目标，围绕关键环节和重点领域，启动一批重大科技项目，搭建技术创新平台，增强自主创新能力，促进经济增长方式转变。优先发展教育事业，巩固提高“两基”教育成果，率先在全省基本普及高中阶段教育；大力发展以就业为导向、以培养实用型人才为目标的职业教育，到“十一五”末期，使中等职业教育与普高教育的招生规模和在校生规模大体相当。支持昆明地区高等院校的发展，促进高等教育办学质量、效益和水平的全面提升。积极发展民办教育。切实做好人才工作，培养和引进大批适应现代新昆明建设需要的各级各类人才。大力发展文化事业和文化产业，建设一批文化基础设施。重视文化人才的培养和使用，精心打造一批优秀文化作品，丰富人民群众的精神文化生活。加强对历史街区、优秀建筑、历史文化遗产和民族民间文化艺术的保护和传承。加强医疗卫生工作，健全疾病预防控制体系和医疗救治体系，提高公共卫生服务水平和突发公共卫生事件应急处置能力。坚持计划生育基本国策，加快建立计划生育利益导向机制，倡导优生优育，控制人口增长，提高人口素质。切实做好禽流感等重大动物疫情的防控工作。发展体育事业，开展全民健身运动，提高全民健康水平和体育竞技水平，力争成为全国体育工作先进城市。逐步建立科学、合理、有力的社会事业发展运行机制、管理机制和保障机制，促进社会发展目标与国民经济的总量和结构平衡。

（十）加强民主政治建设，切实保障人民当家作主的权利。发展社会主义民主政治、建设社会主义政治文明，是全面建设小康社会的重要目标和必然要求。建设现代新昆明，做好昆明的各项工作，必须充分调动各方面的积极性，充分尊重和发挥人民群众的首创精神，切实把坚持党的领导、人民当家作主和依法治市有机统一起来，不断加强社会主义民主政治建设。坚持和完善人民代表大会制度，支持人大及其常委会依法履行职能。坚持和完善中国共产党领导的多党合作和政治协商制度，进一步加强同民主党派、无党派人士的团结合作，充分发挥人民政协政治协商、民主监督、参政议政的职能。切实做好港澳台侨工作，巩固和发展最广泛的爱国统一战线。牢牢把握共同团结奋斗、共同繁荣发展的主题，坚持和完善民族区域自治制度，全面贯彻落实党和国家的民族政策和法律法规，完善民族团结目标管理责任制，加快少数民族和民族地区的经济社会发展，巩固和发展平等、团结、互助、和谐的社会主义民族关系。全面贯彻党的宗教信仰自由政策，依法管理宗教事务。充分发挥工会、共青团、妇联等人民团体的桥梁纽带作用。加强人民武装和国防动员工作，深入开展双拥活动，增强军政军民团结。推进依法治市，加强地方立法工作，推进依法行政。深化司法改革，规范司法行为，加强司法监督，促进司法公正。加强基层民主政治建设，完善基层民主管理制度，推进政务公开、厂务公开、村务公开及公用事业单位办事公开，拓宽人民群众参与管理经济、文化和社会事务的渠道，保证广大群众依法行使选举权、知情权、参与权、监督权。

三、大力加强和改进党的建设，提高执政能力和领导水平，为顺利实施“十一五”规划提供坚强保证

推动昆明的发展，办好昆明的事情，关键在党，关键在人。我们要坚持立党为公、执政为民的本质要求，全面推进新时期党的建设新的伟大工程，不断加强执政能力建设和先进性建设，为顺利实施“十一五”规划提供坚强的政治保证。

（一）加强思想政治建设，努力提高执政能力和领导水平。要抓住“一个重点”，增强“三个意识”，提高“五种能力”。抓住一个重点，就是要深入学习贯彻邓小平理论和“三个代表”重要思想，牢固树立和落实科学发展观，用科学发展观统一全市广大党员干部的思想，使各级党员干部自觉地把发展理念和工作思路调整到科学发展观的要求上来。增强三个意识，就是要增强忧患意识，清醒认识和高度重视改革发展中存在的差距和问题，居安思危，把应对困难和矛盾的措施准备得更加充分，兢兢业业地工作；增强机遇意识，深刻认识我们国家所处的战略机遇期和加快昆明发展面临的有利条件，珍惜和用好机遇，发挥优势，把客观的可能性转变为现实的成果，创造性地做好工作；增强责任意识，充分认识做好昆明工作的重要性，以对党和人民高度负责的精神，全身心地投入工作，切实履行好自身的职责。提高五种能力，就是要在学习贯彻落实科学发展观的基础上，不断提高领导发展、服务群众、依法治市、建设先进文化和抓落实的能力。要巩固和发展保持共产党员先进性教育活动成果，建立保持先进性的长效机制。加强对党员干部的经常性教育，不断增强党性修养和道德修养，始终在政治上、思想上、行动上与中央和省委保持高度一致。进一步完善干部学习制度，加大干部培训力度，着力提高领导干部的职业素质和专业管理水平。

（二）切实搞好领导班子和干部队伍建设，为现代新昆明建设提供组织保证。认真贯彻落实《党政领导干部选拔任用工作条例》，按照提高素质、优化结构、改进作风、增强团结的要求，结合换届工作，努力把各级领导班子建设成为政治坚定、求真务实、开拓创新、勤政廉政、团结协调的领导集体。进一步调整优化领导班子素质结构，形成合理的年龄梯次配备。做好干部培养选拔工作，按照科学发展观、正确政绩观和马克思主义群众观的要求，注重选拔政治上靠得住、工作上有本事、作风上过得硬、广大群众拥护的干部，要注意把那些熟悉工业经济、懂得资本运作的干部选拔到各级领导班子中，加强对经济工作的领导。要加快培养选拔年轻干部，做好妇女干部、少数民族干部和党外干部培养选拔工作。加强以民主集中制为中心内容的制度建设，完善领导班子工作运行机制，提高科学执政、民主执政、依法执政的水平。各级党委要充分发挥总揽全局、协调各方的领导核心作用，集中精力抓住全局性、战略性、前瞻性的重大问题，有效实施党在各个领域的政治、思想和组织领导，凝聚全社会的力量，共同推进现代新昆明建设。

（三）积极推进干部人事制度改革，形成富有生机与活力的用人机制。要以建立健全干部选拔任用和管理监督机制为重点，以科学化、民主化、制度化为目标，建立健全包括发现、培养、选拔、使用、考核、监督等各个环节在内的有效机制和科学方法，努力形成广纳群贤、人尽其才、能上能下、充满活力的用人机制。加快推进干部管理，由以职务管理为主向以职责管理为中心的转变，建立党政领导干部和部门职责体系、职责绩效考核指标体系、职责绩效评价组织管理体系，健全党政领导干部职责绩效管理制度，通过开展效能绩效考核，逐步形成工作目标责任制考核、满意不满意单位评选、效能绩效考核“三位一体”的综合考评体系。在绩效考核中，既要考核经济指标，更要注重考核具体工作指标；要提高工作标准，所确定的考核指标不能太软。要研究制定我市部门行政首长问责制办法，不断完善奖惩机制，对不履行或不正确履行法定职责的人员进行过问和追责，着力解决决策失误、违法行政、行为失范和滥用职权以及执行不力和不作为等问题，使权力与责任相匹配和一致，充分调动和切实保护好广大干部群众的工作积极性，促进行政执行力和行政效率的提高，确保党委、政府部署的各项任务的完成。

（四）深入实施“云岭先锋”工程，加强党的基层组织建设。要按照围绕中心、服务大局、拓宽领域、强化功能的要求，以深入实施“云岭先锋”工程为载体，以密切与人民群众的联系为主题，加强党的基层组织建设。要调整工作职责、创新工作方式、改善自身建设，巩固和扩大先进性教育活动成果，探索建立党员受教育、群众得实惠的长效机制，积极推进农村、企业、事业单位、社区、机关和非公经济等基层组织的工作创新，不断增强基层党组织的影响力、凝聚力和战斗力。加大对基层的投入，不断改善基层党组织的工作条件，积极帮助基层解决实际问题。

（五）加强党风廉政建设，深入开展反腐败斗争。蓝图已经绘就，任务已经明确，关键是要狠抓落实。全市各级党组织和广大党员干部要始终牢记党的宗旨，提高立党为公、执政为民的自觉性，进一步转变工作作风。要重实际、说实话、办实事、求实效，坚决反对形式主义和官僚主义，把全部心思和精力用在工作和事业上，加强调查研究，注重解决实际问题。要敢于坚持原则，敢于严格管理，敢于批评错误，反对敷衍塞责、推诿扯皮。承诺的事，就要坚决兑现；制定的规划，必须千方百计落实。要把党风廉政建设和反腐败斗争作为一项重大的政治任务，切实抓紧抓实。坚持标本兼治、综合治理、惩防并举、注重预防，建立健全与社会主义市场经济体制相适应的教育、制度、监督并重的惩治和预防腐败体系。健全反腐败领导体制和工作机制，全面落实党风廉政建设责任制。加强思想道德和纪律教育，使各级领导干部常修从政之德、常思贪欲之害、常怀律己之心；针对群众反映的突出问题开展专项治理，坚决纠正损害群众利益的不正之风；以查处发生在领导机关和领导干部中滥用职权、牟取私利的违法违纪案件为重点，严厉惩处腐败分子。

同志们，千里之行，始于足下。我们既要着眼长远抓大事，又要立足当前抓落实。明年是实施“十一五”规划的第一年。我们要扎实做好各方面的工作，为顺利实施“十一五”规划开好局、起好步。在经济工作方面，要认真贯彻落实中央经济工作会议精神，围绕实现全市生产总值增长12%、地方财政收入增长10%的目标，统筹城乡发展，以城乡一体化为重点，研究部署新农村建设工作，搞好试点示范，有计划、有步骤、有重点地逐步推进；切实抓好产业片区和产业聚集区的规划建设，促进产业发展；以落实责任制和绩效考核为龙头，推动招商引资取得突破性进展；巩固提高以旅游业为重点的服务业发展水平；实施稳健的财政政策，狠抓增收节支；在转变政府职能和投融资两项重点改革上迈出实质性步伐；积极支持和帮助欠发达地区加快发展。在城市工作方面，要集中力量，加快步伐，推进呈贡新城和空港经济区建设的各项工作；全面启动创建国家园林城市、国家卫生城市和国家环保模范城市的各项基础性工作；加快滇池污染治理步伐，搞好城市主要河道整治；强化责任，严格城市监管，毫不松懈地抓好城市环境综合整治。在社会发展方面，要加强精神文明建设，深入开展群众性精神文明创建活动；加快科技、教育、文化、卫生等社会事业改革与发展；加强民主法制建设，推进依法治市，全力做好维护社会稳定的工作；坚持以人为本，关心群众生产生活，认真解决民生问题。在党的建设方面，要以换届工作为契机，调整优化结构，搞好各级领导班子建设和干部队伍建设；抓紧研究制定领导干部绩效考核和部门行政首长问责制办法，切实推进干部管理由以职务管理为主向以职责管理为中心转变；深入开展党风廉政建设和反腐败工作。

同志们，科学发展观开辟了现代新昆明建设的广阔道路，构建和谐社会昭示着美好的前景。我们胜利走过了“十五”的光辉历程，即将踏上“十一五”发展的崭新征程；我们的事业任重而道远，我们的使命光荣而艰巨。让我们紧密团结在以胡锦涛同志为总书记的党中央周围，高举邓小平理论和“三个代表”重要思想伟大旗帜，认真贯彻落实党的十六届五中全会、中央经济工作会议和省委七届七次全会精神，在科学发展观及构建和谐社会重大战略思想的指引下，在中共云南省委的领导下，立足新起点，再创新业绩，努力开创昆明更加美好的未来！

政府工作报告

——在昆明市第十二届人民代表大会第一次会议上

（2006 年 2 月 19 日）

中共昆明市委副书记、昆明市市长　王文涛

各位代表：

我代表市人民政府，向大会作政府工作报告，主要内容是关于昆明市国民经济和社会发展第十一个五年规划，请各位代表连同《昆明市国民经济和社会发展第十一个五年规划纲要（草案）》一并审议，并请市政协委员提出意见。

一、2005 年和“十五”工作回顾

过去的一年，在省委、省政府和市委的领导下，我们坚持以邓小平理论和“三个代表”重要思想为指导，认真树立和落实科学发展观，全面贯彻执行国家、省一系列决策部署，团结奋进，扎实工作，坚定不移地推进现代新昆明建设，较好地完成了市十一届人大六次会议确定的各项目标任务。

国民经济快速增长。全市经济总量和地方财政收入分别超千亿、百亿大关，实现“双突破”。全市生产总值1 062.3亿元，增长 11.1%，人均生产总值17 588元。财政总收入 220.9 亿元，其中，地方财政收入 110.5 亿元，增长 29%。完成固定资产投资 522 亿元，增长 20%。农业实现增加值 77.3 亿元，增长 5%。工业实现增加值 387.1 亿元，增长 11.9%，规模以上工业企业实现利润总额 82.9 亿元。第三产业实现增加值 501.8 亿元，增长 9.3%。社会消费品零售总额 415.5 亿元，增长 12.2%。旅游业接待海内外游客超过2 000万人次，总收入 138.5 亿元。

城市面貌较大改善。打响缓解城市交通、整治市容市貌、拆迁改造二环路攻坚战。大力整治城市环境，改造主城“三横四纵”和支路次干道，深入开展全民爱国卫生运动，实现了市容市貌焕然一新、国内国外眼前一亮，保障了 GMS 会议成功举办。坚持公交优先，建成西昌路公交专用线，新增公交线路 29 条，公交出行分担率由“九五”末的 9.6% 提高到 18%。东南二环重大市政基础设施建设拆迁工作基本完成。官南路立交、南三环二期投入使用，东三环、高海公路建设按计划推进。呈贡新城开发建设扎实有效，云南师范大学、云南民族大学、云南中医学院新校区开工建设，市政配套道路中庄路已开工，连接主城与新城的主干道新昆洛路 3 月份即可完工，集装箱中心站等项目进展顺利。新机场综合交通工程开工。第七届全国残运会主馆场建设进展顺利。确立规划立市，强化规划执法，推行阳光规划。完成呈贡新区 8 个片区、主城 55 个分区控制性详规及交通总体规划等重要专业性规划。出台城市规划管理技术规定，加强城市道路综合管线规划建设管理，规范户外广告设置。启动“数字城管”。明确市区职责，形成市抓主、区抓次、市统筹、区实施的统分结合新机制。

改革开放成效显著。深化农村税费改革，免征农业税和除烟叶外的农业特产税。适应乡镇政府职能转变，调整撤并乡镇 26 个。启动了新一轮国企改革工作。以属地征收、税种分享为核心，调整完善市对县（市）区和三个开发（度假）区财政管理体制。全市进出口总额 34.4 亿美元，增长 32%，其中，出口 17.4 亿美元，增长 25.4%。实际利用外资8 261万美元，增长 32.6%。实际引进市外到位资金 143 亿元，增长 23.8%。三个国家级开发区健康发展，实现财政总收入 13.7 亿元，增长 36.7%。高新区、经开区通过国家验收，信息产业基地、光电子产业基地、出口加工区等启动建设。

社会事业加快发展。组织实施科技计划项目及课题 130 多个，总经费 5.5 亿元。国家 863 软件专业孵化器昆明基地一期建设通过科技部验收，滇池入湖河流水环境治理技术与工程示范项目列入 863 重大科技专项。荣获“全国科技进步先进市”称号。教育综合改革试点全面启动。加强高中教育质量管理，高考成绩较大幅度提高。市人才服务中心教育分中心、卫生分中心挂牌成立。市歌剧舞剧院挂牌组建，市文化艺术生产基地即将竣工。城镇医疗卫生体制改革不断深化。推进新型农村合作医疗，全市 86% 的农民享受农村基本医疗保障。人口自然增长率为 6.23‰。成功举办市第八届少数民族传统体育运动会。全年城市环境空气质量优良天数达到 363 天。圆满完成全市经济普查，1% 人口抽样调查工作进展

顺利。

2005年承诺的10件实事基本完成：收集提供有效就业岗位7.6万多个，解决了6.2万多人就业，其中3.2万多名下岗失业人员实现再就业；主城高峰时段主要路口行车平均时速提高到20公里左右；绿地建设完成12万平方米，朱家村立交绿地建设正在抓紧进行；新建改造24个社区卫生服务中心(站)、200个村卫生室，三级农村药品监管网络、三级药品供应网络覆盖率分别达98.5%和96%；实施"两免一补"，全市15.8万名义务教育阶段贫困学生获得救助；在滇池周边、饮用水源区农村建成家庭式生态卫生旱厕5.3万多个、公共生态卫生旱厕180多座；培训转移农村富余劳动力近12万人，新增转移农民工8.4万人；完成527座广播电视"村村通"建站任务；基本完成县乡油路近300公里，剩余路段正在抓紧施工；符合条件的医保个人账户每月低于40元的7万余名市属国有企业退休人员全部得到补助。

各位代表！新世纪头五年，是我市发展史上经历挑战、经受考验较多的时期。我们与全市人民一道，共同努力，抵御了"非典"疫情严重冲击，扑灭了高致病性禽流感，战胜了50年一遇的严重干旱，克服了水电煤运紧张等不利因素，实现了改革开放和现代化建设新的推进。

——过去的五年，是经济平稳较快发展、综合实力明显增强的五年。全市生产总值、地方财政收入、固定资产投资年均分别增长10.2%、17.5%和15.4%。加大对农业扶持力度，粮食生产总体平稳，烤烟质量和效益稳步提高，蔬菜、花卉、畜牧业等特色产业快速发展。市级扶持的龙头企业发展到100多家，有4户企业被认定为国家级龙头企业。坚持产业兴市、工业强市，制定实施工业发展纲要，设立工业发展基金，扶优扶强。完成重点技改项目134项，总投资81.4亿元，烟草、机电等支柱产业和生物医药、高新技术等新兴产业进一步发展壮大。第三产业快速发展，旅游支柱产业作用逐步显现，房地产业健康平稳发展，信息化建设稳步推进。加大对县区支持和扶持，市级财政累计转移支付20.8亿元，县域经济在全市发展中的作用逐步增强。

——过去的五年，是城市发展深入推进、城乡面貌显著变化的五年。按照省委省政府建设现代新昆明的战略部署，我们解放思想，深入实践，现代新 昆明建设取得阶段性成果。完成昆明城市总体规划调整，修编呈贡东城、晋城南城、昆阳—海口西城及安宁、嵩明城市总体规划。建成区面积由142平方公里增加到212平方公里。建成市中心区步行街，新建改扩建滇池路、320国道眠山至车家壁段等41条道路，城市人均拥有道路面积由8.5平方米增加到10.1平方米。持续开展城市环境综合整治，实施绿化美化亮化工程。建成20个城市公共绿地，建成区绿地率25.7%，绿化覆盖率26.8%，人均公共绿地面积6.04平方米。城市供水设计能力达到每日96.5万吨。城市气化率96%。烟尘控制区覆盖率100%，噪声达标区覆盖率85%。滇池治理"十五"计划项目开工率95%，完成77.5%，滇池水体水质总体保持稳定。枧槽河、采莲河等整治工程竣工。滇池北岸水环境综合治理工程获国家发改委批复。完成草海水污染综合治理和盘龙江城区段水体景观改善可行性研究。柴石滩水库枢纽工程全面完工。掌鸠河引水供水工程即将进入试通水阶段。加快县城和中心集镇建设，全市城镇化率达到57%。农村电网改造普及面达80%。完成各类水利工程3.1万多件，解决了33万人的饮水困难，水利化程度提高到71.5%。城乡环保和资源管理工作得到强化。天然林保护、退耕还林还草工程扎实推进，全市森林覆盖率51.2%。实施松华坝水源区群众生产生活补助，水源区保护力度加大。

——过去的五年，是各项改革不断深化、对外开放日益扩大的五年。三年深化国企改革任务基本完成，企业改革面达93%，分离企业办学校151所、50张床位以上企业办医院27所。乡镇企业改革改制工作基本结束。公交、自来水等市政公用行业市场化进程加快。稳定完善农村土地承包政策，农村税费改革取得实效。成立土地储备及交易中心，规范土地市场。组建城市建设、土地、交通、滇池治理、呈贡新城建设等投融资主体，多元化投融资平台初步形成。以东连接线建设为突破口，吸纳社会资金投资市政基础设施建设。完成主城四区行政区划局部调整，下放城市管理权限，建立两级政府、三级管理、四级网络、重心下移、上级监督的城市管理新体制。建立健全为民服务网络，成立便民服务中心，建立重大投资项目行政审批绿色通道，实施综合受理制、告知承诺制和首席代表制。认真贯彻执行《行政许可法》，累计取消精简行政审批项目510项。开展市级经济社会管理权限下放试点，制定出台支持北部五县区加快发展的政策措施。推进部门预算、国库集中支付改革，政府采购不断强化。市场经济秩序进一步规范。实行重点招商引资项目推进责任制，建立定点联系企业制度，强化协调服务，推进项目落地实施。累计批准设立外商投资企业363户，实际利用外资2.6亿美元，实施国内经济合作项目1 588项，实际引进市外到位资金330.8亿元。进出口总额年均增长24.5%，其中出口年均增长19.5%。加强对外交流与合作，国内外友城关系进一步巩固发展。

——过去的五年，是经济社会协调发展、社会事业全面进步的五年。科技对经济增长的贡献率达到51.8%，全市每10万人专利拥有量位居西部城市前列。"两基"成果进一步巩固，素质教育继续加强，高中阶段教育毛入学率达75%，优质普高招生占总数的46.8%。民办中小学发展到150多所。改造农村中小学危房34.5万平方米，新增寄宿制学校198所，收缩撤并一师一校点583个。人才资源开发工作取得新成绩。完成1 100多座农村地区广播电视"村村通"建站任务，全市广播电视综合覆盖率96%。历史文化保护工作得到强化。设立专项基金，支持重点文化产业发展。完成15个疾控中心项目建设，社区卫生服务机构发展到158个，覆盖人群170多万。全市人口平均预期寿命上升至74.3岁。落实计划生育"奖优免补"政策，人口自然增长率稳定在较低水平。全民健身蓬勃开展，竞技体育在国际和全国比赛分别取得13枚、42枚金牌好成绩。新闻出版、档案、地方志、参事、人防工作有了新发展。老龄、妇女儿童、残疾人事业得到加强。

——过去的五年，是人民生活持续改善、广大群众实惠较多的五年。城镇居民年人均可支配收入从7 563元增加到9 616元，农民年人均纯收入从2 220元增加到3 258元，年均分别实际增长6.6%和5.9%。农村和城市居民人均住房面积分别达到35.6平方米和22.5平方米。20.2万人实现再就业，城镇登记失业率连续五年控制在3%以内。加大教育培训力度，转移农村富余劳动力25.5万人，启动东川再就业特区建设，提供就业岗位2 000多个，安置下岗职工1 000多人。"两个确保"继续巩固，各类社会保险覆盖面不断扩大，社区劳动保障平台基本建立。提高了城市居民最低生活补助标准，城乡社会救助体系进一步健全，社会福利事业得到加强。着力解决城市特困居民住房困难问题，建成1 800多套廉租房。市财政共投入扶贫资金2.5亿元。完成91个安居温饱村建设，改造茅草房、杈杈房7 300多户，易地转移安置2 700多人，解决了13.8万绝对贫困人口的温饱问题，农村绝对贫困人口由“九五”末的25.4万人减少为11.6万人左右。实施食品放心工程，加强城市居民二次供水监测管理，让居民吃上放心食品、喝上洁净水。

——过去的五年，是民主法制得到加强、政治社会安定团结的五年。坚持依法治市，认真贯彻国家法律和地方性法规，自觉执行市人大及其常委会决议，主动接受市人大及其常委会的法律监督、工作监督和市政协的民主监督，重大问题广泛征求市人大代表、市政协委员的意见，听取各民主党派、工商联和无党派人士的建议。办理人大代表建议和政协委员提案5 500多件。提请市人大常委会审议通过地方性法规34件，制定并公布市政府规章35件，清理废止316件市政府规章和政府规范性文件。密切与工会、共青团和妇联等群众团体的联系。民族团结进步事业取得新成绩，宗教工作取得新进展。维护国家安全工作得到加强。群众性精神文明创建活动深入开展。国防动员、双拥共建、人武部建设和民兵预备役工作扎实有效，第四次荣获“全国双拥模范城”。12345市长热线、110社会联动、局长（主任）接待日、职工代表联络员制度不断完善。建立社会听证、专家咨询、法律顾问和新闻发言人制度。认真落实《云南省公务员八条禁令》，开展机关行风评议，出台行政不作为问责制。加强行政监察和审计监督，廉政建设取得新成绩。积极创建平安昆明，深入开展“严打”专项斗争，强化禁吸戒毒和艾滋病防治，完善社会治安打防控长效机制，加强社会矛盾和民间纠纷调处工作，治安形势总体平稳。建立健全社会预警体系，完善突发公共事件应急机制，提高了应对公共事件的能力。

总结五年来的实践，我们始终坚持以科学发展观总揽全局，把发展作为第一要务，统筹兼顾，注重协调，全面推进各项工作；始终坚持从实际出发，走有时代特征昆明特色的发展道路，明确了建设现代新昆明的城市发展目标，为解放和发展生产力开辟了新途径；始终坚持以人为本，关注群众切身利益，认真解决就业、住房、入学、交通、环境等热点难点问题，连续4年每年重点办好10件实事；始终坚持转变政府职能，健全完善体制机制，改进工作作风，营造良好发展环境；始终坚持调动一切积极因素，全市一盘棋，上下一条心，凝心聚力，形成加快发展的合力。

各位代表！五年来的成就来之不易。这是在市委的领导下，在市人大和市政协的支持、参与、监督下，全市广大干部群众和社会各界共同团结奋斗的结果，得益于历届政府的不懈努力。在此，我谨代表市人民政府，向全市各族人民，向给予政府工作大力支持的人大代表和政协委员，向各民主党派、工商联和社会各界人士，向中央驻昆单位、省级各部门、各兄弟州市和驻昆人民解放军、武警部队官兵，向所有关心、支持昆明发展的海内外朋友，表示崇高的敬意和衷心的感谢！

我们也清醒地看到，前进道路上还面临不少困难和问题：城市综合实力不强，在全国省会城市中仍处于相对滞后地位；城乡二元结构特征明显，县区发展不平衡；基础设施和基础产业还很薄弱，产业发展严重不足；主城交通拥堵、绿化不足等问题依然突出，城市功能有待进一步完善，历史文化名城保护工作还需加强；生态环境比较脆弱，滇池污染治理任务十分艰巨；体制和机制的障碍仍比较多，创业发展环境还需改善；影响社会和谐稳定的因素依然存在，许多群众关心的热点难点问题亟待解决；政府职能转变还不到位，抓落实的能力需要提高，等等。对此，我们要高度重视，在今后的工作中，采取更有力的措施加以解决。

二、“十一五”规划目标和主要任务

“十一五”是全面建设小康社会承前启后的重要时期，是现代新昆明建设极为重要的关键时期。省委省政府提出，把以昆明为重点的滇中地区，发展成为全省经济的核心区和对内对外开放的中心。我们要把握形势，坚持以邓小平理论和“三个代表”重要思想为指导，以科学发展观统领经济社会发展全局，以加快建设现代新昆明为主题，抓住世界及我国沿海地区产业转移和西部大开发深入推进等重大机遇，以工业强市为基础，以改革开放为动力，以经济结构调整和经济增长方式转变为主线，以提高人民生活水平为根本目的，建设学习型、创新型社会，构建和谐昆明。

“十一五”时期，我市经济社会发展总体目标是：全市生产总值年均增长10%以上，2008年实现人均生产总值比2000年翻一番；单位生产总值能耗比“十五”期末降低20%左右；地方财政一般预算收入年均增长10%；固定资产投资年均增长15%以上；外贸进出口总额年均增长12%；城镇居民人均可支配收入年均增长7%；农民人均纯收入年均增长6%；人口自然增长率控制在6.5‰以内；城镇登记失业率控制在4.5%以内。

完成今后五年的各项目标任务，我们必须保持经济又快又好地发展；必须坚持解放思想，始终保持昂扬向上的精神状态；必须深化改革扩大开放，增强发展的动力和活力；必须促进城乡区域协调发展；必须让全市人民共享改革发展的成果。要重点解决好事关昆明发展全局的重大问题：

（一）推进社会主义新农村建设。按照生产发展、生活宽裕、乡风文明、村容整洁、管理民主的要求，坚持多予少取放活方针，实行工业反哺农业、城市支持农村，尊重农民意愿，搞好规划和试点、推进社会主义新农村建设和城乡协调发展。发展农业规模经营，加快发展现代农业，巩固提升粮、烟、畜禽、菜、花、果等产业，壮大乳业、标准化药物种植等新兴特色产业。大力发展设施农业、外向型农业、休闲观光农业等。加强农田水利建设，新建高稳产农田10万亩，改造中低产农田50万亩，全市有效灌溉面积达到206万亩。推进农业产业化经营，加大对龙头企业的扶持，力争产值超亿元的达到10户以上。加快农业标准化进程，完善农业技术推广、农业信息服务、农产品市场和农产品质量安全体系。基本实现食用农产品标准化生产，经过认证的无公害农产品、绿色产品产值占总产值的50%以上，无公害蔬菜产量达到80%以上。强化监测和检验检疫，进一步健全处理突发性动植物重大疫情和灾害预警制度与应急机制。

深化农村综合改革。稳定和完善以家庭承包经营为基础、统分结合的双层经营体制，健全在依法、自愿、有偿基础上的土地承包经营权流转机制。巩固和扩大农村税费改革成果，加强农民负担监管和农村财务管理。扎实推进以乡镇机构、农村义务教育和县乡财政管理体制为主要内容的农村综合配套改革。落实最严格的耕地保护制度，切实保护农民的土地权益。发展新型农村合作经济组织，提高农民进入市场的组织化程度。积极推进林业产权制度改革，促进林业产业快速发展。整合协调各种渠道的支农资金，提高资金使用效率。

加大对农村公共事业的投入。巩固农村“普九”成果，基本普及农村高中阶段教育。加强农村公共卫生和基本医疗服务体系，按照标准，改造建设100个乡镇卫生院，新建600个、改建300个村卫生室。新型农村合作医疗覆盖率达到100%。实施好农村计划生育家庭奖励扶助制度。改善乡镇文化设施，建设116个乡镇文化站。积极开展生态文明村镇和民主法治村创建活动。推进农村改水、改路、改厕、改灶等工作。建设生态示范村50个，实施5万户沼气池建设。继续开展乡乡通油路和行政村通公路建设，乡乡通油路达100%，行政村通达率力争达100%，行政村路面硬化率达60%。进一步改造完善农村电网。搞好病险水库的除险加固。认真解决好农村饮水困难和饮水安全问题。

努力增加农民收入。落实各项支农惠农政策，充分挖掘农业内部增收潜力。支持鼓励农民开展多种经营，引导农民向非农产业和城镇有序转移，带动中小民营企业和小城镇发展。发展劳务经济，强化技能培训，新增转移和输出农村劳动力40万人。壮大农村集体经济实力，加大扶贫开发力度，强化整村推进工程，基本解决农村11.6万绝对贫困人口的温饱问题，提高42.4万贫困人口的温饱水平。

（二）促进区域协调发展。根据各县（市）区经济社会发展水平，划分“三大板块”，因地制宜，分类指导，梯次推进，共同发展。鼓励五华、盘龙、官渡、西山、安宁和呈贡第一板块带头“领跑”，在促进城乡一体化上起好示范作用，在率先发展中增优势。推进石林、宜良、晋宁第二板块积极“跟跑”，努力成为新的经济增长区域，在加快发展中增实力。加大对东川、寻甸、嵩明、禄劝、富民北部五县区第三板块的“助跑”力度，支持重大项目建设，大力发展能源、重化工和农产品加工等产业，用好支持北部县区经济社会发展专项资金，实行企业税收优惠政策，力争赶上全市发展平均水平，在提速发展中增后劲。

启动村镇体系规划工作，在区域协调和城乡一体化进程中，切实做到城乡全规划、满覆盖，逐步推进工业向园区集中，农民居住向城镇集中，土地向适度规模集中。支持县区搞好县城和中心集镇、中心村规划建设管理，更好地发挥连接城乡、服务农业、集聚农民的纽带作用。

（三）优化产业结构布局。坚持“二三并重、两轮驱动”，共同推动经济发展。深入推进工业强市，抓好特色产业，打造知名品牌，促进产业集群发展。继续实施工业发展倍增计划，推进30户重点骨干企业发展壮大。做大做强机械行业，大力发展现代装备和配套制造业。做优做精烟草、冶金、化工等产业，积极发展软件、光电子信息、生物医药等高新技术产业。积极引导产业向片区和园区集中，推进六大产业片区发展，搞好安宁、东川、海口、杨林、呈贡五个省重点规划发展的工业园区建设。规划建设相对集中的县区产业发展聚集区，促进县域经济发展。

提升服务业水平。拓展生产服务业领域，强化信息技术普及应用，提高企业、政府和社会信息化水平。改造提升商贸、市政服务、邮政通信等传统服务业。大力发展现代物流，应用现代经营方式和信息技术改造传统物流业。积极发展金融保险、信息咨询、中介服务、社区服务等新兴服务业。加强房地产市场引导、调控和监管，促进房地产业健康有序发展。

推进旅游二次创业。充分发挥“春城”气候、阳光、民族风情、历史文化等优势，整合优化旅游资源，促进文化与旅游的结合。打造提升石林、世博园、阳宗海、环滇池旅游圈、轿子雪山、安宁温泉等景点，规划建设旅游小镇。进一步规范旅游市场，提高服务质量，树立旅游城市良好形象。推动会展业快速发展。促进旅游产业从单一观光型向复合型转变，努力把昆明建成国内外重要的观光、休闲康体和面向东南亚、南亚的国际度假目的地。

（四）加快建设宜居城市。聚焦新城，改善主城，创建国家园林城市、国家卫生城市、国家环保模范城市。以科学规划指导城市发展，修编城市总体规划、土地利用规划，深化城市分区规划、控制性详细规划、产业发展规划和其他专项规划。编制好城市近期建设规划和空港经济区、南城、西城控制性详规。严格依法编制和依程序变更规划，强化规划实施的监督管理，提高规划执行刚性。统筹协调经济社会发展规划与城市建设、土地利用、重大基础设施建设等各种规划的关系。

加快新城开发建设。按照集中力量、重点突破、基础先行、成片开发、合理布局、完善功能的要求，凸现城市风貌、现代特色和民族风格。加强新城市政基础设施建设，推进一批社会发展项目，完成市级行政中心和首批建设的部分高校搬迁，物流中心、商业中心等投入使用，基本建成呈贡新城核心区。积极配合省做好新机场征地拆迁、移民安置和外部基础设施配套项目建设，加快空港经济区开发建设。启动南城、西城建设基础性工作。

提升完善主城功能。建管并重，强化交通综合治理。实施绕城高速公路建设，规划建设城市轨道交通，实现主城外部交通高速化、网络化。改造建设二环快速系统，构建三环交通体系，搞好城市主次干道整治。优先发展公共交通，城市公交专用线达到60公里以上，公交出行分担率达到30%。推进主城中心区客运、货运站点搬迁。逐步实行交通智能管理。组织实施主城绿地建设规划，新建一批城市绿化公园和公共绿地，建成区绿地率达到33%以上，绿化覆盖率达到36%以上，人均公共绿地面积达到8.1平方米以上。加强环卫设施建设，用三年时间每年建设25座垃圾中转站、100座公共旅游厕所。改造完善主城西北片区交通基础设施。切实解决好区划调整的遗留问题。健全完善长效机制，落实基层管理措施，完善统分结合的城市管理体制。明确城市管理责、权、利。积极推行“数字城管”。持续开展市容市貌整治，实现二环路内和新建道路管线入地，推进城中村改造管理。加强历史文化名城保护，注重保护体现历史风貌的传统街区和历史建筑。

推进滇池污染综合治理。组织实施好“十一五”防治规划。实施滇池北岸水环境综合整治工程，完成滇池西岸截污。有效控制点源和面源污染，搞好湖滨带保护与恢复。完善管理机制，强化综合执法。把草海作为滇池治理的突破口，综合整治盘龙江等河道，力争使草海、盘龙江水质达到景观水的效果。

（五）打造科教人才优势。围绕烟草、生物医药、环保、信息等重点，实施一批产业链长、关联性强、影响重大的关键性技术项目。确立企业在自主创新中的主体地位，鼓励引导企业加大研发投入和技改力度。充分发挥驻昆大专院校、科研院所、高新技术企业多的优势，大力推进产学研合作，加速创新成果商品化和产业化。支持各类科研院所、企业进行新技术和新产品的研发。坚持企业主动、市场拉动和政府推动相结合，建立完善多元化的科技投融资体制。加强科普工作。搞好企业知识产权试点和专利技术产业化示范工程，创建国家知识产权示范城市。

坚持教育优先，促进均衡发展，提高教育质量。强化政府对义务教育的保障责任，巩固提高“两基”成果。认真解决外来进城务工人员子女就学问题。扩大“两免一补”范围，对义务教育阶段的农村学生免收杂费，对城市低收入群众子女和农村贫困家庭子女免收杂费和提供免费教科书，为农村困难家庭子女提供寄宿生活费补助。完成农村中小学危房改造8万平方米，每年新增农村寄宿制学校30所。新建10所以上、改扩建50所高中阶段学校，高中阶段毛入学率提高到85%以上，优质高中在校生比重达75%。创建2—3所全国高中示范学校。大力发展职业教育，使中等职业学校与普通高中的招生规模和在校学生规模大体相当。抓好昆明学院建设，支持昆明地区高等院校发展。继续推进民办教育健康发展。强化师资队伍建设，提高教育教学质量。

加快推进人才强市，搞好“五支人才队伍”建设，完善人才管理体制和人才市场体系，优化人才结构，加快建设适应新昆明需要的人才市场。创新人才评价、选拔任用和激励约束机制，促进各类人才脱颖而出、人尽其才、才尽其用。

（六）深化改革扩大开放。全心全意依靠工人阶级，推进国有企业新三年改革。搞好企业离退休人员社会化管理等各项配套改革。完善企业法人治理结构，健全国有资产管理和监督体制，建立国有企业经营业绩考核体系。继续推进市政公用行业改革，积极推行投资主体多元化。鼓励非公有制经济参与国有企业改革，进入基础设施、公用事业、金融服务、农业产业等领域。进一步深化流通体制改革。大力发展各类要素市场，规范发展中介组织。

加快投融资体制改革。规范政府投资行为，严格政府投资项目监管。健全政府投资决策责任制度，推行重大项目专家评议制度。改革项目审批制度，推行企业投资核准制和备案制，实行政府投资公益性项目代建制。加强银政合作，增强金融对地方经济发展和现代新昆明建设的支持能力。

进一步完善财政体制。合理界定各级政府的财权和事权，调整财政支出结构，推进公共财政体系建设。实施财政激励政策，规范转移支付，完善市、县财政体制。发挥好财政资金导向作用，确立企业投资主体地位。继续深化部门预算、国库集中收付、政府采购和收支两条线管理制度改革。

提高对外开放水平。强化招商引资，内外并举，以外促内，实现外向型经济发展新跨越。在扩大引资规模的基础上，切实提高利用外资质量，大力引进关联度大、聚集度高、带动性强的龙头型、基地型项目。按照城市发展规划，合理储备产业发展用地，促进项目引进和实施。建立健全便捷通畅的招商引资工作和目标考核奖惩激励机制。充分发挥开发区的窗口和龙头带动作用，进一步拓展三个国家级开发区的发展空间，使呈贡新区、空港经济区、东川再就业特区和其他工业园区成为投资的热点。

大力发展对外贸易。优化出口产品结构，提高工业制成品和高新技术产品在出口中的比重。转变外贸增长方式，加快加工贸易和服务贸易发展。支持企业走出去，利用境外资源开拓国际市场，积极开展对外工程承包和劳务合作。加强出口基地建设，培育壮大出口企业。搞好昆明出口加工区建设。促进区域经济协作与联合。进一步密切与省内各兄弟州市联系，学习借鉴好的经验，主动搞好服务。

（七）促进社会和谐安康。更加注重经济社会协调、社会公平和公共安全。繁荣文化事业，加快文化产业发展，加强社区文化设施建设。巩固发展三级农村药品监管和供应网络，强化药品质量监管，深入推进平价药品“惠民工程”，设立平价医院、平价病房。新建市儿童医院。新建改扩建80个社区卫生服务中心、130个社区卫生服务站。搞好重点传染病和人畜共患疾病预防控制。在城市推进有线数字电视整体转换，在农村继续推进广播电视“村村通”建设。加快建立计划生育利益导向机制，搞好流动人口计划生育管理服务工作。广泛开展全民健身运动，提高竞技体育水平，力争成为全国体育工作先进城市。完善体育设施，建好市体育学校。加强社区管理，完善社区服务。落实完善扶持政策措施，促进民族地区经济社会发展。全面贯彻党的宗教信仰自由政策，依法管理宗教事务，积极引导宗教与社会主义社会相适应，坚持独立自主自办的原则。保障妇女儿童权益，积极发展残疾人事业。

实施积极的就业政策，新增城镇就业30万人。坚持劳动者自主择业、市场调节就业、政府促进就业的方针，统筹城乡就业，努力扩大就业，促进再就业。积极发展劳动密集型产业、服务业、中小企业和非公有制企业。鼓励劳动者自主创业、自谋职业，促进多种形式就业。做好特殊群体就业服务和就业援助工作。保护劳动者合法权益，促进劳动关系和谐稳定。

健全社会保障体系。进一步完善城镇职工基本养老、基本医疗、失业、工伤、生育保险等制度。认真研究解决失地农民和进城务工人员的基本生活保障问题。继续推进基本医疗保险制度改革，逐步把困难企业纳入参保范围。完善城市居民最低生活保障制度。稳步推进农村养老保险工作，逐步扩大农村最低生活保障覆盖范围。全面落实最低工资制度，积极推行企业劳动保障诚信制度，切实维护农民工合法权益。采取实物配租、租金减免、货币补贴等方式，四城区实施“315工程”，全市实施“525工程”，解决好城镇低保户住房困难问题。

强化公共安全管理。建立健全社会预警机制、突发事件应急救援机制，提高保障公共安全和处置突发事件的能力。严格落实安全生产责任制和责任追究制，健全安全生产监管和应急救援体系，严格安全执法，预防和减少安全事故。强化执法监督，加强食品、药品监管，保障群众饮食用药安全。做好各种自然灾害预测预报，提高防灾减灾能力。完善社会治安防控体系，依法严厉打击各种违法犯罪活动，有效防范、及时打击境内外敌对势力的各种渗透和破坏活动。加大禁毒戒吸工作力度，切实做好艾滋病综合防治。深入开展平安创建，切实提高基层维护稳定的能力。正确处理新时期人民内部矛盾，妥善处理各类群体性事件。

大力推进精神文明建设。深入贯彻实施《公民道德建设实施纲要》，弘扬昆明精神，广泛开展群众性精神文明创建活动，积极推进“全国文明城市”创建工作。认真落实未成年人思想道德建设各项任务。加强社会信用制度建设，推进“信用昆明”建设。加强国防后备力量建设，深入开展“双拥”活动，巩固发展军政军民团结。

（八）建设资源节约型环境友好型社会。坚持开发节约并重、节约优先，大力推进节能节水节地节材。科学配置城乡建设和二三产业发展用地。完善土地征用程序、有偿使用制度和补偿机制，逐步提高土地配置市场化程度和土地资源集约利用率。科学用水，节约用水，保护用水，建立完善水资源管理体系。严格控制地下水开采。切实解决松华坝、云龙水库等水源保护区发展与保护的矛盾，促进水源区经济社会健康发展。继续做好阳宗海等高原湖泊的生态环境保护，编制好阳宗海保护规划。合理开展城市地下空间资源的综合开发利用。深化矿产资源有偿使用制度改革，规范矿业权市场。

加强环境保护与生态建设。完善环境与发展综合决策机制，从源头防治污染和保护生态。完成天然林保护工程建设110万亩、退耕还林工程建设40万亩，森林覆盖率力争达到55%。抓好工业污染、农村面源污染、大气污染防治，加强固体废弃物管理。妥善处理生活垃圾和危险废物，主城生活垃圾无害化处置率达80%以上。严格项目建设环保标准，健全监管体制，强化环保执法。

积极发展循环经济。制定循环经济发展总体规划，开展循环经济试点，积极推行绿色生产，倡导健康、文明、节约的生活方式和消费模式。大力发展生态农业、生态旅游和环保产业。加强化工、冶金、电力等重点行业、重点企业的能源、原材料、水资源消耗使用管理。推进城市污水再生利用。开展好企业清洁生产审核工作。规范废旧物品回收行业管理，推进垃圾资源化利用，着力发展可再生资源和吸纳工业废弃物的综合利用产业。

（九）加强政府自身建设。以提高行政水平和服务质量为主线，建设服务政府、法治政府、责任政府、诚信政府。全面履行经济调节、市场监管、社会管理、公共服务的职能，切实把政府工作、政策支持和财力保障的重点，向社会事业、公共设施、生态建设、环境保护倾斜，向扩大就业、社会保障、改善困难群众生活倾斜。

提高依法行政水平。把依法行政贯穿于政府决策、执行、监督全过程，依法行使权力、履行职责。进一步减少和规范行政审批，健全完善便民服务中心运行机制，提高服务水平和办事效率。强化法制部门职责，做好政府规章和规范性文件审查工作。严格遵守廉洁自律各项规定，不断推进政府系统廉政建设。认真执行《公务员法》，强化教育管理监督，建设一支高素质的公务员队伍。

完善政府工作机制。自觉接受人大及其常委会工作监督和法律监督，主动接受政协民主监督，认真听取民主党派、工商联和群众团体意见，接受新闻舆论和社会公众监督。完善职工代表联络员、市长热线和局长（主任）接待日等制度。积极推行政府新闻发布和重大决策、重要事项公开咨询、社会听证和公示等制度。严格决策程序，凡未经过调研、专家论证或社会听证、多方案比选的重大事项一律不作决策。

三、2006年主要工作建议

2006年，是全面实施“十一五”规划的第一年。今年宏观调控主要预期目标建议为：全市生产总值增长10%以上，地方财政一般预算收入增长10%，全社会固定资产投资增长20%，城镇居民人均可支配收入增长7%，农民人均纯收入增长6%，城镇登记失业率控制在4%以内，人口自然增长率控制在6.5‰以内。我们要把握大局，突出重点，扎实推进各项工作，开好头，起好步。

（一）抓好农村发展项目实施。继续对种粮农民进行直接补贴，实施优质粮食产业工程170万亩，新增基本烟田建设30万亩。加快种畜种禽基地建设，提高畜禽养殖集约化水平。市级重点扶持的产值上千万的龙头企业发展到50户。引导企业抓紧绿色、有机农产品的申报认证工作，无公害农产品和绿色食品认证产品数量突破50个。增建40个乡镇信息服务站。启动云龙水库农灌用水替代工程。新建沼气池10 000口，节柴改灶20 000户。完成东川坝塘水库主体工程。完工龙东格公路龙东段、九石阿公路，做好禄劝到大松树二级公路各项前期工作。实现全市乡乡通油路。改造500公里以上行政村公路。培训农村劳动力10万人以上，转移输出8万人，加强扶贫开发，继续实施400个省级市级贫困村整村推进工作，完成东川、寻甸1 100多人易地搬迁安置，解决2万绝对贫困人口温饱问题，提高6万低收入贫困人口的温饱水平。

（二）着力促进工业快速发展。加快实施工业倍增计划，增投入、上项目、增效益，全市工业增加值增长14%，工业投资增长不低于全市固定资产投资增长水平。组织实施50项企业重点技术改造项目。落实新一轮国企改革各项措施，推进企业改革工作。组建国有资产管理营运公司，管理和经营好国有资产。充分发挥新型工业化专项基金的引导和撬动作用。用活用好非公经济发展政策和专项资金，扶持非公企业发展。强化工业经济运行调节，抓好煤电油运和资金等生产要素综合协调。

（三）大力提升旅游商贸业。加强景区景点建设，加快石林申报世界自然遗产工作进程，改造提升云南民族村。启动以轿子雪山为核心的北部旅游区开发建设，主进场道路“五一”节前完工投入使用。搞好乡村旅游。抓好商业网点规划的落实，加强市场重要商品监测和供应体系建设。进一步拓展城乡居民消费领域，改善消费环境，促进消费升级。社会消费品零售总额增长12%。加强对商场、超市、连锁店的行业监管，规范大型零售商业交易活动。积极发展会计、评估、咨询、法律等中介服务业，发挥好行业协会的自律、协调、监督和服务职能。继续整顿和规范市场经济秩序。

（四）推进城市重大工程建设和环境综合整治。开工呈贡新城核心区60公里次干道，建成新昆洛路、高海公路。继续抓好行政中心、医院、高校搬迁等项目建设。配合省完成新机场建设征地拆迁工作，推进新机场外部基础设施配套项目和专用高速公路建设。完工东三环、国道东连接线，全面改造东二环、南二环，抓好广福路、新昆洛路入城段等改造建设。完工船房河、乌龙河综合整治和滇池西岸截污，推进滇池北岸水环境综合治理。加快草海生态区建设，实施盘龙江中段综合治理。掌鸠河引水工程实现试通水。做好清水海调水、城市轨道交通、规划展览馆等重大项目研究和前期工作。以迎接泛珠三角“9+2”区域合作与发展论坛暨经贸洽谈会在昆召开为契机，深入落实市容环境整治三年行动计划。继续开展交通综合整治，实施断头路打通工程，提高公交线网覆盖率，市民出行公交分担率提高到20%以上。启动“411”城市绿地建设。加强户外广告设置管理和门头招牌整治。加快垃圾焚烧发电厂建设，启动2座无害化粪便处理厂建设。强化城市规划执法，依法加大对违法违章建筑查处力度。

（五）严格招商引资目标考核。强化考核奖惩和责任追究，狠抓项目跟踪服务和推进落实，确保今年招商引资目标的实现。进一步优化完善三个国家级开发区与新城合作开发选址方案和工作计划。推进呈贡新城、高新区、经开区等一批重大产业项目的实施。加大空港经济区基础设施建设和配套产业发展招商力度。加快国道昆明南连接线、二环路内客运站搬迁招商引资工作。主城四区重点引进三产项目，其他县（市）区结合工业园区建设，强化二产领域的招商引资。加强投资环境建设，完善审批流程，对重点招商引资项目实行并联审批，市级审批环节限时一个月内办结。

（六）继续强化财政税收工作。加快新税源培育，强化税收和非税收入征管，充分挖掘土地、经营性国有资产等增值潜力，确保今年财政收入任务的完成。继续调整优化支出结构，在保工资、保运转的基础上，保障农业、教育、科技三项法定增长支出，增加社会保障支出。增强预算执行刚性，严格执行经批准的预算，对批复后的预算进行追加和调整，必须按照法定程序办理。从严审批公务用车购置。强化财政资金监管，逐步实行支出绩效评价管理。发挥好各投资公司作用，增强资本运作能力。

（七）加强社会领域重点工作。培养5—10家产值和利税倍增的科技型企业，扶持5—10家企业建立企业技术中心或创新实验室。投入专项资金，对全市义务教育阶段农村中小学生38.6万人免收学杂费，对其中15.8万名贫困学生实行“两免一补”。优质高中招生增加2 500人，在校生比例提高到

55%。完成市图书馆改造，建成老年大学，加快市强制戒毒所扩建。研究解决市属困难企业在职和退休职工参加医保的问题，增加大病统筹覆盖范围。关注城市困难群众生活，实施城市医疗救助和农村特困居民最低生活保障试点工作。切实做好禽流感等重大疫病防控工作。抓好煤矿、危险化学品等高危行业安全生产，强化预防措施和整改落实，坚决防止重特大事故发生。加强社会治安综合治理，严厉打击各类违法犯罪，全力维护社会稳定，保障人民群众安居乐业。

（八）认真办好10件实事。今年，我们改进工作方式，通过媒体、网络等途径，广泛征集市民意见。根据市民意愿，今年市政府要继续办好10件实事：一是开发有效就业岗位7.7万个，新增城镇就业岗位5.8万人。二是对义务教育阶段城镇低保家庭、失业困难职工子女和孤儿、残疾儿童、艾滋病家庭子女1万人免收杂费和课本费。在高中阶段学校设立助学金，对困难家庭学生给予学费补助或减免。三是排除3万平方米农村中小学危房，新建改扩建农村中小学寄宿制学校31所，完成10所以上农村示范初中建设。四是加强20个乡镇卫生院建设，新建200个标准的村卫生室、24个社区卫生服务中心、40个流动人口卫生服务站。五是继续实施廉租房工程，新建1 625套廉租房。六是解决10万农村人口的饮水困难和饮水安全问题。七是建设东南二环绿化带，加大公园绿地、道路绿化、附属绿地建设力度，新增一批城市公共绿地。八是加强灯光亮化管理，完成50余条有路无灯路段路灯建设。九是建设20座以上城市垃圾中转站、100座公共旅游厕所，增加80余辆环卫专用车、3 300只果皮箱。十是完成农村广播电视“村村通”建站351座，解决2.4万户8万余农村人口收听收看广播电视难的问题。

（九）全面提高抓落实的能力。市政府把今年确定为“目标任务项目落实年”。新一届政府班子、各级政府和各部门领导干部，要严格按照市委的决策部署，自加压力，负重前行，始终保持奋发有为、积极进取的精神状态，努力提高执行力。要明确目标，强化职责，始终坚持高标准、严要求，扎扎实实，不折不扣抓落实。要健全完善抓落实的目标体系，细化分解目标任务，明确工作措施、完成时限和基本要求，提高抓落实的效率和质量。要严格目标任务的责任考核，完善督查工作机制，强化专项督促检查，对已经落实的要问效果，对正在落实的要讲进度，对尚未落实的要查原因，对落实不力的要严肃问责，确保政令畅通，令行禁止。

各位代表！新的发展蓝图展现在我们面前，新的任务艰巨而光荣。让我们高举邓小平理论和“三个代表”重要思想伟大旗帜，紧密团结在以胡锦涛同志为总书记的党中央周围，全面落实科学发展观，开拓创新，埋头苦干，为昆明经济社会又快又好发展，为建设现代新昆明美好未来而不懈努力！

昆明市第十一届人民代表大会常务委员会工作报告

——在昆明市第十二届人民代表大会第一次会议上

（2006年2月21日）

昆明市第十一届人大常委会主任　李　庄

各位代表：

我受昆明市第十一届人民代表大会常务委员会委托，向大会报告常委会五年来的主要工作，请予审查。

市十一届人大常委会任期的五年，是全市人民在改革开放和社会主义现代化建设中团结奋进、开拓创新的五年；是全面完成"十五"计划，全市经济社会发展取得显著成绩的五年；也是市人大及其常委会依法履职，不断探索，积极进取，各方面工作都取得新进展的五年。五年来，常委会在中共昆明市委的领导下，以邓小平理论、"三个代表"重要思想为指导，坚持科学的发展观，以经济建设为中心，以加强社会主义民主法制建设为根本任务，按照宪法、法律赋予的职权，紧紧围绕市委和全市的中心工作，紧紧围绕改革开放和经济社会发展中的重大问题，紧紧围绕关系人民群众切身利益的热点难点问题，加强地方立法，强化监督职能，积极主动地开展工作，为推进依法治市，保障和促进我市改革开放、经济发展、民族团结、社会稳定和现代新昆明建设作出了积极贡献。

一、适应新形势，加强地方立法工作

立法权是国家权力体系的重要组成部分，是人大及其常委会的一项重要职权。地方性法规作为国家法律体系的一个重要组成部分，是实施依法治国基本方略的必然要求。常委会按照党的十六大提出的建设有中国特色社会主义法律体系的要求，从我市实际出发，在市委的领导下，坚持按照"不抵触、有特色、可操作"的原则，制定地方性法规12件，修订10件，修正8件，废止4件，其中7件已经省人大常委会批准实施，清理地方性法规72件（次），立法质量显著提升。

*一是围绕经济社会发展需要，加快地方立法步伐。*常委会紧紧围绕党的中心工作和社会热点问题，制定五年立法规划和年度立法计划，集中力量，突出重点，急需先立，确保立法工作与改革、发展、稳定的重大决策相适应。突出民主法制建设立法，制定和修订了《昆明市人民代表大会及其常务委员会制定地方性法规条例》、《昆明市人民代表大会议事规则》。突出维护经济秩序和群众利益立法，制定了《昆明市文物保护管理条例》、《昆明市燃气管理条例》、《昆明市生猪屠宰管理条例》等3件地方性法规。突出城市管理和环境保护立法，审议通过了《昆明市道路交通安全条例》、《昆明市松华坝水库保护条例》等6件地方性法规。突出社会保障和维护劳动者权益立法，审议通过了《昆明市工会劳动法律监督条例》、《昆明市企业工资支付条例》等地方性法规。

*二是坚持立改废并举，维护国家法制统一。*随着我国加入世贸组织，根据国家法律法规的完善、变化以及现代新昆明建设需要，为维护国家法制的严肃性、统一性，常委会及时组织对所涉及的各项地方性法规进行清理，按照法定程序废止了《昆明市收容遣送管理条例》等4件地方性法规，修订了《滇池保护条例》等12件地方性法规。为保证《行政许可法》在我市的贯彻执行，对33件地方性法规进行清理，作出了《关于修改、删除和停止执行涉及行政许可的地方性法规有关条文的决定》，及时修改、删除或停止执行《昆明市历史文化名城保护条例》、《昆明市流动人口管理条例》等17件地方性法规中的有关条文。

*三是坚持以人为本，地方立法更加民主化、科学化。*常委会认真贯彻《立法法》，严格按《昆明市人民代表大会及其常

务委员会制定地方性法规条例》的规定完善立法程序、规范立法工作、开展立法活动。加强立法调研，注重学习借鉴外地先进经验，建立沟通协调、统一审议制度，成立专家咨询委员会，充分调动法规起草机关及社会各界参与立法的积极性，先后对6件法规（草案）全文上网、见报。深入基层，广泛征求社会各界意见，集中民智，反复修改论证。坚持法规（草案）不成熟不上会、程序不合法不审议，确保了地方立法的科学性、民主性、公开性，提高了地方性法规的针对性、可行性。注重立法跟踪问效，对6件法规进行了立法“回头看”，及时总结和改进立法工作，进一步提高了立法的质量。

四是积极配合全国和省人大的有关立法调研，加强对民族自治县立法工作的指导。常委会先后组织对全国人大常委会和省人大常委会下发征求意见的《民族区域自治法》、《农产品质量安全法》、《对外贸易法》、《公务员法》、《选举法修正案》、《地方组织法修正案》、《妇女权益保障法》、《再生能源法》、《云南省禁毒条例》、《云南省民族乡工作条例》等48部法律、法规草案提出了修改意见，为国家和省的立法工作提出建设性建议。积极为省人大常委会审批我市法规做好各项服务工作。为推进民族自治地区经济社会发展，加强了对石林、禄劝、寻甸三个民族自治县《自治条例》修订工作的指导。

二、增强监督实效，促进各项事业发展

对本级“一府两院”实施监督，是宪法和法律赋予地方各级人大及其常委会的一项极为重要的职权。依法行使监督权，是建设社会主义法治国家、提高党的执政能力的重要内容。常委会以法律监督和工作监督为重点，创新监督方式，加强跟踪监督，讲求监督实效，积极运用调查、检查、视察、述职评议、司法案件监督等多种形式，解决人民群众关心的热点难点问题，有力地促进了“一府两院”依法行政、公正司法。

一是对法律法规及决议决定执行情况开展法律监督。五年来，常委会充分运用执法检查这一有效监督形式，有计划、有重点地组织开展了对《代表法》、《水法》、《水污染防治法》、《村民委员会组织法》、《民族区域自治法》、《土地管理法》、《森林法》、《劳动法》、《安全生产法》、《政府采购法》等28件法律；对《云南省中医药条例》、《云南省邮政条例》、《云南省禁毒条例》、《昆明市宗教活动场所管理条例》、《昆明市中小学幼儿园场地校舍建设保护条例》等33件法规及《全国人大常委会关于禁毒的决定》、《昆明市人大常委会关于在全市进一步开展法制宣传教育与依法治市工作的决议》等决议、决定贯彻执行情况的执法检查。常委会还配合全国人大常委会和省人大常委会对我市贯彻执行《未成年人保护法》、《审计法》、《工会法》、《公益事业捐赠法》、《农业法》、《农村土地承包法》、《归侨侨眷权益保护法》等28件法律的情况进行了执法检查。对检查中发现的问题，及时提出整改意见和建议，实施跟踪检查，加强督促落实，保证了法律法规和人大及其常委会的决议、决定在我市的贯彻执行。

二是抓住群众普遍关注的热点问题开展工作监督。常委会始终围绕关系群众切身利益的问题开展监督，做到监督工作抓关键、求实效。对“非典”及禽流感防治、滇池污染治理、国企改革、“三农”及失地农民问题、粮食安全、计划生育、农产品质量安全、重点工程建设、安全生产、禁毒及社会治安、中小学招生、民族教育以及群众就医看病难、外来务工人员工资兑现难等问题开展调查、检查、视察监督，较好地维护了广大群众的根本利益。常委会坚持每年对市政府承诺的实事落实情况进行一至两次检查、视察，针对存在问题，提出意见和建议，有力地推进了政府为民办实事、办好事的落实。去年，常委会还加强对城市交通和环境综合整治工作的监督检查，促进了迎接GMS会议各项准备工作的落实。

三是不断加强对司法机关执法情况的监督。常委会高度重视对司法工作的监督，先后对“严打”斗争、禁毒、民事审判、法院执行、监所检察、律师工作等方面进行检查和调查，规范执法行为，促进公正司法。支持法院、检察院、公安局、司法局依法履行各自职能，打击和惩治各类犯罪，维护社会稳定。常委会十分重视人民群众的申诉案件，对群众反映强烈，适用实体法或程序法明显错误和判决不公的典型申诉案件，在认真调查研究的基础上，严格依照法定程序，重点督办了20件司法案件，通过监督，其中6件得到改判，4件进入再审，7件得到依法执行，2件调解成功，1件恢复审理，维护了当事人的合法权益，促进了司法机关严格执法、公正司法。

四是积极开展对常委会任命干部的监督。常委会认真开展述职评议工作，坚持客观公正、民主公开、实事求是的原则，加大对任命的国家机关干部的任后监督，先后对市发展和改革委员会主任、市城市管理局局长、市司法局局长等部分政府组成人员进行了述职评议，增强了国家机关工作人员的法制观念和责任意识。常委会注重把开展工作检查、视察与了解任命干部履职情况相结合，加大对“一府两院”国家机关干部的监督力度。五年来对市中级人民法院、市人民检察院以及规划局、农业局、国土资源局、滇池管理局、林业局、财政局、教育局、公安局等市政府组成部门的工作进行视察，既肯定成绩，又指出存在问题，并提出改进工作的意见建议，有力地促进了工作的开展。

五是认真做好人民群众来信来访的接待和处理工作。常委会把做好信访工作作为密切联系人民群众、加强监督工作的一项重要工作，坚持和完善主任接待日、常委会领导处理重要来信制度，认真抓好群众信访的疏导工作和信访件的协调、督办工作，切实做到了事事有答复、件件有着落。组织召开了5次全市人大信访工作会议。五年来共受理群众控告申诉341件，群众来信7241件，接待来访群众2万多人次，积极为人民群众排忧解难，有效化解社会矛盾，切实维护了社会稳定。

三、依法决定重大事项，认真做好人事任免工作

讨论和决定本行政区域内的重大事项，是人大及其常委会行使国家权力的重要内容，也是人民管理国家事务、当家作主的重要途径，是实现决策民主化、科学化的重要形式。五年来，常委会共召开6次市人民代表大会会议，举行了34次常委会会议，听取和审议“一府两院”专题工作报告65

个，作出决议、决定60项。

一是加强对计划、预算执行情况的审查。常委会坚持每年两次听取和审议国民经济和社会发展计划执行情况报告、地方财政预算执行情况报告，审查和批准地方财政决算、市本级财政净结余资金安排、本级财政预算调整。切实加强对市级财政预算执行情况的审计监督，针对部分单位财务违规管理情况，作出了《关于贯彻〈预算法〉，加强预算外资金管理，严肃财经法纪的决议》，督促政府进行了整改。

二是积极推进依法治市。常委会审议通过了《昆明市法制宣传教育与依法治市工作五年规划（2001—2005年）》，作出了《关于在全市进一步开展法制宣传教育与依法治市的决议》。为确保决议得到落实，常委会组织了对贯彻决议、《昆明市执法责任制条例》和开展法律进社区工作的情况检查，听取了“一府两院”的有关情况报告，推进了依法治市工作的开展。

三是依法决定重大事项，促进经济社会协调发展。为加强对松华坝水库水源区的保护，常委会作出了《关于加强松华坝水源保护区保护的决定》。在防治传染性非典型性肺炎中，常委会在组织视察，听取市政府及有关部门工作情况报告的基础上，根据《传染病防治法》的规定，对我市相关的地方性法规进行了清理，作出了《关于进一步加强传染性非典型性肺炎防治工作的决定》；为支持现代新昆明建设，加强对重点建设项目的监管，保证财政资金开支合理、运转有序，常委会及时作出了《关于昆明市人民政府提请审议的〈关于给予国道昆明东连接线投资合作项目财政性资金补偿的议案〉的决定》、《关于昆明市人民政府提请审议的〈关于使用国家开发银行项目贷款进行城市基础设施建设并将还本付息资金列入财政预算的议案〉的决定》；为扩大昆明的国际影响，促进对外友好交往，常委会还通过了《关于授予西班牙皇家马德里足球俱乐部主要成员“昆明市荣誉市民”称号的决定》、《关于授予部分美国二战老兵及陈香梅女士“昆明市荣誉市民”称号的决定》，通过了《关于昆明市与孟加拉国吉大港市建立友好城市关系的决议》。

常委会还多次听取市人民政府关于深化国有企业改革、现代新昆明建设等方面的报告，听取了市中级人民法院关于民事审判工作的情况报告，对涉及全市改革与发展的重大问题，对人民群众普遍关注的热点问题，提出意见和建议，进一步促进了我市社会主义物质文明、政治文明、精神文明建设与和谐社会建设的协调发展。

四是认真行使人事任免权。人事任免权是宪法和法律赋予地方人大及其常委会的重要职权之一。五年来，常委会先后任免国家机关工作人员410人次。在人事任免工作中，常委会坚持民主集中制的原则，正确处理好坚持党管干部原则与依法任免干部的关系，做到了充分发扬民主与严格依法办事的有机统一。严格按法定程序审查，按任免程序决定，对“一府两院”提请审议的人事任免事项，提交党组会议、主任会议讨论后，再提交常委会会议审议通过。在坚持对拟提请任命人员进行法律知识考试、与常委会组成人员见面制度的同时，完善了对“一府两院”被任命人员颁发任命书制度，提出依法履职要求，进一步增强了被任命人员的政治意识、法律意识和人大意识，为我市改革开放、经济建设和社会发展提供了有力的组织保证。

按照省人大常委会和市委的要求，常委会依法选出了昆明市出席云南省第十届人民代表大会代表88名；依法指导选举了市第十二届人民代表大会代表。

四、密切与代表的联系，充分发挥代表作用

人大代表是国家权力机关的组成人员，是行使人民民主权力的主体，是联系人民群众的桥梁和纽带。常委会高度重视代表工作，健全工作制度，创新活动方式，加强服务保障，充分发挥代表作用，拓宽了与人大代表和人民群众联系的渠道，为做好常委会各项工作奠定了坚实的基础。

一是加强学习培训，努力提高代表素质。常委会始终把抓好代表培训，提高代表素质作为人大工作的重要内容，先后举办了3期代表培训班和1期法律讲座，培训市人大代表327人，占代表总数的74%。2004年11月，常委会召开了全市人大代表工作会议，总结代表工作经验，对22个先进代表小组和96名优秀代表进行了表彰，推动了我市代表工作。通过组织代表学习《宪法》、《地方组织法》、《代表法》等法律和人民代表大会制度，开展创先争优活动，代表的法律意识和对人大性质、地位、作用的认识明显增强，提高了代表依法履职的能力。

二是强化代表服务工作，提高议案、建议办理质量。常委会认真做好代表议案审议、建议办理工作，不断完善督办制度，创新督办方式，加大督办力度。本届人大共有26件议案，已全部办理完毕；共有2 170件建议、批评和意见，其中：得到解决或部分解决的1 041件，占建议总数的48%；列入计划和规划逐步解决的849件，占建议总数的39%；因法律、政策或条件限制一时不能解决的280件，占建议总数的13%。为提高代表建议的办理质量，依托电子政务网，初步建立了代表建议办理网络系统。为加大督办力度，从2003年起，将每年一次的办理工作检查增加为两次。在代表建议办理工作中探索出的“代表建议办理目标责任制”、“先面商后答复”、“建议回访”等做法，得到了全国人大常委会和省人大常委会的肯定。常委会还坚持向代表寄送《反分裂国家法》、《中国人大》、《云南人大》、《昆明市人大常委会公报》、《昆明人大》等法律文本、刊物、资料，让代表知情知政，更好地履行职责。

三是加强制度建设，规范代表工作。常委会认真贯彻去年中共中央9号文件、省委人大工作会议精神，结合我市人大工作实际，进一步规范和完善了代表工作的各项制度。先后制定下发了《关于贯彻落实省委8号文件精神，进一步做好我市人大代表工作的建议》、《关于市人大常委会组成人员联系市人大代表的通知》等6个文件，建立并完善了常委会领导联系组成人员，组成人员联系代表和主任会议成员接待代表日制度，省、市人大代表列席常委会会议制度等，进一步加强了常委会组成人员与代表的联系。

为使更多的全国人大代表和省人大代表了解我市改革与发展的重大决策及其实施情况，常委会进一步扩大了全国人

大代表、省人大代表列席市人代会、市人大代表列席常委会会议的规模。五年来，共组织全国、省人大代表集中视察5次，邀请全国、省、市人大代表列席人代会、常委会会议395人次，组成人员联系代表375人次，主任会议成员联系委员48人次，代表们共提出建议和意见25个方面235件次。为进一步扩大公民有序的政治参与，常委会完善了公民旁听人代会和常委会会议制度，让旁听的市民参与讨论，发表意见。旁听市民围绕经济建设、滇池污染治理、城市建设、物业管理、教育改革、历史文化名城保护等方面共提出454条建议和意见。通过公民旁听，不仅加深了人民群众对人大工作的了解，也推进了市人大常委会和“一府两院”的工作。

*四是创新代表活动方式，提高代表小组活动质量。*为充分发挥具有专业特长人大代表的作用，提高代表小组活动的质量，2005年，常委会在全市建立22个代表小组的基础上，按照代表所从事的行业和专长，又组建了教育、预算、司法等12个专业代表小组，围绕涉及全市的重大事项、重点建设工程和人民群众普遍关心的热点难点等问题，开展调查、视察活动，取得了良好的效果。五年来，市人大代表开展各类调查、检查活动达1 360余人次，全国、省、市人大代表持证视察19次184人。对代表在活动中提出的意见和建议，常委会及时转交、督促相关单位和部门进行了办理。

*五是加强对基层人大换届选举的指导，促进民主政治建设。*在市十二届人大代表选举和县、乡人大换届选举，五华、盘龙、官渡、西山四区区划调整和全市乡镇撤并工作中，常委会严格按照法定程序，深入基层调查研究，加强工作指导，及时编印下发了《2002年乡级人大换届选举工作问题解答》一万多册，有力地保障了市、县、乡人大代表选举工作依法、有序地进行。

五、加强人大制度宣传和理论研究工作，推进民主法制建设

人大制度宣传和理论研究是人大工作的重要组成部分，是坚持和完善人民代表大会制度，发展社会主义民主政治，建设社会主义法治国家的迫切需要。

常委会认真贯彻党中央关于宣传思想工作的方针，坚持贴近实际、贴近生活、贴近群众的原则，健全宣传工作机制，不断加大宣传工作力度。坚持把人大宣传工作列入常委会年度工作要点，定期召开宣传工作座谈会，总结经验，提出任务和要求。坚持每年一次的“宣传人民代表大会制度好新闻、好文章”评选表彰活动。为完善人大宣传工作激励机制，制定了《昆明市人大宣传工作先进个人和先进单位评选办法（试行）》。加强宣传队伍建设，及时调整充实组稿通讯员队伍，举办通讯员培训班。加强宣传阵地建设，在办好《昆明人大》双月刊的同时，创办了《昆明人大信息》，分别在昆明日报、昆明电视台开设了“人大之窗”专版（专栏），建立了市人大常委会网站，并在网站上发布市人代会、常委会开展立法活动，组织调查、检查、视察、代表议案和建议办理等动态消息。加强与省、市新闻媒体的沟通联系，组织开展了纪念人民代表大会成立50周年及地方人大常委会设立25周年活动，广泛宣传民主法制建设成就和市人大及其常委会的工作。

常委会把人大制度理论研究作为一项重要工作，周密计划、统筹安排、科学管理。积极参加云南省人大制度理论研究会的活动和市社科部门的科研活动，完成了地方人大常委会行使立法权、监督权、重大事项决定权等方面的理论研究任务。结合常委会工作需要，认真组织开展人大理论课题调研，完成了基层民主政治建设、地方人大述职评议等方面22个课题的研究。五年来，常委会先后编辑印发了《人大理论研究论文集》、《求实与创新》、《代表风采》等10余册理论研究成果集，为总结经验，开创人大工作新局面作了积极探索。

常委会高度重视调查研究工作，调研工作做到求真、求实、求新。创新方式，坚持先调研后视察、先检查后决定，广泛开展执法检查、视察前的调查工作，增强了针对性、实效性。突出重点，围绕市委和常委会的重要工作开展专题调研，就加强党对人大工作的领导、乡镇人大制度建设、基层民主法制建设、滇池污染治理等方面工作提出专题报告，为市委决策提供了依据。五年来，常委会还按照市委的安排，参加全市性的专题调研工作，先后完成了市委安排的“加强依法执政能力建设”、“加强民主法制建设”等调研任务。

六、加强自身建设，提高履职能力和工作水平

人大常委会机关是常委会的办事机构，机关建设的质量决定服务水平。常委会从适应新形势新任务的需要出发，围绕提高执政能力，坚持按照顾大局、讲奉献、重实干、树形象的要求，把抓好理论学习，加强组织、作风、制度和队伍建设放在突出位置，不断提高为人代会、常委会、主任会和人大代表服务的意识，为常委会依法履职、常委会机关完成各项工作任务奠定了良好的基础。

*一是重视政治理论学习。*常委会始终把深入学习邓小平理论和“三个代表”重要思想，党的十六大和十六届三中、四中、五中全会精神，胡锦涛总书记、吴邦国委员长的重要讲话，全国、省人大的各次人代会精神作为首要任务，按照中央、省委的要求和市委的安排，开展创建学习型机关活动。常委会坚持定期举办法律知识、理论知识、时事政治讲座制度和党组理论学习中心组学习制度，组织机关干部开展电子政务、业务知识等方面的培训。通过学习，进一步深化了对人民代表大会制度性质、地位、作用的认识，树立了科学的发展观、正确的政绩观和马克思主义的群众观，增强了做好新形势下人大工作的责任感和使命感。

*二是突出思想组织建设。*按照精简、统一、效能的原则，完成了市人大常委会机关的机构改革任务，健全了办事机构，进一步明确了各专门委员会和常委会各工作机构的职责。结合开展团结干事、“立党为公、执政为民”、实施“云岭先锋”工程和保持共产党员先进性教育活动，对常委会组成人员和机关干部进行理想信念、思想道德和党性党风教育。常委会党组认真抓好机关党建和党风廉政建设工作，作出了《廉洁自律五项承诺》，提出了保持共产党员先进性六条具体要求。开展了科级干部竞争上岗，选拔配备和接收录用了一批年轻干部。加强老干部工作，老干部政治生活待遇得到较好落实，作用进一步发挥。认真做好新时期帮带扶贫工作，充分发挥

联系协调作用，对禄劝、寻甸两县的扶贫工作取得新的成效。完成了机关党委及群团组织的换届任务。通过加强思想、组织、作风建设和精神文明建设，常委会和机关的履职能力、工作水平有了新的提高。

三是完善各项规章制度。加强人大及其常委会的制度建设，是理顺工作关系，完善办事程序，保证依法履职的根本要求。常委会把制度建设作为自身建设的重点，先后制定和修订了《昆明市人大常委会审议意见办法》等工作制度，编印了《昆明市人大常委会工作制度汇编》，对市人大各专委、常委会各工作机构的工作职责进行了补充和完善，修订和制定了机关的各项规章制度，促进了常委会工作的制度化、法制化和规范化。

四是加强对外交往与联系。常委会通过与外国一些城市议会的交往，与有关国家驻昆总领事的联系交流，宣传了我国人民代表大会制度的优越性和昆明市改革开放的巨大成就，增进了友谊，促进了合作。通过与外地人大间的交流座谈和学习考察，了解外地人大在地方立法、预算监督、新闻舆论监督、国有企业改革、水环境整治、投资促进、议案办理、信访工作、自身建设等方面的经验和做法，进一步提高了常委会的履职能力，有力地推动了常委会工作的开展。

各位代表，市十一届人大常委会任期的五年，是与时俱进的五年，是坚持在学习中实践、在实践中创新、在创新中前进，不断加强和完善制度，各项工作取得显著成绩的五年。通过五年的工作实践，我们主要有以下几个方面的认识和体会：

第一，必须坚持正确的政治方向，自觉接受党的领导，是做好新形势下人大工作的前提。人民代表大会制度是党领导人民当家作主，管理国家事务的政权组织形式，坚持和完善人民代表大会制度，就是要实现党的领导、人民当家作主和依法治国的有机统一。五年来，常委会把坚持和依靠党的领导作为必须遵循的根本政治原则，认真贯彻市委关于加强人大工作的新举措，做到在思想上坚定不移，行动上步调一致，工作上贯穿始终，自觉在市委的领导和支持下依法行使职权。常委会党组坚持重大问题和重要工作及时向市委请示报告，保持了常委会工作正确的政治方向。

第二，必须明确人大工作的指导思想，把发展作为第一要务，是做好人大工作的关键。围绕市委和全市的工作大局依法履职，围绕改革发展稳定和现代新昆明建设中的热点难点问题依法履职，围绕关系人民群众切身利益的问题依法履职，是我们做好新时期人大工作的指导思想。五年来，常委会在不断深化对人民代表大会性质、地位和作用认识的同时，始终把加强民主法制建设、服务改革与发展放在人大工作的突出位置，建立科学决策、民主决策、依法决策机制，保障人民的民主权利；结合昆明实际，突出地方立法，加强对法律、法规实施的监督检查，保证宪法和法律、法规的正确实施，创造良好的民主法制环境，促进全市经济社会健康持续协调发展。

第三，必须充分发挥人大代表作用，密切联系人民群众，是做好人大工作的根本。发挥人大代表作用，是充分发扬民主、广泛集中民智、依法行使各项职权的重要基础。五年来，常委会十分重视依靠人大代表和人民群众开展各项工作，逐步建立完善了一系列密切联系人大代表的工作制度、保障代表知情权。培养了深入实际、联系群众、调查研究的良好作风，认真倾听群众的呼声，反映群众的意愿和要求。常委会把群众的意见作为监督和决策的重要依据，把群众满意不满意、高兴不高兴作为衡量工作的标尺，使常委会的工作能够更好地实现、维护和发展好广大人民群众的根本利益。

第四，必须加强人大制度宣传和理论研究工作，增强法律意识和人大意识，是做好人大工作的保障。加强人大制度宣传和理论研究工作，是社会主义民主法制建设的必然要求。五年来，常委会从认真学习宪法、法律和地方性法规入手，深入开展调查研究，围绕社会主义民主法制建设中的重大问题组织课题研究，采用自办内部资料与报纸、电视、广播相结合的方法，多渠道、多形式地宣传人大制度知识、人大代表和人大工作实绩，让全市人民进一步知晓人大制度、了解人大工作、关心人大建设，支持人大代表依法行使职权。

第五，必须加强自身建设，提高履职能力和工作水平，是做好人大工作的基础。人大机关工作的质量和水平，直接影响着国家权力机关行使职权的效能，直接影响着民主法制建设进程的质量和速度，直接关系到依法治国基本方略的实施。五年来，常委会班子团结、心齐、务实，通过各种教育活动和专题学习，加强机关的思想、组织、作风、制度和干部队伍建设，常委会履职能力不断增强，机关内部管理进一步加强，学习气氛更加浓厚，服务质量、工作效率明显提高，有效地促进了人大工作的制度化、法制化、规范化，较好地发挥了国家权力机关、工作机关、代表机关的作用。

回顾五年来的工作，本届常委会所取得的每一项成绩，都是中共昆明市委加强领导、全体人大代表共同努力的结果，是“一府两院”、县（市）区人大常委会大力支持配合的结果，也是全市各族人民和各级人大代表，各级国家机关、部门和社会各界、驻昆解放军和武警部队大力支持的结果。在此，我谨代表市十一届人大常委会表示衷心的感谢！

市第十一届人大常委会五年来的工作，虽然取得了一些成绩，但同宪法、法律的要求，同党和人民群众的期望还有一些差距：随着现代新昆明建设步伐的加快，立法工作在进一步适应新形势新任务的需要，突出地方特色、增强可操作性方面还需进一步探索；监督工作的针对性和实效性需要进一步增强。另外，在代表工作、常委会和机关自身建设方面，也还需要进一步加强。

各位代表，市十一届人大常委会已经圆满地完成了自己的历史使命，市十二届人大常委会即将依法选举产生。我们坚信，新一届人大及其常委会一定会坚持以邓小平理论、“三个代表”重要思想为指导，坚持科学的发展观，在中共昆明市委的领导下，认真贯彻党的十六届五中全会精神，按照中共中央［2005］9号文件精神和省、市委人大工作会议的要求，围绕加强社会主义民主法制建设，保障和促进经济社会发展，构建和谐昆明，大力弘扬“昆明精神”，解放思想、与时俱进、团结拼搏、开拓创新，更好地行使宪法和法律赋予的各项职权，更好地发挥地方国家权力机关的职能作用，为实现我市“十一五”规划目标，加快现代新昆明建设和全面建设小康社会作出新的更大的贡献！

中国人民政治协商会议
昆明市第十届委员会常务委员会
工　作　报　告

——在政协昆明市第十一届委员会第一次会议上

（2006年2月18日）

昆明市政协主席　徐之信

各位代表：

我受政协昆明市第十届委员会常务委员会的委托，向大会作工作报告，请予审议。

政协昆明市第十届委员会任期的五年，是我国胜利完成“十五”计划、阔步迈向社会主义现代化建设第三步战略阶段的五年，也是我市改革开放有了新的突破，经济社会发展取得明显成绩的五年。五年来，常委会高举邓小平理论和“三个代表”的伟大旗帜，在中共昆明市委领导下，全面贯彻落实科学发展观，围绕中心，服务大局，坚持团结和民主两大主题，充分发挥委员的主体作用，认真履行政治协商、民主监督、参政议政的职能，为我市改革开放、经济发展、社会进步作出了重要贡献。

——*把促进发展作为第一要务，牢固树立和全面落实科学发展观，履行职能的成效更加明显。*发展是中国共产党执政兴国的第一要务，也是人民政协履行职能的第一要务。五年来，常委会紧紧围绕经济建设中心，服从和服务于我市全面建设小康社会和现代新昆明建设的大局，通过主席会、常委会、全委会、委员提案、专题协商等多种形式，对每年“一府两院”的工作报告和30多个地方性法规进行了协商；先后组织180多次专题调研和委员视察活动，写出了160多份视察调研报告，对国有企业改革、非公经济发展、社会治安治理、“三农问题”、招商引资、城市规划、滇池治理、社区建设、教育发展、卫生事业、文化产业等涉及我市改革发展全局的大事提出了一系列意见和建议，为党委、政府的民主科学决策提供了依据。特别是对圆通动物园搬迁、节水型城市创建、城市交通改善、学习型社会建设、北部地区开发、确保粮食安全等群众普遍关心的问题，进行了深入调查研究，形成了常委会的建议案，提出了一系列解决问题的办法措施，受到了市委、市政府领导的高度重视，大多数意见和建议已经被有关单位和部门采纳，使政协组织的特点和优势得到进一步发挥，履行职能的实效进一步提高。

——*坚持团结和民主两大主题，广泛团结爱国力量，为构建社会主义和谐社会作贡献。*五年来，常委会始终牢牢把握团结和民主两大主题，不断增强政协组织的凝聚力、感召力，广泛团结爱国力量，积极协助党委、政府化解社会矛盾，做好社会稳定工作，为建设和谐昆明作贡献。一是与民主党派和党外人士搞好团结合作，积极为他们搭建参政议政平台，为他们代表本界别群众发表意见营造宽松和谐的政治环境，帮助他们解决工作、生活方面遇到的困难；党内党外领导干部以诚相待，互相学习，共同提高，平等议事，求同存异，互相支持。二是通过信访、信息、走访等多种形式及时准确地反映社情民意，引导不同社会阶层的群众理性地反映利益要求。五年来，一共开展主席、副主席与委员约谈68次，接待和处理人民群众来信来访5800多件，接待群体上访48起，接待来访群众362人次，收集编发《昆明政协信息》229期、2748条。协调解决了晋宁县基督教活动场所、双龙商厦业主与客户之间的纠纷、伤残军人待遇落实等一系列问题，还坚持每年元旦春节走访慰问下岗职工和贫困农户，促进了社会的稳定与和谐。三是广泛团结个体、私营企业主、中介机构和外资企业从业人员等新的社会阶层人士。常委会加强了与新的社会阶层人士的联系，增补了一批从事非公经济和律师事务的政协委员，积极帮助协调解决非公企业发展中碰到的困难，引导他们爱国、敬业、诚信、守法，维护他们的合法权益，鼓励他们为促进经济发展，改善人民生活以及增加社会主义财富贡献智慧和力量，评选出了一批中国特色社会主义事业建设的突出贡献者。

——*坚持中国特色社会主义民主政治方向，大力发扬社会主义民主，履行职能的制度化发展、规范化、程序化不断推进*。人民政协是在我国政治生活中发扬社会主义民主的重要形式。实现社会主义民主的制度化、规范化、程序化，是党的十五大确立的既定目标。以胡锦涛同志为总书记的党中央十分重视新世纪新阶段发展社会主义民主政治，认真总结实践经验，制定了中共中央关于进一步加强中国共产党领导的多党合作和政治协商制度建设的意见，明确规定了政治协商的重要准则和必要程序，明确提出了坚定不移地走中国特色政治发展方向，善于借鉴人类政治文明有益成果的要求，详细制定了进一步发挥民主党派和无党派人士作用、加强多党合作与政治协商的系列政策措施。中共云南省委、昆明市委也十分重视人民政协履职的制度化、规范化、程序化建设，专门召开会议，讨论制定了具体的实施意见，各级党委、政府、政协认真抓贯彻落实。在我市形成了党委重视、政府支持、政协努力这样一种共同推进政协履职“三化”的可喜局面。在市委领导和市政府支持下，五年来，市政协常委会就市政协委员履行职责、市政协委员全体会议工作规则、公民旁听市政协常委会议、领导成员分工联系委员制度以及重点提案督办制度，制定出了一系列规范性的文件。市委、市政府就推进市政协履职制度化、规范化、程序化，加强提案办理工作，支持市政协搞好专题调研等内容下发了一系列重要文件。市委、市政府主要领导十分重视政协履行职能制度化、规范化、程序化建设，把政治协商纳入了市委、市政府决策的重要程序，促进了决策的民主化、科学化。

高举爱国主义旗帜，热情接待海外华人华侨和国际友好人士，对外联谊工作更加广泛深入。五年来，一共接待来自美国、日本、印尼、缅甸、泰国、越南、土耳其、挪威、韩国、新加坡、马来西亚等国的华侨华人及国际友好人士3900多人次；先后组织了18批团队，赴东南亚、西欧、北美、拉美、南非和我国的台湾地区进行友好访问和民间经济文化交流，增加了与台湾高层人士和知名专家学者的接触交往，为促进我市对外友好交往和实现祖国的完全统一做了大量有益的工作，为我市的招商引资发挥了牵线搭桥的积极作用。在市委、市政府的关心和领导下，通过长期努力和多方协调，得到了海外爱国华侨知名人士的赞助和支持，建成了南洋华侨机工抗日事迹陈列室，将在弘扬抗日战争精神，进行爱国主义教育中发挥积极作用。

——*与时俱进，积极探索，履行职能的方式方法有了改进创新*。坚持与时俱进、不断创新，是人民政协事业不断发展的强大动力，也是新世纪新阶段政协工作体现时代性、把握规律性、富于创造性的必然要求。五年来，常委会本着继往开来、与时俱进、不断创新的精神，在工作实践中积极探索履职的新方式、新办法，努力提高履职能力和水平，不断增强履职实效性。一是常委会根据我市改革发展形势的要求，紧紧围绕市委、市政府的工作中心，从2002年开始，连续四年举办了县域经济发展、工业强市战略、人才强市战略、建设和谐昆明等四次论坛和研讨会，邀请国家和省、市专家、发达地区友好政协、各级党政领导和政协委员一道，为我市的经济社会发展建真言、献良策，出高招实招。市委、市政府领导对此十分重视，每次都要到会听取各方面的意见，给予充分肯定。通过论坛和研讨，充分发挥了政协组织联系面广、人才荟萃、智力密集、宽松和谐的特点和优势，使各方面的意见建议得到充分发表，为政治协商搭建了新的平台，使参政议政找到了新的办法，把政协履职提高到了一个新的水平，促进了我市县域经济发展、工业强市和人才强市战略实施，为建设和谐平安昆明作出了新的贡献。二是为了加大民主监督力度，增强民主监督实效，常委会制定了民主监督规则，先后对政府七个部门的思想、工作、作风进行了面对面的民主评议。通过民主评议，促进了政府部门的职能转变和作风改进。三是为了扩大政协委员参政议政的渠道，充分发挥委员的主体作用，常委会把全国政协一届一次全会开幕纪念日定为“委员议政日”，由专委会负责组织各界别的委员开展议政活动。还在全会期间强化了专题协商，使各界别委员可以根据自己的特长，自主选择参加有关专题协商，就我市经济社会发展中的重大问题进行深入系统的协商讨论。这样做，不仅使市委、政府分管领导能够有针对性地集中听取委员意见，而且能够充分发挥各界别委员的特长，提高履职的质量和水平。四是为了提高提案办理质量，健全完善了主席、副主席督办重点提案制度。每年选择一批重点提案，由主席、副主席亲自负责督办，促使提案办理单位的责任心大为增强，办案质量进一步提高。如：连续几年被列为一号重点提案的食品安全问题，由市政协领导亲自督办后，引起了市政府和有关部门的高度重视，取得了明显的成效。五是为了配合市委、市政府的中心工作，提高政协组织的社会认知度，常委会与人民政协报、云南政协报、昆明日报、昆明电视台等新闻单位加强了联系，采取办专版、做专栏节目的办法，加强了宣传报道。在人民政协报就现代新昆明建设、市政协成立50周年作了宣传，在昆明日报、昆明电视台分别办了近50期“政协之声”、“政协之窗”栏目，提高了昆明在国内外的知名度，扩大了政协组织在社会上的影响，为市政协履职创造了良好的社会环境，增强了政协履职的社会实效。另外，为了使文史资料征集工作更好的发挥“存史、资政、团结、育人”的作用，在编辑出版《昆明文史资料选辑》7期200多万字的基础上，成立了昆明文史研究会。

——*以宪法和政协章程为准则，围绕提高委员履职能力的目标，自身建设全面加强*。宪法是政治协商的最高准则，政协章程是参加人民政协的各党派、人民团体和各族各界人士共同的行为准则。宪法和政协章程是政协自身建设的重要依据。五年来，常委会坚持宪法和政协章程规定，从思想、组织、作风等方面全面加强了市政协的自身建设。在思想建设方面，常委会把学习作为重要政治任务，采取多种形式，切实加强对中国共产党关于多党合作与政治协商制度的基本理论、基本方针及有关知识的学习，始终坚持以马列主义、毛泽东思想、邓小平理论、“三个代表”重要思想为指导，把热爱祖国、拥护中国共产党领导、拥护社会主义、拥护祖国统一作为共同的政治基础，充分发挥委员的主体作用，认真履行政治协商、民主监督、参政议政的职能。在学习中，常委会成员以身作则，带头学习，坚持用正确的理论武装头脑，指导实践、推动工作。五年来，市政协党组一直坚持中心学习组学习制度，组织市政协领导班子成员、民主党派、工商联、有关人民团体负责人，认真学习党的十六大、十六届三中、四中、五中全会精神，认真学习宪法和政协章程修正案，增强遵守宪法、执行宪法的意识和自觉性，增强遵守章程执行章程的意识和自觉性，不断提高自身的理论水平和履职能力，增强做好政协工作的责任感，在政治上与胡锦涛同志为总书记的党中央保持一致，确保中共中央和省、市委的重大决策和工作部署在市政协的全面贯彻执行。广泛组织委员参加宪法、政协章程修正案专题讲座，参加党的统一战线理论和方针政策的学习报告会、台湾形势报告会以及专业知识学习活动，注重从政治思想和业务素质上提高政协队伍的能力和水平。在组织建设方面，由于中共昆明市委的关心重视，把本届委员名额由原来的440人增加到451人，届中增补了一批政协委员；把原来大部分专委会副主任提拔为主任，并从县（市）、区和市级部门调入了一批县级领导干部，从民主党派选拔任用了3名党外干部，基本配齐了办公厅、研究室和专委会的领导班子，先后组织了市政协机关三批科级领导干部竞争上岗，从市政协机关中选拔任用了一批优秀年轻干部；把政协机关党总支改为机关党委，加强了机关党的工作。通过保持共产党员先进性教育活动，市政协党组的领导核心作用和机关党委的政治保证作用进一步加强，广大共产党员的先锋模范作用进一步发挥，机关作风有了明显转变。在2004、2005年的全市民主评议中，市政协办公厅分别名列二、三名。在作风建设方面，五年来，常委会始终坚持人民政协为人民的根本宗旨，把实现和维护最广大人民的根本利益作为政协工作的出发点和落脚点，动员和组织政协委员和参加单位，广泛深入地开展扶贫济困、捐资助学、送医送药下乡、科技“三下乡”等“八个一”民心活动。市政协委员、市政协机关干部、市级各民主党派、工商联、有关人民团体以及各县（市）、区政协，共捐资678万元、衣物23400多件，解决了13287名贫困学生上学难的问题，为部分城市低收入户和农村困难户解决了生产生活中的实际困难，受到了社会的一致好评。其中，参加市政协的11名港澳委员和一部分海外联谊会的理事共捐资99.5万元，帮助贫困地区解决校舍和学生的入学困难问题。根据市委的统一安排，市政协机关负责督查石林、宜良、晋宁三个县的扶贫工作。每年春节、元旦，市政协领导都要深入这三个县的贫困地区进行走访慰问，检查督促扶贫工作。此外，常委会还印发了《关于进一步加强政协昆明市委员会和市级民主党派、工商联、有关人民团体联系的制度》，主席会议印发了《关于主席、副主席分工联系县（市）区政协工作的通知》，进一步密切了市政协与民主党派、工商联、有关人民团体的联系，经常采取座谈会、学习活动、个别交谈等方式认真听取他们的意见，积极向党委和政府反映他们的要求，不断增强团结，搞好合作共事。市政协对县（市）区政协工作的指导也有了进一步加强。五年来，主席、副主席到县（市）区政协调研、走访、指导工作达568人次。常委会注重发挥专委会的桥梁纽带作用，加强与县（市）区政协工作的对口联系，密切联系各界别委员，认真负责地组织委员活动，努力把市政协机关建成“委员之家”。

通过五年的工作实践，我们进一步体会到：

*坚持中国共产党的领导，是人民政协工作必须始终遵循的一项根本原则。*人民政协是中国特色社会主义事业的重要组成部分，坚持中国共产党对人民政协的领导，是人民政协开展工作必须严格遵循的一条根本原则。中国共产党在同各民主党派、人民团体和各族各界人士风雨同舟、团结奋斗的长期历程中，创立了中国人民政治协商会议这一最广泛的爱国统一战线组织。中国共产党历代中央领导集体都高度重视关心人民政协事业的发展，对人民政协的性质和任务以及工作方针，提出了一系列具有独创性的重要思想，指出了新 时期人民政协存在和发展的必要性，明确了新时期政协工作的性质和任务，把中国共产党领导的多党合作和政治协商制度作为我国必须长期坚持的一项基本政治制度载入宪法，把坚持和完善中国共产党领导的多党合作和政治协商制度作为巩固党的执政地位、提高党的执政能力的重要内容来抓。这是人民政协事业发展的根本保证。历届中共昆明市委对政协工作都十分关心重视，不断改善和加强对政协工作的领导。五年来，市委在全市批转了市政协常委会制定的加强民主监督规则，召集各县、市、区党政主要领导和市属有关部门领导学习政协章程修正案，大力推进政协履职制度化、规范化、程序化，解决政协工作中的重大问题和实际困难，召开专题会议传达贯彻省委召开的人大政协工作会议精神，组织市委、市政府、市政协三个办公厅和市级有关部门对政协履职“三化”建设情况进行了深入调研和强有力的督查。市委、市政府领导班子身体力行，积极支持市政协坚持团结和民主两大主题，切实履行政治协商、民主监督、参政议政的职能，在重大问题决策之前，主动向市政协通报情况，广泛听取市政协委员的意见，充分发挥政协组织在社会主义经济建设、政治建设、文化建设和社会建设中的重要作用。在市委的领导和带动下，各县（市）区委普遍加强了对政协工作的领导，十分注重发挥政协组织的作用。实践使我们深深感到，没有党委的坚强领导，没有政府的积极支持，市政协工作将会寸步难行，一事无成；正是党委的关心重视和政府的大力支持，五年来我市的政协事业才得以不断发展，政协工作才取得了一定的成绩。

*——坚持以马列主义、毛泽东思想、邓小平理论、“三个代表”重要思想为指导，是人民政协的重要思想基础。*人民政协是中国共产党把马克思列宁主义统一战线理论与中国具体实践相结合的伟大创造，政协章程修正案明确规定马列主义、毛泽东思想、邓小平理论、“三个代表”重要思想是人民政协工作的指导思想。马列主义的基本原理是参加政协的各民主党派、工商联、人民团体的共同思想基础。只有坚持以马克思列宁主义、毛泽东思想、邓小平理论、“三个代表”重要思想为指导，参加政协的各民主党派、人民团体和各族各界的人士才能达成政治上的共识，政协工作也才能坚持正确

的政治方向。以人为本，全面、协调、可持续发展的科学发展观，是马列主义认识论和方法论关于发展问题的集中体现，是指导社会主义现代化建设的重大战略思想，人民政协在新世纪新阶段坚持正确的指导思想，就要牢固树立和全面落实科学发展观，始终不渝地坚持高举邓小平理论和“三个代表”重要思想的伟大旗帜，坚持以科学发展观为指导，切实履行好政治协商、民主监督、参政议政的职能。

——坚持团结和民主两大主题，是人民政协性质的集中体现。在中国共产党领导下实现团结和民主，是人民政协性质的集中体现，也是人民政协存在和发展的历史依据。新世纪新阶段，人民政协的根本任务就是围绕党的总路线总目标，为全面推进社会主义现代化、促进世界和平和各个国家共同发展、实现祖国完全统一的大业，做好团结各界、凝聚力量的工作。市政协的主要任务就是要围绕市第八次党代会精神的贯彻落实，为全面建设小康社会、加速推进现代新昆明建设做好团结工作，调动一切积极因素，在全面推进社会主义现代化的进程中，充分体现人民政协作为我国基本政治制度的特征和优势。五年来，常委会高举爱国主义和社会主义两面旗帜，牢牢把握团结和民主两大主题，充分发挥民主党派、工商联、人民团体和各族各界人士的积极性、主动性、创造性，广泛团结各方面的爱国力量，为我市的政治建设、经济建设、文化建设和社会建设作出了新的贡献。

——坚持与时俱进、不断创新，是人民政协事业体现时代性、把握规律性、富于创造性的必然要求。创新，是人民政协事业兴旺发达的强大动力，是人民政协工作生机活力的源泉。面对新形势新任务新要求，必须坚持解放思想，实事求是，与时俱进，不断创新，力求在履职水平上有新突破，在团结和民主两大主题上有新内容，在营造和谐宽松的工作环境上有新举措，在履行职能的实效上有效提高。实践证明，政协工作只有坚持在创新中前进，在创新中发展，在创新中提高，才能体现时代性，把握规律性，富于创造性，不断开创新的局面。

各位委员、各位同志，政协昆明市第十届委员会的五年，是继往开来的五年，是与时俱进的五年，也是不平凡的五年。五年来，常委会工作在中共昆明市委关心重视和强有力的领导下，在市人大、市政府、市纪委及有关方面的大力支持下，在全体委员的共同努力下，取得了一定的成绩，积累了一定的经验，对我市的经济社会发展作出了一定的贡献。借此机会，我代表市政协十届常委会向全体委员、各位领导、各方面的关心支持表示衷心的感谢！

常委会在总结成绩经验的同时，也清醒地看到了工作中存在的问题，一是政协履职的能力和水平有待于进一步提高，二是自身的建设有待于进一步加强，三是履职的制度化、规范化、程序化要下更大的功夫来推进，四是社会各界对政协组织的认知度需要进一步宣传提高，五是政协履职的实效性还要进一步增强。我们相信，新一届政协在中共昆明市委领导下，一定能够重视存在问题，逐步加以解决，把市政协工作提高到一个新的水平。

各位委员，各位同志，总结过去，我们豪情满怀；放眼未来，我们充满信心。政协昆明市第十一届委员会的五年，正是我市实施“十一五”规划的五年。新形势新任务对人民政协的工作提出了新的更高的要求，也为人民政协事业的发展提供了新的机遇。人民政协事业作为中国特色社会主义事业的重要组成部分，在全面建设小康社会、实现中华民族伟大复兴的历史进程中，是大有可为，也是大有作为的。希望新一届政协继续高举邓小平理论和“三个代表”重要思想的伟大旗帜，坚持中国共产党的领导，深入贯彻市委八届七次全会精神，坚持团结和民主两大主题，坚持科学发展观，继往开来，与时俱进，奋发有为，认真履行政治协商、民主监督、参政议政的职能，努力开创政协工作的新局面。为此，提出如下建议：

——进一步深入学习实践邓小平理论和“三个代表”重要思想。要把学习摆在重要位置上，组织政协常委、委员及政协机关工作人员认真学习马克思列宁主义的基本理论和党的十六届五中全会、市委八届七次全会精神，高举邓小平理论和“三个代表”重要思想的伟大旗帜，坚持政协工作的正确政治方向。

紧紧围绕加快现代新昆明建设、全面建设小康社会的奋斗目标，认真履行政协职能。要紧紧围绕实现又快又好发展这一主题，在制定和实施我市“十一五”规划中聚精会神搞建设，一心一意谋发展，积极建言献策，为全面建设小康社会，推进现代新昆明建设作出应有的贡献。

——继续坚持团结和民主两大主题，为构建社会主义和谐社会服务。构建和谐社会，建设平安昆明，是我市全面贯彻落实科学发展观，更好更快地推进经济社会发展的重要保证。要充分发扬民主，畅通民主渠道，加大民主监督力度，发展社会主义民主政治，把团结爱国力量工作摆在十分重要的位置，密切与各族各界委员的联系，密切与广大人民群众的联系，广泛听取各方面的意见，保证反映社情民意渠道的畅通，积极协助党委和政府做好协调关系、化解矛盾、理顺情绪、维护稳定的工作，为维护我市民族团结与社会稳定，构建和谐社会作出贡献。

进一步扩大联谊和交往。要坚定不移地按照“和平统一、一国两制”的方针，积极为促进祖国统一作贡献。要发挥政协自身特点和优势，加强海内外联谊，努力拓展和畅通与海内外爱国人士的联系渠道，多形式、多渠道、宽领域地开展交流，增进友谊，发展合作，积极为昆明扩大开放，加快发展作贡献。要努力为我市企业走出去牵线搭桥，为来昆投资的外商做好服务，为昆明营造良好的对外开放环境，为昆明市招商引资工作作出积极的贡献。

——大力推进人民政协履职的制度化、规范化、程序化。要认真贯彻落实中共中央关于进一步加强中国共产党领导的多党合作和政治协商制度建设的意见以及省、市委的有关文件，积极推进政协履行职能的制度化、规范化、程序化。要切实加强自身建设，努力把市政协建成学习型政协，不断推进政协事业向前发展，不断提高政协履职的能力和水平。

各位委员，同志们，长江后浪推前浪，一浪更比一浪高。我们深信，新一届政协在邓小平理论和“三个代表”重要思想指引下，在中共昆明市委的领导下，一定能够锐意进取，同心同德，扎实工作，不断开创我市政协工作新局面，为全面实现我市“十一五”规划目标作出新的更大的贡献。

全面履行党章赋予的职责
深入推进党风廉政建设和反腐败工作

——在中共昆明市纪委第四次全会上的工作报告

（2006年1月25日）

中共昆明市委副书记、市纪委书记　李培山

同志们：

我受市纪委常委会的委托，向全会报告工作，请予审议。

这次全会的主要任务是：以邓小平理论和“三个代表”重要思想为指导，深入贯彻落实党的十六大、十六届三中、四中、五中全会和中纪委六次全会、省纪委五次全会、市委八届七次全会精神，总结2005年工作，研究部署2006年工作任务。

一、2005年党风廉政建设和反腐败工作回顾

2005年，全市各级党政组织和纪检监察机关认真贯彻落实中纪委五次全会、省纪委四次全会和市委、市政府关于反腐倡廉的工作部署，围绕落实科学发展观，以加强党的执政能力建设，促进全市经济社会发展为目标，全面履行党章赋予的职责，认真落实《建立健全教育、制度、监督并重的惩治和预防腐败体系实施纲要》，反腐倡廉各项工作稳步推进，取得了新的成效。

（一）围绕中心，服务大局

各级纪检监察机关紧紧围绕党委、政府的中心工作和重大决策部署，充分发挥职能作用，切实加大监督检查力度，为全面落实科学发展观、促进全市改革发展稳定提供了有力的保证。

实施问责制，直指“不作为”。制定了《昆明市国家行政机关及其公务员行政不作为问责办法（试行）》，针对公务员的15种不作为表现实施问责，并与对贯彻执行《云南省公务员八条禁令》相结合，共受理涉及行政许可行为的投诉44件，对25名责任人实行了问责，促使了公务员自加压力，增强了工作责任感，提高了认真履职的自觉性和主动性。

深入开展民主评议机关作风工作。把民主评议机关作风工作与先进性教育活动紧密结合，把整改措施的落实效果作为了民主评议的一项重点内容，通过开通“政风行风直播热线”等方式，建立群众监督的直通车道，扩大了群众参与度。共发放和收回群众评议表11 000多份，听取5万多名群众的意见和建议。通过连续3年大规模的政风行风评议，促进了机关作风建设，群众的满意率有了新的提高。82个机关（部门）中被评为良好以上的占了75.6%，批评性意见较2004年下降了56%。各参评机关针对广大群众反映突出的问题进一步深入整改，有效地提高了机关服务质量和办事效率。

加强执法监督，优化发展环境。开展了对贯彻执行《行政许可法》、《土地管理法》、《招标投标法》等情况的监督检查；配合有关部门加强了对重点工程、专项资金、经营性土地使用权出让落实情况的监督检查；积极参与整顿和规范市场经济秩序的专项整治工作；参加安全生产检查和重特大事故的调查处理工作，对9名责任人给予了处分；认真清理纠正违规投资入股煤矿问题，有63 433名国家机关工作人员和国有企业负责人报告登记；对落实企业违法排污问题开展了专项执法监察，查处违法排污企业230家；对新增建设用地土地有偿使用费征收使用管理情况开展了专项检查；对重点非公企业实施了挂牌保护，认真办理外商和非公企业投诉17件，维护了非公企业的合法权益。

坚持惩处与保护并重，营造干事创业的浓厚氛围。在严惩腐败分子的同时，切实注意保护广大干部勇于改革、创新发展的积极性，营造鼓励支持人们敢想、敢干、敢闯的干事氛围，使那些不思进取、不干事又乱指责诬陷他人干事的人没有市场。先后为159名受到失实举报的干部澄清了事实，对106件轻微违规问题进行了适当处理，使一批德才兼备的干部顺利地走上了重要领导岗位。

（二）党风廉政建设责任制工作更加落实

市委、市政府高度重视党风廉政建设和反腐败工作，狠

抓党风廉政建设责任制的落实，把反腐倡廉工作纳入了经济社会发展和党的建设的总体规划中，统筹兼顾，全面推进。各级党政组织进一步增强执政意识、优患意识和责任意识，把党风廉政建设责任制作为政治纪律认真执行。各相关职能部门各司其职，按照《昆明市2005年党风廉政建设和反腐败工作主要任务分解》的要求，把反腐倡廉工作融入到业务工作之中，切实抓好本部门的反腐倡廉工作。各级纪检监察组织认真履行组织协调职责，及时协调解决工作中的矛盾和问题，不断加大责任检查、责任考核和责任追究力度，综合运用纪律处分和组织处理手段，对11名领导干部实施了责任追究。

（三）贯彻落实《实施纲要》工作逐步深入

《实施纲要》颁布以来，在市委、市政府的坚强领导下，市纪委、市监察局加强组织协调，各级党政组织和纪检监察机关高度重视，结合实际，狠抓《实施纲要》的贯彻落实，教育、制度、监督、惩处等各项工作整体推进。

学习好、宣传好《实施纲要》，制定贯彻落实的工作意见。各级党政组织和纪检监察机关把学习宣传好、贯彻落实好《实施纲要》作为重要政治任务，纳入党组织中心学习组学习计划，纳入先进性教育活动的学习内容，纳入纪检监察干部培训的必读书目，开展了专题教育月活动。党政主要领导带头讲党课、作反腐倡廉形势报告1 200多场（次），听课的党员和干部12万多人（次）。有10多万党员参加了《实施纲要》知识竞答活动。经过深入调研、广泛征求意见和反复修改，拟定了市委《关于贯彻落实〈实施纲要〉的工作意见》，经市委常委会议审议通过，已正式下发全市贯彻执行。

党风廉政教育不断深化。结合先进性教育活动，重点开展了理想信念教育、权力观教育、党纪条规教育和优良传统教育，开展了以讲实干、讲奉献、讲纪律、讲诚信、讲节约为重要内容的“五讲”教育，开展了狠刹空谈风、浮夸风、吃喝风、攀比风和粗暴风等“五股歪风”活动。广大党员干部边学习、边评议、边整改，思想觉悟得到了新的提高。“大宣教”工作格局进一步显现，教育资源进一步整合，党风廉政宣传教育联席会议、协调会议制度和反腐倡廉宣传报道工作制度得到了落实，《中国纪检监察报》、《昆明日报》、昆明电视台等各级新闻媒体刊发或播发各类宣传我市反腐倡廉工作部署、做法和成效的新闻稿件30多篇。坚持把领导干部作为教育的重点对象，通过每月发廉政公开信、定期推荐一篇反腐倡廉好文章、征集反腐倡廉警示语和寄发廉政明信片等多种形式开展廉政教育。加强反腐倡廉警示教育和先进典型教育，组织观看电教片350多场，受教育人数20多万人（次）。建立了3个预防职务犯罪警示教育基地，已组织上万名党员和干部实地接受教育。加强廉政文化建设，在全市城乡集中开展了反腐倡廉形势政策宣传活动；开展了反腐倡廉文艺调演，并从各县（市）区、市级各部门选送的142个节目中筛选出37个节目。举办了“‘弘扬廉政文化、建设和谐昆明’文艺调演”；举办了“昆明市廉政文化优秀作品展”，500多件优秀作品参展，近2万名干部和群众参观了展览；与市妇联、市委宣传部、市委组织部等部门联合开展了“廉政文化进万家”活动等，进一步增强了全民的反腐倡廉意识。

领导干部廉洁自律工作取得实效。按照中纪委五次全会、省纪委四次全会提出的“五项规定”进行专项整治。查处参与赌博的党员和干部8人；领导干部主动拒收礼品礼金，廉政账户新存入人民币62.5万元；对44名新任县（处）级领导干部配偶子女从业情况进行了登记；清理用公款购买商业保险603.21万元，已清退571.71万元；清理党政领导干部拖欠公款3人2万元；对2003年以来持有因私出国（境）证照的513名领导干部和362名特定岗位人员进行了清理登记。

反腐倡廉制度建设不断加强。围绕人民群众普遍关心的热点问题，制定出台了一系列制度规定。进一步健全了教育收费公示制度、群众评议制度和违规招生及乱收费行为的责任追究规定，进一步规范了中小学招生及教育收费行为；完善了医疗收费项目和价格公示制度和院科两级医药费用审签制度等，进一步解决“看病难、看病贵”问题；按照《规范国有企业改制工作有关问题的通知》要求，制定了国有企业重组改制监督管理等若干规定，保证国有企业改制、产权转让工作规范有序进行；出台了《关于健全和完善村务公开和民主管理制度的实施意见》、《关于政务公开工作的实施意见》；完善了与群众利益密切相关的重大事项的社会公示和社会听证等制度。

继续深化行政审批制度改革，加强了行政审批项目取消和调整的后续监管及对行政审批的监督规范，建立了审批公示、责任追究等制度。深入推进财政管理体制改革，严格“收支两条线”管理，完善了市对县级的财政管理体制，将市本级41个主管部门及所属261个基层单位纳入了国库集中支付范围，在市属121个单位实行了部门预算管理制度。干部人事制度改革、政府投资体制改革和司法体制改革不断深化，金融风险防范和化解的体制得到进一步加强。工程建设招标投标等四项制度进一步完善，提出了一系列新的有效措施。在各项工程建设中继续推行“廉政双合同”制度，全年共招标和邀请招标410项，公开招标率达100%；继续推进经营性土地使用权招标拍卖挂牌出让制度；产权交易渐趋规范，对国有资产评估和产权交易的监管力度进一步加强；政府采购范围和规模继续扩大，截至去年9月底，共实施政府采购9 303次，采购金额60 948万元，节约资金1 990万元，节约率3.16%。进一步深化了政务公开、厂务公开和村务公开工作，学校、医院以及水、电、气、公交等公用事业单位普遍实行了办事公开。

对权力运行的制约和监督机制不断完善。贯彻落实《党内监督条例（试行）》，认真执行领导干部述职述廉、收入申报、重大事项报告和礼品礼金登记等制度。纪委各级负责人与下级党委主要领导谈话1 127人（次），领导干部任前廉政谈话1 652人（次），诫勉谈话258人（次），领导干部述职述廉5 253人（次）。党委领导班子议事决策规则、政府重大事项决策程序规定进一步完善。各类监督主体进一步加强了对重点环节和重点部位权力行使的监督。市人大常委会和人民代表的监督作用进一步发挥；市政协对实行民主监督的制度化、规范化和程序化制定了具体办法；审计部门进一步加大了对领导干部任期经济责任的审计力度，先后对150名党政领导干部和国有企业领导人员进行了任期经济责任审计，查出违规违纪资金5 475万元；司法监督、新闻舆论监督和社会监督作用进一步发挥。党风巡查工作力度不断加大。市级党风巡查员对14县（市）区和38个市级部门落实党风廉政建设责任制情况和领导干部廉洁自律情况开展了巡查，进一步促进了党内监督的深入。

查办违反党纪案件的力度不断加大。各级纪检监察机关坚持以查办党员领导干部违纪违法案件为重点，认真查办领导干部以权谋私、与民争利、侵害群众利益的案件，特别是顶风作案、严重违纪违法的案件。去年1至12月，全市纪检监察机关共受理群众来信来访、电话举报3 044件（次），涉及纪检监察业务范围的2 800件（次），初查核实319件，立案121件，结案110件，党纪处分119人，政纪处分32人，党政纪双重处分5人，开除党籍57人，留党察看24人，开除公职6人，撤销行政职务5人。其中，县（处）级干部7人，乡（科）级干部29人，一般干部36人，其他人员74人。通过查办案件，挽回经济损失286万元。

各级纪检监察机关严格按照党内法规办案，认真贯彻落实中纪委《关于纪检监察机关严格依纪依法办案的意见》，进一步畅通信访渠道，推行实名举报承诺办理等制度；加强了对案件的剖析，运用《纪律检查建议书》、《监察建议书》，向发案单位提出整改建议；建立了回访巡查制度，对发案单位落实整改措施情况进行回查。分别召开县（市）区和市级机关案件查处工作理论研讨会，探讨加强和改进办案工作的新思路新办法，各级纪检监察机关依纪依法办案的工作制度和工作机制不断完善。案件审理工作质量进一步提高，信访综合管理进一步加强，重大典型案件的剖析、案件预防工作进一步推进。

损害群众利益的突出问题进一步得到解决。各行业主管部门牵头，相关部门积极配合，清理征地补偿费、规范城镇房屋拆迁、治理拖欠、克扣农民工工资和建设工程款、解决企业重组改制和破产中损害群众利益等问题进一步得到治理。已清还拖欠农民工工资6 264万元；针对企业破产后职工和非经营性资产的管理问题，设立了破产企业职工管理服务机构，对174户列入产权改制计划和49户列入兼并破产计划的市属企业进行了维护职工合法权益的检查，建立完善了各种规章制度120项；通过减免农业税和专项治理共减轻农民负担4 910万元，向农民退还各种乱收费87万元；查处200多件假冒伪劣药品案件，收缴违法制售及不合格药械1 178种，依法取缔无证行医“黑诊所”1 514家，医务人员退还和上交“回扣”、“红包”以及查处这方面问题所涉及金额8.3万元；共组织213个检查组对全市1 421所中小学、幼儿园和职业中专进行了教育收费大检查，清退违规收费18.7万元。

一年来，市纪委常委深入学习实践“三个代表”重要思想，认真贯彻中央、省市委和上级纪委关于反腐倡廉工作的决策和部署，全面履行党章赋予的职责和任务，执纪能力进一步增强。常委班子认真贯彻民主集中制原则，带头执行廉洁自律规定，严格遵守“廉政五项承诺”，自觉接受监督。注重抓好纪检监察干部队伍建设，努力提高纪检监察干部队伍的政治素质和业务能力。加大了机关内部干部竞争上岗、轮岗交流的力度，从基层纪委选调年轻干部到机关锻炼，从县区和市属公检法系统选调业务骨干到市纪委案件检查部门工作。结合先进性教育活动，进一步加强了队伍的教育、管理和监督，全市纪检监察干部队伍履职能力不断提高。

在充分肯定我市反腐倡廉工作取得新成效的同时，也要清醒地看到存在的问题：少数领导干部抓反腐倡廉工作的责任意识不强，一些班子成员特别是班子副职对党风廉政建设重视不够、措施不力；教育的针对性、实效性还不够强；反腐倡廉制度规定还不够完善、不够落实；对权力运行的监督还不够有力，违纪违法案件时有发生；少数机关和基层干部作风不实，方法简单粗暴，工作效率不高，损害群众利益的不正之风仍时有发生。

二、2006年党风廉政建设和反腐败工作主要任务

2006年，是实施我市“十一五”规划的开局之年，做好党风廉政建设和反腐败工作意义重大。为确保开好局、起好步，全市各级党政组织和纪检监察机关要在市委、市政府的坚强领导下，坚持以邓小平理论和“三个代表”重要思想为指导，深入贯彻党的十六大和十六届三中、四中、五中全会及中纪委六次全会、省纪委五次全会、市委八届七次全会精神，全面落实科学发展观，努力构建社会主义和谐社会，坚持反腐倡廉战略方针，以改革和制度建设为重点，继续推进惩治和预防腐败体系建设，认真落实市委《关于贯彻落实〈实施纲要〉的工作意见》，全面落实党风廉政建设责任制，进一步加大防治力度，逐步铲除腐败现象滋生蔓延的土壤和条件，推动党风廉政建设和反腐败工作深入开展。

（一）维护党的纪律，为全面落实科学发展观，加快现代新昆明建设提供有力保障

党要管党、从严治党，首先就要严明党的纪律。各级纪检监察机关一定要在党委的领导下，坚决维护和执行党的纪律，督促各级党组织和党员干部认真执行党的政治纪律、组织纪律、群众工作纪律、经济工作纪律和生活纪律。要把维护和执行党的政治纪律放在突出位置，督促广大党员保持坚定的政治信念，自觉在政治上、思想上、行动上与党中央保持高度一致，决不允许在群众中散布违背党的理论和路线方针政策的意见，决不允许公开发表同中央的决定相违背的言论，决不允许对中央的决策部署阳奉阴违，决不允许以任何形式泄露党和国家的秘密，决不允许传播政治谣言。对中央和省市委重大决策、工作部署和制度规定，要结合实际认真贯彻执行，做到令行禁止，坚决维护党的团结和统一。要加大执行纪律的力度，对违反党的政治纪律的，要严肃批评教育；对屡教不改的，要作出组织处理；对造成严重后果的，要按党纪严肃处理。

要切实加强对落实科学发展观情况的监督检查。按照党的十六届五中全会和市委八届七次全会的要求，紧紧围绕加强宏观调控、转变经济增长方式、提高执行力、做好“三农”工作、推进工业强市战略、增强自主创新能力、节约能源资源和保护环境等一系列重大决策和改革措施，加强监督检查，确保政令畅通，确保省市委、省市政府的重大决策和改革措施的顺利实施，对违背科学发展观造成严重后果的，要严肃处理。

要全面落实党风廉政建设责任制。各级党委、政府要切实担负起党风廉政建设和反腐败工作的政治责任，进一步健全党委统一领导、党政齐抓共管、部门各负其责、纪委组织协调、依靠群众支持和参与的反腐倡廉领导体制和工作机制。各级党政领导班子要对职责范围内的党风廉政建设担负起领导责任，党政领导班子正职要负总责，班子其他成员要负直接领导责任。要严格按照责任制的规定，严肃追究不履行或不正确履行责任制的行为，确保党风廉政建设责任制的各项规定落到实处。

要以铁的纪律保证换届工作顺利进行。今年我市三级党委集中换届，必须按照中央和省市委的要求，严肃干部人事纪律，切实防止用人上的不正之风。要坚决反对自由主义，自觉抵制各种乱议论、乱猜测、乱编造和乱告状行为，对搞诬告陷害的，要坚决查处。要教育引导党员干部从大局出发，克服浮躁情绪，正确对待进退留转，严格遵守纪律。对“跑官要官”的，不仅不能提拔重用，还要严肃批评并记录在案；对“买官卖官”的，发现一起查处一起，决不手软；对选举中搞非组织活动的，必须严肃处理；对换届前突击提干、突击花钱等行为，一经发现，从严处理。

（二）坚决纠正不正之风，切实解决损害群众利益的突出问题

要把解决损害群众利益的突出问题作为反腐倡廉工作的重点，采取坚决措施切实加大整治力度。各级纪检监察机关

要充分发挥组织协调作用，督促各责任单位和主管部门切实抓好本系统本行业的纠风工作。

进一步纠正教育乱收费。认真执行农村义务教育阶段“两免一补”政策，完善义务教育阶段公办学校“一费制”收费办法和公办高中招收择校生“三限”政策，加强对中小学教育收费、教辅材料的管理和监督，健全教育收费和管理监督制度，严肃查处挤占、挪用、截留教育经费和学校乱收费问题。进一步纠正医药购销和医疗服务中的不正之风。在深化城市医疗服务体制改革和推进农村合作医疗制度建设的同时，加强医疗管理，提高服务水平，规范诊疗行为，加大药品集中招标采购，认真清理整顿医药购销和医疗服务中乱加价、乱收费等问题，逐步解决群众“看病难、看病繁、看病贵”问题。继续纠正在征收征用土地、城镇房屋拆迁、企业重组改制和破产中损害群众利益，以及拖欠建设工程款和农民工工资等问题。推进征地制度改革，促进耕地保护制度和对被征地农民的合理补偿机制的实施，继续推进城镇房屋拆迁规范化管理。加强对安全生产的监督检查。认真调查安全生产责任事故，严肃追究有关责任人的责任，对玩忽职守、失职渎职的要严肃处理，对重大事故背后的腐败问题要坚决查处。加强农村和城市基层党风廉政建设。结合先进性教育活动，引导广大干部进一步增强群众观念、法纪观念和廉洁奉公意识，切实解决好少数农村基层党员干部以权谋私、与民争利的问题。巩固农村税费改革成果，注意纠正对农民的乱收费、乱罚款和各种摊派，防止增加农民负担。

认真开展治理商业贿赂专项工作。坚决纠正不正当交易行为，依法查处商业贿赂案件，规范市场经济秩序，健全社会信用体系。加强市场监管，严厉打击非法行医，整治虚假违法医药广告，打击制售假冒伪劣食品药品行为，打击哄抬农资价格、制售假劣农资坑农害农行为。全面清理和规范评比达标活动。继续抓好治理公路“三乱”、报刊散滥和党政部门利用职权发行等工作。全面开通“政风行风热线”，继续深入开展民主评议政风行风工作。

（三）增强反腐倡廉教育针对性，促进领导干部廉洁自律

运用先进性教育活动中创造的好经验好成果，深入开展反腐倡廉教育，特别是加强对领导干部的权力观和政绩观教育，促进党员干部做到为民、务实、清廉。认真贯彻“八个坚持、八个反对”的要求，深入开展理想信念和从政道德教育、党的优良传统和作风教育、党纪条规和国家法律法规教育，坚决克服形式主义、官僚主义、弄虚作假等行为，坚决纠正讲排场、比阔气、奢侈挥霍等不良风气；在全体党员干部中开展以“学习党章、维护党纪”为主题的党风廉政专题教育活动，认真学习党章，自觉遵守党章，切实贯彻党章，坚决维护党章，通过学习贯彻党章，推进反腐倡廉工作；认真抓好市委《关于贯彻落实〈实施纲要〉的工作意见》的学习宣传贯彻工作，通过党政主要领导带头宣讲反腐倡廉教育课、组织党组织中心学习组、纳入党员干部培训内容等方式，广泛开展宣传教育；进一步完善反腐倡廉“大宣教”工作格局，把握好反腐倡廉宣传教育的正确舆论导向；继续坚持各种行之有效的教育形式，每两个月向领导干部发一封公开信，进一步抓好警示教育基地建设，广泛开展先进典型教育和警示教育等。要大力推进廉政文化建设，树立以廉为荣、以贪为耻的道德观念。

严格执行“四大纪律八项要求”和领导干部廉洁从政各项规定。运用纪律处分和组织处理等措施，严肃查处领导干部违反规定收送现金、有价证券、支付凭证和参与赌博等党风方面存在的问题；严肃组织人事纪律，坚决防止用人上的不正之风；加强公务员工资管理，严禁违反规定发放津贴补贴等行为；认真解决以各种名义公款旅游等行为；认真解决各种名目的研讨会、论坛、办节过多等问题；严格执行《云南省公务用车管理办法》，及时纠正超标准、超编制配备和使用小汽车以及住房上以权谋私等问题。

（四）坚决查办违反党纪的案件，严惩腐败分子

要以查办发生在领导机关和领导干部中违反党纪的案件为重点，严肃查办领导干部滥用权力、贪污贿赂，利用人事权、司法权、审批权牟取私利的案件，以及国有资产严重流失的案件。查办金融、工程承包、土地管理、矿产开发和政府采购等领域的案件。注意查办严重侵害群众利益的案件，尤其是发生在安全生产、食品药品安全、环境保护和社会稳定等方面的失职渎职案件。查办截留、挪用和侵吞扶贫、救灾、社保、禁毒防艾等专项资金的案件。严肃查办基层干部以权谋私、与民争利、侵害群众利益的案件。对腐败分子要坚决惩处，决不姑息。

要认真做好信访举报工作，经常分析研究本地本部门存在的严重违纪问题。要加强案件查办的组织协调工作，在领导精力、工作力量、后勤保障等方面进一步加大力度，整合办案资源，形成办案合力。在一些办案力量较弱的单位可采取联合办案、集中审理的办法，加大查办案件力度。要把严格依据党内法规办案的要求贯穿到查办案件的各个环节，加强对办案全过程的管理和监督，做到依纪依法、安全文明办案。要正确运用政策和策略，做到宽严相济、区别对待，既坚决惩处严重阻碍和破坏改革的行为，又支持和保护各级领导干部落实科学发展观、勇于实践、敢于创新的积极性。要认真落实“一案双报告”制度，注重发挥查办案件的治本功能。

（五）以改革和制度建设为重点，深入推进从源头上预防腐败工作

按照中央和省纪委的要求，各县（市）区和有关职能部门要各负其责，以改革和制度建设为重点，进一步推进干部人事制度、行政审批制度、财政管理制度、投资体制、金融监管体制和司法体制等六项改革，完善工程建设招标投标、土地使用权出让、产权交易和政府采购等四项制度，深入推进治本抓源头工作。各相关职能部门要结合近几年源头治腐工作的实践，认真分析存在的问题，深刻领会有关精神，制定切实可行的办法和措施，力争在关键领域和重要环节取得突破，建立起结构合理、配套科学、程序严密、制约有效的从源头上预防腐败的机制，使源头治本工作进一步取得实效。各级纪检监察机关要充分发挥职能作用，做好组织协调工作，加强督促检查，确保各项改革任务落到实处，取得好的效果。

（六）强化制约和监督机制，确保权力正确行使

认真贯彻执行《党内监督条例（试行）》，加强对领导机关和领导干部以及重点部门、重点岗位、重点环节的监督，建立健全依法行使权力的制约机制。着力抓好对领导干部个人重大事项报告、述职述廉、民主评议、诫勉谈话和函询等制度执行情况的检查。继续坚持党风巡查制度，加强对领导班子及其主要负责人的监督，逐步开展对国有及国有控股企业的党风巡查工作。健全民主集中制，大力发展党内民主，逐步推行党务公开，增强党组织工作的透明度，使广大党员更好地了解和参与党内事务。认真落实党员权利保障条例，切实保障党员参与党内日常生活、维护自身权益、对党组织和其他党员进行监督等权利。建立各监督主体联席会议制度，充分发挥党内监督与党外监督，组织监督与法律监督，专门机关监督与群众监督、新闻舆论监督的职能作用，形成监督

合力。各级领导干部要增强公仆意识，正确对待监督，自觉接受监督，切实做到权为民所用、情为民所系、利为民所谋。

要会同有关部门把防止国有资产流失作为重点，进一步加强国有企业党风廉政建设和反腐败工作。完善国有企业监督制约机制，抓好《国有企业领导人员廉洁从业若干规定》的落实，加强对企业领导人员的监督。认真落实企业领导人员经济责任审计和企业内部审计的各项要求。完善职工代表大会制度，发挥职工的民主监督作用，切实维护职工合法权益。强化对国有企业重组改制、产权交易、投资决策、营销采购等经营管理重大事项和关键环节的监督。深入开展企业效能监察，促进企业改善管理、提高效益。加强国有企业纪检监察机构建设，充分发挥职能作用。

巩固、深化市级和县级行政机关政务公开。进一步深化厂务公开，完善与厂务公开相配套的监管制度、责任追究制度。以财务公开为重点，调整、充实、规范村务公开的内容、形式和程序，健全村民议事、质询听证等制度，加强对农村集体资金、资产、资源的管理，强化村级组织的民主监督。加强法规制度建设，健全监督保障措施，保证公用事业单位对涉及人民群众切身利益和群众普遍关心的事项得到及时、准确、真实的公开。对各项公开制度的进展情况要适时开展专项检查。

（七）充分发挥行政监察职能作用，全面推进依法行政

各级行政监察机关要认真履行《行政监察法》及其实施条例赋予的职责，切实贯彻加强和改进行政监察工作的意见。围绕提高行政效率、改善行政管理加强效能监察，深入贯彻执行《云南省公务员八条禁令》和《昆明市国家行政机关及其公务员行政不作为问责办法（试行）》，严肃查处违反八条禁令和行政不作为的行为。建立健全行政效能监察工作机制，充分发挥便民服务中心、12345市长热线、优化投资环境投诉中心、外商投诉中心、个私投诉中心的作用，进一步优化经济发展环境。围绕全面推进依法行政、加强和改善宏观调控、群众关心的热点问题开展执法监察，继续重点加强对《行政许可法》、《土地管理法》、《招标投标法》等法规贯彻执行情况的监督检查，加强对国债、扶贫、救灾、社保资金使用情况和道路交通、城市建设等重大公共投资项目的监督检查，开展对项目资金审批、拨付、管理使用情况的监督检查，确保专款专用。严格执行中央、省、市有关加强环境保护的决定，认真解决企业违法排污等破坏环境的问题。认真落实预防各类生产安全事故的有关规定，积极参与整顿和规范市场经济秩序和矿产资源开发秩序工作。认真整治执法部门的越权执法和不公正执法行为，开展对行政执法责任制落实情况的监督检查。

三、加强纪检监察队伍自身建设，做党的忠诚卫士，当群众的贴心人

各级纪检监察机关要适应新形势、新任务的要求，按照中纪委提出的“做党的忠诚卫士、当群众的贴心人”主题实践活动和省纪委“建一流队伍、树一流形象、创一流业绩”的要求，切实加强纪检监察队伍自身建设，不断加强和改进纪检监察工作。

切实用党章赋予的职责和任务统一思想、指导行动。胡锦涛总书记在中纪委六次全会上明确指出：“各级纪律检查机关要全面履行党章赋予的职责，带头遵守党章，充分发挥职能作用，坚决查处各种违反党章的行为，为学习党章、遵守党章、贯彻党章、维护党章继续作出积极努力。”纪检监察机关要把主要精力集中到全面落实党章赋予的三项主要任务和五项经常性工作上，围绕党的路线方针政策和决议的贯彻执行情况加强监督检查，认真协助党委加强党风建设和组织协调反腐败工作，尤其要在纠正损害群众利益的不正之风、从源头上预防和治理腐败等方面加大工作力度。要正确处理坚决惩治腐败和有效预防腐败的关系，正确处理抓好重点工作和全面履行职能的关系，正确处理履行自身职责和发挥好其他部门作用的关系，注意在努力做好各项职能工作的同时，还要以务实创新的精神，加强理论研究，推进理论创新、制度创新和实践创新，不断开创纪检监察工作的新局面。

努力提高执行力，在抓深入、抓落实上下功夫。各级纪检监察机关要把提高执行力、增强执纪能力作为经常性的重点工作抓紧抓好。要在抓落实上下功夫，抓好反腐倡廉工作任务的分解、督促和落实，建立健全与有关部门的协作配合、信息反馈和情况通报等制度，定期分析工作进展情况，真正解决好党组织和党员队伍中存在的突出问题、影响改革发展稳定的主要问题、群众最关心的热点问题。要在抓细节上下功夫，坚持“以小见大”，选择一些问题突出的行业和部门，明察暗访，蹲点调研，解剖麻雀，从中发现带规律性、苗头性的问题，及时进行专项治理，并针对管理漏洞和薄弱环节建章立制，推进治本抓源头工作。要认真总结和查找本地本部门在反腐倡廉方面群众反映突出的问题，立项督办，认真治理。特别是要梳理近年来领导的批办件、督办件和群众信访件，力争办结一批。对一时不能办结的，要列出时间表，明确办理的具体单位和责任人，一件一件地认真落实，真正做到为民排忧解难办实事，始终把维护人民群众的根本利益作为纪检监察工作的出发点和落脚点。

努力实践党的先进性要求，建一流队伍、树一流形象、创一流业绩。各级纪检监察机关要认真开展保持共产党员先进性教育活动，进一步解决思想、组织、作风以及工作方面存在的问题，教育引导广大纪检监察干部讲政治、讲党性、讲大局，自觉维护党的形象；模范遵守宪法、法律和党内法规，严格执行纪律特别是办案纪律和保密纪律；努力学习业务知识，继承和发扬党的优良传统，艰苦奋斗，谦虚谨慎；深入实际，深入基层，深入群众，虚心向干部群众学习，自觉接受党和人民群众的监督。要结合换届工作，配备好各级纪检监察机关领导班子。对派驻纪检监察机构实行统一管理。要进一步加强队伍建设，强化内部管理，建立健全监督约束和竞争激励机制，按照党的要求和人民的期望，努力造就一支适应改革发展需要，始终经受得住一切考验的纪检监察干部队伍，做党的忠诚卫士，当群众的贴心人。

同志们，2006年，是实施我市“十一五”规划的第一年，反腐倡廉工作任务光荣而艰巨。让我们紧密团结在以胡锦涛同志为总书记的党中央周围，高举邓小平理论和“三个代表”重要思想伟大旗帜，全面贯彻落实科学发展观，开拓进取，扎实工作，不断开创我市党风廉政建设和反腐败工作的新局面。

2005年昆明市党、政、群机关及县（市）区领导名录

中共昆明市委

书　　记　杨崇勇
副 书 记　王文涛　杨远翔
　　　　　李培山　田云翔
常　　委　张红苹　宋黎明
　　　　　杨　宁　张荣明
　　　　　高劲松　王道兴
　　　　　张建伟
　　　　　蔡忠诚（至12月）
　　　　　高德明
　　　　　何志海（12月起）
秘 书 长　宋黎明
副秘书长　施　伟　潘荣光
　　　　　吴长昆　沈苏昆

市人大常委会

主　　任　李　庄
副 主 任　何有德　林爽爽
　　　　　寸镇洋　杨　丽
　　　　　田　翎　张　宁
　　　　　王俊斌
秘 书 长　张　藻
副秘书长　韩慧玲　张　庆
　　　　　尹曰葵
　　　　　赵　谊（8月起）
　　　　　叶亚光（8月起）

市人民政府

市　　长　王文涛（2月起）
代理市长　王文涛（至2月）
副 市 长　李　江　雷晓明
　　　　　杨　雯（1月起）
　　　　　廖晓珊　王奇英
　　　　　梁晓谷　陈　鹰
市长助理　赵德光
　　　　　黄云波（2月起）
　　　　　周　立（4月起）
　　　　　田　超（10月起）
秘 书 长　李　峰（至8月）
　　　　　陈　勇（8月起）
副秘书长　马克斌（至6月）
　　　　　杜林杠　左珍贵
　　　　　顾体明（至8月）
　　　　　刘玉坤（至11月）
　　　　　杨　葿
　　　　　孟少波（至8月）
　　　　　陈　勇（至8月）
　　　　　刘安华（至6月）
　　　　　吴克翔（6月起）
　　　　　赵学锋（11月起）
　　　　　张家仁（9月起）
　　　　　罗朝峰（12月起）

政协昆明市委员会

主　　席　徐之信
副 主 席　胡启中　张中宁
　　　　　徐声瑛　姚承济
　　　　　孙世光　杨国栋
　　　　　罗士德　陆玉珍
　　　　　傅汝林
秘 书 长　张　辉
副秘书长　胡　琨（2月起）
　　　　　姜　伟（4月起）
　　　　　鲁云宏（4月起）

中共昆明市纪委

书　　记　李培山
副 书 记　丁仕凯　王富昌
常　　委　吴建民　郭继英
　　　　　班有为　裴演兵
　　　　　王赵明　李玉文
　　　　　李　璐
纪委办公厅
主　　任　张建国

市中级人民法院

院　　长　杨玉兰
副 院 长　杨建国　杜晋明
　　　　　马豫昆　张国维

市人民检察院

检 察 长　王汝能
副检察长　安赞京　周和玉
　　　　　龚永强　刘小凯
　　　　　滕　丽（8月起）
纪检组长　张福全
反贪局（隶属检察院）
局　　长　胡志磊

市委各部委办局

办公厅
厅务委员　李河流
　　　　　赵兴旺（1月起）
　　　　　岳为民（2月起）
组织部
部　　长　张荣明
副 部 长　金志伟　管宏亮
　　　　　卢　彬
部务委员　刘　荣　李　康
党员电化教育中心
主　　任　王仁智
宣传部
部　　长　张红苹
副 部 长　刘沙丁（至6月）
　　　　　刘海发　陈　乐
　　　　　罗英华
部务委员　龚志龙
　　　　　房旭东（7月起）
统战部
部　　长　张中宁
副 部 长　赵云平　贾天鹏
　　　　　郭焕波
部务委员　丁　伟　王春晓
政法委
书　　记　田云翔
副 书 记　吴　炯
部务委员　刘文义　李辽军
610办
副 主 任　苏利平
政研室
主　　任　潘荣光
副 主 任　刘水林　易建华
　　　　　袁培文
市级机关工委

书　　记　李　勤
副 书 记　唐力勤　何　勇
纪工委书记　李粤丽
保密局
副 局 长　曾海超（主持工作）
　　　　　郝凯朝
机要局
副 局 长　王　琳　贺如全
老干局
局　　长　许超明（至4月）
　　　　　李和平（4月起）
副 局 长　胡华林　唐先聪
信访局
局　　长　杨学仁
副 局 长　李旭升　张聪龙
党史研究室
主　　任　张光福（至6月）
副 主 任　徐力争（6～12月，主持工作）
外宣办（市政府新闻办）
主　　任　刘沙丁（至9月）
　　　　　刘海发（9月起）
文明办
常务副主任　姚顺成
副 主 任　杨牧林
党　　校
校　　长　杨远翔
常务副校长　张显忠
副 校 长　王　波　罗　波

市人大工作机构

办公厅
主　　任　韩慧玲
副 主 任　赵　谊（至8月）
　　　　　叶亚光（至8月）
法制委员会（法制工作委员会）
主任委员（主　任）　庄松林
副主任委员（副主任）　雪　都
财政经济委员会（财政经济工作委员会）
主任委员（主　任）　郑春荣
副主任委员（副主任）　孙　忠
　　　　　熊廷章（8月起）
城乡建设环境保护委员会（城乡建设环境保护工作委员会）
主任委员（主　任）　李济纬
副主任委员（副主任）　刘昌良
　　　　　曹　超（8月起）
内务司法委员会（内务司法工作委员会）
主任委员（主　任）　杨　芳
副主任委员（副主任）　王　骏
　　　　　杨建平（10月起）
教育科学文化卫生工作委员会
主　　任　邓世平
民族宗教华侨工作委员会
主　　任　马匡保
副 主 任　赵京丽
　　　　　马洪苍（10月起）
人事代表工作委员会
主　　任　范正明
副 主 任　李琼珍
农业工作委员会
主　　任　张耀云
调研室
主　　任　赵　谊（8月起）
副 主 任　赵　谊（至8月）
　　　　　陈卫芳（1月起）

市政府各委办局

办公厅
主　　任　马克斌（至6月）
厅务委员　王笑平　刘寿华
　　　　　汪云兰
发展和改革委员会
主　　任　杨翼雄（至8月）
　　　　　何　波（8月起）
副 主 任　瞿　勇　徐　宁
　　　　　周　明（至8月）
　　　　　何　波（至8月）
　　　　　李肇圣
　　　　　宋　栋（6月起）
　　　　　豆劲鸣
经济委员会
主　　任　张建生（至6月）
　　　　　王春燕（8月起）
副 主 任　刘维伟　苟光清
　　　　　范菊英　魏　恺
　　　　　尹红兵（挂职）
教育局
局　　长　蔡　杰
副 局 长　姚　宏（4月起）
　　　　　李裕华　李云保
　　　　　丁延庆（挂职，2月起）
党委书记　蔡　杰
副 书 记　姚　宏
科学技术局
局　　长　夏　静
副 局 长　陈　浩（8月起）
　　　　　王　川（至7月）
　　　　　陈体康　张　韵
民族事务委员会
主　　任　马洪苍（至10月）
　　　　　赵殿桦（10月起）
副 主 任　姜　伟（至4月）
　　　　　赵殿桦（至10月）
　　　　　木志群
公安局
局　　长　杜　敏
副 局 长　王　伟　李　云
　　　　　王昆海　王　宇
　　　　　马　闻　王培信
　　　　　苏志忠（11月起）
党委书记　杜　敏
副 书 记　王　伟
　　　　　舒　刚（至6月）
　　　　　杨从义（11月起）
监察局
局　　长　丁仕凯
副 局 长　吴建民　班有为
民政局
局　　长　王永清
副 局 长　金发兴（至4月）
　　　　　王朝贵（至4月）
　　　　　朱树位
　　　　　赵国荣（4月起）
　　　　　魏立功（8月起）
党委书记　王永清
副 书 记　杨青云
司法局
局　　长　杨建萍
副 局 长　任光华　刘婉秋
　　　　　李才全
党委书记　杨建萍
市强制戒毒劳教所
所　　长　陈　波
副 所 长　王延忠　余志林
政　　委　周明荣
安全局
局　　长　李衍训
副 局 长　段振培　吴　敏
　　　　　陈传福
党委书记　李衍训
财政局
局　　长　叶一杉
副 局 长　余汝兴（至8月）
　　　　　李冰晶
　　　　　杨志华（1月起）
　　　　　徐毅清（12月起）
人事局
局　　长　管宏亮
副 局 长　时建林
　　　　　吴继玉（至8月）
编委办公室
主　　任　管宏亮（兼）
专职副主任　邹益先（至4月）
副 主 任　阎晓陵（8月起）
劳动和社会保障局
局　　长　张天屏
副 局 长　李素荣　贾建海
　　　　　胡儒益

国土资源局
局　　长　褚中志
副 局 长　刘跃进　周兴舜
　　　　　苏　晖
建设局
局　　长　陈松群
副 局 长　王焰明　李宏瑞
　　　　　安昆冶
交通局
局　　长　段永明（至8月）
　　　　　刘永福（10月起）
副 局 长　刘永福（至10月）
　　　　　高焕彬（6月起）
　　　　　王汝新
党委书记　段永明（至8月）
　　　　　刘永福（8月起）
副 书 记　何　平
水利局
局　　长　赵　飞
副 局 长　巫品德（至6月）
　　　　　耿宏伟　李金华
　　　　　杨　勤（挂职）
　　　　　袁有忠（8月起）
农业局
局　　长　熊廷章（至8月）
　　　　　孟少波（8月起）
副 局 长　黄家富（至7月）
　　　　　张光彩　倪　淼
　　　　　李　湘
　　　　　陈　博（8月起）
林业局
局　　长　高常寿
副 局 长　陈玉余（至6月）
　　　　　耿思友（至11月）
投资促进局
局　　长　胡　琨（至1月）
　　　　　齐　江（4月起）
副 局 长　李晓明（至4月）
　　　　　潘惠礼　张宗能
　　　　　骆晓林
　　　　　何　燕（8月起）
文化局
局　　长　周　忻（至8月）
　　　　　朱建国（8月起）
副 局 长　李安民
　　　　　魏玉坤（2月起）
　　　　　铁瑞林（至2月）
党委书记　周　忻（至8月）
　　　　　朱建国（8月起）
副 书 记　康建华
卫生局
局　　长　许勇刚
副 局 长　解嘉鸿　张成贵
党委书记　许勇刚
副 书 记　雷开锦
计生委
主　　任　杨文慧
副 主 任　赵世明
　　　　　尹　俊（3月起）
审计局
局　　长　王文兴（至8月）
　　　　　余汝兴（8月起）
副 局 长　谢彩荣（至8月）
　　　　　舒永恒
　　　　　林　英（7月起）
规划局
局　　长　曾　华
副 局 长　周峰越　尹旭东
城市管理局
局　　长　杨清旺（至1月）
　　　　　张加全（4月起）
副 局 长　白高义（至4月）
　　　　　毕昌荣
　　　　　陈剑平（4月起）
　　　　　魏强威（至4月）
　　　　　邓卫东（4月起）
环境保护局
局　　长　曹　超（至9月）
　　　　　和丽川（9月起）
副 局 长　皇甫云生　赵学农
广播电视局
局　　长　张　萱（至8月）
　　　　　周　忻（8月起）
副 局 长　段自力　宋玉玲
体育局
局　　长　陈国富（至8月）
　　　　　张　萱（8月起）
副 局 长　和少柏　谭　敏
统计局
局　　长　徐晓青
副 局 长　李德炎（至6月）
　　　　　吕　志　赵昆生
　　　　　袁　勤（6月起）
旅游局
局　　长　王光华（至8月）
　　　　　黄峻峰（8月起）
副 局 长　毛成义（至7月）
　　　　　施丛峰
　　　　　庞博河（8月起）
乡镇企业局
局　　长　耿思友
副 局 长　李忠文　余文斌
宗教局
局　　长　金塔明
副 局 长　李卫东（至11月）
　　　　　张晋云
外事侨务办
主　　任　徐小川
副 主 任　严建文　许昌明
体改办
主　　任　黄　智
副 主 任　许仲敏
市政公用局
局　　长　谢自国
副 局 长　陈　骏　卢启华
党委书记　谢自国
房产管理局
局　　长　安亚民
　　　　　张天昶（2月起）
副 局 长　张天昶（至2月）
　　　　　孙世泰（5月起）
　　　　　魏强威（6月起）
园林绿化局
局　　长　翟建国
副 局 长　汪天祥　杨立平
党委书记　翟建国
副 书 记　雷志武
粮食局
局　　长　瞿　勇
副 局 长　梁振康（至4月）
　　　　　潘建刚
　　　　　高玉英（8月起）
党委书记　瞿　勇
副 书 记　王麦圈
商务局
局　　长　施海保（至8月）
　　　　　王光中（10月起）
副 局 长　滕　丽（至7月）
　　　　　黄峻峰（至8月）
　　　　　王光中（至10月）
　　　　　姚振康（7月起）
　　　　　洪　莺（7月起）
信息产业办
主　　任　陈　浩（至6月）
副 主 任　蔡建华　杨万河
滇池管理局（滇池保护委员会办公室）
局　　长　许苏昆
副 局 长　吴泽宇　杨忠平
　　　　　王延春
防震减灾局
局　　长　蔺建平
副 局 长　夏平成　孟应朝
气象局
局　　长　赵　毅
副 局 长　吴幼乔（至3月）
　　　　　杨　文
　　　　　赵元茂（3月起）
安全生产监督管理局
局　　长　陈润泽（至6月）
　　　　　潘开平（9月起）
副 局 长　李忠文　刘忠元
　　　　　刘昆一
　　　　　杨振武（8月起）
国资委
主　　任　马凤伦
副 主 任　刘淑雯（12月起）
　　　　　刘　瞳（至12月）
　　　　　任卫京（至12月）

张丽琼
程学昆（至12月）
李　强（12月起）
书　　记　刘　瞳（至12月）
刘淑雯（12月起）
副 书 记　刘淑雯（至12月）
马凤伦（12月起）
程学昆（12月起）

机关事务管理局
局　　长　刘安华（至6月）
沈苏昆（6月起）
副 局 长　邓文龙　杨　忠
李爱民

档案局（馆）
局（馆）长　李　蔚
副局（馆）长　洪世华（至8月）
傅建屏（至6月）
田道华（8月起）
李蜀昆（11月起）

药品监督管理局
局　　长　曹长志
副 局 长　张云波
王小炳（9月起）
杨黔军（11月起）

法制办
主　　任　张光兴
副 主 任　沈彦纯

研究室
主　　任　毕昆闽
副 主 任　卢克俭　孙　宏

接待办
主　　任　刘安华（至6月）
副 主 任　肖　樱（6月起，主持工作）

扶贫办
主　　任　毕万友（至1月）
刘明海（1月起）
副 主 任　李　文　薛光文

生物资源开发创新办
主　　任　陈　博

人防办
主　　任　洪昆德
副 主 任　张良功　尚建国

爱卫办
主　　任　张成贵（至7月）
副 主 任　胡为民

便民服务中心办公室
主　　任　顾体明（至12月）
罗朝峰（12月起）
副 主 任　袁　兵（至8月）
李　岗
王　佳（9月起）

便民热线办
副 主 任　王　宏
杨相来（1月起）
严宏纲（12月起）

双拥办
副 主 任　魏立功

参事室
主　　任　高福林
副 主 任　黄秉新

会展办
主　　任　马克斌（兼）

无委办
主　　任　蔡建华

烤烟办
主　　任　李献忠

市志办
副 主 任　马颖生（主持工作）

供销社
主　　任　杨年年
副 主 任　田绍悟（至3月）
赵　瑜　文成华
唐明才（7月起）
党委书记　杨年年
副 书 记　李进钢（至7月）
李迎东（7月起）

机械工业行业协会
会　　长　王春燕（至7月）
周　明（8月起）
副 会 长　尹桐兴（至11月）
易小明
杨国泰（8月起）

轻纺工业行业协会
会　　长　刘志贤
副 会 长　王　兴
罗　云（9月起）

化工建材行业协会
会　　长　朱永宁（至7月）
副 会 长　张庚明（至7月）
纳建国
杨新文（9月起）

手工业联社
主　　任　王　冰
副 主 任　段佳致

市政协各工作委员会

办公厅
主　　任　胡　琨（2月起）
副 主 任　鲁云宏（至4月）
厅务委员　周建新（9月起）
沈金泉（7月起）

提案委员会
主　　任　余少泉
副 主 任　傅建屏（9月起）
施　伟（兼）
马克斌（兼）
刘燕琨（兼）

文史委员会
主　　任　余少成
副 主 任　吴学文
李安民（兼）
林爱芳（兼）

科教文卫体委员会
主　　任　任达仙
副 主 任　武治有（4月起）
姚　宏（兼）
段自力（兼）
和少柏（兼）
张　正（兼）
解嘉鸿（兼）
张惠淑（兼）

经济委员会
主　　任　周　锐
副 主 任　石永清
许钟麟（兼）
徐　宁（兼）
杨年年（兼）
施海保（兼）
王　川（兼）
周长盛（兼）

城乡建设环境保护委员会
主　　任　岳卫平
副 主 任　王学斌（11月起）
陈　骏（兼）
汪天祥（兼）
段永明（兼）
宋长昆（兼）

社会法制委员会
主　　任　全鹤龄
副 主 任　卢志强（7月起）
刘世杰（兼）
李卫东（兼）
孙汝明（兼）
朱　燕（兼）

港澳台侨联络委员会
主　　任　何汉林
副 主 任　黄峻峰（兼）
李希麟（兼）

研究室
主　　任　任继尧

驻昆有关单位

工商行政管理局
局　　长　王爱中
副 局 长　戚发云　常晋云
付晋利　李世清

国税局
局　　长　朵志红
副 局 长　董　野　郑　青
田克涌　范一非

地税局

局　　长　张红霞
副 局 长　马晓方　荣明智
　　　　　谷　中
电信分公司
总 经 理　王建明
副总经理　杨骏彪　黄茂高
　　　　　李建荣
邮政局
局　　长　宝正东
副 局 长　孙　茳　张松涛
　　　　　李　强　史永芳
党委书记　李明祥
昆明供电局
局　　长　杨爱民
副 局 长　付冠辉（4月起）
　　　　　秦继承
　　　　　吴晓华（7月起）
　　　　　邹延岭（7月起）
　　　　　金　波（至6月）
　　　　　李　英
党委书记　徐家鑫
技术监督局
局　　长　陶　锋
副 局 长　徐　俊　许光怀
　　　　　邓　昆

新闻单位、大专院校

昆明日报社
总　　编　卓维华（至6月）
　　　　　孙学敏（6月起）
副 总 编　王建军（至6月）
　　　　　孙学敏（至6月）
　　　　　赵健吾（6月起）
　　　　　闵晓阳（6月起）
　　　　　王晓洁（6月起）
广播电台
副 台 长　梁永实（6月起）
　　　　　赵嘉琦（至6月）
　　　　　李耀武
　　　　　罗力争（6月起）
电视台
台　　长　吴克翔（至6月）
　　　　　罗英华（7月起）
副 台 长　蔡　毅　王东明
　　　　　张任远
　　　　　李树荣（11月起）
　　　　　吕永平（11月起）
党委书记　吴克翔（至6月）
　　　　　罗英华（7月起）
副 书 记　孙　福
总工程师　王金荣
昆明师专
校　　长　姚忠庆
副 校 长　封海清
党委书记　孙　勇
副 书 记　姚忠庆　管彦平
昆明大学
校　　长　岳怀仁
副 校 长　张明清　陈兆雄
　　　　　卜安奇
党委副书记　岳怀仁　洪品卓

烟草、市政、交警、消防

烟草专卖局
局　　长　郑天一
副 局 长　赵树昆　赵　斌
党委书记　郑天一
烟草公司
经　　理　郑天一
副 经 理　赵树昆　杨晓安
烟机集团
党委书记　孙卫红（董事长兼）
副 书 记　黄启铭
总 经 理　张　政（副董事长兼）
副总经理　褚达康　彭　麟
自来水集团公司
董 事 长　朱　智（7月起）
副董事长　王炤平（7月起）
总 经 理　朱　智（至6月）
　　　　　白新玉（7月起）
副总经理　邓德福　冯祖能
　　　　　刘　新
　　　　　白新玉（至6月）
　　　　　王承坤
党委书记　朱　智
副 书 记　王炤平
公共汽车公司
董 事 长　余庆荣（2月起）
副董事长　杨吉庆（1月起）
总 经 理　余庆荣
副总经理　张同贤（至1月）
　　　　　钱国华　李　勇
　　　　　陈瑞生
党委书记　余庆荣
副 书 记　汪　镰
　　　　　吴　艳（9月起）
煤气总公司
总 经 理　莫　云
副总经理　文　勇　莫绍波
　　　　　梁志德
党委书记　莫　云
副 书 记　陈　华
交警支队
支 队 长　苏志忠
副支队长　张志明
　　　　　梅　林（4月起）
政　　委　黄启明
常委书记　苏志忠
副 书 记　黄启明
消防支队
支 队 长　洪利川
政　　委　赵存安
副支队长　王　红　王梁波
　　　　　王代明
副 政 委　邱　江
农垦总公司
总 经 理　朱　宝
副总经理　鲁秉泉
党委书记　鲁秉泉
副 书 记　谭　英

开发（度假）区

呈贡新城管理委员会
主　　任　赵德光
副 主 任　刘　学（至6月）
　　　　　张之亮
　　　　　王健雄（3月起）
　　　　　孙　炯（3月起）
昆明高新技术产业开发区管委会
主　　任　张兴华
副 主 任　储强明（至4月）
　　　　　刘　琳（2月起）
　　　　　刘志军
　　　　　齐　江（至4月）
　　　　　谭永仁（至4月）
　　　　　侯定边（2月起）
　　　　　顾体明（8月起）
党工委书记　储强明（4月起）
副 书 记　储强明（至4月）
　　　　　包亚平（至2月）
　　　　　刘安华（6月起）
　　　　　逯康麟（8月起）
纪工委书记　李存智（至4月）
　　　　　逯康麟（8月起）
昆明经济技术开发区管委会
主　　任　董利华
副 主 任　戴　速
　　　　　谭翔浔（2月起）
　　　　　段永明（6月起）
　　　　　侯定边（至2月）
　　　　　吕天云
　　　　　王健雄（至3月）
党工委书记　戴　速
副 书 记　董利华　李志波
　　　　　张正坤（11月起）
纪工委书记　唐优金（至7月）
　　　　　李志波（11月起）
昆明滇池国家旅游度假区管委会

主　　任　范立义
副 主 任　许建国
常务副主任　李　峰（7月起）
刘　琳（至2月）
谭翔浔（至2月）
蔡正东
包亚平（3月起）
党工委书记　许建国（4月起）
副 书 记　范立义　许建国
唐优金（8月起）
王光华（8月起）
纪工委书记　常青玉（至4月）
唐优金（8月起）
副 书 记　王光华（8月起）

民主党派

民革市委
主任委员　朱　燕
副主任委员　尹红兵　吴学文
唐红明　刘云兰
民盟市委
主任委员　陈龙江（至8月）
夏　静（8月起）
副主任委员　陈云恒（至8月）
何立昆（兼）
姚本礼（兼）
张惠淑（兼）
冯　刚（8月起）
民建市委
主任委员　傅汝林
副主任委员　王京阳
习杰峰（兼）
石玲红（兼）
王春涛（兼）
民进市委
主任委员　徐声瑛（至8月）
汪叶菊（8月起）
副主任委员　刘燕琨（兼）
杜慈孚（兼，至8月）
解德良（兼，至8月）
王　键（兼）
王昆建（8月起）
谢家放（8月起）
致公党市委
主任委员　林怡平
副主任委员　周海莲（兼）
蔡燕华（兼）
喻星源
农工党市委
主任委员　姚承济（兼，至8月）
杨品才（8月起）
副主任委员　杨品才（至8月）
徐　辉（8月起）
周　宁（兼）
解嘉鸿（8月起）
张明华（8月起）
九三学社市委
主任委员　寸镇洋（至7月）
常　敏（7月起）
副主任委员　郝昆宁（7月起）
杨　勤
宋长昆（兼，至7月）
常　敏（兼，至7月）

群众团体

总工会
主　　席　杨　丽
副 主 席　刘世杰　张光华
方　越　赵春华
团市委
书　　记　保建彬
副 书 记　熊　坚　王　坚
妇　联
主　　席　陆玉珍
常务副主席　郭跃红
副 主 席　吴长云　梅会芬
陈洁薇
科　协
主　　席　龚素萍（至11月）
王月冲（11月起）
副 主 席　徐绍忠　袁健淋
社科联（社科院）
主　　席（院　长）　龙东林
副 主 席（副院长）　谭爱苹
李红兵（至7月）
余文斌（7月起）
文　联
主　　席　张维新
副 主 席　李霁宇（至2月）
李永坤
工商联（总商会）
会　　长　杨国栋
副 会 长　何汝祥
颜　语（兼，2月起）
赵云飞（兼，2月起）
曾　林（兼，2月起）
苏　云（兼，2月起）
侨　联
主　　席　狄君胜
副 主 席　徐宏基
黄　桥（兼）
李希麟（兼）
宋淑萍（兼）
台　联
会　　长　林爱芳（兼）
副 会 长　李家琨
残　联
理 事 长　吴　弘
副理事长　段佳明　要美蓉
红十字会
常务副会长　阮　姮

金融系统

工商银行云南省分行营业部
总 经 理　周　玮
副总经理　李培岳
尚素坤　瞿长富
李晓虹
张　勇（8月起）
纪委书记　朱咏梅（至8月）
李培岳（8月起）
农业银行云南省分行营业部
总 经 理　沈　锐
副总经理　杨　华（至2月）
杨志敏　王跃华
张益荣　陶正洪
陆　铁（6月起）
纪委书记　杨志敏
中国银行昆明地区机构
东风支行
行　　长　曹　曙
南窑支行
行　　长　赵建钊
金碧支行
行　　长　谢利群
高新支行
行　　长　石　明
西山支行
行　　长　杜惠云
滇池路支行
行　　长　田玉清
北站支行
行　　长　祝建林
护国门支行
行　　长　陈峥嵘
官渡支行
行　　长　俞鸿剑
海口支行
行　　长　尧　舜
宜良支行
行　　长　达云菊
晋宁支行
行　　长　罗　伟
交通银行昆明分行
行　　长　陈广业
副 行 长　阳　烽　姜武团
李智斌
建设银行昆明地区机构

营业部
总经理　傅红宁
城东支行
行长　窦和平
城南支行
行长　于　凡
城北支行
行长　秦以贵
城西支行
行长　王晶武（至7月）
　　陈泽明（7月起）
建业支行
行长　李爱萍
新兴支行
行长　徐建华
滇龙支行
行长　许　颖
北京路支行
行长　昂　扬
正义路支行
行长　赵　鹏
官渡支行
行长　李玉成
安宁支行
行长　张云彪
昆明市商业银行
董事长　徐　久
监事长　胡　纲
行长　杨槐璋
昆明市农村信用联社
理事长　高　波
监事长　季科目
副主任　毛云禄　梁祖明
中国人民财产保险公司昆明市分公司
总经理　李永平
副总经理　李华辉　夏　霖
　　段家祥
纪委书记　李华辉
中国人寿保险公司昆明市分公司
总经理　杨黔云
副总经理　张　泯　杨南町
中国太平洋财产保险股份有限公司云南分公司
总经理　马光华
副总经理　王　军　陆俊柏
纪委书记　张　淳
中国太平洋人寿保险股份有限公司云南分公司
总经理　姚向东
副总经理　刘忠万　尹建宏

县（市）区

五华区
区委书记　高劲松
副书记　罗建宾　厉忠教
　　张加全（至1月）
　　陈光辉（2月起）
　　马文森（6月起）
人大主任　陈昆华
副主任　吕云瑞　冯蓉华
　　李学明　朱咏璧
　　李林跃　许萍森
区长　罗建宾
副区长　马文森（至6月）
　　李　鸿
　　罗朝峰（至8月）
　　孟光寿（7月起）
　　胡炜彤　王剑辉
政协主席　段瑞珊
副主席　张崇安
　　王晓明（兼）
　　罗丽萍
　　王　勇　杨万里
　　张宪荣（兼）
纪委书记　厉忠教
盘龙区
区委书记　杨　宁
副书记　赵学锋（至11月）
　　卢　彬（12月起）
　　曾令衡
　　陈跃林（2月起）
人大主任　陈洪明
副主任　冯国钧
　　胡嘉昆（兼）
　　闻昆蓉　施维康
　　李守清
　　和　立（兼）
区长　赵学锋（至11月）
副区长　陈跃林（至3月）
　　吴庆昆　苏庆华
　　吴　涛　罗正东
　　高中建
政协主席　李如春
副主席　丁懋萱（兼）
　　夏　雷　崔宝坤
　　李　捷（兼）
　　周一平（兼）
　　何立昆（兼）
　　梅德源
纪委书记　曾令衡
官渡区
区委书记　王道兴（至8月）
　　海文达（11月起）
副书记　海文达（至11月）
　　梁　衡　杨　凡
人大主任　余琼娴
副主任　何琼芝　范家禄
　　李光荣　蔡平生
　　武　俊　李政章
区长　海文达（至12月）
副区长　柳　伟　毕惠芝
　　桂　春（至8月）
　　刘峻松
　　孟光寿（至7月）
政协主席　余超群
副主席　吴　薇（兼）
　　张茂荣　丁　沛
　　孙仲萍
　　赵云昆（兼）
　　肖　燕（兼）
　　詹俊民（兼）
纪委书记　杨　凡
西山区
区委书记　张建伟
副书记　熊　晶
　　陈全季（至7月）
　　王雄伟　徐　方
人大主任　李永芬
副主任　孟建工　李江鹏
　　陈翔雁　郝坚放
　　孙德金　马宝莲
区长　熊　晶
副区长　李志华　李　增
　　储汝明　杨勇明
　　郎　佳
政协主席　赵洪义
副主席　李志明
　　许家勋（兼）
　　苏云安（兼）
　　陈开建
　　彭萍安（至5月）
　　柳　溪（兼）
　　刘云兰（1月起）
纪委书记　陈全季（至7月）
东川区
区委书记　高德明
副书记　和丽川（至7月）
　　李和平（至2月）
　　王永华（至3月）
　　王光明（3月起）
　　田　文（11月起）
　　汪一舟（3月起）
　　龚志兴（3月起）
人大主任　李和平（至2月）
　　高德明（3月起）
副主任　邹跃云　张桂芬
　　娄崇新
　　李兴芝（3月起）
　　刘毅康（至3月）
　　邹　康
区长　和丽川（至7月）
副区长　田　文　李旭东
　　李德荣　周正和
　　王子亮（挂职）
　　马　俊（3月起）
　　张建坤（7月起）

政协主席　王永华（至11月）
副 主 席　金抗美　徐家政
黄　铭
孙　熔（兼）
李幼平（兼）
宋淑萍（兼）
师正云（兼）
纪委书记　王光明

安宁市

市委书记　吴勇刚
副 书 记　李　喜　李海平
祝崇祯
人大主任　王文学
副 主 任　张兴荣　戚瑞瑜
李凤岚　李任祖
郭光辉
李树华（兼）
市　　长　李　喜
副 市 长　王有祥（至4月）
郭增敏（4月起）
魏学林
刘燕琨　张正平
林毓新
林远辉（挂职）
段俐娟（挂职，至4月）
政协主席　张　毅
副 主 席　段学发　马文喜
蔡玉英
唐启荣（兼）
钱美琴（兼）
洪雯静（兼）
纪委书记　祝崇祯

呈贡县

县委书记　赵德光
副 书 记　张之亮　陈庆鸿
熊　坚（1月起）
王有祥（4月起）
人大主任　张宝华
副 主 任　陈桂芬
郑自更（兼）
赵崇华　郭　能
县　　长　张之亮
副 县 长　郭增敏（至4月）
岳绍萍　牟　辉
郭绍华　杨正基
李荣华（4月起）
周　立（挂职）
政协主席　母开轩
副 主 席　戴　云（兼）
赵　芳　山　聪
沙　敏
李　勇（兼）
纪委书记　熊　坚（1月起）

晋宁县

县委书记　熊瑞丽
副 书 记　戚永宏　王建忠
徐绍勇
人大主任　李国祥
副 主 任　李金才　章　明
杨绍林　许安滇
高丽君　姜银彦
县　　长　戚永宏（3月起）
代 县 长　戚永宏（1～3月）
副 县 长　赵　毅　普鸿昌
张　林　马　涛
赵　宏（挂职，11月起）
政协主席　李永安
副 主 席　周顺英　余顺华
李德政
徐　海（兼）
刘文荣（兼）
徐品康（兼）
潘克昌（兼）
纪委书记　戚永宏（至1月）
王建忠（1月起）

富民县

县委书记　郭继先
副 书 记　王月冲（至11月）
李培康　丁克明
人大主任　史家福
副 主 任　李世华　雷　鸣
李碧发
廖亚光（兼）
县　　长　王月冲（至11月）
副 县 长　张文俊　杨　超
杨景先　李　瑶
石玲红（挂职）
政协主席　李永芳
副 主 席　杨汝华
龙佐禹（兼，至6月）
陈明贵（至4月）
石美珍
白云华（兼）
纪委书记　丁克明

宜良县

县委书记　王路生
副 书 记　赵义金　郭子贞
陈茂林（至7月）
张家仁（至8月）
张富强（3月起）
人大主任　祁文生
副 主 任　张吉祥　毕树荣
邓玉梅
张云华（至10月）
赵丽玲（兼）
王　刚
县　　长　赵义金（至2月）
郭子贞（3月起）
副 县 长　姚振康（至10月）
李　鸿　陈永军
陈国惠
普志航（至10月）
李红兵
王　键（挂职）
张云华（10月起）
政协主席　姜育文
副 主 席　李　镜
张学斌（兼）
王琼兰　张　寿
杨云章（兼）
杨学林（兼）
张云恭（兼）
纪委书记　郭子贞（至3月）
张富强（3月起）

嵩明县

县委书记　黄云波
副 书 记　李勇毅
潘开平（至9月）
王家志　杨国荣
人大主任　余荣明
副 主 任　沈振国　李进莲
曾尚林　董春林
王留德　马正权
县　　长　李勇毅
副 县 长　杨琼华　李云周
马慈明　王金友
李自金
政协主席　杨秀松
副 主 席　毕金明（兼）
杨力之（兼）
陈树仙　李苏文
韩绍祥
洪志伟（兼）
毛绍荣（兼）
纪委书记　潘开平（至9月）

石林彝族自治县

县委书记　柳文炜
副 书 记　李忠德　文荣久
赵云龙（挂职）
裴演兵
陈建奇（8月起，挂职）
人大主任　窦兴林（至10月）
副 主 任　邓世林　毕文华
李绍增　金琼英
者培仙
朱玉和（兼）
县　　长　李忠德
副 县 长　高焕彬（至8月）
段增华　徐梅芬
李家云　潘华光
张忠贵（12月起）
政协主席　周大民
政协副主席　黄桂芳　何中清
周和祥　赵淑珲
周兴荣
苏云波（兼）
严华明（兼）
纪委书记　裴演兵

禄劝彝族苗族自治县

县委书记 李树勇
副书记 张正坤（至11月）
赵国荣（至4月）
蔡永福 宋绍明
王桂泽（11月起）
人大主任 张本清
副主任 马加良（兼）
张仲才 黄应发
赵正林 王友谊
张顺英
县长 张正坤（至11月）
副县长 张光文
卢建才 陈天庆
熊执中（挂职）
王桂泽
高德麟（挂职）
政协主席 何贵祥
副主席 张丕富（兼）
张忠兰
张明文（兼）
余光文（兼）
李自有 吴明泽
袁再坤
纪委书记 蔡永福

寻甸回族彝族自治县

县委书记 杨照辉
副书记 孔贵华
刘明海（至1月）
邵备（挂职）
张国友
范光华（1月起）
人大主任 张正良
副主任 陈寿礼 马桂英
鲁德贵 李国兴
赵加洪（至4月）
张文新
县长 孔贵华
副县长 黄保金 李贵林
姜彩云
鲁再国（至1月）
陈振德（5月起）
杨经德（挂职）
林克俭（6月起）
政协主席 杨友太
副主席 倪自祥（兼）
马仁龙
赵涤群（至5月）
马世贵
陈振德（至5月）
杨朝旺 张光凤

掌鸠河引水供水工程建设管理局

局长 何有德（兼）
常务副局长 朱智（兼）
副局长 王志荣 巫品德
曾光宇

石林管理局

局长 李正平

（资料由各撰稿单位提供，方玉红整理，市委组织部审核）

大事记

·2005年十件大事·

昆明城建史上最大的市政基础设施建设工程动工

7月15日　市政府举行拆迁东南二环路“两线”征地拆迁仪式，全面启动各区“试点地块”拆迁。经半年的努力，完成了预定的目标，共拆迁建筑物约170万平方米，完成征地近190公顷，安置总费用约35亿元。该工程为昆明城建史上最大的市政基础设施建设工程。

“昆明论坛”开讲

4月9日上午，市委组织部、上海社会科学院等单位主办的以“人、自然、社会”为主题的“昆明论坛”在昆明国际会展中心开讲。论坛邀请上海社会科学院张新华教授、德国慕尼黑大学戈特瓦尔教授讲授“循环经济与生态农业”。8月26日　由昆明人才协会、云南日报报业集团、呈贡新城管委会、昆明诺仕达集团主办的“昆明论坛”开幕。百名专家学者围绕“加速呈贡新城建设、共铸春城财富中心”这一议题进行了广泛深入的研讨。

昆明市以七项政策推动北部五县区发展

4月11日，市委、市政府在寻甸县召开加快北部县区经济发展工作会。安排部署当前和今后一段时期北部县区经济社会发展工作。市委、市政府决定给予北部五县区七项优惠政策。一是在北部县区建立重化工业、能源和农副产品生产的重要基地；二是鼓励国内外企业到北部县区投资、开发、发展，10年内，给予前5年全免市级税收、后5年减半的优惠；三是下放市级行政管理审批权限；四是建立北部县区水资源管理保护机制；五是设立支持北部县区经济社会发展的专项资金，5年内每年1亿元，5000万用于社会事业，5000万用于经济建设；六是按照财政转移支付水平5年保持不变；七是全面实行新型农村医疗合作。

GMS会议在昆召开

7月4～5日，大湄公河次区域经济合作第二次领导人会议在昆召开。这是继1999年世界园艺博览会后，在昆明举办的又一次高规格、大规模的国际性会议。中国国务院总理温家宝、柬埔寨王国首相洪森、老挝总理本南、缅甸总理梭温、泰国总理他信、越南总理潘文凯和亚洲开发银行行长黑田东彦出席会议。国内21位部长级领导和国外25位部长级官员参加会议。会议的主题是“加强伙伴关系，实现共同繁荣”。温家宝在开幕式上发表讲话。会议发表了《昆明宣言》。

全市隆重纪念郑和下西洋600周年

7月8日，云南省、昆明市在昆举行郑和下西洋600周年纪念大会。会议由省委常委、昆明市委书记杨崇勇主持，省委书记白恩培、省长徐荣凯为郑和铜像揭幕。会上，省委副书记丹增发表讲话，高度赞扬了郑和的伟大功绩，号召大力弘扬“郑和精神”，促进云南省的对外开放和全面发展。省内外3 000多名嘉宾参加了纪念大会，并观看了云南第一部原创音乐剧《郑和与海》。此前，在郑和故里晋宁也举行了纪念大会。

“昆明精神”选定

7月31日　全市人民热烈讨论了整整一年的“昆明精神”，在市委八届六次全会上确定。选定的“昆明精神”为：“春融万物，和谐发展；敢为人先，追求卓越”。高度凝练了昆明这座城市1240年的历史文化，是昆明城市独具特质的精神坐标和精神品格，更是昆明不断发展的永恒力量。“昆明精神”的确立，成为全市人民的精神力量和现代新昆明建设的强大动力。

昆明举行纪念抗战胜利60周年系列活动

年内全市各界以各种形式纪念抗战胜利60周年。8月10日　由市委宣传部主办的“‘不屈的昆明’纪念中国人民抗日战争暨世界反法西斯战争胜利60周年合唱交响音乐会”在昆明电视台演播厅隆重举行。9月18日　为铭记“九一八”事变、纪念抗日战争胜利60周年，昆明市在主城区和10个县（市）区鸣放防空警报。市学术界以发表文章、召开研讨会形式予以纪念。《都市时报》特办栏目——《铁证》，连续刊载反映日寇侵华暴行的历史图片。

首届昆明国际农业博览会举办

9月9～13日 '2005首届昆明国际农业博览会在昆明国际会展中心成功举办。共有来自美国、泰国、马来西亚等14个国家和地区以及国内的长沙、南昌、西宁、长春等14个友好城市，省内15个州、市，中国农大、浙江大学等10多个大专院校和科研院所参会。博览会展位突破1 000个，全国共有32个省、自治区和直辖市的企业参展。5天的会展期间，观众人数累计突破13万人次。农博会上共达成签约项目108项，合同协议签约总金额达37.8亿元，现金交易额约1 000万元。本届农博会是昆明市举办的一次高规模、高层次的农业博览盛会，大会的成功举办，展示了云南、昆明市农业的新成果和新成就，为昆明提供了一个广泛了解当前农业发展的广阔平台，为昆明农业的产业化发展，开展国内外同行间经贸合作及技术交流提供了新途径，为昆明农业加速走向全国、走向世界开辟了更加广阔的前景。

纪念昆明建城1240年系列活动

经专家考证，今昆明市区范围内有确凿建城时间、城址且一直延续至今并为考古资料所证实的建城应始于公元765年的南诏拓东城。11月1日晚，市委、市政府举办大型电视晚会《鲜花绽放的昆明》，庆祝昆明建城1240周年。年内昆明市社科界、地方志部门、新闻媒体举行一系列活动纪念昆明建城1240年。8～10月，《都市时报》、《云南信息报》、《春城晚报》、《史与志》登载系列纪念文章。数千市民积极参与市社科联、《都市时报》组织的“昆明十大历史事件”、“十大历史人物”、“十大历史建筑”评选。

首届中国西部文博会在昆举行

12月8～12日，为期4天的首届中国西部（昆明）文化产业博览会在昆明国际会展中心开幕。本届西部文博会共有展位1 600余个，签约项目共41个，金额达152亿元，参观人数突破20万。会场的十大展馆集中和全方位展示西部文化的现状和未来。下届西部文博会由四川省承办。

（《昆明年鉴》编辑部选）

·2005年大事记·

1月

1日 南屏街、正义路商业步行街配套工程近日公园下穿隧道实现双向通车。

4日 市委、市政府在东川召开东川再就业特区现场办公会，贯彻落实省政府东川再就业特区建设工作会议精神和《东川再就业特区优惠政策实施办法》，协调、解决再就业特区建设中遇到的困难和问题。

6日 昆明市在东风广场举行声势浩大的中国13亿人口日大型宣传咨询服务活动。我国实行计划生育，控制人口增长政策，使世界60亿人口日和中国13亿人口日来临时间各推迟4年。

9日 云南省滇剧花灯艺术周开幕式在官渡广场举行，在开幕式上，省、市滇剧、花灯艺术家、官渡区矣六乡广卫龙狮队和业余演员进行精彩演出。

12日 昆明市召开保持共产党员先进性教育活动前期准备阶段座谈会。根据中央和省委的安排部署，市委分别召开市人大、市政协、各民主党派和工商联、各县（市）区、市属有关部门及单位干部参加的座谈会，听取关于昆明市党组织和党员在保持共产党员先进性方面存在的问题，分析产生问题的原因，并对如何认真搞好教育活动提出意见和建议。杨崇勇、杨远翔、李培山分别主持座谈会。

18日 昆明警备区党委召开一届四次全体（扩大）会议，会议由市委常委、警备区政委蔡忠诚主持，省委常委、市委书记、警备区党委第一书记杨崇勇作讲话。

20日 市委、市政府与参加省“两会”的各州市领导，在市政府举行2005年新春座谈会。市委常委和市人大、市政府、市政协领导及有关单位负责人参加座谈。

21日 上午，省委常委、市委书记杨崇勇接受了中央、省、市新闻媒体的采访。杨崇勇就昆明交通、环境、市容市貌整治等作介绍。

22日 市委、市人大、市政府、市政协机关和市级各部委办局以及四城区机关干部共2 000余人，分别在广福路、北京路延长线等路段参加以整治市容环境为重点的周末爱国卫生大扫除活动。

25日 上午，全省保持共产党员先进性教育活动电视电话会昆明分会场会议召开，市委副书记、市纪委书记李培山作讲话，市委常委，市人大常委会、市政府、市政协领导班子中的中共党员领导出席会议。

26日 下午，全省宣传思想工作电视电话会议昆明分会场会议召开。市委副书记杨远翔在会议作讲话。

27日 下午，为进一步加强昆明市与省各有关厅局的沟通联系，市委、市政府在市政府举行昆明市与省级有关厅局主要领导干部2005年新春座谈会。

31日 南屏街、正义路商业步行街区正式启用。步行街全长685米，连接正义路、文明街、三市街、金马碧鸡广场等片区，成为市内最大、最集中的中心商业步行街区。

2月

1日 市委、市政府召开昆明市迎接大湄公河次区域经济合作（简称“GMS”）第二次领导人会议交通及环境综合整治动员大会。市长王文涛传达了省动员大会精神，市委书记杨崇勇作了题为《全市人民迅速行动起来，以迎接GMS会议召开为契机，大力整治交通和市容市貌，加快推进现代新昆明建设》的动员讲话。

同日 青年路道路改造工程竣工。

同日 共青团呈贡县委（呈贡县青年志愿者分会）被团中央授予“第五届中国百个优秀青年志愿者服务集体”称号。

2日 市委召开保持共产党员先进性教育活动动员大会。省委常委、市委书记杨崇勇作动员讲话，省委保持共产党员先进性教育活动督导组组长段金堂在会上讲话。市委常委，市人大常委会、市政府、市政协领导班子中的中共党员领导出席会议。

3～8日 按照先进性教育活动集中学习的要求，市级领导班子中共党员领导干部进行集中学习活动。

5日 中共昆明市纪委召开第三次全体会议暨党风廉政建设工作会，传达中央和省纪委会议精神，总结上年工作，安排部署本年的党风廉政建设和反腐败工作，签订2005年度“云岭先锋”保持共产党员先进性教育目标考核责任书和昆明市2005年党风廉政建设责任书。省委常委、市委书记杨崇勇在会上作重要讲话。会议审议通过了中国共产党昆明市纪律检查委员会第三次全体会议《工作报告》和《会议决议》。

同日　五华区人民检察院被评为首届全国十佳检察院。

6日　上午，市委召开优秀共产党员先进事迹报告会，请优秀共产党员方红霄、吴艳、范乃建作先进事迹报告。

9~10日　昆明市举行第二届“百龙闹春，喜庆春节”欢庆活动，来自各县区、有关单位的表演团队参加表演。

10~11日　昆明市原生态体育旅游活动在石林举行。此为昆明市举办的第一次原生态体育旅游活动。

16日　春节大假后的第一个工作日，按照省委常委、市委书记杨崇勇在市级领导班子中共党员领导干部先进性教育党课辅导中提出的倡议，市级党员领导干部带头乘坐公交车或步行上下班。

17日　市委、市政府召开“公交优先”座谈会，听取各职能部门有关情况的汇报，研究“城市公交优先”的实施意见及公交专用道网络规划等问题。

20~25日　市十一届人大六次会议召开。市委、市政府、市中级人民法院、市人民检察院及有关方面负责人列席了会议。市政协委员列席听取了政府工作报告和计划、财政两个工作报告。大会还邀请厂矿企业、学校、民主党派、社会团体等方面的人员旁听了会议。

21日　市委市政府召开昆明市人口资源环境工作座谈会。市五套班子领导出席了会议。市委书记杨崇勇在会上提出：要以稳定人口低生育水平，提高人口素质为主要任务抓紧抓好计生工作。围绕全市人口自然增长率控制在8‰以内的目标，继续把工作重点放在农村、城市社区和流动人口的计划生育管理服务上。会上，市政府与各县（市）区签订了2005年度人口与计划生育、环境保护、国土资源工作目标责任书。

23日　市委、市政府办公厅发出《关于加强对市级机关公车私用的管理，倡导机关工作人员上下班乘坐公交车的通知》，提倡市级机关工作人员上下班乘坐公交车；加强车辆管理，严禁公车私用；加强对公车私用的监督检查。

27日　市委邀请中宣部全国哲学社会科学规划领导小组办公室主任张国祚作《贯彻“三个代表”重要思想，保持共产党员先进性》专题讲座。市委常委，市人大常委会、市政府、市政协领导班子中的中共党员领导，各县（市）区、各部委办局主要领导，各人民团体、各行业协会、新闻单位、大专院校党委（党组）主要领导等260人参加了学习。

3月

1日　市委、市政府在市委召开会议，专题研究昆明空港经济区建设有关问题。会议由市委常务副书记杨远翔主持。市委、市政府有关领导出席会议，市委、市政府有关部门负责人和有关企业、商会负责人参加会议。会议听取市规划局、国土资源局和官渡区政府、嵩明县政府关于昆明空港经济区规划编制、征地拆迁、产业发展以及昆明小哨国际机场外部配套设施建设情况的汇报。市长王文涛、副市长梁晓谷就加快昆明空港经济区建设等工作作部署。市委书记杨崇勇作重要讲话。

2日　省委常委、省委组织部部长李江到嵩明县，就开展保持共产党员先进性教育活动情况进行调研。市委领导杨远翔、张荣明陪同调研。

3日　昆明市召开创建“平安昆明”暨政法工作电视电话会议，安排部署创建“平安昆明”及全市政法工作。市长王文涛作了题为《全面推进“平安昆明”建设，努力构建和谐稳定社会》的讲话。市委副书记、政法委书记田云翔就维护社会稳定，创建“平安昆明”工作作部署。

同日　国际劳工组织官员到昆明市三合营社区考察。

7日　市委召开全市宣传思想工作会议。市委常务副书记杨远翔作讲话，市委常委、宣传部长张红苹对全市宣传思想工作作安排部署。

8日　市级党员领导干部到黑龙潭公园王德三等烈士墓地，举行以缅怀革命先烈为主要内容的革命传统专题教育活动。

9日　美的集团昆明工业园区立体厂房竣工仪式举行。

11日　昆明市在寻甸县召开加快北部县区经济发展工作会议，会议由市长王文涛主持，市委书记杨崇勇作题为《加快北部县区经济社会发展，促进现代新昆明建设》的讲话。北部五县（区）委书记在会上发言。部分市、县（市）区有关部门、部分中央和省属企业、外地驻昆商会负责人参加了会议。

12日　市委、市政府发出《关于进一步加强人才工作的意见》。

13日　晚，省委常委、市委书记杨崇勇在北京参加十届全国人大第三次会议期间，就昆明交通“解堵”等问题接受了中央电视台12频道《社会与法》栏目的采访。

16日　中央保持共产党员先进性教育活动督导组到西山区、市交通局、市药监局等单位，对昆明市保持共产党员先进性教育活动进行检查指导。

20日　晚，由市委组织部、宣传部、团省委办公室、团市委、市妇联、市机关工委等单位联合举办，历时半年的“昆明精神与我”演讲大赛举行颁奖晚会。

同日　昆明市水稻生物多样性育秧现场会在宜良县召开。

21日　《云南日报》报道，石林县被列为云南省培育县域文化产业的10个文化产业特色县之一。

25日　玉溪市党政代表团到昆明参观考察。昆明和玉溪双方就昆明—玉溪旅游合作协议进行了交流和座谈。

同日　市委召开农村工作会议，贯彻落实中央和省农村工作会议精神，部署安排昆明市的农村工作。各县（市）区在会上签订了昆明市2005年农村劳动力转移培训及劳务输出考核责任书。

29日　市委、市政府召开昆明市招商引资工作会议，研究部署全市招商引资工作，表彰招商引资优秀中介人。会议由市长王文涛主持，市委书记杨崇勇作重要讲话，市委常委、市人大常委会主任、市政协主席、市政府副市长参加会议。

同日　下午，市委、市政府召开昆明地区部分高校搬迁建设工作会议。会议由市长王文涛主持，市委书记杨崇勇作讲话。

4月

1日　上午，市委举办领导干部理论学习专题讲座，邀请清华大学经济管理学院教授周立作《坚持科学发展观，不断提高驾驭社会主义市场经济的能力》的专题讲座。市委常委、市人大常委会、市政府、市政协领导及各县（市）区、各部委办局、部分企业负责人共500余人听取讲座。

4日　全市城市数字化管理试点项目——五华区“数字城管快车”工程启动。7月7日正式启动五华区“数字城管快车”。五华区“数字城管快车”项目为全省首家，全国第三家。

6日　市领导杨崇勇、李庄率市级机关有关部门和单位负责人，到五华区就“数字城管快车”项目建设试点工作情况进行调研，并召开现场办公会，就项目建设的有关问题进行了研究。

9日　为期一个月的中国昆明国际旅游文化节开幕。为办好昆明主会场的活动，本届旅游节昆明共推出13大系列110项活动。

同日　上午，市委组织部、上海社会科学院等单位主办的以“人、自然、社会”为主题的昆明论坛在昆明国际会展中心开讲。论坛邀请上海社会科学院张新华教授、德国慕尼黑大学戈特瓦尔教授讲授“循环经济与生态农业”。会议由市委常委、市委组织部长张荣明主持，市委副书记、市长王文涛致辞，省、市领导杨崇勇、苏正国、杨远翔、李培山、杨雯等出席开幕式。

11日　市委、市政府在寻甸县召开加快北部县区经济发展工作会议。上午，云南南磷集团二期工程、龙蟒集团磷酸氢钙项目、丹彤集团塘子温泉开发项目奠基，省领导杨崇勇、梁公卿、李新华、苏正国，以及省级有关部门和参加北部县区发展工作会议的人员出席奠基仪式。下午，在寻甸县委召开会议，安排部署当前和今后一个时期北部县区发展工作。会议由市委副书记、市长王文涛主持，省委常委、市委书记杨崇勇作题为《加快北部县区经济社会发展，促进现代新昆明建设》的讲话。有关市领导、有关县区和部门，部分中央和省属企业、外地驻昆商会负责人参加会议。

11～12日　由农业部农垦局主办、市农垦局承办的全国农垦养殖业工作会议在昆明市召开，35个垦区的50多名代表参加。

11～14日　由昆明市政府主办，昆明市农场管理局承办及有关部门协办的“第三届国际学生奶大会”在昆明滇池温泉花园酒店召开，大会有五大洲40多个国家的264位来宾参加。在12日的开幕式上，联合国粮农组织驻华代表莫纳先生等四位官员和专家、国家农业部、云南省、昆明市有关领导出席了大会并作讲话。

12～15日　为加强昆明市与西双版纳州、思茅市的联系与合作，省委常委、市委书记杨崇勇率昆明市党政代表团走访西双版纳州、思茅市。

18日　上午，市委召开议军会议暨市国防动员委员会第四次全会。会议由市委常委、警备区政委蔡忠诚主持，省委常委、市委书记杨崇勇在会上讲话，市委副书记、市长王文涛就警备区提出的有关问题提出了解决的意见和办法。市委常委、市政府有关领导、市“国动委”成员、各县（市）区委书记、县（市）区长及人武部领导等参加会议。

25日　市委、市政府召开全市村务公开和民主管理工作暨经验交流会。市委副书记李培山在会上强调，要加强领导，精心组织，全面推进村务公开和民主管理工作。会议对51个“昆明市民主法制示范村”进行表彰。

28日　昆明市第二十届劳动模范表彰大会在昆明会堂召开。陈世岗等40名“昆明市特等劳动模范”、马建辉等159名“昆明市劳动模范”受到表彰。

30日　市委、市政府办公厅发出《关于奋战60天确保市容市貌焕然一新迎接GMS会议的紧急通知》，要求加大宣传和教育力度，统一思想，扎实工作，确保“三大攻坚战”各阶段性目标任务的完成；探索建立城市管理长效机制，巩固和发展交通环境和市容市貌整治成果；加强领导，强化督查，狠抓落实。

本月　4月以来昆明市持续高温少雨，26日气温，27日地表温，分别为1954年和1953以来的最高值。旱情给农村造成巨大的经济损失。

5月

9日　市委、市政府在呈贡召开呈贡新城建设现场会，检查、督促、落实新城建设各项工作，了解有关项目进展情况，研究解决相关问题。

12日　云南马龙产业集团有限公司安宁分公司（在草铺镇）因黄磷泄漏引发火灾。事故发生后，有关省、市领导赶赴现场指挥处理事故。经400余人82小时奋战，大火被灭。因处理得当，事故未造成周边环境污染。

13日　昆明市“保护滇池巾帼行动”在官渡区六甲乡小河嘴村启动。在启动仪式上，小河嘴村被命名为“保护滇池巾帼行动”示范村，丁汝等20户村民被命名为“保护滇池巾帼行动”示范户。仪式后，小河嘴村的100多名巾帼志愿者对入滇河道上的漂浮垃圾进行了打捞。

18～19日　省委常委、市委书记杨崇勇同省人大副主任梁公卿、副省长李新华、省交通厅长杨光成到轿子雪山，就轿子雪山的交通和旅游开发等问题进行调研。

20日　下午，省委常委、市委书记杨崇勇会见马来西亚国家投资公司常务董事长兼总经理拿督阿兹曼先生一行，双方就昆明南连接线高速公路合作意见进行了初步商谈，就金融领域合作意向和城市基础设施的其他项目合作进行了探讨。

22日　上午，中央先进性教育领导小组办公室、省委“先教办”有关负责人，到五华区三合营调研共产党员服务群众的先进事迹。市委常委、市委组织部长张荣明陪同调研。

25日　上午，市委、市政府召开昆明市迎接“GMS”会议环境综合整治动员大会。会议由市长王文涛主持，市委书记杨崇勇作了题为《奋战四十天，打好打赢“三大攻坚战”，以崭新的城市形象迎接“GMS”会议召开》的动员讲话，省政府秘书长刘平就相关工作提出要求，副市长梁晓谷作工作安排。

26日　昆明市和福州市正式结为友好城市。昆明市副市长雷晓明与福州市副市长练知轩在福州市代表双方签订协议。

同日　为纪念中国人民抗日战争暨世界反法西斯战争胜利60周年，官渡区举行了“驼峰航线”纪念浮雕揭幕仪式，区长海文达和原“飞虎队”的翻译官胡芝为浮雕揭幕，原“飞虎队”陈纳德将军的夫人陈香梅女士为浮雕落成送来题字。纪念浮雕总面积600平方米。

27日　上午，昆明城市公共交通IC卡正式授权仪式举行，市领导杨崇勇、王文涛、梁晓谷及市公交集团董事长余庆荣为IC卡设定“密钥”。

6月

1日　省委书记、省人大常委会主任白恩培听取昆明市新城建设、旧城改造等城市建设情况汇报，并对现代新昆明建设的有关工作做出重要指示。

同日　西昌路公交专用线全线竣工，至此，昆明市已建成西昌路、北京路、人民路、金碧路四条公交专用线，构成主城“井”字形公交专用线网络。

同日　昆明市政府与美国CEO俱乐部签署《昆明城市品牌环球推介战略合作伙伴关系备忘录》。标志着昆明有了一个与中、美CEO俱乐部沟通的平台。“昆明城市品牌”也将通过中美CEO推介到世界。

同日　经过一年筹备的中国CEO俱乐部西南总部在昆正式成立。昆明市副市长雷晓明、美国CEO俱乐部创始人曼库索博士在海逸酒店为中国 CEO 俱乐部西南总部揭牌。

同日　在昆举行的昆明—美国项目推介会上，昆明市副市长雷晓明向来自美国的 37 家公司总裁推介昆明。

2 日　中纪委副书记刘锡荣在省纪委副书记、监察厅厅长杨建甲陪同下，到昆明调研。调研组一行听取市委副书记、市纪委书记李培山所作的工作汇报。省委常委、市委书记杨崇勇出席调研座谈会。市纪委常委及盘龙、五华、西山、官渡四区纪委书记参加座谈会。

6 日　第十届中国昆明进出口商品交易会在昆明国际会展中心开幕。本届昆交会，共 21 个国家和地区参展，其中荷兰和澳大利亚为首次参加。海外参展企业 230 多家，有 15 个国家组织 23 个政府代表团参会。国内 28 个省、区、市的1 200多家企业参展。

同日　省委常委、市委书记杨崇勇分别会见参加昆交会的马来西亚中华总商会会长陈大江先生一行、马来西亚绿野集团总裁李金友先生一行和马来西亚海鸥集团董事长陈凯希先生一行，并分别与客人就贸易合作、现代新昆明建设等方面进行了友好交谈。

9 日　下午，美的集团昆明工业园主体厂房竣工仪式举行。至 8 月份一期工程全部竣工，一个年产8 000辆大客车的整车生产线在昆诞生。美的工业园将用 3 ~ 5 年时间，实现销售收入 50 亿元的经营目标。

10 日　中共中央政治局委员、广东省委书记张德江，广东省委副书记、省长黄华华率领广东省党政代表团，到呈贡县斗南镇、昆明市强制戒毒所、昆明高新技术产业开发区进行考察。省市领导白恩培、徐荣凯、杨崇勇、王文涛陪同考察。杨崇勇在市委、市政府举行的欢迎宴会上致辞，张德江作讲话。王文涛、杨远翔等市领导出席宴会。

13 日　全省农村部分计划生育家庭奖励扶助制度暨“奖优免补”政策宣传月活动启动仪式在东风广场举行。副省长吴晓青、副市长王奇英等领导及省市计生部门的负责人出席了启动仪式。活动于 6 月 9 日开始，7 月 9 日结束。

14 日　上午，市委、市政府召开会议，听取呈贡新城管委会关于新城建设重点项目进展情况、经开区管委会关于信息产业基地及经开区二期项目建设进展情况的汇报，督促检查有关工作落实情况，确定解决加快新城建设的有关问题。

16 日　上午　市委农村工作领导小组召开第六次会议，总结全市上半年农业农村工作，安排部署下半年农业农村工作及首届昆明农业国际博览会的有关工作。

16 日　2005 年昆明市建设工程项目招投标工作会在宜良县召开。会议还对 7 个获得 2004 年全市招投标工作先进集体称号的单位进行了表彰。

17 日　市委、市人大、市政府有关领导和市级有关部门负责人，到西山区专题听取草海生态区规划情况汇报，并召开现场办公会议。会议对草海生态区规划、治理、保护、开发、建设提出了具体意见。会议指出，要从现在开始进入草海治理的实施阶段，通过三年的努力，把草海水变清，使草海成为广大市民和外来游客回归自然的湖光山色秀丽的休闲胜地。

同日　上午，市委、市政府召开昆明市推进教育综合改革工作会议。会议确定以五华区、安宁市、石林县为试点，推进全市的教育综合改革。

同日　国家“十五”重大攻关课题“宫内节育器失败原因及预防技术对策的研究”项目在晋宁县正式启动。同期石林县和禄劝县也实施了相关相近的国家“十五”重大攻关课题。

18 日　昆明公交集团有限责任公司成立暨公交 IC 卡首发式举行。

20 日　省长徐荣凯率省级有关部门负责人，实地检查昆明市迎接 GMS 会议的市政建设、市容环境整治、接待准备、安全保障措施、重要路段亮化等工作的落实情况。省市领导杨崇勇、刘平、王文涛、李江、梁晓谷陪同检查。在下午召开的现场办公会议上，市领导杨崇勇、王文涛分别就昆明迎接 GMS 会议工作和昆明市容市貌整治情况作专题汇报。徐荣凯在会上提出工作要求。

同日　昆明市召开深化国企改革暨三年国企改革总结表彰会，总结交流三年国企改革工作经验，安排部署今后三年深化国企改革工作。副市长陈鹰主持会议，市委副书记田云翔在会上讲话。五华区政府、云南 CY 集团公司等单位在会上交流了经验。会议还表彰了盘龙区等 52 个先进单位和 163 名先进工作者，并与有关单位签订了目标责任书。

22 日　昆明市在东川区召开全市农村劳动力转移工作现场会。会议强调，各级各部门要增强工作的责任感和紧迫感，扎实工作，确保今年转移就业 7.3 万农村富余劳动力。

23 日　上午，中央人民广播电台《中国之声》栏目、市委宣传部、中央台云南记者站和昆明人民广播电台联合推出的《走进昆明》正式开播。

24 日　上午，市委书记杨崇勇会见曼谷市议会副议长图瓦猜·托西玛先生率领的泰国曼谷市议会代表团一行。市领导王俊斌、廖晓珊及有关部门负责人参加会见。

25 日　下午，省委书记白恩培、省长徐荣凯率省有关部门负责人，就昆明新机场选址问题进行调研。省市领导秦光荣、杨崇勇、杨应楠、李汉柏、李新华、王文涛参加调研。

26 日　市委、市人大、市政府、市政协领导分别率市机关干部、职工到滇池路、东风广场、国贸中心周边开展迎接 GMS 会议周末义务美化城市卫生大扫除活动。

28 日　上午，昆明市党政军领导、市级机关有关部门、驻昆解放军和武警部队官兵及盘龙区 500 余人，到松华坝水源保护区小河乡团结村义务植树。

30 日　下午，市领导杨崇勇、杨远翔、张红苹等观看、审查了市文化局为纪念郑和下西洋 600 周年组织创作排演的云南省首部原创音乐剧《郑和与海》。该剧在昆明公开上演后，引起社会广泛好评。

6 月下旬　昆明启动以“文明礼让”为主题，以“车让人，让出一分文明；人让车，让出一分安全；车让车，让出一分秩序；人让人，让出一分和谐”为主要内容，为期三年的群众性文明交通“四让”宣传教育活动。

7 月

4 ~ 5 日　大湄公河次区域经济合作第二次领导人会议在昆召开。这是继 1999 年世界园艺博览会后，在昆明举办的又一次高规格、大规模的国际性会议。中国国务院总理温家宝、柬埔寨王国首相洪森、老挝总理本南、缅甸总理梭温、泰国总理他信、越南总理潘文凯和亚洲开发银行行长黑田东彦出席会议。国内 21 位部长级领导和国外 25 位部长级官员参加会议。会议的主题是“加强伙伴关系，实现共同繁荣”。温家宝在开幕式上发表讲话。会议发表了《昆明宣言》。

5 日　下午，国务院总理温家宝先后到昆明市强制戒毒所、白药集团、五华区三合营社区视察。省市领导白恩培、王学仁、秦光荣、杨崇勇、王文涛、宋黎明陪同视察。

同日　下午，举行外国驻昆领馆区奠基仪式，参加“GMS”会议的中外有关方面领导出席奠基仪式。

5 ~ 7 日　贵州省遵义市委书记傅

传耀率遵义市党政代表团一行23人到昆，对昆明市的旅游工作进行考察。

6日 上午，晋宁县郑和下西洋600周年纪念大会召开，省市领导杨崇勇、孟继尧、杨远翔、李庄、徐之信、张红苹、蔡忠诚、张中宁出席会议，杨崇勇作讲话。

同日 上午，大理州委书记顾伯平率大理州党政代表团到昆明高新区参观考察。市领导杨崇勇、王文涛、杨远翔、李培山、李庄、宋黎明、李江等陪同考察。

7日 下午，昆明市召开第二批先进性教育活动工作会议，对第一批教育活动进行回顾总结，对第二批教育活动做动员部署。会议由市委常务副书记杨远翔主持，省委常委、市委书记杨崇勇在会上作讲话，省委督导组组长段金堂到会并作讲话。

同日 五华"数字城管快车"正式启动。27日，市委、市政府召开昆明市数字化城市管理工作现场会，总结五华区的试点经验，全面启动全市的数字化城管工作。

8日 上午，云南省、昆明市举行郑和下西洋600周年纪念大会。省委书记白恩培、省长徐荣凯为郑和铜像揭幕。纪念大会由省委常委、市委书记杨崇勇主持，省委副书记丹增作讲话。省内外3 000多名嘉宾参加了纪念大会，并观看了音乐剧《郑和与海》。

10日 现代新昆明建设启动以来的首个大型重点工程官南路立交桥正式通车。

11日 省委、省政府在昆明市委召开现代新昆明建设专题调研会。上午，白恩培、徐荣凯、秦光荣、杨崇勇、杨应楠、牛绍尧、吴晓青等省市领导率省、市有关部门负责人，到高新区、经开区、呈贡新城等地，对美的集团工业园、云南师范大学、云南民族大学和昆明市级行政中心、昆明领馆区等建设项目进行实地调研。市领导王文涛、杨远翔、梁晓谷、陈鹰陪同调研。下午，召开调研汇报会。会议由省委副书记、常务副省长秦光荣主持。省级有关部门负责人，市委常委，市人大常委会和市政协主要领导，市政府副市长及有关县区和部门负责人参加会议。

14日 官渡区对2005年的退役士兵实行"双考"选岗安置，为退役士兵提供公平就业机会。

15日 为加快教育系统人事管理制度改革，建立与教育事业发展相适应的新型人事管理制度，从根本上解决教师流动不畅的瓶颈问题，做到管人与用人相分离，进一步调动教师教书育人的工作积极性，在市委、市政府的支持下，昆明市人才服务中心教育分中心正式挂牌成立。

同日 云南省文艺界、新闻界赴郑和故里晋宁进行采风创作、新闻采访。丹增、杨崇勇、晏友琼分别在采访活动中讲话。市领导王文涛、杨远翔、张红苹、蔡忠诚、雷晓明以及省市有关部门和单位负责人出席在郑和公园举行的采风活动仪式。

同日 市政府举行拆迁东南二环路"两线"征地拆迁仪式，全面启动各区"试点地块"，经半年的努力，完成了预定的目标，共拆迁建筑物约170万平方米，完成征地近190公顷，安置总费用约35亿元。该工程为昆明城建史上最大的市政基础设施建设工程。

17日 云南省纪念《义勇军进行曲》诞生70周年暨聂耳逝世70周年活动在西山森林公园聂耳墓举行。

18～20日 中央先进性教育巡回检查组到五华区三合营社区、石林路美邑乡、官房集团和西山区土堆社区居委会检查、指导社区先进性教育活动。

20日 上午，原《求是》杂志社总编王天玺到昆明调研。省委常委、市委书记杨崇勇就昆明市经济社会发展和现代新昆明建设情况向王天玺一行作汇报。汇报会后，王天玺在市委礼堂向市级领导、市属各部门及四城区部分干部作题为《共产党执政与中华振兴》专场形势报告。市委副书记田云翔主持报告会。

21日 来自英国的100名中学师生抵昆，开始为期两周的夏令营。夏令营除学汉语和感受中国文化外，还将领略多姿多彩的云南民族文化。云南省自2003年开始承办此项活动，与往届不同的是，本年把英国学生带到农村，到石林县西街口乡中学，与当地中学生一同在食堂吃中国餐，体验最真实的中国农村中学生学习生活。

22日 全国强制戒毒所戒毒药品清理整顿会在昆明召开。

同日 "昆明敬老节文艺节目选拔赛暨民间文艺艺术邀请赛"在昙华寺公园拉开序幕。活动从即日起持续至7月31日。活动由昆明市老年服务行业协会和昙华寺公园联合举办，其主题为"关爱伴着欢乐行"。

同日 针对各种会议的材料袋备有笔记本、碳素笔的现象，昆明市明确要求一般会议不准发放文具，以节约资源，减少浪费。与此同时昆明还提出了类似的其他7项节约资源的措施。

23日 由中华全国新闻工作者协会主办的第十五届中国新闻奖评选会在昆明开幕。中国记协党组书记徐心华主持开幕式。省委副书记丹增致欢迎辞。

24日 下午，昆明轿子山申报"世界自然保护遗产"工作正式启动。在南屏街启动仪式现场，近万名各界群众签名支持轿子山"申遗"。

25日 上午，市委、市政府在昆明会堂召开迎接GMS会议总结表彰暨城市环境综合整治动员大会。会议对迎接GMS会议城市交通环境、市容市貌整治和社会治安工作中涌现出的先进单位和个人进行表彰。会议由市委常务副书记杨远翔主持，市长王文涛作总结，市委书记杨崇勇作讲话，省人大副主任王义明到会指导。市委、市人大、市政府、市政协和驻昆部队有关领导出席会议。

26日 在昆考察的昭通市政府代表团与昆明市政府举行座谈会，进一步探讨两市间的交流与合作。会上，昆明市市长王文涛、昭通市市长邓先培正式签署两市经济技术与社会管理合作协议书。协议约定两市着重加强投资合作、劳务合作、公安合作和计生合作。

同日 第二届泛珠三角区域合作与发展经贸洽谈会在成都开幕。由昆明市政府副市长雷晓明率领的昆明市经贸代表团赴成都参会。26日雷晓明在2005昆明（成都）经济合作项目推介会上热忱招商，并就新昆明建设的基础设施项目作了隆重推介。

27日 即日起，盘龙区将对辖区燃煤禁用实行"全天候"监督、查处，尤其重点监督燃煤反弹现象严重的区域。环保部门实行24小时值班制度，一旦发现或有市民投诉，及时在第一时间里查处。

28日 首届"中国石林论坛"在石林开幕。

30日至8月8日 昆明市首届居室花艺设计展在锦苑博艺文化传播有限公司花艺展示大厅举行。

31日 中共昆明市委举行八届六次全体会议。会议的主要任务是，学习贯彻党的十六届四中全会提出的构建社会主义和谐社会的精神和要求，传达省委、省政府现代新昆明建设专题调研会议精神。会议审议通过了省委常委、市委书记杨崇勇代表市委常委会所作的工作报告。

同日 全市人民热烈讨论了整整一年的"昆明精神"，在市委八届六次全会上落定。选定的"昆明精神"为："春融万物，和谐发展；敢为人先，追求卓越”。高度凝练了昆明1240年的历史文化，是昆明城市独具特质的精神坐标和精神品格，更是昆明不断发展的永恒力量。“昆明精神”的确立，成为全市人民的精神力量和现代新昆明建设的强大动力。

同日　由市委宣传部、市总工会、团市委、市妇联、市关心下一代工作委员会共同举办的“昆明精神”演讲大赛即日举行复赛。通过初赛筛选出的52名选手参加了复赛。比赛中，选手们以“从我做起、爱我春城、弘扬践行昆明精神”为主题，宣扬、讴歌了奋战在昆明市各条战线上的一大批楷模和典范。

7月起，昆明加大中小学人事制度改革力度，以创新学校人事、分配机制和校长选拔任用机制为重点的中小学人事制度改革在全市推开。校长取消行政级别实行公选制；教职工实行竞争上岗制、聘用合同制、绩效分配制。

8月

3日　上午，应中共云南省委的邀请，专程到云南视察指导工作的全国人大常委会副委员长、全国妇联主席顾秀莲到五华区大观街道办事处社区、三合营社区视察预防拐卖妇女儿童国际合作项目。顾秀莲在昆期间还到云南民族村、昆明市强制戒毒所考察。

5日　会泽地震波及到昆明市东川区的拖布卡、汤丹、杉木等7个乡镇，近10万人的生产生活受到影响。

6日　下午，市委书记杨崇勇在市委会见前来昆明空港经济区进行概念规划设计的日本著名建筑师黑川纪章博士一行，双方就现代新昆明规划与建设、空港经济区概念性规划设计等交换了意见。市领导宋黎明、王道兴参加会见。

7日　《昆明日报》复刊20周年庆典举行。

8日　省委常委、市委书记杨崇勇和副省长刘平、省长助理刘才明，召集省市有关部门到阳宗海就阳宗海旅游度假区规划和开发建设等工作召开现场办公会。市领导宋黎明、张荣明、梁晓谷参加会议。

9日　昆明市级机关400名初任公务员参加了MPA培训。MPA培训由“8+X”组成。“8”是指公共管理硕士（MPA）的核心课程，“X”指的是专业课程。考试合格者将颁发培训合格证书，并将培训成绩登在国家公务员培训证书上，作为年度考核竞争职务的重要依据。

同日　昆明市教育科学研究院挂牌成立。

10日　由市委宣传部主办的“‘不屈的昆明’纪念中国人民抗日战争暨世界反法西斯战争胜利60周年合唱交响音乐会”在昆明电视台演播厅隆重举行。交响乐讴歌了云南人民在抗日战争和世界反法西斯战争中，为拯救民族危亡所做出的巨大牺牲和贡献。音乐会于14日在昆明电视台1套节目中播出。

同日　受省发改委委托，市发改委举行了石林风景名胜区门票价格调整听证会。听证会邀请昆明市及石林县的人大代表、政协委员、消费者以及经营者等各方面的22名代表和5名旁听代表参会。

11日　昆明市第十一届人大常委会第三十次会议表决通过了《昆明市道路交通安全条例（草案）》。该草案是在反复论证的基础上，结合昆明道路交通管理出现的新情况和外地立法经验拟定的，体现了“公交优先”和事故快速处理等地方特色。

同日　共青团昆明市委、昆明市青年联合会、昆明市学生联合会共同发布了《弘扬践行“昆明精神”构建和谐昆明倡议书》，号召全昆明市青少年用好城市精神这张名片。

12~16日　省委常委、市委书记杨崇勇率昆明市党政代表团赴保山市、德宏州考察。市领导杨远翔、徐之信、张红苹、宋黎明、田翎、廖晓珊随团考察。

13日　由昆明市政府组织实施的《“数字昆明”总体设计及建设规划》通过有关专家评审。“数字昆明”的建设将分3个阶段进行，预计5年时间建成。

12~14日　由昆明市体育局和官渡区政府主办，昆明市体育舞蹈协会、官渡区文体局承办的“官渡杯”第二届西部地区体育舞蹈锦标赛暨深、港、澳地区邀请赛在官渡区体育馆举行。来自10个地区的41支代表队、2 400多人次参加了比赛。

15日　市委举行老领导、老英模以及部分老干部代表参加的纪念抗战胜利60周年座谈会。25日，昆明市举行各科研机构、大专院校专家学者参加的昆明地区纪念抗战胜利60周年理论研讨会。

同日　滇缅公路“零”公里纪念碑在西站客运站揭碑，纪念碑以告慰半个多世纪以前为筑路流血捐躯的云南先烈们，并借此纪念伟大的世界反法西斯战争暨中国抗日战争胜利60周年。纪念碑由五华区建设局建造。

16日　从即日起昆明市区内新开7条支线公交线路，7条新线路上运行的是50台“迷你”小公共车，为居住在小区及城市支路、次干道及村庄等区域的市民出行提供方便。

22日　石林高中教育集团成立。

23~25日　省委常委、市委书记杨崇勇随由省委副书记、省政府常务副省长秦光荣带领的云南省考察团，前往四川学习考察加快发展旅游产业的主要思路和相关政策措施、开发建设重大旅游项目的投融资机制及具体运行模式、相关部门协调配合共同推进旅游基础设施建设和景区景点开发的成功经验。省领导刘平及省有关部门和各州市主要负责人随团考察。

24日　市编委发文，批准成立昆明市公安局特种警察支队，编制400人，其中200人从全省民警中选调。特警队是按“建在昆明，用在全省，全国调动”的要求建立的。

26日　由昆明人才协会、云南日报报业集团、呈贡新城管委会、昆明诺仕达集团主办的“昆明论坛”开幕。百名专家学者围绕“加速呈贡新城建设、共铸春城财富中心”这一议题进行了广泛深入的研讨。

27日　市委、市政府召开滇池污染治理工作会议，检查《滇池流域水污染防治“十五”计划》进展情况，全力推进计划的实施。会议由市委副书记杨远翔主持，市委书记杨崇勇讲话，副市长梁晓谷就完成滇池污染治理“十五”计划考核目标作具体安排。市有关领导参加会议。

28日至9月13日　以省委常委、市委书记杨崇勇为团长的昆明市友好代表团前往新加坡、法国、瑞士进行访问。代表团一行于8月28日至9月1日在新加坡开展商务考察，举行了“现代新昆明建设项目推介会”；在法国考察了巴黎德拉芳斯新城区建设和里昂老城保护工作，与里昂市政府就双方在城市规划领域开展实质性技术合作进行了讨论。代表团在瑞士期间，访问了苏黎世市相关政府部门，参加了城市可持续发展国际研讨会，并就进一步发展两市友好关系、加强合作交换了意见。杨崇勇在当地经济界人士见面会上，介绍了建设现代新昆明的规划方案和招商引资项目，邀请苏黎世经济界人士来昆投资兴业、共谋发展。

9月

4~7日，市领导张红苹、杨宁、

雷晓明率昆明市党政考察团赴四川九寨沟等地考察四川旅游产业。

6日　国际水文化峰会在昆明开坛，来自美国、德国、澳大利亚、挪威、瑞典、越南、印度等20多个国家的100多名专家参会，进行3天的学术研讨。

9～13日　由云南省农业厅、商务厅和昆明市人民政府主办的'2005首届昆明国际农业博览会在昆明国际会展中心召开。来自美国、泰国、马来西亚等15个国家和地区以及国内的长沙、南昌、西宁、长春等14个友好城市，省内16个州市，中国农大、浙江大学等10多个大专院校和科研院所参会。博览会展位达1 062个，全国共有32个省、自治区和直辖市的企业参展。5天的展会期间，观众人数累计突破13万人次。农博会上共达成签约项目108项，合同协议签约总金额达37.8亿元，现金交易额约1 000万元。省市领导、有关外国驻昆领事馆官员、省内外城市参展代表团负责人出席了开幕式。

10日　市政府在昆明会展中心召开招待酒会暨荣誉市民授证仪式，市长王文涛为美国"飞虎队"、驼峰航线老兵访华代表团44位美国老兵颁发昆明市荣誉市民证书。同时副市长王奇英在昆明电视台向陈香梅女士颁发荣誉市民证书。

12日　中共中央政治局常委、国务院副总理黄菊在云南省委书记白恩培、省长徐荣凯陪同下，到盘龙区东华办事处视察基层劳动保障情况，到云内动力集团视察加工中心和铸工车间生产情况。市领导王文涛、田云翔、杨宁陪同视察。

同日　晚，由省委宣传部、省文化厅、省文联和昆明市委、市政府主办的首届云南聂耳音乐周暨首届昆明"聂耳杯"合唱节在昆明市体育馆开幕。在音乐周期间，来自省内外的近百支合唱队在昆明各分会场进行合唱比赛。

13～15日　由迪庆州委书记卯稳国率领的迪庆藏族自治州党政代表团到昆考察。14日上午，昆明市委、市政府与迪庆州党政代表团在兰花宾馆举行2005年昆（明）迪（庆）合作座谈会及合作框架协议签字仪式。省委常委、市委书记杨崇勇，迪庆州委书记卯稳国分别在会上讲话。双方在会上签订了2005年昆迪合作框架协议。座谈会由副市长李江主持。

15日　市政府召开突发公共事件应急预案编制工作会议，安排部署加强突发公共事件应急预案编制实施工作。11月24日印发并实施了《昆明市突发公共事件总体应急预案》。

18日　为铭记"九·一八"事变、纪念抗日战争胜利60周年，昆明市在主城区和10个县（市）区鸣放防空警报。

20日　"'2005昆明国家园林城市建设论坛"举行。下午，市委书记杨崇勇等市领导与参加论坛的部分专家举行座谈会。

26日　全国妇联副主席、书记处书记莫文秀到昆明市就禁毒和防治艾滋病工作进行考察。莫文秀一行听取昆明市关于防治艾滋病和妇联工作的汇报，并考察了西山区金碧办事处巡津社区、市红十字会阳光家园和五华区丰宁街道办事处虹山中路社区。

27日　下午，市委、市政府召开数字化城市管理工作现场会。市委书记杨崇勇在会上讲话。

30日　下午，省委副书记王学仁率省直有关部门负责人深入盘龙区松华乡、昆明市绿色经济示范园等地，对昆明市秋收秋种工作及今冬明春水利基础设施建设和生态建设进行调研。省市领导杨崇勇、李培山、宋黎明、杨宁陪同调研。

10月

9日　市委、市政府召开县（市）区平安创建工作经验交流会，五华区等六个县（市）区作了交流发言。市委副书记田云翔对全市下一阶段创建工作进行部署。

10～11日　市人大第三十一次常委会审议通过了"关于追认授予部分美国二战老兵及陈香梅女士'昆明市荣誉市民'称号的决定"。

11日　下午，省委常委、市委书记杨崇勇、副省长李新华在呈贡新城管委会主持召开云南国际云药港现场办公会议。与会人员实地察看了云药港选址，听取了呈贡新城管委会、云南白药集团、昆明制药集团有关情况的汇报，并对有关问题进行了研究。市领导王文涛、宋黎明及省市有关部门负责人参加会议。

13日　安宁撤县设市十周年庆典活动举行，省市领导王学仁、王义明、刘平、李先猷、黄光汉、王文涛、杨远翔、徐之信、宋黎明、杨宁、高劲松、廖晓珊等出席活动并参观了"十年辉煌"成就展，考察了安宁市龙头企业和城市建设。市领导杨崇勇、杨远翔、李庄、宋黎明、杨宁、高劲松、杨丽等观看了"和谐安宁"文艺晚会，市委常务副书记、市祝贺团团长杨远翔代表市委、市人大、市政府、市政协在晚会上致辞。

14日　下午，市委、市政府召开昆明市旅游产业发展座谈会，就昆明市旅游产业二次创业暨旅游"十一五"发展规划进行讨论。市委书记杨崇勇在会上讲话，有关市领导出席会议。

17日　下午，市委、市政府召开轿子山沿线旅游开发工作会议。会议听取了昆轿公路扩建进展、轿子山景区旅游基础设施及沿线配套设施规划、轿子山旅游区立法工作等情况汇报。会议要求2006年5月1日前轿子雪山对外开放。市委书记杨崇勇在会上讲话，市领导宋黎明、高德明、雷晓明参加会议。

18日　由省农业厅、市政府主办，市水利局及宜良县承办的"2005云南省珠江渔业资源增殖放流活动"在宜良县狗街镇举行。参加放置活动人员将30多万尾近8.5吨鲤鱼、鲫鱼等优质鱼苗放入南盘江中。

18～20日　由红河州委书记罗崇敏率领的红河州党政代表团到昆明经开区、呈贡新区和高新区进行考察。18日，召开座谈会，省委常委、市委书记杨崇勇、红河州委书记罗崇敏分别介绍了昆明、红河经济社会发展情况。

19～20日　全国政协副主席李蒙率部分在京全国政协常委、委员到石林县妇幼保健院、石林县民族小学、石林景区、昆明市明通小学、昆明青少年活动中心、昆明市第三幼儿园和云南民族村等地视察儿童事业发展状况。市领导杨崇勇、徐之信、王奇英、陆玉珍分别参加汇报会和宴请。

20日　"九石阿"公路控制性工程—柴石滩特大桥成功合拢。大桥全长636米，主桥分别为边跨120米、中跨220米、边跨120米的三向预应力连续钢构桥，为云南省第二座大跨径连续钢构桥，桥面距水面167米，在云南同类桥梁中排名第一。

20～22日　省委常委、市委书记杨崇勇率昆明市代表团一行19人，到四川成都实地学习考察。市领导宋黎明、杨宁、高劲松、张建伟参加考察。

21日　市委召开专题会议，传达贯彻省委人大工作会议和政协工作会议精神。会议由市委副书记田云翔主持。市委常务副书记杨远翔传达省委会议精神，市人大常委会主任李庄、市政协主席徐之信分别就落实省委人大和政协工作会议精神、做好人大和政协工作提出具体意见。

25日至11月1日　在14个县（市）区、三个开发区和11个市属有关单位中开展了贯彻落实国务院、省、市有关非公经济相关政策的自查自纠活动，对发现的问题及时进行纠正，进一步改善了非公经济发展环境。

26日　中办副主任、中央先进性教育活动领导小组副组长毛林坤一行，在省市领导杨崇勇、李江、张荣明、张建伟陪同下，先后实地考察了西山区土堆社区居委会、昆明市第一人民医院和官房集团，就昆明市先进性教育活动情况进行调研。

27日　香港瑞安集团昆明“东风广场项目”及“草海大观片区”项目规划设计方案通报会在市委召开。市领导杨崇勇、王文涛、杨远翔、宋黎明、李江、梁晓谷出席通报会。

28日　中央党校副校长、中央先进性教育活动领导小组成员孙庆聚率队到昆明市第一人民医院，与省市7家医疗卫生单位的主要负责人、职能部门负责人和医生党员代表进行座谈，对省市医疗系统先进性教育活动开展情况进行调研指导。

本月　云南南药制药与美国美银证券公司、美国CDI投资公司签署了上市辅导协议。

11月

1日　昆明市旅游产业发展大会召开。会议由市委常务副书记杨远翔主持，市委书记杨崇勇作讲话，市长王文涛就下一步工作作部署，并代表市政府与相关县区和部门签订昆明旅游二次创业重大项目建设落实责任书。李庄、徐之信、高劲松、张建伟、高德明、雷晓明等市领导参加了会议。

同日　由昆明市委宣传部、市委外宣办策划并组织拍摄、制作的大型政论片《跨越》（上中下三集）和昆明系列形象片《缤纷昆明》、《和谐昆明》、《安居昆明》，外宣片《鲜花绽放的昆明》举行首映式。

同日　晚，市委、市政府举办大型电视音诗晚会《鲜花绽放的昆明》庆祝昆明建城1240周年。市领导王文涛、杨远翔、李培山、徐之信、张荣明、王道兴、高德明、杨丽、雷晓明、王奇英、陆玉珍出席晚会并观看演出。

5～9日　由昆明市人民政府主办，市民委、市体育局和石林彝族自治县人民政府承办的昆明市第八届少数民族传统体育运动会在石林县举办。

7日　上午，市委、市政府在呈贡新城召开现场办公会，就三个开发（度假）区参与呈贡新城开发建设等工作做出部署。会议由市长王文涛主持，市委书记杨崇勇在会上讲话，市长王文涛代表市政府与呈贡新城、昆明经济开发区、高新开发区和滇池旅游度假区管委会签订了“2006年招商引资责任书”。市领导杨远翔、田云翔、宋黎明、李江参加会议。

8日　上午，昆明卷烟厂与曲靖卷烟厂实现强强联合，合并改制成立红云烟草（集团）有限责任公司授牌仪式和昆烟易地技术改造项目奠基仪式在昆明卷烟厂举行。市长王文涛代表市委、市政府致辞。省长徐荣凯出席授牌仪式。国家烟草专卖局局长姜成康，省市领导杨崇勇、程映萱、宋黎明、高劲松、廖晓珊等出席授牌仪式和奠基仪式。

10日　下午，市委、市政府召开禽流感防控工作会议，就昆明市禽流感防控工作进行安排和部署。市委副书记李培山作讲话。

同日　五华区开展外来务工人员“维护春城新形象，做合格市民”签字宣誓活动。

11日　经过多年的精心培育，昆明华曦牧业有限公司产品，被正式授予了“欧盟有机食品认证书”，成为欧盟有机食品认证委员会在中国颁授的首例有机禽蛋认证证书。

15日　宜良县雄蜂酒业公司“雄蜂酒”首批一集装箱共300余件出口起运美国，此系云南省酒类食品首次打入美国市场。

16日　晚，第二届中国舞蹈节暨第五届荷花奖评奖昆明活动开幕式在昆明会堂举行。省委常委、市委书记、舞蹈节组委会名誉主任杨崇勇宣布舞蹈节开幕，副省长、舞蹈节组委会主任刘平讲话。市委副书记、市长王文涛在开幕式前举行的欢迎会上致辞，中国文联和省市领导贾作光、胡珍、白淑湘、晏友琼、李江、梁公卿、刘平、李先猷、李庄、徐之信等出席开幕式。22日晚，第二届中国舞蹈节暨第五届荷花奖评奖昆明活动闭幕。市委常务副书记、舞蹈节组委会副主任杨远翔致闭幕辞。中国文联常务副主席李树文，省市领导徐荣凯、杨崇勇、张红苹、雷晓明等出席闭幕式。

17日　上午，市委、市政府和昆明铁路局联合召开昆明城市轨道交通、塘双中心公园规划建设调研会议。会议由省委常委、市委书记杨崇勇主持，市领导宋黎明、王道兴、李江、梁晓谷，昆明铁路局领导裘之鹏、徐长安、梁中宇、李宏伟、吴敏参加会议。

同日　下午，省委常委、市委书记杨崇勇在翠湖宾馆会见法国威立雅水务首席执行官安东尼·弗雷洛先生一行。杨崇勇在会见时强调，昆明市与法国威立雅水务联合体在自来水方面的合作，不仅仅是项目资金的引入，更重要的是引进国际一流水平的自来水技术、管理和运营经验，为昆明市民提供优质、安全、可靠的饮用水。市领导王文涛、梁晓谷参加会见。会见结束后，双方共同出席了昆明自来水有限公司49%股权转让项目签约仪式。

18日　下午，省委常委、市委书记杨崇勇在市委会见新加坡吉宝集团执行主席林子安先生一行。杨崇勇向客人介绍了新昆明建设的情况，希望吉宝集团参与到呈贡新城的开发中来。市领导宋黎明、李江参加会见。

22～23日　国家人口计生委优质服务考核验收组对昆明市申报国家级优质服务先进县——晋宁县进行为期两天的全面检查验收。验收合格后，国家人口计生委授予晋宁县“全国计划生育优质服务先进县”称号。全省已有11个县获此称号，晋宁为昆明市获此称号的首个县区。

23～25日　省委常委、市委书记杨崇勇率昆明市党政代表团，赴重庆市就投融资改革和资本运作、国企改革、城市轻轨建设等进行学习考察。市领导宋黎明、梁晓谷参加考察。

24日　由国家旅游局、云南省人民政府和国家民用航空总局共同举办的“2005年中国国际旅游交易会”在昆明国际会展中心开幕。

同日　禄劝彝族苗族自治县20周年县庆活动举行。

28日　上午，在中共中央和省委召开第三批保持共产党员先进性教育活动电视电话会议后，市委在昆明分会场召开昆明市的电视电话会议。市委常务副书记、市先教活动领导小组副组长杨远翔作讲话，市领导王文涛、杨远翔、李培山、张红苹、杨宁、高劲松出席会议。

29日　新疆维吾尔自治区党委常委、乌鲁木齐市委书记杨刚率乌鲁木齐市党政代表团到昆明考察。省委常委、市委书记杨崇勇在欢迎会上向考察团一行介绍了昆明经济社会发展的情况。市领导宋黎明等参加欢迎会。

同日　在北京举行的中国节庆活动国际论坛颁奖晚会上，“中国石林火把节”荣获“IFEA（国际节庆协会）中国最具发展潜力十大节庆活动”称号。

30日　昆明市公安局特警支队正

式建立，公安部副部长刘金国、省公安厅副厅长严尚智为特种警察支队揭牌。

30日　晚，云南省、昆明市纪念“一二·一”运动60周年大会暨文艺晚会在昆明市体育馆举行。社会各界代表1 500余人参加大会。原中共中央政治局候补委员、原全国人大常委会副委员长王汉斌，团中央书记处书记杨岳，省委副书记丹增在会上讲话。大会由省委常委、市委书记杨崇勇主持。原全国人大副委员长、全国妇联名誉主席、中国红十字会会长彭珮云，市领导王文涛、杨远翔、徐之信出席大会。纪念大会结束后，1 500余名与会者观看了大型文艺晚会《红土·国魂》。

12 月

2日　省国企改革昆明督察组在昆明召开调研汇报会，听取昆明市国企改革工作情况汇报。副省长李新华、省委常委、市委书记杨崇勇分别在会上作讲话。

6日　市委召开市第三批保持共产党员先进性教育活动工作会议，传达中央和省委第三批先进性教育活动工作会议精神，对第二批先进性教育活动进行总结，对第三批先进性教育活动进行安排部署。

8日　滇池半岛概念性规划方案汇报会在翠湖宾馆举行。省委副书记、常务副省长秦光荣、省委常委、市委书记杨崇勇分别在会上讲话。市领导王文涛、梁晓谷、雷晓明参加汇报会。

同日　昆明国际印刷包装城项目开工奠基仪式在大板桥镇西冲举行。省委常委、市委书记杨崇勇在仪式上作讲话，国家新闻出版总署副署长邬书林、副省长刘平为包装城授牌，省市领导丹增、李先猷、张红苹、宋黎明、雷晓明等出席仪式。

8～12日　为期4天的首届中国西部（昆明）文化产业博览会在昆明国际会展中心召开。本届博览会共有展位1 600余个，签约项目41个金额152亿元，参观人数突破20万。

9日　市委，市政府召开“恢复昆明水城风貌”专题会议，听取有关部门和单位的工作情况汇报，对相关工作进行研究。市委书记杨崇勇在会上讲话，有关市领导出席会议。

同日　“昆明老街”命名并揭牌。

12日　筹备近一年的大型电视系列片《澜沧江——湄公河》下午在昆明举行开机仪式。省委宣传部有关领导及市领导张红苹、王奇英为开机仪式剪彩。《澜沧江——湄公河》由中国中央电视台、柬埔寨国家电视台、老挝国家电视台、缅甸广播电视台、泰国第九电视台和越南电视台联合摄制。内容包含了六国地理、自然、经济、文化、宗教等方面内容。

13日　昆明市召开清理拖欠工程款电视电话会议。经过各级各部门的艰苦努力，昆明市已按时完成了国家和省下达的清理拖欠工程款目标任务。截止11月30日，昆明市尚欠1.05亿元，清欠率达94.34%，超过了93.72%的全省平均清欠率，提前完成了省政府提出的2005年清理网上拖欠工程款90%的清欠任务。

14日　省委常委、市委书记杨崇勇带领昆明市考察团赴深圳，对华侨城、观南湖高尔夫球场等项目建设情况进行考察。市领导宋黎明及有关部门、县区负责人随同考察。

16日　市人大常委审议通过了《昆明市城市节约用水管理条例（修订）》。

同日　2005年全国汽车场地越野锦标赛“昆明领跑杯”总决赛在石林拉开序幕。

18日　由于担心禽流感，本年喂海鸥的游客及市民较往年大为减少，到昆越冬的红嘴鸥食物不足。即日近400名头戴“小红帽”的年轻人来到昆明市翠湖公园喂海鸥。活动由昆明嘉年华投资发展有限公司组织，“喂鸥行动”时间为两个多月。

20日　由市委宣传部主办的为期一个月的首届昆明风景画双年展在云南民族博物馆举办。作为“经典昆明”系列活动的重要内容，本次展览作品数量多、规模大、质量高、亮点多。展览展出191位作者的451件作品。市委宣传部聘请知名专家对参展作品进行评奖，获奖作品由政府收藏；展览期间还同时举办美术作品交易会、昆明风景画学术研讨会、美术文化市场发展论坛以及美术理论讲座等活动。努力把“昆明风景画双年展”办成全国有影响力的展会，把昆明风景画打造成一种独特的云南旅游商品。

同日　昆明市和到昆考察的宁波市经贸代表团双方就进一步加强经贸合作进行了洽谈。昆明市副市长李江、宁波市副市长余红艺分别介绍两市有关情况。洽谈会上，双方签订了开发绿化景观生产基地、汽车配件生产、云牌蔬菜总经销等8个合作项目，投资总金额达3.2435亿元。

21日　昆明市召开首次“优秀中国特色社会主义事业建设者”表彰大会，云南林山企业总经理马林山、昆明华曦牧业董事长马迅、云南鸿翔药业董事长阮鸿献等40名非公有制经济人士成为首批“优秀建设者”。

同日　昆明市中级人民法院宣布，为建立执行威慑机制，完善社会信用体系建设，破解执行难题，从即日起开通“昆明法院执行威慑网（www. zxwsw. cn）”，向社会披露赖账者“黑名单”。

同日　昆明市消防协会在昆明市消防指挥中心宣布成立，这是昆明市首个集消防学术交流、科研、消防技术标准修订、消防科研项目/工程设计评估、企业资质审查和消防科技成果鉴定为一体的行业协会。在上午的成立仪式上，与会代表投票产生了15名常务理事和71名理事。

26日　昆明市第一座垃圾焚烧发电厂五华垃圾发电厂在普吉奠基。该项目投资4 000万美元。

26～27日　中共昆明市委举行八届七次全会。会议审议通过了《中共昆明市委关于制定昆明市国民经济和社会发展第十一个五年规划的建议》。

27日　下午，省委、省政府在呈贡雨花片区举行“云南省部分在昆高校呈贡新校区奠基仪式。省委副书记丹增在仪式上讲话，省市领导白恩培、徐荣凯、杨崇勇、王文涛等出席仪式。一期建设项目涉及师大、民大、省中医学院、昆医、省医学高等专科学校等5所学校。

28日　市委、市政府召开昆明市民族工作会议暨第四次民族团结进步表彰大会。大会由市委副书记田云翔主持，市委书记杨崇勇在会上讲话，市长王文涛就如何贯彻落实会议精神作安排部署。

30日　上午，昆明新机场综合交通工程开工建设动员大会在官渡区大板桥举行。仪式由副省长李汉柏主持，铁道部副部长陆东福到会祝贺，省委副书记、常务副省长秦光荣在会上讲话，省委书记白恩培宣布工程开工，省市有关领导为工程奠基。省市领导杨崇汇、杨崇勇、杨应楠、牛绍尧等出席大会。

31日　下午，市委书记杨崇勇在市委会见应邀前来参加“南洋华侨机工抗日纪念馆”竣工开馆典礼的新加坡中华总商会名誉主席陈共存先生一行。市领导田云翔、张红苹、雷晓明参加会见。

（宇应军）

政 治

·中国共产党昆明市委员会·

【2005年工作要点】 2005年是贯彻落实科学发展观、巩固宏观调控成果、保持经济社会良好发展态势、加快推进现代新昆明建设的关键之年，也是全面实现“十五”计划目标、衔接“十一五”发展的重要一年。2005年全市工作的总体要求是：以邓小平理论和“三个代表”重要思想为指导，认真贯彻党的十六届四中全会及中央经济工作会议、省委七届六次全会、市第八次党代会精神，紧紧围绕提高党的执政能力，进一步解放思想，大胆实践，加快现代新昆明建设，努力在解决“三农”问题、推进工业强市和产业发展、加快滇池污染治理步伐、大力改善城市面貌、优化创业发展环境、深化改革扩大开放、加快社会事业发展和创建“平安昆明”等方面实现新的突破，促进全市经济社会全面协调可持续发展。全市经济社会发展的主要目标建议为：全市生产总值增长10%；地方财政收入增长8%；全社会固定资产投资增长20%；城镇居民人均可支配收入增长6.5%，农民人均纯收入增长5%；城镇登记失业率控制在4%以下。

围绕经济社会发展的主要目标，2005年要着重抓好以下工作：①认真贯彻《中共中央关于加强党的执政能力建设的决定》和省委《实施意见》，着力提高领导发展、服务群众、依法治市、建设先进文化和抓落实等5个方面的能力；②加大对“三农”的支持力度，加强对“三农”工作的领导，继续深化农村税费改革，切实减轻农民负担，推进农业产业化经营，加大对北部五县区的扶持力度，加强农业基础设施建设，努力促进农业和农村工作的新发展；③深入实施工业强市战略，做好招商引资工作，多渠道加大对工业企业的资金投入，积极推进产业发展；④以迎接大湄公河次区域经济合作第二次领导人会议在昆明召开为契机，完善城市总体规划，开展缓解城市交通、整治市容市容、改造建设二环路三大攻坚战，确保实现“市容市貌焕然一新，国内国外眼前一亮”的工作目标；⑤实施可持续发展战略，加快滇池污染治理步伐，加快创建国家卫生城市，争创国家环保模范城市；⑥发展先进文化，用科学理论武装干部、教育群众，加强对市民社会心理的引导，支持民营文化企业做强做大，促进经济社会协调发展；⑦深化土地征用制度改革，加快教育、科技、文化、卫生等事业单位改革步伐，不断提高对外开放水平，增强发展活力；⑧高度重视人民群众关注的问题，全面开展创建“平安昆明”活动，为群众办实事办好事；⑨加强民主政治建设，巩固和发展最广泛的爱国统一战线，推进依法治市进程；⑩加强思想政治、领导班子和干部队伍、基层组织、党的作风和党风廉政建设，为经济社会发展提供坚强保证；⑪认真检查和总结“十五”计划执行情况，研究和编制“十一五”规划。

【组织工作】 保持共产党员先进性教育活动取得显著成效。全市各级党组织认识到位，广泛开展思想动员，成立领导小组及工作机构，明确责任，加强领导，坚持高标准、严要求，严密组织，结合实际，制定措施，切实增强先进性教育活动的针对性和科学性；广泛开展主题实践和“民情恳谈进万家”活动，坚持边学边改、边议边改、边整边改，在巩固深化第一、二批先进性教育活动成果的同时，以建设社会主义新农村为主题，全面启动第三批先进性教育活动；把先进性教育活动与实施“云岭先锋”工程有机结合起来，在狠抓先进性教育活动的同时，务求实效，坚持不懈地抓好“云岭先锋”工程各项目标任务的落实，通过互促互动，全市基层党组织建设明显加强，保证了先进性教育活动成为群众满意工程。

各级领导班子和干部队伍建设成效明显。为提高广大领导干部领导发展和抓落实的能力，先后选派了400名县处级以上领导干部赴上海、浙江培训；以国家实施“展望计划西部人才工程”为契机，先后组织827名科级干部开展“新昆明展望计划”异地培训；开展党政机关公务员MPA核心课程“8 + X”培训试点，共培训公务员1 182人；异地培训北部五县区工业经济管理骨干159人；选派143名领导干部赴国（境）外培训；组织392名年轻后备干部到部队、企业、信访部门、农户家中、乡镇、驻外机构、党校等学习锻炼。昆明以“大教育、大培训、大人才”理念推进干部人才工作的做法，荣获全省“组织工作创新一等奖”。

制定和实施《2005～2008年昆明市县级党政领导班子和干部队伍建设规划》，实现了非中共党员干部配备、妇女干部培养选拔、干部异地交流任职、后备干部管理等方面的新突破。制定下发《昆明市2005年县级党员领导干部民主生活会量化考核办法工作实施细则》，不断完善班子议事和决策机制，领导班子和领导干部思想政治建设取得新进展。

认真贯彻执行《干部任用条例》，努力营造公开、平等，竞争、择优，有利于优秀人才脱颖而出的选人用人环境。进一步加大公开选拔干部的力度，面向全国公开招考高层次专业技术和市属国有骨干企业高级经营管理人才。继续推行机关中层干部竞争上岗，积极开展市级机关中层干部跨部门、跨行业、跨区域的轮岗交流，干部人事制度改革稳步推进。

人才工作开局良好。成立昆明人才协会，发展吸收了包括两院院士、学术科技带头人、有突出贡献的专家、非公经济领军人物和省外、国外专家等组成的会员280人，搭建起优秀人才服务现代新昆明建设的新平台。创办“昆明论坛”，先后举办“循环经济与生态农业新理念”、“‘名师工作室’助你腾飞”、“面向未来的基础教育”、“与名师对话新课程”、“加速呈贡新城建设、共铸春城财富中心”和“‘十一五’规划研讨”等为内容的高层论坛，为深入推进现代新昆明建设提供了良好的人才和智力支持。加强交流合作，积极探索人才工作新机制，举办了“中国企业变革管理研修班”。组织124名民营企业管理人员赴温州培训考察，组织中级医疗管理人员和教学管理骨干分赴澳大利亚和新西兰进行培训。与德国汉施基金会、韩国花艺术作家协会梨树插花会分别签订了高技能人才培训合作协议，打开了昆明市自主进行高层次人才海外培训的窗口。

【宣传工作和精神文明建设】　2005年，全市宣传思想工作围绕加快现代新昆明建设，构建和谐社会，实施文化、教育、新闻体制三项改革，加快文化事业和文化产业发展，坚持用“三个代表”重要思想统领意识形态领域工作，加大推进理论武装工作的力度，马克思主义在意识形态领域的指导地位进一步巩固。认真贯彻落实《中共昆明市委关于建设学习型领导班子的意见》，坚持和完善党委（党组）理论学习中心组学习制度，继续组织开展建设学习型领导班子和“三观”学习教育活动，制定下发了《关于2005年全市在职干部理论学习的安排意见》，组织开展了全市领导干部理论学习专题讲座，邀请中宣部、清华大学、同济大学、中国人民大学的专家教授分别就《贯彻“三个代表”重要思想，保持共产党员先进性》、《坚持科学发展观，不断提高驾驭社会主义市场经济的能力》、《构建社会主义和谐社会》、《构建社会主义和谐社会中的几个热点难点问题》进行宣讲。组织开办了“保持共产党员先进性教育具体要求大讨论”专栏；组织开展了社科课题的调查研究工作和“构建和谐社会”理论研讨和学习座谈活动。

突出重点，组成了“啄木鸟”暗访队伍，加大对迎接GMS会议的宣传报道力度；推出“十大历史事件”、“十大名片”、“十大民工”的评选活动，“海鸥老人”的宣传成为舆论的热点和亮点。通过讨论和论证，市委八届六次全会把“春融万物，和谐发展；敢为人先，追求卓越”确定为“昆明精神”表述语，使“昆明精神”成为推动构建和谐昆明、建设现代新昆明的强大精神动力。开设了“保持共产党员先进性具体要求大讨论”专栏，组织市级保持共产党员先进性教育活动先进典型巡回报告团，在全市各参学单位进行宣讲，出台了《关于进一步加强昆明市舆情信息工作的实施意见》，完善信息收集、处理、反馈系统，共上报信息130余条，编发宣传信息50余期。

加大对外宣传力度，建立健全外宣工作的各项机制。加强与中央及香港驻滇新闻单位及省级新闻单位的信息沟通，聚焦经贸文化活动，组织对“第二届泛珠三角省会城市市长论坛”“、首届中国国际会展文化节及市长访谈”、“第二届泛珠三角区域经贸合作洽谈会”等活动进行新闻报道。与中央电视台合作拍摄电视片《郑和故里行》、《帆影下的故乡》在中央电视台国际频道播出，推介昆明对外开放新形象。加强联系和协作，重点推出CCTV－1专访昆明市委书记、CCTV－12“构建和谐社会”昆明专访。CCTV－1中国新闻报道《昆明市长请重点工程民工看〈千里走单骑〉、新华社、人民日报《声音栏目》在头版头条报道《东川再就业特区》、刊发《昆明建设节约型社会别无选择》，借力宣传好昆明。精心策划，推出《新世纪·新昆明》画册、政论片《跨越》、城市形象片《缤纷的昆明》、《安居在昆明》等一批外宣精品。开通了《新昆明网》。

及时出台了《昆明市文化体制改革方案（试行）》，市属三家剧院由事业单位改制为国有企业，5个剧团整合组建为昆明市歌剧舞剧院，对昆明日报社、都市时报、昆明人民广播电台、昆明电视台4个新闻媒体顺利进行了改革，并取得明显的社会和经济效益。制定下发《昆明市2005～2006年繁荣文化事业、发展文化产业实施方案》。建立近300个项目组成的文化产业项目库。成功举办了首届文化产业人才供需洽谈会。

2005年，全市对公益性文化事业的投入达到2.4577亿元。投资兴建和改造昆明市艺术生产基地、袁晓岑艺术园、市博物馆、市图书馆以及文庙等一批文化基础设施。精心策划组织“三下乡”活动。开展元旦春节系列文化活动、2005春城新年音乐会、第二届中国舞蹈节“舞蹈精品进社区、“郑和下西洋600周年”、昆明建城1240周年大型音诗晚会《鲜花绽放的昆明》、中国昆明国际文化旅游节、纪念聂耳逝世70周年、纪念护国运动90周年、纪念一二·一运动60周年等重要节庆活动。举办“送健康、送电影进社区”活动、“万家社区图书室援建和万家社区读书活动”知识竞赛、第十四届春城歌咏节“社区飞歌”等一系列群众文化活动。石林县火把节被国际节庆协会评为“2005中国最具发展潜力的十大节庆活动”之一。

昆明市选送的舞蹈《美丽的大脚》荣获中央电视台第三届全国电视舞蹈大赛三等奖，《彝族神鼓舞》获第七届中国民间文艺山花奖。在云南省青年歌手电视大奖赛上，昆明市两个代表队获奖总数名列全省第一；推出云南第一部原创音乐剧《郑和与海》；36集电视连续剧《长河东流》即将在中央电视台播出；开展“经典昆明”系列音乐作品创作活动；举办首届“昆明风景画双年展”，取得了明显的社会效益和经济效益；昆明市女高音歌唱家何纾独唱音乐会《彩云之南飞来的歌》在北京保利剧院上演引起强烈反响；昆明诗人雷平阳获人民文学奖；存文学的长篇小说《拉祜县长》获得好评；昆明市小歌手朱婧携《小河淌水》唱响“南宁国际民歌艺术节”。开展了以讲文明树新风为主题的系列创建活动，共有17家单位被中央文明委授予国家级荣誉称号。深入学习贯彻《公民道德建设实施纲要》，实施“公民道德建设工程”，把德育工作摆在素质教育的首要位置，加强诚信建设。认真贯彻《关于加强未成年人思想道德建设工作的若干意见》，精神文明创建不断向纵深发展。

【统一战线及民族宗教工作】　深入开展和实施保持共产党员先进性教育活动和“云岭先锋”工程。制定下发了《关于加强自身建设，努力把统战部建设成为党外人士之家的意见》，听取并梳理民主党派及有关团体负责人的意见14条，进行认真研究和整改，机关作风进一步改进。举办昆明市纪念护国运动90周年座谈会，邀请各界人士120多人参加座谈。建立《中共昆明市委统战部部长接待日制度》；制定《市委统战部工作目标考核细则》、《昆明市各县（市）区统一战线工作岗位目标管理责任书》、《昆明市民主党派领导干部暨机关中层干部年度考核实施办法》、《昆明市民主党派领导干部民主生活会制度》；修订《中共昆明市委统战部工作职责》；举办宗教团体教职人员参加的《宗教事务条例》培训班；市道教协会在真庆观都雷府正式挂牌；发挥统一战线优势，组织和支持各界人士为招商引资牵线搭桥。举办培训班8期，共600多人次参加民主党派及有关人民团体干部培训、党外中青年干部培训、统战政策培训、民主党派中青年干部培训、民族宗教界代表人士培训、市级民主党派、人民团体、机关干部培训等各类培训。

建立党外代表人士培养选拔运行机制，积极研究解决党外代表人士培养选拔工作中的重要问题；构建党外代表人士培养和成长平台，协助工商联建立行业商会和异地商会27家。选派4名民主党派副主委到县区和市政府有关部门挂职。首次建立了民主党派领导班子年度述职和民主生活会制度，圆满完成民盟、民进、农工、九三学社4个党派的换届工作。积极协调，帮助市工商联、侨联、台联增加了工作经费，落实中央三部门《关于增加部分党外人士生活费的通知》，全市部分起义投诚人员生活费的问题得到解决。积极做好党外干部培养选拔工作，全年选拔任用党外副县（处）级以上领导干部8名，其中县（市）区4名，部委办局4名。选派了29位党外干部到县（市）区政府部门和乡镇挂职。加强党外后备干部队伍建设，建立了120余名党外后备干部队伍名单并列入档案信息管理。

制定了《关于进一步规范对台交流工作程序的意见》，办理赴台经贸考察、招商引资、交流参访团12个100余人次，接待台湾来昆团队7个300余人次。与省台办联合举办了一次大型的对台交流活动——昆明企业协会成立10周年庆典暨滇台经贸交流会。

做好非公经济人士工作，引导非公经济健康发展。开展“优秀中国特色社会主义事业建设者”评比表彰活动，推荐选送任怀灿、王安康两位昆明市民营企业家为全国优秀中国特色社会主义事业建设者；推荐选送8位昆明市民营企业家为省级优秀中国特色社会主义事业建设者；组织评选并表彰了40位昆明优秀中国特色社会主义建设者的民营企业家。与市工商联组织51家民营企业参加劳动和社会保障局召开的吸纳下岗工人、人才招聘会，提供就业岗位668个。GMS会议期间，组织40家企业参加经贸洽谈、14家企业参加论坛会、9家企业参加了温家宝总理主持的对话会议。协助市工商联组织民营企业吸纳贫困地区的富余劳力1 050人，其中200余人到浙江、广州等地务工。组织统战系统筹集资金51.6万元帮扶挂钩联系点，积极帮助群众排忧解难。

【社会稳定工作】　2005年，全市“两抢”犯罪案件总数下降，治安重点整治效果明显，人民群众安全感继续增强，执法规范化建设取得成效，政法干警违法违纪问题继续减少，没有发生影响全省社会稳定的重大案件和事件，全市平安创建工作、预防处置集体上访和群体性事件工作以及防范处理邪教等三项工作分别被省评为一等奖。市委、市政府把“平安昆明”创建活动作为社会治安综合治理在新形势下的发展和创新。杨崇勇书记、王文涛市长对平安创建工作专门提出要求，对一段时间人民群众反映突出的治安问题以及一些重大案件，都作出批示。深入实际调研总结流动人口管理、人民调解、社区矫正、依法惩处暴力抗法等方面的经验做法，分别召开了县（市）区和市级职能部门两个平安创建工作专题汇报会，市人大常委会加快对治安方面地方法规的立法，市政协组织了“和谐昆明”专题研讨会，“民主法治示范村”建设全面展开，完成了《“平安昆明”创建的理论和实践》课题报告，《昆明市流动人口管理条例》修订实施，教育、服务、管理三位一体体系日益健全。昆明市的平安创建工作，突出了调节利益关系、公共安全事件预警处置、把握舆论导向、正确引导社会公众心理、树立司法权威、营造良好执法环境等内容。五华区、安宁市、晋宁县创建成为省级“平安县（市）区”，平安建设取得初步成效。

越级到省、市党委、政府集体上访情况同比呈下降趋势，信访秩序有一定好转。各级基层共排查调解各类纠纷17 000多起，帮教刑释解教人员近2 000人。全市59个派出所建立了治安、民间纠纷联合调处室，人民调解员进驻开展调处工作。两级法院审结民商事一审案件24 281件，审结民商事二审案件2 511件，执行结案10 170件，利用法律手段调节了社会经济关系。

妥善处置多起群体性事件。政法部门加强行政调解、司法调解和人民调解，处理大量涉法涉诉矛盾纠纷，防止一些案件纠纷的“民转刑”。参与城市重大基础设施建设工程，特别是参与东南二环路拆迁改造，处理多起拆迁中涉法的民商事案件。

突出的社会治安问题得到打击整治，全市没有发生重大治安安全事件，也没有发现黑社会性质犯罪组织。人民群众对当地社会治安状况的安全感评价从2004年的86.2%提高到90.7%，群众安全感明显增强。

参与综合整治城市交通、市容市貌和社会治安的三大攻坚战，制定上百个工作预案，开展三次安全保卫演练，确保GMS会议安全保卫工作万无一失、“零差错”。

加强对敌斗争，打击防范敌对势力破坏活动。依法打击处理了“法轮功”等一批邪教组织的违法犯罪活动，连续4年实现“三零”指标，有力遏制了境外非法宗教的渗透势头。

启动禁毒“七大工程”，开展“无毒社区”、“无毒乡镇”、“无毒县（市）区”创建活动，石林县正在向省申报“无毒县”。对市禁毒所扩容收戒8 000人的建设任务正在抓紧进行，将部分县（市）区的戒毒所和戒毒中转站的建设纳入全市的统一规划中。

把保持共产党员先进性教育活动和“规范执法活动，促进执法公正”的专项整改活动紧密结合，开展了集中处理信访突出问题的“大接待”活动，两级公安局长主动接待来访当事人及时解决和督办1 000余起案件。市检察院对自侦案件和扣押涉案款物进行了专项检查，对5.5万件“假释、减刑、保外就医”等案件进行了集中清理。人民群众对执法部门严格公正文明执法的评价明显提高。

修改完善市总体公共安全应急预案，建立应急救援组织和专业队伍，加强力量配置和装备建设，进行自然灾害救援、公共卫生事件、事故灾难事件和反恐怖处置的多项演练，高效安全地处置了几起突发公共安全事件和暴力恐怖案件，提高了各级应对突发事件的能力。

狠抓政法队伍规范化、现代化建设。全市政法干警的违法违纪案件持续下降，多个政法部门实现了“零违纪”目标。全市各级政法委、综治办和政法部门有10人次获得国家级表彰，有100多人次获得省级表彰。五华区检察院获“全国十佳人民检察院”荣誉称号。

【中共昆明市委八届六次全会】 7月31日，中共昆明市委举行八届六次全会。市委委员36人、候补委员5人出席会议，市纪委委员、部分原市级主要领导同志和各县（市）区、各部门的党员负责同志列席会议。会议的主要任务是，学习贯彻党的十六届四中全会提出的构建社会主义和谐社会的精神和要求，传达省委、省政府现代新昆明建设专题调研会议精神，向全会报告市委常委会上半年工作情况和后五个月工作意见。进一步动员全市广大干部群众，振奋精神，乘势而上，团结奋斗，扎实工作，确保今年经济社会发展任务和“十五”计划的全面完成。会议审议通过了省委常委、市委书记杨崇勇代表市委常委会所作的工作报告。报告提出后五个月，要切实抓好各项经济发展目标的完成、推动新城建设取得新突破、坚持不懈地抓好城市环境综合整治、搞好重点工程建设、认真抓好滇池污染治理、发展先进文化、认真解决好涉及群众切身利益的问题、推进创建“平安昆明”、建设节约型城市、研究编制“十一五”规划、抓好第二批先进性教育活动等11项工作。全会原则同意“春融万物，和谐发展；敢为人先，追求卓越”为昆明精神。

【中共昆明市委八届七次全会】 12月26～27日，中共昆明市委举行八届七次全会。会议由常委会主持。全会学习贯彻了党的十六届五中全会、中央经济工作会议和省委七届七次全会精神，听取和讨论了省委常委、市委书记杨崇勇代表市委常委会作的工作报告，审议通过了《中共昆明市委关于制定昆明市国民经济和社会发展第十一个五年规划的建议》。市委副书记、市长王文涛就《建议（讨论稿）》向全会作说明。全会充分肯定了一年来市委常委会的工作，高度评价了“十五”期间昆明市经济社会发展取得的巨大成就。会议指出，“十一五”期间，必须以邓小平理论和“三个代表”重要思想为指导，以科学发展观统领经济社会发展全局，以加快现代新昆明建设为主题，抓住世界范围及沿海地区产业转移和西部大开发等重大机遇，以工业强市为基础，以改革开放为动力，以经济结构调整和经济增长方式转变为主线，以提高人民生活水平为目的，建设学习型、创新型社会，构建和谐昆明，努力把昆明建设成为面向东南亚、南亚的区域性国际化城市。市委委员40人、候补委员7人出席会议。市纪委委员、部分原市级主要领导同志和有关方面的负责同志列席会议。

【市委常委会】 全年召开市委常委会23次，议题近80项，形成《市委常委会议纪要》18期。市委常委会认真学习了中共中央政治局常委召开座谈会听取对中央工作的意见和建议的有关报道、《中共中央关于进一步加强中国共产党领导的多党合作和政治协商制度建设的意见》；传达学习了中央经济工作会议精神、省委七届七次全会精神、省委白恩培书记关于昆明工作的指示精神、省政府组团赴四川省学习考察旅游产业发展和座谈会议精神；听取了《昆明市迎接GMS会议工作方案》、《主城东二环、南二环沿线拆迁方案》、全省禁毒和防治艾滋病工作会议精神及昆明市贯彻意见、中央和省委农村工作会议精神及昆明市贯彻意见、今后三年国有企业改革思路、市旅游产业发展大会筹备情况、创建“平安昆明”暨全市政法工作会议有关问题、市委组织部关于认真贯彻落实中组部选拔任用干部有关精神的汇报；研究了保持共产党员先进性教育活动的有关工作、干部任免、农村抗旱等问题；讨论通过《昆明市2004年地方财政预算执行情况和2005年地方财政预算草案的报告》、《昆明市2004年国民经济和社会发展计划执行情况与2005年国民经济和社会发展计划草案报告》、《2004年政府工作报告》、《2005～2008年昆明市县级党政领导班子和干部队伍建设规划》、《中共昆明市委常委班子保持共产党员先进性的具体要求》、《中共昆明市委、昆明市人民政府关于加快呈贡新城开发建设的决定》、《中共昆明市委、昆明市人民政府关于进一步加强招商引资工作的决定》、《中共昆明市委、昆明市人民政府关于加快北部县区经济发展的若干意见》、《中共昆明市委、昆明市人民政府关于深化乡镇机构改革的实施意见》、《关于进一步加强松华坝水源保护区管理和保护的意见》、《中共昆明市委、昆明市人民政府关于2005～2010年农村扶贫开发工作的意见》、《中共昆明市委关于制定昆明市国民经济和社会发展第十一个五年规划的建议（讨论稿）》、《关于呈贡县撤县设区的请示》以及市纪委《关于给予杨长富开除党籍处分的请示》、《关于给予周祖安、熊建霖、吴新元开除党籍处分的请示》等。

【市委常委班子民主生活会】 4月28～29日，在省委督导组的指导下，市委常委班子召开民主生活会。会议紧紧围绕实践“三个代表”重要思想，加强党的先进性建设，全力推进现代新昆明建设，联系个人思想和工作实际，对照市委常委班子保持共产党员先进性的具体要求，认真回顾市第八次党代会以来市委常委会的工作，查找个人存在的突出问题，深刻剖析思想根源，进一步明确了今后的工作思路和努力方向。省委常委、市委书记杨崇勇在会议小结时要求，在整改提高阶段要制定高质量的整改方案，突出重点抓落实，向群众公布整改情况，使先进性教育成为群众满意工程。省委督导组组长段金堂代表省委督导组对这次民主生活会给予充分肯定，并强调要认真抓好先进性教育第二阶段后期的各项工作，做好第三阶段的准备工作。

5月13日，市委召开市委、市政府领导班子民主生活会情况通报会，通报市委常委班子及市政府党组班子民主生活会的基本情况、存在的突出问题及整改措施，广泛征求大家意见，接受广大干部群众的监督。省委常委、市委书记杨崇勇在通报市委常委班子民主生活会情况后指出，市委常委班子将在巩固提高这次民主生活会的成果、做好第二阶段收尾工作的基础上，认真抓好整改提高阶段的各项工作，按照中央和省委的部署和要求，认真贯彻落实胡锦涛同志关于确保教育活动取得扎扎实实的成效，真正成为群众满意工程、民心工程的指示精神，紧紧围绕“促进党员素质提高，促进机关作风转变，促进各项制度建立和落实，促进经济社会发展”的要求，高标准抓好班子自身和全市第三阶段的教育活动。副市长李江通报了市政府党组班子民主生活会情况。省委督导组组长段金堂充分肯定了昆明市先进性教育活动取得的成效，对如何继续抓好先进性教育活动提出了明确要求。会议由市委常务副书记杨远翔主持。市级领导、部分原市级离退休老领导，各县（市）区、市级机关各单位、市人大和市政协各专（工）委、各民主党派主要负责人等参加会议。

5月16～18日，市委常委班子就民

主生活会情况分别举行5个座谈会，征求离退休老领导、各县（市）区负责人、各民主党派、市属各部门、新闻单位和大专院校等单位对市委常委班子民主生活会情况的意见和建议。市领导杨远翔、李培山、田云翔、张红苹、张荣明分别参加会议。

【市委中心组理论学习讨论会】　7月26～28日，市委举行中心组理论学习讨论会，学习关于构建和谐社会和中央经济工作会议精神以及省委、省政府加快现代新昆明建设专题调研会精神，围绕树立和落实科学发展观、推进现代新昆明建设这一主题，总结上半年工作，研究2005年后5个月工作。省委常委、市委书记杨崇勇在会议总结讲话时强调，要突出重点，提高标准，加快速度，狠抓落实，做好后五个月的工作。要进一步抓好作风建设，加强督促检查和监督，把中央和省委的要求落到实处，圆满完成经济社会发展的各项工作任务，推动现代新昆明建设。

11月2～4日，市委召开市委中心组理论学习（扩大）会，学习贯彻十六届五中全会精神，讨论市委关于昆明市“十一五”规划《建议（征求意见稿）》。省委常委、市委书记杨崇勇在会上强调，制定“十一五”规划要按照科学发展观，体现解放思想，实事求是，坚持以人为本，多研究与老百姓生活相关的问题，规划目标要鼓舞人心，规划制定后要接受全市人民的监督。市委“十一五”规划的《建议》要充分听取各方面的意见，使“十一五”规划成为全市未来五年的行动纲领。会议还提出了现代新昆明建设的11项主要任务。市委常委、市人大常委会、市政协主要领导，副市长及各县（市）区、部分市属部委办局负责人参加会议。

【全市组织、党外干部培养选拔暨老干部工作会】　1月21日，召开全市组织、党外干部培养选拔暨老干部工作会议，安排部署相关工作。市委常务副书记杨远翔在会上指出，要把握大局，突出重点，推进组织工作再上新台阶。要优化结构，提高素质，为现代新昆明建设提供坚强的组织保证。市委常委、组织部部长张荣明对2005年的组织工作提出了安排意见。市政协副主席、市委统战部部长张中宁就党外干部培养选拔工作提出了具体要求。

【昆明市迎接大湄公河次区域经济合作第二次领导人会议】　2月1日，市委、市政府召开昆明市迎接大湄公河次区域经济合作（GMS）第二次领导人会议交通及环境综合整治动员大会。市委副书记、代市长王文涛传达了云南省迎接大湄公河次区域经济合作第二次领导人会议动员大会精神。省委常委、市委书记杨崇勇作题为《全市人民迅速行动起来，以迎接GMS会议召开为契机，大力整治交通和市容市貌，加快推进现代新昆明建设》的动员讲话，要求全市各级各部门统一思想，提高认识，切实增强整治交通环境和市容市貌的紧迫感和责任感；明确任务，突出重点，扎实有效地开展交通环境和市容市貌整治；加强领导，落实责任，确保交通环境和市容市貌整治目标顺利实现。

【创建“平安昆明”暨政法工作电视电话会】　3月3日，市委、市政府召开创建“平安昆明”暨政法工作电视电话会议，深入贯彻党的十六届四中全会和全国、全省政法工作会议精神，安排部署“平安昆明”创建和2005年全市的政法工作。市委副书记、市长王文涛在会上作了题为《全面推进“平安昆明”建设，努力构建和谐稳定社会》的讲话，要求统一思想，充分认识创建“平安昆明”的重大意义；突出重点，全面推进“平安昆明”创建工作；加强领导，使创建“平安昆明”的各项措施落到实处。市委副书记、政法委书记田云翔在会上就维护社会稳定，创建“平安昆明”工作作部署。市领导李江、胡启中出席会议。

【全市宣传思想工作会议】　3月7日，市委召开全市宣传思想工作会。市委常务副书记杨远翔在会上指出，要认清形势，明确任务，增强做好新时期宣传思想工作的责任感和紧迫感；突出重点，狠抓落实，不断提高宣传思想工作的质量与水平；切实加强领导，确保各项任务落到实处。市委常委、宣传部部长张红苹对全市宣传思想工作做出具体的安排部署。市领导杨宁、高劲松、杨丽、王奇英出席会议。

【昆明市加快北部县区经济发展工作会议】　3月11日，市委、市政府在寻甸县召开加快北部县区经济发展工作会议。安排部署当前和今后一个时期北部县区发展工作。省委常委、市委书记杨崇勇在题为《加快北部县区经济社会发展，促进现代新昆明建设》的讲话中指出：要统一思想，充分认识加快北部县区发展的重要意义。当前和今后一个时期，要牢固树立和落实科学发展观，按照“五个统筹”的要求，抓住加快发展这个根本，站在现代新昆明建设的高度谋划北部县区的发展，以壮大经济实力、增加财政收入和提高人民生活水平为出发点，加快推进工业化、城镇化和农业产业化进程；以强基础、调结构、建支柱、增效益为重点，切实解决好“三农”问题；以实施工业强县、对外开放、科教兴县、城镇化和可持续发展战略为着力点，大力发展特色经济、非公经济和劳力经济，努力实现北部县区经济社会科学和谐发展。会议由市委副书记、市长王文涛主持。东川、寻甸、富民、嵩明、禄劝等县区委书记在会上发言。市领导杨远翔、李培山、田云翔、徐之信、张红苹、宋黎明、张荣明、高德明，有关县区和部门，部分中央和省属企业、外地驻昆商会负责人参加会议。

【市委农村工作会议】　3月25日，市委召开农村工作会议，认真贯彻落实中央、省委农村工作会议和精神，总结2004年昆明市农业和农村工作，分析农业发展形势，研究部署当前和今后一个时期农业和农村工作。会议由副市长杨雯主持。市委副书记、市纪委书记李培山在会上指出，要正确分析形势，明确农业和农村经济发展的新思路；大力加强农业综合生产能力建设，建立农业增产增效、农民增收的长效机制；统筹城乡发展，促进农村经济社会协调发展；加强领导，增强做好农村工作的能力。官渡、安宁、宜良、寻甸4县（市）区在会上交流了工作经验。各县（市）区签订昆明市2005年农村劳动力转移培训及劳务输出考核责任书。市领导田翎、傅汝林出席会议。

【昆明市招商引资工作会议】　3月29日，市委、市政府在兰花宾馆会议中心召开全市招商引资工作会议，贯彻市委八届五次全会和市十一届人大六次会议精神，研究部署全市当前和今后一个时期的招商引资工作，表彰2004年招商引资优秀中介人，进一步动员全市广大干部群众，解放思想，开拓创新，求真务实，扎实工作，努力实现招商引资新突破，加快推进现代新昆明建设。会议由市委副书记、市长王文涛主持。省委常委、市委书记杨崇勇在会上强调，要认清形势，正视差距，增强做好招商引资工作的紧迫感和责任感；突出重点，强化措施，实现招商引资新突破；转变职能，改善服务，努力营造良好的投资创业环境。市委常委、市人大常委会主任、市政协主席、市政府副市长参加会议。

【昆明市迎接GMS会议环境综合整治动员大会】 5月25日市委、市政府召开昆明市迎接GMS会议环境综合整治动员大会。省委常委、市委书记杨崇勇在会上作了题为《奋战四十天，打好打赢“三大攻坚战”，以崭新的城市形象迎接GMS会议召开》的讲话，要求充分认识GMS会议在昆明召开的重要意义；下大力整治交通和市容市貌，树立良好的城市形象；加强领导，广泛发动，打好整治交通和市容市貌的攻坚战。省政府秘书长刘平对昆明市迎接GMS第二次领导人会议相关工作提出要求。副市长梁晓谷对下阶段整治工作作出具体安排。会议由市委副书记、市长王文涛主持。中央驻昆单位和省级部分党政机关、企事业单位主要负责人，驻昆解放军、武警部队机关、中央和省驻昆有关新闻单位领导参加会议。市委、市人大常委会、市政府、市政协有关领导，四城区和市属各部委办局及有关重点企业领导1 000余人参加会议。

【昆明市推进教育综合改革工作会议】 6月17日，市委、市政府在昆明会堂召开迎接GMS会议总结表彰暨城市环境综合整治动员大会。市委副书记、市长王文涛对昆明市迎接GMS会议的各项工作作总结。省委常委、市委书记杨崇勇在讲话中指出，迎接GMS会议的成功经验是“领导有力，组织周密；目标明确，思路清晰；统分结合，市区联动；措施扎实，管理严格；各方参与，协同配合”。要再接再厉，乘势而上，继续大干三年，抓好加大滇池污染治理力度，逐步恢复昆明水城风貌；加大绿化美化力度，改变春城不绿的状况；打造城市特色，着力解决城市品位不高的问题；继续整治交通环境和市容市貌，进一步改善城市环境；加强对“城中村”的改造和管理，改善城市形象；科学合理规划，优化基础设施布局；完善和推行数字城管快车，建立长效机制，实现城市管理的精细化和规范化等工作，进一步改变昆明的城市面貌。会议对迎接GMS会议城市交通环境、市容市貌整治和社会治安中涌现出的先进单位和个人进行了表彰。市委常务副书记杨远翔主持会议。省人大副主任王义明到会指导。市委、市人大、市政府、市政协和驻昆部队有关领导出席会议。

【市滇池污染治理工作会议】 8月27日，市委、市政府召开滇池污染治理工作会议，检查《滇池流域水污染防治“十五”计划》进展情况，全力推进计划的实施。省委常委、市委书记杨崇勇在讲话中指出，《滇池流域水污染防治“十五”计划》是必须坚决完成的政治任务。各级干部要进一步强化没有滇池就没有昆明的认识，治理好滇池，提升昆明的城市形象。要吸取国外湖泊治理的成功经验，依靠全市人民的努力治理滇池。要进一步加强领导，坚决完成滇池污染治理“十五”计划。市委副书记、市长王文涛指出，滇池的治理既是一项长期艰巨的工程，又是一项非常紧迫的任务。要认清形势，正视困难，进一步增强紧迫感和责任感；要利用最后4个月时间，全力推进“十五”计划；要统筹兼顾，搞好衔接，科学编制好“十一五”规划。副市长梁晓谷就完成滇池污染治理“十五”计划考核目标作具体安排。会议由市委常务副书记杨远翔主持。市领导李庄、徐之信、宋黎明、杨宁、高劲松、王道兴、张建伟、张宁、李江、杨雯、廖晓珊、梁晓谷、张中宁参加会议。

【市委传达贯彻省委人大工作会议和政协工作会议精神】 10月21日，市委召开专题会议，传达贯彻省委人大工作会议和政协工作会议精神。会议由市委副书记田云翔主持。市委常务副书记杨远翔在传达省委人大工作会议和政协工作会议精神后强调，要结合实际，认真学习贯彻落实好省委人大工作会议和政协工作会议精神，进一步做好昆明人大和政协工作。要以贯彻会议精神为契机，努力增强人大、政协工作的系统性、预见性和创造性。各级政府要自觉接受人大的法律监督和政协的民主监督，积极支持人大、政协的工作。市人大常委会主任李庄、市政协主席徐之信分别就落实省委人大和政协工作会议精神、做好人大和政协工作提出具体意见。市领导杨丽、田翎、张宁、傅国英、杨雯、胡启中、张中宁、徐声瑛、杨国栋、傅汝林参加会议。

【昆明市旅游产业发展大会】 11月1日，市委、市政府召开昆明市旅游产业发展大会。省委常委、市委书记杨崇勇强调，昆明旅游必须从观光型向休闲旅游度假型、粗放型向集约型、单一型向复合型转变，实现昆明旅游的二次创业；要搞好旅游开发规划，为景区开发提供强有力的指导；要充分发挥市场在资源配置中的基础性作用，积极走“民资、民力、民智”发展旅游的新路子。各级党委、政府要把旅游发展作为大事来抓，各级政府要在旅游业发展中发挥主导作用。市委副书记、市长王文涛就下一步工作作了部署，并代表市政府与相关县区和部门签订了昆明旅游二次创业重大项目建设落实责任书。会议由市委常务副书记杨远翔主持。市领导李庄、徐之信、高劲松、张建伟、高德明、雷晓明参加会议。

【重要调研活动】 2005年1月4日，省委常委、市委书记杨崇勇先后到五华区龙翔办事处、官渡区关上办事处召开座谈会，就进一步加强城市建设和管理工作进行调研。

1月7日，省委常委、市委书记杨崇勇，市委副书记、市长王文涛，市委常务副书记杨远翔，市委常委、市委秘书长宋黎明等市领导，分7组对昆明市公共交通运行状况进行调研。并于同日下午，在市公共汽车公司召开会议，研究加快昆明公共交通发展的具体措施。

2月16日，省委常委、市委书记杨崇勇到官渡区金马街道办事处，就进一步加强城市建设和管理工作进行调研。市委副书记、代市长王文涛在副市长梁晓谷陪同下，到西山区就城市管理工作进行调研；市委常务副书记杨远翔在市委常委、盘龙区委书记杨宁陪同下，到盘龙区就交通环境整治进行调研；市委副书记李培山到禄劝县就农业农村工作进行调研；市委副书记田云翔在市委常委、五华区委书记高劲松陪同下，到五华区就创建“平安昆明”工作进行调研。

2月17日，省委常委、市委书记杨崇勇，市委副书记、市长王文涛，市委常务副书记杨远翔一行到昆明信息产业基地及呈贡新城调研。

3月23日，省委常委、市委书记杨崇勇到市劳动和社会保障局，就劳动和社会保障工作进行调研。

4月4日，省委常委、市委书记杨崇勇到寻甸县，就加快北部五县区经济社会发展工作进行调研。

4月6日，省委常委、市委书记杨崇勇和市人大常委会主任李庄，到五华区就“数字城管快车”项目建设试点工作情况进行调研。

4月26日，省委常委、市委书记杨崇勇率市委、市政府有关领导及市级有关部门负责人到盘龙区调研绿色经济示范区规划建设工作。同日下午，省委常委、市委书记杨崇勇到松华坝水源保护区，就进一步加强松华坝水源区管理和保护问题进行调研。

5月16日，省委常委、市委书记杨崇勇到市检察院进行调研。

5月18～19日，省委常委、市委书记杨崇勇同省人大副主任梁公卿、省政府副省长李新华、省交通厅长杨光成一行到轿子雪山，就轿子雪山的交通和旅游开发等问题进行调研。

5月23日，省委常委、市委书记杨崇勇到石林县路美邑乡路美邑村、鹿阜镇阿乌村、板桥乡等地了解旱情，调研烤烟生产情况。

5月31日，省委常委、市委书记杨崇勇到禄劝县，检查云龙水库工程建设进展和水库蓄水情况，听取饮用水安全问题的意见和建议；并就春耕生产和抗旱工作进行调研。

6月7日，省委常委、市委书记杨崇勇到昆明第七自来水厂，专题听取了供水专家的意见和建议，就昆明城市供水和景观用水问题进行调研。

6月9日，省委常委、市委书记杨崇勇到市房管局，就低收入人群住房困难等问题进行调研。

6月22日，省委常委、市委书记杨崇勇到市投资促进局就招商引资工作进行调研。

7月12日，省委常委、市委书记杨崇勇到市国税局就税收征管问题展开调研。

7月13日，省委常委、市委书记杨崇勇到官渡区、西山区就城市管理长效机制建立等问题进行调研。

7月14日，省委常委、市委书记杨崇勇到市园林绿化局就园林绿化工作进行专题调研。

8月8日，省委常委、市委书记杨崇勇和副省长刘平，召集省市有关部门到阳宗海召开阳宗海旅游度假区开发建设现场会。

8月10日，省委常委、市委书记杨崇勇率有关部门，到松华坝水源保护区就水源保护工作进行调研。

9月23日～10月24日，省委常委、市委书记杨崇勇分别到石林县、西山风景区、云南民族村、宜良县九乡风景区、世博园就旅游产业发展工作进行调研。

11月5日，市委、市政府召开四城区城市绿地规划建设工作调研汇报会。

11月16日，省委常委、市委书记杨崇勇到空港经济区管委会就昆明新机场建设及空港经济区前期建设进行调研。

11月16日，市委、市政府召开东、南二环路拆迁改造工程调研汇报会。

11月21日，省委常委、市委书记杨崇勇到富民县就“十一五”规划编制、新农村建设、农家乐发展和党的建设等方面工作进行调研。

12月5日，省委常委、市委书记杨崇勇就文明街区改造工作进展情况进行调研。

12月6日，省委常委、市委书记杨崇勇到市延安医院、中医院、儿童医院、第一人民医院就“十一五”卫生事业发展规划进行调研。

12月7日，省委常委、市委书记杨崇勇到市第二职业中专对职业教育改革发展情况进行调研。

12月7日，省委常委、市委书记杨崇勇到安宁市和昆钢就“十一五”规划的制定和企业生产情况进行调研。

【实施意见、工作意见】　全年发出昆发文件17件。主要有：《关于进一步加强农村工作提高农业综合生产能力若干政策的意见的实施意见》、《关于开展以实践“三个代表”重要思想为主要内容的保持共产党员先进性教育活动的实施意见》、《关于进一步加强人才工作的意见》、《关于加快呈贡新城开发建设的决定》、《关于进一步加强招商引资工作的决定》、《关于深化乡镇机构改革的实施意见》、《关于加快北部县区经济社会发展的若干意见》、《关于2005～2010年农村扶贫开发工作的意见》、《昆明市禁毒人民战争和防治艾滋病工作实施方案（2005～2007年）的通知》、《关于加强外事管理工作的实施办法》、《关于推进教育综合改革试点工作加快昆明市教育事业发展的意见》、《关于昆明市第五次创建全国双拥模范城的工作意见》、《关于进一步加强党领导的多党合作和政治协商制度建设的意见的实施意见》、《关于进一步加强民族工作加快少数民族和民族地区经济社会发展的决定》等。

发出昆办发文件15件。主要有：《关于加快农村富余劳动力转移就业的实施意见》、《关于创建“平安昆明”的工作意见》、《关于进一步发展农村专业技术协会的意见》、《关于昆明市国土资源管理体制改革的实施意见》、《关于健全和完善村务公开和民主管理制度的实施意见》、《昆明市2005～2006年繁荣文化事业发展文化产业实施方案》、《2005～2008年昆明市县级党政领导班子和干部队伍建设规划》、《关于进一步深化政务公开工作的意见》、《关于认真学习贯彻党的十六届五中全会精神的通知》、《关于在全市公有制企业推行厂务公开民主管理的指导意见》。

【通　知】　全年发出昆通文件10件。主要有：《关于表彰2002～2004年昆明市社会治安综合治理先进集体和先进个人的决定》、《关于成立昆明空港经济区管理委员会的通知》、《关于命名表彰昆明市“十大特色种植户”“十大养殖户”和“十大农产品加工营销企业”的决定》、《中共昆明市委常委班子保持共产党员先进性教育活动整改方案》、《关于调整和理顺市属企业及党组织在昆明市的中央、省属企业党组织隶属关系的通知》、《昆明市关于做好随军家属调动就业、安置工作的规定的通知》、《关于表彰昆明市先进基层党组织、优秀共产党员和优秀党务工作者的决定》、《关于表彰昆明市迎接GMS会议筹备和保障工作先进单位的决定》、《关于适当调整县（市）区以及乡镇党代会召开时间的通知》等。

发出昆办通文件61件。主要有：《关于成立昆明市主城交通综合整治工作领导小组的通知》、《关于成立中共昆明市委保持共产党员先进性教育活动领导小组的通知》、《印发〈昆明市迎接大湄公河次区域经济合作第二次领导人会议工作方案〉的通知》、《关于转发〈保护和治理滇池推进现代新昆明建设宣传工作实施方案〉的通知》、《关于成立昆明市禁毒和防治艾滋病工作领导小组的通知》、《关于昆明市2005年党风廉政建设和反腐败工作主要任务分解安排的通知》、《关于成立昆明市深化乡镇机构改革领导小组的通知》、《关于成立昆明市教育综合改革领导小组的通知》、《关于切实做好GMS会议期间信访和社会稳定工作的通知》、《关于进一步精简市委会议和文件的若干规定》、《关于对市委八届六次全会提出的主要任务分解立项督查的通知》、《关于市委常委就昆明市“十一五”规划的制定开展调研活动的安排意见》、《关于配合做好“十一五”规划建议和纲要编制工作的通知》、《关于成立市委重大工作目标任务督查小组的通知》等。

办公厅

【督查、信息和办文工作】　充分发挥常委信息主渠道作用，信息服务的数量和质量明显提高。2005年，共采用信息4 015篇，编发信息刊物1 526期，中办采用126篇，省办采用1 113篇，上报中办和省委办的信息及考核分值都位居全省第一。紧紧围绕省市委领导的需要和昆明市工作重点、改革难点、群众关注的热点问题组织编报信息，力争为中央和省市委领导提供针对性和有用性强的信息。上报中办、省办信息，在保证重大、紧急信息按程序审批报送，不迟报、漏报的基础上，加强了与省办的联系，主动了解上级机关的意图，力求把昆明市的重大决策、重要工作部署及时反馈上去，更好地为本级党委服务。完成中央和省、市委重大决策、工作部署及各项任务的立项和跟踪督办。全年共立项督办事项218件已全部办结，办理完成各级领导批、交办事项343件，起草上报省委、省政府文稿18份，撰写督查文稿277篇，督办新闻媒体批评性报道事项84件。一年来，督查工作始终把抓落实、见成效作为督查工作的出发点和落脚点，紧紧贴近市委的中心工作，贴近全市经济社会发展的第一线，找准了督查工作的方向，使目标管理督查工作充满了动力，实现了督查工作的价值。改进文风、办文质量进一步提高。在文件制发过程中，积极倡导“求情”、“求新”、“求实”、“求深”的文风，增强公文的政策性、指导性和可操作性，努力在政策内容方面当好参谋助手。全年共起草、制发各类文电541个，其中市委、市委办公厅“昆”字头文件254个，较上年减少40个，重点控制的“昆发”20个，“昆办发”15个，与上年持平，实现了“昆发”、“昆办发”分别控制在每年20个和25个以内的工作目标。办理各类请示155件，办文质量和工作效率都有了明显的进步。

【调研及文稿起草】 综合处注重学习，注意把握市委各个时段的工作重点和领导意图，善于从市委领导的角度和全局工作的高度去思考分析问题，认真做好文稿起草和其他服务工作。全年共起草市委领导重要讲话稿、汇报材料等各种文稿400多篇，约400多万字。同时，综合处还就经济社会发展中面临的热点、难点问题深入基层调研，为市委领导科学决策提出了具有参考价值的调研报告10多篇，较好地发挥了参谋助手作用。

【重大活动及重要会议的组织】 全年先后圆满完成市委常委会、市委专题工作会等120多次各类会议的筹备、协调、会务等服务保障工作。多次协助省委办公厅完成了接待中央领导同志在昆视察期间接待的各项安排和协调工作。完成了省内外党政代表团及办公厅（室）来昆学习考察的接待工作及市委主要领导赴重庆、成都和省内地州学习考察走访的组织协调工作。全年制作市委领导活动表100多份，组织协调市委领导各种调研活动100多次。

【突发事件处置】 全年共参与现场处置群众到省市党政机关集体上访28次，组织协调处置重大群体事件、突发事件21起，预防和化解重大矛盾纠纷及不稳定隐患83起。如，积极协助市领导和有关方面成功处置了“10.6”特大交通事故善后处理，及时预防、疏导和化解昆明地区部分军队转业干部、复员退伍军人因政治生活待遇问题、在昆部分大中专学生因反对日本加入联合国常任理事国问题等一批不稳定隐患。政务值班工作按照“应急、职守”的职责，确保政令畅通，确保社会稳定。2005年共受理处置各种紧急突发事件276件，接听处理群众投诉107起，提升了政务值班工作的质量，充分发挥枢纽作用和窗口作用。

【机要工作】 始终把密码安全和机要畅通作为首要任务，较好地完成了机要工作各项任务。高标准建成全市机要专网，于2005年正式开通使用。加强对县（市）区机要工作的业务领导，对全市机要干部进行5年一次的政治审查，强化机要业务培训，先后举办3期业务培训班，开展密码整改工作，对检查中发现的问题及时进行整改，整改情况得到省局的肯定。

【保密工作】 配合有关部门对各类招生考试的试卷运输、存放、保管过程进行严格的监督，确保全市年度招考工作中的国家秘密安全。认真按照中央保密执法管理指导方针，宣传保密法规和开展保密形势教育，加强保密工作调研和执法监督检查，积极研究涉密计算机的管理办法，并组织力量对市级机关、单位的互联网站和上网信息进行专项检查，确保国家秘密的安全。

【人事和老干部工作】 人事工作围绕提高干部职工素质，狠抓教育培训工作，制定并组织实施《市委办公厅工作人员学习培训方案》，先后选派22人参加各类培训班，13人参加晋升技术等级培训学习，组织8批70多人外出参观学习考察，提高干部职工的业务素质。老干部工作认真落实《老干部工作目标责任制》，加强对老干部的服务及管理。全年6次组织老同志外出考察学习。成立老体协，积极组织老同志参加各种文体活动，走访、看望离退休老干部和参加离退休支部的组织生活。做到了政治上尊重老干部，思想上关心老干部，生活上照顾老干部，把上级关于老干部工作的各项待遇落到实处。

【后勤服务】 行政后勤部门进一步健全了制度，加强经常性的管理，为机关提供优质服务和后勤保障。一年来，接待省内外来宾351人次，做到服务热情，工作周到，客人满意；机关食堂注重听取干部职工的意见，变大锅炒菜为小锅炒菜，卫生条件改善，花色品种增多，饭菜质量提高；严格财务管理制度和报销审批制度，加强预算内经费管理，全年办公厅经费无超支；公务用车准时、安全；加强了安全保卫工作，严格门卫管理制度，全年未发生消防安全事故；大楼管理规范有序，做好会务服务工作，全年共接待大小会议680次，保证了市委机关各种会议的顺利召开；机关印刷厂在确保完成机关印刷任务的同时，想方设法向外拓展业务；机关幼儿园在搞好幼儿教育的同时，不断加强师资力量培训，努力探索新的教学模式。

（市委办公厅秘书处）

组织工作

【认识到位，广泛开展思想发动】 开展先进性教育活动是全党政治生活中的一件大事，是推进现代新昆明建设的重大机遇，市委明确要求“先进性教育活动不搞形式，不走过场，不能不痛不痒”。各级党员领导干部思想统一，行动迅速，带头深入各行各业召开座谈会，广泛征求意见和建议，搞好思想发动和学习示范。各级党组织注重引导广大党员以解决影响现代新昆明建设的重大问题和广大人民群众关心的热点、难点问题为突破口，围绕让全市人民群众真正成为先进性教育活动受益者的要求开展活动。同时，及时宣传中央和省、市委的有关精神，报道工作动态、典型经验和活动成效，为教育活动营造了良好的舆论氛围。

【加强领导，组织措施有力】 为加强领导，全市各级党组织成立领导小组及工作机构，明确责任，层层签订《云岭先锋·保持共产党员先进性教育目标责任书》，及时组建督导组和巡回检查组，加强督导；各级党员领导干部积极抓好联系点工作，指导分管单位搞好教育活动；各级先进性教育活动领导机构，坚持高标准、严要求，把握政策界限，创新活动载体，结合实际，制定措施，试点先行、培训骨干，进行分层次、分阶段、分领域、分类型的指导，增强了先进性教育活动的针对性和科学性。

【务求实效，确保活动成为群众满意工程】　各级党组织和广大党员，广泛开展主题实践和“民情恳谈进万家”活动，把整改贯穿于学习教育的始终，坚持边学边改、边议边改、边整边改。在第一批教育活动中，着力解决城市交通拥堵、信访案件积压、市容市貌环境脏乱、部分机关干部行政不作为、扶贫和劳务输出成效不明显等人民群众反映强烈的突出问题，得到了人民群众的好评。在第二批教育活动中，针对群众“上学难、上学贵”、“看病难、看病贵、看病烦”等问题，在教育系统广泛开展“正师风、铸师魄”和“师爱进万家”主题实践活动。在卫生系统广泛开展“亮出党员身份、端正医德医风、提高业务技能、降低医疗费用”和“五知道、五明白”等主题实践活动。在嵩明县启动“平价药品惠民工程”试点，使广大人民群众得到实惠，得到了中央和省委的充分肯定。在巩固深化第一、二批先进性教育活动成果的同时，以建设社会主义新农村为主题，全面启动第三批先进性教育活动。目前，第三批先进性教育活动，进展顺利，即将转入完成第二阶段的各项任务。

【互促互动，基层党组织建设明显加强】　各级党组织把先进性教育活动与实施“云岭先锋”工程有机结合起来，在狠抓先进性教育活动的同时，坚持不懈地抓好“云岭先锋”工程各项目标任务的落实。推进为民服务网络建设。全市已建成乡镇街道“为民服务中心”144个，村级（社区）为民服务站1 087个。推动党员活动阵地建设。按照“四有”标准，积极筹集资金，整合力量，消除村级党员活动室“空白点”。完善农村“共产党员户星级管理办法”。把整治生态环境，推广使用生态旱厕，提高生活质量作为共产党员户星级管理的重要内容加以考核。全市涌现出“云岭先锋”户6 740户，党员带头建旱厕13 577个。拓展“云岭先锋·素质教育”工程的领域，深化“三培养”活动。理顺企业党组织隶属关系，创建“云岭先锋”文明示范街，扩大无职党员设岗定责、党员政治生日制度、“首问首办”责任制、服务承诺制和党员亮双证上岗活动等成果。着眼于关爱党员、凝聚党心，建立关爱党员资金。在“两新”组织新建党组织148个，向525个“两新”组织派出党建工作指导员和联络员。充分发挥党建“110”的作用，“云岭先锋·畅通连心桥”活动不断深入。

【干部教育培训和实践锻炼工作】　为提高广大领导干部领导发展和抓落实的能力，先后选派了400名县处级以上领导干部赴上海、浙江培训；为解决广大科级干部的管理经验、知识素养、创新实践能力不适应现代新昆明建设需求的问题，以国家实施“展望计划西部人才工程”为契机，先后组织827名科级干部开展了“新昆明展望计划”异地培训；为提升全市公务员的现代公共管理和服务能力，开展党政机关公务员MPA核心课程“8＋X”培训试点，共培训公务员1 182人；为落实市委推动北部五县区工业经济快速发展规划，开展了县域工业经济管理干部异地培训，培训北部五县区工业经济管理骨干159人；为培养和造就一大批熟悉国际惯例，通晓对外交流的开放型、复合型、高素质的行政管理干部和专业技术人才，选派143名领导干部赴国（境）外培训；为提高干部的工作实践能力，组织392名年轻后备干部到部队、企业、信访部门、农户家中、乡镇、驻外机构、党校等学习锻炼。昆明市“大教育、大培训、大人才”理念推进干部人才工作的做法，荣获全省“组织工作创新一等奖”。

【领导班子和领导干部思想政治建设取得新进展】　按照建设现代新昆明对领导班子和干部队伍的客观要求，大力开展建设学习型班子活动。广泛开展领导班子思想政治建设巡察，充分掌握各级领导班子运行情况和干部队伍状况，切实加大班子成员调整力度，使全市各级领导班子建设现代新昆明的执行力得到有效提升，为各级党委及市人大、市政府、市政协换届工作做了充分准备。根据中央和省委的要求，制定和实施《2005～2008年昆明市县级党政领导班子和干部队伍建设规划》，进一步优化领导班子结构，实现了非中共党员干部配备、妇女干部培养选拔、干部异地交流任职、后备干部管理等方面的新突破。加强对干部选拔任用工作的监督，对群众举报及干部考察工作中发现的问题及时进行认真调查处理，有效防止了干部“带病提拔”、“带病上岗”的问题。面对现代新昆明建设项目多、资金流量大的实际，注重“关口”前移、强化对领导干部的监督管理。制定下发《昆明市2005年县级党员领导干部民主生活会量化考核办法工作实施细则》，不断完善班子议事和决策机制。充分发挥干部档案在选人用人上的重要作用，着力提高干部档案工作的整体水平，实现了干部人事档案管理的制度化、规范化、科学化。至年底，市、县两级组织部干部人事档案工作目标管理全部通过中组部一级标准验收，市委组织部荣获中组部“全国干部档案工作先进集体”。

【干部人事制度改革稳步推进】　认真贯彻执行《干部任用条例》，不折不扣地落实中央文件、省委干部人事制度改革5项制度和8项新举措，努力营造公开、平等、竞争、择优，有利于优秀人才脱颖而出的选人用人环境。围绕现代新昆明建设紧缺、急需人才的培养和引进，进一步加大公开选拔干部的力度，面向全国公开招考高层次专业技术和市属国有骨干企业高级经营管理人才，8个县（区）也开展了公开选拔科级干部工作。进一步加强企业经营管理人才队伍建设，完善法人治理结构。继续推行机关中层干部竞争上岗，积极开展市级机关中层干部跨部门、跨行业、跨区域的轮岗交流，让干部在多岗位得到锻炼，增强创造性，提高工作效率和自律意识。按照科学发展观的要求，在石林县开展党政领导班子和成员政绩考核评价办法试点，探索考核评价工作的新模式。

【成立昆明人才协会】　为架设党委、政府联系和服务人才队伍的桥梁，凝聚和吸引各方面高层次优秀人才关注和投身现代新昆明建设。成立昆明人才协会，发展吸收了包括两院院士、学术科技带头人、有突出贡献的专家、非公经济领军人物和省外、国外专家等组成的会员280人，初步实现在“大人才”观指导下的全市人才工作服务新格局。

【创办“昆明论坛”】　以服务现代新昆明建设，推进党委、政府决策管理科学化、民主化进程为目标，创办了“昆明论坛”。并充分利用这个高层次对话载体，先后举办了“循环经济与生态农业新理念”、“‘名师工作室’助你腾飞”、“面向未来的基础教育”、“与名师对话新课程”、“加速呈贡新城建设、共铸春城财富中心”和“‘十一五’规划研讨”等为内容的高层论坛，为深入推进现代新昆明建设提供了良好的人才和智力支持。

【积极探索人才工作新机制】　为提高国有和非公企业经营管理人才驾驭市场经济的能力，争取到德国卢森堡基金会的支持，举办了“中国企业变革管理研修班”。为提高民营企业管理人员的经营观念和管理水平，组织了124名民营企业管理人员赴温州培训考察，促进昆明市非公经济的发展。为加快昆明市卫生、教育和高技能人才培养，组织中级医疗管理人员和教学管理骨干分赴澳大利亚和新西兰进行培训。与德国汉施基金会、韩国花艺术作家协会梨树插花会分别签订了高技能人才培训合作协议，打开了昆明市自主进行高层次人才海外培训的窗口。以教育、卫生领域为突破口，推动成立昆明市人才服务中心教育分中心和卫生分中心，促进了人才的柔性流动。以服务北部五县区加快发展为重点，认真实施“科技之光”工程，有效地拓展了各类人才服务“三农”的新渠道。

【老干部工作】　继续把加强老干部工作列入重要议事日程，坚持节日走访慰问制度和重大决策、重大事项通报制度。加大各级老干部活动中心建设力度，加快老年大学建设步伐。为市属113家企业、620名离休干部及时解决了医疗统筹资金，认真落实老干部的生活待遇和政治待遇，进一步调动了老干部为现代新昆明建设作贡献的积极性。

【坚持建设学习型机关】　全市组织系统坚持一手抓业务，一手抓自身建设，按照提高组工干部政治鉴别能力、政策运用能力、知人善任能力、组工业务能力、拒腐防变能力的要求，不断巩固和深化以公道正派为主要内容的“树组工干部形象”教育活动。利用“机关讲坛”等多种形式，广泛开展政治理论、政策法规和业务知识培训，抓住干部异地培训的有利时机，组织组工干部跟班学习，丰富知识结构。加强组工文化建设，培育团队精神和职业精神，举办了全市首届组工干部文艺汇演。认真落实党支部组织生活制度，积极开展工会活动，努力营造组织系统团结协作、开拓创新、客观公正、奋发工作、争创一流的良好氛围。加强部风建设，健全完善重点工作任务立项督察制度，认真落实首问责任制和组工干部“八项承诺”，奖励对工作贡献突出的先进个人和集体，增强组织工作无小事、凡事必争一流的意识。干部综合管理、干部管理系统信息化建设、党员电化教育、信访工作、组织史编撰、《组工信息》杂志编辑等各项工作都取得新的成绩。

（组织部办公室）

党员电化教育

【努力开创党员电教工作新局面】
2005年，昆明市党员电化教育工作始终坚持围绕中心，服务大局，坚持为宣传党的基本路线服务，为提高党员素质和加强基层组织建设服务，在全面推进保持共产党员先进性教育活动，促进“云岭先锋”工程实施的工作中，市委党员电化教育中心切实加强领导，突出重点，统筹兼顾，狠抓落实，工作水平得到了提升，各项工作取得了新进展。

【措施到位】　2005年，市委党员电化教育中心增强超前性，体现服务性，认真谋划，采取措施，既注重宏观管理，又注重具体指导，促进了党员电教工作的落实。

1月27日，召开了全市电教工作会议，对全年电教工作早安排早部署，4月1日和9月20日，又分别召开了两次全市电教中心主任座谈会，及时总结前段工作经验，安排部署后阶段的工作任务，为做好全市党员电化教育的工作指明了方向，明确了目标，打下了基础。

为服务好先进性教育活动的宣传工作，市委党员电化教育中心认真制定了《昆明市第一批先进性教育活动宣传方案》，按照先进性教育的实施步骤，突出重点，分步实施，强调了不同阶段的宣传重点和拍摄任务。2月初和12月底，分别以昆组通文件形式，制定下发了有关报送保持共产党员先进性教育活动宣传典型材料、党建电视信息和优秀党员材料的两个通知，及时收集整理先进性教育活动中涌现出的先进人物、典型事迹和成功经验，组织各单位主动参与，积极行动，做好先进性教育活动宣传工作。同时有针对性地开展调研，指导好先进性教育活动试点、平价药品惠民工程等专题片的摄制，“有一套电教设备”的建设等工作。经过协调，在市委组织部《组工信息》中开办了“电教之窗”栏目，已刊发党教片解说词等方面的文章8篇，对指导电教工作、学习电教业务发挥了积极作用。

对重点工作，明确专人进行督促检查，以执行好工作制度来促进工作落实。下发通知，认真组织，办好每两年一届的党教片观摩评比活动，在12月初举行了全市第九届党教片观摩评比会，对各单位的制片水平再次进行检阅。12月中旬，对照《昆明市党员电化教育工作量化考核办法》，采取听、查、看、问、议、评的方法，组织6个组对14个县（市）区的电教工作进行了交叉考核，促进了基层党员电教工作的规范化建设。

【工作落实到位】　市委党员电化教育中心充分发挥党员电教优势，紧紧围绕全市先进性教育活动这个中心开展工作，全过程跟踪拍摄，全方位参与宣传，多角度进行报道，为全市先进性教育活动提供了有力的舆论支持和营造了良好的宣传氛围。

制片工作成效显著。市委党员电化教育中心明确提出了先进性教育活动各阶段的拍片计划。为了配合全市第一批先进性教育活动的启动，在12月初制作了专题片《永葆先进——昆明市部分优秀共产党员先进事迹集锦》，供市级党员领导干部集中学习时观看。为全面反映昆明市第一批先进性教育活动的情况，先后编辑制作了《永葆先进——昆明市先进性教育活动侧记》之一、之二、之三，做到每个阶段都制作一部工作片，三部片子上报市委常委会议审看后，又提供全市先进性教育活动工作会议播放，得到了市委领导和与会人员的高度好评。在第二批先进性教育活动中，编辑制作了《永葆先进——昆明市第二批先进性教育活动纪实》和《永葆先进—昆明市第三批先进性教育活动试点工作纪实》，及时总结昆明市第二批先进性教育活动和第三批试点工作的开展情况和典型经验，为全市各级党组织和党员开展先进性教育活动提供了生动的学习教材。围绕突出反映先进性教育活动的特色和亮点，市委党员电化教育中心先后拍摄制作了《小中心、大服务》、《民情恳谈进万家》等8部专题片，全面宣传先进性教育活动中所取得的典型经验和创新机制。全年，电教中心共制作专题片14部，是电教中心成立以来制片最多的一年。在电教中心的帮助指导下，各县（市）区也不断加强制片工作，共摄制各类党建专题片35部，全市一年制片总量达49部。同时，积极向中组部和省委组织部上报专题片，《小中心、大服务》、《永葆先进》等5部专题片，得到中央组织部的充分肯定，有5部专题片被省委组织部《在党的旗帜下》党建栏目和《云南党员电教》采用播出。

先进性教育活动开展以来，紧紧依托《云岭先锋》党建栏目和昆明新闻《云岭先锋——保持共产党员先进性教育》系列报道这两个宣传平台，切实加大了宣传力度，增强了宣传效果。全年，各县（市）区、市级机关各委办局上报党建信息198条，市委党员电化教育中心拍摄党建信息40条，播出党建电视专栏《云岭先锋》23期，播出各类专题片14部，在栏目和新闻中播出党建信息190条，与电视台联合，做到了每天晚上在昆明电视台都有反映先进性活动的内容播出，及时宣传先进性教育活动的开展情况。

为配合先进性教育活动的开展，市委党员电化教育中心有针对性地选定内容，认真编排，向基层党组织提供《昆明党员电教》，使党员有形象生动的先进性音像学习教材。全年共制作下发教材12期11 244套计12 181碟，教材内容涉及25部专题片和29条党建信息。复制下发了《牛玉儒》、《郑培民》优秀人物专辑1 934套3 026碟。根据基层党员、干部和群众的需要，多渠道引进《谷文昌》、《廉政中国》、《群星灿烂》等党建电视教材，增强教材服务基层、服务党员的作用，对推进全市先进性教育活动发挥了积极作用，受到了基层党员的欢迎。同时，下发《云南党员电教》12期计3 780套，《榜样—云南省农村基层先进典型风采录》1 425套供党员学习。

市委党员电化教育中心切实发挥“组织部的宣传部”的作用，积极协调和支持、配合广播、电视、报纸等新闻媒体开展先进性教育活动的宣传工作，共向市委宣传部提供优秀共产党员典型材料43份，向昆明电视台提供典型材料48份、党建信息120多条。3月25日，根据省委常委、市委书记杨崇勇的指示，配合中央人民广播电台做好对昆明市“民情恳谈”的宣传报道工作。先后多次协调县（市）区委组织部，拟定采访计划，组织参与中央、省、市新闻媒体到嵩明、五华、西山、安宁等地对先进性教育活动的采访报道活动。

【服务到位】　市委党员电化教育中心面向基层，树立服务意识，抓好服务工作。按照党员活动阵地建设“四有”标准，市委组织部明确由市委党员电化教育中心具体负责实施“有一套电教设备”的建设工作，及时组织调研，摸清底数，向部委提出实施方案、经费报告，在落实60万元专款后，成立采购小组，通过政府采购的形式，购置了34寸创维电视机109台，步步高DVD影碟机219台下发基层，为全市消除村级党员活动室空白点，确保村级第三批先进性教育活动的开展创造了条件。到年底，依托于党员电教播放室规范建设的村级党员活动室，已在全市普遍建立，极大地丰富了农村党员干部的政治、经济、文化生活，有力地推动了基层“两个文明”建设。同时，还积极为基层在制片等工作中切实提供人力、物力、财力及工作协调等方面的服务。

【加强自身建设】　市委党员电化教育中心以积极宣传先进性教育活动，努力投身第三批先进性教育活动为切入点，围绕能力建设主线，健全班子，充实队伍，强化学习，提升素质，着力提高业务工作、科学决策、团结干事、解决问题的能力。完成了市机构编制委员会对电教中心行政事业单位的认定和清理，积极组织干部参加部内竞争上岗，新提拔1名副主任、1名采编制作科科长，面向社会公开招考两名公务员，又从县区调入1名电教干部，加强电教工作的力量。按照机关党委统一安排，对支部班子进行了换届，新增两名支委，启动支部的先进性教育活动并初见成效。此外，还组织了近20名电教干部赴滇西进行为期8天的考察学习，使电教干部交流了经验，开阔了眼界，受到了启发，得到了提高。

继续抓好电教中心作风建设，始终保持良好的精神状态和优良的工作作风。在先进性教育活动宣传工作中，中心同志一年来全程参与，连续作战，忘我工作，无私奉献，注重收集各个环节的音像资料，做到组织部内有活动，电教中心有行动，先进性教育活动各个方面都有图像资料，各个阶段都有综合报道。在完成各项任务的具体工作中，同志间分工不分家，团结协作，紧密配合。为制作《永葆先进》之一工作片，电教中心的同志发扬能吃苦、能战斗的工作作风，连续奋战67小时，仅用3天时间，圆满完成制片任务。《昆明日报》以《“小”中心“大”服务》专门报道了电教中心的先进事迹。每次下乡指导、拍片调研，电教中心的同志雷厉风行，事情一办完就立即返回，从不吃请，不给基层增加麻烦。一年来，电教中心一班人心齐、气顺、风正、劲足，电教中心党支部被市委表彰为全市先进党组织，受到部领导和广大组工干部的广泛好评。

（王仁智）

宣传工作

【坚持用“三个代表”重要思想统领意识形态工作】　坚持把学习实践“三个代表”重要思想同组织开展保持共产党员先进性教育活动结合起来，同现代新昆明建设和干部的思想实际结合起来，组织党员干部深入学习“三个代表”重要思想，进一步增强了各级领导干部实践“三个代表”重要思想的自觉性和坚定性。

【坚持和完善党委（党组）理论学习中心组学习制度】　继续组织开展建设学习型领导班子活动，突出抓好各级党委（党组）理论学习中心组学习。制定下发《关于2005年全市在职干部理论学习的安排意见》，组织开展全市领导干部理论学习专题讲座。

【多措并举，推进理论学习深入开展】　不断加大调研力度和理论研究工作，配合市保先教育办公室在昆明日报组织开办“保持共产党员先进性教育具体要求大讨论”专栏；组织开展社科课题和调查研究工作，指导开展“构建和谐社会”理论研讨和学习座谈活动。

【掀起学习贯彻十六届五中全会精神热潮】　部委班子带头认真学习胡锦涛总书记在五中全会上发表的重要讲话和全会通过的《建议》，并对全市提出了贯彻意见，把全市党员干部群众的思想统一到全会精神上来。实事求是地总结“十五”期间的工作，全面落实科学发展观，积极谋划“十一五”规划，推进现代新昆明建设向前发展。

【加强领导，始终牢牢把握正确的舆论导向】　重视和加强对新闻宣传工作的领导，加强对新闻舆论宏观管理，形成定期不定期抽查制度（工作值班制度，三审制度，重大新闻送审制度等）。坚持新闻通气、新闻阅评、新闻协调、报刊违规违纪警告等制度。对昆明日报的改版改革、昆明电视台的节目改版进行了指导，及时发现问题，督促整改。

【服务大局，营造良好的舆论氛围】　组织新闻单位开辟专栏、专题，突出宣传市委、市政府以科学发展观统领现代新昆明建设，实施科学、民主决策，推动各项事业发展的新举措、新成效。对呈贡新城建设规划等重点建设项目，加快北部县区发展等重大决策和举措进行了全方位宣传报道。对市委、市政府为解决群众最关心的问题而采取的重大举措，进行强有力的宣传。通过对解决交通拥堵、滇池保护、安全生产、送温暖活动的宣传报道，营造了和谐的舆论氛围。

【突出重点，宣传报道创新出彩】 指导各新闻媒体宣传“昆明精神”；加大对迎接GMS会议所体现出的昆明精神和昆明速度的报道力度；市属新闻单位组成“啄木鸟”暗访队伍，实施舆论监督，促进了有关工作的改进；做好主题宣传报道，先后组织“郑和下西洋600周年”、纪念聂耳逝世70周年、纪念护国运动90周年、纪念一二·一运动60周年等重大活动宣传报道，取得了良好的社会效益。为纪念昆明建城1 240年，推出“十大历史事件”、“十大历史建筑”、“十大历史名人”、“十大名片”、“十大民工”、“海鸥老人”等宣传成为热点和亮点。广泛开展禁毒和防治艾滋病宣传教育系列活动。

【大力培育和弘扬“昆明精神”】 省、市各新闻单位开辟专栏，开通热线电话，公布电子邮箱，发动全市人民参与大讨论；邀请市委领导和专家学者，以座谈会、专题讲座、访谈等形式，畅谈“昆明精神”。经过讨论和论证，市委八届六次全会把“春融万物，和谐发展；敢为人先，追求卓越”确定为“昆明精神”表述语。随即在全市广泛、深入地开展“昆明精神”宣传教育活动。通过宣传和引导，使“昆明精神”成为推动构建和谐昆明、建设现代新昆明的强大精神动力。

【组织开展保持共产党员先进性教育活动的宣传报道】 做好保持共产党员先进性教育活动的宣传报道。开设了“保持共产党员先进性具体要求大讨论”专栏，刊发讨论、体会文章，加强理论宣传。组织市级先进典型巡回报告团，在全市各参学单位进行宣讲，收集整理先进典型事迹材料，并编辑制作成光碟。

【调查研究和舆情信息工作】 及时出台《关于进一步加强昆明市舆情信息工作的实施意见》，健全宣传思想工作信息网络，完善信息收集、处理、反馈系统。加强对中央重大决策部署的思想反映、宣传思想战线重要工作情况、意识形态领域倾向性问题、社会热点难点问题的信息报送，共上报信息130余条，编发宣传信息50余期。

【宣传先进典型，营造良好氛围】 对优秀共产党员、各级党组织的先进事迹进行宣传，推出盘龙区环卫中心职工曾正健、昆明市戒毒所所长范乃建、英雄女站长刘远芬等一批先进共产党员典型。以典型的力量教育人、鼓舞人。

【健全机制，构建大外宣格局】 建立和完善新闻发言人和新闻发布制度，进一步规范了新闻发布机制及突发事件的新闻管理机制，建立健全外宣工作的各项机制。建立与各部门的联系、沟通协调机制，加强与中央驻滇及香港驻滇新闻单位及省级新闻单位的信息沟通，通过建立和完善对外宣传工作的各项工作机制，提高外宣工作的管理水平和工作质量。

【推介昆明对外开放新形象】 组织对“第二届泛珠三角省会城市市长论坛”、“首届中国国际会展文化节及市长访谈”、“第二届泛珠三角区域经贸合作洽谈会”等新闻报道。加大对中国昆明国际文化旅游节、第二届中国舞蹈节、首届中国西部（昆明）文化产业博览会等文化活动的外宣报道。通过《大公报》、《文汇报》美洲版、《香港经济导报》、《欧洲时报》、《国际日报》印尼版等报刊宣传昆明市投资环境及招商引资项目。在纪念郑和下西洋600周年活动中，与中央电视台合作拍摄电视片《郑和故里行》、《帆影下的故乡》在中央电视台国际频道播出。

【创新手段，借力扩大宣传效果】 加强与中央、省属新闻媒体以及外地媒体的联系和协作，运用媒体力量宣传好昆明。在中央新闻媒体发专版、消息60篇，重点推出CCTV－1专访昆明市委书记、CCTV－12“构建和谐社会”昆明专访。CCTV－1中国新闻报道《昆明市长请重点工程民工看〈千里走单骑〉》、新华社、人民日报《声音栏目》在头版头条报道《东川再就业特区》、刊发《昆明建设节约型社会别无选择》。

【推出外宣精品】 在云南画报推出一期《新世纪·新昆明》画册，拍摄制作了政论片《跨越》、城市形象片《缤纷的昆明》、《安居在昆明》等；编辑出版《醉在昆明》图书。通过强有力的外宣工作，昆明市的知名度进一步提高，影响力进一步扩大，形象进一步改善。

【开通《新昆明网》】 开通昆明市第四媒体外宣网站——新昆明网。推出的《昆明与苏黎世》、《昆明建城1240年》、《昆明风景画双年展》、《鲜花绽放的昆明》等图文视频专题受到好评。至12月底，网站的累计浏览量已经超过50余万人次。

【文化体制改革取得实质性进展】 及时出台《昆明市文化体制改革方案（试行）》，确定了三类12个单位为改革试点单位。认真解决改革中遇到的各种问题，保证了改革的顺利进行。市属3家剧院由事业单位改制为国有企业，5家剧团整合组建为昆明市歌剧舞剧院，完成招聘院长工作。昆明日报社、都市时报、昆明人民广播电台、昆明电视台4个新闻媒体按照中央关于“四个不能变”的原则，改变财政的扶持方式，改革干部、人事、分配三项制度，推行全员聘任制，广告印刷等经营部分与宣传主业分开。通过改革，昆明日报日发行量达到46 300份，都市时报发行量突破20万份，两报营业收入共计1.36亿元。

【文化产业发展势头强劲】 制定下发《昆明市2005～2006年繁荣文化事业、发展文化产业实施方案》，加大对民营文化企业的扶持力度，确定了30家具有辐射力和示范性强的文化企业作为重点扶持对象，昆明市文化产业增加值达到了占全市GDP6%的既定目标。建立市级领导干部联系文化企业制度。举办首届文化产业人才供需洽谈会。建立有近300个项目组成的文化产业项目库。在首届西博会上，全市共申报招商引资项目88个，占全省186个项目的35%，签约项目13个，占本届博览会签约项目41个的32%，协议金额95.2045亿元，占本届博览会签约项目协议总金额152亿元的63%，受到了省文产办的高度评价和组委会的表彰。2005年，全市共有111个文产项目签订协议金额250多亿元，实际到位资金20.5亿元。

【公益性文化基础设施建设进一步加强】 2005年，全市公益性文化事业的投入达到2.4577亿元。投资3 700万元兴建的昆明市艺术生产基地即将竣工；市博物馆、图书馆以及文庙的改造、装修、改建正在积极进行之中；滇池国家旅游度假区投资2 000万元兴建的“袁晓岑艺术园”建成。各县（市）区也进一步加大了文化基础设施建设的力度。

【群众性文化活动丰富多彩】　广泛组织开展群众喜闻乐见的文化活动，不断丰富人民群众精神文化生活。精心策划组织“三下乡”活动。开展元旦春节系列文化活动、2005春城新年音乐会、第二届中国舞蹈节“舞蹈精品进社区”、“郑和下西洋600周年”、“昆明建城1 240周年大型音诗晚会《鲜花绽放的昆明》、中国昆明国际文化旅游节、纪念聂耳逝世70周年、纪念护国运动90周年、纪念一二·一运动60周年活动等重要节庆活动。坚持送、建结合的原则，不断推动群众文化在城乡基层的广泛开展。举办“送健康、送电影”进社区的活动、“万家社区图书室援建和万家社区读书活动”知识竞赛、第十四届春城歌咏节“社区飞歌”等一系列群众文化活动。石林县火把节被国际节庆协会评为“2005中国最具发展潜力的十大节庆活动”之一。

【文学艺术创作】　昆明市选送的舞蹈《美丽的大脚》荣获中央电视台第三届全国电视舞蹈大赛三等奖，《彝族神鼓舞》获第七届中国民间文艺山花奖。在云南省青年歌手电视大奖赛上，昆明市两个代表队获奖总数名列全省第一；推出了云南第一部原创音乐剧《郑和与海》，受到社会各界的好评；36集电视连续剧《长河东流》即将在中央电视台播出；开展“经典昆明”系列音乐作品创作活动；举办了首届“昆明风景画双年展”，取得了明显的社会效益和经济效益；昆明市女高音歌唱家何纾独唱音乐会《彩云之南飞来的歌》在北京保利剧院上演引起反响；昆明诗人雷平阳获人民文学奖；存文学的长篇小说《拉祜县长》获得好评；胡晓幸的个人画展在日本举行；小歌手朱婧的《小河淌水》唱响“南宁国际民歌艺术节”。

【开展以讲文明树新风为主题的系列创建活动】　围绕机关作风、师德师风、医德医风、司法诚信、出租车形象、流动人口教育管理等热点、难点问题。认真解决各行各业和社会中存在的老大难问题和群众身边的不文明现象，大力开展行业精神文明创建活动，全国文明单位、文明村（镇）、文明城市创建取得丰硕成果。全年，共有17家单位被中央文明委授予国家级荣誉称号，在全省起到了带头和示范作用。

【实施“公民道德建设工程”】　加强诚信建设，弘扬和培育民族精神，深入开展道德实践活动。加强宣传和教育，完善各行各业的行为准则，建立激励监督机制，抓住知行统一这个关键环节，贴近实际，贴近生活，贴近群众，不断增强工作的针对性和实效性。

【认真贯彻《关于加强未成年人思想道德建设工作的若干意见》】　组织开展了一系列富有特色的未成年人思想教育工作，努力构建学校、家庭、社会三位一体的教育网络，狠抓以“四个突出”为重点的基础工作，充分发挥学校、社会、家庭的教育作用，把德育工作摆在素质教育的首要位置。

【加强思想教育工作】　坚持和完善理论学习制度，不断提升学习教育的质量和效果，进一步增强班子的政治意识、大局意识和责任意识，提高运用马克思主义的立场、观点和方法分析形势、研究问题、推进工作的能力。贯彻《中共昆明市委宣传部关于建设学习型机关的意见》，本着学用结合的原则，认真拟订学习计划，采取灵活多样的形式，广泛开展读书活动，收到较好效果。

【加强领导班子和干部队伍的作风建设】　从领导班子入手，带头改进工作作风，加强对全市宣传文教系统工作的指导，特别是加强对县（市）区宣传工作的指导，为县（市）区的宣传工作提供有力的支持，为市级宣传文化系统提供良好服务。

【加强宣传文化系统领导班子建设】　会同组织部加大宣传文教系统单位领导班子调研工作，广泛听取班子成员和群众意见；落实相关干部政策，按照规定提高符合条件干部的职级待遇，调动了干部的积极性；部机关积极实行中层干部竞争上岗制度；通过招录、交流、调动缓解了部内长期缺编的问题，充实了宣传干部队伍；积极做好“四个一批”推荐工作。组织宣传干部进行宣传业务培训，加强现代科技、经济和法律等知识的学习，拓展了宣传干部的知识面和适应新时期宣传工作的能力。

（市委宣传部办公室）

对外宣传

【健全机制，夯实外宣基础】　完善对外宣传领导小组统一领导、外宣办具体负责、涉外部门各尽其责、社会各方面积极参与的工作机制。健全外宣工作的各项制度，包括外宣领导小组成员单位联席制度，新闻单位负责人会议制度等，定期传达上级精神，交流工作情况，分析、通报和协调有关工作，沟通信息、联席议事、统一对策、协力执行。完善新闻发言人、新闻发布工作制度，加强对突发公共事件的舆论引导，加强新闻发布及管理工作，使政府新闻发布工作走上正轨。举办首批新闻从业人员培训班和第二期新闻发言人、联络员培训班，提高新闻发布水平和工作质量。

【围绕中心，加大外宣力度】　围绕市委、市政府中心工作，坚持服务于改革发展稳定的大局，在经济宣传方面，配合经贸洽谈、招商引资，先后组织记者参加“第二届泛珠三角省会城市市长论坛”、“首届中国国际会展文化节及市长访谈”、“第二届泛珠三角区域经贸合作洽谈会”等提供昆明宣传片，发稿50多篇（条），为招商工作取得好成绩奠定了基础。先后组织新闻媒体对道路改扩建工程进行系列报道宣传。在交通及环境综合整治工作宣传中，组织安排“啄木鸟行动”300篇（条）在广播、电视、报纸开展多渠道、全方位的宣传报道及监督工作。围绕滇池污染治理，分别对草海等重点工程进行宣传报道，增强了广大市民保护滇池的自觉性。加大国家重点工程掌鸠河供水工程的宣传，组织对保护松华坝水源区周边环境整治的宣传报道，市属新闻单位发稿2 000多篇（条）。配合中央防控高致病性禽流感工作检查组的跟踪报道以及食品安全、禽流感防治工作的日常宣传报道工作，组织对国家级食品放心工程的跟踪报道。配合市政府在省、市属媒体刊播市委、市政府通告（通知）25次，安排市政府各项工作会议新闻110次，安排市领导外事活动新闻报道30次，组织召开新闻发布会。抓住机遇，用好“平台”，集中优势，在一定的时间和空间内形成外宣的亮点，实现外宣影响力的最大化。

【聚焦活动，全力推介昆明】　以各种大型经贸、文化、旅游活动为载体，进一步丰富和拓展了经济对外宣传的内涵和外延。利用昆交会、农博会、旅交会、中国舞蹈节、西部文博会等各种大型经贸文化活动作为载体开展对外宣传，不断创新宣传内容、形式、手段、方法等。注重策划，积极配合市委、市政府的各项重大举措，制定对外宣传方案。在国际文化旅游节宣传中，对首届国际鼓舞大赛、民族风格时装大赛、百人琵琶表演、万人赤足登山、石林火把节等活动，配合省组委会组织中外记者约300多人对昆明分会场活动进行宣传报道，发稿3 000多篇。昆交会期间，组织记者对昆交会昆明展团招商引资情况进行宣传报道，发稿100多篇（条）。制作昆明市投资环境及招商引资项目专刊8个整版，分别通过各种报刊向国外进行宣传。GMS会议期间，配合组委会组织中外记者300多人对各项会议进行宣传报道，发稿262篇（条）。组织记者对澜沧江——湄公河的开机仪式进行新闻宣传；对第二届中国舞蹈节进行新闻宣传报道，发稿350篇（条）；组织对首届中国西部（昆明）文化产业博览会的新闻宣传报道，市属媒体做特刊114篇（条），发稿33篇（条）。组织记者参加昆明市党政代表团学习四川经验的宣传报道等。在活动中，外宣办多次牵头举办新闻发布会，并配发精心制作的宣传光盘和画册，广泛宣传昆明的区位优势、优美的自然环境、良好的社会环境以及优惠的投资政策，对于扩大活动的影响起了积极的作用，吸引了众多外界人士来昆考察与投资，有效地提升了昆明的整体形象和知名度。

【创新手段，借力开展外宣】　把媒体外宣放在突出位置，积极主动地开展外宣工作，进一步扩大昆明对外宣传的覆盖范围。截止12月底，先后在香港《大公报》、《文汇报》美洲版、《国际日报》、《欧洲时报》制作“中国昆明”专版，通过与外事部门的合作互动，构建信息传输绿色通道，既使境外媒体能够获取真实的信息，又积极引导境外媒体的舆论宣传。通过中央电视台12频道专题片“和谐社会万里行”拍摄“和谐昆明”“平安昆明”；7频道拍摄“滇池治理”；1频道拍摄“时代先锋”；国际频道（4套）“华夏文明”栏目制作16集《郑和故里行》，“华夏掠影”栏目制作《帆影下的故乡》，新闻频道拍摄《开小学了》，拍摄制作《缤纷昆明》城市形象片并在云南电视台播放。配合中央人民广播电台“中国之声”《直播中国—特别节目》制作“走进昆明”节目。配合国务院新闻办与美国YAN CAN COOK公司电视系列片《中国少数民族美食之旅》的拍摄工作。在《今日中国》杂志（用中、英、法三种文字）刊发宣传昆明的专题文章及图片。在《云南画报》上推出“新世纪、新昆明”专刊。在云南日报开辟“昆明”专版，在春城晚报上开辟“关注昆明”专版等，切实加大了昆明的对外宣传力度。

【精心策划，多出外宣精品】　通过图片、文字、及音像资料详细介绍昆明市情及发展情况。外宣办牵头拍摄制作了政论片《跨越》（上、中、下3集）、系列形象片《缤纷昆明》（120″）、《安居昆明》（60″）等，编辑出版了《醉在昆明》一书（300幅图片，5万多字），在内容上体现了昆明特色，贴近了群众需要。并围绕不同主题，搞好外宣品发送，有针对性地开展对外宣传工作，从多角度、多层次以“精品工程”向中外展示昆明新形象。

（王文萍）

统一战线工作

【思想政治建设】　以“三个代表”重要思想为指导，深入学习贯彻党的十六届四中、五中全会和中央文件精神，树立和落实科学的发展观，以经济建设为中心，围绕加强党的执政能力建设这一主题，在建设现代新昆明，构建“和谐昆明”，全面建设小康社会中，努力学习，不断提高思想政治素质和工作水平，统战工作呈现出可喜的局面。制定《关于加强自身建设，努力把统战部建设成为党外人士之家的意见》，建立和坚持中心学习组制度和机关学习制度。通过学习，领导干部的认识水平明显提高，各项工作得到积极推进。按照市委、市政府民主评议机关作风工作实施意见，成立了在部务会领导下的工作小组，专门负责机关作风评议工作，机关作风进一步改进，受到了党外人士的普遍好评。

【学习教育活动】　根据市委和省委统战部的要求，先后开展了“立党为公、执政为民”专题教育活动；掀起学习“三个代表”重要思想新高潮教育活动；统一战线“三增强、四热爱”学习教育活动；以学习贯彻《建立健全教育、制度监督并重的惩治和预防腐败体系实施纲要》和《“三个代表”重要思想反腐倡廉理论学习纲要》为主题的党风廉政教育月活动等。举办昆明市纪念护国运动90周年座谈会，邀请各界人士120多人参加了座谈。

【学习贯彻中央文件】　中央文件颁发后，通过中心学习组、举办近100人为期3天的多党合作制度建设专题研讨班、200多名统一战线干部参加的5个培训班及市级各民主党派采用全会、常委会、学习讨论会等多种形式进行中央文件的学习贯彻。4月8日，市委常委专题学习了中央文件。根据市委要求，为做好市《实施意见》的起草工作，统战部深入8个县区、4个市级部门和10个企事业单位进行调查研究，3次邀请市级各民主党派、有关人民团体领导同志召开座谈会，举办专题研讨班，参考沈阳、大连等中心城市关于贯彻中央文件的实施意见，历时半年，六易其稿，形成了报请市委审定的《实施意见》送审稿。从学习中央文件开始，市政府常务会议、政府全会都邀请党外领导同志参加；市及部分县区及时为民主党派解决调研经费、培训经费等实际问题；4个民主党派换届工作要钱有钱、要人有人，非常顺利，圆满成功；中秋、国庆慰问走访活动，市财政安排10万元活动经费，慰问走访了部分生活困难的统战人士，首次安排了原国民党起义人员的慰问经费。市委高度重视贯彻落实中央文件精神，杨崇勇书记亲自召集两次民主党派、有关团体负责人的会议，征求对全市保持共产党员先进性教育工作方案的意见。市委常委、副市长与党外人士交朋友，进一步落实市级领导联系非公经济人士制度。

【制度建设】　统战部对过去制定的30多个工作职责、制度、办法、规定进行认真的梳理、研究和完善。建立了部领导联系县（市）区制度、部领导与党外人士的联系制度、《中共昆明市委统战部部长接待日制度》、《市委统战部工作目标考核细则》、《昆明市各县（市）区统一战线工作岗位目标管理责任书》、《昆明市民主党派领导干部暨机关中层干部年度考核实施办法》、《昆明市民主党派领导干部民主生活会制度》；修订《中共昆明市委统战部工作职责》；经与各民主党派协商达成一致意见，首次建立对市级各民主党派的目标考核制度。

【党风廉政建设】　定期开展反腐倡廉警示教育活动，每位领导干部始终牢记“立党为公、执政为民”，全心全意为人民服务的宗旨，坚持从严治党方针，坚决执行党风廉政建设责任制和领导干部廉洁自律的各项规定，切实做到清白为官，正直做人。未发现有违反领导干部廉洁自律的各项规定和党风廉政建设责任制的问题。

【“平安昆明”创建工作】 一年来，市委统战部始终团结全市统一战线各界人士，认真开展社会治安综合治理有关工作，维护社会稳定，积极投入创建“平安昆明”和构建“和谐昆明”工作之中。高度重视做好昆明市天主教界的稳定工作，掌握动态，维护天主教教会的稳定工作；与有关部门配合，在市委的领导下，解决了佛教界人士多年反映的圆通寺宗教房产落实历史遗留问题；为妥善处理非法宗教活动，专门成立了处置专项整治领导小组，采取有效措施，确保宗教界的稳定；配合有关部门解决了道教协会的办公地点和宗教活动场所，市道教协会在真庆观都雷府正式挂牌；重视圣约翰堂的重建工作，召开专门会议反复认真研究，约请信徒座谈，交换意见，使信徒支持教堂的重建工作；为迎接 GMS 会在昆明召开，及时妥善处理了整治中涉及会泽县部分回族群众不理解整治工作的问题，确保了市场整治工作的顺利开展，也维护了回族群众的正当利益；举办宗教团体教职人员参加的《宗教事务条例》培训班；建立一只素质较高、分布较广的综治工作联络员和维稳信息员队伍；妥善处理涉台经济纠纷和投诉事件，及时帮助台商解决生产经营过程中的困难和问题，维护了台商的合法权益；促成教育部门制定台商子女在昆入学事宜的有关规定；按照建立党外人士之家的要求，主动与党外人士交朋友，及时为党外人士送去党的温暖和关怀。充分发挥统一战线的信息反馈系统点多、面广、触角深入基层的优势，利用及时发现治安隐患和不稳定因素的预警机制，及时向有关部门反映情况、报送信息。对内部矛盾和纠纷，开展深入细致的思想政治工作，把矛盾和问题解决在萌芽状态，避免矛盾纠纷激化或酿成群体性事件；对外来宗教势力的渗透活动，在公安部门的配合下坚决予以取缔；由于处理各种矛盾纠纷和热点问题稳妥及时，全市没有因民族宗教问题引发群体性事件。组织动员各民主党派、有关团体，有针对性地以建议、提案、议案等形式提出解决影响全市社会经济发展的综治工作的“热点”、“难点”问题的合理化意见建议。

【组织各界人士献计献策】 围绕建设现代新昆明，全面建设小康社会这个中心任务，组织统一战线各界人士，多次召开各民主党派及有关团体座谈会，听取各民主党派及有关团体负责人对统战工作的意见建议。各民主党派市委及有关团体围绕全市中心工作，包括实施人才战略、旅游、非公有制经济发展及信用担保体系、失地农民生产生活及社会保障、中等职业教育改革发展战略、卫生防疫体系、对与艾滋病人接触者的保护、城乡劳动力市场、可持续发展、农村电网改造、信息化建设等积极建言献策。充分发挥统一战线海内外联系广的特点和优势，加强同港澳台同胞和海外侨胞的联系，支持市政协港澳委员和港澳台地区云南昆明同乡社团发挥作用，促进与港澳台间的经济、技术和文化双向交流与合作。加强对台、侨资企业服务工作，争取更多的台、侨商来昆明投资办企业。支持各民主党派、工商联以及侨联、台联、海外联谊会、台资企业协会等团体开展海外统战工作，加强与国外留学人员和海外其他代表人士的联系。利用多种渠道和载体，宣传昆明，介绍昆明引进资金、技术、人才的有关政策。抓住中国——东盟自由贸易区建设的机遇，积极与参加昆交会的港澳台侨以及海外经济界人士接触交流；支持涉台涉侨的党派、团体发挥优势，协助有关部门做好招商引资、捐资助学活动；协助市侨联帮助香港、澳门、缅甸和美国企业界人士解决在昆投资和企业发展中的一些困难，为外商在昆投资搞好服务。协助有关单位接待缅甸贸易促进会主席、日本友好人士、意大利华侨商贸总商会会长、香港云南同乡会来昆人士，安排有关团体在昆明市参观考察，宣传现代新昆明建设和昆明投资环境，促进经贸交流。积极开展留学人员工作，对在昆工作的留学回国人员情况进行调研，形成调研报告；召开在昆工作的留学人员座谈会，鼓励留学人员在昆创业。

【非公经济人士工作】 继续做好市领导联系非公有制企业的服务工作，支持工商联开展各种活动。对如何加强和改进新时期基层工商联、行业商会工作进行调研，形成调研报告。积极帮助非公有制经济代表人士解决生产中的实际困难，化解矛盾，引导企业诚信守法，促进企业发展。开展“优秀中国特色社会主义事业建设者”评比表彰活动，推荐选送任怀灿、王安康两位昆明市民营企业家为全国优秀中国特色社会主义事业建设者；推荐选送 8 位昆明市民营企业家为省级优秀中国特色社会主义事业建设者；组织评选了 40 位昆明市民营企业家为昆明优秀中国特色社会主义建设者，并举行表彰大会。与市工商联组织 51 家民营企业参加劳动和社会保障局召开的吸纳下岗工人、人才招聘会，提供就业岗位 668 个。GMS 会议期间，组织 40 家企业参加经贸洽谈、14 家企业参加论坛会、9 家企业参加温家宝总理主持的对话会议。协助市工商联组织民营企业吸纳贫困地区的富余劳力 1 050 人，其中 200 余人到浙江、广州等地务工。

【调研工作】 根据把“两支队伍”培训扩大为“三支队伍”培训的要求，加大学习培训力度。以市社会主义学院为基地，把基层党政领导干部、统战工作干部和党外干部统战理论政策的培训纳入全市干部教育培训计划统一安排。举办各类培训 8 期，包括民主党派及有关人民团体干部培训、党外中青年干部培训、统战政策培训、民主党派中青年干部培训、民族宗教界代表人士培训等，共 600 多人次参加培训。形成了组织党派团体调研、统战部门自身工作调研、完成上级或科研部门下达的调研课题等三个层次的调研格局。除协调安排市级民主党派及有关团体的 12 个调研课题外，对全市统战工作方面的调研也安排了 10 个调研课题，其中 1 个作为全市社会科学规划课题的题目立项，完成调研报告 10 篇，指导县（市）区完成调研报告 14 篇。尤其是对五华区社区统战工作的调研，通过对部分街道办事处和社区的调研（原区划），基本摸清了底数，对社区统战工作作了比较系统的总结和积极有益的探索，积累了一些成功经验。根据省委的要求和市委的安排，组织了一次较大规模的对贯彻中央文件情况的检查和调研。

【党外代表人士工作】 建立党外代表人士培养选拔运行机制。建立了市委统战部与市委组织部的协调机制，两部领导不定期召开会议，研究解决党外代表人士培养选拔工作中的重要问题，通报有关情况。建立市委统战部与各民主党派的协调机制。市委统战部积极参与、支持民主党派的班子建设、重要人士任免、机关干部调整、成员参加重要培训等工作，协调各方关系，搞好服务，支持各民主党派按照各自的章程和程序开展工作。构建党外代表人士培养和成长平台。加强党派领导班子建设，配齐领导干部，领导班子年龄和知识结构更为优化。协助工商联建立行业商会和异地商会 27 家。统一战线组织建设的加强，不仅为发挥统战人士作用，为党的中心工作服务提供了组织保证，同时也为党外代表人士的培养和成长构建了一个重要平台。向民主党派推荐人才和推荐党外代表人士。有意识地把一些具有一定代表性，懂党务和行政管理的年轻同志推荐给民主党派，充实民主党派。通过招考公务员，招考了一批年轻大学生、硕士研究生充实到民主党派及有关团体机关，为培养党外干部奠定了基础。不仅向民主党派推荐人才，也积极主动地推荐民主党派人士及无党派人士到县（市）区政府机关任职和乡镇挂职锻炼。在全市性的教育和其他重大活动中，也积极选派党外代表人士参加工作，让他们得到锻炼和提高。积极协助民主党派加强参政党建设。引导民主党派坚持把发展作为参政党参政议政的第一要务，积极协助他们加强自身思想组织建设，努力扩大他们的知情范围和参与程度，为参政议政创造条件。进一步落实各民主党派与政府部门对口联系制度，更好地开展对口联系工作。选派4名民主党派副主委到县区和市政府有关部门挂职。协助各民主党派及有关团体加强自身建设，首次建立了民主党派领导班子年度述职和民主生活会制度，改进工作作风，提高工作效率。利用“双月座谈会”，有针对性地帮助党派、团体解决实际问题。在市委的领导下，做了大量深入细致的工作，民盟、民进、农工、九三4个党派的换届工作达到了顺利、圆满、各方面满意的要求。建立党外人士之家，为统战人士排忧解难。根据全国、全省统战部长会议精神，努力把统战部建设成为团结之家、民主之家、交友之家、建言之家、温暖之家。制定《中共昆明市委统战部关于加强自身建设，努力把统战部建设成为党外人士之家的意见》、《市委统战部关于解决非中共党员领导干部有关待遇问题的意见》，使民主党派兼职领导干部和其他有关党外领导干部的待遇问题得到解决。积极向市委、市政府领导反映，与市财政等有关部门协调，帮助市工商联、侨联、台联增加了工作经费，为其开展工作提供了重要支持。落实中央三部门《关于增加部分党外人士生活费的通知》，石林县等单位增加起义投诚人员生活费的问题得到解决。走访慰问了生活比较困难的统战人士，体现了党和政府对统战人士的关怀。对全市原国民党起义投诚人员的生活情况进行了调查研究。

【党外干部培养选拔工作】　多次约请组织部的领导共同研究党外干部担任实职的问题，统一思想，把党外干部担任实职的工作落到实处。在市委的高度重视下，昆明市党外干部选拔任用工作成效明显，走在全国的前列。一年来，全市共选拔任用党外副县（处）级以上领导干部8名。在市检察院选派了1名党外副检察长、市中级人民法院选派了1名院长助理。市发改委、统计局、科技局、卫生执法监督局4个部门配备了党外干部正职。切实加强党外知识分子工作，积极组织开展活动，协助有关部门做好落实党外知识分子有关政策的工作。此外，还选派29位党外干部到县（市）区政府部门和乡镇挂职。从民主党派、新的社会阶层、民族宗教界、台港澳同胞等各界人士中选拔一批后备干部进行重点培养。建立了120余名党外后备干部队伍名单并列入档案信息管理，占全市后备干部的20%左右。为党外代表人士的培养和选拔工作奠定基础。

【对台交流】　制定《关于进一步规范对台交流工作程序的意见》，使对台交流的报批程序进一步规范化。一年来，共办理赴台交流参访团12个100余人，积极组织昆明经贸考察团赴台参观访问、招商引资。接待台湾来昆团队7个300余人次，接待台胞台属来信来访百余人次。积极帮助、支持台商在昆发展，为他们排忧解难。为外地台商了解昆明提供咨询服务。加强与沿海发达地区台办的横向联系，请他们介绍台商来昆投资。妥善处理台商的投诉及涉台突发事件。与省台办联合举办了一次大型的对台交流活动——昆明企业协会成立10周年庆典暨滇台经贸交流会。

【挂钩扶贫】　一年来，统战系统筹集资金51.6万元用于帮助挂钩扶贫点禄劝县崇德、马鹿塘两个乡的发展。其中引进企业资金23万元，市委统战部筹集资金4万元，各民主党派和有关人民团体筹集资金21.6万元，修复乡村公路24公里，修建乡村简易公路3.5公里；完成了小六棵村小组人畜饮水工程和坡头村小组架电工程；新建六合村委会卫生室。引进资金为六合小学新建教室6间，待建一栋教学综合楼，配备了价值3万元的新课桌；组织部分村干部和致富带头人外出学习考察；认真组织开展劳务输出工作；积极向扶贫点捐赠资金、衣服、大米、被子、教学用品，努力为扶贫点群众排忧解难。

（王　力　杨庭荣）

保密工作

【组织开展政治理论学习】　在整个年度工作中，按照市级机关工委和厅机关党委的统一部署和要求，紧紧围绕市委、市政府的工作中心和现代新昆明建设发展大局，积极组织全局干部职工认真学习党的十六届五中全会、市委八届六次全会精神以及各种指导性文件和相关法律法规，深入领会其精神实质和理论内涵，拓宽知识领域和思维空间，不断提高在发展社会主义市场经济的新形势下，用马克思主义的立场、观点、方法来分析问题和解决问题的能力，真正在政治上、思想上和行动上做到与党中央保持高度一致。在厅机关党委组织的政治理论辅导讲座和党员先进性教育活动中，全局干部职工能紧密联系自身的思想实际和工作实际，认真学习《中国共产党章程》、《两个决定》和相关的党建理论文章，广泛开展革命传统教育和理想信念教育，不断增强做合格党员的自觉性和坚定性。同时，按照先进性教育活动的程序要求，积极撰写心得体会、党建论文、党性分析材料和整改措施，千方百计在转变思想作风和提高服务水平上下功夫，用实际行动履行党员义务和发挥先锋模范带头作用。在思想道德和廉政建设方面，全局干部职工能用高标准要求自己，模范遵守党纪国法和各项规章制度，正确对待社会主义市场经济条件下的物质利益关系，自觉抵制资产阶级腐朽思想的侵袭，全局的工作环境、精神面貌有了较大改观，干部职工的政治素质、政策水平、业务素质和整体服务功能有了显著增强。

【认真贯彻全国和全省保密局长会议精神】　元月13日，市委保密委员会召开全会，听取了市委保密委办公室关于2004年工作情况和2005年工作思路的汇报；讨论通过了《中共昆明市委保密委员会工作规则、制度和成员分工》。会上，市委常委、秘书长、保密委主任宋黎明对如何进一步学习贯彻中央《决定》和组织开展好2005年度的保密工作提出了四点要求：①要认清形势，明确任务，切实组织实施党政领导干部保密工作责任制；②要突出重点，讲求实效，不断增强保密法制宣传教育的针对性；③要完善制度，依法治密，努力规范保密行政执法与管理；④要加强领导，健全机构，着力提高保密干部队伍的服务水平。3月28日，市委保密委员会召开有各县（市）区保密局长、市委保密委成员单位办公室主任共82人参加的全市保密局长会议，传达贯彻全国和全省保密局长保密办主任会议精神，深入学习中央和省委关于保密工作的方针、政策、指示，安排部署昆明市

2005年的工作任务。会议还对2004年度评选出的50个保密工作先进单位、33名先进个人进行表彰奖励。同时，按照组织领导、宣传教育、依法行政、技术管理四个方面，将全市的年度任务进行细化，分别制定了2005年度县（市）区、市级机关和企事业单位保密工作目标管理内容及考核标准，并以《通知》下发全市贯彻执行。

【实施“四五”保密普法教育】　切实组织开展三项工作：①从市委党校、市司法局、市国家保密局抽调人员组成检查组，深入14个县（市）区、13个市级机关和厂矿企业，对全市的“四五”保密法制宣传教育工作进行检查验收，并形成书面情况上报云南省国家保密局；②派员参加全省第一保密检查组，完成了对临沧、西双版纳、思茅、玉溪4个市的“四五”保密普法检查验收并起草了验收总结。同时，按照云南省国家保密局的要求，认真组织完成全国保密工作调研组、全省“四五”保密法制宣传教育检查组在昆期间的专题调研和检查验收任务。按照市委常委、秘书长、保密委主任宋黎明的批示精神，将国家保密局沈永社副局长在石林调研时，就如何开展好基层保密工作作出的4点指示，以《通知》下发全市贯彻落实，为保密宣传教育工作的深入开展起到了重要的促进作用；③制定下发《关于在全市继续开展保密形势教育活动的通知》，于9～12月在全市范围内组织播放《刘兵、龙向京窃密案》教育片，14个县（市）区和64家市级机关单位、企业进行了专题教育，受教育人数达3 264人。其中县处级以上领导干部226人。

【开展党校保密教学工作】　根据昆明市的客观实际，注重在加强工作调研、解决存在问题和提高教学质量上下功夫：在开展专题调研的基础上，对石林、呈贡、安宁、东川4个县（市）区近年来在党校保密教学中采取的新举措、新方法进行宣传和推广，切实发挥典型示范和带动作用；配合市委党校深入基层，对县（市）区党校的保密教学工作进行督促检查和指导，充分肯定成绩和经验，同时针对存在问题提出整改意见，较好地促进了此项工作顺利开展。据统计，2005年各级党校利用本（专）科函授和业务部门举办的各种培训班穿插进行保密教学共784课时（其中保密录像教学212学时），听课达14 789人。

【实施保密工作“持证上岗”培训】根据省委保密委员会、省委组织部和省人事厅联合下发的文件精神，结合近年来部分单位涉密岗位工作人员变动较大的实际情况，于12月5～8日组织举办了“全市保密工作‘持证上岗’培训班”，对186名参训人员讲授保密工作概述、保密法律法规、保密检查业务、保密技术管理等保密理论知识；播放《刘兵、龙向京窃密案》教育片；通报全国、全省和全市近年来发生的泄密案例；向市国家保密局聘请的丁书旺、何其莹两名法律顾问颁发聘书。12月9日又组织举办题为“提高保密意识，做合格公务员”的专题讲座，对市级机关招聘的512名初任公务员进行保密宣传教育。同时，还协助五华、东川区组织各种保密业务培训17场次，参训达1 649人。截至年底，共组织“持证上岗”培训25期，办理“干部岗位职务培训合格证书”1 879本；“行政执法证书”37本，全市专兼职保密干部基本上实现了持“两证”上岗。

【常规性保密宣传教育】　在抓好专项宣传的同时，还积极创造条件，运用报刊、广播、影视等各种宣传媒介以及举办保密形势报告会、案情通报会、保密业务知识讲座和保密理论研讨等形式进行宣传教育。积极参加全省组织的保密理论研讨征文活动，全市在认真撰写和组织评选的基础上，从35篇获奖论文中精选11篇上报省国家保密局。在全省评选中，昆明市除获得“全省第三届保密理论研讨征文组织奖”外，参评的11篇保密论文还获得一个一等奖、二个二等奖和二个三等奖的好成绩；多渠道搜集市内外保密信息和先进工作经验，提高《昆明保密工作》编辑质量。全年共编发简（专）报、《情况反映》、工作通报13期，2 100余份，对指导面上工作起到了积极的促进作用。运用多种形式和方法，对各个不同层次的国家机关工作人员进行常规性教育。据统计，全市共组织召开各种保密专题会、座谈会328场次，参会学习达25 800余人；出墙报、板报、专栏431期；播放保密录像带（光盘）242场次，收视达44余万人。认真开展保密法制宣传教育资料的组织征订工作。2005年共组织征订各种宣传资料、挂图、保密录像带12 000余份（套、盘）。其中，征订《保密工作》杂志1 960份，荣获了国家保密局颁发的三番奖；官渡、五华、盘龙、西山、东川、安宁、晋宁、宜良、石林、寻甸10个县（市）区获得达标奖。2006年的征订工作，由于各级保密部门（组织）在“赶早、抓实、求成效”上狠下功夫，收到了显著效果。全市共征订2 250余份，超额完成了省保密局下达的征订任务，实现了新的突破。

【做好各行业招生考试中的保密管理工作】　按照国家保密局和省保密局的统一部署和要求，配合市教育、党校等部门，对全国性高（中）考、成人自考、党校函授考试以及司法、卫生、统计、财税等行业的职称、资格认证考试的试卷运输、存放、保管过程进行了严格的监督管理，确保了全市年度招考工作中的国家秘密安全。

【开展保密审查】　对市经济技术开发区、呈贡新区管委会、滇池北岸水环境综合治理工程建设管理局、市公安局、市市政公用局、市610办公室、市便民服务中心等9个部门报送的拟对外提供的上百万字的文件资料、技术图纸、电子公文、光盘、业务网页进行了审查；对部分县（市）区和市档案局拟对社会开放的500余卷公开档案进行了保密审查，使上述部门的相关业务工作得以正常开展。

【履行保密督查职能，推进规范管理和依法行政】　根据中共云南省委保密委员会《关于在全省党政军机关单位开展保密大检查》的要求，协调相关部门对市级五大机关办公厅和部分单位的重点涉密部位进行了专项检查；在对部分县区、单位确定保密要害部门、部位工作进行复查后，形成《昆明市确定保密要害部门、部位工作情况报告》上报云南省国家保密局。同时，结合昆明实际转发了国家保密局制定的《保密要害部门、部位保密管理规定》，使全市重点单位、要害部门的保密防范与管理做到暨有法可依，又有章可循。配合省国家保密局，对盘龙区和市教育局发生的两起失泄密事件依法进行了认真查处，并形成结案报告上报云南省国家保密局。同时，按省保密局要求进一步加强了对全市纸质文件资料的销毁管理，有效预防和减少泄密案件发生。

【加强保密技术管理】　按照国家保密局和云南省保密局的《通知》要求，下发《昆明市关于对传播国家秘密信息的互联网站开展保密整顿的通知》，并组织力量对市级机关、单位的互联网站和上网信息进行专项检查，为减少和杜绝涉密计算机信息网络系统泄密事件的发生发挥了积极作用。

【完善保密技术审批程序】　根据昆明市的工作实际，认真组织开展了对全市涉密计算机及涉密信息系统的调查统计工作。同时，依照上级保密部门要求，对各县（市）区、单位、部门在互联网上发布的信息进行检索；对拟建、在建涉密网络和在政务网上发布的政务公开信息进行了保密审查，进一步完善了审批程序。

【注重保密技术设施建设】　按照云南省国家保密局的统一部署和要求，参加了国家保密局在海口举办的涉密计算机信息系统保密检查培训班；购买涉密计算机上网痕迹检查工具，对涉密计算机信息系统保密检查软件进行了升级；编报《昆明市涉密计算机网络保密管理系统》项目申请书；制作昆明市国家保密局工作网页，拓宽保密法律宣传教育渠道。

【为党政专网和省、市保密技术中期发展提供服务】　按照全省和全市保密技术“十五”发展规划的要求，积极主动与云南省专网局配合，办理在昆明市的有关道路开挖、二期工程项目资金落实和“红机”使用单位的新装、移机等相关业务36件；为各种涉密会议和大型活动放置移动通信干扰器17次，确保了全市性重要会议、重要活动的顺利开展和党政专用电话网的正常运行。还参加了市里组织的赴华东地区学习考察组，到无锡、苏州、杭州、上海4个城市，学习参观他们在保密技术管理方面的新经验、新思路、新理念，形成《昆明市保密局学习考察外省市保密技术管理工作的情况报告》，并针对昆明市的保密技术管理现状、存在问题提出了实施办法和改进意见。

（包昌奎）

党史研究

【征编工作】　全室党史工作者本着“与时俱进，团结奉献，淡泊名利，扎实苦干”的工作思路，完成了《昆明风采》画册的图片资料征集、整理、编辑、校对工作；《昆明市委重要文献（政治类）选编（1978～2003）》一书177万字的整理、编辑、校对、出版工作；《中国共产党昆明历史大事摘编》（2004年1月～12月）上下册的编辑出版；纪念昆明起义暨昆明和平解放55周年文集《春城黎明》一书32万字的编辑出版；《昆明党史》4期共58万字内部刊物的编辑出版；《抗战时期昆明市人口伤亡和财产损失研究报告》；《抗战时期日军轰炸云南专题研究报告》；开始了《中共昆明地方史》前期启动工作。

【党史学会工作】　2005年是红军长征过昆明70周年纪念日，4月，学会组织全体会员到革命老区寻甸县柯渡丹桂村参观红军长征纪念馆并召开了专题座谈会；7月，为纪念中国人民抗日战争胜利暨世界反法西斯战争胜利60周年，学会组织在会员单位——云南路桥建设集团股份有限公司召开了座谈会，并向全体会员发出征文通知，收到征文60多篇约35万字，征文汇编成了《铭记历史，珍爱和平》一书。12月1日，学会组织全体会员单位在五华区召开纪念“一二·一”运动60周年座谈会；结合抗战60周年和“一二·一”运动60周年纪念，学会还积极组织会员到南京、上海等地及省内的一些地区进行学习考察。通过组织一系列活动，党史学会的工作得到了各会员单位的大力支持，党史学会真正成为了研究室联系社会各个方面的桥梁和纽带，为开门办党史、为现实服务找准了新路。

【内部建设】　为进一步规范和协调好各项工作，室领导充分发扬民主，经全体同志反复讨论研究，制定了13项规章制度，实现了用制度管人，规范工作程序的目标。在办公条件简陋，难于适应现代办公自动化需要的情况下，室里经过多方努力，购置了价值9万元的电脑设备，极大地改善了办公条件。重视做好老干部工作，10月组织了全室离退休干部到建水参观考察，促进了老干部的身心健康。每逢节日或老干部生病住院，做到及时看望和慰问；充分体现了对老干部的关心照顾。抽调2名同志参加迎接GMS国际会议市容市貌环境整顿工作受好评。室机关工会工作开展得丰富多彩，每月组织文体、棋牌比赛等活动，为全室办理了《昆明市职工医疗互助活动》申请，为困难职工排忧解难，既体现了工会是“职工之家”，也体现了党的温暖。

（张鹏升）

老干部工作

【概　况】　截至2005年底，全市有离休干部4 000人。按单位分，机关单位1 189人，事业单位885人，企业单位1 926人。按年龄分，69岁以下6人，70～79岁2 817人，80岁以上1 177人，平均年龄78岁。按职级分，享受副省级单项待遇的1人，享受正厅级待遇15人，享受副厅级待遇的149人，享受县（处）级待遇的332人，享受副处级待遇的1 882人，享受正副科级待遇409人，享受其他待遇的1 212人。按参加革命工作时间分，红军时期9人，抗日战争时期336人，解放战争时期3 655人。按区域分：市直2 498人；县区1 502人。

【加强对老干部工作的领导】　认真贯彻落实上级会议精神，统筹安排全市老干部工作。1月21日，市委召开了全市组织、党外干部培养选拔暨老干部工作会议，及时传达了上级会议精神，把老干部工作纳入全市党建工作大目标，一同安排部署，一同签订责任书。专题召开了县（市）区委老干部局局长会议，通报2004年老干部工作目标管理责任制的考评结果，修订《2005年老干部工作目标管理责任制实施意见》，进一步明确了任务、统一了思想。会后，全市各级掀起了传达贯彻上级会议精神的热潮。

【老干部理论学习和思想教育】　各级党委和老干部部门坚持以省、市老干部工作会议精神为指导、以保持共产党员先进性教育活动为契机、以全面落实老干部政治待遇为目标、以充分发挥老干部党支部自我教育作用为基本途径，组织离退休干部深入学习“三个代表”重要思想，掀起学习十六届四中、五中全会精神的热潮。市委于9月中旬，举办了138名支部书记和理论骨干参加为期9天的全市第九期老干部读书班；新成立的市属企业离休干部管理服务中心积极开展“老干部党建工作”新课题的调研，并举办了两期老干部读书班；市直老干部人数多的部门及14县（市）区共举办老干部党支部书记培训班（读书班）22期、1 951人次；市教育局、石林县召开了老干部和老干部工作“双先”表彰会；五华区出台了进一步完善老干部思想教育、服务管理工作的新文件。老干局继续坚持为全市267位副厅以上老同志赠送《老干部参考》。

【加强对老干部工作的宣传报道】　开通了市委组织部网站中“老干部工作”栏目，开辟了“工作职责、政策平台、工作动态、老有所教”四大板块政策宣

昆明市第九期老干部读书班　（市老干局　供稿）

传和工作交流平台，形成老干部工作指导和宣传的综合性服务体系。同时，编辑和印发了《昆明老干部工作》六期共3 000份，加强了信息交流、经验推广，促进了全市老干部工作目标管理责任制的全面落实，增强了工作的指导性。

【开展各项慰问和纪念活动】　春节，各级党政领导高度重视，普遍开展走访慰问老干部的活动，领导亲自组织或带头参加走访慰问，广泛组织了座谈会、情况通报会、团拜会以及文艺演出等活动。市级及各单位开展了为特困老干部"送温暖"活动。市委五套班子主要领导带队走访慰问了昆明、原东川市级老领导共44人，并邀请老同志观看文艺演出或参加团拜等活动。市财政提高了慰问老干部的经费标准，通过老干局直接慰问副厅级以上老干部271人，为生活困难的老干部及遗属"送温暖"190人，慰问关、停、破企业老干部393人及遗属29家；市委在市老干部活动中心举办老干部迎春联欢会。为纪念抗战胜利60周年，市委及各新闻媒体加大对老干部历史功绩的宣传力度，开展走访慰问抗战老干部的活动，召开抗战英模代表座谈会。开展纪念"建党84周年"和"敬老节"系列活动。各老干部党支部召开纪念"建党84周年"座谈会或报告会；各老干部群团组织以活动中心、老年大学为阵地，通过书画展、诗歌会、座谈会、茶话会、文艺汇演或出书刊等形式，歌颂党的功勋，纪念党的生日。敬老节期间，各老干部部门开展走访慰问老干部的活动，并积极配合老龄委开展系列庆祝活动，大力弘扬中华民族敬老、爱老、尊老的优良传统。

【做好区划调整中的老干部工作】　在市局指导下，五华、盘龙、西山、官渡四城区共计155名离退休干部随原单位顺利地完成了隶属关系的变更。其中，盘龙区70人、五华区37人、西山区25人。四城区老干部局相互协调，认真执行政策，耐心开展思想工作，及时召开协调会、座谈会和欢送会，使调整工作平稳进行，各项经费划拨、医疗保障、住房补贴等问题及时解决，圆满顺利地完成了交接。

【老干部信访工作】　对部分企业离休干部因住房问题的来信来访，各级认真贯彻落实新颁布的《信访条例》，按照解决实际问题与思想政治工作相结合的方法，严格掌握和执行政策，稳妥做好工作，做到件件有着落、事事有回音。市局共接待和处理来信来访共计255人次（件），其中接待5人以上群体来访5批次，召开老干部代表座谈会5次、民情恳谈会9次，向市委领导或市委老干部工作领导小组书面反映情况3次。凡老同志符合政策既合情合理并有能力解决的意见和要求，基本得到了协调解决。

【发挥"三个机制"的作用】　进一步完善离休干部医药费保障和管理制度，为市直113家企业620名离休干部及时协调解决医疗统筹资金。完成市财政对市属企业、自收自支单位和转型公司离休干部专项经费的核拨工作，下拨242家1 585名离休干部专项经费3 040 130元。继续抓好企业离休干部的住房补贴兑现工作。在按政策规定对133家883人市属特困企业离休干部分三批兑现住房补贴资金1 482.04万元的基础上。年内，继续抓好市财政保障对象的补贴兑现收尾工作；督促市属事业、企业以及县（市）区认真履行自行承担住房补贴兑现的责任。反复对企业住房补贴兑现工作进行摸底调查和跟踪检查，使市属企业离休干部住房补贴兑现率达到85%以上，14县（市）区离休干部的住房补贴兑现工作也在年内全面展开，其中，已有5个县（市）区完成了离休干部的住房补贴发放工作。

昆明市老年大学文艺演出　（市老干局　供稿）

纪念抗日战争胜利60周年座谈会　（市老干局　供稿）

【老干部活动中心通过验收】　全市老干部活动中心建设在加强硬件设施建设、完善活动功能的同时，注重了现有条件的综合利用和软件功能的开发运用，通过理顺编制、加强职工队伍教育管理和业务培训，调动人的主观能动性，保证日常活动的多样性，开展了乒乓球、象棋、舞蹈、书画、桥牌、歌咏等多项比赛，丰富了老同志的精神文化生活，加强了各活动中心上下之间、横向之间的学习与交流。市老干部活动中心组织了干休所建所20周年纪念活动，成功的举办了第二届全市老干部卡拉OK比赛，并组织老战士合唱团参加全省“青春常在”艺术节。12月，市县两级15个老干部活动中心通过省里的验收，并获得优秀奖。

【老年大学发展成效显著】　全市在年内实现了县县有老年大学的目标，使市县两级老年大学数达到了15所。新成立的禄劝县、宜良县、呈贡县、西山区老年大学已正式开课。市老年大学12月在寻甸县召开了全市老年大学联席会议，促进相互学习和交流，探讨老年大学规范化、制度化建设的经验和路子。市老年大学2005年度（第十九届）招生再次出现报名火爆场面，现开设有文学、书画、外语、舞蹈、艺术、保健、家政、体育8个系共31个专业、68个班，在校学员2 750人。年内，全市15所老年大学共有在校学员7 379人。

【改制企业离休干部的接收安置和管理服务】　市企业离休干部管理服务中心成立两年来，加强自身建设，理顺关系，强化功能，增强接收安置和管理服务老干部的能力。建立健全各项规章制度，建立责任制；向所辖老干部赠送《管理服务工作的指南》；举办老干部读书班，加强老干部党建工作的力度；组织57对“金婚”老人的庆典活动；按政策发放老干部专项经费共60多万元。5月底配备一台老干部工作用车。新接收6家企业共计离休干部98人，使接收安置管理的总人数达到246人。

【正式接收省交通厅下放的9家企业离休干部】　根据省政府有关决定，省交通厅所属企业实行属地管理。昆明地区共有9家企业下放给昆明市，其中9家企业共有企业离休干部161名。由于企业离休干部的移交政治性和政策性强，离休干部的想法很多，昆明市通过近3年时间的调查研究，统一认识，克服困难，积极协调，相互沟通，进行了大量艰苦细致的工作，于2005年12月正式完成了接收安置。

【老干部队伍自身建设】　老干部局和县（市）区老干部局先后认真开展保持共产党员先进性教育活动。各级老干部部门以“先教”活动开展为动力，以目标管理责任制落实为契机，不断丰富“五比”、“五创”活动的内容，坚持把老干部拥护不拥护作为工作的出发点和落脚点，针对群众反映的突出问题，认真整改，促进自身的思想、组织、作风和业务建设，保证学习工作“两不误、两提高”，达到“提高党员素质、加强基层组织、服务人民群众、促进各项工作”的目的要求。年内加大了对干部的选拔培养力度，局机关有2名正科级干部提拔升为副县级干部，选拔配备了1名企业离休干部管理服务中心主任；按照市委会议精神的贯彻落实，有5名正科级干部提高享受副县级待遇；有15位干部参加中层干部竞争上岗，其中10名被任命到正、副科级领导岗位。局下属两个中心新招录3名公务员。

【举办工作人员业务培训】　为进一步完善三级、四级信息库管理，购置中组部新软件42套，并组织全市39名信息操作员进行为期6天的业务培训。9月，抽调38名工作人员参加上级举办的业务培训。11月，组织有135人参加、以会代训的统计人员培训。全市各级老干部部门还分期、分批轮流组织工作人员参加电子政务网的业务培训。

（唐晓越）

·中国共产党昆明市纪律检查委员会·

【维护党的纪律，加快现代新昆明建设】
各级纪检监察机关一定要在党委的领导下，坚决维护和执行党的纪律，督促各级党组织和党员干部认真执行党的政治纪律、组织纪律、群众工作纪律、经济工作纪律和生活纪律。要把维护和执行党的政治纪律放在突出位置，督促广大党员保持坚定的政治信念，自觉在政治上、思想上、行动上与党中央保持高度一致，决不允许在群众中散布违背党的理论和路线方针政策的意见，决不允许公开发表同中央的决定相违背的言论，决不允许对中央的决策部署阳奉阴违，决不允许以任何形式泄露党和国家的秘密，决不允许传播政治谣言。对中央和省、市委重大决策、工作部署和制度规定，要结合实际认真贯彻执行，做到令行禁止，坚决维护党的团结和统一。要加大执行纪律的力度，对违反党的政治纪律的，要严肃批评教育；对屡教不改的，要作出组织处理；对造成严重后果的，要按党纪严肃处理。

要切实加强对落实科学发展观情况的监督检查。按照党的十六届五中全会和市委八届七次全会的要求，紧紧围绕加强宏观调控、转变经济增长方式、提高执行力、做好“三农”工作、推进工业强市战略、增强自主创新能力、节约能源资源和保护环境等一系列重大决策和改革措施，加强监督检查，确保政令畅通，确保省、市委、省、市政府的重大决策和改革措施的顺利实施，对违背科学发展观造成严重后果的，要严肃处理。

要全面落实党风廉政建设责任制。各级党委、政府要切实担负起党风廉政建设和反腐败工作的政治责任，进一步健全党委统一领导、党政齐抓共管、部门各负其责、纪委组织协调、依靠群众支持和参与的反腐倡廉领导体制和工作机制。各级党政领导班子要对职责范围内的党风廉政建设担负起领导责任，党政领导班子正职要负总责，班子其他成员要负直接领导责任。要严格按照责任制的规定，严肃追究不履行或不正确履行责任制的行为，确保党风廉政建设责任制的各项规定落到实处。

要以铁的纪律保证换届工作顺利进行。2006年市三级党委集中换届，必须按照中央和省、市委的要求，严肃干部人事纪律，切实防止用人上的不正之风。要坚决反对自由主义，自觉抵制各种乱议论、乱猜测、乱编造和乱告状行为，对搞诬告陷害的，要坚决查处。要教育引导党员干部从大局出发，克服浮躁情绪，正确对待进退留转，严格遵守纪律。对“跑官要官”的，不仅不能提拔重用，还要严肃批评并记录在案；对“买官卖官”的，发现一起查处一起，决不手软；对选举中搞非组织活动的，必须严肃处理；对换届前突击提干、突击花钱等行为，一经发现，从严处理。

【纠正不正之风，解决损害群众利益的突出问题】 要把解决损害群众利益的突出问题作为反腐倡廉工作的重点，采取坚决措施切实加大整治力度。各级纪检监察机关要充分发挥组织协调作用，督促各责任单位和主管部门切实抓好本系统本行业的纠风工作。

进一步纠正教育乱收费。认真执行农村义务教育阶段“两免一补”政策，完善义务教育阶段公办学校“一费制”收费办法和公办高中招收择校生“三限”政策，加强对中小学教育收费、教辅材料的管理和监督，健全教育收费和管理监督制度，严肃查处挤占、挪用、截留教育经费和学校乱收费问题。进一步纠正医药购销和医疗服务中的不正之风。在深化城市医疗服务体制改革和推进农村合作医疗制度建设的同时，加强医疗管理，提高服务水平，规范诊疗行为，加大药品集中招标采购，认真清理整顿医药购销和医疗服务中乱加价、乱收费等问题，逐步解决群众“看病难、看病繁、看病贵”问题。继续纠正在征收征用土地、城镇房屋拆迁、企业重组改制和破产中损害群众利益，以及拖欠建设工程款和农民工工资等问题。推进征地制度改革，促进耕地保护制度和对被征地农民的合理补偿机制的实施，继续推进城镇房屋拆迁规范化管理。加强对安全生产的监督检查。认真调查安全生产责任事故，严肃追究有关责任人的责任，对玩忽职守、失职渎职的要严肃处理，对重大事故背后的腐败问题要坚决查处。加强农村和城市基层党风廉政建设。结合先进性教育活动，引导广大干部进一步增强群众观念、法纪观念和廉洁奉公意识，切实解决好少数农村基层党员干部以权谋私、与民争利的问题。巩固农村税费改革成果，注意纠正对农民的乱收费、乱罚款和各种摊派，防止增加农民负担。

认真开展治理商业贿赂专项工作。坚决纠正不正当交易行为，依法查处商业贿赂，规范市场经济秩序，健全社会信用体系。加强市场监管，严厉打击非法行医，整治虚假违法医药广告，打击制售假冒伪劣食品药品行为，打击哄抬农资价格、制售假劣农资坑农害农行为。全面清理和规范评比达标活动。继续抓好治理公路“三乱”、报刊散滥和党政部门利用职权发行等工作。全面开通“政风行风热线”，继续深入开展民主评议政风行风工作。

【增强反腐倡廉教育针对性】 运用先进性教育活动中创造的好经验好成果，深入开展反腐倡廉教育，特别是加强对领导干部的权力观和政绩观教育，促进党员干部做到为民、务实、清廉。认真贯彻“八个坚持、八个反对”的要求，深入开展理想信念和从政道德教育、党的优良传统和作风教育、党纪条规和国家法律法规教育，坚决克服形式主义、官僚主义、弄虚作假等行为，坚决纠正讲排场、比阔气、奢侈挥霍等不良作风；在全体党员干部中开展以“学习党章、维护党纪”为主题的党风廉政专题教育活动，认真学习党章，自觉遵守党章，切实贯彻党章，坚决维护党章，通过学习贯彻党章，推进反腐倡廉工作；认真抓好市委《关于贯彻落实〈实施纲要〉的工作意见》的学习宣传贯彻工作，通过党政主要领导带头宣讲反腐倡廉教育课、组织党组织中心学习组、纳入党员干部培训内容等方式，广泛开展宣传教育；进一步完善反腐倡廉“大宣教”工作格局，把握好反腐倡廉宣传教育的正确舆论导向；继续坚持各种行之有效的教育形式，每两个月向领导干部发一封公开信，进一步抓好警示教育基

市纪委领导在上海松江新城考察　（张建国　摄）

地建设，广泛开展先进典型教育和警示教育等。要大力推进廉政文化建设，树立以廉为荣、以贪为耻的道德观念。

严格执行“四大纪律八项要求”和领导干部廉洁从政各项规定。运用纪律处分和组织处理等措施，严肃查处领导干部违反规定收送现金、有价证券、支付凭证和参与赌博等党风方面存在的问题；严肃组织人事纪律，坚决防止用人上的不正之风；加强公务员工资管理，严禁违反规定发放津贴补贴等行为；认真解决以各种名义公款旅游等行为；认真解决各种名目的研讨会、论坛等问题；严格执行《云南省公务用车管理办法》，及时纠正超标准、超编制配备和使用小汽车以及住房上以权谋私等问题。

昆明市党风廉政宣传教育联席会议　（杨知恩　摄）

【坚决查办违反党纪的案件】　要以查办发生在领导机关和领导干部中违反党纪的案件为重点，严肃查办领导干部滥用权力、贪污贿赂，利用人事权、司法权、审批权牟取私利的案件，以及国有资产严重流失的案件。查办金融、工程承包、土地管理、矿产开发和政府采购等领域的案件。注意查办严重侵害群众利益的案件，尤其是发生在安全生产、食品药品安全、环境保护和社会稳定等方面的失职渎职案件。查办截留、挪用和侵吞扶贫、救灾、社保、禁毒防艾等专项资金的案件。严肃查办基层干部以权谋私、与民争利、侵害群众利益的案件。对腐败分子要坚决惩处，决不姑息。

要认真做好信访举报工作，经常分析研究本地本部门存在的严重违纪问题。要加强案件查办的组织协调工作，在领导精力、工作力量、后勤保障等方面进一步加大力度，整合办案资源，形成办案合力。在一些办案力量较弱的单位可采取联合办案、集中审理的办法，加大查办案件力度。要把严格依据党内法规办案的要求贯穿到查办案件的各个环节，加强对办案全过程的管理和监督，做到依纪依法、安全文明办案。要正确运用政策和策略，做到宽严相济、区别对待，既坚决惩处严重阻碍和破坏改革的行为，又支持和保护各级领导干部落实科学发展观、勇于实践、敢于创新的积极性。要认真落实“一案双报告”制度，注重发挥查办案件的治本功能。

【以改革和制度建设为重点，推进预防腐败工作】　按照中央和省纪委的要求，各县（市）区和有关职能部门要各负其责，以改革和制度建设为重点，进一步推进干部人事制度、行政审批制度、财政管理制度、投资体制、金融监管体制和司法体制等六项改革。完善工程建设招标投标、土地使用权出让、产权交易和政府采购等四项制度，深入推进治本抓源头工作。各相关职能部门要结合近几年源头治腐工作的实践，认真分析存在的问题，深刻领会有关精神，制定切实可行的办法和措施，力争在关键领域和重要环节取得突破，建立起结构合理、配套科学、程序严密、制约有效的从源头上预防腐败的机制，使源头治本工作进一步取得实效。各级纪检监察机关要充分发挥职能作用，做好组织协调工作，加强督促检查，确保各项改革任务落到实处，取得好的效果。

【强化制约和监督机制，确保权力正确行使】　认真贯彻执行《党内监督条例（试行）》，加强对领导机关和领导干部以及重点部门、重点岗位、重点环节的监督，建立健全依法行使权力的制约机制。着力抓好对领导干部个人重大事项报告、述职述廉、民主评议、诫勉谈话和函询等制度执行情况的检查。继续坚持党风巡查制度，加强对领导班子及其主要负责人的监督，逐步开展对国有及国有控股企业的党风巡查工作。健全民主集中制，大力发展党内民主，逐步推行党务公开，增强党组织工作的透明度，使广大党员更好地了解和参与党内事务。认真落实党员权利保障条例，切实保障党员参与党内日常生活、维护自身权益、对党组织和其他党员进行监督等权利。建立各监督主体联席会议制度，充分发挥党内监督与党外监督，组织监督与法律监督，专门机关监督与群众监督、新闻舆论监督的职能作用，形成监督合力。各级领导干部要增强公仆意识，正确对待监督，自觉接受监督，切实做到权为民所用、情为民所系、利为民所谋。

要会同有关部门把防止国有资产流失作为重点，进一步加强国有企业党风廉政建设和反腐败工作。完善国有企业监督制约机制，抓好《国有企业领导人员廉洁从业若干规定》的落实，加强对企业领导人员的监督。认真落实企业领导人员经济责任审计和企业内部审计的各项要求。完善职工代表大会制度，发挥职工的民主监督作用，切实维护职工合法权益。强化对国有企业重组改制、产权交易、投资决策、营销采购等经营管理重大事项和关键环节的监督。深入开展企业效能监察，促进企业改善管理、提高效益。加强国有企业纪检监察机构建设，充分发挥职能作用。

巩固、深化市级和县级行政机关政务公开。进一步深化厂务公开，完善与厂务公开相配套的监管制度、责任追究制度。以财务公开为重点，调整、充实、规范村务公开的内容、形式和程序，健全村民议事、质询听证等制度，加强对农村集体资金、资产、资源的管理，强化村级组织的民主监督。加强法规制度建设，健全监督保障措施，保证公用事业单位对涉及人民群众切身利益和群众普遍关心的事项得到及时、准确、真实的公开。对各项公开制度的进展情况要适时开展专项检查。

【充分发挥行政监察职能作用】 各级行政监察机关要认真履行《行政监察法》及其实施条例赋予的职责，切实贯彻加强和改进行政监察工作的意见。围绕提高行政效率、改善行政管理加强效能监察，深入贯彻执行《云南省公务员八条禁令》和《昆明市国家行政机关及其公务员行政不作为问责办法（试行）》，严肃查处违反八条禁令和行政不作为的行为。建立健全行政效能监察工作机制，充分发挥便民服务中心、12345市长热线、优化投资环境投诉中心、外商投诉中心、个私投诉中心的作用，进一步优化经济发展环境。围绕全面推进依法行政、加强和改善宏观调控、群众关心的热点问题开展执法监察，继续重点加强对《行政许可法》、《土地管理法》、《招标投标法》等法规贯彻执行情况的监督检查，加强对国债、扶贫、救灾、社保资金使用情况和道路交通、城市建设等重大公共投资项目的监督检查，开展对项目资金审批、拨付、管理使用情况的监督检查，确保专款专用。严格执行中央、省、市有关加强环境保护的决定，认真解决企业违法排污等破坏环境的问题。认真落实预防各类生产安全事故的有关规定，积极参与整顿和规范市场经济秩序和矿产资源开发秩序工作。认真整治执法部门的越权执法和不公正执法行为，开展对行政执法责任制落实情况的监督检查。

【加强纪检监察队伍自身建设】 各级纪检监察机关要适应新形势、新任务的要求，按照中纪委提出的“做党的忠诚卫士、当群众的贴心人”主题实践活动和省纪委“建一流队伍、树一流形象、创一流业绩”的要求，切实加强纪检监察队伍自身建设，不断加强和改进纪检监察工作。

切实用党章赋予的职责和任务统一思想、指导行动。胡锦涛总书记在中纪委六次全会上明确指出：“各级纪律检查机关要全面履行党章赋予的职责，带头遵守党章，充分发挥职能作用，坚决查处各种违反党章的行为，为学习党章、遵守党章、贯彻党章、维护党章继续作出积极努力。”纪检监察机关要把主要精力集中到全面落实党章赋予的三项主要任务和五项经常性工作上，围绕党的路线方针政策和决议的贯彻执行情况，加强监督检查，认真协助党委加强党风建设和组织协调反腐败工作，尤其要在纠正损害群众利益的不正之风、从源头上预防和治理腐败等方面加大工作力度。要正确处理坚决惩治腐败和有效预防腐败的关系，正确处理好重点工作和全面履行职能的关系，正确处理履行自身职责和发挥好其他部门作用的关系，注意在努力做好各项职能工作的同时，还要以务实创新的精神，加强理论研究，推进理论创新、制度创新和实践创新，不断开创纪检监察工作的新局面。

努力提高执行力，在抓深入、抓落实上下功夫。各级纪检监察机关要把提高执行力、增强执纪能力作为经常性的重点工作抓紧抓好。要在抓落实上下功夫，抓好反腐倡廉工作任务的分解、督促和落实，建立健全与有关部门的协作配合、信息反馈和情况通报等制度，定期分析工作进展情况，真正解决好党组织和党员队伍中存在的突出问题、影响改革发展稳定的主要问题、群众最关心的热点问题。要在抓细节上下功夫，坚持“以小见大”，选择一些问题突出的行业和部门，明察暗访，蹲点调研，解剖麻雀，从中发现带规律性、苗头性的问题，及时进行专项治理，并针对管理漏洞和薄弱环节建章立制，推进治本抓源头工作。要认真总结和查找本地本部门在反腐倡廉方面群众反映突出的问题，立项督办，认真治理。特别是要梳理近年来领导的批办件、督办件和群众信访件，力争办结一批。对一时不能办结的，要列出时间表，明确办理的具体单位和责任人，一件一件地认真落实，真正做到为民排忧解难办实事，始终把维护人民群众的根本利益作为纪检监察工作的出发点和落脚点。

努力实践党的先进性要求，建一流队伍、树一流形象、创一流业绩。各级纪检监察机关要认真开展保持共产党员先进性教育活动，进一步解决思想、组织、作风以及工作方面存在的问题，教育引导广大纪检监察干部讲政治、讲党性、讲大局，自觉维护党的形象；模范遵守宪法、法律和党内法规，严格执行纪律特别是办案纪律和保密纪律；努力学习业务知识，继承和发扬党的优良传统，艰苦奋斗，谦虚谨慎；深入实际，深入基层，深入群众，虚心向干部群众学习，自觉接受党和人民群众的监督。要结合换届工作，配备好各级纪检监察机关领导班子。对派驻纪检监察机构实行统一管理。要进一步加强队伍建设，强化内部管理，建立健全监督约束和竞争激励机制，按照党的要求和人民的期望，努力造就一支适应改革发展需要，始终经受得住一切考验的纪检监察干部队伍，做党的忠诚卫士，当群众的贴心人。

（市纪委办公厅）

·昆明市人民代表大会·

【市十一届人大六次会议】 市十一届人大六次会议于2月20～25日举行，会议应出席代表458名，实际到会代表428名。市委、市政府、市中级人民法院、市人民检察院及有关方面负责人列席了会议。市政协委员列席会议听取了政府工作报告和计划、财政两个工作报告。大会还邀请厂矿企业、学校、民主党派、社会团体等方面的人员旁听了会议。

会议审查了王文涛市长作的《政府工作报告》、市发展和改革委员会主任杨翼雄作的《昆明市2004年国民经济和社会发展计划执行情况与2005年国民经济和社会发展计划草案的报告》、市财政局局长叶一杉作的《昆明市2004年地方财政预算执行情况和2005年地方财政预算草案的报告》、市人大常委会主任李庄作的《昆明市人大常委会工作报告》、市中级人民法院院长杨玉兰作的《昆明市中级人民法院工作报告》、市人民检察院检察长王汝能作的《昆明市人民检察院工作报告》，并通过了上述6个工作报告的决议。

会议共收到10名以上的代表联名提出的议案88件。其中，内务司法方面的11件，财政经济方面的20件，城乡建设环境保护方面的37件，教育科学文化卫生方面的13件，民族宗教侨务方面的1件，农业方面的6件。经大会主席团决定，交市人大内务司法委员会审议的2件，即：①西山区代表团赵家强等30名代表提出的关于制定《昆明市企业职工代表大会条例》的议案；②五华区代表团蔡葵等19名代表提出的关于加强对城区流动人口管理培训工作的议案；交市人大财政经济委员会审议的1件，即晋宁县代表团孟少波等13名代表提出的关于进一步规范生猪定点屠宰，品质、环保配套，让市民真正吃上放心肉，减少环境污染的议案；交市人大城乡建设环境保护委员会审议的2件，即：①五华区代表团何燕杰等19名代表提出的关于推进昆明市城市生活垃圾处置产业化的议案；②五华区代表团刘鸿宇等28名代表提出的关于加大中水回用设施建设力度，缓解水资源短缺的议案；交市人大常委会农业工作委员会研究的1件，即盘龙区代表团王惠芬等61名代表提出的关于对昆明松华坝水源保护区管理立法的议案；交市人大常委会教科文卫工作委员会研究的1件，即寻甸县代表团吴荣祖等24名代表提出的关于健全和完善市中医药管理体制的议案。会议期间，还收到代表建议、批评和意见478件，由大会秘书处交有关组织和机关办理。

【立法工作】　市人大常委会共制定和修订了《昆明市松华坝水库保护条例》、《昆明市道路交通管理条例》、《昆明市生猪屠宰管理条例》、《昆明市燃气管理条例》、《昆明市轿子雪山保护和管理条例》、《昆明市城市节约用水管理条例》、《昆明市流动人口管理条例》、《昆明市流动人口计划生育管理条例》等8件地方性法规，其中3件已经省人大常委会批准实施。

【执法检查、视察和调查】　市人大常委会组织开展了对《民族区域自治法》、《水法》、《水污染防治法》、《政府采购法》、《安全生产法》、《云南省民族乡工作条款》、《云南省政府采购条例》、《昆明市工会劳动法律监督条例》、《昆明市爱国卫生管理条例》、《昆明市城市规划管理条例》等法律、法规的贯彻执行情况进行了执法检查，提出了整改意见和建议，并加强了督促检查，保证了法律、法规和决议在昆明市的贯彻执行。

根据省人大常委会的要求，常委会还对《归侨侨眷保护法》、《台湾同胞投资保护法》、《全国人大常委会关于禁毒的决定》等法律法规的贯彻执行进行了执法检查。常委会还紧紧围绕重点工程建设、“市政府承诺的十件实事的办理落实情况”、滇池整治、水资源保护、“三农”、森林保护、劳动和社会保障、中学招生、文化体制改革、“规范执法行为，促进执法公正”等全市的重要工作和人民群众关心的热点、难点问题开展视察、检查和调查。

【信访和司法案件监督工作】　市人大常委会进一步加强了对信访工作的领导，坚持和完善主任接待日、阅批重要来信制度和接待、办理信访的各项工作制度，注重信访件的信息反馈工作，切实抓好群众信访的疏通疏导和信访件的协调、督办工作，做到了件件有着落。全年共受理群众来信826件，接待来访群众339人次。认真为人民群众排忧解难，有效化解了社会矛盾，维护了社会的和谐稳定。

常委会高度重视人民群众的申诉案件，对于人民群众反映强烈，适用实体法和程序有明显错误和判决不公的典型申诉案件，在认真调查研究的基础上，严格依照法定程序，重点督办了4件案件，其中1件得到改判，1件得到依法执行，1件由中止审理的得到恢复审理，1件程序违法的正在督办中，切实维护了当事人的合法权益，有力促进了司法机关严格执法、公正司法，树立了人大监督工作的权威。

【依法行使重大事项决定权】　讨论、决定本行政区域的重大事项，是宪法和法律赋予人大及其常委会的重要职权。常委会坚持一年两次听取和审议国民经济和社会发展计划执行情况报告、地方财政预算执行情况报告，审查和批准地方财政决算、市本级财政净结余资金安排、本级财政预算调整，并作出有关决议，切实加强了对市级财政预算执行情况的监督；配合纪念抗战胜利60周年，常委会作出了《关于授予部分美国二战老兵及陈香梅女士“昆明市荣誉市民”称号的决定》；为扩大对外交往，常委会通过了《关于昆明市与孟加拉国吉大港建立友好城市关系的决议》。

【依法行使选举权和人事任免权】　常委会在人事任免工作中，始终把坚持党的领导、人民当家作主、严格依法办事有机结合起来。坚持干部四化方针和德才兼备原则，严格依照法定程序任免国家机关工作人员，实行对拟任命人员进行任前资格考试和任后颁发任命书仪式，增强了被任命人员的法制观念和人大意识。一年来任免国家机关工作人员64人次。根据换届选举工作的实际需要，依法选举产生市十二届人大代表450名，为十二届人大一次会议的顺利举行奠定了坚实的基础。

【代表工作】　坚持组织人大代表学习政治理论、法律和人大业务知识，为代表订阅和寄送《中国人大》、《云南人大》、《昆明人大》等刊物、资料，为代表知情、知政和履行职务提供保障。充分发挥代表作用，认真组织开展代表在闭会期间的活动。围绕全市的中心工作和人民群众关心的热点、难点问题，成立内务、司法、教科文卫、法律、农业等12个专业代表小组，组织代表进行视察、检查和调查，开展代表持证视察活动。根据代表建议，重点对劳动和社会保障、重点工程建设、教育资源整合、印章管理等方面的工作进行了持证视察。认真督办代表提出议案和建议、

加拿大议会中心专家组在省市人大领导的陪同下，对禄劝县团街乡、树安村扶贫工作进行考察
（市人大　供稿）

市人大领导视察高新区工作　（市人大　供稿）

批评、意见。市十一届人大六次会议主席团交由市人大内务司法委员会、财政经济委员会、城乡建设环境保护委员会、农业工作委员会、教科文卫工作委员会审议和研究的7件议案，经审议和研究后，向常委会提出了审议结果报告，经常委会审议通过，市十二届人大一次会议期间已书面印发各位代表。代表在十一届六次会议和闭会期间共提出建议批评和意见共503件，已全部答复。常委会在完善代表建议办理工作制度的基础上，每年还两次组成检查组对市政府及有关单位的办理工作情况进行检查和督办，确保了办理工作质量和效率。其中，A类建议275件，B类建议174件，C类建议仅占45件。

【人大制度宣传和理论研究工作】　在巩固以《昆明人大》为主要宣传阵地的基础上，充分发挥好《昆明日报》“人大之窗”、昆明电视台“人大之窗”、《昆明人大信息》、《人大工作信息》在人大宣传和信息工作中的重要作用；进一步加强与市属新闻单位及各县（市）区人大常委会的联系，组织开展第十三届宣传人大制度好新闻、好文章评选活动；坚持召开新闻发布会制度，对新颁布的地方性法规的宣传和贯彻执行工作提出要求；为认真总结人大工作经验，编辑完成《求实与创新》、《人大之窗》合订本等系列书籍；根据新时期人大工作的实际需要，组织完成《昆明市现阶段政府采购的问题与对策研究》、《地方人大及其常委会行使司法监督工作研究》、《昆明市预防职务犯罪地方立法问题研究》等一批研究课题，重点对市社科联规划课题办的《地方人大常委会个案监督工作研究》进行研究，形成课题研究报告，已由市社科联结题验收。

【人大宣传和人大信息工作表彰会】　9月23日，市人大常委会组织召开人大宣传和人大信息工作表彰会议。市人大常委会主任李庄、副主任林爽爽、秘书长张藻及市人大常委会办公厅、研究室、市属新闻单位、各县（市）区人大常委会分管人大宣传和信息工作的领导和《昆明人大》通讯员120多人参加了会议。会议总结人大宣传和信息工作的情况，同时对在昆明市第十三届宣传人大制度好新闻、好文章评选活动中获得一、二、三等奖获得者、人大宣传工作先进集体、先进个人、优秀组稿通讯员和人大信息工作先进集体、先进个人进行表彰。

（段跃红）

【检查涉侨涉台法律法规实施情况】　4月11～15日，市人大常委会组成由杨丽副主任任组长，寸镇洋副主任、张藻秘书长担任副组长，部分市人大常委会委员、市人大代表组成的执法检查组，对昆明市执行《中华人民共和国归侨侨眷权益保护法》及国务院和省《实施办法》，《中华人民共和国台湾同胞投资保护法》及国务院《实施细则》（以下简称“两法三法规”）的情况进行了执法检查。

检查组分别听取了市政府、市中级人民法院、市人民检察院以及盘龙区、五华区、石林县、晋宁县的执法情况汇报；召开两次涉侨涉台企业有关人士的座谈会；实地走访4个侨台资企业、一个街道办事处和两个社区。

检查组认为：昆明市采取多种形式，广泛宣传涉侨涉台法律法规，充分发挥侨台作用，促进工作深入开展，改善法制环境，依法维权，重视人大执法检查，及时解决存在问题，工作取得一定成效。存在的问题主要是：①对“两法三法规”的学习宣传力度不够。②政策滞后，难以适应新形势的要求。③重引进，轻服务，办事效率不高的现象依然存在。④投资环境、服务环境、法制环境都有待于改进和完善。⑤工作机构不健全，人员配备不足。

检查组建议：①市政府要把《归侨侨眷权益保护法》、《台湾同胞投资保护法》列入普法学习内容，加大宣传。②与时俱进，制定有关优惠政策。③建立监督检查责任制，提高行政水平，对检查中发现的问题，要及时进行整改，以确实维护归侨侨眷和台胞的合法权益。

【检查《昆明市爱国卫生工作管理条例》贯彻执行情况】　5月8～11日，市人大常委会组成以林爽爽副主任为组长，部分市人大常委会组成人员和市人大代表参加的执法检查组，对昆明市及盘龙、官渡、西山、安宁等区（市）政府贯彻执行《昆明市爱国卫生工作管理条例》情况进行了检查。检查组听取了市卫生局和区（市）政府关于贯彻执行《昆明市爱国卫生工作管理条例》的情况汇报，视察了辖区内的部分机关、学校、机场、农贸市场和社区居委会和“国家卫生镇”温泉镇，听取他们对昆明市贯彻执行“两个条例”的意见和建议。

检查组认为：市政府对《条例》的贯彻落实，领导重视，机构健全、经费落实全市各级政府及爱卫部门，广泛宣传《条例》，认真学习和贯彻《条例》精神，扎扎实实地按照《条例》的要求，抓好爱国卫生工作，全市爱国卫生工作取得了较好成绩。存在的主要问题：①宣传《昆明市爱国卫生工作管理条例》的氛围还不浓，少数单位和群众参与爱国卫生工作的积极性不高。②部分地方和部门的领导对爱国卫生的重要性认识不足，重视不够。③城镇的基础设施建设不完善，特别是垃圾、粪便、污水处理设施严重不足。④除“四害”、农村改水改厕工作难度大，许多问题还需要各部门进一步协调解决。

检查组建议：①继续广泛深入地抓好《条例》的宣传、贯彻落实。②加强

《水污染防治法》和《水法》执法检查　（市人大　供稿）

领导，落实责任，确保爱国卫生工作取得实效。③建立长效的工作机制，做好爱国卫生工作。④继续组织开展好创建国家卫生城市、云南省卫生城市（县城）、卫生乡（镇）、昆明市卫生社区和卫生红旗单位活动。⑤坚持以农村改水改厕为重点，带动农村环境卫生的综合整治，着力改善农村环境卫生状况。

【检查《中华人民共和国政府采购法》、《云南省政府采购条例》贯彻执行情况】 5月16～19日，市人大常委会在全市各县（市）区人大常委会先行组织执法检查的基础上，组成由常委会副主任田翎为组长，财政经济委员会主任委员郑春荣为副组长，部分常委会委员、市人大代表参加的检查组，对昆明市贯彻执行《中华人民共和国政府采购法》、《云南省政府采购条例》（以下简称“一法一条例”）的情况进行检查。检查组听取了市政府、市财政局、市政府采购办的情况汇报，实地检查了市教育局、卫生局、公安局3个政府部门及呈贡、富民两县和昆一中、市妇幼保健院、市公安局治安支队、呈贡县农业局、富民县农林局等5家相关基层单位，查看了部分单位政府采购的相关文件和所采购的货物。

检查组认为：“一法一条例”颁布实施以来，全市各级各部门结合实际，围绕“一法一条例”认真学习宣传，健全规章制度，采取各种措施，强化监督管理。政府采购范围、规模和品种逐年扩大，执法工作取得了一定的成绩。存在的主要问题是：①对“一法一条例”宣传的深度和广度不够，认识不到位。②采购监督管理机构和集中采购机构职责尚未完全理顺。③政府采购的规模仍然较小，范围较窄，采购周期过长，工作效率不高、效益不明显。④政府采购预算编制还不够及时和规范。⑤专家库专家数量不足，涵盖面不广，抽取专家的重复率高，不能满足政府采购项目咨询和招标评审工作的需要。

检查组建议：①要进一步统一思想，提高认识，加大宣传力度。②要加强政府采购预算和计划的编制工作，努力完善政府采购预算，强化预算刚性，增强计划的指导性。③要按照《政府采购法》的要求，建立“管”、“采”分离，职责明确、协调配合的管理体制。④要继续扩大采购规模，提高政府采购效益，建立科学合理的集中采购与分散采购相结合的政府采购模式。⑤要加强政府采购队伍建设，建立一支高素质的政府采购队伍，提高专家队伍的涵盖面。⑥要充分发挥审计、监察等部门的职能，加强对政府采购工作的监督，使政府采购工作走上规范化、法制化的轨道。

【检查《水污染防治法》、《水法》贯彻实施情况】 5月23～25日，市人大常委会组成由市人大常委会主任李庄牵头，常委会常务副主任何有德，副主任寸镇洋、张宁、林爽爽，巡视员傅国英等为组长、副组长的3个执法检查组，对昆明市贯彻执行《水污染防治法》和《水法》的情况进行了执法检查。部分全国、省、市人大代表，市人大有关委员会的负责同志参加了检查组的检查活动。检查组听取了市政府关于昆明市贯彻执行《水污染防治法》和《水法》的情况汇报，以及市滇管局、市水利局、市环保局、市掌鸠河工程管理局等职能部门的补充汇报，分别实地查看了松华坝、红坡、宝象河、大河、柴河等水库的库区环境，云龙水库及撒营盘镇的农贸市场、垃圾堆放点、城镇污水排放等情况，查看了入滇池的东大河、枧槽河、船房河、乌龙河、大清河等河道的污染治理情况，以及阳宗海水质自动监测站、阳宗海污水处理厂，春城路中水站等设施的运行情况，听取了基层单位

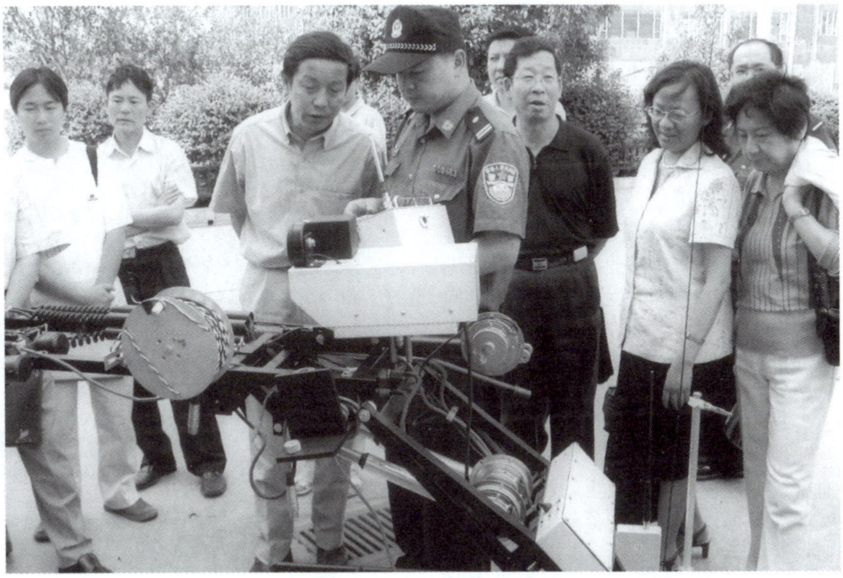

检查政府采购法贯彻执行情况　（市人大　供稿）

及群众的意见。

检查组认为，各级政府及相关职能部门高度重视《水污染防治法》和《水法》的贯彻实施，加大宣传力度，重点饮用水水源区的保护力度不断加大，滇池、阳宗海的污染治理与环境保护取得成效，掌鸠河工程建设取得重大进展，工作取得了一定成效。存在的问题是：《水污染防治法》和《水法》的学习宣传力度还不够、管理体制不顺，有法不依的情况依然不同程度地存在。

检查组建议：①要进一步加大宣传力度，认真贯彻落实《水污染防治法》和《水法》。②要明确以保护为主，合理开发的发展方针；③要进一步控制农业面源污染，引导群众寻求自我发展的路子；④加强对水资源的统一规划，统一管理；⑤突出重点，认真抓好主要入湖河道的整治工作。

【检查市人民政府承诺的十件实事办理落实情况】 8月2～5日，市人大常委会组成了以李庄主任为组长，其他7位常委会副主任为副组长，部分常委会委员、省、市人大代表和各专（工）委负责人为成员的检查组，采取集中听取综合汇报与分小组实地查看相结合的方式，对市政府在市十一届人大六次会议上承诺的“十件实事”的办理落实情况进行了全面检查。

检查组认为，市十一届人大六次会议以后，市政府对承诺2005年要办好的十件实事高度重视，提出了加强领导、明确目标、落实责任、精心组织、及时督办的要求，各项实事办理落实全面展开。

针对“十件实事”办理中存在的问题，检查组建议：

关于千方百计增加就业岗位的情况。①要逐步建立城乡一体化的劳动力市场，加大沟通协调力度，着力解决好昆明市劳动力市场建设中遇到的问题，防止因拖欠民工工资而引发群体性事件；②要正确估价就业形势，增强促进就业的紧迫感，落实促进就业工作机构及人员编制，继续增加投入，建立就业和促进就业工作长效机制；③要积极创造条件，统筹协调好各方面的关系，尽快启动小额担保贷款，使之成为解决再就业的重要方式；④要多渠道创新再就业方法，尽快搭建社区再就业平台，为就业人员提供多层次的就业信息；⑤要加大对再就业工作的投入，整合公益性岗位，集中用于解决“4050”人员再就业。

关于建管并重，加强交通环境综合整治。①要尽快在主要街道十字路口设置方便盲人过街的语音提示装置，确保盲人通行安全，提高城市文明程度。②要进一步完善城市道路交通标志标识，特别是禁左道路上的调头标志要做到清晰、完备，逐步在重要路口的信号灯上安装方便交警指挥的扩音设备；③要进一步完善和规范公交站台和人行横道的设置，避免人行道跨越站台，以方便群众通过；④要逐步扩大次、支道路的单循环，促进交通微循环。

关于增加城市绿地面积20万平方米的建设情况。①要进一步提高对增加城市绿地面积重要性的认识，加大绿化工作和绿化宣传工作力度，营造良好舆论环境，努力创建“国家园林城市”；②绿化、规划、建设等部门要加强协调配合，加大对绿化规划的贯彻执行和监督检查力度，确保绿地规划落到实处，要高质量地完成朱家村立交桥绿化建设任务；③选择绿化树种时，要注意多种植乡土树种、多种植乔木，要讲求绿地设施的文化内涵，体现昆明的地域和特色。

关于完善基层卫生服务体系和县乡村药品监督供应网络的建设情况。①要进一步加强组织领导，切实提高县区政府对改善基层卫生服务体系工作的责任意识，督促县区尽快落实配套资金；②要严肃财经纪律，制定专项建设资金管理办法，保证资金专款专用；③要加强建设项目报批协调工作，防止因报批程序繁杂而影响建设任务完成；④要加大跟踪督查力度，做到建设进展情况心中有数，保证工程质量。

关于对义务教育阶段贫困家庭学生实施“两免一补”的情况。①要加大免补工作宣传力度，让党和政府的好政策深入群众、深入人心，让人民真正享受到实惠；②秋季开学在即，免补工作必须抓紧落实，确保开学补助兑现；③要加大对县区免补工作的跟踪检查督导力度，准确掌握县区工作进展，确保经费发放到位；④要加强免补工作调研，不断扩大义务教育免补范围。

关于推广和普及生态卫生旱厕，改善农村卫生环境的情况。①要提高各级领导对推广旱厕工作重要性的认识，对工作不力的单位，要督促其尽快落实，对不能如期完成任务的单位，要追究有关领导的责任；②要加大旱厕推广工作的宣传力度，让广大群众充分了解使用旱厕对环境保护的重要意义，转变思想、更新观念；③做到领导到位、经费到位，各部门要形成工作合力，加大对旱厕推广工作的检查、督促力度，督促各县区尽快落实旱厕推广经费，保证圆满完成年度任务。

关于培训农村富余劳动力、新增转移农民工的情况。①要进一步提高认识，加强领导，落实措施，讲求实效。要把农村富余劳动力转移就业作为加快农村脱贫致富奔小康建设的一项战略举措，加强宣传和引导，搞好劳动力资源的调查和劳动力需求市场的调查，落实各项措施；②要进一步整合教育资源，建立健全培训体系；③要进一步强化服务，培育、扶持劳动转移就业的中介组织，打造昆明劳动力品牌；④要结合扶贫开发，积极开拓新的就业岗位；⑤要

组织“党在我心中”文艺表演　（市人大　供稿）

市人大组织代表到粤秀中学进行持证检查　（市人大　供稿）

加强法制建设，切实维护农民工的合法权益；⑥要加强跟踪调查，建立劳动力转移的后续管理机制，巩固转移就业率；⑦要对劳动力转移机构进行规范，建立目标体系，变短期计划为长远规则。

关于农村广播电视“村村通”工程的情况。①要注意加强与省有关部门的联系，确保前端设备尽快到位；②要加大资金筹措力度，保证工程按质按量按期完成；③要进一步做好前期基础设施建设工作，宁愿“基础等前端设备”，不可“前端设备等基础”，确保按期安装调试；④要市、县结合，进一步加强广播、电视技术维护人员培训力度，确保每站都有精通业务的管理维护人员；⑤要统一规范设备的入柜放置和管理，确保设备的使用安全和寿命。

关于县乡油路建设的情况。①要保证资金的投入，加强对资金使用的监管力度，保证合法、合理地支付建设资金；②要加大宣传力度，充分调动沿线乡镇、村庄以及群众的积极性，集思广益，以油路建设为契机，带动农村经济发展；③要加强施工现场管理，做到安全文明施工，确保工程质量，力争按计划时间竣工。

关于对个人医保账户每月低于40元的市属国有企业退休人员实行补助的情况。①要进一步做好调查研究和数据统计工作，弄清市属、省属国有企业、集体企业的退休、在职职工底数，准确测算经费；②要制定配套政策，加强与省级有关部门的协调，制定具体措施，妥善解决好省属、市属国有和集体企业职工补助差别问题，逐步建立医保补助长效机制，增强科学性，减少短期行为和随意性；③要积极探索新形势下劳动保障新路子，充分发挥医保制度在维护社会稳定、构建“和谐昆明”中的“稳定器”作用。

【检查昆明市禁毒工作情况】　9月5～9日，市人大常委会组织以何有德、王俊斌副主任为组长，市人大常委会主任李庄、巡视员傅国英及部分市人大常委会组成人员、市人大代表参加的检查组，对昆明市禁毒工作进行了检查。检查组紧紧围绕贯彻《全国人大常委会关于禁毒的决定》、《云南省禁毒条例》及落实3年禁毒人民战争的总体目标和工作任务，在听取市人民政府、市中级人民法院、市人民检察院、市公安局、市司法局开展禁毒工作情况汇报后，分2个组深入到盘龙、官渡、呈贡、嵩明、禄劝、寻甸等6个县（区），听取政府及其公安、司法行政部门、基层人民法院和人民检察院开展禁毒工作的汇报，实地察看市强制戒毒所、市戒毒劳教所及官渡、呈贡强制戒毒所，查阅台账，走访办事处、社区居委会和农村村民委员会，召开6个座谈会，与部分市、县、乡三级人大代表、村民、居民、干警、社会帮教工作者及戒断毒瘾人员及其家属等90多人进行座谈，深入了解情况，广泛听取基层干部、群众的意见和建议。

检查组建议：①提高认识，加强领导，更加扎实地开展禁毒工作。②加大对禁毒工作的支持与投入，保障禁毒工作顺利开展。③加强禁毒宣传教育，进一步增强全面禁毒、抗毒意识。④充分发挥专业队伍作用，深入开展禁毒斗争，坚决遏制毒品犯罪。⑤通力协作，齐抓共管，形成禁毒人民战争的强大合力。

【检查《滇池保护条例》贯彻执行情况】　9月28～29日，市人大常委会组织部分市人大常委会委员，城环委委员和市人大代表，在市人大常委会副主任张宁的带领下对贯彻执行《条例》的情况进行了检查。检查组听取了市滇池管理局和市环保局所作的情况汇报。实地察看了西园隧道水质自动监测站、昆明市冷云食品饮料有限公司、昆明金星啤酒有限公司。

检查组认为，市政府对滇池的保护和污染治理工作高度重视，为贯彻执行好《条例》采取了很多有力措施，从加大日常管理力度，强化监督；不断健全执法体系，加大依法防治力度；加强宣传教育，动员全社会参与保护治理滇池和严格控制新污染源产生、加强老污染源管理等方面做了大量工作，《条例》得到了较好的执行。滇池的保护与治理工作不断取得成效。

检查组建议：①提高认识，建立机制，重在落实。②加强监督管理，严格执法，把滇池治理各项工作真正落到实处，切实做到有法必依、执法必严、违法必究。③把面源污染治理作为今后工作的重点。④充分发挥基层执法分局的作用。⑤安排专项资金，下决心建立健全滇池及入湖主要河道的水量、水质自动监测系统。⑥继续开展全方位、多层次的宣传教育活动。

【检查《昆明市城市规划管理条例》贯彻执行情况】　11月13～14日，市人大常委会组织了以市人大常委会副主任张宁为组长，市人大城环委主任委员李济纬为副组长，部分常委会委员和市人大代表为成员的检查组对昆明市贯彻执行《昆明市城市规划管理条例》（以下简称《条例》）的情况进行了检查。检查组听取市规划局的情况汇报，实地察看市规划监察大队、市城市交通研究所、市勘察测绘研究院。

检查组认为：市政府为贯彻执行《条例》做了大量工作，开展多种渠道进行广泛、深入、细致的宣传活动，紧紧抓住现代新昆明建设这个重大战略机遇，努力完成了新昆明都市核心区城市总体规划的编修和调整、完成了主城和呈贡新城控制性详细规划编制工作，促进了新昆明建设和昆明经济社会的发展。存在的问题是：①宣传的广泛性和深入性不够。②规划编制及编修工作滞后。③规划审批权相对分散，削弱了城市发展及建设的整体性和连续性。④规划执行力度不够。⑤缺乏有效措施和手段，管理存在盲点。⑥规划工作队伍的整体素质与工作要求还有差距。

检查组建议：①加强规划宣传教育，提高市民规划意识。②做好总体规划编修的准备工作。③理顺规划管理体系，加强城市规划集中统一管理。④加强规划批后管理，加大对违法建设的查处力度，维护城市规划的严肃性。⑤做好《条例》修订的各项准备工作。⑥加强内部管理，提高服务水平。

（郑云宏）

【常委会第二十六次会议】　市十一届人大常委会第二十六次会议于2005年1月17日举行。听取审议了市政府副市长李江作的关于提请审议《昆明市流动人口管理条例（修订草案）》的议案和市公安局局长杜敏作的《条例（修订草案）》的说明、市人大内司委主任委员杨芳作的关于《条例（修订草案）》的审议意见；会议认为，在《条例》修订过程中，广泛征求多方意见，做了大量工作，鉴于该条例涉及广大人民群众的切身利益，建议根据本次会议意见，进一步修改并登报征求意见后，再进入二审程序审议通过。听取审议了市人大常委会秘书长张藻作的《市人大常委会关于召开市十一届人大六次会议的决定（草案）》的说明；经过审议，通过了《市人大常委会关于召开市十一届人大六次会议的决定》。听取审议了市政府秘书长李峰作的《关于办理市十一届人大五次会议代表建议、批评和意见的情况报告》和市人大常委会人事代表工委主任范正明作的《办理情况的报告》，审议了市人常委会《关于组织部分市人大常委会组成人员、市人大代表对市十一届人大五次会议代表建议办理情况进行检查的报告》。会议建议：①要加强跟踪办理力度，把往年的B类件上升为A类件来办理，切实提高建议解决率、代表满意率；②对一些提了多年的建议应高度重视，要说明解决不了的原因。会议还审议通过了人事任免事项。

【常委会第二十七次会议】　市十一届人大常委会第二十七次会议于2月2日举行。听取审议了市人大常委会秘长张藻作的《市人大常委会工作报告（草案）》的说明；会议认为，该工作报告思路清晰、结构严谨，体现了党的十六大和十六届三中、四中全会精神要求，全面反映了常委会一年来在依法履职方面所做的主要工作，突出了工作中的创新性和实效性；经过审议，通过了《市人大常委会工作报告》，决定常委会主任李庄为报告人。审议通过了市十一届人大常委会代表资格审查委员会副主任委员杨丽作的《市十一届人大常委会代表资格审查委员会关于代表变动情况和补选、选举代表的代表资格审查报告》，市十一届人大代表名额为460名，现在实有458名。听取审议了市人大常委会人事代表工委主任范正明作的《关于市十一届人大六次会议主席团和秘书长等几个建议名单（草案）》的说明；经过审议，通过了《市十一届人大六次会议主席团和秘书长等几个建议名单》。

【常委会第二十八次会议】　市十一届人大常委会第二十八次会议于4月7～8日举行。听取李庄主任传达十届全国人大三次会议精神。听取审议了市人大法制委主任委员庄松林作的《昆明市流动人口管理条例（修订草案）》审议结果的报告和《条例（修订草案修改稿）》修改情况的报告；会议认为，《条例（修订草案）》在按第26次常委会提出的意见修改后，又登报公开征求有关部门和社会各界的意见，经过多次论证修改，已比较成熟；经过审议，通过了《昆明市流动人口管理条例（修订）》。听取审议了市人大秘书长张藻作的《市人大常委会2005年年度工作要点及会议议题安排（草案）》的说明；经过审议，通过了《昆明市人大常委会2005年年度工作要点》及《昆明市人大常委会2005年年度会议议题安排》。听取审议了市卫生局局长许勇刚作的《昆明市贯彻实施〈中华人民共和国中医药条例〉和〈云南省发展中医条例〉的情况报告》及市人大教科文卫工作委员会主任邓世平作的《关于〈中华人民共和国中医药条例〉贯彻执行情况的检查报告》；会议建议：①要积极开展中医药知识的宣传普及，提高全社会对中医药的认知度；②进一步重视中医药人才培养和科研工作；③做好中医药执法监管工作，提高中医药管理人员的执法水平；④充分发挥中医药在公共卫生服务体系中的作用和优势，努力提高中医药应对公共卫生事件的能力。听取审议并通过了市人大城环委主任委员李济纬作的《关于市十一届人大六次会议主席团交付市人大城乡建设环境保护委员会审议的代表提出的第37号议案审议结果的报告》。听取审议并通过了市十一届人大代表资格审查委员会副主任委员杨丽作的《昆明市第十一届人民代表大会常务委员会代表资格审查委员会关于补选、选举代表的代表资格审查报告》。审议通过了《昆明市人大常委会关于确认许可对昆明市第十一届人大代表平愚山采取限制人身自由的措施并暂时停止其执行代表职务的决定》。会议还审议通过了人事任免事项。

【常委会第二十九次会议】　市十一届人大常委会第二十九次会议于6月9～10日举行。听取审议了市财政局局长叶一杉作的《关于贯彻执行政府采购法

市人大组织代表对东川区再就业特区建设工作进行调研　（市人大　供稿）

市人大组织代表对贯彻执行民族法律法规进行执法检查　（市人大　供稿）

律法规情况的报告》及市人大财经委主任委员郑春荣作的《关于昆明市贯彻实施〈中华人民共和国政府采购法〉和〈云南省政府采购条例〉情况的执法检查报告》；会议认为，昆明市贯彻“一法一条例”实施政府采购的工作取得了一些成绩，但也还存在一些不足和亟待解决的问题；会议建议：①要加强政府采购预算和计划的编制工作，强化预算刚性，增强计划的指导性；②要按照《政府采购法》的要求，建立“管”、“采”分离，职责明确、协调配合的管理体制；③要继续扩大采购规模，提高政府采购效益，建立科学合理的集中采购与分散采购相结合的政府采购模式；④要充分发挥审计、监察等部门的职能，加强对政府采购工作的监督。听取审议了市外事侨务办公室主任徐小川作的《昆明市贯彻实施涉侨涉台法律法规有关情况的报告》及市人大民族宗教华侨工作委员会主任马匡保作的《关于对昆明市实施涉侨涉台法律法规情况进行执法检查的报告》；会议建议：①加大对归侨侨眷保护法律法规的宣传贯彻实施力度；②与时俱进，制定有关地方性法规及优惠政策。听取审议了爱国卫生运动委员会副主任许勇刚作的《贯彻落实〈昆明市爱国卫生工作管理条例〉的情况报告》及市人大教科文卫工作委员会主任邓世平作的《关于〈昆明市爱国卫生工作管理条例〉贯彻执行情况的检查报告》。会议认为，昆明市作为省会中心城市和著名的旅游城市，大力推进爱国卫生运动，对于改善城市环境，提升城市形象，具有十分重要的意义。会议建议：《条例》的宣传还要进一步深入持久，要建立长效的工作机制、健全责任机制，要加大卫生基础设施建设。听取审议了市政府副市长梁晓谷作的《关于贯彻执行〈水污染防治法〉和〈水法〉的情况报告》及市人大常委会副主任何有德作的《关于对昆明市贯彻实施〈中华人民共和国水污染防治法〉和〈中华人民共和国水法〉执法检查情况的报告》；会议认为，自《水污染防治法》和《水法》颁布实施以来，各级政府及相关职能部门极为重视，做了大量工作，取得了一定成效，但是，也还存在一些不容忽视的问题。会议建议：①加大对重点饮用水水源区的保护力度，进一步控制农业面源污染，加快重点水源区保护的立法进程；②加强监督管理，严格执法，切实抓好滇池污染治理工程建设；③加强中水设施建设，推广节水工程，提高中水利用率。听取审议并通过了市人大内司委主任委员杨芳作的《关于市十一届人大六次会议主席团交付市人大内务司法委员会审议的代表提出的第 50 号议案审议结果的报告》。听取审议并通过了市人大财经委主任委员郑春荣作的《关于市十一届人大六次会议主席团交付市人大财政经济委员会审议的代表提出的第 30 号议案审议结果的报告》。听取审议并通过了市人大城环委主任委员李济纬作的《关于市十一届人大六次会议主席团交付市人大城乡建设环境保护委员会审议的代表提出的第 38 号议案审议结果的报告》。听取审议并通过了市十一届人大议案审查委员会副主任委员王俊斌作的《昆明市十一届人大议案审查委员会关于市十一届人大六次会议主席团交付市人大农业工作委员会研究的代表提出的第 62 号议案审议结果的报告》。审议通过了《昆明市人大常委会关于确认许可逮捕市十一届人大代表孙开义并暂时停止其执行代表职务的决定》。会议还审议通过了人事任免事项。

【常委会第三十次会议】　市十一届人大常委会第三十次会议于 8 月 10～11 日举行。听取审议了市人民政府关于提请审议《昆明市道路交通安全条例（草案修改稿）》的议案、说明及市人大法制委主任委员庄松林作的《昆明市道路交通安全条例（草案修改稿）》的审议意见的报告、审议结果的报告；会议认为，《条例（草案修改稿）》结合道路交通管理出现的新情况、新问题，参考和借鉴了外地城市的道路交通安全立法经验，体现了昆明市的地方特色，具有很强的针对性和可操作性，已基本成熟；经过审议，通过了《昆明市道路交通安全条例》。听取审议了市发展和改革委员会主任杨翼雄作的《昆明市 2005 年上半年国民经济和社会发展计划执行情况的报告》，会议建议：①不仅要从政策上，还要从服务水平上来思考招商引资工作，不断提高招商引资的水平；②在考虑招商引资速度和规模的同时，要加强管理，严格控制引进产出低、消耗高，对环境影响大的项目；③在招商引资中，要考虑成本和效益，大力发展节约型经济，建设节约型城市。听取审议了市财政局局长叶一杉作的《昆明市 2004 年度地方财政决算和市本级财政净结余资金安排意见的报告（草案）》、《昆明市 2005 年上半年地方财政预算执行情况的报告》及市人大财经委主任委员郑春荣作的《关于〈昆明市 2004 年度地方财政决算和市本级财政净结余资金安排意见的报告（草案）〉的审查报告》；会议认为，2004 年度市本级财政净结余资金安排意见，突出了现代新昆明建设重点，各项资金安排是适当的；经过审议，通过了《市人大常委会关于批准昆明市 2004 年度地方财政决算和市本级财政净结余资金安排意见的决议》。听取审议了市审计局局长王文兴作的《关于 2004 年度昆明市市本级预算执行和其他财政收支的审计工作报告》。听取了市政府《现代新昆明建设情况汇报》。审议了市政府《关于对 10 件实事办理落实情况的报告》，听取和审议了市人大常委会副主任何有德作的《关于对市人民政府承诺的 10 件实事办理落实情况进行检查的情况报告》；会议建议：①政府要对10件实事落实情况和投入资金情况进行一次清理；②要总结经验，完善激励机制；③要继续加大工作监督力度，确保年度任务完成。听取审议了市林业局局长高常寿作的《昆明市人民政府贯彻执行〈中华人民共和国野生动物保护法〉的工作情况报告》及市人大农业工作委员会主任张耀云作的《关于〈中华人民共和国野生动物保护法〉贯彻执行情况的检查报告》；会议建议：①加大宣传教育力度，增强广大群众遵守法律法规的自觉性、主动性和积极性；②加大对野生动物保护的执法力度；③重视野生动物的依法驯养、繁殖工作；④建立健全监督制约机制，加强环境监视、监测工作。听取审议并通过了市人大内司委主任委员杨芳作的《关于市十一届人大六次会议主席团交付市人大内务司法委员会审议的代表提出的第2号议案审议结果的报告》。听取审议并通过了市十一届人大议案审查委员会副主任委员田翎作的《关于市十一届人大六次会议主席团交付市人大教育科学文化卫生工作委员会研究的代表提出的第83号议案审议结果的报告》。通过了《昆明市人大常委会关于昆明市与吉大港市建立友好城市关系的决议》。会议还审议通过了人事任免事项。

【常委会第三十一次会议】 市十一届人大常委会第三十一次会议于10月10～11日举行。听取审议了市人大常委会副主任何有德作的《昆明市第十二届人民代表大会代表名额分配方案（草案）》及其说明，经过审议，通过了《昆明市第十二届人民代表大会代表名额分配方案》。听取审议了市政府关于提请审议《昆明市生猪屠宰管理条例（草案）》的议案和市商务局局长王光中作的《条例（草案）》的说明以及市人大财经委主任委员郑春荣作的《条例（草案）》审议意见的报告；会议认为，该《条例（草案）》体例规范，结构合理，具有实效性和可操作性，建议进一步修改完善后进入二审程序审议通过。听取审议了市政府关于提请审议《昆明市城市节约用水管理条例（修订草案）》的议案和市市政公用局局长高朝俊作的《条例（修订草案）》的说明以及市人大城环委主任委员李济纬作的《条例（修订草案）》审议意见的报告；会议认为，该《条例（修订草案）》是总结施行8年多的实际经验，广泛征求各方意见后修订的，符合昆明市的实际，有一定超前性和可操作性。听取审议了市滇池管理局局长许苏昆作的《昆明市人民政府关于贯彻执行〈滇池保护条例〉的情况报告》及市人大城环委主任委员李济纬作的《关于昆明市贯彻执行〈滇池保护条例〉》情况的检查报告；会议建议：①要开展全方位、多层次的宣传教育活动，使保护滇池真正成为广大市民的自觉行动；②加强监督管理，严格执法，把滇池治理各项工作真正落到实处；③把面源污染治理作为今后工作的重点。听取审议了市政府副市长梁晓谷作的《昆明市人民政府关于禁毒工作的情况报告》及市人大常委会副主任何有德作的《关于昆明市禁毒工作情况的检查报告》，印发了市中级人民法院、检察院、公安局、司法局关于禁毒工作的情况报告；会议认为，禁毒工作是关系到社会稳定、国家安危和民族兴衰的重大政治问题，禁毒工作虽然取得了明显成效，但禁毒斗争形势依然十分严峻，禁毒任务还非常艰巨，必须进一步加强禁毒工作。审议通过了《昆明市人大常委会关于追认授予部分美国二战老兵及陈香梅女士"昆明市荣誉市民"称号的决定》。听取审议了市政府副市长梁晓谷作的《昆明市人民政府关于提请审议使用国家开发银行项目贷款进行城市基础设施建设并将还本付息资金列入财政预算的议案》及说明，以及市人大财经委主任委员郑春荣作的对该议案审议意见的报告；会议认为，国家开发银行的贷款属政策性贷款，具有一定的优惠，能够争取到贷款，将会进一步促进昆明市的经济发展，保证重点建设项目的顺利完成；经过审议，通过了《昆明市人大常委会关于昆明市人民政府提请审议的〈关于使用国家开发银行项目贷款进行城市基础设施建设并将还本付息资金列入财政预算的议案〉的决定》。会议还审议通过了人事任免事项。

【常委会第三十二次会议】 市十一届人大常委会第三十二次会议于12月15～16日举行。听取审议了市政府副市长梁晓谷作的关于提请审议《昆明市松华坝水库水源保护条例（草案）》的议案、说明，以及市人大农工委主任张耀云作的《条例（草案）》审议意见的报告；会议认为，松华坝水库是昆明市的重要饮用水水源，该《条例（草案）》结合昆明实际，在坚持科学发展观，以人为本，建立保护水库水源的投入机制及水源区人民群众生产生活的保障机制等方面有所创新和突破，具有可操作性和实用性，建议进一步修改完善后，再进入二审程序审议通过。听取审议了市政府副市长梁晓谷作的关于提请审议《昆明市流动人口计划生育管理条例（修订草案）》的议案、市计生委主任杨文慧作的《条例（修订草案）》的说明，以及市人大教科文卫工委主任邓世平作的《条例（修订草案）》审议意见的报告；会议认为，随着社会的发展和城市化进程的加快，流动人口的数量增加，流动人口计划生育管理出现了许多新的问题和困难，针对这种情况，从法制统一的原则出发，对《昆明市流动人口计划生育管理条例》进行修订是必要的。听取审议了市人大法制委主任委员庄松林作的关于《昆明市生猪屠宰管理条例（草案）》审议结果的报告及《条例（草案修改稿）》修改情况的报告；会议认为，《条例（草案修改稿）》经有关部门多次研究修改，已经更加成熟，经过审议，通过了《昆明市生猪屠宰管理条例》。听取审议了市人大法制委主任委员庄松林作的关于《昆明市城市节约用水管理条例（修订草案）》审议结果的报告及《条例（修订草案修改稿）》修改情况的报告；会议认为，昆明市作为缺水城市，对该条例进行修订，加大管理力度，进一步提高人们的节水意识，很有必要；经过审议，通过了《昆明市城市节约用水管理条例（修订）》。听取审议了市政府副市长梁晓谷作的关于提请审议《昆明市轿子雪山保护和管理条例（草案）》的议案、市旅游局局长黄峻峰作的《条例（草案）》的说明，以及市人大城环委主任委员李济纬作的《条例（草案）》审议意见的报告；会议认为，《条例（草案）》对轿子雪山各区域的保护提出了明确的要求，突出了旅游开发中对轿子雪山实行严格保护、合理利用的宗旨，符合实际，具有可操作性，建议进一步修改完善后，再进入二审程序审议通过。听取审议了市规划局局长曾华作的贯彻执行《昆明市城市规划管理条例》情况报告及市人大城环委主任委员李济纬作的关于《条例》执行情况的检查报告；会议建议：①理顺规划管理体制，加强城市规划集中统一管理；②加强规划批后管理，把城中村及城郊结合部作为重点，加大对违法建设的查处力度，维护城市规划的严肃性。听取审议了市民族事务委员会主任赵殿桦作的贯彻执行《云南省实施〈中华人民共和国民族区域自治法〉办法》、《云南省民族乡工作条例》情况报告及市人大民宗侨工委主任马国保作的关于《办法》、《条例》执行情况的检查报告；会议建议：①要强化宣传效果，建立贯彻执行民族法律法规的长效机制；②要尽快研究制定贯彻执行“两法规”的配套实施细则；③明确政策措施，加大对民族地区财政和基础设施建设的扶持力度；④加大教育投入，进一步提高少数民族地区的教育科学文化水平。听取审议了市人大常委会秘书长张藻作的《昆明市人大常委会关于召开市十二届人大一次会议的决定（草案）》的说明；经过审议，通过了《昆明市人大常委会关于召开市十二届人大一次会议的决定》。听取审议了市政府秘书长陈勇作的《关于办理市十一届人大六次会议代表建议、批评和意见的情况报告》及市人大人事代表工委主任范正明作的《办理情况的报告》，审议了市人大常委会《关于组织部分市人大常委会组成人员、市人大代表对市十一届人大六次会议代表建议办理情况进行检查的报告》；会议认为，市政府及其承办单位对代表建议办理工作高度重视，建议政府要抓好落实和跟踪检查，建立办理的长效机制，防止一些解决过的问题出现反弹和回复。听取审议了市财政局局长叶一杉作的《昆明市2005年度市本级地方财政支出预算调整的报告（草案）》及市人大财经委主任委员郑春荣作的关于《昆明市2005年度市本级地方财政支出预算调整的报告（草案）》的审查报告；会议认为，为充分发挥财政对经济发展的调节作用和资金使用效益，对年度支出预算进行调整，是十分必要的；经过审议，通过了《昆明市人民代表大会常务委员会关于批准昆明市2005年度市本级地方财政支出预算调整的报告的决议》。

（赵淑芳）

昆明市第十一届人民代表大会第六次会议代表提出议案

（2005年2月24日昆明市第十一届人民代表大会第六次会议主席团第五次会议通过）

昆明市第十一届人民代表大会第六次会议主席团第五次会议经过审议，同意市十一届人大议案审查委员会《关于昆明市第十一届人民代表大会第六次会议代表提出的议案处理意见的报告》，决定将以下7件议案分别交由市人大常委会有关委员会审议、研究，提出处理意见。

1．西山区代表团赵家强等30名代表提出的关于制定《昆明市企事业职工代表大会条例》的议案（第2号）

2．晋宁县代表团孟少波等13名代表提出的关于进一步规范生猪定点屠宰，品质、环保配套，让市民真正吃上放心肉，减少环境污染的议案（第30号）

3．五华区代表团何燕杰等19名代表提出的关于推进昆明城市生活垃圾处置产业化的议案（第37号）

4．五华区代表团刘鸿宇等28名代表提出的关于加大中水回用设施建设力度，缓解水资源短缺问题的议案（第38号）

5．五华区代表团蔡葵等19名代表提出的关于加强对城区流动人口管理培训工作的议案（第50号）

6．盘龙区代表团王惠芬等61名代表提出的关于对昆明松华坝水源保护区管理立法的议案（第62号）

7．寻甸县代表团吴荣祖等24名代表提出的关于健全和完善市中医药管理体制的议案（第83号）

昆明市人民代表大会常务委员会2005年人事任免名单

一、任命共计48名（按任免时间顺序排列）

1月17日

陈卫芳　昆明市人大常委会研究室副主任
杨　雯　昆明市人民政府副市长
张晓明　昆明市人民检察院检察员
徐　勇　昆明市人民检察院检察员
忽文惠　昆明市人民检察院检察员
杨　迪　昆明市人民检察院检察员
冯亚云　昆明市人民检察院检察员
雷　珺　昆明市人民检察院检察员
陈　育　昆明市人民检察院检察员

4月8日

张加全　昆明市城市管理局局长
景迎宾　西山区人民检察院检察长
孙师泰　盘龙区人民检察院检察长
朱彬彬　官渡区人民检察院检察长
龚晓明　禄劝彝族苗族自治县人民检察院检察长

8月11日

陈　勇　昆明市人民政府秘书长
王春燕　昆明市经济委员会主任
董　林　昆明市中级人民法院审判员、审判委员会委员
姚　磊　昆明市中级人民法院审判委员会委员
曾蕙菁　昆明市中级人民法院审判第四庭副庭长
杨光灿　昆明市中级人民法院民事审判第二庭副庭长
张兆龙　昆明市中级人民法院民事审判第五庭副庭长
褚晓云　昆明市中级人民法院民事审判第一庭副庭长
王向红　昆明市中级人民法院审判监督庭副庭长
陈　超　昆明市中级人民法院审判监督庭副庭长
谢海玲　昆明市中级人民法院审判监督庭副庭长
施苏萍　昆明市中级人民法院立案庭副庭长
付　琼　昆明市中级人民法院刑事审判第二庭副庭长
曹　军　昆明市中级人民法院审判员
陈红阳　昆明市中级人民法院审判员
郁　云　昆明市中级人民法院审判员
滕　丽　昆明市人民检察院副检察长、检察委员会委员、检察员
熊廷章　昆明市人大常委会财政经济工作委员会副主任
曹　超　昆明市人大常委会城乡建设环境保护工作委员会副主任
孟少波　昆明市农业局局长
赵　谊　昆明市人大常委会副秘书长、研究室主任
叶亚光　昆明市人大常委会副秘书长
朱建国　昆明市文化局局长
何　波　昆明市发展和改革委员会主任
余汝兴　昆明市审计局局长

10月11日

杨建平　昆明市人大常委会内务司法工作委员会副主任
马洪苍　昆明市人大常委会民族宗教华侨工作委员会副主任
赵殿桦　昆明市民族事务委员会主任
刘永福　昆明市交通局局长
王光中　昆明市商务局局长
岳玉明　昆明市中级人民法院民事审判第四庭庭长
袁学红　昆明市中级人民法院民事审判第五庭庭长
李志昆　昆明市中级人民法院民事审判第四庭副庭长
段辉辉　昆明市中级人民法院执行庭副庭长

二、免职共计15名（按免职时间顺序排列）

1月17日

杨清旺　昆明市城市管理局局长

6月10日

张建生　昆明市经济委员会主任

8月11日

杨翼雄　昆明市发展和改革委员会主任
李　峰　昆明市人民政府秘书长
段永明　昆明市交通局局长
周　忻　昆明市文化局局长
熊廷章　昆明市农业局局长
施海保　昆明市商务局局长
王文兴　昆明市审计局局长
10月11日
马洪苍　昆明市民族事务委员会主任
岳玉明　昆明市中级人民法院民事审判第五庭庭长
袁学红　昆明市中级人民法院民事审判第四庭庭长
李志昆　昆明市中级人民法院执行庭副庭长
段辉辉　昆明市中级人民法院刑事审判第二庭副庭长
王琼芬　昆明市中级人民法院审判监督庭庭长

【办公厅】　围绕全市中心工作和常委会工作安排，突出服务职能，强化服务意识，提高服务质量，较好地完成了人代会、常委会、主任会、党组会、新闻发布会和各种座谈会的服务工作，做好常委会领导参加的各种活动和会议以及党组和机关先进性教育活动的组织协调、服务保障，各类文件材料的拟稿、收发、传阅及立卷、归档工作。完成常委会领导活动及各类会议的文稿起草工作，市十一届人大六次会议《文件汇编》、《昆明市人大常委会公报》、《昆明人大信息》、《大事记》的编辑、印发和上报工作。认真做好与市委、市政府、政协及上下级人大和外地人大、市级机关各委办局以及市委交由人大办理的各项工作的协调联系，保证了常委会机关和领导参加的重大活动顺利进行。认真抓好常委会领导联系困难企业、民营企业、重大建设项目，以及对外开放的协调工作。发挥协调作用，做好市级35家单位对寻甸县的挂钩帮带扶贫工作。认真做好机关后勤保障和安全防范工作，加强财务、车辆、办公用品采购、食品卫生等的管理，制定和完善了相关工作制度，完成了办公楼的部分维修改造。认真做好机关干部职工的劳动工资报批工作。深入细致地做好老干部工作，积极组织开展健康有益的文体活动，坚持老干部阅读文件和常委会党组领导通报工作制度，保证了老干部政治经济待遇的落实。坚持热情接待、认真疏导、加强协调、化解矛盾的原则，做好信访工作，建立常委会信访法律咨询日、人大常委会机关科以下干部接待人民群众来访、联合接待群众来访制度和《昆明市人大常委会信访听证办法》。

【法制委员会】　认真落实科学发展观，紧紧围绕全市中心工作，不断加强和改进地方立法工作，拟定了市人大常委会2005年年度立法计划草案和市第十二届人大常委会五年立法规划建议草案。统一审议了《昆明市道路交通安全条例》、《昆明市松华坝水库保护条例》、《昆明市生猪屠宰管理条例》、《昆明市轿子雪山保护和管理条例》、《昆明市城市节约用水管理条例》、《昆明市流动人口管理条例》、《昆明市流动人口计划生育管理条例》等法规草案或修订草案，协助市人大常委会较好地完成了立法任务。不断拓宽民主立法的路子，采取对法规草案公开登报、上网等多种形式广泛征求社会各界意见，及时收集、整理和研究。坚持立法工作制度，统一审议法规前，专门听取有关方面专家对法规草案的意见，有效提高了统一审议的质量。认真总结立法工作，完成《关于提高地方立法质量有效机制的研究》的课题研究任务。组织对《石林风景名胜区保护条例》进行了“立法回头看”调研，对改进地方立法工作，提高立法质量起到了很好的作用。参与市委政法委组织的“构建和谐昆明，加强民主法制建设”课题调研，并提出专题报告，为市委决策提供了较好的依据。组织对《劳动合同法》、《行政强制法》、《治安管理处罚法》等国家法律草案进行了征求意见，为国家立法提出了建设性意见。认真做好省人大常委会审批昆明市报批的法规、地方性立法决定的后续服务工作。修改和完善法制委员会的工作规则，进一步规范内部工作程序；加强与新闻单位的联系，积极宣传市人大常委会地方立法工作。

【内务司法委员会】　按照常委会年度工作安排，坚持以加大监督力度，增强监督实效为重点。积极参与国家和省的立法活动，对《中华人民共和国妇女权益保障法》、《云南省实施工会法办法》、《云南省各级人民代表大会常务委员会对司法案件实施监督的规定》等法律法规的征求意见工作，提出修改建议。认真办理代表议案，对市第十一届人大六次会议主席团交付的“关于尽快制定《昆明市企事业单位职工代表大会条例》的议案进行了调研论证，并提出议案审议结果报告。突出监督重点，组织对《昆明市工会劳动法律监督条例》贯彻执行情况和昆明市禁毒和艾滋病防治、公务员录用、“规范执法行为，促进公正执法”专项整改活动等进行检查；对公安工作、检察工作进行视察；对监所检察工作、律师工作进行调研。加大司法案件监督力度，依法维护群众合法权益，接待群众来访247人次，处理公民法人和其他组织申诉控告80件，对19件进行重点监督，对在实体或程序上存在问题的4件申诉件实施了个案监督，其中1件改判，1件依法执行，1件恢复审理，1件程序违法的案件进行督促纠正。注重自身建设，建立和完善委员会及办公室工作制度8项，加强与上下级人大之间的联系。结合实际开展理论研究，完成了《昆明市预防职务犯罪地方立法问题研究》课题的研究工作。

【财政经济委员会】　依法开展对昆明市2005年度国民经济和社会发展计划、2005年度财政预算以及2004年度财政决算、2004年财政净结余资金安排和2005年度市本级地方财政支出预算调整、2004年度市本级预算执行情况和其他财政收支审计工作情况进行了审查和监督，向常委会、市人代会提出了审查报告。按照立法计划，组织完成了《昆明市生猪屠宰管理条例》的立法调研和《条例（草案）》的审议工作，并经第三十一次常委会审议通过；经过调查研究，提出了将《昆明经济技术开发区条例》、《昆明市促进就业条例》、《昆明市高技能人才队伍建设条例》列入“十一五”立法计划的建议。开展执法检查，对贯彻执行《中华人民共和国政府采购法》、《云南省政府采购条例》的情况进行了执法检查。根据省人大常委会的安排，对贯彻《中华人民共和国安全生产法》的情况进行了执法检查，并上报专题报告。加强对财政部门的工作监督，组织对市财政进行视察，对财政工作提出意见建议。认真做好常委会决定重大事项的初审工作，完成主任会议交付审议的“昆明市人民政府提出的关于使用国家开发银行项目贷款进行城市基础设施建设并将还本付息资金列入财政预算的议案”的审议工作。认真办理代表议案，完成市十一届人大六次会议主席团交付的孟少波等13名代表提出的“进一步规范生猪定点屠宰，实施品质、环保配套，让市民吃上放心肉，减少环境污染的议案”的审议工作。积极开展调查研究工作，组织完成《昆明市现阶段政府采购的问题与对策研究》课题调研工作，提出建设性建议。组织对东川再就业特区建设情况、清洁生产工作进行了视察，对国道昆明东连接线资金到位和使用情况进行了检查。

【城乡建设环境保护委员会】　城乡建设环境保护委员会紧紧围绕市人大常委会的工作部署安排，依法履职，以加大监督力度，务求监督实效作为工作的出发点和落脚点，积极主动地开展工作。组织和参与立法活动，在抓好立法工作的各个环节的同时，注重提高立法质量，参与《昆明市轿子雪山保护和管理条例》和《昆明市城市节约用水管理条例》的制定、修订工作。围绕工作重点，加大监督力度，按市人大常委会的安排，组织常委会领导及部分组成人员、人大代表对国土资源管理、呈贡新城规划建设、规划管理、官渡区凉亭地区综合整治、建筑垃圾及散体物料密闭化运输管理等工作情况进行了视察，对贯彻落实《滇池保护条例》、《昆明市城市规划管理条例》的情况进行了执法检查。认真审议办理市第十一届人大六次会议主席团交付的“关于推进昆明城市生活垃圾处置产业化”、“加大中水回用设施建设力度，缓解水资源短缺问题”的议案。认真组织开展好代表专业小组活动，对城中村改造、滇池流域在线监测系统、昆明老街规划建设情况进行调研和视察。充分发挥专委会的职能作用，认真审议常委会交付的各项工作，修改完善《城环委工作规则》。认真做好群众来信来访工作，责成有关部门妥善处理，切实维护人民群众的利益。组织完成《昆明市城市中水设施建设对策研究》的课题研究。

【教育科学文化卫生工作委员会】　按照常委会年度立法计划和法制统一的要求，组织对《昆明市流动人口计划生育条例》进行修订并经市十一届人大常委会第32次会议审议通过；组织完成对《中华人民共和国传染病防治法（修订草案）》的征求意见工作，为国家立法提出了建设性意见。认真履行法律监督和工作监督，组织对贯彻《昆明市爱国卫生管理条例》进行执法检查，针对问题提出改进意见；组织对中学招生工作、基层卫生服务体系和县乡（村）药品监督供应网络建议、义务教育阶段贫困家庭学生实施“两免一补”、推广和普及生态卫生旱厕、广播电视“村村通”工程等工作进行了视察。认真办理代表议案，完成市十一届人大六次会议主席团交付的寻甸县代表团吴荣祖等24名代表提出的关于《发展和完善昆明市中医药管理体制，实现卫生工作全面协调可持续发展》的议案。认真组织专业代表小组活动，对安宁市教育改革、市儿童医院工作进行了视察调研，形成调研报告，提出意见建议。深入调查研究，组织完成《昆明地区文庙保护与利用》的课题研究工作。

【民族宗教华侨工作委员会】　按照常委会年度工作计划安排，认真履职，强化监督，依法进行执法检查，对《中华人民共和国归侨侨眷权益保护法》、《中华人民共和国台湾同胞投资保护法》、《中华人民共和国归侨侨眷权益保护法实施办法》的情况进行了执法检查；对检查中反映和发现的涉侨、涉台问题，及时召开会议，转交有关部门办理，推动了依法保护和依法开展侨务工作的进程。组织对《云南省实施〈中华人民共和国民族区域自治法〉办法》、《云南省民族乡工作条例》两个地方性法规进行执法检查，提出加强民族地区经济发展、少数民族干部培养使用、民族教育等工作的意见建议。加强同各级人大和有关部门的联系与工作交流，积极指导石林、禄劝、寻甸3个自治县的自治条例修订工作。认真处理，热情接待群众来信来访，对反映民族方面、宗教房产及侨房政策落实等方面的问题认真进行调查和了解，督促有关部门按政策规定进行处理，保证了当事人的合法权益。联系实际，深入基层，积极开展调研工作，完成《对昆明市侨务立法工作的调研与思考》课题的研究。重视理论学习，注重所属人员业务素质的增强，提高服务“三会”的质量。

【人事代表工作委员会】　认真贯彻《代表法》和中共中央、省委文件精神，按照常委会年度工作安排，做好市人代会、常委会、主任会议的有关文稿、材料保障服务工作。认真做好选举和人事任免工作，依法选举市十二届人大代表450名，圆满完成市人代会和市人大常委会选举和任命64名国家机关工作人员任务。努力做好代表工作，组建代表专业小组12个，开展活动15次；组织昆明市的全国、省、市人大代表持证视察6次，对南过境高架桥施工及交通管理、整合粤秀中学教育资源、部分离退休教师福利待遇、印章管理、事业单位科技退休人员社会保险等问题进行了持证视察。认真办理代表建议，积极配合市政府督办室，加强与各承办单位和人大代表的联系，做好督办工作。对市十一届人大六次会议以来的503件代表建议、批评和意见进行了督办，通过督办得到解决和部分解决的A类建议275件，占总数的56%，列入计划逐步解决的B类建议174件，占总数的35%，提高了建议办理的质量。

【农业工作委员会】　2005年，农业工作委员会根据常委会年度立法计划，认真进行立法调研，提前介入并积极参与《昆明市松华坝水库保护条例（草案）》的起草工作，组织对该《条例（草案）》进行了充分的论证和修改，经市十一届人大常委会第33次会议审议通过了该条例，增强了地方性法规的实用性、可操作性，确保了地方立法的质量。突出法律监督和工作监督重点，围绕农业增效、农民增收和群众关心的热点问题，组织对贯彻《农业法》、《水法》、《水污染防治法》、《野生动物保护法》的情况进行执法检查，并结合昆明市情，对退耕还林、天然林保护工程的实施情况进行了专题调查。认真做好代表议案办理工作，广泛开展调查研究，完成市十一届人大六次会议主席团交付的王惠芬等61名代表提出的“关于对昆明市松华坝水源保护区管理立法”的议案的办理工作。认真开展课题研究，为昆明市的农业农村经济发展献计献策，组织完成《昆明市发展农民专业合作经济组织对策研究》的课题研究。加强理论学习，完善工作制度，改进工作方法，注重与上下人大及政府有关职能部门联系，工作效率不断提高，工作的针对性和实效性不断增强。

【研究室】　按照常委会年度工作计划和研究室工作职责，认真做好市十一届人大六次会议《市人大常委会工作报告》及宣传工作座谈会等重要会议文稿的起草和有关会务保障，完成市十一届人大常委会5年工作总结。认真开展先进性教育，积极做好常委会党组先进性教育领导小组办公室工作。加强人大制度宣传工作，在《昆明日报》刊发12期人大宣传专版，与《昆明电视台》合办《人大之窗》专栏12期，积极参与组稿、策划，拓展了民主法制建设的宣传形式，增强宣传实效，扩大人大制度和人大工作的影响力。注重办刊质量，完成全年6期《昆明人大》双月刊的组稿、编审、校对和发行工作，编写《人大工作信息》24期。组织召开《昆明人大》组稿通讯员暨全市人大宣传工作座谈会，开展了“好新闻、好文章”评选活动，对21篇获奖好文章和25篇好新闻作品进行了奖励；首次开展了对人大宣传工作先进集体和先进个人的表彰，对6个先进单位和6名先进个人进行了表彰奖励。做好为《人民日报》、《中国人大》、《云南人才》等刊物组稿工作，全年在省级以上报刊刊稿15篇，在省人大常委会组织的好新闻评选中有11件作品获奖。编印、汇编纪念地方人大50周年暨常委会设立25周年画册、专版，汇编《昆明日报》人大之窗专版。认真开展调查研究，完成《地方人大常委会司法监督工作研究》课题和《乡镇人大建设现状》调研工作。

【机关党委】　紧紧围绕市委和市人大常委会中心工作，推进人大机关的思想、组织、作风、制度建设。制定了《市人大常委会机关学习制度》和理论学习计划，有针对性地邀请专家、学者和常委会领导进行专题理论讲座，开展经常性的时事政治、理想信念和思想道德教育。按照中央和省、市委的统一部署，组织开展保持共产党员先进性教育活动，增强了机关党员干部职工的先进性意识，逐步建立使党员“长期受教育、永葆先进性”的长效工作机制。与市级机关工委签订《昆明市基层党组织建设目标考核责任书》，认真落实党建目标责任制。结合纪念中国共产党建党84周年活动，推荐、表彰4个先进党支部、16名优秀共产党员和11名优秀党务工作者。加强机关党风廉政建设，认真落实党风廉政建设责任制，组织机关开展了“廉政教育月”活动，定期进行党课教育。认真落实党组织和党员“五好五带头”的要求，制定《市人大常委会机关干部职工行为规范》，加强和改进机关作风建设，在民主评议机关作风和文明单位创建工作中，常委会机关的作风建设得到肯定，通过了市级文明单位的考评验收。

（陈卫芳）

·昆明市人民政府·

【昆明市南屏商业步行街区启用】　1月31日，昆明市南屏街、正义路商业步行街区正式启用，代市长王文涛参加了竣工典礼。步行街全长685米，连接正义路、文明街、三市街、金马碧鸡广场等片区，形成了昆明市最大、最集中的步行街区。步行街的启用标志着昆明中心商务区的形成，充分展示了昆明历史文化名城的市井文化。工程于2004年3月10日开工建设，其配套工程近日公园下穿隧道已于2005年1月1日实现双向通车。

【王文涛当选为昆明市市长】　2月25日，昆明市第十一届人民代表大会第六次会议补选王文涛为昆明市人民政府市长。王文涛简历：1964年5月出生，汉族，籍贯：江苏南通人。1981年9月至1985年7月，复旦大学哲学系哲学专业学习。1985年7月参加工作。1985年7月至1997年5月，上海航天局职工大学教师，教育中心团支部书记，职工大学团委书记、副科长、科长、复印机销售服务部副总经理。1994年12月加入中国共产党。1997年5月至1998年3月，上海航天局职工大学校长助理、复印机销售服务部总经理。1998年10月至2000年3月，挂职上海市松江区五库镇党委副书记、镇长。2000年3月至2001年1月，上海市松江区五库镇党委书记。2001年1月至2001年11月，上海市松江区柳港镇党委书记。2001年11月至2001年12月，上海市松江区计划委员会主任，党组书记。2001年12月至2004年3月，上海市松江区副区长。2004年3月，任中共昆明市委副书记。2004年5月，任昆明市人民政府常务副市长、党组副书记。2004年11月，任昆明市人民政府代理市长。

【美的集团昆明工业园区立体厂房竣工】　3月9日，美的集团昆明工业园区立体厂房竣工仪式在昆举行。至2005年8月份一期工程全部竣工后，一个年产8 000辆大客车的整车生产线，将在昆明高新区诞生。美的工业园将用3～5年时间，实现销售收入50亿元的经营目标。

【中国昆明国际旅游文化节开幕】　4月9日，为期1个月的中国昆明国际旅游文化节开幕。市长王文涛及部分市级领导出席了昆明主会场的开幕式。按照省委、省政府的统一部署，为办好昆明主会场的系列活动，本届旅游节共推出了13大系列110项活动。

【昆明市以7项政策推动北部五县区发展】　4月11日，市委、市政府在寻甸县召开加快北部县区经济发展工作会。安排部署当前和今后一个时期北部县区经济社会发展工作。市委、市政府决定给予北部五县区七项优惠政策。一是在北部县区建立重化工业、能源和农副产品生产的重要基地；二是鼓励国内外企业到北部县区投资、开发、发展，10年内，给予前5年全免市级税收、后5年减半的优惠；三是下放市级行政管理审批权限；四是建立北部县区水资源管理保护机制；五是设立支持北部县区经济社会发展的专项资金，5年内每年1亿元，5 000万用于社会事业，5 000万用于经济建设；六是按照财政转移支付水平5年保护不变；七是全面实行新型农村合作医疗。

【安宁草铺镇因黄磷泄漏引发火灾】　5月12日，云南马龙产业集团有限公司安宁分公司一个用来沉淀黄磷的铁制储存罐于零时30分左右，发生泄露引发大火。经过400多人82个小时的奋战，大火终于被扑灭。在整个事故处理的过程中，对环境进行了全程监控，对周围居民和村庄进行疏散。在整个救火过程中除一名消防人员被泥磷烧伤外，无其他人员伤亡，也没有对周边环境造成污染。“5·12”事故发生后，省委、省政府，市委、市政府高度重视，省、市部分领导赶往现场指挥处理事故。

【昆明市与福州市结为友好城市】　5月25日上午，副市长雷晓明代表昆明市与福州市市长练知轩在福州西湖大酒店签订协议，两市正式结为友好城市。至此昆明市已和国内的14个城市结为友好城市。

【昆明市遭遇五十年一遇严重干旱】　4月份以来，昆明市大部分地区持续高温少雨，4月26日最高气温达30.3摄氏度，4月27日地表温度达67.7摄氏度，分别创下1954年和1963年以来的最高值，全市旱情突出。至6月14日，一场透雨才使前期旱情基本解除。旱灾给昆明市广大农村造成了巨大的经济损失，据民政部门统计，全市4月1日至6月3日，因干旱和风暴灾害，造成农作物受灾128.5万亩，成灾91.9万亩（减产30%～70%），绝收26.54万亩，（减产70%以上）。受灾120万人，因灾造成饮水困难人口50.7万人。农业直接经济损失近1.5亿元。夏荒期间（6月1日至10月30日）有30万人不同程度存在缺粮、缺衣，需要救助粮逾千万公斤。面对严重旱情，各级党委、政府高度重视，积极采取有效措施，发动机关干部职工深入基层搞好抗旱救灾工作和生产生活自救工作，确保了灾区的稳定。

【西昌路公交专用线全面竣工】　6月1日，西昌路公交专用线全线竣工，至此，昆明已建成西昌路、北京路、人民路、金碧路4条公交专用线，构成主城区“井”字型公交专用线网络。西昌路公交专用线由昆明市建设局负责建设，昆明市规划设计院、昆明市市政工程公司进行施工。工程自2005年3月1日开工，起点为云纺路口，止于西站立交桥以南，全长3 320米，双向专用道路；道路中间设14个站台。在专用道建设同时，还对该道路进行了大面积维修。

【昆明公交集团有限责任公司成立并发行公交IC卡】　6月18日，昆明公交集团有限责任公司宣布成立并举行了IC卡发放仪式。按照“产权清晰、权责明确、政企分开、管理科学”的现代企业制度，昆明公交全面推进了企业体制改革工作。2004年10月13日，经昆明市人民政府批准，昆明市公交汽车总公司整体改制组建为昆明公交集团有限责任公司。公司为国有独资企业，由昆明市人民政府国有资产监督管理委员会履行出资人职责。6月18日举行了公交IC卡首发仪式，这是昆明公交继1995年实行“无人售票”改革之后第二次进行票制及收费方式的改革。至30日，公司出售普通卡65 000张、学生卡25 000张、优惠卡4 300张，共售卡近10万张，7月1日起公交IC卡正式使用。

【第十三届“昆交会”开幕】　6月6日，第十三届中国昆明进出口商品交易会在昆明国际会展中心开幕。本届昆交会上东盟10国第三次全部出席；南亚的印度、孟加拉国及瑞典、荷兰、澳大利亚以及中国的香港、台湾等21个国家和地区参展，其中荷兰和澳大利亚是首次参展。海外参展企业达230多家，有15个国家组织23个政府代表团参会。国内有28个省、区、市的企业1 200多家参展。

本届“昆交会”昆明市实现外贸进出口成交8 597.1万美元，签订利用外资项目24个，项目总投资额7.9029亿美元，利用外资5.4816亿美元。签订国内经济技术合作项目69个，项目协议投资额达215.6亿元，协议引进市外资金143.7亿元。

【GMS会议在昆明举行】　7月4～5日，大湄公河次区域经济合作第二次领导人会议（GMS会议）在昆明召开。中国国务院总理温家宝、柬埔寨国家首相洪森、老挝总理本南、缅甸总理梭温、泰国总理他信和越南总理潘文凯以及亚洲开发银行行长黑田东彦出席会议。

会议主题是“加强伙伴关系，实现共同繁荣”。温家宝在开幕式上发表了讲话。与会领导就次区域合作成就与挑战、指导原则和实现可持续发展的未来行动等三大议题及加强基础设施建设、改善贸易投资环境、加强社会发展、筹资和深化伙伴关系等四个分议题进行了深入、务实、自由的讨论并达成了广泛共识。参会领导一致同意，本着“互相尊重、平等协商、注重实效、循序渐进”的原则，动员各种资源，继续推动次区域合作。会议最后通过了《昆明宣言》，并决定第三次领导人会议于2008年在老挝举行。7月5日下午，中外有关方面的领导为外国驻昆领馆区举行奠基仪式。

为迎接GMS会议的召开，昆明市举全市之力，开展了为期半年的交通、市容市貌、城市环境等方面的整治工作，为GMS会议的召开创造了良好的市容环境。

【温家宝总理在昆明等地考察】　7月5～7日，参加完大湄公河次区域经济合作第二次领导人会议后，国务院总理温家宝就少数民族地区经济社会发展问题在云南考察。温总理先后对昆明市和西双版纳州进行调研，与基层干部、群众交谈，了解生产生活情况。7月5日，温总理到昆明市强制戒毒所慰问医护、管理人员，看望戒毒人员，到白药集团进行考察，并走访昆明市三合营社区2户居民家庭。温总理在离昆之际指出“各级领导干部要时刻想着群众，规划好云南的发展，团结各族群众艰苦奋斗，一起把祖国的西南边陲建设得更加美好”。

【省市举行郑和下西洋600周年纪念大会】　7月8日，云南省、昆明市在昆举行郑和下西洋600周年纪念大会。会议由省委常委、昆明市委书记杨崇勇主持，省委书记白恩培、省长徐荣凯为郑和铜像揭幕。会上，省委副书记丹增发表讲话，高度赞扬了郑和的伟大功绩，号召大力弘扬“郑和精神”，促进云南省的对外开放和全面发展。省内外3 000多名嘉宾参加了纪念大会，并观看了音乐剧《郑和与海》。此前，昆明市委、市政府已在郑和故里晋宁举行了纪念大会。

【昆明市数字城管快车启动】　7月7日，五华“数字城管快车”正式启动。9月27日，市委、市政府召开昆明市数字化城市管理工作现场会，总结五华区数字化城市管理试点成功经验，全面启动数字化城管工作。市委书记杨崇勇在会上指出，加快推进运用数字化城市管理模式，2～3年覆盖城市建成区，实现连续用3年时间，继续推进城市建设和城市管理，努力提高城市管理水平的目标。

【官南路立交桥正式通车】　7月10日，现代新昆明建设以来的首个大型重点工程官南立交桥正式通车。该立交桥于2003年9月29日正式开工，桥梁设计为四层苜蓿叶型的互通式立交，地面以上为三层。设置四条右转匝道和四条左转匝道，设计荷载为城市A级，主线桥宽18.4米，匝道桥宽9.2米，最大纵坡5%，桥梁总长2 848米。同步实施排水、路灯、变电、绿化、人文景观等配套工程。工程总投资概算3.4亿元，由昆明市建设局负责实施。该立交桥的通车对于疏解南北向出入城和东西向交通将起到重要作用。

【昆明市进行东南二环路拆迁】　7月15日，市政府举行东南二环路“两线”征地拆迁仪式，全面启动各区“试点地块”拆迁。经过半年的艰苦努力，实现了征地拆迁的预定目标。“两线”拆迁各类建筑物约170万平方米，完成征地近190公顷，征地拆迁安置总费用约35亿元。东南二环路拆迁工程是昆明城建史上最大的市政基础设施建设工程。

【国际水文化峰会在昆明举办】　9月6日，国际水文化峰会在昆开坛。来自美国、德国、澳大利亚、挪威、瑞典、越南、印度等20多个国家的100多名专家，就各国水文化和水文明、水环境保护以及滇池治理等专题进行了为期3天的学术研讨。与会专家还对滇池、云南民族村、西山团结乡等地进行实地考察。

【首届昆明国际农业博览会召开】　9月9日，2005年首届昆明国际农业博览会在昆隆重召开。此次博览会共有来自美国、泰国、马来西亚等15个国家和地区，国内北京、上海、四川、广西、山东等24个省、市、自治区，中国农业大学、浙江大学等10多个大专院校以及省内16个州市的企业和代表团共计3 300多人参展、参会，展位达到1 062个。省市领导，有关外国驻昆领事馆官员，省内外城市参展代表团负责人出席开幕式。

【昆明市政府向飞虎队老兵和陈香梅女士颁发荣誉市民证书】　9月10日，市政府在昆明会展中心举行招待酒会暨荣誉市民授证仪式，市长王文涛为美国“飞虎队”、驼峰航线老兵访华代表团44位美国老兵颁发昆明市荣誉市民证书。副市长廖晓珊主持招待会。副市长王奇英在昆明电视台向全国妇联名誉顾问、国际交流协会顾问、“飞虎队”陈纳德将军夫人陈香梅女士颁发昆明市荣誉市民证书。

【首届聂耳音乐节在昆举行】　9月12日，首届云南聂耳音乐周暨首届昆明“聂耳杯”合唱节在昆明市体育馆隆重开幕。在整个音乐周期间，来自省内外的近百支合唱队通过合唱比赛的形式，在昆明市各个合唱节分会场唱响“聂耳”，弘扬聂耳“敢为人先”的昆明精神。比赛环节于13～17日在昆明剧院举行。音乐周期间每天在翠湖广场等地举行文艺演出。

【纪念抗战胜利防空警报鸣放】　9月18日，为铭记“9.18”事变、纪念抗战胜利60周年，昆明市举行主城区和10个县（市）区鸣放防空警报活动。上午10时，防空警报试鸣开始。预先警报、空袭警报和解除警报信号陆续在昆明上空响起。4组、16对车载警报器同时沿东风路、北京路等主干道移动试鸣。试鸣报告显示，以政府大楼为控制中心的无线遥控警报网络建设，警报鸣响率、完好率达100%，警报声覆盖主城区。与此同时，东川、安宁、寻甸、嵩明、宜良、石林、晋宁、禄劝、富民、呈贡10个县（市）区警报也试鸣成功。

【全面加强突发公共事件应急工作】　预案编制实施是一项宏大的系统工程，建立健全应急机制、体制和法制，对全面履行政府职责，切实提高保障公共安全和处置突发事件能力，预防和减少自然灾害、事故灾难、公共卫生和社会安全事件及其造成的损失，保障公众生命财产安全和维护社会稳定，具有重要意义。9月15日，市政府召开突发公共事件应急预案编制工作会议，王文涛市长在会上作动员，副市长李江进行工作安排。省政府副秘书长李维俊和其他市领导出席会议。11月24日印发并实施了《昆明市突发公共事件总体应急预案》。

市政府要求，各县（市）区和市级相关部门在2006年3月底前编制完各自的预案，乡镇（街道办事处）的应急预案或具体实施办法，农村、企业、城市社区和重点部位的突发事件处置办法在2006年上半年内完成。使应急机制的建设最终落实到基层，使应急网络建设横向到边，纵向到底。

【昆烟曲烟联合组建红云集团】　11月8日，红云烟草（集团）有限责任公司授牌仪式在昆明卷烟厂举行，昆明卷烟厂和曲靖卷烟厂合并改制成立红云烟草（集团）有限公司。红云集团的组建，标志着云南烟草工业已经由原来的4家整合为3家。国家烟草专卖局、省市领导出席授牌仪式。市长王文涛代表昆明市委、市政府祝贺集团成立。

【第二届中国舞蹈节在昆举行】　11月16～22日，为期7天的第二届中国舞蹈节暨第五届中国荷花奖评奖在昆明举行。这次舞蹈节举办了比赛、社区展演、舞蹈工作坊、研讨会、论坛等多种活动，吸引了上千名海内外嘉宾参与。下一届主办方为上海。

【省市举行纪念“一二·一”运动60周年大会】　11月30日，云南省暨昆明市纪念“一二·一”运动六十周年大会举行。会议提出，继承和发扬“一二·一”运动的革命精神和光荣传统，以实际行动为实现云南省经济社会发展的宏伟目标做出更大的贡献。云南省、昆明市党政军领导，省直有关部门负责人，省级老领导代表，驻昆人民解放军、武警部队代表，参加过“一二·一”运动的在昆老同志，“一二·一”运动四烈士亲属及生前好友、社会各界代表等1 500多人出席纪念大会。

【首届中国西部文博会在昆举行】　12月8～12日，为期4天的首届中国西部（昆明）文化产业博览会在昆明国际会展中心开幕。本届西部文博会共有展位1 600余个，签约项目共41个，金额达152亿元，参观人数突破20万。会场的十大展馆集中和全方位展示西部文化的现状和未来。下一届西部文博会由四川省承办。

【昆明市兴建垃圾焚烧发电厂】　12月26日，昆明市第一座垃圾焚烧发电厂——五华垃圾发电厂在普吉奠基。这座发电厂投资4 000万美元，预计在2007年春节前投入使用。一期工程日处理垃圾1 000吨，年发电量1.8亿度将并入电网，供社会使用。

【5所高校新校区在呈贡奠基】　12月27日下午，省委省政府在呈贡雨花片区举行“云南省部分在昆高校呈贡新校区奠基仪式”。一期建设项目涉及云南师范大学、云南民族大学、云南中医学院、昆明医学院和云南省医学高等专科学校等5所高校，规划用地5 459亩，按在校生6.4万人的规模一次性规划，总建筑面积182万平方米，匡算资金约40亿元。

【办理10件实事】　2005年市政府承诺的10件实事，在市委的领导下，在市人大、市政协的关心、支持和监督下，市政府从践行“三个代表”重要思想的高度出发，按照“权为民所用、情为民所系、利为民所谋”的要求，加强领导，真抓实干。通过全市各级各部门的共同努力，10件实事基本完成。

第一件，千方百计增加就业岗位，新增就业岗位6万个，解决5.2万人就业，其中下岗失业职工再就业1.5万人。市级财政共投入7 000万元专项资金，用于收集和开发有效就业岗位。经过各级就业服务机构的努力，就业再就业工作取得明显成效。全年共开发有效就业岗位76 125个，解决62 378人就业，其中促进32 017名下岗失业人员实现再就业。

第二件，建管并重，加强交通环境综合整治，提高道路通行能力，使主城高峰时段主要路口行车平均时速从原来的14公里左右提高到20公里左右，初步缓解交通拥堵状况。交通基础设施建设情况：重点围绕城市交通、环境、综合整治、实施主城“三横四纵”、60条支路和次干道整治改造，完成北京路、东风路、昆大线一期、西昌路改造，完善了“井”字型公交专用线建设。

交通管理措施实施情况：青年路、东风路、北京路主要路口先后实施“禁左”管理措施，非机动车通过二次过街实现左转；对一环路以内37条道路上的1 400余个路内停车泊位，统一设置标志标线，实行收费管理，减少违法停车对道路交通的干扰；打通部分断头路，梳理整治支、次道路环境，充分利用支、次道路迂回功能分解主干道交通流，通过局部合理微循环，主干道交叉口交通压力得到缓解。主城高峰时段主要路口行车平均时速已从13公里左右提高到21公里左右，交通拥堵状况得到初步缓解。

第三件，加大城市绿化力度，增加城市绿地面积，完成20万平方米绿地建设。2005年，警星公园绿地、五华广场绿地、近日公园街区绿地、官南立交桥绿地相继建成并向公众开放，这4项绿化工程占地面积共计12万平方米。朱家村立交桥绿地由于调整设计方案，占地面积由原来的11万平方米扩大到19万平方米，同时受立交桥主体工程建设的制约，预计2006年5月份完工。

第四件，完善基层卫生服务体系，新建24个社区卫生服务中心（站）、200个村卫生室，方便群众看病就诊。建立县乡村药品监督、供应网络，覆盖率分别达到95%和80%。完善基层卫生服务体系：在四城区新建、改造24个社区卫生服务中心（站）和14个县（市）区建设200个村卫生室的工作按期全部完工。

农村药品“两网”建设情况：2005年，昆明市以药监部门监管为主，药品监督协管员、信息员为辅的三级农村药品监管网络覆盖率达98.5%；统一配送、统一价格、统一管理的县（市）区、乡（镇）、村三级药品供应网络覆盖率达96%，农村药品“两网”基本建成。

第五件，在义务教育阶段，对省定、市定寄宿制学校贫困学生，少数民族贫困学生给予生活补助，并对全市中小学贫困学生和残疾学生继续实施“三免费”教育，救助贫困学生10万人次。2005年，昆明市把对贫困学生的救助项目统称为“两免一补”（免教科书费、免杂费、补助寄宿学生生活费），并将救助范围由原来的10万人扩大为15.8万人。市级财政共投入补助资金2 942万元，14个县（市）区的15.8万名义务教育贫困学生获得了“两免一补”。

第六件，在滇池周边、饮用水源区农村推广和普及生态卫生旱厕，建设30 000个家庭和公共生态卫生旱厕，改善农村卫生环境。2005年，市级财政投入资金1 566万元，在滇池流域及饮用水源地的乡村建设生态卫生旱厕。旱厕采用粪尿分集式，其特点是清洁卫生、方便实用、管理简单、造价低廉，可有效解决农村生活污染，实现资源化利用，消除农村脏乱现象。全市已建成家庭式生态卫生旱厕5.3万个，建成公共生态卫生旱厕180座。

第七件，培训农村富余劳动力5万人，新增转移农民工5万人。2005年，市级财政投入专项资金622万元，实施农村劳动力培训转移。全市累计完成农村富余劳动力培训转移11.9万人，新增转移农民工8.4万人，实现转移收入2.7亿元。

第八件，加快推进农村地区“村村通”工作，完成527座建站任务，解决边远贫困地区2万户、8万人收听收看广播电视难的问题。建设的527座站分布于14个县（市）区，主要集中在新通电行政村和20户以上自然村。建站模式采用“8+2”（8套电视节目2套广播）、“4+2”（4套电视节目2套广播）和有线联网等方式。建站任务已于2005年12月中旬全部完成。

第九件，建设县乡油路390多公里，基本实现全市乡乡通油路计划。列入实事的10条县际及通乡油路，通达9个乡镇，建设里程390.9公里。其中，宜良马街—嵩明—五华厂口油路已完成；寻甸大石洞—鸡街、凤仪—联合、海尾—六哨三条油路基本完工；禄劝转龙—四方井、茂山—云龙、硝井—则黑，东川汤因线岔口—衫木乡、布格（汤因线岔口—播卡）5条油路正抓紧路面施工，预计2006年4月份完工；嵩明军马场—长松园油路受征地拆迁影响，现正抓紧实施路基工程，计划2006年年底完工。

第十件，对医保个人账户每月低于40元的市属国有企业退休人员实行补助，使近10万名养老金收入偏低的退休人员得到必要的医疗保障。为进一步改善企业退休人员的基本医疗，2005年，市级财政投入949万元资金，对市属国有企业退休人员医保个人帐户不足40元的补助至40元，符合补助条件的70 169人已全部得到补助。

【市政府常务会议】 2005年共召开市政府常务会议44次，围绕市委、市政府重点工作进行认真研究和讨论。研究的主要问题有：二环路拆迁总体方案、迎接大湄公河次区域经济合作第二次领导人会议准备工作、主城区客运站调整方案、加强主城规划区内规划管理工作、加强松华坝水源区管理和保护工作、帮助解决市属困难职工参加第二期省职工医疗互助活动互助金、教育综合改革、调整昆明市供水排水价格方案、优先发展城市公共交通、云龙水库生活饮用水地表水保护区保护范围的划定、2005年全市招商引资责任目标考核奖励办法、深化乡镇机构改革、昆明公交推行公交IC卡收费实施方案、昆明市信用体系建设、审批确定昆明市第5批中青年学术和技术带头人及其后备人选等重要问题；对《昆明市限制燃放销售烟花爆竹规定（草案）》、《昆明市重点建设项目贷款资金管理办法》、《昆明市国家行政机关及其公务员行政不作为问责办法（试行）》、《中共昆明市委、昆明市人民政府关于2005—2010年农村扶贫开发工作的意见》、《昆明市道路交通安全条例》、《昆明市城镇实物配租廉租住房管理暂行办法》、《昆明市北部五县区经济发展管理试行办法》、《昆明市城市垃圾管理办法》、《昆明市城市节水管理条例》、《昆明市主城规划区户外广告设置管理规定》、《昆明市重点水源区保护条例》、《昆明市轿子雪山旅游区保护和管理条例》、《昆明市松华坝水库水源保护条例》等重要法规、规章、规定文件进行了审议。

【市长办公会】 2005年共召开市长办公会议9次，围绕市委、市政府重点工作进行了认真研究。研究的主要问题有：阳宗海旅游度假区规划及加快发展问题、启动云南陆军讲武堂旧址片区修建详细规划、迎接GMS会议工作安排、土地储备有关问题、昆明自来水招商引资工作、滇池北岸水环境综合治理工程及日元贷款预评估有关问题、昆明市松华坝水源保护区生产生活补助办法、《草海水污染综合治理方案》和《盘龙江城区段水环境治理方案》等。

【松华坝水源保护区保护与发展调研座谈会】 3月11日，市长王文涛，副市长杨雯率市有关部门负责人到松华坝水源保护区进行工作调研并召开调研座谈会。会议指出，松华坝水源保护区的发展必须建立在有足够的能力和办法解决保护与发展这一矛盾的基础之上。如果不具备，就只能定位在保护上，否则就将会为一时的发展而付出更多的治理成本，甚至造成难以挽回的损失。当前，首要任务就是要保护好松华坝水源区。

会议明确，松华坝治理关键就是一个“控”字，所有的工作都要从“控”的角度来考虑、来安排。要从“控”的角度考虑怎么样体现分级分层控，考虑怎样来加强对水源区保护工作的领导，强化工作的机构，完善相关的法律法规。要从控的角度考虑怎么样建立有利水源区保护和管理的政策措施和工作机制。对水源区群众的生产生活问题，市有关部门和县区要认真研究，制定出切实可行的政策和措施。要通过这些政策和措施的实行，让水源区的群众真正感受到，水质保护得越好，他们得到的实惠就越多，保护好水源是他们的致富之源。

【省委、省政府召开加快现代新昆明建设专题调研会】 7月11日，省委、省政府在昆明召开专题调研会，研究部署加快现代新昆明建设工作。省、市领导白恩培、徐荣凯、秦光荣、杨崇勇、杨应楠、牛绍尧、吴晓青、王文涛等参加会议。秦光荣主持调研会。

11日上午，首先考察调研了昆明高新区、经开区、呈贡新区等地的企业和建设项目工程。下午，在听取王文涛汇报现代新昆明建设情况，以及省级有关部门的发言后，白恩培书记指出，现代新昆明建设启动两年来，取得了明显成效。在新的历史时期，需要站在更高的角度，把现代新昆明建设放在国际国内发展的大格局中来思考，用新的战略思维来谋划。要坚定信心，坚持高标准，加快现代新昆明建设，切实抓好以下工作：一是坚持科学发展观，按照“五个统筹”的要求千方百计加快建设进程。二是突出重点，培育特色产业支撑体系。三是坚持以人为本。四是坚持改革，以改革促发展，维护改革发展稳定大局。五是高度重视建设节约型社会，在新昆明建设中切实抓好节水、节能、节约用地和资源综合利用。六是坚持依法治市，建设平安昆明。徐荣凯在讲话中指出，要按照“工作热情和效率更高，环境质量和文明素质更好，开发和发展呈现新局面”的要求，乘势而上，再接再厉，努力推动现代新昆明建设取得新突破。省市上下要进一步开拓创新，狠抓落实，为推进现代新昆明建设提供有力保障。省级各部门要进一步增强大局观念，积极献计献策，做好对现代新昆明建设的支持、帮助和服务工作。

【滇池治理工作会】 8月27日，市委、市政府召开滇池治理工作会议，检查《滇池流域水污染防治“十五”计划》进展情况，全力推进滇池“十五”计划的实施。市委书记杨崇勇提出，要实施强有力的领导，坚决完成滇池污染治理“十五”计划。市长王文涛作题为《认清形势明确任务努力完成滇池治理“十五”计划》的讲话。市委常务副书记杨远翔主持会议。梁晓谷副市长就完成滇池污染治理“十五”计划考核指标作具体安排。副市长李江、廖晓珊参加会议。

会议要求，一要认清形势，正视困难，进一步增强紧迫感和责任感，对照滇池“十五”计划，统一思想，强化措施。二要咬住目标，强化措施，全力推进“十五”计划，围绕六项考核指标，着力抓好两个重点：一个是滇池北岸水环境综合治理项目；另一个是草海综合治理项目。先集中力量把草海治理好，找到突破口，争取上级的支持，带动整个滇池治理。要进一步完善政府倡导、专家领衔、公众参与、民主决策相结合的政策机制。要进行风险评估。做到强化资金筹措；强化政策研究；强化执法管理；强化组织领导。三要统筹兼顾，搞好衔接，科学编制好“十一五”规划。

【呈贡新城建设现场办公会】 11月7日召开。会议的任务是举全市之力来建设呈贡新城和推动昆明市招商引资实现跨越式发展。一个目的就是举全市之力来聚焦新城，另一个目的是以新城作为一个平台来推动整个昆明市招商引资的跨越式发展。市委书记杨崇勇到会并做了重要讲话，对为什么要举全市之力，怎么样举全市之力，提出了具体要求：明确第一步就是把三个开发区拿到新城，把三个集团军拉过来，形成一个大集团、大兵团的合围之战。形成一个优势互补、强强联合的总体态势。市委副书记、市长王文涛就如何加快呈贡新城发展提出了总体要求，一是要形成集团军式的合围开发，二是要优化选址，三是要力求统一，四是要限时开发，五是要奖惩分明。

【政府令】 1月5日印发第55号政府令，公布《昆明市无主遗体管理实施办法》，对本市行政区域内无主遗体的确认、处置等问题做出明确规定。

1月27日印发第56号政府令，公布《昆明市限制燃放销售烟花爆竹规定》，明确了本市行政辖区范围内禁止燃放、销售烟花爆竹的区域和场所，对燃放、销售烟花爆竹的管理做出规定。

4月7日印发第57号政府令，公布《昆明市统计管理办法》，对本市行政区域内的统计机构和统计人员、统计调查、统计登记、统计资料管理、统计监督检查等做出明确规定。

10月11日印发第58号政府令，公布《昆明市城市垃圾管理办法》，对本市行政辖区内的城市生活垃圾和建筑垃圾的管理做出明确规定。

11月28日印发第59号政府令，公布《昆明市城市规划管理技术规定》，对昆明城市规划区内进行的城市规划、建设工程设计和规划管理的相关活动做出明确规定。

12月15日印发第60号政府令，公布《昆明市食品安全监督管理规定》，对昆明市行政区域内食品生产经营的安全监督管理工作做出明确规定。

【通告·通知】 《关于印发〈昆明市关于加强专利工作促进技术创新的若干意见〉的通知》1月11日印发。对在全市范围内大力推进企事业单位的专利工作，完善和强化激励机制，营造有利于专利产出和技术创新的良好环境，切实加大执法力度，有效保护专利权及加强对专利工作的组织和领导等问题做出明确具体的规定。

《关于进一步加强商品房预售管理的通知》1月28日印发。明确规定昆明市商品房预售实行许可制度，并对市及各县（市）区房产行政主管部门的职责，《商品房预售许可证》的取得，房地产开发企业预售商品房的条件、应遵守的程序等提出具体要求。

《关于对昆明呈贡新城管理委员会下放市级行政审批权限的通知》4月18日印发。明确市级行政部门有最终审批权的行政审批事项，除涉及需要加强宏观控制，影响人民生命财产安全的以外，根据昆明呈贡新城开发建设的需要，第一批下放310项行政审批事项给昆明呈贡新城管理委员会。

《关于加强昆明主城规划区内规划管理工作的通知》5月25日印发。对昆明主城规划建设区内的规划管理目标与范围、规划审批的原则、建设项目用地规模、规划控制原则等做出明确规定。

《关于印发进一步加强松华坝保护区管理和保护工作意见的通知》5月30日印发。对成立昆明市重点水源区保护委员会，统一管理松华坝和其他重点水源区的保护工作，组建昆明市水源保护区综合执法局，依法强化水源保护区管理和保护工作等问题做出明确规定。

《关于印发昆明市乡镇撤并工作意见的通知》6月7日印发。对2005年昆明市深化乡镇机构改革工作的指导思想、工作原则和目标任务、组织领导及完善乡镇撤并报批程序的有关要求做出明确规定。

《关于进一步加强中高考期间噪声和交通管理的紧急通告》6月6日印发。对2005年中、高考期间的所有建筑施工单位施工作业的时间、交通保障措施等问题提出严格要求，为考生提供良好的应试环境。

《关于深入推进行政审批制度改革工作的通知》6月8日印发。要求各县（市）区、各部门从事关全局的高度充分认识深化行政审批制度改革的重要意义，深入推进行政审批制度改革工作。并明确昆明市下一步的主要任务是抓好对现有行政审批项目进行清理和精简调整、加强制度创新，巩固行政审批制度改革工作成果。同时，要加强组织领导，把深化行政审批制度改革工作落到实处，加强监督检查，坚决纠正违法行政审批行为。

《关于加强城市道路施工管理的通告》6月17日印发。明确昆明主城区二环路以内和二环路以外35米以上城市道路实施新、改、扩建城市道路及其园林绿化、景观建设、广告牌基础开挖和各类线路、管道、设备安装的工程项目，需挖掘城市道路的，开工前，建设单位必须到市建设局申办建设工程项目施工许可证，并对须提交的资料、程序、各职能部门职责等问题提出了具体要求。

《关于印发〈中共昆明市人民政府党组保持共产党员先进性教育活动整改方案〉的通知》6月13日印发。《整改方案》针对班子及成员存在的突出问题和薄弱环节，以解决群众期盼解决的主要问题入手，制定了5个方面30条具体整改措施。

《关于印发〈昆明市政府投资建设项目审计监督管理办法〉的通知》8月17日印发。对以财政资金、各项政府性专项资金、政府统一借贷资金及其他财政性资金为主要资金来源的基本建设项目和本市国有独资投融资公司的投资建设项目的审计监督管理做出明确规定。

《昆明市人民政府关于优先发展城市公共交通意见》9月15日印发。明确优先发展城市公共交通的主要原则是政府主导、政策扶持原则，市场运作、有序竞争原则和统一规划、协调发展原则。实施城市公共交通优先的重点工作是制定城市交通发展战略和规划，加强城市公共交通基础设施建设，实施城市公共交通优先的管理措施和推进城市公共交通行业市场化进程，并对落实优先发展城市公共交通的保障措施提出具体意见。

《严格农用地征收征用管理的通知》9月22日印发。通知按照《国务院关于深化改革严格土地管理的决定》精神，以及大力推进节约集约用地、促进经济社会可持续发展的要求，对农用地征收征用管理的有关问题做出明确规定。

《关于对昆明国际机场净空保护区内超高建（构）筑物安装航空警示灯的通告》10月11日印发。明确规定昆明国际机场净空保护区范围内的超高建（构）筑物应当安装航空警示灯。

《关于全面整顿和规范矿产资源开发秩序工作的实施意见》10月26日印发。对全面整顿和规范矿产资源开发秩序的指导思想、工作任务、工作步骤和时间安排及保障措施等提出明确意见。

《关于印发昆明市整顿关闭不具备安全生产条件和非法煤矿工作方案的通知》11月23日印发。明确了昆明市整顿关闭不具备安全生产条件的煤矿和非法煤矿的指导原则、组织领导和职责分工、对象、实施步骤等。

《关于印发〈昆明市突发公共事件总体应急预案〉的通知》11月24日印发。《预案》对昆明市突发公共事件的指挥机制、现场处置、各项保障、预案编制及管理等做出明确具体规定，要求全市各级、各部门认真履行职责，扎实工作，完善突发事件应急预案体系，不断提高处置突发公共事件的快速反应能力，落实各种保障措施，为全市构建社会主义和谐社会创造良好环境。

《关于印发昆明市社会信用体系建设方案的通知》12月12日印发。按照全国社会信用体系建设工作的统一部署，对昆明市社会信用体系建设的指导思想、建设目标、建设任务、建设措施等作出明确规定。

【批转·转发】　《转发〈云南省人民政府关于加强西南成品油管道安全保护工作的通告〉的通知》9月23日印发。要求各有关县（市）区、市级有关部门高度重视西南成品油管道安全保护工作，认真按照国务院、省政府的有关规定和部署，切实加强领导，制定工作方案，层层落实责任，采取多种形式进行广泛宣传，认真抓好督促检查，确保西南成品油管道的安全稳定运行，保障沿线人民群众的生命财产安全。

《转发云南省人民政府关于全面整顿和规范矿产资源开发秩序文件的通知》10月26日印发。明确了整顿和规范矿产资源开发秩序的重点，对规范矿产资源管理行政行为，优化矿产资源配置、组织领导、时间安排等做出具体规定。

《批转市环保局关于在昆明市农村地区推广生态卫生旱厕实施意见的通知》1月20日印发。明确了到2010年，全市农村地区生态卫生旱厕推广普及的目标，对农村地区生态卫生旱厕推广的原则、保障措施和资金保障等提出明确要求。

《批转市投资促进局贯彻落实重点招商引资项目推进责任制实施意见的通知》3月25日印发。《实施意见》指出，招商引资工作是昆明市经济工作的重中之重，对招商引资项目尤其是重点项目的跟踪推进是招商引资工作的重点。明确重点招商引资项目实行分级管理，要求有关部门加强联系，建立两个层次的专职联络员制度，畅通信息渠道，规范建立季度（月）报告制度，加强项目包装，认真落实项目储备制，加强领导，狠抓落实，确保“五项制度”落到实处。

《批转昆明市进一步加强建设领域拖欠工程款清理工作实施意见的通知》4月28日印发。明确了市清欠工作机构及其工作职责、清欠工作目标及责任，要求市级各部门、各单位密切配合，建立长效机制，切实履行工作职责，共同做好建设领域拖欠工程款及农民工工资的清欠工作。

《批转市公安局昆明市乡镇志愿消防队管理暂行办法的通知》9月8日印发。对昆明市行政区域内，由乡镇人民政府出资，依托辖区公安派出所管理，由派出所招募的志愿者组成的消防队伍的建设、管理、工作职责、执勤备战和经费保障、奖励与惩罚等问题做出明确规定。

【表彰·决定】　《关于命名2004年昆明市文明单位的决定》3月21日印发。命名昆明市国家税务局等7个单位为2004年昆明市文明行业；五华区华山街道办事处等6个单位为2004年昆明市创建文明城市工作先进街道办事处；盘龙区双龙乡等11个单位为2004年昆明市创建文明村镇工作先进乡镇；五华区厂口乡中会村等20个村为2004年创建“十星级文明户”工作先进村；云南省林业厅机关等278个单位为2004年昆明市文明单位；五华区沙朗乡磨刀箐村等54个村为2004年昆明市文明村。

《关于表彰昆明市第二十届劳动模范的决定》4月28日印发。授予陈世岗等40人“昆明市特等劳动模范”荣誉称号，授予马建辉等159人“昆明市劳动模范”荣誉称号，并颁发奖章、证书和奖金。

《关于2005年科学技术奖励的决定》9月6日印发。授予“昆明市高致病性禽流感防治技术”等3个项目昆明市科学技术奖科技进步类一等奖；授予“4100QBZL增压中冷柴油机”等12个项目昆明市科学技术奖科技进步类二等奖；授予“滇池流域环境动态变化研究”等44个项目昆明市科学技术奖科技进步类三等奖；授予奥地利普拉塞·陶依尔公司昆明市科学技术奖国际科学技术合作奖。

《关于表彰全市第四次民族团结进步模范集体和个人的决定》12月27日印发。授予五华区民族宗教局等44个集体“昆明市民族团结进步模范集体”，授予钟佳文等121人“昆明市民族团结进步模范个人”。

办公厅

【党的建设】 2005年，办公厅党委认真组织开展保持共产党先进性教育活动，切实解决工学矛盾，确保工作和先进性教育活动“两不误、两促进”。通过组织观看影视资料，听取专家、学者和政府领导的党课辅导讲座，观看先进事迹展览，进行革命传统教育，深入农村、企业基层进行民情恳谈，开展全厅党员学习交流等活动。采取召开座谈会、个别访谈、发放征求意见表、设置意见箱、公布热线电话等多种形式，广泛征求社会各界对办公厅工作的意见和建议。采用“自下而上，自上而下，上下结合，集思广益”的方式，以支部为基础，分层面、有组织地开展了保持共产党员先进性具体要求大讨论，概括提炼出体现时代精神，反映办公厅群体特征和岗位实际的保持共产党员先进性5条具体要求。针对先进性教育活动中提出的意见，制定并落实各项整改措施。为及时推广先进性教育活动中的好经验、好做法，办公厅共编制专题简报23期，展出图片专栏8期。

认真制定办公厅“云岭先锋”保持共产党员先进性教育目标责任书，各党支部按照厅党委的要求，结合自身特点与各位党员签订目标责任书，保障了先进性教育活动顺利开展。同时，深入开展以“立党为公，执政为民”为主题的“三评”、“五比五创”活动，涌现出一批先进党支部和优秀党员、优秀党务工作者。市委授予优秀共产党员1人，厅党委和7名优秀党员受到市级机关工委的表彰，厅党委表彰了4个先进党支部、29名优秀党员和优秀党务工作者。

创新党委工作机制，进一步完善党员管理和党委的各项工作制度。按照《党章》及党员发展程序，全面推行发展党员公示制、预审制、入党介绍人资格审查制度，全年共发展6人为预备党员，7名预备党员按期转正。召开党员代表大会选举产生了新一届的办公厅党委和纪委，秘书二支部、驻京联络处党支部及时进行改选，秘书三支部增补了支委。针对2005年昆明市农村旱情严重的情况，办公厅及时了解抗旱救灾工作情况，为扶贫点禄劝县云龙、团街两个乡的群众送去了抗旱急需的物资，帮助马初村等四个村的群众解决了饮水困难问题，协调落实资金建设马初小学学生宿舍楼。

【自身建设】 为保证市政府工作的高效运转，市政府办公厅不断提高参与政务、做好事务、搞好服务的能力和水平。紧紧围绕市委、市政府的中心工作，在努力创建学习型机关、服务型机关思想的指导下，从抓机关干部的学习入手，推动机关自身建设。邀请学者和安排本机关的干部为机关干部作讲座。提高全厅干部的理论水平和业务知识水平。坚持不懈地加强对干部的教育管理，组织举办了弘扬“昆明精神”演讲比赛，进一步增强紧迫感和责任感，保持昂扬向上、奋发有为的精神状态。在对现有的内部管理制度进行清理完善的基础上，根据新形势、新任务的要求，研究制定进一步加强内部管理、强化工作人员教育、规范工作程序的新制度、新举措。进一步健全完善有关制度，规范办事程序，严格办文、办事、办会工作的要求和工作时限。起草了《昆明市人民政府办公厅工作人员首问责任制度》，要求不管是接件、接电，还是接待基层办事人员，无论是分内还是分外，第一位被问及的工作人员都不能推托。对接待基层来办事的人员，继续开展“四个一”活动，即“一杯热茶，一张笑脸，一份真情，一流服务”，强化服务意识。

把握办公厅工作的规律，注重提高办事效率，努力做到当日的事情当日完成，能及时办理的事情立即办，按时保质保量完成。进一步规范市政府及办公厅召开的各类会议管理，下发了《昆明市人民政府办公厅关于进一步加强会议管理的通知》，尽可能减少会议、勤俭节约，提倡“开短会、讲短话”。完善了召开会议的各项工作规范，进一步明确会议审批制度，规定了每年的5月、8月为“无会月”，每星期的星期四为“无会日”，即不召开全市性的大中型会议，尽可能不开会和少开会。加强办公厅自动化建设，电子政务信息系统逐步得到完善，文件、文稿、资料、档案的处理和管理水平有了明显的提高。按照档案管理的有关规定，向市档案馆整理移交了办公厅1991～2000年的文书档案，共计1 120卷。其中，永久卷904卷，长期卷216卷。

【调查研究】 按照市政府领导的要求，围绕政府中心工作，针对经济发展、社会事业、“三农”问题、城市规划、建

市政府办公厅党组先进性教育活动整改成果情况通报会

（市政府办公厅　供稿）

办公厅领导组织党员到禄劝县皎平渡革命传统教育基地参观学习
（市政府办公厅　供稿）

设和管理等重点、热点问题，开展了认真扎实的调查研究。一是搞好超前调研，为制定决策服务。在拟办文件、起草市政府及办公厅文件的过程中，积极开展调查研究。办公厅各处室结合实际，分别拟定了加强与对口联系部门和单位联系调研的计划，进一步加强与基层的联系。深入了解迎接大湄公河次区域经济合作第二次领导人会议（简称GMS会议）工作进展情况，针对GMS会议后建立城市管理长效机制等问题进行了调研，组织草拟了主城城市环境综合整治三年行动计划。

二是搞好建议性调研，为完善决策服务。开展城市出租汽车行业发展情况等一系列的调研活动，提出了一些有益的建议和措施，为制定和出台相关的方案和政策提供了有价值的信息，一些调研成果提交市委常委会、市政府常务会及市长办公会研究，成为政府决策的依据。

三是搞好总结性调研，为推动决策落实服务。针对土地储备管理工作的热点问题，起草了“土地储备管理工作调研报告”，搞好问题性调研，减少决策落实的阻力。总结昆明市近年来会展业发展情况，起草了“昆明市会展业发展报告”，搞好经验性调研，增强决策落实的驱动性。采取集中调研、典型调研、跟踪调研相结合的办法，推动了办公厅整体工作顺利开展。

【综合协调】　办公厅作为政府的综合办事机构，充分发挥承上启下、协调左右、联系内外的作用，在重大事项、重要会议、重点项目、群众接待等方面做了许多综合协调工作。按照认真周密、不出差错的要求筹办好市政府各种会议，努力做到秩序井然、效果良好。重要会议前研究制定会议方案，并由专人负责会场的布置和检查，与有关部门共同做好会议材料的准备。按照建设节约型机关的要求，市政府会议不发文具用品，会议安排比较紧凑。组织协调有关部门，做好迎接GMS会议筹备和保障工作，参与制定了迎接GMS会议的总体方案，牵头组织了GMS会议动员大会和总结表彰大会，东南二环路征地拆迁安置动员大会，滇池污染治理工作会等重要会议的筹备工作。完成了市委、市政府领导对主城绿地建设、重点工程建设、市容环境卫生、呈贡新城建设、昆明新机场高速公路建设等重大调研活动的组织协调工作。

市政府总值班室和办公厅有关处室，认真做好群众来访接待工作，做好各类突发公共事件应急处置和应急管理工作。协调有关部门，认真做好群众来信的回复、处理工作。组织协调相关部门，做好清欠工程款和民工工资。参与小西门等乱建广告牌事件的调查和处理，协调处理了灯光亮化、廉租房建设用电问题，协调北市区月牙塘小区小学的建设问题。参与昆明自来水招商引资、国道昆明南连接线招商引资等工作。2005年，昆明旱情较为严重，森林火险等级居高不下，火情频繁发生，防控高致病性禽流感任务繁重，办公厅全体人员坚守工作岗位，收集整理灾情资料，协调救灾资金、物资的落实。加强对县（市）区政府办公室的服务和指导，办公厅领导加强了对分管处室和对口联系工作的指导和检查，并抽出时间主动参加联系活动，协调解决基层实际问题。

【督办工作】　市政府办公厅紧紧围绕市政府的中心工作和重大决策部署开展各项督办工作，以现代新昆明建设和全面建设小康社会为重点，注重工作实效，拓宽工作思路，创新工作方法。建立了重大事项督办制度，督促检查市政府重大决策的落实情况，做好中央、省、市领导批示事项的督办，组织办理人大代表建议和政协提案，督办工作取得了新的进展。为确保政府各项决策和工作任务的完成，办公厅及时对《政府工作报告》主要工作任务及《十件实事》进行分解立项，把任务细化到各级、各部门，明确工作责任，并适时通过深入基层看现场、听介绍、查台账等方式进行跟踪督办。对市政府常务会、办公会决定事项进行督办，并及时向领导反馈工作进展情况。督办室拟写《政务督办》报告20期，发督办通知21期。

办公厅各处室负责专项督办工作，办理中央、省、市领导指示件，需要及时办理的发督办通知单。在办理过程中，遵循“准确、及时、保密”原则，准确领会和把握批示精神，对涉及群众切身利益的居住环境、社保、医保、教育、住房以及征地补偿等问题进行重点督办，做到了及时办理，及时报告，做到了事事有落实，件件有回音，保证了办理质量和效果。2005年，督办室根据市政府及办公厅领导的要求，高质、高效、及时报告督办事项和领导批示事项的落实情况，在总结以往督办工作经验的基础上，新增了《领导批示督办信息反馈》专报，及时将批件办理情况报告各级领导。全年共编印《领导批示录》48期，拟写《督办简报》23期，《领导批示督办信息反馈》102期，拟发《督办通报》2期。

人大代表建议和政协提案是人大代表和政协委员参政议政的重要途径和方式。全年市政府共办理省、市人大代表建议和政协提案1 094件。其中，建议503件，提案591件。办公厅认真组织、积极协调，加大督促办理力度，推行网络办理新模式，提高办理工作的效率。各级各部门把办理工作作为一项政治任务来抓，重视办理过程的透明度，主动接受人大、政协监督，取得了较好的效果。

【公文处理】　办公厅工作人员进一步加强公文办理、公文写作有关知识的学习，认真学习《国家行政机关公文处理办法》和《昆明市人民政府办公厅关于印发规范公文制发工作四个文件的通知》等文件。严格遵守办公厅公文制发程序和要求，完善了公文在送市政府领导签署前和正式印发文件前，由办文处进行把关的制度。贯彻执行《省政府关于做好市政府规范性文件制定和备案工作的办法》，结合办公厅实际印发《昆明市人民政府办公厅关于进一步做好公文制发工作的通知》、《昆明市人民政府办公厅关于做好市政府规范性文件制定和备案工作的通知》，进一步完善了公文制发的程序和工作规范。

办公厅各处室加强协调配合，严格审核把关，努力精简文件，制定下发了《昆明市人民政府办公厅关于进一步精简文件和会议的通知》，对不符合发文规定、可不发文的坚决不予行文。一是对临时性工作的公文，没有存档价值的不发正式文件。二是兑现目标责任奖的尽可能不发文。三是各种非常设领导机构的变更尽可能少发文。四是尽可能做到一事一文，克服一事多文的情况。五是对法律、法规已有规定的事项不发文。六是属于政府各委办局职责范围内的公文，不以政府及办公厅的名义发文等。同时，把办文质量的高低，作为衡量工作实绩的重要依据。继续开展好公文评比活动，年底共评选出19篇好公文，在全厅范围内进行通报表扬，进一步推动办文质量的提高。

控制公文的发放范围，减少发文数量，降低行政成本。2005年共制发文件：政府令6份，昆政发21份，昆政通39份，昆政请122份，昆政任143份，昆政复63份，昆政函38份，昆政文17份，昆政办6份，昆政办通136份，昆政办文28份，昆政办任7份，昆政办请16份，昆政办复3份，昆政办函11份，专题会议纪要191份，情况简报15份，重要情况专报5份。

以传达政令、宣传政策、指导工作、服务社会为宗旨，全年共出刊《昆明市人民政府公报》12期，《昆明市人民政府办公厅通讯》5期。

【政务信息】　2005年，市政府办公厅狠抓制度建设，创新工作思路，加强调查研究，提高政务信息服务领导、服务决策的质量和水平。全年共采编政务信息2 000多条，编发各类信息刊物359期，约100余万字。其中，《每日快讯》242期、《政务参考》47期、《媒体信息摘编》30期、《政务工作通讯》13期、《政务工作简讯》11期、《昆明要情》10期、《政务要情专报》6期。上报信息被国务院采用4条、被省政府采用131条，居全省第一。2005年获全省政务信息先进集体一等奖。同时，还组织完成了《土地储备管理工作调研报告》、《松华坝水源区保护情况调研报告》等一批有重要价值的信息，为领导科学决策、指导工作提供了参考和依据。

政务信息化建设工作进展顺利。办公厅已经建成宽带局域网信息网络平台，机关办公文字处理和政务信息管理全面实现计算机化，基本形成覆盖机关公文处理、领导批示督办、信息处理、档案管理、资料管理等工作业务的电子化办公环境，电子政务办公业务系统和辅助领导科学决策需求的网上办公系统建设开始起步。以市政府办公厅为中心枢纽，各种网络方式联结各县（市）区政府和市政府各委办局的全市政务信息报送系统已基本形成，初步实现政务信息工作上报业务的数字化传输，为提高公文、信息传输运转效率奠定了基础。

（厉鸿华　万晓琪）

机关事务管理

【后勤管理及保障工作】　2005年，机关事务管理局牢固树立“三个服务”的思想，把为领导服务、为机关服务、为人民群众服务放在工作首位，切实保障好市委、市政府的重大会议、重大活动和重要工作的顺利进行。全年为市政府及机关各委办局进行会议服务与保障共1 572次，各项协调保障工作到位，任务完成圆满。

加强与市级各大机关的沟通和工作联系，对行政中心建设完善设施和功能征求了意见，就搬迁后市级机关后勤管理与服务工作进行调研，为行政中心搬迁后机关后勤管理和服务的改革进行了准备。为有效发挥市级机关在建设资源节约型社会中的表率作用，就市级机关开展资源节约工作进行了指导和协调，建立了协调机制和联席会议制度，拟定了《关于加强市级机关资源节约工作的实施意见》，制定了市政府机关大院资源节约工作的具体措施，在加强宣传的同时，认真贯彻落实。

树立“以人为本”服务理念，认真组织局属部分中层干部、局机关部分公务员和全局9个工种、46名技术工人参加相关业务和各类技术及技师资格培训；集中时间对服务窗口员工进行了礼节礼仪、文明用语、服务标准、服务程序、会展服务、安全管理及普通话培训，组织烹饪、插花、餐饮等技能比武和竞赛活动；坚持每周组织采购人员学习有关法规和业务知识，在市政府采购领导小组的统一安排下多次派人到外地学习考察，认真总结经验和不足；局属部分单位还组织了“十大技术能手经验交流会”。

按全市的统一部署，完成了局内经营性资产清理。为加强局国有资产管理，确保国有资产保值、增值，认真落实了《市级机关事务管理局固定资产管理细则》和《市级机关事务管理局关于固定资产的领用交还制度》，建立了《固定资产卡片》。为使全局干部职工学习、工作和管理服务逐步实现经常化、制度化、规范化，局属各处室、各单位已对有关规章制度进行修改和完善。

为保证兰花宾馆、茶花宾馆、开达公司改制工作的稳妥进行，局改制领导小组主动与改制领导和业务主管部门沟通协调，按政策、法规妥善解决了兰花宾馆担保贷款、补偿伤残职工和茶花宾馆盘亏等问题以及两个宾馆提前退休人员社保费用问题。解决了三家改制企业职工经济补偿核算的问题，使局属企业改制工作得以稳步地推进。

为加强公务用车管理，优化了车辆核编、定编和购置车辆的审批程序，拟定上报《汽车编制和定编审批管理办法》、《昆明市公务用车管理暂行办法》，与市政府有关单位一道草拟了《市级机关小汽车管理相关办法》，拟定了公务用车的试点改革方案，组织实施了三个开发区和昆明市广播电视台公务用车改革试点。全年共批准购车348辆，报废车辆40辆。保障车队和服务车队安全行驶52万公里，公务出车28 570台次，无重大安全责任事故。

【机关大院管理】　2005年，机关事务管理局为强化和规范机关大院管理与服务工作，两次专门派人走访各委办局，上门征求建议。修改完善了《员工工作手册》，制作了232个工号牌，47个监督卡，实行挂牌上岗，设立了管理人员公示栏和意见箱，规范了服务用语，建立了投诉档案，明确了奖惩措施，使工作人员增强了服务意识，强化了服务观念，改变了服务形象。保证了市政府机关大院每天平均1 500余辆车流量的良好交通秩序；将办公大楼电梯多层分停

昆明市市级机关事务管理局举办“坚持以科学发展观统领经济社会发展全局”专题讲座。（机关事务管理局机关党委　供稿）

改造为单、双层分停，保障电梯安全运行11万多次，提高了使用效率；为美化机关大院环境和为各种会议提供良好服务，加强了大院保洁、垃圾清运等工作，完成1万余平方米草坪的养护工作，摆放鲜花72 600多盆。

【安全工作】　2005年，为抓好安全保卫工作，机关事务管理局根据政府机关大院内每天人流量达6 800多人次的实际，多次组织相关人员和业务部门对如何进一步加强市政府机关大院安全保卫工作进行了深入的调研，提出了加强市政府机关安全保卫工作的实施意见，使市政府机关大院的安全管理工作得到了明显加强。全年共接待10人以上群体性上访788起，计27 720多人次，其中100人以上的集体上访就有26批。此外，还与市政府机关大院43个委办局签订了《防火安全责任书》，组织50多名义务消防队员进行了业务培训，实施录像监控4 380小时。全年未发生重大案件和责任事故。

【生活服务】　2005年，管理局在餐饮服务和接待工作中，加强管理，严把食品、蔬菜等进口关，确保了食品卫生安全。在食品价格相对上涨，相关部门明确不能新增福利性补贴的情况下，从降低成本入手，保证价格不变、质量不降的前提下，增加了早、中餐的花色种类，满足了广大干部职工的需求，为此，机关食堂被市级卫生部门评为“市级A级食堂”。同时，还免费为机关干部和职工发放干洗票13 730张、生日蛋糕票2 746张；为机关干部职工制作月饼24万多个。

为给机关干部职工提供舒适的居住环境，在大树营北区、月牙塘小区投资设立了“社区文化活动中心”，购置了照明灯具、音响和电视机等设施，在月牙塘小区组织开展了广场文化活动，在机关各生活小区放映了露天电影，在大树营、月牙塘小区设置了体育场地，安装了体育健身器材，为小区住户提供了休闲、娱乐、健身的活动场所。此外，改造各小区绿化绿地面积4 000余平方米，为业主提供维修业务5 900余次，好人好事和见义勇为200多起。

【房产基建】　组织协调相关部门完成了市级机关行政中心搬迁建设的选址、征地、土地平整、地质勘察、环境影响评估、建筑设计方案评审等相关工作。对月牙塘小学建设工程项目进行了认真筹备和组织施工。为3 703户干部职工正在办理土地证登记手续，与市房改办办理建立住房档案303份，审报机关住房补贴审批表303份，完成月牙塘小区侧墙补漏19 400平方米。

【政府采购】　为做好政府采购工作，积极会同主管部门、监督部门进一步优化审批程序，在全省率先推出协议采购和不断扩大协议采购范围；对供应商实施了年投标保证金缴纳制和年资格预审制；规范了集中采购监督公示栏、工作流程示意图和内部管理规定；落实了承诺告知制和在省政府采购网依法向全社会公示制，使采购当事人及时了解采购信息，熟悉采购程序，实施有效监督。2005年共完成采购282次，采购预算为4.37亿元，采购成交金额为4.13亿元，共节约资金2 400万余元，节约率为5%。

【机关幼儿园】　市政府机关三个幼儿园以服务机关、服务社会、服务家长、服务幼儿为宗旨，以提高教师素质为基础，以促进幼儿健康发展为目标，求真务实，扎实工作，取得了突出的工作成绩。机关一幼有4项教育科研课题获市、区级三等奖，承担的中国学前教育研究会“十五”立项课题顺利通过国家和省级的验收。在参加省、市、区级的各类比赛中共奖集体一等奖6项，教师个人奖21项，1名教师被盘龙区评为“学科带头人”，园长被中国学前教育网推荐为“全国知名幼儿园园长”，幼儿园获“昆明市教育科研先进集体”称号；机关二幼在市、区级组织的各类比赛中获奖9项，4名教师分别获“园丁奖”和“优秀指导奖”，1名教师获官渡区“先进教育工作者”称号；机关三幼在省、市、区级组织的各类比赛中获集体一等奖3项，一名教师获二等奖1项，2名幼儿教师被五华区教育局授予“教坛新秀”称号，1名教师被五华区评为“学科带头人”，园长被评为“昆明市第二十届劳动模范”。

【局属经济实体】　2005年，局属经营企业面对日趋激烈的市场竞争，坚持以质量求生存，以服务求发展，加强内部管理，加大员工的教育培训力度，不断提高服务质量和服务水平，增强了市场竞争力，经营效益与去年相比有了明显的提高。局属民厦物业公司根据机关小区住房货币化、管理社会化的特点，在注重提高服务水平的同时，积极扩大服务范围，不断开拓创收、增收渠道，以保证对政府小区的管理与服务。昆明会堂保障《云南映象》在省内和国内、外演出260余场。局属茶花、兰花宾馆和开达公司三家进入改制的企业单位，坚持一手抓经营，一手抓改制，一手抓发展，取得了较好的经营效益。开达公司参加省、市组织的国内、外摄影作品展18场次，展出作品750多幅；茶花、兰花宾馆全年接待中外宾客近15.33万人次，客房入住率达86%与68%。

（胡志虎）

便民服务中心

【业务受理】　2005年，市政府便民服务中心共受理行政许可和服务事项184 189件，办结183 760件，办结率99.77%；受理群众咨询649 700余人次。中心投诉窗口和督办处共受理投诉25件，经查证属实的12件（对市中心9件，对分中心2件，其他部门1件）；受理网上建议和咨询191件，办结率为100%。

按照“经常性、关联性、实效性”原则，进行窗口和服务事项调整，优化审批平台的功能配置。国土资源局将常规性行政审批职能全部进入中心实行了“一条龙”服务。

【清理行政审批项目】　经市政府领导批准，由市监察局、市法制办、市政府便民服务领导小组办公室3家单位联合发文，对进入市便民服务中心的行政审批项目进行清理。从2005年1月18日开始，先由各委、办、局清理，再经市政府便民服务领导小组办公室核对，初步形成了行政审批项目的目录。6月16日，市便民服务领导小组办公室会同市法制办、市监察局对行政审批项目进行了联合会审。经过初步清理，进入中心的行政审批项目有254项。

【推进“阳光政务”】　行政审批项目清理完毕后，市政府便民服务中心为提高政务公开的水平，进一步完善了服务内容、办事程序、申报资料、承诺时限和收费标准的公示方式，以进一步推进“阳光政务”和保证群众的知情权。如在原有公示方式的基础上，增加了在数字电视的“阳光政务”频道上进行公示。为方便广大群众实行民主监督，中心在行政服务事项公示牌上增加“如果你告知到局里办理，可到市监察局设在一楼的投诉窗口投诉”的字样，在中心网站上设置“民主评议机关作风”专栏，采取设置意见箱、开通投诉电话以及电子投票系统等方式，保证群众的参与权和监督权。对收集到的群众意见和建议，中心及时地向窗口所属部门反馈；对存在的问题及时调查处理，做到件件有落实、事事有回音，有力地防止了“暗箱操作”。

【开展“五比五创、创先争优”主题实践活动】　一是“五学”活动。开展学政治、学业务、学电脑、学普通话、学礼仪等“五学”活动，提高服务质量，更好地为投资者服务。二是有奖征文活动。征文活动要求以“五比五创、创先争优”为主题，反映中心在开展“云岭先锋”工程以及先进性教育活动中涌现出的先进事迹；也可以是窗口人员个人对中心开展“五比五创、创先争优”活动的认识和看法。三是开展“六心”微笑服务。在中心广泛开展微笑服务，做到“五心”，实现“一心”。要求各窗口单位工作人员特别是共产党员要以此为标准来检验服务质量的高低，以人民群众的满意舒心作为搞好窗口优质服务的最高标准。“六心”即：执行政策讲公心、接待群众要热心、资料审核要细心、疑难释疑要耐心、兑现承诺要诚心、群众办事归去舒心。四是评选“服务明星”。由中心党支部组织各窗口开展“服务明星”评比活动，“服务明星”每半年进行一次。主要从政治思想坚定，团结协作精神，模范执行规章制度，办事效率，服务质量以及投诉情况等多个方面进行评选。全年共评选出“服务明星”5名。

【推行目标责任考核机制】　2005年，市政府便民服务领导小组办公室首次在全市便民服务中心推行了目标责任考核机制。按照领导重视、组织建设、宣传工作、信息化建设、后勤管理、监督工作、群众评价等七个方面，对各县（市）区中心、各市级分中心进行交叉分组考核。采取“听、看、座谈、量化评分”的方式，对各单位进行考核评价。通过考核，加强了各单位的协调，促进了各单位的经验交流和便民服务联动职能的落实。

【对外交流、调研】　2005年，中心组织了2批由县（市）区便民服务中心、市级分中心工作人员组成的考察团，赴大连、沈阳、天津、顺德、深圳等地进行了参观考察，学习各地好的经验和做法，促进中心建设。一年里，接待了来自泰国曼谷等国（省）内外的35批（约780余人）交流考察团，增进了行政服务的经验交流。市便民服务领导小组办公室领导定期到昆明市各县（市）区便民服务中心和市级分中心指导工作，支持各中心做好便民服务工作。一年来，共召开主任联席会议2次，到各中心指导工作14次。

（齐　平）

信访工作

【信访工作概况】　2005年全市县以上党政机关及人民团体接待和受理的来信来访共56 788件次，同比信访总量下降17.3%。市信访局直接处理的为30 261件次，同比上升3.6%，其中：来信8 272件，同比上升45.1%，来访21 187人次，同比下降21.5%；集体上访为802批16 775人次，同比分别下降2.3%和26.7%；市领导和上级机关交办的重要信访案件162件，市信访局直接查处的重要信访件138件，重要信访案件办结率达92.1%。全市信访部门紧紧围绕市委、市政府的中心工作，以贯彻《信访条例》为契机，认真化解社会矛盾，妥善处理和解决了大量的群众信访问题。

【信访反映的主要问题】　一是农村征地补偿以及集体资产管理和基层干部不廉洁、作风不民主、村务政务不公开等问题。二是企业改制中职工身份置换补偿金、生活费用和企业领导的廉洁问题。三是旧城改造中的拆迁安置和小区物业管理问题。四是反映劳资纠纷和工资福利问题。如部分困难企业职工要求按时发放工资、办理养老保险和医疗保险；企业离休干部要求将其工资福利纳入机关事业管理；进城打工人员要求解决拖欠工资等。五是反映执法、判决不公等治安、涉法涉讼的问题。六是市场经营纠纷、非法集资和经济诈骗等问题。七是反映城建、环境污染等问题。八是企业军转干部和复员退伍军人问题。九是交通、安全事故等突发性公共事件相关的处置、补偿问题。十是其他问题，如移民安置、矿产资源和山林水土纠纷、部分落实政策遗留问题、帮派“两案”人员、“法轮功”上访问题。

【市委、市政府高度重视信访工作】　市委六次、七次全会，对完善社会矛盾调处机制，加强信访工作提出了明确要求。省委常委、市委书记杨崇勇多次强调要加强信访工作，特别要处理好集体上访和群体性事件，并在书记办公会上专题研究社会稳定和信访工作。年初市委中心学习组讨论了信访维稳工作，4月12日召开全市信访工作会议，5月11日市委常委会专门听取了贯彻《信访条例》情况汇报。市委副书记田云翔，市委常委、秘书长宋黎明，副市长李江等市领导牵头，市联席会议召开了三次专题会议，研究部署集中处理信访突出问题及群体性事件工作。市联席会议将《条例》的学习宣传贯彻作为2005年的一项主要工作，并列入年度普法教育任务。市领导多次对突出信访问题进行批示，亲自研究协调解决重大信访疑难案件，促使原东寺街和金碧路拆迁安置遗留问题，企业军转干部解困等一大批热点、难点信访问题得以取得突破。市政府秘书长陈勇，副秘书长吴长昆和左珍贵经常指挥处置大规模集体上访和群体性事件。

【处理信访突出问题和群体性事件】根据中央和省联席会议的部署，市信访局把集中处理信访突出问题及群体性事件工作引向深入。一是全市建立了不稳定因素和矛盾纠纷排查制度，县（市）区及市属各大系统每月全面排查一次，重大问题及时调处，按“五个一”的做法，明确责任人和解决时限，实行领导包案和工作组督办等形式。全市共处理信访突出问题1 048件，调处重大矛盾纠纷62起，先后7次派出工作人员到北京，协助劝返云南省进北京上访人员70余人。二是切实解决信访积案。全市信访部门认真清理排查积压的各类信访案件共267件，通过分析成因，实行领导包案、挂牌督办、分片检查、跟踪反馈等措施，办结236件，结案率达88.38%，一时无法办结的信访积案也落实了稳控措施。三是认真做好全市企业军转干部的解困和稳定工作。市联席会议建立了以“包保”责任制为核心的解困和稳定工作责任制，兑现发放配套解困资金，拨付企业军转干部生活补助，避免企业军转干部和复员退伍军人群体上访事件的发生，得到省领导的肯定。四是做好GMS会议期间的信访工作。市信访局认真落实市领导的要求，深入全市各级、各部门督促检查处理好各种人民内部矛盾特别是涉及群众切身利益的矛盾，把容易引发不安定因素的各种矛盾化解在基层，解决在萌芽状态；按处置预案，领导带队组成8个小组，进驻会议重要活动场所值守，及时处置突发问题，确保“三个不发生”，为GMS会议的成功举办创造良好的社会环境，受到了市委、市政府的表彰。五是及时处理社会热点、难点问题。市信访局领导带队，连续数天昼夜奋战，配合县区妥善处置了呈贡县回辉营村回、汉两青年在关上峨山大酒店洗桑拿死亡和五华区户外运动协会会员7人死亡、多人受伤重大交通事故的两起事故死者家属停尸上访，索要赔偿的问题，控制了事态，把负面影响降到了最小程度；抽人参加昆纺破产改制问题、小厂村工作组、金碧路拆迁遗留问题和海埂路被连续6天堵断交通等问题的处理，为化解热点、难点矛盾做出了积极的努力。六是强化责任追究，落实奖惩机制。对突出信访问题实行责任交办和领导包案，层层落实责任制；对工作失误、处理不当或不作为等情况，进行责任追究或问责；对各县（市）区、各部门群众发生到省、市党政机关集体上访的情况实行一月一通报制度，对因同一问题连续三次到市、一次到省党政机关集体上访以及发生进京上访的情况，责任单位都要向市委、市政府作出书面说明。

【依法规范信访工作】　新的《信访条例》于2005年1月10日颁布，并于5月1日施行。市信访局牵头有关部门及时下发了《关于贯彻实施〈信访条例〉的通知》，逐步建立完善“畅通、有序、务实、高效”的信访工作新秩序。一是抓好教育宣传、培训。市信访局牵头，宣传、法制、司法、公安、城管部门协助配合，县（市）区参与在全市开展了形式多样的《条例》宣传周、宣传日系列活动；对全市286名分管领导、专职信访干部、市属部门有关人员进行轮训、培训；对全市700多名兼职信访工作者和普法骨干进行了条例宣讲。二是畅通渠道，建立完善配套措施。各级各部门按规定和程序履行职责，民主决策、依法行政，高度重视和自觉维护群众的利益，从源头上预防信访问题的发生；对信访人提出的意见和诉求，及时依法合理地予以处理解决；积极研究制定16项配套制度，完善信访工作业务制度，进一步落实三级领导接待日制度和信访案件督查督办制度；充分发挥基层组织和中介机构的作用，确保大量的信访问题化解在基层。三是维护信访秩序。发生群众集体上访，坚持教育与处罚相结合的原则，耐心细致地做好群众的思想教育和疏导化解工作，将上访人员迅速劝回，并按属地管理的原则，责成相关部门做好后续工作；对违反《条例》规定的六种禁止性上访行为，在劝阻、批评和教育的基础上，协助公安机关依法采取果断措施，维护信访秩序。四是结合部门特色贯彻《条例》。市公安局开展了“大接访”活动；市政法委抓好涉法涉诉案件的处理；市中级法院着眼提高服判息诉率，在全系统开展了“公正司法为民”活动；市国资委、市民政局、市政公用局、市城管局等部门也结合业务，修订完善相关制度，全市信访工作进一步规范。五是加强信访机构队伍建设，树立信访部门的权威。市信访局认真履行好交办、协调、调查、督查督办、批评通报、处分建议六项职权，树立信访权威。市政府批复同意市信访局增设复查复核听证机构，人员编制由20人增加至23人；各县（市）区进一步加强信访机构队伍建设，授权支持信访部门做好工作，县（市）区信访局中有6个二级局升为一级局（全市一级局达13个），有11个增加了编制，其中安宁、官渡等把热线办并入信访局；寻甸、嵩明等5个县区新配置了信访部门工作车辆。六是建立信访工作新

市政府便民热线开通五周年座谈会　（市热线办　供稿）

格局。市信访局积极探索律师介入接访、信访听证、社区信访等有效迅速化解矛盾的工作机制。总结推广律师参与信访接待的经验，组织4个县区31家律师事务所和法律服务所的300余名律师和法律工作者参与信访接待工作，共接待涉法信访群众745批次2 914人次；组织开展两次《条例》宣传贯彻情况大检查，建立政府主导，组织相关社会团体、法律援助机构、社会志愿者等共同参与的信访工作格局。

【增强信访工作的活力】　一是转变行风，提高为群众服务的水平。结合“先教”活动、“云岭先锋”工程，民主评议机关行风活动，市信访局及时研究制定了工作措施，文明接访，便民利民，优质高效；向社会公布信访投诉电话，自觉接受群众监督；向信访群众和人大代表、政协委员征求意见；树立良好的“窗口”形象，缓解信访群众的对立情绪，进一步密切了党和政府与人民群众的联系；发挥“减震器”、“调压阀”、“晴雨表”的作用，为信访群众排忧解难，共收到群众感谢信件、电话及锦旗共50多个（件）。二是搞好信息调研，为市委、市政府决策服务。以实现信访工作“三个转移”为目标，市信访局积极参与“和谐社会，民主法制建设与建立利益协调机制课题”调研；总结交流信访工作在争创“平安昆明”活动中的经验；组织信访干部赴华东、华中十城市考察学习，借鉴先进地区的经验，提出了昆明市改进信访工作的意见和建议，为市委、市政府领导决策出谋划策；召开信访问题协调会24次，提出信访工作建议76条，相关部门采纳65条。三是加强对全市信访工作指导。对全市223名基层信访干部进行了培训；制定新条例相配套的信访规范性函件，下发各级信访部门执行；通过信访学会，加强信访系统横向和纵向的联系，促进信访理念的转变；牵头召开政法纪检系统工作联席会议，对妥善处理涉法信访问题进行探讨；深入基层研究解剖突出信访问题，提出处理意见和建议；编发《昆明信访》杂志、《信访经验交流》。市信访局共深入基层协调解决信访问题，进行业务指导125天303人次。

（屈　尽）

12345市长热线

【年度概况】　2005年，市长热线共受理群众来电（含语音留言、电子邮件和信件）953 884件。其中，交办件4 695件，重点督办件51件，办结率94.40%，群众满意率86%；派员到现场处置89件；下基层走访调研99人次；每月10日、25日抽查、巡查“局长（主任）接待日”18次。全年共编发《工作简报》24期，《情况通报》14期，《专报》14期，《热点调研》5期，《群众建议摘报》71期及市长热线文件22期。

2005年，各级各部门热线工作均取得了可喜的成绩和荣誉，分别得到了上级党委政府的充分肯定。市政府市长热线电话办公室分别被共青团昆明市委授予五星级“青年文明号”、市政府办公厅授予“先进党支部”和市级机关工委授予“先进基层支部”荣誉称号。

【民主评议机关作风】　2005年，市长热线民主评议机关作风工作从市政府办公厅独立出来单列进行。按照市委、市政府的有关要求，市长热线高度重视，严格按照有关要求认真对待，精心组织，专门成立了民主评议机关作风工作领导小组，制定了《昆明市人民政府市长热线电话办公室2005年民主评议机关作风工作实施方案》，并与“云岭先锋工程·畅通连心桥”活动和巩固“保持共产党员先进性教育”活动成果相结合，紧紧围绕“认真履职、落实责任；依法行政、文明执法；便民利民、优质高效；廉洁自律、建好队伍”四个方面内容，主动查找自身存在的问题，采取“多条腿”走路的方式，发放100多份《昆明市人民政府市长热线电话办公室民主评议机关作风征求意见表》，广泛征求意见。通过民主评议机关工作作风，全体工作人员思想觉悟得到了较大提高，责任意识和大局意识不断增强，工作热情空前高涨，接电录入量比去年同期增加了20%。

【制度建设】　为进一步使市长热线工作向制度化、规范化方向发展，2005年，市长热线办先后出台了《关于进一步加强局长（主任）接待日工作的通知》、《关于进一步加强热线保密工作的通知》、《关于进一步加强市长热线网络单位信息报送工作的通知》、《关于进一步加强热线机构建设工作的通知》及《昆明市政府市长热线办公室关于进一步加强内部管理的通知》、《关于进一步规范接待新闻单位采访的通知》等一系列文件和内部管理规定。从制度上保证了市长热线网络系统各项工作的正常运转。

【网络单位建设】　为进一步树立热线权威，参照全国其他城市的做法，2005年10月8日，“昆明市人民政府便民热线办公室”正式更名为“昆明市人民政府市长热线电话办公室”。针对全市网络联动单位机构建设不规范，热线工作开展不均衡，甚至有的县（市）区热线机构和热线工作出现萎缩的情况，市长热线及时下发了《关于进一步加强热线机构建设工作的通知》，建议各县（市）区人民政府参照市长热线做法，将便民热线名称更改为“县（市）区长热线”，

市长热线党员先教活动参观革命图片展　（热线办　供稿）

市长热线先教活动分析评议　（热线办　供稿）

机构高配为正科级。为进一步加强网络联动单位热线工作，围绕市长热线网络建设目标，市长热线按照《昆明市政府便民热线工作管理规定》、《昆明市人民政府便民热线工作目标管理考核试行办法》的要求，对全市网络联动单位进行了年度考核，有效地推进了全市热线工作的制度化、规范化管理，提高了网络单位的工作效率和办件水平。

【干部培养】　市长热线直接面对广大人民群众，工作人员的一言一行直接关系到党和政府的形象。通过在市长热线岗位上的锻炼，可培养工作人员的吃苦耐劳精神，树立群众意识和全局意识，提高驾驭和处理综合性复杂问题的能力。为此，在市委、市政府领导的关心下，2005 年，市委组织部选派 3 人到热线办挂职锻炼，分别担任市长热线办公室主任助理、办件督察处副处长等职。市长热线已成为干部成长、培养和锻炼的重要基地。

【培训考察】　为提高全体工作人员综合素质，市长热线始终坚持每周五上午政治及业务学习，邀请热点部门相关人员到热线办进行业务知识介绍，邀请法制局及保密局工作人员进行法律常识及保密知识的讲解。由于市长热线大部分接电人员实行一年一抽调，针对工作人员常换常新的特点，市长热线在每年 3、4 月份都举办热线系统经办人员业务培训班，对市长热线及网络单位人员进行接电技巧、接电经验、接电心理及其他业务知识培训。新录用公务员及新任职中层领导还参加了公务员初任培训及任职培训。为汲取外省兄弟城市市长热线工作先进经验，探讨市长公开电话面临的新情况和新问题，10 月 18 ~ 22 日，市长热线参加了在湖南省长沙市召开的第十二届全国市长公开电话工作年会。2005 年，市长热线还在办公厅领导的关心和支持下，先后组织网络联动单位的工作人员到杭州、宁波、南京等地考察学习，开拓了眼界，启迪了思路，调动了网络联动单位的积极性。

【局长（主任）接待日】　为进一步转变政府职能，建设服务型政府，树立亲民、责任、法制和诚信的政府形象，2000 年 7 月，昆明市建立了“局长（主任）接待日”制度。为巩固“局长（主任）接待日”工作成果，2004 年 4 月，市政府办公厅明确由市长热线办具体负责督促、检查“局长（主任）接待日”的落实情况。

2005 年，为进一步巩固“局长（主任）接待日”工作成果，加大部分委办局开展群众来访接待工作力度，市长热线办公室下发了《关于进一步加强“局长（主任）接待日”工作的通知》，要求各级各部门领导要高度重视，充分认识“局长（主任）接待日”的重要性和必要性，认真扎实地做好接待工作：1. 每月 10 日、25 日必须进行群众来访接待（节假日照常接待），领导应尽量亲自参加，若有特殊情况实在无法参加接待工作的，必须安排一位中层以上领导参加。2. 各级各部门要根据本单位工作实际排出领导接待时间表。3. 接待群众来访，要认真做好记录，建立台账，做到有记录、有处理、有反馈，特别要切实做好办理工作，突出办理效果。4. 要有固定接待地点，并在显著位置设置指示标识。5. 按照有关要求，各级各部门在每个接待日后三天内，将接待情况整理报市政府市长热线办公室。市政府市长热线将采取随机抽、巡查的方式，必要时邀请新闻单位参加，对各级各部门“局长（主任）接待日”的落实情况进行督促、检查，并定期通报抽查情况。

2005 年，市长热线办采取现场巡查、电话抽查等方式，累计对“局长（主任）接待日”落实情况抽、巡查 18 次，抽、巡查市属委办局累计 116 家次。从检查的情况看，大部分委办局和相关部门的“局长（主任）接待日”都能正常有序地进行，机制健全，成效显著。

（王智明）

市级机关工委

【开展保持共产党员先进性教育活动】　为认真贯彻《中共昆明市委关于开展以实践“三个代表”重要思想为主要内容的保持共产党员先进性教育活动的实施意见》精神，市级机关工委成立了以书记为组长的领导小组，2005 年 2 月 28 日召开了昆明市市级机关党建工作会，市级机关工委与市级机关 86 个单位党组织签订了《市级机关 2005 年“云岭先锋”，保持共产党员先进性教育目标责任书》。为开展好保持共产党员先进性教育活动，市级机关工委制发了《中共昆明市市级机关工委关于在先进性教育活动中对隶属党组织加强领导和指导的实施办法》和《关于机关工委领导在保持共产党员先进性教育活动中联系基层党组织的通知》，工委领导班子成员实行分片包干负责制，对基层党组织加强领导和指导，使市级机关保持共产党员先进性教育活动顺利进行。机关工委根据市委先教办的要求，抽调了 12 人参加保持共产党员先进性教育活动的巡察组和督导组，分别深入第二批开展先进性教育活动的 14 个部门、86 个单位、347 个基层党组织进行督导、指导。针对企事业单位困难多，工学矛盾突出的实际，因地制宜开展分类指导，确保教育活动取得实效。根据市委先教办的要求，机关工委已完成第三批先进性教育活动的实施方案。在先进性教育活动中，各单位结合实际，认真开展好“三评”活动，即：民主评议党员、民主测评党员领导干部、社会评议机关作风和“五比五创”活动，即：比学习，创一流素质；比团结，创一流团队；比干劲，创一流风貌；比服务，创一流作风；比工作，创一流业绩。2005年，市级机关86个单位党组织编发实施“云岭先锋”，保持共产党员先进性教育活动简报共计1 700多期；设立“党员示范窗口”100多个；设立“党员先锋岗”630多个，党员人人挂牌上岗，经费投入30余万元。通过开展“三评”、“五比五创”活动和实行“党员示范窗口”、“党员先锋岗”、党员挂牌上岗，提高了机关各级党组织和广大党员“创先争优”的自觉性，增强了六个意识，即：发展意识、为民意识、大局意识、服务意识、责任意识、创新意识，有力地推动了各项工作的顺利完成。在实施“云岭先锋”，保持共产党员先进性教育活动中，机关工委把培养、树立、宣传典型作为实施“云岭先锋”工程的一项重要措施来抓，及时总结、推广典型经验，以点带面，推动全局。编撰实施“云岭先锋”，保持共产党员先进性教育活动简报40多期，用简报等形式及时反映、宣传、推广好的做法和经验。为基层党组织提供相互学习、取长补短的机会和平台。

【参与市政府大型活动的组织】　召开市级机关延安精神研究分会迎春座谈会，组织分会部分会员到上海、江西、南京等地考察学习。完成“四五”普法和“三五”依法治市的检查考核工作。市级机关工委与市普法和依法治市办协调，根据有关文件要求，组成考核小组，对市级机关“四五”普法和“三五”依法治市工作进行了考核验收，评选出市级先进单位9个，先进个人16人，评出市级机关先进单位20个，先进个人26人。组织参加第二届昆明冬季花卉节。根据市委、市政府关于昆明元旦、春节系列活动指挥部的通知，机关工委承担组织了80辆花车的任务。组织参加第三届昆明春天杯民族风格时装大赛。市级机关工委共组织了23个单位189套（系列）服装参加比赛，23个系列服装进入决赛，并分获金、银、铜奖。组织参加首届“昆明杯”合唱比赛。共组织22个单位参赛，分获一、二、三等奖和组织奖。

【加强基层党组织建设】　机关工委把加强基层党组织建设作为加强机关党的建设的重要工作来抓，一是抓好基层党组织的班子配备，特别是选好配强党委、总支专职书记。凡是各单位上报的党委、总支专职书记候选人，机关工委都认真考察，严格审批。二是抓好换届选举工作，严格按照《中国共产党基层组织选举工作暂行条例》规定的程序进行，2005年有21个单位党组织进行了换届选举；增补党委、总支、支部委员47人；98%以上的机关党组织和党的纪检组织健全，人员到位，保持了工作的连续性。严格党费收缴管理。机关工委的党费设有专门账户，有专人管理，有专门的审批制度，使用合理，账款相符。市级机关各单位党组织的党费，按文件规定，每年每人划拨100～200元的党员教育经费，机关工委都列入党建目标管理范围。2005年党建目标检查考核结果表明，各基层党组织党费管理严格，使用合理。党内的各种统计及上报工作也都按时完成。抓好党务干部的培训，使党务干部责职明确，业务熟悉，工作到位。2005年机关工委订购《党组织选举工作手册》、《发展党员工作手册》、《党的地方和基层组织选举工作流程》、《新编党支部书记培训教材》等有关学习资料1万多本（册），发到基层党组织。同时要求各级党务干部认真学习政治理论和业务知识，并用以会代训等方式举办党组织书记培训班4期，参加培训学习450人。以《中国共产党发展党员工作细则（试行）》为依据，切实做好发展党员工作。工作中按照《中共昆明市市级机关工委关于印发〈市级机关加强发展党员工作的意见〉的通知》，严格实行三制，即：《市级机关发展党员公示制度》、《市级机关发展党员预审制度》、《市级机关入党介绍人资格审查制度》。贯彻“坚持标准、保证质量、改善结构、慎重发展”的十六字方针，坚持入党自愿和个别吸收的原则，严格按照规定发展党员，保证了发展党员的质量。2005年市级机关工委举办入党积极分子培训班2期（机关1期，农校1期），600多人参加学习培训，审批发展党员55名；办理预备党员转正49名（不含基层党委审批的发展党员及办理党员转正数）。

【以先进性教育促进机关作风转变】各单位通过开展“三评”、“五比五创”活动和实行“党员示范窗口”、“党员先锋岗”、党员挂牌上岗，亲民、便民、为民意识不断增强，党员、干部的作风明显好转。市级机关工委积极参与了《中共昆明市委办公厅、昆明市人民政府办公厅关于进一步深化政务公开工作的意见》的修改，及时向全体干部、职工传达，并制发了《中共昆明市市级机关工委关于进一步实行政务公开工作的实施意见》。机关工委班子成员按照机关工委制发的《关于机关工委领导在保持共产党员先进性教育活动中联系基层党组织的通知》，分别深入自己负责联系的单位，调查研究，指导工作，帮助基层党组织解决工作中出现的问题。参与民主评议机关作风，完成评议办交给的2 580份测评表的发放，回收，并参加测评表统计工作。2005年，《中共昆明市委办公厅、昆明市人民政府办公厅关于昆明市2005年民主评议机关作风工作的实施意见》下发后，机关工委于2005年10月9日下午召开工委会，制定了《中共昆明市市级机关工委关于2005年民主评议机关作风工作的实施意见》，调整充实了机关工委民主评议机关作风工作领导小组，确定了评议工作的指导思想、评议原则、评议内容、工作步骤和要求。10月13日机关工委制发了《中共昆明市市级机关工委民主评议机关作风问卷调查表》150份，从依法行政、服务态度、行政效率、廉洁勤政和其他五个方面，征求机关基层党组织和广大党员对机关工委的意见、建议。到10月30日共收回调查表138份，根据反馈意见，机关工委研究制定了整改措施。扶贫工作成绩显著。机关工委协调筹集扶贫资金175 000元，完成了倘甸镇新平村4 000亩良田引水渠一期工程，村民年增收入20余万元。完成了倘甸镇白章村人饮水工程的维修，保证了干旱季节村民的饮水。3月14日机关工委全体职工到机关工委扶贫点，开展民情恳谈活动。

【党风廉政建设】　机关工委于3月2日召开了有94个部委办局党组织书记和纪委书记、纪检组长参加的党建工作会议，传达了市纪委三次全会精神。纪工委于7月13～15日举办了有83个部委办局的140多名专兼职纪检监察干部，机关党委书记、党总支书记参加的学习《实施纲要》培训班。分别于10月和11月选送了1名和10名纪检监察干部到北戴河和杭州参加了中纪委、监察部的培训。纪工委于3月21日下发了《市级机关纪工委、监察局关于做好纪检监察协调服务和调研工作的安排意见》，分三组对市委办公厅、市政府办公厅、市人大、市政协等30个单位，从七个方面认真开展协调、服务和调研工作。在查办案件方面，纪工委做到：

(1) 注重点面结合，提高办案质量和效率；(2) 抓好协作办案，先后三次配合市纪委的“双规”案件查办；(3) 指导基层办案；(4) 加强对基层信访案件受理工作的督促和检查；(5) 增强服务意识，热情为基层排忧解难。2005年共受理群众来信、来访、来电43件次，其中市纪委、监察局转来32件次。信访初核5件，向下要结果件1件，跟踪反馈情况件3件。立案4件，其中党纪立案3件，政纪1件，审理先法后纪案件4件。党纪处分3人，其中，开除党籍2人，党内严重警告1人。

【工、青、妇工作】　市级机关工会联合会在全国率先成立人才服务中心流动人员联合会。发展会员近千人。同时，认真清查清缴各基层工会会费。市级机关工会联合会还为参加GMS会议整治工作的200名职工购置太阳伞、水杯、帽子。圆满完成第二期医疗互助活动，参保率达100%。在隆重纪念“五四”运动86周年之际，团工委表彰了15个先进团组织，24名优秀团干部和40名优秀团员。组织团员青年和团干部参加团市委举办的中青年干部培训班。把创建“青年文明号”和市委、市政府创建现代文明机关有机结合。团工委按照团市委“青年文明号”实施管理细则的要求，加大了对机关青年文明号的管理力度，由于加强了管理，2005年，市级机关被上级团委授予“青年文明号”称号的单位无一家被摘牌，另有5家单位被授予了市级“青年文明号”的称号。市级机关妇委会坚持“巾帼建功”岗位竞赛活动，并评选了活动中的先进集体和个人。“三八”节组织了各单位妇女组织负责人到安宁活动，组织了50余名妇女干部参加市妇联举办的“电视论谈”，组织好女职工参加“女职工权益保障法”知识竞赛活动、举办了“预防艾滋病与女性健康”知识讲座，完成了妇女基本情况调查和基层妇女组织的换届。

【老干部工作】　机关工委把加强老干部工作纳入党建目标管理，成立了离退休党支部，有专人管理老干部工作，在工作中认真落实有关制度。一是建立了工委领导联系老干部工作制度、生病住院看望制度。二是坚持了按规定组织老干部阅读文件制度。三是坚持了学习制度，每月组织老干部学习一次。四是坚持了工委领导每半年向老干部通报工作情况一次。五是老干部党支部坚持每月一次组织生活会。六是组织老干部到蒙自作了社会考察。市级机关各单位领导重视老干部工作，指定专人管理，定期组织老干部学习。市级机关中老干部人数集中的单位，都按要求建立了离退休党支部，所收党费按40%作为自留党费，用于离退休党支部开展活动。老干部的政治待遇，生活待遇都得到了落实，各单位都能坚持重大节日及生病住院走访慰问老干部的制度。

（刘建新）

机构编制

【严格控制机构编制增长】　根据省委办公厅、省政府办公厅《关于进一步加强机构编制管理，严格控制机构编制增长的通知》和市委、市政府的指示以及全省编办主任会议精神，市编办及时草拟了《关于进一步加强我市机构编制管理工作的通知》，以市委办公厅、市政府办公厅发文印发全市执行，全市从2005年3月1日起至2005年12月31日止，除中央、国务院、省委、省政府有明文规定外，所有增加机构、增加编制的事宜一律冻结。文件下发后，市编办采取积极有效措施抓好文件的贯彻落实。一是严格机构编制审批制度和程序，强化机构编制管理，控制机构编制增长；二是进一步加强同上级部门的联系，完善机构编制管理与财政预算管理相互配套协调机制；三是严格控制事业单位增长，实行机构编制总量计划管理；四是严格执行机构编制上划管理制度，切实加强乡镇机构编制管理，严格控制乡镇机构和人员编制5年内不增加；五是严肃机构编制工作纪律，充分发挥机构编制部门的职能作用，严格执行机构编制事宜均由编委及其办事机构一个部门承办和“一支笔”审批、一家行文的规定；六是认真做好宣传解释工作，向市级各部门、各单位和各县(市)区讲解省市关于机构编制管理两个文件的重要意义，提高大家的自觉性，共同做好冻结和控制机构编制的工作。

【部分调整机构“三定”验收】　2004年10月，市政府8个调整部门“三定”规定印发后，8个调整部门及时认真地组织实施了“三定”工作，并按照“三定”规定开展正常工作。为了进一步掌握和了解市政府8个调整部门“三定”实施情况，市编办在2005年一季度对调整的8个部门“三定”实施情况进行了检查验收，8个部门都认真按照市政府批准的主要职责，及时进行本部门的“三定”，该调整交接的职能已调整交接到位，认真履行了职责。并按照机构改革的统一要求，组织开展了本部门机关中层干部竞争上岗和一般干部双向选择工作，在规定的中层领导职数限额内进行组织任命，内设机构的人员也进行了相应调整，保证了各项工作任务的完成。

【县(市)区政府机构改革】　根据《中共昆明市委、昆明市人民政府关于县(市)区政府机构改革的意见》精神，市编委于2004年9月8日及时召

昆明市人民政府部分机构调整工作会议　（张放乔　摄）

昆明市县（市）区政府机构改革工作会议　（张放乔　摄）

开了县（市）区政府机构改革工作会，部署了全市县（市）区政府机构改革工作，14个县（市）区按照市编委的要求于2004年10月14日上报了政府机构改革方案。市编办对各县（市）区上报的方案及时指定业务处和专人进行了审核修改，并按程序报经市政府批准，于2004年11月30日前印发各县（市）区执行。为了确保各县（市）区政府机构改革工作任务的完成，市编办于2005年6月派出了4个工作组16人前往14个县（市）区督促检查机构改革工作，帮助解决突出问题，通过检查、督促、帮助和指导工作，于2005年8月底前完成了县（市）区政府机构改革工作。

【乡镇机构改革】　根据《省委、省政府关于深化乡镇机构改革的实施意见（试行）》精神，市委、市政府及时成立了由王文涛市长任组长的昆明市乡镇改革领导小组，并于2005年3月24日印发了《关于深化乡镇机构改革的实施意见》。市编办作为市乡镇改革领导小组成员单位，按照市委、市政府及领导小组的分工，积极参与了乡镇机构改革实施意见和相关文件的拟订工作。市编办经过认真调研，拟定了《关于贯彻落实中共昆明市委7号文件精神，进一步深化我市乡镇机构改革的指导性意见》，并于2005年12月22日经市编委批准印发执行。在乡镇机构改革的指导性意见中明确：重新规范乡镇机关内部机构设置，严格控制乡镇领导职数；乡镇按三类划分，一类乡镇行政编制控制在33名以内，二类乡镇行政编制控制在28名以内，三类乡镇行政编制控制在23名以内，贫困乡镇编制应略低于以上编制；调整精简乡镇事业单位和人员编制，各乡镇综合设置4个站所（不含国土所、财政所、司法所、滇管所、学校和医院），核定一类乡镇事业编制为40名，二类乡镇事业编制为35名，三类乡镇事业编制为30名。同时明确5年内乡镇财政供养人员只减不增。

【事业单位机构编制清理整顿】　为贯彻党中央、国务院以及省委、省政府有关事业单位机构改革的方针政策，进一步落实《省委办公厅、省政府办公厅关于加强事业单位机构编制管理的意见》精神，切实摸清事业单位底数，为下步事业单位机构改革作好准备。市编办从2004年以来对全市14个县（市）区、3个开发（度假）区和市级各部门共4 500多家事业单位进行调查了解，在充分研究的基础上，拟订了有关全市事业单位清理整顿工作的文件上报市编委，市编委领导非常重视，及时召开市编委会进行专题研究，于2005年8月18日印发了《关于清理整顿全市事业单位机构编制的实施意见》，文件下发后，全市事业单位清理整顿工作全面展开。为加强对事业单位清理整顿工作的领导和指导，市政府副市长、市编委副主任廖晓珊率市编办副主任闫晓陵一行五人前往市农业局调研事业单位清理整顿工作，并要求市农业局严格按照市编委的文件精神，认真执行，确保清理整顿工作不走形式，达到预期目的。为了确保全市事业单位清理整顿工作的顺利进行，市编办于2005年9月6日召开14个县（市）区、3个开发（度假）区和市级各部门参加的全市事业单位清理整顿工作动员大会。市编办主任管宏亮在会上作了动员讲话，对全市事业单位清理整顿工作作了部署和要求。为加强指导，市编办印发了《关于对清理整顿全市事业单位机构编制工作的贯彻落实情况进行指导检查的通知》，并由市编办主任管宏亮、副主任闫晓陵带领工作组对8个县（市）区事业单位清理整顿工作和乡镇机构改革工作情况进行督促检查和指导，确保了工作任务按要求和时限完成。同时，市编办还派出四个工作组共18人，分别指导检查市级64个市级部门所属的400余家事业单位的清理整顿工作。

【企业分离办社会中移交接收学校、医院的相关工作】　根据国家财政部等六部委《关于进一步推进国有企业分离办社会职能工作的意见》，为配合昆明市国有企业改革工作任务，市编办加大了办理企业分离办社会中学校、医院移交接收的相关工作力度。2005年初至11月收到有关企业分离办社会职能的请示10余件，涉及的行业有铁路、工厂、农场等，接收的单位主要为学校和医院。对所报文件，市编办指定业务处和专人负责，认真进行审核，在核定编制时严格执行国家、省、市有关政策规定，对符合规定的事宜按时给予办理，不推诿扯皮，保证了国企改革和分离企业办社会职能工作的顺利完成。

【加强县（市）区编办组织建设和工作指导】　2005年以来，根据各县（市）区编办的实际，为适应机构编制工作形势、任务的客观需要，市编办非常重视对县（市）区编办的组织建设和工作指导。积极争取为各县（市）区编办增加行政编制。对省编委下达的行政编制，及时请示市编委领导批准下达到各县（市）区编办，使编办的力量进一步加强。嵩明、呈贡、富民3县编办的编制为3人，其他11个县（市）区的编制为4人。加强与县（市）区党委的沟通，促使绝大部分县（市）区编办专职副主任得到配备。针对编办人员变化快的实际，重点加强机构改革指导和机构编制监督管理，强化机构编制管理意识，提高县（市）区对加强机构编制管理与促进经济社会发展关系的认识。

【综合行政执法、乡镇机构改革以及机构编制管理工作调研】　2005年9月，根据云南省编办的通知要求，市编办就昆明市开展综合行政执法工作情况，从昆明市相对集中行政处罚权的组织实施；昆明市相对集中行政处罚权的特点；昆明市相对集中行使行政处罚权的范围；昆明市相对集中行使行政处罚权的体制；昆明市滇池管理综合行政执法运行情况等五个方面进行了调研，并在2005年10月广州召开的全国综合行政执法试点工作会上做了交流，得到中央编办的充分肯定。2005年11月，中央编办、省编办又分别对昆明市乡镇机构改革工作和机构编制管理工作进行了调研，听取了昆明市编办和安宁市编办的工作汇报，中央编办和省编办对昆明市和安宁市乡镇机构改革和机构编制管理工作给予了充分肯定，对两级市委、市政府和市编委对机构编制工作的重视给予了高度评价。

【市级机关机构编制管理信息化建设】 根据云南省编办《关于进行云南省机构编制基础信息管理平台运用试点工作的通知》精神，昆明市被确定为进行机构编制管理信息平台运用试点城市。市编办为了完成软件运用试点工作，从2005年7月开始指定处室和专人负责此项工作，并及时报告市编委分管领导廖晓珊副市长，廖副市长明确批示要市编办认真组织，推广运用，实现机构编制管理信息化。按照分管副市长批示精神，市编办从2005年9月至10月分五期10个班对市级党政机关、人大常委会机关、政协机关、人民法院、人民检察院、民主党派机关、人民团体机关、三个开发（度假）区、呈贡新城管委会、昆明空港经济区管委会及其市属事业单位进行了机构编制基础信息平台培训工作。

【办理市级机关各部门上报的机构编制事宜】 2005年，市编办积极支持配合有关部门进行事业单位机构编制调整工作，同时根据事业发展的需要，对一些重要的机构编制事宜按程序给予办理：根据省编办《关于编制2005年—2007年增加公安编制计划的通知》精神，联系昆明市公安工作实际及财力保障能力，积极编制全市公安机关增编计划；配合有关部门完成了全市基础教育、职业教育、高中教育改革和分离企业办学职能及部分学校的移交工作和核定编制工作；确定了部分纳入公务员管理事业单位，并配合组织、人事部门进行县（市）区纳入公务员管理事业单位公务员过渡工作，理顺了部分单位经费管理体制；按程序办理了市委、市政府批转交办以及公安、国土资源、交通、农业、滇池管理、教育、卫生、财政、人事、劳动和社会保障、水利、民政、组织、宣传等部门和14个县（市）区呈报的有关机构编制事宜请示文件450件，按程序办理报批文件1 300余次，印发文件230份。

【事业单位登记和年度检验】 昆明市事业单位登记管理局，在人少业务较重的情况下，一方面加强业务学习，加强向省登记局的工作请示汇报；另一方面，根据各县（市）区登记工作中存在的问题，加强调研和指导，对14个县（市）区登记管理工作逐一进行实地了解。按照省登记局有关事业单位法人登记工作的文件精神，专题召开了县（市）区事业单位法人登记工作会议，印发了相关文件。认真安排布置全市事业单位登记和年度检验工作，对2 189家事业单位进行了年度检审，其中市级297家。在登记工作中，各级编办坚持做到亮证收费，收缴分离，热情服务，为登记对象提供方便，公布登记流程和文件格式。根据《事业单位登记管理档案管理办法》规定和省事业单位登记管理局的要求，完成了全市事业单位的登记管理档案建档工作。全市共清理建立事业单位法人登记管理档案2 997卷，其中市级408卷。2005年，办理了设立登记169家，其中市级14家；变更登记491家，其中市级61家；注销登记7家，其中市级4家。

（张放乔）

参事工作

【参政咨询】 一是努力抓好参事队伍建设。2005年上半年，为了适应昆明市参事工作的需要，参事室在为9名聘期届满参事办理离任手续的同时，在省、市有关单位和部门推荐的人选中，对符合条件的50余人进行了认真筛选，并结合政府工作重点和现有参事的专业结构，在深入遴选考察的基础上，经过反复研究，并征得市委统战部同意后报经市政府审核批准，于5月份又新聘续聘了14位新参事。使昆明市聘任制参事人数达到23名，参事队伍规模和专业结构保持了较为合理的水平，为推动市政府参事工作在新时期持续健康发展奠定了坚实的基础。二是抓好参事的学习，提高参政议政能力。组织参事学习是参事室的一项重要任务，也是做好参事各项工作的前提和基础，为此，参事室首先针对新聘参事较多的实际，在认真抓好参事经常性业务学习的基础上，还专门组织参事对有关参事工作的文件材料进行专题学习辅导；组织新老参事进行座谈交流，使新聘参事明确职责任务，熟悉参政议政的方法和程序，进一步增强参事们的责任感和使命感，以及做好参事工作的自觉性。同时，根据专业特长对参事进行重新分组，把调研工作和学习工作结合起来，以老带新，让参事在调研中学习，在学习中提高。三是积极为参事参政咨询知情出力创造条件，做好服务。为使参事们及时了解、熟悉、掌握市委、市政府的工作重点和昆明市经济社会发展情况，使参政咨询工作能够紧跟党委政府的重大战略部署，参事室除继续认真组织参事出、列席市人大、市政协全会外，还认真组织参事学习省委、省政府、市委、市政府对建设现代新昆明有关会议及文件精神，发动机关人员，积极主动多渠道为参事广泛收集各类信息资料，共为参事收集购买有关书籍资料500余份；邀请市发改委领导来参事室给参事们通报昆明市"十一五"规划编制情况，组织参事到昆明市水利局、松华坝管理处、嵩明县、盘龙区等单位进行实地了解情况。下半年，参事室还组织部分参事分别到西部和东部沿海地区进行了实地参观考察，进一步转变了观念，开阔了视野。并与上海、江西、南昌以及来昆参观考察的武汉、宁夏、吉林等省、市参事室进行座谈交流，学习他们在参政咨询工作中好的做法和经验，不断提高为参事各项工作服务的能力和水平。四是认真组织参事深入调研，积极为建设现代新昆明建言献策。一年来，紧紧围绕市委、市政府中心工作，充分调动参事们的工作热情和积极性，立足参事的专业特长，以建设现代新昆明为重点，认真选题，严格把关，精心组织，积极拓宽咨询渠道，多领域，多形式组织参事开展社会调研活动，全年先后5次组织参事60余人次深入到县、区以及乡村基层调查研究，共向市政府上报《参事建议》26份，建议涉及内容广泛，其中一份《参事建议》市长专门作了批示，多数建议受到有关部门的重视或采纳，有2份还被《昆明经济》登载。

【统战联谊】 一是认真组织参事学习中央和云南省统战工作会议精神，学习《反对分裂国家法》、中共中央《关于进一步加强中国共产党领导的多党合作和政治协商制度建设的意见》文件精神；6月份组织召开“参事室海峡两岸关系情况通报会”，邀请省台办领导宣讲台海两岸形势；8月份又召开“统战联谊工作交流座谈会”，请市委统战部、市台办、市台联等有关单位和部门的领导来参事室座谈交流；8月，参事室积极组织参事参加世界反法西斯战争胜利60周年暨抗日战争胜利60周年有关纪念、庆祝活动，接受电台、报刊等媒体采访，撰写抗战纪念文章。通过以上的学习活动，使参事们能够及时把握中央最新对台方针政策和工作重点，了解、掌握台海形势及两岸关系发展最新变化，进一步加深对做好统战联谊工作，促进祖国完全统一重要性的认识，增强认真履行职责的主动性和自觉性。二是进一步加强同海外的联络沟通，积极参与对外科技文化交流。2005年，全室人员与海外亲友通信联系、邮寄信函、资料和电子邮件400余件；接待美国、英国、俄罗斯、日本、瑞士、新加坡、马来西亚及港澳台地区来昆探亲、旅游观光和进行科学、技术、文化交流的海外亲友80余人；二位参事先后应邀到美国、英国、俄罗斯等国著名大学访问讲学和开展科技交流，并发表学术论文12篇。一年来，参事们还应省市有关单位和部门的邀请，参加工程项目评审11项，行风督察评议16次，有关专题调研10余次。

【参事工作宣传】　2005年，利用召开“参事室成立50周年纪念大会”、“市政府为新聘参事颁发聘书大会”以及“市政府参事中秋国庆座谈会”等机会，邀请有关领导，政府有关单位、部门和民主党派、人民团体负责人到会，宣传有关中央加强参事工作的文件精神，宣传参事工作在新时期的地位、任务和作用，同时，邀请电台、电视台、报社等新闻传媒，加大对参事工作性质、意义和地位作用的宣传，让社会各界了解、关心和支持参事工作。二是结合参事室在贯彻落实两办《意见》存在的问题和困难，积极向市委、市政府有关领导请示汇报，争取领导的关心重视，同时，室领导还多次主动走访市委组织部、市编办、市人事局等单位和部门，进一步宣传党和政府在新时期加强政府参事工作的重要意义和具体要求，争取在明确参事室机构设置、人员编制等方面给予重视和支持，为参事工作的顺利开展创造良好的内部和外部环境。三是积极汇集有关文件、领导讲话和参事工作情况，组织编辑《参事工作文选》第五辑，并通过《昆明年鉴》宣传参事工作50年来的工作情况和成果，同时，将参事室成立50周年纪念画册及《参事建议集》、《参事文史集》分送有关领导和部门，使更多的领导和单位全面了解参事工作，争取参事工作得到更广泛的关心和支持。

（孙思民）

地方志

【《昆明市志》10个分册和一批论著荣获省奖】　在2004年9月25日至2005年4月8日的第五届云南省地方志优秀成果奖中，经过专家审读组3个多月的认真审读和评委的投票表决，报评的《昆明市志》8个分册分获特等奖和二等奖。

特等奖：第一、第二、第十分册。第一分册：除序言、凡例、大事记外为自然地理、建置沿革、人口、民族4个专卷，80万字，44页彩图，2003年5月出版；第二分册：城市规划、市政建设、公用事业、建筑、房产管理、土地管理、环境保护、园林、旅游、交通、邮政、电信、人防13卷，141.8万字，26页彩图，2002年5月出版；第10分册：除附录和编纂始末外，为社会、宗教、方言、人物4个专卷，120万字，33页彩图，2003年12月出版。

二等奖：第三、五、七、八、九分册。第三分册：冶金、建材、化工、机械、电气电子仪器仪表、一轻工业、纺织工业、二轻工业、木材家具、乡镇企业10个专卷，75万字，22页彩图，2002年5月出版；第五分册：商业、供销合作、粮油、对外贸易、烟草、税务、金融、财政8个专卷，141.6万字，26页彩图，2003年5月出版；第七分册：中国共产党昆明地方组织、民主党派昆明地方组织、中国国民党及其他党团昆明地方组织、群众团体昆明地方组织、公安、检察、审判、司法行政、军事9个专卷，152万字，28页彩图，2001年9月出版；第八分册：人大、政府、政协、民政、劳动人事、外事、侨务7个专卷，100万字，22页彩图，1998年6月出版；第九分册：教育、科技、文化、卫生、体育、广播电视、文物、档案、爱国卫生运动9个专卷，130万字，18页彩图，1998年6月出版。

另第四分册：农业、水利、林业、农场管理4个专卷，73万字，26页彩图，1997年12月出版，获省第四届地方志优秀成果一等奖；第六分册：计划、统计、工商行政管理、物价、标准计量、审计、物资7个专卷，100万字，22页彩图，1998年6月出版，获省第四届地方志优秀成果二等奖。

这套由人民出版社出版的《昆明市志》，内容翔实，体例规范，装帧精美，总字数达1 076万字。上限从3万年前昆明有古人类活动记起，下限至20世纪90年代，全面记载了昆明从自然到社会，从历史到现状各个方面的历史情况，具有较高的资政、教育、存史价值，是研究昆明市情的第一手资料。

全市同时获奖的志书还有，专志类一等奖：《昆明市政府志》、《昆钢建设志》；地情类成果一等奖：《五华教育史话》、《五华街巷史话》、《走进轿子山》、《五华园林史论》；论文一等奖：马颖生：《孤本〈咸阳家乘〉(《大理马姓家谱》)研究》、字应军：《改革与创新——地方志续修的两大课题》；论文二等奖：徐寅生：《“弄栋”名缘考》、《续志图片刍议》等。

【2005年版《昆明年鉴》别具特色】　经过市志办昆明年鉴编辑部和各县（市）区，市属各承撰单位的辛勤努力，历经组稿、催稿、编辑、校对，领导审核把关、印制各个环节，2005年版《昆明年鉴》于11月份正式出版发行。全书139万字，84页彩图，全面反映了2004年昆明市各项事业的发展状况、重大事件和建设成就。为纪念昆明建城1 240周年，封面采用了从出版社买来的方苏雅拍摄的清末昆明古城北门的老照片。北门过去称拱辰门，气势磅礴，十分壮观；封底和扉页用了清末近日楼（南门）的老照片，即百货大楼一带，近日楼是昆明的象征。用古城作为年鉴封面这在全国也很少见，使本年鉴以另一种风格出现，从而展示了历史文化名城的雄姿，同时也避免了商业化的取向。

栏目设置，围绕现代新昆明建设，新增信息产业、会展业、房地产业、非公经济等；版式也重新作了设计；文字印刷作了大的改进，用红黑双色套印。图片宣传上，刊登了云南省和昆明市隆重举行郑和下西洋600周年和抗战胜利60周年的纪念活动，大型经贸活动和城市建设成就，突出了昆明特点。全书给人以焕然一新之感，受到省内外广泛好评。

【《史与志》季刊设纪念郑和、抗战、护国专栏】　为纪念郑和下西洋600周年，抗战胜利60周年和护国起义90周年，《史与志》季刊分设了纪念专栏，刊登纪念文章26篇，图片28幅。著名史学家谢本书、博士生导师高发元、朱惠荣，清华大学教授龙登高分别为各栏目撰稿。此外，朱惠荣博导还发表了《五华山名考》、《螺山考》两篇地名考释文章。全年出书4期，36万字。

【2005年版《昆明年鉴》发行会暨县（市）区志办主任会】　2005年版《昆明年鉴》发行会暨县（市）区志办主任会于12月20日在市政府举行。全市各县（市）区、各委办局、人民团体、驻昆部队代表70余人参加会议。市人大秘书长张藻、市政府秘书长陈勇、市政协秘书长张辉、市级老领导张鹏翼，省志办副主任李一是、李成鼎，《云南年鉴》编辑部主任普永红、《云南经济年鉴》编辑部主任许太琴、昆明市社科联主席龙东林出席会议并在主席台就座。市政府秘书长、《昆明年鉴》总编陈勇在讲话中要求，（一）要提高对年鉴工作重要性的认识；（二）认真做好2005年版《昆明年鉴》发行工作；（三）继续努力，编纂好2006年版《昆明年鉴》；（四）做好第二轮地方志续修的理论准备、人员准备；（五）做好志书的开发利用；（六）整理出版旧志；（七）加强修志基础建设。省志办、省年鉴的领导也作了讲话。会上还表彰了60名优秀撰稿人和撰稿单位；市志办副主任马颖生作了总结发言。

下午举行县（市）区志办主任会，各县（市）区汇报了一年来的地方志工作，市志办对下一步的工作提了要求。

【第二轮地方志续修取得进展】　根据国务院办公厅、云南省政府办公厅关于开展地方志续修的通知精神，市政府办公厅于4月份下发了《关于转发昆明市第二轮地方志续修工作规划的通知》，从而促进了全市第二轮修志工作。2005年下半年，各部委、办、局已积极行动起来。有的已组建了班子，聘请了人员；有的已拟订篇目，开始收集资料，撰写初稿；有的在进行论证。各县（市）区已在组织发动，培训人员。继禄劝、嵩明续志出版后，石林县志办全体修志同人全力以赴，赶在2005年内完成了续志初稿，决心在2006年出版，向县庆50周年献礼。与此同时，呈贡、寻甸已办了续志培训班，正式启动续修。安宁、东川、富民都有不同程度的进展。

【学术成果丰硕】　2005年下半年，昆明市志办部分专业技术人员应邀参加郑和下西洋600周年、抗战胜利60周年、护国起义90周年、昆明建城1 240周年的学术活动。撰写论文、纪念文章数十篇，分别发表于《纪念郑和下西洋600周年国际学术论坛论文集》、《回族研究》、《昆明社会科学》、《都市时报》、《云南信息报》、《史与志》季刊。其中马颖生的《从郑和家谱探郑和家世》发表于《人民日报》7月11日第14版；字应军的《昆明城名的历史风烟》发表于《云南信息报》。

【市情信息库建设二期工程启动】　利用地方志、年鉴上亿字的地情资料为国民经济和文化建设服务是志办的主要责任之一。2005年，在市情信息库一期工程通过市信息办验收的基础上，二期工程已经政府领导同意，市信息办立项，即将着手施行。这是昆明市信息产业建设中的一件大事。

【昆明市两名方志工作者、一个集体荣获全国方志先进荣誉】　中国地方志指导小组于2005年4月，在全国方志系统开展推荐评选全国先进工作者和先进集体活动。经过半年多的评选，评出“全国地方志系统先进集体”31个，先进工作者10名；“全国方志先进集体”244个，先进工作者484名，其中21人获特别嘉奖。昆明市两名方志工作者、一个集体获奖：

石林县志办编审昂智灵，荣获人事部、中国地方志指导小组“全国地方志系统先进工作者”和中国地方志指导小组“全国方志先进工作者”荣誉。

昆明市地方志办公室编审马颖生，荣获“全国方志先进工作者”荣誉。

禄劝彝族苗族自治县地方志办公室，荣获“全国方志先进集体”荣誉。

（马颖生）

·中国人民政治协商会议昆明市委员会·

【政协昆明市十届五次会议】　中国人民政治协商会议昆明市第十届委员会第五次会议于2005年2月18日隆重开幕。大会的执行主席是：徐之信、胡启中、张中宁、徐声瑛、姚承济、孙世光、杨国栋、罗士德、陆玉珍、傅汝林、张辉。

杨崇勇、王文涛、杨远翔、李培山、田云翔、李庄、张红苹、宋黎明、杨宁、张荣明、高劲松、王道兴、张建伟、蔡忠诚、高德明、何有德、林爽爽、寸镇洋、杨丽、田翎、张宁、王俊斌、李江、雷晓明、廖晓珊、王奇英、梁晓谷、陈鹰、杨雯、王晓明等市党政军领导及市中级人民法院院长杨玉兰、市人民检察院检察长王汝能、市老领导王希三、李代昌、王任才、张朝辉、袁靳、戴文忠出席会议。

省政协副主席管国忠到会指导。

大会开幕式由市政协常务副主席、大会执行主席胡启中主持。

政协主席徐之信在会上作常务委员会工作报告。徐之信主席在报告中回顾和总结了市政协在过去的一年里，常委会深入学习贯彻中共十六大、十六届三中、四中全会精神，认真学习遵守宪法和政协章程，在中共昆明市委的正确领导下，坚持团结和民主两大主题，充分发挥全体委员的积极性，切实履行政治协商、民主监督、参政议政的职能，不断推进人民政协履职的制度化、规范化和程序化，为现代新昆明建设和全面建设小康社会作出了应有的贡献。并从六个方面总结了去年的工作：深入学习实践“三个代表”重要思想，进一步明确政协工作的指导思想；围绕团结和民主两大主题，认真履行政协职能；认真贯彻中共昆明市委政协工作会议精神，不断推进政协履职的制度化、规范化、程序化；巩固发展爱国统一战线，为现代新昆明建设增添力量；及时反映社情民意，深入开展“八个一”民心活动；切实加强自身建设，努力提高政协组织的整体素质。

受政协昆明市第十届委员会常务委员会的委托，市政协副主席陆玉珍作了《中国人民政治协商会议昆明市第十届委员会常务委员会关于十届四次会议以来提案工作情况的报告》。

市政协十届四次会议期间及会后共收到提案570件，经提案委员会审查立案542件。提案送交77个承办单位办理，截至2004年12月底，542件提案已全部办复。

2月18日下午和2月19日上午，

全会举行分组讨论，审议市政协常委会工作报告和提案报告。

2月19日下午，市委召开“两会”党员大会，省委常委、市委书记杨崇勇作重要讲话。

2月20日上午，出席政协全会的政协委员和其他与会人员列席人大十一届五次会议。

2月20日下午分组协商政府工作报告和计划、财政报告。

2月21日上午，举行“协商政府工作报告”、“党派团体”、“经济、科技、农林”、“教文卫体”四个联组发言会。市委、市政府的领导参加了四个联组发言会。

2月21日下午，继续协商政府工作报告和计划、财政报告。

2月22日上午，分组协商昆明市中级人民法院报告和昆明市人民检察院工作报告，讨论政协昆明市第十届委员会第五次会议决议（草案）。同日上午，还举行了政协昆明市第十届委员会常务委员会第二十一次会议，听取各组酝酿讨论决议等情况汇报。

2月22日下午，全会举行第二次大会，大会的执行主席是张中宁、徐声瑛、姚承济。会议听取了党派、工商联、团体的大会发言。市政府领导到会听取意见。

2月23日上午，全会召开《完善国有企业产权制度改革》、《文化产业发展、历史文化名城保护》、《主城区交通整治》三个专题协商会，政协委员和与会人员踊跃发言，积极建言献策。市委、市政府领导到会听取协商意见。

2月23日下午，政协昆明市第十届委员会第五次会议圆满完成各项议程，胜利闭幕。

会议的执行主席是：徐之信、胡启中、张中宁、徐声瑛、姚承济、孙世光、杨国栋、罗士德、陆玉珍、傅汝林、张辉。

闭幕大会由市政协主席、大会执行主席徐之信主持。

中共云南省委常委、昆明市委书记杨崇勇，省政协副主席管国忠，中共昆明市委、市人大、市政府、市纪委、昆明军分区的领导以及部分市级老领导应邀出席大会。

市级各民主党派、工商联、有关人民团体的负责人，市政府参事室参事，市级党政机关有关部门的负责人应邀参加了大会。

会议表彰了2004年度政协工作先进集体、先进个人和优秀提案，通过了《中国人民政治协商会议昆明市第十届委员会第五次会议决议》，听取了《中国人民政治协商会议昆明市第十届委员会提案委员会关于十五届五次会议期间提案审查情况的报告》。

会上，中共云南省委常委、昆明市委书记杨崇勇作了题为《求真务实，奋发有为，为现代新昆明贡献力量》的重要讲话。

【市政协召开情况通报会】 11月21日，市政协召开昆明市国有资产管理情况通报会。市政协副主席傅汝林主持通报会。市国资委书记刘曈、主任马凤伦到会就市国资委组建一年来的主要工作和今后的打算进行了通报。市政协委员，市级各民主党派、工商联、有关人民团体和市政协机关干部、政协之友联谊会的部分人员到会听取通报。

市国资委于2004年7月组建，代表市政府对市属企业的国有资产和市级党政机关事业单位经营性国有资产实施监管，指导国有企业改革和重组，推进现代企业制度建设，完善公司法人治理结构，负责国有经济结构和布局的战略性调整。市国资委监管的19户企业，在原材料、燃料价格上涨的情况下，2005年1~10月份，主要经济指标都不同程度增长，实现了销售收入、利润总额、上交税金及工业增加值同比两位数增长的目标。

市国资委下一步将从加快构建和完善国有资产监督管理营运体系；大力推进国有经济布局战略性调整；加快现代企业制度建设，完善公司法人治理结构；加强和改进企业党的建设和企业文化建设；加强学习，不断提高国资监管能力5个方面入手，树立和落实科学发展观，紧紧围绕国有资产保值增值和企业效益最大化这一目标，面向社会，服务企业，扎实工作，勇于创新，勤政廉洁，努力做好国有资产的监督管理工作。

【市政协中心学习组专题会议】 11月15~18日，市政协中心学习组举行专题学习会议，深入学习贯彻中共十六届五中全会精神。市委副书记、市长王文涛应邀到会做重要讲话。王文涛市长向与会人员介绍了昆明市2005年1~10月全市经济工作情况、“十一五”规划的编制情况以及2005年最后两个月的工作要求。他说，“十一五”规划的编制要突出前瞻性，体现科学性，要像昆明、是昆明。要有可操作性。重点解决六个方面的问题：一是突出加快发展；二是确定发展目标；三是明确发展途径；四是强化产业支撑；五是统筹区域发展；六是注重全面发展。王文涛市长强调，要使昆明的“十一五”规划真正成为一份凝聚智慧，反映民意，体现民心的规划。希望市政协委员发挥联系面广、人才济济的优势，积极为“十一五”规划的编制建言献策。

会议进行了分组讨论和大会交流发言，与会委员、专家，市级各民主党派、工商联、有关人民团体，县（市）区政协负责人，围绕中共十六届五中全会精神和昆明市“十一五”规划的编制进行了热烈讨论。

徐之信主席在会议结束时作了讲

张中宁副主席、原主席张朝辉在东三环建设工地现场听取情况汇报

（市政协　供稿）

2月8日，政协昆明市第十届委员会第五次会议胜利召开　（市政协　供稿）

话。他要求全市各级政协组织和政协委员，一要按照中共中央及省、市委的通知要求，认真组织学习贯彻好十六届五中全会精神，进一步认清形势，增强使命感和政治责任感，提高履职水平，为推进现代新昆明建设，全面建设小康社会作出新的贡献。二要明确今后五年的奋斗目标和主要任务，坚持用科学发展观统领经济社会发展的全局，坚持把发展作为执政兴国的第一要务和政协履行职能的第一要务；转变发展观念，创新发展模式，提高发展质量，落实五个统筹；坚持以人为本，明确为谁发展，靠谁发展。三要紧密联系实际，认真学习贯彻十六届五中全会精神，积极为昆明市“十一五”规划建言献策。

市政协常务副主席胡启中主持了18日的大会发言。

【市政协督查指导官渡区交通环境和市容市貌整治工作】　根据市委的安排，在迎接GMS会议综合环境整治工作中，市政协负责联系官渡区。按照5月25日召开的全市再次动员大会精神和市政协主席会议的决定，6月1日、2日，市政协主席徐之信，副主席胡启中、张中宁、孙世光、杨国栋、陆玉珍、傅汝林分别带领4个督导组深入到官渡区的金马、关上、太和和吴井办事处详细了解各办事处、社区的环境综合整治情况，对存在的问题进行协调和督促指导。

各督导组在听取了办事处整治工作总体情况汇报后，深入到社区以及重点片段、区域进行查看。4个办事处在迎接GMS会议环境综合整治工作中，紧紧围绕省、市提出的“市容市貌焕然一新、国内国外眼前一亮”的整治工作目标，按照区委、区政府“洁净官渡、平安官渡”的要求，及时制定工作责任制，广泛发动，迅速行动，开展了声势浩大的迎接GMS会议综合环境整治活动。各办事处按计划、分步骤完成了“三横四纵”城市主干道大部分补洁罩面、临街建筑的清洗粉饰、穿衣戴帽工作。同时，协调、发动各方力量不断加大对占道经营、非法营运、小广告的打击力度。各办事处为确保按时、按量、按质完成各项整治任务，在整治工作中，以大局为重，按照“先办事，后协商，无缝隙对接”的工作原则，克服经费不足、责任不明、关系不顺等困难，认真抓紧、抓实各项整治工作。各办事处根据整治中的实际，边整治、边总结，边研究、边完善，全力以赴，上下互动，全力打好最后的攻坚战。

督导组认为，4个办事处在前一阶段做了大量的工作，成绩突出、效果明显，但距市委、市政府的要求还有一定差距。针对小广告的清除反复性大，占道经营难治理，“门前三包”难落实，个别驻辖区单位配合不好等困难和问题，督导组希望办事处在时间紧、任务重的情况下，充分发挥基层联系面广的优势，调动好基层组织的积极性和主动性，积极主动与驻区公共单位搞好协调，取得支持和配合，在巩固前一阶段成绩的基础上，突出重点，狠抓落实，进一步加大整治工作向纵深发展的力度，苦干实干30天，高标准、严要求，确保市委、市政府环境综合整治总体目标的实现。

【全国政协视察团视察昆明市儿童事业】

6月，以全国政协副主席李蒙为团长的全国政协西部地区儿童事业发展状况视察团，到昆明视察儿童事业发展状况。在昆期间，省政协副主席陈勋儒、市政协副主席陆玉珍陪同李蒙副主席一行进行视察。

全国政协视察团的主要目的是充分发挥人民政协的三项职能，为“十一五”规划建言献策，推动将儿童发展的主要目标纳入国家的“十一五”规划，促进“十一五”期间儿童发展问题的有效解决，为构建和谐社会作贡献。在昆两天视察活动中，视察团先后深入到石林县妇幼保健院、石林县民族中学、昆明市明通小学、市青少年活动中心和市第三幼儿园等单位，对昆明市的儿童健康与卫生保健以及儿童生存和发展工作情况进行视察。每到一处，视察团的委员、专家都认真听取情况汇报，实地查看软、硬件建设情况，详细了解有关情况，并通过与孩子、教师、医务工作者的交流互动，加强沟通，深入了解了昆明市的儿童事业状况和基层干部、群众的意见建议和要求。

通过视察，全国政协视察团对昆明市儿童事业总体的发展状况给予了充分的肯定。同时，对进一步完善工作机构，加大中央和地方对西部地区事业发展的经费投入，采取有效措施，进一步改善儿童的生存、保护和发展条件等方面提出了意见和建议。

省委常委、市委书记杨崇勇，市政协主席徐之信，市政府副市长王奇英，市政协副主席陆玉珍、秘书长张辉与全国政协视察团，就儿童事业的发展进行了交流探讨。杨崇勇感谢全国政协视察团对昆明儿童事业的关心和支持。他说，李蒙副主席到昆视察，对我市儿童事业提出了更高更新的要求，在今后的工作中，我们要认真落实科学发展观，把儿童事业发展纳入昆明市的“十一五”规划，进一步增强做好妇女儿童工作的政治意识、大局意识和责任意识，努力培养和造就一大批二十一世纪社会主义现代化建设的有用人才。

【市政协召开专题通报会】　8月30日，市政协召开昆明市反腐倡廉情况通报会。中共昆明市委副书记、市纪委书记李培山到会作通报。通报会由市政协主席徐之信主持。市政协副主席傅汝林，秘书长张辉及部分市政协委员，市级各民主党派、工商联、有关人民团体人士共150余人到会听取通报。

李培山在通报中说，去年以来，昆明市的党风廉政建设和反腐败工作一是按照中央和省、市的部署和要求，按照胡锦涛总书记“为民、务实、清廉”的要求，坚持标本兼治、综合治理的方针，围绕中心、服务大局，扎实有效地开展工作，为现代新昆明建设和全面建设小康社会提供了坚强的政治和纪律保证。二是深入学习贯彻中纪委关于《建立健全教育、制度、监督并重的惩治和预防腐败体系实施纲要》。全市各级党政组织和纪检监察机关坚持把学习宣传、贯彻落实好《实施纲要》作为重要任务，认真抓好《实施纲要》的学习贯彻，保证学习宣传工作落到实处，并开展专题调研，提出学习落实《实施纲要》的具体办法。三是认真落实党风廉政建设责任制，把反腐倡廉工作任务落到实处。他指出，在看到成绩的同时，也还存在着一些不容忽视的问题，一是责任制落实上存在一些薄弱环节；二是反腐倡廉“大宣教”格局的作用发挥不够，教育的针对性、实效性不够强；三是有的单位对反腐倡廉制度督促落实不够；四是工作发展不平衡。针对以上现象和问题，市纪委将进一步采取有力措施，认真加以解决。

李培山强调，下一阶段工作的重点是确保全市党风廉政建设和反腐工作各项任务和目标的实现，全市党风廉政建设和反腐败工作主要是围绕中心、服务大局，确保现代新昆明建设顺利实施，积极创建建设现代新昆明的良好的软环境；坚持以《实施纲要》为纲，扎扎实实推进惩治防体系建设。

政协主席徐之信在会议结束时指出：市委李培山副书记全面系统地向委员通报了去年下半年以及今年上半年昆明市抓党风廉政建设和反腐败工作情况，对于政协委员知情参政具有很好的作用。政协机关要积极为政协委员履行职能创造宽松的政治环境，要组织政协委员发挥自身优势，对群众关心的食品安全、看病贵、上学难等方面进行监督，发挥人民政协应有的作用。

【市政协中心学习组学习中央5号文件】 9月5～7日，昆明市政协中心学习组举行为期3天的学习教育活动，重点学习《中共中央关于进一步加强中国共产党领导的多党合作和政治协商制度建设的意见》和胡锦涛总书记在纪念中国人民抗日战争暨世界反法西斯战争胜利60周年大会上的重要讲话。

与会人员在以往学习的基础上，按照要求在5日又进行了认真的自学。6日上午，市政协副主席、市委统战部部长张中宁宣讲了中共中央5号文件精神。6日下午和7日全天的大会发言中，市级各民主党派、工商联、有关人民团体负责人和县（市）区政协主席、政协机关专委会、研究室负责人踊跃发言，畅谈学习体会。大家认为，通过这次学习，对党的统一战线和人民政协理论及主要的方针政策有了更加深入全面的了解，进一步认识到，统一战线是我们党领导新民主主义革命、社会主义革命、现代化建设和实现中华民族伟大复兴的法宝，特别是抗日战争的胜利和社会主义现代化建设的实践证明，在爱国主义和社会主义的政治基础上结成的广泛的爱国统一战线，是战胜一切困难和敌人，实现强国富民战略目标的强大力量。大家表示，要把学习落实好中共中央5号文件精神当作重要的政治任务抓紧抓好，要增强事业心和合作感，努力做好争取人心、凝聚力量、调动一切积极因素的工作，为开创工作新局面作出自己的贡献。

徐之信主席在会议结束时作重要讲话。他指出，中共中央5号文件是新世纪新阶段加强中国共产党领导的多党合作和政治协商制度建设的纲领性文件。5号文件体现了与时俱进、不断创新的精神，在理论上有新突破，政策上有新规定，措施上有新要求。他强调，加强党对多党合作和政治协商制度的领导，各级党委要高度重视中央5号文件的学习贯彻。政协要从政协党组、党员领导干部做起，爱岗敬业，自尊自强，干出实绩，做到有为有位。徐之信主席在讲话中还对市政协深入学习贯彻好5号文件精神，搞好政协工作经验总结及近期工作等提出了具体要求。

【市政协中秋联谊会】 在中秋佳节即将到来之际，政协昆明市委员会于9月9日下午举行中秋联谊会。王文涛、李庄等市委、市人大、市政府、市政协领导，部分原市级老领导，部分市政协委员，市级各民主党派、工商联、有关人民团体，在昆的港、澳、台同胞和海外侨胞代表以及各族各界人士欢聚一堂，叙友情、话发展，为昆明的建设和发展，为建设现代新昆明共商良策。市政协主席徐之信主持联谊会。

中共昆明市委副书记田云翔代表中共昆明市委、市人民政府，向全市政协委员，各民主党派、工商联、人民团体、无党派人士和各族各界人士，向在昆的台湾同胞、澳门同胞、海外侨胞、归国华侨以及所有关心支持社会主义事业和现代化建设事业的同志们、朋友们致以节日的问候和良好的祝愿！他说，今年，在市委、市政府的坚强领导下，全市上下团结奋斗，开拓创新，坚持以经济建设为中心，积极构建和谐社会，不断推进现代新昆明建设，全市各方面的工作都取得了新的成绩。上半年，全市实现国内生产总值452.12亿元，同比增长11.5%；地方财政收入45.09亿元，同比增长27.7%；城镇居民人均可

市政协就政府拟提请人代会审议的《政府工作报告》征求意见稿举行专题协商会
（市政协　供稿）

支配收入和农民人均纯收入分别增长7.1%和18.6%。这些成绩的取得，是上级党委和政府正确领导的结果，是全市人民共同努力的结果，同时也凝聚着各级政协、广大政协委员及社会各界人士的辛勤劳动和汗水。全市各级政协组织和广大政协委员，紧紧围绕全市中心工作，发挥自身优势，切实履行政治协商、民主监督、参政议政职能，深入开展调查研究、视察考察、提出提案和民主评议活动，为市委、市政府科学、民主决策提供了依据；广泛反映社情民意，积极协助党委和政府做好团结力量、沟通思想、协调关系、化解矛盾、促进稳定的工作；大力开展海外联谊活动，发展壮大爱国统一战线；加强政协的自身建设，积极推进政协工作的制度化、规范化和程序化，为昆明市的改革发展稳定作出了积极贡献。

市工商联负责人代表市级各民主党派、有关人民团体作了发言，港澳台侨代表、民族宗教界代表也分别在会上作了发言。

联谊会上，文艺工作者表演了精彩的文艺节目。联谊会自始至终洋溢着欢乐、祥和、喜庆的节日气氛。

【市政协召开“和谐社会·平安昆明”研讨会】 5月26日，市政协召开“和谐社会·平安昆明”研讨会。出席本次研讨会的有市领导田云翔、徐之信、张红苹、高劲松、寸镇洋、胡启中、张中宁、徐声瑛、孙世光、杨国栋、陆玉珍、傅汝林、庄毓纹和昆明市友好政协南京市政协和上海长宁区政协的领导，省内外有关方面的专家、学者、市有关部门领导、企业界代表，市级各民主党派、团体、各县（市）区政协负责人等120余人。

研讨会紧紧围绕“和谐社会·平安昆明”这一主题，为构建和谐社会打基础；维护社会公平和正义，实现共同富裕；加强思想道德建设，营造良好的社会氛围；加快社会事业发展，促进和谐社会建设。与会专家、学者分别围绕“和谐社会·平安昆明”这一主题，纷纷发表真知灼见，就创新体制机制、建设和谐社区；构建和谐社会政府应做什么；坚持两个统筹构建城乡和谐社会；发展经济是构建和谐社会的第一要素；公共安全体系是打造“平安昆明”的重要一环；妥善处理人民内部矛盾努力构建和谐社会；科学构建和谐社会、努力打造平安昆明；制度建设是走向社会主义和谐社会的通道等方面建言献策。为构建和谐社会、打造平安昆明提出了许多具有宏观性、前瞻性和可操作性的建议及意见。

这次会议收到论文75篇，共计40多万字。会议评出特别奖2名，一等奖2名，二等奖7名，三等奖19名以及入选奖。与会领导向获奖者颁发了获奖证书。

【经济运行情况通报会】 8月18日上午，市政协召开昆明市经济运行情况通报会。市政府廖晓珊副市长应邀到会作通报。会议由市政协傅汝林副主席主持。部分市政协委员，市级各民主党派、工商联、有关人民团体及部分政协之友联谊会人员共100余人到会听取了通报。

廖晓珊副市长就昆明市上半年经济运行情况和当前及今年一段时期市政府将要开展的工作向会人员作了通报。上半年，昆明市主要经济发展指标实现了“时间过半，任务过半”。初步测算，1～6月，全市实现生产总值452.1亿元，增长11.5%；完成财政总收入101.3亿元，增长12.8%，其中地方财政收入完成45.1亿元，增长27.7%。上半年在发展任务重、工作压力大、事情头绪多的情况下，市委、市政府统筹兼顾，认真组织开展保持共产党员先进性教育活动，以此为动力，狠抓整改落实，推动工作，真正做到“两不误、两促进”。在具体工作中，坚持一手抓迎接GMS会议城市交通和环境综合整治这件大事，全力改善城市面貌，提升城市形象；一手抓经济建设这个中心，努力加快经济发展，确保2005年各项目标任务的完成。经过努力，城市建设和经济发展都取得了新成绩，夺得了双胜利，有力地促进了全市经济社会发展和现代新昆明建设。她说，全面完成今年经济各项目标任务，为“十五”计划画上一个圆满的句号，并为“十一五”发展创造良好条件，需要全市上下共同努力，进一步增强紧迫感和责任感，抓好下半年，奋战四个月，扎扎实实抓好各项措施的落实。同时，真诚地希望各位委员继续就昆明市经济社会发展建言献策，为全面建设小康社会作出更大贡献。

傅汝林副主席在会议结束时说，市政府上半年的经济工作做得很好，今后，市政协会一如既往地支持政府的工作，积极建言献策，为市委、市政府提供决策参考。

【十届二十次常委会】 1月24日，市政协召开十届委员会第二十次常委会议。会议由徐之信主席主持。市政协副主席及常委出席了会议。市政府王奇英副市长到会就市政府关于办理市政协十届四次会议提案的情况进行了通报。市政协研究室任继尧主任受徐主席委托就市政协十届委员会常务委员会工作报告的起草情况在会上作了说明。经常委们分组讨论，会议审议通过了关于召开政协昆明市第十届委员会第五次会议的决定；审议通过了提交市政协十届五次会议开幕会决定的政协昆明市第十届第五次会议的议程（草案）、日程（草案）和有关人员名单（草案）；审议通过了

政协昆明市委员会主办的“和谐社会·平安昆明”研讨会召开
（市政协　供稿）

提交政协昆明市第十届委员会第五次会议审议的常务委员会工作报告、提案工作情况报告，决定徐之信主席和陆玉珍副主席为两个报告的报告人；协商通过了邀请列席政协昆明市第十届委员会第五次会议的单位人员名单等事项。五位公民旁听了市政协的常委会议。

市政协主席徐之信在会议结束时作了讲话，对做好即将召开的十届五次会议的各项准备工作以及召开好这次会议提出了要求。他说，今年是“十五”计划的最后一年，是全面建设小康社会，加快建设现代新昆明的关键一年，也是本届政协的最后一年，开好这次会议，要动员全体政协委员，善始善终地做好工作，认真履行好职能，围绕建设现代新昆明，保持经济发展的良好势头，多为昆明经济建设和社会发展提出高质量的、有建设性的意见。要充分做好完善国有企业产权制度改革、文化产业发展、主城区交通整治三个专题协商会的准备工作以及大会发言、联组发言的准备工作。

【十届二十二次常委会】　4月8日，市政协举行第十届委员会第二十二次常委会议。会议由徐之信主席主持。市政协副主席胡启中、张中宁、徐声瑛、姚承济、孙世光、杨国栋、陆玉珍、傅汝林，秘书长张辉及常委出席了会议。有关人员列席了会议。5位公民旁听了会议。

省政协副主席陈勋儒应邀到会向与会人员传达了全国政协十届三次会议精神，并就学习《中共中央关于进一步加强中国共产党领导的多党合作和政治协商制度建设的意见》进行辅导。张辉秘书长就市政协2005年工作要点向与会常委作了说明。经分组协商讨论，会议通过了《政协昆明市委员会2005年工作要点》，通过了有关人事任免事项。

徐之信主席向与会人员通报了市政协机关保持共产党员先进性教育活动的进展情况，并就学习贯彻中共中央5号文件，切实加强中国共产党领导的多党合作和政治协商制度建设；认真贯彻全国政协十届三次会议精神，认真做好今年的各项工作提出了要求。他指出，做好今年的工作，一是要认真组织学习，不断提高政协委员的整体素质和履行职能的水平；二是要围绕今年市委、市政府的中心工作和目标任务，认真履行好职能；三是要举办好“和谐社会、平安昆明”研讨会，积极为构建社会主义和谐社会、打造平安昆明建言献策；四是要积极组织和参与一系列重大纪念活动，特别要注重政协优势的发挥，为昆明市扩大对外开放和加强招商引资牵线搭桥，做出新的贡献。为了做好今年的工作，他强调，一是在保先教育工作中，要做到工作和教育两不误，以教育促进工作，今年要做的工作不要等不要拖，要抓早抓紧抓实抓出成效。二是要充分发挥委员整体作用，广泛发动委员参加各项活动。

【十届二十三次常委会】　9月1日，市政协召开第十届委员会第二十三次常委会议。会议由徐之信主席主持。市政协副主席胡启中、张中宁、徐声瑛、姚承济、孙世光、杨国栋、罗士德、陆玉珍、傅汝林，巡视员庄毓纹、秘书长张辉及常委出席了会议。会上14位委员围绕昆明市“十一五”规划的编制积极献计献策。市委常委、宣传部长张红苹，市政府副市长李江到会听取委员的发言。

会议听取了张辉秘书长就《中国人民政治协商会议昆明市委员会全体会议工作规划》作的起草说明，以及提案委主任余少泉就《中国人民政治协商会议昆明市委员会提案工作条例》作的起草说明。经分组协商讨论，会议审议通过了市政协全会工作规则，以及提案工作条例，协商通过了有关人事任免事项。

徐之信主席在会议结束时就昆明市各级政协组织和广大市政协委员，如何进一步为昆明市编制好“十一五”规划建言献策提出了要求。一要把为编制好“十一五”规划建言作为2005年政协工作的重点之一，市政协要按照全国政协、省政协和中共昆明市委的要求，坚持政治协商在作出决策之前的原则，在昆明市“十一五”规划制订过程中，深入开展调查研究，了解把握全市经济社会发展的大局，牢固树立和全面坚持科学的发展观，积极为编好昆明市的“十一五”规划建言献策，真正把促进发展作为人民政协履行职能的第一要务。

【十届二十四次常委会】　12月13日，市政协举行十届委员会第二十四次常委会议。徐之信主席主持会议。省委常委、市委书记杨崇勇到会就制定“十一五”规划的基本思路、原则，把握的重点等方面作了重要讲话。市级各民主党派、工商联、有关人民团体负责人在会上围绕制定“十一五”规划作了发言。市委副书记田云翔，市委常委、市委秘书长宋黎明率有关人员到会听取意见建议。

杨崇勇在会上就制定昆明市“十一五”规划坚持的原则、把握的重点及今后发展的思路讲话中指出，今后5年昆明的发展很关键，现代新昆明建设面临重大战略机遇，既要加快发展，还要统筹兼顾，全面发展，要做到物质文明、政治文明和精神文明一起抓。他强调，要突出抓好经济社会发展的重点领域、制约发展的几个方面，一是工业强市；二是城乡统筹，城乡一体化的发展；三是加快呈贡新城建设，同时兼顾主城；四是体制机制问题，关键是政府职能的转变；五是生态、环境问题，主要是搞

市政协举行专题协商会，与会的政协委员和专家学者就松华坝水源保护区管理保护工作提出意见和建议　（市政协　供稿）

好滇池治理；六是社会事业的发展，重点是发展职业教育；七是让人民群众共享改革发展的成果，重视群众的利益，解决群众生产生活中的难点、热点问题，如，就业；看病难、看病贵；教育，着重扩大“二免一补”的范围；扩大社会保障的覆盖率；重视城乡人民的饮用水安全；群众住房困难问题；对贫困人口的扶贫；加大禁毒以及防治艾滋病的力度；构建平安昆明，搞好社会治安。他强调，昆明今后五年经济社会的发展，必须明确要干什么，重点抓什么，要怎样发展，工作目标要具体、明确。

会议分组讨论了《中共昆明市委关于制定昆明市国民经济和社会发展第十一个五年规划的建议》（征求意见稿）；审议通过了市政协各专门委员会2005年工作报告。

徐之信主席在会议结束时做了讲话，要求各级政协组织要深入学习贯彻十六届五中全会精神，坚持科学发展观，积极为昆明市“十一五”规划的制定建言献策；要通力合作充分做好换届的各项准备工作；要在政协组织中广泛开展献爱心送温暖活动。

附：10件重点提案简介

一、《对昆明市农产品质量安全管理工作的建议》

提案人：九三学社昆明市委

主要内容：“民以食为天，食以洁为本”，农产品的质量关系到千家万户，关系到每个人的生命安全及身体健康，也关系到社会安定团结。昆明市农产品质量安全管理方面仍存在一些薄弱环节。1. 缺乏有效的工作机制，监管不力，监管不到位，农产品质量安全仍存有隐患。2. 多头执法和重复执法，相关法律、法规分工职责不明确。3. 资源闲置，手段落后，速测仪器，检测速度慢、费用高、准确性低，大都在专项整治后处于闲置状态。4. 监管过程中处治工作难度大，没有相关的法规依据。

建议：1. 在农产品质量安全领导小组的领导下，各部门真正做到分工协作，各负其责，加强综合监督，加强协调。

农业局除了要强化对农药、化肥、兽药、饲料等农业生产的管理，搞好农业生产方面的执法检查，把不安定因素堵在源头外，还要重点抓好生产、加工环节和销售市场的产品检测。工商行政管理局要严格市场管理，对销售假冒伪劣产品及扰乱市场秩序的行为进行严肃处理，加强农贸集贸市场的农资及农产品质量安全管理，争取用2～3年的时间逐步推行无公害农产品市场准入制度。公安局要依法严厉打击制售假冒伪劣及有毒食品等违法犯罪活动，及时查处拒绝阻碍执法部门依法执行公务案件，严处涉案人员，构成犯罪的坚决依法追究刑事责任。卫生局要对全区所有的学生食堂、餐馆、大型职工食堂、市场煮熟食品实行定期监控和定点检测，严防中毒事件发生。环保局要加强对农业生产及农村生活环境的监督检查，杜绝生态环境污染事件的发生。城管部门要加强对流动经营销售蔬菜、水果摊贩的管理。

2. 大部分农产品的检疫、检测工作需要由农业部门组织实施，直接关系到农产品质量安全问题，因此加强检测机构建设，稳定检测人员是目前抓好农产品质量安全工作的重中之重。建议加快区级检测站的建立，配备合适人员和必要的设备，单独办公，行使检测检验职能。

3. 建议提请市人大建立健全地方性农产品质量安全的配套法规，加大已有法律法规的执法力度，尽快制定昆明市《农产品质量安全监督管理办法》以及从“田间到餐桌”各个环节的制度和配套措施，理顺执法监督体制，明确部门职能分工，切实做到有法可依。

落实农产品质量安全事故责任追究制度，对农产品安全违法事件的责任主体依法严肃处理。

建立通报和诚信制度。根据职能职责，检测部门要对产地、市场农产品进行检测，检测结果向社会通报，建立诚信制度。

4. 农产品质量安全工作是一项关系到人民群众身体健康的公益性事业，搞好此项工作必须加大资金的投入，才能对各项工作顺利开展。建议县（区）、乡加大资金及人力的投入，争取在3～5年内建立健全各种防疫、监测体系，鼓励民营经济投资建立龙头企业，实行“公司+基地+农户”产业化经营模式。只有这样，才能确保农产品安全各项工作的开展。

二、《关于尽早让老百姓吃上“放心奶”的建议》

提案人：惠肇祥

主要内容：惠委员经过调研看到奶牛饲养和牛奶销售中存在一些不可忽视的问题，主要表现在奶牛饲料存在安全隐患和市场出售牛奶的标签使用不规范等方面问题。

建议：1. 与蔬菜和畜禽产品相比，对牛奶的监管显得更为薄弱。建议由市政府分管领导挂帅，市属各局（委、办）密切合作，明确部门责任，制定相关法规，加强质量监管，严格市场准入，组织标准制定，完善认证监测，搞好信息服务，并要建立相应的责任制度和责任追究制度。

2. 规范的奶制品包装，应当有产品的质量保证和承诺。主要内容应包括：(1) 产地和奶源；(2) 原料（生鲜奶、奶粉、炼乳等）；(3) 产品类型（有机奶、鲜牛奶、还原奶、含乳饮料等）；(4) 热量和营养成分（蛋白质、乳脂、乳糖、非乳脂固体、钠、钙等）含量；(5) 消毒方法（巴氏灭菌、瞬间超高温灭菌等）；(6) 保质期（7天、45天、5～9个月等）；(7) 储藏方法：保鲜奶（0～5℃冰箱）、常温奶（室温下）；(8) 添加物（水、蔗糖、钙、维生素A、维生素D_3、维生素E、香精、增稠剂等）。此外还应对抗菌素（不许检出）、细菌总量（小于50万个/毫升）、农药（有机氯、有机磷等）残留情况作必要说明，以便使消费者在购买牛奶时，买得明白，喝得放心。

工商管理部门应建立市场准入和退出制度，加强对市场出售牛奶标签的抽查与监管，凡标签不符合规范要求的牛奶产品，不许进入市场销售；对于在标签上做虚假宣传误导消费者的企业或商家，应依法惩处。

3. 建议通过电视、广播、录相，举办培训班，召开技术交流会，出版挂图、科普资料、书籍、教材等，宣传绿色食品标准，并使其家喻户晓，深入人心。还要对蔬菜、花卉批发市场的垃圾清扫工，有机废弃物运销人员，以及奶牛饲养场、合作社、养牛专业户等相关从业人员进行职业道德和社会公德教育，使他们自觉的遵守国家有关奶牛饲养和牛奶加工的相关标准和法律、法规，不采用农药和化肥残留超标的废菜叶和鲜切花枝叶饲喂奶牛，避免上市牛奶中有毒、有害物质和农药残留超标。

4. 建议严格执行《农业法》、《食品卫生法》、《兽药管理条例》、《饲料及饲料添加剂管理条例》和《云南省动物防疫条例》等国家和本省法律、法规的相关规定，对牛奶生产过程中农业投入品的使用和加工的质量安全进行严格管理，进一步修订或完善有关奶牛饲养和牛奶加工的地方性法规和规章，特别应考虑制定在呈贡、晋宁和宜良等奶牛饲养比较集中的郊县（市）区，全面禁止回收、运输、购买农药和硝酸盐残留严重超标的西芹、甘蓝、白菜等外叶，以及香石竹、满天星等鲜切花废枝叶作为饲料；严禁违规使用抗菌药物和饲料添加剂，从源头上堵住污染源。

三、《关于“工业强市”应解决好五个问题的建议》

提案人：戴元宁

主要内容：1. 昆明市加工业设备老化，产品单一，效益差，效率低，亟待用先进的高新技术武装、改造和提升。工业强市要注意用高新技术改造提升传统产业，切实把昆明建成以高新技术为先导的现代加工制造业基地。昆明市磷矿资源无论储量和质量都居全国之首，但磷化工业品种少，且几乎全是初级产品，更有大黄磷投资失误的教训，而美国磷的精细化工产品有500多种。建议加强科研，特别是已有科研成果的产业化，向外引进有关技术和人才，在“十一五”期间用高新技术开发10个以上磷的精细化工产品并使之产业化。云南省是全国两大橡胶主产地之一，质量优于海南胶。昆明原是云南省橡胶加工业的中心，但由于不注意用高新技术改造和提升而纷纷倒闭。云南轮胎厂、昆明橡胶厂等一批厂家运行极端困难，濒临破产。而不产一斤橡胶的山东省却有大大小小上百家橡胶加工业，成为山东省的支柱产业。建议走出去、请进来，以云南优质橡胶资源为基础，用高新技术提升和改造昆明市橡胶加工业，振兴昆明市橡胶加工业。加大用光机电一体化改造提升机械行业的力度，使其再度焕发五六十年代的光彩。

2. 工业强市要注重用高新技术产业化创建一批像云烟一样有昆明资源特色、产业特色和产品特色的高科技群体产业。

3. 工业强市要注重能源的开发与计划配用。加大昆明市辖区煤电资源的开发力度（如寻甸、可保、明良煤矿及多处水电资源开发）。请市委、市政府及时向省委、省政府反映，与省有关部门协调，解决本市严重缺电的矛盾。在不得已实行限电时，也要有计划进行，事先通知被停电企业，切忌无计划突然拉闸停电。

4. 工业强市应注重加大非公经济参与国企改革的力度，实现国企改革与非公经济发展在产权、机制、产业上的整合和双赢，形成昆明市工业产权结构的好格局。这一工作还存在观念上、政策上、操作上的诸多瓶颈急需解决。

5. 工业强市要引导和加强非公经济向工业产业转化和发展。改变和改善昆明非公经济多为“三产业”及非公经济无“叫得响”企业的局面。

四、《关于政府投资工程项目实行代建制的提案》

提案人：傅汝林

主要内容：代建制就是指由专业的管理机构，依靠专业人士，代行业主职责，对工程项目实行专业化的管理。由于体制等方面的原因，目前政府投资的非经营性项目，如各单位或部门等的办公楼以及一些市政基础设施工程等，仍然由单位或部门成立一个“基建办”，自建、自管、自用，最后由财政“埋单”。由于这些单位或部门临时抽调的工作人员，往往并非专业人士，成立的机构又是临时性机构，因此不仅工程普遍预算超概算，概算超决算，建设中大量“学费”白交，甚至出现“大楼站起来，干部倒下去”等腐败现象。

建议：1. 改革政府投资工程管理方式，提高财政资金的使用效率，有效杜绝腐败现象的发生，建议出台政府投资工程项目代理建设管理工作暂行规定。凡投资额在300万元以上且财政性资金投入（含部门预算外资金）占总投资50%以上，或使用国外贷款超过300万元的非经营性房屋建筑和市政基础设施工程，都必须实行代理建设，在审批项目建议书、可行性研究报告和下达项目计划时，予以明确。

2. 现代新昆明建设，特别是东城区建设项目多，投资大，政府投资的非经营性项目建议带头实行代建制。

3. 凡属政府财政投资工程项目都必须增加透明度，接受社会的监督，使财政投资项目真正体现公共性。

五、《加强对昆明市中小学生心理健康教育的建议》

提案人：民盟昆明市委

主要内容：针对当前中小学生越来越多的心理问题，如嫉妒、自卑、任性、孤僻、逆反心理乃至自杀、犯罪等，经过调研，认为有以下原因。心理学健康教育师资不足，经验缺乏。时间难以保证，考试及升学的压力大。投入不足，大多数学校没有设立专门的心理咨询室。政策不配套，目前中小学校教师没有心理专业职称，致使心理教师的职称评定问题无法解决。多数学校在心理健康教育上还处于初始阶段，总体研究水平程度还不够深入。

建议：1. 要完善学校、学生、家长三方面共同形成教育合力的模式。在学校教育中，要用“以人为本”的观念实施教育，要寓心教育于各方面的教育中，尊重学生，关心学生，了解学生，注意行为育人，开展“悄悄话信箱”“说说心里话”“老师我想对你说”等等活动，让老师和同学之间真诚、坦率开诚布公地对话。通过这些活动，促进心与心的交流。在家庭教育方面，要创建学习型家庭，家长要尊重孩子、主动与孩子进行沟通，成为孩子的知心朋友。让青少年在社会、家庭、学校三位一体的教育中，身心健康地成长。

2. 教育主管部门要建立心理健康教育教研中心，要为学校心理健康教育提供条件和保障。开展心理健康教育的常规教研、教学教研竞赛活动，制定心理健康教育活动开展情况评估标准，每学期或每学年进行对学校的考核督导。

3. 市、区、县教研中心要组织多样化的专业培训，提供心理健康教育相关资料，组织考察、参观、外地学习交流。保证心理健康教育有较高的专业素质，推荐优秀的心理健康教育工具软件，为学校心理健康教育提供软件保证。

4. 配备专业心理教师，稳定教师队伍，教育主管部门要首先解决各校应有专职心理教师，并设有心理咨询主任一名。在教师职称评定上设立心理专业，为各校解决职称评定后顾之忧。

5. 各校领导在时间和经费上要大力支持，教研中心要组织各种教研活动，培训要有各校领导支持，教师才能全身心投入学习，心理健康教育才得以稳定提高。

六、《关于文化旅游联姻共谋昆明文化产业发展新路的建议》

提案人：民进昆明市委

主要内容：旅游经济实际上是一种文化经济，文化是旅游业的灵魂。昆明是一个民族文化资源十分丰富的省会城市，有着四季如春宜人气候，丰富多彩的民族风情，奇异的自然风光和历史文化资源优势，开发昆明市的民族文化旅游，走文化旅游联姻的发展新路，打造一批具有民族文化底蕴，又有时代精神和昆明特色的高品位文化旅游产品，有着广阔的前景。

建议：1. 利用昆明这个“天然摄影大棚”的优势，以东方好莱坞为目标，下大工夫、花大力气、以大手笔、作大文章打造昆明影视基地。建议由市委、市政府牵头，到玉龙湾进行调研，总结其经验教训。由昆明市旅游局、昆明市文化局、昆明影业有限责任公司、云南省民族电影制片厂等单位联手，在玉龙湾东南亚影视基地的基础上加以改造、扩充、完善，使其成为名副其实东南亚影视基地。也可另辟新地址或与横店、宋城等企业联合，积极探索影视产业发展的新模式。旅游局要牵头促成与旅行社挂钩，把它打造成一个一流的游客非看不可的旅游景点，文化局要牵头促成影视基地与演出团体挂钩，组织经营有昆明特色的、高品位的、有观赏价值的文艺演出供人们欣赏。

2. 文化局、旅游局要联手晋宁县政府争取中央和省里的支持，共同打响“郑和——昆明改革开放第一人”这一世界级文化名人品牌。

宣传昆明，营销昆明。要利用明年郑和下西洋600周年的契机，提高郑和故乡的知名度，建议将晋宁县改名为郑和县；将“马哈只碑”申报为全国重点文物保护单位；在昆明市区立郑和塑像；将新建的现代新昆明主干道命名为“郑和大道”，把郑和故乡打造成内容丰富、内涵深厚的爱国主义教育基地以及人们趋之若鹜的旅游景点。

3. 市文化局、旅游局以及商业局等有关部门要与官渡区联手，以丽江四方街为榜样共同打造官渡古镇、使其成为一个以地方小吃为主的饮食中心，以手工业品和地方土特产为主的购物中心，以花灯、小调为主的文艺演出中心，以金刚塔为主的宗教文化中心。

4. 文化局、旅游局要与盘龙区政府联手打造真庆市场，将其打造成一个品普洱茶、听洞经音乐、地方戏为主的茶文化中心以及名茶销售中心，珠宝玉石销售中心。

5. 文化局、旅游局要联手将市博物馆打造成滇文化中心，要广泛地收集充实与昆明历史有关的展品，尤其是以滇王金印为代表的晋宁石寨山出土的文物，以官渡区羊甫头出土的青铜器为主的相关文物，反映昆明历史的老照片，庄跻入滇，赛典赤·詹思丁修松华坝、盘龙江、金汁河等有关资料，要做到：通过参观博物馆就可以了解昆明的昨天、今天和明天。

6. 旅游局、文化局、教育局要联手实施云南陆军讲武堂的合理利用，打响“百年军校，人才摇篮”这一品牌，使之成为宣传昆明近代光荣历史为主的爱国主义教育基地。

7. 旅游局、文化局要联手发展农业旅游。可否以呈贡为试点，以“花博会”品牌为龙头，开展吃宝珠梨、听老花灯、购鲜花、买无公害蔬菜为主线的农业旅游。

8. 文化局、旅游局要联手打造昆明市的民族民间艺术创作。充分利用昆明市全省文化艺术资源的优势，组织专家和艺术家，把昆明建设成为民族民间艺术品的创作中心。发展民族服饰、民族乐器、滇玉饰品、旅游商品等工艺品的设计制作，培育和建立规范的分类市场，创立特色品牌，拓展国内外市场。

9. 建议重新整合昆明市交响乐团、昆明市民族歌舞团、昆明市花灯剧团、昆明市滇剧团、昆明市儿童艺术剧团和昆明市曲剧团，整合后并为一个演艺中心，下设各分团和分队。整合后可统一调配，让其更好地发挥作用，也可保证各剧种不致萎缩消亡。

10. 建议利用世界著名音乐家、国歌作曲者——聂耳这一云南第一文化名人品牌，打造昆明民族音乐之都，培育国际音乐节。建议将聂耳音乐厅建在东风广场上，与昆明会堂匹配。将东风广场改为聂耳广场。要借鉴上海歌剧院的经验，采取社会集资，引进外资等方式，在政府不花一分钱的情况下建盖世界一流的音乐厅。

11. 发挥现有的高尔夫球场和红塔体育训练基地等体育设施的功能，大力发展体育康体旅游业，吸引大量的游客到昆明这个大氧吧里来吸氧，来健身。

七、《昆明市职业艾滋病毒暴露的防护及建议》

提案人：民盟昆明市委

主要内容：鉴于云南省目前艾滋病毒感染者，艾滋病人，艾滋病死亡人数三项均属全国的重灾区。民盟昆明市委组成了专题调研组对昆明市艾滋病职业暴露问题现状进行调研，调研组多次走访了几家医院，认为艾滋病职业暴露问题不容乐观。

建议：1. 加强艾滋病职业暴露问题的宣传，避免职业暴露事件发生。

2. 建议有关部门尽快制定相关职业的职业暴露防护应急预案。

3. 加强对职业人员中重点人群的防护培训。

4. 引入简便有效的 HIV 检测法，扩大监测范围。

5. 加强疾控中心与医院、公安、司法等部门的信息沟通，适度开放艾滋病患病信息。

6. 建议对相关职业人员的 HIV 筛查和患病后的治疗，经费应由政府解决。

7. 呼吁全社会关注艾滋病职业暴露问题，使医疗、社会保险救助尽快介入，发扬红丝带献爱心精神。

8. 建议与艾滋病职业暴露有关单位，均应切实执行卫生部《医务人员艾滋病病毒职业暴露防护工作指导原则》。储备应急预防药物，以备事故发生时及时服用。

9. 建议对艾滋病病毒感染者实行实名监测，扩大知情告知范围。

八、《运用现代管理　解决城市交通》

提案人：致公党昆明市委

主要内容：城市交通系统是一个多学科跨领域的复杂开放系统，涉及几乎所有工程学科，以及经济、人口、生态、资源和法律等社会学科知识，还具有实验试行成本极高甚至无法进行的特征。因此，应按科学的方法，运用高科技手段，分别对交通出行系统、交通管理中心系统、车辆系统和道路系统进行充分研究。

建议：1. 加强管理应重于道路建设。昆明市的出行系统主要以公交车、轿车和自行车为主，没有地铁、轻轨等立体出行系统。平面交通体系必然形成平面交叉道口的交通堵塞，有效提高道路的通行效率，公交车是最好的通行工具，要充分利用现有的公交车资源优势，建立长效管理机制，提高公交车的使用率。建议尽快推行公交 IC 卡票制，让利于百姓，惠泽于市民。让公交车真正成为公共车、大众车。

2. 建立交通管理中心系统，为出行人员提供信息平台，减少由于管理信息滞后，大量使用交警而加大管理成本。管理中心的建立，可以解决交通管理、信息服务、出行、紧急事件、捷运、收费、物流和商业车辆等管理问题。

3. 建立车辆管理系统。建立一般车辆、捷运车辆、商业车辆、紧急车辆等的分类，严格限制入城车辆类别和入城时间。

4. 建立道路系统。规划道路，形成道路网络。规划停车场，合理布局，避免停车占用次干道，使道路畅通，提高道路使用率。制定城内停车收费标准，用经济手段控制入城停泊车辆，减少入城车辆的数量，减轻城市交通压力。

5. 长远规划，城市外移。形成以中心区域为主，辐射式的卫星城镇为辅的模式发展城市，减轻城市人口聚集而带来交通等诸多方面的压力。

6. 提高市民素质，加强城市管理。教育市民，提高公民交通意识，使广大市民自觉遵守交通规则。可以通过确定“交通宣传日”发放宣传材料，用交通违章所造成的危害事例警示市民，进行交通宣传，以此提高公民素质。在红绿灯道口设置专人看管，防止市民不遵守交规造成道口通行能力下降。加大对出租车驾驶员的教育力度，使他们遵守交规，真正成为美丽春城的“形象使者”。

九、《关于解决昆明市失地农民生活保障问题的建议》

提案人：九三学社昆明市委

主要内容：随着现代新昆明的建设和城市化进程的加速，昆明市原有城中村尚未获得妥善解决，新的城中村又不断出现。据调查，昆明市主城区范围内共有村庄288个，涉及失地农民21.9万人，7.75万户，占地面积28平方公里，占180平方公里建成区总面积的16%；“城中村”农房建筑面积达2 276万平方米。农民失去土地，成为“务农无地、上班无岗、低保无份”的“三无农民”。失地农民的问题，已经成为一个严峻的社会问题，应引起党委政府和社会各界的高度重视。

主要问题：农民失去土地后，不能与城里人一样获得就业机会和社会保障。原因极为复杂，既有现行征地制度上的弊端，又有现行土地制度的缺陷，政府的逆向操作也加剧了矛盾的激化。表现在国家征用土地时，无公益性和商业性征地区别。由此造成一些地方以“公共利益”名义滥用行政权力，导致了征地规模和标准的随意性和混乱。征地制度的最大缺陷是补偿过低。征地过程已成为一些部门，企业、集体和农民为追求各自利益最大化的一场博弈。

没有劳动收入，农民靠租房为生。因此，在有限的土地上乱建乱盖，忽视质量和安全，对旧房改造不测算基础载荷，任意加高，有的竟加到11层，“握手楼”、“炮楼”、“危楼”比比皆是。一旦发生4级至5级地震，不知会有多少人丧生，多少房屋要倒塌。

居住环境不良。现城中村的市政设施缺乏，建筑密集，日照率低，环境质量差，道路狭窄，污水横流，满天挂满各种线路，绿化条件更差。外来人口密集，其数量远远超过原住村民。这些外来人口来源复杂，流动性大，违法行为时有发生。

管理体制不顺，制约了农民的利益。多数的城中村仍然保留原有的农村管理体制，这种情况既与城市管理不相适应，也是农民利益得不到根本保证的制度原因。

建议：1．提高对土地权属的认识。宪法规定“城市的土地属于国家所有。农村和城市郊区的土地，除由法律规定属于国家所有的以外，属于集体所有；宅基地和自留地，也属于集体所有。”“国家为了公共利益的需要，可以依照法律规定对土地实行征收或者实行征用给予补偿。”“任何组织或者个人不得侵占、买卖或者以其他形式非法转让土地。土地的所使用权可以依照法律的规定转让。”现在，征地成为一种带有强制性的政府行政行为，使农民处于被动和不平等地位，农民没有“知情权”。形成一些经营者和有关部门联合侵占农民利益，微偿甚至无偿掠夺农民的土地。因此必须重新认识农民对土地的权利，必须遵守宪法，按宪法处理土地和征用。

2．完善土地的征用与补偿办法。在规划范围内征用农民的土地，征用方应同农民集体经济组织签订征用合同，农民要派代表参加商议，并在合同上签章，合同才为有效。征地的价格应当按照征地的用途来确定。对于国防、公共交通、教育文化、卫生、城市基础设施等真正以公共利益为目的项目，应当提高补偿金。这些公用设施的享有者是全国人民和全市人民，履行义务应当是全国人民和全市人民，不能由农民一方来履行义务。按照现行的补偿标准“被征地前三年平均产值乘以6至10倍”计算土地补偿费不能维持农民原有的生活水平。应当按市场价，在稍低于市场价原则下，同农村集体经济组织及农民代表商定后签订合同。对于商业、旅游、娱乐、商品住房等经营性用地，应由使用者同农村集体经济组织以市场价签订使用合同。政府进行监督管理。

3．加强对土地补偿金使用的监管并建立社保。对于土地补偿金和安置补助费，是全部分到农民个人还是部分留在集体经济组织，部分分给村民个人。各地的做法不一样，农民的意愿也不一样。建议，土地补偿和出售金，由集体经济组织和农民代表组成资金管理小组立专户统一管理，用于农民的社保资金和公益性事业。其余部分折股分到农民个人，用于发展经济。对于安置费，全部发给农民个人。因为现在不存在终身安置的问题。对农民就业的培训费用，应当从土地出让金或补偿金中支付。失地农民社会保障基金，由农村集体经济组织从土地补偿金和积累资金中筹措，用于失地农民的社会保障、养老保险、大病保险。全部农民“农转非”，劳动部门的安置费也应当由土地补偿金和集体经济积累资金中筹措。实在不足的，才从农民安置费中提取。农民转为居民后，社会保障和最低生活保证金等具体问题，劳动部门和土地管理部门都有专题研究，总的原则是按不同年龄段对失地农民生活保障作安置。

4．大力发展社区经济。失地农民要致富只有发展农村转变为社区后的社区经济，在发展中就业，依靠自身的劳动创造财富。关键是探讨集体所有制的有效实现形式。股份制（公司制和股份合作制）是社区失地农民走共同富裕道路的有效形式。省内外都有先例证明，最富裕的村是集体经济发展得好的村。浙江台州市农民在失地后，实行村民离土不离乡，组建股份合作制企业，现在已成为浙东有名的富裕村。山东济南市槐荫区，将村的集体资产按分类量化到村民头上，形成个人股份，并对村民实行现金配股，鼓励村民将安置费全部或部分转为股份组建村（居）民全面持股的有限公司。通过股份制改革，槐荫区的前屯村，村民的209万元现金入股，在一年半的股份分红中就全部收回。玉溪市红塔区大营办事处的滤嘴棒厂、水松纸厂、铝薄纸厂、铝型材厂等工业企业依然是集体所有制企业。目前村民的生活物资，如大米、面粉、鸡蛋、鸡鸭鱼肉，乃至液化气都由社区居委会统一供应。关键是要有引导农民（居民）实现共同富裕的带头人。

城市失地农民可以用“居民股份合作社”的形式发展集体经济。昆明市西山区土堆居民委员会正式挂牌成立“居民股份合作社”。社会各界应大力支持，促进“居民股份合作社”在昆明市的迅速、健康发展，以使失地农民走上小康富裕的道路。

5．拓宽失地农民就业的渠道。应当组织失地农民有计划、有规划的对住地资源进行深度开发，安置劳动力，增加农民收入。也可以组织他们到郊外农村从事农业生产，为农业产前、产中、产后提供服务。成立以劳动服务为主的公司，由公司承担小区的劳动服务和物业管理事业，形成你开发建设我从事物业管理的合作机制，政府应当大力支持这种作法。

十、《应该积极解决城镇弱势群体医疗保障问题》

提案人：王学鸿

主要内容：目前中国基本医疗保险仅仅覆盖了大部分企业职工，覆盖面小，城镇老年人口、下岗失业人员和较早退休的“体制内”人员、进城“农民工”等弱势群体的医保问题应该引起政府高度重视。

建议：1．采取各种补助政策。对年龄结构轻、收入低、不稳定、流动性强的灵活就业人口，可以只建立住院统筹保险，确定较低的费率（如2%左右），由单位按月缴纳，并根据连续缴费时间与医保待遇（如起付线、封顶线、共付率等）挂钩，从而降低其逆选择，同时也可提供较强的抗大病风险能力。对退休职工，由于其年老体弱、收入低、医药费用开支过大，可以实行个人不缴费，单位缴费60%进入个人账户、40%进入社会统筹，起付线与共付率减半，并对他们的社区卫生服务、预防性体检等给予支持。对下岗失业人员，失业保险机构按社会平均工资的60%代为缴纳医疗保险费，考虑其普遍年龄较大、收入低、家庭负担重等实际情况，起付线与共付率可按60%（或其他标准）计算。对贫困人口，争取在低保线设计中考虑基本医疗服务支出，可按社会平均工资的60%或更低缴纳保费，政府直接代为缴纳，起付线与共付率减半；或仅纳入大病统筹，对规定目录的门诊慢性病及特殊病种的住院治疗费用给予支持，提高他们的抗大病风险能力。可以设置个人自付基本医疗费用的最高限额，超过部分由社会统筹基金及财政、单位、个人共同解决；制定门诊报销病种目录，目录内疾病门诊治疗时个人账户用完后可直接进入统筹基金，按一定比例报销部分费用。

2. 建立形式多样的医疗救助体系。在弱势人群的医疗救助上，政府负有较多的责任维护社会公平：由举办机构、财政出资直接提供救助；制定政策，发动、组织和引导社会力量来建立多形式的医疗救助体系。提供贫困居民门诊医疗费用补助。可由民政部门确定低保人群，社保部门制定优惠政策（如按社会平均工资的60%或更低收取医保费，贫困家庭抚养人口免费享受部分医保待遇），并由财政部门统一缴纳，直接划拨社保基金，从政府解困基金中列支。提供贫困居民大病医疗费用补助。政府可以对患病贫困人群进行一些大病补贴，根据实际情况，划分为有医保与无医保两类，分别给予不同比例、限额的补贴，这可从政府解困基金中列支；制定政策，在确保统筹基金不超支的前提下，若参保人在基本医保范围内个人自付超过一定金额时，超过部分则由统筹基金支付，其数额和比例可依据不同收入确定不同档次，确保真正困难人群得到有效的医疗保障。实行贫困老人医疗救助计划。可由政府财政出资，并争取慈善福利机构、企业、社区的多方支持，在民政部门和社区的共同管理下，与街道医院、区医院、社区卫生服务机构签订服务条约，提供优惠的医疗服务；费用支付方式可按人头预付，配合年度结算协商解决超支或结余部分，同时实行个人自付一定比例费用，增强费用控制意识，自付比例可控制在5%左右。向慈善、福利等机构多方筹集资金，实施"医疗帮困"工程。以发放"医疗帮困卡"的形式确定服务获得者，可在每张卡上存一定数额的钱，并规定只能用于医疗服务，由民政部门或总工会确定服务对象，卫生局负责分配承担服务的医院，由医院设立专门的门诊室和病房，免收挂号费、治疗费、床位费等费用，相关检查按成本收费。政府举办、社会支持，建立社会医疗救助基金。可由政府提供启动资金，发动社会各方支持，接受企业、慈善福利机构、医院、国际组织的捐赠，并从福利彩票中提取部分资金，设立社会医疗救助基金，由社保机构管理，专款专用。在企业内部或企业之间联合建立帮困基金。由总工会发起并管理，建立非营利性质的职工保障互助会，对恶性肿瘤、尿毒症、心脏手术等特重病举办住院保险。在保险期间发生规定疾病的手术和治疗费，给予一次性定额补助。入会人主要是企业在职职工，由企业工会统一组织投保，不同年龄段缴纳不同保费，建立"特种重病互助保障基金"，独立核算。建立平民医院和惠民门诊。在一些经济水平低、弱势人群密集的社区可建立有专科特色的平民医院，如防治传染病、寄生虫病、慢性病、老年病等弱势人群多发疾病的医疗机构，可由财政、卫生部门、社区等共同出资，建成后由社区负责日常管理；也可在现有医疗机构和社区卫生服务站设立惠民门诊和病房，对弱势人群给予减免费用的基本医疗服务，服务对象由民政部门与社区共同来确定，发放专门的就医证，就医时免收挂号费、诊疗费和手术费等费用。

3. 建立稳定多元的筹资机制，强化监管制度。弱势人群医疗保障筹资渠道除了实行上述提及的财政、慈善机构、福利彩票、社会捐资、国际组织外，应有一个稳定的筹资主体来源——政府公共财政。可以考虑开征社会保障税，通过税收部门强制征收，形成财政专项资金，统一分配管理，实现全社会范围的公平分配。强化监督管理制度。主要是加强对供需双方的制约机制，规范就医行为，降低道德风险。加快医疗卫生体制和药品生产流通领域改革。弱势群体的医疗保障需要社会各方的支持，特别是基本医保与医药卫生体制改革的支持。卫生体制改革就是要从根本上改善卫生服务利用不公平状况。在药品生产流通领域改革方面，通过药品招标、集中采购、收支两条线等方式，遏制药品定价虚高、吃回扣等行为。通过"三改并举，同步推进"的方针，理顺医疗保障与医药卫生体制关系，控制不合理医药费用，再次降低就医门槛，提高弱势人群的卫生服务可及性。

（市政协秘书处）

·民主党派·工商联·

中国国民党革命委员会昆明市委员会

【思想建设】　民革市委每个季度下发各总支、支部学习文件和文章，学习了《学习中共云南省委关于贯彻中共中央加强党的执政能力的决定的实施意见》、《学习中国人民政治协商会议云南省第九届委员会三次会议决议》等。并召开学习《反国家分裂法》的座谈会和学习中共中央5号文件的学习会；还专门请云南大学教授金子强老师向党员做《人际沟通与社会交往》的讲座；请民革云南省委副主委杨保健做《社会经济问题》的讲座，这一系列的学习会、座谈会、辅导会，不仅让广大党员了解了形势，提高了思想认识，还为巩固和发展同中国共产党的团结合作奠定了思想基础。

爱国主义是社会主义精神文明的重要内容，民革组织历来有深厚的爱国主义传统。结合新形势、新特点、新任务，大力发扬这一传统，是民革思想建设的主线。1月，民革市委举行2005年统战工作会议，向各县（市）区统战部及设有民革支部的单位进行了感谢和联谊。以后每月有针对性地都开展了活动。7月，接待民革中央调研组，进行工作汇报；用一台文艺汇演、一个讲座、一个座谈会、一本专刊的"四个一"活动，组织党员纪念"孙中山先生逝世80周年、抗日战争胜利60周年"。通过组织"四个一"活动的开展，不仅使党员缅怀在抗战中英勇牺牲的革命先烈、缅怀国父孙中山，而且还让他们在活动中受到了爱国主义的教育，进一步统一了思想。9月，召开基层支部主委会，听取基层支部主委的意见和建议；举办“迎国庆、颂祖国”茶话会。10月，组织课题调研组到成都、西安进行考察。这些活动的开展，不仅激发了党员的政党意识、政治热情和爱祖国爱家乡的热情，还把广大党员的人心凝聚在一起，思想统一在一起，为美好的生活，为祖国的富强而努力工作。

《昆明民革》和《工作简报》继续在宣传统一战线理论对党员进行思想教育方面起着积极的作用。

【参政议政】　民革昆明市委将参政议政摆在十分重要和突出的位置。2005年开年第一件事就是研究参政议政工作，召开了首次全委会，并以会代训，请市政协提案委的余少泉主任具体讲解提案的撰写方法和如何围绕全市工作重点寻找提案线索，新增补参政委的副主任和委员，使一批专家学者补充到参政议政工作中来，年中，民革 市委召开参政议政工作研讨会，研究参政议政工作并对优秀提案及集体提案进行了奖励。民革市委的参政议政工作出现了一个良好的局面。2005年，民革市委、民革党员中的市政协委员向市政协第十届五次会议提交集体提案9件，如：杨履亨执笔的《要求中共医改纪检部门加强对各级医院纪检工作的领导和监督》、陈燕雏执笔的《关于规范和加强我市公共疫情管理的建议》等；大会发言1篇，即《借奥运契机，狠抓特色优势，加快昆明发展速度》。

在各县（市）区政协会期间，五华总支向区政协提交的《转变政府职能，将拆迁工程办成民心工程》的集体提案，和《加强机制建设，有效遏制“艾滋”扩散》、《诚信社会应从政府做起》的个人提案受到五华区政府的表彰；盘龙总支向区政协提交的提案《建议建立新盘龙论坛》受到区长的亲自批示，《抓住城管关键部位，树立盘龙区城管新形象》成为区政协主席亲自督办的提案之一；官渡联合支部向政协官渡区第六届三次会议上提交了提案11件，这些提案围绕官渡区的治安、卫生、教育等多方面的状况，提出了有效的建议；西山总支针对区里的现实情况，进行多方调研，写出《失地农民的社会保障问题初探》这一提案，受到好评；市人民医院总支看到西山区卫生监察大队缺人少车，工作有一定难度，进行专门调研，写成提案，得到了西山区政府的重视，并予以解决；安宁总支在“幼儿园改制”、“高中阶段教育民营化改革”、“小学并点”等问题上进行调研，为当地政府提供了思路。

9月，民革市委正式启动由中共昆明市委统战部审核批准的调研课题《搞好城市管理是建设新昆明的重要基石——就城市管理重心下移重要举措实施后的专题调研》，课题组的全体同志齐心协力，完成了任务。

市委、基层总支领导与党员中的政协委员、人大代表等人员，多次参加市委、市政府、市政协等部门召开的各种专题协商会、面商会，征求意见会，就昆明市的有关政策、法规的制定，有关方针、政策的执行，重大人事安排的协商发表了意见，对国内外发生的一些重大事件代表民革市委表明了态度和看法，充分反映了社情民意、党员的心志，许多好意见、好建议得到了有关部门的采纳和高度重视；积极参加各种调研考察、专题视察等活动，在昆明市的政治、经济生活中发挥了参政党应有的作用。

党员中的特约检察员、特约监察员多次参加行风评议，在工作中，认真履行职责，提出了建议，充分发挥了民主监督作用。

【联谊工作】　民革市委有三胞关系的党员中，同台湾有关系的约占70%，这是民革开展祖统工作的有利条件。民革市委围绕中央对台工作方针，结合形势发展，充分利用这一有利条件，大力宣传“一国两制、和平统一”的方针政策。

紧紧围绕中共中央对台工作的方针政策，运用“上依下联”的工作方法（即依靠上级组织、联合兄弟组织），广泛动员党员开展促进祖国统一的海外联谊、牵线搭桥和多方面的交流活动。一年来，祖统联谊委员会召集全体委员学习《反分裂国家法》；举办纪念抗日战争胜利60周年联谊活动，并与民革云南省委祖统会密切联系，相互配合，开展活动，使活动的广泛性进一步拓宽。

民革市委还组织和发动党员做好接待和服务工作，采取拜访、寄送信函和贺年卡片、陪同参观等形式，向“三胞”宣传“和平统一、一国两制”方针，消除疑虑，增进了解。

【组织建设】　民革党员中各级人大代表、政协委员55人，占党员总数的7.5%。行风评议员、人民陪审员6人，市青联委员3人，政府部门中任副县级实职2人。内年，民革市委还向中共五华区委推荐了5名优秀的年轻后备干部。

组织建设的重点是加强基层组织建设。只有建好基层组织，民革市委的工作才能顺利开展起来，参政党的职能才能体现出来，民革市委有6个总支（五华、盘龙、东川、安宁、西山、市一院总支），32个基层支部。

2005年，在市委统战部和东川区委统战部的帮助下，经民革市委积极准备，10月，对东川总支、政协支部进行换届工作。11月，民革市委在官渡区统战部的配合下，筹备官渡联合支部成立总支的事宜。

（祁俊娴）

中国民主同盟
昆明市委员会

【思想建设】　民盟市委积极探索思想政治工作的有效途径，坚持理论学习与参政议政的实践相结合，突出重点，讲求实效。2005年2月，中共中央颁布了《关于进一步加强中国共产党领导的多党合作和政治协商制度建设的意见》（以下简称意见）。民盟市委在第一时间组织常委、机关干部和基层组织深入认真学习文件精神，组织全市盟员积极收看中央电视台《焦点访谈》有关中共中央统战部负责人及各民主党派中央的负责人共同诠释《意见》的节目。以学习《意见》为主题出刊一期常委论文集，共收录论文21篇。民盟市委的领导参加了市委统战部召开的对《意见》的学习培训会、“双月座谈会”等。中共中央统战部网站上以《民盟昆明市委对〈意见〉反应热烈》为题，对民盟市委学习《意见》的情况作了报道。

为了维护国家主权和领土完整，召开《反分裂国家法》座谈会，旗帜鲜明地反“台独”、反分裂。认真学习贯彻中共中央十六届五中全会和中共昆明市委八届七次全会精神，结合新昆明建设，常委们作了学习经验的交流。号召全市盟员学习“昆明精神”，领会“昆明精神”，做具有“昆明精神”的人，为“昆明精神”的发扬光大做贡献。组织机关干部学习了《公务员法》。

为了提高盟员和机关干部的理论水平，全年共有33人参加了市委统战部在市社会主义学院组织的党外中青年干部培训班、暑期各民主党派、工商联、侨联、台联干部培训会、统战宣传干部培训班等。为了强化青年盟员的政治素质，融教育于娱乐之中，青年委员会组织歌唱《共和国之恋》、《我和我的祖国》等革命歌曲活动，举行了“元旦迎春”晚会作了汇报演出。2005年民盟市委在《云南盟讯》、《昆明统战信息》、《昆明政协信息》等刊物上发稿10余篇，共出刊《昆明盟讯》4期，《昆明盟讯》专刊一期，《快讯》12期。

【参政议政】　民盟市委在市政协召开的昆明市十届五次会议上，共提出提案43件，其中集体提案7件，个人提案36件。会议期间以《发展教育，提高农民素质，合理开发北部山区人力资源》为题作了大会发言，引起与会者和社会的广泛关注。集体提案《加强对昆明市中小学生心理健康教育的建议》、《昆明市艾滋病病毒职业暴露的防护及建议》被列为重点提案，并对重点提案办理情况进行了视察。两位盟员的个人提案《改造人行立交通道》、《加强自行车道管理》被《都时新报》、《生活新报》报道。《昆明市艾滋病病毒职业暴露的防护及建议》、《加强对昆明市中小学生心理健康教育的建议》被评为第十届政协优秀提案，民盟昆明市委专门工作委员会办公室被评为第十届政协工作先进集体，有3位盟员被评为第十届政协工作先进个人 。民盟东川区委、盘龙区基层委员会、五华区基层委员会在两会上共提出集体提案19件，个人提案35件，其中有4件被评为优秀提案。在市政协组织的关于“和谐社会、平安昆明”的征文活动中，民盟市委选送的《科学构建和谐社会，倾力打造平安昆明》一文获奖。

一年来民盟市委参加了市政协组织的就《昆明市城市节约用水管理条例》、《昆明市轿子山旅游区保护和管理条例》、《昆明市流动人口计划生育管理条例》、《昆明市生猪屠宰管理条例》等地方性法规的专题协商和对重点、热点问题的视察工作，多次参加有关方面召开的民主协商会、情况通报会、专题面商会等，积极提出建议，受到市委、市政府及有关部门的重视和采纳。参与了昆明市的发展战略、“十一五”规划等重大问题的协商，提出《关于我市“十一五”规划的意见和建议》、《关于我市“十一五”规划中教育发展的几点意见》上报市政协，供中共昆明市委、市政府在编制“十一五”规划时作参考。

【组织建设】　截止2005年底，民盟市委共有盟员1 567人，1个地方组织，3个基层委员会，2个总支，69个基层支部，2个小组。共发展新盟员69人，平均年龄36.6岁。

2005年8月7～9日，民盟昆明市第六次代表大会在昆明召开，出席本次大会的代表184人。会议审议通过了第五届常委会工作报告，选举产生了民盟昆明市第六届委员会，其中委员45人，常委18人。主任委员夏静，副主任委员何立昆、姚本礼、张惠椒、冯刚，任命周群为秘书长。换届后组建了第六届教育、医卫、科技文化、青年、联络、妇女老龄6个工作委员会。

2005年11月2～4日，民盟东川区第二次代表大会顺利召开，出席本次大会的代表87人。会上选举了民盟东川区第二届委员会委员13人。主任委员李琼洪，副主任委员马子旭、谭忠能、柯玉霞、冷波。全年共完成了民盟昆五中、明德中学、三十中支部的换届工作，新成立了民盟官渡区基层委员会、新知中学支部、西山区综合支部、教育科学研究院支部、昆明市第二职业中专支部。

在民盟中央召开的“基层组织建设经验交流暨表彰大会”上，民盟昆明市委被评为“基层组织建设先进单位”。

【调研工作】　民盟市委组成“北部县区产业集群”调研课题组，深入到嵩明、寻甸、安宁等县市进行调研，完成了《昆明北部五县区发展产业集群线索》的调研报告，此报告被昆明市委统战部评为2005年度各民主党派、团体专题调研二等奖。教育工作委员会到禄劝县进行“促进教育均衡发展、构建和谐社会”的专题调研，对禄劝县的教师队伍状况、学校布点情况作了详细的了解，同时听取了县教育局对今后教育改革与发展的思路介绍。民盟市委组织有关人员前往石林县参观考察“昆明市农村示范学校”。全年共完成《暴雨对滇池污染的影响及建议》、《构建和谐社区，打造平安昆明》等6个调研课题，其中《发展昆明旅游业的竞争优势》被收录在2004～2005年《云南蓝皮书》中。

【社会服务】　社会服务工作是学习和实践“三个代表”重要思想的具体体现。民盟市委充分利用盟员及所联系的知识分子在文教、医卫、科技等方面的优势，因地制宜、因人制宜，调动一切积极因素，拓宽服务领域。民盟医卫总支参加了省卫生厅在正义路下段组织的“艾滋病宣传日”活动，共接待来咨询的群众80余人。民盟市委组织医卫界盟员到郑和故里晋宁县昆阳镇开展“三下乡”医疗义诊活动。来自昆明市一院、市二院、市三院、延安医院、市中医院的10多位专家，分别开设内科、中医、外科、功能科等科目的义诊、健康咨询，共免费诊治136人，B超检查45人，心电图检查58人，健康咨询100多人，测量血压74人。重视扶贫点禄劝县马鹿塘乡的扶贫工作，向马鹿塘乡捐赠修路款3万元、棉被10床、衣物百余件。

（民盟昆明市委）

中国民主建国会
昆明市委员会

【思想政治工作】　民建昆明市委通过不同形式，组织全体会员深入学习，全面领会中共十六大、十六届四中、五中全会精神，胡锦涛同志在庆祝中国人民政治协商会议成立55周年大会上的讲话精神、《反分裂国家法》、《中华人民共和国公务员法》，《中共中 央关于进一步加强中国共产党领导的多党合作和政治协商制度建设的意见》以及民建中央八大、中共昆明市委八届六次、七次全会精神，不断提高思想认识；积极探索新时期民建会员思想政治工作的有效途径，通过举办讲座、报告会、人大代表和政协委员专题座谈会等活动，力求做到学习理论，知情出力与参政议政相结合。组织会员通过开展庆祝中国民主建国会60周年“会章、会史”知识竞赛、会员结合本职工作积极开展“政治思想有觉悟，岗位工作有业绩，参政议政有成果，社会服务有贡献”四有活动等一系列活动，进一步弘扬民建的光荣传统，自觉履行参政党职能；坚持“以人为本”，关心会员，服务会员，以会员为根本，善于团结人、关心人、爱护人，注重感情投资，并将这种关心体现在政治上和生活上。

【组织建设】　民建市委在加强组织建设方面牢牢把握“三为主”方针，注重质量，保持特色。明确提出了会员发展要注重选拔政治素质好，有一定代表性和组织领导能力的人。全年共发展会员31人，平均年龄37.3岁，大专以上文化31人，其中硕士2人，高级职称3人、中级职称14人，民营企业家1人，机关事业单位19人。截止2005年12月，会员总数达到了679人，新会员发

开展卫生、科技、法律、文化下乡活动　（民建市委　供稿）

展率达到了4.57%，净增率为3.2%。其中经济界会员占83.3%；大专以上学历的会员324人，占会员总数的47.6%；具有中高级以上职称的301人，占会员总数的44.3%；省、市、区三级人大代表和政协委员共63人（次）。有3位会员分别担任了官渡区副区长、市商务局副局长、市政协研究室副主任。完成了东川区总支的换届工作。重新整理收集会员信息，民建市委600多名会员的详细档案全部进入民建中央会员信息网。建立了后备干部培养机制，做好党派干部培养选拔工作。民建昆明市委进一步建立健全了支部成员、骨干会员、后备干部和新会员的培训、培养制度，使工作规范化、制度化。2005年，68名中青年会员参加了学习培训。

【制度建设】　制定和完善了民建基层支部考核制度，建立完善了评选优秀会员及先进集体评比条件。2005年在中国民主建国会成立60周年之际，有17名会员和3个支部受到了民建中央和民建省委的表彰，其中盘龙区总支、会员饶曙民获全国先进支部及全国优秀会员光荣称号。2005年民建市委补助支部活动经费31 640元，使支部活动和支部调研有相应的经费保证。春节、国庆、中秋前夕，组织全体会员开展各类联谊活动，会员活动面达到79.2%；努力发挥省、市人大代表、政协委员和担任特邀职务会员的作用，积极为他们履职做好服务工作。民建市委先后召开了省、市、区三级人大代表及政协委员座谈会，广泛听取代表、委员们对民建市委工作的意见和建议，同时也要求省、市、区人大代表、政协委员要密切联系会员，了解社情民意，广泛听取和反映群众的意见和建议，积极履行职责；认真组织机关人员学习中共有关文件精神，学习《公务员法》，进一步增强责任感和使命感。同时在机关内部实行轮岗交流，通过轮岗交流，进一步增强机关干部的服务意识、服务质量和效率。

【参政议政】　民建市委组织会员及机关干部，围绕中共昆明市委、市政府的中心工作，围绕现代新昆明建设以及制定“十一五”规划开展调研，积极参与政治协商和民主监督工作。围绕昆明市“十一五”规划，写出了《高度重视水资源有序分配，科学制定现代新昆明发展战略》的调研报告并编入了《市政协“十一五”献策录》。一年来共完成“关于我市农民收入构成情况调查”、“关于加快我市非公有制经济发展的调研”、“关于医疗走向社区的调查和对策思考”、“流动人口精神文化现状调查”、“高度重视水资源有序分配，科学制定现代新昆明发展战略”专题调研报告5份。

认真履行参政党职能，努力发挥民建组织的整体功能。民建昆明市委在“两会”期间共组织人大代表、政协委员、支部和会员撰写和提交提案、建议114份。其中“关于政府投资工程实现代建制的建议”的提案被昆明市政协列为五次全会的重点提案，得到了市发改委的高度重视，被列为A级办理案，已把市老年活动中心、市戒毒所新建和改扩建工程作为首批代建制试点。

【服务社会】　加大对扶贫联系点的扶贫力度，做好扶贫帮困工作，动员各支部及会员对挂钩扶贫点捐资助学32 700元。组织会员到富民县者北乡、罗免乡开展“教育、科技、法律、卫生”四下乡活动；义诊300多人（次），发放宣传书籍1 000本、宣传材料5 000份，价值3 000多元；向者北乡、罗免乡学校捐赠学习用品16箱、价值4 000多元，两项捐赠合计7 000多元。

鼓励和支持会员以不同的方式参与社会公益事业活动。2005年许家勋会员以公司和个人的名义向各类公益事业捐款80多万元。为援助印度洋地区地震及海啸灾民，民建昆明市委机关及会员踊跃捐款，向灾区献爱心，共计捐款25 000元。

民建市委认真贯彻民建中央非公有制经济代表人士工作会议精神，高度重视会员中企业经营者的潜在资源，多次组织召开企业家、专家、学者座谈会，积极为会员企业建立服务平台，支持会员企业互助联合做大、做强。在民建省委的大力支持下，由民建省委、市委的部分会员企业发起和组建了现代企业制度的“云南中民合众投资有限公司”，集团股东企业资产达到15亿元，并已在大理开展投资近3亿多元的项目，在社会各界产生了积极地影响，引起了民建中央的高度重视与关注，为昆明市非公经济健康发展进行了有益的探索。

（钟　华）

中国民主促进会昆明市委员会

【思想建设】　民进市委在建设“学习型组织”的基础上，开展广泛、生动、活跃的思想政治工作。以民进中央提出的“四·三·一”的思想政治工作为准则。年初拟定各基层组织学习计划，结合学习贯彻中共中央十六届三中、四中全会精神，中共中央《关于进一步加强中国共产党领导的多党合作和政治协商制度建设的意见》（即5号文件），以中央精神为指导，把民进的自身建设和参政议政工作推上新台阶。2005年正值中国民主促进会成立60周年，民进市委向全市会员发出“民进昆明市委关于举办《我与民进》征文的通知”，要求会员通过回顾自己和身边的会员在组织关怀下成长的经历，回顾老前辈们爱党、爱民进的事迹，结合学习中央5号文件精神，联系实际自我教育，加强思想建设，提高会员思想政治素质。3月，民进市委在人大，政协会议结束后，组织各基层支部召开座谈会，由民进市委领导成员中的人大代表、政协委员传达“两会”精神，民进省委主委罗黎辉，副主委李玛琳也到民进市委传达全国“两会”精神。民进市委经常组织会员参加报告会、理论讲座、情况通报会、专题协商会，为会员参政议政提供学习机会。各总支部、支部把开展学习、座谈的体会及时在《昆明民进》会刊上刊登，起到在全体成员中相互学习、交流的良好效果。

民进委会组织22位常委、委员、总支主任参加市委统战部、市社会主义学院举办的市属各民主党派干部培训班学习，选派12位会员参加民进省委干部培训班学习。全体机关干部参加了市委统战部、市社会主义学院举办的各民主党派机关干部培训班学习，汪叶菊主委应邀在培训班作“加强民主党派机关制度建设”的讲座，对机关建设，提高干部素质作了生动又结合实际的指导，通过培训学习交流，民进机关逐步建立完善各项规章制度，加强机关制度化、规范化、程序化建设，机关干部思想素质不断提高，形成团结一致的工作氛围。12月，民进云南省委举行会庆活动，表彰先进支部、优秀会员，民进昆明市委所属五华、盘龙、西山、官渡区总支、安宁市总支和市联合支部、十一中支部、延安医院支部等8个支部被评为民进省委先进支部，52个会员被评为优秀会员，在大会上受到表彰。

【组织建设】 2005年，民进昆明市委第五届委员会届满，民进市委全力以赴进行换届准备工作，加强领导班子、成员的培训学习，组织常委、委员深入进行理论学习和工作研究。三四月分别成立了民进市委直属金融界支部、十九中支部，弥补了民进界别的缺项，并举行区划调整后官渡区总支全体成员培训会，加强基层组织建设。结合民进省委到民进市委进行“组织建设”调研之机，举行调研座谈会，由各总支、支部交流基层组织学习工作经验，民进市委认真总结多年来组织建设的经验，完成《民进昆明市委组织建设年工作总结》，各支部上交书面交流材料，在会刊上交流学习。

8月16日，民进昆明市委举行181位会员参加的民进昆明市第六次代表大会，第五届市委领导班子认真总结过去5年的工作，大会选举产生民进昆明市第六届委员会，主任委员汪叶菊，副主任委员刘燕琨、王键、王昆建、谢家放；常委15人，委员31人。由于换届前准备工作充分，委员推荐严格按组织审查程序进行考察，全体候选人均在大会上当选，代表大会圆满闭幕。

换届后，新一届民进市委领导班子深入基层调研，9月，向5个总支和9个直属支部下发会员基本情况调查表，按区划调整范围，对民进五华、盘龙、西山、官渡区、安宁市会员进行调整，主动与5个区（市）委统战部协商充实5个总支领导班子成员，先后举行各总支重组任命大会，确定总支领导班子和基层支部人员。10月，民进市委加强与五华、盘龙、官渡、西山区、安宁市统战部的联系交流，双方就参政议政、社会调研等方面的问题进行协商，并邀请盘龙区、官渡区委统战部全体机关干部到民进市委联谊座谈。民进盘龙总支在区划后会员增加，民进市委经过充分协商准备于12月指导盘龙总支成立5个基层支部，进一步理顺各基层关系，加强组织建设，各总支在区划重组后各项工作活动有了新进展。

全年共发展高中级青年知识分子会员71人，文化、科技界成员占77%，其他界别成员占33%，全市共有会员1 011人，符合民进中央组织发展要求。民进市委向中共市委统战部提交《民进昆明市委后备干部队伍建设情况调研报告》，并完成民进市委2名新一届人大代表，11名政协委员的推荐工作。

【宣传工作】 民进市委全年宣传工作以《昆明民进》会刊的改版为基点，加强思想宣传工作，共编印《昆明民进》会刊6期，印发5 200册，刊登会员稿件180余篇，共编栏目12个，丰富会刊内容。结合民进成立60周年会庆和换届后的工作重点，《昆明民进》会刊从2005年9月第四期（总146期）开始改版为彩色封面大16开32页双月刊，以宣传党中央、民进中央精神为主线，报道会务工作活动、会员、基层支部情况，交流理论学习、工作经验为主要内容，成为民进市委推动会员加强自身思想建设和会员沟通交流园地。民进市委换届后编印了《民进昆明市第六次代表大会专刊》，全年向会员发出各种学习资料上万册。

12月16日，民进昆明市委举行“庆祝中国民主促进会成立六十周年大会”，会上对5位1957年入会的老会员颁发了特别荣誉证；对7位历届主副委颁发了荣誉证；对参加“我与民进”征文活动的会员颁发了鼓励奖，优秀征文选登在《昆明民进》会刊上。

【参政议政】 2005年是民进中央确定的“参政议政年”，民进市委把参政议政工作作为重中之重，组织基层会员参加政协及民进市委举行的各种情况通报会，分层次建立民进市委——参政议政工作委员会——人大代表政协委员——基层干部——广大会员五级参政议政网络，在人大、政协会召开前，参政议政委员会共收集各支部提交的提案素材185件，经筛选后形成82件提案上交民进市委，经审查，18件作为民进市委集体提案提交市政协，35件作为政协民进会员提案，其余29件分别提交省政协，县、区政协以及各级人大。提案公布后，引起媒体关注，以“坚决遏制公车腐败”，“家长会‘语言暴力’应叫停”等提案被多家媒体转载报道，得到中共昆明市委市政府的重视。各基层总支也分别向区政协提交了调研报告、集体提案和委员提案。

民进市委调研课题《滇池流域环境动态变化研究》经市科技评审会评定，获市政府授予的“2005年科技进步奖”。此外，还完成了《坚持教育公平，促进我市义务教育的均衡发展》和《关于“十一五”期间昆明旅游业发展的思路与对策研究》两个课题调研报告。

11月中旬，中共省委统战部组织出省考察调研组，对3省12市贯彻落实中共中央5号文件的情况以及各地区政治、经济、文化发展状况进行学习考察，民进市委主委汪叶菊参加考察组调研，提交了考察报告。12月中旬，在市政协十届二十四次常委会上，汪主委代表民进市委从教育方面就“十一五”规划提出相关修改意见建议。

民进市委换届后，建立4个工作委员会，即：参政议政、科教文卫、政法经济和妇女联络工作委员会。此后，民进市委信息工作有了突破性进展，仅12月中共昆明市委《统战信息》第二十、二十一期接连采发民进市委3条信息，民进中央网站、民进省委也分别采用民进市委信息。经领导班子和全体成员努力，在“参政议政年”里，民进昆明市委再次被评为“昆明市政协参政议政先进集体。”

【社会服务】 民进市委分别对宜良竹山乡、呈贡马金铺、晋宁中和乡困难学校进行捐助，各捐款5 000元，共计

15 000元，以及电视机、复印机、打印机各一台、复印纸一箱，民进市委机关干部积极参加市政协向灾区捐款活动。民进官渡区职中全体会员以每年捐款1 300元人民币的方式，资助姚安前场镇石碓窝村的初中优秀女生曾彩丽完成初中学业。制药厂支部、十四中支部动员会员为山区贫困学校的学生献爱心、送温暖，共捐衣服185件，图书作业本230本，送西山区谷律小学。民进盘龙区青少年宫会员余允珠，帮助一大批有不健康行为青少年走出成长误区，接听“爱心热线”电话18 000余个，引导学习不得法的孩子寻找到学习进步阶梯，《云南省青少年普法维权“十个一”活动工作简报》第八期对她进行了长篇报道。

（戴　霞）

中国农工民主党昆明市委员会

【思想建设】　2005年，农工党昆明市委在全国“两会”召开期间，及时通知各基层组织积极收听、收看并学习“两会”精神。中共中央颁发了《关于进一步加强中国共产党领导的多党合作和政治协商制度建设的意见》（简称5号文件），农工党市委及时向各基层组织发出了学习5号文件的通知，要求各基层组织认真学习讨论，深刻领会文件精神，还及时召开委员、各基层组织主、副委和省、市、区三级人大代表、政协委员参加的全委扩大会议，由农工党市委主要领导亲自作学习5号文件精神的辅导报告并参加了由农工党云南省委、市政协、中共市委统战部组织的学习中央5号文件的座谈会。有6名党员参加了中共市委统战部举办的“昆明市多党合作制度建设专题研讨班”的学习。

在中共十六届五中全会召开后，农工党市委及时召开常委会和全委会议，认真学习贯彻中共十六届五中全会精神。通过学习把思想统一到全会精神上来，把力量凝聚到贯彻全会提出的各项任务上来，紧密围绕“十一五”规划建议提出的新任务和新要求不断加强参政能力，切实履行参政党职能。

【成功换届】　农工党昆明市第三届委员会于2005年8月任期届满，所以2005年上半年的工作重点就是围绕换届工作进行的。4月27日，召开农工党市委三届十五次全委会议，审议通过了农工党昆明市“第四次代表大会代表选举条件及产生办法”和“第四届委员会委员候选人推荐说明”。5月20日召开了关于第四届领导班子候选人和委员候选人民主推荐大会。

6月13日召开第十八次常委会议，审议通过参加第四届代表大会的考察名单。随后，立即进行委员候选人的考察，6月23日完成了此项工作。

农工党昆明市第四次代表大会于2005年8月9～12日举行，大会经过充分协商、酝酿，以等额无记名投票的形式民主选举产生了农工党昆明市第四届委员会，19名委员候选人均以高票当选。19名市委委员年富力强，平均年龄45.4岁，其中50岁以下的同志占79%；文化知识层次高，大专以上学历的占94.7%；界别分布和知识结构比较合理，其中医卫界占63%，体现了农工党的特点和优势。本届市委委员中新进委员8名，占总数的42%，这部分同志专业成就突出，有一定的代表性，是农工党市委发展培养的后备干部。

第四届委员会第一次全体会议上选举杨品才为主任委员，周宁、解嘉鸿、徐辉、张明华为副主任委员，吕瑜琳为秘书长，李平、吴庭根、白明光等9人为市委常委。在第四届委员会第一次常委会上，决定聘任姚承济为第四届委员会名誉主委、张政为顾问。

【参政议政】　围绕中共昆明市委、市政府的中心工作和人民群众关心的热点、难点问题开展工作。据不完全统计，一年来，农工党市委主要负责人参加中共昆明市委、市政府召开的各类协商会、座谈会、征求意见会、市长常务会20余次，就昆明市的经济社会发展和社会安定发表了意见。

农工党市委的各级人大代表、政协委员2005年共向省、市、区“两会”提交建议、提案54件。其中：省人大2件，省政协3件，市政协19件，市人大6件，区政协23件，区人大1件。李鸿委员的“加强农村卫生基础建设，防病减病，提高农村人民的健康水平和生活水平”的提案是五华区政协四件主席督办重点提案之一。

在中共昆明市委、市政府及所属各单位、部门开展保持共产党员先进性教育活动时期，农工党昆明市委多次参加了市人大、市政协、中共市委统战部和市卫生局、市食品药品监督管理局、市人口与计划生育委员会、市财政局、市民政局、市法院、检察院等部门和单位的情况通报和评议；年底又对以上单位和部门进行了民主评议机关作风的活动。认真履行参政党的职责。

积极参加市人大、市政协组织的视查、检查活动、专题协商会和情况通报会以及提案的面商、回复活动。

对口联系工作开展良好。农工党市委与市卫生局、市食品药品监督管理局、市人口和计划生育委员会均做到了重大活动的相互参加和工作情况的互通。

杨品才同志获得了农工党中央“优秀党务工作者”的称号。

农工党市委咨询联络处获市政协工作先进集体。徐辉、吴庭根获市政协工

中国农工民主党昆明市第四次代表大会　（农工党市委　供稿）

作先进个人称号。

【调查研究】　与市人口和计划生育委员会一道共同对昆明市实行计划生育“奖优免补”政策的情况进行调研，之后赴西安市和乌鲁木齐市学习、考察，借鉴外地经验，完成了与中共昆明市委统战部签订的“关于完善我市计划生育‘奖优免补’政策的调研”的报告。

【组织建设和活动】　一年来，共发展党员43名，并在东川区、安宁市填补了无农工党员的空白点。12月1日农工党市委对农工党联盟卫生院支部进行了划调仪式，由农工党官渡区总支划到了盘龙区总支。

2005年，各基层组织积极支持农工党市委的工作，根据市委的统一布置，参与对农工党市委换届各个阶段的工作。在农工党昆明市第四次代表大会后，又及时通过组织活动将大会精神传达到每位党员。参加农工党中央组织的“纪念中国农工民主党建党75周年知识竞赛”活动和农工党昆明市委发起的“向贫困地区捐款捐物”活动。官渡区人民医院支部赴官渡区小哨兔耳关卫生所进行调研，写出了“对官渡区乡村卫生工作现状与发展的调研报告”；市妇幼保健院支部在医院党委的领导下，承办了医院有关人士参加的“学习中共中央五号文件精神座谈会”，还代表农工党市委对呈贡县卫生局的全体医务人员进行“小儿呼吸系统、消化系统常见疾病的诊治及抗菌素药的合理使用”讲座；盘龙区总支专家医疗队到大摆村义诊；五华区人民医院支部和中医院支部联合赴厂口乡进行免费医疗义诊服务等等。

2005年是中国农工民主党建党75周年，农工党市委与农工党云南省委共同举办了“中国农工民主党成立75周年纪念大会”。

【宣传工作】　完成《农工市志》的编撰工作，并印制1 000余本向有关党、政部门和对口联系单位及全体市属党员发放。《农工党昆明市委简讯》全年出刊5期。

为推动农工党基层组织的理论学习活动，农工党昆明市委及时向各基层组织转发了《中国农工民主党2005年理论研究课题计划》的活动通知。共收到两个支部的理论文章10篇，其中，市妇幼保健院支部8篇、市疾控中心支部2篇。这些文章论点好，有分析、有研究、水平高，对今后的工作实践有很大帮助。

【社会服务】　农工党昆明市委分别于2005年1月25日和2月1日，赴嵩明县小街镇牛足村和东川区阿旺乡新碧嘎村进行助学、义诊服务及捐赠衣物活动，共接诊村民528人（次），还分别向两村小学各捐款3 000元（捐款不足部分由农工党市委从行政办公经费中支出），向两村委会捐赠衣物1 300余件。

继续参加中共昆明市委统战部组织的对禄劝县马鹿塘乡普福村民委员会的梅子村民小组的帮带挂钩扶贫活动，帮助解决村委会到乡政府的道路维修问题，向其捐款2.7万元，向村委会的贫困户捐赠了10床棉被。农工党中央将东川区红土地镇卫生院立为农工党社会服务的扶贫点，农工党昆明市委积极做好协调、联系服务工作。

应呈贡县卫生局邀请，10月25日带医疗队赴呈贡县洛羊镇大新册村委会免费送医、送药义诊，接诊患者281人（次），发放价值2千余元的计生用品。11月12日，又赴嵩明县牛足村进行助学、义诊活动，完成原来协议商定的三年助学、义诊服务承诺，又向其捐款3 000元，接诊患者333人（次），赠送价值3千余元的计生用品。

在东南亚地区发生海啸灾难后，及时向海啸灾区捐款2 000元。为支持各地区卫生事业的发展，向东川区捐款5 000元；向安宁市捐赠药品价值2 000元；向呈贡县捐赠药品价值6万元。2005年农工党市委吕瑜琳挂职担任呈贡县吴家营乡副乡长，本着既向当地送干部，又要支持其工作的原则，向吴家营乡政府捐赠了1万元人民币，向呈贡县养老院捐赠价值5 000元的物品。

（吕瑜琳）

中国致公党
昆明市委员会

【思想建设】　致公党市委组织全市党员认真学习中共十六届四中、五中全会精神，把思想和认识统一到十六大报告精神上来，把智慧和力量凝聚到实现十六大提出的任务上来，切实贯彻落实《致公党中央关于加强致公党的参政能力建设的若干意见》，保持致公党员的进步性、广泛性，充分发挥致公党的特色和优势，突出主旋律，做好参政党的各项工作。为了帮助大家加深对《中共中央关于进一步加强中国共产党领导的多党合作和政治协商制度建设的意见》这一纲领性文件的解读，致公党市委邀请有关领导进行专题辅导。《反分裂国家法》公布后，致公党市委及时组织各级基层组织和党员进行认真的学习，并要求党员利用本党广泛的海外关系，做好宣传工作。致公党市委重视对基层干部和新成员的培训、培养工作，多形式地开展多党合作理论和本党党史的教育，及时通报社会发展形势和致公党市委工作开展的情况，帮助大家综合分析，拓宽思维，推进党员为建设新昆明献计出力。致公党市委还组织党员参加“昆明精神”演讲大赛。发行《昆明致

致公党云南省委纪念致公党成立80周年暨表彰大会　（黄秋苹　摄）

重走滇缅路启动仪式　（赵志勇　摄）

公》2期，《简讯》7期，《专刊》1期。为配合中国致公党成立80周年的庆祝活动，致公党市委也积极发动广大党员撰写纪念文章。

【参政议政】　2005年以来，致公党市委领导班子成员对昆明市国民经济和社会发展“十一五”计划的编制工作提出诸多的修改意见。12月份，本党省委副主委、市委名誉主委孙世光出席了致公党中央参政议政工作会议。2005年的各级“两会”上，致公党市委各级人大代表、政协委员共提交提案120件。致公党市委以《借力·借势，推动我市国有企业产权制度改革》为题在市政协大会上作了交流发言，致公党市委的《运用现代管理，解决城市交通》被列为2005市政协十大重点提案加以督办，昆明市规划局、公安局领导亲自到致公党市委答复，致公党市委7件集体提案都得到相关部门的重视。西山总支《加强中职学生的思想道德教育》在区政协大会上发言后，区委、区政府领导高度重视，多次到区属的高级职业中学视察，现场办公和解决实际问题。另外，代表和委员提出的《改变公房出售方法做好便民服务》、《盘龙江金刀营段污染严重》、《就业须优先，方能保平安》、《保护归侨侨眷权益》等议案和提案也得到了有关方面的积极办理和采纳。蔡燕华代表提出的《家政亟待行业法规》促成家政行业协会的成立。为拓展参政议政的渠道，致公党市委还支持各级特约（邀）检察员等“五大员”和广大党员积极参加机关建设行风评议、带案视察、持证视察、执法检查等各种活动，继续发挥民主监督作用，在这些活动中，党员积极建言献策，认真履行职责，受到社会和有关部门的好评。

在各级政协的表彰会上，致公党市委提交的《关注“三农”问题，重视农村教育》被评为市政协优秀提案；致公党市委机关办公室被评为市政协工作先进集体；杨萍被评为昆明市优秀人大代表；喻星源、李希麟被评为2004年市政协工作先进个人。

致公党市委全年共完成调研课题7项。其中《昆明市水资源科学管理机制建设》调研报告将作为市政协的大会发言材料进行报送。通过对山东和大连投资环境实地调研后，致公党市委形成了《营造良好的投资环境，促进昆明经济发展》调研报告，已提交有关部门作决策参考。基层组织也陆续完成了《让被拆迁者成受益、支持配合者》、《昆明城市安全主要问题及分析》《昆明中国户外运动乐土的调研报告》《昆明市农业学校职业教育现状分析及对策》、《努力加速城乡教育的均衡发展》、《五华区厂口、沙朗两乡农业发展思路》等调研课题。同时出台一系列文件，以加强参政议政工作的领导机制、保障机制、激励机制和参政议政机构、队伍的建设。

为贯彻落实《致公党中央关于进一步加强反映社情民意工作的若干意见》精神，致公党市委也出台一系列文件，推动参政议政工作不断向规范化和制度化方向发展，同时加强信息工作的管理，建立和健全社情民意的收集和激励机制。年内，已有十余条信息报致公党云南省委、市政协、市委统战部等部门，均被采纳，其中，“交通警察不宜佩枪”的信息引起了中共昆明市委领导的高度关注。由于工作成绩突出，陈骏被致公党中央评为反映社情民意信息的先进个人。

致公党市委还拨出一定经费，通过基层组织开展议政活动等形式，支持党员开展课题调研。盘龙总支通过到松华乡等地进行调研，就其电力、公交车和税收等方面的问题与其他党派团体联名写成提案；农科支部与五华区农业局和其他支部联合完成了“五华区农业发展问题”的课题调研，并参与“昆明市农业职业教育现状”调研；大专支部对公交车充值卡的规范管理和合理使用等问题提出合理化建议，并整理成提案，供有关部门参考。

【组织发展】　致公党市委共有党员379人，其中，具有大专以上学历的297人，具有中高级职称的296人，平均年龄51岁。2005年，发展新党员18人，其中，具有大专以上学历的17人，具有中高级职称的8人，平均年龄36岁。

致公党市委认真做好区划后基层组织及其领导班子的调整工作，到10月份，各基层组织（安宁总支除外）经过选举，顺利产生了新的领导班子。在基层组织调整结束后，致公党市委及时举办基层干部培训班。此外，致公党市委还注意把后备干部的培养作为一项政治任务来抓，选派年轻党员参加各种培训班；选送1名领导到县区、1名党员到乡镇进行挂职锻炼。

2005年是中国致公党成立80周年，在纪念庆祝活动中，盘龙总支和张巧生分别被致公党中央评选为全国先进集体和优秀党员；盘龙总支、西山总支、官渡总支和22名同志分别荣获致公党云南省委先进集体和优秀党员的称号。致公党市委对五华总支、盘龙四支部、盘龙七支部、安宁二支部等4个先进集体和36名优秀党员及1名机关先进工作者进行表彰。

为了有效地开展爱国主义教育，8月6～12日，致公党市委与南侨机工云南联谊会联合开展了“纪念抗日战争胜利60周年暨南侨机工回国抗战66周年——重走滇缅公路”活动，以亲身体验的形式感受历史，缅怀英烈，弘扬爱国精神，取得了圆满成功，产生了较好的社会效果。“南洋华侨机工抗日纪念馆”在致公党市委历届政协委员的呼吁下业已落成并开馆。五华总支在西山森林公园组织了中国人民抗日战争暨世界反法西斯战争胜利60周年的纪念活动，向南侨机工抗日纪念碑敬献花篮。广大党员通过参加各有关部门组织开展的抗战胜利纪念活动、座谈会和纪念护国运动90周年、纪念畹町光复60周年等活动来缅怀先烈，加深对抗战民族精神和华侨爱国历史的了解。

【内引外联】　致公党市委保持本党“侨”、“海”特色，开展海外联谊工作。2005年，致公党市委及其党员接待海外亲朋好友近250人（次）。另外，致公党市委领导还利用参加有关部门组织的访问活动，进一步宣传国家的政策，鼓励侨（港、澳、台）胞回国回乡支持祖国的社会建设。在牵线搭桥方面，做了大量的协调、沟通工作，取得了一定的成绩。诸如，金龙百货公司顺利引进港商的世界知名品牌“六福珠宝”、福州某电脑软件厂的成功投产、安宁页岩砖厂建设项目的洽谈、昆钢引进的美国科技首能特公司的“在线监测装置”技术，作为2005年度炼铁厂4号炉干式除尘先进项目，向国家申请了环保资金等等，都包含了致公党员的努力和感情。同时，致公党市委还注意加强与省内外致公党各级兄弟组织的联系。比如，发出贺信向致公党南宁市第七次代表大会的召开表示祝贺；接待致公党四川省委、无锡市委等兄弟单位领导，并就加强自身建设和参政议政等方面的工作进行了交流。

【服务社会】　致公党市委围绕“三农”问题，将社会服务的重点继续放在扶贫点禄劝崇德乡六合村和东川拖布卡乡的扶贫联系点的工作上，举办有实效、有特色的扶贫工作。在昆明市统战系统扶贫工作协调会上，致公党市委向六合村捐款27 000元。为了帮助农民从根本上脱贫，致公党市委着重从科技方面加以扶持，为六合村引进高山雪莲子种并多次组织农科专家进行种植栽培的指导，及时查看栽种情况，并结合该村的实际情况提出冬种马铃薯和蔬菜的建议，为当地村民指出新的致富道路；致公党市委在坡头村的电网改造、乡村道路建设、小学教学条件的改善和引进果蔬新品种等方面也给予了大力的支持和帮助。除了扶贫点以外，致公党市委也鼓励党员发挥自身优势，搞好社会服务工作，比如，由致公党市委农林专家顾问组引种的台湾高山雪莲，已在石林、富民、晋宁、安宁、呈贡、宜良、西山等7个县区进行推广试种；西山总支组织党员到海口海禄新村进行医疗、文艺、法律的扶贫活动，并向贫困生捐赠学习用具；农科支部的党员，帮助嵩明县大哨乡调整产业结构，在当地开展技术服务，运用新技术，发展新品种生菜近千亩，为当地农村经济的发展做出了积极的努力。

致公党市委组织党员为六合村贫困农民捐赠衣物1 063件、书籍154本以及其他文具用品；另外，印度洋发生海啸灾难后，致公党市委向全体党员发出紧急通知，号召党员踊跃捐赠，以实际行动支援和帮助灾区人民战胜灾害，重建家园，致公党市委共捐款2 400元。

（黄秋苹）

九三学社昆明市委员会

【换届工作】　4月20日，社市委召开四届十二次常委会，审议通过“九三学社昆明市第五次社员代表大会换届方案”，决定成立由寸镇洋（任组长）、宋长昆、常敏、杨勤、郝昆宁组成的第五次代表大会筹备领导小组，负责完成筹备工作。之后，各基层组织及筹备领导小组按程序有条不紊地完成了各项推荐工作。

8月17日，九三学社昆明市第五次代表大会开幕。会议期间，与会的全体代表认真学习邓小平理论和“三个代表”重要思想，学习中共十六大会议和九三学社中央有关会议精神。认真学习《中共中央关于进一步加强中国共产党领导的多党合作和政治协商制度建设的意见》，听取和审议《九三学社昆明市第四届委员会工作报告》。选举产生九三学社昆明市第五届委员会。审议通过九三学社昆明市第五次社员代表大会决议。

第五届委员会召开了第一次全体会议，选举产生了常委、主委、副主委，任命了秘书长，推举了第五届委员会名誉主委、顾问。8月19日，代表大会完成了各项议程后闭幕。

第五届委员会与第四届委员会相比，有了很大的变化，委员由19名增加到21名，常委由9名增加到11名，副主委由3名增加到4名（其中1名为专职副主委），为新一届委员会今后开展工作创造了有利条件。

【组织建设】　在做好换届工作的同时，组织建设工作稳步健康发展。4月23日，九三学社昆明市委召开支社工作会议，对2004年度基层组织建设工作进行总结表彰，推动各基层组织相互学习，找出工作中存在的差距，认真做好基层组织的工作，签订了2005年度基层组织建设目标考核责任书。在九三学社市委的领导下，各支社领导班子团结协作，认真开展各项活动，取得了明显的成效，工程一支社在1月份九三学社省委召开的全委会上进行经验交流。社中央常务主席陈亢甫到社市委调研时，充分肯定了社市委采取与支社签订基层

九三学社昆明市委举行纪念九三学社建社60周年、九三学社昆明市委成立20周年纪念活动

（九三学社市委　供稿）

九三学社昆明市第五次社员代表大会　（九三学社市委　供稿）

组织建设目标考核责任书的方式，推动组织建设的做法，6月份，九三学社中央在广州召开的地方组织工作会议上，特地邀请了社市委派人参会并进行经验交流。

社市委组织发展工作稳步进行，2005年吸收34位新社员，社员总数增加到466人。

社市委举办许多活动以增强社组织的活力和凝聚力，受到社员的欢迎。如，举行春节团拜会，请云南大学的陈琳教授作“科学发展观与云南经济形势”的报告；慰问了70岁以上社员；组织两期学习《中共中央关于进一步加强中国共产党领导的多党合作和政治协商制度建设的意见》培训会。9月3日，举行纪念九三学社建社和九三学社昆明市委成立20周年活动；在敬老节时，由老龄委组织了联谊活动；妇女工作委员会在“三八”节时组织女社员游翠湖；各支社也组织了各种活动，如参观学习，外出联谊活动等，增进了社员间的了解，开阔了视野。

社第五届委员会常委参加了中共昆明市委统战部召开的市级民主党派干部培训会，认真学习中共中央5号文件精神，了解新昆明建设和反腐倡廉的情况，为新一届社市委今后开展工作做了组织上、思想上的准备。

【参政议政】　通过政协提案的方式，是民主党派履行参政议政、民主监督职能最直接最有效的手段。在充分调研的基础上，社市委召开了参政议政工作会议，讨论研究集体提案，在政协十届五次全会上，共提交了《对昆明市农产品质量安全管理工作的建议》、《对昆明市二环路快速通道建设的建议》、《关于加快发展我市农民专业合作经济组织的建议》、《对昆明市果业生产现状及发展的建议》、《关于解决昆明市失地农民生活保障问题的建议》、《关于建立昆明市贫困人群医疗救助基金的建议》、《关于建设昆明市人才大厦的建议》共7件集体提案，全会结束后，政府有关承办部门与社市委进行了面商，充分肯定了九三的提案问题找得准，意见建议具体可行。

积极参加中共昆明市委、市政府的各种协商会、情况通报会、座谈会，了解情况，就政府工作中的问题提出意见建议。一年来，参与了《政府工作报告》、《昆明市燃放烟花爆竹的规定》、《昆明市节水条例》、《昆明市流动人口管理条例》、《松华坝水源区保护管理条例》、《轿子山旅游管理条例》、《昆明市生猪屠宰管理条例》等的协商，提出相应的意见建议。组织社员撰写论文，参加市政协组织的建设和谐昆明的研讨会，其中有一篇文章被评为三等奖。

社市委组织开展了昆明市主要水源保护区环境污染现状的调研，形成调研报告，最后在统战系统调研课题评比中被评为一等奖。到厦门与当地九三组织进行社务交流，对厦门如何发展旅游业进行了调研。各支社也组织成员立足本职工作，开展调研，了解社情民意，为昆明市经济社会发展建言献策。

（郝昆宁）

昆明市工商业联合会（总商会）

【执委、常委会议】　1月14日，召开第九届四次执委会，会议审议通过了杨国栋会长代表常委会所作的《工作报告》，增补沈长虹、邵吉银、蔡锦荣、尹元江、林时窕、李太明、赵德伟、林恒生、阮鸿献、徐苏明等10位同志为昆明市工商联第九届执行委员会委员。10月9日，召开九届一次常委（扩大）会议，选举桂春、徐苏明为市工商联九

昆明市工商联（总商会）2005年春节茶话会　（市工商联　供稿）

昆明市非公有制经济人士座谈会　（市工商联　供稿）

届执行委员会副会长。

【调查研究】　市工商联在对全市非公有制经济发展现状进行分析研究的基础上，针对全市非公有制企业在农业产业领域的发展情况进行了深入细致的调研，完成了《昆明市非公有制经济在农业产业领域的发展情况调研》，获得云南省工商联优秀调研成果一等奖和昆明市统战系统专题调研一等奖。

【参政议政】　市工商联在市政协全会上提出了《督查落实省、市加快发展非公有制经济意见的建议》、《关于加强县（市）区工商联党组建设的建议》、《关于加强工商联工作的建议》、《加大对非公有制经济中小型企业资金支持的建议》等4个提案，其中《加大对非公有制经济中小型企业资金支持的建议》获优秀提案奖。在市政协全会上作了《昆明市贯彻落实加快发展非公有制经济政策情况》的重点发言，受到了市委、市政府的高度重视。引导非公有制企业中的政协委员撰写了《扶优扶强，打造非公有制经济品牌企业和产品的建议》、《调整土地价格加大招商引资力度》、《解决拖欠建筑企业工程款的问题》等50个提案。在市委多次召开的政治协商和编制“十一五”规划建议座谈会上，市工商联就进一步贯彻落实非公有制经济发展36条、完善昆明市“十一五”规划等问题，收集非公有制经济代表人士意见，提出了建议，一些建议受到市委、市政府的重视。

【推荐表彰优秀建设者】　市工商联推荐的颜语、苏云安、赵云焜、杨宗祥等4名非公有制经济代表人士被评选为“云南省优秀中国特色社会主义建设者”。12月20日，昆明市委统战部、昆明市工商联等6部门在昆明市委礼堂召开表彰大会，联合表彰了40名“昆明市优秀中国特色社会主义事业建设者”。在评选表彰工作中，负责完成参加评选企业上报材料的收集、初选、考察、审核等基础工作，参与承办表彰大会的会务工作，表彰大会结束后，及时收集整理受表彰者的先进事迹材料，通过《昆明日报》进行重点宣传，为营造良好的非公有制经济发展环境，做好宣传舆论引导工作。

【扶贫济困回报社会】　2005年春节前夕，市工商联继续动员会员积极参加“献爱心，送温暖”活动，关心和帮助贫困群众解决生产生活困难。广大会员踊跃捐款捐物，共慰问贫困学生495名、困难群众968户，捐款捐物总价值517 334元，其中捐赠现金353 600元，赠送慰问品4 143份。1月7日，市工商联组织会员为印度洋海啸灾区捐款，捐款达34.8万余元。年内各县（市）区工商联动员非公有制企业捐资助学、修建道路、修建水利工程等共计捐款71.4万余元。

【政府与企业沟通】　9月7日，积极争取到市委、市政府领导支持，承办了市政府召开的昆明市非公有制经济座谈会，市长王文涛及13个相关部门领导听取了20余家非公有制企业的发言。通过召开春节茶话会、召开呈贡新区规划情况通报会、与市国土资源局的恳谈会、组织会员企业到呈贡新城管委会听取新城区投资优惠政策介绍、组织科技信息会员企业到市经济技术管委会听取信息产业发展优惠政策介绍等，非公有制经济人士对昆明市发展非公有制经济提出的意见和建议，得到了市级领导和相关部门的高度重视，部分非公有制企业遇到的实际问题得到及时协调解决。

【商会组织】　1月9日，昆明市工商

春节慰问贫困户活动　（市工商联　供稿）

联湛江商会成立，林恒生当选会长。1月28日，昆明市药材行业商会成立，陈立胜当选会长。9月16日，昆明市工商联富顺商会成立，朱少林当选会长。11月5日，昆明市工商联福州商会成立，吴翊良当选会长。截至2005年底，市工商联共有行业商会15家，异地商会12家；全市工商联会员4 341个。

【经济联络】 组织5家会员单位参与“昆交会”的招商参展工作。组织20家非公有制企业参加现代新昆明项目推介洽谈会。组织20家会员企业参加市投资促进局召开的2005年重点项目推荐会。组织8家会员企业参加昆明—广东项目推介洽谈会。组织各异地商会参加2005年寻甸、嵩明投资项目推介会。组织40家会员企业参加“GMS商务洽谈会”，挑选9家有代表性的会员企业参加“GMS工商论坛”。2005年6月，与德国中小企业联合会（简称ZDH）建立友好商会合作伙伴，达成合作协议，共同实施ZDH中国合作项目，合作项目进展较为顺利，取得初步成效。年内完成了商会经验交流考察、政企对话座谈会、行业（异地）商会建设座谈会、经济知识专题讲座、成立昆明市工商联（总商会）服务中心等7个项目。ZDH项目合作，推动了国内外商会间的合作与交流，拓宽了商会服务领域，提高了商会服务能力和水平。

【学习培训】 5月27日，组织召开学习《中共中央关于进一步加强中国共产党领导的多党合作和政治协商制度建设的决定》和《国务院关于鼓励支持和引导个体私营等非公有制经济发展的若干意见》大会。6月，组织昆明市非公企业家17人到北京中央党校全国民营经济理论与实务高级培训班进行学习培训。7月，与中共昆明市委统战部在市社会主义学院举办首期非公经济理论研讨班。11月25日，举办“昆明市经济发展专题讲座”。

（訾兴金）

·群众团体·

总工会

【广泛开展“三个文明”建设活动】 各级工会紧紧围绕市委、市政府的中心工作，积极组织广大职工开展“昆明精神”大讨论及“建设现代新昆明，工人阶级展风采”活动。在酝酿“昆明精神”过程中，提出建议近千条；在市委确定“春融万物，和谐发展，敢为人先，追求卓越”的昆明精神后，又组织了“劳动模范与昆明精神”座谈会、昆明职工与“昆明精神”演讲比赛等系列活动，宣传贯彻“昆明精神”。市总工会还与团市委、市妇联召开首次联席会议，共同开展“科学出行、从我做起、创建平安昆明”活动，与市滇管局联合开展“爱我滇池，保护环境”系列活动，使“昆明精神”深入人心，成为推动现代新昆明建设的强大精神动力。各级工会在深入开展“创建学习型组织、争做知识型职工”、争当“云岭优秀职工”、“春城优秀职工”等活动中，广泛开展形式多样的学习培训活动、职工经济技术创新和职工技术技能提升活动，各具特色的劳动竞赛、技术比武、岗位练兵和技能竞赛开展得红红火火。市总工会同市经委、市劳动和社会保障局、市科协等6家单位联合举办的“职工技协杯”技术技能绝招绝活、先进操作法表演展示及“金殿杯”职工花卉园艺技术技能大赛等活动，吸引了数百家单位近万名职工参加，150名选手经过决赛获得技术等级证书。各级女职工委员会组织实施的“女职工素质提升工程”和“女职工建功立业工程”取得了较好成绩。据不完全统据，全市开展各种竞赛并提出合理化建议8 000多条，推广技术革新、技术发明、先进操作法1 835项，创造（节约）价值2.86亿元。

【基层工会组织建设进一步加强】 各级工会认真贯彻全总《关于进一步加强基层工会组织建设的决定》，切实做好基层工会工作和新会员发展工作。市区工会抓住区划调整的机遇，加大非公企业建会及组建社区工会的力度，积极探索新形势下工会组织方式和活动方式。市总工会在市人才交流中心建立了流动人员工会联合会，在西山区进行了第一家建立乡镇、街道总工会的试点。各级工会把工作重点放在更好地发挥作用上，在非公企业广泛开展的“双爱双评”已初见成效，评选“劳动关系和谐企业”活动开始启动，非公企业工会主席直选的试点工作获得成绩；按照全总新的建家标准，昆明市总工会60%的基层工会建成并验收为“合格职工之家”。一年来，各级工会共举办工会干部培训班58期，培训各类工会干部3 000多人次，其中仅市总工会举办的工会干部培训班，就使580名新上岗的

昆明市工会第十三次代表大会　（市总工会　供稿）

昆明市工会十三大选举产生的新一届市总工会领导班子　（市总工会　供稿）

工会干部拿到了《上岗合格证》。切实抓好进城务工人员入会工作。各级工会完善了流动会员会籍管理办法，在重点行业、社区的进城务工人员中大力发展新会员。至2005年底，全市共有30 144名进城务工人员加入工会，全面完成了省总工会下达的任务。

【各项维权机制建设有新进展】　各级工会认真学习贯彻胡锦涛同志关于“完善在工会组织领导下的维权机制很有必要。要注意总结经验，不断强化职能，更好地为职工服务”的重要批示精神，把加强维权机制建设作为工会推动构建社会主义和谐社会的重要切入点。一年来，各级工会加大源头参与力度，利用各种参政议政机会，积极组织代表职工提出意见、建议、议案、提案，其中市总工会提出的关于尽快制定《昆明市企事业单位职工代表大会条例》的议案，已经市人大常委会审议批准纳入2005年的立法计划；工会提出的对退休职工个人医疗账户每月补足40元的建议被采纳，并作为市政府的10件实事，使近12万名退休职工受益；县以上工会与同级政府联席会议制度基本建立，部分县区还建立了政府与职工联络员制度。各级工会按照“两个旗帜鲜明”的要求，全过程地参与了国企改革，在企业改制、兼并、破产过程中坚持把好职代会审议改制方案、职代会审议通过职工分流安置方案的关口，针对职工关心的热点、难点问题提出意见建议并加强职工思想政治工作，努力做到使改革方案既能推进企业发展，又能得到大多数职工的理解和支持。认真贯彻执行《昆明市工会劳动法律监督条例》、《昆明市企业工资支付条例》。截止2005年底，全市622家企业建立了工会劳动法律监督委员会，747家企业建立了劳动争议调解委员会，累计培训2 298名工会劳动法律监督员，3 394名劳动争议调解员；工会与劳动部门联合对500家企业进行了执法检查，及时纠正存在的问题，维护了劳动者的合法权益。县以上劳动关系三方协商机制建设初见成效，其主要成果是：三方共同推动在非公企业和进城务工人员中签订劳动合同工作，重点解决劳动合同短期化问题；三方共同开展“劳动关系和谐企业”评选活动；三方共同进行改制企业劳动关系状况调研等，有力促进了劳动关系的协调和稳定。民主管理、厂务公开、平等协商、签订集体合同等工作持续发展。截止去年底，全市国有、集体企业和事业单位职代会制度建制率已达80%以上，2 991户企事业单位实行了厂务公开制度，签订企业、行业、区域性集体合同2 799件，覆盖职工27.2万人。工会劳动保护和职工安全生产工作进一步加强。全市1 035家企业、203 137名职工、8 972个班组参加了“安康杯”竞赛活动，市总工会荣获全国优秀组织奖；“一法三卡”、“安全生产月”活动深入人心；工会参与安全生产大检查，加强安全事故的预防和处理，维护职工的安全与健康。各级工会认真做好职工来信来访工作，强化预警机制建设，与党政一道努力把不稳定因素解决在基层、化解在萌芽状态。一年来，仅市总工会就接待涉及4 880多人的上访2 970多起，及时处理突发事件78起，其中市总工会主席接待日接待职工上访553起2 139人次，协调劳动关系纠纷82起，为维护职工队伍和社会稳定发挥了重要作用。

【大力弘扬劳模精神】　“五一”前，昆明市隆重召开了第二十届劳模表彰大会，会上表彰了昆明市特等劳模40名，昆明市劳动模范159名，大会开成了一个团结动员广大职工，为全面建设小康社会建功立业的动员会、誓师会。全市还推荐评选全国劳动模范9名，省、部

2005年4月28日，昆明市召开第二十届劳动模范表彰大会　（市总工会　供稿）

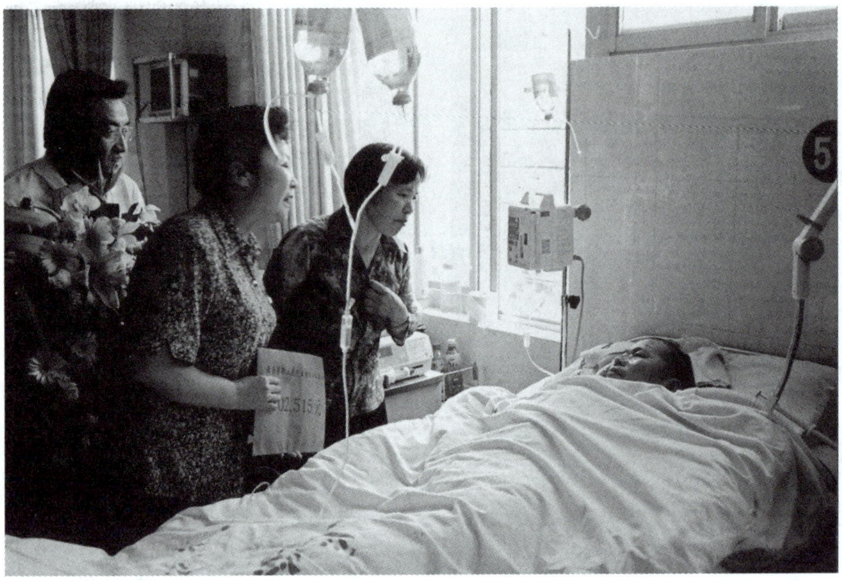

杨丽主席将医疗互助补助金送到患病职工手中　（市总工会　供稿）

级劳动模范27名。在先进性教育期间，按全总、省总和市委的要求，昆明市工会界的劳动模范先后到全总、省总和市级机关作先进事迹报告。各级工会认真组织职工学习胡锦涛总书记在全国劳模表彰大会上的重要讲话精神，广泛宣传劳动模范的先进思想和先进事迹，使劳动光荣、知识崇高、人才宝贵、创造伟大成为社会的共识和时代新风。各级劳模协会大力弘扬劳模精神，积极组织各种劳模活动，劳模座谈会、“劳模林”植树、传经送宝活动和劳模外出学习、考察、参观及疗养等活动生动活泼、深受欢迎。各级工会积极推动劳模政策的落实，继续做好全国劳模慰问金、低收入补助金和特殊帮扶金“三金”的发放工作。全年来共帮扶市级以上困难劳模642人次，切切实实把党和政府的温暖送到劳模心坎上。

【切实做好送温暖、再就业工作】　各级工会全方位、多渠道地开展帮扶工作，竭尽全力为困难、下岗职工办好事、做实事。2005年，市总帮扶中心就接待昆明地区各类困难职工6.88万多人（次），提供咨询3.2万多人（次），救助困难职工3.1万多人（次）；代市政府对1 018户4年来被拖欠丧葬费的职工家庭，发放丧葬费670万元，补助被拖欠3个月以上工资的职工2 609人（次）；“寒窗助学”916人次，帮助400多名困难职工子女圆了大学梦；组织37余万职工参加第二期职工医疗互助活动，为困难企业无力参加医疗互助活动的4 352名职工提供补助281.7万多元。各级工会把促进就业和再就业作为工作重点，为6 082名下岗失业职工进行了免费介绍和培训，举办了劳务交流会12次，为下岗职工提供再就业补助1 229人（次），帮助下岗失业人员自主创业，扶持再就业基地31个，投入资金119.55万元，帮助2 536人实现了再就业。春节期间市总工会组织文艺团体举行送温暖演出12场，其中为进城务工人员举办的迎新春专场演出。为解决困难职工看病难、看病贵的问题，帮扶中心在免费就诊窗口为5 620多人（次）困难职工免费门诊和已建工惠大药房的基础上，又建立了帮扶中心门诊部，近期正在为6 000名困难职工进行免费体检。

【昆明市工会第十三次代表大会】　5月底召开的昆明市工会第十三次代表大会，是一个承前启后、团结鼓劲的大会。大会认真总结回顾了过去5年工会工作的主要成绩和经验，选举产生了昆明市总工会新一届领导班子，表彰了五年来工会系统的先进集体和个人；省市领导在充分肯定工会成绩的同时，对各级工会提出了殷切的希望；省委常委、市委书记杨崇勇对工会提出新的要求，他说：“在新的历史时期，工会的地位更加重要，作用更加突出，全市各级工会组织要坚持以‘三个代表’重要思想和科学发展观统揽工会工作，准确把握自己的定位，围绕中心，服务大局，全面履行好各项职能，把职工群众的智慧和力量凝聚到建设现代新昆明、全面建设小康社会的宏伟事业上来。”大会审议确定今后五年全市工会工作的目标和主任任务是：“锁定一个目标，实施五项工程”，即：努力把各级工会建设成为坚持党的领导、践行“三个代表”、党政靠得住、企业（单位）离不开、职工信得过的合格职工之家；要实施好“五项工程”；要务工程、维权工程、基础工程、帮扶工程、建家工程；大会要求各级工会振奋精神，再接再厉，擦亮“金牌”，再创辉煌。

各级工会抓住开展保持共产党员先进性教育活动的契机，有力地促进工会自身建设。在先进性教育活动中，工会领导干部带头结对帮扶、资助寒窗学子，使去年“寒窗助学”活动比往年更加扎实；在实施第二期省职工医疗互助活动中，市总工会发出《倡议》，号召全市收入稳定的党员献爱心，带动77个单位的2 000多名党员共捐款21万多元，帮助6 500多名困难职工顺利参加了医疗互助活动，先进性教育取得了“党员受教育，职工得实惠”的丰硕成果。各级工会领导班子建设不断加强，各县（市）区工会都较好完成了与市总工会签订的目标任务，特别是四城区工会，在区划调整的繁重任务面前，不畏困难，开拓创新，以全新的思路扎实工作，出色完成了各项任务。各产业、企业工会围绕中心，发扬特色，突出重点，切实维护了本行业、本企业职工的合法权益和职工队伍的稳定。市级机关工会联合会和各机关、事业单位的工会组织结合自身实际，开展丰富多彩、各具特色的工会活动，职工之家建设取得新成果。工会财务工作加强了基础管理，通过完善财会制度，开展财务竞赛，工会经费的收、管、用进一步规范；经审工作贯彻“抓基层、打基础、抓实务、上水平、抓创新、谋发展”的方针，加大审查、审计力度，保证了工会经费的正确使用方向，经审工作被省总评为特等奖、财务工作获得全国先进。各级工会女职工委员会开展的寒窗助学送温暖、包户帮困结对子、“红丝带健康行动”更加有特色，“女性安康团体重大疾病保险”等活动深受女职工欢迎。工会劳动福利事业坚持“三服务”宗旨，坚持两个效益一起抓，在为工会大局服务中做了许多有益工作。

在全国总工会成立80周年纪念大会上，昆明市总工会又荣获全国工会系统先进集体光荣称号；在2005年全市市级机关行风评议中，市总机关连续两年获得第五名的好成绩。

（市总工会政研室）

妇女联合会

【为农村妇女增收致富服务】 以发展项目为龙头，以先进适用技术培训为重点，以帮助农村妇女增收致富为目标，认真抓好农村适用技术、农函大、绿色证书的培训，组织实施小额贷款、妇女发展循环金等项目，重点培育和扶持巾帼科技示范村、龙头企业和女科技致富带头人。各级妇联共创建“巾帼科技致富示范村”84个，举办农村适用技术培训班3 231期，培训妇女62万余人次，认真组织妇女参加农函大、绿证培训，完成了年初下达的5 000人的培训任务。组织实施农村小额信贷资金1 296.3万元、妇女发展循环109.7万元，用于帮助农村妇女发展种植、养殖业，其中实施农村小额信贷资金受益农户4 233户，受益人数15 830人。同时，各级妇联组织积极配合有关部门开展农村富余劳动力转移工作，向省内外推荐农村富余女劳动力，并立足开展多年的家政服务项目，做好培训、输出、推荐就业、跟进服务等工作，着力打造家政服务品牌。全市妇联共转移农村富余女劳动力9 967人。市妇联举办了第四期“女科技致富带头人”培训班。

【为下岗、失业女性实现创业与再就业服务】 以城市小额信贷为龙头，以职业技能培训为重点，以帮助下岗失业妇女创业和再就业为目标，立足社区，认真做好妇女创业和再就业的各项服务工作。各级妇联继续对下岗失业及进城务工女性开展以送岗位、送小额贷款、送创业指导、送职业技能、送法律和健康知识为主要内容的再就业援助“五送”活动，开展职业技能培训，提供创业和就业指导，向用工单位进行就业推荐，共发放城市小额贷款150.1万元，培训下岗失业女性6 423人，帮助4 600名下岗失业女性实现了创业和再就业。市妇联举办了第四期“巾帼创新业带头人”培训班。

【为现代新昆明建设服务】 市妇联紧紧围绕党委、政府的工作重点，进一步加大宣传力度，动员广大妇女群众，积极参与多种形式的宣传、实践活动。市妇联与市环保局、市滇管局联合发起了“保护滇池巾帼行动”，号召沿湖妇女群众在保护滇池的行动中，充分发挥自身作用，组织广大妇女群众积极参与滇池治理和环境保护行动，在旱厕推广、农业和生活垃圾处理、绿色生态家园建设中发挥“半边天”作用。各级妇联在滇池流域建“保护滇池巾帼行动示范村”6个，在示范村推广生态卫生旱厕1 066个。针对区划调整后基层妇女工作中出现的困难和问题，市妇联召开了城市社区妇女工作经验交流会，总结交流城市社区妇女工作的成功经验，为在构建和谐、平安昆明的进程中更好地发挥社区妇联组织的作用奠定了基础。

【开展群众性精神文明创建活动】 市妇联与文明办、环保局等单位联合在全市开展了以“倡导家庭美德，营建绿色家园，创造美好生活”为主题的“美德进万家”活动，进一步深化“五好文明家庭”创建活动，通过“不让黄赌毒进我家”、“不让艾滋病进我家”等各项活动的开展，倡导文明、健康、科学的生活方式，提高家庭成员思想道德素质和科学文化水平，激发广大城乡家庭参与“三个文明”建设的积极性，促进了社会风气的好转。全市先后涌现出全国“五好文明家庭”1户，省级18户，市级110户（其中标兵户10户），县级1 273户。妇联组织认真贯彻落实《公民道德建设实施纲要》，组织妇女参与精神文明建设，丰富创建内容，拓宽创建领域，继续深入开展“巾帼文明示范岗”创建活动。2005年，昆明市71路公交线、市公安局交警支队女子特勤大队等5个单位被全国妇联授予“巾帼文明岗”称号，市妇联、市文明办授予5路、52路公交线为“巾帼文明示范公交线”称号。

【开展“廉政文化进万家”活动】 市妇联与市纪委、市委组织部、市委宣传部等单位联合开展了以“倡导廉洁文明家风，促进昆明和谐发展”为主题，以提高家庭成员反腐倡廉意识和能力为重点的“廉政文化进万家”活动。在这项活动中，妇联组织注意发挥自身优势，发挥妇女在家庭中的主导作用，自觉抵制和预防腐败，为加强党风廉政建设，做好反腐倡廉工作发挥了积极的作用。

【维护妇女儿童合法权益】 构建社会化维权网络。市妇联针对社会经济发展过程中妇女儿童权益保障方面出现的新情况、新问题，积极呼吁，多方协调，由市人大内司委牵头成立了昆明市妇女儿童维权联席会议制度，进一步完善了维护弱势妇女合法权益的法律援助体系，在整合社会资源，加强部门间的协作与联系，有效发挥各方面力量，积极主动地开展法律服务和法律援助工作，努力构建社会化妇女维权工作网络方面迈出了坚实的一步。市妇联开展了创建优秀妇女维权岗工作，继续坚持维权发言人制度，加大了对典型案例中合法权益受侵害的妇女的关注、帮扶力度，树立了妇联组织代表和维护妇女儿童合法权益的良好社会形象，促进了全社会维护妇女合法权益良好氛围的形成。

实施国际合作维权项目。市妇联认真实施了与国际劳工组织合作的“湄公河次区域预防拐卖妇女儿童项目”和与欧盟合作的“促进城市贫困妇女性别平等参与式行动项目”，确定五华区、盘龙区、官渡区的四个社区作为项目实施点，成立了“进城务工妇女之家”，通过开展宣传、教育、培训、维权等服务，提高了进城务工妇女的职业技能、防拐意识和运用法律武器维护自身合法权益的能力，增强了用工者依法经营的意识，积极探索建立预防拐卖妇女儿童的长效机制。在项目实施过程中，有200余名基层政府、妇联组织的领导和工作人员参加了以“平等参与、互动交流”为核心的社会性别平等观念和参与式方法培训。有300余名低收入和进城务工的贫困妇女参加了10余项职业技能培训。

【实施妇女儿童发展规划】 召开了妇女儿童工作会议，回顾总结5年来昆明市实施妇女儿童发展规划的工作情况，研究部署了下一阶段的工作任务，表彰了一批实施新规划的先进集体和先进个人。市妇联在全市开展了“尊重生命尊重爱——婚前医学检查”大型宣传教育活动，共有2万余名妇女参加了活动。

【开展“双合格”宣传实践活动】 各级妇联组织以净化有利未成年人健康成长的社会环境为目标，组织家教讲师团成员深入基层举办家教知识讲座，传授科学的家教理念，开展“争做合格家长，培养合格人才”的“双合格”家庭教育宣传实践活动，认真实施“六个一”工程。各级妇联抓住“六一”儿童节等契机，开展了丰富多彩的活动，表彰了一批“五好小公民”、“好家长”。2005年，昆明市一批家庭教育工作先进集体和先进个人受到了全国妇联和省妇联的表彰。

【做好扶贫帮困工作】 各级妇联充分发挥妇女娘家的作用，对弱势妇女群体提供力所能及的帮助，实现工作重心的下移。市妇联在五华区虹山中路社区开展了创建城市妇女工作综合示范社区工作，完成了农村富余女劳动力转移、“美德进万家”活动、实施妇女代表联系制和预防和制止家庭暴力等4个专题调研。市妇联与云南省九州医院联合开展了“迎‘三八’关爱女性健康”活动，向500名下岗、失业、享受低收入保障和进城务工妇女分别赠送价值1 000元的“爱心卡”，并进行了免费妇科检查。为提高妇女群众的健康意识，市妇联与“三八妇乐”公司开展了预防艾滋病与女性健康知识讲座，在14个县（市）区举办讲座69场，共有6 000余名妇女参加。

【加强妇联组织自身建设】　开展保持共产党员先进性教育活动，努力提高党员素质。各级妇联严格按照要求开展保持共产党员先进性教育活动。市妇联在教育活动中，通过学习教育，进一步提高了全体党员对开展保持共产党员先进性教育活动重要性和紧迫性的认识，在虚心听取群众意见的基础上，制定并完善了市妇联党组整改方案，明确了近期整改任务和中长期整改目标，并针对群众提出的意见和建议，制定了切实可行的整改措施。通过先进性教育活动，全体党员党性意识进一步增强，自身素质进一步提高，为做好妇女工作提供了坚强的组织保障。

提高妇女干部综合素质。市妇联认真贯彻落实《昆明市2001～2005年干部教育培训规划》，进一步做好昆明市妇女干部的培养工作，与市委组织部共同举办了“昆明市第八期妇女干部培训班”，47名优秀中青年妇女干部赴上海进行了为期15天的培训，收到了良好的效果。为引导妇女干部树立终身学习的理念，市妇联与市图书馆合作，继续举办“女性新知365”系列公益讲座。积极配合党委、组织部门做好培养选拔女干部工作，抓住换届的有利时机，向组织部门推荐了一批优秀女后备干部人选。各级妇联继续认真开展“五进妇女之家”活动，实施妇女代表联系制，拓宽妇女工作的覆盖面。市妇联作为云南省的唯一代表，获得全国妇联“基层组织建设创新”二等奖。

【发挥团体会员的作用】　市妇联注重加强对团体会员的工作指导，完成了市女企业家协会、妇女理论研究会和家庭教育研究会的换届工作，并在进一步完善对事业单位年度工作目标考核的基础上，加大了对事业单位的改革力度。女企业家联谊会、女知识分子联谊会、老年女干部联谊会等团体会员和市妇联下属各事业单位，围绕妇联工作重点，深入基层开展调查研究，宣传党的方针、政策，传播科学文化知识，开展文艺宣传活动，为全市妇女儿童事业的发展起到了积极的作用。

（市妇联办公室）

共青团市委

【调查研究，坚持有备而行】　实行内外结合，把情况摸准。一方面专门抽调人员就组织建设、党员年龄文化结构、思想工作状况等进行调研，采取内外结合的形式，分别召开了总支委员会、中层领导干部、年轻干部、入党积极分子座谈会，并向每名党员发出了征求意见建议的调查问卷；另一方面，组织机关全体干部和职工分为4个工作小组，分赴14个县（市）区、学校、城青系统召开座谈会27次，先后走访了青联、学联委员142人次，发放征求意见表3 000份（收回2 782份），广泛征求意见；扎实开展团情、民情恳谈活动，举行乡镇、街道、办事处团组织各类团情、民情恳谈43次，先后征集各类意见建议168条；“引进来”和“走出去”相结合，请群众提问题。在机关和昆青视点网站设立意见箱、公布热线电话，在网上设立电子信箱，寄送了150封征求意见函；互相查摆问题。下发包含思想、工作、作风、纪律方面存在的问题等10个方面的调查问卷，鼓励全体党员提意见、找问题。同时，各党小组召开不同形式的座谈会，积极开展批评与自我批评，相互查摆存在的问题；通过党员干部思想分析会议，党组、党总支、党支部和党小组发挥各自职能，做到“面上问题开会点，个别问题单独点，苗头问题提前点，重点问题重点点”，切中问题的实质和要害。

【加大宣传，营造浓厚氛围】　充分利用都市条形码、民生关注、昆明电视台、昆明广播电台、中国青年报、昆明日报、都市时报、春城晚报、新华网、新浪网、云网、云南青年网、昆青视点等电视、电台、报刊、网络等媒体，通过信息、互动交流等手段，全方位、多渠道、立体化的广泛宣传“团员意识教育”活动。从9月20日，每天在昆明电台和电视台开设了昆明市“增强共青团意识主题教育活动”新闻专题栏目；开通“增强共青团员意识主题教育活动”专题网站，提供短信服务、BBS论坛等服务；加强信息上报，活动至今，先后编印先进性教育活动简报42期，4 300份；意识教育活动简报82期，5 500份。

【注重结合，全面推进工作】　把增强团员意识主题教育活动纳入到保持共产党员先进性教育活动之中，市委派出的33个先进性教育活动督导组同时督促检查团员意识教育活动；团市委同时成立4个督查联系组，建立分级负责联系点制度；征订《保持共产党员先进性教育读本》、《永远跟党走》教育读本5万册，印制宣传张贴画10万张，编印《团委工作手册》600册、《团支部（总支）工作手册》1万册，《云南省昆明市增强共青团意识主题教育活动》读本3辑3万册，统一配发至14个县（市）区、城青、学校各级团组织，用以记录开展整个活动的情况。

【保障有力，确保活动实效】　人员到位。从机关党总支、组织部、办公室、城青部、青农部、宣传部等部门选派政治觉悟高、业务精、责任心强的干部12人组成活动办公室成员；经费到位。市委、市政府就做好此项工作，核拨财政20万元的专项工作经费；设备到位。在确定专门的办公、学习和活动地点的基础上，积极争取市财政局的支持，新添置了数码相机10台、电脑4台、复印机1台等办公设备。

【建章立制，突出长效机制】　为巩固先进性教育活动的成效，建立长期受教育的机制，在2003年制定的基础上，结合新时期、新形势下，昆明共青团的实际，修改、完善、健全并下发了《关于印发2005共青团昆明市委机关工作制度的通知》、《关于印发共青团昆明市委党建工作制度的通知》、《关于印发共青团昆明市委党风廉政建设责任制的通知》制定《中共共青团昆明市委党组成员廉洁自律五项承诺》；积极响应市委、市政府的号召，下发了《关于团市委机关公务用车使用的通知》，实行公务用车由团市委办公室统一调派、管理，公车禁止开回家，提倡全体党员干部乘公交车或步行上下班；进一步对团市委机关内部的机构设置、工作职责、党建工作制度、党风廉政建设工作制度、会议、机关内部考核评比、学习制度，机关行文、收、发、交换文件、安全保密、考勤、请销假、公休假、车辆管理使用、财务管理、机关物资管理、印鉴管理使用、文印设备管理使用等18个方面、210条规定进行了明确，使“责、权、利”真正落实到每个部门、每个人。

【昆明共青团创新发展】　抓好扶贫和劳务输出工作。按照“组织化发动、市场化运作、规模化转移、订单式输出，一体化服务”的工作机制，团市委全面启动“昆明市农村青年转移就业服务”活动。借助泛珠江三角青年交流与合作联席会的平台，积极与广州团市委、广州市青年企业家协会、广州市青年联合会等青年团体接洽、沟通，并达成培训、用工意向，签订了框架合作协议书，打造出一条全新的青年劳动力输出直通线；运用现代网络信息技术，建立“青年劳动力资源信息库”，录入信息库的人力资源信息达86 789人，实现了部分农村剩余劳动力的建档立卡，先后向外输出农村富余劳动力2.1万人；联合市总工会、市劳动和社会保障局等12家单位举办昆明地区“花卉园艺类工种”职工技术技能大赛；联合昆明市人才服务中心，针对下岗失业青年、外来务工青年和农村待业青年，举办“青年创业行动——计算机技能培训”；开展“保持母亲湖滇池，推广农村生态卫生旱厕，争创团员青年示范户”活动。团市委和市环保局在滇池湖滨区、滇池沿湖的五华、盘龙、官渡、西山、呈贡、晋宁的6个县（市）区15个乡镇，以及安宁、嵩明、禄劝等滇池流域、松华坝水库、云龙水库水源地和各县（市）区主要饮用水源地的农村基层团组织和团员青年中，共同发起“保护母亲湖滇池，推广农村生态卫生旱厕，争创团员青年示范户”活动。分阶段、有步骤地拆除区域内原有老式旱厕，先后建生态卫生旱厕2 000多个。

【服务青少年】　加强未成年人思想道德建设。在广大青少年中，进一步深化青少年新世纪读书计划、体验教育、雏鹰争章行动。深入开展捐资助学，在市政府与云南世纪金源集团的关心、支持下，积极争取到该公司300万元人民币的助学经费，在官渡、西山、寻甸、嵩明、东川、禄劝县（区）新建9所“世纪金源爱心小学”；与香港苗圃行动和中国青少年发展基金会联合开展“助学长征”活动；开展以“青春昆明·文明共处”为主题的网上青少年教育活动；青少年预防艾滋病“青春红丝带”行动；与市关工委联合举办开展“祖国在我心中”征文活动；与波力食品有限公司联合举办“树心中红绿灯，创畅通平安昆明”绘画、作文比赛；与市科协、市科技局、市教育局等单位联合开展系列青少年科技活动；加大大中专学生思想政治工作。在大中专学生中深入开展了以服务党的执政能力，巩固党的青年群众基础为主题的学习实践活动，广泛开展“养成道德好习惯”、推广“道德评议台”、开展18岁成人仪式教育、大中学生社会实践活动、关爱未来行动、优秀青少年维权岗、法律援助、大学生素质拓展计划等活动；以“弘扬民主精神，肩负神圣使命”为主题举办昆明师专第一届大学生艺术节；开展“高雅艺术进校园”活动，举办4场专场音乐会；举办第四届昆明市“挑战杯”大学生科技节等活动；举办云南省暨昆明市隆重纪念“一二·一”运动演讲比赛及社区青年文化活动。

【奉献爱心，服务社会】　为营造卫生、清洁的社会环境，组织广大团员青年和“春城义工”开展了“昆明团员青年迎新春·清洁春城大行动”，清理了五华、盘龙、西山、官渡4区的城郊卫生死角；为在广大青少年中倡导“人人是环境”、“人人代表昆明形象”的理念，结合GMS会议的号召，开展了“树心中红绿灯，建畅通平安昆明”主题系列活动，来自公交、出租车、外来务工青年、大中小学生、公安、交警等近万名青年积极参与，营造出“共同参与、人人提高；共同维护、人人受益”共建畅通平安昆明的良好氛围；以“3·5”、“6·26”、“12·5”等纪念日为契机，开展了“走进雷锋，文明昆明，礼仪春城，迎接盛会”、“志愿昆明，和谐社会”等活动，先后开展了市容市貌、交通、环境综合整治、预防青少年违法犯罪、远离毒品、预防艾滋病教育宣传的一系列公益活动。切实为创建“和谐平安昆明”贡献了一份力量；为加强禁毒知识宣传教育，使全市广大青少年深刻认识毒品危害，自觉防范毒品侵害，提高青少年拒毒防毒意识，增强禁毒教育工作的实效性和针对性。开展了“珍爱生命，拒绝毒品，建平安昆明”禁毒志愿者活动。全市14个团县（市）区委和昆明大学、昆明师专等团组织相继开展了禁毒宣传、志愿者招募、禁毒志愿者培训、毒品和禁毒知识宣传入户宣传、发放倡议书“一助一”帮教、禁毒志愿者、禁毒宣讲队等活动。

【继承创新，跨越发展】　建流动团员团委，让团员青年找到家。针对大中专毕业生在就业前、引进的青年人才在团组织关系接转出现空档的情况，依托“昆明人才网”这个平台，在团省委和市委组织部的关心下，率先在昆明市人才服务中心成立了全国首家流动团委。共建流动团支部19个，管理流动团员1.8万人，真正实现了“团员流动、流而不失、团员青年找到家”；主动应对建设现代新昆明新征程、新任务的要求，服务经济社会发展大局的需要。团市委改变了传统的组织方式、活动方式和工作运行方式，通过党委、政府推动，社会化运作，在盘龙、五华、西山、官渡、呈贡、安宁等县（市）区及昆明市人才服务中心成立了17个青少年事务服务中心协会。切实做好青少年的维权与法律援助工作，从源头上预防青少年违法犯罪和促进青少年健康成长。主要承担全市14～28周岁以常住人口为主的“失学、失管”青少年社区矫正、预防违法犯罪和维权保护等工作。

【落实党建、党风廉政建设责任制】　把提高领导班子及成员对党建、党风廉政建设的认识作为一项重要工作来抓，就实际工作中如何深入贯彻党建、党风廉政建设责任制、如何学习和理解廉洁自律的各项规定进行了讨论，使每名班子成员对廉政建设认识水平有了很大提高。按照《昆明市党风廉政建设责任制量化考核细则（试行）》标准，团市委班子把落实党建、党风廉政建设责任制作为加强廉政建设的重要内容，切实摆上重要议事日程。成立了党建、党风廉政建设领导小组，由团市委党组书记、团市委书记任组长，3位副书记和1位机关党总支书记任副组长，部门中层领导为成员，逐一明确责任，积极组织党建、党风廉政工作有序开展。为保证党建、党风廉政建设责任制顺利实施，建立健全了党建、党风廉政建设责任制及重大事项报告制度、诫免谈话和责任追究等制度，增强了贯彻党风廉政建设责任制的监督、约束能力，使行政行为逐步迈入规范化、法制化、科学化轨道。在重大决策上，要求班子成员必须经集体讨论通过后再执行，切实增加了工作透明度，杜绝了班子成员盲目决策、独断专行现象的发生；对群众敏感的重大事项也及时在一定范围内进行公开，进一步深化了党建、党风廉政建设责任制的落实。年初，团市委制定下发了《中共共青团昆明市委党组2005年党建、党风廉政建设和反腐败工作意见》，与全体党员干部签订《共青团昆明市委

2005 年度“云岭先锋”保持共产党员先进性教育、党风廉政建设党员目标考核责任书》，将党建、党风廉政建设作为对领导干部业绩评定，奖优评先，选拔任用的目标考核，并严格对党建、党风廉政建设责任制度落实情况的年终和平时进行不定期督察、考核。

【完善党组中心组学习制度】　在学习安排上，突出抓好三个层面，第一层面是党组中心组学习，着重政治理论素养、宏观战略思维、党性意识及驾驭复杂问题的能力提高；第二层面是机关中层干部的学习，着重抓好共青团业务能力和团队组织管理水平的提高；第三层面是机关干部职工的全员学习，着重办事能力、服务质量、工作效率的提高。在学习方法上，做到“三个结合”，即：集中教育与经济教育相结合、形象教育与理性教育相结合、组织教育与家庭自我教育相结合。在学习内容上，结合保持共产党员先进性教育活动和增强共青团员意识主题教育活动的开展，强化学习，注重学以致用。首先是确定主题，带着问题学。确立了以《保持共产党员先进性教育读本》、《江泽民论加强党的执政能力建设（专题摘编）》、《永远跟党走——增强共青团员意识主题教育活动学习读本》为主要教材，深入学习理论知识；其次精选教材，结合实际学。结合共青团工作特点，学习了《共青团员培训教材》、《中国共产党党内监督条例》、《中国共产党纪律处分条例》、《致加西亚的信》等书籍；再者是软硬转换，“六措并举”学。党组成员、党总支、党支部支委、党小组长坚持率先垂范，带头参加集中学习、带头撰写学习笔记、心得体会，带头参与研讨交流；对学习时间、形式、内容等做出硬性规定，明确要求每周五为固定学习时间，并严格考勤、请销假、补课等制度，制定学习计划，统一配发读书笔记；在团务公开栏、昆青视点网站开辟了“保持共产党员先进性教育活动”、“增强共青团意识主题教育活动”学习专栏，学习笔记轮流张贴展示，制作了先进性教育活动掠影版面；党组成员、书记班子分别作党课报告 6 次，组织 4 次集中汇报交流，分赴各县（市）区、城青、学校基层团委上团课 38 次。邀请省委党校欧立民教授、市委办公厅周晓明同志、省委党校田育南教授分别作“为什么要在全党开展保持共产党员先进性教育活动”、“办文程序及公文写作”、“发展经济学”等专题讲座；建立完善了联络员制度，5 名党组成员每人联系 2～3 个工作部门、党小组，在督促指导的同时，与党员同学习、同思考、同交流；先后组织党员到寻甸柯渡红军长征纪念馆接受革命传统教育；组织机关党员开展重温入党誓词；举办了以“新昆明、新青年、新形象、新贡献”为主题的“先进性教育”活动演讲比赛，开展了先进性教育知识竞赛，组织党员观看任长霞、郑培民、汪洋湖、李真等正反两方面的电教片，举办优秀青年党员事迹报告会和“我身边优秀共青团员”宣讲活动。通过理论学习和先进典型示范，使广大干部职工筑牢思想防线，树立正确的世界观、人生观、价值观，树立正确的权力观、地位观和利益观，充分认识到群众利益无小事，老百姓的事再小也是党和政府的大事，真正做到权为民所用，情为民所系，利为民所谋，杜绝“吃、拿、卡、要”等不廉行为。

【以“双优”活动推党建、党风廉政建设】　共青团工作直接服务广大青少年，直接关系党在青少年群体中的执政基础，都要做到权为青少年掌，权为青少年用，每个团干部既要廉也要勤，仅廉不勤也是不廉的一种表现，同时强调勤政要有作为但不乱作为，要正确行使权力。因此，坚持将廉政建设与共青团工作紧密结合，大力开展创“服务优质，干部优廉”的“双优”活动，突出抓了“三个环节”：狠抓制度建设环节。按照“四大纪律八项要求”和领导干部廉洁自律各项规定，年初制定了《共青团昆明市委机关党总支 2005 年度工作要点》、《中共共青团昆明市委机关总支委员会 2005 年中心组理论学习计划》，健全了团市委党建和党风廉政建设制度，下发了《关于印发共青团昆明市委党建工作制度的通知》、《关于印发共青团昆明市委党风廉政建设责任制的通知》，将近两年来党员干部的工作业绩、廉洁从政情况进行收集归档，作为党员教育管理和培养使用的依据。建立开展经常性党性教育工作制度，由党组成员定期轮流为党员干部上党课。

【加强对机关工作人员的教育】　开展以“三优三满意”为主题的文明机关创建活动，坚持做到“五个一”、“五个不让”。“五个一”，即：说好每一句话，接好每一个电话，办好每一件事，接待好每一个服务对象，做好每一天的工作；“五个不让”，即：不让领导布置的工作在我这里延误，不让需办理的文件在我手里积压，不让差错在我这里发生，不让来办事的同志在我这里受到冷落，不让团市委的形象在我这里受到影响，这已成为团市委机关上下的共识和自觉遵守的工作原则。在先进性教育活动中，发放《共青团昆明市委保持共产党员先进性教育活动满意度测评表》1 887份，广泛征求意见。从收回的 1 798份测评表看，对团市委先进性教育满意率达 100%。

【解决青少年关心的热点问题】　建立“昆明市贫困团员青年救助资金专户”。迄今为止，共收到捐赠资金 32 万元；在全市各级团组织和广大团员青年中开展“缴纳一次特别团费，为春城青少年尽一份力”活动，各级团组织积极参与，缴纳特别团费 28 万元，团市委把收缴的特别团费纳入“贫困团员青年救助资金专户”，用于帮助弱势青少年群体济困；开展扶贫济困“一助一”帮扶活动，专门制作了“民情恳谈、扶贫济困”日记本和“民情恳谈，扶贫济困”连心卡，就帮扶情况进行详细记录和登记，为帮扶活动提供了有效的载体。随着活动的不断深入，全市各级团组织先后组织近 2.5 万余人参与此项活动。

【严格遵守廉洁自律各项规定】　团市委领导班子成员自觉遵守各项廉洁自律规定，增强廉洁自律意识，规范自身行为。杜绝以权谋私。班子及成员都能够按照上级的要求，坚持落实领导干部配偶、子女从业的有关规定，主动将配偶、子女的生活和工作情况向组织汇报，积极接受群众监督。班子成员在管住自己的同时，还加强对身边工作人员的教育和管理，坚决不允许他们打着单位的旗号牟取私利。在车辆使用上，不存在公车私用问题，没有用公车接送子女上下学，为个人和亲友牟取私利；班子成员的配偶和子女都没有经商办企业，不存在违规问题；班子成员外出开会、学习，行程严格按审批的路线走，不存在借开会、考察、培训等名义变相公费旅游、绕道旅游和用公款出国（境）旅游问题。杜绝收受财物。班子成员一直严格遵守中央、省、市的规定，做到了党风廉政建设不走形式、不走过场。每名班子成员在节假日期间和办理婚丧喜庆等事情上都能够按照有关规定严格要求自己，从未发生过利用节假日和婚丧喜庆等事宜收受礼金礼品、借机敛财行为；没发生收受与行使职权有关系的单位、个人的现金、有价证券和支付凭证等违纪问题。杜绝奢侈浪费。每名班子成员都能按照中央、省、市关于党政机关厉行节约制止奢侈浪费行为的各项规定，坚持从自身做起，以身作则，严于律己，自觉接受社会各界的监督，要求别人做到的，自己首先做到，要求别人不做的，自己坚决不做。到基层检查调研时没有接受过超标准的接待，不存在以各种名义用公款大吃大喝或到歌舞厅、夜总会进行高消费娱乐活动的问题。班子成员注重自身的作风建设，严格要求自己，没有参加过任何形式的赌博活动，在工作期间没有打麻将、下棋、打扑克、上网聊天或玩游戏的情况；不存在瞒报工作、虚报工作成绩问题；2003 年至今，团市委领导班子及成员没有出国、出境；未发生任何一起违规、违纪、违法行为。

（团市委办公室）

台湾同胞联谊会

【组织台胞台属认真学习《反分裂国家法》】　3 月 15 日，昆明市台联召开五届四次理事会，结合学习胡锦涛主席就新形势下发展两岸关系提出的四点意见及温家宝总理在十届全国人大三次会议记者招待会上答中外记者问，学习座谈第十届全国人民代表大会第三次会议 3 月 14 日通过的《反分裂国家法》。与会理事一致认为：《反分裂国家法》的制定和实施合乎民心、顺应民意，广大台胞台属坚决拥护。大家表示：今后，一定要认真贯彻执行党中央关于“寄希望于台湾人民”的方针，认真做好《反分裂国家法》的宣传，让更多的台湾同胞理解、认同《反分裂国家法》。另外，将继续做好昆台两地的双向交流工作，为维护台海地区和平、发展两岸关系、充分发挥昆明市台联应有的作用。

【举办“台湾问题”报告会】　5 月 20 日，为了让广大台胞台属进一步深入了解党的对台方针政策，结合台湾国民党主席连战、亲民党主席宋楚瑜来大陆访问，市台联邀请省台办副主任马成杰作“台湾问题”报告。市台联理事、五华、盘龙、官渡、西山 4 区的部分台胞台属及市委统战部机关干部 130 多人参加了报告会。报告从党的对台方针政策，连战、宋楚瑜来访，台海局势，中美、中日关系等多个方面，为大家上了一堂生动的政治课。与会人员认为：台湾是祖国领土不可分割的一部分，坚持一个中国原则是维护台海和平与稳定的基石。胡锦涛总书记就新形势下发展两岸关系提出了“四个决不”，是做好对台工作的基本准则。

【昆台两地双向交流工作取得新成绩】　为深入贯彻“寄希望于台湾人民”的方针。2005 年，市台联密切与台湾同胞的来往，采取加强交流、扩大合作、走出去、请进来等多种措施，促进昆台两地双向交流工作取得了新成绩。3 月 2 ~ 14 日，市台联组织了“昆明市重点中学文教访问团”一行 18 人赴台湾参访。6 月 4 日 ~ 7 日，市台联邀请台湾云南同乡会 23 人来昆明参加“昆交会”，并就昆台两地如何在教育、文化、科技、农业等方面的广泛交流进行了参观座谈。7 月 26 ~ 8 月 2 日，市台联邀请台湾“中国青年大陆研究文教基金会”组团一行 17 人到昆明、大理、丽江参加“2005 两岸青年七彩云南联谊活动周”活动。11 月 23 ~ 12 月 5 日，市台联组织“昆明市绩优教育人员文教访团团”一行 20 人赴台参访。

2005 年，市台联接待来昆参加经贸交流、文化交流、旅游观光、探亲访友的台湾同胞 14 批 392 人次；组织 2 批 38 人次到台湾进行文教参访交流。

【积极参政议政、建言献策】　2005 年，市台联针对新昆明建设中的热点难点问题，深入基层，认真开展调查研究。在昆明市政协第十届五次全会上，共提出提案 27 件，其中：集体提案 5 件，委员个人提案 22 件。提案《关于切实加强昆明市宠物犬管理的建议》、《改善昆明市投资环境、招台商引台资》，被市政协评为 2005 年优秀提案。一年来，市台联撰写论文、调研报告 9 篇。其中：《正确处理新形势下的人民内部矛盾，维护社会的安定团结》、《正确处理人民内部矛盾是维护社会安定团结的关键》、《安定有序是构建和谐社会的条件》3 篇文章收录于市政协“和谐社会·平安昆明研讨会”论文。《保护昆明市农村现有耕地与可持续发展》被评为市级各民主党派、有关团体 2005 年调研报告鼓励奖。

【树立为台胞台属台商服务意识】　2005 年春节前夕，市台联在 14 个县（市）区统战部、台联的协助下对全市 200 多位生活困难的台胞台属进行了慰问，为他们送去每人 100 元的慰问金。一年来，市台联接待来访台胞台属台商 58 人次，处理来信、来函 27 件，为台胞台属台商办实事、做好事、排忧解难，维护台胞台属台商的合法权益。市台联办公室编写《昆明台联简讯》17 期，向有关刊物投稿被采用 30 余篇，积极编写信息，在全市各民主党派、工商联、侨联、台联《统战信息》考核中名列第一。组织市台联理事积极参加市级民主党派、工商联、有关人民团体的各项学习培训。召开“为昆明市招商引资工作献策出力”座谈会。组织党员干部到台资企业进行“民情恳谈”，帮助解决生产中存在的问题。组织台胞台属到由市台联常务理事赵丙炎捐资建盖的“长征希望小学”和禄劝县皎平渡革命传统教育基地参观学习，并筹措6 000元资金慰问学校。组织市台联理事赴红河州学习考察。举办了由 300 多人参加的“中秋”、“国庆”联欢活动。

【扶贫工作】　2005 年新春佳节到来之际，市台联扶贫领导小组全体成员到扶贫挂钩的禄劝县崇德乡六合办事处上六科和小六科两个村民小组，向 15 位特困村民发送了慰问金。出资 2.7 万元帮助禄劝县崇德乡六合办事处小六科村民小组修建水渠和铺设管道，使每户村民都喝上了自来水。

（韩　洁）

归国华侨联合会

【“先教”活动务实创新】　3 月 16 日，市侨联主席带领机关的同志和市总工会、市委统战部有关领导等一行专程赶赴东川，就南侨机工后代石兆留女士反映 20 余年未得妥善安置的问题和东川区委龚志兴副书记以及区有关方面领导一起进行了专题研讨。与会者以对人民高度负责的精神，对一个处于社会最底层的弱女子反映这么长时间未得解决的难题进行了剖析。狄君胜主席提出事关群众的利益无小事，要从“情为民所系、权为民所用、利为民所谋”出发，把弱势群众的冷暖时刻放在心里，就是要为侨胞解救急难。一个拖延了 20 余年未能解决的老大难问题仅用两个多小时内就得到了解决。如帮助残疾缅甸归侨杨镕霞母女 3 人落户昆明解脱生活困境、为侨眷倪正达先生中风偏瘫遭遇困难、归侨曾国来年老退休无着等都得到侨联热情而悉心的帮助。所以市侨联在海内外侨胞中有极好的口碑，真正做到了侨胞的需要就是我们的需要，侨胞的满意就是我们最大的荣耀。

【发挥侨联优势，为现代新昆明建设作贡献】　侨联特别注意发挥昆明作为全国五大侨省中心省会城市的资源宝库、人才宝库的优势，通过为侨服务，实现暖侨心、汇侨智、聚侨力，做好“三引进”工作，在招商引资方面有新的突破。经市侨联联系和引荐，由“新加坡新缅发展有限公司”投资1.1亿元人民币建设的“昆明华侨大厦”项目经市发改委正式批准立项；通过与“日本·云南联谊协会”初鹿野·惠兰理事长的密切合作，日本脑神经外科专家北原院长决定斥资2 500万美元兴建具有世界一流水平的“中外合作昆明北原脑神经外科医院暨康复中心、研究生院和脑神经外科研究中心”项目，得到政府的重视，现已正式选址呈贡新城区。

由市侨联和泰国云南会馆共同合作于2005年1月举办“首届昆泰民间商品交易会”获得成功，省市有关领导出席开幕式，中央电视台在时政要闻中作专题报道；经市侨联的牵线搭桥和鼎力相助，澳门同胞杨少平先生投资12.5万美元的汽车美容项目已经正式启动；挪威华商贺军瑛女士斥资100余万美元在云南进行风险探矿，已获积极成果；台商黄荣智先生开办的法拉利汽车专卖店顺利开业；昆明冶金高等专科学校成功地走出去与老挝百细华侨公学签订了在寮国联合办职业大学的协议，老挝侨领邱克明先生专门给市侨联送来“真诚服务侨胞之家，华文传承赤子归心”的匾额；泰国华侨李幼生病故后其在国内遗产的继承和提取得到了圆满解决，其妻朱莱女士和其父专门给侨联送来致谢锦旗；在这些真心、诚心和悉心的为侨服务的工作中，为现代新昆明的建设作出新贡献。

【参政议政，视察调研】 2005年，市侨界的政协委员在省、市两会期间，撰写了40余件政协提案和五篇大会交流材料。其中有8篇被省、市报刊全文登载。《加快文化产业发展，推进和谐社会建设》论文在昆明市政协“平安昆明—和谐社会论坛”和“中国侨联学习贯彻党的十六届四中全会研讨会”上分别获得三等奖和优秀论文奖。

省委副书记丹增看到市侨联狄君胜、杨萍等省政协委员通过视察撰写的《关于对本省文化体制改革和文化产业发展的几点看法和建议》后，2005年5月12日专门作了重要批示：“去年底，你们随省政协考察团考察省内部分地区文化产业发展情况后，提出了很多宝贵建议和意见，表达了你们对我省繁荣民族文化，建设文化大省，发展文化产业给予的极大关注，充分表明云南文化人热爱云南文化，关心云南文化，盼望云南文化产业健康发展的良好愿望。你们的这种精神非常值得大家学习。来信提出的建议意见，有的是建设性的，有的可以尽快落实，还有的意见我们可以从长远来着想。我已将这些意见转给了省文产办，供他们在工作中改进和参考。感谢你们对云南文化建设的关心，在此向你们表示崇高的敬意！”

2005年10月26～28日，省政协就《云南省人民政府关于改善投资环境的意见》下发后的落实贯彻执行情况组织进行了专题视察。委员们就如何进一步改善投资环境提出了许多很好的意见和建议。省政协管国忠副主席要求，由市侨联主席撰写题为《关于对〈云南省人民政府关于改善投资环境的意见〉实施情况的视察报告》及附件《元谋县创新招商引资工作机制的经验和做法》，以省政协名义上报省政府。徐荣凯省长和刘平副省长于12月29日和12月31日分别作了重要批示：“政协的视察报告分析云南省引资中存在的八个方面问题符合实际，很有针对性。所提出的建议对今后做好招商引资工作很有帮助”；“请省经合办认真学习省政协视察报告，肯定成绩，正视差距，根据所提出的建议，研究提出云南省做好2006年招商引资工作的措施报省政府审定，并在全省工作会议时作部署安排。衷心感谢省政协各位领导、各位委员对政府工作的关心和支持”。

12月23日　徐荣凯省长、秦光荣、李新华副省长听取省政协委员对《政府工作报告》和‘十一五’规划的意见和建议时，狄君胜委员作“关于发展绿色能源支柱产业，建设绿色能源基地的建议—对“十一五”规划和《政府工作报告》建言献策”的发言。秦副省长当即作了重要批示：“听林业部的同志讲，国家打算在澜沧江流域种植小桐子，发展生物能源，这份建议也提出了这个类似问题。拟请研究室牵头，研究此课题，研究云南的生物能源发展问题。作为发展县域经济的一个新的产业。报荣凯同志阅定”，徐省长当即就作了圈阅。1月26日，李新华副省长主持召开“云南省乙醇产业发展座谈会”，指定狄君胜出席和发言，李新华副省长代表省政府明确宣布三到五年内，云南乙醇产业将作为云南省新的支柱产业发展到100万吨，近期将支持建设5个10万吨和10个5万吨的乙醇生产和原料基地，正式拉开了云南发展生物能源作为新兴支柱产业的序幕。

【侨界人民监察员、人民检察员积极发挥作用】 连续4年在省、市政协全会上提出在案件审理中实行人民陪审员制度的市侨联集体提案得到采纳，昆明市中级人民法院在2004年初就决定试行。2005年，全国人大通过《关于完善人民陪审员制度的决定》，昆明市全面规范推行人民陪审员制度，市侨联主席及一位副主席，被正式聘为五华区法院和中院的人民陪审员，参加了对全市221名人民陪审员为期5天的上岗前的任职资格培训。此项提案也得到中国侨联法顾委的高度评价。市侨联的杨萍和李希麟副主席被聘为市院的特约监察员和人民监察员，体现和发挥了联系侨界特殊群体的作用，也反映市侨联领导班子和侨界的人大代表、政协委员具有较高的敏锐性、超前意识和较强的参政议政能力。

【维护侨联地位和作用】 2005年省、市人大再一次组织对昆明市《归侨侨眷权益保护法》和《台湾同胞投资保护法》的执法大检查。市侨联暨法顾委在执法大检查中显现和发挥了独特的作用。市侨联暨法顾委向省市人大撰写了10余份反映外侨（台）资企业遇到困难和问题的材料，直接参与协调解决了10多起涉侨（台）企业的问题。其中：台胞投资的云南悦水饮品有限公司，因掌鸠河工程水源被挖断要求赔偿3年未果案；泰国华侨段亚秦女士在晋宁投资兴办托富来公司不顺，3年未得解决等都在此次执法大检查中得到圆满解决。市侨联暨法顾委的同志直接配合中院成功调解了数起涉侨案件，实现了“不判而决”。由于开展一系列卓有成效的维权护侨工作，得到侨界和外侨台资企业以及审案法院和省市有关领导的赞扬，也得到中国侨联法顾委的高度评价，并指定撰写经验总结向全国侨界交流和推介。市侨联法顾委2005年被评为市政协先进集体。

【为少数民族贫困山村捐建3所侨心小学】 市侨联主席带领侨联机关干部一行多次赴禄劝崇德乡六合村扶贫点，就捐建侨心小学进行实地考察、确定方案。此项目于2004年10月动工，2005年4月新教学楼完工，主席承诺的建校资金10万元和2万元购置新课桌椅的款项也通过缅甸侨眷井宇先生（正路公司董事长）的允诺而得以保证。2005年11月8日，捐赠者和省市侨联、市县委统战部、致公党昆明市委、市台联以及禄劝县有关部门的领导到禄劝扶贫点举行了六合正路侨心小学的竣工、命名和揭牌仪式，全体学生穿上由美籍华人田蒋松林女士捐赠的崭新校服，个个脸上都绽开了欢乐的笑容。

已捐建8所“侨心小学”的“日本·云南联谊协会”初鹿野·惠兰理事长决定由昆明市侨联负责在红河州红河县他撒哈尼族村寨援建一所侨心小学；经盘龙区侨联高竹兰主席联系其美国的亲属在昭通彝良贫困山区援建一所詹明侨心小学，也正式签订了捐赠协议，捐助资金已到位，学校已经破土动工。市侨联主席和捐赠人以及当地有关领导同志一起，跋山涉水，不远千里，多次深入贫困山区小学实地踏勘，确定援建方案，受到捐赠者和受赠学校的好评。

【认真学习第八次省“侨代会”精神】 在9月6～8日举行的第八次云南省侨代会上，昆明市侨联被评为“云南省侨联工作先进集体”、狄君胜主席连任省侨联常委，并与马云东、杨萍一起被评为“云南省侨联工作先进个人”，市侨联李希麟、宋淑萍、高竹兰、吴娅娟、朱广雄、杨宁安、黄自仁、邓琳丽、井宇、余辉等10余人被评为“云南省归侨侨眷先进个人”。市侨联及时贯彻落实“省八次侨代会”精神，团结和动员昆明地区广大归侨侨眷和海外侨胞，紧紧围绕全面建设小康社会和建设现代新昆明的宏伟目标，把握住侨联工作的最佳机遇期，努力开创侨联工作的新局面。

【市侨联举行七届六次全会】 9月12日，昆明市侨联召开七届六次全委会，全会增选杨萍为副主席，增选杨宁安、文跃琨、傅莉、郭卫舵、徐文绮、吴娅娟、童恩林、朱燕等8人为常委，增补了文跃琨、傅莉等12名委员。

【市侨联艺术团和文体专委会活动】 一直活跃在春城各个层面的市侨联艺术团在2005年更是崭露头角，从“昆—泰首届民间交易会”到“开远—东盟民间商品交易会”；从“省八次侨代会”的联欢演出到昆明电视台演播大厅的“反腐倡廉精品演出”；从到市福利院的慰问演出到沙朗的文化下乡演出，市侨联艺术团全年共演出20个专场，获得各方赞誉。市侨联文体专委会在活跃侨界文化娱乐活动方面也有新的收获，给侨界人士带来20余个健身操、通过教舞蹈、教健身操活跃了侨界的文体活动，又使侨界感到其乐融融。

（杨　萍）

·外事侨务·

【礼宾接待】 2005年市外侨办安排市领导出席外事活动88场次，接待外宾1 400余人，其中包括安排市级领导陪同省领导会见或单独会见宴请，主要有：泰国总理他信，柬埔寨王国首相洪森，越南总理潘文凯，亚洲开发银行行长黑田东彦，韩国产业资源部副部长李启炳，韩国副总理兼科技部长吴明，泰国清莱府尹，中非合作论坛第四届高官会高官，老挝副总理，库克王国总理，越南国家水产部副部长，越共中央组织部考察团，东盟北京委员会（ACB）一行，立陶宛驻华公使衔参赞，哥伦比亚驻华公使，澳大利亚驻华大使，瑞士驻华大使等。

接待来访的知名企业有：德国麦德龙公司中国区总裁，美国花旗银行中国区董事总经理兼上海分行行长，印尼著名10强企业集团之一——印尼现代集团董事会主席何筱昆先生（昆明亚洲村工业园项目），马来西亚首相外交顾问、拿督萨里姆，马来西亚国家投资公司董事总经理，香港新创建集团执行董事及行政总裁陈锦灵和新创建集团执行董事曾荫培，马来西亚绿野集团总裁丹斯里李金友先生，日本丸红株式会社执行董事真锅忠夫，马来西亚驻华大使及马来西亚南发集团总裁、拿督黄景裕。

接待来访的专业考察团体有：西班牙阿格巴水务集团（滇池环境项目），尼日利亚政府经济项目考察团政府特别顾问，日本地方政府驻沪经济事务所考察团，瑞士苏黎世供水局局长克莱恩（水源保护、水质检测合作，引进先进水处理设备，管网设备引进），美国芝加哥市长顾问一行，加拿大西南资源投资公司总裁，德国JF欧亚商贸股份有限公司总裁等。

随着昆明市改革开放和经济的不断进步，各相关团体来昆考察、参观活动也不断增加。2005年外侨办配合省外办接待了越南承天——顺化省代表团考察呈贡县斗南花卉市场和晨农蔬菜基地；安排葡萄牙共产党总书记一行参观昆明福保村；安排老挝人民革命党中央政治局委员、国家副主席朱马里·赛雅颂一行考察新型生态科技农业发展；安排萨尔瓦多马蒂解放阵线代表团参观斗南花卉市场和花卉拍卖中心；安排泰国王姐干拉雅妮·瓦塔娜公主殿下参观西山区东西寺塔和大观楼公园；指导安排晋宁县委、县政府先后举办老挝县委书

市委书记杨崇勇与马来西亚自驾车团队领队互赠礼品　（市外办　供稿）

市长王文涛率团参加日本藤泽市欢庆活动　（市外办　供稿）

记兼县长培训班共4期；协助省人事厅安排尼泊尔王国总行政大臣一行参观石林。其中由中联部、省外办牵头，市外侨办具体落实的在晋宁县举办的老挝县委书记兼县长培训班，由于组织得力、工作有序，自2004年第一期举办以来，已连续举办了6期，基本形成定点培训基地。得到了中联部和省外办的肯定和赞扬，晋宁县的党建和扶贫工作给老挝的同行极大的鼓舞和借鉴，纷纷表示受益匪浅，并要在回国后认真总结、开展实践。

【领馆业务】　自外国驻昆总领事馆增加到6家以来，与驻昆总领事馆相关的业务也不断增加。外侨办积极配合省外办领事处和各相关部门开展工作，安排领馆提出的拜会事项，并主动热情地为他们排忧解难。2005春节联谊会在寻甸县钟灵山农业生态园内举行，气氛热烈友好，充满农家趣味。安排市相关领导出席庆祝中越建交55周年招待会；泰王国国王寿辰暨国庆招待会；安排泰国驻昆总领馆照会联系的曼谷市政府办公厅代表团与教育局座谈，以及泰国工业联合会副会长参观高新区等活动。帮助落实越南总领馆领事官员子女升学就读问题；安排缅甸驻昆总领馆新任总领事拜会市长王文涛。同时，还及时向各总领馆宣传昆明市改革开放的政策和成果，邀请各领事官员出席在昆明市举办的各大型活动、欣赏文艺演出，借机宣传昆明。

【大型涉外活动】　随着昆明市对外开放的不断深入和经济社会的发展进步，2005年在昆明举办的各种国际大型活动、展览、会议尤其频繁，凸显了昆明面向东亚、东南亚门户的区域优势，彰显了昆明市主办和配合各类活动的能力和水平。主要情况如下：2005年4月召开的第三届国际学生奶大会，共计接待外宾108人，市外侨办全程负责组委会的迎送、安排出席会议、外出参观、各场次宴会的礼宾礼仪工作并联络安排会议同传和负责其他全部翻译工作。安排市领导会见代表团，并联系各高校派出志愿者10余人到会帮助工作；参与配合国家海洋局和昆明市政府4月承办的北极科学高峰会议，安排昆明市政府招待晚宴的礼宾工作和开幕式讲话和招待会现场翻译工作；参与配合2005年4月中国昆明国际文化旅游节市领导的外事礼宾工作；参与配合2005年6月昆明出口商品交易会市领导的外事礼宾工作，负责市委、市政府主要领导会见前来参会的重要外商和侨商的现场工作和昆明市的招待酒会现场的礼宾和翻译工作；协助举办9月召开的首届昆明国际农业博览会。协同农业局、商务局走访六国驻昆总领馆，宣传农博会相关情况，积极促进各国代表团前来参展，并在会议期间接待来参展的外国代表团并参与整个外事礼宾工作；参与和配合11月举办的第二届中国舞蹈节暨荷花奖评奖。负责接待了来访的俄罗斯驻华大使一行和其他外宾以及外交部、中国文联相关领导；参与和配合11月在昆明举行的2005中国国际旅游交易会，负责收集来宾信息和各外事活动统筹工作，期间，全程接待了泰国旅游与体育部部长一行，以色列驻华文化官员、大使夫人；协助安排瑞士国家旅游局主办“瑞士——云南友好关系与旅游发展招待会”，组织新闻单位、演出团体和旅游机构参会。

2005年7月在昆明召开了大湄公河次区域第二次领导人高峰会议（GMS会议），市外侨办配合外交部、省外办和各驻昆总领馆协调准备会议期间的相关活动。在GMS会议期间，为庆祝中泰建交30周年，泰国政府在昆明举办了系列庆祝活动。为准备泰国总理他信、云南省委书记白恩培和昆明市委书记杨崇勇出席“泰国水果节”，市外侨办积极协调相关部门，在场地使用、展台搭建和安全保卫等方面与市GMS指挥部进行沟通协调。“泰国文化节”在艺术剧院举办活动当天，由于泰方不了解户外搭建临时建筑的规定，场馆搭建时遇到困难，市外侨办很快予以协调解决。由于工作及时到位，保证了上述活动得以顺利进行，赢得外方的感谢和信任。

【因公派出】　2005年昆明市共派出团组238批，计870人次，其中市级领导45人次；压缩不符合规定的出访共计14批，39人次，节约经费123.15万元。

为进一步规范全市的因公出国（境）审批与管理，市外侨办分别起草制定了相关管理规定，报市委市政府同意后下发实施，包括《关于进一步加强外事管理工作的实施办法》、《关于拟定全市年度出访计划的意见》、《关于全市下半年因公出访工作的通知》、《关于实行预审制度的通知》、《昆明市人民政府外事侨务办公室关于因公出国（境）任务申报的通知》和《关于加强外事出访经费管理的通知》，从宏观政策到具体操作，从工作时限到出访经费，涉及面广，在进一步规范全市的因公出国（境）审批与管理方面上了一个新台阶。此外，制定了出国审批服务公约，并结合先教活动提出改进工作意见，承诺首问负责、限时办结、急事急办、特事特办，切实为出国任务报批单位提供优质的服务。

为了实现计划派出、按需派出，确保因公出访的效果，在市领导的关心和支持下，实行了计划报批制度，即各县（市）区，各单位和部门当年下半年申报次年出访计划，经市外侨办分类梳理，初步筛选，报市委外事工作领导小组批准后组织实施。2005年共有38个部门申报了112批团组，市外侨办根据有关规定，在大量调研的基础上，拟定

58批团组上报。同时，实行预审制度，对参加省组团、双跨团组以及未纳入计划的少量自组团进行预审，做到了因公派出工作的归口管理。为落实省市新出台有关因公派出工作的管理规定，不断提高昆明市外事干部的素质，更好地服务于因公出访团组和人员，市外侨办举办了2005年昆明市外事专办员培训班，省外办和市外侨办相关负责人，就即将实行的新的报批制度、操作流程和计划派出等内容进行讲解，全市共有162名专办员参加了培训。

2005年上半年因为进行保持共产党员先进性教育活动，因公派出客观上集中到了下半年，市外侨办一方面通过各种渠道收集信息，形成市级领导出访计划；另一方面主动到各单位和部门征求意见，完善出访计划。在时间紧、任务重的情况下，完成了几个市级领导出访特急件的报批工作，如18天完成了市长王文涛访问美国的所有出访手续；4天完成了副市长雷晓明出访泰国的报批；20天完成了梁晓谷副市长前往日本访问的全部申报工作。2005年市级领导出访达45人次，圆满完成了年度出访计划。

【国际友好城市交往】　2005年，市外侨办继续认真贯彻“态度积极、步骤稳妥、友好当先、注重实效”的友城工作方针，开拓进取，加大与国际友城交往的力度，充分发挥国际友城对外交往主渠道作用，加强实质性合作与交流，为昆明市的经济建设和社会发展服务。

2005年，市领导分别率团对昆明市的国际友城以及其他的友好交流城市进行了友好访问。金秋时节，市委书记杨崇勇率团访问苏黎世，有力推动了昆苏两市友好关系的进一步发展，落实了今后的合作项目，确定了向苏黎世学习的目标；9月下旬，市长王文涛率团访问日本藤泽市和马来西亚古晋南市，参加聂耳逝世70周年纪念活动和藤泽市市民节，以及昆明市赠建古晋南市马中友谊园的园林项目移交仪式；市委副书记杨远翔率昆明市新闻考察团往访澳新友城，与当地媒体建立了联系，并签署了报社互刊对方消息及人员交流的协议书；11月，应摩洛哥王国沙温市的邀请，以人大常委会主任李庄为团长的昆明市友好代表团前往沙温访问，庆祝两市结谊20周年，近10年没有联系的友城交往再度启动；10月，副市长李江受市长王文涛委托，应美国丹佛市市长的邀请前往参加昆明赠送该市的孔雀雕像的落成仪式。

实质性合作是友城工作的生命线，昆明市与国际友城在农业、教育、文化、城建等领域的合作项目，产生了较好的社会效益和经济效益。根据昆明市与澳大利亚瓦加瓦加市签署的畜牧人员培训协议，昆明市4名农业畜牧技术人员到澳大利亚进行为期3个月的专业培训，学习掌握了胚胎移植等方面的先进技术；2005年，苏黎世向昆明派出2批共19位专家，与昆明市规划、交通、老建筑保护以及湖泊污染治理方面的专家共同工作，昆明市也向苏黎世派出了一个10人工作组；7月开始，来自全市不同中学的26位英语教师参加了由新西兰新普利茅斯市实能学院同昆明市旅游学校合作举办的为期半年的英语培训，极大地提高了昆明英语教师的水平；马来西亚古晋南市一直以来与昆明市保持着密切的联系，昆明市派出了园林工程队前往该市参加建设马中友谊园；市外侨办还参与了美国科罗拉多青少年合唱团的访问演出接待工作，并就昆明学生回访事宜与丹佛市政府，丹佛—昆明友好委员会联系，提出相应的意见。除了人员的交流和往来外，2005年昆明市和国际友城间的赠送项目都进展顺利。园林工程队完成了新普利茅斯市昆明园的建设返回昆明，新普利茅斯为昆明园举行了盛大的开园仪式，新市派出园林技术人员来昆协商明年在昆建新普利茅斯园的具体事宜。为感谢昆明市赠送的孔雀雕像，苏黎世向昆明市回赠了一座石制喷泉，经与政府办公厅、五华区政府多方联系和协调，历经数月，最后将喷泉安置于茶花公园内。这些互赠的礼物都将长期伫立在昆明和她的友城中，作为友好关系的见证，让更多的市民了解昆明的友城和友城工作。

2005年，芬兰于韦斯屈莱市与昆明签订了友好交流协议书，成为昆明市的第三个友好交流城市。8月，为配合孟加拉国总理访华，庆祝中孟两国建交30周年，孟使馆建议昆明市与吉大港市结为友好城市。在短短的3周时间内，市外侨办与各级部门以及孟加拉驻华使馆积极沟通协调，终于在8月18日，在北京人民大会堂中孟两国总理的见证下，昆明与吉大港的代表签署了缔结友好城市的协议书。这是昆明在南亚的首个友城，不仅使昆明市的友城布局更完善，而且双方的区位优势也将使两市今后的交流与合作辐射到更广的地区。

2005初，新普利茅斯市长来信告知，在新西兰举行的友好城市大会上，昆明和新普利茅斯因友城合作突出的成绩而获得了最佳友城奖，两市关系在新西兰众多城市及其国际友城中被列为最佳友城对子。同时，在河南郑州召开的全国友城大会上，市外侨办因多年来国际友城工作成绩突出，荣获全国友好城市工作“贡献奖”。

【民间对外交往】　2005年，市外侨办完成了市友协的社团登记工作，并主动向市政府建议友协领导成员名单，引起市领导的高度重视，随后确立了以市委书记、市长、分管副市长，市外侨办、市委宣传部、组织部、公检法部门负责人为会长、副会长、常务理事的领导班子（不受人员变动的影响），为市友协开展工作打下了坚实的组织基础。

2005年，“昆明市人民对外友好协会”继续以“增进人民友谊，推动国际合作，维护世界和平，促进共同发展”为宗旨，发挥民间团体朋友多、渠道广、交往宽、方式灵活的特点，为国家外交和地方经济社会发展服务，加大了与国外对华友好协会、民间社团组织、民间友好人士的交往力度，全年接待国外友好人士13批，计148人次。主要包括：先后3次接待昆明市老朋友、瑞士苏黎世市前市长、瑞中友协主席瓦格纳先生组织的瑞士商界高层人士代表团一行30人访昆，探讨经贸合作和历史文化名城保护事宜；接待了芬兰于韦斯屈莱市安德森市长一行9人，与之签订《友好合作意向书》，为今后两市的进一步交往建立良好的开端，开辟了昆明市在北欧地区的友好交往渠道；与圣马力诺友协建立联系，达成建立友好协会意向；与美国环球志愿者组织合作，担任项目领导，在昆明市教育系统开展中学英语教师口语培训工作，共开展4期志愿服务合作，接待志愿者45人，培训教师300人，成效显著，受到市教育部门和受训教师的热烈欢迎。同时，还接待以该组织主席巴德先生为团长的12名高级管理人员，增进了中美民间组织的友好往来与合作；与日本NPO社团法人云南联谊会、日本亚洲文化交流协会、日本长野县日中交流协会建立联络，并继续加强与湘南日中友协的交流合作；接待美国飞虎队俱乐部，并转交了该俱乐部成员赠送给市儿童福利院的玩具；完成市政府授予美国二战老兵访华团成员“昆明市荣誉市民”颁证工作；为中美教育基金会在昆明登记注册提供必要的帮助，使该协会资助的近200名贫困学童能够继续学业；接待苏黎世卫生局长维特斯坦先生，安排其考察昆明市老龄医学和疾病防疫情况，促成邀请昆明市2名医护人员前往苏黎世培训；接待瑞士洛桑旅游酒店管理学院代表团，安排市旅游局与该校直接联系，开辟了昆明市培训高级旅游人才的新途径。

市友协着意加强与全国友协、省友协等其他涉外部门的联系，争取他们对昆明市友协工作的指导和支持。2005年，配合全国友协和省友协，安排北京高级专家医疗队赴寻甸为农民义诊，应诊人数超过120人。此外，积极指导和支持昆明·藤泽友谊馆开展工作，在友谊馆举办中日书画展，建立日语资料室和举办日语培训班等。

【侨务外联】　一年来，共接待了来自美国、加拿大、法国、印度尼西亚、马来西亚、菲律宾、泰国、缅甸、香港等9个国家和地区13批181名海外侨领、华商。继续巩固与印尼中华总商会、马来西亚华人公会等16家海外华侨华人社团的关系。形成了以港澳为桥梁，东南亚为重点，其他地区也在逐步拓展的海外友好关系网络。

联络侨情的落脚点就是吸引广大华人华侨参与到现代新昆明的建设中来，市外侨办以诸如第三届东盟华商投资西南项目推介会、第八届世界华商大会等大型活动为契机，积极主动做工作，协调相关部门，为外商排忧解难，招商引资工作成绩斐然，全年促进引进外资1 000万美元。其中，美国保尔园艺集团在嵩明县投资500万美元，主要进行花卉种子和园林园艺的研发，解决当地近700人的就业问题；荷兰温德谜尔园艺有限公司在嵩明县投资200万美元，主要用于百合花种球和鲜切花的生产，公司将为当地解决近80人的就业问题；荷兰安祖公司是世界最大的红掌生产公司，通过对嵩明的多次考察，决定在嵩明的云南省花卉示范园基地租用300亩土地（土地租赁协议已签），投资300万美元。此外，世界500强企业中排名第19位的美国佳洁公司，对在云南投资已做了近一年的考察，意在嵩明杨林工业开发区投资，意向投资将达到1 500万美元。

【侨爱工程】　2005年在侨爱工程等公益事业方面也有突破，全年共接受捐资109万元，全部安排到昆明市贫困县区的教育和社会公益事业。分别是：寻甸县羊街镇新街小学、富民县大营镇东元小学接受香港胡文虎基金会提供每所小学捐资30万元人民币，用于建盖教学大楼。这两所学校从2005年3月份开工，寻甸县羊街镇新街小学教学楼已于2005年10月16日竣工，富民县大营镇东元小学教学楼已完成主体工程。2005年10月14～24日，香港胡文虎基金会胡仙博士一行21人在昆明就基金会援建的富民县大营镇东元小学教学楼工程建设情况进行了检查并参加了寻甸县羊街镇新街小学教学楼的竣工典礼活动。10月15日胡仙博士一行前往富民县大营镇东元小学对援建的教学楼工程建设情况进行检查并听取情况汇报，对工程没有按期完工的原因表示理解。考虑到该校建设工程较大，等整个教学大楼完工后，香港崇正总会黎锦文会长表示再对其学生食堂的建设进行援助；10月16日胡仙博士一行前往寻甸县羊街镇新街小学参加该校教学楼的竣工典礼活动，对寻甸县羊街镇新街小学所做的工作表示满意，并表示再捐资4万元人民币用于购置课桌椅等设备。

为弘扬南侨机工的爱国精神，2005年市人大会上有31位人大代表提出修建南侨机工存列室的议案，此议案得到了市委、市政府领导的高度重视，并责成有关部门做好南侨机工存列室的建设工作。马来西亚、新加坡华侨、华人听到此消息都显得非常振奋，都表示自愿给存列室的建设捐款。马来西亚爱国工会主席郭仁德一行7人受陈凯希先生、古润金先生的委托，带着20万元人民币的捐款，于2005年9月3日来到昆明，捐款20万元人民币。

昆明市社会福利院接受了马来西亚华商马钦学先生5万元人民币的捐资。石林县天生关小学接受马来西亚著名侨领颜清文捐资20万元人民币。

【为侨资企业服务】　进一步强化服务功能，加强为侨资企业服务工作，2005年借助省人大和市人大侨法执法检查工作契机，加大了为侨资企业服务的工作。一年来，市外侨办协调有关部门依法解决云南泓昊科技有限公司成立时注册资金问题，并为该公司做了大量的排忧解难工作，从而保证了该公司生产经营工作的正常开展；与市商务局等有关部门为锦泰酒店的产权过户、税收等问题与省机电总公司和市地税局协调，问题得到了完满的解决；与市文化局为佳华广场酒店解决了文化娱乐经营许可的问题；为昆明眼科医院协调土地税、土地分户办证等相关问题，为昆明五杰学校协调自来水问题；为云南和林木业有限公司协调工伤纠纷问题，使该问题回到依法解决的程序上。深入昆明奥斯腾竹木制品有限公司等8家华侨华人投资的企业进行调查研究，掌握侨资企业在生产经营中存在的问题，为在昆投资的侨资企业解决了大量的久拖不决的问题。通过上述工作，在海内外产生较大的影响，对于增强华侨、华人来华投资的信心，促进昆明市投资软环境的改善，起到积极的作用。

【侨务信访】　为贯彻落实中央《关于加强新形势下侨务工作的意见》和全国侨务工作会议、全省侨办主任会议精神，市外侨办及时组织召开了全市侨办主任座谈会，传达了总书记胡锦涛和国务委员唐家璇的重要讲话，进一步统一了思想，明确了任务。

一年来，共受理接待和处理海外华侨华人和归侨侨眷来信、来访183件次，其中，出具“三侨生”加分证明22份。来信来访内容涉及侨房落实、拆迁安置、回国定居、子女就业、升学加分照顾、法律纠纷、退休工资待遇、下岗再就业、购房、合法权益维护等。经过近一年的多次调查、核实、协商等工作，落实解决了美籍华人方正光反映十余年的侨房赔偿问题。此外，市外侨办多次参加市人大民宗侨工委召集的侨务信访问题协调会以及侨务立法调研会，提出意见和建议。为张培光、庄重等侨房落实问题与相关单位和部门多次进行沟通协调。

【侨务扶贫和侨务宣传】　2005年春节前，市外侨办组织14个县（市）区侨务部门开展扶贫济困送温暖活动，下拨了慰问专款。走访慰问各县（市）区侨务干部以及17户归侨侨眷下岗职工、低保户和贫困户，慰问金额合计7万元。慰问了在昆居住的海外华侨华人、知名人士和南侨机工老人共40人，共发放慰问金12 000元。

为进一步宣传普及侨法、市外侨办转发了省侨办《关于进一步加强学习宣传和贯彻实施〈中华人民共和国归侨侨眷权益保护法〉及其实施办法的通知》，根据《通知》精神，要求各县（市）区做好“侨法宣传月”周年纪念活动。同时，利用会议、走访慰问归侨侨眷、接待来信来访、为侨服务等时机，广泛宣传“一法两办法”。

根据昆明市新的区划调整，市外侨办积极指导协助四城区健全和完善社区侨务工作组织网络，搞好社区侨情资料的移交和调整工作，使社区侨务工作正常开展。

做好侨务工作需要多部门的协作，市外侨办十分注重与相关工作部门或组织的横向联系。2005年9月，组织召开了“五侨”联席会，认真学习“一法两办法”，并针对归侨侨眷所关心的热点、难点问题进行研讨，力求做好依法维护归侨侨眷合法权益，落实侨务政策的工作，取得较好的效果。

（张晓明）

召开座谈会。筹集扶贫资金近1万元，帮助群众解决生产生活中的突出问题。3人次参与完成迎接GMS会议市容市貌环境整治工作。

（陈万英　周云忠）

·政策·经济研究·咨询·

政策研究

【重要文件、文稿起草】　2005年，市委政策研究室牵头完成了20多篇市委、市政府领导交办的重要文件文稿的调研起草工作。如：《中共昆明市委关于制定昆明市国民经济和社会发展第十一个五年规划的建议》、中共昆明市委、昆明市人民政府关于贯彻《中共中央国务院关于进一步加强农村工作提高农业综合生产能力若干政策的意见》的实施意见、《中共昆明市委、昆明市人民政府关于加快北部县区经济发展的若干意见》、《中共昆明市委办公厅、昆明市人民政府办公厅关于加快农村富余劳动力转移就业的实施意见》、《构建和谐现代昆明研究报告》，市委书记杨崇勇在北部开发工作会议上的讲话稿《加快北部县区经济社会发展、促进现代新昆明建设》，市委副书记李培山在市委农村工作领导小组第五、第六次会议上的讲话、在昆明市农村剩余劳动力转移工作会上的讲话、在省、市委农村工作会议上的讲话、在首届昆明国际农业博览会动员会上的讲话，市委副书记杨远翔交办的重要水源保护区保护与发展研究五个子报告。

【专题调研报告撰写】　撰写了一批专题调研文稿。主要有：《推进生态现代新昆明决策建议书》、《城市管理体制改革调研》、《昆明市委、市政府向省委、省政府汇报关于现代新昆明建设情况》、《市委、市政府赴湖南学习考察报告》、《嵩明县工业发展调研报告》、《嵩明县发展现代农业调研报告》、《创建平安嵩明调研报告》、《嵩明县探索建立长效机制调研报告》等。

【年度计划课题研究】　按照市委对政研室2005年年度重点调研课题的批复，全年完成了8个年度计划课题研究。如：《关于我市用工业化理念促进昆明农业发展研究》、《昆明北部五县（区）经济社会发展情况跟踪调研》、《加大对工业企业多渠道资金投入问题研究》、《东川、安宁经济管理权限下放后相关问题的跟踪调研》、《关于积极推进昆明市艾滋病防治工作的对策建议》、《我市社区为民服务信息系统建议问题》等。

【书刊编辑】　全年共编辑《谋事之基——2004年昆明市调研文选》、《昆明市县域经济发展研究》内部书籍两本，共150多万字；编辑《昆明政研》双月刊6期，60多万字。撰写《广州、深圳、福州和厦门四城市的经验和做法》、《选派农村党建工作指导员思考建议》、《建立健全昆明市党员先进性教育长效机制》、《建立进城就业农民有效管理机制的思考》、《昆明市农村村组债务情况调查》、《昆明市信息产业调研报告》、《农博会“热”后的“冷”思考》、《多渠道加大对工业企业资金投入的思路与路径》等决策内参共9期。

【其他工作】　牵头组织协调和参与市委重大活动。一是组织完成了省委农村工作领导小组办公室交办的集体经济调研、现代农业调研、农村剩余劳动力转移调研、县乡财政体制改革等调研和文稿的撰写，参与省委督察室关于抓落实长效机制的调研，参与省委政研室到昆明市四个区调研“昆明市再就业工作”，参与省委调研组关于昆明市解放战争时期革命老区经济社会发展情况调研；二是组织“加快社会事业发展，努力构建和谐昆明”重大调研活动，参与市委关于顺成街拆迁改造调研，牵头承担了市政协提案的办理，参与全市先进性教育活动“保先办”和督导组工作；三是完成了市委农村工作领导小组办公室的日常工作，成功主办了首届农博会农业农村发展政策论坛，圆满完成了组委会交办的各项任务，被市委、市政府授予首届昆明国际农业博览会先进单位荣誉称号，受到了表彰和奖励；四是完成了挂钩扶贫工作，多次到对口帮扶的寻甸县甜荞地、黄土坡村委会开展实地调研，

经济研究

【重要文稿起草】　2005年，市政府研究室坚持站在现代新昆明建设的全局思考和研究问题，对每篇重要文稿都认真思考，深入调研，严把质量关，努力做到观点鲜明、内容实在、逻辑严密、表述准确，按时按质完成任务。共完成文稿起草46篇，23万多字，比去年增加21篇。承担并完成了《市委、市政府关于进一步加强招商引资工作的决定》、《市委、市政府关于加快呈贡新城开发建设的决定》、《昆明市政府驻地迁移至呈贡县的请示》、《昆明市食品安全监督管理规定》、《昆明市社会信用体系建设》等文件；完成了向省长办公室报的《昆明市“十五”发展回顾和“十一五”发展思路》、《关于对云南省政府咨询团第七次会议顾问提出有关昆明发展建议落实情况的报告》和报省政府研究室的《昆明市一、二、三季度经济运行分析材料》等重要文稿；完成了市领导交办的《在可持续发展国际研讨会上的演讲稿》、《在第二届泛珠三角市长论坛上的演讲稿》、《在中法政府高级论坛上的演讲稿》、《在全球论坛上的演讲稿》、《在高盛证券中国投资论坛上的演讲稿》、《在接待美国穆迪评级公司会谈时的介绍材料》、《昆明市参与昆河经济走廊建设的汇报材料》等重要文稿。这些文稿，均被市委、市政府领导所采纳。

【课题研究】　2005年，研究室课题研究成果不仅数量多，而且质量比往年有较大的提高。共完成课题10个，21万字。一是完成了市委、市政府领导关注的重要课题研究。先后完成了《提升昆明城市竞争力课题研究》、《昆明市信息产业基地建设规划》、《进一步完善昆明市土地储备制度的调研报告》、《建立健全利益协调机制，促进“和谐昆明”建设研究》、《昆曼经济带昆明段规划研究》、《云龙水库水源保护区环境建设保护专题报告》。这些课题研究成果，为市委、市政府科学决策提供了重要依

据。二是完成了4个“十一五”前期研究课题。按期完成了《昆明市“十一五”期间推进文明城市建设，维护社会和平稳定，加快构建和谐社会的思路和对策研究报告》、《昆明市“十一五”期间新增劳动力、流动人口、人口老龄化问题及促进人口与经济社会协调发展的思路对策研究》、《“十一五”环湖新城发展规划研究报告》、《“十一五”昆明市文化事业和文化产业规划研究》课题，为昆明市制定“十一五”规划提供了较好的基础研究成果。三是参与了对“十一五”前期研究市级部门承担课题和招标课题的验收工作。

【刊物书籍编撰】　2005年，市政府研究室的主办刊物《昆明经济》坚持“活跃咨询园地，交流研究成果，提供经济信息，服务科学决策”的办刊宗旨，注重办刊质量，紧紧围绕市委、市政府的中心工作刊发稿件，为各界人士探讨现代新昆明建设以及“十一五”期间的热点、难点问题提供了园地。共完成6期《昆明经济》的组稿、编辑、出版发行工作，文字量60多万字。完成《中国城市年鉴·昆明篇》、《铸就昆明新辉煌》、《中国城市竞争力年鉴·昆明天天是春天》等文稿。

【专项工作】　2005年，对省、市政协《关于解决昆明市失地农民生活保障问题的建议》、《关于提升昆明城市国际化水平的建议》、《对我市统筹城乡经济发展，全面建设小康社会的几点建议》、《关于加快我市北部地区经济社会发展的建议》、《大力宣传倡导循环经济，作好基础调研，为我市发展循环经济奠定基础》等5项提案及时给予了回复，共起草文稿5万字。其中《关于失地农民保障》的提案被列为市政协的主席提案。市政协领导和委员对研究室的提案回复工作均表示满意。配合有关部门完成了《昆明城市重点水源保护条例》、《昆明市轿子山保护条例》、《西山风景区管理经营体制改革方案》起草工作。根据市委、市政府领导的要求，研究室对建立市级机关目标考核管理制度进行了前期调研，组织人员前往成都、武汉、南京进行考察，对市级机关目标考核工作进行了基础研究。

（李沐荣）

咨询工作

【“十一五”咨询】　“十一五”是昆明市率先实现全面建设小康社会目标、加快构建社会主义和谐社会的重要历史时期，也是推进现代新昆明建设的关键时期。为了编制好“十一五”发展规划，市委、市政府决定由市发改委牵头，组织开展涉及经济社会统筹协调发展的39个重大课题研究，市政府咨询委员参加课题咨询工作。根据市政府的安排和咨询委员专长，组织部分咨询委员重点参加了《“十一五”时期昆明市经济和社会发展规划思路研究》、《昆明市加快产业开发与建设，提高产业竞争力思路研究》、《昆明发展优势和增长潜力研究》、《昆明经济结构战略性调整研究》、《昆明非公经济发展战略思路研究》、《发挥昆明中心城市地位和作用研究》以及《昆明县域经济发展规划研究》、《“十一五”环湖新城发展阶段性目标和思路研究》、《“十一五”文化事业和文化产业规划研究》、《昆明社会事业发展规划研究》等重大课题的咨询和研究成果评审，有的委员还担任专家组组长。咨询委员以高度负责的精神，为课题组提供了大量信息和建议，许多建议提出了新的观点和思路，对提高课题研究质量发挥了重要作用。

【课题论证】　2005年，咨询委除组织咨询委员参与“十一五”课题咨询研究外，还根据市政府决策需要组织委员参加一系列重大课题咨询论证工作。主要有：《提升昆明城市竞争力研究》、《昆曼经济带昆明段规划研究》、《建立健全利益协调机制，促进“和谐昆明”建设研究》、《关于建设服务型政府研究》等，咨询委员提出了许多独到的见解和建议，增强了课题研究成果的科学性和可操作性。

【委员建议】　咨询委员结合昆明经济社会发展中的一些实际问题，提出一些建议。主要有：《四大战略提升昆明城市交通能力》、《昆明市构建和谐社会应注重解决的几个问题》等。

（刘瑞华）

军事

昆明警备区

【党委扩大会】 2005年1月17日，昆明警备区召开党委一届四次全体（扩大）会议，传达学习上级军区有关会议精神，总结2004年工作，部署2005年任务。中共昆明市委常委、昆明警备区政委蔡忠诚主持会议并讲话。昆明警备区党委副书记、司令员王晓明作工作报告。中共云南省委常委、昆明市委书记、昆明警备区党委第一书记杨崇勇出席会议并讲话。会议强调，2005年警备区要围绕“打得赢、不变质”两大历史性课题，始终把思想政治建设摆在首位，积极推进以信息化建设为核心的军事斗争准备，依法从严治军，确保党对军队的绝对领导和部队的高度稳定和集中统一。进一步提高国防后备力量建设水平，深化城市民兵工作改革，提高民兵、预备役部队整体质量，实现由数量规模型向质量郊能型转变，由人力密集型向科技密集型转变。充分发挥民兵预备役人员在经济建设中的骨干作用，扶贫帮困中的模范带头作用，完成急难险重任务中的突击队作用，“三个文明”建设中的生力军作用，积极参与打击各种违法犯罪活动，以实际行动支援现代新昆明建设。

【议军会议】 2005年4月18日，昆明市召开市委议军会暨国防动员委员会第四次全会。会上，昆明警备区司令员、昆明市国防动员委员会常务副主任王晓明就一年来昆明市国防动员和后备力量建设情况作了汇报。中共云南省委常委、昆明市委书记、昆明市国防动员委员会第一主任、昆明警备区党委第一书记杨崇勇讲了话。他说，2004年以来，昆明警备区党委团结带领广大官兵和民兵预备役人员，不断加强党委班子、干部队伍、国防动员和民兵预备役建设，努力提高打赢能力，扎实抓好以信息化建设为重点的军事斗争准备工作，各项工作取得了显著成绩。同时，积极组织民兵预备役人员参加地方改革和建设事业，为昆明市经济社会发展作出了重要贡献。杨崇勇要求，在2005年，各级领导要突出重点，抓住关键，扎实推进昆明市国防动员和后备力量建设；加强国防教育，为国防动员和后备力量建设创造良好的社会环境；加强基础性建设，努力提高国防快速动员能力；坚持改革创新，不断提高国防后备力量的建设质量；充分发挥民兵预备役部队的作用，积极为现代新昆明建设作贡献。昆明市党政军领导王文涛、杨远翔、李培山、田云翔、蔡忠诚参加会议。

【述职会议】 2005年4月18日，昆明警备区党委召开县（市、区）人武部党委第一书记、预备役通信团第一政委述职会议。会上，所属县（市、区）人武部党委第一书记向警备区党委作了述职汇报。中共昆明市委常务副书记杨远翔出席会议并讲话，他说，2004年，昆明市的党管武装工作有“六新”：第一书记在对党管武装的认识上有新提高，在

述职大会 （昆明警备区 供稿）

落实党管武装的制度上有新进步，在基础设施和信息化建设上有新面貌，在城市民兵改革上有新举措，在预备役部队建设上有新发展，在发挥城市民兵作用上有新成绩。杨远翔强调，人武部党委第一书记也是地方党委的一把手，要正确认识和处理好第一书记抓与集体领导的关系、抓武装与抓经济的关系、建设“小国防”与建设“大国防”的关系、解决实际问题与全面加强党管武装工作的关系。要认真领会党管武装的要求，要在解决重难点问题上见成效，要创造性落实党管武装工作的新制度和新形式。

市委议军会暨国防动员委员会第四次全会　（昆明警备区　供稿）

【政治工作】　2005年，昆明警备区党委把政治思想建设摆在首位。开展以保持共产党员先进性教育为主线的思想政治教育。组织全体党员开展保持共产党员先进性教育活动，解决党员干部存在的先进性弱化，党组织“党管党员”功能不强问题。围绕军事斗争准备，开展“强化战斗精神，提高打赢能力”教育，利用参加军事演练和野外小拉练，培养官兵的战斗精神、战斗意志和战斗作风。学习胡锦涛主席关于新世纪新阶段中国人民解放军历史使命的重要论述，增强官兵的政治意识、大局意识和战略意识。坚持经常性抵制“黄赌毒私特”教育，开展向杨业功先进事迹和航天精神学习。组织学习贯彻中共十六届五中全会精神，开展纪念中国人民抗日战争暨世界反法西斯战争胜利60周年系列活动，开展学习成才活动，昆明陆军预备役通信团被云南省军区评为“人才培养先进单位”；加强党委班子和干部队伍建设，充分发挥党委的核心领导作用和干部队伍的骨干作用。组织团以上干部学习江泽民国防和军队建设思想、胡锦涛主席一系列重要指示，深入贯彻中共中央《关于加强党的执政能力建设的决定》，中央军委《关于加强军队党组织建设能力的意见》，云南省军区《关于加强团以上党委班子能力建设的措施》，组织一批团以上干部参加成都军区和云南省军区理论培训，坚持用科学发展观武装头脑，把握方向，指导工作。组织一批干部到外地参观学习。认真贯彻《军队党委工作条例》，加强民主集中制建设，落实党委集体领导，增强党委班子团结，提高依法开展工作能力。警备区5名党委常委，分别参加所属团级党委召开的民主生活会，对党委班子进行考核、讲评。对所属团级党委班子进行调整，保持活力。全区有两个人武部被云南省军区评为先进团级党委，有两名干部被云南省军区评为“优秀党务工作者”。制定《关于加强主官管理的规定》，从严规范领导干部的从政行为。正确调整提升使用干部，顺利完成转业退休干部安置工作。开展党风廉政教育，利用反面典型开展警示教育，加强对离任团以上干部审计。全程参与干休所“盘活工程”招投标，加强对人武部基础建设、大项经费及士官选改、征兵等监督检查；加强民兵预备役政治工作。坚持党管武装工作制度，落实一批领导干部军地双向兼职。全区大部分乡、镇和街道办事处的武装部长，已进入同级党委班子。利用《西南民兵》刊授、民兵整组、训练，对民兵进行党的路线方针政策、战斗精神和国防教育。集中宣传报道五华区和安宁市关心武装的好书记高劲松、吴永刚及五华区人武部部长部仲华的先进事迹。昆明陆军预备役通信团副团长、盘龙区原区长赵学峰，被中央组织部、国家人事部、解放军总政治部评为优秀预备役军官。

【信息化建设】　构建并开通了昆明警备区本级和所属团级单位军用程控电话网、指挥自动化信息网、电视电话会议网、计算机局域网、中央控制室和本单位信息网站，使信息化建设协调发展，各单位的互联、互通、互操作得到保障。计算机“扫盲”、晋级工作成效明显。加强民兵预备役部队防空一体化建设，构建了昆明市民兵防空一体化指挥系统。成立昆明市国防动员委员会信息化办公室，提升昆明市国防动员工作的快速、高效和精确能力。安宁市开通了10个乡镇武装部的电视电话会议网。

【后勤保障】　2005年，昆明警备区进一步修订完善各类后勤保障方案，加强后勤综合战备库（室）建设。组织后勤干部进行“财务预算管理、银行账户清算、后勤保障建设”培训，提高后勤人员综合素质。加强财务工作、物资采购、工程建设、审计监督和对外有偿服务规范化管理。成立警备区资金集中支付改革领导小组和机关结算办公室。对全区各单位经费、资产、账户进行清理核对，对家底经费、债权债务和房地产进行审计。接受云南省军区审计组对警备区执行财经制度的审计，各项指标均达“好”的标准。警备区营院种植草坪4 200平方米，栽种苗木3 000余棵，平整场地4 000多平方米，建营区道路150米，对5 900多平方米屋面进行防水，改善了士官和士兵住房条件。所属县（市、区）人武部，有3个已完成搬迁新建；有5个已完成整治改造；其余已制定规划，即将破土动工。所属两个干休所的“盘活工程”，一期已经完成，已有126户老干部搬入新居，二期工程已全面展开，被成都军区誉为干休所正规化建设的一面旗帜。认真做好卫生防病工作，警备区被全军评为“文明卫生营院”，被昆明市评为“爱国卫生红旗单位”。

【国防动员】　2005年2月28日，昆明市国防动员委员会就围绕军事斗争准备进一步加强国防动员工作、大力推进国防动员信息化建设、不断增强国防动员保障能力、加速国防动员法制化进程、完善国防动员机制等问题，下发《昆明市2005年国防动员工作指示》。4月18日，召开昆明市国防动员委员会第四次会议，总结2004年工作，部署2005年任务。8月16日，中共昆明市委、昆明市人民政府、昆明警备区对昆明市国防动员委员会组成人员进行调整，并进一步强化该委员会的下属机构。8月至10月，这个委员会从各办公室抽调人员组成工作组，对“十五”期间昆明市国防动员建设的组织领导、机构、法规、信息化建设和工作落实情况进行全面检查，总结经验，找出差距，为制定昆明市“十一五”国防动员建设计划提供依据。健全和加强昆明市军事设施保护委员会及相关机构，完成了军事禁区和军事管理区安全范围的划定工作，接受了全国军事设施执法检查组的检查，受到充分肯定，并被总参谋部表彰为全国军事保护工作先进单位。

【国防后备力量建设】 召开昆明警备区党委扩大会、中共昆明市委议军会、昆明市国防动员委员会第四次会议和人武部党委第一书记、预通团第一政委党管武装工作述职会，对昆明市2005年国防后备力量建设进行研究和部署。制定《昆明市民兵预备役军官任免实施办法》，完善昆明市国防后备力量建设经费保障机制，随着国民经济的发展，增加了昆明市本级民兵事业费的投人。继续整体推进昆明市城市民兵工作调整改革，完成10多项民兵组织建设工作。成立滇池旅游度假区武装部，在民营企业云南凯通（集团）有限公司进行设立基层武装部试点。在五华区、禄劝县和东川区，分别成立民兵共青团连、应急民兵摩托化分队、应急民兵常驻分队，加强民兵特色分队建设。规范民兵军事训练，完成民兵训练任务。昆明陆军预备役通信团按照昆明市新的区划，对各营兵力进行调整，并组织预备役官兵进行快速动员集结点验暨转服现役演练。全市共组织39 400余名新生进行军训，昆明市学生军训办公室被评为云南省学生军训工作先进单位。

【征兵工作】 2005年冬昆明市征兵工作于10月中旬开始。10月11日，召开昆明市征兵工作会议，传达贯彻上级关于征兵工作指示，总结2004年征兵工作，部署2005年冬征兵任务。会上，昆明市人民政府和昆明警备区还与各县（市、区）人民政府和人武部签订2005年冬征兵工作目标管理责任书；表彰2004年征兵工作先进单位和个人，其中五华区被国防部评为“2004年度征兵工作先进单位”，晋宁县被云南省评为“2004年度征兵工作先进单位”。11月1日，征兵工作全面展开，各县（市、区）开展丰富多彩的征兵宣传活动，集中进行以爱国主义为核心的国防教育和依法服兵役的国防法规教育，调动广大适龄青年报名应征的积极性，营造全社会关心支持征兵工作的氛围。在政治审查、体格检查和审批定兵中，坚持依法实施征兵，用法律手段调整和规范征兵工作中权利和义务的关系。依据国家有关政策，全面开展征集在校大学生工作、对兵员进行心理测试和艾滋病检测，确保新兵质量。完成从非军事部门具有专业技能的公民中招收士官试点工作。禄劝县少数民族青年踊跃应征情况被中央电视台采访，并连续10天在央视7频道国防时空栏目进行追踪报道。

【国防教育】 2005年，昆明市以“爱我中华、心系国防”为主题，结合纪念中国人民抗日战争暨世界反法西斯战争胜利60周年，开展国防教育系列活动。6月至10月，在全市开展全民性国防教育广播电视宣传活动，其中，8月9日至14日，举办由县（市、区）和驻昆解放军及武警部队共18个单位、52名选手参加的昆明地区国防教育演讲大赛。并组队参加云南省组织的国防教育演讲大赛，获团体第一名、最佳组织奖、个人特等奖三项殊荣。9月17日，开展第五个全民国防教育日活动，并在胜利堂人民英雄纪念碑举行云南省首批国防教育基地命名挂牌仪式。10月12日至18日，在昆明市博物馆举办“国防科技成果展”，以新中国成立以来国防科技取得的巨大成就为主线，以普及国防科技知识为主要内容，展示了核、航天、航空、舰船、兵器及军工电子领域的成果和科技知识，组织全市3万多名军民进行参观，在全社会营造关心国防、崇尚科学、支持国防建设的氛围。在冬季征兵工作中，开展了国防教育宣传月活动，激励广大适龄青年的爱国之心，报国之志和参军热情。同时，协调驻昆解放军和武警部队参加昆明市组织的“昆明精神”演讲比赛，取得较好成绩。

【拥政爱民】 2005年，昆明警备区所属县（市、区）人武部，共出动民兵预备役人员21 150人次、车辆790台次，完成各种抢险救灾和遂行维稳任务20多次，协助公安部门破获各种案件100多起，为昆明市和群众挽回经济损失5 000余万元。为地方培训各类干部617人，支持地方人才建设。全体官兵和职工，共向灾区捐款15万余元，捐衣物8 173件。警备区领导率机关人员走访慰问了东川区地震灾区和禄劝县则黑乡包谷山村扶贫点，为他们排忧解难。昆明陆军预备役通信团筹资32 000元，。帮助禄劝县茂山乡甲田村建成人畜引水工程。富民县人武部干部职工捐款7 000余元，与该县赤就乡的11名特困学生开展“1+1”助学活动。警备区与昆明市双拥办联发双拥工作文件14份，组织双拥知识竞赛，开展双拥共建工作。

【表彰双拥模范城】 2005年12月16日，中共云南省委、云南省人民政府、云南省军区，作出《关于命名表彰云南省第七届双拥模范城（县）和双拥先进城（县）的决定》。其中，昆明市、五华区、盘龙区、官渡区、西山区、安宁市被授予双拥模范城称号；呈贡县、宜良县被授予双拥模范县称号；石林彝族自治县、嵩明县、寻甸回族彝族自治县被授予双拥先进县称号。

【昆明警备区领导】

党委第一书记	杨崇勇
司令员	王晓明（至5月）
	段喜群（5月起）
政治委员	蔡忠诚（至10月）
	何志海（10月起）
参谋长	李荣立
政治部主任	赵坚强
后勤部部长	李康瑜

驻昆部队

【信息化建设】 驻滇某部投入大批资金开通局域网，搭建首长机关网上指挥演练平台。制定《党委议训实施细则》，规范党委议训制度。开展首长机关网上作业，练谋划、练指挥、练协同，提高首长机关领导部队信息化建设水平。选送100多名官兵到军地院校学习信息化建设知识和技术。选拔5名素质好学历高的干部到教导队任教，并从军地院校聘请6名专家教授，分期分批对干部进行培训，提高信息化素质。组织参谋人员轮流下连代职抓训练，设立训练督导组定期检查基层训练情况。建立基层训

驻昆部队参加“昆明精神”演讲比赛　（国防教育办　供稿）

练“日检查、周讲评、月通报”机制，促进基层训练人员、时间、内容、效果的落实。抽调高学历人才组成信息化攻关小组，筹集专项资金，自行研制革新《单兵数字化侦察系统》等3项信息化建设成果。其中《运动目标实弹射击考核系统》获全军技术革新成果三等奖，《数字式野战炮兵气象仪》已在全军推广应用。全体干部都通过计算机等级考核，在野战条件下首长机关网上演练获得全优，部队被上级表彰为“信息化建设先进单位”。

【军警民一体化训练】　2005年，云南省军区在某边境地区进行信息化条件下军警民一体化训练。按照作战、构建、训练一体互动，军警民一体联动的原则，由部队、地方党委政府、公安武警和民兵预备役的有关领导组成军警民联合指挥所。把军队三期网、武警公安网、地方电子政务网进行联通融合，形成信息网络指挥体系。以作战任务为牵引，采取上导下演、异地同步、网络传输的方式，把军警民分散配置的作战单元集成在同一信息网络平台内，联合指挥所通过网络对各参训单位进行统一指挥；各参训单位运用数字传输系统将现场情况实时传输给联合指挥所，为组织指挥提供依据。通过战备转级、应急动员、反恐维稳、反袭扰战斗等课目的演示，达到练指挥、练协同、练战法、练保障的目的，全面提高了军警民一体化训练水平和管边控边能力。

【机动作战防卫生存演练】　2005年春节前夕，驻滇某部将所属部队的数百名驾驶员拉到滇西高原生疏地段，进行一系列高寒山地条件下机动作战防卫生存演练。先后研究摸索出10余种信息化条件下机动作战保障训法、战法，并采集到千余公里范围内最新高原资料和高寒山地条件下各型装备运输车启动的最低温度、运行的最高速度等相关数据，总结出20余种高海拔严寒条件下机动车保养和调试方法。多数驾驶员掌握了机动作战中防卫生存技能，提高了遂行未来高寒山地机动运输保障任务能力。

【培养高素质人才】　信息工程大学电子技术学院昆明训练大队，着眼培养信息化人才、建设信息化军队、打赢信息化战争，坚持政治思想建设、人才队伍建设、教学设施建设、校园文化建设全面协调发展。把从严治校和以德育人相结合，针对学员家庭责任感退化、社会责任感弱化、国家责任感淡化现象，开展“向父母尽孝心、向社会献爱心、向国家尽忠心”的教育实践活动，增强学员的思想道德观念。坚持深化教学改革创新发展，优化基础课程内容设置，增设《C++Builder高级编程》、《管理信息系统》、《多媒体技术应用》新课程。成立科研项目攻关小组，取得教学科研成果6项，其中《高校智能排课系统》获军队级“科技进步三等奖”、2篇论文分获“全军军事信息安全征文”三等奖和军区密码管理工作“优秀论文奖”。组织知识竞赛、英文演讲比赛、计算机网页设计竞赛、编程设计竞赛，培养学员的学习意识、成才意识，提高第一任职能力。坚持教学院校化、管理连队化、保障社会化有机结合，做到教学管理工作实现条令化、规范化、制度化、经常化，教学质量明显提高，教学经验被上级推广，大队被成都军区评为“学习成才先进单位”。

【依法从严治军】　2005年，驻滇某部进行从严治军教育整顿，强化领导和机关干部的政治意识、学习意识、打赢意识、创新意识、自律意识。采取办班轮训等方式，对领导和机关干部进行知法、懂法、用法教育。把军事、政治、后勤、装备等各项工作纳入从严治军全局思考谋划。从强化首长机关的法规意识入手，改变凭老经验、老套路抓工作的习惯，做到事事按法规落实，人人按法规尽责，执行部署任务依据条例，组织指挥遵守条例，检查工作对照条例，讲评工作贯穿条例，解决问题符合条例。按正规管理要求，废除与条令条例相违背的“土规定”，给基层官兵业余时间自主支配权，确保官兵有正常的休息、娱乐时间。他们还在自己的局域网上开设“监督热线”、“士兵心里话”等专栏，营造领导机关按法规抓建设、基层官兵按法规干工作的氛围。

【构建信息化教学平台】　昆明陆军学院筹集大批资金，新建教学大楼和指挥控制中心，其中网络教室、音视频监控、电视电话会议设施齐全。校园网主干速率达到千兆，干部和学员人均终端2.5个，学员宿舍全部实现计算机网络、电视、电话“三进入”，学员在宿舍内就能上网自主学习，查阅下载数字化图书资料。组织教员赴高原地区部队，收集1万多组实验数据，建成高寒山地分队作战指挥和作战环境数据库。开发分队战术训练、迫击炮射击指挥等模拟系统，开展计算机战例作业、心理战模拟对抗等教学训练。建成相当于藏书12万册的数字化图书馆，开发多媒体信息资源系统，全部教室实现多媒体网络化。研发网络攻防战、信息战教学等系统，组建相关试验分队，使理论教学、平台实验和战术运用均可自主完成。

【提高教员任职教学能力】　昆明陆军学院在推进教育转型中着力提高教员队伍任职教学能力。对教研室、研究室和技术开发中心进行重组，优化配置教学力量资源。扶持教员报考军政专业研究生和在职攻读硕士学位。推行教研室领导竞争上岗和教员任教资格审查及考核

昆明警备区政委何志海看望离休干部　（国防教育办　供稿）

持证上岗制度，不合格者不得担负教学任务，优化任职教员队伍结构。分期组织全体教员集中培训，学习新理论、构建新内容、编写新讲义、培养新技能、研究新教法，使教员队伍实现由“章节式”教员向“通课式”教员转变，由学科基础课程型教员向综合应用课程型教员转变，由熟悉基础理论传承式授课向长于分析解决现实问题启发式授课转变。坚持选派教员到战区所属部队代职锻炼，同时，从基层部队选调团营优秀后备干部到学院担任教员，走院校部队双向交流代职路子，提高具有实践经验和部队任职、代职经历的教员比例。采取以上措施后，教员队伍胜任教育教学的比重迅速提高。在2005年举行的全军院校长集训会上，这个学院介绍了以“提高学历、丰富阅历、增强能力”为重点的提高教员队伍任职教学能力的经验，受到总部首长和机关的肯定，并向全军院校推广了他们的经验。

【老干部艺术团】　驻滇联勤某分部老干部艺术团，由所属单位的50余位离退休干部组成，其中70岁以上的占50%。该团自2002年成立以来，共参加军内外举办的歌舞演出及时装表演50多次。曾先后2次代表云南老年人参加在成都举行的西南西北9省区“银鹰杯”老年迪斯科比赛和在重庆举行的全国老年人激灵圈比赛，获优胜奖。艺术团顾问、年逾八旬的苏敏，被推荐参加全国首届中华银龄美大赛，获“中国老年形象大使”殊荣。

【病毒研究】　成都军区疾病预防控制中心副主任范泉水，从事医学科研以来，足迹遍布云南大部州市，先后有4项成果填补国际空白，23项研究达到国际同类先进水平，24项技术在国际国内领先，以首席专家身份承担和完成国家、军队科研课题18项，获得国家和军队科技进步奖24项。他研制的“犬多联弱毒疫苗”，结束了中国犬常发传染病没有疫苗的历史。他参与研究组装的“传染病快诊箱”和“蛇伤急救盒”，在部队即时救治、快速恢复战斗力中发挥重要作用。他2005年主研完成的“抗菌素残留及其对环境的危害”课题中的关键部分，使中国消除抗菌素残留研究技术走在世界前列。

【廉洁征兵措施】　云南省军区在征兵工作中采取以下9条措施确保廉洁征兵：广泛宣传征兵政策、征兵条件、征兵纪律，让应征青年和家长了解政策规定；公布举报电话，设置举报信箱，及时受理征兵期间的信访举报；军地纪检监察部门参与征兵工作全过程，实施有效监督；确保新兵政审、体检、文化“清、准、实”，严禁弄虚作假；由县级征兵办公室统一安排接兵干部家访工作，家访过程中，做到接兵干部、人武干部和新兵家长三方在场；实行初定兵员公示制度，增加征兵工作透明度；实行网上定兵制度，云南省征兵办公室通过网络对县（市、区）定兵情况进行现场监督；落实责任制，出了问题严格责任追究；加强跟踪检查，对违反征兵政策规定的问题，发现一起，查处一起。

【抗旱救灾】　2005年，云南省军区面对云南省严重的旱情、繁重的抗旱任务，及时向所属部队发出通知，要求全力支援驻地的抗旱救灾工作。据统计，这个省军区的所属部队，共出动兵力13 000多人次，车辆1 700多台次投入各地抗旱救灾工作，帮助群众运送生活用水760余吨，浇灌农作物14万余亩，补种补栽22万余亩，缓解了干旱给灾区群众造成的生产、生活困难。

【医疗扶贫】　成都军区昆明总医院在“十五”期间，积极开展拥政爱民活动。

征兵工作会议　（昆明警备区　供稿）

定期组织专家到少数民族聚居的山寨巡诊，免费医治，传授防病治病知识，共为贫困群众减免医疗费用1 270多万元。参与地方抢险救灾10余次，救治灾区群众2万余人次，为灾区群众捐款40万元。把“医疗扶贫、科技开路”作为参与西部大开发的工作思路，先后与云南省的南华县、元阳县和禄劝县医院结为医疗扶贫帮扶对子，每年都免费接受这3个医院的医生前来进修，向他们传授先进医疗技术，捐赠医疗设备，义务承担医疗设备的维修保养任务。同时，先后举办各类讲座和培训班8期，为地方培训医疗技术骨干950人。该医院眼科副主任医师王军积极参加地方组织的“视觉第一”白内障复明行动，共为5 000多名群众成功实施白内障复明手术，被国家卫生部、民政部、中国残联评为“全国残疾人康复工作先进个人”。这个总医院被云南省评为“抗震救灾先进集体”、“军民共建精神文明先进单位”、“拥政爱民模范单位”。

【大学生军训成果汇报表演】　2005年9月17日，云南省在昆明举行大学生军训汇报表演。汇报表演由云南省军区司令员黄光汉主持。19所大学的3 000余名大学生组成22个阅兵方队和5个表演分队，进行了阅兵式、分列式、战术对抗、警棍盾牌术、擒敌术、刺杀操、队列操等科目表演。成都军区副司令员范晓光，中共云南省委常委晏友琼参观汇报表演并讲话。国家教育部学校国防教育办公室副主任谭刚，中共云南省委常委、云南省军区政委王增钵，云南省国防动员委员会副主任、副省长李汉柏，云南省政协副主席李先猷，驻滇解放军、武警部队首长赵宗岐、于健伟、苏巍、刘廷贵、曾冉、尹伯阶、李炳军，贵州、四川、西藏、重庆学生军训办公室和中共昆明市委、市政府的有关领导，及部分高校、中学生代表共2万人观看了汇报表演。

【《云南当代军事文学作品集》出版】　由郑明主编的《云南当代军事文学作品集》，是新中国成立以来公开出版的第一部反映云南军旅作家作品的文集。全书收录了包括冯牧、苏策、公刘、白桦等71位作家的百余篇代表作，共70余万字。由中国文联副主席、中国作家协会副主席、中共云南省委副书记丹增为该书作序，由云南人民出版社出版发行。

（国防教育办）

武警昆明市支队

【概　述】　2005年6月，根据中央军委命令，新的昆明市支队由原昆明、东川支队和一支队原三大队、五中队合并组建，支队升格，编制若干人。支队组建以来，针对各项基础比较薄弱的实际，在总队党委和昆明市委、市政府的正确领导下，坚持以“三个代表”重要思想为指导，认真贯彻十六届四中、五中全会和总部、总队党代会精神，坚决执行总队党委和昆明市委、市政府的命令、指示，紧紧围绕总部、总队党委的总体工作思路和要求，从统一思想认识入手，深入部队调查研究，找准支队建设发展的优势和薄弱环节，立足自身实际确立“树立‘一个观念’（揭露矛盾求发展的观念），突出‘一个关键’（干部队伍建设），抓住‘一个要害’（枪弹），治理‘两个难题’（治散、治酒），实现‘两个确保’”的工作路子，大力加强党委班子建设，全心全意依靠官兵抓稳定、抓执勤、抓基层，圆满完成了以执勤、“处突”为中心的各项任务。

【思想政治建设】　坚持把思想政治建设的着眼点和落脚点放在坚定官兵永远做党和人民忠诚卫士的政治信念上，深入学习“三个代表”重要思想、江泽民国防和军队建设思想、胡主席关于部队建设一系列重要指示，增强官兵对科学发展观、新使命论等党的创新理论的理解运用；扎实开展保持共产党员先进性教育活动，坚持以“永远做党和人民忠诚卫士”主题教育为主线，有效展开培育战斗精神教育，组织官兵学习实践忠诚卫士《誓词》、《守则》，大唱《忠诚卫士组歌》并在总队组织的歌咏比赛中获第二名；在总队范围内率先开展警营政治环境建设，在机关和西山、安宁、官渡等5个中队探索“网络到班、信息到兵”的路子，警营政治环境和文化生活条件有所改善，受到部队肯定并作为试点单位，经验在全总队推广；在总部、总队党委、首长正确领导和总部、总队联合工作组具体指导下，集中进行“四不一保持”（不涉足不健康场所、不正当交往、不正常消费、传播不良信息，保持思想道德的纯洁。）专项教育治理活动，为全国武警部队开展此项教育总结了经验、探索了路子；密切内部关系、尊干爱兵、“四反五防”教育整顿成效明显，有效治理和解决存在问题；充分利用“三互”、“双四一”等载体增强经常性思想政治工作的主动性、针对性和有效性，深入扎实做好7种类型80名特别关注人员的思想转化工作，确保官兵政治立场坚定和思想道德纯洁。

【党委班子和干部队伍建设】　按照胡主席提高“三个素质”、“四个本领”要求，认真贯彻总队党委《提高“三个素质”、“四个本领”意见》、《加强党风廉政建设意见》以能力建设为核心，在党委机关中扎实开展“保持先进性、提高‘四个本领’”教育活动，并进行教育“回头看”和群众满意度测评，官兵满意率达95%以上；严格落实“两个武装”，建立和落实课题调研牵引理论学习和述学述职述廉等制度，邀请国防大学教授进行辅导讲座，促进党委先进性和能力建设，双主官的理论调研文章参加总队展评被评为优秀，并有4篇理论文章在省以上刊物上发表。利用总队三级政工、军事干部网上集训和支队召开政治教育准备会、季度形势分析会之机，对基层干部进行素质能力培训，基层干部培训率达95%以上；在成立官兵解困领导小组和干部家属委员会的基础上，开通“支队长、政委热线电话”，为39名干部解决家属就业、子女入学等困难，为17名随军家属发放了基本生活补贴和建立养老医疗保险；加强对干部教育、培养和管理，对表现突出的38名干部提拔使用、推荐的1名副团职和6名正营职干部被上级提拔使用。促进部队风气建设，干部安心尽心度明显提高。在短时间内，党委班子的领导能力、敬业精神和以兵为本的治队建队理念，班子成员敬业精神和务实作风，各级领导同志的高度责任感和事业心，得到广大官兵认同和赞赏，官兵称赞支队党委是一个“团结、坚强、干事、务实、勤政、廉洁”的好班子。

【完成中心任务】　认真落实党委议中心制度，加强对执勤工作的组织领导，3次召开议中心工作会议。按照“以人为本、信息主导、正规执勤、确保安全”要求狠抓专勤专训，根据支队勤务种类多、执勤任务重、省会城市支队形象重要的特点，总结开展“向规范三班四哨要形象，向落实八项制度要安全”勤务专项整顿，开展“三共”、“三个一遍”和正规化执勤等级评比活动，执勤正规化水平明显提高，有21个中队达到正规化执勤一级中队；分别与省监狱管理局、昆明市公安局监管支队、驻昆目标单位监管大队、看守所所长召开联席会和现场办公会，为逐步解决执勤设施陈旧老化等安全隐患打开了良好的工作局面；认真开展军事训练、专勤专训和勤训轮换，年度军事训练科目成绩普遍达到良好；3次组织首长机关拉动演练，实际检验首长机关实践和应急能力；党委、支部议勤、抓勤制度落实，官兵执勤和“处突”能力明显增强，全年在确保固定目标绝对安全的同时，圆满完成多次犯人押解及GMS会议安全保卫任务，实现执勤安全无事故，受到总队首长和省、市领导的高度评价。

【基层建设基础逐步牢固】 按照《纲要》、《三十条》制定《党委机关落实〈蹲点调研帮建工作规定〉实施细则》、《加强基层党组织能力建设措施》，建立党委统揽、成员分片、机关科（室）干部挂钩的帮建机制，重点对4个相对落后的基层党支部进行帮扶，2次组织基层主官和机关干部进行业务培训，基层党委、支部“三个能力”明显提高，1个大队党委、9个中队党支部受到总队表彰；先后投入210余万元为基层办了15件实事，驻四城区部队特别是安宁片区基础设施得到较好改善；通过召开基层建设形势分析会，基层党委（支部）班子建设得到加强，双主官作用发挥较好，官兵关系、三项经常性工作、部队风气有较大转变，部队四个秩序比较正规，基层建设稳步发展，9个中队被总队评为基层建设先进中队。

【从严治警】 结合支队合并组建时间短、人心乱、秩序差、队伍弱、基础薄的实际，坚持把依法从严治警贯穿到各项工作和任务中，建立完善《干部管理规定》、《车辆使用与管理规定》、《机关管理规定》、《抵御“四不”侵蚀影响八条禁令》等规章制度，规范管理秩序。大力开展安全形势、法纪警示、作风纪律教育整顿和“条令学习月”、“学法规、知法规、用法规”活动，严格落实奖惩兑现，对违反纪律的15名官兵进行严肃处理，强化官兵的条令意识和法纪观念。认真贯彻《预防犯罪工作条例》，狠抓人员、枪弹、车辆管理，建立“三铁两器、双人双锁、同进同出、门外领枪、出入登记、每日一查”枪弹管理制度；认真吸取“10·2”特大灾害教训，邀请国防大学教授进行安全形势讲座，请地方专职部门对3个中队驻地地貌复杂、营房陈旧和周围地质情况进行勘察鉴定，及时排除潜在自然灾害隐患，体现支队党委以兵为本、为广大官兵身心健康高度负责的治军管兵理念和精神；3次组织工作组深入部队进行安全大检查，重点分类排查总队要求的各种不安全因素和隐患，同时加强对身患疾病等7种类型80名特别关注人员的管控和转化成效显著，8月份以来部队趋于平稳、安全稳定。

【后勤保障】 以贯彻总部第三期后勤部长集训暨营房、医改工作会议精神为契机，狠抓后勤规范化管理和建设。建立“司务长活动室”，修订《经费使用与管理规定》、《物资器材管理规定》等管理措施，规范大宗物资统一采购、司务长集体办公、干部离任审计、一支笔签字等制度，提高经费物资管理效益，支队被武警部队评为“四类经费”管理先进单位；重点对安宁片区和昆明城区共13个中队的营房、营院、营具进行整治维修和配备，明显改善官兵的物质文化生活条件；组织开展驾驶员复训和军械员、理发员、卫生员、炊事员及司务长培训，后勤队伍的整体素质明显增强。

【警政、警民关系密切】 各级自觉接受地方党委、政府领导，积极参加驻地经济建设和公益事业，赢得地方党委、政府和群众的依赖与支持。组建仅半年，地方党委、政府支持支队建设经费360万元。昆明市委田云翔副书记、市政府李江副市长等领导多次到支队视察，市公安局长杜敏就支队建设多次作出指示，对支队在短期内取得的成绩给予高度评价。积极开展警民共建和支援西部大开发活动，积极以扶贫帮困、捐资助学等公益形式多次为灾区捐款、捐物；大力开展植树造林活动，为再造昆明秀美山川做出了积极贡献；与地方25个单位结成共建对子，21个中队被评为县、市、区级以上文明单位，支队被评为省级文明单位，七中队中队长罗云宏被昆明市委、市政府评为民族团结先进个人。

【支队组建】 6月8日，昆明市支队正式成立，举行宣布命令大会，出席宣布命令大会的领导有：武警云南总队总队长王佐明少将、政治委员于建伟大校，中共昆明市委副书记田云翔、中共昆明市委常委、东川区委书记高德明；昆明市人民政府副市长李江、昆明市公安局长杜敏、东川区人民政府区长和丽川等。会上，总队副总队长杜筑华宣布了总部命令，举行了交接仪式；原昆明市支队政委王维新代表原昆明支队、东川支队和一支队领导发了言，首任政委齐金岭和昆明市委副书记田云翔讲了话；总队副政委吉志勇作了指示。

【押解勤务】 6月10日，陈国栋副支队长带领68名官兵，车辆6台，完成对少管所、安宁监狱，省第三监狱共140名犯人押解任务。

24日，安宁监狱召开900名罪犯参加减刑大会，支队出动官兵28人，协助监狱担负会场警戒及途中押解任务。

【GMS会议警卫】 大湄公河次区域经济合作第二次领导人会议（以下简称GMS会议）于7月1日至5日在昆明召开。这次GMS会议是继’99昆明世博会成功举办以来，在昆明举办的规格最高、规模最大的一次重要国际会议，参加会议的外国首脑多，外交活动多，对提高云南省暨昆明市的国际形象，加快经济发展有着特别重要的意义。确保安全是会议能否圆满成功的关键。根据总队命令和昆明市公安局的统一部署，支队担负的主要任务是1日8时至5日6时担负昆明国贸中心主会场周边重要路段封闭守卫任务；二是4日17时至21时担负世博吉鑫园领导人晚宴现场的机动“处突”任务；三是5日6时至15时担负国贸中心主会场的警卫和机动“处突”任务。此次勤务支队共出动兵力230人，车辆24台，设警卫哨6个（每哨2名哨兵），车辆调查哨12个，巡逻哨4个（每哨3名哨兵），实际执勤时间103小时，任务完成圆满。执勤部队于5日17时30分完成勤务撤回归建。

【植树造林】 7月8日，武警昆明市支队官兵积极参与地方生态环境建设，投入200余人次，在西山筇竹寺后山植造了30多亩防风固沙和绿地，累计植树超过2 500余株。

【维护矿山秩序】 2005年年初以来，晋宁县夕阳乡白马龙村村民到上厂矿上访，要求退被征用的白马龙村土地。虽经上厂矿和乡政府的多次调解，白马龙村村民多次大批人员聚集到上厂矿，阻碍堵塞上厂矿经营活动，致使上厂矿的三条生活线全面停工。为确保社会稳定，维护正常的生产经营秩序，根据市委市政府和市公安局的命令，依法传唤该事件的25名首要分子，强行驱散滞留在矿区阻止生产的村民，疏通矿区道路交通，使矿区恢复正常经营。9月2日凌晨3时整，由负责现场指挥的支队副参谋长黄国祥带领晋宁县中队10名官兵，在指挥部的统一部署下，协助公安机关抓捕为首分子，执勤人员于当日15时安全归建。

【反恐演练】 2005年12月1日至2006年1月13日，根据总队、昆明市反恐综合办赋予支队的反恐演练任务，支队及时成立了领导机构。参加此次反恐演练任务集训由预提士官集训队80名，一大队二中队80名官兵，指保人员50名，共计210人组成。这次演练，共计43天，共完成擒敌格斗术和一招制敌、反恐战术基本队形、公共汽车劫持人质解救等科目的训练任务。

【政治部评为先进部】 支队政治部坚持以邓小平理论、“三个代表”重要思想、胡主席重要指示和党的十六大精神为指导，认真贯彻总部、总队、支队党委扩大会议和党代表大会精神，立足支队建设现状，着眼“两个提供”积极开展强有力的政治工作，有效发挥了政治机关和政工干部的职能作用和服务保证作用，确保了官兵政治信念坚定和思想道德纯洁，促进了以执勤、处突为中心的各项任务的圆满完成。12月，昆明市支队政治部被总队评为先进部。

【后勤部评为先进单位】 《中国人民武装警察部队机关事业部门业务经费、专项经费、标准经费、预算外经费管理规定》发布施行以来，支队始终以“三个代表”重要思想为指导，牢固树立和落实科学发展观，按照“统一领导、分级负责、集中统管、相互制约、注重实效”的原则，狠抓了“四类经费”的管理，有效提高了经费使用效益，全面推动部队建设协调健康发展。12月，昆明市支队后勤部被总部评为经费管理使用先进单位。

【二大队被总队评为基层建设先进大队】 2005年6月，原一支队三大队改隶为昆明市支队二大队。在支队党委的领导下，紧紧围绕“抓班子建队伍，突优势强软件，严措施保安全，与时俱进抓落实，奋发有为创先进”的工作思路，以抓作风、树“五气”（班子要树正气、干部要有骨气、战士要有志气、部队要有士气、大队要有名气）为突破口，在“治短”、“治平”上下功夫。12月，昆明市支队二大队被总队评为基层建设先进大队。

【武警昆明市支队领导】

支队长	胡学霖（5月任）上校
第一政治委员	杜　敏（市公安局局长兼）
政治委员	齐金岭（5月任）上校
副支队长	陈国栋（5月任）上校
	寸　昆（5月任）上校
	包　颖（12月任）中校
副政治委员	张伽斌（5月任）上校
	罗　实（12月任）上校
参谋长	陈其宽（12月任）上校
政治部主任	冯贵富（5月任）中校
后勤部部长	杨兴华（5月任）少校

（马　波）

人民防空

【省国动委检查昆明市国防动员工作】 9月6日，省国动委检查组莅临市人防办对昆明市贯彻落实国防动员建设“十五”计划情况进行检查。市国动委秘书长、警备区参谋长李荣立和市政府办公厅刘寿华参加了汇报。市人防办党组书记、主任洪昆德向工作组介绍了昆明市人防发展历程；党组成员、副主任张良功就组织领导、机构建设、工作落实和信息化建设及存在的问题、今后工作打算向工作组作了汇报。工作组一致认为，“十五”期间昆明人防进入历史最好时期，人民防空建设成绩明显。昆明市人防领导班子对当前形势认识清楚，工作发展思路切合实际。工作组强调，昆明市是国家一类人民防空重点城市，是西南战区防空作战的主要方向，其战略地位十分重要。

【防空警报网建设工程通过省人防验收】 9月20日，省人防办副主任吴先福率领省人防通信警报网验收组，对昆明市防空警报网建设工程进行验收。验收组从警报网布局、警报器安装及性能测试、集中控制设备安装及性能测试和警报网资料档案建设等项目，实地对昆明市城区防空警报网工程进行验收。验收结论为：昆明市（含所属14个县［市］区）防空警报网建设，符合省办关于警报网建设的原则和要求，警报建设规模与城市建设规模相适应，警报布局合理，设点位置选择适当。警报器及控制设备选用人防定点产品，技术先进、性能稳定；设备、设施安装稳固、规范，试鸣检测鸣响率为98%，总体达到省人防办下发的《防空警报网竣工验收暂行办法》所规定的技术标准和要求，同意通过验收交付使用。吴先福指出，昆明市的警报网建设，经9月18日试鸣，防空警报设施设备运转正常，全市警报音响率达到98%以上，鸣响时限小于10秒，符合战术技术要求。试鸣效果满意，是最好的验收，为“十五”期间警报网建设划了很好的句号。

【人防机关“准军事化”建设】 按照《昆明市人防机关准军事化建设实施意见》和《昆明市人防办准军事化建设检查评分标准》，坚持科学发展观，以加强机关作风建设，提高人防队伍整体素质为重点，内强素质、外树形象。修建“人防机关准军事化建设标准”屏风；编制“三室三库”建设计划。

【全市人防会议】 组织召开全市人民防空工作会议，各县（市）区建设局分管人防工作领导、人防办主任、武装部领导共60余人参加会议，会议总结2004年人防工作，传达贯彻全省人防工作会议精神，部署2005年工作，提出“十一五”工作思路。

【人防应急准备】 贯彻“成都军区组织指挥建设工作会议”精神；完成五华区、官渡区警报防护亭安装、西山区防空警报设施检查测试、移动通信应急系统的机房建设、无线电二级网络建设及市级无线电通信训练准备工作。定期进行应急通信设备通信训练。配合市无线电管理委员会完成嵩明县、寻甸县、东川区人防办无线电通信网络的审查验收工作。完成自动化程序控制箱更换、五华区防空警报设施维护管理人员培训。向政府申报法定的试鸣防空警报日。积极开展人防宣传教育工作，工作取得实效；加强与开课学校的沟通，落实人防知识教育纳入初级中学教育的计划。完成省人防办下达“协助昭通市和西双版纳州通信任务建设”的任务及省办组织的全省人防通信野外实兵实装拉练。

【工程防护体系建设和维护】 按照《行政许可法》要求和行政审批流程开展行政审批工作，签发设计条件47项，防空地下室面积199 381平方米；审批防空地下室设计方案16项，防空地下室面积90 138平方米；竣工验收防空地下室项目5项，竣工面积7 482平方米。完成《昆明市人防工程建设与城市建设相结合规划》编制所需资料数据收集整理和呈贡东城区、航空港人防规划纲要编制工作。完成正义人防工程的招商工作，妥善解决某街人防工程、某路人防工程等公共人防工程使用中出现的问题，依法依规处理人防工程租赁变更事宜。配合文明街区改造，完成某路管理房及铺面拆除；完成某山口口部整治利用和拆除工程内发电机组工作。加强对各县（市）区人防工程安全、防火、防汛工作监督检查，落实安全措施和防止突发安全事故的应急救援措施。围绕现代新昆明建设，提高防空地下室建设的数量质量，结合民用建筑修建防空地下室、公共人防工程开发利用等方面有较大进展。防火委员会组织安全综合检查12次，出动60人次。

【人防行政执法】　全年审查人防施工图纸23项，工程建筑面积77 007平方米；受理缴费项目78项，受理易地建设项目15个；受理质量监督项目19个，监督建设人防地下室面积60 000平方米，对2003～2005年进入窗口的100余个建设项目进行了清理分类；对有人防要求的建设项目实行事前监督、事后检查，现场监督检查120余次，拟定各类文书110份。完成了质量监督流程、施工图审查程序等的有关文书的制定工作。统一配备质量监督检查专用仪器仪表。为搞好人防行政执法监督检查工作创造了良好的工作条件。协助委托律师诉“昆明昭晖商贸有限责任公司”某路人防工程租赁合同纠纷案，并获得胜诉。按质按量完成防空地下室易地建设费减免审批工作，共审批报件65个。

【编制人防建设“十一五”计划】　根据《全国人民防空2020年前发展纲要和第十一个五年建设规划》和现代新昆明建设规划，结合建设现代新昆明战略构思，编制《昆明市人民防空建设“十一五”计划》和《昆明市人防工程建设与城市建设相结合规划》，使人防建设更好地与经济建设协调发展，与现代新昆明建设相结合。

【编制人防工程建设规划】　启动《昆明市人防工程建设与城市建设相结合规划》编制工作；结合昆明市区划调整对已建人防工程进行重新分组和标图，收集完成编制规划所需城市基本资料和数据。

【防空警报试鸣】　为纪念抗日战争胜利暨世界反法西斯战争胜利60周年，9月18日组织全市防空警报试鸣。主要做法为：（一）广泛宣传告知。分别在报刊、电视等新闻媒体上大量发布防空警报试鸣的有关信息；印制张贴公告13 000份，印制并散发人防宣传资料5万余份；发送试鸣通知的短信500余万条次，并在KM．169．COM、电子政务网上发布公告；制作了“日军轰炸昆明罪行实录”展板5套30块进行宣传。（二）确保警报设施完好。市人防办警报技术人员从7月起对14个县（市）区的警报设施进行巡检巡修，检测警报器，新装警报器9台。同时对四城区的警报操作人员进行集中培训，对集中控制警报网络进行三次全面系统调试检测。（三）扩大防空警报试鸣信息覆盖率。新购16台车载警报器，组织移动警报车队。9月18日上午，昆明市全市14个县（市）区同步统一组织了防空警报试鸣。由于省人防办、市委、市政府、警备区领导高度重视，准备工作充分，计划周密，宣传到位，保障有力，防空警报试鸣取得圆满成功。此次试鸣全市警报鸣响率达98%，信息覆盖达85%。警报试鸣活动，市民反响很大，认为，警报试鸣十分必要，它是一种警示，提醒市民牢记历史，不忘国耻，珍爱和平。有的市民还提出，希望昆明市每年有一个固定的警报鸣放日，每年都为大家上一堂国防教育课。

（袁光泉）

法 制

公共安全保卫

【GMS会议安全保卫】 2005年7月4～5日大湄公河次区域经济合作第二次领导人会议（简称GMS会议）在昆明举行。这是继'99世博会后，在昆明市举办的又一次高规格、大规模的国际性会议。出席这次会议的有中国、柬埔寨、老挝、缅甸、泰国、越南6个国家政府首脑、亚洲银行行长及夫人，还有国内21位部长级领导和国外25位部长级官员参加会议，到会中外嘉宾500余人，到会中外记者共计200余人。为确保这次会议安全顺利举办，市公安局成立了由局长任总指挥的安全保卫工作指挥部，下设16个工作组，制定完善69个工作方案和预案，组织开展了"夏季风暴"专项斗争，在全市范围开展全方位的安全大检查，完成市内"三横四纵"道路和GMS会议场地、驻地和活动场所周边道路专项交通治理和治安防范工作。全市公安机关共投入警力5.6万人（次），出动车辆4 495辆（次），完成一级警卫任务64次，二级警卫任务35次，三级警卫任务88次，其他警卫任务14次，确保了整个会议和40多项系列活动的顺利进行，实现了GMS会议安保工作"零差错"的工作目标。市公安局受到省公安厅嘉奖，被省市党委、政府分别评为会议筹备和组织工作突出贡献单位。

【开门"大接访"】 全市公安机关认真贯彻公安部、省公安厅开展集中处理群众信访问题的统一部署，研究制定了具体的工作方案，采取党委班子共同接访，邀请党政有关部门领导参与接访和领导包案、逐案研究、带案下访、落实办理责任、明确办理时限、召开听证会等有效措施，于5月18日至9月19日开展集中处理群众信访问题（"大接访"）工作。共投入办案警力4 144人，投入办案经费27.5万元，接待来访群众1 847起，其中属于公安机关管辖的1 627起，占88.1%，办结1 557起，办结率95.6%，回访上访人1 363人（次），停访息诉1 531起，停访息诉率94%。先后为群众解决户口、证照等实际问题76件，查破各类案件50起，抓获违法犯罪嫌疑人员53名，赔偿经济损失22.7万元，经济补偿17.9万元，并把全市公安机关"大接访"中的典型案例汇编成册。

【组建特种警察支队】 为切实提高新形势下公安机关反恐、防暴和处置突发事件的能力，根据公安部的统一部署，市公安局按照"建在昆明，用在全省，全国调动"的要求，积极组建特警队伍。8月24日，市编委下发文件，批准将巡特警支队分设，成立昆明市公安局特种警察支队，编制400人。徐荣凯省长亲自批准市局新增350名公安专项编制，省公安厅党委决定举全省之力，在全省4万多名民警中选调200名特警队员，支持市局特警支队组建工作。11月30日，公安部副部长刘金国和省公安厅副厅长严尚智为昆明市公安局特种警察支队揭牌。

12月24日"昆明市居住证"首发仪式在白龙路派出所举行 （市公安局 供稿）

"昆明市第二代居民身份证"首发仪式在金碧广场举行　（市公安局　供稿）

【全面推进快速反应机制建设】　市公安局积极争取市委、市政府支持，投入350万元对110指挥中心进行第五次升级改造，将原有的10个接警席位增加到23个；投资570万元将交警支队原使用的400M无线调度平台顺利过渡到350M无线集群调度系统，购置了1 200台对讲机投入使用；将主城区巡逻车从54辆增加到98辆，全部安装GPS卫星定位系统，使昆明市中心城区每1.18平方公里部署一辆巡逻车，提高了见警率；招收53名合同制接警员参加接处警工作。市局110报警服务台共接报警求助电话1 160 573个，其中违法犯罪警情232 641起，挽救自杀者555人；全年共调警1 267 732人（次）、机动车633 866辆（次）；救助群众225 947人（次），抓获违法犯罪嫌疑人848人。以指挥中心为"龙头"，巡警为"骨干"的快速反应机制建设全面加强。8月25日公安部副部长孟宏伟率中央督察组到市局110指挥中心视察，对昆明市快速反应机制建设给予了充分肯定。

【维护社会稳定】　全市各级公安机关始终把维护社会稳定放在第一位，及时准确获取情报信息，提前预警，超前防范。先后组织"雷霆一号"、"雷霆二号"专项行动，破获"法轮功"案件46起，抓获违法犯罪人员85人，摧毁法轮功团伙4个，捣毁宣传品窝点8个，查缴宣传材料、书籍、音像制品6万余份，以及一批作案工具和设备。落实对"法轮功"人员"四个一"管控工作，"法轮功"违法犯罪案件首次同比下降四成多，巩固了"三零"指标。侦破其他邪教组织违法犯罪案件15起，取缔邪教活动窝点24个，打击处理了利用宗教进行渗透活动的敌对分子30余名。排查各种不安定因素和社会矛盾、"热点"问题，将重点人员纳入视线，逐一落实控制责任和措施，共参与处置各类群体性事件932起，群体性事件首次停止大幅上升，其中百人以上群体性事件下降40%。

【打击刑事犯罪】　全市公安机关认真研究刑事犯罪活动的规律特点，组织开展"飓风行动"、区域性严打整治行动、"夏季风暴"等严打专项行动，确保了全市社会治安大局稳定。全市共立刑事案件47 879起，破案19 859起，刑事案件综合破案率达56%，多发性"两抢"案件破案率达66%；侦破命案328起，同比增加14.3%，综合破案率达95.63%，同比增加26%，创造了近10年来命案侦破的最好成绩；抓获作案成员11 567人，共逮捕9 354人、劳（少）教6 080人。全市杀人案件同比下降40%，爆炸案件下降50%，抢劫案件下降7.8%，抢夺案件下降4.4%。

【专项打击行动】　按照全国打击"两抢一盗"犯罪专项斗争的部署，从5月15～30日按照省公安厅要求，开展为期15天的集中统一清查行动，共出动警力60 684人（次），车辆11 667辆（次），查验机动车辆226 697辆（次），查扣机动车618辆，清理整治重点部位场所11 757个，抓获"两抢一盗"嫌疑人452名，破案440起。专项斗争期间，共破"两抢"案件4 579起，破盗窃案件12 088起；抓获犯罪嫌疑人11 811名，上网逃犯2 046名，查处犯罪团伙523个成员2 159人，其中逮捕5 069人，劳动教养854人；缴获汽车320辆，摩托车1 458辆、电动自行车793辆，缴获赃款赃物折合人民币1 164.3万元；整治治安乱点666个，销赃窝点119个。6月1日至7月10日，在全市范围内组织开展了声势浩大的"夏季风暴"行动。共破获刑事案件3 555起，破获"两抢"案件843起；查破毒品案件1 000起，查破贩毒团伙4

销毁收缴的管制刀具　（市公安局　供稿）

个，缴获毒品124.2公斤，收缴毒资133万余元；查处“黄赌毒”社会丑恶案件1 570起；打击处理违法犯罪人员6 227人（刑事拘留1 460人，逮捕904人，劳教1 157人，收教459人，强制戒毒2 247人）。昆明市范围内杀人、抢劫、抢夺、爆炸等严重影响群众安全感的案件得到有效控制，同比分别下降41.4%、19.0%、3.1%和60.0%。

【禁毒人民战争】　全市公安机关认真贯彻落实公安部、省、市禁毒工作会议精神，按照市委、市政府《昆明市禁毒人民战争实施方案》的部署，围绕昆明禁毒“七七工程”和公安禁毒“实现四个目标、突出三个坚持、做到五个完善”的工作思路，锁定摘掉毒品集散地、中转地“帽子”和戒毒所、康复农场增容扩建这两大问题，通过多渠道获取情报信息，强化查缉侦控、堵源截流，全年共破获毒品案6 872件，比上年多破1 347件；摧毁贩毒团伙、网络148个，逮捕毒品犯罪嫌疑人1 725名，比上年多捕333人；缴获海洛因1 151千克和新型毒品577千克，比上年分别增加了239千克和429千克；强制戒毒13 817人，办理涉毒劳教6 684人，社会面上基本无失控吸毒人员。破案、打处、缴毒等各项工作指标都创出了历史新高，“四个目标”均提前并超额完成。积极推进毒品预防“五进”宣传教育活动、社区矫正点建设和重点地区整治工作。先后开展宣传活动270多次，在社区、学校、工厂等地组织禁毒宣讲60多次，入户宣传5 800多户，发放禁毒宣传资料7万份，使400余万人（次）受教育。全市禁毒志愿者已达万人，设立76个吸毒人员社区矫正点，有6个乡、镇、街道办事处被市政府授予无毒乡镇（街道办事处），3个区县被授予创建无毒社区工作先进县区，27个乡、镇、街道办事处被授予创建无毒社区工作先进单位，无毒社区创建工作得到巩固发展。

【整治突出治安问题】　全市确定4个一级、40余个二级治安复杂地区进行专项治理，共查处涉“黄”案件4 111件8 516人，查获卖淫团伙25个92人，取缔卖淫窝点14个；共查处赌博案件2 404件，打击处理涉赌人员11 971人，其中警告255人，罚款10 390人、劳教2人、行政拘留1 064人，其他260人，没收赌资539.84万元；查处制贩假证和非法张贴、喷涂、散发制贩假证广告等违法犯罪案件977件，打击处理涉案人员892人，其中逮捕3人、劳教11人、行政拘留878人；对316部用于制贩假证的外地手机进行“追呼死”，对441部本地手机进行停机处理；清理取缔无证收购门市、摊点96个，收缴和暂扣违规收购物品近5吨，电力线路、器材、扣件300余千克，窨井盖板1个，对涉嫌有收赃销赃违法行为的4个门市和摊点的有关人员依法进行了治安处罚；取缔流动摊点和私刻印章摊点112家，捣毁2个制贩假证和私刻印章的窝点，抓获违法人员11人，收缴假印章2万余枚；加大对校园周边治安秩序的整治，打掉盗抢校园师生犯罪团伙20余个，破获各类案件100余起，抓获犯罪嫌疑人300余名，协助其他职能部门清理校园周边违章建筑30个，取缔校园周边占道经营摊点1 683个，网吧和电子游戏室187家，歌舞和录像厅8家；收缴管制刀具23 919把，仿真枪205支。全市治安部门共受理各类治安案件34 659件，查处24 716件，查处违法人员38 430人，其中，治安拘留9 225人，罚款16 725人，警告2 177人，劳教少教560人，收容教育2 388人，移交有关部门处理1 934人，其他处理5 421人。

【危爆物品管理】　共审核办理爆炸物品准购（运证）162份（炸药6 449.8吨、雷管132.77万发、导火索335万米、导爆索57.25万米、塑料导爆管17.8万米、人工降雨弹3 750枚、乳化炸药159吨、铵目油90.8吨、硝酸铵23 300吨），剧毒物品准购（运证）27份（液氯79吨、氰化钾6 643公斤、氰化钠500克）。组织出动警力4 749人（次），对危险物品经营单位进行了安全检查，收缴炸药3 904.88公斤，雷管9 868枚，导火索4 696.71米，炮弹94枚，手榴弹94枚，地雷6枚；民用枪141支，仿军用枪11支，火药枪38支，军用枪弹12 758发，管制刀具60 991把，烟花爆竹4 368件。3月，治安支队对82 000余把管制刀具公开集中销毁。

【交通综合整治】　针对城区部分主干道交通情况复杂、交通流量过大、道路断面不尽合理等问题，对路口、路段进行相应的渠划，增设与机动车掉头设施为一体的人行过街安全岛，完善相关的交通信号标志、标线；先后在拥堵比较突出的青年路、东风路、北京路三条主干道的13个主要交叉路口实施机动车禁止左转、非机动车“二次过街”的交通组织方式。“禁左”完成后，青年路、东风路和北京路高峰时段机动车平均时速由整治前的11.82千米、15.35千米和10.12千米分别提高到26.6千米、26.5千米和23千米；在自身通行状况明显改善的同时，还使整个一环路和“三横四纵”主干道高峰时段的机车平均时速从整治前的10千米左右/小时提高到了21.2千米/小时，圆满完成了市政府确定的20千米/小时的既定目标。在做好主干道路改造的同时，对不同的区域、时段，对城市东南西北四个片区开展支、次道路微循环交通组织措施。针对静态交通管理，特别是路内停车管理混乱对动态交通造成的负面影响，先后对二环路内的59条道路，共计2 319

交通安全宣传　（市公安局　供稿）

个路内临时停车泊位实施法定化规范管理，并配合在城区道路的90多个地段增设了近400个出租车候客泊位，通过加强对违法停车的管理，进一步规范了城区范围内的静态交通停车秩序，有效减少违法停车对动态交通的干扰，调整了动静态交通的平衡。共维修、清洗、油漆刷新隔离设施656千米，安装各类隔离设施16千米，清除废旧标线121.01千米，维修信号灯1 536次，漆画交通标线465.12千米，安装信号灯349组，更新各类交通标志1 376块，配合对建成区内30条新开的公交线路进行实地踏勘，对近100条公交线路进行优化调整，进一步改善道路交通环境。查处各类交通违法行为266万起，其中罚款168.4万起，拘留1 388人（次），暂扣驾驶证634本，通过“电子眼”查处交通违法行为58 961起。

【交通事故处理】　在新增8.49万辆机动车、10.6万驾驶人的情况下，全市共发生道路交通事故2 560起，造成431人死亡，2 505人受伤，直接经济损失863.7万元。与上年相比，事故次数减少1 222起，下降32.31%；死亡人数减少1人，下降0.32%，受伤人数增加423人，上升20.32%；直接经济损失减少422.5万元，下降32.58%，比交通事故致死亡控制指标少死33人，万车交通事故死亡率从2004年的7.25人/万车下降为6.33人/万车。在交通事故处理中，共刑事拘留52人，逮捕55人，移送检察院起诉152件。全年发生肇事逃逸案208起，侦破172起，侦破率82.6%，比上年提高25%。

【道路交通安全宣传】　按照市委、市政府构建和谐社会、创建“平安昆明”的总体部署，6月下旬启动以“文明礼让，安全出行”为主题，以“车让人，让出一分文明；人让车，让出一分安全；车让车，让出一分秩序；人让人，让出一分和谐”为主要内容的为期3年的群众性文明交通“四让”宣传教育活动。《昆明市道路交通安全条例》实施后，又采取印发《条例》单行材料、宣传扑克牌、招贴画和举办专题宣传、咨询服务等形式，再掀宣传高潮。共开展各类宣传活动5 301场次，发放宣传材料208万份，挂图13.6万套，警示光盘10 000多盘，举办交通安全宣传展4 063场，召开现场会、讲授安全课1 891场，深入单位1.5万个，村寨1 270余个，学校2 400余所，社区440余个。在省、市各大主流媒体播出电视专题、新闻731集（条），广播现场直播专题节目598期（条），在报刊上刊出稿件1 267篇，受教育人数按媒体统计方法计算，达4.5亿人（次）。

（杨建军　李红　吴华　孙坚）

检　察

【打击刑事犯罪】　全市检察机关始终把维护稳定作为构建社会主义和谐社会的首要任务，积极为构建“和谐社会平安昆明”提供法治保障，充分发挥检察职能，严厉打击严重刑事犯罪。全年共受理提请批准逮捕各类刑事犯罪案件6 636件10 858人，审查后批准逮捕5 931件9 437人，同比上升13%和12.3%；受理移送审查起诉案件7 667件12 437人，审查后向法院提起公诉6 227件9 928人，同比上升12.9%和11.4%。严厉打击危害公共安全、侵犯公民人身权利的严重刑事犯罪，共批捕杀人、伤害、爆炸等暴力性犯罪案件1 056件1 566人，起诉1 246件1 739人；坚决打击群众反映强烈的抢夺、盗窃、诈骗等多发性侵财型犯罪，共批捕3 175件5 185人，起诉3 258件5 436人；继续严厉打击毒品犯罪，共批捕涉毒案件1 185件1 744人，起诉1 148件1 670人；坚决打击破坏市场经济秩序犯罪，共批捕涉嫌走私、金融诈骗、偷税骗税、制售假冒伪劣商品等破坏社会主义市场经济秩序犯罪案件124件179人。在审查案件过程中，注意加强与公安、法院的配合制约，强化和规范检察引导侦查取证工作，坚持对李宗波持枪抢劫等197件重特大案件适时提前介入。在上年同税务、工商等20余个行政执法机关建立行政执法与刑事执法相衔接的工作机制的基础上，对行政机关向公安机关移送案件、向检察机关备案时间、应附材料等，公安机关受理移送、决定立案与否的时间，行政机关对不立案决定提出异议的处理等作了进一步规范，对行政机关以罚代刑、有案不移送情况及时进行监督，保证行政执法中发现的犯罪案件得到及时查处，监督办理了“7.12”假冒注册商标案等案件。办案中严把案件事实关、证据关、程序关，依法不批捕1 337人，不起诉311人。

【查处贪污贿赂大要案】　全年共受理贪污贿赂、渎职侵权等职务犯罪案件线索646件772人，初查529件633人，立案171件211人，立案数同比上升19.58%，通过办案为国家挽回经济损失1 615.36万元。集中力量查办大要案，共立办贪污、贿赂5万元以上、挪用公款10万元以上大案72件，占42.11%；县处级领导干部要案26件，占12.32%；通过“系统抓、抓系统”查处了一批窝案串案，共查办农村征地环节中、医保、公路桥梁建设等系统的窝案串案84件110人，分别占立案数的57.53%和61.53%；发挥侦查一体化机制的优势，整合侦查资源，组织全市反贪部门开展查处昆明地区部分大中专院校工作人员在采购教材和图书资料过程中涉嫌贪污受贿犯罪的“5.21专项行

市人大代表视察市人民检察院　（袁刚　摄）

昆明市检察院、云南建工六哨希望小学竣工典礼　（袁刚　摄）

动”，共立案47件61人，其中县处级干部6人，涉案金额达365余万元，涉及大中专院校32所，有效地惩治了图书购销中的行业腐败；坚决查办“三机关一部门”职务犯罪案件，共立案26件26人，如市反贪局通过查办市公安局警察菊某、大观派出所警察梅某某、孙某等受贿窝案，纠正了1起因徇私枉法造成的错案；认真开展追逃专项行动，两级检察机关精心组织安排，制定措施方案，对立案在逃的贪污贿赂犯罪嫌疑人进行彻底清理，建立在逃人员信息库，同时与有关部门协调配合，成功将包括潜逃10年之久的郑某某等13名在逃犯罪嫌疑人抓获归案；严肃查办渎职侵权职务犯罪案件，全年共受理94件，立案侦查22件25人，首次实现全市15个检察院的渎职侵权检察部门均有立案，率先在全省检察系统消除了立案“空白点”，并在查办新领域、新罪名案件上有所突破，立办了2件涉嫌滥用管理公司职权案，均已移送审查起诉。

【强化诉讼监督】　加强刑事立案监督，共办理立案监督案件43件，要求公安机关说明不立案理由25件，公安机关接通知后主动立案11件，通知公安机关立案7件，同时注重对不应当立案而立案情况的监督；刑事侦查监督和审判监督工作取得进展。认真开展以纠正刑讯逼供为重点的专项侦查监督活动，加强对超期羁押、应当报捕而不报捕、违法采取或变更强制措施等重点环节进行监督，共纠正漏捕2件5人，纠正漏起诉4件17人，退回补充侦查1 383件3 025人。加强刑事审判监督，对认为确有错误的刑事判决、裁定提出抗诉21件，法院已改判5件，对审判活动中的违法情况提出书面纠正意见5件；加强刑罚执行监督。在严格执行换押制度、催办制度、提示制度的基础上，建立诉讼进程卡，继续抓好防止和纠正超期羁押。共清理涉嫌超期的案件417件，发出书面催办函46份，电话、口头向办案单位提示403次，检察办案环节未发生超期羁押。积极参与对监管场所管理工作的整顿，严厉打击“牢头狱霸”，维护了监管秩序。进一步巩固“减刑、假释、保外就医”专项检查成果，强化对减刑、假释、保外就医审批的事前监督，共监督减刑、假释、保外就医、审查续保2万余人，并加强了回访考察，把事后监督工作做到实处；加强对监管场所新进在押人员的体表检查，有效防止刑讯逼供和体罚打骂现象的发生。认真开展法制教育，及时办理在押人员的申诉、控告，进行法制教育87次，接受约见检察官谈话644人（次），受理控告2件、申诉16件。适时提出检察建议，共向监管和公安、法院等部门提出书面检察建议61条，与监管部门和公安机关召开联席会议200余次，适时对监管活动提出意见和建议。加大受理查办监管场所职务犯罪案件的力度，受理初查21件线索，立案7件，移送审查起诉2件；民事、行政审判监督工作稳步发展。共受理当事人不服法院民事、行政判决、裁定的申诉案件470件，审查后立案155件，同比上升31.36%，结案132件，其中对确有错误的提出抗诉64件，同比上升68.42%，发出再审检察建议和其他建议14件，法院再审后改变原决定20件，同比上升300%，所办案件数量和法院再审改变率连续4年位居全省州市院第一。对法院裁判正确的388件案件做好息诉工作。同时规范制度建设，建立健全办案流程机制，以确保案件质量；积极开展控告申诉检察工作。认真学习贯彻新的《信访条例》，落实“首办责任制”，按照“件件依法办，案案

昆明市人民检察院、市财政局预防职务犯罪工作协调领导小组成立大会　（袁刚　摄）

有结果”的工作目标，热情接待来信来访群众，及时分流，加强督办，深入开展集中处理涉检信访专项活动，依法处理群体性上访和涉检信访问题，共受理举报线索1 076件，群众来信1 160件，接待来访2 710人（次），其中集体来访72次。受理刑事申诉33件，立案复查17件。受理刑事赔偿案件9件，审查后给予赔偿2件。清理18件涉检上访案件，已全部办结。坚持和完善检察长接待日制度，实行院领导接待告急访、集体访，认真做好领导批办案件的办理和督查，化解矛盾纠纷，消除不安定因素。

【预防职务犯罪】 分别与市财政局、规划局、交通局、公安局交警支队、掌鸠河引水供水管理局、昆明供电局、市住房公积金管理中心、昆明交通规费征收稽查处等9单位建立预防职务犯罪联系点，形成多行业、跨领域的预防职务犯罪网络，同有关系统的140个单位建立预防职务犯罪工作协调机构，通过系统预防，重点行业和领域的职务犯罪高发、多发势头得到了一定的遏制；抓好对重点工程的同步预防，选择已立项未完工投资140多亿元的12项社会影响大、政府投资规模大、施工工期长的重点工程作为专项预防对象，针对招投标、施工质量、物资采购、资金拨付、工程验收、预结算等关键、重要岗位和环节，采取措施，建立制度，发现问题及时提出意见和建议，有效地防止了职务犯罪的发生，通过对已完工工程实行质量和廉政效果双验收，尚未发现有职务犯罪的发生且还降低了投资成本；抓多种形式的预防职务犯罪宣传教育工作，结合不同的行业特点，先后到华夏银行、市旅游局、财政局、昆明供电局等单位上法制课8次；以预防职务犯罪警示教育基地和党校、行政学院职务犯罪预防教育基地为阵地，先后接待全市各单位开展教育活动61场，76个单位的6 657人接受了警示教育，并逐渐形成“一观二听三看四讲五议”的警示教育工作模式；抓个案预防，下发《昆明市检察机关开展职务犯罪个案预防工作实施意见》，要求各基层检察院积极开展个案预防，全年开展个案预防37件。预防部门还配合反贪局、渎职侵权检察部门向发案单位和有关部门提出堵漏建制检察建议49份，其中被采纳32份。

【人民监督员工作】 为破解对检察机关自侦案件外部监督流于形式和内部监督乏力的难题，根据高检院和省检院的要求，经党委批准，由市人大、政协等机关在人大代表和政协委员以及从事政法工作的退休人员中推荐，经检察机关考察审批，选任了88名人民监督员。从试点工作开展以来，全市检察机关已全部设立了专门机构或安排专职人员负责人民监督员工作的开展，制定了《昆明市检察机关人民监督员制度实施细则》、《人民监督员制度工作规则》等，为人民监督员配发法律法规资料。共受理监督案件60件，结案59件（拟维持原逮捕决定案件10件，拟撤销案件11件，拟不起诉案件38件），人民监督员在独立评议和表决后，同意检察机关拟维持原逮捕决定案件10件，拟撤销案件11件，拟不起诉案件33件，不同意检察机关业务部门拟作不起诉案件5件，经检察委员会讨论决定采纳人民监督员不同意见2件，未采纳不同意见3件；人民监督员还对2件“五种情形”的案件进行了监督。

【基层检察院建设】 按照高检院《人民检察院基层建设纲要》的要求，不断将基层检察院建设引向深入，制定《关于建立党风廉政建设巡视制度的暂行规定》，加强对基层检察院的动态管理，定期巡查，量化考核。市检察院领导班子多次深入基层检察院调查研究，了解情况摸清问题，帮助解决困难，协调建设资金400余万元，使寻甸、嵩明、安宁3个基层检察院完成了“两房建设”；根据实际情况和考核意见，评出了西山、官渡、五华、盘龙和宜良、富民等6个基层院为市级先进检察院，其余8个基层院被评为合格检察院。由于基层院建设成效显著，市院被高检院授予全国基层检察院建设组织奖，五华区检察院被评为全国先进检察院暨首届全国十佳检察院，盘龙区检察院被中央文明委授予“全国文明单位”荣誉称号，填补了省内所有行政机关、企事业单位在这一殊荣上的空白。基层检察院建设取得了新进展。

【社会治安综合治理】 积极开展送法进社区、进学校、进企业、进乡镇活动，进行法制教育，提供法律咨询；在办理未成年人犯罪案件中，按照“教育、感化、挽救”的原则，切实维护其合法权益，并积极做好对已服刑的未成年犯人的帮教工作，市检察院组织召开有教育界人士、律师、市民和新闻界人员参加的“预防未成年人犯罪座谈会”，西山区检察院与云南大学法学院合作成立了“未成年人犯罪问题法律诊所”，以切实加强对未成年人的教育和保护；加大为非公经济发展服务的力度，市检察院进一步落实《为非公有制经济服务的实施意见》，与12家非公企业建立了联系制度，努力维护非公企业的合法权益；与省监狱管理局、省第三监狱共同成立“昆明市预防犯罪警示教育基地”，做好对普通刑事犯罪的社会预防工作；认真开展主题为“惩防并举，反腐倡廉”的举报宣传周和“12.4”宪法宣传周活动，组织市、区两级检察长联合接待日活动，努力化解人民内部矛盾；积极参与社会治安防控体系建设，做好矛盾纠纷排查和群体性事件的调处工作，努力维护社会和谐稳定。

（王瑞林）

审 判

【概 况】 2005年，全市法院着力抓好审判工作、队伍建设、法院改革三件大事，努力实现新的跨越和发展。全年共受理刑事、民事、行政、执行和减刑假释各类案件64 596件，审结61 893件，与上年基本持平。其中，中级法院受理各类案件23 444件，审结22 635件，分别比上年上升6.27%和7.39%。5年来，全市法院审判和执行工作保持了结案上升、未结案下降的良好运行态势。

【以审判为中心】 全市法院始终把维护国家安全和社会稳定、营造公正高效的司法环境和切实保障人民群众合法权益作为审判工作的出发点和立足点。刑事审判坚持贯彻依法从重从快方针和稳准狠原则，突出重点，狠抓大要案的审理，对“法轮功”骨干分子利用邪教组织破坏法律实施，危害国家安全的严重犯罪，对杀人、爆炸、抢劫、绑架、伤害等严重危害社会治安的暴力性犯罪和抢夺、盗窃、诈骗、敲诈勒索、拐卖妇女儿童等多发性犯罪，对走私、贩卖、运输毒品的毒枭、首犯、累犯、惯犯，始终坚持罪刑法定，从严惩处；对社会影响大，人民群众关注的贪污、贿赂、挪用公款、徇私枉法、玩忽职守、巨额财产来源不明等职务犯罪加大公开审判和打击力度；同时，积极参与整顿和规范市场经济秩序，依法惩处走私、制假贩假、偷税骗税、金融诈骗、非法集资、虚开增值税发票、侵犯知识产权等破坏社会主义市场经济秩序和非法出版、传播淫秽物品、聚众赌博等破坏社

昆明市市长王文涛检查市法院工作　（市中级法院　供稿）

会主义精神文明的犯罪。2005 年共审结各类刑事案件1 869件，判处罪犯 965 人，其中判处五年以上有期徒刑、无期徒刑和死刑 897 人，占判处罪犯总数的 93.44%。在对罪犯依法适用主刑的同时，还注重适用附加刑，对罪犯单处或并处罚金、没收财产、剥夺政治权利 895 人，占判处罪犯总数的 93.23%。民事审判注重强化民权意识，坚持平等保护原则，通过审理婚姻家庭、损害赔偿、民事侵权等常规案件，依法保护弱势群体和无过错方的合法权益，促进社会文明进步；通过审理急剧上升的劳动争议、商品房销售、房屋拆迁、建筑承包、消费权益、社会保障等矛盾易激化的热点案件，依法疏导排解纠纷；通过审理合同、金融、期货、证券等商事案件，依法规范交易行为，防范金融风险，避免国有资产流失，维护市场经济秩序；通过审理涉及“三农”、非公经济和军人纠纷案件，大力促进农村产业化、非公经济和国防建设发展；通过审理涉外、涉港澳台和知识产权案件，努力营造良好投资环境，保护智力成果，推动科技进步。2005 年共审结各类民商事案件3 183件，诉讼标的金额为 29 亿元，为营造公平、诚信、和谐社会环境，服务经济社会协调发展作出了积极努力。行政审判在依法审理好治安、交通等行政案件的同时，通过对税收、土地使用权确认、企业登记、产权界定、社会保障、工商行政管理、技术质量监督等行政案件的审理，加大对经济行政案件的审查力度；通过进一步拓宽行政审判领域，加强对市政管理、城建拆迁、山林土地、环境保护、计划生育等涉及人民群众切身利益行政案件的审理，切实解决群众反映强烈的焦点、热点问题，既支持行政机关依法行政，又依法保护公民和其他组织的合法权益。2005 年共审结各类行政诉讼案件 196 件，有力地促进了社会主义民主法制建设，为营造昆明良好的法制环境作出积极的贡献。

【执行工作】　市中院通过不断更新执行理念，改革执行方式，规范执行程序的监督制约，集中推出执行预备立案、取消预收执行费、实行债权凭证等制度，积极开展执行积案清理，促进了便民利民服务，提高了执行效率；通过启动全国联网，加大对逃避执行债务人的举报、追查，重视对执行法律的宣传释明，严格执行期限和回告，规范公开拍卖变卖，建立执行风险提示，对全市法院执行工作实行统一管理等举措，努力最大化地实现当事人的债权；通过全市法院上下联动，集中力量多次开展“执行风暴”、“百日集中执行”等专项行动，对关系人民群众切身利益的民工工资拖欠、人身损害赔偿以及赡养、扶养、抚养等案件进行重点执行，共实现债权 2.1 亿元，对涉及 133 个单位的建筑工程款、银行贷款和数百名民工工资进行公开发还；12 月 21 日，市中院在互联网上建立“昆明法院执行威慑网”，对不讲信用的“赖账分子”形成强有力的监督约束机制，在社会上产生巨大反响。进一步加大执行力度，敦促债务人履行义务，推进社会诚信体系建设。全市法院 2005 年共执结案件10 170件，占全省法院执结案件总数的三分之一；执行标的金额达 25.65 亿元，执结率为 86.71%，比全国法院平均执结率高出 6 个百分点。昆明市中院执行局被评为全国法院先进集体、昆明市“人民满意的政法部门”和“平安创建”先进集体。

【重视办案质量管理】　昆明市中院结合实际，采取措施，切实抓紧案件质量工作。不断强化质量意识，始终坚持“质量就是生命，责任重于泰山”的观念，明确提出法官不重视办案质量就是严重失职，坚持以质量论业绩，反对司

庭审现场　（市中级法院　供稿）

法随意，强调细节意识；以抓案件质量为切入点，通过评析典型案件，开展对改判、发回重审案件的专项调研，召开全市法院案件质量工作会，通报案件检查情况，分析存在问题，统一执法原则，落实规范执法要求，强化了审判质量管理的制度和措施；重视质量管理机制建设，不断健全完善案件质量评查机构及网络，确定案件评查范围、标准和程序，改进和完善评查方式，建立案件质量监督检查情况报告、案件差错认定联席会议制度，明确错案追究责任，设置案件质量督导组织，充分发挥立案庭、审监庭和纪检监察部门在案件质量管理中的骨干作用；积极启动案件质量评查建议书制度，将案件质量差错直接反馈给审判业务庭和法官个人，以此予以警示并限期整改；重视加强调解工作，按照“能调则调，当判则判，调判结合，案结事了”的原则，不断增强调解意识，改进调解程序，明确调解范围，积极推行指导调解、诉前调解、诉讼调解、执行和解等多种行之有效的方法和措施，全市法院民事案件调解率已由过去的30%上升为41.32%，有的基层法院调解率达70%以上，富民县法院被最高人民法院评为“全国人民调解先进单位”；依照审判监督程序，对各类申诉、检察机关抗诉和上级法院指令再审的案件依法审理，2005年共审结各类再审案58件，占已结案件总数的1.11%，其中依法改判和部分改判10件，占已结再审案件的17.24%。全市法院审结的一审案件改判率和发回重审率呈逐年下降趋势，经过对超期羁押和超审限案件的清理，基本做到在法定时限内结案。

【强化人权保障】　全市法院积极努力从救济民权、减轻民负、解除民忧、保障民意和体现民愿等方面认真落实各项为民利民措施。更加注重实施宽严相济的刑事政策，坚持对具有法定从轻和减轻情节的犯罪人，依法从宽处理，对不构成犯罪或证据不足、指控罪名不能成立的不予追究，5年来共对345名被告人依法宣告无罪；坚持保护被告人的诉讼权利，依法为符合司法援助条件的4 422名被告人指定了辩护人，对确有悔改和立功表现的70 162名服刑人员予以减刑或假释。重视法律释明，推行诉讼风险告知，加强诉讼指导，通过规范立案，实行首问负责，搞好窗口服务，推广远程立案、传真受案、巡回办案、假日法庭等措施，落实司法便民利民。重视加强信访工作，坚持院长、庭长、承办法官三级接待制度，不断改进和完善信访报告、动态分析和协调联动制度，全市法院未发生重大涉诉信访案件，市中院被评为全市涉诉信访工作一等奖。坚持对经济确有困难的进城务工人员、“五保户”、城市低保人员等弱势群体实施司法救助；对追讨工资、工伤抚恤等诉讼予以快捷审理，对符合法定条件的当事人予以司法救助。

【综合治理】　积极参与“平安创建”活动，正确处理好依法打击与化解矛盾的辩证关系，坚持法律、法庭、法官进社区乡镇，既依法开庭审理案件，又快捷就地解决纠纷，维护社区乡镇稳定。妥善处理群体性和敏感案件，认真结合审判与执行工作，重视抓好排查疏导，落实信访接待责任制，耐心细致地宣传、释明法律，努力把矛盾纠纷化解在基层和萌芽状态。对审判中发现的治安隐患和管理漏洞，及时提出司法建议，并注重联系审判实际，不断改进完善防止矛盾激化的预警机制。重视审理好未成年人犯罪案件，始终坚持教育、感化、挽救的方针，对符合法定条件的青少年犯注重多适用缓刑、管制等非监禁刑，并努力做好庭前、庭中和庭后帮教工作。认真实施减刑、假释案件的公示和听证，组织开展减刑、假释案件执法检查，积极配合监管机关、基层群众组织对假释、缓刑人员和少年犯做好回访考察与社区矫正工作。重视加强法制宣传，坚持以新闻发言、法庭直播、走进法院、市民连线等形式，对人民群众进行生动的法制宣传教育，不断加强审判机关与人民群众的沟通联系；坚持公开审判、以案释法，有近2 000公民到庭、到会旁听；“昆明法院网站”全年点击率达到446万次，各媒体刊载法院宣传稿件1 018篇，9个典型案例被中央电视台采播，加强与新闻媒体合作，不断拓展信息空间，扩大信息资源利用，加大法制宣传力度。“昆明法院网站”被最高法院评为全国先进集体。

【职业素质】　重管理抓教育，树立正确权利观。认真组织开展法官职业道德教育等活动，尤其是通过开展保持共产党员先进性教育活动，进一步增强法官的职业责任感和使命感，强化法官必须公正司法、甘于奉献、廉洁严谨的职业形象要求。积极开展“规范司法行为、促进司法公正”专项整改活动。按照最高人民法院的统一部署，全市法院加强领导，明确整改重点和目标，针对人民群众集中反映的少数案件裁判不公、执法程序不规范、裁判文书说理不充分等问题，对审判和执行是否规范、是否文明、是否廉洁进行执法检查，并组织全市法院1 300余名法官和干警进行了集中培训和严格考试，专项整改活动取得阶段性成效。坚持以建设学习型法院为载体，努力提升职业素质。通过组织专家讲座、法官论坛，开展岗位练兵、组织庭审观摩、进行法律文书讲评和强化审判调研，举办“强司法能力，重审判艺术”大讨论活动，着力增强法官服务大局、依法办案、驾驭庭审、化解矛盾、判决说理和自强素质的能力。重视人才培养，强化干部培训。2005年，通过远程教育、与院校挂钩、集中封闭培训等方式，全市法院有2 000余人（次）法官干警完成了岗位业务轮训；有340余名审判骨干赴国家法官学院进修学习获得结业；中级法院还通过开展法官助理选任，从基层遴选优秀法官，进一步优化司法资源配置。积极推进法院文化建设。通过组建法官合唱团、开展创先争优活动、进行革命传统教育、组织寓教于乐集体活动，逐步形成了市中院以法官为主体，以体现公正效率为特征，以精神、制度和物质文化为主要内涵的法院文化建设新格局。重视加强法官职业道德教育，深入推进党风廉政建设。逐级签订党风廉政责任书，落实“一岗双责”，建立廉政台账，严格考核和兑现奖惩；认真执行领导干部任职廉政谈话、干警违法违纪预警提示和戒勉制度，组织开展典型案例警示和“倡廉、兴廉、促廉、守廉”专题教育，坚持以廉洁执法确保公正执法。昆明中院连续4年无重大违法违纪事件，先后被省高院评为无错案、无超审限、无重大违法违纪的“三无”法院，被省委、省政府评为全省“人民满意的政法单位”，多次荣获国务院和最高人民法院的专项奖励。昆明中院行政审判庭、审判监督庭、执行局、研究室、法警支队、纪检监察室和政治部先后被最高人民法院评为全国法院先进集体。

【接受监督】　人民法院的性质和职业特点，决定了人民法院必须坚持党的领导，自觉接受人大的法律监督和政协的民主监督。2005年全市法院始终牢固树立大局意识，坚持人民法院的改革发展、队伍建设和重大执法活动向党委请示汇报等制度，毫不动摇地在审判工作中认真贯彻党的路线方针政策，不断落实“定纷止争、案结事了”的办案指导思想，努力实现法律效果与社会效果、严格执法与热情服务的有机统一。同时，全市法院不怕强化“人大、政协意识”，深刻认识人大、政协监督就是支持、就是关心、就是促进的硬道理，努力从接受监督的形式、内容及程序的完善上进一步制度化和规范化；坚持与人大代表、政协委员加强联系，有计划地组织、邀请人大代表、政协委员旁听法院重大案件审理；认真接受人大代表、政协委员对法院工作的视察、检查，采取多种方式，主动听取人大代表、政协委员对法院工作的意见和建议；坚持定期向人大代表、政协委员通报法院重大审判工作和执法活动。2005 年“两会”提交的涉及审判工作的 3 件建议和 7 件提案，均面商听取意见予以办结，对所涉 16 个具体案件亦全部办理答复。

（代　彦）

司法行政

【普法、依法治市】　全面实施《昆明市 2005 年普法与依法治市工作计划》，以“民主法治示范村”创建活动为载体，积极推进基层民主法制建设，总结了嵩明“民主法治示范村”创建经验，表彰全市 100 家“民主法治示范村”。法制宣传教育重点抓了 6 个方面工作：根据《昆明市 2005 年文化、科技、卫生、法律“四下乡”活动的安排意见》，组成法律服务宣传队，先后进行“崇尚科学，反对邪教”、“不让艾滋病进我家”等内容的宣传教育及赠送法律书籍、宣传设备；组织“预防拐卖妇女儿童”、“世界水日”、《信访条例》、禁毒“防艾”、《公证法》等法制宣传，分发资料 20 万余份；与云南人民广播电台共同制作“法与我同行”栏目，编辑《春城法制》12 期，上网宣传“昆明司法行政网”电子文档 200 余篇；积极组织参加“青少年维权岗”法制宣传教育活动，完善法制副校长和法制辅导员机制，建立学校、家庭、社会“三位一体”的青少年法制教育管理网络。与云南省冶金专科学校会计系进行《普通高校学生管理条例》专题讨论，实施“互动式”青少年法制教育模式；按照《关于在全市开展法制宣传教育与依法治市工作的五年规划（2001～2005 年）》要求，组织对全市 14 个县（市）区进行交叉考核验收，通过省检查组的抽查；编印《反分裂国家法》、《信访条例》、《食品卫生法》、《道路交通法》为主要内容的全民普法教材，组织普法骨干培训班及全民普法考试。组织普法讲座 17 场（次），开办各类普法讲座班 300 余场，组织 7 万余名市民进行普法考试。

【国家司法考试】　完成自学考试法律本科和律师专科的报名助学和辅导工作。全年报考法律专业的学员4 832人，报考科目5 876个，分发成绩通知书5 717份，寄发各类资料6 000多份，组织自学法律专科、本科助学辅导班 4 次。及时完成自学辅导、学期考试、教材分发、考前辅导培训等工作。按照国家司法考试的要求，在网上预报名、现场确认报名、审核发放准考证、考务工作培训后，9 月 17～18 日，组织昆明地区2 631名考生参加国家司法考试，实现“最权威、最规范、最严密、最廉洁”目标。

【劳动教养】　收容在所1 085人，全年平均在所1 081人，新收容 766 人。开展“防麻痹、防松懈、防自满、防厌战”教育，全面落实安全工作承包责任制，完善“阶梯式百日安全竞赛”活动。强化机制管理，坚持所党委成员挂钩蹲点大队、机关处室挂钩大队、管教职能处室每日巡查制度，建立大队每日情况汇报、诫勉谈话和民警报岗、劳教人员换岗制度，加强监督、检查、指导，构建起多渠道、多方位的安全防范网络，全年开展各类安全大检查 20 余次，实现了“五无指标”，连续无劳教人员逃跑目标；突出教育核心作用，不断规范“三课”教育和新收劳教学员入所教育，“出入”所教育 18 期1 239人（次）。面向社会进行毒品危害宣传，开展现身说法教育活动 10 次，受教育人员2 000余人；在 4 个大队分别设立封闭式管理阶段、半开放式管理阶段和开放式管理阶段的“三种管理模式”，收到较好效果。同时，首次在场所内对一名因违规处以延长劳教期限而持有异议的劳教人员举行听证。

【司法所建设】　认真抓好规范化司法所建设。与市发改委、市财政局联发《关于加强全市司法所建设的通知》，落实 2004 年建设指标的市级财政配套资金，2004 年计划的 37 个司法所建设全部启动，上报 2005 年 50 个建设目标和 2006 年 71 个建设规划。落实司法所管理体制、人员编制、所长的副科待遇和经费列入当地政府财政预算，使司法所立户列编、人员待遇及经费保障等问题基本解决；根据上级指示，对发生在部分县区的恶性案件开展检查工作，对与基层司法行政、人民调解相关的因素进行了认真分析，使基层司法行政工作得到进一步完善和发展；不断完善“两结合”管理模式，规范、活跃基层法律服务市场。组织对全市 750 余名法律服务工作者进行年检注册业务培训，建立年度业务培训合格准入制度，完成1 817 个调解委员会、503 个调解室、10 964 名人民调解员的年检注册工作，189 家法律服务所、670 名法律工作者的年度检审注册工作。

【人民调解】　积极推行治安纠纷、民间纠纷联动调解和行政接边地区人民调解协作机制，10 月 19 日，召开昆明、玉溪、曲靖、楚雄、红河、昭通 6 州市联防协作会议。与市中级人民法院建立联席会议、人民调解和民事案件审判情况通报、对人民调解员培训和业务指导三项制度，把基层人民法院受理的事实清楚、权利义务关系明确、争议不大的民事案件交由人民调解组织进行调解。进一步完善矛盾纠纷排查、情况通报和信息交流体系，发挥工作优势，关注社会热点难点问题，全市各级调解组织调解各类重大矛盾纠纷17 780件，成功调解17 126件，防止群体上访的纠纷 453 件，疑难复杂民间纠纷3 335起，防止民间纠纷引起自杀 93 起 430 人，防止民转刑纠纷 306 起1 676人，制止群众械斗 226 起。

【安置帮教】　出台《关于进一步加强刑释解教人员安置帮教工作的实施意见》和《昆明市刑释解教人员安置帮教工作考核标准》，对安置帮教协调小组和部分成员进行更名和调整，组织开展安置帮教培训。与有关监所协调沟通规范“通知书”寄送工作，为查找刑释解教人员、做好接收帮教工作创造条件。全市共接收刑释解教人员2 011人，其中就业安置1 683人，帮教1 957人，安置率为 83.6%，帮教率 97.3%，重新犯罪率为 0.34%。积极开展社区矫正试点工作，对试点单位进行摸底排查，建立了三支工作队伍和相关工作制度。

【律师工作】　根据司法部、省司法厅律师队伍集中教育整顿的整体部署，对市直管 24 家律师事务所进行教育整顿检查验收，并填写教育整顿登记情况表，归入律师诚信档案，教育整顿活动中有 5 家律师所和 15 名律师受到省司法厅的表彰。开展律师信访工作，组织 9 家律师事务所在市政府信访接待室参与处理群众上访问题，共接待来访群众

寻甸六哨乡马鞍山昆明律师希望小学落成典礼　（市司法局　供稿）

598批634人（次）。建立律师行业监督机制，从市纪委、人大、政协和政法等部门、单位聘请11位律师服务行业诚信建设社会监督员。全市律师事务所及律师捐资31万多元，在寻甸县六哨乡马鞍山村建成第一所“昆明律师希望小学”。召开昆明市律师协会成立10周年座谈会。完成106家律师事务所和883名律师年检注册。全年律师共办理刑事案件3 939件，代理民事、经济案件6 646件，代理行政案件319件，非诉讼法律事务5 007件，代写法律事务文书7 419件，提供法律援助案件1 700多件，担任法律顾问1 002家，义务接受法律咨询服务21 427件，解答法律咨询31 671人（次）。

【公证工作】　开展公证队伍教育规范树形象活动，从提升服务能力、维护公证信誉、改善形象等方面入手，较好地规范公证工作。开展“诚信为民、服务社会”和“规范执法行为、促进执法公正”专项整改活动，规范执业行为，提高公证质量。结合ISO9001：9002质量体系认证规定，巩固和启用与国际并轨的管理模式，明确公证员与公证员助理的职责。全年办理国内公证经济类76 446件、民事类33 762件，涉外公证11 080件，涉台类公证326件，社会效益明显增长。

【司法鉴定管理】　通过《昆明市司法鉴定人协会常务理事会议事制度》和《昆明市司法鉴定人协会会费收缴及使用管理办法》。按照有关条件推荐会计鉴定、法医鉴定、文检鉴定三个领域的62名专家（法医学鉴定专家34名，司法会计鉴定专家20名，文检鉴定专家8名），建立法医、会计、文检3个专家委员会。在昆明医学院分3期对396名司法鉴定人进行培训，培训合格后发放《司法鉴定人培训登录册》。为认真贯彻落实全国人大常委会颁布《关于司法鉴定管理问题的决定》和《中央司法体制改革领导小组关于司法体制改革的初步意见》，进行司法鉴定管理体制改革工作，对全市38家司法鉴定机构和860多名司法鉴定人进行登记规范管理，积极推进昆明市司法鉴定规范化、法制化建设。

【法律援助】　充分发挥职能作用，为全市弱势群体义务提供法律援助，积极开展案件承办工作，全年共办理两院指定刑事辩护案件1 050件（其中昆明市法律援助中心律师承办944件，社会律师承办106件），民事案件56件。“148”法律服务接待室先后处理群众来电咨询3 000余次、接待群众来访2 000余人（次）。10名法律援助工作者通过省法律援助中心的年检，6家法律援助机构18名法律援助专职律师通过省法律援助中心年检注册。根据《云南省司法厅关于建立乡镇法律援助工作站有关问题的通知》要求，分别在安宁市、寻甸县、嵩明县司法局建立法律援助工作站。

（刘让和）

消防管理

【灭火救援】　2005年，全市共发生火灾1 639起，死25人（其中有3人因放火死亡），伤29人，直接财产损失465万余元。与上年同期相比，火灾次数上升22.04%，死人数下降7.41%，伤人数上升45%，直接财产损失上升31.46%，连续5年杜绝了特大火灾，特别是群死群伤恶性火灾事故的发生。全市公安消防部队共接出警3 555次，出动官兵15 472人（次）、车辆4 523辆（次），为国家和人民群众挽回财产价值近亿元，圆满完成了安宁“5.12”泥磷泄漏事故处置等1 873起灭火抢险救援任务，涌现出以安宁市消防中队、支队消防特勤大队和一等功臣颜华为代表的一批先进集体和个人，为建设“平安昆明”做出了积极贡献。

【执勤训练】　全市消防部队始终坚持“科技强警”的指导思想，通过举办指挥员培训班、火灾案例研讨会、消防安全重点单位灭火救援演练，深入开展大练兵活动，投入近8 000万元建成全国一流的消防指挥中心、消防技能训练馆和消防教育馆。由市消防支队牵头组织的滇中协作区昆明“春之城”高层建筑数字模拟实战推演，在全国公安消防部队中首开先河。先后组织了近日公园下穿隧道演练、昆明市农药厂化学灾害事故处置演练、家乐福白云店大型超市演练以及“五一”一级战备和GMS会议期间重点场所实地演练近30余次。投入130万元购置特种器材，在全省公安消防部队中率先实现普通中队“队队有抢险救援班”的目标，普通中队正向特勤化转变。投入120多万元，进一步加强特勤大队基础设施建设，开展特勤岗位练兵大比武“百日驻训”活动，特勤大队一、二中队包揽了全省公安消防部队特勤岗位练兵大比武团体一、二名和个人前10名，双双被总队表彰为“按纲施训先进特勤中队”，连续4年夺得全省公安消防部队特勤岗位练兵大比武团体第一名。

【指挥中心建设】　作为市政府重点工程总投资近8 000万元的昆明市消防指挥中心于2005年8月建成并投入使用，标志着昆明市的消防工作进入了新的起点，标志着党委、政府对消防工作的更加重视和肯定，也标志着消防工作的地位和作用有了明显提高。中心集有线（无线）报警系统、数字化网络系统、办公自动化系统、消防监督业务管理系统、灭火救援系统、城市道路监控系统、高空瞭望系统、大（中）队远程监控系统等八大现代化指挥系统于一体，彻底改变了昆明市消防指挥系统落后、办公条件差的状况，跃升为全国一流的消防指挥中心。

【消防基础设施建设】　消防基础设施和消防装备建设取得突破性进展，城镇抗御火灾的整体能力明显增强。通过各级政府、各部门的共同努力，使主城区消火栓欠账率由46%降为14%，2005年全市共补建消火栓718个，主城区消火栓所有“欠账”将于2006年6月底前全部补建完成。新建银河中队站（点）已投入使用，广福路中队站（点）建设已完成土建工程，五华区、高新区消防站（点）已完成立项、征地工作，圆满完成6县1区、3个重点镇和7个中心城镇的消防专业规划编制工作。2005年市政府投入消防经费共6 300万元，新购置消防车3辆，消防监督技术装备15类326件，特勤装备798件（套）。

【消防宣传教育】　消防宣传教育贴近群众，取得实效。2005年昆明市消防宣传教育工作充分发挥新闻、出版、教育、共青团等部门组织作用，紧抓“安全生产月”、火灾隐患排查整治工作新闻通报会、“119”消防宣传日等时机，通过报刊、电视、电影、电子广告屏、互联网等阵地定期公布重大火灾隐患情况，设立每周火情通报，开展消防安全温情提示，宣传逃生自救知识等。特别是以“消除火灾隐患、构建和谐昆明”为主题的第十二个“119”消防日，全市发放各类消防宣传资料16万余份，发放消防温情提示卡6 000余张。新建成的云南消防教育馆和24个消防站向社会开放，接待社会各界群众、学生近2万人。制作反映昆明消防支队3年来防火、灭火、抢险救援、部队建设、为民服务等亮点工作的6集电视系列专题片（每集15分钟），制作消防宣传公益广告，在省市电视台播出。设计、制作“云南省阳光警务便民卡”3 000份，支队“阳光警务宾馆台卡”2 000份下发各大队使用。

【消防专项治理】　以“GMS”会议消防保卫任务为契机，排查治理火灾隐患，净化全市消防安全环境。针对人员密集场所、易燃易爆等重点行业，集中时间，部门联动，开展火灾隐患排查整改、春季防火安全大检查、商场市场消防安全专项治理、学校、幼儿园及周边消防安全大检查和消防产品专项整治等一系列专项治理工作。结合全省“平安商场市场”创建工作，首次在昆明国际会展中心举行了近10支代表队、30名选手参加的“昆明市商场市场消防知识竞赛”，并在全省率先建立商场市场消防安全“承诺告知制度”。全市共检查单位1 003家，发现火灾隐患1 861条，下发“责令当场改正通知书”329份，下发“责令限期改正通知书”289份，“复查意见书”243份，消除整改火灾隐患1 638条，对33家单位进行了行政处罚，共罚款763 915万元。

【消防监督检查】　在1～10月份开展的火灾隐患排查整改工作的基础上，11月份市防委会下发了《关于进一步加强今冬明春消防工作的通知》，将梳理出的58家存在重大火灾隐患的单位列为市、县政府、公安消防部门挂牌督办单位。在重大火灾隐患政府挂牌督办整治工作中，先后对西南商业大厦、盛兴集团白云店、昆明市第三人民医院、云南大学（北校区）等存在重大火灾隐患的单位进行了挂牌督办。据不完全统计，在整治火灾隐患工作中，全市先后共投入资金近3 000多万元，用于隐患整改。全市共出动检查组307个，出动1 920人（次），检查单位12 796个（次），发现火灾隐患8 757条，对6家单位实施停产停业处罚，对110家存在火灾隐患的单位进行了罚款处罚，罚款共计120余万元。

【执勤保卫】　圆满完成了“大湄公河次区域经济合作第二次领导人会议”（“GMS”会议）、“华夏龙情·星光灿烂”大型演唱会、2005年中国昆明进出口商品交易会、第六届中国昆明国际文化旅游节等一系列大型活动消防安全保卫任务。在各项执勤保卫活动中，全市消防官兵以高度的政治责任感，发扬连续作战，不怕苦，不怕累的作风，提前介入，对所有的会议场所、宾客住地及社会面上的重点场所和部位进行全面、深入、细致的消防安全大检查，及时有效地消除了一大批火灾隐患，确保了各项活动的正常举办。年内，支队共参加各类大型消防安全保卫活动223次。

【消防规划建设】　全力推进消防规划建设和公共消防基础设施建设，整体抗御火灾的能力有新突破。安宁市消防规划编制已完成，寻甸、东川、宜良、嵩明、富民和石林县的消防规划已经过专家评审。昆明市政府已经拨出130万元经费，用于昆明主城区消防规划修编。新建消防站（点）2个，主城区1个站点已完成土建工程，6个站点已基本完成选址；本着“整体规划、合理布局、突出重点、满足需要、逐步实施”的原则，进一步加强社区消防工作，全市219个社区已全部完成消防建设任务。加强农村消防工作，构建城乡一体化消防工作大格局，制定出台了《昆明市乡镇志愿消防队伍管理暂行办法》和《志愿消防队工作手册》。

【创新消防机制】　进一步挖掘社会资源服务消防监督工作，组建昆明市消防协会，逐步实现消防安全管理服务的社会化，提高消防行政管理的公正性和公信度。完成的10个科研项目被总队列为2005年度重点科技项目计划。简易喷淋系统、无机软帘挡烟垂壁的开发利用等项目，填写了云南省在该领域研究的技术和规范空白。研制开发消防安全重点单位管理信息系统，逐步使消防安全单位的管理走向正规化、规范化。

【处罚案件审核】　认真贯彻落实《昆明市公安消防机构执法质量评议办法》，切实加强公安消防机构内部执法监督，提高执法质量，确保严格、公正、文明执法。全年，支队共对620个工程进行建筑设计审核，验收消防工程297个，参加大型活动保卫123次，实施行政处罚6起，罚款117 000元，停止使用3起，接受群众举报230起，查处230起，受理“两案”1起，其中追究刑事责任2人，案件的查处率达到100%。

（曹红杰　邵　磊）

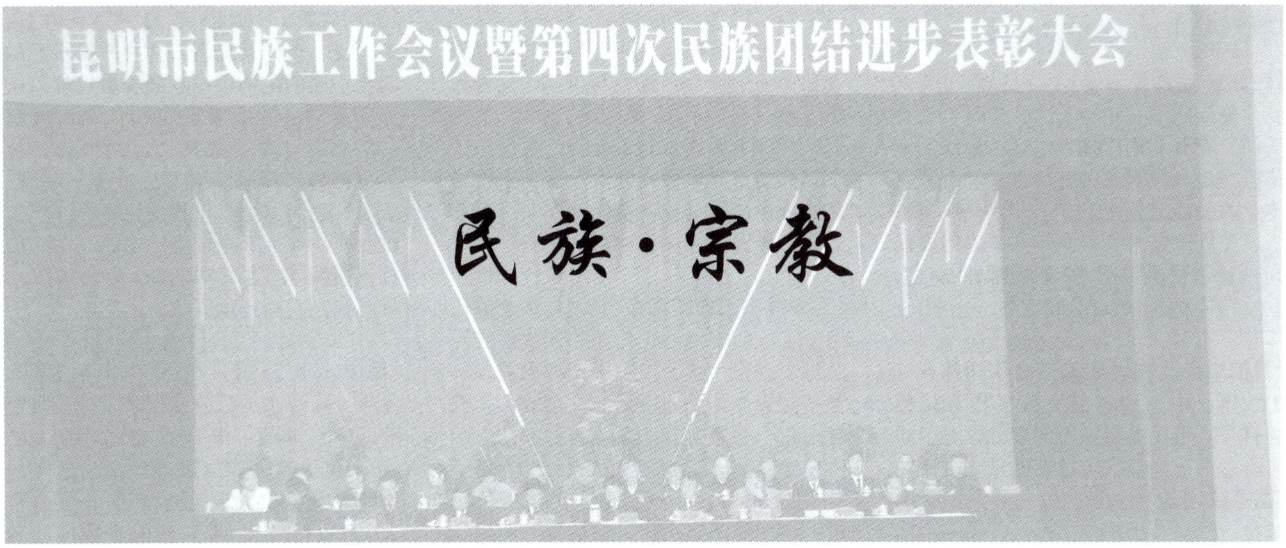

民族·宗教

民　族

【少数民族人口】　截止2005年底，昆明市总人口5 084 722人，汉族人口4 340 854人，少数民族人口743 868人，占全市总人口的14.6%。九个世居少数民族人口依次为：彝族391 337人，占总人口的7.7%；回族146 922人，占总人口的2.9%；白族71 443人，占总人口的1.4%；苗族45 013人，占总人口的0.89%；傈僳族17 289人，占总人口的0.34%；壮族13 835人，占总人口的0.27%；傣族13 101人，占总人口的0.26%；哈尼族10 649人，占总人口的0.21%；布依族3 290人，占总人口的0.06%。

【少数民族干部】　昆明市厅级领导干部53人，其中，少数民族干部有6人，占厅级干部总数的11.32%。县级领导干部1 330人，其中，少数民族干部有147人，占县级干部总数的11.05%。

【扶持民族地区经济发展】　2005年，市政府安排500万元市级民族机动金，扶持了156个项目。其中：人畜饮水项目35个86万元，文、教、卫29个项目82万元，公路25个项目67万元，桥墩7个项目17万元，产业结构13个项目31万元，稳定经费10个项目33万元，架（改）电3个项目7万元，示范点6个项目22万元，各类培训7个项目23万元，综合口13个项目108万元。同时，14个县（市）区共安排民族工作专项资金170多万元，实施101个项目。此外，还安排科普培训经费32万元，举办各类科技培训20期，培训人数2 500人次；印发科技书籍260多套和宣传资料1 000多份。

【省级民族专项资金】　2005年，共争取省级民族专项资金333万元，实施43个项目。重点解决少数民族地区水、电、路、教育等方面急需解决的问题，有力地支援了民族地区的经济发展和社会进步。

【民族经济优惠政策】　落实民族贸易企业的税收减免和民族用品定点生产企业贷款贴息政策，扶持民族贸易企业和民族用品定点生产企业的发展。3个民族自治县共减免民贸企业的税收近800万元，落实民族用品定点生产企业技改贷款贴息30多万元。积极组织民贸企业到省外参展，为民族贸易企业内引外联牵线搭桥，扶持了3家民族刺绣企业。

【扶贫挂钩点工作】　2005年，市民委对寻甸县倘甸镇新华、碑庄两个村扶贫挂钩点各投入资金6万元，帮助碑庄村修灌溉渠3 000米，帮助新华村修村间道路2公里，使4 000多群众解决了行路难和部分农田灌溉难问题。在2005年春节前夕又安排了一万元资金慰问贫困户和基层干部。从市交通局争取10万元，为阿三丹彝族村修生产生活道路。从教育局争取20万元，建新华完小学生宿舍600平方米。从扶贫办争取40万元，用于碑庄村委会两个自然村的扶贫开发。

【县（市）区民族工作】　各县（市）区共筹集70万元资金帮助少数民族群众完成修路、架电、解决人畜饮水。投入3万元扶持少数民族群众开展多种经营；集资8万元为少数民族贫困群众购买化肥、柴油、水泵、修复变压器，解决春耕生产中的困难和问题；争取澳门中国爱心工程基金会资助少数民族困难学生；邀请加拿大爱心医疗队为300多名少数民族群众看病就诊，免费发放价值人民币2万元的药品。

【“示范点”建设】　按照“民族关系好、经济发展好、社会治安好、村容村貌好、教育科普好”的要求，全市建设了27个不同类型的“民族团结示范村”、“民族地区小康示范村”、“民族团结示范社区”。并在这些社区成立了少数民族联谊会，建立民族团结联系卡，积极开展“十星级文明楼院”、“民族团结楼院”创建活动。

【民族工作社会化进程】　市民委协调市财政、农业、林业、水利等部门在资金和项目安排上，向少数民族和民族地区倾斜。2005年市农业局安排给3个自治县的农业经费达1 342.4万元；水利局安排在民族地区的资金达1 561万元。

【民族团结稳定工作】　坚持“团结、教育、疏导、化解”的方针，坚持维护人民利益、维护法律尊严、维护民族团结、维护社会稳定原则，做好民族团结稳定工作。一年来，市民委妥善调处影响民族团结的各类矛盾纠纷51起，涉及14 738人；排查矛盾纠纷隐患57起，涉及62个县（市）区176 756余人；共投入维护民族团结稳定工作经费87万元，共接待各族群众来信来访366件

1 822人次。

【民族宣传教育工作】 市民委坚持开展“民族团结宣传周”、“宣传月”教育活动，充分利用广播、电视、标语、宣传栏、培训班等各种宣传方式和手段宣传党的民族政策和民族工作法律法规，开展民族团结教育。全年共举办各类民族理论、民族法律法规培训班59期，发放宣传材料47 200余份。

【贯彻中央、省民族工作会议精神】 2005年，中央和省的民族工作会议相继召开。市民委组织干部职工学习了胡锦涛总书记、温家宝总理的重要讲话和《国务院实施〈中华人民共和国民族区域自治法〉若干规定》以及省委书记白恩培和徐荣凯省长的讲话精神，下发了《关于认真学习中央、省民族工作会议精神的通知》。组织100人参加了全国第四次民族团结进步表彰模范先进事迹报告团报告会。

【签订《责任书》】 2005年，市民委在调整、完善、充实民族团结目标管理责任制的基础上，与14个县（市）区民族工作部门签订了《责任书》。各县（市）区又与民族工作任务较重、热点难点问题较多的乡镇、村委会、社区签订责任书，把民族团结稳定工作任务分解落实到各级、各地、各部门，形成了纵向到底、横向到边、上下左右、协调配合、齐抓共管的工作网络。

【城市少数民族流动人口管理】 贯彻《昆明市少数民族流动人口管理条例》，建立了《昆明市流动人口管理目标责任制》，把少数民族流动人口的管理责任分解落实到16个部门。在少数民族流动人口相对集中的地区，成立了驻昆办事处和劳动管理服务站，在寻甸、会泽驻昆办事处组建党支部。

【民族教育】 晋宁县的双河、夕阳两乡的中学改设为民族中学。全市现有民族中学8所，职中1所，初中3所，民族寄宿制完小2所，半寄宿制完小140所，县（市）区半寄宿制完小20所。全市少数民族学生10万余人，占全市中小学生的16.2%。委托市第二职业中等专业学校为民族地区培养中等专业技术人才100名。

【少数民族文化】 禄劝县举办了昆明市首届彝文班和《云南省民族民间传统文化保护条例》培训班，参加了“云南省第四届民族民间歌舞乐展演”；完成了昆明市民族民间音乐、舞蹈艺人的调查和命名工作。市民委与市文化局合作出版了《昆明民族民间艺彩》大型画册，整理了彝族古籍639册，编撰出版了《禄劝苗族风俗文化》、《石林密枝节仪式歌译疏》、《彝文苗文词典》、《罗婺霓裳呈异彩》等民族典籍和史料。

【召开民族工作“两会”】 12月28日，召开了昆明市民族工作暨第四次民族团结进步表彰大会，市委书记杨崇勇、市长王文涛作了重要讲话。大会表彰了五年来在全市民族工作中涌现出来的44个模范集体和121模范个人，出台了《中共昆明市委、昆明市人民政府关于进一步加强民族工作，加快少数民族和民族地区经济社会发展的决定》。

【民族工作“两会”的意义】 民族工作两会上出台的《决定》在四个方面实现了历史性的跨越和突破，在昆明市民族工作历史上具有里程碑式的意义。一是在制定加快少数民族和民族地区经济发展硬性措施上有新突破。《决定》规定，自2006年起，市财政除继续安排515万元民族机动金外，再安排100万元散杂居民族资金，以后按每年3%的比例增加预算，每年设立1 200万元少数民族发展资金。同时要求各县（市）区财政必须安排民族机动金，自治县每年不低于40万元，其他县（市）区每年不低于30万元。二是在制定促进经济社会协调发展的政策保障措施方面有新突破，突出了各民族共同团结奋斗、共同繁荣发展这个主题。《决定》除经济方面的政策措施外，还在民族教育、人才资源开发、少数民族干部培养选拔、民族团结进步事业、巩固和发展社会主义民族关系等方面提出许多新的政策措施。三是在抢抓机遇，把少数民族和民族地区的发展列入全市“十一五”规划的工作中有新的突破。《决定》要把加快少数民族和民族地区经济社会发展的目标、任务和措施纳入“十一五”规划。昆明市“十一五”规划明确指出：“把加快少数民族和民族地区经济社会发展摆在全市工作更加突出的战略位置”。四是在抓落实、求实效方面有新的突破。《决定》规定“各县（市）区党委政府和市级各有关部门要结合实际，制定贯彻落实的具体措施。市民族事务委员会（市委民族工作领导小组办公室）负责对本决定的贯彻落实情况进行监督检查并向市委市政府汇报。”

【民族体育】 2005年11月5～10日，市民委、市体育局、石林县政府承办的四年一届的昆明市第八届少数民族传统体育运动会在石林县举行。全市共有1 273名运动员、裁判员、评判员参加了抢花炮、摔跤、射弩、秋千、陀螺、双拐、表演等八个项目的比赛，共产生186块奖牌。其中金牌63枚，银牌62枚，铜牌61枚。本届民运会圆满成功举办，在省内产生了很大的影响。

【民族调研工作】 市民委对各级各类民族专项资金项目的使用、管理、实施情况进行调研。配合省政协对有关县（市）区进行“少数民族散杂居地区加快经济发展步伐情况的调研”；配合市人大对14个县（市）区的少数民族和民族地区经济发展情况进行了专题调研；对民族用品定点生产企业和民贸企业生产经营情况及优惠政策落实情况调研；针对西山区谷律彝族白族乡和团结彝族白族乡撤乡建镇中遇到的问题进行实地调研。开展了民贸政策落实情况的调研，自治县实施《自治条例》情况的调研，扶贫项目实施情况调研，清真食品管理地方立法情况调研，民族乡经济社会发展情况调研，民族团结稳定工作调研，独有少数民族教育状况调研，山区民族地区教育情况调研等30多个课题的调研。

【机关建设】 在省的民族工作两会上，市民委被省政府表彰为民族工作模范集体。在市直机关作风评议中，市民委在61个行政管理部门中名列第一。在市直机关工委党建工作年终考评中，市民委机关党支部被评为优秀党支部。在省民委的民族团结目标责任制考核中，市民委获得一等奖。

（赵殿桦　程世林）

宗　教

【概　况】 2005年，昆明市有信教公民45万余人，其中：信仰佛教的公民15万余人，信仰道教的公民0.15万余人，信仰伊斯兰教的公民14万余人，信仰天主教的公民0.5万余人，信仰基督教的公民10万余人。宗教活动场所594所，其中：佛教寺庙98所，道教宫观4所，伊斯兰教清真寺131所，天主教教堂4所，基督教教堂356所。固定宗教活动处所332处，其中：佛教55处，伊斯兰教29处，基督教247处，道教1处。宗教教职人员1 627人，其中：佛教教职人员170人，道教教职人员11人，伊斯兰教教职人员336人，天主教教职人员4人，基督教教职人员1 106人。市属宗教团体6个（昆明市佛教协会、昆明市伊斯兰教协会、昆明市道教协会、昆明市天主教爱国会、昆明市基督教“三自”爱国运动委员会、昆明市基督教协会）。县（市）区属宗教团体8个（官渡区佛教协会、西山区基督教三自爱国会、富民县基督教三自爱国会、嵩明县伊斯兰教协会、禄劝县基督教三自爱国会、寻甸县佛教协会、寻甸县伊斯兰教协会、寻甸县基督教三自爱国会）。宗教学术团体1个，即：昆明佛学研究会。

【召开宗教工作领导小组（扩大）会议】 2005年6月28日，中共昆明市委召开宗教工作领导小组（扩大）会议。这次会议的主要内容是学习贯彻《宗教事务条例》，传达中央和省有关宗教工作会议的精神，安排部署昆明市的宗教工作。参加会议的人员除市委宗教工作领导小组全体成员外，扩大到14个县（市）区党、政分管领导，以及市级机关有关部门领导。

会上，市宗教事务局局长金塔明传达了《宗教事务条例》的有关精神及中央、省的有关会议精神。市委副书记，宗教工作领导小组组长田云翔作了重要讲话，对全市学习贯彻《宗教事务条例》进行了安排部署，提出了具体要求。

【学习宣传贯彻《条例》】 国务院《宗教事务条例》颁布后，昆明市积极行动起来，采取措施，多渠道、多层面、广深度，全面学习宣传贯彻《条例》，收到好的效果。一是召开各种会议抓《条例》的学习宣传贯彻。继6月28日中共昆明市委召开宗教工作领导小组（扩大）会议后，各县（市）区结合自身实际，分别召开宗教工作领导小组扩大会、《条例》座谈会、《条例》研讨会，就学习宣传贯彻《条例》作了具体安排，共印发《条例》及《条例》学习辅导资料近两万份（册）。二是举办各种培训抓《条例》的学习宣传贯彻。各县（市）区共举办《条例》培训班40期，参培人员6 610人。三是开展调研活动抓《条例》的学习宣传贯彻，较好地解决了《条例》学习宣传贯彻中的一些实际问题。四是通过公众媒体抓《条例》的学习宣传贯彻。在《昆明日报》上开辟了学习专栏；全市近600处宗教活动场所采用板（墙）报的形式对《条例》的内容进行了宣传。通过公众媒体的宣传，增大了《条例》宣传的覆盖面。

【维护稳定工作】 2005年度，昆明市宗教系统按照新时期宗教工作的基本方针和要求，围绕经济建设这个中心和现代新昆明建设的宏伟蓝图积极开展了宗教领域维护社会稳定的工作。一是积极开展了平安创建活动，定期排查不稳定因素，有针对性地做工作，及时妥善解决了20余起涉及宗教的热点、难点问题；二是认真完成了市委、市政府领导批办件、督办件和建议、提案的办理工作，更好地落实了政策，化解了矛盾，促进了稳定；三是热情做好上访信教群众的工作，预防了群体性事件的发生；四是坚决抵御境外宗教渗透活动，共取缔各类非法宗教活动20余起，维护了宗教界的团结稳定；六是加强对移民点信教群众宗教活动场所建设的指导帮助，解决了移民点信教群众过正常宗教生活的问题，消除了移民点存在的一些不稳定因素。

【市天主教爱国会换届】 9月下旬，昆明市天主教爱国会召开第三次代表会议，30名教友代表及4名特邀代表参加了会议。此次代表会议审议通过了《昆明市天主教爱国会章程》，选举产生了新一届爱国会委员及领导班子。岳天德神父当选爱国会主席；陈开华神父、王洁玲教友当选为爱国会副主席；爱国会秘书长由陈开华神父兼任。

【朝觐组织工作】 2005年度昆明市伊斯兰教朝觐组织工作，着眼中心城市的特点，在认真总结以往朝觐组织工作经验的基础上，积极调查研究，深入宣传教育，严禁零散朝觐活动，针对新情况新问题开展组织工作，确保了昆明市朝觐组织工作的顺利开展。全市34名穆斯林圆满完成朝觐功课，受到国家朝觐团云南分团的好评。

【市道教协会挂牌办公】 9月8日，昆明市道教协会在真庆观文化广场都雷府举行挂牌仪式，至此，昆明市道教协会有了办公地点。

2004年7月昆明市道教协会成立后，由于没有驻会场所和办公地点，无法开展正常的工作。对此，市委、市政府领导非常重视，认真协调都雷府落实为市道教协会办公地点的问题。这一问题的解决，充分体现了各级党委、政府和领导对新时期宗教工作的关心支持，也充分体现了党的宗教政策在昆明市的贯彻落实。

【引导适应工作】 积极引导宗教与社会主义社会相适应，既是社会主义社会对宗教的客观要求，也是宗教自身发展的客观要求。2005年，昆明市从这“两个客观要求”出发，积极开展了引导适应的工作。一是积极引导宗教团体加强思想建设，用符合时代要求的语言来诠释教规教义；二是积极引导市伊斯兰教协会、市基督教协会用历史、辩证的观点来编撰《昆明伊斯兰教史》和《昆明基督教史》，通过编史，对伊斯兰教界和基督教界进行了爱国主义教育；三是积极引导昆明佛学研究会开展佛教与云南文化方面的学术研究，形成了一批对传统文化资源开发具有一定参考价值的学术成果；四是积极引导宗教活动场所开展创“五好”活动，使这一活动有了新的发展，在社会主义和谐社会建设中发挥了积极作用；五是积极引导信教群众学科学、用科技，适应产业结构调整，发展生产，脱贫致富；六是积极引导宗教界关注和参与社会主义“三个文明”建设，宗教界在赈灾救灾、公益事业建设和禽流感防治工作中展现了新的风采。富民县小水井教堂唱诗班走出教堂，走进社会，演唱时代新歌，受到社会的广泛关注和好评。

【佛学研究活动】 昆明佛学研究会是一个以佛教文化为研究对象的社会学术团体。2005年度，昆明佛学研究会主要开展了以下活动：一是坚持开展了每月一次的佛学讲座活动；二是2月15～16日在红河州弥勒县召开了“佛教与云南文化”学术研究会，有30多篇学术论文在会上作了交流；三是5月3～4日在大理市宾川县鸡足山参与召开了“鸡足山禅与现代佛学研讨会”，共收到学术论文45篇，21名佛学专家、学者在会上作了交流发言；四是积极开展了学术交流活动，印度、新加坡、马来西亚、北京、上海、成都等国内外的佛学专家先后应邀到佛学研究会进行学术交流。在请进来的同时，佛学研究会副会长李广良博士、侯冲研究员等应邀到北京、上海、成都等地参加了佛学研讨会，向会议交流了昆明市佛学研究的成果；五是积极开展了佛教图书的编校编印工作，先后编校编印出版了《佛教的精神与特色》、《我要回家》、《佛在哪里》、《佛门日课》、《大乘百法明门论讲记》等佛教图书10余种，还集结了《佛教与云南文化论文集》，拟于2006年正式出版发行。

【慈悲关怀活动】 慈悲关怀，是佛教文化的精髓，也是中国传统人文思想的特质。昆明佛学研究会慈悲关怀委员会在2005年度积极开展了慈悲关怀实践活动。一是建立了慈悲关怀工作队伍，已有600余人志愿加入了慈悲关怀委员会，成为慈悲关怀志愿者；二是开展了对艾滋病的宣传和艾滋病人的关爱活动。编印发放了《佛教与艾滋病防控》手册10 000册，组织了“关爱生命，拒绝毒品，远离艾滋，履行承诺，从我做起”的签名活动；对50名艾滋病患者进行了心灵关怀和生活救助，这些活动受到省、市“艾防办”的好评，他们的经验做法在全国和省、市“艾防”工作会议上作了交流；三是开展对社会弱势群体的送温暖活动，共向昆明、瑞丽、昭通、红河等地的贫困关爱对象捐款50多万元。

【《昆明基督教史》暨《昆明伊斯兰教史》出版发行】 由昆明市宗教事务局与昆明基督教“两会”、昆明市伊斯兰教协会合编的《昆明基督教史》和《昆明伊斯兰教史》先后于2005年8月6日和9月27日正式出版发行。

《昆明基督教史》和《昆明伊斯兰教史》是继《昆明佛教史》之后的昆明市第二、第三本地方性宗教史。这“三史”的编撰出版发行对宗教界进行爱国主义教育具有重要的意义和作用。

【澳门中国爱心工程基金会向贫困家庭小学生献爱心】 在昆明市基督教“两会”的牵线搭桥下，澳门中国爱心工程基金会再次向昆明市官渡、安宁、富民、禄劝、寻甸等地的1 000名家庭贫困的小学生献爱心。共计资助经费15万元。

【昆明市伊斯兰教协会举行首届《古兰经》诵读比赛】 6月上旬，昆明市伊斯兰教协会在南城清真寺举行首届《古兰经》诵读比赛，共有19名选手参赛。

比赛严格按照市伊协制定的比赛规则和评分标准进行。五华区顺城清真寺的李永春荣获第一名，富民县城区清真寺林方荣荣获第二名，市伊协马加武和迤西公清真寺赛国建并列第三名。

【华亭寺心明方丈曹溪寺升座】 为了更好地做好安宁曹溪寺的弘法利生工作，该寺经报请安宁市宗教工作部门的同意，恭请云南省佛教协会副会长、昆明市佛教协会会长、华亭寺方丈心明大和尚荣任曹溪寺方丈。经省、市佛协报请省、市宗教事务局批准，9月5日，曹溪寺为心明大和尚举行了隆重的升座仪式。

（贺丽君）

经济管理

国民经济和社会发展计划

【国民经济计划执行情况】 2005年市十一届人大六次会议确定的主要宏观预期目标全面完成，“十五”计划的主要奋斗目标顺利实现。全年生产总值突破千亿元，达到1 062.3亿元，比上年同比增长11.1%，其中第一产业增长5%，第二产业增长14%，第三产业增长9.3%。地方财政收入突破百亿元，达到110.5亿元，增长29%；全社会固定资产投资522亿元，增长20%；社会消费品零售总额415.5亿元，增长12.2%；城镇居民人均可支配收入9 616元，实际增长4.2%；居民消费价格指数上涨2%；农民人均纯收入3 258元，实际增长9.3%；城镇登记失业率控制在3%以内；人口自然增长率为6.23‰。

【发改委职能完成情况】 围绕全市经济和社会发展的中心工作和年度计划的执行，市发展和改革委员会抓了以下几个方面的工作：围绕全市经济和社会发展目标，抓宏观调控和经济运行分析预测，当好党委政府参谋。在对昆明市宏观经济运行检查和分析的基础上，完成2004年计划执行情况和2005年国民经济和社会发展计划以及2005年上半年国民经济和社会发展计划报告草案的编制。为贯彻落实计划，召开了全市发展改革工作会议，研究和部署2005年的发展改革任务。做好经济运行跟踪、检查和分析，完成2005年1季度、上半年、1～8月和1～9月经济运行分析，针对存在问题及时提出建议措施报市委、市政府。同时，逐月向省发展改革委和市委、市政府上报滇池污染治理项目以及市重点建设项目进展情况。针对2004年下半年以来商品房市场过热的情况，对昆明市商品房市场情况进行调研，并提出对策措施，供有关部门决策参考。市发改委全年向市委、市政府报送信息200余篇，重点工程简报18期，经济情况10期，价格监测简报29期，及时反馈了计划执行中的一些突出情况和需要注意的问题，努力当好参谋助手。

加强对工业经济的指导和服务，促进经济增长。推进工业强市战略的实施。加强对工业规划布局指导，配合国家级生物产业基地规划选址和120万吨磷复肥基地建设。配合经开区积极向省发改委争取资金支持，推进昆明出口加工区建设。积极探索推进循环经济发展，向省上报8个环保项目，并收集一批资源综合利用和循环经济项目，争取国家和省支持，积极开展各项环保工作。

高度重视“三农”问题，促进农业和农村经济发展。2005年争取省安排昆明市预算内以工代赈项目11项，完成投资1 796万元；国债易地扶贫搬迁试点工程项目，完成投资845万元。启动14个县（市）区疾控中心的改扩建工程及12个县（市）区传染区（科）改扩建工程。加强农业基础设施建设，配合市水利局、省稽查办做好昆明市三多水库等水利工程的稽查整改工作。牵

市长王文涛在“十一五”规划研讨会上作动员　（市发改委　供稿）

2005年昆明市发展和改革工作会议　（市发改委　供稿）

头完成城市供水重点（大河、柴河）水源保护区环境建设保护专题调研工作。向省上报争取列入国家2006年农村公路改造计划100千米。积极参与通乡油路建设的协调工作，协调市财政安排贷款3亿元，实际到位资金6 000万元。通过努力，宜良县狗街镇小城镇被列入国家发改委经济综合开发示范镇，嵩明、宜良两县2005年水生动物防疫项目列入国家发改委的投资计划。

努力创造条件，促进商贸、旅游、房地产等服务业发展。加强与省发改委及县（市）区的联系沟通，争取到国债资金350万元扶持三宝小屯大型农产品批发交易市场二期工程项目信息系统及检疫检测系统建设。积极开展项目前期研究工作，呈贡新城国际物流中心、空港物流园区和昆明安宁生产资料物流园区及浩宏集团物流建设等项目进入项目储备库，向国家上报“红色旅游”景点具体建设方案，为争取国家和省给予国债或贴息贷款扶持奠定了基础。按基本建设程序审批商品房建设，审批商品房立项79项，预计总投资121亿元，总建筑面积701万平方米，投资项目占地面积共5 942亩。积极配合相关部门完成昆明市经济适用住房计划指标申报的前期准备工作，对10个县（市）区的经济适用住房计划指标的申报工作做出安排。完成2005年廉租住房立项审批工作，建设资金通过协调已全部落实。

坚持统筹协调，积极推进社会事业发展。国家863软件专业孵化器昆明基地一期建设内容基本完成，已通过国家科技部验收，二期建设项目正抓紧建设。配合抓好呈贡高校区建设方案的落实。实施教育改革和发展规划，对农村教育工作实施“六大工程”、“两免一补”政策。配合各有关部门做好“昆明学院”项目前期准备工作。在东川、禄劝、富民、嵩明、呈贡、石林、宜良、晋宁8县（区）全面推开新型农村合作医疗制度，促进农村卫生事业改革发展。市劳动力市场建设已完成主体建设，市社区服务设施国债试点建设项目已动工。按国家及省发改委的要求，落实昆明市社区国债试点建设项目，并根据市行政区划调整的实际，调整了昆明市社区国债服务设施试点项目建设方案。

加强项目跟踪服务，提高招商引资实效。落实工作责任制，建立招商引资月报工作制度。与投促局、商务局、规划局等相关部门一道共同促进北方集团、新希望集团和世纪金源等重点引资项目建设。积极推进自来水总公司股权出让项目，国道南连接线和城市生活垃圾焚烧发电引资项目完成可研报告。

注重区域协调，加快北部县区经济社会发展。市加快北部县区经济社会发展协调工作领导小组办公室抓紧研究制定《昆明市北部县区经济发展资金管理办法》，按程序报市政府审批。至6月27日，5个县区已成立工作机构。组织向省上报3个国家级贫困县6个共274万元申请贷款贴息评审项目。

认真接受人大代表和政协委员监督，完成上级交给的各项工作任务，市发改委共受理会议和闭会期间人大代表建议、政协委员提案30件，其中，重点提案1件。发改委领导班子高度重视办理工作的开展，专题研究和布置，严格按照建议、提案办理的程序和要求开展。在办理过程中，特别抓好了与代表、委员面商沟通的环节，办理答复满意率98%，办结率100%。全年完成市领导批示件近300件。完成市政府“12345”热线交办件、各类信访、接待共45件，办理回复率100%，接待新闻媒体30余起，认真执行主任接待日制度。按照市委、市政府确定的各类工作领导小组成员单位分工，做好联系、协调工作。

坚持依法行政，规范和完善工作秩序。积极开展“四五”普法工作，发改委作为普法工作先进单位被省发改委推荐为全国发改系统的先进，同时被市普法办评为市级普法先进单位。为进一步贯彻《全面推进依法行政实施纲要》，提高依法行政能力，完善委内管理制度，完成《昆明市发展和改革委行政审批告知承诺制度暂行办法》、《昆明市发展和改革委行政许可监督检查暂行办法》、《昆明市发展和改革委实施行政许可过错责任追究暂行办法》和《昆明市发展和改革委行政许可听证暂行办法》4个制度意见征求工作。

以开展保持共产党员先进性教育活动为契机，加强机关内部建设。根据职能转变和现代新昆明建设的要求，提出符合市发改委工作实际的先进性具体要求。通过学习教育，机关建设和工作作风取得明显成效，保证了各项工作任务的顺利完成。

【“十一五”规划编制工作】　昆明市经济和社会发展“十一五”规划编制工作是2005年市发改委的中心工作，规划编制于2004年启动，2005年全面展开。在市规划编制领导小组的统一部署下，市发改委承担了规划编制工作的组织、协调、综合以及规划《纲要》的起草上报审定等任务。组织并完成39个“十一五”规划前期重大课题研究工作；完成10个重大课题公开招标工作；委托国家发改委宏观经济院和上海发改委综合经济研究所，开展“十一五”经济社会发展思路研究，并对加快产业开发与建设，提高产业竞争力思路与对策进行研究。与市委共同起草《昆明市关于国民经济和社会发展第十一个五年规划的建议》及相关配套说明材料，按照市委《建议》的要求，形成《昆明市经济和社会发展第十一个五年规划纲要》，并报市人大审定。《纲要》是“十一五”期间昆明市经济和社会发展的战略性、纲领性、综合性的总体规划，是政府履行经济调节、市场监管、社会管理和公共服务职责的重要依据。在规划编制过程中，市发改委加强“十一五”规划编制工作的上下衔接。积极向省发改委汇报昆明市“十一五”规划编制工作的有关情况，征求省里的意见；加强对县（市）区的指导和衔接，召开规划编制工作会议，组织全市14个县（市）区的“十一五”规划专项调研工作。于11月中旬组织召开“昆明论坛·昆明市‘十一五’规划研讨会”高层论坛，邀请国家发改委领导和专家为昆明未来五年发展规划把脉。12月通过昆明电视台《直播昆明》栏目，首次向社会公开介绍昆明市“十一五”规划，把市委、市政府对昆明市未来五年发展的构想向全市人民通报，广泛宣传并征求市民意见，增加规划编制的透明度和社会参与度，实现“开门编规划”的要求。

【投资管理】 积极完成现代新昆明建设重要协调工作，切实推进昆明市重点建设项目进程。经市人大批准的2005年重大建设项目38项，至11月底重大建设项目累计完成投资47.8亿元，预计全年可以完成60亿元以上。2005年，全社会固定资产完成投资522亿元，增长20%。市发改委不断加强协调服务，努力促进投资增长。按照市政府的要求，围绕实施和启动“新昆明”建设，重点促进交通环境整治、道路、滇池治理、水利及社会发展等一批重点项目的开工建设，协调重大项目中涉及规划、国土、环保等工作，研究并提出重大项目前期费用安排建议，报市政府领导决策。会同市财政局等部门共同加强与国家开发银行协调，落实市政府与国家开发银行银政合作贷款2亿元，抓紧落实一批在建和新开工项目贷款24.1亿元。完成市政府与国开行第二批银政合作信用贷款55亿元的前期工作，通过国开行评审，为重大基础设施项目建设提供资金保障。2005年共计争取国家和省投资补助项目89项，补助资金19 451.8万元，争取省贷款贴息资金4 583万元。2005年市发改委分两批向省争取交通项目贴息资金3 620万元，缓解了市级财政贷款利息支出的压力。

2005年昆明市38项重点建设项目。续建项目19项：掌鸠河引水供水工程建设，东川坝塘水库建设，昆洛公路改扩建（呈贡新城区主干道），城市东三环道路建设，城市南三环道路建设，官南路立交桥建设，高海公路改扩建，九石阿公路建设，龙潭—东川公路建设，乡乡通油路工程，国道东连接线建设，环湖公路东段（度假区至金马铺）建设，大清河综合治理，枧槽河综合治理，滇池西岸（高海公路）截污工程，北郊西郊停车场建设，延安医院门诊楼建设，市人民医院外科住院楼建设，市疾病控制中心建设。新开工项目9项：主城二环快速系统，宝象河系统防洪整治，农村卫生旱厕改造，船房河截污综合整治，主城交通综合整治，东盟领事馆（区）征地，市级行政中心建设，乌龙河截污综合整治，昆明学院搬迁。推进前期工作项目10项：滇池北岸水环境综合治理工程，清水海调水工程，滇池污染底泥疏挖处置二期工程，城市节水及污水资源化工程，滇池东岸（呈贡片区）截污一期工程，危险废弃物处理处置中心建设，滇池环湖湿地及生态恢复项目，昆明新机场高速公路建设，绕城公路南段建设，乌东德电站进场道路—禄劝大松树公路建设项目。

（何　波　李世新　沈　然）

经济体制改革

【概　况】 2005年，昆明市国有企业改革工作认真贯彻中央、省、市部署，以增强国有经济的控制力、带动力与影响力为目标，以产权制度为核心，以股份制为主要形式，以促进企业发展为目的，以确保社会稳定为基础，一手抓深化，一手抓完善，经过努力，三年国有企业改革扫尾工作基本完成，新一轮深化国有企业改革筹备就绪，各项工作达到预期目标。截至年底，全市列入三年改革考核的463户企业，累计已完成改革任务428户，占92.4%。其中，列入产权制度改革414户，已完成方案论证411户，占99.3%；完成工商登记390户，占94.2%；列入兼并破产49户，已完成38户，占77.6%。此外，还完成市属31户未列入省考核的国有企业的改制。151所企业自办学校和27所医院的分离任务全面完成。

【三年国企改革按期验收】 历时三年的深化国有企业改革工作于2005年4月底全面结束。年初，昆明市成立5个检查组，深入到改制企业进行自检自查，检查表明：改制企业严格按中央、省、市有关文件推进改革，企业资产审计评估、方案制作论证、资产处置报批、改革成本报审及职工劳动关系调整等程序规范；改制企业严格按政府终审批复出资购买国有资产，入股资金按贷款通则要求足额到位，及时完成工商登记，稳步推进股权多元化的公司制改造；及时完成新老体制的过渡和接续，初步建立健全企业法人治理结构，继续深化内部三项制度改革，体制得到理顺，机制日趋激活；职工得到妥善安置，解除合同自谋职业的职工补偿金、安置费足额兑现，企业借用职工的经济补偿金均签订了合同，内退职工生活费按时发放，职工五大社会保险及时接续；国有资产处置积极稳妥，通过绿色通道复核、企业自查申报、中介机构复审等环节，有效地防止了国有资产的恶意流失。4月底，全市国企改革面为80.56%，达到省下达的考核目标，通过省考核组的全面验收，并得到充分肯定。为全面总结昆明市三年深化国有企业改革所取得的成绩和经验，分析面临的形势和机遇，部署新一轮深化国有企业改革工作，市委、市政府召开了全市进一步深化国企改革暨三年改革总结表彰大会，对52个责任单位兑现了深化国有企业改革目标责任奖，对工作中做出突出贡献的81个先进单位，160名先进工作者进行了表彰奖励。市政府与责任单位签订2005年度深化国企改革目标责任书。

【国企改革扫尾工作推进扎实】 按照省委、省政府关于进一步深化国有企业改革的要求，市委、市政府决定自2005年起再用三年时间，继续深化国有企业改革。2005年，昆明市紧紧围绕提高国有经济的控制力、影响力和带动力的总体目标，边抓深化，边抓扫尾，保持改革的连续性，承前启后，使三年深化改革与新一轮国有企业改革融会贯通，互为促进。省级验收后，昆明市需完成扫尾任务的企业共90户，其中，列入产权制度改革的66户，列入实施兼并破产的24户，尽管这部分企业不到总任务的20%，但大多是改革的硬骨头，工作的压力丝毫没有减轻。为确保目标任务能按时完成，市体改办继续坚持工作例会制度、绿色有产集中审批制度、工作推进督导制度等行之有效的办法和措施，加大协调力度，虽然这些企业资产状况复杂、债务沉重、人员众多，但并未因难度大、时间紧、任务重而降低标准、放松要求，国资、劳动、财政、国土、工商等部门与主管部门通力合作，本着有利于推动改革、促进发展、保持稳定的原则，出主意、想办法，从各方面给予支持与配合，既保证了进度，又坚持了质量，从5月到年底，完成产权制度改革任务的户数新增55户，改革面提高近12个百分点，出售国有净资产上缴市财政资金1.55亿元。

【机关作风不断转变】 切实开展跟踪问效，按照先进性教育活动的要求，树立服务群众、服务企业的宗旨意识，深入有关县区及市属改制企业，了解发展思路、生产经营状况，及时帮助企业解决改制中出现的各种问题和困难。把关心改制企业的发展作为检验改革成果的重要内容，把改革与发展有机联系起来；坚持从群众中来，到群众中去的群众路线，尊重群众的首创精神，吸取企业和基层在改革中的成功经验，用于充实和调整推进改革的思路，使各项工作更切合企业的实际，更符合最广大群众的愿望，对五华区等县区、昆明彩印等企业推进改革的成功经验进行总结和提炼，收编为《昆明市三年深化国有企业改革巡礼》，为各县区和企业提供借鉴和示范；配合省督导组，对改制企业进行抽样调查，按好、中、差进行分类，重点调研改制企业法人治理结构的建立情况、党委会与董事会关系协调情况、自主创新的实践与探索等情况，在总结经验的基础上，对制约企业发展的土地变更、资金筹集、人员安置等问题进行原因分析，研究对策，做到有的放矢，对症下药；把做好企业职工的思想政治工作，维护企业的稳定作为继续把改革引向深入的基础和前提。热情接待群众来信来访，耐心解答企业职工反映的相关问题，处理群众来信200多件，接待职工来访1000余人次。深入改制企业，采取召开座谈会、现场解答等方式，与离退休职工、内退职工、在岗职工进行沟通交流，耐心解答职工关心的经济补偿问题、房改补贴问题、资产处置、股权设置等问题，通过细致的解释和说服，稳定职工情绪，维护企业正常的生产生活秩序。同时，对举报较多、群众意见较大的企业开展资产复审复评，对经营者进行离任审计，澄清事实，确有问题的，提请有关部门严肃处理，增加改制工作的透明度。认真完成市人大代表建议和政协委员提案的回复工作，交办的5件建议和提案回复率100%，办结达A类标准。

【新一轮改革准备就绪】 起草《关于进一步深化国企改革的实施意见》，并召集有关部门反复讨论、修改完善，相关内容及措施日渐成熟。对《昆明市深化城镇集体企业改制实施意见》（试行）进行意见征求；针对企业职工股份处置的相关问题，制发《市属改制国有企业职工股份处置办法》，明确了处置原则、处置形式、转让价格和处置程序，及时纠正个别改制企业私下转让股份的错误行为；根据昆明市国有企业众多，一批分、子公司未能列入前三年深化国有企业改革的情况，采取自下而上、自上而下的办法，反复征求主管部门意见，再次盘清家底，对未改制企业进行统计分析，提出了列入市级考核的新一轮改革国有企业名单，并进行年度分解；把城镇集体企业作为规范改革的一项重点工作；下发《关于要求改制企业重新如实申报国有资产的紧急通知》，要求企业就是否存在漏报、隐匿、转移国有资产情况，如实向市国资委申报，逾期不报者，将依法追究企业经营者和相关人员的法律责任，通过企业和主管部门自查，有关部门复查，调增国有资产3.16亿元，最大限度地防止了国有资产的流失；配合做好文化产业、广播电视网络中心改革及旅游行业整合的有关政策研讨和咨询；按照政府2005年为群众办实事的要求，配合有关部门对企业退休职工医疗保险低于40元给予补助的相关工作进行调研和分析，提出处置方案。

【改革与发展有机结合】 优化股权结构。深化改革打破了国有股一股独大及股权平均的格局，据统计，改制企业中国有及国有法人股占18.92%，经营者、经营班子持股13.05%，业务技术骨干持股23.91%，一般职工持股9.25%，非公法人及社会自然人持股34.87%。股权结构的多元化，有力推动了现代企业制度的建立和完善；提高了企业效益。2005年，全市完成工业增加值362.54亿元，比上年增长14.8%，占全市GDP 38.5%。规模以上工业企业实现销售收入745.21亿元，增长32.8%；实现利税总额168.9亿元，增长38.8%。国有及国有控股工业完成增加值221.32亿元，增长18.3%；股份制企业完成增加值103.87亿元，增长16.3%；股份合作制企业完成增加值1.5亿元，增长7.3%。国企改革成效进一步显现，极大地拉动了全市GDP的稳步增长。烟草、机械等5个行业主管业务收入分别突破百亿元大关，主营业务收入超过5亿元的企业发展到25户，主导行业对工业经济的支撑作用不断增强；盘活了存量资产。纳入改革的国有净资产为52.19亿元，通过改革，从竞争性领域有序退出国有资产39.25亿元，占75.2%。通过深化产权改革，仅市级财政就收回现金3.53亿元，为进一步深化改革和实施工业强市战略积累了资金；调整了经济结构。国有资产的优化配置和合理流动，促进了国有经济整体素质和控制力、影响力、带动力的提高，由市国资委监管的19户企业实现销售收入和上缴税金分别占规模以上工业企业的19.6%和16.9%。国有资本的有序退出，加快了所有制结构的调整步伐，国有经济与其他经济类型的比例调整为36.1∶63.9，非公经济发展的空间得到拓宽；妥善安置了企业职工。通过改制企业留用一批、正常办理退休手续一批、实行内部退养一批、自谋职业一批、政府安排就业一批，有效解决企业职工的分流安置问题，已完成工商登记的改制企业涉及在职职工59 795人，其中，转换职工身份占72.9%；自谋职业占11.9%；内退占15.2%。安置离退休人员34 830人。落实工作经费1 100万元，建立社区劳动保障事务所140个，服务站339个，社区平台建设取得新进展。

（杨　春）

国有资产监督管理

【概　况】 昆明市人民政府国有资产监督管理委员会于2004年7月5日组建。2004年10月21日，市政府明确市国资委为市政府直属正县级特设机构，代表市政府履行国有资产出资人职责。

划入职能是：中共昆明市委原企业工委和市属有关部委办局承担的管理国有企业负责人和指导国有企业党建工作等职能。昆明市经济委员会对国有上市公司的资金投向进行监督、指导国有企业实施战略性改组、兼并、破产、减员增效和开展扭亏增盈、对国有及国有控股企业及其资产、股权、经营权向外资转让的管理职能。昆明市财政局有关国有资产管理的部分职能，制定和监督执行国有资本金基础管理的规章制度；拟订国有资本金基础管理的政策、改革方案、地方性法规、制度和管理办法；组织实施国有资本金权属界定、登记、转让，国有股权管理、清产核资，产权纠纷调处和仲裁工作；拟订国有资本金收益分配政策，监缴国有资产收益，并提出国有资本金预算编制草案；国有资产统计、评价和资料汇总工作；国有资产评估项目的核准及备案工作。昆明市劳动和社会保障局有关国有和所出资企业工资管理的职能；拟订国有和所出资企业经营者收入分配政策、措施并组织实施的职能。

主要职责是：根据市政府授权，依照《中华人民共和国公司法》、《企业国有资产监督管理暂行条例》等法律和行政法规，代表市政府对市属企业的国有资产和市本级部分行政事业单位用于经营性国有资产实施监管；指导国有企业改革和重组，推进现代企业制度建设，完善公司治理结构；负责国有经济结构和布局的战略性调整。代表市政府向部分市属国有和国有控股（参股）企业（以下统称所出资企业）派出董事成员和监事会，负责董事会成员和监事会成员的日常管理工作；代表市政府对“所出资企业”的国有资产授权经营。通过法定程序对“所出资企业”主要负责人进行任免、考核并根据其经营业绩进行奖惩。建立符合社会主义市场经济体制和现代企业制度要求的选人、用人机制，完善激励和约束机制。通过统计、稽核对“所出资企业”国有资产的保值增值情况进行监管。建立和完善国有资产保值增值指标体系，制定考核标准，维护国有资产出资人的权益。根据有关法律、法规，拟订全市国有资产管理的政策，制定有关规章制度；监督指导各县（市）区企业国有资产的管理工作。承办市委、市政府和上级机关交办的其他事项。

内设机构：办公室（党委办公室）、企业领导人员管理处、政策法规处、规划发展和企业改革处（市属企业兼并破产办公室）、统计评价与业绩考核处、产权管理处、企业分配处、董事会和监事会工作处（国有企业监事会工作办公室）、人事处、党委工作部（党委组织部、宣传部、统战部）、机关党总支及纪检监察机构。人员编制和领导职数：行政编制 63 名，工勤人员编制 7 名，合计 70 名。部门党政领导职数 5 名（经批准现已任命的，按超职数配备）；中层领导职数 23 名。2005 年 10 月 11 日，昆明市机构编制委员会以《关于核定昆明市人民政府国有资产监督管理委员会派出国有企业监事会行政编制的批复》，同意市国资委对 11 户国有独资企业派出 6 个监事会，行政编制 18 名，每个监事会为 3 名。

监管企业：2004 年 11 月 25 日，市国资委对第一批共 19 户国有独资、国有控股及国有参股企业履行出资人职责，具体名单是：昆明市城建投资开发有限责任公司，昆明自来水集团有限公司，昆明云内动力股份有限公司，昆明滇池投资有限责任公司，昆明市土地开发投资经营有限责任公司，昆明公交集团有限责任公司，昆明煤气总公司，昆明市粮食局第四直属库，昆明市交通投资有限责任公司，昆明市国有资产（持股）经营有限责任公司，云南纺织（集团）股份有限公司，云南 CY 集团有限公司，昆明力神重工有限公司，昆明电缆股份有限公司，云南变压器电气股份有限公司，昆明电机有限责任公司，昆明中北交通旅游有限责任公司，昆明市粮油储运公司，昆明彩印有限责任公司。

6 月 14 日，市委下发《关于调整和理顺市属企业及党组织关系在昆明市的中央、省属企业党组织隶属关系的通知》，明确党组织关系归口市国资委党委直管的企业有 85 户，统管的有 261 户，共计 346 户。职工总数209 872人，其中，在职职工96 136人。党员总数43 956人，其中，在职党员17 119人。

【监管企业经济运行情况】 2005 年，19 户监管企业累计销售（营业）收入538 163万元，实现利润总额10 594万元，上交各项税金22 506万元，与上年同期相比分别增长 20.4%、13.5%、9.5%。工业总产值保持快速增长，经济效益稳步提高，完成工业总产值430 343万元，实现增加值132 812万元，比上年分别增长 23.9%、20.9%。公共服务质量不断提高，社会效益显著增强，公交客运量同比增加5 681万人次，增长 14.34%，公交营运线路由年初的 117 条增加到 143 条，公交出行分担率由 2004 年同期的 14%增长到 18.54%，净增 4.54 个百分点，完成煤气供气量17 796万立方米，同比增长 1.3%，完成自来水供水量20 849万吨，同比增长 2.6%；粮食储备稳步增加，全年共完成粮食计划储备19 138万千克，较上年同期增长 14%。城市建设步伐加快，企业融资能力进一步增强，全年新增融资额575 484万元，完成投资额525 449万元，投资企业资产总额与年初相比增加 1 倍，资产负债率与年初相比降低 17.2 个百分点。至年底，资产总额 315.09 亿元，所有者权益 121.36 亿元，国有资产保值增值率为 100.07%。

【国有资产管理体制改革】 完善国有资产监管制度。为加强国有资产监督管理的政策法规体系建设，制定下发《关于加强昆明市国资营运机构领导人员管理的若干意见》、《昆明市国资营运机构公开选聘高级经营管理人员暂行办法》、《昆明市国资营运机构领导人员任期制暂行办法》、《昆明市国资营运机构产权代表经营业绩考核暂行办法》、《昆明市国资营运机构产权代表薪酬管理暂行办法》、《昆明市国资营运机构专职监事会主席管理暂行办法》、《昆明市国资营运机构专职监事管理暂行办法》，逐步在监管企业形成与现代企业制度相适应的权责明确、运转协调、制衡有效的企业领导管理体制；形成适应社会主义市场经济体制要求的充满生机和活力的企业领导人员选拔任用和激励约束机制；形成一支能忠实代表出资人利益、具有专业化水平的产权代表队伍和善于经营管理的职业经理人队伍。

推进企业经营业绩考核和薪酬规范。根据《产权代表经营业绩考核暂行办法》和《产权代表薪酬管理暂行办法》，按照监管企业的不同行业特点，分别制定产业、公用、投资 3 类企业不同的考核目标，并与监管企业产权代表签订年度经营业绩责任书，初步建立以经营业绩为核心的考核评价体系和薪酬管理制度，落实国有资产保值增值责任，实现了对企业领导人员的激励约束从弱激励软约束向强激励硬约束的转变，调动了企业经营者的积极性和创造性。

完善企业法人治理结构。组建 6 个监事会，并向监管企业派驻监事会和监事，完成 11 户企业领导人员的调整，建立健全 11 户企业的董事会、8 户企业的监事会。选人用人机制改革迈出重要步伐，配合市委组织部面向全国公开招聘监管企业高级管理人员 2 人。建立完善 19 户监管企业 176 名企业管理人员信息库，对监管企业领导人员及高级管理人员的自然情况、工作简历及能力特点进行备案和科学分析，为企业领导班子建设和人员的选拔、配备、管理奠定了基础。

【国有资产基础管理】 做好产权管理工作。规范完成资产评估备案审核和产权界定处置工作。建立重大项目资产专家评审制度，召开 9 次专家评审会，评审资产 6.4 亿元，否决评估减值国有资产 3.16 亿元，加强了资产评估备案的审核程序，提高了评估质量，国有资产流失风险的防范机制初步建立。严格执行国有产权进场交易，2005 年共有 12 户市属企业实现进场交易，自来水集团转让 49%的股权比转让标底溢价 30%。圆满完成 53 户企业国有资产产权登记工作。

开展监管企业清产核资工作。通过账务清理、资产清查、损益认定、报表编制、中介审计、结果申报、资金核实等工作程序，以2005年2月28日为基准日，清查核实19户监管企业资产总额189.79亿元，负债125.76亿元，所有者权益64.03亿元，核销不良资产1.58亿元。掌握了监管企业的资产质量状况、财务状况、管理状况、经营状况，并根据清产核资过程中发现的因管理不善和决策失误造成的资产损失等问题，提出了加强财务资金管理，健全内控制度，加强风险防范，提高监控能力，完善公司法人治理结构，减少决策失误，强化激励约束机制，落实保值增值责任等加强监管的意见。

完成行政事业单位经营性资产清理核查工作。为使行政事业单位经营性资产核查工作做到全面、认真、细致，在充分准备的基础上，及时下发文件，明确清理核实的具体内容、政策依据和工作程序，在监察、财政、审计等部门的支持和配合下，共核查88个行政事业单位346项经营性资产，经营性资产总额117 381万元，比单位自查上报数56 286万元增加了61 095万元，增幅108.5%。通过核查，初步掌握了行政事业单位经营性资产存在的资产管理制度不健全、财务管理混乱和收益管理不规范等问题。

【国有企业改革】 做好企业改制工作。完成改制企业资产评估备案58户，涉及资产总额70.33亿元，负债41.44亿元，净资产28.89亿元。完成界定处置64户，涉及界定的国有净资产21亿元，纳入改制的国有净资产9.04亿元，出售的国有净资产3.29亿元。针对国企改制中存在资产漏报情况，向企业下发紧急通知，查出14户改制企业漏报国有资产3 671万元。完成29户改制企业基准日期后审计工作。稳步推进股权分离改革，云内动力的股改方案以87.42%的高票获得股民通过。推动沈阳机床集团重组CY集团、美的集团并购云南客车厂、云南国资水泥整合云南水泥有限公司等10户企业的整合重组；昆明市自来水集团与法国威立雅水务集团合资项目进展顺利。通过重组，国有资本配置进一步优化，国有企业的活力进一步增强。沈阳机床重组云南CY集团后，机床产量由上年同期的1 692台增加到7 600台，同比增长4.49倍。产品销售收入较上年同期增加26 374万元，增幅近2.26倍。规范进入破产法律程序破产企业的资产评估备案、资产处置、职工安置、破产终结等工作程序；及时收集、梳理、分析企业破产关闭工作中存在的各种问题，加强与法院、土地、规划、财政、劳动保障、工会等部门的联系和协调；与各主管部门签订“破产工作责任书”，推进终结进度；指导和参与企业破产清算组的工作，协助清算组做好职工基本生活费、医保费的按时发放。完成国营春光器材厂、昆明银利公司、昆明市带钢开发公司、昆明轻纺边境经济贸易总公司等企业的破产终结工作和云南华亿经贸有限公司的关闭工作。

妥善处置债务，优化企业资本结构。为切实改变昆明市部分企业债务沉重、筹资能力弱、信用状况差的现状，市国资委积极组织企业不良债务的处置工作。经市国资委与华融资产管理公司多次协商，处置市25户企业不良债务5.27亿元，减轻了企业的债务负担，并解除了19户企业共计3.09亿元的担保责任。同时，为做大做强投融资公司，与市财政局共同研究提出向5户投融资公司注资的方案，剥离投融资公司负债近50亿元，降低投融资公司的资产负债率，优化资本结构，提高融资能力，为新昆明建设提供强有力的资金支持。

积极推进企业分离办中小学职能。全市企业办中小学151所，在校学生49 097人，至2005年11月30日，151所企业办中小学全部完成职能分离。牵头组织有关部门开展市属国有企业重组改制和关闭破产中维护职工合法权益工作，对174户列入产权改制计划和49户列入兼并破产计划的市属企业进行维护职工合法权益工作检查，督促企业落实各项劳动政策，切实维护好职工合法权益。

（马金荣　尚　明）

工商行政管理

【企业及个体私营登记管理】 2005年的企业、个体私营登记管理工作以贯彻实施《行政许可法》为契机，进一步规范自身执法行为，积极推进企业登记制度改革，稳步推行企业信用分类监管和个体工商户分层分类监管，大力加快企业信用体系建设，努力探索新形势下市场准入登记管理工作的新机制，积极开展各项工作。创新企业年度检审工作方式。通过互联网信息技术，市局开展了网上年检业务，在网上提供年检须知事项和各类表格，由企业下载后按规定填写，再到所在登记机关年检盖章，减少了企业往返次数，缩短了办事时间。2005年度，全市共有4 000多户企业上网参检，网上年检率达到25%；受到社会各界的欢迎好评。全面启动企业信用分类监管工作。企业信用分类监管是以企业所从事的经营项目风险度、自身守法经营记录、不良行为记录等综合因素为参考的分类监管方法。市局制定企业信用监管分类指标，确定信用类别核定原则；规定统一的信用征集录入制度，按照“谁登记，谁录入；谁检查，谁录入；谁处罚，谁录入”的原则，要求及时、准确、完整地将企业（个体）各类信息录入经济户口的相关功能模块；建立经济户口的企业认领制度；建立经济户口的督察、督办制度；在信用分类监管软件中设置了经济户口、分类监管、登记信息、查询统计、系统维护5大功能模块，满足各类信息分类归档的要求；结合昆明地区市场监管的实际，制定昆明市首批重点、热点行业监管名录。建立个体工商户分层分类监管工作机制。市局在4月下发《个体工商户分层分类登记管理办法执行意见》，明确了此项工作的任务：建立委托登记和委托备案机制，区、县两级工商局依法委托工商所办理个体工商户登记注册和验照；建立个体工商户分类监管机制，把个体工商户相应地分为A、B、C、D4个管理类型，依法实施不同的监管方式和方法；加强执法标准化建设，严格规范基层工商所对个体工商户的行政处罚行为和自由裁量权；认真落实个体工商户分层分类登记管理的配套措施。2005年度，全市有国有、集体、股份合作、非自然人投资的企业17 862户，注册资金3 518 870万元；有私营企业33 985户，投资人数71 891人，雇工人数152 700人，注册资金3 000 486万元；有个体工商户185 971户，从业人员459 130人，资金数额630 640万元；有外商投资企业489户，投资总额23.01亿美元，注册资本11.68亿美元，外方认缴7.21亿美元，外商投资企业的分支机构（办事处）387户。

【市场监督管理】 2005年市场监督管理工作坚持“以人为本”的科学发展观和管理观，大力开展制度创新和管理方式创新，把市场信用建设作为整顿规范市场经济秩序的治本之策，建立健全新型的市场监管体系，继续开展各类市场专项整治行动。以“创卫”和迎接GMS会议为契机，全面加强各类市场的整治规范。各级工商行政管理机关共检查农贸市场、食品市场4 632个（次）、经营户158 875户（次）；取缔无证照经营户4 835户；下达《工商行政管理机关责令改正通知书》3 156份，督促市场开办者与市场经营户签订《责任书》11 578份，为实现“创卫”工作“市容市貌整洁美观，国内国外眼前一亮”的目标、迎接GMS会议的召开做了积极贡献。深入开展“红盾护农行动”。为确保工作取得实效，市局在农资市场和农资经营户中要求建立种子留样备查公示制度，健全完善“两账两票一书一卡”制度，深入开展“诚信市场”创建活动，普及推广农资连锁经营、物流配送等现代营销方式，逐步在乡、镇和办事处建立乡村工商“12315”投诉服务网络，积极开展农资市场各项整治工作，严厉打击制假销假、坑农害农的违法行为。共开展全市性大型农资宣传活动2次，其他形式宣传活动51次；共检查整顿农资市场165个（次），清理规范农资经营户2 677户（次）；建立种子留样备查档案5 240份；建立乡村“3·15”举报投诉服务站85个，聘请联络员125人；受理农民申诉、投诉案40件，为农村消费者挽回经济损失15.85万元。查处各类农资违法案件168件，总案值131.6万元。查处的违法物资主要有：化肥80吨、农药5 464千克、种子1 799千克、农用地膜7 540千克。市工商局市场处、呈贡县工商局城关分局被国家工商总局评为“红盾护农行动”先进单位，昆明市工商局副局长常晋云、东川区工商局市场科科长孙力两位同志被评为先进个人；全市工商系统有4个单位、7名个人也被省工商局授予先进集体和个人。进一步加强对粮食市场监管，认真做好陈化粮处理工作。全系统以查处粮食批发市场和县城所在地集贸市场为重点，对粮食市场中的无照经营、非法收购粮食、合同欺诈、坑农害农等违法行为坚决进行查处，坚决打击倒买倒卖陈化粮、在粮食中掺杂使假、销售霉坏变质的粮食及其制品的非法行为。全系统共检查清理粮食市场735个（次），检查清理粮食经营户6 856户（次），依法吊销营业执照2户，查处倒卖陈化粮案件8件。深入开展中小学、幼儿园周边环境秩序专项整治行动。市局制定《昆明市工商行政管理机关2005年深入开展学校幼儿园周边环境整治行动实施方案》，清理取缔黑网吧、电脑屋；清理取缔学校、幼儿园周边200米以内经营的游戏厅、歌舞厅、录像厅等；清理取缔无证照经营行为和乱摆乱设的饮食摊点、报刊亭、音像制品摊点、出租房等；清理取缔各类违法广告。进一步加强对汽车、旧机动车、汽车配件市场的监管。昆明市工商局制定《昆明市工商行政管理系统关于联合开展对二手车交易市场和汽车、摩托车配件市场进行专项整治工作的实施方案》，清理、整治和规范二手车交易市场10个，经营户258户，评估单位8户；整治规范汽车、摩托车配件交易市场8个，经营户954户，维修户27户，评估单位12户。认真开展打击合同欺诈的专项执法行动。根据《昆明市工商行政管理机关开展打击合同欺诈专项执法行动实施方案》，全系统共检查企业4 370家，查验落实各类合同执行情况4 923份，共办理企业动产抵押登记178份，抵押金额449 611.78万元，主债全额207 341.79万元；变更登记9份，注销登记107份；受理企业（群众）咨询服务500余人（次）。深入开展“诚信市场”创建活动，营造“诚信兴商”良好氛围。市局下发《关于推荐评比全省诚信市场的通知》和《关于推荐评比全市诚信市场的通知》，明确评比标准和评分细则，成立组织领导机构，对各县（市）区局推荐上报的25个市场进行检查、考核、评比、验收，确定昆明市油管桥厨房用品市场、景星花鸟市场等22个市场为昆明市“诚信市场”，并召开会议进行了表彰。

【公平交易执法】 2005年公平交易执法工作按照“突出重点、标本兼治、重在治本”的要求，确立以“整规”工作为中心，以查处大案、要案、专案为重点，整合办案力量，构建全市公平交易执法“一盘棋”的工作思路，凸现公平交易执法在市场整顿规范中攻坚碰硬、查办大案要案的地位作用。以整治食品药品、保护知识产权、打击商业欺诈专项行动为重点，全面开展公平交易案件查处工作。在食品药品案件方面：继续加大对陈化粮专案的查处，通过对昆明凉亭铁路货运场到站粮食专列的抽样检查，严格加强对陈化粮和不合格粮食的监控；协调组织云南省粮油检测站等相关部门，有重点地对昆明市生产规模较大的食用油生产企业及广丰、大兴、小坝等大型粮油制品批发市场，进行食用油市场的专项抽查；协同盐务管理部门，组织开展昆明市盐业市场的专项整治，查处违反盐业专卖管理规定的案件14件，共查扣私盐35.7吨，检查盐矿2个，检查食盐批发企业8家，检查食盐零售经营户5 097户，取缔无《食盐批发许可证》经营户4户；先后组织和参与查办了“丰园”牌保健品掺杂使假案、南京冠生园月饼违法包装案、境外疫区入境的问题鳝鱼案等。在知识产权保护方面，先后查处了一批对奥普浴霸、绿箭口香糖、阿迪达斯运动服、耐克运动鞋、苹果牌牛仔裤、吉利轿车、报喜鸟西服、日丰塑料管等一批知名商标的侵权案；开展清查打击盗版影视光碟、电脑光碟和淫秽光碟的专项检查，收缴光碟75 925盘，清理规范音像制品经营户1 185家，收缴一批宣扬法轮功的非法出版物，立案查处两起盗版教材案。在反商业欺诈方面，继续加大对仿冒知名商品包装、大型商场虚假有奖促销、误导性的手机降价销售、利用网络进行虚假宣传等进行检查，要求商家对

国家工商总局领导（中）在昆明小板桥种子市场视察　（市工商局　供稿）

工商干部在超市进行食品安全质量检查 （市工商局 供稿）

抽奖类有奖销售实行备案制。深入开展反不正当竞争行为的“利剑行动”，营造公平竞争的良好市场环境。主要对供电、供水、保险、电信、石油等公用企业或具有独占地位的行业在市场营销活动中的不正当竞争行为加强监管规范，对群众反应较强烈的医疗费用虚高和教育费用过高的现状开展专项调查，对地区封锁、行业垄断等垄断性限制竞争行为进行调查研究，积极探索在这一领域的监管途径。继续开展打击传销或变相传销的专项斗争，坚决遏制传销和变相传销在昆明市的泛滥蔓延。市工商局先后向市政府上报《关于昆明市专项打击传销、变相传销工作的实施意见》及《实施方案》、《昆明市打击非法传销三年规划》等文件，以求在昆明市建立“群防群治、齐抓共管”的综合治理格局和“分层治理，划片包干”的监管模式。2005年度，市局和各区、县局查处一批传销和变相传销案件，遣散了一批传销人员。

【商标监督管理】 保护注册商标专用权作为2005年度市场整顿规范的“三项重点整治”任务之一，昆明市工商局先后开展查办食品、药品、医疗器械商标侵权违法案件集中行动，查处农药、化肥、种子等商标侵权违法行为集中行动，打击侵犯驰名商标、著名商标、集体商标、证明商标、涉外商标、奥运会标志、世博会标志的侵权违法行为集中行动；查处伪造、擅自制造、非法印制和销售商标标识违法行为集中行动，共查处各类商标侵权及违法案件134件，罚没款103.6万元，查缴各类侵权商品53 494件（箱、瓶、袋），化肥98.75吨，收缴各种商标标识392.9万件。通过专项整治，市场上商标侵权行为得到有效遏制，有效保护了国际、国内注册商标所有权人的合法权益，维护了注册商标作为知识产权的法律地位。在打击商标侵权行为的同时，各级工商行政管理机关深入开展普及商标知识系列宣传咨询活动，举行保护注册商标万人签名仪式，召开著名商标企业保护座谈会，开展“商标知识进农村”等普及宣传，倡导商标印制企业实施“堵源头、反侵权”共同抵制非法商标印制行动；积极帮助引导企业实施商标品牌战略，加快企业“走出去”的步伐，运用商标品牌参与市场竞争；推荐了昆明地区企业的41件商标参加第三批云南省著名商标评选，其中25件被认定为“云南省著名商标”；积极引导农副产品生产加工企业和农村合作组织申报农产品注册商标，促进农业增效、农民增收，帮助指导“呈贡宝珠梨”申报地理标志证明商标，并获国家商标局的核准注册，实现昆明市农产品地理标志证明商标注册零的突破。

【广告监督管理】 2005年，广告监督管理工作深入贯彻国家工商总局及省工商局“惩治虚假违法广告，严厉打击商业欺诈行为”的要求，调整广告监督管理体制，建立健全广告监管制度，开展广告专项整治行动，创新广告监督管理方式，不断强化广告监管职能。调整监管体制，实现三级联动。市局将省局下放监管权的74家省属媒体、市属的23家媒体，分别划定为由市工商局和五华、盘龙、西山、官渡4个区工商局按地域日常监管，形成由省局业务指导、市局具体组织、区局日常监管的“三级联动、分级监管”执法新体制。加强制度建设，推进职能到位。市工商局协调相关职能部门建立广告监督管理联席会议制度，对广告经营单位及媒体建立和实施广告发布违法情况通报制度，广告媒体行政告诫制度，虚假误导广告宣传的药品、保健品“退市”制度，广告内容发布事前审查代理制度，广告媒体行为记录公示制度；突出监管重点，加强对“四个主流媒体、五类重点广告、六种违法行为”的监管、监测。开展“打虚假树诚信”的广告专项整治行动。昆明市工商局、市委宣传部、市公安局、市监察局等10个部门联合在《昆明日报》、《都市时报》及昆明电视台刊播《关于严厉打击虚假违法广告的通告》，向全社会通告整治行动的意义、措施及要求，对户外“一环（路内）”、“二港（机场、火车站）”、“三横三纵（六条主街道）”、“四个景区（世博园、民族村、西山、石林）”为主的广告媒体进行大规模的清理整治；另对媒体发布的药品、保健品、医疗用品、化妆品、美容服务等夸大效用、欺骗误导消费者的广告进行清理和查处；对房地产广告中使用的所谓“内部认购”、“风水宝地”、“惟一”、“最后绝版”、“万岁”、“私有化”、“精英专属区”、“关注财富阶层安全”等夸大其词、故弄玄虚、绝对化用语、禁止性文字、不良文化的广告用语，责令其进行整改，整治工作取得明显成效。在整个行动中，全市共检查户外广告1 837块，责令整改550条（块），拆除违法广告21块，查处户外广告违法案件34件，有效遏制户外广告发布中的违法违规行为。建立广播电视广告发布监测平台。2005年9月2日，“昆明市工商局广播电视广告监测中心”在昆明新闻中心正式挂牌成立，监测中心采用计算机先进管理手段，对在广播、电视中播出的广告信息进行采集、筛选、分类，从而分析识别出违法违规广告，这对提高广告监管效能，规范执法行为，完善监管机制，创新广告监管方式，有着重大的意义。2005年度，全市共监测各类广告388 004条（次），暂停发布广告331条，查处违法广告案件385件。通过广告综合治理，全市药品、医疗、保健食品等重点广告违法率大幅下降，分别从上半年的69.65%、36.59%、76.34%下降到年末的24.96%、

市工商局“12315”消费者投诉受理指挥中心　（市工商局　供稿）

2.98%和29.23%，有效遏制了保健食品、药品、医疗等虚假违法广告蔓延势头。

【消费者权益保护】　2005年，消费者权益保护工作以维护市场食品安全为重点，继续建立和完善食品和重要商品的市场准入制度，大力加强工商“12315”申诉举报网络建设，探索市场食品安全的长效监管机制和消费者的维权服务机制。各级工商行政管理机关在辖区的大型商场、超市和主要市场内，实行以索证、索票为基础，以“四查”（商品抽查、专项检查、市场巡查、责任追查）为主要方式，利用“一个平台”（网络管理平台），把好“五个环节”（准入、预警、下柜、退市、查处）的管理模式，探索建立起长效的商品质量监管机制。对大型商场经营的重点食品，全部要求建立索证索票制度、进货检查验收制度、销货登记台账制度；对食品经营有一定规模的商场，要求经营者对酒、奶制品、儿童食品、调味品、食用油、粮食制品、肉制品等7类食品建立索证索票制度及进货台账；对一般商店则要求对饮料、酒、调味品、儿童食品等4类食品建立索证索票制度；对销售鲜猪肉的经营者严格执行“场厂挂钩、一猪一票制”；对超市、四城区的农贸市场、蔬菜批发市场的蔬菜农残检测实行每日抽检、公示制；对销售粮食制品的经营者严格执行准入证制度。此外，市局还组织了对粮食市场、食用油市场、保健品市场、家畜家禽市场、农村食品市场、月饼市场等的检查抽查，特别是对含有“苏丹红”有毒色素、“猪链球病菌”的肉类制品、碘含量超标的“雀巢”奶粉等食品进行大规模的清理检查，有效防止问题食品的流散蔓延，确保了广大消费者的购物安全。市局继续加强对“12315”消费者申诉举报“一个中心、三级联动”网络的建设，改善硬件设施，提高服务功能，建立指挥中心，增开申诉举报线路，积极做好消费者申（投）诉和案件举报件的受理、分流、协调、指挥、督促办理、答复反馈等各个环节工作，形成对侵害消费者权益行为查处的快速反应机制。充分利用指挥中心信息平台，把“12315”网络、食品企业经营者经济户口、相关资料信息等全部纳入数据库中，做到信息交流，资源共享，形成市局、县（区）局、工商所三级联动的消费者维权保护机制，还充分利用网络信息平台，建立起重大情况、突发事件报告和应急处置机制。2005年度，市局“12315”指挥中心共接听电话39 800余个，受理消费者申诉3 366件（其中商品类申诉2 502件，服务类申诉864件），调解成功的有3 218件，调解成功率为95.6%，为消费者挽回经济损失267.2万元；查处侵害消费者权益案件390多件，案件总值352.54多万元。2005年度市局还组织参加了“全国千万家庭食品安全知识大赛”选拔赛，昆明市初选的4个家庭，在全省13个家庭参加的竞争选拔赛中，分别取得全省第一名、第二名和两个优秀奖的好成绩，获得第一名的家庭代表云南省参加了在北京的全国比赛。

（姚晓茂）

统　计

【经济普查】　自2004年以来开展的第一次全国经济普查是新时期我国国情国力的一次重大调查。2005年普查主体工作已基本完成。昆明市各级共动员14 000余名普查员、普查指导员和普查机构工作人员，先后开展普查试点、单位清查、现场登记、质量抽查和审核汇总等工作，对昆明市从事第二、第三产业的26 695个法人单位、35 827个产业活动单位和227 715户个体经营户，进行普查登记，拿到第一手资料，掌握了全市基本经济单位情况，查清了二、三产业发展的底数。经国家经济普查办公室质量检查小组的检查，昆明市经济普查数据质量完全符合全国经济普查数据质量控制标准，得到国家和省的充分肯定，被国务院第一次全国经济普查领导小组授予先进集体荣誉称号，在省政府目标责任考核中荣获一等奖，标志着昆明市第一次全国经济普查取得圆满成功。全市经济普查的数据资料，如实反映昆明市改革开放和现代化建设的成果，反映了社会生产力和人民生活水平的提高。经济普查的结果，对于准确认识全市经济总体规模和重大比例，正确处理速度、结构、质量和效益的关系，保持经济平稳较快发展，加快转变经济增长方式，促进产业结构优化升级，都具有重要的作用和影响。年底，昆明市经济普查已进入资料开发阶段。

【1%人口抽样调查】　国务院规定，在以10年为间隔的两次全国人口普查之间要开展一次人口抽样调查。2005年1%人口抽样调查是继2000年第五次全国人口普查之后的又一次重大国情国力调查。为保证调查数据对县一级地方具有代表性，云南省将样本量扩大为2.34%，按照这个比率，昆明市共抽中136个乡镇，471个调查小区，对38 834户家庭进行调查登记，登记总人口131 785人。全市各级统计部门经过一年的工作，完成抽样框编制、样本抽取、入户登记和数据处理上报等工作。并按照省的要求，在1%人口抽样调查数据处理中采用了“在线异地录入”的新技术，国家统计局计算中心和省统计局领导先后到昆明市安宁、石林两个县（市）的录入现场进行考察指导，对昆明市的组织模式、技术力量给予高度评价，录入工作取得良好成效，昆明市首

次在全省以第一时间高质量上报了调查数据。年底，调查已进入样本还原、数据测算阶段。

【GDP 核算数据下管一级】 为保证市级国民经济的各项主要统计数据与各县（市）区的各项主要统计数据的绝对额和发展速度保持协调一致，增强县（市）区国民经济主要统计数据的协调性、科学性，客观、真实地反映县（市）区宏观经济运行情况，更好地为地方党政领导和社会宏观决策服务，2005 年，按照国家统计局和省统计局先后下发的一系列改进地区 GDP 核算文件的要求，昆明市建立了工业、农业、建筑业和批发零售住宿餐饮业等 4 个专业下管一级的审核评估制度和 GDP 核算联合审核制度，有效促进了全市和县（市）区 GDP 数据的衔接，进一步规范了统计数据的公布和使用制度。

【县域经济综合评价指标体系】 建立县域经济综合评价指标体系是市政府交给统计部门的一项重要工作。2005 年 2 月，市统计局内设立昆明市县域经济综合评价及考核办公室，具体负责评价体系的建立、评价方法的制定、统计数据的收集与审核、评价结果的计算等工作。并负责讨论和研究评价考核工作中的重大问题，向市政府提供考核评价建议。至年底，市统计局已完成评价统计指标的收集、审核与上报工作。

【文化产业统计】 文化产业统计是云南省自 2004 年开始施行的一项新的重要地方部门统计制度。2005 年，是昆明市文化产业加快发展的重要时期，市委、市政府高度重视文化产业统计工作，在机构、经费、人员及调查方案等方面作了批示，并从文化产业专项资金中拨出经费用于文化产业统计工作。2005 年 11 月 25 日，昆明市政府召开全市文化产业统计工作会议。会议对 2005 年全市文化产业统计工作作了具体安排和部署。会后，各县（市）区按照会议的要求和部署于 2005 年 12 月 5 日前组建文化产业统计机构，并完成乡镇、街道办公室调查人员的招聘工作；12 月底，完成培训工作。

【农产品生产价格指标体系】 2005 年，国家和省力推用新农业发展速度计算农业总产值和增加值并下管一级，这是农业统计改革的重大举措。为进一步完善统计方法制度，规范全市国民经济核算工作，准确核算农业增加值及发展速度，市统计局根据 2004 年全省红河会议精神，在呈贡、官渡两县区试点的基础上进行试算，拟订《昆明市农产品生产价格调查和价格指数编报方案》，在 7 月中下旬开展全市农产品价格调查工作，首次编制了昆明市农产品生产价格指数。

【规模以下工业抽样调查】 为准确、全面地核算工业增加值及发展速度，提高工业统计数据的科学性和代表性，市统计局于 2005 年 9 月在官渡、盘龙、安宁 3 个县（市）区开展了规模以下工业抽样调查试点工作，计划在 2006 年在全市推开此项工作。

【统计服务】 2005 年，市统计局密切关注经济社会运行情况和国家各项重大决策在贯彻落实过程中出现的新情况和新问题，加强预警监测。针对国务院、建设部加强宏观调控，稳定房价政策措施的贯彻实施，与市发改委、市国土资源局、市房产管理局等部门配合，建立昆明市房地产价格预警监测系统，确保房地产统计数据准确、及时地上报和发布。针对国家《钢铁产业发展政策》和烟草行业“双稳健”、“纠三偏”政策对昆明市工业经济产生的影响，积极撰写题为《工业生产增幅回落、制约因素不容乐观》的专题分析，及时预警，受到市委、市政府的高度关注。日常工作中，及时发布《工业经济运行通报》、《昆明市国民经济主要指标》、《全国 27 个省会城市资料汇编》、《经济工作手册》、《月度居民收支情况和物价指标》、《物价监测情况及主要品种涨跌幅度情况》、《工业产品价格》、《房地产销售价格》等进度统计信息和预警监测报告，并围绕农业、投资、价格、城乡发展、居民生活等重大问题，开展昆明市交通出行情况和全国部分城市卷烟价格、非公经济领域人才、连锁企业、旅游业增加值、农业龙头企业等专项调查，撰写专题报告，为各级领导准确把握经济发展的形势和走势、研究解决经济运行中的突出矛盾和问题，提供重要的参考依据和决策支持。为满足社会公众对统计日益增长的需求，市统计局不断提高为社会各界服务的能力。至年底，共为社会各界人士提供各类咨询服务 2 000 多人次。在两会期间，编制《昆明市 2004 年国民经济和社会发展公报》、《昆明市国民经济和社会发展情况》等图表内容详细、指标体系全面的统计资料，为“两会”代表更好地参政议政提供了优质的统计信息咨询服务。设在市政府便民服务中心的统计局窗口本着方便、快捷、热情、高效的原则，积极为社会各界提供服务。全年共办理统计单位注册登记证年审 3 552 件，统计单位注册登记 23 件，统计单位注销 611 件，统计单位变更 542 件、信息咨询 6 527 件，统计调查项目审批 12 件。

【统计法制建设】 2005 年，昆明市统计局认真贯彻《昆明市统计局行政执法责任制》，不断规范统计执法工作，编辑完成《统计行政执法工作手册》，积极参与《中华人民共和国统计法》修改工作，使统计执法工作进一步走向规范化、程序化和标准化。4 月，《昆明市统计管理办法》以市政府 57 号令颁布实施，标志着昆明市统计法制工作又迈出坚实的一步，是统计立法工作一个新的里程碑。同时，广泛开展统计报表的清查工作，进一步加大统计执法工作力度，按照经济普查执法检查计划，重点抽查部分县（市）区、三个开发（度假）区及一些企事业单位，发出催报通知书 327 份，并在全市范围内开展农村统计调查数据质量大检查。通过执法检查，查处了一批统计违法案件。

【统计信息化建设】 2005 年，按照国家统计信息化建设规划，结合昆明实际，围绕提高统计数据质量和统计工作效率，从着力解决目前统计工作中普遍存在的专业统计软件平台不统一、地方统计指标增加困难、统计系统内部数据无法共享、基层统计负担过重等问题入手，积极引进新技术，扩大统计信息化应用领域，加强统计信息化基础建设，取得较好效果。昆明市全面启动宏观经济数据采集系统的建设。7 月，正式投入使用，在房地产、建筑业、固定资产投资等行业推行了联网直报，获得成功，上报率达 95% 以上。10 月 8 日，省统计局领导班子全体成员到市局调研联网直报工作，对此项工作给予充分肯定。实践证明，联网直报的实施，使基层统计业务人员从日常繁重的统计数据收集、录入、审核、查错、汇总工作中解放出来，减轻了基层负担，提高了统计生产力和工作效率，确保了源头数据质量，带来了传统统计工作方式的根本变革，是昆明市统计方法改革进程中历史性的一步。

【专项调查】 2005 年，昆明市统计局充分发挥网络健全、反应快捷的优势，开展了小型批发零售贸易业，个体私营经济，旅游业增加值，“十一”、“春节”、“五一”黄金周，旅游花费问卷，连锁企业，华侨华人，港澳同胞在境内投资企业，城镇劳动力，中小学学生生活状况，农业龙头企业，新兴生物资源，重点工业企业和行业，交通出行，卷烟销售价格，警民关系，境外专家在昆工作情况等专项调查。

【统计培训】 2005 年，全市统计从业资格考试报名 496 人，统计职称考试报考中级 136 人，52 人合格，合格率 38.2%；报考初级 139 人，27 人合格，合格率 19.4%。初、中级考试的合格率较上年有较大提高，基层统计人员素质逐年提高。

（朱 珠）

质量技术监督

【质量管理工作】 坚持从源头抓质量，大力实施以质取胜战略，提高产品质量水平。以名牌战略为先导，带动地方经济快速发展。2005 年通过昆明市名牌推荐委员会推荐，经省名牌推荐委员会评价、公示和确认，昆明市有 14 个企业、17 个产品获得“云南名牌产品”称号，占 2005 年全省名牌产品数的 53.13%，在产品类别上新增食品、花卉等产品。至 2005 年底，昆明市共有 58 家企业、72 个产品获得“云南名牌产品”称号，占全省名牌产品数的 55%，其中昆明卷烟厂生产的“云烟牌”卷烟、云南铜业股份有限公司的高纯阴极铜获“中国名牌产品”称号。有 10 个企业的 12 个产品获“中国免检产品”称号，占全省免检产品数的 53%，为地方工业发展起了良好带动和示范作用。工业产品市场准入制度进一步完善。全年共受理农药、电线电缆、水泥、复混肥料等 26 类产品共 116 家企业工业产品生产许可证申报工作，其中新办证企业 58 家；完成 136 家获证企业的 174 个产品的年检备案工作；严抓对获证企业的后续监管，企业质量保障能力明显提高。巩固和扩大工业企业质量普查成果。对已有的企业数据进行更新，2005 年昆明市工业企业质量普查总数为2 262家，凡年销售收入在 50 万元以上的生产企业和已经取得产品生产许可证、食品生产许可证（QS）、3C 强制产品认证的生产企业已全部普查建档。根据国家质检总局、公安部、认监委联合发布的《关于加强机动车安全技术检验管理有关工作的通知》要求，完成昆明市 15 家机动车安全检测站调查接收工作。

【食品安全监管工作】 2005 年是质量技术监督部门履行新的食品生产加工环节质量安全监管职能的第一年，围绕“大力整顿食品生产加工业，切实提高食品工业水平”的重要任务，全市质监系统扎实工作，积极探索，初步建立食品质量安全区域监管责任制，食品生产加工环节质量安全监管初见成效。认真开展食品生产加工企业调查工作，掌握食品监管工作现状。全市共有登记在册各类食品生产加工企业1 573家；建立健全食品质量安全区域监管责任制。按照定区域、定人员、定企业、定任务、定责任的“五定要求”，在 14 个县（市）区初步建立食品质量安全区域监管责任制，明确监管人员责任；及时把监管重心转移到生产领域，严格食品市场准入，加强源头管理。严格对申证企业的审查和对获证企业的监督管理，发现问题及时督促整改。至年底，昆明市五类食品获证企业 119 家、获证产品单元 139 个，十类食品获证企业 140 家、获证产品单元 150 个，占十五类食品企业调查数的 70.6%。13 类食品进入申报程序，已有获证企业 2 家、获证产品单元 2 个。全市共有获证食品企业 261 家；对没有实行食品质量安全市场准入制度的食品生产企业，按照属地管辖的原则，实行巡查、回访、监督抽查等形式，不定期进行现场监督检查，有效防止食品安全事件的发生；清理食品质量标准。全市共清理企业备案的食品标准 2 249项，废除不符合强制性和超过有效期等情况的食品标准 549 项，提高了食品标准的有效性，为食品安全工作提供可靠的技术依据；积极探索新形势下的联合监管方法，强化规范市场经济秩序措施。与市工商局、市卫生局等职能部门建立联合监管工作制度，完善中秋月饼、鲜粮食品的质量监控。为确保中秋月饼质量卫生安全，市质监局与工商、卫生、商务、发改委等部门密切合作，联合出台《昆明市中秋月饼质量安全监督管理规定》，设立“协调办公室”，统一对全市中秋月饼开展质量卫生监督检查工作，现场检查和抽样检验相结合，合格的予以备案登记，准予进入市场销售，避免多头检查、重复检验等扰企现象，整合了监管力量，提高了工作效率，规范了中秋月饼市场，保障了中秋月饼质量。2005 年共监督抽检中秋月饼生产经销企业 522 家、产品 644 批次，一次性检验合格率为 88.2%。

【执法打假工作】 深入贯彻落实打假责任制，以区域整治、专项整治和日常打假工作相结合的执法打假不断深入，市场经济秩序得到进一步规范和改观。在全市范围内形成了以各级政府牵头负责，各部门协调配合的打假责任制，基本形成全市打假网络，执法打假工作责任制得到全面落实，对生产假冒伪劣产品行为努力做到早发现、早打击、早控制。2005 年，全市未发生因产品质量而引发的较大安全责任事故，全市生产、流通领域秩序基本正常。市质监局被考评为 2004 ~ 2005 年度全市打假治劣工作目标任务优秀单位。至年底，全局一共出动执法检查人员17 184人次，出动车辆6 142车次，先后开展乳制品、酒类产品、“苏丹红”原料和节日市场食品安全等专项执法打假检查活动 10 次，检查各类生产经营企业5 918家次，查处食品、农资、建材、电器等各类制售伪劣产品案4 751起，涉案金额2 847万余元，捣毁制假黑窝点 55 个，销毁各种伪劣产品货值 320.11 万余元；加强产品质量监督抽查，确保产品质量安全。强化对涉及人体健康与生命财产安全的食品、农资、建材等产品的监督抽查，加大对重点产品、重点区域抽查频率和力度，全年共开展质量监督抽查企业1 807家，产品2 357批次，产品合格率 77.38%。其中：国家监督抽查 4 个食品品种、100 家企业、116 批次，省监督抽查 4 个食品品种、72 家企业、89 批次，对食品、农资产品、建材产品等开展了地方执法监督抽查；严格无证查处，严厉打击无证生产违法活动。按照辖区打假责任制的规定和国家质检总局、省局公布的获得许可准入资格的企业名单，对行政区域内未获证企业逐一进行查处，对有生产条件的无证生产企业限期取得生产许可证，对不具备生产条件的及时进行处理；积极处理产（商）品质量申诉工作。至 12 月底，接处打假举报线索 105 起，处理消费者和用户产品质量投诉 350 起，为消费者和用户挽回经济损失 183.99 万余元，群众满意率达到 100%。

【标准化工作】 昆明市质监系统积极推进标准化工作，提高服务水平，农业标准化工作取得新进展。积极推动全国农业标准化示范项目立项建设，建立农业综合标准体系，推动产业发展。全市已立项第四批全国农业标准化示范区 17 个项目中的 10 个县（区）分别制定了《农业标准化示范区建设工作实施方案》，2005年嵩明、富民县局又启动第五批全国农业标准化综合示范区项目2项。至2005年底，全市立项的19个全国示范项目，已有“呈贡隆格兰花卉”、“宜良无公害鸭”等7个示范区的84项地方标准通过审定，推动了昆明市传统优势农产品农业标准化工作和产业化进程，取得良好社会经济效益；国际标准认可及标志使用工作。2005年共有4个水泥生产企业的8项产品进行了国际标准复审验收。2005年全市29家水泥生产企业中有25家企业的45项产品均已采用国际标准；进一步完善对企业产品标准特别是食品标准的备案和审查工作。开展辖区内企业产品标准清理审查工作，对新备案的标准进行严格审查论证，增强备案标准的法律法规符合性，提升标准的规范性技术要素水平。2005年全市完成企业产品标准备案626项、备案的行业主要为食品、化工、机电、建材、轻工、冶金等，累计完成企业标准备案6 194项；完成全市烤烟国家标准等级仿制样品审定工作和烤烟收购质量仲裁工作。组织审定36个等级、130套共4 680把标准仿制样品，烤烟收购秩序良好，质量、效益逐年提高；充分利用主流报刊媒体，专题宣传《预包装食品标签通则》、《还原乳标识》等强制性国家标准，为贯彻实施国家标准做了技术基础工作；强化标准化技术服务，配合行业组织制定标准，引导行业健康发展，制定《昆明市装饰行业住宅装饰装修工程质量验收细则》和22家生产企业的鲜粮制品7项企业产品标准等。

【计量工作】 全市质监系统进一步强化法制计量工作，认真开展强制检定计量器具监督检查，为经济发展提供可靠计量保障。认真做好各项计量行政许可工作。清理计量行政审批事项，2005年办理计量行政许可50项。计量监管工程稳步开展。实施了昆明市2005年第1季度定量包装商品净含量国家监督专项抽查工作，对白酒等10种商品生产企业进行定量包装商品净含量监督抽查，共抽查39家企业，抽查商品112批次，平均抽样合格率为75.9%，平均抽样合格率呈逐年上升趋势；加强对加油站、能源计量器具的监督管理，对昆明市14个县（市）区518座加油站使用的3 100台加油机及全市新装水表82 500只、燃气煤气表31 000只进行了强制检定；开展集贸市场计量整治工作；加强对煤矿生产企业的计量监管；开展粮食市场、烤烟市场计量专项监督检查工作；开展医疗卫生计量工作，已将233家医疗卫生计量器具明细台账交省计量院，实施计量器具检定。完善企业计量体系，提高计量检测能力。引导帮助云南丰瑞油脂有限公司通过定量包装商品生产企业计量保证能力评价，取得计量保证能力合格标记“C”标志；4个中小企业按《中小企业计量检测保证规范》考核合格，取得“计量合格证”。开展第二次云南省检验检测资源及实验室状况调查。对昆明市14个县（市）区的74个实验室进行检验检测资源及实验室状况调查。

【特种设备安全监察】 认真按照国家、省局2005年特种设备安全监察工作要点，贯彻落实特种设备安全监察工作责任制，开展专项整治活动，确保昆明市特种设备安全。进一步落实特种设备安全监察工作责任，推进特种设备安全监管网络的建立。年初市质监局与各县（市）区局签订特种设备安全监察责任书，推行建立特种设备安全监管网络工作，逐步建立市、县、乡（镇、街道、社区）三级特种设备安全监管体系，使特种设备安全监察工作在乡、镇、街道、社区得到初步延伸，在安全监察协管员和乡（镇、街道、社区）政府的配合下，开展多次大规模安全检查行动，清查取缔一批“土特种设备”，安全监察协管员制度已发挥重要作用。制定切实可行的监察措施，确保特种设备安全监察工作信息畅通，实施有效的动态监管。加强现场安全监察和日常安全监督检查，建立健全安全监察台账，及时掌握特种设备的动态变化情况，实施有效监管。加大对特种设备违法行为的查处力度。对昆明市气体充装市场和场（厂）内机动车使用管理进行专项整治，开展多次针对特种设备的行政执法行动，明显减少特种设备生产、使用单位的违法违规现象。2005年全市质监系统办理特种设备行政处罚案件62起，处罚金额882 152元。开展压力管道的普查整治工作。基本摸清辖区内在用工业管道的数量、分布情况和使用情况，建立全市压力管道数据库。做好日常的特种设备行政许可工作。共办理各类特种设备安装维修告知728项，注册登记锅炉压力容器893台，对5 832名特种设备作业人员进行考核发证，使昆明市特种设备“四率”得到稳步提升。组成监督检查组对辖区内7家特种设备检验机构和56家气体充装单位进行2005年度监督检查。

【依法行政工作】 认真贯彻《行政许可法》，进一步规范行政审批行为，扎实开展行政许可清理工作，清理出10项行政许可事项并向社会公布。2005年6月制定下发《关于进一步加强和规范行政执法的实施意见》，加强对立案审批、调查取证、案件审理、处罚决定、结案审批等关键环节的控制，提高执法工作质量和效率。2005年办理现场处罚案件3 924件，其中现场处罚3 087件，立案案件837件，大要案130件。认真清理2005年以前市质监局制定的现行有效的规范性文件，共有3件规范性文件按要求报市政府登记备案，重新修改和制定《昆明市中秋月饼质量安全监督管理规定》。认真履行服务职能，支持非公经济发展。坚决贯彻落实省委关于加快非公经济发展的决定，对非公企业实行“不告不查”、“大案报告”制度，检查时主动与当地纪检监察部门联系，规范执法检查行为，并严格按上级规定检查。全系统未发生一起侵害非公经济合法权益的事件。

【队伍建设】 内强素质、外树形象，提高队伍整体素质。全系统认真开展保持共产党员先进性教育活动，党组织的凝聚力和战斗力明显增强，基本达到提高党员素质、加强基层组织建设、转变机关作风、促进中心工作的总体目标；编写质监官职位说明书，认真组织资格考试和聘任，努力做好行政执法类公务员管理的试点工作。国家在云南省质监部门推行行政执法类公务员管理试点工作，市质监局按照省质监局的布置，结合全市实际，认真做好试点工作，在对全系统人员情况进行细致摸底调查的基础上，编写了职位说明书，按照规定的资格条件进行报名及审查，认真学习，根据要求组织昆明地区的闭卷考试，为质监官试点工作的聘任并圆满完成奠定基础。全面落实党风廉政建设责任制，积极构建教育、制度、监督并重的惩防体系，以民主评议为契机，进一步改进机关工作作风，全年全系统没有收到以权谋私、吃拿卡要、收受贿赂的情况报告、举报和上级转来的情况。全市13个县（市）区和市局机关被评为所在地的文明单位。

（市质量技术监督局办公室）

审　计

【概　况】 国家审计署把2005年确定

市审计局局长余汝兴（右二）在北京领取全国先进集体奖牌　（市审计局　供稿）

为“严谨细致、提高质量”年。昆明市审计工作取得新的进展和成效。2005年，昆明市审计机关共计开展审计项目394项。经审计处理，应上缴财政5 986万元，应减少财政拨款和补贴12万元，应归还原渠道资金4 599万元，应调账处理金额5 874万元，应自行纠正金额105 801万元。移送司法机关处理案件1件。涉案人员1人。提交审计工作报告和信息等299篇，被批示采用92篇。昆明市经济责任工作在省委、省政府召开的全省经济责任工作会议上作了经验交流。在省审计厅举办的全省经济责任优秀审计项目评选活动中，市审计局实施的市国际信托投资公司的经济责任审计项目获得二等奖。2005年，市审计局继续保持市级文明单位称号。审计工作为维护财经秩序，促进廉政建设，推进依法行政，保障全市经济和社会持续、快速、健康发展发挥了积极作用。2005年12月市审计局被国家审计署和人事部联合评为“全国审计机关先进集体”。

【预算执行审计】　坚持以政策为导向，以资金为主线，以支出为重点，以效益为目标的审计思路，加强对财政部门组织执行预算情况、对税收部门税收计划完成和税收政策执行情况及预算单位预算执行情况的审计。在审计过程中积极探索对被审计单位内部控制制度完善性和资金管理使用绩效性的评价。对财政审计项目的重点也较往年有所突破，实现“两个转变”，努力实现由收支审计并重向以支出审计为主的转变，由同级支出审计为主向补助下级支出审计并重转变，并提出规范预算管理、细化财政预算、增加透明度、严格预算执行等方面的建议。同时，积极实行“两个报告”制度，认真做好向本级政府作的预算执行、其他财政收支审计结果报告、受政府委托向同级人大常委会作的预算执行、其他财政收支审计工作报告，使审计监督的层次和地位大大提升，得到人大和政府的充分肯定，引起各方面的高度重视和广泛关注。

【经济责任审计】　坚持“积极稳妥、量力而行、提高质量、防范风险”的原则，以制约和监督领导干部的经济决策权、经济管理权为目标，在强化计划管理、突出审计重点、规范审计行为、注重成果运用上狠下功夫。进一步规范和完善经济责任审计领导小组和联席会议制度，全面推行“任中审计”，不断提高经济责任审计工作的质量和水平。2005年，全市审计机关共对145名领导干部进行审计。审计后，有关单位参照审计结果平调65人，晋升6人，免职8人。审计为组织部门、干部管理部门客观公正地评价和使用干部，加强对领导干部权力的制约和监督提供了重要依据。另外，还制定《2005～2010年经济责任审计工作“五年规划”》，将有利于进一步规范经济责任审计行为，促进经济责任审计健康发展。

【固定资产投资审计】　昆明市审计机关一直把固定资产投资审计作为工作重点，采取多种措施加大审计力度。强抓重大工程项目预算执行和竣工决算审计，探索开展固定资产投资建设项目效益审计，努力发现投资建设过程中出现的违反工程管理规程、高估冒算、挪用及损失浪费建设资金等情况，规范投资行为，提高投资效益，促进科学管理。2005年，全市共计开展固定资产投资项目审计47项，审计项目投资总额355 616万元，查出挪用侵占建设资金1 617万元、虚结工程款370万元、决算编报不规范1 059万元，核减工程款3 369万元（其中，市审计局实施的南三环路改扩建工程，一期竣工决算审计核减工程款771万元）。在做好本职工作的同时，协助市政府起草《昆明市政

市委、市政府领导出席昆明市经济责任审计工作会议　（市审计局　供稿）

审计人员参加业务培训　（市审计局　供稿）

府投资建设项目审计监督管理办法》，使固定资产投资审计有了明确的政策依据。

【专项审计和审计调查】 落实“两个并重”，开展专项审计和审计调查。认真落实“两个并重”的要求，以强化资金监管、提高资金使用效益、推动经济和社会发展为目标，继续加强对重点专项资金的审计和审计调查。重点揭露和查处挤占挪用、滞留欠款、损失浪费等问题，确保专款专用。2005年全市审计专项资金总额188 171万元，涉及单位65个。针对审计过程中发现的违纪违规问题，提出完善制度、加强管理等建议。通过审计，促进了拨付资金到位。审计调查重点进一步突出，先后对昆明市滇池北岸水环境综合治理工程建设可研经费、市本级2004年非税收入征收管理使用情况进行专项审计调查。同时，组织各县（市）区审计局对地税部门财务收支情况进行审计调查。2005年全市共完成审计调查项目20项，提交审计调查报告20篇，促进地方部门制定、完善规章制度11条，审计调查项目的特点和优点初步显现。

【外资运用审计】 2005年，全市完成外资运用审计项目9项，其中，完成国外贷款项目7项，国外援助项目2项。审计中，揭示出昆明市外资运用中存在的重复报账，多提取世行回补资金，建设单位管理费超支，违规挤占项目投资成本，多计工程造价，滞留项目资金，超概算增加项目，建设标准超规模，挪用项目建设资金，项目配套资金未全面到位，会计核算不准确、不规范等10个问题，及时向市政府汇报了审计结果。同时，针对发现的问题提出7个方面的审计建议，对促进项目责任制的落实、项目管理的规范化、完善和改进政府外债管理体制有积极作用。

【队伍建设】 以创建学习型机关为目标，不断营造良好学习氛围，从人才补充、人才培养、审计业务培训3个方面加强审计机关队伍建设。做好人才补充工作，交流干部1人，安置复转军人5人，招聘应届毕业生3人；重视人才培养，针对计算机辅助审计的现代化发展趋势，安排5人参加省厅组织的计算机辅助审计中级培训；加强审计业务培训，组织全市干部职工近150人参加年度审计业务培训，邀请市委、审计署驻昆特派办领导和云南大学教授莅临授课。

【学会及协会工作】 2005年昆明市审计学会围绕全市审计机关的中心工作开展活动，组织了题为“县区审计机关如何有效开展绩效审计”和“严谨细致、提高质量”的理论研究会，主办《昆明审计》（2005年编印4期），为提高市审计干部理论水平和业务能力、指导审计工作开展做出积极贡献。昆明市内部审计协会2005年2月成立，组织了2期内部审计培训班，开展了法规宣传活动，完成《内部审计如何开展舞弊审计》、《论企业风险与风险管理审计》2个课题研究，《内部审计如何开展舞弊审计》一文获全国审计优秀论文三等奖。

（陈　林　杨亚娟）

食品药品监督管理

【机构改革】 根据省食品药品监督管理局及市政府对食品药品监管体制改革的总体部署与安排，昆明市食品药品监督管理系统坚持机构改革与日常工作“两促进”的原则，认真落实机构改革的各项内容，组建成立新机构并迅速履行“综合监督、组织协调和依法组织对重大事故查处”的新职能，实现全系统职能的统一。截至2005年底，市食品药品稽查队和14个县（市）区食品药品监督管理局全部挂牌成立，标志着昆明市全新的食品药品监管体制开始运转，全市人民群众的饮食用药安全又多了一道保险。

【药品及医疗器械监管】 2005年昆明市食药系统累计出动执法人员近10 000人次，车辆2 100多辆次，检查药品及医疗器械的生产、经营、使用单位13 971家次；查获黑窝点9个，取缔无证经营182户；受理案件623件，立案近200件；查获非法经营的药械、非法制剂1 178个品种共2 500件；涉案货值金额1 288万元；罚没款金额约125万元。这些工作绩效净化了药品、医疗器械市场秩序。继续加强对春苑、张官营、菊花园中药材专业市场等重点地区的日常巡查，加强对无证经营和非法收购药品的查处。制定《昆明市举报制售假劣药品、医疗器械有功人员奖励办法》、《昆明市2005年元旦、春节药品流通市场专项整治工作方案》、《关于开展昆明市2005年“中秋”、“国庆”期间药品流通市场专项整治工作的通知》，大力开展专项整治工作。针对药品、医疗器械虚假违法广告突出的问题，市食品药品监督管理局印发《关于印发〈昆明市开展整治虚假违法广告专项行动实施方案〉的通知》，并与市工商局形成联席会议制度，着重整治省局定期发布违法药品广告公告上的品种以及影响恶劣、群众反映强烈，经查实的典型虚假违法广告。2005年下半年以来，市食品药品监督管理局联合市工商局开展了两次全市范围内的药品、医疗器械广告专项整治行动，共出动500余人对678家零售药店重点检查，下达19份责令改正通知书，要求药品经营企业暂停该品种的销售，直至彻底停止虚假违法广告宣传。制定《关于进一步加强对昆明市已过GSP认证企业进行专项检查的通知》，对全市通过GSP认证的62家药品批发企业、463家零售企业、174家零售连锁门店进行追踪检查，比例分别达到37.8%、100%和37%。对不按GSP规定经营药品的企业进行限期整改。

【医疗机构日常监管】 依据市食品药品监督管理局与市卫生局联合制定并印发的《昆明市医疗机构药品质量管理规范》和《昆明市医疗机构器械质量管理规范》，对市级医疗机构的药品、医疗器械的购进、储存、使用等进行检查验收。昆明市第三人民医院已主动申请并顺利通过了现场检查验收。对未经批准擅自配制制剂的18家医疗机构进行严厉查处。

【药品不良反应报告和监测】 2005年底，昆明市药品不良反应与药物滥用监测中心成立，初步启动昆明市药品不良反应与药物滥用报告和监测工作。

【安全套备案和角膜接触镜及护理品监管】 市食品药品监督管理局联合相关委、办、局发布《关于实施昆明市安全套质量监管的通知》，全面启动对推广使用安全套的场所实行备案登记制度，以确保经营安全套的合法性。根据国务院《医疗器械监督管理条例》的规定，市食品药品监督管理局开始对角膜接触镜及护理产品的经营企业进行监管，截至2005年底，全市已有156家角膜接触镜及护理产品经营企业办理了《医疗器械经营企业许可证》。

【食品安全工作】 昆明市食品安全委员会成立，在市食品药品监督管理局设办公室，负责食安委日常事务及对各相关委、办、局的协调与组织工作。为行使好对食品安全工作"综合监管、组织协调、依法开展对重大案件的查处"的新职能，市食品药品监督管理局拟订《昆明市重大食品安全事故应急预案》、《昆明市食品安全委员会各成员单位职责》等相关制度。

2005年国家食品药品监督管理局会同卫生部、国家质量监督检验检疫总局等部委对昆明等全国31个省会城市进行食品放心工程综合评价，市食品药品监督管理局针对此次评价工作制定周密方案上报市政府。市政府成立由王奇英副市长任组长的昆明市食品放心工程综合评价领导小组，召开培训动员会，就相关工作向昆明市食品放心工程各成员单位进行部署，最终评价结果为良好。按省局安排，针对昆明市的食品安全现状，市食品药品监督管理局与卫生局研究拟订《昆明市食品安全整治三年规划》，上报市政府等待批准。

根据市政府领导要求，由市食品药品监督管理局牵头，在广播、电视、报纸等新闻媒体上进行食品安全宣传工作。除节假日期间在市区广场、街头与市民面对面进行交流宣传外，还组织农业、工商、质监、商务、卫生等部门在昆明电视台《直播昆明》栏目连续开展食品安全宣传工作，陪同省人大常委会、省政协、市人大、市政协代表、委员对昆明市食品安全情况进行视察。

结合GMS会议、昆交会等重要会议相继在昆举行，以及"中秋"、"国庆"等重要节日，市食品药品监督管理局与各部门沟通协调，做好食品安全专项整治工作，先后8次对昆明市的各大超市、农贸市场、食品专业批发市场、旅游定点接待宾馆、饭店、酒楼等进行食品安全专项检查。

【农村药品"两网"建设】 昆明市农村药品"两网"建设工作得到省局、市委、市政府及各级领导高度重视，被市政府列为2005年为民办"十件实事"之一进行督办，9月受云南省食品药品监督管理局委托，市局承办了全省农村药品"两网"现场会，向全省推广昆明市"两网"建设经验，至年底，全市药品监管网络覆盖率达95%，药品供应网络建设覆盖率已达94%，全面完成市政府目标责任，农民不用出村就能买到价格便宜、质量放心的药品，农民购药更方便、安全。

为真正建立"建得起，立得住，有效益，能发展"的具有长效机制的农村药品"两网"模式，市食品药品监督管理局还从政府争取一定建设经费，健全保障机制与激励机制，巩固提高已取得的建设成就，并结合新型农村合作医疗制度改革，进一步发挥农村药品"两网"的效能。

【队伍建设】 严格按规定的程序进行具体工作，对14个县（市）区局现任正职或主持工作的副职领导和部分中层干部在民主测评、征求当地县（市）区委意见、廉政建设意见等工作的基础上，完成任命工作；加大干部交流的力度，制定《昆明市食品药品监督管理系统干部轮岗交流实施办法》并印发执行；为进一步深化干部人事制度改革，多岗位培养锻炼干部，建立科学用人机制，实行干部轮岗交流，完成《昆明市食品药品监督管理局机关中层干部竞争上岗、一般干部双项选择实施方案》的审定工作，在干部人事工作中引入竞争机制，进一步拓宽选人用人渠道，促进德才兼备、实绩突出、群众拥护的优秀人才脱颖而出，努力建设朝气蓬勃、奋发有为的高素质干部队伍。

（市食品药品监督管理局办公室）

农林水利

农　业

【概　况】　2005年，昆明市农业农村经济工作认真贯彻落实《中共中央国务院关于进一步加强农村工作提高农业综合生产能力若干政策的意见》和省市农村工作会议精神，按照市委八届六次全会的要求，坚持“多予、少取、放活”的方针，牢固树立科学的发展观，进一步提高农业综合生产能力，加强对“三农”工作的领导，深化农村各项改革，依靠科技进步，加快农业增长方式的转变，稳定和发展粮食生产，推进产业结构调整和产业化经营发展步伐，加强农产品质量安全监管，把农村劳动力培训转移工作放在首要位置，全市农业农村经济在克服各种自然灾害和困难中保持良好的发展势头。

2005年，昆明市农林牧渔服务业总产值116.2亿元，增长5.5%，实现增加值70.7亿元，增长5.0%。其中：农业总产值64亿元，畜牧业41亿元，农民人均纯收入为3 258元，增长9.3%。

【粮食生产】　2005年，昆明市大春粮食生产克服了50年不遇的严重干旱做到满栽满插，同时，进一步强化中耕管理，狠抓科技措施，落实粮补政策，全市大春农作物总播种面积达298.4万亩，粮食种植面积218万亩，比上年减少0.6个百分点；大春粮食产量达89万吨，粮食总产粮达113.4万吨，完成了目标任务。

【畜牧生产】　为进一步做好昆明市畜牧业生产工作，保证市场有效供给和生产正常发展，及早制定2005年畜牧生产意见，落实重大动物疫病防治责任制，紧扣绿色与科技、生态与环保和畜牧生产持续发展，在努力增加畜产品总量的同时，积极发展名特优新畜禽生产，大力扶持种禽基地建设，优化布局，提升产业化经营质量和水平，呈现出持续健康发展的势头。全年肉类总产量达33.2万吨，增长7.7%，出栏肉猪296.2万头增长4.3%，肉牛17.4万头增长11.7%，肉羊53.9万只增长6.0%，出栏家禽2 764.2万只增长17.0%，牛奶8.8万吨增长12.9%，禽蛋超过5.8万吨增长24.4%。全年实现畜牧业产值41亿元，同比增长12%，牧业产值占农业总产值的比重为35.34%。

【高致病性禽流感防治】　2005年全球性高致病性禽流感等重大动物疫病流行呈上升趋势，昆明市周边国家及国内部分地区疫情时有发生，疫情形势十分严峻。昆明市成立了由农业局、卫生局、工商局、公安局、林业局等单位组成的重大动物疫病防治指挥部，加强领导，统一部署，科学有序地开展重大动物疫病防控工作，有效地保障人民身体健康和生命安全。在市委、市政府高度重视下，昆明市成功地遏制了禽流感的爆发。此次防控禽流感市级财政安排专款1 000万元、省烟草公司资助450万元防控经费。

【蔬菜生产】　在保证粮食安全的基础上，昆明市进一步发展优势产业，逐步实施优势产品向优势产区的转移。2005年，全市蔬菜产销呈现面积、产量同步增长的好局面，品种结构优势和规模种植优势日益突出，外销量增大，增效明显。全年蔬菜种植面积85.3万亩，比上年增长0.5%，产量达169.1万吨，同比增长1.0%，蔬菜外销占生产总量的64%，总产值18.28亿元，蔬菜生产专业户户均收入7 577元，发展订单生产品15万多亩，全市累计认证无公害等级以上产品57个，推广无公害蔬菜生产52万亩，生产无公害蔬菜产品112万吨；农业部2005年五次对昆明市蔬菜农药残留抽检，平均超标率8.9%，同比综合下降2.4个百分点，与全国大中城市的差距在缩小，蔬菜质量安全水平明显提高。

【花卉生产】　在政策指导和市场引导的双重作用下，昆明市花卉生产的规模化、组织化程度提高，品牌意识和质量意识明显增强，产业升级和标准化生产的步伐加快。全年花卉种植面积8.8万亩，同比增长2.0%，花卉产量31.6亿支，同比增长16.3%，花卉产值10.27亿元，同比增长21%，鲜切花外销占总产量的89%，发展各类花卉合作组织40余个，经济效益居种植业之首。

【新兴产业】　世界马铃薯大会给马铃薯产业带来了新的发展机遇，各县（市）区进一步加大种薯繁育基地建设和扩大生产种植规模，昆明市已形成以寻甸县为重点的马铃薯繁育基地，全市种植马铃薯37.6万亩，总产量达49.8万吨，其中加工型马铃薯占总产量50%以上，用作蔬菜的马铃薯达4.1万吨。同时，进一步扩大马铃薯深加工技术，大力扶持以昆明子弟食品有限公司为代表的马铃薯深加工企业，带动农户2.2万户，马铃薯鲜薯年加工能力可达20万吨。洋蓟产业发展迅速，种植面积达1.4万亩，占全省洋蓟种植的80%，种植农户已超过万户，平均亩产值达800元，产业发展在扩大种植规模的同时，向精深加工方向转化。

【农业结构调整产业化经营】 2005年结合现代新昆明建设，突出提升优势产业和培育新兴产业，着力扶持、培育、壮大龙头企业，实施优势产业和重点龙头企业带动战略，建立优势农产品生产基地和出口产品基地，深化农产品加工和流通，构建农产品市场流通体系，发展各类农业合作经济组织和专业行业协会，建立农业信息服务平台，围绕提高农产品质量卫生安全水平，积极发展无公害农产品、绿色食品、有机食品，投入农业结构调整产业化专项资金3 800万元，主要用于农产品质量监测、农村信息化建设、重点龙头企业、农产品交易市场建设等一批项目，企业新建生产基地和农产品加工发展势头良好。

【农产品质量安全和农业生态环境】 2005年，昆明市蔬菜产品质量安全工作在专项整治的基础上，充分发挥农残检测网的作用，在龙城、关上、王旗营三个主要蔬菜批发市场推行市场准入制，狠抓无公害基地建设，大力推行标准化生产技术，蔬菜产品质量安全水平明显提高。2005年农业部农产品质检中心（重庆）五次对昆明市蔬菜产地、批发市场、大型超市和农贸市场的农残抽检中，超标率分别为9.82%、9.80%、9.01%、7.62和8.25%，全年平均超标率为8.9%，比2004年11.30%下降了2.4个百分点，农残超标呈下降趋势，总体控制好，蔬菜产品质量安全水平明显提高，扭转了昆明近年来在全国例行检测的37个大中城市中农残超标率偏高，排位靠后的被动局面。到10月底，通过省绿色中心认证的无公害蔬菜基地已突破12万亩，为市场提供无公害蔬菜总量达80万吨，有15家企业的31个产品获国家无公害农产品和绿色食品认证。到2005年底，全市累计无公害蔬菜认证基地达37.4万亩，无公害农产品突破50个。加大兽药、饲料市场的清理整顿，有效遏制了违禁使用"瘦肉精"等兽药饲料的不法行为，上市畜禽产品质量较好，得到农业部的充分肯定。2005年，昆明市完成农村户用沼气池建设8 000口，农村节柴改灶10 300眼，沼气综合利用推广面积10万亩；培训农户4.8万人次，推广平衡施肥28.4万亩，其中滇池沿湖23万亩，双室堆肥坑2 390个，有效控制了滇池两千米范围化肥农药使用量，完成《松华坝水源区生态农业实施意见》以及农业面源污染综合控制相关技术规程的编制，推进了经济、生态和社会效益的同步发展，所承担的农村沼气国债项目资金使用到位。

【农村劳动力培训转移】 2005年市委市政府把农村劳动力培训转移工作作为解决"三农"问题的首要工作，列为市政府为民办的10件实事之一。全市累计新增转移劳动力83 609人，其中：国外72人，省外11 135人，县外28 580人，县内43 822人，完成农村富余劳动力转移培训105 000人，实现转移收入2.7亿元，提前4个月完成了农村劳动力转移就业任务。

【农业执法及农资市场清理整顿】 2005年昆明市严格执行有关法律法规，加大持证上岗执法人员培训力度，强化机构建设，提高了为"三农"服务的综合能力。2005年全市已有1 110名农业持证执法人员。市、县两级农业部门联合工商、技监、质监、公安、供销等部门，加强对农资市场综合执法检查，查获假冒伪劣农资商品7 924公斤，挽回经济损失22.83万元，确保农业生产的正常开展，维护了农民群众的合法权益。

【农业科技】 2005年昆明市大力实施农业科技入户示范工程，多层次多渠道开展对农民的培训，提高农民科技素质，组织专家科技人员到村、到田间地头指导农民，解决农业科技"最后一公里"问题，使一大批适用技术、良种良法运用到粮食生产和农业生产的各个领域，全年开展科技示范户，核心户培训5 000户，带动辐射农户10万户，经对示范户测产，产量产值均获丰收。积极围绕昆明市名特优产业、品种开展科技创新，组装配套先进农业科技成果，在全国创新建立"无公害"蔬菜生产植保技术示范村4个，实施先进植保技术9.2万亩，石林县石丰种业有限公司已育成具有自主知识产权的杂交玉米品种6个（络单系列），辐射推广到滇东南地区，有力推动昆明市农业科技成果的转化和农村劳动者素质的提高。我市科技对农业的贡献率达46%。农业信息化建设稳步推进。到2005年底，昆明农业信息网发布各类信息2万余条，初步形成了市、县（市）区、重点乡镇、重点龙头企业、重点农业信息服务体系，为指导生产，促进流通发挥了重要作用。

【首届昆明农业博览会】 首届昆明国际农业博览会于2005年9月9～13日，在昆明国际会展中心成功举办。本次博览会共有来自美国、泰国、马来西亚等14个国家和地区，国内有长沙、南昌、西宁、长春等14个友好城市，省内15个州市，中国农大、浙江大学等10多个大专院校和科研院所参会。会议规模突破1 000个展位，全国共有32个省、自治区和直辖市的企业参展。5天的展会期间，观众人数累计突破13万人次。农博会上共达成种畜引进、畜禽养殖及加工、马铃薯种植加工、蔬菜及水果种植加工、生物制品加工、茶叶开发、鲜活产品冷藏物流、食用菌、生物制肥、农业机械等签约项目108项，合同协议签约总金额达37.8亿元，现金交易额约1 000万元。本届农博会是昆明市举办的一次高规模、高层次的农业博览盛会，大会的成功举办，展示了云南昆明市农业的新成果和新成就，为昆明提供了一个广泛了解当前农业发展的广阔平台，为昆明农业的产业化发展，开展国内外同行间经贸合作及技术交流提供了新途径，为昆明农业加速走向全国、走向世界开辟了更加广阔的前景。

【农业存在困难和问题】 一是农民增收难的问题依然不容忽视。农民家庭经济收入与发达地区比差距较大，县区与县区之间，乡镇与乡镇之间，农民现金收入和现金支出增长不平衡。二是农资价格上涨，对农业生产影响较大。三是重大动物疫病、水旱灾害和病虫害防治形势严峻。四是蔬菜产品质量安全工作依然不能放松。五是生态农业发展步伐缓慢，滇池农业面源污染治理资金少、任务重、问题多。六是农村劳动力培训转移输出进展不平衡、协调不畅、省外输出难度大。七是农业基础设施薄弱，农业综合生产能力低。

（张莉华）

林　业

【造林绿化】 围绕全面提高营造林质量的总要求，2005年全市营林生产认真坚持高标准、高质量的要求，严格按作业设计施工，做到整地不合格不植苗，苗木不合格不上山，造林密度及成活率达不到设计要求不验收，努力促进全市绿化造林质量有一个较大的提高。全市共完成营造林32.42万亩，为省下达计划26.6万亩的121.88%，其中，人工造林6.22万亩；封山育林21.7万亩；天保工程人工模拟飞播造林4.5万亩。全市育苗面积达1 082.6亩，可供苗木8 412.2万株。义务植树1 234.88万株，为计划的116.5%。

同时，围绕市委加快现代新昆明建设的目标，进一步加大水源保护区、滇池面山绿化的力度，在重点水源区、滇池面山周围完成了1.52万亩市级人工造林任务。其中：市级重点工程示范造林项目0.43万亩；滇池面山及阳宗海流域造林0.78万亩；松花坝水源区造林0.2万亩；掌鸠河流域及移民搬迁点造林0.2万亩；昆明市清水海引水工程区绿化项目0.03万亩。

【天然林保护工程】 按照省下达的计划，各级林业部门认真抓好落实，对规划设计、种苗准备、宣传发动、组织实施、检查验收、政策兑现、后期管护等各个环节的工作，做到周密部署，确保落实，使公益林建设、森林管护等项目进展顺利。全市共完成森林管护任务1 231.28万亩，为计划数的101%，聘用森林管护人员3 670人，并对管护人员进行上岗培训，签订森林管护合同，落实了管护职责、管护面积、奖惩措施。完成公益林建设24.0026万亩，为计划数的100.7%。其中：人工造林28 008亩；封山育林167 018亩；人工模拟飞播造林45 000亩。同时，组织对前几年完成的任务进行全面排查，针对存在的问题，采取切实措施进行整改。

【退耕还林工程】 2005年，省下达昆明市退耕还林任务共计1.7万亩，其中：退耕地还林0.7万亩，封山育林0.5万亩，荒山荒地造林0.5万亩。涉及到的富民、宜良两县高度重视，精心组织实施，确保了任务的完成。同时，结合国家对退耕还林进行政策性、结构性的调整，进一步抓好对退耕还林的宣传，积极保护农民实施退耕还林的积极性。认真完成昆明市退耕还林工程“十一五”规划的编制上报工作。

【林业产业】 切实加大对发展林业产业的宣传，初步完成了《昆明市林业产业发展规划》方案，加强对林业产业现状的调查统计工作，进一步摸清搞准全市林产业的基本情况。围绕增加农民收入，与调整农业和农村经济结构相结合，开展深入调研，对发展油橄榄、大树杨梅特色经济林、元宝枫药用原料林，开发非木质特种森林资源的野生青椒、花卉、食用菌，野生动物驯养繁殖等林业产业项目的实施给予了有效地引导和扶持，努力推进林业产业化经营。全市林业产业总产值完成14.23亿元。

【林政管理】 2005年，各级林业部门切实强化依法治林，大力加强水力资源保护管理。一是坚持严格执行“十五”采伐限额管理规定，及时分解下达了年度木材生产计划，认真落实伐前公示制度，做到依法严格审批，执行中专人负责监督，执行后及时检查。全市共完成采伐林木蓄积25 059.6立方米，其中：农民自用材采伐5 936.9立方米，农村烧柴采伐4 394.9立方米，非天保区商品材采伐14 697.8立方米。同时，认真组织实施天保工程人工商品林采伐试点，富民县和安宁市作为首批试点单位，共完成采伐蓄积4 641.42立方米，出材量3 345立方米。二是强化林地管理，严把征占用林地审核关。共受理征占用林地123宗，涉及林地面积335.5222公顷，已审核上报批准103宗，面积279.9518公顷。三是认真抓好林业行政审批权下放工作。7月1日，在安宁、东川试点的基础上，又把4项市级林业行政审批权下放到各县（市）区执行，大大减少了行政审批环节，提高了行政工作效率。四是国家重点公益林森林生态效益补偿工作在宜良县、石林县开始试点。其中石林县国家重点公益林管护面积20.95万亩，宜良县15.08万亩。五是加大林政执法力度，认真组织开展打击破坏森林资源专项行动，取得了阶段性成效，有力地打击了各种破坏国家森林和野生动植物资源的违法行为。同时，结合开展专项行动，在全市范围内组织对各类采矿、采石、采砂占用林地的经营活动进行了清理整顿。共清理各类采矿、采石、采砂点1 238个，涉及林地面积达53.6 418公顷。

【野生动植物保护和自然保护区管理】 进一步加大宣传，加强对野生动植物驯养繁殖和经营利用活动的管理，严格运输、进出口管理，共办理了各类野生动植物进出口及运输手续118件。加强野生动物收容及管理工作，共收容、拯救野生动物1 603只，其中一级保护野生动物33只，二级保护野生动物181只。组织对近年来收缴的野生动物死体及制品进行集中公开销毁，共销毁野生动物死体及其制品1 054件。开展野生动物专项执法检查工作，严厉打击破坏野生动植物资源的违法犯罪活动。全市共查处野生动物行政案件24起，收缴重点保护野生动物211只。

积极配合搞好高致病性禽流感的防控工作，认真组织开展鸟类疫源疫病预防及监测工作。全市共设立了16个监测点、25个检查分点，对近20种野生候鸟的迁飞通道停栖地、繁殖地和越冬地进行了监测。同时，积极配合省、市有关部门对轿子山风景区进行开发的要求，组织完成《轿子山自然保护区总体规划》，为轿子山开发生态旅游打下了

2005年2.24宜良县柴石滩森林火灾指挥现场　（市林业局　供稿）

基础。

【森林防火】 2005年，全市共发生森林火灾60起，其中森林火警41起，一般森林火灾19起，过火面积2 426.1公顷，受害面积161.66公顷，受害率为0.21‰，控制率为5.21公顷/次。在发生的60起森林火灾中，查处51起，查处率为85%，圆满地完成了省政府下达的各项考核指标，森林防火工作考核成绩名列全省第一名。

【森林公安】 2005年，昆明市森林公安局的机构及编制问题得到落实。昆明市编委重新将昆明市森林公安局的机构确定为正处级，编制增加至90名，大大加强了森林公安队伍建设。全市森林公安机关认真贯彻公安部“五条禁令”，深入开展“规范执法行为，促进执法公正”专项整改活动，切实提高森林公安民警的执法水平和办案能力。森林公安机关根据上级的统一部署，深入组织开展“晋宁县毁林采矿专项整治”、“打击破坏森林资源专项行动”、“‘爱鸟周’执法检查统一行动”、“林区禁毒人民战争”等专项行动，结合昆明市的实际，积极开展查破森林火灾案件、野生动植物案件、非法占用林地及其他突出刑事犯罪的专项斗争，继续保持严打高压态势，严厉打击各种破坏国家森林和野生动植物资源的违法犯罪活动。2005年，全市森林公安机关共受理各类案件662件，其中：刑事案件立案62件，破获49件，破案率为79%；林业行政案件600件，查处573件，查处率为95.5%，共计为国家挽回经济损失1 000余万元。

【森林科研】 2005年，进一步加大了林业科研及推广工作，《昆明市城市森林结构与效益评价研究》、《建立美国黑核桃、山核桃引种栽培示范基地》、《野生铁核桃改造利用技术》、《昆明地区乡土树种营造景观林试验示范》等科研项目的研究及推广工作取得了初步成果。

【林业病虫害防治】 2005年，全面完成了林业有害生物普查工作。加强对主要病虫害的监测和预防，继续开展以松材线虫病为重点的危险性森林病虫害的预防及除治。全市森林病虫害发生面积为31.967万亩，发生率2.8%，防治面积18万亩，防治率达85%，成灾率控制在3.42%，较好地完成了森防目标管理指标。

【林业政策法规宣传】 2005年，组织开展以《中华人民共和国森林法实施条例》、《林业行政处罚程序》、《云南省森林植物检疫办法》为重点的法律法规培训，举办培训班3期，300余人次参加了培训。进一步加大林业宣传力度，充分利用各种新闻媒体，多形式、多渠道地宣传了以林业政策法规、森林防火、天保工程、退耕还林、资源林政等为重点的林业工作。筹备组织参加了首届中国昆明国际农业博览会的林业专业展览，取得了丰硕成果。初步完成了“十一五”林业发展规划的编制工作。高度重视群众来信来访工作，认真办理了人大代表、政协委员的各种议案、建议共13件。

（市林业局办公室）

水　　利

【概　况】 2005年，昆明市完成各类水利工程5 759件，累计投入劳动工日3 363万工日，完成土石方2 746万立方米，修复水毁工程406处，新增防渗渠道195.8公里，加固加高堤防30.8公里，疏浚河道151.83公里，清淤渠道2 876.3公里，加固处理小型水库38座，建设村镇供水工程21处、小水库3座，小坝塘13座，小水窖、小水池共15 373口，新增蓄水能力121.7万立方米，新增灌溉面积2万亩，改善灌溉面积26.23万亩，新增节水灌溉面积2.95万亩，新增供水受益人口6.4万人，解决了2.1万头大牲畜的饮水问题。

（鲁轶群）

【重点工程建设】 2005年共实现水利投资70 551.48万元。共完成各类水利工程5 759件，完成砼土石方工程量2 746万立方米，共投入劳动工日3 363万个，全市实现新增灌溉面积2.0万亩，改善灌溉面积26.23万亩，节水灌溉面积2.95万亩，治理水土流失面积178.05平方公里，解决和改善6.4万人饮水困难。

东川区坝塘水库2005年已完成总投资8 532.46万元，其中：枢纽工程7 933.84万元，移民工程598.62万元。

嵩明上游水库2005年10月主体工程完工。

晋宁县双龙水库2004年11月主体工程完工。2005年按省厅要求正在进行资料整理、验收准备等后续扫尾工作。

南盘江（宜良段）防洪治理工程：2005年工程已按计划完成主体工程建设，并进行末期收尾工作。

呈贡县横冲水库2005年3月主体工程已全部完工。

西山区三多水库2005年8月主体工程全部完工。

昆明主城区东南片区宝象河水系防洪整治工程建设进展顺利。为提高昆明主城东南片区宝象河水系防洪保证率，必须对宝象河分洪河道进行整治，昆明市积极配合有关部门做好前期工作，确保了河道整治工程于2004年11月30日破土动工，截止2005年12月底，各已动工的项目还在按计划完成。

2005年10月完成《清水海调水工程可行性研究报告》的编制工作。

（周　帆）

抢险救灾　（市水利局　供稿）

【水利工程管理体制改革】　按照省水利厅的计划安排，通过一年多的努力，2005年昆明市7个县（市）区15个水管理单位初步完成了水利工程管理体制改革任务，取得了一定成效，达到了验收要求。9月21日至10月13日，昆明市严格依据《云南省水利工程管理体制改革考核验收办法》标准，先后对呈贡、宜良、石林、盘龙、官渡、东川、富民7个县区15个水管理单位进行了考核验收，通过考核评分，呈贡县、宜良县、石林县、盘龙区、官渡区评为优秀，东川区、富民县评为良好，11月9日通过省水管体制改革领导小组验收，7个县区优秀率达71%，15个水管单位优秀率达80%，昆明市水管体制改革验收已经过半，圆满完成了2005年省水利厅下达的任务。

【农村人畜饮水】　2005年省、市共投入资金815万元（其中：省级445万元，市级370万元），解决和改善农村人畜饮水困难6.4万人，大牲畜3.6万头。各项人饮工程的完工投入使用，改善和提高了贫困地区人民群众的生产生活条件，促进了贫困地区社会经济的发展，取得了良好的社会效益和经济效益。按照水利部《关于抓紧编制农村饮水安全规划的通知》精神，开展了“昆明市农村饮水现状调查评估”工作，摸清了昆明市农村饮水现状，如期完成《昆明市农村饮水现状调查评估报告》，并编制上报《昆明市“十一五”农村饮水安全工程规划报告》，为“十一五”及今后十五年解决农村饮水安全问题提供了科学依据。

【小（二）型水库除险加固资金投入情况】　2005年小（二）型水库除险加固安排资金210万元，对全市30件水利工程进行局部除险。2005年年底在市委、市政府的高度重视下，又追加了350万元，对以下12件水库进行了重点除险：

1. 呈贡县的韶山水库补助35万元；2. 盘龙区的袁节水库补助30万元；3. 富民县的罗免水库、丰收水库补助60万元；4. 安宁市的小箐门口水库、山神庙水库补助55万元；5. 石林县的来龙哨水库、天生关村新闸水库补助55万元；6. 禄劝县的耿家村龙潭、战备水库补助50万元；7. 寻甸县的大麦地水库、十里箐水库补助65万元。2005年全市除险加固资金总投入560万元。

【水价改革】　为合理保护和节约水资源，理顺各环节的水价价格，2005年12月21日，省发改革批准了昆明市主城区供排水价格调价方案，昆明市主城区城市供排水价格采取分步到位的办法。即：从2006年1月1日用水量开始，城乡居民用水价为2.8元/立方米，其中：污水处理价格0.75元/立方米，水利工程原水综合平均价格0.43元/立方米（含综合平均水资源费0.23元/立方米）；从2007年7月1日用水量开始，城乡居民用水价为3.2元/立方米，其中：污水处理价格0.75元/立方米，水利工程原水综合平均价格0.43元/立方米（含综合平均水资源费0.23元/立方米）。昆明市主城区城市供排水价格全面提升，新一轮的水价改革在昆明正式启动。

（寸立峰）

【水利规划】　根据云南省水利厅水利发展“十一五”规划编制工作的总体要求，昆明市水利局在认真落实“十五”计划完成情况，总结成绩和经验教训的同时，结合昆明市经济社会可持续发展对水资源的供需要求，对全市水资源的开发、利用、保护现状进行了认真调查研究，反复论证，依照国家基础设施建设程序要求，统筹考虑项目的技术可行性、经济合理性以及对移民、土地占压及生态环境的影响，综合平衡水利建设工程项目需要与可能，对建设规划的工程项目进行比较筛选，2005年基本完成昆明市水利发展“十一五”（2006～2010年）规划报告。根据省厅和市级的安排还组织完成了一系列规划报告：全国城市饮用水源地安全保障规划、昆明市小型农田水利“十一五”及中长期规划、昆明市“十一五”中型水库建设规划、昆明市水利改革与管理专项规划，为昆明市水利建设持续发展奠定了基础和条件。

（杨　坚）

【五小水利】　昆明市围绕“三农”问题的解决，大力加强农田水利基础设施建设，加快山区“五小”水利（即小水沟、小水池、小水窖、小提水站、小坝塘）发展。2005年昆明市遭到了几十年一遇的干旱，全市14个县、市、区大部分范围内都出现了人畜饮水困难，农作物受灾严重。全市各级干部群众积极投入到抗旱救灾中，中央、省、市、县（区、市）各级政府都拿出专项资金用于抗旱，确保粮食生产任务的完成。在2005年的抗旱工作中，“五小”水利工程发挥了巨大作用。2005年，全市已建成小水窖5.2万个（容水量101万立方米）、建成小水池近3万个（容水量100万立方米）、建成或修缮小坝塘1 286个、小水渠364公里，对山区、半山区群众生产、生活条件改善起到了重要的作用。

（孙　军）

【水土保持】　随着水土保持预防监督执法工作在昆明市深入开展，按照《水土保持法》及有关法规的要求，市、县（区）两级水行政主管部门已开始全面履行水土保持监督执法的职能职责，并按有关规定，开展了开发建设项目水土保持方案的审批和监督执法检查工作。2005年全市共计审批水保方案252个，

庄稼遭受着洪水的肆虐　（市水利局　供稿）

执法检查次数287次，检查项目401个，查处违法案件22件，征收“两费”282.7万元。使昆明市的人为造成的水土流失得到遏制，为改善生态环境、构建人与自然和谐起到了积极的作用。

（陈志忠）

【防　汛】　2005年，昆明市的防汛工作始终坚持以城市和水库防洪安全为重点，严格实行防汛抗旱责任制，做到抗旱与防汛并举，预防与抢险并重，确保大江大河、城市和重要设施的防洪安全；确保各类水库汛期安全运行，不垮一库一坝。2005年末，全市库塘蓄水总量144 419万立方米，确保了城乡居民生活用水安全，满足了工农业生产用水需求，减少了洪旱灾害造成的人员伤亡和经济损失，实现了防汛抗旱、蓄水的总目标。

2005年1～10月昆明累计降雨量达882毫米（截止10月31日），与上年同期1 072毫米相比偏少190毫米，与历年同期953毫米相比偏少71毫米，偏少幅度为7%。各县（市、区）降雨量与历史同期比较，嵩明、寻甸降雨量偏多的约两成左右，宜良与历史同期持平，其余地区属偏少，昆明、禄劝、富民、石林、安宁、东川偏少在一成以内，偏少幅度较多的地区为西山、晋宁和呈贡。昆明市从6月13日开始进入雨季，较常年属偏晚至特晚，1998年以来连续7年雨季偏早的趋势自此中断。主汛期昆明降雨量为615毫米，较历史同期590毫米属正常稍多。全市共出现大雨62站次，暴雨20站次，与2004年相比大雨次数偏多8次，暴雨次数偏多5次。9～10月全市大部分地区降雨偏少，9月下旬受弱冷空气和高空气流辐合的影响出现了连阴雨天气，全市大部地区雨季于9月下旬至10月上旬结束，较常年偏早。

2005年进入雨季后，昆明市出现了多次洪涝灾害和城市内涝，截止11月9日统计，全市受灾县区14个，受灾乡镇87个（次），受灾人口12.7341万人，倒塌房屋182间，5人死亡（寻甸县），农作物受灾面积7.046千公顷，成灾面积4.108千公顷，绝收面积0.818千公顷；粮食减收1.78万吨，大牲畜死亡4头（只），淡水养殖损失472吨；损坏堤防117处（12.021千米），堤防决口27处（6.61千米），损坏水闸2座，损坏灌溉设施30处，损坏机电泵站8座，洪涝灾害造成各类直接经济损失共9 636.8万元。

城区由于水淹点多，一遇单点暴雨或持续降雨就造成内涝，影响交通和人民群众的正常生活。2005年，昆明市城区由于强降雨造成多次淹水。6月14、19、20日城区三次局部暴雨，造成关上、园博路、学府路等片区淹水，积水20～40公分；6月30日城区局部降雨造成云南冶炼厂海华总公司职工宿舍40余户受淹，水深30厘米。8月10日晚10：00至10日晨2：00，单点暴雨袭击昆明市，西郊普吉片区降雨量达95毫米，沙朗乡降雨达85毫米，造成普吉到沙朗交通中断、省委农场养猪场、陈家营村、高新开发区中干道等片区淹水。9月22日晨6：00～10：00城区突降暴雨，其中官渡区27毫米，西山区40毫米，造成昆沙路王大桥段淹水20～40厘米，人民西路红联商场路口、学府路、高新区海源中路、民航路等片区淹水达2～40厘米。面对严重的洪涝灾害，全市各级防汛部门从加强建设做起，加大防汛抗旱资金的投入，严格落实责任制，以对党和人民高度负责的责任感和使命感，组织开展抗灾救灾工作，最大限度地避免和减轻了洪涝灾害给国家和人民群众生命财产造成的损失。

【抗　旱】　2005年1～3月持续高温少雨，“暖冬”气候突出，出现了历史同期日均气温极值和旬平均气温极值，其中3月份还出现了全区性的“倒春寒”天气过程。4月份以来，昆明市气温持续升高，日照时间长，强度大，降雨量偏少，5月中下旬日平均气温达到22.8℃，为1951年以来第二高值，使昆明市遭受了50年未遇的严重干旱。旱灾严重制约着全市城镇供水、农村人畜饮水、大春作物栽插、保苗、森林防火等工作。据统计，全市干旱共造成饮水困难人口56.988万人（占全市总农业人口292.6342万人的19.47%），35.87万头大牲畜饮水困难，其中，有1182个自然村（占全市6443个自然村的18.3%），24.7439万人，每天靠消防车、拖拉机、人背、马驮等到异地取水饮用。全市因旱少种面积10.5106千公顷，受旱作物面积达102.57296千公顷，受灾面积63.39696千公顷，其中，成灾48.99836千公顷，绝收15.1274千公顷。经测算，昆明市因旱导致农作物减产、农作物干枯、耕地因旱无法栽种，造成粮食减产7.8098万吨，经济作物损失1.7019亿元；林业受旱面积达19.9057千公顷，损失691万元；因旱水产养殖减产129.7吨，损失145.7万元。

2005年11月9日统计，全市投入抗旱人员161.58万人（次），机电井22.065万眼，泵站1 931处，机动抗旱设备10.2605万台，机动运水车辆1 019.61万辆次，抗旱用电2 033.761万度，抗旱用油1 281.553吨。发挥抗旱服务组织的作用，动用了53个乡镇级抗旱服务站、194个抗旱协作组织，每次送水783.2吨，利用车拉、马驮、人背等解决人畜饮水，临时解决了40.2271万人、21.349万头大牲畜的饮水问题。抗旱浇灌面积达54.3451千公顷，最大限度地促进了春耕生产的进行，维护了社会稳定，促进了昆明社会经济的可持续发展。

【GMS会议期间防洪保障工作】　为确保GMS会议顺利召开，昆明市防汛办围绕昆明城市防洪，组织协调各区各部门加大投入力度，在6月底前各区投入近5 000万元，对城区一些主要河道进行清淤除障，共清除淤泥3 000多万方，确保了城区各主要河道行洪畅通。对四个城区、三个开发区按照分片包干的方式，就各区和城市防洪的主要责任单位在城市防洪中的责任进行了细化，明确了责任，由市防汛办负责全面协调，反复开展防洪安全检查，及时发现和消除隐患，并制定防洪预案，准备好抢险应急队伍和物资，实行内涝点24小时除涝值班制度。正是由于这些工作的开展，GMS会议期间没有发生城区内涝现象。

【优化洪水资源】　2005年8月30日，松华坝水库水位达到1 964.30米的汛限水位，库容9 637万立方米。为保证水库安全、达到优化洪水资源、实践管理洪水、保障下游安全的目的，30日上午9：30，玉带河分洪闸及以下沿线闸门开启，先用盘龙江区间来水冲刷河道，10：30，松华坝开始以每秒3个流量泄洪；并从8月31日上午10：00开始保持在每秒10个流量左右，截止10月14日，利用1 800多万立方米洪水置换草海水体，实践了由控制洪水向洪水管理的新思路。

（李明燕）

【渔业生产】　2005年，昆明市渔业行业以稳步发展水产养殖为基础，以水生动物检疫为突破口，以渔政监督为保障，努力拓展渔业行业新格局。①水产养殖工作稳步发展，优势项目不断涌现，为广大农民增收、丰富城市供应作出了积极贡献。2005年全市水产养殖面积12.8万亩（不含滇池、阳宗海），水产品总产量达3.87万吨（捕捞产量0.76万吨），人均水产品占有量7.7千克，实现渔业产值4.8亿元，和2004年相比分别增长2 416吨、0.3千克、

0.68亿元。全市渔业专用塘平均单产已达526公斤，亩产超吨的面积达1.2万亩，养殖技术在全省处于领先水平。全市从事渔业生产、加工、流通、销售、餐饮业等人员累计3.1万人，涉及家庭2.6万个，近10万人，每个渔业养殖劳动力年实现收入5 950元，劳动力家庭成员人均收入达1 652元。全市水产养殖面积中有5万亩属农村集体，每年可上缴塘租费约2 500万元，为壮大农村集体经济，搞好公益事业做出了积极贡献。昆明市渔业生产经过多年努力，成功推广了温（冷）流水养殖，大水面增养殖，围栏养殖、坝塘养殖、观赏鱼养殖、稻鱼工程、无公害养殖等技术，引进了鲟鱼、虹（金）鳟、大口鲶等20多个优质品种，结合全价颗粒饲料、渔业机械的普及运用，实现了全市水产品数量、质量的提高和农民增收双赢的目标。

2005年结合渔业发展状况进行部分精养池塘改造并在全省率先推行无公害养殖面积1 300亩，首批无公害水产品1 000吨面市，昆明市将进一步加大无公害养殖技术推广力度，力争3～5年实现池塘养殖无公害化。

②水生动物检疫工作取得突破性进展，水产食品安全列入政府重要议事日程。本着循序渐进的原则，从源头控制水产品安全，大力开展产地检疫工作。2005年昆明市部分县区实施产地检疫面积6 250亩，约占全市池塘总面积的10%。开展对昆明市场销售的水生动物及其产品质量的抽查、调查工作。在一定程度上掌握了水产品质量安全方面的存在问题，为市场准入制的实施奠定了基础。根据检疫工作的需要，购买了液相色谱仪、水质分析仪、生物显微镜、实验室超纯水器、生化培养箱、电子天平、超净工作台等第一批水生动物检疫检验实验室的仪器设备。及时介入突发事件，彰显队伍应急能力。在参加昆明市食品放心工程综合评价中受到好评。水生动物食品安全已作为昆明市食品安全的重要内容。水产食品安全列入政府重要议事日程。

③加大渔政监督执法力度，提升行业地位，为渔业行业保驾护航。认真贯彻实施《中华人民共和国渔业法》、《中华人民共和国野生动物保护法》、《中华人民共和国水生野生动物保护实施条例》等渔业法律、法规，在渔业资源管理、水生野生动物保护、渔业污染事故调查处理、渔药监督管理等方面开展了一系列工作，有力地促进了昆明市渔业生产的发展。2005年主要开展了长江禁渔工作，加大了对水生野生动物的保护力度，开展查处“孔雀石绿”等违禁渔药专项行动、开展云南省珠江流域2005年打击非法捕捞和保护渔业生态环境统一行动。加强了对渔业污染事故的调查处理，加大对渔药市场的监督检查力度，规范了渔药市场。

（郑天媛）

【松华坝水库管理】 2005年9月23日库水位达到1 964.83米，库容10 023.7万立方米，圆满完成蓄水任务。

2005年城市供水总计19 673万立方米，达到历史最好供水量。积极配合全市防汛部门，综合利用松华坝1 593万立方米环保用水置换盘龙江、大观河、草海水体，改善了城市景观。利用调水期间发电，向昆明电网供电有功电度107.82万千瓦时，无功电度117.65万千瓦时。

谷昌坝清淤工程是采用工程治理方式保护水质的重点工程项目，组织力量，抓时间、抢工期，认真搞好谷昌坝清淤工程。谷昌坝清瘀工程施工共完成机械和挖泥船疏挖淤泥15.2万立方米。

完成库区未来五年植树计划调查；开展面山绿化，育成绿化树苗10万株，被列为全国10个水源型水库水源区防治面源污染水土保持试点。

【水政水资源管理】 2005年，昆明市在贯彻实施取水许可制度、水资源有偿使用制度和水资源论证制度等方面都取得了较大突破。按《行政许可法》的要求，高效快捷地办理取水许可审批16项；水资源费征收工作再上新台阶，全市共征收水资源费656.5万元，比2004年增加了166.5万元；认真开展和组织实施建设项目水资源论证工作，共组织评审了14家单位的水资源论证报告书；成立昆明市地下水资源开采管理秩序清理整顿工作领导小组，对全市地下水的开采管理秩序进行全面清理整顿；加强水行政执法工作，共查处水事违法案件19起，维护了正常的水事秩序。

【昆明市水政监察支队成立】 昆明市水政监察支队为昆明市水利局下属纳入公务员管理正科级事业单位，于2004年12月29日正式挂牌成立。昆明市水政监察支队事业编制仍使用原昆明市水利管理站20名，领导职数设支队长1名，政委1名，副支队长2名。昆明市水政支队内设综合科、水政水资源监察科、水保监察科、河道监察管理科四个科室，级别均为副科级。昆明市水政监察支队的主要职责是：宣传贯彻《中华人民共和国水法》、《水土保持法》、《防洪法》等涉水法规以及水利工程管理政策法规与技术标准的推广实施；依法保护本行政辖区水资源、水源质量和饮用水安全不受破坏和污染，及时提供昆明市蓄水情况数据信息，确保人民生命财产安全和生产生活环境安全；依法保护本辖区内水资源、水域、水工程、水土保持生态环境、防汛抗旱和水文监测等有关设施不受侵犯和破坏；依法对本行政辖区水事活动及生活建设中造成的水土流失进行监督检查，维护正常的水事秩序，依法查处违法行为，对违反水法规的行为进行行政制裁、行政处罚或采取其他行政措施；承办水事行政复议、应诉、理赔等具体事务；负责管理、培训、考核水政监察员工作和县区水利管理技术人才，对县（市）区水政监察大队进行指导和监督；受水行政执法机关委托，按照有关法规办理行政许可和征收行政事业性规费；参与并归口协调水事纠纷，配合协助公安和司法部门查处水事治安和刑事案件；负责对已建水利工程正常运行实施监督和跟踪监测，确保已建水利工程机械设备的安全正常运行。

（严静萍）

【政策法规】 2005年，昆明市水利局结合昆明市水利工作现状，一方面加快地方性法规、政府规章的立法进程，进一步加强对水资源的管理和保护力度；另一方面加强对全民水法规宣传力度，增强水利系统干部职工的法制观念，提高法律素质和依法行政水平，努力推进水行政工作的法制化、规范化进程。按照“四五”普法规划的要求，抓住“水日”、“水周”、“法制日”、“宪法宣传周”等有利契机，进一步深入开展普法与依法治理工作。做到早计划、早行动，组织全局干部职工重点学习了《反国家分裂法》、《信访条例》、《中华人民共和国食品卫生法》和《中华人民共和国道路交通安全法》、《中华人民共和国道路交通安全法实施条例》等法律法规，并进行《2005年全民普法教育读本》考试；强化水行政执法队伍建设，提高水行政执法人员依法行政、依法管理的水平。先后组织了局属有关部门及各县（市、区）水务部门32名水政、水保执法人员参加市政府举办的综合行政执法培训，通过了行政许可法和综合行政执法考试，取得市政府法制办颁发的《昆明市〈行政许可法〉培训合格证》和省政府颁发的《云南省行政执法证》，让执法人员做到持证上岗，依法行政；为加快全市水资源的依法管理，依法加强对水源区的保护和管理。2005年在市委、市政府的高度重视下上半年完成《昆明市云龙水库水源区及输水设施保护管理办法（送审稿）》的起草上报工作。《昆明市松华坝水库水源保护条例（草案）》按时完成起草上报，通过市人大常委会审议，2006年可出台实施。

（康　龙）

【松华坝水源区管理和保护】　2005年各级领导高度重视松华坝水源区管理和保护工作；省市领导多次深入松华坝水源保护区调研、检查和指导工作，有关部门采取行政、经济和法律措施，强化水源区管理和保护工作，确保城市人民群众的饮用水安全。昆明市人民政府印发《关于进一步加强松华坝水源保护区管理和保护工作的意见》提出管理和保护的目标、思路和15项具体措施；成立昆明市重点水源区保护委员会，统一管理和加强对松华坝以及其他重点水源区的保护工作，市公安局、水利局、林业局、环保局联合发布《关于加强松华坝水源保护的通告》，2005年5月1日起实施交通管制，对进入水源保护区的非生产生活车辆和人员进行严格控制，2005年5月1日至12月31日，累计劝阻返回车辆24 019辆，累计劝阻返回人员约87 222人。实施交通管制后，库区道路两侧的生活垃圾大幅度减少，百分之九十以上的农家乐关闭，有效减少了外入车辆人员带来的人为污染；2005年12月28日昆明市人民政府印发《昆明市松华坝水源保护区生产生活补助办法（试行）》从生产、生活和管理三个方面对水源保护区进行补助，解决水源保护区群众的生产生活问题，确保水源保护区社会稳定。

（水源处）

农场管理

【经营效益】　昆明市农场管理局（昆明市农垦总公司）2005年实现国内生产总值7 221万元，与2004年比较增长23.8%，“十五”期间国内生产总值年平均递增10%。2001～2005年实现国内生产总值29 012万元，发放人工工资11 453万元，提前达到了“十五”计划目标，生产发展和职工收入达到了同步增长。

2005年实现销售收入28 279万元，较2004年增长24%，“十五”期间销售收入年平均递增8%。

资产总额达到55 728万元，昆明农垦经济实力得到了明显提高。

【奶产业】　2005年，昆明农垦积极创新，大力推动“公司＋基地＋农户”奶业集约化、机械化生产模式，加强规模化奶牛场和农村奶牛合作社建设，逐步形成布局区域化、生产专业化、服务社会化、营销市场化的奶业产业化格局，农村奶牛养殖业迅猛发展。年末奶牛存栏达34 319头，比2004年的31 634头增幅为8.5%；总产奶量达88 087吨，比2004年增加9 402吨，增幅为11.9%。

奶业是昆明农垦主要产业和优势产业，在昆明地区占据主导地位。从2001年起，随着雪兰公司在农村创建奶牛合作社，农民将奶牛集中到合作社分户饲养，统一机械化挤奶，统一由龙头公司按质论价收购以来，各公司先后效仿，至年底，昆明地区已建成存栏100～1 400头规模的奶牛合作社33个，总存栏量已达17 963头，加上雪兰公司奶牛，规模饲养的牛群已占全市总存栏量的60.2%。进入合作社的养牛户，由于交奶有保障，养牛积极性得到提高。为提高牛奶总体质量水平，龙头公司以国家标准为基础制定了牛奶质量按质论价方案，并以培训班和重点指导等方式帮助农户改变不良饲养习惯，使牛奶的理化指标和卫生指标都得到了很大的提高，绝大部分养牛户获得了稳定的奶款收益。2005年底，昆明农垦拥有国家级、省级、市级乳制品龙头企业2个，直属奶牛场4个（存栏良种荷斯坦奶牛2 654头），规模化农村奶牛合作社23个（存栏奶牛18 850头），带动农户3 138户。各企业共付农户奶款约为10 791万元，第一次超亿元。

2005年底，全系统牛奶产品无公害、绿色和QS产品认证数达到3个。有3家合作社获得农业部“无公害农产品示范基地”称号。

【禽蛋、饲料产业】　鸡产业是昆明农垦的三大产业之一，是农民增收，农村致富的有效途径。2005年昆明云岭广大种禽饲料有限公司，共投入技改资金1 460万元新建、扩建、改造鸡舍、孵化车间，畜禽水产饲料生产线、仓库。形成常年饲养父母代蛋种鸡5万套，种用土杂鸡2万套，商品代蛋鸡14万只。每年可向社会提供畜禽水产饲料18万吨；供应鲜蛋200多万千克，鸡苗500多羽，肥猪及肉鸡18万千克。产业带动农户12 000多户。

【奶牛基地建设】　作为农业部优质良种奶牛示范场，优质学生饮用奶奶源基地昆明市红星农场，在建项目总投资1 761万元。建设和发展好良种奶牛示范和优质学生饮用奶奶源基地，为奶牛场及广大农村养牛户提供优质种奶牛，为市场提供优质安全的鲜奶，是今后两年内的发展目标，“十一五”末期，优质学生饮用奶奶源基地从规模上和质量上都要得到更大的发展和提升，带动和推进昆明市“学生饮用奶”计划的发展和升级。优质良种奶牛示范场建设已进入扩初设计和施工图设计阶段，计划2006年完成项目建设。

【学生饮用奶】　2005年饮用学生奶的学校、幼儿园已发展近200所，比2004

昆明市市长王文涛在第三届国际学生奶大会开幕式上致词　（市农管局　供稿）

年137所增长45%，日供学生饮用奶达到8万份，比2004年6万份增长33%，除五华、盘龙、官渡、西山四区外，还发展到安宁市和富民、禄劝县的一些学校。在“学生饮用奶计划”的推动下，昆明地区奶产业得到了长足的发展。

【国企改革】 昆明农垦总公司共有下属企业13个，列入改制的企业13个，到2005年底，昆明市第一农场、昆明市第二农场、昆明市第三农场、昆明雪兰牛奶有限责任公司、昆明市牛奶公司、昆明市红星农场、昆明市春城农工商海口公司、昆明市机械化猪场、昆明市春城农工商商业公司、昆明农垦经贸公司、昆明实验养鸡场、昆明螺蛳湾营业部12个单位完成了改制工作。通过多种形式的改组、改革，使国有资产从非主导产业和小型企业中基本退出。形成以国有经济为主导，多种经济共同发展的格局，为昆明农垦的经济发展，企业增效，职工增收，社会繁荣做出应有的贡献。2005年昆明农垦总公司被昆明市政府评为国企改革先进单位。

由市农场管理局管理了41年的昆明市第三农场青龙村委会和昆明市白沙河中、小学校，于2005年2月23日顺利移交给盘龙区政府，为昆明市第三农场改制轻装上阵创造了条件。

【第三届国际学生奶大会】 2005年4月11～14日由昆明市政府主办，昆明市农场管理局承办及有关部门协办的“第三届国际学生奶大会”在昆明滇池温泉花园酒店召开，大会有五大洲40多个国家的264位中外来宾参加。4月12日上午第三届国际学生奶大会正式开幕。开幕式上，联合国粮农组织驻华代表莫纳先生等4位官员和专家、国家农业部总经济师朱秀岩、国家学生奶部际协调组办公室常务副主任、农业部农垦局副局长丁力、云南省副省长孔垂柱、昆明市市长王文涛和副市长杨雯等领导出席了大会并作了重要讲话。来自世界各地的十余位专家、学者和官员的精彩演讲和多媒体演示让代表获益匪浅。近20家新闻媒体对大会的盛况和“学生饮用奶计划”进行了连续报道，让更多的人了解这次大会，了解“学生饮用奶计划”这一伟大的事业。通过本届大会，使“学生饮用奶计划”得到了广泛的宣传，促进了“学生饮用奶计划”的实施与推广。

【全国农垦养殖会议】 2005年4月11～12日，农业部农垦局在昆明市召开全国农垦养殖业工作会议，有35个垦区的50多名代表参加，昆明市政府副秘书长、办公厅主任马克斌出席会议，并代表杨雯副市长作了重要讲话。会议对当前和今后一个时期农垦养殖业工作进行了整体部署。确定了以产业化经营带动现代养殖产业的发展思路；推进规模化养殖，实行标准化生产、依靠技术进步，提高养殖业现代化水平；完善动物防疫体系，保障养殖业健康发展；打造名牌产品，建立现代养殖产品市场流通体系；加强草地建设，实现养殖业可持续发展；加强领导，促进农垦养殖业快速发展。

【首届昆明国际农业博览会】 首届昆明国际农业博览会于2005年9月9～13日，在昆明国际会展中心举办。这次博览会，市农垦系统不仅参与了昆明市级展区的展示，还分别参与了盘龙区、官渡区展区的展示；向农博会组委会递交论文2篇；抽调工作人员协助组委会工作；配合市政府接待处接待了柳州、思茅农业代表团成员24人。昆明市第二农场“纯鲜牛奶（袋）”获得2005’首届昆明国际农业博览会优质产品金奖，“婴幼儿配方奶粉”获得优质产品奖。昆明云岭广大种禽饲料有限公司“云岭广大种禽饲料”和“海兰系列蛋鸡商品代雏鸡”获得优质产品奖。

（李燕萍）

生物资源开发创新

【培植产业发展】 2005年昆明市生物资源开发创新办共收集到备选项目72项，经严格筛选，多次实地考察，汇同相关部门领导和专家反复论证，并报经市政府批准，审定了2005年生物资源开发创新产业建设项目12项，其中：种苗基地及示范园建设3项，原料基地建设4项，产品开发2项，推广应用项目1项，其他2项。

①以天然药物为主的现代医药产业：昆明市通过国家GMP认证的药品生产企业有62家，2004年底高新区医药工业产值达28亿元，占全省医药工业总产值的50%以上。昆明市医药产业已经形成规模较大的产业集群，然而原料供给不足已经制约了产业的发展。为解决这一问题，在云南省中药材GAP种植技术指导中心、云南省农科院药用植物研究所等科研院所的专家、教授指导下，引导云南金柯制药有限公司、昆明宇斯药业有限责任公司和昆明华曦牧业有限公司到东川、禄劝、官渡等县区建立以阿坝当归、中华雪胆等高山药材和重楼、曼地亚红豆杉等为主的种苗基地和示范园600多亩。在寻甸、东川建立板蓝根、丹参、鱼腥草、雪上一枝蒿等原料种植3 000多亩，在解决企业原料紧缺的同时，帮助农民增收致富。

②生物化工产业：昆明市生物化工产业近几年发展速度较快，逐步形成了以林产品化工、药物中间体、香精香料和天然色素、生物农药和生物肥料为主导产品的产业结构群。

东川、寻甸等北部五个县区种植甘薯近10万亩，其中东川区有5万多亩，大部分甘薯作为牲畜饲料，商品转化率较低。昆明紫昊天然色素有限公司是一家色素加工企业，昆明市生物资源开发创新办在2004年支持企业从青岛引进日本川山紫甘薯建立200亩种苗基地的基础上，2005年扶持企业建立原料种植基地1 000亩，农民每亩获得收益1 200多元，取得了较好的经济和社会效益。同时支持企业进行技改，引进紫甘薯色素干粉生产线，年加工紫甘薯达到了3 000吨的规模，为企业扩大再生产奠定了良好的基础。

以天然虫胶为主要原料生产的天然食用保鲜剂具有提高果蔬品质、延长保鲜时间的作用。昆明市蔬菜总产量达160万吨，水果总产量达8万吨，大部分未经处理就直接上市，产品附加值较低。2005年积极引导昆明苏化化工公司与昆明晨农绿色产品有限公司合作在辣椒、西红柿、小瓜、茄子上进行推广应用天然食用保鲜剂，产品在提升果蔬的感观亮度、减少水分丧失、延长货架期、抑制果蔬腐烂方面效果明显。

积极推广生物农药，加快蔬菜等农副产品无公害生产。在2004年项目实施的基础上，2005年在宜良县蓬莱、狗街、汤池等乡镇1 090.1亩的辣椒、西红柿、小西瓜等蔬菜上深入开展了以爱禾牌以0.3%印楝素乳油为主的7种生物源杀虫剂和2种对比化学杀虫剂的田间应用试验、示范和推广工作，在项目实施区对小菜蛾、菜青虫、蚜虫、蓟马等主要害虫防效达90%以上，蔬菜产品全部指标达到无公害蔬菜质量安全标准，实现每亩新增产值达417.88元，防治效果和经济效益明显。通过项目实施，13期培训，受训农户874人次，使项目实施区农户了解和掌握生物农药的使用技术，使农民从不了解、不愿意使用生物农药，到认可和接受生物农药的转变。为昆明市无公害蔬菜生产中的病

袋装栗仁规模化生产　（生物资源开发创新办　供稿）

虫害防治筛选了安全有效的生物源农药，总结提出了相应的应用技术，对在全市范围内推广具有指导意义。

③以绿色食品为主的精深加工及保健食品产业：2005年继续围绕昆明市60万亩的板栗种植面积、3万多吨的产量，进一步加大产品的开发力度。根据县（市）区板栗资源现状，与各级领导及有关专家反复研究，计划在昆明市扶持企业建立2～3条板栗精深加工生产线，东部以宜良为主，北部以寻甸、禄劝等县为主。在总结扶持昆明宜良滇王食品有限公司经验的基础上，支持寻甸仁德食品有限公司新建一条年加工板栗500吨的生产线，产品以袋装栗仁、清水、糖水板栗罐头、板栗酱等产品为主，产品已完成试生产，计划2006年元月份正式投产。

围绕农副产品精深加工企业，为企业扩大生产规模保障原料供应。昆明市有云南长泉食品有限公司、昆明大东方生物化学科技有限公司等近10家企业从事魔芋系列产品开发，魔芋精粉畅销香港、新加坡、日本等国内外市场，销售前景较好。云南长泉食品有限公司于1999年开始在嵩明县发展种植基地1 000多亩，取得一定效果，但规模和质量都没有达到预期要求，企业生产原料大部分仍需从外地采购。为帮助企业解决原料紧缺问题，2005年支持企业在嵩明县杨桥、嵩阳、白邑等乡镇发展果园套种魔芋3 000多亩，平均亩产量2 000公斤，公司以1.2元/公斤统一收购，扣除生产成本，农民实现收入1 400多元，调动了农民种植魔芋的积极性。

④以野生、食用、加工型花卉为主的花卉产业：2005年昆明市已有10余家专业从事食用花卉深加工的高新技术企业，其中云南花果叶植物开发有限公司、云南新世纪鲜花保健品有限公司等企业拥有先进的生产线及进口设备，开发出的玫瑰精油、净油、花粉等系列产品畅销国内外，具有广阔的市场前景。由于没有原料基地的保障，企业生产受限，严重制约企业进一步发展壮大。为了解决企业发展的原料问题，在2004年建成300亩种苗基地和种植示范园的基础上，总结出规范化栽培技术，为2005年在晋宁县宝丰镇、西山区团结乡、盘龙区松华乡、双龙乡新建500亩原料基地提供了种苗和技术保障。

【建立健全专家咨询制度】　为增加项目筛选、立项、审批等决策的科学性和工作的透明度，提高项目管理和服务工作的水平，积极组织专家咨询会、论证会，进一步建立健全项目专家咨询制度。2005年5月17日组织中科院昆明植物所、云南省GAP种植技术指导中心、省农科院、云南大学等9家大专院校科研院所，云南白药集团优质种源繁育有限公司、昆明晨农绿色食品有限公司、昆明金柯制药有限公司等14家企业的专家、教授及企业负责人，邀请市委政研室、市发改委、市科技局、市农业局等相关业务部门领导参加市生物资源开发创新产业2005年项目申报审批专家咨询会。积极听取专家、教授、相关单位领导的意见，提高项目工作的质量。

【组织企业参展参会】　为加大昆明市生物资源开发创新产业对外宣传的力度，市生物资源创新办积极组织有关企业参展参会，为各种特色农产品走出云南搭建平台，扩大企业知名度，同时把昆明市生物资源开发创新产业特色产品推向国内外市场。积极组织云南金柯制药有限公司、云南花果叶植物开发有限公司、昆明方戈菌类科技开发有限责任公司等60多家相关企业及单位，携1 000多种产品参加“2005年云南优质生态农产品上海推介展”、“首届昆明国际农业博览会”、“第二届中国国际中医药暨健康产业博览会”等各种国际国内展会活动。展会上签约项目10余项，金额2亿多人民币、200万美元。

【抗旱救灾】　2005年4、5月份，昆明市发生50年不遇的大旱，全市大部分地区持续高温，对农业生产和人畜饮水造成了较大的影响。按照市委、市政府的统一安排，由市生物资源创新办和扶贫办组成的春耕工作组为了把旱情造成的损失减少到最低，自觉取消双休日，进村进社。多次深入田间地头，到东川区新田乡的瓦房村、阿旺乡阿旺村，寻甸县河口乡水冒田、功山镇纲纪等村社，与广大干部群众共同战斗在抗旱保苗第一线。寻甸和东川没有出现人畜饮水重大问题，抗旱保苗工作进展顺利，为2005年的农业增效，农民增收，农村稳定奠定了基础。

【扶贫工作】　2005年先后组织干部职工50多人次，协调资金17万。帮助纲纪村委会新建马铃薯种薯交易集市20间铺面，近470平方米，解决了纲纪农贸集市市场混乱，街天交通拥堵的问题；鉴于羊毛冲完小校舍简陋、年久失修，为了让完小的600多名师生尽快搬进新教室，帮助村委会协调解决6万元的土地征用费；抗旱救灾期间，帮助两个村委会解决人畜饮水及两苗补助的资金缺口，及时送去抗旱经费10 000元，两个村委会各5 000元。此外，以项目扶贫的形式，积极引导昆明爱德组培有限公司和昆明方戈菌类科技开发有限公司在两个村委会发展脱毒马铃薯种薯基地200亩，反季节人工食用菌栽培10万袋，公司按保护价收购合价统一收购，马铃薯种植户每亩获得收入1 200元，反季节人工食用菌栽培实现户增收576～1 440元。项目扶贫经济效益明显，农户反映良好。

（李一果）

工　业

综　述

【年度工业综述】　2005年，全市工业继续保持了较快发展，承接了“十五”期间工业发展的良好态势。全市完成工业总产值1 110.4亿元，突破千亿元，其中，规模以上工业完成总产值988.93亿元，增长22.9%。全市工业完成增加值387.14亿元，增长11.9%，其中，规模以上工业完成增加值320.81亿元，增长13.2%；实现主营业务收入1 008.46亿元，增长29.7%；实现利税201.45亿元，增长7.3%，其中利润82.92亿元。规模以上工业上缴税金占全市财政收入的53.7%，比上年提高3.3个百分点。全面完成了省政府考核的4项指标和市委、市政府确定的各项工作目标。

工业增加值占全市GDP的比重由“九五”末期的38%降至2005年的36.4%，工业对全市地区生产总值的贡献率由“九五”末的40.2%提高到2005年的41.3%。

全市规模以上重工业增长12.8%，轻工业增长13.7%，分别比“九五”末提高2.9和9.9个百分点。轻重工业增加值的比例从“九五”末的49.5∶50.5调整为2005年的48.8∶51.2。

烟草、冶金、机电、医药、能源、化工等主要工业行业2005年共完成工业增加值276.37亿元，占全市规模以上工业增加值的86%，拉动全市规模以上工业增长10.4个百分点；烟草工业完成利润30.14亿元，非烟工业完成利润52.78亿元，超过烟草工业22.64亿元。

昆明高新技术产业开发区实现工业总产值206亿元，实现增加值52亿元；昆明经济技术开发区实现工业销售收入59.76亿元，实现增加值21.27亿元。

全市新批外商投资企业77户，实现利用外资8 261万美元，同比增长32.6%，占全省的44%；全市实施国内经济合作项目481项，实际引进市外资金143.39亿元，其中工业项目占实施项目总数的42%。工业走向国际市场的步伐逐步加快，2005年全市工业完成出口产品交货值42.22亿元，占全市工业总产值的3.8%。

国有及国有控股工业完成增加值274.41亿元，同比增长14.3%；股份制企业完成工业增加值111.85亿元，同比增长14%；外商及港澳台商投资企业完成工业增加值24.83亿元，同比增长29.5%。

【“十五”工业经济发展综述】　“十五”期间，全市工业系统认真贯彻落实科学发展观，按照昆明市第八次党代会实施工业强市战略的总体部署，坚持发展为第一要务，主动顺应宏观经济调控，坚定不移地走新型工业化道路。通过加强工业经济运行监测和调控，优化产业结构和工业布局，加快工业园区建设，做大做强优势产业和重点骨干企业，努力克服了煤、电、油、运等供需制约，实现了“十五”期间工业经济持续、快速、健康发展。

经济总量不断扩大，经济效益明显提高：“十五”期间，全市工业增加值由2001年的252亿元上升到2005年的387亿元，年均增长10.7%，比“九五”期间提高了1.3个百分点。规模以上工业实现利税由“九五”末的72亿元增加到“十五”末的201亿元，年均增长22.8%，其中，利润由12.2亿元增加到82.9亿元，年均增长46.7%。工业产业的主导作用明显增强。

结构优化调整，竞争力日益增强：轻重工业比重从“九五”末的42.9∶57.1调整为“十五”末的28.5∶71.5，重化工业优势提升。

国有经济与其他经济类型比重由“九五”末的41.5∶58.5，调整为“十五”末的36.1∶63.9，非公经济较快发展。

烟草、有色冶金、钢铁、机械、化工5个行业主营业务收入分别突破百亿元，共实现主营业务收入716.75亿元，占全市规模以上工业主营业务收入的71.1%，主导行业支撑作用增强。

全市主营业务收入超过5亿元的企业从“九五”末的13户发展到2005年的25户，共实现主营业务收入676.59亿元，占全市规模以上工业的67%。涌现出了昆烟、昆钢、云铜、云天化、云内等一批具有较强市场竞争力的大企业、大集团。

“十五”期间，全市共建立国家、省、市级企业技术中心34个；6户乡镇企业建立了技术创新中心和研发机构，实现了零的突破。共有55个产品获得云南名牌称号。工业企业产品结构逐步优化，产品技术水平不断提高。

园区经济发展加快，产业布局进一步优化：近年来，昆明市把工业园区建设作为加快推进新型工业化的重要举措之一，不断加大力度，把工业园区建设与发展作为推进新型工业化的主战场。2005年，两个国家级开发区和五个省级工业园区累计完成工业增加值130.12

亿元，占全市的33.6%。其中高新区完成52亿元，经开区完成21.27亿元，5个省级工业园区完成工业增加值56.85亿元。各县（市）区发挥比较优势，加快工业集中发展，初步形成了一批特色工业集聚区。

发展工业循环经济，节能降耗取得实效：按照《滇池流域企业清洁生产推行计划》，对滇池流域第一批71户企业及全市84户生产型资源综合利用企业，开展了清洁生产工作。11户企业通过清洁生产审核验收，实施清洁生产方案，共节约用电137万度、节约用水6万吨、减少粉尘排放6 800多吨、减少废水排放14万多吨。全市规模以上工业总产值万元能耗由“九五”末的1.55吨标准煤下降为2004年的1.15吨标准煤。工业循环经济发展取得了一定实效。

企业改革不断深化，非公经济快速发展：以产权制度改革为核心，以企业发展为目的，引进了沈阳机床、美的集团等，分别与云南CY集团、云南客车厂等进行战略合作。通过合作，2005年云南CY集团机床产量达到7 600台，创建厂以来新纪录，实现主营业务收入2.8亿元，出口创汇1 091万美元，取得了较快发展。

全市完成国有企业改革427户，完成率达92.2%；基本完成了乡镇企业改革，改革面达95.8%。非公经济增加值占全市GDP的比重由“九五”末的36.5%提高升到“十五”末的42%；乡镇企业增加值占全市GDP的比重由“九五”末的15.3%提升到“十五”末的17.3%，乡镇企业对全市农民人均纯收入贡献达40%。

投资规模逐年扩大，发展后劲增强：全市工业投资累计完成投资353.86亿元，占全市固定资产投资比重从2000年的15.4%提高到2005年的18%。昆钢、云铝、云内动力等一批重点项目建设投产，进一步增强了工业发展动力。全市累计安排工业扶持资金14 217万元；乡镇企业扶持资金4 549万元，扶持项目户均新增产值965万元，新增税利168万元。

“十五”期间，在贯彻落实国家产业政策，加强行业规划和管理，强化安全生产，开展职工教育培训，加强工业调查研究等方面做了大量工作，取得了一定的成效。

（吴志坚）

机电工业

【“十五”期间主要经济指标完成情况】

工业总产值：全系统完成169.79亿元，比“九五”计划的101.3亿元，增长了68.49亿元，年平均增长率为13.52%。

工业销售产值（按现行价格计算）：完成167.79亿元，比“九五”计划的98.94亿元，增长68.85亿元，年平均增长率为13.92%。

利税指标：实现利税总额8.22亿元，比“九五”计划的7.35亿元，增长了0.87亿元，年平均增长率为2.4%。

利润指标：实现利润总额2.45亿元，与“九五”计划的2.46亿元，基本持平。

出口交货值：完成出口交货值12.3亿元，比“九五”计划的15.8亿元，下降3.5亿元。

新质量指标：全年产品质量等级为75%，质量损失率为2%，新产品产值率为40%。

固定资产投资：完成固定资产投资8.3亿元，其中，生产性技术改造投资5.6亿元，非生产性建设投资2.7万元，保持五年投资额超亿元以上的目标。

安全生产：“十五”期间除2002年昆明人造板机器厂发生1起因工死亡事故外，其余年度未发生因工死亡事故及重特大事故，完成了市政府下达的安全生产指标。

【年度主要经济指标完成情况】

工业总产值：完成47.07亿元，超指标6.5%，比上年增长27.8%。

销售收入：完成46.3亿元，超指标1.2%，比上年同期增长26.5%。

利税总额：完成1.6亿元，超指标2.06%，比上年同期增长9.2%。

利润总额：完成2 695万元，超指标19.7%，比上年同期增长28.3%。

工业增加值：完成9.2亿元，超额完成6.5%，比上年同期增长27.8%。

出口交货值：完成3.1亿元，比上年同期增长33.6%。

【经济运行监控和运行态势监测】　针对2005年电力供应紧张，原材料价格上涨，运输成本增加，流动资金紧张给机电工业带来的困难，协会加强经济运行监控和运行态势监测，采取多种措施，促进行业经济发展。2005年，全行业出现五个亮点：一是工业生产稳步增长，工业增加值、销售收入同步增长。二是重点盈利企业经济效益增长，全行业利润同比增长28.1%，是近几年增长幅度最大的一年。三是高科技产品增长态势良好。其中：(1)以发电设备为代表的国家重点工程装备加速发展，电机、云变、电缆等电力产品普遍看好。(2)环保机械市场需求明显增加，发展趋势较好。(3)高技术产品继续高速增长，自动化仪表及系统、分析仪器及装置、数控机床等都有较大增长。四是一批改制及重组企业，生产经营态势良好，自主创新能力增强。克林轻工通过引进开发先进制糖装备技术，投入资金1 299万元完成了QXZ1200压榨机组的研制，填补了国内糖机制造业的一个空白，赢得较好的声誉及效益。2005年克林轻工实现销售收入8 302万元，新增收入3 163万元，同比增长61.5%，在2004年同期亏损的基础上，一举扭亏为盈实利润195万元。五是出口继续增长，2005年机械工业出口交货值继续稳步上升，共完成3.1亿元，同比增长33.6%，占全市出口总额的比例约15%左右。

【国企改革】　2005年市机械工业国有企业数量多、资产量大、改制企业职工人数多，各种热点难点问题交织，改革任务繁重。为确保国企改革目标任务的完成，成立了市机械协会国企改革领导小组，同时还成立了4个指导小组和一个政治思想工作小组深入企业，按照中央、省、市有关国企改革政策，争取一厂一策方式推进改革。全年完成方案论证26户，占计划数的100%；完成终审批复15户，占计划的58%；完成工商登记12户，占计划的46%；完成昆明科力化油器厂等6户企业的并购，占计划数的300%；完成昆明重工有限公司等3户企业的破产终结，占计划的43%。

【积极参与推进工业发展倍增计划】2005年，市委、市政府确定实施工业发展倍增计划，即通过各项扶持政策措施，促进生产要素向参与“倍增行动”和“加快发展计划”的重点企业集中，努力解决其在行业整合、技术改造与创新、新产品开发，以及土地、资金、电力、运输等方面的问题，使重点企业（集团）发展跃上一个新台阶。根据市委、市政府的要求，协会坚持科学发展观，切实把工作重点放在提高经济增长质量和效益上，加快行业发展。协会配合市经委对部分重点企业进行了全面调研，确定了云内动力、交大昆机、昆明电缆等10户企业作为昆明市机械工业首批倍增发展计划重点企业。倍增计划实施后，预计到2007年昆明机械工业销售收入可望翻一番，突破70亿元，实现跨越式发展。

【集体企业改制】　2005年，在大力推进国企改革的同时，协会本着企业自愿、条件具备、职工同意的原则，参照国企改革有关政策，完成了昆明有色金属铸造厂等5户集体企业的改制工作。

【民营企业参与国企改革】　云南工程机械厂、昆明科力化油器厂、三龙集团威克拓公司三户国有企业在改制前都是多年的亏损困难企业，2005年由云南汇和集团公司实施并购后，注入资金3 900多万元，三个企业1 700多名职工得到妥善安置，历史欠账全部还清，企业的生产经营实现了“轻装上阵”。随着“汇和工业园”的逐步建成，三家企业已初步摆脱困境，逐步走上良性循环的发展之路。

云南汽车工贸实业总公司（简称云汽实业）经昆明市体改办批准进行国有企业改制。该企业于2004年由云南盛兴集团并购，因盛兴集团违反并购协议，致使云汽实业陷入困境。2005年经市政府批准，云汽实业解除了与盛兴集团的并购协议。在昆明市国有资产监督管理委员会、昆明市机械行业协会的直接领导和帮助下，经过云南产权交易所有限公司公开公告挂牌，2005年12月24日，昆明市机械行业协会受昆明市国有资产监督管理委员会委托与云南中致远投资有限公司（民营企业）签订了《产权交易合同》，由云南中致远投资有限公司以5 514.09万元的交易价格对云南汽车工贸实业总公司的整体产权进行收购，国有资产及股权已全部退出。

【破产重组】　2005年市机械行业协会承担了国营春光器材厂、昆明市交通机械厂、昆明思达瑞磨料磨具有限公司、云南三机床厂破产重组任务，其中国营春光器材厂终结破产法律程序。

【建立和完善法人治理机构】　在加快企业改革的同时建立和完善法人治理机构，把法人治理机构和改制企业的党群组织建设与企业改革改制工作相结合，大力推行党组织与法人治理机构“双向进入、交叉任职”的领导体制。2005年建立和完善法人治理机构18个，对13家企业53名经营者资格进行认定，使改制企业党的基层组织建设得到保障，作用得到较好发挥，还深化了企业内部劳动、人事、分配三项制度的改革，探索出引导企业管理经营者能上能下，人员能进能出，收入能增能减的激励新机制。

【招商引资与行业整合】　通过深化国企改革，推进行业整合，加快技术进步和新产品开发，鼓励非公企业参与国企改革等措施，为招商引资搭建平台、创造条件。引进了沈阳机床集团与云南机床厂实施了战略重组；广东美的集团参与整合云南汽车工业，先后并购了昆明旅行车厂和云南客车厂。重点支持了云内动力集团股份有限公司与德国FEV公司合作，开发新型轿车用柴油机，这些招商引资的措施，旨在使企业做精做大做强，促进昆明市工业经济的发展，均取得了显著的成效。例如：云南CY集团通过与沈阳机床（集团）有限公司实施战略重组，生产经营良好发展，2005年以来机床生产已达1 000台/月，比历史最高水平翻番，实现销售收入2.3亿元，同比增长420%，对整个机械行业销售收入增长可拉动3～4个百分点。

【技术创新与科技进步】　围绕新型工业化产业建设，协会在“十五”期间通过积极引导行业内龙头企业采用新技术、新工艺和新材料，开展技术创新，不断开发新产品，加强数控机床新产品的开发，支持昆明铣床厂有限责任公司、云南机床厂、云南第三机床厂、裕海机械有限责任公司等一批企业，提高数控机床的数量占机床产量的比例，从而提高企业的经济效益；拓宽电工行业的产品市场占有面，支持云南变压器股份有限公司，积极开发220KV级变压器产品；支持昆明电机厂推出新型高水头冲击式水轮发电机组；支持昆明电工责任公司加快铝壳电机的生产与出口等等，提高市场竞争能力，在推进新型工业化进程方面成效显著。

“十五”期间，全行业共建成省级技术中心5个，市级技术中心8个，累计完成厂级以上新产品、新技术等技术创新项目600余项。近80%的企业采用CAD计算机辅助设计，云内动力建成CIMS计算机集成应用系统，为全行业的信息化建设起到了示范推动作用。

至2005年底，已初步形成了以云内动力、沈阳机床集团昆明公司、云南美的汽车公司、昆明电缆公司、昆明电机公司、云南变压器公司等一批企业为龙头的高新技术产业和产业链，创出了“云内”、“云变”、“云电工”、“CY”、“美的”等一批云南名牌及国内知名品牌。

2005年机械行业5户企业获昆明市第二批企业信息化示范工程项目资金资助，昆明电缆、云内动力等一批重点企业获昆明市新型工业化发展基金的扶持，全行业得到省、市各类项目扶持资金约3 000万元，促进了企业技术创新和科技事业的发展。

【人才引进培养和选拔】　“十五”期间市属机械工业系统共选拔21名优秀中青年科技工作者成为昆明市中青年学术与技术带头人及其后备人选，通过对他们的培养和其带动作用，建立起一支高素质的行业科技人才队伍。组建了200余人的行业专家库，5年中评定正高级职称3名，副高级职称250名，中职职称600余名。每年吸引大批大中专毕业生进入行业生产、科技和管理队伍，成为企业自主创新的主力军。

【安全生产】　2005年，各企业高度重视安全生产工作，把安全生产工作作为贯彻落实“以人为本”，实践科学发展观的重要内容，认真对照目标责任书狠抓落实。系统内发生重伤事故1起，重伤1人，轻伤事故33起，轻伤33人，发生一般性火灾事故1起，未发生重大安全事故，无死亡事故发生。与2004年同口径相比，重伤事故下降50%，轻伤事故下降43.1%，安全生产保持良好态势。

【实施送温暖和再就业工程】　2005年，协会以稳定为大局，两个确保为重点，制定目标，明确责任，采取措施促进下岗职工再就业。一是加大再就业政策宣传力度，鼓励下岗职工参与市场竞争，自主创业和再就业。二是与企业再就业工作站签订目标责任书，确保各项政策措施的落实。三是针对机电行业的具体情况，指导企业开拓市场、发展生产、清岗腾位，安置下岗职工上岗。四是开展调研，深入实施送温暖工程。2005年，协会共帮助30户企业的173户特困职工办理了最低生活补助，慰问困难职工286户，发放慰问金15.9万元，为昆明市电器开关厂等24户企业因病致困的21名职工申报大病补助2.7万元，为昆明紧固标准件公司等8户企业的11户困难职工开展“寒窗助学”补助3.1万元，为昆明交通机械厂、昆明市冲压件一厂等市、省级劳模申请补贴2.4万元，为昆明思达瑞公司、昆明电线厂等6户拖欠3个月以上工资的327名职工申请困难补助9.8万元，同时，组织动员32户企业的9 000人参加省职工医疗互助活动，机关领导、机关干部和基层工会干部积极捐款0.7万元，帮助困难职工150人参加医疗互助活动，动员组织昆明汽车厂等12户企业的120名下岗职工参加各类招聘供需见面会，促进下岗职工再就业。通过市政府支持资金10万元，对11户停产困难企业500名困难职工进行节日慰问。

【企业稳定工作】　针对协会改制企业较多，各种矛盾问题突出的情况，为保证行业改制工作的顺利进行，协会成立了稳定工作领导小组，确保行业稳定。以高度的政治责任感和紧迫感抓好稳定工作，把保持稳定作为头等大事抓紧抓好。配合有关部门，接待处理集体上访143件次，涉及39户企业的职工3 341人次。坚持“会长接待日”制度，一年来共接待34批7人次上访，处理“12345”（市长热线）督办件37件，全部上访办结率100%。协调处理了职工上访中的有关劳动争议、企业改制、住房问题、工伤处理、拖欠职工工资、医疗、丧葬费等政策的落实。做到了问题不回避、矛盾不上交，对出现的不稳定情况，都及时深入现场，及时妥善处理，把矛盾尽量解决在基层，解决在萌芽之中，为昆明市的改革和稳定做出贡献，被市委、市政府评为2005年度信访稳定工作及“12345”市长便民热线先进集体。

（张玲玲）

重化工业

【年度概况】　2005年，昆明市化工建材行业协会以现代新昆明建设、工业强市、走新型工业化道路为动力，努力深化国有企业改革，加快企业发展，较好地完成市委、市政府下达的各项任务和目标，企业生产经济工作现实快速增长。2005年主要生产经营指标完成情况是：

完成工业销售收入127 368万元，与上年同比增长26.9%。

实现工业增加值18 000万元，与上年同比增长17%。

实现利税总额7 602万元，与上年同比增加3 674万元，其中实现利润2 629万元，比上年同期增加2 915万元。

【国企改革取得突破性进展】　根据省、市三年深化国有企业改革的目标要求，昆明市化工建材行业协会认真贯彻市委市政府在各个时期的工作要求，紧紧围绕进一步实现国有企业产权明晰、建立现代企业制度、加快国有资产从竞争性领域退出的核心要求，认真结合企业实际，全面深化企业改革，并取得突破性进展。至2005年12月31日，全系统所属23户国有企业，已经有17户全面完成了改革改制工作，原企业国有资产全部从企业退出，并依据《公司法》的规定，依法完成工商注册登记工作。已完成改制任务的17户企业，除1户企业按规定须由国有资产参股经营外，其余全部系由自然人投资发起组建的有限责任公司。

【嫁接改造国有老企业】　在深化国有企业改革工作中，昆明市化工建材行业协会坚持按照“一企一策”的工作要求，认真对所属企业的状况进行深入研究，本着既有利于改革的实施，又有利于企业发展的思路推进企业改革。根据省政府的全省水泥战略调查的总体框架要求，为进一步实现水泥企业战略重组，提升企业规模、档次，形成强强联合，增强企业竞争力，昆明市化工建材行业协会积极顺应这一趋势要求，大力开展协调工作，在市级部门上下达成共识的基础上，加快推进云南水泥有限公司参与全省水泥整合工作，并于2005年12月底顺利完成了企业整合工作，云南水泥有限公司整体划转云南国资水泥有限公司，为企业实现长足发展创造了条件。另外，针对昆明市化学工业总公司因市场竞争激烈，企业连续亏损，企业负债较高，且生产流动资金严重不足，正常生活经营难以维持的问题，在企业自愿的基础上，积极引入社会法人参与企业改革，并于2005年完成了云南天阳投资有限公司对昆明市化学工业总公司的并购协议的签字。该公司以承担债权债务，全员安置职工的方式实现并购。在实施并购过程中，并购方注入流动资金后，企业生产有了较大起色，尤其是对企业职工进行了妥善安置和兑现了职工转换国有企业身份的各项费用，有力地确保了企业稳定，企业深化改革的措施和做法受到职工肯定与拥护。

【固定资产投资】　2005年昆明市化工建材行业系统累计完成固定资产投资总额11 952.4万元，与2004年实际完成投资9 153.49万元相比，增长30%。其中，技改及生产相关项目25项，完成投资11 659.4万元，与2004年9 153.49万元相比，增长27%，基本建设及职工住房项目3项，完成投资293万元。技改及生产相关的主要项目有：昆明化肥有限责任公司磷酸、硫酸装置挖潜节能技术改造；昆明神农汇丰化肥有限责任公司合成铵挖潜节能技改；昆明中华涂料有限责任公司整体搬迁并新建10 000吨/年环保型涂料生产装置；云南水泥有限责任公司2号矿山基建设施及设备装置；昆明白水泥厂商品混凝土搅拌站扩建；昆明耐火材料有限公司101.2米隧道窑新建及配套煤气发生炉建设等。2005年固定资产投资项目累计新增产值20 147万元，同时，为企业进一步降低能耗，提升装置水平发挥了重要作用。

【安全生产】　2005年围绕昆明市化工建材行业协会与市政府签订的《安全生产目标责任书》，协会在与各企事业单位分别签订目标责任书的基础上，所属各单位认真按照国家、省、市政府有关进一步加强安全生产工作的要求，突出安全生产以人为本的工作原则，不断加强企业安全生产管理工作。在具体工作中，一是认真按照建立“三级”目标责任制的要求，形成单位、车间（班组）和个人安全生产目标责任体系。二是建立健全各项规章制度，完善安全生产基础管理工作。三是认真开展安全生产专项整治工作，并督促企业进行隐患整改。四是加强安全生产宣传教育，不断提高从业人员的安全意识。五是认真分析事故原因，加大事故查处力度，确保生产安全。通过各单位的共同努力，2005年安全生产工作取得较好成效，全系统共发生1起死亡事故，1起重伤事故。其中死亡事故系昆明白水泥厂使用外来劳务输出人员，造成1人窒息死亡，昆明白水泥厂承担相应连带责任。

【职工再就业和社会保障】　2005年昆明市化工建材行业协会所属单位共有下岗职工398人，为进一步实现职工再就业，维护企业和社会的稳定，协会认真贯彻中共中央、国务院及省、市政府的要求，把关心困难企业和职工工作为一件大事来抓，一年来，通过各方努力，共有250名下岗职工重新走上新的工作岗位，职工再就业率达62%。同时，按时申请及发放下岗职工基本生活费

264.8万元，按时申请及发放公益性岗位社会保险金7.4万元，并为下岗期满出中心的职工申请最低生活保障金79.1万元，发放下岗职工2005年春节慰问金11.1万元，申请下岗职工解除劳动合同自谋职业资金补助6.2万元。

【企业稳定工作】　2005年昆明市化工建材行业协会会长接待日来访6人次，日常来访47人次、来信71件，“12345”市长热线转办4件，电话来访26人次，到市政府上访3起31人次。上述来信来访，经统计，全部信访件办结率达100%。在处理职工上访问题上，坚持对老上访户重点做好工作，减少重复上访次数。对因企业改革改制过程中产生的问题及群访问题，及时邀请市级机关部门的领导和负责人到企业同职工对话，组成调研组深入调研，其中对4户企业以调研组的名义，发出5份答复意见，比较有效地回答了职工提出的意见和问题，推进了企业改革、保持了企业稳定。

（周利康）

冶金工业

【主要经济指标完成情况】　全年经营收入770万元，上缴税金128万元，实现利润-501万元。

【完成改制】　遵照市委、市政府《关于进一步深化国有企业改革的实施意见》及有关产权制度改革相关政策精神，2003年7月，亚龙公司开始着手实施企业国有资产全部退出的产权制度改革，同时向上级部门提出改制申请，经市体改办批准进入改制程序，成立改制工作领导小组，按照改制相关政策精神，开展宣传发动、摸清家底，进行财产清核、资产审计，制订改革方案、职工安置分流方案等改制基础工作。就改制方案、职工安置方案专门召开职代会进行审议、表决。2004年6月16日由市体改办会同主管单位及相关政府部门召开了亚龙公司改制方案论证会。9月28日，市深化国有企业改革试点工作领导小组给予终审批复，亚龙公司的改制进入实际操作阶段。2005年初，围绕新公司的运作，进行了新公司章程的制订，股东资格确认，召开了第一届股东大会。10月，由公司的经营班子及骨干共40名股东缴足550万元股金注册了新公司。原公司通过评估的5 086万元资产全部用于安置职工。亚龙公司历时三年的改制工作完结。

【剥离代行管理职能】　亚龙公司所属的5户企业是具有独立法人资格的经济实体，各厂分别在市工商局单独注册，领取法人营业执照。与亚龙公司（本部）同步进行改制的市起重设备厂、市耐火材料厂、市有色金属材料厂都先后完成了改制工作。市轧钢厂尚未完成改制工作，但已由市化建行业协会管理。市无缝钢管厂已破产终结。亚龙冶金（集团）有限责任公司代行市政府管理市属冶金行业的职能自然消失，亚龙公司及下属的4户企业按行业管理划分，由市行业归口管理协会管理。

【机构变动】　昆明亚龙冶金有限责任公司组建后，根据公司法人治理结构的有关规定，为使深化产权制度改革组建新的法人治理结构的工作符合法定程序和现行企业干部聘用管理工作的相关规定，依据改制后新组建昆明亚龙冶金有限责任公司的经营范围、规模及员工人数和实际工作需要，本着“精干、高效、务实、交叉”的原则，公司设董事会，由5人组成；设监事会，由3人组成；设正副总经理4人。董事会董事由股东大会选举产生，董事长按股权比例当选，正副总经理由董事会讨论聘任。

【置换土地使用权】　亚龙公司为筹集资金安置职工，调整产品结构，提高装备水平，提升产品的技术含量和企业在市场的竞争力，由于资金缺口大，于2003年向市经委上报申请置换虹山东路25—26号宗地的请求被批准后，2005年初，公司按照昆明市土地储备中心的要求，做了地块面上一平三通拆除建筑物的工作。置换的56.66亩土地上有六七十年代建盖的砖木、砖混结构1至2层厂房等建筑数间，建筑面积约为8 321平方米，建筑物占地约为6 707平方米。8月，平整好的地块交市国有土地交易中心公开挂牌竞价拍卖成交。

【出租闲置土地】　亚龙公司收购市无缝管厂后，拟对该厂的产品结构进行调整，按专、精、特的方向进行提升产品，但由于资金费用缺口大，无法筹措不能实施。为了不让工厂的设备及空地闲置，公司把无缝厂的主体厂房及冷拔、热轧生产线设备租赁给一家民营企业生产无缝管，空地租给市有色金属材料厂生产铜材、铝材。

【解决改制引发的矛盾】　亚龙公司的改制工作接近尾声，部分退休人员、内退职工及在职职工就企业改制、职工转换身份经济补偿金、职工住房及企业内部管理等问题多次上访，市政府对此非常重视，为此成立了由市体改办、市总工会、市经委、市国资委、市劳动和社会保障局、市国土资源局、市房改办、市化建行业协会等单位组成的驻昆明亚龙冶金（集团）有限责任公司调研组。2005年9月16日，调研组深入企业召开参加上访的职工代表座谈会，听取意见，宣讲政策，解答问题。

11月25日，部分在岗职工对企业改制转换职工身份补偿给得太低等问题，爬到学生公寓七楼房顶和公司领导对话。市政府一位副秘书长和有关部门领导及消防人员一行到现场做说服工作。12月20日，亚龙公司按照市政府提出的四条建议向职工作了三个问题答复；职工不愿把转换身份的补偿金借给企业，企业可在2006年6月前把补偿金发到职工手中；参照“三五”政策再办一批大龄职工的内部退养手续；在申请到经济适用建房指标后，逐步解决职工无住房的实际困难。

【安全管理】　亚龙公司认真贯彻落实国务院关于安全生产工作的方针、决定及《安全生产法》，增强公司全体员工的安全意识，确保全年安全生产各项责任目标的完成。1月对公司原安全生产委员会的成员进行调整，建立行政一把手主抓、层层有人管生产安全的管理体系。4月，公司与亚龙学生公寓、虹山农贸市场、公司物业管理处、公司小车队等工作部门的负责人签订了年度安全责任书。利用6月“安全生产月”，以条幅、标语、招贴画、黑板报、宣传栏等形式宣传安全知识，大力营造“关注安全，关爱生命”的氛围；坚持“安全第一，预防为主”的方针，组织开展安全生产大检查和消防安全大检查，对查出的隐患进行及时整改，形成日常的安全管理与年度的安全月并进的生产安全管理工作制度。

【联亚公司职工稳定工作】　昆明联亚有色金属材料公司地处北京路333号，厂区处在城市中心，不允许搞冶金工业生产，因此在厂区已建成名优商品城。该公司是按照市政府有关部门批准，完成产权制度改革的企业，但由于诸多原因，企业仍然处于十分困难的境地。按照政府领导的批示精神，于2002年把生产线搬迁至教场北路50号原市无缝钢管厂继续维持生产经营活动，协议一年一租。该公司闻悉市政规划要在其厂址上建塘双公园，将占用该公司的所有土地，公司员工对即将丧失土地，失去生存条件感到惊慌，在该公司名优商品城经营的商户中也引起了较大震荡。亚龙公司在该公司的请求下，同时也担心由此会引发不稳定因素，因此及时向市政府有关部门做了情况报告。

【固定资产管理】 亚龙公司自收购市冶金公司、市无缝管厂以来，固定资产经过了多次报废、公司名称的变更等过程，但固定资还未彻底的清理过。为了准确地掌握公司所有固定资产的详细资料，为今后管理固定资产打下基础，公司组织专人对固定资产进行了全面的清理。商住结构的房屋，由于职工住房已出售，商店部分作了在图纸上结构数量清核；没有出售的配套存粮房进行了核实；对办公楼、职工住宅楼进行了地块图纸上定位；对房产、土地进行了企业名称的变更等工作。

（张正元）

轻纺工业

【年度概况】 2005年，市轻纺工业行业协会认真贯彻中央、省、市关于深化国企改革的一系列方针政策，结合轻纺行业协会的实际，坚定不移地落实市委、市政府年初确定的全市经济社会发展的各项目标任务，基本完成了市政府年初下达的主要经济指标。

2005年，轻纺协会行业归口企业50户，完成工业增加值2.03亿元，比2004年增50.12%；工业总产值7.39亿元，同比增长13.81%；主营业务收入5.19亿元，同比增长27.91%；实现利税5 101万元，同比增加882万元；实现利润1 176万元，同比增加1 931万元。完成了目标计划。同时较好地完成了与市政府签订的“安全生产目标管理责任书”的各项指标任务，经考核被评为优秀奖。实施技改项目10个，完成投资10 418万元，比2004年减少13.93%。

【企业改革】 2005年，市轻纺协会以产权制度改革为突破口，企业的改革改制进一步深化。新增昆明纺织厂、云南橡胶厂、昆明橡胶工业公司等8户国有企业进入破产法律程序；组织进行了昆明博容特玻璃容器有限公司和昆明木器厂寻求兼并的前期工作；组织完成了昆明森工有限责任公司、昆明牙膏有限责任公司、昆明市轻工研究所3户企业深化改制工作。至此，行业归口管理的企业已有22户完成股份制改造，19户成为国资全部退出的民营股份制企业。

【招商引资、嫁接改造】 2005年，轻纺系统招商引资、嫁接改造工作取得一定成绩。一是昆明芬美意香料有限公司、昆明华狮啤酒有限公司等外商投资企业继续保持了良好的发展势头。2005年芬美意公司盈利1 169万元，与上年同期相比增加310万元，增幅为35.93%，出口交货值8 549万元；二是昆明彩印有限责任公司和香港宝隆国际企业有限公司、深圳劲嘉彩印集团股份有限公司的合资项目进展顺利，设备的安装调试已经完成。

【企业可持续发展】 一是实施固定资产投资项目10个，完成投资10 418万元。昆明彩印有限责任公司、昆明玻璃制瓶厂、昆明芬美意香料有限公司、昆明德和罐头食品有限责任公司、云南纺织（集团）股份有限公司、云南金花针织有限公司等企业通过技改，进一步提高了装备水平、产品的开发能力和质量水平，完善了三产经营环境。二是推进企业实施名牌战略，“金花”牌针织内衣、“飞林”牌刨花板、贴面板进入了省名牌产品行列。三是积极推进企业技术创新，云南纺织（集团）股份有限公司、昆明新飞林人造板有限公司等企业形成了一些拥有自主知识产权的新技术、新产品，如昆明新飞林人造板有限公司的均质刨花板、云南纺织（集团）股份有限公司的YFS－Ⅲ型加湿器等产品已获专利证书。昆明德和罐头食品有限责任公司、云南金花针织有限公司、昆明牙膏有限责任公司、昆明玻璃制瓶厂等企业在产品开发、产品标准的制定、生产工艺的改进、用无毒原料代替有毒原料等方面也有了较大的进步，并得到了市有关部门的支持和好评。四是昆明新飞林人造板有限公司、昆明芬美意香料有限公司、昆明彩印有限责任公司等企业通过实施信息化建设，实现了工艺运行状况、安全状况的自动监控，进一步改善了产品质量和安全状况。五是昆明新飞林人造板有限公司、云南金花针织有限公司、昆明电池有限责任公司等企业通过开展清洁生产审核验收工作，加大了资源综合利用的力度，实现节能、降耗、减少污染，取得了一定的经济效益与社会效益的双丰收。

【安全生产】 各企业认真贯彻落实“安全第一，预防为主”的方针，以提高思想认识为切入点，以贯彻落实安全生产目标管理责任制为主线，以深化专项整治为重点，以经常性的安全生产检查为手段，围绕“两个经常”，不断强化基础管理工作，建立健全了安全生产长效管理机制，认真抓好安全生产各项任务的落实，有效地杜绝了重大死亡事故、重大火灾事故、重大职业危害事故和重大设备事故的发生。按要求进行了9次安全大检查（抽查企业89家次），查出隐患187条，整改168条，整改率92%。一年来，全行业共投入专项整治资金近100万元，特种设备和重要设施定期检验及维修费用约100万元。但因老企业及困难企业较多，还是发生了一起特种设备方面的亡人事故，亡1人。发生轻伤事故11起，伤11人，未突破市政府下达的控制指标，较好地完成了与市政府签订的“安全生产目标管理责任书”的各项指标任务，经考核，协会安全生产工作被评为优秀奖。

【再就业和帮困工作】 2005年协会再就业分中心有下岗和内退职工的企业9户，年初在分中心托管的内退职工为1 474人，至年底还有1 311人。在再就业工作方面，一是鼓励下岗职工自谋职业，争取再就业中心拨给自谋职业经济补偿金和安置费。二是鼓励和稳定职工在公益性岗位工作。三是积极申报争取内退职工基本生活费的足额发放。一年来，发放基本生活费13 373 604元；春节、中秋、国庆慰问金428 500元；公益岗位社会保险费587 412元。为下岗职工协议期满出中心后企业无法提供就业岗位和无力承担生活费的10 440名困难职工申报了特殊低保6 577 200元，为集体企业2 629名下岗职工申请解困金1 051 600元，为保持企业和社会稳定提供了经济保障。

轻纺行业工会，紧紧围绕本系统深化国企改革、维护企业稳定这一中心环节，指导并依靠所属企业工会切实为困难职工排忧解难。两级工会走访慰问职工1 893人次，送去各种慰问救助金255 306.76元，包户帮困108户，申报办理和重新审核特困证593本，办理入学优惠证237本，办理就医优惠证191本，组织11 047名职工参加了职工医疗互助活动，为64人申办重特大病救助金70 854元，为59人申办寒窗助学金162 601.4元。

【企业稳定工作】 2005年，随着国有

企业产权制度改革的不断深化，企业内部的各种深层次矛盾越来越突出，一是信访总量不断增加，二是群体上访频率高，三是上访中出现的过激行为增多，如年初云南纺织（集团）有限公司300多名职工多次到企业上访，多次堵断白塔路交通；原第二造纸厂175名自谋职业人员要求增加经济补偿金和安置费；昆明森工有限责任公司自谋职业人员要求将经济补偿金提高到一年工龄2 000元；昆明电池有限责任公司已自谋职业离厂一年多的152名职工要求回企业工作或由企业购买养老和医疗保险费；昆明光安照明电器有限责任公司、昆明橡胶厂、昆明玻璃制瓶厂、昆明淀粉糖厂、昆明华狮啤酒有限公司等企业的职工多次到企业、协会和市委、市政府集体上访。

一年来，在企业出现各类突发事件和群体上访的时候，协会领导都亲临现场参与协调处理，为企业分忧解难。坚持每月10号“会长接待日”制度。2005年12个“会长接待日”共接待上访人员36批次。全年收到和处理来信226封，来访48起2 905人次，其中接待和处理企业职工10人以上的群体上访23批2 749人次；接办市政府“12345”便民热线交办件11份。

（黄新林）

二轻工业

【年度概况】　2005年昆明市手工业联社有企业76户，在职职工7 419人，离退休职工9 639人，行业分为塑料、工艺美术、服装鞋帽、五金、家电、包装印刷、皮革、日用杂品八大类。2005年手工业联社克服各种困难，始终抓住经济建设这一中心，努力提高企业经济效益，进一步落实“六大工程”，不断探索和实践联社各项工作的新思路、新举措，抓住机遇、锐意进取，以改革促发展，紧紧围绕联社的工作目标，带领全体干部职工上下一心、扎实工作，圆满地完成了全年工作任务。主要经济技术指标完成情况如下：

工业总产值：实际完成1.75亿元，与上年相比增长1.34%。

销售收入：实际完成2.32亿元，与上年相比增长1.04%。

利润总额：实现利润－1 861.12万元，比上年增亏855.63万元。

上缴税金：全年上缴税金1 514.58万元，比上年下降188.39万元。

安全生产：全年无死亡、火灾事故。轻伤1起，低于市政府考核指标。

2005年市政府下达联社招商引资（内资）任务2 000万元，实际完成招引内资2 800万元。

【学习考察】　为进一步解放思想、更新观念，2005年9月由联社主要领导带队，组织联社企业有关负责人参加的学习考察团一行55人赴上海、宁波、温州等地，就企业发展、企业改革、改制和新机制下企业运行情况进行专题学习考察。通过听取当地专家、教授专题讲座，参观开发园区和十几家知名企业及先进发达地区的领先项目，使大家认识到：与发达地区相比，昆明手工业联社在经济发展速度和质量上还存在较大差距，但最重要的差距还是在于思想观念滞后于人，缺乏先进发达地区那种真正敢拼、敢闯、敢试的胆气和硬气，缺乏在市场经济中善于应变的能力和魄力，缺乏抢抓机遇、跨越发展的大思路、大气魄、大手笔。昆明手工业联社要发展必须不断拓展视野，更新观念，汲取经验，动员全体干部、职工共同为促进联社发展献计出力，掀起新一轮解放思想、与时俱进、致力发展、谋划发展的热潮。

【稳步推进企业改革改制】　2005年，联社全年列入改革改制企业共18户，年内已完成或进入收尾阶段的17户，改革改制率达94.4%。主要成效体现在5个方面：一是认真贯彻文件精神，掌握政策，正确引导职工思想。做到把企业改制工作与市委、市政府建设新昆明、经济发展战略结合起来。反对将单一量化资产到职工变相成单一分资产的倾向和做法。致力为企业的发展从产权明晰上建立平台，在经济运作中充分理顺责权利关系，通过企业的发展，来确保职工的合法权益。二是结合集体企业实情，严格程序，规范运作，完善手续。因为省、市尚无有关城镇集体企业改制的配套政策，联社除参照国企改革文件精神及运作方式外，企业人数少的采用全体职工参会，离退休选派代表参加，借助公证机关，对企业改制中一些重要决策采取全体表决，现场公证生效的办法，做到职工劳动身份转换不留空白点。三是改革与发展相结合。针对企业特点，拟订改制方案。方案多元化，一厂一策，不搞一种模式、一刀切。以企业发展为主题，充分利用企业自身优势，寻求发展项目。如昆明市塑料厂在大板桥征地搬迁厂房，利用厂区的地差价值，把企业的银行债务、职工安置费、生产启动资金一并妥当处理好，为企业以后的发展找到了协调点。昆明民族塑料化工实业总公司由于产品是与汽车制造、运输大工业配套，因此企业流动资金用量每年都在增加，但银行又不予扶持，只能采取股权转让，资产重组办法，确保企业的发展。四是尊重企业，职工参与，公开操作。根据集体企业的特性，联社始终坚持企业改制职工必须参与，做到人人知晓，让职工有说话的地方。改制方案由改制领导小组成员共同拟定和修改，专家论证后，职工表决，做到股东、员工的权利和义务明明确确，真正体现企业与经营者相贴近，职工利益有保障，社会职责有着落。始终坚持以人为本，切实保障每一位职工的合法权益，正确处理好改革发展稳定的关系。五是建立长效机制，监测企业改革后的规范操作。严格按《公司法》运作，规范新公司股东会、董事会、监事会和经营者的权责，促进和改善董事会成员的素质和结构，推行独立董事制度，小企业直接设“执行董事”的管理模式，减少管理层次，建立以市场为主导的灵活快速管理机制，使企业真正成为市场竞争的主体。

【安全生产】　坚持“安全第一，预防为主”的方针，全面推行安全生产目标责任制。2005年手工业联社在与政府签订安全生产目标责任书的同时，与所属企业签订安全生产管理目标责任书共39户（签订率100%）。同时结合安全生产月的检查，认真深入企业进行安全生产检查。全年共组织各类安全检查5次，检查企业61家（次），查出事故隐患184条，未发现重大事故隐患。下达隐患整改通知书12份。对查出的事故隐患进行督促整改，坚决查处安全生产中的违法、违章行为，全年各企业共投入隐患整改资金82.16万元。所查出的隐患已大部分整改。完成了市政府下达的考核指标。

坚持召开安全生产工作每月的例会，传达学习有关安全生产的精神，检查落实各项工作。全年未发生死亡、重伤、火灾事故，只发生轻伤事故1起，全面完成了与市政府签订的安全生产目标责任书的各项指标。

组织所属企业开展“安全生产月”、反“三违”教育、“安康杯”竞赛及平安中国——《安全生产法》知识竞赛等活动。有22家企业参加了“安康杯”竞赛活动，436人参加了《安全生产法》知识竞赛答题。全年各企业共进行全员培训教育和三级安全教育1 200余人次。

【技术改造和创新】　组织企业申报市重点技改、技术创新项目。昆明市斑铜厂的“系列斑铜旅游产品开发”项目被列入2005年度全市技术创新产品开发重点项目名单，并争取到10万元的开发补助资金。

帮助4家企业申报2006年云南省名牌产品，争取列入2006年省名牌产品评选目录。

完成技术改造项目6个，总投资494万元。

完成新产品开发21个，新规格花色85个。

完成“面向云南斑铜工艺品创新设计系统开发”省院省校合作项目1个，投资90万元；

2家企业（长城电梯厂、衡器厂）取得了ISO9000质量体系认证。

【深入调查研究，尽力争取配套政策】　2005年，全市国企改革已经基本完成，二轻老城镇集体企业的改革已经提到政府的议事日程。进一步加快城镇集体企业的改革步伐，建立产权明晰的现代企业制度刻不容缓。一年多来，针对二轻城镇集体企业的特殊情况，联社不断深入调查研究，积极参与、协助、配合昆明市人民政府起草《关于城镇集体企业改制实施意见》，努力把二轻城镇集体企业的客观现状和特殊实际困难反映给政府政策研究部门，提出解决城镇集体所有制企业有关破产重组、解散终止的配套政策的建议，以利于政府决策酝酿出台符合二轻城镇集体所有制企业实情、能切实推进集体企业改革改制工作的配套政策。经过一年多的努力，《关于城镇集体企业改制实施意见》已9易其稿，即将出台公布实施。

通过不同层次和不同渠道，努力探索解决手工业联社系统长期缺政策指导的困境，积极参与配合云南省政策研究室深入企业开展集体企业改革发展课题的调研，积极为拟定集体企业改革的政策和办法建言献策。

【全力确保企业稳定】　两年以来通过不断地采用不同形式、利用各种机会千方百计向政府有关领导和相关部门呼吁、协调，尽力争取城镇集体企业下岗职工最低生活保障政策和困难企业进入基本医疗保障的优惠政策。通过不懈努力，市政府已将彻底解决特困企业纳入全市医疗保险问题列入昆明市第十一个五年计划，这个困扰特困企业广大困难职工的老大难问题解决有望。

2005年，按照有关政策规定对符合条件的下岗职工及时办理《再就业优惠证》，全年办理46本。

为保障下岗职工的基本生活不受影响，严格按国家有关规定按时足额发放下岗职工基本生活费。全年共发放4 228 504元。为下岗职工解除了后顾之忧。

按有关文件规定，调整核定了局系统参统企业的离退休费用上缴比例，为大部分企业减轻了负担。认真做好企业的工伤、女职工生育保险工作。审批退休职工375人，严格按政策规定办理手续。兑现了符合享受增资的8 231人，从2004年7月至12月共补发2 512 280元，从2005年1月起月增资415 088元。

根据省、市政府的有关要求，紧紧围绕维护社会和大局稳定，认真做好联社所属企业军队转业干部的思想稳定工作。建立了包保责任制，订立了值班制度，成立事故现场处理工作小组。对全系统军队转业干部建立了详细的信息资料，对系统内全部军队转业干部进行认真排查，对重点人物实施包保责任制。采取三对一的措施，由联社领导和相关企业领导组成各个包保工作小组分别多次进行家访，边慰问边耐心劝导做过细的思想工作。通过上下通力配合做了大量艰苦细致的思想政治工作后，较好地完成了工作任务，为联社系统企业军队转业干部稳定工作做出了一定成绩，受到市领导及有关部门的表扬。2005年解决企业军队转业干部生活困难补贴151 682.66元，涉及企业31家，人数51人，其中在职26人、退休25人。在补发当中严格按省、市有关政策兑现到转业干部手中。

切实做好送温暖工作，热心为困难职工群体服务。春节、国庆、中秋等重大节日前夕，联社工会按照市总工会的统一安排，认真做好送温暖工作，把党和政府以及各级工会组织的关心送到每一个困难职工的心中，在市总工会的大力支持下慰问了特困、困难职工1 285人，发送慰问金50多万元。

针对企业职工上访频繁的实际情况，通过基层工会组织建立了职工上访预警机制，只要企业职工有群体上访的迹象和苗头，就能通过工会组织上报到联社，联社相关部门就及时了解情况掌握信息，及时做好接待准备工作，增强了工作的预见性和实效性，有效地化解了多次群体上访事件，同时有效地减少了职工群众违反《人民群众信访条例》越级到省、市上级机关群体上访的次数。

专门成立了联社信访接待办公室专职部门。授予协调权和督办权，加强做好联社信访服务协调工作，认真做好职工群众来信来访接待处理工作，切实解决信访突出问题。组织专门人员认真清理、排查了积压的各类信访案件，制订出解决信访案件涉及问题的预案及措施，逐件进行落实处理，努力做到了件件有落实、事事有答复。

坚持执行每月10号的主任接待日制度、节假日和特殊敏感时期领导班子成员及相关部门负责人24小时值班制度，建立一把手负责制，认真接待上访职工，耐心细致做好职工的思想政治工作，让职工群众理解企业在改革中遇到的暂时性困难，做到了看好自己的人，管好自己的事，确保一方平安，从源头上减少矛盾、防止多起矛盾的扩大和激化，并能做到早发现、早化解、早控制、妥善处理。切实把维护职工的合法权益和稳定职工队伍工作放在了工作的议事日程，从根本上改变了机关工作作风，一年来，“联社服务热线”及“主任接待日和信访接待共接待来访人员3 980人，其中群访128起，受理来电来访300余件，其中，市热线交办件21件，做到件件有落实，事事有答复，让信访人满意、上级组织满意、职工群众满意，为维护社会稳定，促进联社各项工作的开展发挥了重要的作用。

（叶宇澄）

供　电

【年度概况】　云南电网公司昆明供电局所辖超高压电网已形成以昆明主城区为中心的500千伏“口”字型环网和220千伏双环网，担负着以省会昆明为中心的14个县（市）区的供用电任务。至2005年底，企业固定资产原值69.55亿元，属国有特大型供电企业。

面对近年来最为严峻的电力供应形势，昆明供电局坚持内抓管理、外强服务，抓住发展机遇，多项工作取得了显著进步。历史性地实现了两个百日安全长周期，售电量突破150亿千瓦时大关，售电收入超50亿元，在电力紧缺的形势下确保了昆明市经济社会的发展。

至2005年底，全局设有12个职能部门、14个基层单位，有在职员工2400人，其中，中专及以上学历1455人，占60.6%。

昆明供电局年度主要经济技术指标完成情况表

项 目	单 位	上年完成	本年完成	同比增加（%）	备 注
供电量	万千瓦时	1 366 370	1 673 484	22.48	
售电量	万千瓦时	1 297 469	1 599 849	23.31	
售电收入	万元	405 602	541 090	33.40	不含税
售电平均电价	元/千千瓦时	311.36	337.15	8.28	不含税
供电环节总成本	万元	76 467	96 957	25.32	
供电环节单位成本	元/千千瓦时	55.96	57.94	3.54	
最高日供电量	万千瓦时	4 848	4 909	1.26	
最高日负荷	万千瓦	233.10	240.13	3.02	
线损率	%	5.04	4.40	-0.64	
综合电压合格率	%	98.60	98.25	-0.35	
供电可靠率	%	99.942	99.893	-0.049	
负荷率	%	85.43	88.02	2.59	
电费回收率	%	100	100	0	
全员劳动生产率	万元/人·年	64.19	65.11	1.43	不变价计算

【供电能力】 至2005年底，管辖35至500千伏变电站68座（其中500千伏4座），主变145台，总容量1309万千伏安，35至500千伏输电线路4 136千米，10千伏线路2 858千米，10千伏及以上电缆线路1 048千米，用电客户59.89万户。

【安全工作】 坚持“安全第一，预防为主”的方针，深入贯彻“1号令”。完成两个阶段的安全专项整治活动。强化现场安全监察工作。推进供电企业安全性评价工作，形成涵盖7个专业的“安评”总结报告。与市公安局联合成立了打击涉电违法犯罪中心。完成42个安全生产管理制度的修编工作。积极宣贯“南网公司”12项生产管理标准和云南电网公司247本作业指导书。从制度和执行上规范了外包工程管理。持续开展GB/T28001贯标工作。完善二次系统工作流程，继电保护及安全自动装置正确动作率99.56%，同比上升0.04个百分点。

优化安全生产管理框架。将通过审定的《2005年度昆明电网运行方式》作为年度运行大纲、修编调度规程、清理核对电气主接线图等措施，提高了调度系统管理的规范性。建立完善事故应急体系，形成了各专项、现场事故预案和应急机制，组织了局历史上首次联合反事故演习。

确保了电网的安全稳定。历史性地实现两个百日安全长周期，得到了云南电网公司的通令嘉奖。圆满完成了GMS会议、“国际文化旅游节”及“国际旅游交易会”等重大活动的保供电任务，得到了市政府的表彰奖励。

【科技进步】 投入大修、技改、科技项目资金2.25亿元，完成220千伏东郊以及110千伏昙华寺、小石坝变的综合自动化改造，完成42套110千伏及以上电压等级保护的微机化改造，对55台35千伏至220千伏断路器进行了无油化改造，断路器无油化率、110千伏及以上变电站综合自动化率、保护微机化率分别达到94%、54.68%、85.24%，同比分别提高5.90、6.27、1.64个百分点。220千伏及以上变电站直流系统双重化率达到100%。调度自动化系统电力应用软件进入了实用化考核期。投入反措资金1 492万元，从线路拉线防盗、防污闪、防雷害、接地网改造、完善保护等方面落实“南网十项反措”，完成34套微机五防装置的专项整治和52组隔离开关的完善化工作。做好红外热成像、容性设备在线监测、变压器色谱在线监测等技术的运用和变电站及输电线路污损在线监测技术的研究工作。积极推进雷电定位系统应用。开展了“基于电网状态评估的风险防范管理体系研究”和设备故障趋势分析。推进生产系统的信息化工作。《500千伏线路“L”型绝缘子串带电更换专用组合工具研制》获云南电网公司科技进步二等奖，《昆明供电局继电保护所图纸管理系统》等4个项目获公司科技进步三等奖。

【供电工作】 在电力供需矛盾极为突出的形势下，千方百计组织电力供应，最大限度支撑了地方经济社会的发展。做深做细电力需求侧管理，运用经济、行政和技术手段促进错峰、避峰和削峰填谷，使负荷率同比提高2.59个百分点，售电量同比增长23.31%，拉闸限电电量同比降低49.6%。加强市场研究和负荷预测，负荷预测准确率提高到95%以上。针对电网高风险运行特点，编制了重要客户事故应急预案，为客户举办了两期需求侧管理和4期安全用电培训班。

【优质服务】 优化调整用电营销业务及机构，新投运4个营业网点和2个供电所，增设了2个抄表班组和1个计量班组，加快营业服务窗口软硬件建设。重点解决客户关注问题，通过建立“银电互联”长效机制等多项措施有效缓解了客户缴电费难的问题；通过实施“客户经理制”，推出“业扩报装绿色通道”，逐步解决客户报装难的问题。加快营销信息化建设步伐，全面实现云电客服支持系统的小用户上线运行；在云南电网内率先建立了支持无线、有线、GPRS及CDMA等多种通信方式的用电现场服务与管理新系统，累计安装投运负荷管理终端1140台，可监测昆明电网80%以上的售电量，可监测负荷167万千瓦。推进农电营业窗口达标工作，84个农电窗口中达标78个，达标率92.8%。广泛开展“万家灯火、南网情深”优质服务系列活动。加强信息沟通，健全完善与各方面的沟通联系机制。拓展服务内涵，主动承担更多社会责任，对农村“五保户”和城市低保群众基本生活用电进行优惠，实施了城市高层及重要建筑灯光亮化优惠电价。全年客户满意率达97%。

【电网建设】　电网规划发挥龙头作用。编制了《昆明城市电网建设与改造原则》、《昆明电网“十一五”规划》初稿，修编了《昆明城市电网“十一五”规划》。完成2001～2004年220千伏、110千伏电压等级变电容载比统计分析工作。清理了28个变电站的线路“T”接点，提出初步解决方案。增加在建和储备项目，提报了14亿余元的2006年电网建设项目计划，上报了一批输变电工程的项目建议书，开展了220千伏安宁输变电工程等8个项目的可行性研究和前期工作。利用系统内资源，成立了电网规划和配网建设专家咨询组。

电网建设步伐加快。投产220千伏上峰和110千伏岔街、龙头街、大板桥以及35千伏四方地等5座变电站。新投入厂口500千伏1号、呈贡110千伏3号、海子头35千伏3号变压器。完成220千伏普吉3号主变技改工程。新增变电容量144万千伏安。投产110至500千伏架空线路10条，35至110千伏电缆14条。投入资金1.03亿元，实现正义路、华山西路等11条道路的架空线入地。累计完成县城电网建设改造工程投资1.23亿元，完成完善西部电网建设改造工程投资1075万元。编制《基建工程督办管理办法》，规范了工程管理。

【经营管理】　加强全面预算管理，售电量、不含税平均电价分别完成指标的103.89%、100.55%。加强成本核算和控制，单位供电成本比上年同口径下降5.64%。健全风险防范机制，开展了高风险投资业务摸底调查、重大财务事项调查和资金安全检查。完成专项审计15项，创历年之最。完成28个基建工程的财务竣工决算。严格执行电价政策，含税平均电价同比增长8.28%。加强电费回收工作，当年电费回收率100%，收回陈欠电费4041万元，回收率36.79%，同比提高30.29个百分点，创了历史新高。应收账款余额同比降低3.32个百分点。有效开展用电稽查，挽回经济损失941万元。开展了企业三大标准的换版工作。加强对合同的会签审查管理，涉及标的额6亿多元。晋宁等三家县级供电公司通过了云南电网公司基础管理5项达标的验收考评。办理诉讼案件10起，涉及标的额374万元。通过了ISO9000质量管理的年度审核。完成19个生产、营业及办公场所的VI推广工作。

【信息化建设】　完成城市配电地理信息系统建设工作。升级改造了网络核心交换机和用电营销系统。实现“用电业扩工程会审”流程的电子化，完成生产系统停电申请、工作票、缺陷管理三个流程的电子化建设工作。完成物资管理信息系统中的物料、工程管理模块。实施了“计算机、网络设备资产及安全管理系统”。

【干部、机构调整】　1月11日，南方电网公司任命杨爱民为昆明供电局局长。1月13日，昆明供电局刘林调云南电网公司任总经理助理。4月24日，云南电网公司任命付冠辉为昆明供电局副局长。6月17日，昆明供电局金波调往云南省电力设计院任院长。7月6日，云南电网公司任命吴晓华为昆明供电局副局长、诸直民为昆明供电局纪委书记兼工会主席。7月29日，云南电网公司任命邹延岭为昆明供电局副局长。8月5日，昆明供电局张叶调往大理供电局任局长、张爱民调往怒江分公司任副总经理。9月9日，云南电网公司任命朱文涛等10人为昆明供电局副处级干部。9月10日，昆明供电局朱贵调往德宏分公司任副总经理。9月14日，云南电网公司任命邓胜祥、陈云泽为昆明供电局副处级调研员。10月14日，云南电网公司任命赵建华为昆明供电局党委副书记。

进一步规范了中层及以上干部的教育、考核和管理工作。在本部机构设置调整及人员组聘中，有5名中层干部落聘，5名一般管理人员被选拔到中层干部岗位。

完成机关管理职能和机构设置调整工作，19个部室缩减为12个，193个岗位精简为178个，对部分岗位进行了公开竞聘，人员组聘中首次采取了全员考试上岗并引入社会公证的方式。

【人力资源管理】　做好高级岗位专家的选拔，有10人列为云南电网公司级专业技术带头人及后备人选，局级为54人，有4人入选高级专业技术岗位。启动了专业技术岗位通道建设的试点工作。积极推行劳务派遣制，引进文员13人、驾驶员6人。出台人才培养工程实施意见。组织169人参加技能鉴定，124人参加特殊工种培训并取证。组织及参与了继电保护图纸管理系统、电工作业等198项培训，培训4218人次。

【领导调研】　3月7日，“电监会”首席工程师于新阳到昆明供电局调研工作。

4月13日，南方电网公司总经理助理王大骞、副总经济师陈广生到昆明供电局调研农电工作。

4月17日，南方电网公司董事长袁懋振到昆明供电局就安全生产和依法经营等工作进行调研。

4月19日，云南省人大常委会副主任王义明一行到昆明供电局就《云南省查处窃电行为条例》、《云南省供用电条例》进行“立法回头看”调研。

5月17日，“电监会”副主席邵秉仁到昆明供电局调研工作。

7月11日，“电监会”副主席史玉波到昆明供电局调研事故应急管理工作。

7月13日，南方电网公司副总经济师陈广生到昆明供电局调研农电体制改革和城市配电网情况。

7月14日，南方电网公司副总经理王久玲到昆明供电局调研城市电网规划建设工作。

9月13日，昆明市人民政府副市长陈鹰到昆明供电局调研工作，并代表昆明市人民政府对昆明供电局在保障电力供应工作中作出的贡献进行了奖励。

10月12日，南方电网公司副总经理周继太到昆明供电局检查保持共产党员先进性教育活动开展情况。

12月30日，昆明市人民政府市长王文涛到昆明供电局就电力供应形势和电力保障工作进行调研。

（舒　伟）

交通·运输

交　通

【“十五”交通成就】　“十五”计划实施以来，昆明市地方交通建设事业取得了一定的成就，在促进昆明市经济增长和产业结构调整方面发挥了重要作用，初步形成了以市为中心，以国、省道为骨架，以县、乡村公路为支线的路网体系，路网布局结构渐趋合理，公路运输服务范围已基本覆盖各县市区，昆明也成为了我国交通运输网中重要的结点和枢纽城市。与此同时，公路运输在昆明市交通运输结构中的比重逐年上升，机动车数量和运输量明显增加，与运输市场相关的运输服务、汽车维修业、托运装卸业发展稳定，基本满足市场需求。截止2004年，全市货物周转量40.92亿吨千米，专业汽车客运量5 676万人次，旅客周转量为38.42亿人千米。

“十五”期间在建的重点干线项目共3个，2001～2005年累计完成投资249 472万元。其中：高海公路累计完成投资125 595万元；龙东格公路龙东段完成投资55 860万元，东格段完成投资11 247万元；九石阿公路石林段完成建设投资38 000万元，宜良段完成投资18 770万元。

县际及农村公路以油路改建，提高路面硬化率为重点，兼顾通达工程和建设，至2005年底，共大修和新改建油路1 355.44千米，新增通村公路219千米，累计完成投资135 523万元。

【年度公路建设投资完成概况】　至2005年11月30日，共完成交通基础设施建设投资115 411万元（累计完成318 390万元）。其中：县际及农村公路完成42 923万元（累计完成68 323万元）；高海公路完成46 595万元（累计完成125 595万元）；九石阿公路完成7 883万元（累计完成56 770万元）；龙东格公路完成18 010万元（累计完成67 702万元）。昆明市重点公路建设项目取得了新的进展，农村公路路面硬化率稳步上升，路网效率进一步得到提高。

【县际及农村公路建设】　2005年昆明市计划建设17条（段）通乡油路共678.8千米，通达17个乡镇。

代建制项目。省管公路6条里程249.3千米，计划投资1.25亿元。委托昆明公路管理总段实施，2005年3月底开工，路基工程已基本完成，转入路面施工阶段。

通乡油路。地方公路10条（段）390.9千米（其中16.2千米为路基改造）由昆明市交通局组织实施，大部分路段于年底完工。其中宜良（马街）—嵩明—五华（厂口）92千米路面铺筑已完成。禄劝硝井到则黑、寻甸大石洞至鸡街、东川汤因线岔口至衫木乡、海尾—六哨等7个项目（247千米），正抓紧进行路基施工，力争2006年春节前完工。军马场—长松园二级公路（全长5.2千米，计划投资3 960万元）于11月9日开工，预计2006年底全线完工。

轿子雪山公路。主进场道路进展顺利。其中黑龙潭—大石洞段（68千米，投资3 500多万元）分别由昆明总段、盘龙区实施大修，大部分路段进入路面施工阶段。转龙—四方井（46千米，计划投资3 795万元）已完成工程总量的50%。预计2006年4月全线完工。

草汤公路。宜良草甸至汤池公路（全长10.3千米，计划投资1亿元）已于2005年10月20日开工，计划在2006年雨季前完成路基工程，2007年春节前建成通车。

通达工程。2005年完成通达工程87.2千米，90千米通达工程正在实施。

【重点建设项目】　高海公路。主线路基已基本成型，项目控制性工程—海口特大桥桩基及下部构造已全部完工，钢管拱已吊装合拢，管内混凝土压注已完成，观音山大桥桩基及下部构造已完工，主梁已架设19跨。2005年7月完成路面工程招标工作。

九石阿旅游专线公路。九石阿公路分为石林段（76千米）和宜良段（17.5千米）。石林段于2005年5月20日通过工程交工验收。宜良段路基工程已完成，控制性工程南盘江特大桥于2005年10月20日合拢，预计2006年上半年建成通车。

龙东格公路。龙东格公路属省道二级公路，全长96.5千米，总投资约9.9亿元。龙东段（41千米，预算投资5.9亿元），完成投资5.58亿元，路基工程已全部完成。东格段（建设里程55.5千米，估算投资4亿元）于2004年底全线开工，已完成投资1.12亿元，计划2006年雨季前完成路基转序，年底建成通车。

国道昆明南连接线高速公路。该项目被列为市重点推进的招商引资项目，至年底，已完成了《工程可行性研究报告》、《环境影响评价大纲》、《水土保持方案报告书》、《地质灾害评估报告》、《矿产资源调查报告》等的编制和评审

高海公路（市交通局　供稿）

工作，并由昆明市交通局牵头成立国道昆明南连接线决策领导小组和商务谈判工作组，与投资方就BOT合同投资建设原则问题进行了多次商洽并初步达成一致意见。

禄劝至大松树公路。昆明市交通局会同市发改委等有关部门与三峡公司及其勘测研究院数次研商，对禄大公路路线走向、建设规模、标准要求基本达成一致意见。年内已完成了部分前期工作。

【公路勘测设计】　2005年，共完成11个项目共160.323千米的公路勘测设计任务，项目有：嵩明县大哨乡—先峰、西山区西华街—册峨、石林县鹿阜镇—大可乡平田村、宜良县小渡口—狗街、汇东桥—古成东线公路、晋宁县宝峰—夕阳公路、宜良—华宁公路、安宁火车站公路、富民东元—散旦公路。完成第二批通乡油路8个项目共274.832千米的公路实施性施工图设计，分别为：禄劝茂山—云龙公路、撒营盘—大松树、转龙—四方井公路、硝井—则黑公路、寻甸凤仪—联合、大石洞—鸡街公路、东川布格公路、汤因线岔口—杉木乡公路。完成第三批通乡油路4个项目共112.408千米的公路勘测设计任务，分别为：乌蒙—雪山公路、团街—中屏公路、小团山—汤郎公路、法者—新炭房公路。

【工程质量监督】　按照“政府监督、法人管理、社会监理、企业自检”的质量保证体系，坚持“科学、客观、公开、公平、公正”的原则，认真履行公路工程质量监督职责。对昆明市在建的第二批、第三批通乡油路、东连接线高速公路、高海高速公路等多个公路工程项目进行了质量综合检查、日常巡查及专项检查，加强了在建公路工程项目的质量监督管理，使昆明市公路工程质量处于受控状态。

完成了第一批通乡油路及县际油路323千米的交工验收质量检测工作，对安（团）富公路、九石阿公路石林段、马街至厂口公路、上蒜至六街公路、通站公路、七星至凤龙湾公路、呈贡至七甸公路、宜马公路、古二公路、石龙公路、河口至北大营公路等进行了竣（交）工验收质量鉴定评定和质量检测。

【公路养护】　由昆明市交通局负责管理养护的县乡公路里程9 784.3千米，其中县道2 006.98千米、乡道7 152.0千米、专用公路625.30千米。随着昆明市农村公路路面的逐步改善，全市农村公路养护任务更加繁重。昆明市交通局在养护经费严重不足的情况下，尽力做好公路的日常养护管理和雨季公路防洪抢险工作。认真开展“公路工程质量年”活动，组织全市县乡公路养护查评。通过2005年年终公路养护查评，全市共查评公路1 218.01千米，其中优等路315.184千米，良等路691.168千米，次等路211.66千米，好路率82.623%。

【路政管理】　为切实维护好路产路权，按照市政府立法计划，组织拟定了《昆明市路政管理办法》并上报市法制办。克服路政队伍人员严重不足，力量单薄的困难，加大路政管理工作力度，及时查处各种路政违法案件，确保公路的完好畅通。2005年全市地方公路共发生路政案件1 922起（不包括车辆超限超载违法案件），查处1 909起，查处率99.32%，索赔2 525 132.47元，索赔率97.48%，收回路产路权4 132.8平方米。

积极探索新建高等级公路的路政管理办法，加强新建道路的路政管理工作，成立了“昆明市公路路政管理处东连接线路政管理大队”（负责即将建成的东连接线的路政管理）和“昆明市公路路政管理处城路路政管理大队”（负责北二环路和即将建成的昆洛路、东三环路的路政管理）。

2005年，昆明市交通局路政管理以治理超限超载工作为重点，积极与相关部门配合开展治超工作，全市共设有超限固定检测站点5个，流动检测点4个。2005年共检测货运车辆198 666辆，其中，超限超载20 494辆，卸载4 819辆，卸载重量为12 953吨。

【道路水路运输市场管理】　2005年，昆明市从事营业性道路旅客运输车辆7 331辆、货物运输车辆44 986辆；从事道路运输服务业户1 140户，汽车维修业户896户，驾驶员培训业户80余家；水路运输企业13家，客货运输船只286艘。通过加强行业管理，使市场供需大体平衡，客货运输车辆档次结构得到改善；从业人员管理水平和业务素质不断提高；运输经营行为逐步规范，从而使昆明市道路水路运输行业整体服务质量和服务水平得到新的提高。

【精简、下放行政审批项目】　充分发挥行政、经济、法律手段对市场的调节作用，按照行政体制改革的要求，对能够通过市场调节的行政审批项目进行了精简，使昆明市交通局行政审批项目从51项减少为32项。通过网络发布行政审批事项、审批程序，提高了行政审批的透明度。为促进昆明市县域经济发展，继行政审批权下放安宁、东川后，向北部禄劝、富民、寻甸、嵩明等县下放了行政审批权。

【客货运输网络建设】　为充分发挥公路路网在昆明市经济社会发展中的效益和作用，实现“人便于行，货畅其流”的目标，昆明市交通局依托昆明市公路网络，实施客货运输网络建设。开展了客运枢纽和站场设施的规划建设。一是按照市委、市政府实施畅通工程的要求，委托规划设计部门进行了昆明主城公路客运设施规划，提出了主城区客运站的布局建设方案。按照行业管理规定，关闭了不符合经营条件的3个客运站。二是农村客运站建设也在按计划实施。省厅2005年下达的4个农村客运站点建设计划中，富民东村客运站已建成，寻甸倘甸、宜良竹山、嵩明四营客运站正在建设。三是在客运线路的审批方面，对昆明市各县试行“冷热线”搭配，并控制运力投放，实行报废不更新、不置换，根据市场供求状况，适时适量投放；鼓动、引导运输企业开行县城至乡（镇）、乡（镇）至乡（镇）、乡（镇）至村、村至村或集贸市场的农村客运班线，逐步提高农村班车通达率，发展农村客运市场。

【培育货运市场】 一是通过对货运配载、货运信息运输服务业的整顿，培育货运中介机构，提高货物运输的集约化程度；二是开展危险货物运输专项整治，推行新的危险货物运输行业标准，积极推进危货运输车辆GPS系统的设置和使用，实行动态监控。推进危险货物运输企业为危险货物提保责任人承运险；三是实施“绿色通道”工程，确保鲜活农产品运输。在鲜活农产品集散地设置“绿色通行证”办证点，方便经营户办理，使“绿色通道”工程成为真正的民心工程。至2005年10月31日，全市共发放《绿色通道通行证》46 000份。

【年度审验】 加强对道路运输市场的管理，强化执法力度和监管措施，认真开展年度审验工作。2005年共审验客、货（含危货）运输经营业户30 784户，审验率为79%；客货运站场18户，审验率为100%；运输服务业1 014户，审验率为89%；机动车辆57 582辆，审验率为85%；汽车维修业户854户，审验率为94.8%。

【汽车维修行业管理】 一是严格按照“三关一监督”的要求，认真开展行政许可工作；二是加强汽车维修质量管理，严格执行汽车维修竣工出厂合格证制度，严格要求汽车维修作业人员持证上岗，促进了汽车维修质量的提高；三是加大市场监管力度，成立稽查队，认真处理维修质量纠纷，纠正企业的违章行为。大力宣传法规政策，净化维修市场，建立了昆明市机动车维修市场长效稽查监督机制；四是为保障公路运输安全，加强车辆技术管理，合理布局全市汽车综合性能检测线。全年对近5万辆营运车辆强制维护竣工后实施了综合性能检测；五是为提高汽车维修技术人员水平，在继续开展汽车维修技工培训和社会化职业技能鉴定的同时，开展汽车修理技师培训和鉴定。

2005年，与昆明市汽车维修行业协会共同投资建设了“云南昆明汽车维修网”，为管理部门、企业、用户提供了交流平台。

【驾驶员培训行业管理】 以“提高机动车驾驶培训质量，确保道路交通安全”为中心，加强与有关部门的协调配合，较好地解决了职责交叉、行业管理不到位的问题。在此基础上，对昆明市驾驶培训机构的资质进行了审核。按照交通部规定，统一各培训机构教材、大纲、教学日程，教练员持证上岗，从而有效地为昆明市驾驶技能培训、职业驾驶员从业资格培训、危险货物运输培训提供了质量保障。

推进《中华人民共和国机动车驾驶培训记录》工作，完成了对全市98家驾培机构2 721辆教练车的道路运输证的核实、制证、发证工作。建立全市驾培机构的电子档案，收录教练员档案4 400余人，教练车档案2 724辆，审核员档案256人，业务员档案177人，学员档案30 000余份，审核、收取、保管《中华人民共和国机动车驾驶培训记录》20 000余份。

【港航监督】 以“畅通、安全”为目标，对航运单位、船舶、船员、通航环境等实施动静结合、全方位、全过程的监管。全年水上安全检查122次，共计船舶200艘次，共出动巡航舰艇27艘次，执法人员336人次，查出各类缺陷9项并责令整改，纠正各类违章6次，持续保持了昆明市18年来无重特大水上交通事故发生，进一步稳定了水上安全形势。

全年共完成船舶名称申请256艘次，船舶所有权登记256艘次，国籍登记256艘次，项目变更7艘次。举办3期船员培训班，培训船员30名。

【船舶检验】 按“谁检验，谁签字，谁发证，谁负责”的责任制原则，严把船舶检验质量关，确保船舶安全。2005年共检验船舶286艘，9 023.4KW，其中机动船202艘，非机动船84艘。共审图10套，审批技术文件18件。完成了云南省惟一的大型水深测量船建造检验及发证工作。

联合昆明市安全监督局、昆明市农业局、发改委开展了对低质量船舶的治理工作。加强了对造船企业，销售、维修企业的管理。

【港务管理】 继续做好水路运输年审及换证工作，2005年共审验船舶196艘，水运企业13家，从业人员366人。

根据现代新昆明建设的要求，提出滇池航运规划——昆明港建设建议书。编写了适合昆明市实际的《昆明市航务管理人员业务培训资料汇编》，将各级航务管理职责、水路运输的主要工作业务程序、水路运输相关法律法规文件、航道、港口有关法律法规汇编成册，并向社会公示。同时修订《昆明市内河航道、码头、渡口管理办法修改意见》。

为纪念郑和下西洋六百周年，开展了昆明航道整治疏浚，工程于6月6日开工，7月5日按期完工。

从14个方面组织编制昆明市航务管理局“创建精神文明单位”汇编材料，分17册全方位概括了昆明市航务管理局近年来工作和发展情况，为航务局创建省级文明单位、交通部文明海事单位打好基础。

【交通技校】 加强交通技校教学管理和宣传力度，努力改进教学设施和服务态度，采取长短结合等多渠道办学形式，对昆明市市级机关事业单位的驾驶员进行了职业技能等级培训，全年共培训初级工56人，中级工118人，高级工102人，技师275人。与富民县第一职业高级中学、禄劝县职业中学、石林县路美邑高级职业中学签订了联合办学协议。

【交通企业改制】 昆明市14家交通企业中，已完成改制验收工作的有二运司、物资总公司、联运公司、路桥总公司等7户企业；中炬石化兼并航运公司的工作基本完成；交运集团、配件公司等3户企业的改制工作全面启动，圆满完成市政府下达的2005年交通企业改制任务。

【安全生产】 2005年，昆明市交通局积极贯彻省、市政府安全生产紧急电视、电话会议精神，按照省安委会开展“安全生产月”活动和交通部开展“反三违月”活动的有关精神，在局属企事业、各公路建设指挥部认真开展“安全生产月”活动，并重点对公路、水路运输企业安全生产情况进行检查。

加大交通安全生产管理力度，建立安全生产监督责任制。按照“三关一监督”要求，对道路水路运输企业、营运车辆（船舶）、营运驾驶员（船员）和汽车客运站场（码头），从源头上切实把好企业经营资质准入关、车辆（船舶）技术关、驾驶员（船员）从业资格关，加强对客运站场（码头）安全生产管理的监督，确保客运安全。

紧紧围绕“安全、优势、高效、畅通、有序”的质量目标，认真做好春运、“黄金周”期间的安全生产管理工作。加强对客运站的监督检查，开展“三优、三化”规范服务，及时处理各种纠纷，规范经营秩序。实行运政人员假日轮流值班制度，积极配合市假日旅游调度中心做好运力调配。2005 年 3 个“黄金周”期间共计始发客运 211879 班次，加班 2417 班次，运送旅客 638.57 万人次，较好地完成“春运”及“黄金周”的旅客疏运任务，保证了节日期间的旅客出行需求。

根据昆明市政府下发的《关于组织开展预防群死群伤特大道路交通事故专项整治行动的通知》以及《云南省交通厅关于开展 2005 年道路运输危险化学品安全专项整治的通知》，昆明市交通局组成了专项整治检查组，对局属公路建设指挥部、市区 16 个客运站点的安全生产情况进行认真排查。严格按照“三关一监督”的要求，对全市危险化学品运输人员资格、车辆技术状况、设备安全状况、企业资质、安全管理制度进行拉网式的全面大检查，分阶段、有重点地开展专项整治行动。通过整治，排除了安全隐患，努力为人民群众创造一个安心、舒心的交通环境。

召开 2005 年昆明市水上交通安全会议。对全市所有渡口进行全面的安全检查，掌握了渡口、渡船和渡工的详细资料。

进一步加强与周边地州市的横向联系，建立反“三违”行为及“三无”船舶的长效机制。6 月份，召集水上各营运企业开展以“遵章守法，关爱生命”为主题的安全生产月活动，通过库区（如凤龙湾库区）海事管理协调会，明确了各级港航监督职能职责。

11 月份，为吸取文山翻船事故的教训，再次对各主要渡口进行抽查。编制《昆明市水路交通突发公共事件应急预案（草案）》。

（杨　芳）

铁　路

【年度概况】　2005 年昆明铁路局管辖 3 条准轨电气化铁路干线（贵昆、成昆、南昆），6 条准轨铁路支线（羊场、东川、盘西Ⅰ线、昆阳、安宁、东王），3 条地方合资铁路（昆玉、滇西、水红）；米轨铁路干线 2 条（昆河、蒙宝线），支线 3 条（昆石、昆小、草官）。管内线路总延长2 930千米，营业里程 1 925千米，设置 203 个车站；有桥梁 1 168座，隧道 598 座，涵渠 8 041 座，道口 440 个；配属机车 393 台，客车 1 061辆；局（直）属单位 43 个。

【运输生产任务超额完成】　2005 年，昆明铁路局坚持内涵扩大再生产，采取多种措施挖掘运输潜力。一是大力开行直达列车，全年共开行始发直达8 198 列，技术直达7 324列，同比分别增长 6%和 12.6%。二是调整管内列车运行图，仅“4.28”调图就新增运输能力近 1 000万吨。三是对南昆线进行扩能改造，增建的 4 个缓开站使南昆线运输能力增长 38%。四是提高机车牵引重量，机车牵引重量首次突破4 000吨大关。五是加强装卸车组织，夜卸比重由 40%提高到 51%。全年昆明局共完成运输收入 48.76 亿元，同比增加 4.97 亿元，增长 11.4%；营业收入完成 42.11 亿元，同比增加 3.93 亿元，增长 10.3%；发送旅客1 576万人，同比增加 43.6 万人，增长 3%；发送货物5 300万吨，同比增加 507 万吨，增长 10.5%；换算周转量完成 311.4 亿吨千米，同比增加 14.01 亿吨千米，增长 4.4%。

【重点物资运输】　昆明铁路局全年运输化肥 670 万吨，占路局货运总量的 13%。据测算，昆明铁路局按照国家关于免收化肥运输建设基金及对化肥采取特殊运价的优惠政策，就减少运输收入 8.3亿元，为推进社会主义新农村建设做出积极贡献。在果蔬运输上，昆明局采取优先计划、优先配车、优先装车、优先挂运，不限制装车去向等有关措施，确保菜不烂地、货不压车、车不压站，维护了广大农民的利益。同时，昆明局还积极帮助国有企业解困，尽力满足昆钢等云南省重点企业运输需求，提前 90 天完成云南省政府下达的2 000万吨出省物资运输任务，比年计划增运 630 万吨，同比增运 255 万吨，增长 10.7%，为云南的经济和社会发展提供可靠的运力支持。较好地完成军交运输任务，为国防建设提供有力保证。全年杜绝路风事件，真正实现经济效益和社会效益双丰收。

【安全生产】　2005 年，昆明铁路局牢固树立“安全第一”的思想，不断夯实安全基础，进一步健全和完善安全管理机制，确保运输安全持续稳定，实现安全年。一是安全基础不断加强。共投资 4 亿多元对运输安全基础设施设备进行建设和改造，设备质量明显提高；二是安全管理体系不断完善。成立昆明铁路安全监督管理办公室，代表政府依法履行铁路行业安全监督管理职能；三是防洪工作取得全面胜利。按照部长刘志军要求，部、局投资近 1 亿元全面整治南昆线危岩落石病害。奋战 60 天，在雨季到来之前，构筑了 8.6 千米的防洪长堤，确保南昆线的畅通。2005 年全局水害比 2004 年减少 129 次，影响行车减少 170 次，在重灾之年夺取防洪工作的全面胜利。在基本功方面，对全局干部职工进行30 020人次的业务技能培训，不断提高干部职工的标准化作业水平。

至 12 月 31 日，全局杜绝行车险性及以上事故和客车事故，实现安全生产 760 天；杜绝责任职工因工死亡事故和重伤事故，实现劳动安全 679 天，劳动安全天数居全路第一。

【生产布局调整】　2005 年 3 月 28 日，昆明铁路局对全局运输生产力布局进行重大调整，共撤并站段单位 16 个，同时对站段的管区管界也重新进行划分，车务、工务系统基本实现一线一段，机务系统实现电力机车集中检修、大部件集中管理，车辆系统实现集中修和异地检修。对准、米轨调度台进行整合，将原来的 48 个调度台整合为 27 个；积极探索货运组织改革，昆明枢纽地区的货运计划提报方式实现网上申报、网上审批，使货物运输组织管理更加规范化、透明化。机务部门推行双班单司机、双机三人乘务制，实行机车长交路轮乘制，机车交路单程突破 500 千米；牵引供电试行多个作业组集中“天窗修”，检修计划由 526 次压缩到 41 次，累计减少检修天窗时间 485 小时。工务、电务部门推进维修体制改革，实行养、修分开。多经企业于 2005 年 4 月对 25 家运输站段，共 42 户多经法人企业、43 户集经法人企业、17 户技协法人企业实施全面重组，消除在同一业务的不规范竞争，全面实现“三分开”，既精干了主业，又壮大了辅业。至年末，局属运输业单位由调整前的 32 个减少到 23 个，减少 9 个，减幅 28.13%；局属单位由建局时的 108 个减少到 43 个，减幅达 60%。

【铁路建设】 继2004年底铁道部部长刘志军和云南省省长徐荣凯签署《关于加快云南铁路建设的会谈纪要》后，部省领导于2005年11月14日，又一次签署《铁道部、云南省人民政府加快铁路前期工作协商纪要》。路局按照部省《会谈纪要》和《协商纪要》精神，认真履行建设单位职责，积极协调配合施工、设计、监理等单位开展工作。至12月底，沾昆二线、昆明集装箱中心站、大理至丽江铁路全面完成23.8亿元的年投资任务。滇南铁路责任有限公司成功组建。泛亚铁路东线玉蒙段于9月1日召开建设动员大会，取代百年米轨铁路的中越国际铁路新的大通道正式开始建设。年底，昆明站南广场的改扩建工程也正式启动。

【经营管理】 昆明铁路局按照铁道部新的财务管理办法要求，以强化资金管理为龙头，实行资金归口和全面预算管理，严格控制成本支出，使各项经营活动不断规范，宏观调控能力逐步增强。认真开展节能降耗活动，全局物资采购、修旧利废和招标投资共计节约资金9 753万元，盘活闲置资产3 859万元。加大审计工作力度，严格执行财经纪律，及时发现、纠正和查处违反财经纪律的问题。2005年，路局审计工作成绩突出，被国家审计署授予“全国内部审计先进单位”称号。

【科技兴局】 2005年，全局共取得自主知识产权科技成果39项。1项通过铁道部技术审查，2项获云南省优秀发明二等奖，4项获云南省优秀发明三等奖，1项获云南省科学技术三等奖。特别是SFL—15型手制动防溜器获得中国国际发明博览会银奖，并被列入“国家重点新产品目录”，这在路局尚属首次。“米轨铁路提速和机车车辆检测技术与评判标准”成果荣获“中国铁道学会科学技术二等奖”。另外，路局建立国家轨道衡计量站昆明分站，结束路局静态轨道衡依靠兄弟路局进行量值传递的历史。

【治安综合治理】 路局认真贯彻《铁路运输安全保护条例》，全面铺开安全保护区划定工作，完成标桩埋设9 477套，埋设里程1 323.4千米，完成155处“铁跨公”限界防护架安装，移交道口警示标志72处，清理整治废旧金属收购站点896个，为运输安全生产创造了良好环境。公安部门共查破毒品案件1 438起，抓获犯罪嫌疑人1 646名，缴获毒品227.3千克，受到铁道部、公安部和云南省有关领导的高度赞扬。

【组建滇南铁路有限责任公司】 为加快玉蒙铁路建设，促进云南经济与社会发展，7月13日，滇南铁路有限责任公司成立暨授牌仪式举行。中共云南省委副书记、常务副省长、云南省铁路建设领导小组组长秦光荣，云南省铁路建设领导小组副组长、昆明铁路局局长裘芝鹏，昆明铁路局党委书记徐长安等领导出席授牌仪式。

根据组建滇南铁路有限责任公司协议书和公司章程，滇南铁路有限责任公司作为法人，对滇南经济区域的玉蒙铁路项目策划、资金筹措、建设经营、债务偿还等全过程负责。滇南铁路有限责任公司的出资方为铁道部和云南省人民政府。昆明铁路局和云南省铁路投资有限公司分别代表铁道部、云南省作为出资方代表，合资建设玉蒙铁路。

【成立昆明铁路安全监督管理办公室】 12月8日，云南省副省长李新华、昆明铁路局党委书记徐长安和云南省安全监督局局长纳宗会共同为昆明铁路安全监督管理办公室揭牌。昆明铁路局局长、昆明铁路安全监督管理办公室主任裘芝鹏和在昆的路局领导班子成员，以及云南省有关部门领导出席揭牌仪式。昆明铁路安全监督管理办公室的成立是依据国务院总理温家宝签署发布的《铁路运输安全保护条例》设立的一级铁路管理机构，主要负责昆明铁路局管内国家铁路、专用铁路、铁路专用线、滇西铁路有限责任公司、滇南铁路有限责任公司、贵州水红铁路有限责任公司、昆玉铁路公司、云南省中宝铁路公司的铁路，以及上述区域内新建、改建和扩建铁路的相关安全设施建设，依法履行安全监督管理职能。

昆明铁路安全监督管理办公室的成立，对强化铁路运输安全区域监管，保障铁路运输安全畅通具有十分重要的意义，掀开了铁路安全管理体制的新篇章。

【玉蒙铁路开工】 9月1日，云南铁路国际大通道玉溪至蒙自铁路建设开工动员大会在云南省玉溪市通海县举行。云南省委书记白恩培、省长徐荣凯，铁道部副部长卢春房、云南省省委秘书长杨应楠、省人大常委会常务副主任牛绍尧、路局局长裘芝鹏、党委书记徐长安等领导为玉蒙铁路奠基。玉蒙铁路位于云南省滇南地区，自昆玉铁路玉溪南站接轨，途经玉溪市红塔区、通海县和红河州建水县、个旧市、蒙自县，经昆河米轨铁路至中越边境口岸与越南铁路网相连，形成云南出境国际铁路大通道。

玉蒙铁路新建正线长141.063千米，设计标准为国铁Ⅰ级；旅客列车设计行车速度为每小时120千米，电力牵引；沿线设14个车站，其中预留会让站6个；设计输送能力为每年货运量1 000万吨，旅客列车为每日15对。玉蒙铁路全线桥隧总长75.68千米，占线路长度的53.58%；全线共有桥隧35座，其中最长的隧道——通海隧道长10 290米。全线桥梁49座，最长的大桥——沙甸河大桥长2 039.59米。

玉蒙铁路设计工期为4年，建设总投资初步设计概算为46.83亿元，项目资本金占总投资的50%（23.415亿元），其中铁道部出资16.39亿元，占70%，出资者代表为昆明铁路局；云南省出资7.02亿元，占30%，出资者代表为云南省铁路投资公司。资本金以外的50%（23.415亿元）利用国家开发银行及商业银行贷款。

【水红铁路首开旅客列车】 2005年1月1日，昆明铁路局首次对水红铁路开行6061/2和6081/2次旅客列车，结束水红铁路无客运的历史。6061/2次旅客列车由昆明经水红铁路到六盘水，全程544.2千米，其中水红铁路的15个车站均安排停车点；6081/2次旅客列车由昆明至贵阳，途经水红铁路。水红铁路北起贵昆铁路六盘水站，经盘西支线柏果站至红果，全长163千米，于1997年12月动工修建，2002年9月开通货运，但一直未能开通客运。

【T61/2次旅客列车荣获全国文明单位称号】 10月26日，在全国精神文明建设工作表彰大会上，昆明铁路局昆明客运段值乘的T62/1次旅客列车被中央文明委授予“全国文明单位”称号。11月17日，中央电视台《焦点访谈》栏目以《与文明同行》为题专题报道T62/1次旅客列车文明服务的先进事迹。《人民日报》、《人民铁道》报、云南电视台等中央和地方新闻媒体也相继对T62/1次旅客列车文明服务的事迹进行报道。云南省省长徐荣凯在阅读12月8日《人民日报》刊载的《T61/2次京昆列车：一路欢歌一路情》一文后，提笔批示：“T61/2次京昆车队的同志们用辛勤劳动、创新的方式，很好地服务旅客，很好地宣传云南，我们都要向他们学习！”同时，省长徐荣凯还请昆明铁路局领导转达他对T61/2次京昆车队的问候和感谢。

【"奔牛"落户昆明站】 2005年12月30日，由云南铜业集团公司捐赠，象征铁路与云南地方企业团结、勤奋、开拓、奉献的滇铜大型雕塑"奔牛"揭幕仪式在昆明站举行。云南省副省长李汉柏，铁道部副部长陆东福，昆明市市长王文涛、路局局长裘之鹏、党委书记徐长安、云南铜业集团公司董事长邹韶禄等领导出席仪式。

（黎 丽）

民用航空

【生产运输】 2005年全省10个机场安全保障运输起降14.38万架次，旅客吞吐量1 525.35万人次，货邮吞吐量20.67万吨，同比分别增长19.2%、18.3%、15.1%。其中：昆明机场保障运输起降10.84万架次，实现年旅客吞吐量首次突破1 000万，达1 181.88万人次，货邮吞吐量19.65万吨，同比分别增长为18.0%、18.5%、15.0%；西双版纳机场年旅客吞吐量再次突破100万，达122.06万人次；丽江机场实现年旅客吞吐量首次突破100万，达111.43万人次；大理机场、德宏芒市机场实现年旅客吞吐量首次突破30万，分别达32.34万人次、30.42万人次；除昭通机场外，其他各机场不同程度有所增长。

【安全保障】 完成一级专机警卫任务13起38架次，二级警卫任务27起83架次，三级警卫任务36起114架次。共立刑事案件867起，破案781起，侦破辖区外案件1起，其中贩毒案件768起；抓获犯罪嫌疑人925名，其中贩毒嫌疑人905人，缴获毒品海洛因271.86千克、冰毒42.52千克、吗啡0.373千克、鸦片0.115千克、K粉0.845千克；查处治安行政案件2 452起，处罚2 458人次。处理交通事故113起，查处交通违法1 107人次。查获仿真枪83支、起爆器5个、军用弹药210发、子弹3 425发、管制刀具1 576把、电击器116支、警械37件、淫秽物品759件、非法出版物52本、赌具8件、其他违禁物品194件。

【基础建设】 昆明机场停机坪扩建工程进入施工阶段，大理机场、德宏芒市机场改扩建工程完成了预可研评审，昆明机场增设快速滑行道及加宽联络道工程预可研（代可研）报告已经上报云南省发展和改革委员会。完成了集团公司一号办公楼工程。完成了德宏芒市机场的围界和巡场路改造工程的施工图设计，已经进入招投标阶段；完成了保山机场中心变电站改造；完成丽江机场候机楼流程改造工程并进行了验收；完成了相关机场ILS仪表着陆系统的定期校验飞行工作，老候机楼的加层改造及昆明机场围界加刺圈。

【新机场建设】 进行了昆明新机场场址优化并召开预可研报告评审会；文山机场建设稳步推进，将于2006年4月通航；腾冲机场试验段施工已全面开展，项目已报审，工程计划2007年底完工。

【安全基础建设】 1. 全面落实安全生产责任制。集团公司以保障飞行安全、空防安全和航空地面安全为重点对安全生产目标任务进行了细化和分解，明确了各保障单位安全责任，与昆明机场等11家单位签订了《航空安全责任书》。各机场将安全目标层层分解，安全责任落实到岗位、人员。全年未发生事故征候不安全事件，完成了民航西南地区管理局规定的安全责任目标。2. 认真抓好安全专项整治。按照民航总局和民航西南地区管理局的部署，集团公司及所属各机场自3月份开始，开展机场使用许可证符合性审查和安全专项整治工作，历时8个月。共查找出需整改问题243项，整改完成153项，占63%，正在整改82项，约占34%，专项整治收到明显实效；基础设施建设投入增加。集团公司计划用于基础设施建设的资金2 000万元，投入超过1 000万元。3. 全面开展安全管理系统建设。2005年，集团公司根据实际工作需要制定了《航空安全管理手册》、《空防安全管理手册》，并对各机场的《机场使用手册》进行修订。"三个手册"修订和编撰工作的全面完成及贯彻实施，为集团公司安全管理系统建设打下了基础。4. 提高处置突发事件水平。6月，昆明机场进行了反劫机及航空器紧急事件应急救援综合演练，内容涵盖了指挥、武装力量、消防、医疗、疏散、联动治安等系统紧急事件处置程序；保山机场、大理机场、临沧机场等，也分别组织了应急演练，加强"处突"体系建设。5. 建立联防体系。通过沟通协调，集团公司各机场所在地政府均以政府令或通告形式对机场净空保护作出了规定；就昆明市城区内超高建筑物安装障碍灯事宜，昆明市和官渡区政府几次召开专题会议，通过具体方案，并要求于2005年12月底前安装完毕。6. 做好"反恐、防恐"和禁毒工作。公安局健全机场反恐机制，建立有效的情报信息联络机制。以反恐怖、反劫机为中心，加强空防安全情报信息工作。加大禁毒工作的科技投入，开发出"天网查缉系统"并通过系统查破毒品案件2起；开展"天网二号"扫毒行动，工作成果显著。

【信息化建设】 2005年集团公司计划投资信息化建设方面资金共计1 543万元，共计完成投资896.5万元，项目开工率90%。主要工作包括：安检信息管理系统、丽江机场生产运营及航管系统研发已完成，集团公司网络改造待方案审查合格后实施，办公及生产设备更新项目完成，昆明机场小型机改造及昆明机场全开放值机项目前期完成并交由运管中心负责实施，综合办公平台、资产管理系统投入试运行。进行了集团国际互联网站开发、高管数据平台及生产数据智能采集系统等项目的自主开发，集团公司拥有自主知识产权的项目有"安检信息管理系统"、"丽江、版纳生产运营及航管系统"和"高管数据平台"等，其中"安检信息管理系统"被云南省政府列为"云南省企业信息化示范工程项目"。

【资源整合】 集团拟订并下发了《云南机场资源整合工作指导性意见》，成立了地面服务、物流、旅游、产业公司、百事特5个方案小组，具体负责资源整合工作。为减、化集团公司的经营风险，确保国有资产的保值增值，使国有资本有序退出一些长期亏损的参股企业或相关业务，集团拟订了优化配置资源实行国有资本退出的意见。

【市场营销策略】 重点进行了五方面工作：1. 申请开放昆明第五航权。向省政府上报了申请开放昆明第五航权的相关报告及云南面向东盟开放航权的建议。2. 推进云南航空市场的开放。起草上报云南航空市场开发的报告、加快云南航空资源开发利用的请示及放宽昆明机场流量限制的请示等文件，昆明机场每小时的航班发行能力由原来18架次增加到24架次。3. 积极引进新的运力。2005年，马来西亚航空公司开通了吉隆坡—昆明的定期航班；奥凯航空和春秋航空相继进入云南市场，分别开通了天津—昆明、上海—南昌—昆明的航线；南航开通了昆明—保山航线；山航开通了昆明—思茅航线；上航开通了昆明—迪庆香格里拉的航线；东航开通了经停迪庆香格里拉的拉萨航线；川航开通了昆明—丽江—版纳—昆明，昆明—版纳—丽江—昆明，昆明—版纳—大理—昆明，昆明—大理—版纳—昆明4条省内环飞航线；香港中富航空公司开通了昆明—香港的航线；奥地利航空公司执行了两班维也纳直达昆明的包机。4. 集团与云南省旅游局联合协作，建立整体营销体系，共同促进云南旅游和航空市场发展。5. 制订飞机起降奖励办法，通过适当降低地面服务费用，鼓励航空公司参与昆明机场的枢纽化建设进程，2006年正式开始实施。6. 建立市场分析系统，为及时、准确了解和掌握云南航空市场的真实情况，正确掌握和判断市场的变化和发展趋势提供决策支持。该系统部分投入使用。

【机场服务】 大理机场在旅客高峰期增开值机柜台，对不正常航班处理做到信息及时、准备充分、服务有序；德宏芒市机场为旅客推出“信心、耐心、细心、爱心、诚心、责任心”六心服务；迪庆香格里拉机场开展了“亲切称谓年”、“无缝隙服务年”等服务活动；丽江机场认真履行好“顾客服务承诺”、“旅客首问负责制”制度，巩固提高“文明机场”、“卫生机场”创建成果；临沧机场认真推行打招呼、微笑、“请稍等”、“谢谢”和开展“五心服务”，实行首问负责制，树立“小机场、大服务”的服务理念；思茅机场全年未发生旅客有效投诉；西双版纳机场深入开展“细心检查、热心执勤、诚心帮助、耐心解释”等四心服务，抓好老年旅客、晚到旅客、特殊旅客、头等舱旅客四项精品服务；保山机场、昭通机场分别结合地方特色，建立完善“顾客服务承诺”、“旅客首问负责制”等服务制度，展示机场窗口形象。

【航班放行正常率】 各机械航班放行正常率分别为昆明机场97.2%，丽江机场99.23%，西双版纳机场95.13%，大理机场97.86%，德宏芒市机场98.69%，迪庆香格里拉机场90.9%，保山机场95.38%，临沧机场98.65%，思茅机场98.44%，昭通机场97.6%。

（云南机场集团公司）

公共交通

【年度概况】 昆明市区、近郊和远郊城市公共汽车客运业主要由昆明公交集团有限责任公司和昆明新世界第一巴士服务有限公司承担。昆明公交集团有限责任公司固定资产原值和净值分别为41 992万元和25 661万元，国家资本金为10 239万元，资产总额达到68 611万元；有职工4 071人，其中，离退休职工1 690人，企业内部退养职工219人；拥有营运车辆1 494台；线路99条；营运线路总长度为1 921.5千米；日均出车1 155台，日均客运量76.63万人次，日均行驶里程约17.99万千米。昆明新世界第一巴士服务有限公司固定资产原值和净值分别为8 930万元和6 311万元，法人资本金为14 034万元，资产总额达到16 395万元；有职工2 227人，其中，退休职工28人，企业内部退养职工145人；拥有营运车辆784台；线路47条；线路总长度为489.2千米，日均出车673台，日均客运量约49.74万人次，日均行驶里程约11.15万千米。

2005年是昆明公交集团有限责任公司全面贯彻落实好市委、市政府关于“公交优先、公交优惠、公交优秀”的指示精神，努力实现三年内把公交出行分担率提高到25%以上的开局之年。通过超常规、高起点、高速度、跨越式发展方式，昆明公交集团有限责任公司进入了新一轮快速发展期，日客运量由年初的107万人次提高到130万人次，公交出行分担率由年初的14%提高到18%。

【完成主要经济指标】 2005年，昆明公交集团有限责任公司实现了经济效益与社会效益同步增长的良好发展势头，各项经济指标为建司以来最高水平：

票款收入达到4.2亿元，创历史新高，同比上升18.22%。其中公司完成2.59亿元，比计划增长24.69%，比2004年净增4 475万元；新巴公司完成1.61亿元，比计划增长17.82%，比2004年净增2 008万元。

客运量达到4.6亿人次，比上年同期提高16.46%。其中公司运送2.8亿人次，比计划增长20.76%，比2004年净增4 256万人次；新巴公司运送1.82亿人次，比计划增长18.83%，比2004年净增2 263万人次。

总行驶里程达到1.06亿千米，同比提高14.66%。其中公司行驶6 567万千米，比计划增长14.58%，比2004年净增992万千米；新巴公司完成4 068万千米，比计划增长8.16%，比2004年净增368万千米。

集团公司实现利润872.87万元，新巴公司实现637.34万元。

事故间隔里程公司达到了259.24万千米/次，同比增长80%，增长幅度达到115.3万千米；新巴公司达到117.48万千米/次。

车厢服务合格率公司达到了99.25%，平均分值为99.01分；新巴公司达到97.29%，平均分值为98.66分。

车厢整洁合格率公司达到99.79%，平均分值达到97.5分；新巴公司达到99.88%，平均分值为95.67分。

遵章守纪合格率公司达到了99.2%，平均分值达到99.6分；新巴公司达到99.36%，平均分值达到99.9分。

《昆明公交IC卡项目合作协议》签字仪式 （吴子刚 摄）

安全管理合格率公司达到了94.2分，新巴公司达到90.88分。

在2005年的公交民意调查中，96.7%的市民对公交服务表示满意。

【成立集团公司】 2005年，昆明公交集团有限责任公司荣获中共昆明市委、昆明市人民政府颁发的“昆明市三年深化国有企业改革先进单位”的光荣称号。昆明公交集团有限责任公司把完善企业法人治理结构作为企业改制的重点工作来抓，组织专人对240多个企业现行管理制度进行修订、补充和完善，严格规范了集团公司各类人员的行为规范。确定了企业精神：团结奉献、爱岗敬业、优质高效、求实创新。2005年6月18日昆明公交集团有限责任公司正式挂牌。

【增加营运车辆544台】 2005年是昆明公交集团有限责任公司历史上增车幅度最大的一年。先后共筹资1.3亿元购入各型营运车544台，其中上海申沃客车等高档次车型274辆，双层客车30辆，支线公交车170辆，使营运车辆总数由2004年的1 743台增至2005年的2 283台，车辆总数增加了31%，车辆档次、乘坐舒适度也较以往有显著提高，车辆结构顺应当今公交车辆大容量、低地板、低排放、环保型的发展趋势，逐步实现了集团营运车辆的升级换代。

【招聘新驾驶员】 2005年是昆明公交集团有限责任公司历史上职工人数增速最快的一年。全年共分3批招收、外聘各类驾驶人员1 600余人，较好地满足了生产一线的需要。并根据实际首次外聘B照人员200余名直接担任支线公交营运任务，使公司用工方式继培训A照人员、外聘A照人员、培训B照转增A照人员后，进一步呈现出人员构成多样性的显著特征。

【增开新线29条】 2005年是昆明公交集团有限责任公司历史上开线最为密集、线路调整最频繁的一年。全年共开通29条线路，线路数由2004年底的117条增至2005年底的146条，年增长率达到24%，线路总长度达到2 410.7千米；延长了43条线路的头末班时间，优化调整了55条线路。增线的重点放在了公交覆盖盲点、广大人民群众出行需要的城郊结合部、居民小区、次支路等区域和道路，打破了集团公司以往只使用大中型公交车辆在主干道开线的惯例，通过实施“因路购车”、“因需开线”的战略，使用6米公交车型，新开支线线路17条，解决了昆明市次支路道路狭窄，大中型公交车辆无法拐弯、调头等难题，受到了市民的欢迎，累计运送乘客已超过250万人次。极大地方便了广大市民的生产生活。

【推行公交IC卡】 2005年7月1日昆明公交集团有限责任公司在全司范围内实行公交IC卡刷卡乘车的票制改革。半年时间共出售各类IC卡约32万张，每天平均刷卡人次达30万人次，占客运量的24%左右，购卡量和用卡量还在进一步呈增长态势。昆明公交IC卡分4个类型：普通卡、学生卡、优惠卡、爱心卡。普通卡发售范围不受限制，每次刷卡收费0.9元；学生卡的发售范围是昆明市的在校小学、中学生（含高中生），每次刷卡收费0.30元；优惠卡的发售范围是昆明市70周岁以上的老人，每次刷卡收费0.65元；爱心卡的发售范围是盲人和下肢残疾人。至2005年12月31日，昆明公交集团有限责任公司共发放爱心卡5 856张。革命伤残军人及公交爱心卡持有者可以免费乘坐公交车。

【加大公交基础设施建设】 2005年是昆明公交集团有限责任公司基础设施规划立项最多、竣工规模最大的一年。先后完成西市区停车场64.23亩用地审批后续手续、南市区停车场84亩、大羊莆停车场11.42亩地价协商工作，并完善了海口、马街、驾训站三块场站的“租改征”手续，解决了集团可持续发展的后顾之忧。特别是3月1日占地面积近100亩、投资4 500万元，设施功能齐全的公交北市区车场一期工程的建成使用，使得公司在90年代初组建5个营运公司的基础上，新组建了第六公司。极大地缓解了北市区居民出行难的问题，有效改善了该地区现行的公交线网结构，也为进一步优化公交线网提供了支撑点。

【车辆保修】 按照“正确使用、预防为主、强制维护、视情修理”的保修原则，集团公司保持车辆技术状况、降低车辆使用成本，提高车辆的使用效率和效益，保持车辆完好率、车辆工作率、整洁合格率在较高水平。全年共修理车辆139 046台次，其中车身大修、整修、罩漆474台次，底盘发动机大修702台次，二级维护5 866台次，一级维护40 451车次，新车走保及小修90 919台次，仅大修任务就比2004年净增304台次，全司车辆尾气排放合格率达92%，高于80%的控制目标，有效地保障了一线运力和车辆效率。

【安全防范】 2005年，昆明公交集团有限责任公司没有发生一起重大工业、消防安全事故。荣获2005年度市总工会、市安全生产监督管理局联合颁发的“昆明市‘安康杯’竞赛优胜企业”奖牌。广泛开展各种安全竞赛活动，全年例行检查车辆7万台次，采取节假日重点全面检查与平时不定期抽查相结合的方式，对营运车辆、车场、油库等重点

市委书记杨崇勇示范公交IC卡 （吴子刚 摄）

市委书记杨崇勇、市长王文涛为昆明公交集团有限责任公司成立暨公交 IC 卡首发仪式剪彩　　（吴子刚　摄）

环节进行检查防范，检查油库、停车场站等 312 次，消除了安全隐患，保障了安全营运。

【实施双增双节】　为提高资金综合利用率，降低企业发展过程中的资金压力，昆明公交集团有限责任公司通过严格财务核算、爱车降耗、增收节支等工作，贯彻“创新、挖潜、降耗、增效”的工作方针，回收报废车辆轮胎及钢圈 288 套，翻新轮胎 180 条、利用钢圈 140 只，仅两项可节约资金 7 万多元；全年共投入 400 多万元，建成中水回收站 9 座，使用中水 24.09 万吨，节约资金 28.75 万元；对年久失修的场站地下供水管网进行了改造，仅此一项每月可节水11 837吨，月平均节约水费 2.7 万元；与中石化的合作确保了公司燃油供应，节约了营运成本。集团公司坚持按照公开、公平、公正的原则，对采购、投资建设项目、IC 卡建设、公交会堂装修等工程严格坚持招投标制度，实现项目性价比的最佳结合，为企业节约了大量资金，多种经营广开渠道，全年共实现产值 1 470.31 万元。其中广告收入 992.55 万元，多经办收入 477.76 万元。

【获科技进步奖】　2005 年，昆明公交集团有限责任公司首次荣获中国土木工程学会、中国城市公共交通协会联合颁发的“中国城市交通科技进步企业”奖。

【企业文化建设】　建盖了公交职工体育健身中心和公交会堂，举办了第一届文艺汇演、职工运动会、书法美术摄影展活动，丰富了职工业余文化活动，也促进了企业两个文明建设。昆明公交集团有限责任公司荣获“全国模范职工之家”的光荣称号，被评为市政公用局 2005 年度先进单位。一公司、二公司、新巴南部公司、集团公司机关先后荣获省级文明单位称号；五公司、新巴北部公司、新巴修理厂、综合修理厂荣获市级文明单位称号。

【争取公交发展的外部环境】　得到了外部的认可和支持，外部经营条件得到改善。促成昆明市以文件形式出台了《关于优先发展城市公共交通的意见》，并专门成立优先发展城市公交办公室，使昆明成为继杭州后第二个出台此类文件的城市；促成昆明火车站改造后公交车进不了站前广场这一社会反响强烈的热点问题顺利解决；市政府给昆明公交集团有限责任公司油价补贴1 300万元，给予了减免车船使用税、所得税、土地使用税优惠等一系列优惠政策，为企业的发展创造了较好的外部环境和条件。

【油价对企业的影响】　2005 年国内成品油价格持续走高，先后进行了 5 次调价，柴油、汽油价格分别上涨了 13.8% 和 14.1%，昆明公交集团有限责任公司每天耗油量约 70 吨，仅油料一项每天比 2004 年增加开支近 10 万元，与 1997 年燃油单位成本 642.37 元/千千米，占整个营运成本的 18.84% 相比，2005 年昆明公交集团有限责任公司燃油单位成本为1 331.056元/千千米，占到整个营运成本的 40%，提升幅度达 20% 以上。而票价依然维持在 1997 年的水平，给企业营运造成较大的成本压力。

（易文胜）

交通管理

【交通综合整治】　2005 年，围绕全市“迎接 GMS 会议市容环境整治工程”的开展，支队全面启动了以管理性措施为主要内容、以疏堵保畅为重点的交通综合整治工程。在认真总结成功经验的基础上，配合各相关部门，先后在拥堵比较突出的青年路、东风路、北京路三条主干道的 13 个主要交叉路口实施了机动车禁止左转、非机动车“二次过街”的人性化交通组织方式。“禁左”完成后，青年路、东风路和北京路高峰时段机动车平均时速由整治前的 11.82 千米、15.35 千米和 10.12 千米分别提高到 26.6 千米、26.5 千米和 23 千米，同时也使一环路和“三横四纵”主干道高峰时段的机动车平均时速从整治前的 10 千米左右提高到了 21.2 千米，圆满完成了市政府确定的 20 千米/小时的既定目标。

在做好主干道路改造的同时，配合相关部门对 50 余条支、次道路进行了梳理、整治，采取了在三合营片区部分道路、金牛街实行机动车单向通行；恢复尚义街、尚义巷、龙井街机动车双向通行；取消白塔路与东风东路交叉口西口禁止右转等措施，进一步提高了支、次道路的利用率，有效缓解了主干道的交通压力。

为保证全市交通基础设施建设、改造工程的顺利实施，制定、实施了《关于加强关上中心区道路交通管理的通告》、《关于北二环龙泉立交、金星立交、盘龙江上层施工期间交通组织方案》、《昆安高速施工期间道路保通方案》。完成了西昌路、昆大线、昆洛公路、东三环、吴井路、曙光路、教场路、金星立交等 19 条道路的交通组织工作；同时配合相关部门对建成区内 30 条新开的公交线路进行实地踏勘，对近 100 条公交线路进行了优化调整。

积极推进路内停车法定化管理，加强静态交通管理。按照“动静结合”、“先一环、后二环、由内而外、有重点、分步骤”的原则，对二环路内的 59 条道路共计2 319个路内临时停车泊位实施了规范化管理；增设了近400个出租车候客泊位，通过加强对违法停车的管理，进一步规范了停车秩序，减少了违法停车对动态交通的干扰。

按照“清旧换新”的原则，规范完善交通设施，先后完成了昆大线、官南立交桥、西昌路、昆洛路改扩建工程，“三横四纵”主干道等17条道路的交通标志、标线设计、安装、漆画等工作，维修、清洗、油漆刷新隔离设施656千米，安装各类隔离设施16千米，清除废旧标线121.01千米，维修信号灯1 536次，漆画交通标线465.12千米，安装信号灯349组，更新各类交通标志1 376块，进一步改善了交通硬件环境。

支队长苏杰忠对整治路段进行实地踏勘 （市交警支队 供稿）

【整治事故“黑点”】 2005年，支队在巩固原有成果的基础上，积极争取党委政府的支持，协调道路建设、管养部门，对排查出的22个新的交通事故多发点段中的20个事故“黑点”进行了整治，整治率达到91%。通过整治，22个交通事故多发点段发生交通事故与2004年相比，事故减少364起，下降10.7%；死亡人数减少24人，下降40.7%；受伤人数减少97人，下降16.5%；直接经济损失减少38万元，下降9.6%，其中，11个交通事故“黑点”未发生死亡事故。

【道路交通事故处理】 2005年，支队制定实施了《昆明市公安局交通警察支队关于成立道路交通事故处理“重案组”的实施方案（暂行）》和《昆明市公安局交通警察支队办理交通肇事刑事案件程序规定（暂行）》，在直属各交警大队推广重案专办制度，对涉及人员死亡、逃逸、涉嫌交通肇事罪需起诉、案情复杂或影响重大的交通事故案件实施专人办理，加大交通肇事案件侦破力度。全年交通肇事案件侦破率和重大死亡逃逸案件侦破率分别比2004年提高25%和30%，有力打击了交通肇事犯罪。同时，为提高交通事故处理效率，支队在直属各大队推行全警参与处理轻微交通事故。2005年，支队各直属大队共受理交通事故案件48 516起，对其中不涉及人员伤亡的45 956起轻微交通事故适用了简易程序快速处理，快处案件达到受案总数的95%，大大提高了事故处警速度和事故案件办理质量。

据统计，2005年，昆明市因道路交通事故死亡431人，受伤2 505人，直接经济损失863.7万元。与2004年相比，事故次数减少1 222起，下降32.31%；死亡人数减少1人，下降0.32%，受伤人数增加423人，上升20.32%；直接经济损失减少422.5万元，下降32.58%，万车交通事故死亡率从2004年的7.25人/万车下降为6.33人/万车，圆满完成了市政府下达的交通事故死亡控制指标。

【交通秩序管理】 2005年，为减少交通违法行为对交通安全、畅通造成的影响，以19种多发性严重交通违法行为为重点，深入开展路面秩序整治行动。一年来，共查处各类交通违法行为266万起，其中罚款168.4万起，拘留1 388人次，暂扣驾驶证634本；通过“电子眼”查处交通违法行为58 961起，有效遏制了交通违法行为的发生，进一步净化了交通环境。结合校园及周边地区交通秩序专项整治活动的开展，先后投入资金103.7万元，增设各类交通标志220块，施划人行横道线47处，网状禁停线21处，增设交通信号灯5组，在临街的大、中、小学及幼儿园门前道路规划路内停车泊位569个，并分别在26所大、中、小学校聘请了143名校园协管员，进一步改善了校园及周边的交通及治安秩序。

【治理超限超载】 为深入贯彻“五整顿，三加强”各项措施，按照全国统一部署，组织开展了“双超”违法、打击盗抢机动车违法犯罪等综合整治行动，共查处“双超”违法行为7 913起，查获无牌无证车辆2 070辆，查获挪用号牌车辆17辆，查获假牌假证车辆38辆，查扣嫌疑机车362辆、电动自行车5辆，抓获犯罪嫌疑人27人，查获犯罪团伙2个，刑事拘留11人，执行逮捕9人，网上追逃5人，查获销赃窝点7处，缴获赃款2.51万元，清理、整治重点路段、场所185处，在改善交通环境的同时，对涉车违法犯罪活动形成了有力的震慑。

【交通安全保卫】 2005年，支队投入警力60 360人次，出动车辆15 462辆次，完成各类交通安全保卫、警卫任务1 130起，其中一级警卫74起，二级警卫56起，三级警卫356起，其他警卫任务14起。其中，在GMS会议期间投入警力8 662人次，出动警车4 495辆次，完成一级警卫任务64次、二级警卫任务35次、三级警卫任务88次、其他警卫任务14次，确保了警卫工作万无一失。

【交通安全宣传】 2005年，支队在深入推进交通安全宣传“五进”活动的基础上，及时启动了以“文明礼让，安全出行”为主题，以“车让人，让出一分文明；人让车，让出一分安全；车让车，让出一分秩序；人让人，让出一分和谐”为主要内容的文明交通“四让”和“七个示范”活动，进一步深化、拓展了交通安全宣传教育的深度和广度。一年来，共开展各类宣传活动5 301场次，发放宣传材料208万份，挂图13.6万套，光盘10 000多盘，召开现场会、讲授安全课1 891场，通过与云南电视台经济频道合办开播了《都市现场》栏目，在省、市各大主流媒体播出电视专题、新闻731集（条），广播现场直播专题节目598期（条），在报刊上刊出稿件1 267篇，受教育人数共计4.5亿人次。

【法制工作】 2005年，结合昆明市的道路交通管理工作现状，起草了《昆明市道路交通安全条例》，经市人大常委会批准，于2006年1月1日起施行。《条例》通过后，为尽快规范在市区域内行驶的车辆类型和行车秩序，确保新旧法规的连续性，又及时起草了《昆明市城市道路通行规则》、《昆明市客运机动车及其驾驶人道路交通安全管理规定》、《昆明市特种车辆使用管理规定》、《昆明市故障机动车管理规定》等地方性法规，并按立法程序积极办理相关手续。组织对原违法记分系统进行升级改造，实现了对机动车驾驶人交通违法行为处理和驾驶人违法记分的计算机管理，建成了涵盖面更广、操作更规范、查询更方便的违法记分系统。

结合“规范执法行为，促进执法公正”的专项整改活动，制定实施了《执法实践中几类道路交通安全违法行为处理规范》、《关于对办理扣留机动车驾驶证当事人逾期未处理违法案件的规范》、《关于对未取得机动车驾驶证驾驶机动车违法行为处理程序规定》、《关于对饮酒、醉酒后驾驶机动车违法行为处理程序规定》、《道路交通违法案卷文书装订规范》等规范性文件，对具体执法行为进行规范。同时，加大内部监督力度，主动接受社会监督、媒体监督，有效促进了执法质量的提高。

【交通科技】 一年来，先后完成了350兆集群无线对讲系统改造工程和车驾管电子档案系统建设；对事故系统、交通违法记分系统和支队千兆网进行了升级改造，新增交通信号倒计时显示牌168块，更新电视监控设备35台，组织对停车诱导系统进行了专题调研；组织开展了第二次城市综合交通调查等工作。

【车辆及驾驶员管理】 2005年，支队除继续强化机动车及驾驶员日常管理外，结合打击盗抢机动车违法犯罪集中行动和危险化学品运输安全专项整治的开展，调查各类嫌疑车辆427辆、排查盗抢嫌疑车辆425辆，查获盗抢机动车9辆，拼、组装嫌疑机动车5辆，组织对38家共计741辆从事运输危险化学品的单位进行了《道路交通安全法》培训学习，并对全市340名从业人员进行了安全教育培训。此外，按照新的考试标准，投入190万元实施了科目二、科目三考场改造；清理出需公告注销的档案15 934份；成功开发了“驾驶人预录入系统”、“科目一无纸化网络考试系统”、“驾驶人照片采集系统”；完成了“全国机动车/驾驶人信息管理系统（V1.1版）”正式版软件的升级改造工作，研发了“机动车号牌合成系统”，完成了机动车照相后电脑自动合成号牌并打印相片的技术等，进一步加强了车管阵地建设，强化了源头管理。

据统计，至2005年底，昆明市机动车保有量680 645辆，较2004年净增84 910辆，同比增长14.25%；驾驶员保有量达到915 020人，较2004年净增106 005人，同比增长13.1%。

【便民利民措施】 2005年，支队在贯彻落实好原有各项便民利民措施的基础上，大胆探索、实践新的便民利民措施。一是在西区设立了大型汽车注册登记业务服务点；二是拓展驾驶员“一站式”服务工作，在西山区益宁路设立了昆明市第一个驾驶证业务便民服务点；三是研制开发了英文版和中文繁体版试题库，方便了外籍人士驾驶证换证理论考试的需要；四是推出“便民服务导办台”；设立了专门为非公企业和残障人士服务的“绿色通道”；五是定期组织召开由非公企业、办事群众和新闻单位参加的“开门评警”、“民情恳谈”、“服务非公经济”座谈会；建立了群众与领导的直接沟通渠道；六是变“坐等式服务”为“上门服务”；七是研发了计算机录入系统和自动核查身份证号前置程序，确保了身份证错号、重号的学员考试合格后在5个工作日内即可领到驾驶证；八是进一步简化审批项目，提高了审批业务质量和效率；九是进一步明确了对外辖区车辆驾驶员因道路状况不熟悉造成的轻微违法行为不予处罚的规定；十是推出了出租车在“三横四纵”主干道以外的道路上可“招手即停”上下乘客的措施。

【队伍建设】 2005年，深入推进交警队伍正规化建设，抓好公安部“五条禁令”、省政府“八条禁令”的贯彻执行。

在全队党员民警中开展了“保持共产党员先进性教育”活动，圆满完成了各个阶段的教育、学习和整改。

继续深入开展好政治、体能、业务、技能、科技大练兵活动。

在加强队伍建设、队伍管理的同时，认真落实关爱民警“四项制度”，从工作、生活中切实为民警解决实际困难，进一步激发了民警的工作积极性、主动性和创造性，进一步增强了队伍的凝聚力、向心力、战斗力，广大民警精神面貌焕然一新，政治、业务、体能素质进一步提高。

一年来，有9个“先进党支部”、33名“优秀党务工作者”、107名“优秀共产党员”因在“争先创优”竞赛、实施“云岭先锋”工程和先进性教育活动中表现突出分别受到市局和支队党委的表彰；评比表彰优秀团支部1个，优秀团干部11名，优秀共青团员33名；有2个岗位被评为国家级“巾帼文明岗”，2个岗位被评为市局“巾帼文明岗”。

（市交警支队）

城市建设与管理

综　述

【城市规模及各项综合指标】　2006年，昆明市面积2.1万平方千米，辖五区一市八县。自省、市确定了建设现代新昆明的宏伟战略后，市建设局及广大城建系统干部、职工奋发努力，以科学发展观为指导，全力推进以道路交通为主的市政工程重点建设。城市建设重要指标变化明显。建成区面积185平方千米，市辖区人口322万人，城市人口240万人；城市二环路以内道路总长986公里，人均拥有道路面积10.14平方米；城市万人拥有公共交通车辆13标台，建成区主次干道平均汽车时速21千米，全市建筑业总产值年平均增长14%；全市房地产业年平均完成投资120亿元；城镇化率41.27%；主城区绿地率25.7%，绿化覆盖率26.78%，人均公共绿地面积6.04平方米，城市供水普及率99.9%，城市生活污水处理率66.81%，城市燃气普及率85%，城市气化率98%，城市生活垃圾收集率85%，环境噪声达标区覆盖60%。

【国家人居生态环境指标与2004年昆明现状对比】　根据联合国科教文组织有关人居环境指标体系，以及我国有关国家生态城市、园林城市、卫生城市、环保模范城市、建设部人居环境各项指标，从中提炼出集中体现人与自然和谐发展有关经济、环境的27项指标，与昆明2004年现状进行对比。

序号	指标	指标含义	国家标准	昆明现状（2004年）
1	经济增长率	全市全年	≥8%	12%
2	人均GDP（元）	以全市户籍人口计算	≥10 000	18 744
3	人口自然增长率	以全市户籍人口计算	——	6.18‰
4	城镇化率	非农业人口（208万）与户籍人口（504万）之比	50%	41.27%
5	自然保护区覆盖率	全市范围	≥5%	13.39%
6	城镇居民人均住宅建筑面积（平方米）	全市范围	≥23	22.81
7	城市人均拥有道路面积（平方米）	建成区范围	≥10	10.14
8	城市万人拥有公共交通车辆（标台）	建成区范围	≥11	13
9	建成区主次干道平均车速（Km/h）	建成区范围	≥40	21
10	绿地面积（公顷）	建成区范围	≥5 580	4 624
11	绿化覆盖面积（公顷）	建成区范围	≥6 480	4 822.18
12	公共绿地面积（公顷）	以现有人口240万人计算	≥1 800	1 450.45
13	绿地率	绿地面积与建成区面积之比	≥35	25.7
14	绿化覆盖率	绿化覆盖面积与建成区面积之比	≥40	26.78
15	人均公共绿地面积（平方米）	以现有人口240万人计算	≥10	6.04
16	城市供水普及率	建成区范围	≥98.5%	99.9%
17	城市管网水水质年综合合格率	建成区范围	100%	100%
18	城市生活污水处理率	建成区范围	≥60%	66.81%
19	城市燃气普及率	建成区范围	≥92%	85%

续表

序号	指标	指标含义	国家标准	昆明现状（2004年）
20	城市气化率	建成区范围	≥90%	98%
21	烟尘控制区覆盖率	建成区范围	≥90%	100%
22	城市空气污染指数小于等于100的天数/年	建成区范围	≥300	351
23	城市生活垃圾收集率	建成区范围	≥80%	85%
24	环境噪声达标区覆盖率	建成区范围	≥95%	60%
25	区域环境噪声平均值［dB（A）］	建成区范围	<60	53.1
26	交通干线噪声平均［dB（A）］	建成区范围	<70	68
27	公众对城市生态环境的满意度	建成区范围	≥85%	80%

存在问题。通过分析上述27个指标体系，人口自然增长率除外，在可比的26项指标中，不达标的12项，主要集中在交通、绿化、噪声方面。

【重点工程建设】　建设现代新昆明以来，市建设局承担了现代新昆明13项重点工程，总投资69.73亿元。已完成采莲河整治、主城区28条支路次干道整治、金碧路公交专用线建设、320国道（眠山—车家壁段）改扩建、官南路立交建设暨桥梁底部人文景观绿化、东风路近日公园路段下穿及地面文化广场、西昌路公交专用线建设、翠湖南路改造、昆洛路改扩建、朱家村立交桥建设、东三环建设等工程。广福路改扩建工程正在抓紧建设中。2005年GMS会议前，开展了以道路交通、三线入地、美化亮化为主的综合整治工作，完成投资2亿多元。

【东风路近日公园路段下穿工程】　工程投资概算2.3亿元，2004年3月10日开工。隧道工程已于2005年1月1日双向通车，1月31日举行地面步行广场竣工典礼，交由五华区政府管理。该工程连接正义路、文明街、三市街、金马碧鸡广场、东西寺塔等片区，形成昆明市最大、最集中的商业步行街区，营造中心区现代商业繁华区。实现机动车、公交、非机动车和行人的合理分布，有效解决交通与商业的矛盾。工程下穿段为双向4车道双孔并列隧道，总长685米，其中：东敞开段138米，西敞开段142米，中部暗埋段长405米，隧道内净空4.9米。外侧地面各保留宽4.5米的辅道，保障消防等专用车和非机动车通行。当时采用了全国最先进的SMW围护结构新工艺以及其他新技术，确保了工程顺利进行及周边建筑物安全。

地面步行系统设计以老昆明生活中的场景、器物为元素进行艺术表现，突出云南民族文化特色，突出生活情趣和观众参与，设计风格与周边建筑相呼应，设置“遛鸟”、“照相”、“挑水”、“跳海牌”、“叫卖”五组体现生活场景小品的青铜雕塑，牵引出老昆明人对沧桑岁月的回忆。设置巍然矗立的四根图腾柱，把描绘昆明风土人情的诗、词、歌、赋及格言名句镌刻在图腾柱上，成为千年古城、百年老街城市文化视觉的象征。“云南十八怪”九面民俗风情墙滨水面立，在平凡中创造出高品位的街市景观。设置公交停靠站，提高人的可达性，绿化景观、文化小品、周边建筑美化亮化、动静态交通组织等一次完成。创造特色鲜明，极具地方特点和文化内涵的城市核心空间。

【GMS会议期间综合整治】　2005年GMS会议前，夜以继日奋战90天，在“三横四纵”道路整治、三线入地、清洗粉刷、亮化工程、“入城口”整治、工地围墙美化等项目中，进行高标准设计，分工落实任务，加强对四区和各管线单位的指导，完成投资2亿多元，昆明城市面貌焕然一新。

【官南路立交桥工程】　工程投资3.4亿元。2003年9月29日开工，2004年11月30日南北向主线桥通车，2005年7月11日竣工。该桥梁设计为四层苜蓿叶型互通式立交，桥梁设计荷载为城市A级，最大纵坡5%，主线桥宽18.4米，匝道宽9.2米，桥梁总面积36 382平方米，桥梁总长2 790米。地面匝道总面积29 521平方米。泵站1座，路灯128组，高杆灯2组。桥下建绿化景观广场硬地铺装18 346平方米，绿化地22 622平方米，种植树木1 379株。

以云南百年交通历史为主题的雕塑32组，与官南立交融为一体，组成一道亮丽的风景线。在4.5公顷的桥下地

取缔占道经营　（市城管局　供稿）

面空间，建设者将昆明历史文化与建设项目相结合，发掘昆明交通发展演变过程中最闪亮的重要史实，通过以《昆明交通历程》为主题的主体浮雕，包括“古道悠悠”、“雄关驿道”、“涛声帆影”、“汽笛破晓”、“古城起飞”、“汽车轰鸣”、“抗战中枢”、“现代高速”等8个部分组成，以及“足迹”、“六百里加急”、“人字桥”、“背夫”、“黄包车”、“驼峰情”6组圆雕和19幅柱体浮雕，以及优美的绿化景观小品，再现和塑造了昆明交通发展演变的灿烂历史，为广大市民提供了游览、休憩、展示历史文化和人文景观的城市公共空间。

户外广告设置管理　（市城管局　供稿）

【西昌路公交专用线建设工程】　2005年3月1日开工，2005年6月1日竣工。工程线路起点云纺路口，止于西站立交桥引道以南。全长3 320米，双向公交专用道，道路中间设14个公交站台，平均站距415米。专用道建设的同时，进行道路大中修及沥青罩面，改造部分人行道，实现沿线所有架空线路入地。沿线部分绿化移栽，沿弥勒寺路口至篆塘公园恢复摆放移动树池140盆小叶榕；种植天门冬、花叶长春藤7 000棵。西昌路公交专用线的建成，与已建成的北京路、人民路、金碧路公交专用线，共同构成主城区“井”字型公交专用线网络。翠湖南路改造工程。2005年6月1日开工，2005年6月10日竣工。翠湖南路西起东风西路，东止于翠湖东路，全长1 400米，路面宽6至10米。该项工程将做到为居民出行提供安全、舒适的条件，最终达到“人、车、路、环境”四者完美结合。

【昆洛路（呈贡新城主干道）改扩建工程】　投资概算30.1亿元。2003年8月27日开工，计划2006年5月通车。昆洛路改扩建工程是连接昆明主城和东城并贯穿呈贡新城区的城市Ⅰ级主干道，北起朱家村立交桥（东片区昆石高速、广福路、昆玉高速、呈黄公路等主要道路的汇集点），途经小板桥、斗南、王家营、洛羊、吴家营，至呈贡前卫村（大学城南端）。全长22.7公里，全线共建5座大型立交桥。道路宽80米，机动车双向10车道，设计车速60公里/小时，绿化率大于35%，绿化、交通、设施、照明等工程同步实施。按市场化运作方式，一次建成含供水、电力、电信的共用管沟。昆洛路绿化工程建设彰显春城特色，寻求“春城”意念的回归，结合新城规划，融入城市山水园林。全线双向10～12排常绿树及色叶树种，植物采用具有乡土、地域特色的植物，沿线运用乔木、灌木、地被植物三层次的有机结合，强化“生态廊道”的景象。

【朱家村立交桥】　该工程为昆洛路工程的一部分，计划2006年5月通车。占地595亩，桥梁面积15万余平方米，道路面积12万平方米，底层绿化景观用地19万平方米。2005年7月，市建设局邀请国内外设计单位，进行了朱家村立交桥底层绿化景观设计征集方案公开招投标工作。上海市政工程设计院为中标单位。该绿化工程重点突出地域性生态景观设计，树种和草坪强调经济性、管理性，以及乔、灌、草搭配的审美性、文化性和休闲广场的服务性。

【东三环道路建设工程】　投资概算11.02亿元。2003年10月30日开工，计划2006年5月通车。工程起于世博圆盘，止于朱家村立交桥，全长8 350米，道路等级为城市Ⅰ级主干道，红线宽50米，双向8车道，最大纵坡5%，设计车速50公里/小时。东三环与朱家村立交、老贵昆路、金马路延长线、凉亭货场、东连接线支线（机场道路）、寺瓦路、世博圆盘、穿金路、北京路延长线等城区主要道路相接。该道路的建成，有效分流了二环过境交通，为联络北城、东城、南城起到了重要作用。绿化、交通设施、照明等工程同步实施。按市场化运作方式，一次建成综合管沟。全线种植5～7排香樟、杜樱树种，绿化面积14万平方米，绿化率25.2%，突出绿色通道特色。

【房地产开发】　至2005年底，全市房地产开发企业567家，其中：一级企业8家，二级企业36家，三级企业98家，四级企业269家，暂定资质193家。2005年全市完成房地产开发投资149.35亿元。各类房屋施工面积1 478.4万平方米，其中：新开工面积550.45万平方米；竣工面积434.29万平方米，销售面积356.85万平方米。

市建设局、市房管局组织召开的2005昆明房地产交易会，2005年10月26日开幕，以“住宅与发展”为主题，历时6天。成交5 953套，面积577 617平方米，总成交金额15.59亿元。其中：实际合同成交3 741套，面积335 376平方米，金额10.37亿元；意向成交2 212套，面积242 241平方米，金额5.22亿元；36万人次参观了本次房交会，创历届房交会之最。房交会参展面积40 000平方米，有89家房地产企业参展，共推出104个楼盘，其中31个新盘作宣传展出。另有62家相关产业、22家房地产中介服务企业、10家政府职能部门、金融企业和律师事务所参展，相关产业的最新产品、新型建筑材料也同台参展。2005年房交会的主要特点：一是大盘主导市场格局，2005年上1 000亩以上的大盘有近10个。二是区域地产全面开花，改变了以往南北争霸的局面，东西南北中100余个项目推出。三是旅游休闲地产开始升温，房地产开发和云南得天独厚的旅游资源结合在一起，楚雄的彝人古镇、大理的苍海

市城管局2005年总结表彰大会　（市城管局　供稿）

高尔夫别墅、安宁的温泉心景、昆明的野鸭湖山水假日小镇同台亮相。四产品更加精细和多元，一些楼盘和户型的设计突破了传统形式，如空中庭院和三面落地玻璃的阳光意境客厅等。五是二级市场品牌崛起，昆明本地一些有较大影响的房地产中介企业开始注重公司形象和理念的展示，在提高服务水平上下功夫。六是政府职能部门参展突出服务意识，房交会组委会邀请国家建设部2位专家组织了两场房地产方面的讲座，组织了房地产及相关产业人才专场招聘会，共有70家地产装饰等行业的用人单位进场招聘，涉及房地产开发的40个类别1 000多个岗位，近1万人到场求职。

【村镇建设】　昆明建制镇共有39个，人口28.91万人（其中农业人口14.92万人，非农业人口13.95万人），住户12.88万户，年建房0.25万户，占总户的2%，竣工面积21.27万平方米；年末实有建筑面积919.83万平方米（其中楼房混合结构844.64万平方米）；年末住房使用面积682.45万平方米，居住人口28.51万人；年末住房居住面积490.37万平方米，人均使用面积23.94平方米，居住面积17.20平方米；公共建筑竣工6.16万平方米，年末实有306.98万平方米，生产性建筑本年竣工2.63万平方米，年末实有147.98万平方米；自来水：受益镇36个，有供水设施的镇34个；水厂共计32个，日供水能力35 413吨，年供水总量3 646万吨，用水人口29万人，普及率100%，人均日生活用水138.80升；公用设施：实有道路长度633千米，其中普通道路351千米，高级、次高级道路282千米；道路面积839.37万平方米，其中普通道路375.04万平方米，高级、次高级道路622.99万平方米，桥梁共计136座；绿化覆盖面积933公顷，园林绿化面积510公顷，公共绿地面积154公顷，人均5.33平方米，公园20个，公园面积281公顷；全年建设投资40 550.32万元，其中住宅12 403.60万元，公共建筑6 931万元，生产性建筑8 317万元，自来水677万元，道路3 046.72万元。

【集镇建设】　全市集镇发展到94个，住户7万户。其中，农业户5万户，非农业户2万户，人口23万人，农业人口18万人，非农业人口5万人。集镇住宅本年建房户47.16万户。占集镇总户2%。本年竣工21.19万平方米，其中楼房17.91平方米。年末实有住宅建筑面积835.99万平方米，住房使用面积645.84万平方米，住房居住面积475.93万平方米，人均使用面积27平方米，人均居住面积28平方米。公共建筑：全年竣工9.84万平方米，年末实有314.88万平方米。自来水受益集镇81个，具有供水设施镇74个，水厂37个，日供水能力24 880吨，年供水总量937.14万吨，用水普及率98%，人均日生活用水65.65升。集镇实有道路长度689千米，其中普通道路511千米，高级、次高级道路178千米，实有道路总面积794万平方米，其中普通道路635万平方米，高级、次高级道路157万平方米，桥梁144座，集镇绿化覆盖面积649公顷，园林绿地面积299公顷，公共绿地面积96公顷，人均公共绿地面积79平方米。集镇建设投资18 832.23万元，住宅8 502.83万元，公共建筑6 027.65万元，生产性建筑2 574.05万元，自来水960.20万元，道路1 547.50万元。

【村庄建设】　全市实有计划村庄9 654个，其中村委会2 093个，住户74.38万户，其中农业户68.35万户，非农业户农业人口6.03万人，非农业人口14.95万人。本年建房2.16万户，占村庄总户3%。本年竣工面积263.73万平方米，其中楼房232.81万平方米。年末实有住宅建筑面积9 732.11万平方米，其中楼房4 820.60万平方米。年末住房使用面积7 788.94平方米，年末住房居住面积5 524.95万平方米，人均居住面积20.20平方米，人均使用面积28.46平方米。村庄公共建筑本年竣工13.64万平方米，生产性建筑本年竣工10.13万平方米，年末实有599.11万平方米，公用设施，自来水年末受益村庄5 060个，有供水设施的村庄3 851.5个，受益人口193万人，年末实有道路长度9 191千米，其中普通道路7 321千米，高级、次高级道路1 671.1千米，实有道路面积10 613.5万平方米，其中，普通道路7 922.2万平方米，高级、次高级道路1 877.79万平方米。桥梁1 123座，村庄建设投资126 280.54万元，其中住宅207 013.06万元，公共建筑4 199.90万元，生产性建筑2 443.41万元，自来水4 520.30万元，道路12 012.40万元。

（杨剑屏　梁俊雄）

城市规划与管理

【基础建设】　建成覆盖6 000平方公里（包含整个“一湖四片”及两城范围）的GPS参考站，为昆明基础地理数据的生产和数字昆明建设提供了保障。完成了1∶500地形图测量近48平方公里、规划红线255件、竣工107件，建立了具有国内先进水平的昆明交通旅游多媒体地理信息系统，完成了“数字城管”空间数据测量和一批便民的专题地形图。

【总体规划】　2005年，在概念规划方案国际征集的基础上，编制完成环滇池晋宁南城、昆阳海口西城总体规划；支持、配合与空港经济区建设，共同组织完成了空港经济区第二轮概念规划方案国际征集；完成东川、富民等城市的规划修编。同时，按照昆明城市交通与环境整治的要求、完成了拆临拆危、旧城改造、拆迁安置、绿化美化等的一系列规划，确保了城市建设和交通、环境整治工作的顺利进行。

【详细规划】 按市政府的统一部署，完成了主城55个分区控制性详细规划方案的编制工作。同时，完成呈贡新城交通、绿化、景观、给水、排水等主要专项规划和107平方公里8个片区控制性详细规划。

【专项规划】 完成了昆明主城交通环境整治安置、主城40条路改造、昆明市中长期拆迁、主城东南部市政、滇池环湖南路、主城核心区交通设施整治等规划。牵头完成了主城交通出行OD抽样调查工作。同时，全面展开昆明城市综合交通体系和轨道交通规划的编制工作，为改善城市交通环境，加快昆明市公共交通发展，提供了科学的理论和政策依据。

【规划管理】 制定出台了《昆明市规划行政执法程序》和与之相配套的《昆明市规划局行政执法证据制度》、《昆明市规划局行政许可公示告知制度》和《昆明市规划局行政许可听证制度》及《昆明市规划局行政许可监督检查制度》。通过积极构建规划工作制度规范，确保国家《行政许可法》在规划管理中的严格实施。同时制定出台了《关于加强昆明主城规划区内规划管理工作的通知》。对原《昆明市城市规划管理技术规定》进行了修改完善，经市政府批准颁布施行。为规范建设行为，优化城市环境提供了重要依据。同时，深化电子政务建设，以推行行政许可电子监察系统为突破口，开展行政效能监察，将各部门、各环节业务工作纳入电子监察系统监控范围，强化对行政许可、行政审批和行政管理活动的有效监督。

2005年，在市、区城管体制调整后，市规划局及各规划分局充分依靠和配合各区政府、各开发区管委会开展工作，落实和强化规划编制、规划审批、批后管理及“两违”查处，市区联动，各级把关，层层负责，各项工作没有出现断层、缺位和空白。6月重新组建了昆明市规划监察大队，半年以来，立件查处规划区范围内“两违”建设180件，拆除了一批违法建筑，罚款金额近百万元，在震慑违法建设活动，维护规划严肃性中发挥了重要作用，使规划监督管理得到了新的加强。

【接收工程档案】 全年接收工程竣工档案8 551卷；完成了综合管网竣工测量档案验收规范的修改工作及25年来全部案卷的目录建账和文件扫描工作，强化声像档案资料的收集管理，积极规范和强化档案管理服务，为规划审批、规划管理提供重要的依据和支撑。

【优化规划服务】 2005年，办理答复省、市、区人大代表建议、政协委员提案共77件；办理“市长热线”交办件72件；局长接待日接待来访群众200人次、办理群众反映件62件；便民服务窗口受理咨询项目10 800项；市局及七个分局9项行政审批规划办件共2 175件。

【信息化建设】 全面推进规划信息化建设，认真开展城市规划研究；建立“数字昆明”规划信息平台，做好规划项目组织、技术监督、论证验收；优化城市规划行政审批辅助和城市规划电子政务平台技术服务；建立“规划行政审批窗口咨询”制。同时，实现了规划电子政务系统网上下载报批表格和电子化录入卷宗。卷宗进入电子政务系统流程后，报件单位可通过“语音查询”系统，随时查询审批项目进展情况，有效遏制了过去“门难进，脸难看、事难办”的现象，提高了规划受理审批速度。

【社会监督】 昆明城市规划展览馆展示工作不断改进，定期或不定期的《昆明日报》规划公示坚持不懈，规划听证工作积极推行。及时、广泛征询市民意见，自觉置规划于社会监督之中；建立和实施房地产建设项目公布公示制度。凡在城市规划范围内的房地产建设项目，在发出建设工程规划设计方案审定通知（批复和建设工程规划许可证）前，一律向社会和市民公布，认真听取并积极采纳市民提出的各种合理意见和建议。为了进一步加强此项工作，还成立了“规划信访部”和“规划咨询部”，建立初信初访责任制，进一步畅通市民信访渠道。对群众的来信来访，基本做到“件件有落实、事事有回音”，力争把问题解决在基层和萌芽状态。

（陶柯妃）

【整顿机关作风】 在2005年全市民主评议机关作风工作中，昆明市规划局及时制定了市规划局的《实施意见》，按照四个方面评议内容认真自检自查自纠。在评议的鞭策和推动下，积极落实规划管理和自身建设各项工作。特别针对排名末位的评议结果，从重点解决影响机关形象、机关工作效率和服务质量的突出问题入手，从着力解决影响经济发展环境的突出问题入手，从切实解决群众反映最强烈的突出问题入手，查摆问题、分析原因、制定了3个方面38条整改措施、分解工作责任，明确时限要求，将整改作为评价各单位（部门）工作优劣的标尺和开展效能监察的重要内容，工作全面启动，整改积极开展。一年来，以党风廉政建设责任制和领导干部廉洁自律工作为龙头，以学习贯彻《建立健全教育、制度、监督并重的惩治和预防腐败体系实施纲要》为重点，认真履行“一岗双责”，贯彻落实反腐倡廉各项工作任务。期间，从规划行业实际出发，成立了昆明市人民检察院、昆明市规划局预防职务犯罪工作协调领导小组，开展职务犯罪预防预警机制的共建工作。在专门机关的指导、支持、配合下，市规划局努力搞好预防对策的研究和落实，有针对性地加强关键部门、关键岗位、关键人员的教育、管理和监督，为健全预防机制、筑牢反腐防线奠定坚实的基础。

城市公用事业与管理

【主要经济指标完成较好】 城市供水、节水：全年完成售水量1.96亿立方米，比上年同期增长5.5%；实现销售收入3.19亿元，比上年同期增长13%；管网水质综合合格率达100%、管网水压合格率99.17%、管网修漏及时率100%；新增100毫米以上管网165公里、新增用水户41 423户，抄表到户68 054户。全年共完成节水量2 600多万立方米，为年度计划目标的130%。

城市供气：完成煤气销售量1.59亿立方米；实现销售收入1.36亿元（含税），比上年同期增加138万元；新增煤气民用户24 829户，完成年计划的137%，全市民用户累计已达到50.19万户；公共及工业用户用气15 888立方米/日，完成年计划的90%，全市工业及公共用户累计达到1 098户。

城市公共交通（含昆明新巴）：线路总长达2 410.7公里，新增公交线路29条；实现票款收入4.2亿元，比上年同期提高18.22%；总行驶里程1.06亿公里，比上年同期提高14.66%；总客运量4.60亿人次，比上年同期提高16.46%；事故间隔里程达到了259.24万公里/次，比上年同期增长80%；车厢服务合格率99.25%；车辆整洁合格率99.79%；遵章守纪合格率99.20%；日均客运量达126万次，市民出行乘坐公交车的比率由上年的14%上升到18%。

【城市生命线安全、稳定、优质运行】 结合2005年节日多、重要活动多的特点，各单位围绕元旦、春节，省、市及全国人代会、政协会等活动，确立了以保城市供水、供气和公交营运安全、稳定、正确运转为中心的工作目标，自觉树立全局观念和大局意识，主动增强工作的责任感和使命感，认真做好各自的工作。

自来水集团针对上半年枯水季节，优化供水调度，采取“五库一池一站”联合调度供水，特别制定了确保城市居民基本生活用水的各项措施并狠抓落实，实现南北水源联合调度，即时启动罗家营水厂供水，解决了南部片区水压偏低的状况。同时，根据2005年气象及水源水情，对高峰供水进行了提前动员，安排部署，抓住供水生产不放松，确保了松华坝水库5月底库容不低于2 000万方的目标，为平稳接上汛期打下良好基础。

煤气集团紧紧围绕“安全、稳定、优质”供气的工作重心，努力克服虹山2号气柜不能高位运行带来的压力，采取加强检查和监控，增加气柜水封水位监控及自动循环补水系统等多项措施，主动与气源单位协调沟通，确保了城市正常供气。同时充分利用液化石油气、燃油价格居高，电力供应紧张的有利时机，及时调整思路，主动出击，大力开拓供气市场，发展用户，供气数量及用户发展等均比上年有所提高。

公交集团认真贯彻落实市委、市政府优先发展城市公共交通战略，按照局的统一安排部署调整和优化公交线网布局，积极开展推行使用公交IC卡的各项工作，进一步“增车、增线、增人”，努力拓展公交市场，加大公交车发车频率，严格内部管理，降低营运成本，提高服务质量和服务水平。

【落实安全生产责任制】 安全工作历来是市政公用行业的重中之重。2005年以来，全局各单位继续以贯彻落实《安全生产法》、《道路交通安全法》为重点，狠抓“重在落实、贵在坚持”，强化安全生产和防火安全的制度建设，全面开展以确保城市“生命线”安全为重点的安全管理工作。年初局与11家单位签订了《安全目标责任书》和《防火安全责任书》，签订率为100%。各单位也按层层落实要求，与下属单位签订安全生产和防火安全两个目标管理责任书。根据市委、市政府和市安全生产监督管理局在不同阶段的要求，结合全年重大会议多、假日多的实际，组织了近30次安全生产和防火安全大检查，重点对供水、供气生产、调度、输配设施和调压站的安全生产，危险化学品的安全储备及使用，抗旱保供水及防洪度汛的保障和安全运行情况进行了全面检查。由于全局各单位高度重视安全工作，做到了严格管理、目标明确、责任落实，为全局各项工作的有序开展，特别是城市“生命线”的正常运行奠定了基础。

【GMS会议等重大活动服务保障】 为确保GMS会议、昆交会、旅游节、舞蹈节等一系列重要活动的顺利举行，市政公用局按照市委、市政府的统一安排部署和有关要求，提前制定出了相应的工作实施方案，加强组织领导，制定了自来水、煤气、公共交通安全、稳定运行的保障措施和应急抢险处置办法，明确责任人、各单位和各部门职责、组建了应急抢险队伍，提出了工作要求。

按照GMS会议各项活动要求，重点组织了对活动主会场及中外来宾下榻的宾馆、饭店的供水、供气及城市公共交通的“两率”和安全运行情况进行了全面检查，对各部门存在的安全隐患和服务质量问题要求立即进行整改，并加强了跟踪督促和检查落实的工作力度。为配合GMS会议在昆明召开，6月份由局保障工作领导小组组织有关保障单位对保障工作的总体情况多次进行集中检查和验收。在GMS会议期间，组成了最精干的应急抢险队伍，在市政府GMS后勤保障组的安排下，在国贸会议中心“驻扎”两天，随时听候调遣为会议服务。为做好这些重要活动和会议的服务保障工作，局先后进行了20余次安全保障检查。由于局领导重视，提前制定工作方案，组织有序，措施得力，工作落实，圆满完成了GMS等重要会议期间供水、供气、公共交通等服务保障工作。

【“公交优先”成效明显】 2005年初，为尽早缓解越来越突出的昆明城市交通拥堵问题，市委、市政府做出了“优先发展城市公共交通”的战略决策。2005年9月15日市政府正式颁布实施了《昆明市人民政府关于优先发展城市公共交通的意见》，进一步确立了城市公共交通在城市交通中的主体地位。抓住推动城市公共交通发展这一重要机遇，及时调整工作思路，积极贯彻落实《意见》的精神实质，迅速组成公交优先工作班子，抓紧落实“公交优先”的各项工作。通过内容丰富、形式多样的公交“宣传月”活动，来加大“公交优先”宣传力度，并积极撰写“工作简报”，及时报道和反映各成员单位的工作动态、取得的成绩及存在的问题。经过几个月的努力，“公交优先”工作取得了一定的成绩：昆明市公交集团公司已于2005年6月18日举行公交IC卡首发式，并于2005年7月1日在全市推行公交IC卡自动收费系统。同时，积极开展优化公交线网的前期调研和编制工作，《公交线网优化及调整实施方案》已征求交警、市交通科研所等部门意见，并报市政府审批。公交集团公司与新巴公司在职工中广泛开展“三优”大学习、大讨论的同时，不断加强管理、挖掘潜力、拓展服务内涵、提高服务质量，先后投入资金1亿多元，新购公交车辆500台，不断增加新线路，扩展服务范围，“公交优先、公交优秀、公交优惠”的服务理念已深入公交行业全体职工心中。

【确保城市供水】 2005年上半年，昆明市遭遇50年未见的严重旱情，城市供水面临十分严峻的形势。为确保在雨季来临之前均衡稳定供水，根据省、市政府抗旱工作电视电话会议的精神和要求，结合昆明供水实际，局及时制定了九项抗旱保供水措施，要求供水部门认真研究对策、完善供水措施，精心组织、合理调度，充分发挥主水源和分散水源的作用，加强对各水厂生产工艺、设备和水质的管理，加大对输配管网的巡查力度，减少跑、冒、滴、漏现象。同时通过加大节水宣传，制定节水预案及节水措施等手段，提高市民的节水意识，减少浪费用水现象。为确保各项工作的顺利进行，局每周召开一次供节水例会，协调解决供节水工作中存在的困难和问题，检查各项具体措施的落实情况。通过自来水集团的精心调度、严格管理，确保了在雨季来临之前城市日供水在75万吨以上，没有出现连续停水时间超过24小时的区域。对水压偏低，供水困难和临时停水地区，自来水集团及时出动送水车无偿供水。通过采取一系列的有效措施和多方面的积极努力，战胜了严重旱情给城市供水带来的巨大压力和困难，确保了城市的正常供水。

【二次供水设施检查】 2005年3～8月局组织市政公用监察大队、自来水集团公司、节水办对自来水管网覆盖范围内的二次供水设施和自建供水设施的供水情况进行了拉网式检查，共检查了800多个社区和企事业单位的二次供水设施，促进了二次供水设施的管理和清洗消毒工作，基本杜绝了供水二次污染，让市民真正喝上了放心水；2005年9月中旬组织开展了对昆明市行政辖区范围内的城市集中式供水、自建设施供水和经深度净化处理的，并向社会提供饮用水的大瓶装供水企业（单位）的水质进行监督检查，共抽查了152家供水单位。通过检查，摸清了全市二次供水设施和供水企业（单位）的总体情况，为建立供水数据管理的长效机制奠定了基础。

【地下水管理】 认真履行市水利局委托的职责，开展城市供水管网覆盖区地下水管理工作，在对管辖区域内地下水取水单位进行普查并注册登记，核定水资源经费综合标准，收取水资源经费。在完成计量水表的更新安装的基础上，2005年按季度进行抄表，收取地下水资源费，对部分计量水表进行更换，对供水水质进行监督和检测。

【节水管理】 《昆明市城市节约用水管理条例》的修订是2005年法规建设的一项重要内容，为使《条例》更加适应城市节约用水管理工作的需要，市政公用局成立了《条例》起草班子，对原《条例》的结构和内容做了较大的调整、充实，使之更完善，更具操作性。《条例》（草案）送审稿已经市政府第96次常务会和第十一届人大常务会第31次会议审议通过，按程序报省人大审议。结合全市创建节水型城市活动的开展，市节水办在认真开展日常管理工作的同时，积极进行用水调查和节水推广工作，对全市生活用水、非居民生活用水及工业用水等702家单位进行了用水现状调查，为《条例》的编制提供了必备的基础资料。同时，还在住宅小区和单位积极宣传节约用水、推广中水回用技术，指导并帮助公汽二公司、大树营市政府小区、师大商学院等单位建设完成了16项中水回用工程（另有18项在建），设计处理能力达2 960立方米/日，取得了较好的回用效益；推广卫生洁具16 050余套（只）。2005年11月中旬，局组织市节水办、市政公用监察大队开展对主城规划区范围内的146个在建工程项目是否配套建设节水设施情况进行专项检查，这些工作极大推动了节水管理工作向前迈进。

【燃气管理】 昆明市燃气管理的第一部地方性法规《昆明市燃气管理条例》于2005年6月1日正式颁布实施。为认真贯彻落实《条例》，局开展了大量工作，除通过向燃气企业、经营门市和用户发放《条例》手册和宣传资料外，还采取召开新闻媒体座谈会、企业及燃气管理部门座谈会等形式宣讲《条例》内容和管理要求。为进一步规范行政管理和审批程序，根据《条例》的有关规定，制定了燃气工程项目审查条件及程序，燃气行政许可审批局内部、外部程序等规范性文件，完善了行政审批和内部管理，为行政许可公开、公正提供了制度保障。为推进燃气行业的规范化、标准化管理，组织燃气企业主要负责人和管理人员、燃气供应站操作人员、燃气公共用户管理人员开展了以《条例》为主的学习、培训，并根据《条例》的有关要求，组织液化石油气管理处等单位对全市燃气企业的经营环境进行了一次全面的清理和检查。共出动执法检查1 200余人次；开具执法文书129份；检查换瓶门市83家（扣证53个）；查处并取缔无证经营门市90多家；查处违章事件近20起；立案7件，结案7件，结案率100%，进一步规范了经营行为，保证了经营安全。

加强市政工程质量监督和管理工作。市政工程质量监督站对工程质量监督工作力求精心组织，周密安排、提高效率，在现场监督中，推行新的监督方式方法，以监督检查强制性标准条文是否得到有效贯彻和执行为工作重点，同时对原材料送检情况、工程实体完工质量检测评定情况进行检查和监督，确保了受监工程质量。全年纳入监督工程项目77项，受监工程项目工作量达9.9亿元。并按照国家对工程质量管理的有关规定，积极探索对市政工程质量监督工作的有效管理方法，开展了监督工作备案制度，2005年对26项小型市政竣工工程试行了备案。

市政公用监察大队全年查处违法违章案件909件，罚款近40 000元，警告处理各种违法违章车辆8 618辆次，取缔违章摊点2 440个，无证经营液化气门市90家，拆除违章建筑7个。行业管理的加强，执法意识的提高，确保了行业的健康发展。

【市政公用基础建设项目】 南三环道路（滇池路—前卫路，全长3 592米）建设项目是市委、市政府为改善南市区道路交通条件、缓解二环路交通压力、提升昆明城市形象而确立的新建项目，工程总投资3.227亿元。由市政公用局承建。该项目一期工程：滇池路—陆广路，长1 665米，工程投资1亿元。自2004年8月中旬全面开工以来，经过4个月的奋战，先后完成了征地拆迁和8种管线的迁改入地，道路路灯、交通标志和绿化等项工程任务，按照市里的要求，已于2004年12月份实现一期工程通车。二期工程：陆广路—前卫路，长1 928米，工程投资2.214亿元。自2004年10月开工建设以来，克服了110千伏高压线迁改入地等一系列问题和困难，完成了所有地下管线和路面的道路设施工程，于2005年12月31日实现通车。

昆明火车站公交系统改造工程是市委、市政府为改善昆明火车站片区交通状况，提升昆明城市形象、配合GMS会议的一项重要工程。改造工程包括对站前路、永胜路、永平路3条道路进行整治和改扩建。工程批准总投资700万元（未包括房屋拆迁费用），工程自5月20日动工以来，市政公用局建设指挥部经过一个月的日夜奋战，克服了工期紧、任务重以及不能完全断交施工、夜间不能使用机械设备，工程后期进入雨季等困难，周密部署、合理安排，于6月19日全面完成，实际完成投资500余万元，节约工程投资近200万元，取得了良好的经济效益和社会效益。

北市区公交停车场一期工程已基本完成并投入使用。57、74等六条公交线路的发车点已于2005年3月初改迁到此，二期工程计划在2007年完工并投入使用；西市区公交停车场正在进行征地拆迁谈判；南市区公交停车场规划定点已完成，正在进行征地的前期准备工作。虹山储备站搬迁工作已通过省级有关部门和国土资源部认可，正在办理征地手续及开展初步设计等前期工作。完成了《昆明市主城给水专业规划》和《新昆明城市燃气总体规划》的编写工作，并正式上报市政府。

【市政公用行业改革和招商引资】 局系统各单位的改革意识、开放意识、市场意识均有很大增强。2006年，局协助昆明煤气（集团）控股有限公司、昆明公交（集团）有限责任公司、昆明自来水（集团）有限公司完成挂牌成立后有关工作的衔接。并完成昆明中北交通旅游有限责任公司、昆明市政科学研究有限责任公司的法人治理结构的推荐、考察、报批（审定）工作。

为搭建投融资平台，积极利用市政公用行业自身优势招商引资。自来水集团公司和煤气集团公司按照市政府的安排，加大了招商引资工作力度。经过积极努力，自来水集团公司与法国威立雅—中信泰富联合体组建合资公司的工作，在进行了一年多的艰苦谈判后，双方已于2005年11月17日正式签订了《合资合同》等相关法律文本，开始办理合资公司挂牌成立之前的上报审批工作。

【廉政和行风建设】 按照中纪委五次全会精神，把廉政和行风建设作为廉政工作的重要内容，大力弘扬求真务实精神，狠抓干部思想教育和行业不正之风。坚持领导干部收入申报和个人重大事项报告制度，严格规范领导干部从政行为，加强了对局管干部，特别是各单位主要领导干部的监督管理，坚决杜绝吃、拿、卡、要。为贯彻落实好《昆明市国家行政机关及其公务员行政不作为问责办法》，进一步转变机关工作作风，提高办事效率，局机关结合自身实际制定并实行了“六条规定”，严格了办文程序和办文时限。按照市政府的要求对行政审批项目进行了清理，进一步规范了承诺制度、行政审批程序及审批时限，所有行政审批项目全部进入便民窗口统一接件、统一按程序办理。各单位结合各自工作服务性强的特点，把廉政和行风建设作为自己工作的重要内容，主动抓紧、抓实。对行风评议中暴露出来的问题、群众反映的意见、工作中的不足和弊端，有针对性的逐一落实和整改。各窗口单位以“服务人民、奉献社会”和“温情暖万家”为宗旨，努力提升市政公用行业的服务质量和服务水平，继续坚持“六公开一监督”的办事程序，规范各类审批事项，简化办事程序，加强批后督查，提高了市政公用行业的整体服务质量和服务水平。

【便民窗口、便民热线和局长接待日】 便民服务窗口精简审批程序，严格遵守办件承诺时限，坚持按“五公开”原则开展服务工作，促进了办件单位工作效率的提高。便民服务窗口全年共受理来件220件，其中基建用水核准（即办件）80件、计划用水户水指标调整（承诺件）140件，办结率达100%，“12345市长热线”和“局长接待日”工作得到进一步加强。全年受理市政府“12345市长热线”交办件341件，办结341件，办结率达100%；办理局长接待日交办事宜5件，做到了件件有答复，事事有回音。

【人大建议、政协提案、信访办理】 认真落实市委、市政府对提案、批评、建议办理的有关要求，不断规范办理程序，改进办理方法，提高办理质量。全年共办理各级人大建议、政协提案72件，组织召开不同形式的面商会15次，省、市人大建议、政协提案面商率达100%，回复率100%，进一步提高了办件质量，绝大部分代表、委员对办理工作表示满意。全年办理群众来信166份，接待来访者300余人次，妥善处理了一些热点、难点和历史遗留问题。

【扶贫工作】 为帮助扶贫点解决生产、生活中的实际困难，逐步摆脱贫困局面，市政公用局“动真情、扶真贫”，年初就制定了扶贫计划和工作任务。为掌握扶贫工程项目和任务的落实情况，局领导十多次深入村寨调查研究，检查资金使用、工程进展情况及存在的问题。全年共投入资金71万元，在自来水集团公司和市政设计院的积极配合下，帮助扶贫点修建了道路、人行桥、校舍、人畜饮水及水浇地等十余项工程。局机关和市政设计院与撒老坞村小学和升发村小学的52名特困学生结成“一帮一”助学对子，向助学对象捐赠助学金8 300元，并联合向镇政府和两所小学捐赠计算机23套、电脑桌凳23套。这些实实在在的扶贫工作，极大地改善了当地村民的生产、生活条件，极大地改善了学校的校园环境和学生的学习条件，鼓舞并树立了当地人民的生产、生活热情和脱贫致富的信心。

（高丽萍）

园林·绿化

【“十五”期间城市绿化】 到2005年，昆明市建成区绿地面积达到了4 626公顷，绿化覆盖面积达到4 822公顷，绿地率达到25.7%，绿化覆盖率达到了26.8%，人均公共绿地达到了6.04平方米。2000年昆明市被评为全国园林绿化先进城市；2001年，昆明市取得云南省首批园林城市称号；2003年昆明市园林绿化局被国家建设部评选为创建国家园林城市先进集体。

【GMS会议城市绿化美化】 为迎接2005年7月4～5日在昆明召开的“大湄公河次区域经济合作第二次领导人工作会议”（简称GMS会议），制定了《昆明市“三横四纵”及“主城入口”绿化景观整治实施计划》和“昆明市迎接GMS会议主城区绿化美化设计方案》。市、区两级绿化部门按照工作职责，认真贯彻“市抓主、区抓次，市统筹、区实施”的工作原则，根据点线面相结合、平面与立体相结合、硬质与绿化相结合、色彩与材质相结合的方式，通过对主要路段、活动场所的入口处，摆放花卉进行美化，渲染热烈气氛，突出昆明的多民族风情，展现昆明悠久的历史文化。会议期间，市内布置各类园林小品、景点、花坛百余处，展出各类花卉250余万盆。

【创建国家园林城市】 2005年，市委、市政府提出用三年时间实现国家园林城市目标，为做好实施前的各项准备工作，在市政府的领导下，由市园林、规划部门联手，邀请了德国SBA设计事务所、香港中营都市与建筑设计中心、北京新都市城市规划设计院等三家设计单位到昆明开展了“昆明市绿地系统概念性规划”；在此基础上，完成了《昆明主城绿地建设规划》和“昆明创建国家园林城市三年行动计划”，并已得到市委、市政府原则通过。市园林绿化局与市有关部门合作，通过航拍，利用遥感技术，对昆明市建成区范围内的绿化进行了普查，为摸清主城区区划调整后的绿化现状制定城市绿化发展规划打下了良好的基础。

【公园、绿地建设】 为做好2005年市政府“10件实事”工作中关于：“加大城市绿化力度，增加城市绿地面积，完成20万平方米绿地建设”任务，市园林绿化局经过与市规划、建设部门认真对接并积极开展各项绿地建设，完成警星公园、五华广场绿地、近日公园绿地、官南路立交桥绿地等绿化工程，新增绿地11万平方米。

警星公园占地8 935平方米，公园于2003年12月25日开工，2005年5月1日建成开放。公园以突出“公安”为主题，以五组雕塑展现人民警察光辉形象，融花木、灯光、小品为一体，成为市中心具有现代化气息的街头绿色景观。

新装果皮箱　（市城管局　供稿）

五华广场绿地由五华区政府组织实施，位于人民中路与华山西路交叉路口，占地面积25 633平方米，共栽植乔木650余株，乔、灌、花、草配置合理，形成品种丰富的植物群落，成为市中心一块景观优美的城市公园绿地。

近日公园步行街绿地，占地面积36 700平方米，在市建设局的精心策划下，于2005年春节前夕以其充满浓郁文化内涵的景观呈现在市民面前，做到了绿化景观与文化内涵的有机结合。

官南路立交桥绿地占地49 500平方米，位于官南路立交桥片区，该项目将云南交通发展史巧妙地融入绿化景观建设中，使钢筋水泥的立交桥成为富含人文精神的绿色艺术空间。

【花卉艺术展游活动】　2005年元旦期间，昆明市举办了第二届冬季花卉节，花卉节期间共制作了367辆小型静态展示花车，12辆大型机动巡游花车，参展单位超过200家，受到社会各界的普遍欢迎和外地宾客的热情赞誉。

【沈阳世博会昆明展园工程建设】　2006年5月1日~10月30日沈阳将举办2006世界园艺博览会，在市政府统一安排下，由市园林绿化局负责组织建设的昆明展园“昆明·春之苑”，占地面积为1 119平方米，其建筑风格以大观楼为原型，按0.6:1的比例原样建设，作为展园的标志性建筑和园区的主景。展园内涵以长联文化及昆明“十六景”为依托，以植物造景为主，配置园林小品等手法，集中反映滇池流域的历史文化和昆明园林景观特色，该工程于2005年6月动工建设，9月30日基本完工，其工程质量、施工建设受到沈阳世博会组委会的表扬。

【新西兰新普利茅斯“昆明园”工程建设】　新普利茅斯“昆明园”体现了昆明和新普利茅斯两市人民的友谊，融入了中新两国的文化内涵，工程于2004年12月2日开工建设，2005年2月27日竣工。全园占地面积约4 800平方米，分为园门、六角亭、“友谊树”置石三个景点，整个园区内营造出中国古典园林特色的庭院风格。

【“马中友谊公园”工程建设】　马来西亚“马中友谊公园”工程自2005年5月1日开工建设，9月30日完工并交由马方使用。工程包括昆明市人民政府向马来西亚古晋南市政府捐赠的六角亭一座。受云南省路桥总公司（马）有限公司及古晋南市政府委托，市园林局帮助组织建设了牌坊、北京亭、公园简介牌、郑和雕像等项目。

【西山南洋华侨机工纪念馆工程】　南洋华侨机工纪念馆是抗日战争爱国主义教育基地。该工程由市园林局园林规划设计院、园林建筑工程处负责承建，为了保护环境，维护游览秩序，施工队克服种种困难，确保工程顺利进行。工程占地面积2 600平方米，建筑面积300平方米，2005年11月开工建设，2006年元旦前已竣工投入使用。

【公园系列活动】　2005年，各公园活动内容丰富多彩。主要有举办传统的黑龙潭梅展，动物园“樱花节”，金殿名胜区茶花展、“正月初九庙会”，郊野公园“春城桃花文化节”，西山森林公园“三月三”春游活动，大观公园荷花、秋菊展等系列活动项目；认真组织，精心安排，确保春节、“五一”、“十一”等三个黄金旅游周活动的顺利进行；组织承办了2005年“中国旅游文化节”——昆明地区园林公园系列活动和“2005年中国国际旅游文化节”——国际雕塑节；金殿名胜区代表昆明市参加了在南宁举办的“中国第五届茶花展”，获得“市花风采奖”等两个银奖和一个铜奖的好成绩。

按照市委、市政府环境整治的要求，2005年对翠湖、动物园、昙华寺、西华园等公园的景观用水进行了一次较大规模的置换，使公园的水质有了改善。

【防火安全】　市园林部门担负着2.5万亩风景林和10余处古建筑的安全防火工作，各项生产建设任务繁重，责任重大。市园林系统在全年的安全生产工作中，牢固树立“安全第一，预防为主”的方针，周密安排，通过全局的努力，未发生山林火情，保护了风景林、古建筑和游客的安全。为确保四大风景林区和古建筑防火安全，局统筹安排了20万元护林防火专项经费，各单位也加大了对护林防火及安全生产工作的投入。进入森林防火期以来，西山、郊野、黑龙潭、金殿名胜区等单位，对风景区公路沿线、林间道路、登山游路、主要景点出入口等部位增设了防火标志。增派人员死看死守，确保了防火期的安全。为迎接GMS会议在昆明召开，局、基层各单位进行安全生产检查达40余次，从而保证了“零”差错。通过开展“安全生产月”、“安康杯”活动，提高了园林职工安全意识，对促进园林经济发展起到了积极的作用；全局系统没有发生安全事故，为园林经济发展和社会政治稳定作出了积极的贡献。

【禽流感防治】　2005年下半年，禽流感疫情防治工作十分严峻。市园林部门结合自身特点，制订《昆明市园林绿化局禽流感疫情防治应急预案》，成立了禽流感防治领导小组；加强组织协调，不断完善监测报告制度，强化预警预测，提高应急处置能力；翠湖、动物园、大观等有禽类活动的公园加强了禽类监测和公园消毒处理，提高了防疫能力，有效的抵制了疫情输入和传播。

【园林科技工作】 2005年完成了《滇池湿地植物筛选、繁殖技术研究项目》课题研究，该课题获昆明市科技进步三等奖。协助完成了《系列草坪专用肥及YNEC草坪床土改良剂研制及应用》课题研究，该课题获昆明市科技进步三等奖。参与“昆明市工程系列园林专业中级职务评审委员会评委专家库”工作，并组织专家评委开展本年度的专业技术职务评审，本年度新增园林中级专业技术人员27人，初级专业技术人员11人。

【园林城建论坛】 为加强和推动昆明市创建国家园林城市工作的理论研究及创建活动的开展，市园林绿化局与市科协等部门合作，于2005年9月在昆明举办了“昆明国家园林城市建设论坛”并编辑出版了论文集。会议邀请了17名国内知名专家为昆明市创建国家园林城市出谋划策。全市园林绿化、大专院校、科研机构等单位代表300余人参加了论坛，市委、市政府领导亲临会场听取专家意见并对城市绿化工作提出了要求。

【依法行政和法制建设】 2005年，共受理市民热线电话，群众来信来访及市政府“12345”交办件220余件，办结率为100%，受到市民和市政府热线办的好评；较好完成省市人大、政协2001～2005年B、C类建议提案的续办清理工作。由于加强了办理建议提案工作的领导，较好地完成了市政府办公厅交办的16件建议提案办理工作。

【人员培训】 组织开展2005年度园林系统机关、事业单位工人技术等级培训鉴定申报工作，全局培训鉴定人数共计450人，培训鉴定合格率为98%。根据择优原则推荐了37名符合条件的工人参加了工人技师的培训、鉴定、评审。2005年，全局共接收大中专毕业生5人、退伍士官和士兵12人。按照市委组织部的要求在全局系统分阶段对局管干部85人、基层干部302人的档案进行清理并组织公务员更新知识的培训。

【创新扶贫】 根据市扶贫办的安排部署，市园林绿化局成立了扶贫开发和挂钩帮带扶贫工作领导小组，明确了扶贫工作的目标和任务，确立了创新扶贫手段，探索扶贫思路，加大扶贫力度，提升扶贫质量，扶贫开发和挂钩帮带工作四原则。

2005年共投入12.5万资金为东川两个贫困村的村民缓解了生产生活中的实际困难，解决了失学儿童的入学问题，使两个村的农业生产得以正常开展。通过新种植技术的介绍和培训，引入了先进的苗木栽植方法，转变了村民的观念，提高了经济收入。

（杨学群　余　芳）

国土资源管理

【土地市场治理整顿】 自2003年以来，对全市改革开放以来遗留的手续未完善用地等问题进行了全面深入的治理整顿，截止2005年8月31日，对全市申报登记的8 407宗、17.02万亩未完善用地进行了后续手续的办理，实际完善手续4 992宗、6.66万亩，累计收缴税费39.68亿元。本轮治理整顿工作的完成，标志着土地管理从过去大量错综复杂、矛盾突出的历史遗留问题束缚中解脱出来，取得了历次治理整顿的最好成效，促进了土地市场秩序明显好转。

【项目用地审批】 高效组织新昆明建设用地报批，派出4人常驻国土资源部帮助工作，完成新增建设用地农用地转用审批213宗（批次）、面积6.56万亩；转发国务院、省国土资源厅审批批文56件，面积3.42万亩；审批农用地转用5件、面积104.28亩，基本解除了新昆明建设的用地瓶颈制约。

以支持呈贡新建设用地为重点，积极开展征地工作，认真高效完成市级行政中心、高校搬迁、信息产业基地、集装箱中心站和呈贡园丁小区等2.36万亩土地征收（用）工作，新城商业中心800亩的用地已完成招标，东盟商贸港项目进入实施阶段，一大批建设项目将逐步启动。

【土地利用规划修编】 按照国土资源部安排部署，积极开展了全市土地利用总体规划修编前期准备工作。2005年10月24日，市政府召开第98次常务会，成立了市政府土地利用规划修编工作领导小组及办公室，下发了开展立项工作的通知，转发了《昆明市土地利用总体规划修编工作方案》，安排了规划修编专项资金。已完成第一类专题国内招标，其他规划修编前期工作正加紧推进。

【保护耕地和土地开发整理】 加大土地开发整理力度，完成市级土地开发整理项目21个、投资数额近7 000余万元，开发整理面积3.49万亩，补充耕地面积1.6万亩，连续6年实现耕地补大于占，有力保障了建设用地需求。规划确定的554.47万亩基本农田已全部落实到地块、图斑、表册和农户，基本农田保护率达83.77%，确保了农业生产和粮食安全。

【土地储备】 坚持盘活存量与扩大增量并举，按计划推进呈贡新城和主城羊肠、青龙、高海等新增和存量土地储备工作，合作开展安宁太平新片区、寻甸仁德新城和金所工业片区3个土地储备项目，规划储备6.57万亩，已完成实物土地储备1.4万亩。

【土地市场建设】 以产业发展需要为目标，以市场化土地配置为手段，全市以划拨、协议、招、拍、挂方式供应土地共12 941.1亩，其中以招、拍、挂方式供应土地4 662.14亩，土地供应总成交额32.16亿元，全市实现土地纯收益3.05亿元；治理整顿完善用地手续共实现各种税收与规费收入39.68亿元，其中出让金28.83亿元。全年全市共实现土地综合收益31.88亿元。

全市供应经营性项目用地占供应总量的26.8%，供应行政办公、公益事业和工业用地占供应总量的73.2%，重点保证了市级行政中心、信息产业基地等产业项目用地。供地结构的改善，有力促进了产业布局和产业结构的调整。

【土地收益】 随着国有土地资产价值的不断显化，继上年向市本级财政上缴11.7亿土地收益后，2005年又超额完成市本级13亿元的土地收益目标，实现了土地收益的较大增长，为现代新昆明建设提供了重要的资金保障，成为全市经济社会发展的重要财源。

【土地投融资】 以土地储备制度为依托，以土地储备项目为保障，土地储备中心和土地开发投资经营公司融资能力不断增强，初步形成市场化、多元化投融资体制。通过储备中心和土地投资公司投融资平台，获得信贷承诺近150亿元，引进中烟工业公司资金2亿元，撬动银行近30亿元资金融资，融资规模创历史新高。部分资金根据项目需要逐步到位，有力支持了一大批重点储备项目和市政基础设施建设。

【征地补偿】 合理确定征地补偿价格，切实维护失地农民的权益。积极开展昆明市主城区规划范围内及呈贡新城农用地分等定级工作，其成果已通过国土资源部有关专家的验收。陆续在主城及安宁市、呈贡县、石林县、宜良县、晋宁县开展了农用地分等定级、区片综合价的制定等工作，为今后合理测算征地补偿费提供了科学依据，做到了同地同价。拟订了《昆明市征地改革实施意见》、《昆明市征收、征用土地暂行办法》和《关于我市征地后对失地农民的安置意见》等配套文件，并创新工作思路，探索开展对呈贡失地农民技能培训学校和征地拆迁安置墓地的试点工作，切实解决被征地农民的后顾之忧。

【维护失地农民权益】 认真回复人大代表、政协委员的建议和提案，妥善处理群众关心的热点、难点问题。切实做好答复办理工作，共承办人大建议、政协提案24件，办复人大代表建议、政协委员提案面商率和回复率达100%、满意率达98%；承办行政复议、应诉、协助司法查询或执行案件79件；接待群众来访60余次、600余人，处理信访案件54件，回复率达成谅解100%。牵头成立处理信访突出问题及群体性事件联席会议土地征用问题专项工作领导小组及办公室。耐心细致地做好群众上访的解释、答复、劝返工作，把矛盾化解在基层，为维护社会稳定做出了应有的贡献。

【土地权属登记】 在主城四区设立6个办证服务窗口的基础上，借鉴外地窗口办证的经验，将业务报件、数据处理、统计分析、公开查询等相关业务有机地结合，推行统一办证业务系统平台，构建联网快速办证“一天取”的高效机制，全市共办理集体、国有土地使用权登记发证和抵押登记72 177件，完成土地权属勘测定界347件。

【为企业改革提供优质服务】 热情主动、细致耐心地为用地单位或个人做好政策咨询服务，积极帮助改制企业做好土地资产处置，共办理改制企业土地出让69宗、121.85亩，显化土地资产约7亿元。加强政策咨询服务，在市政府便民服务中心、交易中心大厅和机关一楼大厅分别设立报件咨询、综合业务受理窗口，进一步强化服务的内容、质量和水平，全年共受理各类业务报件1 970件，办结率达95%，来人来电咨询5 000人次以上。

【廉租房建设】 新组建的市土地开发投资经营公司，在加强公司内部建设、拓展融资渠道的同时，积极参与公益性重点市政基础设施项目建设：首期1 002套、5.5万平方米廉租房已交付使用，二期廉租房建筑主体施工已基本完成。

【重大建设项目拆迁征地】 以土地储备制度为依托，以资本运作为纽带，以土地开发投资经营公司为投融资平台，筹措了约35亿元东南二环路重大市政基础设施建设项目征地拆迁资金，满足了二环路拆迁所需费用。二环路征地拆迁的顺利完成，开创了昆明城建史上的创举。盘龙江以东、北京路延长线市政道路及绿化工程（“两路两带”）建设即将进入施工阶段；昆明新机场建设及机场高速公路前期准备工作加快进行。

【矿产资源管理】 在以磷矿、煤炭等优势矿产资源为主的资源整合工作取得成效的基础上，按照国务院、省政府关于全面整顿规范矿产资源开发秩序的工作部署，全市迅速制定了整顿规范矿产资源开发秩序的实施意见，明确了整顿规范的主要目标、任务和步骤，建立了整顿和规范矿产资源开发秩序联席会议制度，整个工作从2005年10月份全面启动，预计于2006年底前分三个阶段完成。2005年，完成59个矿产储量、65个建设项目的核实报告评审备案和矿产压覆初审，完成56个探矿权年度检审和134个探矿权设置调查工作，收矿产资源补偿费332.85万元。私挖乱采、无证开采、越界开采等非法行为受到严厉打击，矿产资源保护和开发利用水平进一步增强，有效促进了全市矿业秩序的健康发展。

【地质灾害防治】 高度重视以灾害防治为重点的地质环境保护工作。编制完成《昆明市2005年度地质灾害防治方案》和《昆明市地质灾害防治规划》，完善下发了《昆明市突发性地质灾害应急预案》，完成86个建设用地项目和34个建材小矿山地质灾害危险性评估报告审查备案，实施了50个、投资1 112万元的矿山地质环境恢复治理项目，完成昆阳磷矿和安宁昆钢八街铁矿矿山地质环境恢复治理工作，整理恢复矿山破坏面积达3 730亩。开展地热水、矿泉水资源开发秩序清理整顿工作，完成60个地热（水）、矿泉水采矿权许可证年检，收取地热水、矿泉水资源补偿费和采矿权使用费近100万元。汛期期间，局党组成员带队组成4个检查组分赴全市各县（市）区，全面开展地质灾害防治大检查，督促落实监测预警和综合防治等一系列防灾减灾措施，及时预报、有效防范的能力明显增强。全市共发生地质灾害98起，成功预报率达70%以上，有效地减少了地质灾害造成的人员伤亡和财产损失。

【执法监察】 执法监察队伍建设不断加强，形成了支队、大队、中队和国土资源信息员四级执法体系，建立了市委政法委牵头的国土资源联席会议制度，强化了多部门联合办案机制。2005年，全市14个县（市）区国土资源局共出动巡查4 100余人次，发现和制止违法行为586起；共立案440件、立案率100%，结案420件，结案率97.5%，收回土地167.14亩，共处罚金7 500万元。与公、检、法协作办案，移交公安侦查的4起，检察机关受理公诉的3起，移交法院强制执行的4起。以水源和生态保护区为重点，全市累计出动人员200余人次，依法查处封停非法采矿点65个，移送司法机关2个，没收非法矿产品200余吨。小板桥镇四甲村非法占用集体土地和二街乡锁溪村、阿子营乡大竹园村、谷律乡马狮山非法采矿、海口镇哄抢磷矿石等一批典型案件得到及时查处，有的已移交公安机关追究当事人的刑事责任，有效打击和遏制了违法势头，为规范国土资源管理秩序提供了执法保障，国土资源管理秩序明显好转。

【国土资源基础管理】 完成了“2004昆明坐标系”C、D、E级网285个点的设计、选点和埋设工作，GPS C、D、E级控制网的观测和数据处理；完成昆明市7 340平方千米1∶10 000比例尺和1 479平方千米1∶3 000比例尺的航空摄影测量，并制作部分影像图；组织了昆明辖区130家乙、丙、丁级测绘单位的测绘资质年检和换证，受理测绘资质申请34家；完成了呈贡、海口等20余个、2.9万亩重点项目和储备项目用地的勘测定界。

改版升级了“昆明市国土资源局公众信息网”，开通了盘龙、五华、西山、呈贡分局和安宁市局的局域网连接；完成了省市县纵向协调办公系统研发，实现了三级数据交换和资源共享；顺利完成国土资源基础地理信息库及平台一期建设；主城四区及安宁、呈贡完成了以金马阿拉为试点的土地利用数据库更新调查工作；编制了1 940宗城镇基准地价备案资料、14 个新增建设用地项目和乡级土地利用总体规划修改方案，制作专业图件3 119幅，收集、整理和移交各类档案6 434卷，信息化基础得到夯实。全国国土资源信息化工作在昆召开期间，局信息化建设受到了国土资源部副部长鹿心社、国务院信息办副主任陈大卫的充分肯定和赞扬。

【支持北部五县区发展】 充分应用土地储备机制，在总结县区合作储备经验的基础上，先后与各县（市）区合作进行了近9 000亩的实物土地储备，总投资预计将超过 2 亿元，其中仅寻甸和东川的储备面积、投资额就分别占到了 59%、50%。寻甸县仁德片区、金锁片区土地储备已全面实施，东川腊利片区土地储备前期工作已全面完成。这些项目的实施，必将对县区产业结构的调整和城市建设的推进，发挥重要的资源和资金保障作用。

【干部队伍建设】 国土资源管理体制改革顺利结束，完成了对呈贡、嵩明两县人、财、物的上收和垂直管理，实现了对其余县（市）区领导班子的统一管理，形成了由 9 个（含 3 个开发区）垂直管理机构和 8 个双重管理机构组成的全市国土资源管理体系；机构编制、干部人事调整、竞争上岗以及人员录用、公务员过渡等各项工作基本完成。

制定和实施了干部教育培训计划，开设国土资源管理研究生班和大专班，培训全系统干部职工 100 余人，开展了两期《依法行政实施纲要》法制教育讲座，举办了 100 余人参加的法制教育骨干培训班，与各级党校共同实施基层国土资源政策法规培训，应安宁、石林等县（市）区党校邀请，为1 500余人讲授了国土资源法律知识。

充分发挥各级党组织和党员的战斗堡垒作用，全面推进“云岭先锋工程”。加强工会、妇女、共青团组织建设，广泛开展群众性精神文明建设，组织全系统干部职工 500 余人，到云南省第一女子监狱接受警示教育，增强干部职工的廉洁自律意识；积极组织开展国土资源系统第一届职工运动会，全系统共 19 个代表队参加，进一步激发和弘扬广大干部职工的团队意识和拼搏精神。

【国土资源法律法规政策宣传】 充分利用人口资源环境座谈会、世界地球日、6.25 土地日和法制日等时机，在主城和各乡镇广泛开展咨询服务和宣传；在《昆明日报》开辟了“国土之窗”专栏，在《云南信息报》创办了“资源周刊”，组织了近 50 个专版的专题宣传，并利用广播、电视、手机短信等媒体，对法规政策、工作动态、社会热点等进行了及时的宣传报道；编发国土资源决策参考、专报和简报 20 多期，加强与上级领导和有关部门的信息沟通，提高服务领导决策的水平和能力；结合治理整顿、东南二环路征地拆迁等重大工作，开展了大规模的主题宣传。全方位、立体式、多样化的国土资源宣传攻势，营造了良好的舆论氛围，有力支持了国土资源管理水平的提高。

（武石富）

城市管理

【城管工作思路】 2005 年城市管理工作，以“三个代表”重要思想和邓小平理论为指导，坚持科学发展观，紧紧围绕市委、市政府的工作部署，以迎接 GMS 会议市容环境整治为契机，以保持共产党员先进性教育活动为动力，探索和建立长效管理机制，认真履行“宏观管理、协调服务、督促检查、考核评比”工作职能，充分依靠和广泛发动基层和社会力量，大力开展市容环境整治，提升城市市容环境水平，实现“一新一亮”的目标。

【宏观管理】 为适应新职能新情况，加强宏观管理，相继拟制了《迎接 GMS 会议市容环境整治工作方案》、《昆明市城市管理工作“十一五规划》、《昆明市市容环境整治三年行动计划》和《昆明市城市管理工作考核评比办法》以及《迎接 GMS 会议市容环境整治考核评比办法》等，分解细化工作，明确工作目标、责任单位和责任人以及完成时限。针对各区任务繁重、资金比较紧张的情况，主动挖掘资金潜力，合理调整历年资金，报经市政府同意后及时拨付各区，确保各项整治按时启动和顺利推进。重新启动户外广告专项规划编制。定期组织日常检查和考核评比。召开了市容环境整治现场会，推广基层小而实的经验。召开市容环境专项整治表彰会，对工作突出的单位和个人进行表彰。加强城市管理长效机制的研究，提出了经费投入保障机制、政策法规体系、统分结合、重心下移、权责一致的城管体制、考核评价体系和上下齐抓部门联动的协调机制。以及统一高效的执法机制—“六大长效机制”，为实现城市管理的科学化、法制化、标准化和规范化探索和总结了一些经验。

【城市环境卫生管理】 认真督促四区抓好日常道路清扫、保洁、垃圾清运和处置工作，清运处理垃圾 87 万吨和粪便 11 万吨；指导协调四区发动群众对辖区内卫生死角进行清理整治，清理卫生死角4 000余个；联合市总工会在全市环卫系统内组织开展了“城市美容师”劳动竞赛活动，召开了第十五届昆明环卫工人庆祝大会，对评选出来的 14 个先进集体、20 名城市美容师和 100 名先进个人进行表彰，市长亲自到会表示祝贺；协同市爱卫办、工商局拟发了落实“门前三包，门内达标”责任制的通知，并积极推进责任制的落实；协调四区抓好垃圾中转站、公厕和垃圾收集间的选址、定点、建设等工作。新建中转站 16 座，改建 4 座；新建和改建公厕 36 座，新增移动公厕 8 座；建垃圾间 191 间；购置环卫车辆 56 辆，安装果皮箱7 364只。积极推进垃圾焚烧发电项目建设，确保了两个垃圾发电厂正式启动。配合有关部门共同制定了《昆明市城市垃圾管理办法》，提出了垃圾处置特许经营权的实施意见。

【城市照明】 按照市政府“集中、专业、招标”和“集中成片、点线结合”的总体要求，完成了圆通大桥亮化改造、“滇池明珠”灯光小品建设；组织修复了 134 个损坏、废弃的控制点并将其纳入控制中心监控。指导督促四区完成了一、二期灯光亮化设施（两条亮带，三座立交桥、四个亮心和 14 座人行天桥等）的检修恢复，修复率达 100%；突出重点，采取多种运作方式，完成高层建筑亮化修复 265 幢，新建和改建高层建筑亮化设施 72 幢；在 12 条主要街道开展了橱窗、店招、店堂等美化亮化评比活动，有5 000余家店铺参加了考评竞赛，有 160 家获优胜奖和作品奖；完成 64 条道路3 451组的道路路灯建设和改造，确保了亮灯率在 98% 以上。

【户外广告招牌设置管理】 加强全市户外广告管理，整治户外广告混乱，组织协调四区和三个开发（度假）区对主城规划区设置的户外广告进行统计、检查和整治，对“三横四纵”、主要入城口、南过境干道以及通往景区重要道路沿线的户外广告、门头招牌和霓虹灯进行了重点整治。拆除、整改未经审批、破损、不安全等影响市容的各类户外广告4 700余块，整改门头招牌5 266块，整治霓虹灯369块，设置临时遮挡烂尾楼、工地户外广告233块。对违规审批的和违法设置的户外广告按照市政府的要求进行清查、整改和拆除。编制出台了《昆明市主城规划区户外广告专项规划》、《昆明市主城规划区户外广告设置管理规定》，为户外广告设置审批管理提供了依据，成为昆明市户外广告设置审批管理史上的一个重要里程碑。

【渣土整治】 为加强对全市渣土运输污染环境的治理，组织开展了对建筑垃圾和散体物料运输车辆的专项整治行动。市成立了以分管副秘书长为组长，由城管、建设、公安、交警、武警、部队等单位为成员的渣土整治工作领导小组。联合发布了《加强渣土和建筑垃圾管理的通告》和《建筑垃圾和散体物料运输管理的通告》，深入工地进行调查摸底和广泛宣传教育，印制发放《通告》14 000余份。恢复办理"市容保洁责任书"和渣土排放处置许可。坚持四区联动，城管、建设、武警、交警和部队等多部门协作，实施综合整治，集中查处，定点把守滇池路、广福路、北京路延长线、烟草路、昆沙路等主要路口，严查违章行为，重点查处了金童花园、中央丽城等严重泼洒污染行为。并组织了四区和三个开发（度假）区渣土整治执法活动竞赛。检查车辆6 250余辆，处罚1 400余辆，查处泼洒污染路面5 000余平方米，累计罚款达40余万元。积极推进渣土和散体物料运输车辆实行密闭改装，改装车辆180余辆。在主要入城口悬挂了22块未经封闭的渣土运输车辆禁止入城的标志。

【占道经营和亭棚整治】 坚持疏堵结合，教育劝说与严格执法相结合，突出重点，坚决取缔主要街道和重点场所的占道经营，减少次支干道的占道经营。市城管局与市工商局、市公安局联合下发了《关于实施联合执法整治违法占道的通知》，明确了全市40个整治的地点，按照属地管理的原则，各区实施了不间断的整治，取缔占道经营摊点75 000余起。严格按照《昆明市临时占道亭棚设置准则》的要求，开展亭棚整治工作，取缔各类亭棚144个，清理和搬迁"三横四纵"亭棚402个；清理拆除自动售货机322台。

【违法小广告整治】 恢复了昆明市整治非法小广告办公室，坚持城管、公安、工商和电信等多部门联动和协作，

渣土整治 （市城管局 供稿）

追呼、打击和清洗覆盖等多种手段，与市民有奖举报等相结合，实施综合整治。利用"城管追呼"系统强制停机441部，追呼350部。与公安机关协作加大打击力度，公安机关依法打击处理了散发、张贴、喷涂、制贩非法小广告的人员477人；组织召开市容环境整治现场会，及时推广了莲华办事处治理小广告的经验；调整了94万元经费下拨给四区城管局和28个街道办事处作为小广告整治工作经费，督促基层单位建立责任制，对小广告进行及时清洗覆盖，清洗覆盖小广告近400万条，有效地遏制了小广告的泛滥。

【出租汽车管理】 立足行业特点，以稳定为前提，以提升服务质量为核心，积极开展行业优质竞赛活动，加大从业人员培训力度，举办培训27期，培训人员3 275人次；对出租汽车经营企业进行了优化整合，由原来的43家整合到35家；坚决贯彻市确定的中巴车到期置换的决定，积极协调做好中巴车上访人员的稳定工作；开展了打击非法营运专项整治，严厉打击非法营运，同时配合四区开展综合执法20余次，出动稽查人员11 256人次，车辆3 855辆次，查获非法营运车辆516辆；加强了稽查工作，严查各类违规行为，检查违章车辆500辆，受理乘客投诉4 560起，处理4 517起，处理率99%；完成了6 883辆出租汽车和中巴车的年度审验工作，审验合格率达99%，确保了车容车貌的整洁；采取积极措施应对油价上涨，完成了37条街、82个点325个出租汽车专用停车泊位建设；倡导组织"爱心送考"活动，收到了良好的社会效果。

【世行贷款垃圾项目收尾工程】 积极协调和推进世行贷款项目垃圾处置的收尾工作。配合审计部门对一、二期中转站建设项目进行审计，协调设备调试、道路开口、工程验收、用地手续、完善消防设施等有关工作，解决了世行贷款垃圾项目建设中一些遗留问题。

【城管法制建设】 为适应"两级政府，三级管理，四级网络，重心下移，上级监督。"的城市管理新体制，修改完善了《昆明市城市市容和环境卫生管理条例》和《昆明市户外广告管理条例》以及《昆明市客运出租汽车管理条例》地方性法规，并获得省、市人大通过。直接组织实施或配合相关部门制定了《昆明市主城区户外广告专项设置规划》和《昆明市主城区户外广告设置管理规定》以及《昆明市城市垃圾管理办法》，陆续报经市政府常务会审定。认真组织《加大对盗窃窨井盖、破坏市政公用设施违法犯罪行为打击力度》的专题调研，昆明市中级人民法院等四家司法机关联合发布了《关于依法严惩盗窃窨井盖行为的意见》，加大了对其打击力度。组织开展了《行政许可法》贯彻执行情况自检自查。办理行政复议案件3件和行政诉讼3件，维护了行政相对人的合法权益，进一步促进依法行政。

【城管宣传】 按照主动宣传、积极宣传的要求，加大宣传力度，充分发挥新

闻媒体的舆论监督作用，促进城管工作。发表城管报道589篇，筹划和推出了《直播昆明》5期，《今日话题》3期，电台广播直播2次，新闻热线值守2次，电视新闻报道90余次，印制宣传画册2 000册，制作《春城之春》电视宣传片一部。积极组织“市民参与城管”活动，拉近与市民的距离，营造了城市管理的良好社会氛围。

【信息化建设】 建成了昆明市城市管理系统局域网、局机关自动化办公系统和《昆明城管》网站，与市政府电子政务网络的连接，基本实现了网上信息传输、交换和共享，提高了办公效率和管理水平。在认真总结五华“数字城管”建设的经验和做法的基础上，学习借鉴上海“数字城管”模式，配合市信息办等积极推进“数字城管”建设，认真筹备昆明市数字城管指挥中心的建设。

【行政审批】 市政府便民服务中心城管窗口，接件432件，办结432件，办结率100%；客管分中心受理接件86 945件，办结85 914件，办结率99%。

【信访投诉受理】 受理“12345”政府热线90件，办理90件，办结率100%；受理110联动投诉电话等200余（起），办理反馈200起，办结率为100%；坚持局长接待日制度，接待群众达7批20余人次；来信来访2 100余件次；坚持阅报制度，认真办理新闻媒体揭露问题110件，督办件21件，群众反映的一些问题得到较好解决。

【人大建议、政协提案办理】 高度重视和严格规范人大建议、政协提案的办理工作。按要求实行网上办理，完成省、市、区人大建议、政协提案36件，办结件面商率达100%，满意率达91.7%，A类件35件，C类件1件。

【干部队伍建设】 以保持共产党员先进性教育活动为契机，分析问题，剖析原因，在改革中理清工作思路，找准职能定位，进一步明确了市级城管部门“宏观管理、协调服务、督促检查，考核评比”的职能。利用班子调整之际，统一思想，加强学习，发扬民主，发挥局领导班子核心作用。加强教育引导，认真落实党风廉政建设各项规定。坚持机关学习制度，健全机关内部管理规定，组织实施中层干部竞争上岗，加大培训力度，强化干部职工的业务素质和思想政治素质。认真落实行风评议整改措施，进一步加强机关作风建设，营造了团结拼搏、务实创新、高效廉洁、服务群众、树立形象、争创一流的城管精神和风貌，机关作风有了明显转变。

【评比奖励】 2005年市城管局荣获“云南省‘十五’城市建设行业先进单位”荣誉称号；周朝云等10名同志被评为“全省‘十五’城市建设行业先进工作者”。在GMS第二次领导人会议筹备和保障工作中，市城管局被评为“突出贡献单位”。在中国昆明国际文化旅游节市容环境整治中，被授予“优秀组织奖”。

（康晓明　吴青芮　曹益芽）

煤　气

【概　况】 2005年，昆明煤气（集团）控股有限公司拥有10万立方米气柜2座，中低压管网1 365千米，调压站（箱）335座，发展民用用户50.5万户，公共工业用户1 023户；全年煤气销售气量1.58亿立方米，实现煤气销售收入1.05亿元，日均输送煤气42万立方米，圆满完成各项工作指标，集团公司销售收入、用户发展生产任务均超额完成年初计划；精神文明建设工作成绩喜人，“培育企业文化”工作迈出坚实步伐，煤气事业取得显著成绩。安全生产实现了年初确定的“六杜绝”、“三降低”、“两提高”的目标。昆明煤气管道气化率90%。公司被评为“全国精神文明建设工作先进单位”；全国“安康杯”竞赛优胜企业；昆明市“安康杯”竞赛优胜企业；昆明市先进党组织，并颁发了“云岭先锋”流动红旗。

【内部管理】 2005年1月，昆明煤气（集团）控股有限公司挂牌成立。为进一步深化管理，公司提出了“分工明确、责任清晰、考核到位、保障有力”的管理目标，在清理岗位的基础上完成了部分管理部门的整合工作；通过引进竞争机制，形成了内部单位之间比管理、比质量、比服务、比效益及相互竞赛的态势；进一步完善了经济责任制指标考核体系，出台了机关管理工作目标责任书，制定了12个考核办法；在各经济责任制单位实施了二次分配方案，从总经理到每一位员工均实行收入与工作目标挂钩考核，有效提高了企业管理水平，对激励员工的积极性和创造性发挥了重要的作用。

【安全供气】 安全生产是公司经营管理的基石。公司以“安康杯”竞赛活动作为契机，把安全工作融入各项经营活动之中。围绕安全生产“十个一”活动的开展，使员工学安全、懂安全、会安全的意识得到进一步增强。为把日常安全工作落到实处，年初公司就分层次与各单位签定了安全工作目标责任书，使安全工作落到了每个班组和员工。在巩固2004年工作的基础上，公司继续抓好“一法三卡”的推广应用工作，起到了以点带面的作用。

【优质服务】 公司始终把优质服务与增强企业信誉和竞争力、促进企业发展紧密联系在一起，把不断提高员工的业务素质和服务质量作为一项经常性的重要工作来抓。在员工中增强了“三个意识”（团队意识、竞争意识、责任意识），树立了“四种观念”（发展观念、效益观念、形象观念、市场观念），将“服务客户、方便客户、为客户排忧解难、让客户满意”作为公司的出发点和归宿点。从抢险抢修、抄表、收费、灶具维修、服务等方面着手，狠抓落实，对违规违纪的人和事加大了查处力度，使客户投诉件大幅度降低，客户回访率达到100%，取得明显成效，全年未发生一起媒体曝光的投诉事件。公司为更好的服务大众，开通了“96107”客户服务热线，提供气费查询、收费网点查询、客户投诉等多种服务，进一步提升了服务质量。把“有火才有家，温暖千万家”的服务宗旨传播到了社会和千家万户。

【发展用户】 客户发展方面，不断加大对商业用户的开发力度。多角度、多渠道收集客户发展信息，把握用户开发最佳时机，把开发工作做到终端客户，积极推行包干单价发展用户，提高煤气的竞争力，有效推动了煤气用户的发展。积极参与到新昆明建设进程中，在新城区铺设煤气管网，为未来用户的拓展抢占先机。

【企业文化】 在企业文化建设方面，提炼了“和气、大气、名气——昆明煤气”的企业精神，起到统一思想、凝聚人心、鼓舞士气的良好作用。并围绕这个企业精神，加大宣传力度，深化企业文化的内涵；积极、主动、分时期、定重点、有目标导向的建立有自身特色的企业文化。

（昆明煤气（集团）控股有限公司）

自来水

【安全、优质、稳定供水】 2005年，昆明自来水集团有限公司面对50年未遇的严重旱情，加强水源调度，调整水源结构，发挥“125”度旱紧急工程作用，克服道路施工频频损坏供水管网的影响，保证了全市未出现低压缺水区，城市供水平稳度旱，圆满完成GMS会议供水保障任务。科学合理调度供水，松华坝水库最高日取水量达76万立方米，年取用量达19 717万立方米，创造了历史最高水平。七水厂充分利用松华坝水源供水，通过盘龙江底原水管第一次将松华坝原水送至五水厂处理。

【圆满完成经济指标】 2005年，昆明自来水集团有限公司实现销售收入3.19亿元，代政府收取污水处理费9 921万元，上缴国家税费总额4 224万元，实现利润609万元，企业资产总额21.3亿元，国有资产保值增值率125.86%。管网水质综合合格率100%，管网水压合格率99.17%。

【供排水价格改革调整】 2005年11月8日，省、市发改委联合召开昆明市主城区城市供排水价格调整听证会，听取了市水利局、市滇池投资有限公司、昆明自来水集团有限公司对申请方案及理由的陈述，省发改委成本调查队对申请方案成本监审情况进行了说明。30名听证会代表对城市供排水价格调整申请方案的必要性、可行性进行了较好地论证和分析，充分表达了各自的意见和观点。12月21日，省发改委《关于调整昆明市主城区城市供排水价格有关问题的通知》批准，新水价从2006年1月1日起执行。

【建立健全法人治理结构】 2005年7月，昆明自来水集团有限公司建立法人治理结构，组建了第一届董事会、监事会、经理层。董事会由9人组成，朱智任董事长；监事会由5人组成，钱明远任监事会主席；经理班子由5人组成，白新玉任总经理。

【招商引资】 2005年11月17日，昆明市自来水有限公司49%股权转让项目签约仪式在翠湖宾馆举行。集团公司董事长朱智与法国威立雅水务南中国有限公司董事长苏菲签订了《股权转让合同》、《合资合同》等文本。省委常委、市委书记杨崇勇，市长王文涛等领导出席签约仪式。

昆明自来水集团有限公司作为招商主体，将水生产、供应部分资产评估总额15.78亿元投资成立昆明市自来水有限公司。威立雅水务昆明投资公司以10.05亿人民币报价的美元并购昆明市自来水有限公司49%的股权，合作期限30年。

昆明市自来水有限公司49%股权转让项目的签约，是中国第一个省会城市供水企业整体出让部分股权。由中方控股，组建合资公司。对进一步提升企业实力，引进资金、技术和管理，推动昆明市政公用行业市场化改革进程，促进昆明城市建设发展，具有重要意义。

【完善社会服务承诺制】 2005年，昆明自来水集团有限公司加强96106供水服务热线建设，全年受理电话28 610次，维修管网7 324次，查处供水设施违章198起。开展供水服务进社区、社会公众满意度调查、“春城义工”等活动，对210户残疾人和特困户改表出户给予补助。推行无单抄表，主动服务用户。

【售水量扭转连续下滑局面】 昆明自来水集团有限公司进一步开拓供水市场，实施昆大线、大渔路等47条道路管网改扩建工程，新增100毫米以上管网165公里、闸门2 116台，消火栓458座，新发展用户41 423户，改表出户68 054户，置换云南广播电视大学世博校区地下水。加强营业抄收、调整营业分区，成立大用户服务部，充实抄表员队伍，建立报装协同平台，缩短用户移交周期。2005年，完成售水量19 602万立方米，比2004年增长5.5%，扭转了售水量连续4年下滑的局面。

【安全隐患整改】 2005年，昆明自来水集团有限公司开展安全生产检查5次，组织开展“遵章守法、关爱生命”为主题的安全生产月活动。开展消防技能知识培训和演练。

【水质监测站通过国家计量认证复查】 2005年11月28日至29日，由中国城镇供水协会会长助理肖绍雍为组长的国家计量认证供排水水质评审组，对昆明水质监测站进行了复查和扩项评审。评审组采取现场查看、现场检验、盲样考核和询问座谈等多种形式，对昆明监测站进行了认真、细致、全面、严格的审查。昆明监测站以完善的质量体系、系统完整的基础资料，全面有效的管理，顺利通过了评审。

【水体置换】 2005年，昆明自来水集团有限公司在保证城市供水的前提下，配合园林部门，通过实施工程措施，完成翠湖、圆通寺、圆通山、西华园、昙华寺等公园水体变清工作；配合水利部门，启动洪家村、南坝提水泵站，抽滇池水冲洗盘龙江，为恢复昆明水城风貌做出了贡献，保证了GMS会议水环境。

【与苏黎世供水局友好合作】 2005年

昆明市主城区供排水价格调整听证会 （黄昆 摄）

自来水公司49%股权转让项目签约仪式 （袁光耀 摄）

8月22日至23日，瑞士苏黎世供水局局长克莱恩、水质专家曹克真女士到昆明自来水有限集团公司访问。双方总结回顾了在水源保护、供水规划、净水工艺、管网管理、水质检测、人员培训、掌鸠河工程、引进技术设备等方面的友好合作。臭氧工艺、苏尔寿滤池的运用，标志着昆明净水工艺通过努力已达到苏黎世的水平。9月，昆明自来水集团有限公司派管网代表团赴苏黎世，学习苏黎世供水局先进的管网管理经验。

【改善职工生活】 2005年，昆明自来水集团有限公司以人为本，改善职工生活。600套经济适用房建设进展顺利，第二批认购工作圆满完成。4个二级公司住房制度实行货币化分配，向300多名职工发放住房补贴。职工住房公积金缴存比例由8%调整到15%。关心职工身体健康，组织50名职工疗养，为2 195人注射乙肝疫苗。重视老龄工作，增加离退休、内退人员生活补助，为240名离退休人员进行健康检查，开展敬老节等文体活动。

【昆明自来水事业创办90周年】 2005年，是昆明自来水事业创办90周年。昆明自来水集团有限公司组织职工文艺汇演、足球赛、青工技能比武，举办书法、绘画、摄影展等系列宣传教育活动，并向从事供水事业30年的职工颁发荣誉证书。

【精神文明建设】 2005年，昆明自来水集团有限公司获昆明市“安康杯”竞赛活动优胜企业称号，四水厂获昆明市“模范职工小家”称号，五水厂职工崔莹涛获昆明市第二十届特等劳动模范，绿化公司徐淑华、西山分公司解启华被评为昆明市“五好家庭”。参加扶贫济困送温暖活动，捐款53 000元，捐物11 380件。

【七水厂命名为省科普教育基地】 2005年6月13日，七水厂被省政府命名为云南省第五批省级科学普及教育基地。

【自来水集团公司第一次党代会】 2005年6月30日，昆明自来水集团有限公司第一次党员代表大会召开，122名党员代表出席会议。会议选举产生了集团公司新一届党委、纪委。党委由9人组成，朱智任党委书记；纪委由5人组成，王炤平任纪委书记。

（黄　昆　沈庆惠）

掌鸠河引水供水

【概　况】 掌鸠河引水供水工程，是建设现代新昆明的重要基础条件和组成部分，事关昆明经济社会可持续发展的大局。工程的建成，不仅可以满足昆明城市对水的需求，提高市民生活质量，还将为建设秀美春城提供非常好的条件和支撑。

掌鸠河引水供水工程于1999年12月19日开工至2005年，已进入了第七个年头。在市委、市政府的正确领导和关心支持下，在广大建设者的艰苦奋斗、团结拼搏和有关县（市）区、部门的积极配合下，工程建设正稳步推进。2005年圆满完成蓄水3亿立方米的年度目标任务。按照“防洪保安全、置换保水质、农灌保春耕”的要求，圆满完成了水体置换工作。共计置换水量6 513.77万立方米。云龙水库总库容达26 005.77万立方米。经市环保局及国家城市供水水质监测网昆明监测站检测，水质总体评价为2类。

【输水工程“决战两山”】 输水工程是整个工程建设的重点和难点，2005年实现了除1标外的全部隧洞贯通。累计掘进及辅管达95.58公里，占总工程量的97%。成洞衬砌完成79公里，占总衬砌量的90%。制约2006年试通水的关键是1标上公山隧洞剩余近1 500米的掘进和4 400米的衬砌以及7标五老山隧洞近1 400米的衬砌。

【七水厂二期工程全面启动】 一期工程已于2004年全面完成。2004年、2005年两次利用松华坝水库丰水期水源进行试供水。二期工程于2005年2月28日开工建设，进展顺利。配水工程进入了收尾阶段。

【云龙水库及输水设施保护立法】 根据市人大、市政府立法计划，2005年，《云龙水库及输水设施保护条例》起草工作正抓紧进行，已完成了《条例》征求意见稿，正广泛征求有关县区、部门和社会各阶层及专家意见，8月份将提交市人大审议。

【库区管理】 掌鸠河工程建成后的保护和管理，一是涉及立法，二是涉及建立保护管理机构。市委、市政府对此高度重视，要求认真吸取滇池、松华坝水库保护管理的教训，建立职责明确、高效统一、具有权威的保护管理机构，对水源区、水库和输水设施进行统一管理。2005年12月7日，王文涛市长对掌鸠河工程再次调研后，在座谈会上已就成立全市统一的城市供水管理机构和先成立云龙水库、水源区和输水设施保护管理机构做出了明确指示。加大了《关于加强掌鸠河引水供水工程管理通告》的宣传力度，查处、取缔违反《通告》的行为。全面彻底地对云龙水库进行了七次五项库底清理工作，实施了云龙乡新集镇排污工程，结合工程建设开展植树造林。完成了撒营盘集镇垃圾清运及排污沟清理工作。

【云龙水库农灌用水替代工程】 云龙水库总库容4.84亿立方米，原设计分两期建成，第一期建成后，每年向昆明城市供水2.2亿立方米，第二期引入武定昔卡河、禄劝中屏河水后，每年向昆明供水2.5亿立方米。为加快工程建设，在满足昆明城市供水需要的同时，解决下游农业灌溉问题，决定二期工程实施云龙水库农灌用水替代工程，在云龙水库下游修建几个中小型水库，解决云龙水库下游每年3 000万立方米的农业灌溉用水，把云龙水库优质水全部送往昆明。工程建成后，每年可增加向昆明供水3 000万立方米。同时，也解决了双化水库和云龙水库的联合调度问题。

【掌鸠河工程四大突破】 到2005年掌鸠河引水供水工程建设实现了四大突破：技术上实现重大突破。七水厂滤池采用瑞士苏尔寿翻板滤池。除香港大浦水厂采用之外，在中国内地尚属首次；输水工程八标的岔河倒虹吸，高差达400米以上，在全国乃至亚洲均属少见，技术难度非常大；外资使用范围实现突破。掌鸠河引水供水工程日元贷款总额为209.03亿日元，用于材料、设备采购及输水工程。以往使用日元贷款的工程，仅限于设备和材料的采购。掌鸠河工程将日元贷款用于土建是市政供水工程中的第一次，且在土建工程中，日元贷款比例达到74%，这在其他工程中也不多见；水源、输水、净配水一次建成。这在云南乃至昆明的历史上是没有的。充分体现了市委、市政府以人为本，坚持科学的发展观，建设“民心工程”的决心和魄力。立法工作有所突破。2001年，工程建设伊始就着手立法工作，这在昆明水库建设的历史上是首次。市政府下发了《关于加强掌鸠河引水供水工程管理的通告》，地方性法规的立法工作也在积极进行，争取2007年颁布实施。

【确保按期试通水】 2005年3月全国人代会期间，省委常委、市委书记杨崇勇在接受中央电视台采访时表示：力争2006年下半年云龙水库向昆明供水。5月31日视察云龙水库时，杨书记再次提出力争2006年下半年向昆明供水，确保云龙水库水质不受污染的目标。按照杨书记的讲话精神，结合“十一五”规划，在掌鸠河引水供水工程工作会议上，市委副书记、市长王文涛提出掌鸠河引水供水工程在“十一五”期间要实现的目标任务是：工程全面完工，向昆明城市每年提供优质水2.2亿立方米；完成云龙水库农灌用水替代工程，提高供水保障率，使年供水量达到2.5亿立方米；做好掌鸠河地区水资源的保护和管理，水库水质稳定地保持在Ⅱ类，确保输水、供水安全；为昆明城市发展、滇池治理、草海生态园建设、恢复水城风貌等创造条件。广大建设者群策群力，正向这一目标迈进。

（王森森　赵　洁）

测　　绘

【城市基础测绘】 新测GPS四等控制155点，其中：航空新城四等控制测量69点；南城四等控制测量86点；新测二等水准测量750千米，其中：嵩明杨林与航空城片区350千米，呈贡东城片区400千米；完成昆明市连续运行GPS参考站网建设，含昆明站、赛马场站、嵩明站、宜良站、浑水塘站、呈贡站等6个站，网络PTK测量达厘米级精度的覆盖面积约4 000平方千米。

【城市测绘服务】 完成1:500地形图测量（含修补测）47.55平方千米，其中：五华区一环城内及周边修补测8.55平方千米，在金碧路、东风路等道路用于主城区环境交通综合整治修补测8平方千米，二环路内重点变化区域如GMS会议改造的三横四纵道规划用地形图修补测、五华区步行街、文明街片区等规划用图修补测15平方千米，南绕城线规划用图修补测6平方千米，呈贡新城前期开发区域用图新测10平方千米。提供各种地形图26 920张，红线放样275件，竣工测量195件，庭院管线测量170件。

【数字园林基础航空摄影】 为创建国家园林城市，准确摸清昆明园林绿化指标数据，市勘测院受市园林绿化局委托，于2005年9月至11月进行了园林绿化航空摄影。航摄单位为天津金宇信息技术有限公司；航摄机场为昆明呈贡机场；摄影方式为数字航空摄影，为西南首次采用DMC数字摄影机进行航摄，也是全国第一次采用数字航摄方式进行园林绿化采集工作；航摄比例尺为1:4 000，面积304平方千米，主要为主城区，另有部分航摄比例尺为1:10 000，面积32平方千米，主要为西山公园、郊野公园和野生动物园等地方。航摄仪主距为120平方千米，像幅尺寸92.160毫米×165.888毫米，像幅像元数为7 680×13 824，单个像元尺寸12μ×12μ，具有黑白、真彩色、彩红外三种数据成果。本次航摄共航拍6 549张像片。

【专题图编制】 主要完成了《昆明公交出行图》、《昆明百姓购房指南图》、《春城楼市图》、《华夏万通昆明公交线路图》、《2005房交会参展楼盘图》等5幅便民系列图；完成《新世纪新昆明》、《现代新昆明》、《昆明市（四区）工作调整方案图》等3幅大挂图。

【昆明市数字城管项目城管部件普查】 为提高城市管理水平，提供新型城管模式，使城市管理向信息化、数字化、网络化方向转变，4月，五华区在借鉴学习北京东城区城管经验的情况下启动“数字城管快车”项目。整个项目包括硬件及网络建设、城管部件数据采集和软件开发三部分，第一期试点工程8.39平方公里，市勘测院承担“数字城管快车”项目中的地名与地址数据普查、城管部件数据普查、城市位置信息数据普查等工作；共完成主城区内的7大类137小类城管部件数据的普查，共计约8.1万个城管部件。该项工程顺利通过了市信息办和五华区信息办的验收。

【GPS参考站网通过验收】 2005年7月，昆明市勘测院建设的连续运行GPS参考站网项目通过云南省科技厅组织的以武汉大学校长、中国工程院院士刘经南为组长的专家组的鉴定，该项目达到了国内领先水平。该系统的应用，将有力地推进了电子导航集成系统在昆明信息化、数字昆明的空间基础框架平台建设、城市管理、交通监控、基础测绘等方面的应用，为政府决策提供更便捷、更精确的基础数据。

【交通旅游多媒体地理信息系统通过验收】 该项目为昆明市重点科技计划项目，经过一年多的开发研制，通过了昆明市科学技术局组织的专家组的鉴定和验收。鉴定委员会一致认为该成果在省内同行业中处于领先水平。

【质量体系运行和质量管理】 2005年市勘测院质量管理体系运行符合GB/T 19001－2000标准，运行持续有效，再次通过中质协质量保证中心的认证审核。全院干部职工以贯彻执行院质量管理体系为中心，增强服务意识、提高顾客满意率、加强诚信建设、提高产品质量，全面严格遵守相关技术规范和有关法律法规。坚持“三级检查二级验收”制度，加强生产关键工序的过程监督控制，保证了全年无一起重大质量事故发生，使市勘测院的测绘产品质量稳中有升，测绘产品科技含量不断提高，测绘保障能力不断增强。满足了社会和顾客的需要。

【学术活动和学术成果】 市勘测院积极参加各种学术活动，并在相关刊物上发表了大量的学术论文。吴俐民等撰写的《昆明市连续运行 GPS 参考站系统的关键环节与关键技术》、《昆明市大地水准面精化的思路》和《昆明市连续运行 GPS 参考站系统的建设及应用》，侯至群撰写的《提高测绘保障能力、服务现代新昆明》及《数字城管系统中城管部件数据采集方法研究》，丁仁军等撰写的《网络 RTK 的主辅站（MAC）概念及其在昆明市 GPS 台站网中的应用报告》，王勤珍等撰写的《光束法空中三角测量在航测中的应用》、《遥感影像融合技术方法及应用》，刘增达、王洪艳等撰写的《数字水印技术及运用》、《浅谈新昆明（滇池盆地）鸟瞰图制作的技巧》、解智强等撰写的《基于 SVG 技术实现昆明城市大比例尺地形图的数字发布》等。

【勘测院多次获奖】 市勘测院党支部获实施“云岭先锋工程”先进党支部；市勘测院获 2005 年度市规划局“先进单位”，被评为盘龙区“文明单位”，被选为中国城市规划协会地下管线专业委员会常务委员单位，获昆明市科协科技咨询工作先进单位。该院获奖工程有：“昆明市连续运行 GPS 参考站系统”获 2005 年度全国城市勘测优秀工程一等奖、云南省职工技协优秀技术成果一等奖、《昆明便民系列图》获 2005 年度全国城市勘测优秀工程二等奖；《新昆明(滇池盆地)》专题图获云南省优秀城市测绘成果一等奖；《现代新昆明空港经济开发区及新机场选址 1:2 000数字化地形图测绘工程》获云南省优秀城市测绘成果二等奖；“昆明市城市基础地理信息资源库建设工程—1:500、1:10 000 地形图数据库”获得云南省优秀城市测绘成果三等奖；《昆明交通旅游多媒体系统》获 2005 年度省职工技协优秀技术成果三等奖。

【服务县（区）及省内地州】 为满足嵩明县城规划建设的需要，市勘测院为嵩明县建设局测绘了 1:500 数字地形图 6 平方公里。编制了《新平县地图》、《红塔区地图》、《峨山彝族自治县地图》等 3 幅大挂图。

（侯至群　钟高飞）

城建档案

【工程竣工档案管理】 2005 年全年接收工程竣工档案9 248卷，整体移交 791 卷；全年完成竣工图扫描5 982张，完成管网验收 215 项。对重点工程、市政工程竣工档案进行了跟踪管理、审核验收及接收工作，其中，如 320 国道——车家壁改造工程、掌鸠河移民安置工程、城区污水管网、南三环一期工程、西昌路、大观路拓改工程的竣工档案逐步接收进馆，进一步丰富了馆藏，为城建档案的提供利用打下了良好基础；同时，对呈贡新城、小哨机场等重点工程项目档案开展了前期联系准备工作；完成了综合管网竣工测量档案验收规程的修改及制度化管理工作；完成了公路工程竣工档案接收标准及建筑工程竣工档案标准目录的修订工作；对全市 14 个县（市）区建设局城建档案工作进行了业务检查，对全市城建系统、开发区、开发公司部分单位档案室进行了业务指导，进一步完善了业务工作联系网络。

【声像档案管理】 2005 年接待建设单位 225 家，接收声像档案 203 个项目。完成 2004 年拍摄录像带 DVD 光盘刻录、保存工作，并按规定移交库房；完成 2004 年部分照片及 2005 年所拍摄照片的扫描、刻录、整理、粘贴移交工作，全年入库照片23 292幅；完成了专题片《红军长征过昆明》、《残阳造像与寂寂摩崖》（上、下集）、《历史保护建筑系列专题：西山森林公园》、《为城市生命线安家——地下管线》及《规划局 2004 年大事记》的拍摄制作工作；对城市规划、建设、管理中的重大活动及重点工程进行了跟踪拍摄及收集整理工作；完成了如对昆洛公路、官南立交桥、东三环、正义路步行街改造、昆大线改造西昌路公交专用道施工；对建设路、气象路、西华路、市区架空线入地等市区路网改造工程及呈贡新城规划展、人民路、金碧路、北京路绿化整治规划、四区森林公园建设规划论证等活动的跟踪拍摄工作，效果良好，受到了上级领导部门的肯定，取得了良好的社会效应。

【库房管理】 2005 年完成档案分类、编目、登账、入库、上架10 157卷；对规划局档案室进行管理，完成了 1980 年以后进馆规划档案案卷目录建帐工作，共计接收20 624卷，并整理规划档案9 835卷；接待查阅单位 459 家，调阅档案 600 余卷。

【城建档案监察】 城建档案监察大队继续加强执法力度，充分发挥监察职能，全年共对 246 项工程项目进行了监察；其中，对佳华广场、滇池温泉花园酒店等重点项目进行了监察；完成了 2004 年全年 690 项工程项目的录入导入工作，完成了年度 28 个结案案件的归档工作，并移交了 2004 年 42 个结案案件。

【档案编研】 完成了《昆明城市建设资料系列手册——水篇》文字修改及照片核对工作；完成了《昆明城市建设资料系列手册——昆明历史文化建筑概览》的文字修改及照片核对，并完成了文稿的论证工作；完成了《2006 年昆明市城建档案馆大事记》的编撰工作。

【业务培训】 举办了两期全市工程竣工档案业务培训班，培训各建设、施工单位档案人员 300 余名，对工程竣工档案业务知识、城建档案法律、法规的普及和城建档案从业人员素质的提高起到了积极作用。

（王云鸥）

环境保护

环境保护

【城市环境保护】 2004年，昆明市综合得分76.46分，较2003年增加0.66分。综合排名为云南省17个“城考”城市第一名。实施“蓝天工程”，共检查四区及三个开发（度假）区餐饮店1 078家，对违反“禁煤”规定的211家实施了处罚，收缴燃煤风炉923个，不可降解饭盒77 064个，塑料袋15 850个，发放各种宣传材料10 000余份，有效遏制了燃煤死灰复燃的现象。对市、区政府机关工作用车、出租汽车实施了抽测。加强建筑施工噪声管理，发布了《关于加强昆明市建筑施工和营业性文化娱乐场所噪声管理的通告》，实施24小时值班制度，对严重扰民和未按规定办理有关手续的33家建设单位和施工单位进行了处罚。组织四区及三个开发（度假）区开展了“环境噪声达标区”的重建工作。共建成“环境噪声达标区”153.7平方公里，其中1类区17.07平方公里，2类区122.29平方公里，3类区10.06平方公里，占总建成区面积180平方公里的85%。

【人口资源环境座谈会】 2月21日，市委、市政府召开人口资源座谈会，市委杨崇勇书记在会上指出，要树立和落实科学发展观，努力把环境保护工作提高到一个新水平，要突出重点，加大力度，扎实推进昆明市环境保护工作，确保昆明城市环境空气质量优良级天数达到99%。

【环保专项行动】 清查全市钢铁、电解铝和水泥生产企业，整治了省局挂牌督办的宜良东山、盘龙区兰龙潭片区工业污染，官渡区小板桥镇畜禽养殖场污染问题。清查采石、采砂厂38家，对选址基本合理和基本符合安全要求的36家采石、采砂厂要求限期补办环保审批手续及其他相关手续，关闭了2家采石、采砂厂。2005年整治违法排污企业保障群众健康环保专项行动，全市共出动环保执法人员9 597人次，检查企业2 054家，其中立案查处违法企业288家，罚款68万元。

【工业污染防治】 组织实施全市重点污染源在线监测和运行监控系统建设和重点工业污染源全面达标工作。对现有污染源实施了排污许可证管理及污染物排放总量控制管理。完成了昆明市污染源管理系统和昆明市放射源地理信息系统的建设及推广运用。成立了昆明市危险废物监督管理所。开展了昆明市危险废物处理处置项目和医疗废物集中处置项目建设。

【绿色社区创建】 组织完成《昆明市绿色社区标准》编制工作，举办“创建绿色社区”培训班，指导4区、3个开发（度假）区开展“绿色社区”创建工作，官渡区银海森林小区、盘龙区世博佳园生态社区和高新区国际花园社区3个社区获得“国家级绿色社区”称号，有7个社区获得“云南省绿色社区”称号，市环保局获得全国创建“绿色社区”优秀组织奖。

【生态卫生旱厕推广】 农村生态卫生旱厕建设，被列入2005年市政府为民办的十件实事之一。环保部门制定了农村生态卫生旱厕建设管理办法，编制了《粪尿分集式生态卫生旱厕建设使用规范（试行）》；与市财政局起草下发了《昆明市农村生态卫生旱厕推广工作建设资金使用管理办法》。组织开展经验交流，并协助各县（市）区政府，加强生态卫生旱厕推广宣传工作。超额完成了2005年度生态卫生旱厕建设任务。全年建成农村生态卫生户厕51 049个，公厕106个。

【饮用水源地环境保护】 组织编制水源区环境保护规划和水源区生态修复规划，配合水利、公安等部门对松华坝水源保护区实行交通管制，开展云龙水库生活饮用水水源保护区划定和《昆明市饮用水重点水源保护条例》立法调研工作，加大了对松华坝水源保护区、晋宁县柴河、大河水库、双河—磨兰德水源保护区、宝象河水库和云龙水库等城市水源保护区的生态保护现场监察力度，确保全市饮用水安全。

【自然保护区及生物多样性保护】 市、县环保部门联合对水源区、自然保护区进行了专项检查。同时，组织开展了《昆明市外来入侵植物调查》工作，形成了调查报告，并通过了专家评审。

【生态乡镇建设】 10月12日，省环保局召开了“云南省第一批生态乡镇命名新闻发布会”，全省共有20个乡镇被省政府命名为“云南省生态乡镇”，其中昆明市被命名的乡镇有6个，分别是：宜良县狗街镇、汤池镇、九乡乡，安宁市温泉镇、八街镇，石林县维则乡。同时，温泉镇还申报了全国环境优美乡镇。

【滇池水污染防治】 2005年底，《滇池“十五”计划》26个项目已完成77.5%，开工率95%。《滇池“十五”计划》中市环保局承担16个项目（子项目），已完成10项，4项在建，2项办理前期手续。2005年，草海水体已基本消除黑臭，与2000年相比，草海水质总高锰酸盐指数浓度降低了44.1%。总氮、总磷浓度升高了9.8%和1.0%。外海水质中高锰酸盐指数、总氮、总磷浓度分别下降了6.2%、7.1%、31.5%。

【编制《滇池流域水污染防治“十一五”规划》】 参加了国家环保总局召开的《重点流域水污染防治“十一五”规划》编制工作研讨会和《重点流域水污染防治“十一五”规划》编制培训班。认真学习并领会国家环保总局对《重点流域水污染防治“十一五”规划》的精神、要求。2005年，上报了国家规划院《滇池流域水污染防治“十一五”规划》的基本思路。邀请省“九湖办”、省市发改委、财政和市滇管局进行专题研究，并完成规划初稿。

【阳宗海水污染防治】 根据省市政府签订的《云南省九大高原湖泊水污染防治目标责任书》及《阳宗海流域水污染防治“十五”计划》，全市在2003～2005年共需完成阳宗海水污染防治项目12项，北岸截污及污水处理厂、水质自动监测系统、面山造林和封山育林等8个项目已经完成，其余项目均在开展。2005年，阳宗海水体水质保持在Ⅱ类。

【环保目标责任制】 通过考核，五华、盘龙、官渡区、安宁市、呈贡、宜良、石林县政府、高新区管委会获一等奖，西山区、晋宁县、嵩明县、富民县、禄劝县、寻甸县、东川区政府、经开区、度假区管委会获二等奖。

【信访办理】 全年收到政协委员提案、人大代表建议案21件。市环保局“热线办”接市政府“12345便民热线网络”转办件131件。接市环保局“热线电话4190529”、“110联动电话”、群众来访、网上投诉、共487件。接听国家环保总局“12369”录音举报电话22 652个，并对其中的3 126件投诉进行了处理。

【环境监测】 昆明市环境监测中心通过科室调整、编制《质量手册》及《程序文件》和作业指导书，并于11月28日，通过了国家实验室认可专家现场评估工作，“全国环境监测网络能力建设（地表水部分）”及“2004年云南省监测能力建设”的部分设备陆续到位。妥善处理了云南马龙产业集团有限公司安宁分公司泥磷沉降浓缩槽泄漏、昆禄路与昆沙路交叉口硫酸运输车辆泄漏等多起突发事故。

【环保宣传】 市编办批复成立昆明市环境宣传教育中心。开展环保科技进社区工作，指导银海森林、国际花园等社区进行国家绿色社区申报工作，投入22万资金，制作垃圾回收箱，免费发放给社区居民；组织环保科技小分队到富民大营乡、禄劝撒营盘乡宣传环保科技知识；配合省环保局开展纪念“6.5”世界环境日和“百名市长进社区”活动；在公共汽车上及站点印制环境保护公益广告。

【环保科研】 市环科所建立生态实验室，开展了“化学肥料替代产品开发”、“农田土壤肥料淋溶流失”等研究工作；《滇池流域农村固体废物资源化和无害化处理专题对策研究报告》通过专家验收评审，正开展科技示范工作；完成了《世界银行中国经济改革实施（技援五期）项目子项目建议书——滇池流域农田土壤保护与平衡施肥技术推广示范》报告书，根据松华坝水源保护区环境保护的需要，认真组织了《松华坝水源保护区农村面源污染防治综合技术实验示范》项目及《松华坝水源保护区秸秆粪便资源化利用措施和项目建议》项目的申报及前期基础资料调查工作。开展了“昆明市环境空气质量功能区划”、“昆明市环境噪声功能区划”、“昆明市固定源氮氧化物排放调查”等研究工作。

【餐饮业管理】 2005年4月，市环保局在例行检查中，发现高新区西秀园片区7家餐饮业违反了《餐饮业管理办法》。经过调查取证，4月29日，市环保局向7家餐饮业主送达了“责令立即停止经营”的行政处罚决定书。在执行过程中，7家餐饮业主不服处罚，向市政府申请了行政复议，在市政府法制办维持市环保局处罚决定后，2005年8月12日，7家餐饮业主向西山区人民法院提起行政诉讼，将市环保局告上法庭，11月8日，西山区人民法院行政庭公开审理了上述7件行政诉讼。经过审理，法院认为：市环保局依法作出的行政处罚决定书认定事实清楚、程序基本合法、适用法律、法规正确。2006年1月18日，西山区人民法院对上述7件行政诉讼案作出一审判决：驳回7位原告要求撤销市环保局作出的行政处罚决定书的诉讼请求。

【环境信息】 2005年，市环保局网站在原有栏目的基础上，增加“自然生态”、“公告通知”和“宣传教育”栏目。加大了内部信息的收集面，将县区工作动态纳入其中，增加了图片新闻，空气质量工作日内每天更新一次，新闻动态每天不少于3条，保证了网站信息的更新率。2005年，网站访问数达17 551次，新闻更新617条。

【县（市）区环保局长会议】 1月14～15日，召开2005年度昆明市环保局中心组学习活动及县区环保局长工作会，全市环保系统认真学习了《胡锦涛总书记在2004年中央人口资源环境座谈会上的讲话》、《温家宝、曾庆红和曾培炎同志在省部级主要领导干部树立和落实科学发展观专题研究班上的讲话》、《曾培炎副总理在淮河流域水污染防治现场会上的讲话》、《昆明市推进新型工业化工业强市重点产业发展规划纲要》。总结2004年的成绩和经验，紧紧围绕市委、市政府中心工作，安排好2005年的工作，为全面完成环保计划任务打下坚实的基础。

【危险废物处置中心项目环境影响评价大纲通过评审】 7月31日，《昆明危险废物处理处置中心项目环境影响评价大纲》通过国家环保总局环境工程评估中心技术评估。《大纲》将作为《昆明市危险废物处理处置中心项目环境影响报告书》的编制依据。

【省、市领导视察、调研】 1月24日，梁晓谷副市长到富民县调研昆明危险废物处理处置中心项目建设情况，初步确定项目建设场地为富民县者北乡小高仓村。4月5日，梁副市长带领市属有关部门负责同志到市环保局调研，要求加快昆明危险废物处理处置中心项目建设进度。8月10日，梁副市长调研《滇池流域水污染防治“十一五”规划》编制工作进展情况。9月19～20日，省整治违法排污企业保障群众健康环保专项行动领导小组对昆明环保专项行动工作开展情况进行检查，对国家、省挂牌督办的第六污水处理厂、宜良东山片区、盘龙区兰龙潭片区环境整治情况进行检查。

【环境质量状况公报】 6月5日，昆明市环境保护局发布了《2004年昆明市环境状况公报》。松华坝水库水质达标率100%；大河水库、柴河水库、宝象河水库：水质类别较上年无变化；自卫村水库、海源寺、白龙潭水质类别较上年下降。

滇池草海水质为劣Ⅴ类水，综合营养指数79.5，主要污染物氨氮、总磷、总氮、化学需氧量、生化需氧量超过Ⅴ类水标准；外海水质为Ⅴ类水，综合营养指数63.27，主要污染物总磷、总氮达到Ⅴ类水标准。

阳宗海、清水海水质为Ⅱ类水，达到水环境功能要求。

牧羊河和冷水河水质类别由Ⅲ类下降为Ⅳ类。

盘龙江：主要超标项目6项，水质类别较上年无变化。

新河：主要超标项目7项，水质类别较上年无变化。

运粮河：主要超标项目5项，水质类别较上年无变化。

船房河：主要超标项目8项，水质类别较上年无变化。

大清河：主要超标项目7项，水质类别较上年无变化。

宝象河：主要超标项目6项，水质类别较上年无变化。

洛龙河：主要超标项目3项，水质类别较上年无变化。

东大河：主要超标项目3项，水质类别较上年好转。

柴河：主要超标项目5项，水质类别较上年无变化。

螳螂川：主要超标项目9项，水质类别较上年无变化。

普渡河：主要超标项目5项，水质类别较上年无变化。

牛栏江：崔家庄断面主要超标项目3项，河口断面主要超标项目1项，水质类别较上年均无变化。

金沙江：水质类别由Ⅳ类上升为Ⅲ类，达到水环境功能要求。

小江：主要超标项目2项，水质类别较上年好转。

城市水域功能区水质达标率87.50%，较上年提高4.2个百分点。

2004年，昆明市主城区环境空气质量优级天数33天，占9.01%；良好级天数318天，占86.89%；轻微污染级天数15天，占4.1%，达标率95.9%。二氧化硫年均浓度值超过国家环境空气质量二级标准0.15倍，大气环境质量由二级降为三级。

可吸入颗粒物：年平均浓度0.085毫克/立方米，较上年下降1.2%，达到国家二级标准。

二氧化硫：年平均浓度0.069毫克/立方米，较上年上升35.29%，超过国家二级标准。

二氧化氮：年平均浓度0.040毫克/立方米，较上年上升21.2%，达到国家二级标准。

降水：城市酸性降水pH值范围为4.03～5.56，酸雨pH平均值为4.88，酸雨频率为4.4%，与上年持平。

废气排放：工业企业二氧化硫排放量为75 110.48吨，较上年减少2.79%；烟尘排放量为8 968.52吨，较上年减少9.02%；粉尘排放量为6 975.80吨，较上年减少12.19%。工业废气污染物单位工业增加值排放强度：二氧化硫0.0207吨/万元，烟尘0.0025吨/万元，粉尘0.0019吨/万元。

建成区昼夜平均等效声级范围为42.2～61.4分贝。与上年相比：0类区下降6.9分贝，超标率下降43个百分点；1类区下降2.8分贝，超标率上升了6个百分点；2类区上升了6.2分贝，超标率上升29个百分点；3类区上升3.6分贝，超标率上升2个百分点；4类区下降7.0分贝，超标率下降12个百分点。禄劝县、嵩明县、石林县、富民县、晋宁县的区域环境噪声平均等效声级较上年下降，寻甸县、呈贡县、东川区和宜良县较上年上升，安宁市没有变化。

主城建成区交通噪声平均等效声级范围是61.5～73.0分贝，平均等效声级为68.0分贝，较上年下降2.5分贝。57个测点（路段）交通噪声：好（≤68分贝以下）占49.1%；较好（68.1～70.0分贝）占21.1%；轻度污染（70.1～72.0分贝）占19.3%；中度污染（72.1～74.0分贝）占10.5%。所测路段的超标率较上年下降了14.1%。

废水排放：工业企业废水排放总量为5 331.7万吨，较上年增加5.14%，化学需氧量（COD）排放量为3 347.9吨，较上年减少9.25%，氨氮排放量为198.16吨，较上年减少28.08%。工业污染物单位工业增加值排放强度：废水14.71吨/万元，化学需氧量0.000923吨/万元。氨氮0.000055吨/万元。

主城区全年城市污水排放总量20 140万吨，集中处理的城市污水总量为16 788万吨，占污水排放总量的83.36%，其中生活污水13 563万吨，生活污水集中处理率为73.16%。

（陇　猷）

滇池保护

【概　况】 2005年是《滇池流域水污染防治“十五”计划》（以下简称《滇池“十五”计划》）实施的最后一年，《滇池“十五”计划》是滇池保护与治理工作的指导性文件，两年多来，在项目批复晚、时间紧、任务重的情况下，市政府及市级有关责任单位按照“围绕目标、突出重点，明确内容、细化项目，整合资金、落实责任”的原则和要求，在完成滇池流域水污染防治“九五”计划续建项目实施的同时，积极创造条件，推进了“十五”计划项目的实施进度，按照国家环保总局的要求对计划项目进行梳理剔除后，项目完成率达77.5%，开工率达95%。尚未完工和即将开工的项目结转“十一五”期间实施。

【滇池治理工作会】 为全面推进《滇池“十五”计划》的实施和完成，2005年8月27日，市委、市政府召开滇池污染治理工作会。会议要求各部门进一步强化措施，抓紧完成《滇池“十五”计划》，认清形势，增强紧迫感和责任感；抓住重点，竭尽全力推进目标实施，围绕六项考核指标，抓住滇池北岸水环境综合整治工程和草海综合治理两个重点项目的实施，推动整个滇池的治理进程，同时要按照“政府倡导、专家领衔、公众参与、民主决策”的原则，在工作中做到强化资金筹措、强化政策研究、强化执法管理、强化组织领导；要统筹规划，总结经验，参与编制“十一五”规划。

【滇池研究会第三次会员代表大会】 昆明滇池研究会第三次会员代表大会于2005年5月18日召开。会议审议通过了昆明滇池研究会第二届理事会工作报告和新修订的《昆明滇池研究会章程》，投票选举产生了第三届滇池研究会理事会，昆明市滇池管理局局长许苏昆当选第三届理事会理事长。

【滇池治理工作媒体恳谈会】 2005年8月2日，市委宣传部牵头召开了“滇池治理工作媒体恳谈会”，在昆的中央、省、市主要媒体参加了恳谈会。各媒体都表达了爱昆明、爱滇池的情感，同时表示通过恳谈会，进一步认识了滇池治理工作的艰巨性和长期性，今后将一如既往地关注滇池的保护和治理。并加大宣传力度，让市民知道政府治理滇池的决心，增强全民的参与意识、环保意识、责任意识、法律意识和自律意识。

【草海东风坝及老干鱼塘二期整治工程竣工】 2005年10月31日，举行了草海东风坝及老干鱼塘综合整治二期生态修复工程竣工通报会。工程于2004年5月28日启动，主要工程内容包括实施水域大型水生植物恢复与建设工程、北岸水域基底修复工程。项目实施后，大型水生植物恢复工程总面积达1 498亩，其中：挺水植物316亩、浮叶和漂浮植物43亩、沉水植物1 051亩、植物浮岛78亩、陆生植物10亩，恢复滇池土著水生植物物种共计20余种，实现草海东风坝及老干鱼塘3.3平方公里水域大型水生植物覆盖率达30%。此次工程的实施对逐步恢复草海东风坝水生植被及生物多样性，提高湖泊自净能力和环境容量，改善草海东风坝水体及自然生态景观，将发挥极其重要的作用，为滇池及富营养化湖泊生态修复提供了宝贵经验和工程示范。

【枧槽河整治工程】 枧槽河综合整治工程是国务院批准的《滇池"十五"计划》的重要工程项目，也是昆明城市入滇池河道"清污分流"整治工程的重要组成部分。工程自南过境民航路口至张家庙与明通河交汇口，河道长6.8千米，涉及范围12平方千米，服务人口65.09万人，包括管道工程、河道工程、道路工程、桥涵工程、泵站工程、清水回补工程、景观绿化工程七大项建设内容。2005年5月10日正式贯穿通水，对解决GMS会议期间关上片区排水问题起到了重要作用。

【滇池西岸（高海公路沿线）截污治污工程】 滇池西岸（高海公路沿线）截污治污工程是《滇池"十五"计划》确定的项目，是滇池环湖截污治污工程的组成部分，同时也是高海公路改扩建保护滇池的一项重要工程措施。项目的实施对于实现《滇池"十五"计划》确定的治理目标及省委、省政府、市委、市政府确定的建设现代新昆明的战略构想具有重要意义。该工程污染治理采用工程与生态措施相结合的治理方案。工程起于高峣，沿滇池西岸至海口，全长25.68千米，由截污管线、污水提升泵站及生态治污系统三部分组成，设计收集处理污水量为3.9万立方米/日。工程自2003年12月17日开工建设，截至2005年底，工程完成85%，计划与高海公路同步投入运行。

【大清河整治主体工程】 明通河下段（大清河）截污综合整治工程是滇池污染治理的重要组成部分，是《滇池"十五"计划》的重点项目。工程自2004年4月27日正式开工，由截污工程、河道整治工程、桥梁工程、景观绿化工程、淤泥疏挖及处置五部分组成，总长度5.5公里。项目实施的目的是建立完善大清河截污系统，转输雨污水量为43.2万吨/日，实现雨污分流、旱季污水不进入滇池；建设沿岸绿化工程，还景观于河道，改善河道及周边地区生态环境；按百年一遇洪水标准整治河道，提高系统片区的综合防洪能力。河道整治主体工程于2005年4月底通水，保证了主城东南片区的防洪度汛，计划2006年6月竣工验收。目前主体工程已完成，正抓紧完成施工扫尾工程。

【盘龙江城区段整治工程前期工作】 盘龙江是昆明的"母亲河"，盘龙江城区段（北二环—南二环）水污染问题，受到市委、市政府的高度重视。市滇管局委托云南省设计院编制了《盘龙江城区段水体景观改善工程项目建议书》，工程估算总投资9 980万元，将通过污水转输、河道清瘀、清水补给等措施，削减盘龙江污染负荷，改善水体景观，实现消除水体黑臭、水中有鱼、旱季污水不入河的目标。2005年12月9日，市委召开"恢复水城风貌专题会"，会议决定启动盘龙江城区段整治，并委托上海市政工程设计院进行初步设计，工程方案要遵循整体考虑、突出中段的原则，要求做到治理整体化、截污最大化，沿岸景观化、河岸生态化、调水科学化、项目公司化。

【滇池北岸水环境综合治理工程前期工作】 滇池北岸水环境综合治理工程是滇池污染综合治理的重大工程项目，属于"十五"计划中的"城市源控制"项目，是昆明市积极争取日元贷款的重点环境治理项目。工程范围涵盖整个昆明主城片区，目的是从根本上削减滇池北岸进入滇池的污染负荷，根本改善昆明主城区的水环境状况，提高城区防洪排涝标准。2001年开始项目前期工作，2003年9月完成《项目建议书》上报国家发改委。2005年7～8月北岸工程顺利分获国家环保总局和水利部对《环境影响报告书》和《水土保持报告书》的批复，10月征地工作进入交地程序。11月1日至6日，由日本协力银行进行了项目预评估。2006年1月13日，梁晓谷副市长代表昆明市委、市政府，在北京与日本国际协力银行项目评估团签署了"日元贷款昆明市滇池北岸水环境综合治理项目评估"备忘录，这是2005年度国内最大的日贷项目，标志着滇池北岸工程项目进入了实质性阶段。

【农村面源污染控制】 流域内建成生态卫生旱厕50 856座，促进了农村卫生环境的改善；在环湖16个乡镇建成了垃圾收集间700个，配备了清运车、保洁员；在流域内农田控制农药使用面积达到24.8万亩，替代农药推广面积13.2万亩/次，化学农药用量下降了53%；实施平衡施肥105.6万亩，推广"榕风1号"秸秆还田6万亩，氮肥、磷肥用量下降了15%。

【《滇池湖滨湿地建设详细规划》通过评审】 建设湖滨生态湿地是滇池综合治理的一项重要措施，同时也是《滇池流域水污染防治"十五"计划》的重要内容。2004年12月6日通过招标，确定了由清华大学牵头进行《滇池湖滨生态湿地建设详细规划》（以下简称《详规》）。《详规》以环滇池保护生态规划作为总体框架，采用多目标综合决策技术、遥感和GIS技术、湿地生态功能恢复技术等，以可持续发展战略为指导，以湖滨生态系统的恢复与重建和滇池水环境质量改善为目标，以环湖湿地生态、生态村建设和景观节点工程建设为主线，按照生态学中的整体性、物种多样性原理和因地制宜、种群配置的原则，确定各乡镇的生态湿地建设规模、空间布局、结构形式以及建设管理模式。规划建设以自然湿地恢复和人工湿地建设相结合，结构完整、生态功能完备的湿地生态系统和生态村体系，能够促进生态环境和水环境的改善。2005年3月28日完成了《详规》（送审稿），2005年5月26日至27日，由昆明市滇池管理局主持，邀请了省内外生态方面和相关领域的9位知名专家以及省市区相关部门的代表，在昆明召开了《详规》（送审稿）的评审会。专家组认为本规划指导思想正确，规划原则符合湿地生态系统基本规律，总体目标合理，技术路线先进，重点突出，内容丰富，数据翔实，可操作性强，规划成果满足本阶段的技术要求，同意通过评审。

【科技示范】 根据《滇池"十五"计划》提出的农村面源污染控制要求，昆明市滇池管理局利用省九湖办专项资金及市级配套资金，在滇池流域的呈贡、嵩明、晋宁、官渡4县（区）实施了5万亩秸秆直接还田控制滇池农业面源污染技术示范工程。2005年12月28日，由省九湖办主持，邀请省、市有关专家，对市滇管局组织实施的5万亩秸秆直接还田控制滇池流域农业面源污染技术示范项目进行了验收。该项目共实施完成示范面积50 379亩，处理了5.6万吨新鲜多汁秸秆直接还田成肥，减少了农业面源污染物氮磷的排放量，有机质得以再次循环利用。资源化利用的秸秆量折合化肥897吨、价值234万元。节约农业垃圾清运费1.4万元，产生了显著的经济效益、环保效益和社会效益。新鲜多汁秸秆直接还田成肥技术对控制农业面源有机物流失污染、绿色生态农业建设、农村环境卫生整治、实现“十五”计划关于农业废弃物资源化利用的控制指标均具有重大意义。

【滇池防汛、蓄水】 按照《滇池控制运行计划》，为做好滇池防汛、蓄水工作，确保沿岸工农业和生活用水，2005年8月以来，滇池流域普降大到暴雨，滇池水位上涨较快，滇池水利管理处、西园隧道管理处严格按照滇池水位要求，启动“滇池防汛应急预案”，组成防汛抢险分队24小时备勤坚守岗位，每天巡查河道，发现问题及时处理，保障了滇池防洪安全。

【滇管综合行政执法】 昆明市滇池管理综合行政执法总队，对在滇池综合执法区域内破坏湖泊生态环境、污染水体，乱排乱倒污水污物等违法行为依法进行严肃查处。2005年共组织了25次大规模的专项执法行动，共查处各类违法案件701起，拆除违法建筑2 850平方米，清挖违法围湖造田5 100平方米，受理并查处群众举报和市长热线246起，有效制止了污染滇池的行为。综合行政执法工作效果明显，得到社会的好评。

【入湖河道管理】 入湖河道管理工作是滇池综合整治的一个重点和难点，滇池流域共有大小70多条入湖河道，入湖河道实行属地化管理，按照“两级政府、三级管理、条块结合、以块为主”的方针，由河道所属县（区）政府负责日常管护工作，市滇池管理局加大监督检查力度，在流域7个县区共配备河道保洁人员408人，共派出保洁员21.3万人次，2005年，沿湖四县（区）相继挂牌成立综合执法分局，加大了对沿河各种违法行为的查处力度，严厉打击非法侵占河道、向河道乱扔垃圾及排放污水等违法行为，使河道的脏、乱、差状况有所改善。

【清除蓝藻、打捞水葫芦】 为切实有效地控制和减少滇池污染，实现滇池流域水污染防治目标，改善和保持滇池水面景观，开展了重点水域的蓝藻清除和滇池水葫芦打捞及处置工作。2005年以来，共出动7万多人次，1万多船次，打捞和清运水葫芦（漂浮物）27.2万吨；采取了流动式、移动式除藻和固定式排藻措施，清除蓝藻富藻水440万立方米（约清除蓝藻1.7万吨），基本做到滇池无成片水葫芦漂浮，改善了重点水域景观，分别削减了总氮、总磷451吨、96吨。

【滇池渔政、海事监督管理】 昆明市渔政监督管理处为加强渔业资源管理，增加鱼苗鱼种的投放，2005年度向滇池投放高背鲫鱼苗270万尾、鲢、鳙鱼150万尾，鱼苗成活率达95%；依法取缔违禁渔具，加大水面执法力度，共出动船艇624船/次，出动执法人员1 443人次，抓获违法人员582人，收缴各种船只（筏子）607只，网具564张，清除虾笼1.3万个，拔除竹竿、木桩4.2万根，拆除迷魂阵2 600余个，罾架387个，严厉打击各种非法捕捞行为。2005年4月22日，成立了渔业协会。

昆明市滇池地方海事处加强对滇池水上日常安全监督检查，对滇池水域各码头（临时停靠点）、船舶进行日常安全检查，严厉查处超载、违章航行、无证驾驶、三无船舶等违章行为，确保了滇池水上交通安全。根据人大代表、政协委员的建议、提案，为解决滇池燃油营运机动船对滇池污染的问题，通过深入调研，结合滇池的实际，拟定了《禁止滇池燃油营运机动船艇实施方案》并召开了专家论证会。

【“关爱滇池”热线电话开通】 2005年1月31日“关爱滇池”热线电话正式开通，诚邀广大市民共护滇池，以此形成良好的社会联动机制和氛围。同时，昆明市滇池管理综合行政执法局也开设了举报投诉电话4310333（白天）、4316102（夜间），接受市民投诉举报。

【滇池保护宣传教育】 滇管局会同市委宣传部、市环保局、市总工会、市妇联、团市委，编印了《爱我春城，护我滇池，共建现代新昆明美好家园》的倡议书和《保护滇池市民行为规范手册》。在各县区先后组织了8次以保护滇池为主题的宣传活动，联合开展了“春城义工”和“保护滇池巾帼行动”活动。协助中央、省、市相关新闻媒体组织专题采访报道10余次，组织各类宣传报道53次，新闻报道300余篇。先后组织了大、中、小学生近860人/次开展宣传教育活动。通过“关爱滇池”热线电话，宣传《滇池保护条例》、《昆明市城市排水管理条例》同时对执法情况进行了公开报道，促进市民提高环保意识。

（李　霞　彭　昕）

滇池投资

【法人治理结构初步建立】 2005年，昆明滇池投资有限责任公司按照构建现代企业制度的要求和相互制衡、相互协调的原则，建立了由董事会、监事会、经理层组成的公司治理结构。董事会下设投资、风险、审计、薪酬等专门委员会。公司内设有行政管理部、人力资源部、财务中心、投资开发部、资产管理部、工程部、收费中心等7个职能管理机构，并通过对原昆明市城市排水公司进行改革重组，设立了5个全资专业化子公司；加强内部管理制度建设，基本建立了劳动用工管理、薪酬管理、行政事务管理、财务管理、资产经营管理等内部管理规章制度，岗位职责规范和绩效考核评价体系初具雏形；突出财务管理核心业务，着力构建财务中心，组织开展清产核资、资产评估和生产运营成本核算，认真梳理生产工艺流程和管理环节，开展管理挖潜，通过财务管理信息系统建设，建立财务集中统一管理制度，强化全面预算管理；广泛与业内机构接洽，交流学习经验，开展国际、国内著名水务投资集团研究分析和政策咨询，研究制定了公司中期发展战略规划；强化职工素质教育和业务培训，大力开展企业文化建设，确立了“谦爱、恒信、卓远”及“为社会、为出资人、为员工”这一企业文化精神和核心价值观。

【推进改革重组】 在深入开展国际、国内著名水务投资集团研究分析的基础上，结合公司的实际，研究确定了公司化治理、专业化管理、市场化运作、社会化服务的企业改革方向和“总公司经营多元化、子公司经营专业化”的改革思路，并于6月底对原昆明市城市排水公司进行了以专业化管理为核心的复合型战略重组，通过建立以资本控制为纽带、以产权管理为核心的新型母子公司法人治理结构和管理体制，实现了战略管理职能和专业经营职能相分离；通过整合企业内外部资源，盘活存量资产，集中利用资源，形成并延伸相关产业链和价值链，发挥产业集群优势；通过资产结构的战略性调整，发挥优质资产的融资功能，加快培育公司上市主体，尽快打开资本市场通道，拓宽融资渠道。

【滇池治理项目稳步推进】 2005年，加大落实市委、市政府关于滇池治理的工作部署，认真履行项目业主职责，开展了船房河、乌龙河截污综合治理工程的规划调整、初步设计调整和报批、征地拆迁、施工招标等一系列前期准备工作，船房河、乌龙河截污综合治理工程于11月18日正式开工。到12月底，已开工建设的船房河、乌龙河截污综合治理工程共筹资金5.3亿元，超额完成了市政府下达的2005年完成5亿元的融资任务；同时积极配合昆明市滇池北岸水环境综合治理工程建设管理局完成工程可研设计，顺利通过了日本政府贷款的预评估；此外还通过向社会公开招聘并经国家科技部审查，组成了“863”科技攻关滇池课题责任专家组，编制完成了课题实施方案并获得国家科技部正式批准立项，于11月25日完成了“863”滇池课题五个子课题的招投标工作，确保了“863”滇池课题在年内正式启动。

【市政服务功能增强】 坚持以确保污水处理水质、水量为中心，以各项管理制度和操作规程为保证，采取了签订资产经营目标责任书、适时监测出水水量水质、污水处理厂对社会开放等一系列措施，加强污水处理厂运营监督管理，努力确保现有6座污水处理厂稳定、高效运转。2005年各污水处理厂预计处理污水17 092万立方米，回用水8 382万立方米，产生脱水污泥105 533吨。在做好昆明主城区425公里排水管网、44座泵站日常运行维护的同时，完成明通河盖板抢修，对正和小区和清巷、昆明面粉厂、南强片区、董家湾片区等重点淹水点和北京路、昆师路等路段部分排水管网进行了工程改造，疏挖下水道181.3千米，检查井7 208座/次，处理淹积水点192个点，泵站抽排水1.32亿立方米；编制完成16处重点水淹点排水管网的整改方案，制定《GMS会议期间各责任点防洪应急抢险预案》；组织完成防洪演习2次，出动防洪抢险75次，抢险人员372人/次，抢险车辆101台/次，抽排淹积水5 806万平方米，确保了GMS会议期间及汛期防洪排涝保障任务的完成。

【建立“一票两费”收费机制】 配合省、市发改委完成了污水处理价格核定及调整听证会工作；按照政府明确的职责，积极与市财政局、市国资委、市发改委、市自来水公司对接协商，初步形成收取和使用污水处理费“一票两费”的收取方案，已进入细节对接阶段，可望于2006年1月1日起实行。1～11月，完成自采水污水处理费收费630万元，预计全年完成700万元。

【整合利用优势资源】 积极探索城市排水、污水处理设施资本运作及资产经营管理路子，开发利用污水处理下游产品，推进污水、污泥资源化和再利用，延伸相关产业链；整合利用人力、技术、专用设备等资源，对外开展工程项目技术咨询、管理，信息技术咨询、开发利用，物流、园林绿化等业务，努力培育新的经济增长点。

【“三个文明”建设协调发展】 在市委组织部、市国资委的帮助指导下，于7月9日选举产生中国共产党滇投公司第一届委员会及第一届纪律检查委员会，8月相继成立了5个党支部；按照市委、政府安排部署及对保持共产党员先进性教育活动各阶段的具体要求，结合公司体制改革实际及“云岭先锋”活动的开展，组织公司党员认真参加市第二批保持共产党员先进性教育活动，党员的党性修养得到进一步提高，在生产、运行、稳定等工作中切实发挥到模范带头作用；以先教活动为契机，积极推动公司各级领导班子自身建设，加快民主集中制建设进程，为企业的改革发展发挥坚强的政治核心作用和战斗堡垒作用；将企业改革与战略重组中的稳定工作作为党委及各级党组织的一件大事来抓，充分发挥群团组织与广大职工群众相联系的桥梁纽带作用，采取多种形式，加强宣传教育，认真落实、妥善解决涉及职工切身利益的保险、退休人员待遇、住房补贴等工作，全面排查不稳定因素，有效避免职工群体性上访事件的发生，保持了公司改革阶段的稳定；加强党员队伍建设，全年共有10名一线职工加入党组织，7名预备党员按期转正，先教活动民主评议中45名党员被评为优秀，其余党员均为合格，无不合格党员，先教活动群众满意度测评中，总体满意率98%；围绕“谦爱、恒信、卓远”这一企业核心价值观，通过建立和实施企业远景目标，提升广大职工对公司的认同感和归宿感，逐步构建有利于社会、有利于国家、有利于公司、有利于员工的企业文化；发扬集体主义和奉献精神，先后为灾区、贫困地区捐款2 911元，捐衣物2 430件/套。

（昆明滇池投资有限责任公司）

建筑业·房产业

建筑业

【建筑生产】 2005年，昆明建筑企业完成总产值349亿元。按所有制分：国有企业完成125亿元；城乡集体企业完成27亿元；其它所有制企业完成197亿元。竣工房屋建筑面积1 191万平方米；按所有制分：国有企业完成357万平方米；城乡集体企业完成184万平方米；其他所有制企业完成650万平方米。

2005年，国有建筑企业全员劳动生产率，按产值计算，年人均15.7万元；按竣工面积计算，年人均44.6平方米；实现增加值21.5亿元，实现税利4.3亿元；国有净资产总额达到30.4亿元；动力装备率和技术装备率人均达5千瓦和9 091元。

【国企改革】 2005年，昆明市建设局根据新一轮深化国企改革第一年度工作重点，针对系统内国有企业体制不顺、机制不活、负担沉重、技术落后、管理粗放五大难题，深刻认识到深化以国有企业为中心的经济体制改革是加快建设局所属企业经济结构调整和生产力发展的关键，把所属企业转变为自主经营、自负盈亏、自我约束、自我发展的市场主体，建立起不断进行技术创新和提高效益的内在机制，是深化国有企业改革的最终目标。全面完成了改革考核企业的收尾和完善工作以及对已改制企业的回访调查和跟踪问效，使具备条件的企业90%以上深化了公司制改造。

【安全生产】 市建设局始终坚持安全生产是建筑业发展永恒的主题，认真贯彻落实“安全第一，预防为主，综合治理”的方针，狠抓建筑施工安全管理，安全工作取得良好成效。2005年与市属5区、8县、1市建设行政主管部门、3个开发区建设行政主管部门及6家市属建安企业共计23个责任单位签订《2005年安全生产目标管理责任书》，对211个工程项目进行了安全前提条件审查；对17 000余人进行了“三标六规范”、“特殊工种”、《安全生产法》等内容的培训。全市建筑业企业“三类人员”12 500余人通过安全生产考核，并取得合格证书。全年开展安全生产专项检查80余次，查出安全隐患350余条，整改率达96.4%。2005年昆明建筑业创建安全文明卫生达标工地143个，其中：安全文明卫生样板工地11个。995家建筑业企业办理了安全生产许可证。2005年全市施工现场共发生安全事故28起，死亡28人。

【工程质量监督】 昆明市建设局认真贯彻国务院颁布的《建设工程质量管理条例》和《建设工程质量监督导则》，大力推行建设工程质量监督制度，严把质量关，实行建设工程竣工验收备案。确保建设工程质量有效提高。2005年，办理工程质量监督项目217项，面积414.52万平方米，办理项目竣工备案117项，面积256.6万平方米。工程质量一次验收合格率达95%。

【招标投标管理】 市建设局认真贯彻《中华人民共和国招标投标法》，全年昆明市建设项目全年报建444项，建设投资86.1亿元，应该公开招投标项目招标率达100%，公开招标率53.39%，邀请招标率46.61%。严格按照公开、公平、公正的原则，加强了开标、评标、定标的管理，实行专家评标、招标人定标，政府监督和管理运行机制。交易中心完成中标项目390项，不断完善昆明建筑工程交易中心住处管理计算机系统，实现了办公自动化管理，实现了网上投标报名。

【建筑管理监察】 检查市政道路施工项目84次。市城区50万以上的在建工程项目（含装饰装修项目）359项，检查覆盖率98%。查处各类违法违规项目113项，占检查项目的27%，已处理47次。

【勘察设计管理】 市建设局认真贯彻落实建设部《建筑勘察设计市场管理规定》，不断规范勘察设计单位执行强制性标准的行为，建立健全设计质量终身责任制。对72项建筑工程项目抗震设防专项审查进行了审批，组织全市优秀设计评选，完成市属38家勘察设计单位的丙级资质年检。完成全市乙级、丙级设计院资质申报的初审工作，完成146个建设项目的施工图审查工作。

【建筑队伍管理】 2005年，全市有建筑企业1 036家，从业人员29.07万人。根据国家建设部、省建设厅建筑业资质管理规定，完成新报企业审批、发证246家。组织二级建造师执业资格考核培训1 678人，三类人员培训8 000人，技术工种培训2.15万人。对全市827家建筑业企业、28家监理企业进行年检。合格率达80%以上。

【工程造价与编审预算】 市建设局加强建设工程造价信息管理和宣传，全市共发行了6期8 800余册《建设工程价格信息》，处理工程造价纠纷12起，发放预算资格证3 950多份。加强概预算的编审工作，内强素质、外树形象，全年完成收入105万元。

【建筑设计】 昆明市建筑设计研究院，在完成改制后，全年完成勘察设计项目64项，市政设计5项，可行性研究项目6项，规划设计6项，建筑设计总面积198万平方米。完成工程勘察项目76项。

【推广散装水泥和商品混凝土】 认真实施《昆明市预拌商品混凝土管理办法》，坚持鼓励节约能源，降低成本，提高工程质量，改善劳动条件，减少环境污染的原则。全市散装水泥达101.8万吨，散装率46.5%，同比增长29.4%，为社会节约生产成本3 563万元。预拌商品混凝土320万立方米，占全省总量的90%以上，节约社会资金3 765万元。

【新墙体材料革新与节能】 2005年，市建设局墙改办围绕环保、节能、保护耕地、利废及改善建筑功能的墙改工作目标，深入开展墙材革新及建筑节能工作，认真落实《新型墙体材料开发利用和建筑节能管理办法》，基本完成在规划建成区内的“禁实”目标，并将“禁实”工作推向各县区。2005年内，全市新墙材生产能力达18亿标块，产量达6.7亿标块，主城区内建筑工程应用新墙材比例超过95%，节约生产能耗4.15万吨标准煤，节约土地737亩。

【建筑科技教育】 市建设局加大推广行业科技力度，注重科研成果转化为现实社会生产力，以科研促生产，以发展强科技。积极做好新型防水材料、新型轻钢结构等10大新技术的应用，加强职工教育培训，贯彻落实《云南省专业技术人员继续教育条例》举办了专业技术人员继续教育培训，共约263人参加。

【劳保费用行业管理】 劳保处负责昆明地区建筑施工企业劳动保险费用的返还、清退和管理工作，对昆明市所属14县（市）区的劳动保险费用管理工作业务指导、协调和监督，负责市属五家建筑施工企业在职职工3 923人和离退休职工4 261人的养老保险，工伤、生育保险工作。2005年1至12月份，共收缴养老保险金9 946 852.10元，发放离退休职工养老金31 945 241.02元，为维护社会稳定作出了积极的贡献。

【再就业服务分中心】 建设局进一步深入贯彻《中共中央、国务院关于切实做好再就业工作的通知》精神，依据政策，认真做好下岗职工的安置分流和再就业工作，办理公益性岗位五大保险金9.37万元；确保资金按时到位，没有克扣和挪用情况。公益性岗位现有人数31人。

【建筑业联合会】 昆明建筑联合会，充分发挥行业协会的职能作用，起到了纽带和桥梁作用。积极推行“春城杯”市优良工程评选。共评出“春城杯”市优工程120项，评选先进企业44家，“优秀企业家”36人，优秀项目经理47人，出刊《昆明建筑业》8期达4 000多册。

【便民服务中心窗口】 2005年共办理行政审批项目1 445件，即办件734件，承诺件711件，办理各种业务咨询3 327人次。窗口工作人员认真负责，服务热情周到，被评为先进窗口。

【清理建设领域拖欠欠款和民工工资】 2005年以来，市建设局、市清欠办在市委、市政府的领导下，以清理“中国工程建设信息网”上反映的拖欠项目为重点，全面开展清欠工作。2005年5月，网上反映昆明市累计拖欠18.85亿元。至2005年9月底，昆明市的政府项目原始累计拖欠6.22亿元，已清还5.92亿元，清欠率达99.61%，基本完成了省政府提出的“9月底前完成网上政府投资项目全部清欠”目标任务；至2005年11月底，昆明市网上各类拖欠项目清欠17.75亿元，尚欠1.1亿元，清欠率达94.34%，超过了93.72%的全省平均清欠率，提前1个月完成省政府下达的2005年底各类拖欠项目90%的清欠任务。在清欠农民工工资方面，2005年春节前，全市共清还拖欠农民工工资6 264万元，完成了国务院要求在春节前基本兑现拖欠农民工工资的任务。对2005年以来新增的拖欠农民工工资，做到了一旦发现，及时督查，及时清欠。

（杨剑屏　梁俊雄）

房产管理

【完成1 200套廉租房建设任务】 2005年，完成了市政府向全市人民承诺的为民办十件实事之一的1 002套廉租住房的建设和清收198套市级党政机关、事业单位闲置公有住房任务。市房管局把廉租房建设作为全局的中心任务、头等大事来抓，局长亲自住在施工现场办公，及时协调和处理廉租房建设工作中的有关事项。目前，新建的1 002套廉租房和198套清收房屋，已如数下划到四区，按程序和要求进行分配。

【3万平方米廉租住房建设任务】 2005年昆明市承担了省政府下达的3万平方米廉租住房的建设任务，这是省政府今年为民办十件实事之一。根据市政府安排部署，3万平方米廉租住房工程由市房管局负责。新建的3万平方米廉租住房在银河片区龙头街建设，总投资5 745万元，共计612套房屋。为保证工程的顺利进行，派专人每天在现场跟踪督办工程进度、资金划拨和工程质量，并建立廉租房日报台账制度，及时协调解决各种问题。

【全市低保户住房情况摸底调查】 按国家和省建设厅、省民政厅要求，由市房管局牵头，会同市民政局对全市14个县（市）区低保户住房情况进行摸底调查。这项工作的完成，为统筹解决全市低保户住房困难问题奠定了基础。

【做好住房价格稳定工作】 2005年1月28日，市政府发出《关于进一步加强商品房预售管理的通知》，加强了商品房预售管理，规范了开发企业的经营销售行为，充实和强化了商品房网上合同登记备案制度，并向社会和开发企业发出了通告，使商品房销售公开、透明，有效遏制了炒房的投机行为，使房价保持在较为平稳的水平上。根据王文涛市长关于“相关职能部门要提出对策，提出稳定全市房价的各项措施和政策，确保房地产业稳步发展”的批示，对近两年来的房地产市场情况进行了全面采集、统计、分析，拟定了《昆明市房地产市场形势分析》和《稳定昆明市房价的对策》等调研报告，为市政府加强房地产市场的宏观调控提供了依据。

【建立房地产市场信息和预警预报系统】 积极推行房地产管理规范化、现代化、科学化的发展战略，建立了专业、科学的房地产预警预报信息系统，对全市新建商品房全部采用信息化和网络技术进行管理。该系统通过了国家房地产信息系统第一阶段的检查验收，使房产管理提高到了新的水平。全市房地产开发公司均进入“昆明市房产信息网”进行网上商品房销售和合同登记备案，建立起一个由市统一审批、管理、监控的运作体系，并且规定商品房预售实行许可制度，由市房产行政主管部门发放。一年来，共查处了不按规定申报或预售资料不全的房地产开发企业5家。

【强化房地产市场规范管理】 市房管局与市统计局开展了昆明市城镇居民住房现状和需求调查，了解居民对房屋类型、结构、面积、户型、价位、区位、数量等的需求情况，对全市房地产开发项目进行调查摸底，清理房地产开发项目，对全市300多家房地产开发公司进行了培训和调查统计，并认真做好商品房新建面积、销售面积、空置面积，同质楼盘价格对比等调查、统计、分析工作，不断加强社会服务功能，全面掌握昆明房地产业发展的真实情况，有针对性地提出调控对策，促进市场供应结构的合理化，更好地为社会、广大市民和房地产业服务。截止10月底，共办理商品房购销合同登记备案38 704套，成交金额161亿元，成交面积538万平方米，办理存量房转让24 920套，成交面积225万平方米，成交金额46亿元，核发房屋所有权证48 085本，发放共有权证10 956本，办理房屋他项权证18 835本，为国家代征契税1.3亿元，代收土地收益金539万元。

【第九届房交会】 2006年10月与建设局联合举办主题为“住宅与发展”的第九届房交会。此次房交会共有89家房地产开发企业参加，参展楼盘104个，在为期5天的时间里，参加人数达36万人次，合同成交5 953套，成交面积577 617平方米，成交金额15亿元。在房交会上，举办了“2005年房地产创新与合作论坛会”，有近60家房地产开发企业，100多位代表参加了会议。会议对国家宏观调控政策，企业合法经营行为和发展方向等进行广泛研讨，对培育昆明房地产市场起到了促进作用。

【直管公房修缮和雨季防洪抢险】 全年按计划有步骤地修缮直管公房9万多平方米。同时，从市局到区局、房管所建立了防洪值班工作机构，组建了雨季防洪抢险突击队，安排24小时防洪值班，准备了各种抢险物资，做到无论白天黑夜，一旦出现灾情就立即出动，确保了雨季期间直管公房居住户的生命财产安全。

【“三类危房”住户改造】 为确保危房住户的安全，搬迁直管公房的危旧住宅913户，建筑面积28 150.40平方米，搬迁非住宅46户，建筑面积7 029.60平方米。

【直管公房建账立册和出售】 对现有直管公房进行清理，建立台账，登记在册，掌握全市直管公房的动态管理。并按市的统一部署安排，严格按照直管公房出售办法和程序，全年出售直管公房2 600套（含2004年底部分手续未办完的在内）。

【闲置公房清收】 积极抓好市级党政机关及事业单位闲置公房的清收工作。通过反复到市级闲置公房管理单位做工作、催收房屋，圆满完成了清收198套闲置公房的任务。

【妥善处理群众集体上访】 2005年，处理直管公房住户和私房住户来信来访5 000余人，妥善解决了倪家湾59户直管公房住户停水停电问题、鸿运小区和福德小区产权历史遗留问题。同时积极做好落实私房政策工作，全年共落实退赔房屋22间，建筑面积411.73平方米；经济补偿1件，金额4 148.98元；产权对换1件。

【规范城市房屋拆迁管理】 2005年全市主城区房屋拆迁面积共207万平方米。已经完成的拆迁项目有：华山西路道路拓宽拆迁改造工程，滇池北岸治理一期建设拆迁工程，武成路11号地块拆迁改造，西站80号地块的绿化拆迁改造，龙翔街拓路拆迁改造工程；正在进行的拆迁项目有：顺城街、文明街、高山铺、东庄、东南二环（两线）等片区。在拆迁管理过程中，主要采取教育疏导，防止激化；预防为主，防患未然；规范管理、依法行政的方法协调和处理拆迁纠纷。

为了加强全市城市房屋拆迁管理，维护拆迁当事人的合法权益，在全市范围内积极推行拆迁工作“六项制度”，对正在实施中产生的拆迁纠纷、拆迁隐患等问题，定期进行认真清理和排查，做到底数清、情况明，针对每个拆迁地块出现的问题，明确职责分工，健全机制，加大行政协调和督查力度，采取有效措施，切实把拆迁纠纷和矛盾解决在萌芽状态、解决在基层。

为提高全市的拆迁管理水平，统一全市的拆迁政策，对全市14个县（市）区房管部门负责人和有关人员进行了拆迁法律、法规政策和安全生产的培训，并和各县（市）区房管部门签订了《房屋拆迁安全生产责任书》。为确保被拆迁人的知情权，确保拆迁公开、公平、公正进行，先后六次举行了有700多拆迁当事人参加的听证会，听证会还邀请了各级人大代表、政协委员、办事处、社区居委会等具有社会公信力的代表参加，受到社会各方面的关注和好评。2005年5月，全市房屋拆迁管理工作受到全国拆迁委员会嘉奖。

【抓好住房分配货币化】 2005年是实施住房分配货币化工作的第5年，在继续完善住房分配货币化政策的同时严格按审批程序做好发放全市住房补贴工作，全年共审批市、区级机关事业单位156家，无房和住房不达标职工5 616人，住房补贴资金8 000多万元。会同市老干局、市财政局对行政单位无房、住房不达标的离休干部进行了住房补贴审核发放工作。2005年市政府安排的1 500万元住房补贴资金，全部按照先离休、退休职工，后在职职工的顺序有计划地发给市公安、市教委等部门的无房、住房不达标离休干部和退休无房职工。审核异地干部交流住房补贴13人；为35家企事业单位修改实施住房补贴方案办法并复函；批准25家单位使用售房收入发放住房补贴；批准32家单位使用住房公共维修金760多万元。

【存量公房出售收尾工作】 根据省政府房改工作的部署和《昆明市出售存量公有住房问题的通知》规定，继续做好存量公房出售的收尾工作和处理企业改制中的住房遗留问题。全年审核房改售房个人审定书386个单位、5 034户；批准了355个单位、5 000套公有住房的出售审核；完成房改房变更产权表3 000多份，直管公房1 400多件的审核、计价工作和房改房上市交易7 000多份的查档；审核22个企业单位、1 305户职工购买单位集资自建住房资格。

【对企业住房分配货币化的指导和协调】 针对企业情况复杂的特点，根据国务院通知和省、市政府关于企业住房制度改革的精神，从实际出发，分类指导，明确了企业住房货币化要因地制宜、方式自选、民主决策、稳步实施，允许企业运作有多种住房分配方式。根据企业分配方式的多样性，采取多种形式、办法，深入到单位指导工作，力求以点带面，稳步推进。

【完善房产法律、法规】 按照市委、市政府的要求，紧紧围绕房产管理中心工作，以宪法为核心，专业法为重点，开展“四五”普法教育和“三五”依法治局为基础，聘请司法局和法制办专家进行辅导，培训干部职工114人，考试合格率达100%，进一步增强了全局干部职工的依法行政意识，强化了行政执法部门和行政执法人员依法行政水平和运用法律手段管理房产事务、社会事务的能力。

2005年，按照市政府下达的年度立法计划任务，结合房管工作实际，制定立法工作计划并组织实施。组织修订地方性法规《昆明市房地产交易管理条例》(修正案)；会同发改委制定《昆明市城镇最低收入家庭廉租住房租金标准》；草拟了《昆明市城镇最低收入家庭廉租住房分配和管理实施意见》并组织实施。配合GMS会议的召开，参与起草《昆明市主城东、南二环路沿线房屋拆迁、征地补偿指导意见》，草拟了《昆明市城镇最低收入家庭廉租住房管理办法》、《昆明市共用部位共用设施设备维修基金管理规定》、《昆明市经济适用住房管理实施细则》、《昆明市物业管理实施细则》、《昆明市商品房预售资金监控管理办法》和《昆明市房屋拆迁安置资金监督管理规定》。开展清理法规规章及行政执法主体工作，理顺行政关系，培训中层干部74人。依法规范行政行为，办理行政复议案件5件，应诉案件131件。

【妥善处理物业管理中的矛盾和纠纷】 根据国务院《物业管理条例》，针对昆明市物业管理政策法规不健全，行业管理不规范的情况，组织草拟了《昆明市物业管理招投标管理办法》，同时做好物业管理职能下划区级房管部门的衔接和协调工作。一年来，协调解决了春晖小区综合楼产权归属问题、江东花城一期业主反映开发商占用绿地建房问题、南华小区水质污染问题、新迎北区和新迎南区业主反映的物管问题、静园小区养鸡扰民等40多个小区的问题，处理协调物业上访件105件，接待上访群众2 000多人次。共指导盘龙、五华、官渡、西山四区房管局审核物业管理企业资质188家，其中，批准成立物业公司61家，资质年检127家，与四区房管局共同指导成立小区业主委员会48个，培训物业管理岗位人员280人。

【深化局属企业改制】 为深入贯彻落实中央经济工作会议及省、市深化国有企业改革总结表彰会议精神，在市国企改革领导小组的指导下，按深化国企改革的总体思路，继续抓好局属企业的改革工作。其中完成了昆明市房屋开发总公司、昆明民用建筑设计研究院、昆明市合作建房经营管理处、昆明市金臣屋业开发经营中心、昆明市房屋拆建经营开发公司5家企业的改制工作。

【做好企业军转干部稳定工作】 局党组高度重视局属企业军转干部的稳定工作，成立了以张天昶局长为组长，其他党组成员为副组长的企业军转干部稳定工作领导小组，建立了保稳责任制，层层抓落实。2003～2005年把军转干部的生活补助费按时足额地发放到局属困难企业干部的手中，认真做好上访军转干部的政治思想工作。在2004年12月上访事件中，个别企业军转干部参与了上访。为做好上访人员的思想工作，张天昶局长亲自带领有关人员，利用休息日和节假日做上访军转干部的思想工作。通过深入细致的工作，上访军转干部的思想发生了转变，情绪基本稳定。2005年，企业军转干部没有发生集体上访事件。

【指导县（市）区房产管理业务】 2005年以来，加强了14个县（市）区房产管理业务工作指导。局领导班子成员分成3个小组，率业务处室分别到市属各县（市）区进行工作调研和业务指导。今年各县（市）区房产管理工作较往年有了明显提高，并且在不同的业务工作中取得进展。其中，嵩明县办理房产抵押1.2亿元，安宁市完成拆迁面积7.7万平方米，石林县调解处理产权纠纷3起，呈贡县办理房屋产权登记1 500宗，寻甸县完成商品房预售合同备案登记287份，宜良县归集房产档案1 200余卷，禄劝县受理房屋安全鉴定7 600余平方米，晋宁县完成房地产交易250多起，盘龙、五华、官渡、西山四区重点开展了廉租房的调查摸底、受理申请、分配和房屋管理工作。

【人大建议、政协提案和群众来信来访办理】 2005年，全局共收到各级人大代表建议和政协委员提案18件，围绕代表提出的房产管理方面的意见和建议，进行了认真调研、协调和落实，并在8月份全部办理完毕，面商率、办复率为100%；共收到人民群众来信284件，已办结277件，办结率为97.5%；上级部门交办件和领导批示件119起，全部办结；共接待群众来访2 300余人(次)，办理局长接待日批办件320件，全部办理并答复，办结率为100%；全年共办理市政府便民热线交办件51件，全部办结，办结率为100%。

（陈　燕　邱　兰）

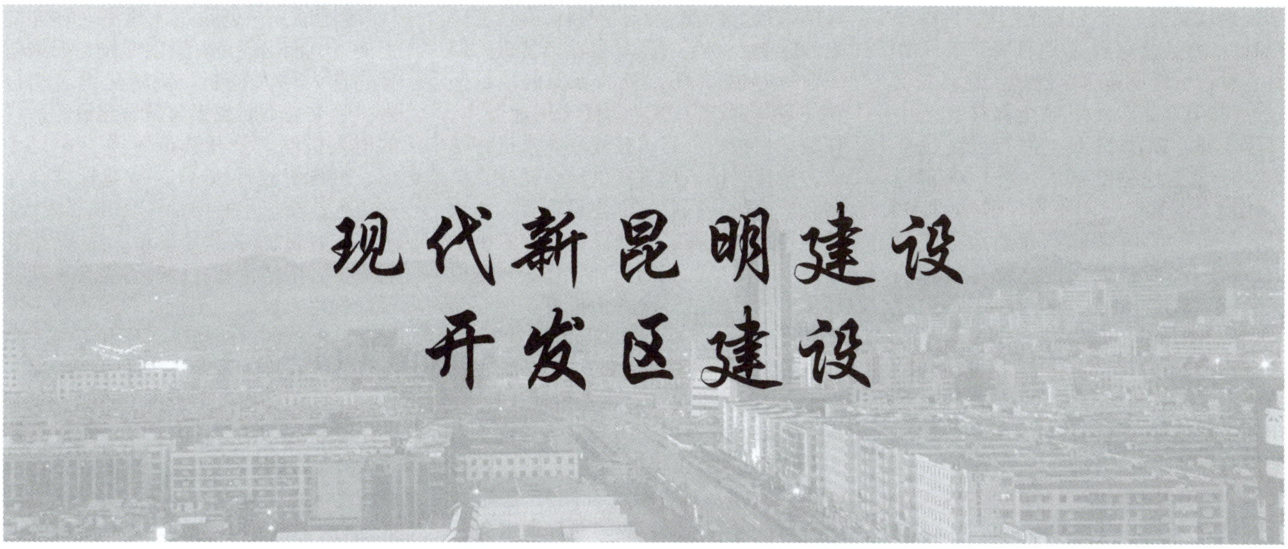

现代新昆明建设 开发区建设

现代新昆明建设 呈贡新城建设

【领导调研】 2005年是呈贡新城开发建设中极为重要的一年。2月25日，市委、市政府出台《关于加快昆明呈贡新城开发建设的决定》，进一步明确新城管委会的职责，并确定市级有最终审批权的行政事项，除涉及加强宏观控制、影响人民生命财产安全的以外，根据呈贡新城开发建设的需要，原则上下放新城管委会审批。4月28日市政府出台《昆明市人民政府关于对昆明呈贡新城管理委员会下放市级行政审批权限的通知》，根据新城建设的需要，第一批310项市级审批事项下放到新城管委会。市委、市政府两个文件的出台，对呈贡新城建设产生了巨大推动作用。

4月21日，市委、市政府领导杨崇勇、王文涛、杨远翔、宋黎明、李江等视察新城，在听取新城建设情况汇报后，省委常委、市委书记杨崇勇提出：新城建设要驶入快车道。5月9日，市委、市政府在管委会召开建设现场会议，确定新城建设当前要重点推进7个方面的项目建设，即市级行政中心、产业项目（信息产业园、云药港项目等）、大学搬迁项目、昆医附属医院二部和师大附中及附小建设项目、物流中心、商业中心、大学和产业项目的配套住宅区。7月11日，省委、省政府领导白恩培、徐荣凯、秦光荣、杨崇勇及省、市部门领导视察新城建设。省、市领导视察了高校迁建、市级行政中心等项目的建设情况后，对新城建设工作给予充分肯定。10月11日，副省长李新华及省、市有关部门在管委会召开"云药港项目"现场协调会，在听取管委会、云白药集团、昆药集团的汇报后，李新华副省长提出昆明市要大力发展云南药业，把云南这一优势资源做成昆明的支柱产业，使云药产业成为呈贡新城的城市支撑产业。11月7日，市委、市政府在新城召开专题调研会，提出举全市之力建设呈贡新城，确定昆明高新技术开发区、昆明经济技术开发区、昆明滇池国家级旅游度假区3个国家级开发区进入呈贡新城。市政府与管委会签订2006年招商引资责任书。12月27日，举行高校迁建奠基仪式，奠基仪式涉及昆明市高校迁建项目一期的云南师范大学、云南民族大学、昆明医学院、云南中医学院、云南医学高等专科学校等5所高校。奠基仪式由副省长高峰主持，省市领导白恩培、徐荣凯、丹增、杨崇勇、杨应楠、牛绍尧、王文涛等出席。省委副书记丹增、昆明市市长王文涛分别代表省委省政府和市委市政府对高校迁建提出要求。

【规划工作】 2005年管委会完成呈贡新城控制性详细规划编制。从2004年10月～2005年3月，管委会共组织16次规划论证会，确保新城控制性详细规划和专项规划高标准、高质量完成。3月22～28日，管委会在昆明市规划局展览馆举办"呈贡新城规划成果展"，将呈贡新城各片区控制性详细规划及各项专项规划公示。期间，邀请参与规划设计的中外规划专家及管委会领导，进行了15场新城规划讲座，现场为群众讲解规划，回答市民关心的问题。据统计，共有近万人参观规划展览，共计2 000余人听取专题讲座，发放规划成果资料6 500份，回收市民意见征求表近100份；有10余家新闻媒体（电视、报纸、广播、杂志）进行多角度报道。4月1～15日，新城规划成果又在呈贡县城公示，10多万呈贡县人民群众参观规划展览。结合公示期间收到的市民意见和建议，对规划成果作了最终完善。5月11日，昆明市委召开昆明呈贡新城规划汇报会，昆明市委、市政府、市人大、市政协、市纪委领导和相关专家听取了汇报，规划成果得到与会领导及专家的肯定，并获得原则性通过。继完成新城8个片区控制性详细规划及10项专项规划后，结合新城建设实际需要，提出要进一步完善新城绿地系统规划、消防专项规划、中水系统规划、人防设施专项规划等规划工作，以上各项工作已开始进行。11月21日，市政府正式批复批准新城控制性详细规划和专项规划。

【重点项目】 市级行政中心搬迁项目。5月8日市级行政中心搬迁项目一期用地942亩正式移交，5月16日市级机关搬迁项目举行启动仪式。

高校迁建项目。5月8日，昆明医学院、省中医学院、省高等医专、云南师范大学、云南民族大学5所高校与管委会签订合作协议，推进了高校搬迁进驻新城的速度。5月12日，管委会和呈贡县研究成立高校迁建工作促进组，下设6个指挥部，分别为云南师范大学、云南民族大学、昆明医学院、云南中医学院、云南医学高等专科学校迁建项目指挥部及其他重要项目指挥部，具体负责项目征地、拆迁等工作。6月1～3日，分别召开云师大和云南民族大学征地动员会，部署征地工作，确保按照时间和要求完成征地任务。6月20日，举行云南师范大学迁建土地移交仪式，将2 000亩建设用地全部移交云南师范大学。6月27日，举行云南民族大学迁建土地移交仪式，将1 000亩建设用地全部移交云南民族大学。6月30日，举行昆明医学院迁建土地移交仪式，将1 032亩建设用地全部移交昆明医学院。8月15日，云南中医学院建设用地823亩、云南医学高等专科学校迁建用地610亩正式移交。至此，省政府确定第一批进入新城的5所高校建设用地全部移交。10～11月，管委会组织专家分别听取云南师范大学、云南民族大学、云南中医学院3所高校的修建性详细规划方案汇报并对方案进行审查。12月云南民族大学、云南中医学院的修建性详细规划方案报管委会审批。

昆医附一院二部、师大附中和附小、昆明市第三中学项目建设。昆医附一院二部建设项目：6月下旬向昆明市国土资源局上报相关报件资料；委托专业设计机构对医院概念性规划设计、修建性详细规划进行设计。师大附中和附小、昆明市第三中学搬迁项目：经与市教育局、相关学校多轮协商，结合学校实际，基本明确师大附中和附小、昆明市第三中学迁建项目的基本原则和方式。

产业项目。云南国际云药港项目：管委会与云白药集团经过多次洽谈，确定将云南白药集团公司整体搬迁作为云南国际云药港的第一个项目率先启动，总投资6个亿。5月24日和6月1日，副市长李江主持召开云白药集团整体搬迁现场协调会。会后，管委会根据现场会精神，积极开展相关工作，推进云药港项目建设。信息产业园项目：按照市委、市政府的部署，至2005年9月，管委会已向经开区移交信息产业园建设用地4 802亩，确保昆明市信息产业园建设的顺利推进。

物流中心项目。昆明国际集装箱中心站项目自2004年8月20日动工建设，已向昆明国际集装箱中心站项目全部移交项目建设用地1 197亩，截至2005年12月，已完成1.2亿元投资。6月7日在昆交会上签订物流中心开发建设框架合作协议，云南官房集团投资参与物流中心的开发建设和经营。

新城商务中心项目。8月2日，占地720亩、总投资近50亿元的“春城财富中心”项目招投标，云南诺士达集团中标。

产业配套住宅项目。为规范进入新城的高校、行政、工业项目配套住宅建设，管委会制定《行政事业单位进入新城暂行办法》，明确进入新城的项目坚持住宅与生产、办公、教学用地分离，住宅单独报送项目，按规划要求进行建设，按招、拍、挂方式供地。完成“昆明医学院附属医院二部建设项目”用地的规划选址工作；完成昆明市第三中学迁建项目用地的规划选址工作，并完成环保审批，发放环境评价批复。

【基础设施】 6月8日“呈贡新城日供水2～6万吨项目”开工建设。2月5日，马来西亚石康集团与呈贡县自来水公司按照在2004年昆交会上签订的合作协议精神签订《合资合同》，制定合资公司《章程》，组建呈贡石康水务公司。呈贡石康水务有限公司日供水2～6万吨项目是呈贡新城建设中引进的第一个中外合资项目。11月10日，新城雨花片区市政基础设施“中庄路”（暂定名）开工建设，工程全长约14千米，预计总投资5亿元，计划2006年底通车。7月，石龙路改扩建工程开工，工程投资8 000万元，将建成长3.58千米、宽60米，连接昆玉高速公路、新城主干道、昆石公路的新城城市次级快速干道。

【建设项目管理及审批】 完成新加坡工业园区选址工作、“中国——东盟商贸港”项目一期、“亚广影视传媒中心”项目一期、昆明子弟食品有限公司迁建项目等11个项目的建设用地规划选址工作。完成中华涂料有限责任公司建设涂料生产基地项目、银燕包装厂项目、巨力集团建设生产基地项目、云南腾银物流基地项目的规划选址和征地工作。中华涂料有限责任公司建设涂料生产基地项目于2005年12月28日正式开工建设；完成“中外合作昆明北原脑神经外科医院”建设项目、中医院迁建项目、云南大学搬迁至呈贡新城项目、宏信钢结构公司搬迁技改项目、省妇幼保健院迁建项目选址意向调研。完成昆明市少体校迁建项目的选址工作，完成呈贡县园丁小区二期建设项目、昆明学院迁建项目、云南省军区大学生军训基地项目的规划选址工作及环保审批，下发环境评价批复。办理呈贡县园丁小区一期、计划生育服务站业务办公楼项目的建设工程规划手续；办理昆明铁路局建设项目管理中心报建的“呈贡供电局洛羊Ⅰ回线22～38号间迁移”项目的临时工程规划许可证。提出大剧院、音乐厅、博物馆3个项目的选址方案。

【制度建设】 创新用人机制。建立能上能下、能出能进、有效激励、严格监督的选人用人机制。新城建设启动以来，管委会不断探索与新城建设相适应的用人机制。公开选调管委会中层干部；2005年6月26日，新城管委会通过市人才交流中心向社会公开选调中层干部。通过面试、考察后，选调了10名管委会中层干部。同时管委会不断探索新的用人机制，实行助理制和业务主管制，根据各部门实际工作和需要，设主任或局长助理及业务主管，以提高工作效率和服务质量为目标，不断探索新的用人机制。优化用人环境，引进高层次人才，2005年管委会积极参加省市组织的人才交流会，引进留学研究生2人到管委会工作。为适应新城建设的工作需要，管委会积极探索新的引进人才、留住人才的政策和办法，要把新城打造成培养人才的平台，把新城建成人才创业发展的基地。

建设制度，规范程序。为规范新城建设的各项工作，管委会从制度建设入手规范办事程序。出台《管委会主任办公会议事规则》，规范了管委会主任办公会的时间、范围、议题、决策程序。根据《昆明市人民政府关于对昆明呈贡新城管理委员会下放市级行政审批权限的通知》精神，制定了对行使310项市级行政审批权的制度和流程。出台《关于实施市级部分行政审批权限的通知》、《关于实施市级部分行政审批权限对接工作的意见》、《昆明呈贡新城管理委员会建设投资项目审批实施方案》，初步形成有序、快捷的行政审批制度。建立管委会干部学习制度、考核制度、考勤制度等内部管理制度。初步建立管委会各部门的岗位职责、工作程序。市委、市政府出台《关于加快昆明呈贡新城开发建设的决定》和《昆明市人民政府关于对呈贡新城管理委员会下放市级行政审批权限的通知》，管委会进一步完善内设各办、局（中心）职责，逐步规范管委会办事程序。

【招商引资】 招商引资政策。根据新城建设实际情况和省市相关政策，制定《呈贡新城优惠政策（试行）》、《呈贡新城行政事业单位进入规定》和《呈贡新城经营性项目进入规定》。通过制度引导新城投资，促进资金项目入驻新城。对外招商推介。2005年，管委会积极开展招商引资工作，力求通过招商引资解决土地瓶颈、产业软肋、资金制约等大难题。管委会按照市委、市政府的要求，主动招商、积极招商，2005年组织参加“昆明进出口商品交易会”、“第二届泛珠三角区域经贸合作洽谈会”、“再造春城——中国昆明呈贡新城·新加坡之夜”推介活动等招商引资活动。进一步广泛宣传现代新昆明呈贡新城，并取得较好成效。

招商引资成绩。2005 年新城管委会共接待前来呈贡新城考察投资的企业客商 300 余户、1 000余人次。在 2005 年中国进出口商品交易会上，呈贡新城管委会认真策划、积极参与，成为广大投资客商关注的热点并取得较好成绩。2005 年昆交会上新城管委会共签订投资协议 3 个，协议引资 55.79 亿元。分别是：云南官房集团投资 50 亿元打造呈贡新城物流中心、昆明医学院第一附属医院投资 5.25 亿元在呈贡新城建设第二部项目、中华涂料有限责任公司投资5 400万元建设年产 2 万吨涂料基地。8 月 28～30 日，市委、市政府领导杨崇勇、宋黎明、梁晓谷及新城管委会领导赵德光、孙炯到新加坡参加“再造春城——中国昆明呈贡新城·新加坡之夜”推介活动。分别与新加坡 CPG 集团签订《中国昆明呈贡新城管理委员会与新加坡 CPG 集团合作协议书》和《200 公顷工业用地城市规划设计咨询合同》，与新加坡金航国际发展有限公司签署《中国昆明呈贡新城管理委员会与新加坡金航国际发展有限公司合作协议书》，与新加坡阿裕尼市镇理事会签署《中国昆明呈贡新城管理委员会与新加坡阿裕尼市镇理事会合作协议》。

2005 年管委会共签订投资合作协议 15 个，协议引资 58.34 亿元，实际到位资金 6.6 亿元（分别为云南师范大学 1 亿元，云南民族大学 0.5 亿元，昆明医学院 0.5114 亿元，云南中医学院 0.4118 亿元，云南高等医专 0.3087 亿元，中华涂料有限责任公司 0.54 亿元，集装箱中心站 1.2 亿元，春城财富中心 1.4 亿元）。

【依法行政】 依法征地，维护群众利益。征地工作是新城建设的基础和前提，为抓好征地工作，在新城建设中做好失地农民的保障工作，管委会和呈贡县积极探索，呈贡县委、县政府在大量调研的基础上针对新城规划区内失地农民的问题制定《失地农民基本生活保障试行办法》、《失地农民居住保障试点办法》（试行）、《征地实行留地安置的意见》和《促进农民就业的意见》、《鼓励失地农民外出租地办法》等政策，工作中做到依法征地，确保社会稳定。达到明村情、明民意、明政策，做到方法对、思路对、程序对，基本形成以地保障、以业保障、以房保障、以财保障的办法和途径。制度建设对新城征地起到较好的保障，增强了农民投身新城建设的积极性和主动性。2005 年新城建设完成征地任务16 000多亩，保证项目用地的及时供给，促进新城建设不断推进。

规范行政审批。2005 年 4 月 18 日，《昆明市人民政府关于对昆明呈贡新城管理委员会下放市级行政审批权限的通知》出台，310 项市级行政审批权下放昆明呈贡新城管委会。为贯彻好《行政许可法》，行使好 310 项市级行政审批权，提高工作效率，服务好新城建设，管委会按照“精简、统一、效能”和小政府、大服务的原则，研究制定《新城管委会关于实施市级部分行政审批权限的通知》、《新城管委会关于实施市级部分行政审批权限对接工作的意见》、《昆明呈贡新城管委会建设投资项目审批实施方案》等规范性文件。成立管委会行政审批审核委员会，制定项目预审制度、项目审批流程。

形成管委会审批中心和呈贡县便民服务中心合署办公的审批机制，由呈贡县各相关职能部门、呈贡县便民服务中心作为昆明市下放呈贡新城管委会部分市级行政审批权限的集中办理窗口。2005 年 5 月 1 日起正式受理市级下放行政审批事务，从 5 月 1 日起共接件1 728件，已办理1 718件。

建立预防职务犯罪制度，新城建设面临大量建设工程和建设工程招投标，为确保建设工程招投标公开、公平、公正，从源头上预防犯罪，管委会按照“教育是基础、法制是保证、监督是关键”的要求，与呈贡县人民检察院共同研究建立预防职务犯罪工作制度。每一项工程招标中均由管委会法制局派员参加，对招标评委抽取及招标过程进行监督，确保招标活动客观、公正。

【搭建融资平台】 为搭建新城建设融资平台，管委会按照市委、市政府的部署，2005 年 5 月 27 日注册成立昆明新都投资有限公司，注册资金2 000万元。建立了新城建设的融资平台。公司成立后，完成财政资金注册 1.7 亿元的前期手续，建立与财政局、国有资产持股公司、国家开发银行、四大国有银行和其他股份制银行的合作关系，初步搭建起公司的融资平台。使新城建设资金有了保障。截至 2005 年 12 月 31 日，新都公司共筹集建设资金 1.3329 亿元。保证了云南师范大学、云南民族大学、昆明医学院、云南中医学院、云南医学高等专科学校等 5 所高校的征地工作按时进行、按时交地；确保新城雨花片区“中庄路”（暂定名）按计划开工建设。

（曾五崇）

昆明国家高新技术产业开发区

【概 况】 2005 年，昆明高新区超额完成计划确定的各项目标任务，全区呈现出经济健康发展、产业不断聚集、环境日渐优美、社会全面进步的大好局面。年内，全区实现技工贸收入 239 亿元，工业总产值 206 亿元，增加值 52 亿元，税收 13.8 亿元，出口创汇 3.5 亿美元，地方财政收入 3.2675 亿元，财政总收入 8.06 亿元，分别比上年同期增长 51%、76%、24%、44%、52%、45.9%、28.2%，除财政总收入没有计划比较外，分别超年计划 33%、58%、8%、31%、75%、16.1%。

【产业结构】 高新区建区 13 年来，已初步形成新材料技术、生物技术、光机电技术、高效农业技术、环保技术、电子信息技术等高新技术产业群和一批有影响的高新技术企业。截至 2005 年底，全区共有企业2 160家，其中技工贸收入上亿元企业 33 家，上千万元企业 81 家。新材料技术、生物技术、光机电技术、高效农业技术、环保技术、电子信息技术形成的技工贸收入分别占总收入的 65%、17%、10%、4%、2%、2%。经省科技厅认证的高新技术企业 172 家，占全市高新技术企业数的 80% 以上；科技型企业占企业总数的 80% 以上；非公经济占企业总数的 80% 以上；拥有自主知识产权的产品占高新区产品总数的 80% 以上。完成区内近 30 家所属国有企业的改制工作，整合资产、理顺关系，建立国有资产经营管理公司。优化园区创业创新环境，安全生产、社会治安明显改善，经济社会各项事业全面进步。一个诚信高新区、效益高新区、和谐高新区已初步形成。

2005 年，全区工业经济发展名列全市第一，获得市政府表彰；每个工作日（按年度 250 个工作日计算）创造的技工贸收入、工业产值分别达到9 560万元、8 240万元；投入产出比为 1∶6.2，高于科技部对国家高新区要求的 1∶4 的标准；每平方千米技工贸收入、工业产值分别达到47.8亿元、41.2亿

省、市领导视察高新区　（高新区管委会　供稿）

元，位居全国高新区前列，每平方千米技工贸收入比全国平均水平高出15.8亿元。

【招商引资】　2005年，共引进内外资企业321个，新增工商注册资本13.6亿元，比2004年增长35%。合同引进国内资金43亿元人民币，实际到位资金31亿元人民币，比2004年增长83%；引进外资企业14户，合同外资1.6亿美元，实际到位外资1 980.11万美元，比2004年增长49%，超额完成市政府下达的全年实际到位内外资任务，位居全市第一名。圆满完成“昆交会”、“高交会”等活动的布展、参展及组织工作，赴新加坡、马来西亚、泰国、香港、深圳、成都等地开展招商活动，引进香港瑞安集团、道斯机床、中软国际、法国赛巴拉司、云南省产权交易中心、云南出版集团等大项目。招商引资工作成绩显著，连续5年名列全市前茅，被评为全省的先进，受到表彰奖励，实际引进内资125.28亿元，外资5 707.85万美元。

【园区建设】　2005年，累计完成固定资产投资25亿元，固定资产投资同比增长72%。固定资产投资坚持大项目带动大建设，大建设促进大发展的思路，重点放在标准厂房建设和技术创新、设备更新改造等重大项目上，2006年上半年可全部竣工投产，预计3年后可增加产值70～80亿元，增加税收6～7亿元。

2005年，全区开竣工面积达到133.3万平方米，其中，高新火炬大厦、高新招商大厦已建成并投入使用。现代新昆明建设的重点产业支撑项目——“美的昆明工业园”已实现产品下线，部分产品已销往越南；贵研铂公司“国家稀贵金属生产基地”项目实现了预期的建设进度目标；侨通公司“高档包装印刷生产线”项目按期竣工；云南创立医药公司“创立基地”项目进展顺利。这些重点项目的建设和竣工，巩固和提高了产业基地的集聚辐射功能。

2005年，全区5平方千米的一期开发通过了国家的治理整顿验收；总规划面积9平方千米四至范围界定，已经国务院和国土资源部批准和公告；4平方千米二期开发总体规划、控制性详细规划得到市政府批准，取得6 000亩征地指标；市委、市政府确定高新区投入“现代新昆明”建设，初步明确了高新区在呈贡马金铺20平方千米新的发展空间，为全区未来的发展打下基础。充分挖掘内部潜力，按照控制总量、盘活存量的要求，认真清理长期占用土地而未开发的项目，依法清理、调整盘活、收回土地共226.7亩，收回土地欠款3 972.82万元；充分利用现有资源，集约开发，腾笼换鸟，开创“总部经济”基地。投资7 000多万元，收购近20 000平方米的写字楼作为“高新招商大厦”，腾出原办公楼（高新科技广场），支持进区企业发展。

完成区内道路、高新科技广场、北区时代广场、火炬大厦、保税仓库、中小学校等一大批重点项目建设；建设和配套了水、电、气、通讯、骨干光纤网络等基础设施，基本建设开竣工面积408.5万平方米；完成辖区总体规划面积9平方千米中首期5平方千米的开发建设任务和二期4平方千米的总体规划和控制性详细规划的编制工作。

昆明高新区历来重视社会稳定和安全生产工作。组织机构和执法体系不断健全；全年工作做到任务明确，责任落实；社会治安“打防控管”体系建设不断完善；安全生产责任制和各项措施落实到位。实现全年全区无一起重特大安全生产、道路交通、消防安全事故发生，安全隐患整改率达100%，做到不留死角，不留盲点，安全生产继续保持“零死亡”的良好成绩，为构建“平安高新区”营造了良好的安全生产环境和氛围。

【创新体系】　2005年，保税仓库和国家高新技术产品出口基地的建成和投入使用，标志着全区创新体系建设有了新的发展和突破；“生物多样性可持续利用——昆明国家生物产业基地”、云南省国家新材料孵化器和国家科技型中小企业技术创新基金创业项目服务机构得到国家的批准和认可，使全区技术创新平台功能进一步完善；创业中心、软件园、大学科技园和留学人员创业园等孵化器在盘活存量、优化增量上迈出新步伐，科技型中小企业显示出强劲的创新势头。科技孵化器全年实现技工贸收入19亿元，工业总产值14亿元，同比分别增长37%、31%。创新体系的不断完善，为全区提高自主创新能力，实现跨越式发展奠定良好基础。“十五”期间，全区企业完成9项国家“863”计划项目、17项国家高技术产业化示范工程项目、49项国家中小科技企业技术创新基金项目和300多项省市级各类科技创新项目研发任务，R&D（研究开发费用）在企业销售收入中的比重由2001年的12%上升到2005年的15%。

【财税工作】　2005年，全区地方财力大幅度增长，消化了2003年以前形成的近亿元财政赤字，还清贷款利息，管委会的调控能力明显增强，发展步入良性循环轨道。经过与省级有关部门的反复协调，赢得上级党委、政府和部门的理解和支持。省委、省政府发文规定，“十一五”期间全区财政增量部分继续留在高新区使用。这样的政策将对高新区高新技术产业发展和自主创新体系的完善起到有力的推动作用。

2005年高新区财政总收入80 670万元，同比增长45.9%，其中，地方财政收入32 675万元，比上年同期数25 496万元增收7 179万元，增长28.2%；完成市政府下达任务28 149万元的116.1%，增收4 562万元；上划中央47 995万元，比上年同期数29 803万元增长18 192万元，增长61%。

2005年高新区地方财政收入中增幅较大的税种是：增值税增收6 216万元，增长63.6%；营业税增收1 793万元，增长33.4%；企业所得税增收1 817万元，增长277.4%；个人所得税增收365万元，增长49.3%；城镇土地使用税增收270万元，增长132.4%。

2005年，高新区坚持“依法征税，应收尽收，坚决不收过头税，坚决防止和制止越权减免税”的组织收入原则，加强税源管理监控和税收分析预测，建立纳税评估制度，加大力度贯彻落实各项税收优惠政策，进一步挖掘增收潜力，确保税收收入随经济发展而稳定增长。

【机构改革】 推进干部人事制度改革、选贤任能，充分发挥和调动干部职工的积极性。健全人才管理和干部任用机制，在政治上支持改革者、启用开拓者、鞭策落后者、淘汰平庸者；完善激励机制，采取经济杠杆和行政手段相结合的办法，按照事权下放的原则，将原来由管委会统筹的分配权下放到部门正职，进一步明晰责权利，实现宏观管理到微观管理的转变；完善干部聘任聘用制度，将原来的两年一聘改为两年一聘和根据工作需要适时调整相结合的原则，科学合理使用干部；重视职工福利，提高职工待遇，关心老干部工作和生活，从小处着眼、大处着想，千方百计提高各类人才和干部职工的生活质量，解决他们的后顾之忧，经过努力，干部职工的物质文化生活水平明显得到提高，最大限度地凝聚了人心和人气。2005年，出台一系列加强干部职工队伍建设的文件，从制度上进一步规范用人机制。全年共轮岗交流干部19名，提拔干部19名，向市里输送干部8名，领导班子和干部职工队伍的结构、层次、能力和水平进一步优化，“特别能创新、特别能开拓、特别能务实、特别能奉献”的四特精神得到较好体现。

【引智工作】 2005年，高新区推荐并报国务院批准，有1名科技工作者获国务院特殊津贴（全市共2名，为近10年来云南省非公经济组织中惟一1名）；有2名科技人员获省政府特殊津贴（全市有6名，占全市的1/3）；推荐2人参加国家侨联、人事部表彰的优秀华裔外籍创业者考评；推荐9人申报云南省技术创新人才，获批准7人（占全省获批准总数的20%）；推荐9人申报昆明市学术和技术带头人后备人选；管委会获省科技项目管理先进集体，2人获省科技项目管理先进个人；推荐并报市政府批准，高新区有2个单位和2位个人分别获昆明市培养和引进人才先进集体和先进个人。

截至2005年，高新区聚集了各类专业技术人员20 000余人，其中，硕士523人，博士127人；解决和安排就业56 800人。签订大中专毕业生就业协议532份，已接收大中专毕业生322人；组织8人申报高级职称，14人申报中级职称，目前考核认定了5位中级职称、67位初级职称人员；组织区内9家博士后科研工作站参加人事部考评，并通过评审；组织考核17名昆明市学术技术带头人和后备人选；组织直属单位105名专业技术人员进行专业技术素质培训和考核，组织机关70名公务员进行公务员法培训和考试；完成事业单位和公务员信息采集；深入到企业解决企业建立党支部、人才引进、办理社会保险等问题，为企业排忧解难，做好服务工作。

【依法治区】 2005年，高新区制定下发《关于加强科技企业孵化器的管理暂行办法》；在全市行政机关率先获得ISO14000环境管理体系的认证证书。

严格执行《立法法》，完善立法程序，增强地方立法的科学性，提高立法质量，完成《高新区管理条例》的起草、修改和上报工作，已进入立法程序。

在行政执法工作中，认真学习贯彻《行政复议法》、《行政处罚法》、《昆明市执法责任制条例》及相关的法律、法规、规章，切实做到有法必依、执法必严、违法必究，保证法律、法规的正确实施，保障公民、法人和其他组织的合法权益。同时对执法人员进行培训和《执法证》的检审和换证，对新增加的执法人员进行培训，并办理《执法证》。在建立行政执法的内部监督机制中，充分发挥监察和审计部门的作用，做到及时纠正和严肃查处违法违纪行为和行政执法中的不正之风。全面实行行政执法公示制，将执法的依据、程序公之于众，并告知当事人不服执法决定的申诉方式。全面推行行政公开，将行政执法行为置于广大人民群众的监督之下，做到依法行政，公正执法。

建立法律顾问制度，聘请常年法律顾问，设立法律咨询点，为管委会、进区企业和社区居民进行法律服务。深入开展“四五”普法和“三五”依法治区工作，建立了高新区法制网络员机构。

【社会事业】 2005年，全区切实加大公共财政对社会事业的支持力度，保障了社会事业的健康发展。加大教育科技投入，投入655万元为中学和小学购置教学设备，学校的硬件设施有了新的改善。投入485万元进行重点科技攻关和应用基础研究，推进科技兴区战略的实施；加大公共安全的投入。全年安排资金700多万元，更新改善公安、消防等部门技术装备，增强执法和维护社会的综合应变能力。2005年高新区发案率同比下降35%，破案率上升33%；制定《昆明高新区管委会突发事件总体应急预案》，安全生产保持2004年来“零死亡”的良好成绩；加大扶贫和社会保障的投入。投入扶贫资金160万元，重点扶持迪庆州的帮扶项目和寻甸县第三中学的校园建设。安排社会保障资金87万元，对区内被征土地困难群众和60岁以上的孤寡老人进行帮扶救助；通过“ISO14000环境管理体系”认证和国家环保总局对高新区的区域环境评价，《昆明高新技术产业开发区条例》已进入立法程序；加大对环境建设、技术监督、食品安全、市场秩序的管理力度，增强群众的安全感；重视妥善处理好各类纠纷矛盾。全年共接待群众来访66起，700余人次，处理群体事件20件，处理信访案件36件，结案率100%；认真贯彻落实公民道德建设实施纲要。在全区倡导“爱国守法、明礼诚信、团结友善、勤俭自强、敬业奉献”的基本道德规范，居民的思想道德素质和科学文化素质进一步提高。

坚持“打防并举、标本兼治、重在治本”的方针，充分运用政治的、经济的、行政的、法律的、教育的手段，依法整治和管理全区社会治安秩序，确保社会政治稳定。并进一步依法严厉打击严重刑事、经济和毒品犯罪活动；加强流动人口的治安管理工作；加大查禁“黄、赌、毒”的力度；加强全区特种行业及公共场所的清理和管理工作；坚决依法取缔各种邪教组织，坚决依法打击各种邪教活动；公安分局落实社会治安长效管理措施，联合社区继续深化对刑满释放、解除劳教人员的安置帮教工作，努力减少重新犯罪；并认真扎实地开展社区居民、街道小区的纠纷排查调处工作，努力把人民内部矛盾化解在基层，解决在萌芽状态，最大限度地消除各种不安定因素，全力维护全区社会政治稳定。

（陈星笔）

昆明国家经济技术开发区

【经济发展】 2005年，经开区主要经济指标高速增长，经济运行质量稳步提高，增长方式进一步转变，资源节约型、环境友好型社会建设稳步推进。全年完成地方生产总值32亿元，比上年增长42%；实现工业总产值57亿元，比上年增长39%；实现销售收入112亿元，比上年增长60%；财政总收入7.38亿元，其中地方财政收入2.1亿元，比上年增长27.7%。社会事业全面进步，平安经开的创建稳步推进，和谐社会建设取得新进展。

【投资环境】 区域投资环境进一步优化。2005年，经开区管委会围绕招商引资工作，先后制定和出台《重点企业对口联系制度》和《关于进一步改进和完善项目服务协调机制的意见》等规范性文件，进一步改进和完善项目服务工作，为投资者和进区企业提供优质服务，为经开区的招商引资工作和加快发展提供良好保障。同时授权经济发展局牵头负责项目的服务协调督办，进一步简化办事程序，改善服务态度，变被动服务为主动服务，设立服务大厅，实行“一次性告知”、“一站式服务”，职能部门并联审批，提高服务质量和效率。继续完善“委领导接待日”和“领导联系企业”制度，“亲商、富商、安商”的服务理念深入人心，有力促进了开发区综合投资环境的改善。

固定资产投资稳定增长。全年完成固定资产投资11.85亿元，同比增长90.14%。其中，公共基础设施及征地拆迁投资3.05亿元，工业投资7.44亿元，其他产业投资1.36亿元。

工业投资增幅明显。2005年经开区工业项目完成投资7.44亿元，同比增长238.2%，工业项目投资占区固定资产投资的62.78%。云南CY集团技改搬迁项目、北方红外光电子产业基地项目、天达光伏硅太阳能电池产业化项目、雪兰牛奶技改搬迁项目等一大批工业项目相继开工，为经开区工业发展奠定了基础。

基础设施投资增长较快，三大基地建设蓬勃开展。2005年管委会完成基础设施投资3.05亿元，占全区固定资产投资总量的25.74%，比去年同期增长41.95%。基础设施项目建设方面，2005年经开区先后完成光电子产业基地土地平整、信息产业基地3号和4号路建设、二期主干道联络线工程、信息产业基地展示厅建设、一期区路网维护及路灯亮化工程等，年末又启动信息产业基地1号和2号建设、3号和4号路延长线建设工程等，出口加工区土地征用工作委托市国土资源局和官渡区政府进行。基础设施建设项目的大规模上马，将极大改善经开区的园区硬件环境。

光电子产业基地奠基仪式 （经开区管委会 供稿）

城市公用事业综合能力不断提高。区内已达到日供水5万立方米，铺设雨、污水管道，下水实现雨、污水分流；供电方面，开发区内现有雨龙变电站一座，容量为110千伏、2×5万千伏安，同时还将建设另外两座110千伏变电站；供气方面，可通过城市煤气管网提供生产和生活用煤气，日供气能力40万立方米；全区程控电话装机容量为15万门，一期装机容量4万门已建成。

环境保护工作继续深入，环境指标保持优良。2005年经开区区域环境通过国家环保总局评审，顺利建设13.5平方千米的“噪达区”。在区内大力推行清洁生产，节约利用资源，发展循环经济，促进了生态工业园区的建设。

【招商引资】 2005年，经开区不断创新招商引资思路、办法和政策，切实突破项目的瓶颈制约，把招商引资视为开发区经济工作的生命线、新一轮发展的发动机。工作中改变传统的“守株待兔”方式，采取多项措施强化招商引资工作：调整机构设置，建立专业性招商引资部门；以产业链为基准展开招商，通过引进大项目带动大发展，突出引资重点，围绕省内的资源优势，紧盯国内外大企业、大公司投资意向，主动出击进行“敲门”招商；创新招商的方式方法，探索招商引资市场化运作机制，采取部门合作、委托招商等形式，加大招商工作的力量；集约经营土地，以保障供地，支持引进大项目，以孵化器、科创园、标准厂房的建设来解决小企业进驻；加强招商引资人员队伍建设，探索建立竞争激励机制。

通过创新招商引资机制，切实做好重大项目的跟踪、协调服务，招商引资工作取得新突破。全年共批准引进各类企业及项目115个，总投资28.47亿元，其中合同利用外资608万美元，实际引进外资到位504万美元。以省部合作项目为核心，聚集了北方红外、天达光伏、云电科技等一批项目，着力打造光电子产业基地；以特灵达集团、阳光数字、云南省数字电视公司等项目为基础，构建信息产业集群；以昆船集团、沈阳机床（集团）、云南机床厂等项目为基础，联合打造光机电一体化产业和制造业；对大批产业配套项目和产业链关键环节项目进行跟踪服务，围绕“构筑产业集群、延展产业链”的思路，招商引资工作取得显著成效。一批重大产业项目正抓紧建设，如北方红外、天达

经开区雨龙变电站　（经开区管委会　供稿）

光伏等项目力争 2006 年 3 月 28 日首期竣工投产，云内动力、粮食储备库、雪兰牛奶、云电科技园等项目正在抓紧施工准备。

【产业结构】　鼓励高新技术产业发展，着力培育重点产业。信息产业基地和光电子产业基地的建立，从园区功能层面上强化了经开区产业发展的方向，使经开区在传统烟草制品及配套产业、食品饮料业、医药等产业的基础上，进一步壮大和发展了电子信息产业，使经开区的产业层次不断向上提升，产业结构得到进一步调整，推动了高新技术产业蓬勃发展。截至 2005 年末，经开区省级高新技术企业达到 21 家，高新技术产值超过 16 亿元，占到全区工业总产值的 28%。全年用于鼓励科技创新和技术改造的扶持资金达到1 769万元，减免企业税收 1.1 亿元。

通过一系列鼓励创新的政策，经开区吸引了新材料孵化器、民营科技孵化器、海归创业孵化器等科技孵化器的入驻，与原有的科技创新园一起，将构成经开区相对完整的技术创新体系，有力地促进全区技术创新和管理创新。

实施“质量兴区、名牌兴企”战略。为鼓励进区企业不断提高市场竞争力，推出《名牌产品奖励办法》，涌现出一批省级著名商标和公认名牌；“质量兴区、名牌兴企”逐步成为经开区内涵式增长的重要途径。

【社会事业】　继续加大对教育卫生的投资力度，共安排财政资金 922 万元，促进了开发区公共教育和卫生事业的发展；加强建成区的管理，实施绿化、亮化、美化工程，努力建设人与自然和谐相处的绿色园区；出重拳，加大社会治安综合治理力度，有效控制和减少了案件发生，保证了良好的社会治安秩序；加大安全生产监督管理力度，全区全年无重大安全生产责任事故发生；改善交通环境，新开通 2 条公交线路，方便了区内群众出行，与昆明市交警五大队建立交通管理协调机制，交通安全进一步加强；与驻区部队建立良好的军民关系，拥军优属、拥政爱民的氛围更加浓烈；全年抗旱、防洪等关乎民生的大事得到切实保障。

社会群团组织作用进一步发挥，群众性文体活动深入开展，如职工越野跑比赛、职工读书演讲活动等，以及以顶新集团“康师傅”家庭日活动为代表的企业文化建设蓬勃开展，独具特色的经开区文化为经开区精神文明建设和经济社会发展注入了强大的动力，人文经开、活力经开的创建工作呈现生机勃勃的局面。

社会保障功能日益增强，全区参加基本养老保险的企事业单位职工比去年同期增长 23.3%，“五险统筹”取得长足进展；劳动执法和劳动关系调整工作切实开展，维护了广大职工的合法权益。

【管理与服务】　区域法制环境进一步优化。2005 年，经开区开展了《昆明经济技术开发区条例》草案的研究与制定，积极推动《条例》进入地方性立法程序；为加快三大基地的发展，展开对三大基地优惠政策、招商引资、项目融资等相关课题的系统研究，形成一批切实可行的投资促进政策；建立管委会法律顾问室、组建仲裁调解中心，法制环境进一步改善，依法治区、依法行政不断加强。

实施人才强区战略，搭建人才支撑服务平台，为全区产业发展提供人才保证；深化干部人事制度改革，不断加强干部队伍建设，采取竞争上岗的形式选拔任用干部，加大干部交流和轮岗力度；制定《机关工作人员末位管理办法》，对中层干部实行末位试用，一般干

经开区远景　（经开区管委会　供稿）

云南大学软件学院 （经开区管委会 供稿）

部实行末位待岗，有力激发了全体机关工作人员的工作积极性。干部队伍建设为经开区三大基地建设提供了可靠的人力保障。

围绕落实《昆明市行政机关工作人员行政不作为问责办法》，进一步加强对管委会行政部门的内外监督。内部监督主要是完善一系列考核办法，加强内部审计、严格建设工程招投标制度和政府采购制度等；外部监督主要是加强企业对机关工作作风的测评，做好信访接待工作。进一步提高执法人员依法行政的能力，实行执法过错追究制度和执法行为评议考核制度，有效地规范了执法队伍的执法行为。通过强化内外监督和行政执法，依法行政不断取得新进展，群众利益得到切实保护，群众反映的突出问题得到有效解决，政风明显好转，服务型政府职能进一步完善，政府管理水平进一步提高。

【机构设置】 2005年昆明经济开发区管委会的党、政内设机构为：办公室、工委工作部、工委组织部（与开发区人事劳动局合署办公）、总工会、经济发展局、投资促进局、建设局、人事劳动局、法制局（研究室）、社会事业局、监察审计局、安全生产监督管理局；昆明市有关部门派驻机构有：昆明市财政局开发区分局、昆明市规划局开发区分局、昆明市国土资源局开发区分局、昆明市质量技术监督局开发区分局、昆明市工商局开发区分局、昆明市国税局开发区分局、昆明市地税局开发区分局。

（经开区管委会办公室）

昆明滇池国家旅游度假区

【概　况】 “十五”期间，度假区的经济整体呈现出发展速度快、效益良好的态势。实现增加值27.98亿元，年平均增长43.1%；实现地方财政收入3.11亿元，年平均增长13.9%；实现营业收入45.35亿元，年平均增长33.2%；实现固定资产及基础设施投资39.09亿元，年平均增长32.2%；“十五”期间，共接待游客1 901.7万人次。截至2005年，度假区已完成60%功能区建设，西区约8平方千米已开发成型并初具规模。成功打造了康体、休闲、健身、体训和民族风情体验两大品牌，塑造了云南民族村、云南民族博物馆、红塔体育中心、海埂体训基地、滇池高尔夫球场、滇池春天温泉会馆、怡景园度假酒店、袁晓岑艺术园、时尚滇池、海埂公园、西贡码头、西山索道、草海观景大堤等一大批旅游度假、康体健身的精品项目，进一步提升了民族风情体验和高原训练、康体休闲两大特色品牌。随着度假区各项服务功能的不断完善和环境的不断营造，昆明滇池国家旅游度假区正成为海内外游客和广大市民旅游度假、康体休闲和居住的理想之地，度假区的地位、影响力和吸引力正不断提升，经济社会效益在全国12个国家级度假区中名列前茅。

【经济持续稳定增长】 2005年是全面完成“十五”计划目标、衔接“十一五”发展的重要一年，度假区按照省委、省政府关于实现云南省旅游产业“二次创业”的有关要求，紧紧围绕市委八届五次全会所确定的主要工作目标，在完善功能、打造品牌、改善环境、招商引资、国企改革等方面取得新进展，在精神文明、民主法制和构建平安、和谐度假区等方面取得新成果。较好完成度假区“十五”期间的各项工作目标和第八次全委会提出的各项任务，为“十一五”开好局、起好步奠定坚实的基础。2005年，度假区全年实现增加值82 841.9万元，与上年同比增长

市领导视察度假区开发建设 （郝万平 供稿）

省市领导视察袁晓岑艺术园　（郝万平　供稿）

18.1%。实现财政总收入8 602.6万元，与上年同比增长21%；实现税收收入7 157万元，同比增长24%。实现旅游、服务业收入135 559.3万元，同比增长29.4%。全年旅游接待524.5万人次，同比增长10.7%，约占全市旅游接待人次的27.3%。

【招商引资】　度假区始终把招商引资工作作为全区经济工作的首要环节来抓，坚持引进大项目、促进大开发的思路，始终坚持开展上门招商、开门迎客的多渠道、全方位招商引资活动。先后数次专门组队主动上门与投资商反复洽谈、协商，通过积极努力，一批投资总额数十亿元的项目得以在2005年昆交会上签约。2005年共引进外资项目4个，总投资额共计36 885万美元。共引进内资项目11个，总投资4.8亿元。前期签约的"昆明同仁医院"、"滇池颐园老年公寓"已开工建设，"时尚滇池"、"袁晓岑艺术园"已建成，投资1亿元的"滇池春天温泉会馆"已成功对外营业，并取得良好经济效益。香港华美达投资公司开发的休闲购物公园及台湾素食保健娱乐项目正在准备相关立项资料，即将申报立项审批；极地海洋世界项目的实施工作在有计划推进中。

【固定资产投资】　全年实现固定资产及基础设施投入101 562.5万元，同比增长6.8%。区内新开工建筑面积为38万平方米，竣工面积10.5万平方米。为配合GMS会议在昆明召开，加大对区内公共道路整治、绿化的工作力度，全年在区内主要干道设置200多个果皮垃圾箱，建成8座生态环保公厕并投入使用。为提高云南民族村景区质量，提升景区品牌价值，进一步丰富景区的民族文化内涵，利用"春节"、"黄金周"后的有利时机，对总长达4.5千米的景区道路进行全面翻新整治，主干道全部采用青石板铺设，更换和新增了主要游路沿线的路灯、音响及休息长廊等配套设施；对傣寨、藏族村、白族村等10多个建成多年的民族村寨进行翻新修缮。财政、兵器、铁道、煤炭等疗养院相继投资进行提升改造。同时加强对草海大堤、海埂公园等景区景点的美化、绿化、亮化工作。经过改造提升，景区旅游硬件设施更加完善、景观质量大幅度提升、面貌焕然一新。

【国有企业改革】　2005年是度假区直属国有企业改革工作进入重点攻坚阶段的一年，度假区改制领导小组积极指导、帮助改制企业，顺利完成格兰特游艇公司、兴海绿化公司的产权制度改革，同时做好国资公司的人员分流和海埂游乐公司的清产核资、资产评估和职工身份转换的测算工作。在进行上述几家国企改革工作中，由于工作方法得当、措施有力、运作规范，既确保了国有资产不流失和保值增值，又最大限度地保证了职工利益，做到政府满意、职工满意。格兰特公司、兴海绿化公司在2005年"全市三年国企改革目标责任完成表彰会"上受到市里的表彰。云南民族村通过积极努力和广泛开展招引战略投资合作伙伴的工作，进一步理清了思路，初步明确了"完善景区功能，加大参与体验型项目开发和一园多区滚动开发的模式"，并组织了两轮设计论证。同时，完成二商校撤销工作，做好资产的清理移交，妥善安置有关人员。

【公务用车改革】　2005年初，市委、市政府决定在三个开发（度假）区进行公务用车制度改革试点，为今后逐步在全市进行相关改革摸索有益的经验。为完成好此项任务，管委会在昆明市公务用车制度改革领导小组的具体指导下，积极开展相关工作，借鉴全国部分公务用车制度改革地区、单位的经验，制定

度假区新建滇池高尔夫球场　（郝万平　供稿）

出符合度假区实际的公务用车制度改革方案，经市政府批准后，对39辆公车进行评估后面向社会公开拍卖，除1辆车流拍外，其余车辆全部成功拍出，评估保底价格为277万元，实际拍卖回收资金348万元。实施车改以来，机关工作运转平稳。

【市场营销】 度假区管委会先后借“广博会”、“厦洽会”等交流平台，通过发放宣传资料、播放多媒体等形式，向中外来宾展示度假区。在2005年中国国际旅游交易会期间，紧紧围绕“体验民族风情、康体娱乐休闲”的主题，将度假区内具有代表性的云南民族村、滇池高尔夫、怡景园度假酒店、滇池春天温泉会馆整体包装后在展会上推出。通过举办“向美国飞虎队老兵捐赠驼峰情青铜雕塑仪式”、“向陈香梅女士捐赠国画和平鸽仪式”、“中法记者滇越铁路行”等主题活动和高原艺术团多次主动走出省外、国外，以优美的民族音乐舞蹈等形式多样的营销宣传活动，向广大中外来宾和记者充分展示多姿多彩的民族文化、展现昆明滇池国家旅游度假区开发建设成果和“体验民族风情旅游及高原训练康体休闲”两大特色品牌。

【财政税收管理】 2005年，度假区管委会多次召开财政、税收工作会议，紧紧围绕第八次全委会提出的财税工作目标，研究和部署财税工作。在深化投资体制改革、转变管委会管理职能、规范政府投资行为、确立企业投资主体地位、强化税收管理、积极培育税源等方面进行深入细致的分析研究，采取了进一步完善财政预算编制、加强国有资产和强化税收管理、积极培育税源等一系列措施。研究制定信息通报和工作协作制度，有效避免税收的流失和漏收。在抓好税收工作的同时，管委会进一步规范财政支出制度，严格资金审批程序和政府采购制度，通过各方面的努力，圆满完成财政增收目标。2005年，实现财政总收入8 602.6万元，与上年同比增长21%；实现税收收入7 157万元，同比增长24%。

【土地清理及资源整合】 以科学发展观为指导，以节约资源为核心，坚持整顿与规范相结合，推动全区旅游经济的可持续发展，将治理整顿土地市场秩序作为全区的一项工作任务常抓不懈。2005年，度假区成为全国第四批通过国务院验收的开发区之一，并按照国土资源部的要求，完成度假区四至范围的勘测定界工作，已通过国土资源部的验收。在多年对进区项目用地面积、土地协议的执行及土地价款的缴付等情况进行全面清理整顿的基础上，重点对长期拖欠土地出让价款的项目采取了房产抵押、合同公证并委托销售还款等方式抵偿所欠款项。

为充分发挥土地资源效益、盘活区内闲置资产，对区内国家各部委所属的8家疗养院，进行资产重组及资源整合的专题调研。提出按照市场规律和度假区总体发展规划要求来整合资源的思路，以提升旅游度假品牌的质量，实现新的突破。目前管委会已成功回购化工疗养院和市政府机关事务管理局的两宗土地共275亩，为下一步开发建设大型旅游休闲娱乐项目提供了保障。

【社会事业】 2005年来，管委会相关职能部门认真做好各项社会事业工作。成功举办庆祝建国56周年暨纪念抗战胜利60周年合唱比赛和第二届职工运动会，丰富了全区广大干部职工的文化生活。开展以安全生产为主要内容的“安康杯”竞赛活动和“巾帼文明示范岗”、职工医疗互助、扶贫帮困等活动。通过这一系列活动的开展，增强了干部职工的凝聚力、向心力，有效促进了度假区的精神文明建设。度假区总工会与昆明市金泽公司结成帮扶对子，每年捐助10万元，资助21名困难职工子女上大学。管委会机关党员干部在保持共产党员先进性教育活动中，捐款5 250元，帮助破产企业和困难职工。成立昆明市延安精神研究会度假区分会，大力弘扬延安精神，牢记“两个务必”的宗旨。圆满完成全国第一次经济普查的工作任务，荣获省级经济普查先进单位的光荣称号。按照扶贫工作目标，及时了解扶贫情况，掌握扶贫动态，管委会全年共计拨付265万元用于禄劝、香格里拉等贫困地区和单位的扶贫、教育事业，努力构建和谐社会。度假区干部职工1 600余人共捐款14 376.90元，棉被100床，衣物4 600件，向受灾和贫困地区献爱心。针对猪链球菌病和禽流感疫情，及时成立相应的指挥机构，迅速拟订防控方案，保障经费和物资，严格实行疫情“零报告”、“日报告”和24小时值班制度，区内无一例感染病例，确保人民生命财产的安全。城市管理水平进一步提高，市场经济秩序得到有力保障。

【依法治区和法制建设】 度假区在以经济建设为中心，以招商引资为重点，大力完善基础设施等硬环境建设的同时，也十分重视依法治区工作，大力抓好法治等软环境的建设，并把依法治区作为改善投资软环境，大力推进度假区开发建设的重要工作抓紧、抓好、抓出成效。度假区的法制建设工作主要体现在制定政策法规、建立规章制度、推行“三制”（部门执法责任制、错案责任追究制、依法赔偿制）、开展法制宣传教育和法律知识培训等方面。2005年初，制定《度假区2005年法制宣传教育与依法治区工作计划》。年中，举办《道路交通安全法》、《公务员法》等普法培训班，下半年举行相应的法律知识考试，增强了广大干部职工的法治意识。积极推进依法治区，依法行政，2005年共查处各类行政违法违章案件339起，其中立案查处案件34起，下达当场处罚决定书305份，实施宣传、教育、整改830余起。在查处上述违法违章案件中，无一起行政复议和行政诉讼，杜绝了行政执法违法案件的发生。以“打造平安度假区”为重点，以“政治稳定、社会安定、治安良好、群众满意”为具体工作目标，管委会投入200万元加大科技强警的力度，严厉打击各种违法犯罪活动，坚持打防结合、预防为主，加强社会治安综合治理。查处各类案件，调解民间纠纷。确保区内社会稳定。严格执行安全生产责任制，始终坚持“有安全，才有旅游”的方针，组织经常性的检查整顿工作，落实防火、防洪和道路交通安全责任制，有效地防止和杜绝了重特大事故的发生，维护了社会稳定。

【参与呈贡新区开发建设】 按照市委、市政府关于三个开发（度假）区进入呈贡新城开发建设的重大决定，度假区管委会即时传达并研究部署，组织班子成员及各职能部门多次深入斗南、乌龙、大渔片区，对当地的地形、交通、人口、产业、经济发展等情况进行实地调研；走访和收集相关基础资料，投资10多万元，委托专门机构对呈贡新城的地形、地貌进行卫星航拍。并就选址方案多次与呈贡新城管委会座谈协商，达成共识后将方案上报市委、市政府。认真与规划部门协调新区规划，提出分3个功能片区和多产业并举的开发意见，同时组建由管委会主要领导牵头，两位副主任具体抓及各职能部门骨干组成的度假区呈贡新城开发建设指挥部，加强组织领导，认真落实责任，积极推进工作。

（郝万平）

会展业

综　　述

【会展概况】　2005 年，昆明会展业工作坚持注重创新与实效，注重群众参与，注重市场化运作，注重对外交流与合作的原则，结合昆明实际情况，进一步加大培育会展品牌的力度。据初步统计，2005 年昆明市共举行各类重大会展活动 93 项，其中节庆活动 27 项，重要大型会议 9 项，展览 41 项，演出 4 项，比赛 12 项。全年昆明市政府以主、承、协、支持等形式参与的大型会展活动共 40 项，其中节庆 12 项、大型会议 4 项、展览 15 项、演出 2 项、比赛 7 项。经过几年来持续不断地运作，“昆明冬季花卉节”、“春天杯民族风格赛装节”、“东川泥石流汽车越野赛”、“昆明聂耳杯合唱节”以及配合民族传统节庆，丰富人民群众生活的“百龙闹春”、“中国石林国际火把节”等一批人民群众喜闻乐见、参与性强的会展活动已成为“人无我有，人有我优，人优我特”的昆明特色品牌。同时，市政府加大会展培育力度，重点扶持、培育了“首届昆明国际农业博览会”、“首届中国昆明国际雕塑节”等活动，获得了圆满成功，这些活动就展会规模、展会效益看，具备了品牌化发展的优势，尤其是“首届中国昆明农业博览会”和“2005 中国西部（昆明）文化产业博览会”，都属于在原有地方品牌展会上进行大胆创新和开拓的政府主导型成功范例，两个展会展位数均超过1 000个，并已成为具有高外向性吸引力的重要会展活动。

同时，按照政府引导、市场化运作的发展思路，围绕全市会展工作的需要，积极探索会展活动市场化运作的思路和办法，坚持“走出去，请进来”的方式，与相关企业多方联系，加强信息交流与协作，多渠道筹集会展活动资金。在第三届国际学生奶大会、北极科学高峰周会议、第二届中国昆明电脑节、2005 中国（昆明）汽车文化节、第二届中国舞蹈节等系列活动中，积极引进相关企业参与活动的筹备组织工作，从而在人力和财力等多方面减轻了政府和相关部门的压力，逐步摸索出一套市场运作模式。

昆明会展业的发展取得了可喜的成绩，2005 年，在浙江义乌举办的中国会展财富论坛上，昆明市获得“2004 年度中国最具影响力会展新锐城市奖”，在郑州举办的首届中国会展节上获得“2004 年度中国会展业最佳会展城市奖”、“2004 年度中国会展业最佳政府主导展览会奖”；昆明国际会展中心荣获“全国优秀场馆奖”；在北京举办的第二届中国会展经济论坛上，中国昆明国际文化旅游节、中国石林火把节获得“IFEA（国际节庆组织）中国最具发展潜力的节庆活动奖”；在上海举行的 2005 中国会展经济高峰论坛上，昆明市再次获得“2005 年度‘中国会展之星’中国优秀会展城市奖”，副市长雷晓明获“全国十大会展新闻人物奖”，昆明受到与会各界和新闻媒体的强烈关注。

【加强会展经济统计工作】　为了全面、客观、真实地反映昆明市会展经济的发展状况，了解、掌握会展经济对国民经济的贡献，为市委、市政府制定科学、可靠的会展经济发展计划提供依据，更好地引导会展经济持续、快速、健康发展，昆明市初步建立了全市会展统计体系，并开始试运行。

【昆明国际会展中心新馆正式启用】　9 月，总投资近 3 亿元的昆明国际会展中心新馆正式启用。新馆在消防、采光、通风等各方面广泛采用国际先进技术，最大限度的实现了节约能源，符合国家发展功能型经济的要求。新馆拥有 6 个共计 5 万平方米的单层无柱大跨度展厅，扩建后的昆明国际会展中心，占地面积达到 22.5 万平方米，拥有国际标准展位（配有无线和有线宽带网接口）约5 500个，可以满足国际国内各种大型会展的需要，成为当前西部地区第二大会展中心，使云南省会展设施上了一个新台阶。

节　　庆

【纪念郑和下西洋 600 周年系列活动】2005 年是郑和这位举世闻名的伟大航海家下西洋 600 周年，全国都举行盛大的活动来纪念这位中华民族的世界伟人。为了隆重纪念这位中华民族史上的伟人，弘扬郑和的民族创新精神，2001 年中共中央做出由中国政府筹办 2005 年纪念郑和下西洋 600 周年纪念活动的决定，明确纪念活动的主题：“热爱祖国、睦邻友好、科学航海”。对此，昆明市委、市政府高度重视，成立了由市委、市政府分管领导兼任组长、副组长，市、县、区有关部门负责人为成员的“昆明市纪念郑和下西洋 600 周年活

国家旅游局局长邵琪伟一行参观2005中国国际旅游交易会　（市会展办　供稿）

动领导小组”，并根据中央、省、市对纪念活动的要求，制定了“纪念活动总体方案”，开展相关活动：

积极配合省纪念郑和下西洋领导小组办公室工作，筹备、组织了“纪念郑和大会”及“郑和研讨会”；排演了大型音乐剧《郑和与海》，取得了良好的社会效益；6月28日在晋宁郑和公园组织《郑和下西洋600周年》纪念邮票首发式晋宁分会场首发活动；昆明电视台拍摄、播出了电视剧《少年郑和》，并受到好评；昆明市人民政府与云南省人民政府新闻办公室、云南晨光出版社、云南美术出版社、云南人民出版社共同主编并正式出版发行了大型图册《郑和史诗》。该书的出版得到了国家郑和下西洋600周年纪念活动领导小组办公室和国内外郑和研究界的广泛认可；作为2005年纪念活动的重要活动场所之一，修缮、扩建郑和公园、郑和纪念馆，使之成为云南省、昆明市重要的爱国主义教育基地之一。

纪念活动做到了隆重、热烈、节俭，取得了良好的社会效益，极大地宣传了“郑和故里”——昆明，提高了昆明的知名度。

【第二届中国昆明电脑节】　由昆明市人民政府主办，五华区人民政府、昆明市科技局、昆明市政府信息产业办公室、昆明市政府大型会展活动办公室、市科协共同承办的第二届中国昆明电脑节于2005年3月3～9日举办。电脑节以“新科技·新生活·新昆明”为主题，共组织了数码大道现场展演、峰会和论坛、大型社区科普活动等六大板块40余项活动，邀请了英特尔、IBM、思科、联想、东软等国内外知名企业的30余位总裁以及缅甸、马来西亚华人商会代表参与，并得到了惠普、佳能、中国电信、中国移动等众多IT界巨子和重量级企业的认知和重视，包括英特尔在内的相当数量的企业投入了大量财力和人力参与电脑节活动，将其作为推进和实施在昆乃至在西南地区战略发展计划的一个重要舞台。据统计，6天的电脑节，各项活动吸引超过50万市民的热情参与，企业累计成交额近2亿元。本届电脑节从形式、内容、规模、影响力和成果等方面均超过了首届中国昆明电脑节。第二届中国昆明电脑节的成功举办在全社会产生了广泛的社会影响，提升了昆明作为省会中心城市以及面向东南亚、南亚桥头堡的知名度和影响力，对推动昆明信息化建设及信息产业的发展，促进信息技术与产品在全社会的普及、应用起到了积极作用。

【中国·昆明首届国际雕塑节】　由昆明市人民政府主办，云南艺术学院、昆明市政府会展办承办的“2005中国昆明首届国际雕塑节”于2005年5月1日至6月2日在昆明举行。本届雕塑节邀请了法国、加拿大、秘鲁、墨西哥、印度、澳大利亚、美国等14个国家和地区的29名知名艺术家聚会昆明，在大观公园现场创作雕塑作品。雕塑节历时34天，昆明市民和广大游客现场欣赏到了每件雕塑作品的制作过程，通过与雕塑作品诞生过程的零距离接触，欣赏到了各具特色的雕塑艺术风格。雕塑节期间，还举办了多场学术报告及交流会，与会者通过会议了解国内外艺术家最新的艺术思想和发展方向，和艺术家们交流心得体会，对于广大艺术爱好者而言是一次难得的艺术思想盛宴。

中国·昆明首届国际雕塑节凝聚了参加本届雕塑节艺术家们的智慧。他们用雕塑这样一种独特的表达方式创造了一批优秀的艺术作品，将各国丰富多样的民族文化和现当代艺术高度浓缩在昆明这座美丽的城市，为昆明建立首个雕塑主题园林景观奠定了基础，对云南省建设民族文化大省和昆明市建设现代新昆明起到积极的推动作用。

【2005中国（昆明）汽车文化节】
2005中国（昆明）汽车文化节于9月9～13日在昆明国际会展中心举行。本届汽车文化节由昆明市人民政府、云南日报报业集团主办。本届汽车文化节以“科技、生活、文化、互动”为主题，在主推以汽车展销为核心内容的基础上，充分展示车与人、车与生活的文化衔接，彰显汽车文化与汽车消费的魅力。

本届汽车文化节是继2004中国（昆明）汽车文化节成功举办基础上的第二届大型区域性汽车工业展会，结合云南省地处东盟经济圈的地域优势，联合国东南亚特使、缅甸、越南、柬埔寨领事馆的领事及缅甸的商务代表团参加了本届汽车文化节。展会展场面积达3万余平方米，参展整车逾200辆，参展车商40余家。奔驰、奥迪、宾利、雷诺等众多名品荟萃；新引进了数十种重型机械、大型客车、货车，上百家汽车零配件、汽车美容、汽车音响等汽车服务行业；节期还举办了汽车大使选拔赛、城市越野赛及艺术精品博览会等配套活动，吸引了5万余群众到场参观选购，交易金额逾2 000余万元。

汽车文化节搭建了一个汽车与文化结合，汽车产业与文化产业结合，汽车文化与人车互动的大舞台，正确引导汽车消费，促进汽车产业和文化产业共同繁荣发展；同时，也注重把汽车文化节办成云南和昆明的一个品牌活动，体现文化功能的延伸和扩展，形成现代文明和汽车文化的独特标志，成为昆明市城市文化形态与文化工程的重要窗口之一。

【第二届中国舞蹈节暨第五届中国舞蹈荷花奖评奖·2005中国昆明活动】　由中国文联、云南省人民政府主办，中国舞协和昆明市政府、省文联承办的第二届中国舞蹈节暨第五届中国舞蹈荷花奖评奖·2005中国昆明活动于2005年11月16~22日在昆明隆重举行。中宣部、文化部、中国文联领导、俄罗斯驻华大使、肯尼亚驻华使馆、越南、缅甸、泰国驻昆总领事、省、市领导及国内外贵宾、嘉宾莅昆出席了舞蹈节开幕式等系列活动。本届舞蹈节吸引了全国300多名专家、学者、优秀演员和众多舞蹈作品来昆切磋、交流和比赛，更吸引了700余名省内外优秀演员来昆展演、传播和交流舞蹈文化，极大地提升了昆明市群众的文化生活品味。

本届舞蹈节经过5天8场的激烈角逐，共评出舞剧、舞蹈诗作品、编导、表演金银铜奖及单项奖36项，评出古典舞、现代舞、当代舞作品、编导及表演金银铜奖及单项奖49项。以《天地之上》、《丽水金沙》、《太阳女》等一大批在云南、昆明地区产生的优秀舞蹈诗作品成为本届中国舞蹈荷花奖比赛最大亮点，屡获大奖，充分展现了云南省民族文化建设的巨大成就。本届舞蹈节还举办"当代中国舞蹈诗创作暨《云南印象》艺术成就研讨会"、"当代中国舞蹈文化市场高峰论坛"、"舞蹈名家工作坊"等活动，同时还组织参加荷花奖比赛的选手以及国内部分精品节目在桃源广场、南屏街文化步行街广场、碧鸡广场、官渡广场举行了16场"舞蹈进社区全国舞蹈精品展演"活动。本届舞蹈节充分展示了中国舞蹈艺术魅力，展示了中国舞蹈的博大精深，把舞蹈的优雅与美带给昆明市民，把先进的文化理念和思想传播到春城，让人们更加了解和喜爱舞蹈艺术。本届舞蹈节真正办成了艺术家的盛会，人民的节日，营造了和谐社会的良好氛围，繁荣和弘扬了民族文化，强有力地推动了中国舞蹈艺术在新时期文化产业市场上的进一步健康发展。

会　议

【概　况】　经初步调查和估算，2005年在昆举办的具有一定规模、经营性效益，并具有一定影响的会议约1 000余个。从市饭店行业协会获悉，2005年昆明市各类会议星级宾馆用房数478 880间，按标间2人住宿计算，年接待会议人数约957 760人（次）。会议在全市会展经济中占有较大份额，处于昆明会展经济的主导地位。

【GMS领导人会议】　大湄公河次区域（简称"GMS"）经济合作，是由亚洲开发银行牵头，中国、越南、老挝、柬埔寨、缅甸、泰国等澜沧江—湄公河沿岸6个国家共同参与的一个次区域经济合作机制。其宗旨是加强次区域国家的联系，推动本地区经济和社会发展。

大湄公河次区域经济合作第二次领导人会议于7月4~5日在中国昆明举行，本次会议的主题是"加强伙伴关系，实现共同繁荣"。中国国务院总理温家宝、柬埔寨首相洪森、老挝总理本南、缅甸总理梭温、泰国总理他信、越南总理潘文凯以及亚洲开发银行行长黑田东彦出席会议。温家宝总理在开幕式上发表讲话并主持了正式会议。与会领导人就次区域合作成就与挑战、指导原则和实现可持续发展的未来行动等三大议题及加强基础设施、改善贸易投资环境、加强社会发展、筹资和深化伙伴关系等四个分议题进行了深入、务实、自由的讨论并达成广泛共识。各国领导人本着"相互尊重、平等协商、注重实效、循序渐进"的原则，加强和完善基础设施为合作重点，加速《次区域电力贸易运行协定》的谈判进程和次区域信息高速公路的规划与建设，加快《大湄公河次区域便利客货跨境运输协定》各项附件和议定书的谈判及落实工作；积极实施《大湄公河次区域贸易投资便利化战略行动框架》，建设有利于次区域合作的政策环境，努力改善贸易投资环境；加强人力资源开发，促进卫生、农业、旅游发展，提高各国人民的整体素质；坚持走可持续发展道路，继续把扶贫作为工作重点，同时致力于合理开发和利用资源，加强环境治理和生态保护，落实《大湄公河次区域生物多样性保护走廊的战略框架和行动计划》；各方还充分肯定亚行在次区域合作进程中的关键作用，呼吁加强包括私营部门在内的工商界和发展伙伴对次区域合作的参与，进一步深化伙伴关系，动员各方力量，推进次区域合作进程，实现次区域发展目标。

会议最后通过了《昆明宣言》，并决定第三次领导人会议将于2008年在老挝举行。会议结束后，与会领导人还共同出席了《大湄公河次区域便利客货跨境运输协定》有关附件和议定书等合作文件的签字仪式。

GMS领导人会议的成功举办，使云南省以中国大西南为依托，基本形成了面向GMS各国和东南亚的多层次、全方位对外开放格局，同时更加有力和全方位地宣传、扩大了昆明的影响力和知名度。

【第三届国际学生奶大会】　在联合国粮农组织、中国国家学生饮用奶计划协调小组、云南省人民政府的大力支持下，由昆明市人民政府主办的第三届国际学生奶大会于2005年4月11~14日在昆明滇池温泉花园酒店隆重召开。

来自美国、英国、南非、日本等近40个国家以及国内各地区、各部门近300名学生饮用奶行业官员、专家、学者和乳产业企业家代表云集昆明参加大会，使本届大会成为历届国际学生奶大会参会国家和代表最多的一次会议。中

大湄公河次区域经济合作第二次领导人会议　（市会展办　供稿）

国国家学生饮用奶计划部际协调小组成员单位负责人、孔垂柱副省长、王文涛市长、杨雯副市长以及省、市相关部门的领导出席了大会开幕式。

本届大会以“保障儿童健康成长的权利，促进农业和经济的协调发展”为主题，通过进行专题发言、学术研讨、实地参观等多种形式，共同探讨交流国际、国内乳产业发展的状况，学生饮用奶计划在世界各国实施推广的经验、成果，促进国际间的交流与合作，进一步推动中国及世界“学生饮用奶计划”的实施推广，对改善少年儿童的营养和健康状况，倡导科学的饮食和营养观念，推动中国奶业的快速发展，促进农业结构调整和增加农民收入起到了积极的促进作用；也为昆明乳产业发展和参与国际竞争拓展新的发展空间，增进了昆明与国际间的科技、经济、贸易交流与合作。

【北极科学高峰周会议】 由国家海洋局、明市人民政府联合承办的北极科学高峰周会议于4月17～24日在昆明翠湖宾馆举行，来自中国、美国、俄罗斯、挪威、意大利、日本、丹麦等22个国家的200余名科学家和政府官员参会。中共中央政治局委员、国务院副总理曾培炎专门为会议发来贺信，对会议的召开表示祝贺。国家海洋局局长王曙光、副局长陈连增、云南省副省长吴晓青、昆明市副市长雷晓明等领导以及北冰洋科学委员会主席等出席了开幕式。

北极科学高峰周会议是涉及北极事务最高水平的国际会议，由北极国际科学研究委员会成员国轮流举办，加拿大、俄罗斯、英国等5个国家已相继承办，本届会议是首次在亚洲国家召开。会议集中交流有关国家在北极科学研究方面取得的最新成果，探讨相关领域的政策措施和国际合作等问题；会议还聚焦北极在全球变化中的作用，讨论研究相关问题，对进一步扩大我国在国际北极事务中的影响，促进我国北极考察事业的发展起到了积极的作用。会期，国际北极科学委员会、北冰洋科学委员会、北极研究管理者论坛、欧洲极地委员会和环太平洋区域组织、北极圈国家组织、斯瓦尔巴科学管理委员会等各组织召开了专题会议；与会科学家在昆明理工大学、昆一中举行了两场北极科学知识专题讲座，使昆明学生进一步了解了北极，了解了北极科学研究的重要意义。

展　览

【2005中国昆明进出口商品交易会】 2005年6月6～10日第十三届中国昆明进出口商品交易会在昆明举行。本届昆交会共有1 190多家企业前来参展。其中，来自海外22个国家及我国香港、台湾等地的参展企业有230多家。除东盟国家外，瑞典、孟加拉、韩国等国家组织了较大规模的企业参展团，澳大利亚和荷兰企业首次参展。国内除了联办六省七方外，上海、青海、浙江等共有28个省、区、市的企业参展，参展企业达1 200多家，其中上海、青海、湖南组织了较大规模的参展团；越南国家工商会、老挝国家工商会、印尼中华总商会等近20个国外商协会组团参加并在会期组织对口洽谈、参观、考察和指导。

本届昆交会取得了丰硕成果：各项成交累计分别为15.97亿美元和303亿元人民币，其中进出口9.32亿美元，协议利用外资6.65亿美元，经济技术合作累计总投资达303亿元人民币。

昆明市实现进出口成交8 597.1万美元，比上届昆交会增长18.5%，其中，出口7 722.1万美元，增长14.6%，进口875万美元，增长69.9%，完成预定外贸增长目标。

本届昆交会昆明市参展企业呈现以下几个特点：外贸企业观念转变，展示档次提升，主动寻求商机；积极利用省里搭建的研讨会、座谈会等信息交流平台，主动获求商机；昆明展样品种类丰富，展出形式多样；本土民营企业、中小企业成交踊跃；企业形象和交易秩序良好。

【2005首届昆明国际农业博览会】 由国家农业部、云南省人民政府支持，云南省农业厅、商务厅、昆明市政府主办的2005首届昆明国际农业博览会，于9月9～13日在昆明国际会展中心举行。

本次农博会旨在展示云南农业成果，促进国际国内农业交流、经济贸易，扩大农业合作渠道，引进借鉴世界先进科技成果和技术，提高云南农业的整体竞争力，突出云南毗邻南亚、东南亚的优势，扩大交流与合作。展会设置国际馆、云南馆、农业精品馆、农业成果展示洽谈馆、中秋农特产品展销馆和露天展区。展品包括蔬菜瓜果类、园艺花卉类、农产品加工食品类、粮油食品类、畜产品类、生物资源及林产品类、茶叶类、海产品类等2 000余个品种；会期还举办了农业论坛、产品推介、农趣赛事等活动。首届农博会引起了东盟各国的强烈关注，吸引了泰国、越南等14个国家和地区以及10多个省外友好城市、省内的15个兄弟州市到会参展，签约项目突破100项，累计签约总金额近36.5亿元，累计参观人数突破13万人（次）。

本届农博会的成功举办，不仅集中展示了昆明农业取得的新成果和新成就，更重要的是要通过博览会的形式，为昆明提供了一个广泛了解当前农业发展的最新科技成果及农业产业化发展的广阔平台，为昆明市农业产业化发展和整体竞争力提高，积极寻求和开展国内外同行间经贸合作及技术交流提供了新途径。

【2005中国国际旅游交易会】 2005中国国际旅游交易会于11月24～27日在昆明举办。全国政协副主席张梅颖、库克群岛总理詹姆斯·马鲁莱、老挝副总理阿桑·劳里、汤加副首相塞西亚·科克尔、组委会主任、国家旅游局局长邵琪伟、云南省省长徐荣凯共同击鼓为旅交会开幕。本届交易会展出规模扩大，共有3 100余家参展商参展，1 200多名海外买家与会，交易会场馆面积达4.2万平方米，参展国家与地区达到81个，比上一届增加了17个，其中有10个国家和地区是首次参加。交易会共设展台1 964个，其中：国内展台1 268个、海外展台696个，国内与海外展台比例接近世界知名旅游交易会水平。本届旅游交易会呈现六大特色：规模更大，整体布展水平有明显提高；主题鲜明，区域联合进一步增强；交易形式和宣传方式多样，各参展单位在交易形式和宣传方式上也强调特色、强化特色，力求使特色成为生产力；台湾成为交易会新的亮点；交易会进一步向国际化、人性化方向发展；交易会反响良好，整体满意度提升。

会期昆明展团共签订115份合同，合同组团人数4万人，合同金额8 000余万元，达成意向性协议810份，意向组团人数达2万人，意向性交易金额3 000余万元。

【首届中国西部（昆明）文化产业博览会】 由国家文化部、广播电视总局、新闻出版总署和云南省政府主办，西部11个省、市、自治区共同协办的首届中国西部（昆明）文化产业博览会于12月8～11日在昆明国际会展中心召开。中共中央政治局委员、中央书记处书记、中宣部部长刘云山发来贺电表示祝贺，全国人大副委员长李铁映出席开幕式并宣布博览会开幕。广电总局副局长雷元亮、新闻出版总署副署长邬书林、文化部部长助理丁伟以及省委、省人大、省政府、省政协、市委、市政府主要领导或分管领导出席了开幕式。

本届盛会以“展示西部文化成果，拓展招商引资方式，推动中外文化交流，促进经济协调发展，加快构建和谐社会”为主题，有力地展示了西部省区市丰富独特的民族文化资源，展示了西部文化产业的发展成就，展示了西部文化产业的广阔发展前景。来自西部12个省区市的代表团、全国各地知名文化企业、港澳台以及日本、韩国、东盟和南亚地区的文化企业的代表团和嘉宾、20余万群众参加了盛会。本届博览会以其高规格、高水准、大规模及丰富多彩的内容、丰硕的成果和广泛的影响，开创了西部文博会的先河，成为西部文化产业发展史上的一个重要标志。参展企业达到667家，展位1 703个，其中标准展位695个，远远超过预期目标，创造了迄今我国文化产业专业会展参展规模最大、参展企业最多的新记录，签约项目合作协议金额达到152亿元，签约合作项目总计41项，各展馆现场总成交额达3 544万元，合作协议或意向性协议金额达到5 800万元。涉及新闻出版业，广播、电视、电影和音像业、文化社会娱乐服务业等11个文化领域，合作项目的投资主体呈现出多元化特点。

本届博览会遵循“专业化、市场化、国际化”的办展原则，采取“政府支持、市场运作、社会参与、规范管理”的运作方式，重点突出文化产品交易、文化新理念的传播、文化产业前景展示、文化产业与信息技术的高度结合，着力打造全国乃至世界知名的文化产业品牌，为中外客商提供商机。本届博览会也为西部文博会未来的发展创造了一个良好的开端，积累了经验，初步搭建了一个西部地区文化产业发展合作、交流以及对外开放的共同平台，把西部文化产业更为紧密地联系在一起。

【2005昆明秋季房地产暨相关产业展示交易会】 由昆明市建设局、昆明市房管局等单位主办的2005昆明秋季房地产暨相关产业展示交易会于10月21~26日在昆明国际会展中心举行。88家云南地产界精英在4万平方米的展区，推出104个经典楼盘，31个新楼盘。6天的展会共吸引了35万人（次）参观，合计成交金额超过15亿元。本届房交会已是第九届，从参展地产商数量上看，无论从规模和所推楼盘品质，都是历届之最，不仅有来自昆明的楼盘，还有大理、丽江地区的楼盘参展。不但有已经发售、即将发售的楼盘，还有几年后才会建设的概念房。

经过多年的品牌培育，昆明房交会市场化运作愈发成熟，参展商更加重视此届交易会，各展示楼盘品质更高；布展设计制作水平堪比国内同类知名展会；促销方式新意频出；从楼盘展示到装饰材料展，各相关行业商家纷纷亮相，吸引了大批消费者，促成多笔交易。由此可以看出昆明地产业良好的发展态势，对促进昆明市的地产业繁荣具有十分积极的推动作用。

【2005年中国昆明国际花卉展】 由省花卉产业联合会、省贸促会主办的2005年中国昆明国际花卉展于2005年9月8日在昆明举办。本届花卉展按专业化、市场化运作的方式开展，借鉴了国内外一些专业展览的做法，以节约务实的精神取消了开幕式，以一种专业性强、市场化运作的展会形象迎接中外客商。本届花卉展览的场馆面积达到5 000平方米，参展单位99家，展位达到248个，云集了国内外知名企业，包括世界500强的日本麒麟集团、荷兰著名花商和众多东南亚花卉企业，云南的花卉企业和花农合作组织以强大的阵容参展。展览内容涉及新品种、种苗、鲜花、绿化苗木和服务等。花展期间，还举办了插花表演、花卉摄影艺术展等丰富的花卉文化活动。

赛　事

【汽车运动赛事】 2005第二届昆明东川泥石流汽车越野赛于2005年5月2~5日在东川区举行。来自省内外60余辆车参赛，近5万余人参加开幕式。

昆明举办了一系列汽车运动赛事。9月21~22日全国汽车拉力锦标赛第四站的比赛在昆明嵩明境内举行；12月16日，全国汽车场地越野锦标赛在昆明石林举行。一系列赛事吸引了来自全国各省市和香港地区的数百个汽车俱乐部和数千名车手到昆竞技，展示风采。通过这一系列赛事的举行，不仅促进了当地社会经济发展，还拓展了当地群众意识，更进一步展示了昆明独特的地质地貌和多姿多彩的旅游资源，呈现了昆明现代户外运动蓬勃发展的景象，促进了昆明休闲之都、体验之都的建设。

【2005年“官渡杯”第二届西部地区体育舞蹈锦标赛暨深、港、澳地区邀请赛】 由昆明市体育局、官渡区人民政府主办，昆明市体育舞蹈协会承办，官渡区文体局协办的2005年“官渡杯”第二届西部地区体育舞蹈锦标赛暨深、港、澳地区邀请赛于2005年8月12~14日在官渡区体育馆举行。来自香港、澳门、深圳、四川、重庆、贵州、广州、广西、山西及省内的41个代表队，近1 220对/次，2 500名体育舞蹈选手参加了标准舞和拉丁舞81个组别的激烈角逐，参赛选手中最大年龄的80岁，最小的仅有4岁；有久经沙场的老将，也有初试锋芒的新手。

本届大赛是历年来规模最大的一次，比赛搭建了体育舞蹈爱好者相互交流的平台，促进了昆明体育舞蹈水平的提高，还培养了昆明市体育舞蹈裁判和教练队伍，推动了昆明市体育事业全面发展。

【云南野外定向赛】 2005年3月25日，由国际公园定向组织发起的野外定向比赛在昆明金殿公园冒雨进行。来自瑞典和挪威等国家的100余位定向运动爱好者专程组团到云南参加比赛。野外定向比赛在欧洲有着悠久的历史，本次比赛是由国际公园定向组织在云南举办的第五年次野外定向比赛了，之前四年的比赛曾在丽江和西双版纳等地举行，本届比赛进一步展示了昆明举办国际国内大型野外赛事的良好综合条件，也展现出昆明作为户外运动天堂的魅力。

（市会展办）

信息·通信

信息产业

【"十五"成就】 "十五"期间，在市委、市政府、市信息化领导小组的正确领导和各有关部门的大力支持下，全市坚持"以信息化带动工业化、工业化促进信息化"的方针，以进一步加快发展为动力，以信息产业基地建设为重点，以建设现代化新昆明的宏伟战略决策为契机，加快结构调整和体制创新，加强信息技术的推广应用，全市加快了国民经济和社会信息化步伐，信息化建设和信息产业发展取得了较大成绩。昆明市信息产业全行业销售收入以每年约20%的速度增长，至2005年底，信息产业增加值占GDP比重近5%，基本实现了"十五"期间市委、市政府提出的使信息产业成为昆明市支柱产业的目标。统计内快报数2005年昆明市信息产业销售总收入约105亿元，同比增长18%。其中，电子信息产业实现销售收入58.5亿元，同比增长18.7%；信息产品设备制造业实现销售收入32.8亿元，在上年基础上稳步增长；软件及系统集成业实现销售收入25.4亿元，同比增长58.3%，其中软件外包业务实现销售收入10万美元；电信业销售收入约46.5亿元，同比增长18.9%。

【企业信息化建设示范工程】 制定了《昆明市推进企业信息化建设的工作方案》、《昆明市企业信息化示范工程项目管理办法》（暂行）、《昆明市信息产业发展专项资金管理办法》（暂行）等政策和措施，以"政府搭台、企业唱戏、市场运作、多方共赢"的总体工作思路，采取公开申报、公开评审、择优选优、重点扶持、典型引路的方式，于2002年2月启动了企业信息化试点工作。2003年，确定了昆明电工股份有限公司等6家企业作为昆明市首批企业信息化示范工程项目，2005年确定了云南CY集团有限公司等11家企业为第二批企业信息化建设示范工程项目。

【积极引导软件产业发展】 2002年4月，政府出资约25万元，先后邀请三位国际CMM主任评估师，组织昆明市优秀IT企业高级技术管理人员开展CMM系统培训工作，通过政策和资金的引导、扶持，至2005年底，昆明市通过认证的软件企业近70家，通过CMM二级以上评估的企业15家，部分企业已成为云南省科技含量高、拥有自主知识产权的信息产业骨干企业。

【信息产业产品产业化项目扶持】 为加快昆明市信息产业发展速度，促进科技成果向现实生产力转化，调整产业结构，提升昆明市信息产业企业的竞争力，昆明市信息产业办于2005年开展了信息产业产品产业化项目扶持工作，对信息产品产业化项目进行了筛选，经专家论证确定对云南蓝泰信息技术有限公司等十家企业的项目给予扶持，共投入资金175万元。此批项目陆续进入了实施应用阶段，在2006年底可进行验收。

【信息化基础设施建设】 "十五"规划实施以来，昆明市已基本建成由电信网和广播电视网为主的，在规模、容量、技术等方面均居国内先进水平的网络基础体系，为信息化发展提供了基本条件。到2005年10月，全市城域网出口带宽达10G。宽带互联网注册用户达166 668户，窄带注册用户达62万。到2005年底，昆明城区的有线电视网建成860MHz宽带、双向多功能网络，并实现有线电视数字化。

【信息化建设投资加大】 "十五"期间昆明市市级财政信息化投入资金共33 500万元，市信息领导小组统筹信息化专项资金共8 245万元，各单位分散投入信息化资金共25 255万元。

2005年投入共8 000万元，全市统筹专项资金2 255万元，各单位分散投入信息化资金为5 745万元。

【"数字昆明"建设】 "十五"期间，完成了《"数字昆明"总体设计与建设规划》的编制。制定了《昆明市基础地理数据技术规程》，统一了昆明市基础地理数据标准；对"昆明市信息资源和网络管理中心建设"、"昆明市环保信息采集及监控系统"、"昆明市智能交通诱导系统"、"昆明市城市应急联动指挥系统"、"昆明市水利信息化建设"、"昆明市农业基础地理信息系统"、"'数码高新区'信息支撑平台"等6个"数字昆明"的核心支撑项目进行了方案设计。

参与"数字城管"项目的建设，完成了"五华数字城管快车"、"西山数字城管快车"的建设，启动了盘龙、官渡两个区的"数字城管快车"建设。

【公共服务电子政务建设】 电子政务建设取得新成绩。在2004年昆明市党政机关电子政务二期工程启动的同时，依托于互联网，建成并不断完善昆明市政务公众信息服务系统，作为全市党政机关统一面向社会服务的窗口，集中向社会发布政务公开、便民服务、地方性法规、政务动态等信息。至2005年底，有51家市级机关部门和单位，建成面向社会服务政务公开网站，其中建成面向社会服务的交互式网站的有29家。在国务院组织的2005年中国电子政府网站绩效评估中，列全国316个地市级城市中第八十二位。在2005年9月中国电子政务技术与应用大会网上投票测评，排列全国地市级城市十六位。

【电子化行政审批】 按照全市行政审批制度改革的统一部署和安排，昆明市将电子政务建设与行政审批制度改革和便民服务紧密结合，不断加快行政审批项目政务处理系统的建设和应用。随着行政许可法的颁布，进一步完善了行政审批综合受理制、首席代表制、告知承诺制度，优化了行政审批电子化工作流程，完成行政审批项目个性化受理业务，实现了行政审批所有项目证照套打功能，完成了行政审批项目电子化签批、认证系统建设，改进了行政审批公众服务。2003年将行政审批事项从700多项精简为518项，2004年再次将行政审批事项精简为422项，2005年，259项行政审批事项进入市便民服务中心通过电子化审批办理。同时，针对重大投资项目，开通了网上"绿色通道"行政审批业务。开通网上审批预申报系统，通过市政务公众信息服务网，向办事企业和群众提供行政审批项目的业务咨询、申报表格下载填报、项目网上预申报审核等服务，系统从2005年2月下旬应用以来，至2005年末，实际完成电子化行政审批8 018件。

在市委督察室、市人大人事代表工委、市政府督办室、市政协提案委共同参与下，建成昆明市建议提案办理系统，实现各承办单位的办理建议、提案业务协同办公，实现内部建议、提案管理的电子化和网络化。取消了纸质文件交办方式，市级机关各单位均通过电子政务网络进行网上办理建议、提案。

【参与承办第二届中国昆明电脑节】 成功参与承办了"2005第二届中国昆明电脑节"。电脑节期间，参展的国内外及本地IT企业达1 000余户、参与电脑节各项活动的市民及游客达50余万人次，电脑设备、IT数码等产品销售额突破1.5亿元，英特尔、IBM、东软等多家国际、国内总裁的到访，为昆明市招商引资工作创造了条件。新任英特尔中国区总裁宣布将在2006年6月底前设立英特尔昆明办事处。以昆明市信息产业办为主承办的"数字城市"论坛作为本届电脑节的一个重要活动，通过精心策划和组织，紧密结合昆明市"数字城市"建设规划，按照"政府引导、企业参与、市场运作"的基本思路，取得了圆满成功并成为本届电脑节的一个重要亮点。

【"数字城管"建设】 "数字城管"是"数字昆明"规划建设中的一项示范工程，2005年7月，五华区作为昆明试点单位，在全国第二家建成了"数字城管"信息系统，并在建成区一环路以内投入应用。"数字城管"系统集成现代信息技术，与城市管理相结合，系统实施从抓好涉及人民群众切身利益的城市市政公用设施、环境整治等基础性工作，解决城市管理中存在的突出问题入手，综合应用GIS、GPS、RS等多种技术和各类业务平台，建立完整的、闭合的城市综合管理信息系统。系统的建立创新了管理理念和方法，通过推行万米单元网格和城市部件管理法，改变了原来的被动管理模式，建立了主动为群众服务的协同管理机制，实现城市管理工作由粗放型到集约型、精确敏捷型的转变。系统设计分离城市的日常管理与监督事权，建立管理信息采集和监督新机制，以监督促管理。成立城市管理服务中心、数字城管快车指挥中心，形成监督和指挥两个互动的轴心，建立了城市新的日常管理和监督评价机制。设立城市管理监督员，实现了跟踪服务，主动发现问题，实地核查监督办理结果。强化社会监督，群众可以在第一时间、第一现场将发现的问题直接反馈到监督中心。处置过程和结果，监督中心能够随时查看。通过市政综合监管信息系统，把政府部门的行为置于群众的直接监督之下，系统生成的有关信息，成为评价职能部门工作的依据。

系统在实际应用中，整合并发挥多个政府部门管理城市的职能，提高政府行政效率，面向市民提供有效综合服务。落实区政府、街道办事处、网格区域等层次责任，组建城市管理综合协调机构，建立系统、统一指挥，统筹协调分散在城管、市政、公用、园林、环卫、交通、建筑等专业管理部门的管理资源和执法力量，共同履行城市管理、维护安全等职责，为社会和市民提供快速、优质的服务。

在五华试点的基础上，昆明市全面推广"数字城管"的系统建设与应用。2005年底，西山区也建成数字化城市管理信息系统并投入应用，盘龙、官渡两区也启动了系统建设，预计在2006年一季度完成并投入应用。市级城管信息系统将在2006年上半年建成，并实现与各区级城管系统的市区两级联动，市级平台突出监督、协调、统计、评价等职能，区级平台突出城市部件和事件问题的处理。高新区、经开区、滇池度假区以及有关县（市）区也将按照市区两级联动模式相继启动数字城管建设。

（段惠莲）

邮　政

【年度概况】 2005年，昆明市邮政局下辖盘龙、五华、官渡、西山、东川区邮政局和安宁市邮政局及呈贡、富民、晋宁、宜良、石林、嵩明、禄劝、寻甸8个县邮政局。共有332个营业局（所）(其中：电子化局所150个，农村局所132个，代办所89个)；投递中心站11个，速递投递站5个。2005年共有信报箱群475处，有用户信箱1 711个。邮政信箱筒688个，有信报箱格口48 290个。

机构设置为：办公室、计划财务部、人力资源部、安全视检部（下设稽查室、法律事务室、视察室)、市场部(含代理业务部)、运维部、党群工作部(含纪检监察室、离退休管理中心、后勤服务中心)、工会、团委、营销中心(下设客户服务中心)、投递局（下设综合部、配送中心、速递公司、报刊经营公司、投递中心)、储汇局、机要通信局、集邮公司、商函广告公司。

2005年，昆明局围绕"以科学发展为主题、以经济效益为中心、以规范管理为基础、以整体营销为支撑、以满意服务为目标，进一步开拓市场、规模经营、量质并进、规范管理、巩固成果、推进改革、健康发展，切实加强企业党的建设、企业文化建设，为昆明邮政的持续、健康、快速发展打下坚实的基础"的总体工作思路，全局干部职工团结一致、奋力拼搏、开拓进取、扎实工作，较好地完成了各项工作任务，是邮电分营以来昆明邮政取得效益较好的一年，经营发展又上了一个台阶。

【函　件】 把函件业务作为邮务类业务的重中之重的"一把手"工程突出发展。注重抓了"市场营销、数据库建设、投递服务"三个方面的工作，进一步促进了商函业务的发展。自有数据由原来的32.68万条增长到的64.9万条。2005年，商函业务实现收入853.6万元，同比增长7.9%。5月，昆明市第一本《昆明邮政绿页》正式发行，创收40余万元。认真研究贺卡市场，对贺卡市场开展专题营销，开发20余万枚“绿色贺卡”，实现收入近20万元。发展贺年明信片93.95万枚，实现业务收入181.2万元。

8月6日，“金殿名胜区邮资明信片启用仪式”在金殿举行，昆明市园林绿化局、金殿名胜区、昆明市邮政局的领导参加了启用仪式。自此，由昆明市邮政局与金殿名胜区合作开发的10万枚邮资明信片门票正式启用。

【报刊发行】 在抓好2005年报刊大收订的基础上，认真开展报刊破、续订业务，在员工中树立“天天都是收订日”的观念，促进报刊业务实现稳步发展。完成业务收入3 052万元，同比增长2.47%，报刊业务稳定发展。特别是2006年度报刊大收订工作，在发行站流转额下降500万元的情况下，一次性收订报刊流转额7 328.62万元，同比增长3.43%，党报党刊收订实现了稳中有升。

【速　递】 抓住“EMS”、“全夜航”的开展、“卡哈拉”对外承诺服务以及“次晨达”服务承诺启动后的有利时机，加快速递业务的发展。对中秋“思乡月”专项营销活动高度重视，积极开展“思乡月”专项营销活动，专门成立了由局长任组长的“思乡月”中秋月饼专项营销活动领导小组。领导小组下设营销策划小组、销售策划小组、商品供应小组及售后服务小组负责项目的具体运作。活动开展得有声有色，营销成绩斐然，打响了昆明邮政中秋“思乡月”服务品牌，实现“思乡月”业务收入630万元，同比增长233.3%。在高考录取通知书速递业务方面，采取有效措施，以优质的服务，迅速、准确地传递了广大考生的录取通知书，取得较好的经济效益和社会效益。

【农资分销业务】 认真贯彻中央一号文件精神，积极开展邮政为“三农”服务工作，把农资分销业务定为各县（市）区局发展的重点业务，指定一名副局长分管该项业务。充分发挥邮政网络优势和品牌优势，积极构建“三农”服务平台，全区共建“三农”服务点370个，其中：自办点122个，代办点248个。加快发展“喷施宝”等系列农资产品分销配送工作，销售“喷施宝”等系列农资产品额596 567元，实现收入249 054元。以寻甸局为试点局，在寻甸局召开现场会，推广寻甸局的运作模式和先进经验。2005年寻甸局烟草款汇兑业务实现收入30万元，在农资产品销配送、烟草款汇兑等方面实现近100万元的业务收入，成效显著。为此，省局专门在寻甸局召开了全省县局发展寻甸经验现场交流会。

【集　邮】 明确集邮文化业务服务云南文化产业发展的定位，加强对集邮文化产品的宣传，发挥专业优势，策划制作《文化云南》、《祥瑞云南》等具有云南地方文化特色和具有较高品位的邮品集，受到省委宣传部门的高度评价，市场反映良好。同时紧扣社会热点，抓住市场需求，设计开发了体现人与自然和谐发展的“红嘴鸥入昆20周年纪念”系列集邮品，收到了良好的经济效益和社会效益。

6月28日由昆明市人民政府、云南省邮政局主办、晋宁县委、县政府、昆明市邮政局承办的《郑和下西洋》纪念邮票首发式在晋宁县郑和公园举行。

【国际业务】 在全区各营业网点进一步推动国际业务的发展。加大宣传力度，积极采取了加强营业员业务技能的培训、提高员工技能、推广业务发展先进经验、组织信息收集、有针对性的开展业务等积极的措施，收到了较好的效果，完成收入783.98万元，同比增长15%。

【包　裹】 在各营业窗口深入开展“说好一句话”活动。继续加强业务宣传，以中秋“思乡月”专项营销活动为契机，促进包裹业务特别是快递包裹业务的增长。完成业务收入1 933.66万元，同比增长6.92%，包裹业务发展势头良好，其中快递包裹业务量和业务收入占到了包裹量和收入的62%和55%。

盘龙、官渡、五华区局深入各院校，加强与学校的沟通和联系，加大宣传，做好服务工作。至7月10日，全局收寄学生包裹4 281件，实现收入14.4万元，同比增长44%。10月份开始对退伍兵包裹收寄工作作出了安排部署，全局各经营单位积极与服务区域内的驻地部队联系，累计收寄包裹8 000余种，实现业务收入33.4万元。

【邮政储蓄】 完成储蓄业务收入8 909.78万元，完成年计划的114.21%，比上年同期增长25.55%。抓住“两网互通”和转账业务开通的契机，大力发展个人结算类业务，拉动了非利差性收入的增长（其中异地手续费收入较上年同期增长451%，绝对值为1 655.1万元），实现非利差性收入2 311万元，占储蓄业务收入的25.9%。加大卡业务的发展力度，做好大客户的维护工作，大力发展账户类的代收代付业务，储蓄存款定活比为52.88%:47.12%。2005年全年发卡15万张，完成年计划的106.63%。

【代办电信】 2005年发展CDMA用户1 872户，GSM用户1 705户，实现话费分成521.46万元，占电信业务收入的81.31%。完成代收费70.65万笔，代收费金额5 180万元，同比增长199.28%。

【营销工作】 采取窗口营销和专业营销相结合的方针，整体推进营销工作。全面加强营销工作，进一步提高窗口营销的理念，在营业窗口开展了“多说一句话”的营销活动，进一步完善窗口营销业务发展奖励政策，充分调动员工的工作积极性，提高窗口营销能力，窗口经营收入的质量和效益不断提高。继续强化专业营销，不断加强专业营销队伍的建设，专业营销队伍由原来的20多人扩大到100多人。在专业营销工作中，突出了两个转变，一是从产品营销向客户营销转变；二是由专业营销向综合营销转变。以竞争性业务市场开发为重点，加大市场规模的拓展和大客户的营销力度，提升专业营销工作的效益和水平。2005年全局专业营销实现业绩2 819.8万元，同比增长18.55%，客户经理人均业绩突破百万大关。

4月2～16日，组织了为期2周的营销知识培训。此次培训邀请了云南财贸学校的老师进行授课，培训内容为营销基础知识、营销心理学和礼仪知识等营销专业知识。市局各营销中心主任、客户经理、专职营销员、分局营业部分管营销工作的主任、副主任和相关人员参加了培训。

【基础管理】 围绕“如何认真履行好岗位职责”这一主题，以履行岗位职责为中心，认真开展了一系列规范管理工作，进一步建立健全科学完善的经营管理制度，规范各项业务基础管理工作，使各项经营管理工作逐步规范化、制度化，提高了全局的基础管理水平和管理能力。制定了《昆明市邮政局职能部室工作职责》、《昆明市邮政局各县（市）、区局、中心、专业局、公司工作职责》等基础管理制度，进一步明确了各单位和各岗位的工作职责。建立了相应的检查考评制度，加强岗位职责的管理和考核工作，对所有管理和生产岗位人员的工作内容及业绩按季度进行列表细化，严格考核。对全区各经营单位的经营行为和业务流程等基础管理工作进行规范，制定了全区业务基础管理考核、营业员操作手册、投递员工作流程、资金管理规程。加大邮政资费的稽核检查力度，杜绝邮政资费的流失及跑、冒、滴、漏，从完善资金交接保管和金库管理制度、落实对重控人员的管理和匙密分管、重要场地出入登记制度、统一消防管理要求等方面对资金安全管理进行规范，使全区业务基础管理工作进一步规范化、制度化。对全局的监督检查管理工作进行规范。建立监督管理体系，制定了《昆明市邮政局业务视察实施细则》、《重控岗位人员审定工作制度》、《昆明市邮政局资金专用袋及资金专用夹钳管理办法》等一系列管理措施，建立全区黄牌通报制度，对检查出的问题，纳入季度考核，实行岗位责任追究制。

【经营体制和经营区域调整】 根据昆明市区划的调整，认真做好了盘龙、五华、西山、官渡区局经营体制和经营区域的调整工作，积极开展四区局经营、管理等方面的工作调研，在四区局分别设立世博分局、高新分局、滇池分局和经开分局。四个区局和新成立的四个分局积极向政府主管部门和辖区管委会汇报工作，加强联系和沟通。制定经营、管理实施方案，优化作业组织，整合资源，认真做好了四区局经营区域调整后的管理工作和业务发展工作，并取得一定的成绩。

【参加营业技术技能大赛】 2月18日、19日在邮政技术组织进行了邮政营业技术技能选拔赛，省邮政工会领导、市局领导班子全体成员参加了开赛仪式。来自全区14个县（市）区局的100名选手和11 185客户中心的11名话务员参加了本次选拔赛。选拔赛期间，参赛选手分别进行了理论考试、邮政一台清、电子汇兑、计算机操作、邮政营业英语和模拟授课等六大项目的实作竞技。选拔出来的选手参加了全省邮政营业岗位技能大赛。在全省大赛中，昆明局的33名职工分获全省邮政营业岗位技能大赛状元、高级技师、技师称号；昆明局荣获优秀组织奖。

【“提高服务质量让用户满意”专项活动】 3月22日，组织市局机关各职能部室、中心、专业局、公司及盘龙、五华、官渡、西山区局中层干部就国家局、省局电视电话会议精神进行了传达，就“提高服务质量，让用户满意”专项活动的开展进行了动员。成立了由局长任组长、相关局领导任副组长，各职能部门负责人为组员的领导小组。按照国家局、省局要求，认真开展各项工作，采取多种形式对专项活动进行了广泛的宣传动员，动员面达100%。拟定了深入开展“提高服务质量，让用户满意”专项活动实施意见，拟定各职能部门工作职责。3月28日召集各县（市）区局局长就专项活动工作作了进一步动员和安排部署。组织自查，自查面达100%，对各局自查中发现的问题，限期整改。与此同时，积极开展以“爱岗敬业，服务社会”为主题的企业精神和职业道德教育，加强规章制度和服务规范的学习，加强对营业、投递人员服务意识，特别是诚信服务意识的教育，认真解决邮政服务中存在的主要问题，切实提高邮政服务质量，从根本上提高邮政综合服务水平。通过专项活动的开展，通信质量、服务质量稳步提高，营业员、投递员服务意识明显加强。2005年全局各项通信质量和服务指标都达到省局规定的质量考核标准，2005年在国家邮政局开展的全国邮政系统“用户满意企业”评选活动中，昆明局荣获全国邮政系统“用户满意企业”称号。昆明市邮政局是省内惟一获此称号的单位。

【魏明当选全国劳模】 4月，投递局梁源中心投递站魏明当选全国劳动模范。4月27日，魏明和进京参加表彰大会的云南省68名当选的全国劳动模范、先进工作者一起受到云南省委、省人大、省政府、省政协领导及省总工会领导的亲切接见和欢送。魏明在京期间和来自全国23个省（区、市）邮政部门的32名全国劳动模范受到了信息产业部和国家邮政局领导的亲切接见。4月30日魏明和来自全国各条战线的劳模、先进工作者一起在人民大会堂参加了国务院召开的表彰大会，受到了党和国家领导人的亲切接见和表彰。

【荣获市级文明行业称号】 5月，昆明市邮政局被昆明市人民政府授予“昆明市创建文明行业工作先进单位”称号。到2005年，全区建成省级文明单位3个，市级文明单位8个，县级文明单位3个，三级文明单位建成率达94%。全区有2个省级“青年文明号”，20个市级“青年文明号”，3个“云岭先锋工程·青年昆明行动·青年优质服务岗”，1个全国“巾帼文明示范岗”。

【“两网互通”工程】 5月12日，省局“两网互通”工程建设推广上线工作电视电话会结束后，在认真传达省局会议精神的基础上，成立了由局长任组长、副局长任副组长和各部门负责人组成的“两网互通”工程建设推广上线工作领导小组，与此同时拟定了“两网互通”工程工作预案，并于5月20、21日举办“两网互通”工程技术培训，组织14个县（市）区局及投递局设备维护人员进行了“两网互通”工程软件安装等相关知识为内容的授课。在局领导的高度重视下和各单位的通力合作下，业务和技术人员克服困难，加班加点，经过2个多月的艰苦奋战，圆满完成了“两网互通”工作的各项目标任务，并保证了经营生产工作的顺利进行。

【与电信签订战略合作协议】 6月30日，在泰丽酒店与云南电信有限公司昆明分公司签订战略合作协议。双方本着互惠互利、友好协商、相互促进、共同发展的原则，充分发挥各自优势，在通信服务、产品提供、资源利用等领域建立战略合作伙伴关系。

【投递网点和社会服务网点建设】 10月，在省局的大力支持下，经过精心组织和准备，在原茨坝转投站的基础上，新建的茨坝中心投递站正式投入使用，该站的投入使用为茨坝邮政投递增加投递服务深度和广度打下了坚实的基础。与此同时，经过紧张的施工和设备调试，锦苑花园、湖畔之梦社区邮政网点正式投入使用。

【《文化云南》、《祥瑞云南》专题邮册发行】 10月27日，由省委宣传部门和省邮政局共同举办了由昆明市集邮公司历时一年为省委宣传部定向开发设计的《文化云南》和《祥瑞云南》专题邮册发行。省委常委、省委宣传部长晏友琼、省人大常委会常务副主任牛绍尧及相关厅局领导出席了首发式。两本邮册从不同的角度介绍了云南。《文化云南》以纪实的方式反映云南文化，全套分为上下两册，由“文化与文明”、“文化与名人”、“文化与名城”、“文化与自然”、“文化与民族”5个板块构成。有中英文两种文字对照说明。《祥瑞云南》以

“云”为核心立意，以“祥”寓意云南是物华天宝的吉祥地，以“祥”寓意云南文化的神秘和未来发展态势，共收集了20余套邮票。邮册的发行，得到了省委领导的高度评价，并取得了良好的社会效益和经济效益，实现收入22.4万元。

（周哲源）

电　信

【通信建设】　2005年，云南省电信有限公司昆明市分公司完成东华、二枢纽两个智能汇接局的建设和全网业务割接；完成昆明传输A、B平面升级改造工作；完成67栋大楼的室内覆盖系统建设；完成数据网络新扩建工作；完成27项市政道路通信管道的改扩建工程；启动49项市政管道建设项目；完成一期“村通”工程24个村的建设工作；启动46个经济效益较好的农村地区建设任务。

【业务拓展】　2005年，分公司积极拓展的ICT业务、“数字城管”、“商务领航”、“校园E通”等转型项目和业务初见成效。

【实业内部重组】　2005年，根据集团公司、省公司关于实业内部重组整合实施方案，分公司对原昆明网普科技有限公司下属物资贸易分公司、终端维修销售中心、昆明公众信息产业有限公司进行重组整合，实现收回业务和人员平稳顺利的过渡融合。

【组织架构调整】　2005年，分公司对现业机构进行调整，成立4个区分公司，撤销商业客户部，提升市场营销能力和响应速度；加强队伍建设，从中层后备干部队伍中选拔出正职3名，副职13名充实到基层部门，进一步提高各部门的管理水平。

【人力资源改革】　2005年，分公司加强中层管理人员和五、六岗人员的岗位管理，按其不同的工作职责制定独立的KPI考核体系；通过竞争上岗、部分部门内部轮岗等方式，调动和发挥各岗位人员的工作积极性和创造性；严格执行省公司下达的劳务用工计划控制数，顺利完成冗、余劳务人员的清退工作；进一步完善绩效考核，实行日常性和阶段性工作指标结合的考核，提高员工完成业务收入、经营发展、运维服务指标任务的积极性和主动性；运用目标达成管理对公司有重大影响的项目进行评价和考核。

【经营管理】　2005年，分公司以预测——跟踪——分析——控制为主线，坚持经营分析制度，密切关注各客户群体，紧紧围绕固话、PAS、宽带、流动产品等重点业务，细分业务类型，开展精细营销，经营管理能力有所提高。

【信息化建设】　2005年，分公司围绕企业经营发展战略和客户感知，因地制宜推进信息化建设，“端到端”项目顺利割接投产运行，T43系统功能持续改进完善，DCN网络改造项目进展顺利，账务融合计费系统正式割接运行，自然月出账工作按期实施，计费账务系统多渠道收费项目建设完成，IT支撑能力逐步延伸，对市场营销政策和新业务的响应速度得到提高。

【运行维护】　2005年，分公司加强“双基”管理（基层管理和基础管理），规范运行维护工作，确保网络安全畅通，光缆线路维护连续100个月保持直埋一干光缆无全阻的云南省最高记录；强化本地网综合化集中维护，实现了备品备件集中管理和资源共享；实施PAS网优和宽带提质专项工作；实施智能汇接局网调工作，具备提供固网彩铃、移机不改号、WAC－VPN等业务的能力，基本实现网络智能化；做好大客户支撑响应工作，顺利完成工商银行云南省分行电路改造组网、体彩VPDN组网等十余个大客户组网项目，用户感知度不断提高。

【预算管理和工程审计】　2005年，分公司深化全面预算管理，建立前端、后端、管控三大预算管理体系，强化预算的过程控制和均衡性管控。完善内控自我评估工作的制度建设，对发现的控制点设计缺陷和执行缺陷及时进行整改。

2005年，分公司共完成工程审计项目158项，审减金额203.9万元，审减率19.19%；纠正审计中发现的漏洞和问题，规范了企业经济行为，规避了经营风险。

【服务质量】　2005年，分公司认真贯彻以提高用户感知为出发点，以建立同业比较优势为标杆，以规范服务行为为手段，以强化监督检查为保障的服务质量管理思路。坚持服务质量的分析通报、定期检查和专项检查以及事后的投诉责任判定和考核；加强对重大服务问题和热点问题的督促整改，在公司内逐步增强了服务意识，规范了服务行为；从前端面对客户的部门开始进行客户满意度测评，将服务质量的提高延伸到后端；初步建立内部投诉机制，由前端对后端的服务支撑进行评分，逐步形成前、后端共同提升服务的联动机制；制定《公众客户入户服务规范和标准》，用“五个一”的标准统一社区经理入户服务规范；完成各营业厅的等级确定，逐步完善营业服务功能；结合电信行业行风评议，积极解决服务热点问题，定期与上级部门和社会渠道主动沟通；配合市消协组织开展“3·15国际消费者权益日”宣传、咨询活动，被市消协评为“2005年消费者满意企业”；当选昆明市第一届企业信用促进会副会长单位；10000号服务水平和能力有所提升，在集团公司的同城测评中，昆明电信10000号业务处理能力和服务亲和力排名八、九、十三个月连续获得第一名。

（云南省电信有限公司昆明市分公司综合管理部）

非公有制经济

【概　况】　2005年，昆明市认真贯彻落实国家和省、市发展非公经济的各项方针、政策，解放思想，强化措施，改善环境，使全市非公经济取得了可喜的发展。至2005年底，全市个体工商户达15.2万户；注册资金34.35亿元。私营企业户数达3.33万户，同比增长40.94%；注册资本（金）312.41亿元，同比增长35.9%；私营企业注册资本100～500万元的共1 833户，500～1 000万元的共351户，1 000万元以上的有216户。同年底，全市个体从业人员50.78万人，同比增长25.48%。私营企业从业人员37.54万人，同比增长109.2%。全市非公企业吸纳就业人数已达90万人左右。2005年全市非公经济上缴税收38.75亿元，增长41.79%。非公经济在财税增长、城乡居民增收和就业渠道拓宽等方面的重要作用越来越明显。

【落实相关政策】　深入宣传、全面贯彻落实加快非公经济发展的《国务院关于鼓励支持和引导个体私营等非公有制经济发展的若干意见》省委5号文件和市委6号文件精神。充分利用报刊、广播、电视、网络等媒体，把文件精神宣传到基层、宣传到企业，使文件精神成为推动全市非公经济发展的强大动力。10月25日～11月1日在14个县（市）区、三个开发区和11个市属有关单位中开展了贯彻落实非公经济相关政策的自查自纠活动，对发现的问题及时进行纠正，进一步改善了非公经济发展环境。

【指导和服务非公企业】　①依据全市产业导向，积极引导非公资本进入生物及医药、光电子信息、机械、化工、农特产品加工等重点行业。按照全市产业布局规划，重点引导非公资本、非公企业向工业园区集聚。②及时帮助和协调解决非公企业发展中遇到的煤电油运紧张、资金短缺、落户难等问题和困难。③配合有关部门对非公企业管理者和技术人才进行培训。组织150名人员参加“国家中小企业银河培训工程”，组织5户担保公司负责人参加了国家发改委在成都举办的担保机构培训班。④为企业提供各种交流合作机会。组织10户重点非公企业参加“现代新昆明投资项目推介洽谈会”，组织8户非公企业参加“省院、省校合作洽谈会”，组织3户企业参加广州中国中小企业博览会，组织30户企业参加福州昆明经贸洽谈会。⑤为非公经济提供创业辅导、技术支持、管理咨询、信息服务、市场开拓等服务。

【加大资金扶持力度】　充分发挥财政资金引导作用，加大对非公经济的资金扶持力度。向省非公办推荐非公企业30户，其中7户企业得到省非公专项资金的扶持，总金额达315万元。用好、用活市新型工业化资金和市非公专项资金，提高资金使用效益，重点对高新技术、生物制药、重化工和农产品加工业进行支持。市新型工业化资金对29个非公企业进行扶持，扶持金额达1 669万元。市非公专项资金对24户非公企业的24个项目给予了资金扶持，扶持金额为200万元。

【建立和完善信用担保体系】　向省经委推荐融资担保公司7户，其中3户担保公司被纳入省试点，得到了省专项资金的扶持。引导、鼓励大企业、大公司或个人投资融资担保行业，组建商业性、市场化运作的担保机构。鼓励帮助有条件的县区设立担保机构，大力支持民营商业性担保机构的发展。对业绩突出，管理规范的担保机构给予了资金扶持。2005年底，全市共有担保机构29家，注册资金4.41亿元，担保资金总额5.16亿元，为1 079户企业提供2 783笔担保，累计担保总额达30.54亿元。2005年全年担保总额为10.5亿元。

【帮助企业融资】　1. 加强政企、银企合作，积极推动银行等金融机构对非公企业的金融支持。紧紧抓住国家发改委和广东发展银行“中小企业融资发展计划”试点城市的机遇，组织实施好“广发民营100”等融资活动，先后优选130多户中小企业，向广发行昆明分行推荐。2. 支持有条件的非公企业改制上市或借壳上市，充分利用资本市场解决发展资金问题。组织云南神农农业集团、阳光数控、云南绿大地生物科技股份有限公司等6家重点企业的高管人员，赴香港参加“云南中小企业香港上市融资培训”活动。云南绿大地生物科技股份有限公司在国内上市和云南南药制药股份在美国纳斯达克上市的工作有序进行，2005年10月南药制药与美国美银证券公司、美国CDI投资公司签署了上市辅导协议。

【加快信息化建设步伐】　“昆明中小

企业网”于2005年12月29日正式开通运营。标志着昆明中小企业（非公经济）信息化服务建设迈出了坚实一步。“昆明中小企业网”设立有政府服务、企业管理咨询服务、商业信息服务、招商引资项目发布及交流、网上培训、电子商务等17个平台。“昆明中小企业网”通过网络平台组织，整合各种社会资源为企业提供管理咨询、行业专家库、企业培训、资金申报、融资担保等方面的全方位服务；帮助全市企业获取快捷、方便的电子商务信息，开展各类电子商务活动，并开拓国内外市场；帮助全市中小企业、非公经济制定企业信息化解决方案、开展企业信息化建设工程，以提升非公企业的管理经营水平和核心竞争力。

【维护企业合法权益】 加大维权力度，切实维护非公企业的正常生产和经营活动。依法受理投诉，与有关部门密切配合，积极、慎重、及时地依法处理非公经济发展中的投诉事件，切实维护非公企业的合法权益，共受理投诉和诉求38件，做到事事有回音，件件有落实，一些问题通过昆明市非公办的努力得到了圆满解决，有效地保护了企业的合法权益。加强对收费行为的有效监督，将收费项目、标准向社会进行公示，向非公企业免费发放《昆明市城镇企业缴费企业公示目录》2万册。

【加强运行监测和调查研究工作】 加强对非公经济运行监测，及时掌握非公经济生产经营状况和发展趋势，积极开展分析研究，向上级部门提出发展非公经济的对策和建议，为市委、市政府决策提供依据。加强非公经济发展的调查研究，与昆明市社科院一起完成了昆明市“十一五”期间重大研究课题——“十一五”期间促进非公经济发展战略、推进市场主体多元化和拓宽民间投资渠道、突破体制性障碍及环境改善任务研究。重点就非公企业（中小企业）融资、担保体系建设、中小企业社会化服务体系建设等问题进行了专题调研，起草了有关报告。

【表彰非公经济人士】 按照市委的部署，与市委统战部、市工商联、市工商局等6部门首次在全市非公经济界开展了昆明市“优秀中国特色社会主义事业建设者”的评选活动，对马迅等40名非公经济人士进行了表彰。

（赵志良）

乡镇企业

【经济指标】 各项主要经济指标全面完成年初计划，并保持了两位数的增长。2005年全市有乡镇企业121 395户；从业人员747 149人，比上年增长5.86%；完成增加值184.05亿元，比上年增长14.24%；完成工业增加值64.57亿元，比上年增长23.79%；实交税金21.9亿元，比上年增长10.17%；固定资产原值达342.27亿元，比上年增长12.13%。

【经　济】 2005年全市乡镇企业实现增加值184亿元，占全市生产总值的17.32%；实缴税金21.92亿元，占全市财政总收入的10%；从业人员占全市农业人口的24%，占全市农村劳动力资源的36%。全市农民人均纯收入的40%以上来自乡镇企业的工资性收入，有6个县区乡镇企业实缴税金占地方财政收入的50%以上。乡镇企业、非公经济已成为县域经济发展的主要载体和小城镇建设的产业支撑。

【综合素质】 乡镇企业在经济总量不断扩大的同时，整体素质也得到提高，人员结构逐步优化，骨干企业逐步做强。获初级以上技术职称的人员已占企业职工的3%以上，有100多户企业通过了ISO9000国际质量体系等各种市场准入认证，规模以上骨干企业达661户，有87个中型以上集团公司，营业收入超亿元的企业达67个。全市有45个乡镇企业总收入超5亿元的乡镇，613个超亿元的村委会。

【固定资产投资】 在新昆明建设步伐加快和“工业强市”战略的推动下，乡镇企业固定资产投资规模进一步扩大，工业企业和第三产业成为乡镇企业投资的重点。主城四区、呈贡和安宁成为最具吸引投资进入的地区。在昆明市政府加快北部地区经济发展的政策带动下，乡镇企业投资环境得到了改善，特别是东川、嵩明和寻甸成为引进项目、引进资金最为活跃的地区。寻甸县2005年取得了乡镇企业增速达82.05%好成绩。乡镇企业新建项目改变了以往规模小、遍地开花的局面，呈现出项目规模大、工业项目多、资金到位率高，乡镇企业向城市、小城镇、工业园区和交通带状经济区聚集的新特点，同时更加注重环保、资源的综合开发利用，新产品、新技术的采用和具有较强的市场竞争能力等前瞻性。乡镇企业增长方式逐步转到了提高质量、效益和促进内涵发展上来，增长产业逐步向新兴产业、优质产业、特色产业延伸，增长区域逐步转到产业集群区、小城镇和城市带上来。

2005年新上、续建和技改项目592个，计划总投资90.57亿元（含房地产），新开工项目517个。当年投产项目461个，完成总投资83.36亿元，资金来源为自筹资金70.34亿元，引进资金5.19亿元（其中引进外资14 111万元），银行支持贷款3.4亿元，其他资金4.43亿元。2005年投产的项目中，工业项目达323个，占当年投产项目数的70%，完成工业项目投资26.12亿元，占当年完成总投资的31%。资金投向主要集中在工业上，反映了“工业强市”战略有了显著成效。乡镇企业与外商合资合作新签协议项目2个，协议投资额250万美元，实际投资额114万美元；与港澳台商新签协议项目2个，协议投资额98万美元，实际投资额51万美元；省外新签项目16个，协议投资额28 202万元，实际投资额13 461万元。

【产业结构调整】 2005年乡镇企业产业结构调整主要体现在两方面：一方面围绕“工业强市”战略，走新型工业化道路，大力发展农副产品加工业，增强工业在乡镇企业经济中的主导作用；另一方面大力发展第三产业。2005年乡镇企业一、二、三产比重为0.44∶42.83∶56.73，其中：第一产业企业达186个，从业人员5 157人，实现增加值8 060万元；第二产业企业达18 581个，实现增加值788 280万元；第三产业企业达102 628个，实现增加值1 044 150万元。

【科教兴企】 在科技进步和劳动者素质不断提高的前提下，乡镇企业增长方式逐步转到了提高质量效益和促进内涵发展上来。2005年，全市乡镇企业中具有大专以上文化程度人员达3.4万人，比“九五”末增长了3.1倍。有6个乡镇企业建立了技术创新中心和研发机构，实现了零的突破。云南昆明安宁复合肥原料厂、昆明天使食品厂、昆明新迎铝型材厂被国家农业部授予“全国乡镇企业创名牌重点企业”称号。昆明子弟食品有限公司等8户企业被评定为“全国农产品加工龙头和示范企业”。

【农产品加工】 2005年，乡镇企业农业产业化企业发展到6 343户，从业人员达5.57万人；完成总产值达96.67亿元，同比增长3.4%；实现增加值14.49亿元，同比增长10.35%，其中：规模以上农产品加工企业达到151户，实现总产值74亿元，同比增长171%；实现增加值13.7亿元，同比增长407%。“十五”期间农产品加工业的崛起，延伸和拉长了农业产业链条，把千家万户的小生产与大市场有效的衔接起来，为解决“三农”问题迈出了坚实的步伐，成为昆明市乡镇企业发展新的亮点和新的增长点。肉制品、粮食制品、药材、脱水蔬菜、冷冻保鲜、花卉等农产品加工业已初具规模，成为乡镇企业发展最具潜力的新兴产业、特色产业。

【劳动力转移就业】 乡镇企业在发展的同时，更加注重提高从业人员的素质、知识技能及人才结构的优化。近年来加大了对农村劳动力的培训力度，建立了6个省级吸纳农村劳动力转移培训基地，通过基地、企业及社会各类培训，使农村劳动力适应就业的能力逐步增强，就业稳定性增加，乡镇企业从业人员逐年增多。2005年，全市乡镇企业从业人员达到74.7万人，比2004年新增就业人员4.12万人，成为吸纳农村劳动力最多的行业。

【主要产品产量和出口状况】 2005年全市乡镇企业的主要产品产量中以农产品为原料的产品产量有较大增长。生产铁矿石原矿243.4万吨，锰矿石原矿2.58万吨，铜原矿87.06万吨，铅锌原矿2.33万吨，大理石荒料6.08万立方米，石料649.7万立方米，砂和河沙743.9万吨，磷矿364.62万吨，发电11 288万千瓦/小时，粮食加工1 069.3万吨，粮食制品5.67万吨，食品植物油7.06万吨，食糖1 372吨，肉制品14 342.7吨，乳制品2.67万吨，果制品446.3吨，蔬菜制品15.57吨，酒类4.79万吨，软饮料15.17万吨，精制茶3 386吨，桑蚕丝30吨，配混合饲料46.98万吨，机制纸及纸板10.58万吨，焦炭9.1万吨，黄磷7.7万吨，磷肥30.48万吨，塑料制品5.85万吨，水泥128.8万吨，水泥预制构件26.3万立方米，砖21.21亿块，钢1.34万吨，生铁41.15万吨，铁合金4.42万吨，钢材13.37万吨，中小农具1 569.3万件，工艺美术品5 009.3万元。

2005年全市有34户出口创汇企业，年末从业人员5 635人，出口交货值67 609万元，自营出口61 115万元。年出口交货值500万元以上的企业13个，年末从业人员2 448人，出口交货值35 943万元。出口产品交货值按产品类别分类为化工类20 633万元，机械类9 475万元，轻工类6 787万元，食品类34 729万元，纺织服装类40万元，工艺品类2 730万元，其他类3 107万元。出口产品涉及到化工、机械、矿石、食品、轻工、工艺品等7大类，为乡镇企业参与国际市场竞争打开了缺口，积累了经验。

【生产与安全】 各县（市）区在抓乡镇企业发展的同时，认真贯彻落实安全生产的各项政策措施，加大了对煤矿、非煤矿山和企业的安全生产宣传、管理、整治和检查力度，使企业安全生产管理的制度建设得到了加强和完善，各类专项整治得到了巩固和深化。安全生产的硬件和管理设施更加完善，有力地保证了全市乡镇企业安全生产井然有序进行，杜绝了重特大事故的发生，2005年没有发生一起群死群伤的重大安全责任事故。

煤炭行业坚持“安全第一，预防为主”的方针，创新监管机制，加强煤炭行业管理，煤矿安全生产状况逐步好转，促进了煤炭行业的可持续发展。至12月底，全市地方乡镇煤矿共生产原煤285万吨（含先锋煤业公司），比去年同期的240万吨增长了19%。生产焦炭30.25万吨，比去年同期的19.8万吨增长了53%，共发生事故5起，死亡5人，杜绝了2人以上的重大事故。与去年同期相比，死亡人数减少7人，同比下降了58%。原煤百万吨死亡率为1.75，比去年同比下降了3.25。

2005年以矿井瓦斯等级鉴定和矿井安全程度评价为契机，成立了昆明市深化煤矿安全专项整治领导小组和关闭非法煤矿矿井办公室，以《云南省小煤矿安全生产基本条件》及煤矿安全操作规程为整治标准，按照“四个一律关闭”关死、关实非法煤矿，并杜绝已关闭的矿井死灰复燃、以停代关、明停暗开等现象。72对煤矿参加安全评价，全部达到B类标准，占参评总数的100%。安排70万元财政补贴资金积极引导煤矿进行安全技术改造和瓦斯治理。全市现有煤炭经营企业141户，占全省煤炭经营企业总数的1/4。2005年约调进各类煤炭900余万吨，有效地促进了全市煤炭的供需平衡。

昆明市煤炭供需缺口增大，导致许多企业申办煤炭经营资格证，按照国家发改委《煤炭经营监管办法》的有关要求，严格办证程序，管理与服务并重，整顿和规范煤炭经营秩序，促进合法经营，保证煤炭供需平衡，确保国民经济稳定、协调发展。

【安全培训】 以昆明市煤矿安全培训中心为载体，积极和云南省煤炭职业能源技术学院合作，开办为期三年的采煤中专函授班，共组织85名煤炭行业管理人员，煤矿矿长、副矿长、安全技术管理人员参加学习。并组织举办通风工，绞车工、爆破工、瓦检工、电钳工、安全员等特殊工种的培训班12期，培训学员625人。此外，深入矿山及其井、坑，组织职工学习《煤炭法》、《煤矿安全规程》、《安全生产法》、《矿长法》、《矿产资源法》及煤矿安全自救方面的知识，并结合现场实际示范、操作、讲解，丰富了矿工的安全知识和技能。积极开展“安全月”活动，举办“安康杯安全知识竞赛”、煤矿安全专题文艺演出等活动。

（王国先）

财政·税务

综　述

【概　况】　2005年，财税部门在市委、市政府的统一组织和正确领导下，认真落实科学发展观，坚持依法治税、依法理财，加强收入征管，优化支出结构，深化财政改革，完善监管机制，充分把握全市经济持续发展的良好机遇，克服了严重旱情等不利因素，财政预算执行情况良好，财政保障能力不断增强，圆满完成了市十一届人大六次会议确定的财政工作任务，有力地促进了全市经济社会的协调健康发展。2005年，全市财政总收入完成2 209 025万元，比2004年增长19.4%，地方财政收入完成1 104 617万元，比2004年增长29.0%；全市地方一般预算收入完成906 655万元，比2004年增长24.9%。

【夯实收入基础】　为确保完成人代会确定的财政收入任务，实现增长目标，全市财税部门紧紧抓住全市经济快速发展和工业强市战略实施的契机，积极促进财源建设。在支柱产业保持良好增长态势，企业经营效益稳步提高的基础上，依托新财政体制平稳运行的契机，规范市区两级财税收入的征管秩序，确保属地征收有序开展；同时，财税、国土等部门通过加强协调配合，形成了协同合力，使收入征缴、管理、稽查力度和水平进一步提升，有效地挖掘了增收潜力。特别是在四区行政区划调整后，征管户变动大、不确定因素多的情况下，市区两级财税部门统一认识，加强配合与协调，采取了各种行之有效的措施，深入细致的开展工作，解决了管户划转、税款更库、调整基数等诸多关键问题，理顺了征纳关系，实现了行政区划调整和新的财税体制调整后市区两级和各区之间财税关系的平稳过渡。圆满完成了人代会确定的财政收入任务，为全市改革开放和现代新昆明建设提供了有力保障。

【优化支出结构】　在财政收支矛盾突出的情况下，全市财税部门按照“一要吃饭、二要建设”的原则和“突出重点，集中财政办大事”的要求，整合调整存量、合理配置增量，科学确定支出保障顺序，做到有保有压、统筹平衡。在预算安排上落实行政管理支出、公检法司支出和其他部门事业费支出，保障政府履行职能的日常运转需求；确保了农业、科技、教育等支出的法定增长，为扶贫、抗旱救灾、防控禽流感提供有力支持，把粮食直补、良种补贴、农村劳动力转移培训、农村新型合作医疗、两免一补、奖优免补等各项政策落到实处；加大了对社会保障的投入，提高了农村特困户医疗救助标准，促进了社会保障体系建设和完善；为推进新型工业化和做好国企改革的后续工作提供了资金保障；为解决部分县区财政困难的问题，加大了对困难县（区）的转移支付的力度；通过进一步深化投融资体制改革，增强投融资平台的实力，采取多渠道筹集资金的方式，为现代新昆明建设提供了强有力的资金支持，维护政府信誉，在将政府偿债支出列入刚性支出预算范围的同时，逐步增加了财政风险准备金的规模。

【加快推进财税体制改革和信息化建设】　为强化公共财政理念，财政部门深化部门预算改革，通过加强结余资金管理、制定预算外收入执行考评、运用信息化手段实施编制等一系列措施，增强了部门预算编制的准确性和完整性，提高了编制质量；创新预算决策机制，坚持事权与财权相结合、部门工作与部门预算相结合，强化部门在预算编制和预算执行中的责任，提高了部门共同理财的参与度和责任感，提高了预算决策水平和质量。为了适应财政改革整体推进的发展趋势，先后拟定了《昆明市北部县（区）经济发展资金管理（试行）办法》、《昆明市财政投资建设项目贷款资金管理（试行）办法》、《昆明市道路建设资金管理（试行）办法》、《昆明市市本级财政支出绩效评价办法（试行）》等管理办法，加强了对预算管理建章立制的力度。按照统筹城乡发展、均等化公共服务的需求，完善市对县（区）转移支付管理，加大对县区的转移支付力度，解决了困扰县（区）多年的人员工资、机构运转、社会保障等刚性支出缺口问题，有力地缓解县乡财政困难，进一步均衡了各县（区）的公共支出保障水平。激发了县（区）促进经济发展、壮大财政能力的积极性。全面推进国库集中支付改革，继续推动政府采购增量扩面。进一步深化投融资体制改革，整合各种融资平台，加强政府债务管理，严格举债的审批权限和程序，增强了融资能力，规避财政风险，推动新昆明重点工程建设，促进了经济社会的可持续发展。

按照建设“金财工程”、“金税工程”和电子政务的要求，认真推进“预算执行管理信息系统”的开发应用，积极构建信息化平台。通过新开发的具有全国领先水平的数据大集中模式的社会保险费征管系统成功上线运行；对征管数据进行了全面清理、迁移和整合；研究开发执法责任制电子自动化考核系统和税收管理员系统、税务管理层综合查询系统；全市国税系统互联互通的网络的建成；以及预算管理系统的运用，财政业务和信息技术的高度融合，促进财政业务的信息化运行，实现了预算编制、指标管理、资金拨付、国库支付等流程的一体化操作，推进了阳光财政，提高了财政运行的透明度和约束力。

【信息化建设取得突破性进展】 按照省局提出的实施地税“二次创业”的要求，实现了同一区（县）范围的通缴，缩短了开票缴费时间，极大缓解了基层征收压力，使一线干部从繁杂的事务性工作中解脱出来，提升了社会保险费征管的科学化、信息化管理水平；分别在五华区局和安宁市局进行试点运行，大大提升了内部管理的层次和水平。行政办公自动化系统覆盖每一名国税干部，综合征管软件实现省集中，防伪税控系统覆盖全部一般纳税人，办公环境进一步改善，计算机硬件逐步改善，人员计算机操作水平逐渐提高，人机结合的程度不断提高。

【依法管理，提高征管效率和服务质量】 全市税务部门继续完善政策管理，统一了全市所得税附征率和出租房屋核定单位面积营业额最低标准，加强了营业税起征点提高后的所得税管理，调整了房产税、城镇土地使用税纳税申报期限，明确了印花税征收范围、核定比例、纳税期限、违章处罚等问题，开展了2002年度增值税一般纳税人年，商贸企业纳税评估，增值税起征点调整调查，卷烟消费税计税价格信息采集，加强货物运输业税收管理及运输发票增值税抵扣管理和内外资企业所得税汇算清缴等项工作，进一步提高了政策管理水平；深入开展政策调研，并形成了较高质量的调研报告，为决策提供了可靠依据；认真贯彻落实各项税收优惠政策，全市各级税务机关不折不扣地执行“非典”、“非公”、“再就业”等税收优惠政策，切实起到了帮助纳税人减负解困、扶持企业和个私经济发展的作用；从2003年4月1日起，在四区试行餐饮业有奖定额发票管理，并在全市逐步推行，有力地拉动了税收增收；积极开展形式多样的税法宣传，公民的税法意识有了进一步增强，税收执法环境有了进一步改善。税收征管不断加强，通过狠抓服务质量，严格执法检查，加大信息化建设等手段，认真清理户籍，做到了“家底”清楚、数据准确，并简化、优化了表证单书，加强了征管档案资料管理；进一步强化了服务意识，转变了服务理念，创新了服务方式；积极查补税款，防止税款的流失；完善与拓展了金税二期工程等信息化建设工程，实现了税收征收的信息化、程序化、为三项改革试点工作提供了有力地技术支持。

【加强队伍建设，提高干部素质】 全市财税部门把增强领导班子的凝聚力、战斗力和提高干部队伍素质作为队伍建设的一项长期重要的内容认真抓落实。加强领导班子建设，提高班子的领导水平，把团结、民主、求实、创新的作风贯穿于班子建设的各个方面，充分发挥每一个班子成员的积极性，从而增强了班子的凝聚力，提高了班子科学决策的水平和驾驭全局的能力。加强对后备干部队伍的建设，不仅选拔了一批作风正、能干事、有潜力的年轻干部，而且对于增强广大干部职工对市局党组公道正派选人用人的信心，激励和调动干部的工作积极性，产生了积极的影响。加强培训，有针对性地开展政治业务培训需求情况问卷调查，结合工作实际，认真学习贯彻党的十六大精神和“三个代表”重要思想的学习，按照财税中心工作和税收征管改革的要求，注重对干部工作专业性和实用性的培训，提高了干部队伍政治业务素质。深入开展纪检监察工作，按照“八个坚持，八个反对”的要求，结合学习贯彻《云南省公务员八条禁令》，大力开展机关作风整顿和“立党为公、执政为民”专题教育活动，使机关作风有了明显改进，团结干事、奋发向上的氛围不断提升，同时，抓好警示教育，认真开展廉洁从政知识测验，坚定不移地推进党风廉政建设和反腐败斗争工作。

（张文治）

财　政

【概　况】 2005年，全市财政部门认真贯彻落实科学发展观，坚持依法治税、依法理财，加强收入征管，优化支出结构，深化财政改革，完善监管机制，充分把握全市经济持续发展的良好机遇，克服了严重旱情等不利因素的影响，财政预算执行情况良好，财政保障能力不断壮大，圆满完成了全市“十五”财政发展目标，有力地促进了全市经济社会的协调健康发展。

【财政收入】 2005年，全市财政增收工作呈现出增速快、增幅高、增量大、质量好的特点，全市财政总收入和地方财政收入实现“双突破”，分别突破200亿元和100亿元。据快报反映（下同），全市财政总收入完成2 209 025万元，为预算的111.4%，同比（下同）增长19.4%。其中：地方财政收入完成1 104 617万元，为预算的119.6%，增长29.0%；上划中央“两税”收入完成1 104 408万元，增长11.1%。

市级财政总收入完成1 376 242万元，为预算的108.3%，增长17.7%。地方财政收入完成630 758万元，为预算的116.1%，增长44.1%；上划中央“两税”收入完成745 484万元，增长1.9%。

【财政支出】 年内，全市地方财政支出完成1 334 226万元，为预算的96.5%，增长27.5%；市级地方财政支出完成610 449万元，为预算的93.2%，增长28.8%。

【县（市）区增收潜力凸现】 2005年，调整后的市、县（市）区财政管理体制运行平稳，属地征收有序开展，4区1市增收态势良好，财政总收入均超过10亿元；其余县（区）依托市级增加转移支付、支农资金稳步增长、惠农政策执行到位、扶持县域经济力度加大等利好因素，培育涵养财源，呈贡、晋宁、宜良、石林、嵩明、禄劝、东川、寻甸8个县（区）财政总收入超过亿元，地方财政收入保持两位数增幅。

【税收征管再上台阶】 全市财税部门恪尽职守，协同治税，进一步提高了税收征缴、管理、稽查的综合水平，有效地挖掘了税源增收潜力，全市增值税、企业所得税、营业税等主体税种的增幅分别达到了17.9%、41.2%和13.6%。

【加强非税收入管理】 财政部门严格执行“收支两条线”管理，加大土地市场整顿力度，规范行政性事业收费和罚没收入管理，推进“收缴分离”和“罚缴分离”。全市非税收入完成33.1亿元，其中土地有偿使用收入、行政性收费收入、罚没收入分别增长52.0%、9%和79.7%。

【完善转移支付管理制度】 市财政局

按照统筹城乡发展、均等化公共服务的要求，加大了市级财力对困难县（区）的转移支付力度。2005年实施转移支付39 339万元，比2004年增加2.4亿元，并以此为基数，一定5年不变，解决了困扰县（区）多年的人员工资、机构运转、社会保障等刚性支出缺口问题，有效地缓解县乡财政困难；同时扶持与激励并举，明确了除规定结算事项外，各县（区）新增财力留用县级，激发了县（区）促进经济发展、壮大财政能力的积极性，提高了县级财政公共服务能力。

【实施扶优扶强】　为充分发挥财政职能，推动新型工业化和产业结构调整优化，市财政局通过财政贴息、技改资金等间接手段，激励烟草、钢铁、电力、化工、冶金等支柱产业实施技术创新。烟草、电力、冶金等重点税源经营效益稳步提高，税收保持同步增长，为财政增收奠定了稳固基础。

【加大对三农的投入力度】　年内，全市全年农业支出完成43 425万元，比2004年增长20%；农业支出完成11 928万元，增长20.8%；水利和气象支出完成19 542万元，增长38%；及时拨付抗旱救灾、禽流感防控资金，认真落实粮食直补、良种补贴、农业税免征、农村劳动力转移、“两免一补”等各项政策，推动农业产业化、农业综合开发、农村扶贫。

【增加社会保障性支出】　2005年全市财政安排社保资金达14亿元，占全市一般预算支出的14%，比上年增长33%，重点用于保障国有企业下岗职工基本生活费、健全再就业服务体系、落实企业离退休人员养老金、完善城市最低生活保障制度、扩大农村新型合作医疗试点和逐步建立城乡特困户医疗救助体系。

【积极推进各项社会事业发展】　全市科学支出完成4 728万元，比2004年增长42.1%，科技三项费完成15 516万元，增长61.6%，重点支持信息化建设和科技型中小企业技术创新；教育支出完成152 219万元，坚持向基层倾斜、向农村倾斜，推进了“两基”工作和“两免一补”政策的顺利实施；全市共安排资金3 000万元，积极推动文化产业发展；医疗卫生支出完成46 113万元，比上年增长26.7%，主要用于支持医疗救助体系和公共卫生服务体系建设。

【促进新昆明建设】　保证基本建设和城市维护的财政投入，继续完善城市基础设施；发挥财政聚合资金的作用，确保昆洛路、官南立交桥等重点工程建设；落实国企改革准备金，积极推进新一轮国企改革。

【加快预算管理的建章立制】　为了适应财政改革整体推进的发展趋势，市级财政加快了制度建设步伐，年内拟定了《昆明市北部县（区）经济发展资金管理（试行）办法》、《昆明市财政投资建设项目贷款资金管理（试行）办法》、《昆明市道路建设资金管理（试行）办法》、《昆明市市本级财政支出绩效评价办法（试行）》和《2005年度市级财政对县（区）转移支付方案》；制订下发了《昆明市财政投资评审委托财务管理办法》和《昆明市财政局对受聘单位财政投资项目评审工作年度考评暂行办法》。

【深化部门预算改革】　突出“做实基本支出，做细项目支出”，认真梳理预算编制、预算执行的环节和流程，改进预算分配关系，强化部门在预算编制和预算执行中的责任，坚持事权与财权相结合，部门工作与部门预算相结合，同时通过完善定员定额标准、加强结余资金管理、制定预算外收入执行考评等一系列措施，提高了2006年部门预算编制质量，增强了部门预算管理的科学性和精细化。

【推进国库集中支付改革】　市政府45个工作部门及所属264个基层单位纳入国库集中支付试点；政府采购、人员工资、车辆保险等支出实行财政直接支付。全年共发生直接支付4.66亿元，授权支付12.6亿元；会计集中核算向国库集中支付的转轨工作顺利完成；在加快市级国库改革步伐的基础上，认真推进县级财政国库管理制度改革，在安宁、晋宁、禄劝开展了改革试点工作。

【推动政府采购增量扩面】　按照“上规模、促规范、严管理”的目标，理顺管理关系，完善工作制度，在扩大采购规模和拓宽采购范围的基础上，采购整体效益明显提高。全市政府采购规模达93 352万元，增长40.34%，节约资金5 020万元，节约率为5.1%。

【深化投融资体制改革】　在深化投融资体制改革方面，结合全市实际，做了以下几方面的工作：1．优化财政投资结构，合理界定投资范围，重点保障公共领域投入；2．积极打造投融资平台，整合各项资源、资金、资产，2005年对各投融资主体的注资量超过100亿元，增强了投融资主体资本运作能力；3．加强了与国内银行的合作，办理国内银行贷款31.3亿元，贷款余额84.3亿元，积极争取亚洲银行等国际金融组织和国外政府贷款，适时有力地支持了新昆明建设资金的需要。

【防范财政风险】　加强政府债务管理，严格审批权限和程序，依据政府财力的承受力，合理确定举债规模，从严控制新增债务；维护政府性融资的诚信度和公信力，安排到期还本付息资金102 772万元；为了规避财政风险，完善管理制度，市级财政安排风险偿债资金35 305万元，同时科学筹划偿债方案。通过一系列措施，提高了财政防范风险能力，保证了新昆明建设的长远发展。

【清理市本级党政机关事业单位不动产】　按照《关于进一步加强市本级党政机关事业单位不动产管理开展清理工作的通知》的要求，由市财政局、国土局、房管局、国资委、监察局联合组成清理小组，以2005年8月31日为时点，对市本级党政机关事业单位不动产进行了认真清理，达到了预期的工作目标，为确保市级党政机关事业单位搬迁呈贡新办公区顺利进行，防止搬迁单位或个人随意处置国有资产，切实加强对国有资产的统筹配置，实现国有资金变现收益最大化奠定了良好基础。

【加强财政投资评审】　认真推进投资评审工作，进一步完善管理办法，强化项目竣工财务决算评审和项目跟踪评审，积极开展预算环节评审和专项资金评审试点，完成评审项目21个，送审金额29 642万元，审减2 271万元，审减率7.7%。

【开展支出绩效评价】　2005年8月，为创新资金的跟踪问效，制定了《昆明市市级财政支出评价实施办法（试行）》，按照“先易后难、逐步推开”的原则，以市级教育、科技、农业三项法定增长支出为突破口，在全省范围内率先开展了财政支出绩效评价工作。

【强化会计管理】　严格会计基础管理，加强行业诚信和人才队伍建设，认真执行《会计法》和《云南省会计条例》，对会计信息质量和会计事务所执业质量进行检查，实施会计信息库建设，精心组织各类专业技术考试和培训，规范了会计管理秩序，提高了会计信息质量。

【整顿规范财经秩序】 2005年，市财政局认真清理清退全市1 627户党政机关和事业单位用公款购买个人商业保险，清理金额603.21万元，清退率为100%；积极清理建设领域政府拖欠工程款，加大了拖欠农民工工资清欠力度，拨付政府拖欠工程款和兑付民工工资近3 000万元。

【加快财政信息化建设】 按照建设“金财工程”和电子政务的要求，认真推进“预算执行管理信息系统”的开发应用，通过专家组验收，标志着“金财工程”建设已迈出关键一步，取得阶段性胜利。依托信息化平台，从根本上转变了理财观念、管理方式，推进财政管理的“阳光作业”，财政资金使用更为规范、监控更为有效，财政运行总体质量明显提高。

【增强工作执行力】 完善工作机制，制定了市委八届五次全会确定的2005年主要任务、政府工作报告主要工作任务、政府为民办10件实事涉及财政的分解立项，保证市委、市政府决策的有力落实；推进机制创新，引进现代管理理念，融入内部日常管理，健全了资金拨付、财务核算、银行账户、公文运转、会议程序等制度，加强了对人事、会计等基础信息管理；按照责权利对等统一的原则，建立了工作量库，把目标任务逐项分解到岗位、分解到人，同时狠抓工作任务量化考核，开展了工作落实的督促检查。通过强化内部管理，全局抓落实意识明显增强，工作执行力进一步提高，促进了各项工作的有序开展。

【打造学习型团队】 年内，市财政局按照新形势、新任务的要求，认真打造厚基础、宽口径、多层次财政团队，依据干部的学习培训需求，依托优质培训资源，积极开展了形式多样、内容丰富的各类培训活动，尽量为每个干部提供学习充电的机会。通过优化知识结构、拓宽专业技能，提高了全局干部职工的整体素质，为推进全市财政事业发展提供了厚实的人力基础和智力支持。

【狠抓党风廉政建设】 全市财政系统广泛开展廉政教育，认真举办了全市财政系统对《财政违法行为处罚处分条例》的学习；层层签订党风廉政建设责任书，联同市检察院成立了预防职务犯罪工作协调领导小组，反腐倡廉工作机制更加完善，依法从政、廉洁自律意识明显增强，切实发挥了保驾护航作用。

【加大财政科研宣传力度】 财政信息基础工作机制得到完善，人员、管理、制度得到保障，信息数量、质量都有了新的提高；财政信息化建设、农业综合开发等财政工作在昆明日报、昆明电视台等媒体得到及时报道，《昆明财政工作动态》、财政网站等宣传窗口得到强化，较好地发挥了桥梁纽带作用；财政科研工作有序开展，围绕财政中心工作的热点和难点问题，撰写了“十一五”财源建设等课题调研报告。

（翟小武）

国　税

【税收收入与经济增长协调发展】 2005年全市国税系统组织收入（含免抵调、海关代征、车辆购置税）1 696 605万元，剔除海关代征、车辆购置税共完成税收收入1 611 641万元，比上年同期增长19.29%，增收260 616万元。完成省局下达市局税收入全年计划的108.53%。昆明市经济规模的增长和经济结构的调整有力拉动了税收收入的增长，全市GDP实现1 000亿元，财政总收入达到220亿元，国税收入迈上160亿台阶；全系统坚持组织收入原则，严格依法征收，抓好组织收入措施的落实；加强税源管理，严格税种管理，加强票证管理，认真贯彻落实各项税收优惠政策，有力保障了收入目标的实现。

【管理基础逐步加强】 一是管理责任意识逐步加强。“以事为主，对工作负责”的理念落实到了具体工作中，干部责任意识进一步加强。二是管理制度逐步完善。基础制度、工作规则得到逐步完善，业务流程得到再造，适应新时期税收工作要求的工作机制正在形成。三是管理方式逐步规范。建立分层级的管理模式，减少管理层次，使组织结构趋于扁平化；规范机构设置及职责分工，明确各层级职责，管理职能不断增强。在重点工作和较复杂工作中，能够在较短时间内形成应对措施，有针对性的开展工作，对外部变化的适应性明显增强。四是管理科学化程序逐步提高。综合征管软件实现省级集中，计算机硬件逐步改善，人机结合的程序不断提高，干部职工计算机操作水平逐渐提高，信息化应用水平渐进提高。

【加强税收征管质量】 一是户籍管理逐步加强。理顺征管关系，优化业务流程，建立健全岗位责任体系，实现了征管电子数据集中和监控，使全市的户籍管理监控功能等得到了逐步加强。截至2005年12月31日，进入系统的征管户达113 244户。二是申报率、入库率、处罚率稳步提高。征管行为趋于规范，税

市委书记杨崇勇深入昆明国税直属税务分局，对纳税服务、信息化建设等情况进行实地调研　（孙莉　摄）

省国税局局长李鸿文率推综工作组到昆明市基层局检查工作　（孙莉　摄）

务稽查开展有序，税务执行效率大幅提高。2005年6～12月，市国税局的平均申报率为99.53%，比2003年上升了19.53%；入库率为99.41%，比2003年上升了6.25%；行政处罚率平均为99.5%，比2003年上升了25.8%；稽查处罚率平均为22.55%，比2003年的20.74%上升了1.81%。三是税源监控能力和预测水平不断提高。税源监控逐步加强，纳入市局监控的年缴纳“两税”100万元以上的有301户，占总收入的80%以上。税源分析预测不断加强，根据省局要求考核的5次预测在扣除非正常增加因素后误差率分别为5.37%、1.91%、0.51%、0.80%、－0.26%，均在省局要求的范围内。四是干部职工对税收信息化的适应性明显增强，利用综合征管软件系统数据进行税源分析和控管的能力明显增强，数据质量有了明显的提高。

【加强队伍建设】　一是班子建设不断加强。扩大决策参与面，规范决策程序，实现决策过程的制度化、程序化，完善决策检查指导反馈工作机制，提高了整个全系统各级领导班子驾驭复杂局面、应对矛盾困难、实现工作目标的组织领导能力。二是先进性教育活动取得实效。确保了教育活动和税收工作“两不误，两促进”，党员干部思想政治工作明显加强。三是干部培训力度加大，干部专业知识和能力得到提高。市局先后参加和组织综合性培训班7期共172人，组织专业性培训共19期875人次，基层各局全年组织培训288期11 080人次。荣获省局第六届业务能手竞赛二等奖，荣获“云南省国家税务局业务能手”称号4名。全系统参加全省稽查业务考试338名，有4人受到表彰。四是目标管理考核机制不断完善。建立了机关目标管理考核机制，在年终分层级实行上对下和下对上的考核评价，注重过程考核和质量考核的工作考核机制已经形成。五是精神文明建设成效明显。2005年市国税局被省局命名为“文明系统”；全系统争创省局“文明单位”3个、省局“先进领导班子”3个。获省局“优秀税务工作者”19名，市局命名表彰了“优秀税务工作者”41名。市局在民主评议中获二等奖，群众对机关作风的满意度在逐渐提高，批评性意见逐渐减少。同时，举办了2005年全系统书法、美术、摄影展览，精选作品编辑出版了《春融万物》画册，形成了全市国税系统物质文明、精神文明建设齐头并进的良好势头。

【逐步规范行政管理】　政务规范化。出台机关工作规则，进一步规范政务管理，提高公文运转效率，提高会议效果和调研效果；完善网站运行，建立昆明国税政务网站，扩宽国税干部获取信息的渠道，提高工作布置、反馈的速度和质量。加大政务信息报送力度，为政令畅通提供有力保障，提高来信来访办理效率，内部监督管理力度不断加大。财务制度化。建立现代财务管理机制，加强过程控制，提高了资金使用效益。全系统财务预算执行管理水平不断提高，经费最低保障线制比2004年有大幅提高，政府采购不断规范并取得明显成效。2005年完成了全市国税系统住房补贴摸底调查及资金落实，并积极上报审批工作；机关共组织8次政府采购工作，采购金额为765 515元，节约资金125 000元。事务标准化。机关率先并倡导全系统建立节约型税务机关，系统内事务管理逐步规范。加强办公水、电、车辆费用管理，仅市局机关下半年比上半年每月节约电费13 000元、水费1 058元，接待费用比往年明显下降；修改完善了机关后勤服务管理制度和规章合同，认真抓好车辆管理等制度的落实，建设节约型机关取得实效。

优化纳税服务，提高办事效率　（孙莉　摄）

税务干部深入昆明钢铁集团责任有限公司进行税源调查 （孙莉 摄）

【提高依法治税能力】 严格执行各项税收法律法规，全面贯彻《税收征管法》及其实施细则，认真实施《行政许可法》，切实规范税收执法；严格落实组织收入原则，积极准备实施税收执法责任制，强化税收执法监督，规范执法行为；加大整顿和规范税收秩序，加大涉税违法案件的查处力度，完成了对6个行业的税收专项检查，并安排了图书行业的专项检查，2005年共报送大要案15起，已追缴税款251.85万元。检查纳税户21 961户，有问题9 081户，查实率为41.35%，查补总数4 885.18万元；不断加大清缴欠税力度，全年追缴欠税845万元，2005年产生的新欠税余额为291万元，仅占当年收入的0.017%（万分之一点七）；认真开展全国税收宣传月活动，坚持不懈地开展日常税法宣传，增强纳税人依法诚信纳税意识。

【优化纳税服务】 完善了服务大厅的软、硬件建设。完善了服务程序，全面推行“一站式”服务，实行一个大厅办税，一个窗口受理，一次性办结，一条龙作业；完善了服务手段和内容，以综合征管软件作为纳税服务技术平台，建立“昆明市国家税务局短信服务平台”，拓展为纳税人服务的内涵和外延。通过开展文明服务年活动，强化服务观念，严格服务纪律，改进了服务态度，提升了服务质量。深入落实文明办税“八公开”，推行“阳光作业”，杜绝“暗箱操作”，认真执行税务处罚听政、行政复议制度，为纳税人提供法律救助，保障纳税人合法权益。加强了执法监督和党风廉政责任制度的落实，签订廉政纠风目标管理责任书2 463份，全系统与一般纳税人和企业纳税人共签订《廉政公约》30 623份并严格遵守执行。利用纳税服务热线，局长接待日等方式，积极做好来信来访工作。全年共办理“12345”市长热线交办件28件，来信来电举报14件，全年立案5件，结案5件；对省局反馈的13件涉及10个基层局所辖的25户涉案企业的相关税务人员进行了责任追究。设立廉政举报电话，向社会公布举报号码，自觉接受纳税人和社会各界的监督。

【税种的规范管理】 加强增值税日常管理。完善“一窗式”管理，强化四小票监控；加强一般纳税人日常管理；严把一般纳税人认定关；严格一般纳税人专用发票审批关；分行业重点规范废旧物资回收经营、生产企业和农产品购销加工经营企业的增值税管理流程。完善卷烟税收和其他消费税管理工作。收集整理了199个牌号卷烟烟标及价格有关信息。按照完成2004年度内资企业所得税汇算清缴工作，认真做好各项税前扣除项目和弥补亏损的审批工作，核减各种不予税前扣除和应在以后年度扣除的财产损失9 462万元。认真组织开展全市企业所得税核定征收清理检查和减免税年度审查工作。认真做好2004年度外商投资企业和外国企业所得税汇算清缴工作，积极开展了2005年外商投资企业联合年检工作。2004年共清算出口企业174户，清算免、抵、退税出口销售额323 389万元，审核免、抵、退税额32 973万元，办理免、抵、退税额22 882万元。2005年审核免、抵、退税额37 289.32万元，办理免、抵、退税额31 382.89万元。认真贯彻落实各项税收优惠政策。加强减免税优惠政策的贯彻和管理，落实下岗再就业税收优惠政策。加强税收优惠政策宣传。对内加强国税干部对税收优惠政策的培训和学习，提高业务素质和执法水平；对外采取多种宣传形式，使纳税人了解税收优惠政策的内容和办理减免税的具体程序。加强票证领、用、存工作，做好发票协查和鉴定工作。

【推行综合征管软件】 2005年按照省局的统一安排和部署，市国税局从强化责任意识建立责任制，强化质量意识加强数据质量控管和强化素质保障提高操作技能三个方面确保推行综合征管软件工作顺利展开。经历数据复核清理、数据采集录入、启用会计模块、推行介质申报、六类数据并库、系统升级、培训准备、工作考核等一系列具体工作，综合征管软件于2005年6月1日在全市成功上线运行，实现省、市、县三级征管电子数据集中和监控，实现系统内各类电子化信息的一体化运作和全面共享。

【优化业务流程】 2005年，市国税局对税务资源进行有效地整合与配置 将依申请发起的业务流程的起点和终点都放入办税服务厅，根据合法性、合理性、因地制宜、便民服务等原则，按照“一站式”服务的理念要求，按功能界限模糊化设置思想对窗口进行了简并，减少不必要的工作环节，相关业务尽量实现内部流转，从根本上解决了纳税人“多头跑，排长队”的问题。2005年新增欠税余额为291万元，仅占当年税收收入的0.017%。

【提高办税效率】 2005年，市国税局应用信息技术不断完善银行储蓄扣税、银行网点申报、介质申报三种多元化申报方式，截止2005年全市共有49 967户纳税人实现了多元化申报方式，占纳税总户数的77.56%，仅银行储蓄扣税和银行网点申报实现税收收入19 287万元，占总收入的1.14%。

【加强税收宣传】 市国税局利用先进技术手段，开通了“昆明市国家税务局纳税服务信息平台”，向纳税人提供短信提醒服务，宣传税收政策法规，加强了与纳税人沟通，进一步融洽了征纳关系。

（陈玉惠）

地　税

【地方税费收入】 2005年，根据全市地税收入基数大、增幅高，区划调整后征管户变动大、不确定因素多，全市免征农业税、农税机构撤销，农特税、契税、耕地占用税征管面临新情况和新要求等特点。市地税局及各级班子深入调查研究，摸清底数，完善措施，加强对组织收入工作的指导、协调和服务，收入工作始终保持平稳有序开展。全年共组织各项税费收入88亿元，同比增长17.6%，增收13.2亿元，其中：各项税收61.6亿元，同比增长18.6%，增收9.7亿元；社会保险费收入26.4亿元，同比增长15%，增收3.4亿元，圆满完成了省地税局和市委、市政府交赋的收入任务，是1994年机构分设以来税收收入增幅最高、增量最大的一年。

【推行执法责任制】 按照省地税局的部署，全市地税系统在2005年全面启动了税收执法责任制推行工作：首先抓组织保障。成立了推行工作领导小组及其办公室，市、县（区）两级机关设置了法规管理机构，从4月1日起，全系统税收执法责任制全面推行。其次是抓实施方案的制定和落实。制定下发了全系统的实施方案和实施意见，统一和规范了全市地税系统各部门工作岗位、职责、规程和考核办法，实行全方位监督检查，进一步规范了执法行为。最后抓电子版考核试点。五华区局按照总局的范本和省局要求，开发了执法责任制电子版考核软件，并成功上线试运行。

【落实税收政策】 全市各级地税机关严格执行税收法律、法规和政策规定，依法征税，应收尽收；认真开展政策调研，为上级决策提供支持参考；不折不扣地贯彻落实下岗再就业、非公经济、西部大开发、东川再就业特区等税收优惠政策。全年减免各项税费3.7亿元，促进了地方经济的持续健康发展，培植了后续税源；严格规范减免税审批管理，强化跟踪反馈和监督检查，税政管理水平有了进一步的提高。

【优化税收服务】 认真组织开展“税收宣传月”和“诚信兴商宣传月”活动，适时发布宣传广告，按期举办宣传橱窗，编印2万册《新昆明建设地方税收服务指南》和相关的宣传资料，发送到各部门和纳税人手中；规范办税服务厅建设标准、窗口设置、岗位职责和业务流程，推行首问责任、礼貌准则等服务规范；推广多元化申报纳税，全市纳税人共有16 659户实现了简易申报、3 126户实现了电话语音申报、3 136户实现了网上申报，受到了社会各界和广大纳税人的好评。

【税务稽查】 全年共对18 896户纳税人实施了税务稽查和纳税检查，查补各项地方税费1.2亿元；开展了对房地产企业和烟草等高收入行业个人所得税的税收专项检查；查处各类发票违法案件28件，其中四城区局联合公安机关查处了多起大要案件，可开填金额巨大，受到了国家税务总局的表彰和省地税局的专项奖励；查处税务违法举报案件215件；各级稽查部门共发出《稽查建议书》232份，促进了主管地税机关征管质量的提高。

【税源监控】 市地税参与全国第一次经济普查和财政部部署的企业所得税税源调查工作，与国税、工商等部门协作配合加强对漏征漏管户的清理；联合国税部门，以年平均递增10%的比例扩大纳税信用等级评定的行业和范围；推行税收管理员制度，在安宁市局试点运行税收管理员系统；部分县区局建立了管理分局，实现了征、管、查三分离；开展纳税评估试点工作，实施欠税公告制度；规范所得税税基，所得税汇算清缴共计查补税费6 833万元；加强货物运输业和房地产税收征管，恢复征收房地产企业土地使用税，房地产企业土地增值税预征和车船使用税属地征管工作顺利实施；首次开展外商投资企业网上联合年检，完成了机构分设以来最大规模的国际税收情报交换核查工作。

【区划调整工作】 按照市委、市政府的部署，区划调整财税工作从2005年1月1日起正式启动。全市地税系统各级领导班子反复统一认识，采取行之有效的措施，积极争取党委、政府的理解和支持，以及有关部门的配合。市局多次进行调研和协调，较好地处理和解决了收入基数、征管户划转、税款更库、全年收入等关键问题，分三批调整税收征管户6.2万户，清理核对社会保险费缴费户1.3万户，更库近1亿元；严格按照新区划范围和属地征收原则，理顺了征纳关系；用清理整顿土地市场秩序征收的契税、耕地占用税，合理解决了区划调整的一些矛盾和遗留问题，避免了社会矛盾的发生。

【农村税费改革】 2005年，市地税局认真贯彻落实市委、市政府关于从1月1日起全市免征农业税的决定，做好农业税尾欠清理和处理，撤销了市局及14个县（市）区局农税内设机构，完成了农税征管职能分解、划转，保证了农税征管工作的连续性；委托房产、国土管理部门把关，地税部门审核、检查，加强契税、耕地占用税征管，启动了房地产税收一体化管理；认真组织清理整顿土地市场秩序，征收税款6.54亿元，并完善了用地手续中耕税、契税征收管理。

【社会保险费征管】 2005年1月，市地税局新开发的社会保险费征管信息系统成功上线试运行，极大地提高了全市社会保险费征收工作的管理层次和服务水平，受到了国家税务总局和省、市领导的充分肯定，以及财政、劳动保障部门、经办银行以及广大缴费人的好评，并在全国税务系统工作会议上介绍了经验。各级地税机关充分发挥和挖掘新系统的优势与效能，大力推行实施科学化、精细化管理，促进了征费收入的稳步提高。始终坚持“税费同管同查”，在税收征管、税务稽查、企业所得税汇算，以及在税收管理员日常管理中，都将社会保险费征收有机结合在一起，全年五个险种的平均征收率达到100%，清理欠费1.38亿元，扩面4 600户，社会保险费征管质量、效率和水平均有了质的飞跃。

【发票管理】 2005年，市地税局继续深入推进发票管理改革，认真开展发票管理专项检查，积极推广税控收款机，按季举行税控专用发票摇奖活动，继续推行餐饮业有奖发票，进一步加强和规范了发票管理，促进了税收增收。

【开征地方教育附加】 昆明市地税系统从2005年7月1日起，正式承担起征收云南省地方教育附加的工作职责。对此市地税局高度重视，研究制定了具体的组织实施办法，切实抓好组织收入的各项措施，确保了征收工作的按时启动和顺利开展。在半年的征收时间内，全市地税系统共计征收入库云南省地方教育附加4 552万元。

地税局被市政府评为“昆明市文明行业”先进单位　（市地税局　供稿）

【信息化建设】　新开发的具有全国领先水平的数据大集中模式的社会保险费征管系统成功上线运行，实现了同一区（县）范围的通缴，缩短了开票缴费时间，极大缓解了基层征收压力，使一线干部从繁杂的事务性工作中解脱出来，提升了社会保险费征管的科学化、信息化管理水平；全系统对征管数据进行了全面清理、迁移和整合，提前完成了县区级局税收征管数据大集中；研究开发了执法责任制电子自动化考核系统和税收管理员系统、税务管理层综合查询系统，分别在五华区局和安宁市局进行试点运行，有效提升了内部管理的层次和水平。

【民主评议行风】　全市地税系统从2005年4月开始，认真开展了为期7个月的民主评议行风工作。在活动中，坚持组织查找，市局行风评议小组先后对18个基层局、48个分局、所进行了35次明查暗访；坚持社会查找，通过报纸、网络、电话和发放近5万份对外调查表及调查问卷，收集社会各界对地税行风评议的意见建议；坚持自己查找，自我亮相、自揭自摆；坚持边评边改，积极采纳纳税人提出的意见、建议，认真整改存在的问题和不足，层层签订《纠风目标管理责任书》，开展演讲比赛和有奖征文活动，努力提高服务质量和水平，受到了省政府行评组、省局行评办和纳税人的充分肯定与好评。

【干部队伍建设】　市地税局领导班子注重自身的思想和作风建设，特别是在如何运用科学发展观统领全局、用发展和创新的思路开展各项工作上有了较大的提高，班子“一班人”思想认识一致，通力协作，上下联动，团结干事，较好地解决了工作遇到的困难和问题，各项工作都取得了成效。抓好基层班子建设，举办了基层局长、市局机关处长培训班，组织到先进地区学习、考察。狠抓队伍建设，举办公文、信息、廉政、保密、稽查、税政、计算机管理和应用等专业培训，形式新颖、内容丰富，有效促进了干部队伍综合素质的提高。

【竞争上岗双向选择】　市地税局于2005年8月启动了2001年机构改革后的第二轮竞争上岗双向选择工作。全系统710名干部参加了353个中层干部岗位的竞争，98名未任实职的年轻干部积极参加竞争上岗，共有121名同志走上了正、副科级领导岗位，206名同志被任命为股级干部，特别是在全系统正副科级岗位减少17个的情况下，新提拔干部35人，市局机关2名优秀年轻干部到基层分局任分局长，四城区局8名分局长在机构分设以来第一次进行了跨局轮岗交流；1 374名一般干部和职工参加双向选择并确定了工作岗位，轮岗交流面达75%以上；精简基层机构10个，撤并比例达15.6%，进一步优化了干部结构。

【廉政建设】　2005年，市地税局继续加大力度，强化党风廉政建设责任制和“一岗两责”制度，积极构建全市地税系统教育、制度、监督并重的惩治和预防腐败体系；抓好“两权”监督和廉政警示、诫勉谈话，开展了集中警示教育和“四看”活动，构建廉政宣传教育格局；完善了全系统200余名领导干部的廉政档案，按照干部管理权限对任职满3年以上的6名副科以上领导干部开展了任期审计，对5名副科以上领导干部进行了离任经济责任审计。

【内部管理】　2005年，市地税局严格财经纪律。拟定了全系统预算管理办法，规范预算资金管理和执行监督；完成全系统1994年机构分设以来所有固定资产的清理核查，积极推行固定资产电算化管理，对全系统公务员津贴补贴发放和聘用助征员情况进行了全面清理，按规定辞退了151名助征员，辞退比例为35%；加强基层基本建设管理，严格按照规定程序开展政府采购工作。加强政务管理和政务督办。严格公文管理，提高了办文效率，信息、保密、档案等工作在全市名列前茅；加大政务督办工作力度，认真办理上级交办工作、市政府热线交办事项、人大建议和政协提案，严格内部重点工作立项督办，促进了各项工作的顺利实施。重视和加强安全工作。坚持开展经常性安全教育，干部职工安全意识明显增强；进一步健全和完善政务值班和“局长接待日”制度，加强对机关重点部门和重点部位的安全管理、事故预防和监督检查，全系统349辆车全年做到了安全行车无事故，实现了机构分设以来安全工作的新突破。进一步规范办公秩序。严格劳动纪律、会议纪律，保持了良好的办公秩序和会议秩序；积极推进节约型机关建设，增强了机关运行成本控制意识；注重环境整治，加强办公设施设备维护管理，优化绿化美化办公场所，营造了良好的办公办税环境。

（黄跃初　杨　昆）

商　业

商业贸易

【社会消费品零售总额增长平稳】 2005年1～12月，全市社会消费品零售总额实现415.49亿元，同比增长12.2%。其中：批发零售贸易业完成329.35亿元，同比增长8.1%；餐饮业完成67.37亿元，同比增长22.2%。全市居民消费价格走势平稳，1～12月全市居民消费价格总指数为102.0%，比2004年同期下降4.5个百分点。居民人均可支配收入9 730元，同比增长7.6%；人均消费性支出7 247元，比2004年同期增长3.2%。

社会消费品零售总额从全国34个重点城市来看，昆明市处于中间地位，排列第17位；从西部地区7大城市昆明市、成都市、贵阳市、西安市、兰州市、银川市、乌鲁木齐市情况看，昆明市排列第3位。

【深化产权制度改革稳步推进】 一是国有商务企业改革、改制工作推进顺利。2005年，商务局与市政府签订完成17户3年改革收尾工作目标责任，局里调整充实了4个改制指导小组，深入所属企业抓调研、提对策，了解企业改革存在问题，分类指导解决产权纠纷，处理“重点”、“难点”和历史遗留问题，确保改革工作顺利开展。至年底，全局除已完成13户改制企业工商登记外，食品集团已经完成改制方案论证。昆明百货大楼因持有昆明百货大楼（集团）股份有限公司（上市公司）16%的股权的出让需报经相关政府批准后，方能推进该企业改制。市糖果厂依法破产工作正有序展开。

年内，商务局系统列入3年改革目标任务的32户国有企业中累计已完成工商登记企业27户；正在绿色通道审核3户；进入破产程序1户；上报市政府批准延期改制1户。二是企业管理工作，特别是国有资产管理得到进一步加强。加大对改制企业资产产权变更过户的审核力度。严格规范国企改制操作程序；建立责任追究制度；实行改制企业资产产权过户审核制。严把国有资产审计评估结果备案及企业法人审核关。组织所属国有改制企业国有资产的清核申报。做好改制企业的政策宣传工作及职工上访接待。配合市国企改革检查验收组完成了19户企业的检查验收工作，综合平均分为90分。完成了集体企业基本情况摸底调查报表的综合上报工作。做好内外贸企业资产、工资、人员的统计工作。先后完成了内外贸企业劳动工资年报（含季报）统计上报及年检；局属105户企业会计年报的汇总上报及国有资产年报汇总；组织局属企业财会人员的后续业务培训。

【行业内招商引资及会展工作】 市商务局积极协调组织昆明市企业参加省内、外经贸展洽会、招商活动。2005年，先后组织企业参加“重庆渝洽会”、“第十二届全国库存商品及闲置物资交易会”、“第十三届中国食品博览会暨交易会”、“第七届中国（福州）海峡经贸交易会”、“第六届中国青海结构调整与投资贸易洽谈会”、“2005年中国食品博览会”、“2005年首届中欧企业论坛会”、上海“中国特色产品博览会”等，为企业的招商引资工作奠定良好基础。据统计，现已完成内资签约项目1个，签约金额3 800万元，实际到位资金1 700万元。受理对外贸易经营者资格备案260户。

【确保节假日市场供应和稳定】 为确保“元旦”、“春节”、“五一”和“十一”黄金周节假日市场供应稳定，市商务局认真抓好重要商品的市场供应工作和监测工作，密切关注市场动态，对粮食、肉类、食用油、蛋品、蔬菜等主要生活必需品进行市场监测。加强对市场蔬菜销售和价格监测，及时准确地掌握猪肉、蔬菜市场价格变化情况，密切关注大型蔬菜产品批发市场、综合超市和其他商品销售场所的猪肉、蔬菜销售情况，防止出现猪肉、蔬菜销售价格的异常波动，防止发生猪肉、蔬菜价格暴涨、群众抢购和断档脱销等异常情况。同时，加强节假日对各大商场销售情况统计工作。据西南、百大、樱花、仟村、百盛、金龙、家乐福、红联、盛兴9家大中型商场节假日销售情况统计，“元旦”、“春节”、“五一”和“十一”黄金周期间，除个别商场外，各大中型商场销售业绩普遍增长。各大中型商场、超市紧紧抓住节假日“黄金周”期间商品销售的有利商机，以丰富的商品、舒适的环境、优质的服务，采取多种促销措施，开拓市场，满足广大消费者的需求。

【做好市场调节和储备工作】 2005年，全局认真贯彻落实昆明市政府在“十五”期间“菜篮子工程”中对肉类食品的扶持政策，组织兑现2004年对昆明市生猪规模化奖励的267万元；草拟了《关于“十一五”期间建立市场应急机制和继续实行生猪活体储备制度的请示》，推荐和上报昆明食品集团作为商务部中央生猪活体储备代储单位，五华区太平乡和禄劝生猪饲养场作为饲养基地，储备活体生猪3万头，为政府增强在紧急情况下调控市场、稳定市场，稳定物价，以应对市场异常波动和突发性自然灾害做好物资上的准备。

【加强市场体系建设】 一是按照商业网点规划要求，审批各类新建、新开办以及改扩建市场6个。在执行网点规划中，召开了《新建、新开办大型商业网点听证办法（征求意见稿）》征求意见会，认真听取了市发改委、市政府办公厅、市法制办、土地、建设、环保、规划、工商、城管、公安交警等各部门意见，并对《征求意见稿》做出修改。同时，根据市政府年初与各县（市）区政府签订的关于搞好各县（区）商业网点规划工作责任书的有关要求，积极组织培训，熟悉了解规划的目的、原则、范围和业态设置等要求，各县（市）区商业网点规划工作已全面启动。网点普查工作已全面完成。二是做好农村市场体系建设。农村市场是市场体系的重要组成部分，在农村市场建设工作中，主要以做好“万村千乡”市场工程为中心。为加快农村商品流通网络建设，运用现代流通方式，改善农村消费环境，扩大农村消费，方便农民生活，进一步促进农村经济发展，全局认真按照国家商务部下发的《商务部关于开展“万村千乡”市场工程试点的通知》，开展了昆明地区“万村千乡”市场工程试点项目工作。确定了宜良县供销社农资公司、嵩明县供销社农资公司、富民县农资有限公司和昆明市农业生产资料有限责任公司作为昆明地区2005年第一批“万村千乡”市场工程试点企业。昆明市农业生产资料有限责任公司计划建设农资配送中心一个，工程总投资2 500万元。宜良县供销社农资公司、嵩明县供销社农资公司、富民县农资有限公司三县建成“农家店”129个（其中：乡级店37个，村级店92个）。三是做好对城市、社区、示范商业小区建设工作。根据国家商务部的有关文件精神，解决城市新建社区商业网点不配套、居民购物难的问题，市商务局在五华、盘龙、官渡、西山4区选择了关上社区、金碧社区、尚义社区、威远社区作为第一批商业示范社区，推荐盘龙尚义社区、五华威远社区为全国商业示范社区上报国家商务部。

【加大“食品安全”工作管理和检查力度】 年内，市商务局积极协调、组织工商、卫生、质监、公安等部门，开展食品清仓查库活动，清查食品生产日期、保质期、进货渠道、包装质量、加工卫生环境等工作，落实“食品放心工程”，确保节假日期间食品安全。

加快违章立法步伐，建立食品安全问题举报投诉奖励制度。食品安全问题关系人民群众的健康，建立举报投诉制度，形成社会整治的合力，发动广大市民积极参与举报投诉，逐步建立食品市场的诚信机制。加快《昆明市生猪定点屠宰管理条例》立法步伐，在市人大、市法制办的支持和指导下，经过反复论证修改并以公告等形式广泛征求社会各界意见，于2005年12月16日，经十一届市人大常委会第三十二次会议审议通过，上报省人大审核。

建立长效监管机制。组织市政府相关部门起草了《昆明市食品安全监督管理规定》、《昆明市食品安全投诉举报奖励办法》、《昆明市食品安全监管信息发布管理办法》、《昆明市食品行业企业行为规范》、《昆明市市场秩序与公平交易规范》、《昆明市食品安全信息网络平台基本框架》、《昆明市食品从业人员行为规范》、《昆明市市民食品安全消费行为规范》等8个食品安全监督管理方面的规范性文件，2005年11月18日经市政府102次常务会审议通过后由昆明市食品安全委员会组织实施。

【强化生猪定点屠宰管理及预防“禽流感”力度】 做好生猪屠宰管理的各项工作。加强对主城区内销售和使用禽类及其产品进行规范。会同农业局、工商局、卫生局、市民委等单位联合发布了《关于对商场、超市及消费团体销售、使用禽类及其产品加强管理的通告》，2005年3月10日正式实施。实施中加强了对《通告》的宣传并监督《通告》的执行，不定期对酒楼、宾馆、餐饮店等进行检查和督促，对加强食品安全管理，控制重大动物疫病发生起到积极作用。对昆明市规划主城区生猪定点屠宰厂（场）实施“三化”改造工作进行布置和落实。根据国家提出2005年省会城市生猪定点屠宰厂（场）100%实现“三化”的目标，下发了《关于对昆明市规划主城区范围生猪定点屠宰厂（场）实施“三化”改造重新认定资质的通知》，按照国家二级屠宰厂（场）标准，限期进行改造达标。2005年12月底实现机械化屠宰，不符合标准的责令整改并实行临时过渡期，临时过渡到2006年6月30日仍不达标的屠宰厂（场），坚决实行关闭。认真落实防治猪琏球菌病和“禽流感”工作。建立防控领导小组和日报制度，根据市委、市政府的要求，全面开展对食品安全、生猪定点屠宰、禽类及其产品交易的监督检查，活禽交易市场的检查整治，积极参与市政府开展预防“禽流感”，为人民群众吃上“放心肉”做好工作。强化日常管理。在广泛深入调查研究的基础上，提出设立畜禽屠宰日常监督机制和牛羊屠宰销售管理机制；草拟了《昆明市生猪屠宰投诉举报奖励办法》；培训了畜禽屠宰执法人员30名，加大了生猪屠宰执法检查、打击非法屠宰的力度。

【抓好行业管理及特许经营管理】 建立品牌汽车管理机制。市商务局组织建立昆明地区汽车总经销商、品牌经销商备案制度，为进一步规范昆明地区汽车品牌销售行为做好制度保障。指导、协调昆明市供应商行业协会，为调解“普尔斯马特”事件，调解“盛兴”纠纷做好工作。加强特许经营行业管理。年内，完成了对昆明地区拍卖、典当企业的年检工作。昆明地区实际参加年检的拍卖企业48户，典当行23家，年检率达100%。并对14家新设立拍卖企业和9家典当行进行了前置备案，报经商务厅审批。加大对成品油市场监管力度。组织开展全市成品油市场整顿和规范管理工作，制发了《关于加强昆明市成品油市场整顿和规范日常管理工作职责的通知》和《关于对昆明主城区加油站加强布局调整和安全整改工作的通知》；组织加油站年度检审共525座，年检率达98%，合格率达95%；进一步规范成品油经营许可承诺制，坚持加油站项目实地联合审核审批制度，全年受理新建、迁建、改造109项；联合规划局组织加油站行业发展规划培训；大力协调解决农业抗旱、人畜饮水、公安公务、重点工程建设、重点单位生产生活使用燃油紧张的难题，并着手制定《昆明市成品油市场供应应急预案》，为有效监测，及时调控打下基础。

【规范市场秩序】 落实责任。与14个县（市）区政府及市级有关委、办、局签订了2005年整顿和规范市场经济秩序责任书，进一步明确年度整顿工作责任和年度考评奖惩办法。研究制定了《昆明市整顿和规范市场经济秩序三年规划（2005～2007)》，确定了昆明市整顿工作的主要目标，明确了整顿工作的总体要求、任务和措施，进一步增强了工作责任感和紧迫感。积极组织市场检查整顿。为确保GMS会议期间的食品卫生安全，市整顿办分别于6月23日和6月28日～7月6日对全市范围内进行了食品安全专项检查及对主城四区的督查工作。组织各相关单位和县（市）区在全市范围内对集贸市场、批发市场、超市、餐饮行业等开展了食品安全质量大检查及督查，并对检查过程中发现的问题及时进行了处理，确保了GMS会议的顺利召开。为确保全国、省、市“两会”期间及节假日的食品安全工作，市整治办联合执法，对“春节”、“五一”、“中秋”、“国庆”节假日期间全市食品安全行业督促检查；对“丰园”牌系列营养食品及“苏丹红一号”食品的市场进行清理整顿。适时的检查、清理和整顿，对净化市场、确保食品安全，保障市民群众身体健康起到了重要作用。同时，还对前卫二手车交易市场进行了专项整治。

为维护市场经济秩序，规范商业企业经营行为，由市商务局牵头组织市工商、公安、环保、卫生等部门，联合下发了《昆明市关于进一步规范促销行为的通知》，并组织相关部门对全市5 000平方米以上的大型超市、商场的促销行为开展专项整治。

规范全市商业零售企业进货交易行为，协调市工商局、市供应商行业协会等部门，召开研究制定《昆明市商业零售企业进货交易行为规范》研讨会，就保证金制度、门槛费、商业网点规划等问题，做了充分交流。拟定《昆明市商业零售企业进货交易行为规范》（讨论稿），为规范行业行为奠定基础。

【开展全市信用体系建设】　市人民政府第102期常务《会议纪要》要求，昆明市经过5～8年的努力，逐步建立“一个保障、两个平台、三大体系”的信用体系框架，即：“一个保障”是建立健全信用制度和信用标准及有关法规，为社会信用体系建设提供法规保障；“两个平台”是建立部门（行业）信用监管平台，逐步向社会信用信息基础平台过渡，为社会信用体系提供服务和应用的技术支撑，分步建立部门（行业）信用监管平台和社会信用监管平台，为信用征集、信用评估、信用查询、信用管理等提供规范的运行机制和创造良好的市场环境；“三大体系”是构建政府、企业、个人三大信用体系。积极组织召开全市信用工作会议，成立昆明市信用体系领导小组，并与昆明市整顿和规范市场经济秩序领导小组合署办公，“两块牌子，一套人马”，负责全市社会信用体系建设工作，逐步建立昆明市诚信机制，构建诚信经营的市场体系。

【抓好安全生产及综合治理】　商务系统连续8年没有发生人员伤亡事故和生命财产损失事件。领导重视，认识到位。商务系统人多事广，安全生产工作难度较大，根据这一情况，局领导安排专人负责安全生产工作，做到安全无小事，提高认识。签订责任书，落实责任制。强化激励机制，奖罚分明。加强宣传教育和培训，提高职工的安全意识和安全技能，采取以会代训的方式，组织115名企业法人、安监人员集中封闭培训学习了三天，并进行统一闭卷考试。同时组织全系统17户企业167个班组5 147名职工报名参加“安康杯”知识竞赛活动。商贸系统企业安监人员均拥有上岗资格，并做到了持证上岗。

（邬　江）

供销合作

【主要经济指标完成情况】　2005年，昆明市供销社在全面推进企业改制，大力发展“两社一会”（专业合作社，综合服务社，行业协会）的同时，积极探索新的经营方式，加强有形市场建设，实现购、销、利全面增长，为“十五”画上了圆满的句号。2005年，商品购进总额159 970万元，分别较上年和“九五”末的2000年增长15.6%和54.9%；商品销售总额163 676万元，分别较上年和2000年增长11.6%和37.9%；实现利润139万元，较上年增加1万元，与2000年负333万元相比，扭亏增盈成效显著。

【农资供应在困境中运行】　自2004年下半年，因油、气、煤、电等化肥主要生产原料价格上涨，运输成本增加，导致化肥价格一路攀升。加之，货源紧张，农资经营户增多，市场竞争加剧，淡季储肥风险加大，给农资供应工作带来了前所未有的困难。针对这一情况，全市供销社克服困难，采取措施，确保农业生产需要。2005年，售给农民的农业生产资料50 470万元，较上年增长6.5%；销售化肥367 086吨，下降12.4%；销售农药4 625吨，增长15.3%；销售农膜1 470吨，下降31.0%。

抓货源，促储备，确保旺季供应。在化肥货源紧缺，价格持续上涨，淡季储备风险加大的情况下，主动到省内外化肥生产企业采购化肥，确保旺季供应。2005年3～12月共采购化肥330 889吨，较上年同期增加30 348吨，增长10.1%。年末储备化肥95 077吨，较2004年增加22 757吨，增长31.5%，为2006年的农资供应奠定了基础。

增设网点，完善服务，方便农民购肥。在没有购销店的行政村、规模相对较大的自然村增设化肥供应网点，使网点布局尽量贴近农民；在用肥季节，化肥供应点延长营业时间，方便农民购肥；对未设化肥供应点的自然村，主动与村民小组联系，统计所需肥种、数量，定时送货到村；有条件的地方把农民购买的化肥免费送到家里或田间地头，并帮助装卸；主动与村委会、村民小组联系，对购肥资金紧缺的农户开展赊销业务。

实施农资连锁经营，增强对市场的调控能力。东川、嵩明、富民、宜良、安宁、石林、寻甸等县（市）区供销社实施农资连锁经营以来，增强了对市场的调控能力，农资价格相对稳定。寻甸县供销社在农资市场较为混乱的情况下，积极调整化肥供应点，开展连锁经营，扭转了销售下滑的被动局面。

【维护农民利益】　昆明农资流通行业协会参加了市工商局组织的“红盾护农行动”，与县（市）区供销社签订了《农资经营诚信加盟责任书》。并在市农资有限公司召开了“红盾护农扶优扶强座谈会”，在守法经营的同时，积极配合工商部门，坚决打击无证经营和制假售假的坑农、害农行为，切实维护农民利益。

【开展农科宣传】　为积极推广低毒、低残留新农药，增加农药销售，提高市场占有率，市农资有限公司联合植保、外国公司代表等，先后在大理、玉溪、开远、思茅、文山等地广泛开展农科宣传活动。8月份，对晋宁县12个乡（镇）农科人员、种植大户和农药经销商共120余人进行了培训，在指导农民安全、合理用药的同时，积极推广高效、低毒新农药。

【农村便民超市建设】　试办农村便民超市，用现代流通方式替代传统经营模式，以全新的服务方式巩固和开拓农村市场，适应农村经济增长及农民日益增长的物质需求，是基层供销社服务农民的新举措。通过几年的努力，农村便民超市建设初见成效。基层社试办的20个便民超市，营业面积13 012平方米，平均每个650平方米，年实现商品销售额上千万元。超市的建立和发展，使基层社消费品零售额开始出现回升。2004年全市基层社实现消费品零售额5 404万元，比上年增长0.7%，2005年达到6 192万元，比2004年增长14.6%。宜良县供销社先后兴办了6个乡级便民超市和2个村级便利店，初步恢复了日用消费品经营阵地，方便了群众，树立了良好的形象。

【废旧物资交易市场建设】　按照抓住农村市场，抢占城镇市场，进军废旧物资市场的工作思路，经过几年的努力，废旧物资市场建设得到有序发展。先后建立的9个废旧物资交易市场有力地促进了购销业务的开展。2005年购进废旧物资64 644万元，销售65 067万元，分别较上年增长20.8%和20.7%。其中，安宁市废旧物资交易市场自成立以来，规模不断扩大，市场占地面积先后由37亩扩至48亩、63亩，2005年交易额20 186万元，是上年的8.3倍。东川区供销社通过清理废弃仓库和利用闲置的烟花爆竹仓库，组建成一个占地25亩的废旧物资交易市场，已于1月19日开业。官渡区供销社积极筹集资金，将广福废旧物资交易市场65.7亩土地由租用变为征用，确保市场长期经营。市再生资源总公司在认真抓好明波、六甲废旧物资交易市场经营的基础上，积极做好报废汽车回收经营业务，全年收购、拆解报废汽车839辆。同时，筹措资金，计划在东三环路租地56亩，新建废旧物资交易市场，为改制后的新公司发展再添活力。

【改制工作】　全市供销社认真筹划，积极努力，改制工作稳步推进。全市供销社180户企业，除不具备改制条件的30户、暂未列入改制计划的12户外，到2005年末，共完成改制79户，占计划改制138户企业的57.2%。

在改制中，市社领导经常深入基层，指导改制工作，协调解决改制中的困难和问题。通过1年多的努力，彻底解决了市社直属4个公司欠长城公司8 447万元的债务，协助禄劝县供销社解决了社员股金问题，为改制打下了良好的基础。晋宁县供销社的改制工作，几经反复，多次协调，已确定按两个片区合并改制为两个企业，为在系统内人、财、物资源的整合进行了大胆尝试。

【直属企业拓展业务】　2005年，市社直属公司在认真抓好改制工作的同时，结合自身实际，积极寻求新的发展。市农资有限公司在跑马山征地44亩，计划投资2 500万元，建成农资配送中心，以适应全市农资连锁经营的开展。同时，在市社、富民县政府、富民县社的支持下，本着优势互补的原则，与富民县农资公司合并，实现强强联合，为农资连锁经营的发展走出了一条新路。市土产日杂公司投资新建烟花爆竹仓库1 500平方米，在确保安全的前提下，为烟花爆竹连锁经营奠定了基础。市兴华工贸公司改造了联盟大酒店，增加了客房数量，提升了服务质量，提高了住房率，全年营业收入557万元，较上年增长41%。市果品有限公司抓住取消三公里水果批发市场的机遇，利用凉亭冷库优势，迅速改建水果市场，已进入招商阶段。市副食禽蛋总公司顶着改制带来的巨大压力，缩减办公机构，精简行政人员，整合下设经营机构，挖潜降费，增收节支。通过调整摩托车经营班子，摩托车销售额较上年增长31%。

【“两社一会”建设】　为认真落实2005年4月在全市供销社主任会议上签订的《“两社一会”建设和农资经营目标责任书》，5月23日～26日，市供销社组织县（市）区供销社主任考察学习了曲靖市“两社一会”建设经验。为进一步落实省社要求昆明市完成300～500个“两社一会”建设目标，市社3名行政领导分别挂钩3个县，在时间紧、任务重的情况下，经过积极努力，圆满完成了“两社一会”建设任务。到2005年底，“两社一会”组织发展到347个（专业合作社5个，综合服务社323个，行业协会19个）。

在改造购销店，贴近农村和农民，大力发展综合服务社的同时，大胆开放办社，吸收自谋职业的职工、有一定资产和经营头脑的个体工商户，组建综合服务社，壮大供销社的队伍，加强了村级网点建设，为整合经营网络奠定了基础。

【参与农业产业化经营】　全市供销社发挥在农产品经营中的龙头作用，采取多种形式，积极参与农业产业化经营，在助农增收中寻求新的发展。

自建基地，引导农民开展特色农产品生产。在市创新办的支持下，西山区东风供销社在原种植20亩食用玫瑰的基础上，又引进10多个食用玫瑰品种，建立了300亩食用玫瑰种苗种植示范基地，将向农户提供种苗，发展食用玫瑰种植，被列入西山区“十一五”发展项目。

动员农民建立生产基地，指导生产，负责推销农产品。昆明贸易货栈有限公司在寻甸县、禄劝县、嵩明县动员农户建立黄姜、萝卜、豇豆、玫瑰茄等种植基地4 500亩。做到产前提供优质子种，产中指导种植，产后组织收购、加工和销售。

由专业生产合作社组织农产品加工和销售。2005年7月成立的西山区谷律花椒专业合作社，收购社员种植的花椒11.4吨，加工成12 650盒礼品盒销售，为彝族乡农民种植的花椒找到了销路，该项目被列入西山区“十一五”发展项目。石林县维则玉米专业合作社串换、收购社员的玉米1.78万吨，收购总额2 314万元，解决了当地农民卖粮难的问题，专业合作社被列为昆明市农业产业化调整龙头企业。在全省洋葱价格下跌的情况下，宜良县洋葱专业合作社积极组织协调，先后组织发送火车皮370个，22 200吨洋葱，占当地洋葱总产量25 000吨的88.8%，在顺利组织销售的同时，使价格保持在上年每公斤0.40元的水平，切实保护了社员利益。

由行业协会引导发展生产。2005年6月成立的石林县养殖协会，为会员提供技术支持和生产、加工、销售信息，先后为会员免费提供技术培训500余人次，提供优质仔猪2 000余头，有力地推动了当地养殖业的发展。嵩明县小新街无公害蔬菜生产协会，把会员的蔬菜销往广州、深圳等地，带动了当地蔬菜生产销售和发展。

发展农产品加工业，提高附加值，促进农产品生产。安宁成立天业植物油有限公司大量收购油菜籽，为农民增收和产业结构调整找到了切入点。改制后的呈贡京福酿造有限公司提高产品质量，推出酱油系列品种，年消耗农产品300多吨。

积极购销农产品，促进农产品流通。市果品有限公司积极开展农产品经营业务，购销小米辣150吨及大量水果，准备在水果经营上有所突破。昆明贸易货栈有限公司在下属10个部门经营农产品的同时，主动出击，公司管理层干部直营萝卜条、南瓜籽、玫瑰茄等农产品230余万元。

【信息化建设】　市供销社推进信息化

建设，增强供销社为农服务功能，引导农业产业化，促进昆明市农产品生产、加工和销售等方面做了大量的调协工作。2005年，对《昆明农产品信息网》进行了改版，健全信息员队伍，同时加强业务培训，并在东川区、宜良县、嵩明县进行建站试点。

（胡明良）

粮　油

【完成各项目标任务】　2005年，全市总购入粮食139 590万千克，油脂9 584万千克。销售粮食146 914万千克，销售油脂12 022万千克（含国有粮食企业及非国有粮食企业、粮食批发市场、超市等）。至12月末，全市粮食库存贸易粮32 781万千克，油脂库存1 179万千克。粮食经营指标完成情况较好，实现销售收入144 926万元，完成经济责任指标的106%；实现利润327万元。

【继续贯彻《粮食流通管理条例》】　国务院颁布《粮食流通管理条例》后，云南省人民政府也下发了《粮食流通管理条例实施办法》，2005年，在市委和市政府的领导下，在省粮食局的指导下，在市财政局、工商局、技术监督局、统计局等部门的大力支持和配合下，各级粮食行政管理部门进一步深化粮食流通体制改革，转变思想观念，依法管理粮食流通工作，维护正常的流通秩序，为保障全市粮食安全和全市的和谐发展做出了积极贡献。按照建设法治政府的要求，市粮食局结合当地的实际和特点，有重点、有针对性、有实效地开展宣传《条例》活动，2005年5月26日《条例》颁布一周年纪念日，市局在粮食经营户集中、消费者众多的五里多、凉亭粮食市场，采取挂宣传标语、出专栏、发放宣传资料和利用广播等形式在市场内进行宣传；以2005年10月16日“世界粮食日”宣传活动为契机，发放宣传资料3 600多份，广泛开展社会性宣传活动；各县、区粮食局还深入乡村、集市以广播、电视、报刊以及开展知识竞赛等形式，对《粮食流通管理条例》及配套法规进行大张旗鼓的宣传。通过宣传贯彻，增强了粮食经营者和消费者对粮食流通管理法制化的认识度。同时组织市、县两级粮食行政管理人员系统学习国务院《粮食流通管理条例》，省政府《云南省〈粮食流通管理条例〉实施办法》等法律法规，参加国家粮食局、省粮食局、省、市法制办举办的培训班，经过考试，已有149人取得了粮食监督检查证、法制督察证、行政执法证，培养了一批知法懂法的业务骨干和执法队伍。2005年市粮食局依法对社会粮食市场进行监管，各级粮食行政管理部门按属地管理原则，积极与工商、技监、卫生、公安等部门联合执法，共出动执法人员314人次，车辆96台次，重点抽查门市315户，粮食收购经营户166户，打击了一批以次充好、无证经营的非法经营户，对维护正常的粮食流通秩序起到了积极作用。11月份，市局对粮食经营、加工企业、粮食市场及超市的粮食质量质检进行专项检查，抽取粮油样品22个，经昆明市粮油质检中心化验，合格样品20个，合格率为90.9%。稻谷、小麦粉、植物油均合格。总之，经过各部门的整顿清理，加强对粮食收购、储存、加工各环节的粮油质量监管，全市粮油质量总体正常。

【做好全社会粮食流通统计】　《粮食流通管理条例》的颁布实施赋予了各级粮食行政管理部门进行全社会粮食流通统计工作的新职能，明确了各县（市）区粮食行政管理部门、市局和有关处室的工作职责和范围，制定了《昆明市粮食流通统计工作管理考核办法》以确保各项统计任务落实到位；合理调整了粮食行政管理部门的内设机构，配备了相应的统计人员，目前市县两级粮食行政管理部门共有统计人员16人，与原来的13人相比增加3人，并都持有云南省统计人员《岗位资格证书》；制定了《2005年昆明市农户、城镇居民口粮收支存专项调查方案》，经过精心组织，完成了在全市范围内开展的“昆明市农户、城镇居民口粮收支存”专项调查工作，并将其作为粮食流通统计工作的一项长期的重要工作来抓；根据《粮食流通管理条例》规定：市局负责印制了《粮油统计台账》1 000册，发放到已纳入统计范围的社会粮食经营和转化用粮企业，使社会粮食统计逐步规范化；2006年1月粮食统计将使用“国家粮食流通统计信息系统软件”，为做好社会统计工作，市局积极组织市属直报单位和13个县（市）、区粮食行政管理部门44人参加了省局举办的社会粮食流通统计工作培训。经过努力，据不完全统计，全市粮食经营企业669户，其中：购销企业499户，加工企业123户，饲料加工企业47户。符合规定并纳入粮食统计范畴的共计250户。依法办理《粮食收购许可证》69户。

【严质量抓服务确保军粮供应】　粮食质量是军供工作的生命线，2005年，市局采取了新的军粮质量管理办法，首先，全市5个军粮站及7个委托代供点所购进粮食都必须具有QS认证标识；对购入的每一批粮食实行“一批一检一报告”制度，检验合格并出具法定质验报告书后方可作为军粮入库；各站对入库的军粮采取专仓专人保管，达到“一符四无”（一符：账账、账实相符；四无：无虫害、无变质、无鼠雀、无事故）的保管标准；供应时按规定留样，详细填写产地、品种、等级、数量、入库时间、供应时间和部队番号等情况，保留3个月，以备部队和上级有关部门检查；市粮食局坚持与昆明警备区开展了一年一度的军地联合检查军粮质量工作。在优质服务方面，各站（点）遵循服务公约和岗位责任制，服务承诺和监督电话公告上墙；坚持三个一，即“问一声好、让一个座、递一杯茶”，做到使用文明用语、礼貌待客；为方便部队用粮需求，开展电话预约购粮、义务送粮、增加品种、开展粮油品种的调剂与串换，尽可能地适应军队后勤保障工作不断发展的需要；坚持春节、“八一”走访慰问部队活动，听取意见，不断改进服务方式；全市各军粮站及委托代供点坚持无偿为部队配送粮油，仅2005年就达600多万千克。这样既保障了军队粮油的供应，又进一步密切了军地关系，从而受到了上级的表彰。年内“云南西山军粮站”被国家粮食局、财政部、总后勤部评为军粮供应管理先进单位，“云南昆明军粮站”被云南省粮食局、财政厅、省军区后勤部评为军粮供应管理先进单位。

【抓紧粮油仓储】　“一符四无”是粮食仓储工作的重要指标，开展“一符四无”为保证储备粮油及商品粮油质量，延缓粮食陈化过程，制定下发了《昆明市“一符四无”检查评比实施办法》，扎实、规范地推进全市“一符四无”粮仓活动的开展。市粮食局一方面加强对库存粮油质量监测和行政监管，对市级储备粮的储藏品质检测，变一年两检为一年四检，并以品质指标为依据，及时下达储备粮轮换计划，以确保储备粮保质和保值。同时提出了行政机关要对储备粮进行全面监管的新的管理模式，年终由市局领导分别带队，全体机关工作人员分成五个检查组，按照“有仓必到、有粮必查、查必彻底”的原则，对全市储粮安全工作进行了普查，通过普查，进一步掌握了全市储粮工作状况，促进了基层储粮工作。另一方面加大了科技储粮的力度，市局把开展科技创新，实现科学储粮作为重点，针对本地的气候特点，积极探索绿色储粮技术，形成了以机械通风低温储藏、“双低”储藏和“两线”电子测温为主体的科学储粮技术；针对仓储工作中，仓房密闭条件差，储粮害虫抗药性增加等问题，在全市逐步推广应用环流熏蒸技术，通过对现有仓房的改造，有的仓点基本做到了每批粮食每年只熏蒸一次，大大降低了用药量，提高熏蒸杀虫的效果。2005年全市共投入科学保粮资金147.6万元。年内，全市平均库存粮食386 297吨，平均实现“四无”粮食380 562吨，“四无”粮食比例为98.5%，油脂平均库存7 934吨，实现“四无”油脂7 934吨，“四无”油脂比例达100%。全市粮点总数为158个，实现“四无”粮点158个，“四无”粮点比例为100%。平均实现科学储粮274 512吨，占粮食平均库存的71.1%，其中：“双低”储粮83 962吨，机械通风储粮152 509吨，低温储粮18 970吨，其他科学储粮19 071吨。

【帮贫扶困】　全年共走访慰问困难党员108户，发放价值2.61万元的慰问物资及慰问金。克服困难，多渠道筹措资金22万元，帮助禄劝县转龙镇噜鲁村和雪山乡石城村委会解决照明用电和道路修建工程，实实在在为贫困乡村做好事。为搞好社会粮食统计工作，投资约14万元帮助各县区粮食局解决电脑配置问题。积极响应市委关于加强对北部五县区发展扶持力度的号召，深入北部五县区进行调研，并给予北部五县区改制后粮食购销企业特殊扶持款115万元。针对昆明市70%粮食靠省外调入的实际情况，先后组成购粮小组，到粮食主产省和周边国家进行粮食采购，积极筹措粮源，2005年全年粮食系统共购入粮食5亿多公斤，保证了全市粮价不暴涨，粮食供应不断档，确保全市粮食安全。轮出各级储备粮油8 747万千克，轮入和新增各级储备粮油15 788万千克，为昆明市粮食市场稳定和宏观调控措施的落实奠定了坚实的物质基础。

【国家粮食局领导检查粮食工作】
2005年3月26日，国家粮食局聂局长到昆明市视察粮食工作。他高度评价：国务院关于粮食部门要发挥主渠道作用的要求在昆明得到了体现。表扬了昆明市粮食系统企业管理抓得扎实，储备粮管理规范，在激烈的市场竞争中，能结合实际，发挥功能，调节供求、平抑物价、保障军需民用等作用的肯定，对市粮食局抓“学理论、促购销、创效益”取得的显著成果也给予了高度的评价。

【人事任命和处室调整】　经市委、市政府决定“梁振康同志任调研员，免去昆明市粮食局党委委员职务”，“免去梁振康同志昆明市粮食局副局长职务”；“高玉英同志任昆明市粮食局副局长”。

部分处室进行了调整，调整后的处室为：

办公室、政策法规处、储备军供处、财务统计处、安全生产监督管理处、组织人事处、纪检监察处。

【成立粮食行业协会】　2005年，昆明市粮食行业协会经批准于7月19日成立，首批会员单位32个、会员44人。协会按章程，努力为政府的粮食工作服务，为会员单位服务，配合市粮食局做好《粮食流通管理条例》的宣传及粮油放心工程专项检查；从粮油生产、粮油政策、粮油市场、国际粮油和分析预测等方面入手，编发《昆明粮讯》26期为会员服务，工作开始步入正轨。

（谷雁冰）

烟　草

卷　烟

【概　况】　2005年实现税利105.18亿元，列中国500强企业第二百一十四位、制造业企业500强第一百零一位、全国纳税百强企业第九位、行业第三位、云南企业百强第三位，获首批全国文明单位、2005年度全国学习型组织先进单位、全国创建和谐劳动关系模范企业、全国烟草行业第四届先进集体等荣誉，在烟草系统唯一一家荣获全国第十二届企业管理现代化创新成果一等奖，“云烟”品牌再次荣获“中国名牌产品”称号。昆明卷烟厂按照行业“做精做强主业，保持平稳发展”的基本方针，紧紧围绕企业“树立一个观念，强化两个整合，提升五项能力”的工作重点，以联合重组为主题，抓住经济运行调控和内部监管“两个重点”，深入实施品牌兴企、技术立企和人才强企“三项战略”，夯实原料、质量、安全和文明建设“四个基础”，优化资源配置，整合生产要素，提升产品结构，企业发展质量和经济效益持续提升，再创历史佳绩。

【主要指标完成情况】　2005年，昆明卷烟厂累计生产卷烟134.38万箱，其中，生产内销卷烟131.96万箱，累计销售卷烟138.72万箱，实现销售收入137.69亿元、较2004年的124.17亿元增长10.9%；工业总产值（现价）137.87亿元，较2004年的129.11亿元增长6.8%；实现税利105.18亿元，较2004年的93.80亿元净增11.38亿元、增长12.1%，其中：实现税金77.88亿元、同比增长12.39%，实现利润27.30亿元，同比增长11.4%；单箱税利7 715元、同比增长4.8%。

【改革与发展】　按照云南中烟工业公司“做精做强做大品牌、做实做强做大企业”的战略部署，昆烟精心组织，整体规划，慎重操作，加快重组企业“四统一”步伐，联合重组企业的融合得到进一步加强。2005年5月，山昆公司顺利实现了股权转换，由昆烟控股。分厂进一步融入昆烟管理模式，两厂销售、原料、审计和技术中心已实现功能合并、人员集中、机构统一，计划、市场、原料、物资等已纳入昆烟统一管理。2005年，山昆公司生产卷烟25万箱，实现利税6.6亿元、同比增长10%；蒙昆公司生产卷烟26万箱，实现税利9.5亿元、同比增长22%，企业发展能力不断增强，发展效率持续提高，发展空间稳步拓展。

据国家局、云南中烟工业公司组建集团的安排部署，昆烟、曲烟本着对中国烟草、对地方发展负责和实事求是妥善处理好各方面利益关系的原则，充分认识到两厂在管理、文化、品牌、原料资源等方面的整合互补优势，通过积极沟通协商，以《公司法》及相关法律法规为前提，以优化品牌结构、提高资源配置效率、提升企业核心竞争力为目标，达成了合并改制组建新集团的共识。2005年6月底成立两厂联合重组工作领导小组展开前期工作；7月11日签订两厂《合并改制协议书》，并分别在两厂职代会通过《合并改制方案》；8月17日签订《红云烟草（集团）有限责任公司章程》；9月20日国家局批复同意昆曲两厂合并改制组建红云集团；9月28日云南省工商行政管理局签发《企业法人营业执照》；11月8日圆满完成红云集团授牌仪式，中国烟草首家工厂制变公司制的母子试点、全国第二大烟草集团正式成立。昆烟由此在更高平台上从新的起点踏上了新的征程。

【品牌战略】　昆烟围绕“做精云烟、做强红山茶、做大春城、做响香格里拉”的品牌战略，以“云烟”为主体、“红山茶”和“春城”为主导整合扩张品牌。2005年全部完成了分厂和山昆公司的品牌整合，制定了与蒙昆公司的品牌整合方案，基本完成了专销“茶花”的整合替代。为集中资源，有效避免联营加工的市场、管理和质量风险，企业逐步减少省外非紧密型企业的联营加工量，加快省内企业品牌互动，增强与联营品牌产销进度的调控力度，同时逐步收缩“茶花”和“大重九”，集中做好“云烟”、“红山茶”、“春城”、“香格里拉”四大产品，不断提高产品的市场适应能力、扩张能力和盈利能力。全年完成联营生产53.6万箱，全部为昆烟品牌。昆烟品牌市场实际投放量187万箱，较2004年增加26.5万箱，主体品牌“云烟”系列市场规模63.1万箱，“红山茶”和“春城”系列市场规模分别为54.7万箱和60.8万箱，“云烟”、“红山茶”和“春城”三个主要品牌的市场集中度达95.5%。

【昆烟主要品牌】　昆烟企业生产卷烟的主要品牌有：1. 云烟　1958年创牌，意含云南之烟，中国驰名商标，中国名牌产品。“云烟”两字采用的是王羲之的手迹，飘逸、洒脱，云与烟的结合，寓意“云为烟，烟为云”。“云烟”商标的主图案是玉如意的变形，也是云彩的抽象，寄寓着吉祥如意的祝愿。“云烟”是昆明卷烟厂的主体品牌，2005年的市场规模为63.1万箱，主要生产销售的产品有：云烟（印象·棕）、云烟（珍品）、云烟（特制精品·紫）、云烟（红）、云烟（醇香）、云烟（特醇）等。2. 红山茶 1957年创牌，云南第一个甲级卷烟，中国“名优卷烟”，“云南省名牌产品”和“云南省著名商标”。商标以一支盛开、端庄的山茶花为主图案，象征顽强的生命力和向往美好生活、积极向上的精神。“红山茶”是昆明卷烟厂的主导品牌之一，2005年的市场规模为54.7万箱，主要生产销售的产品有：红山茶（特制）、红山茶（紫）。3. 春城 1967年创牌，以“四季如春”的昆明别称命名，是根据多层次的卷烟市场需求开发的大众产品，在国内和周边国家拥有广泛的市场，深受消费者的欢迎，获“云南省著名商标”称号，是昆明卷烟厂的主导品牌之一，2005年的市场规模为60.8万箱，主要生产销售的产品有：春城（红）、春城（白·软）。4. 香格里拉 是昆明卷烟厂在21世纪潜心推出的一个全新品牌，是昆烟对诗意与梦幻的理想世界的一种理解、诠释和弘扬，体现了昆烟新世纪新形象的执著追求。“香格里拉”烟标获“中国名牌烟标设计金奖”及“2004年度中国烟标文化奖”。“香格里拉”卷烟的系列产品有：香格里拉（紫·卡）、香格里拉（蓝·卡）、香格里拉（红·山）。

【增强管理执行力】 2005年，昆明卷烟厂紧紧抓住提高效率增强发展动力、注重自律增强发展保障能力“两个主要问题”，认真落实云南中烟工业公司“五条贯彻意见”，努力建设决策科学、程序严谨、运作规范、执行有力的生产经营运行机制。坚持科学管理、民主管理、依法管理，对企业仍在继续运行的约200项规章制度进行全面清理修订，加强工作督办，全年共下达督办7项，并在限期内全部办结，以制度强化监督管，按规则履行职责，用程序规范行为。调整充实“整顿和规范市场经济秩序”、“专项治理卷烟体外循环”等领导小组和“预算、投资、薪酬管理”等专业委员会，强化财务审计和纪检监察再监督，严格事前有论证、事中有控制、事后有评价的工作流程。

【卷烟生产】 2005年，企业严格按市场需求组织生产，科学作业，快速反应，建立高效顺畅的生产运行机制。完善内控体系。以ISO9000质量标准体系为主线，深入开展质量、环境和职业安全“三标一体”贯标认证工作，组织论证实施《产品质量突发事件应急预案》及《生产过程品质控制评价细则》，组织对新《卷烟国标》、《工艺规范》和《质量检验手册》的培训考核，强化生产管理和质检监控力度，建立各部门环环相扣的内控标准体系。加强成本考核。设定消耗检测点，建立消耗监控体系，卷烟生产消耗考核指标从4项细化扩展至13项，统一考核口径和统计机制，增强成本控制能力，确保生产优势低耗、高效有序运行。挖掘设备潜力。细化“三级点检、轮修轮保”措施，强化设备信息的收集整理分析，督促整改落实，努力保持设备良好的技术状态，满足特色工艺、“精细加工”和产品“零缺陷”要求。2005年设备有效作业率平均为85.3%，完好率全部为100%，制丝、打叶复烤及流水线生产设备故障停机率为0.65%。加强联营品牌质量监控。严格执行《昆明卷烟厂品牌联营工作管理规定》、《生产技术标准》和《派驻联营企业监制人员工作手册》，健全联营企业跟班监制制度，完善质量日报、周报和月报制度，严格工艺质量标准，确保联营加工始终受控和品质统一。2005年企业综合质量得分96.67分，优等品率86.70%，行检、抽检和商检合格率均为100%，荣获“云南省质量效益型先进企业”称号。

【卷烟销售】 从2005年1季度末起，行业经济运行呈现出现生产进度偏快、产品结构偏高、增长速度偏热的“高位运行”态势。根据国家局行业经济运行工作电视电话会议精神和云南中烟工业公司纠“三偏”调控要求，昆烟立足长远，正确处理企业发展速度、质量和效益的关系，加强经济运行和产品结构调控，在供求矛盾突出的市场环境中确保了昆烟市场的稳步拓展。结合昆烟产品全国市场的库存、动销和存销比情况，按照“增量稳价，扶优拓高，规范管理，统一运作，强化渠道，服务终端”的指导思想，企业持续加强市场布局、品牌投放、营销策略、机构人员“四统一”工作，在市场的开拓中不断加深对需求的理解，更好地把握消费结构、品牌结构之间关系，提高分析预测、调控引导市场能力，科学运用价格杠杆，强化终端服务，拉动消费，挖掘需求，快速响应市场；厂领导带队深入一线调研沟通，与销区提前衔接，充分协商，巩固工商战略聪明联盟，以扎实的工作基础打牢市场基础；牢牢抓住行业纠“三偏”取得明显成效、重点品牌走势难趋强的难得机遇，围绕市场对昆烟赢利能力较强产品仍有较大需求的实际，积极争取到国家局、云南中烟工业公司和广大销区的有力支持，围绕“提升结构，增加效益，稳中求进”的工作重点，不断提高产品满足客户和消费者需要的水平，努力保持产销协调、结构合理、供需平衡的稳定增长。

【卷烟原料】 按照“省内为主、省外为辅，区内为主、区外为辅”的原则，企业以“平等互利、诚信服务、共同发展”为指导，稳定原料来源，狠抓第一车间建设，确保烟叶资源的可持续发展。抓好原料基地建设。调整原料部机构设置，增加基地烤烟生产管理职能，加强烟叶基地的工作落实，在保山建立起2万亩“红花大金元”示范区，制定了福建、贵州两省基地的烟叶年度生产技术方案，强化技术服务，努力从源头抓好卷烟导向型烟叶生产。提升原料利用水平。建立配方调整审批制度，控制单箱成本波动，积极开展原料智能管理系统设计开发，对烟叶全面抽样检测和内在质量取样化验，着手建立烟叶内在质量数据库档案，构建原料预测保障、原料购进和烟叶调拨品质评价体系，逐步加大外省烟使用比例，进一步优化原料资源。加强基础工作。按照国家局、云南中烟工业公司整顿规范烟叶生产经营秩序的要求，成立专门机构深入自查清理烟叶购进和管理，全面清仓盘点了本部及分厂库存烟叶，对投到整理车间的烟叶进行质量复检，每天抽检储存及供料烟叶，关口前移，派驻质检人员到各基地县质量验收，严格审定样品，设立收购车辆调度，维护收购秩序，严格履行《诚信服务承诺书》，努力维护烟叶生产经营秩序的稳定。全年实际采购烤烟211.34万担，区内烟验收综合等级合格率62.4%，截止2005年12月31日烟叶总库存共计286.35万担，其中上等烟比例占51.02%，上中等烟比例96.55%，企业基础资源进一步稳固。

【科技创新】 2005年，昆烟坚持“中式卷烟”发展方向，围绕“培育良种、特色工艺、调香技术、减害降焦”四大战略课题，立足品牌培育，着力提高企业的原始创新、集成创新和跟随创新能力，系统实施提质降耗、降焦控碱和产品研发等重点工程，构筑卷烟品牌技术支撑体系，抢占市场制高点，增强核心竞争力。加快产品维护开发。追踪国际先进水平，加强对在制产品循序渐进改良，有效稳定焦油、烟气和烟碱，着手制定各个产品的制造手册，稳步提高产品质量。按照合理的价格梯次要求和“高香气、低焦油、低危害”的产品开发原则，初步完成了四大产品系列开发的技术储备。加强工艺配方技术研究。承担完成了国家局和云南中烟工业公司重点科研立项“中式卷烟特色工艺研究”等多项课题，开展在线加工艺技术、技改工艺设计等试验研究，建立起完整的烟叶原料数据库，逐步建立产品叶组预警机制，积极开展模块配方研究，完成宜良竹山地区替代进口烟工业验证试验，《生化技术在烟草工业中的应用》项目被认定为“2005年度国家烟草专卖局科技进步奖”二等奖。加强产学研合作。与中国科学院大连化学物理研究所合作建立起烟草科技联合实验室，明确技术创新方向和重点攻关项目，深入开展烟草理论基础与应用技术研究。

【技改工程及信息化建设】　2005年初，《昆明卷烟厂“十·五”末期及“十一·五”易地搬迁技术改造项目申请报告》一次顺利通过国家局专家组论证，5~6月分别获国家局投资委员会审议批准和国家局批复同意，9月完成了总体规划设计方案和物流系统技术咨询项目招标，卷接包设备的选型工作已初步完成，11月8日举行了技改奠基仪式，整个工程正按“统筹规划、分步实施”的总体部署稳步推进。加强信息化建设，确保国家局一号工程的顺利运行，完成联营企业数据上报系统主要功能开发，更新办公自动化系统，初步全面无纸化办公，改进辅料、原料、销售、零备件、人事工资等系统功能，认真规划企业技改工程物流及信息系统，努力打造“系统集成、资源整合、信息共享”的“数字昆烟”。

【安全工作】　2005年，昆烟按照“安全第一，预防为主”的方针和“谁主管、谁负责”的原则，企业以消防安全为中心，突出生产、交通、治安、职工人身安全“四个重点”，加大安全投入，坚持“一票否决”，做到主管部门、人员、指标和责任“四落实”，确保“横向到边、纵向到底”，不留死角。全年共组织防火安全检查7 200余人次、治安安全检查3 000余人次、现场监察考核122次、各类培训22期2 485人次，重大事故隐患整改率100%，实现安全工作无重大火灾事故、无重大爆炸和自然灾害事故、无重大交通事故、无责任工伤事故、无重大食品安全事故、无重大刑事案件和影响社会稳定事件发生的“六无”目标，在云南中烟工业公司2005年度安全工作考核中，昆烟以99分再次列全省卷烟工业第一名。

【文明建设】　昆烟坚持以邓小平理论和“三个代表”重要思想为指导，以保持共产党员先进性教育为主线，牢固树立“国家利益至上、消费者利益至上”的共同价值观，切实加强政治和精神文明建设，为企业改革发展稳定提供了强有力的政治保证和精神动力。深入开展保持共产党员先进性教育。按照省市党委和云南中烟工业公司党组的部署，厂党委以促进企业持续健康发展为目标，围绕提高党员素质、加强基层组织、服务人民群众、促进各项工作的要求，精心组织安排，加强学习培训，严格程序标准，认真对照检查，制定整改方案，落实整改措施，建立长效机制，圆满完成了三个阶段各环节工作，党员覆盖率和群众满意度测评都达100%，先进性教育活动真正成为群众满意工程。加强政治文明建设。坚持集体领导，严格议事规则和决策程序，健全企业党组织发挥政治核心作用、参与企业重大问题决策的体制机制，完善以职工代表大会为基本形式的民主管理制度，深入开展厂务公开，依靠职工民主管理，维护职工合法权益。加强精神文明建设。以申报全国文明单位为契机，大力弘扬“低调、谦和、务实”的理念，努力提高职工的思想道德和科学文化素质，坚持党建带工建、带团建，深入开展学习型企业、群众性经济技术创新、青工振兴计划、青年创新创效、“新昆烟新青年”论坛、劳模工程等活动，认真落实离退休和内退职工“两项待遇”和“六个老有”，大力支持老同志开展有益身心健康的各类活动和各级比赛，全年共荣获市级以上奖励33项。

【规范财务管理】　2005年，昆烟以预算管理为核心，以成本控制和支出管理为重点，加大生产销售、合同计划、物资采购、招标比价、资产投资、技改核算、审计监督等管理力度，规范结算程序和资金支付流程权限，突出基层核算员队伍和职能建设，深挖增收节支潜能，加强贷款的催收监督，完善对外投资管理体制，规范与关联企业之间经营，理顺主业与多元化投资。全年共完成财务审计项目17项，审核合同和工程结算1 202项，审核金额35 835万元，审减金额3 474万元，审减率9.7%。财会物价部被评为“2002~2004年全国烟草行业财会工作先进集体”，企业管理执行力、成本控制力和风险防范力进一步增强。

【后勤服务】　企业继续加大三产企业的改革和扶持力度，优化投资结构，调整经营方式，挖掘赢利潜能，探索拓展项目。九九集团公司克服原辅材料价格持续上涨、主产品价格下调的压力，全年实现利润预计较上年增长2%，预计可按46%的比例对投资者进行投资效益分配；九九物业公司牢固树立“物业稳、企业稳”的指导思想，贴近企业，贴近职工，贴近住户，努力提高服务质量，初步实现了扭亏的经营目标；劳动服务公司抓管理促效益，经营稳定正常；天恒酒店不断提高管理水平，多角度创收，经营收入同比进一步增长，天平酒店经营情况也基本稳定；红云医院加强与省第一人民医院合作办医，医院形象和竞争力有了很大提高；努力改进职工工作生活质量，全年共完成厂区和职工生活区维修改造100多项，从2006年1月开始公积金缴纳比例调高到15%，职工劳动、生活、医疗等社会保障更加全面。

【人才队伍建设】　企业牢固树立人人都能成才的观念，建学习型班子，带学习型队伍，创学习型企业，加强领导人才、经营管理人才、技术技能人才、党群工作人才“四支队伍”建设，努力构建多层次、全方位、系统化的人才开发新格局。全年共任命、调整中层干部149人，公开选拔了34名中层干部，初步建立起“公开选拔考试题库”，首批评聘了25名首席和84名优秀职位技术技能人才，在国家规定的知识补贴基础上每人每月再给予1 000元和600元的企业职位津贴，首次开始试行中层干部公推选举制度，完成5批业务人员公开竞聘，共选拔15人充实到各基层部门，全年共办理专业技术职务任职资格证书33份，认定专业技术职务任职资格43人，开展各类培训163项共12 129人次，委托云大和昆工的研究生进修班圆满结束学业，并有多人正在申请硕士学位，124名云大软件本科班已进入第二学年。全年共有140人自学取得专科以上学历，其中研修生以上学历85人（取得硕士学位7人）、本科8人、专科47人。从500余名求职者中遴选11个专业33名硕士、学士应届毕业生进厂工作，进一步巩固了企业人才储备。努力做到在公平竞争中识别人才，在创新实践中培养人才，在事业发展中凝聚人才，在工作生活中关爱人才，积极促成人才辈出、人尽其才的发展局面。

【红云集团简介】　2005年11月8日正式挂牌成立的红云烟草（集团）有限责任公司（对外简称“红云集团”），是中国烟草首家构建母子公司体制的试点单位。新成立的红云集团拥有昆明卷烟厂、曲靖卷烟厂、曲烟会泽分厂、昆烟分厂和曲烟乌兰浩特分厂5家卷烟生产厂，同时控股山西昆明烟草有限责任公司、参股内蒙古昆明卷烟有限责任公司，7个生产点共拥有390多台套先进的装备，2万多名职工，“云烟”、“小熊猫”、“红山茶”、“石林”、“吉庆”、“春城”、“香格里拉”、“福牌”、“茶花”、“苁蓉”10个进入中国卷烟“百牌号”名录的卷烟品牌，240多万箱的计划资源、近300万箱的品牌市场规模分居全国烟草工业企业第二和第一。

新成立的红云集团按照现代企业和产权制度要求，组建了董事会、监事会、经理层，实现了所有权与经营权分离，公司决策机制、经营管理机制、监督机制分开，形成了责权明确、运作规范、有效制衡和协调运转的法人治理结构。按照资产、品牌、采购、销售“四统一”的要求，理顺原昆明卷烟厂、曲靖卷烟厂的产供销、人财物和内外贸关系，由公司实行统一管理。实施科学的品牌发展战略，提升品牌价值，努力打造税利过百亿、规模过百万箱的大品牌，实现集团的可持续发展。

红云集团以工厂制向公司制转变为契机，变层级组织结构为扁平化结构，按照精简统一、扁平高效的原则进行机构设置和人员配置。通过强化内控机制解决好改革与稳定、民主与集中、预算与授权、决策与执行、激励与约束、成本与运营等关系问题，按照统一原料、统一研发、统一采购、统一生产、统一营销、统一服务的要求，做好企业发展战略规划、组织架构调整、业务流程再造、资源整合配置，努力形成决策科学、管理有序、政令畅通、分工负责、执行有力的规范化运行机制，提升集团运营绩效和发展潜力。

面对难得的发展机遇和严峻的市场考验，红云集团在大力构建“和谐红云”，确保集团平稳协调可持续发展上，提出要讲求协调、讲求质量、讲求效益，走节约增长型、科技增长型发展之路，并确定了2006年的主要任务目标：生产卷243.5万箱，品牌市场规模要达到300万箱；2006年集团实现税利要在2005年的基础上同比增长8%。2006年集团的工作重点是：突出做好“四个确保”、“五项增强”，即：立足科学发展，确保集团平稳持续增长；完善体制机制，确保提升集团执行力；着力自主创新，确保集团发展有新的增长点；加强内部监管，确保集团运行规范高效；高度关注市场，增强营销保障能力；优化原料资源，增强烟叶保障能力；整合生产要素，增强质量保障能力；坚持以人为本，增强人才保障能力；推进文明建设，增强构建“和谐红云”的保障能力。

（杨裕萍）

专　卖

【概　况】　2005年是昆明市烟草改革发展再迈重大步伐的一年，也是经济效益稳步持续增长的一年。

全系统预计实现：销售收入43.9亿元（含卷烟21.6亿元，烤烟22.3亿元），较2004年的37.6亿元增加6.3亿元。利税12.85亿元，比2004年的10.49亿元增加2.36亿元。其中：税金4.50亿；利润8.35亿元。资产负债率24.25%，同比下降3.48个百分点；销售利润率12.32%，同比增长1.02个百分点；总资产报酬率20.27%，同比增长1.97个百分点。

【烤烟抗灾喜获殊荣】　2005年，带烟草专卖局（公司）坚持以“养成熟度”为中心，提高纯度为重点，保证烟叶内在品质不断提高。

完成种植面积64.15万亩，收购烤烟181.54万担，占计划的99.89%，其中上等烟73.9万担，占38.84%。收购均价10.73元/公斤，比2004年的10.88元/公斤减少0.15元。

烤烟利税总额7.31亿元，较2004年的7.25亿元增加600万元。烟农户均收入4 767元，较2004年的4 427元增加340元。

大灾之年，实现双控稳定发展，获得全省唯一烤烟生产先进地区的光荣称号。

2005年做到了五个基本满意——即烟农、地方政府、烟草公司、烟厂、上级领导的基本满意。

【提升网建销售】　2005年，市烟草公司在网建销售提升方面出现了可喜的局面：1. 继续实施卷烟销售网络建设巩固提升工程。2. 建成数字化仓库。3. 推进客户关系管理，建立新型工商关系。

预计累计销售卷烟93亿支（18.6万箱），比2004年增长92.5亿支（18.5万箱）增加0.5亿支，增长0.5%。其中：一、二类卷烟比例37%，同比增长6.8个百分点。

预计实现单箱销售收入12 700元（含税），较200年的11 415元增长11.3%。单箱毛利2 525元（不含税），较2004年的2 013元增长25%。全年全地区综合毛利率23.2%，同比增长2.2个百分点。以总分113分、全国第一名的成绩顺利通过国家局网建考核。荣获“云南省网建工作一等奖”、“云南省内卷烟销售工作先进单位”等称号。

【专卖管理】　2005年，市烟草专卖局（公司）进一步加强了与相关执法部门的配合。继续开展整顿和规范市场经济秩序和专项治理卷烟体外循环。

强化市场监管，建立了经营户诚信等级管理的初步机制。

2005年，全局共出动执法人员22 087人次，查处各类案件3 501起，其中查获假烟案件1 586起，查获假烟13 305.84件，查获非烟6 745件，私烟及专供出口卷烟126.9件，查获制假烟丝183.13吨，制假烟叶23.83吨，查获制假设备162台（套），查获5万元以上制售假烟案件65起，销毁各品牌假烟16 214件。

【内部管理】　2005年，市烟草专卖局（公司）的基础管理工作进一步得到加强，会计基础、预算管理和审计工作进一步规范，在财务收支管理、资产管理、增收节支上取得新的成绩。

此外，还以IT技术为支撑，大力推进MIS、GIS、CRM系统的应用，信息化建设加大步伐。

初步建立惩治和预防腐败体系和内部专卖监督管理体系，得到省局的肯定。

实施全员培训计划，公司领导率先垂范，各部门踊跃开展业务素质培训。

（市烟草专卖局（公司））

金　融

综　述

【存　款】　12月末，全市金融机构本外币合计各项存款2 594.61亿元，金融机构人民币各项存款余额为2 544.27亿元，比年初增加357.94亿元，增长16.37%，其中：企业存款余额为1 044.95亿元，比年初增加81.14亿元，增长8.42%。储蓄存款适度增长，12月末，储蓄存款余额为993.81亿元，比年初增加167.42亿元，增长20.26%。全市金融机构外汇各项存款余额为6.24亿美元，比年初减少0.9亿美元，下降12.66%。

【贷　款】　12月末，全市金融机构本外币合计各项贷款余额1 838.94亿元，全市金融机构人民币各项贷款余额1 796.37亿元，比年初增加360.95亿元，增长24.6%。其中：工业短期贷款余额为254.42亿元，比年初增加49.25亿元，增长22.09%；农业贷款余额为51.67亿元，比年初增加13.61亿元，增长34.64%；私营企业及个体贷款余额为8.16亿元，比年初增加2.05亿元，增长33.61%；中长期贷款也保持较高增长，12月末，中长期贷款余额为934.47亿元，比年初增加200.37亿元，增长27.09%；个人消费贷款快速发展，12月末，个人消费贷款余额为217.13亿元，比年初增加30.41亿元，增长16.29%。12月末，全市金融机构外汇各项贷款余额为5.28亿美元，比年初减少0.64亿美元，下降10.83%。

【现　金】　12月末全市金融机构现金收入407.49亿元，现金支出398.48亿元，收支相抵，净回笼货币9.01亿元，1～12月累计回笼153.43亿元，比上年同期多回笼现金11.65亿元。

【落实国家信贷政策】　一年来，各级金融机构认真贯彻落实国家的各项信贷政策，积极调整信贷结构，为地方经济的发展提供有力的支持。认真贯彻落实国家助学贷款新政策，制定了《关于继续做好国家助学贷款老合同发放有关工作》的通知，针对云南实际，对未中标银行履行原合同发放国家助学贷款按照中标银行风险补偿率给予风险补偿，较好地解决了新老政策的衔接问题，促进了国家助学贷款的顺利开展。在全省开展生源地国家助学贷款工作，满足了国家助学贷款新政策顾及不到的困难学生的需要。2005年，云南省国家助学贷款余额2.81亿元，比年初增加9 481万元，增长50.93%。全省38所高校申请人数达30 915人，已审批贷款人数占申请人数的67.73%；申请金额16 191万元，合同金额11 993万元，占申请金额的74.07%，实际发放贷款金额1.21亿元。大力推进下岗失业人员小额担保贷款政策的落实。人民银行积极引导商业银行推广"创业培训＋小额担保贷款"相结合的模式，依托社区信用平台，扩大小额担保贷款覆盖范围，推动下岗失业人员再就业贷款的制度创新。2005年末，全省累计发放下岗失业人员小额担保贷款4 124笔，累计发放金额7 600万元，贷款余额为11 163.91万元，比年初增加2 748万元，增长32.65%。促进房地产信贷的健康发展。2005年末，各项房地产贷款余额489.6亿元，比年初增加62.24亿元，各项房地产不良贷款余额较年初下降7.3亿元，不良贷款率较年初下降1.94个百分点。

【支持农村信用社改革发展】　人民银行严格按照"限额控制、规定用途、设立台账、到期收回、周转使用、灵活调度"的原则用好支农再贷款。到12月末，全省人民银行累计对农村信用社发放支农再贷款18.68亿元，支农再贷款支付农村信用社累计对113万户农户发放春耕、备耕生产贷款，帮助农户增产增收，支农再贷款覆盖面达4.13%。在人民银行支农再贷款的合理引导下，农村信用社信贷支农服务力度继续得到加强。农村信用社改革取得积极成果，管理体制改革基本到位，云南省农村信用社联合社于2005年3月28日顺利挂牌，成为全国第二批21个试点省份中第三家挂牌开业的省级联社。认真做好农村信用社改革试点中央银行专项票据的审核、上报、发行工作，组织农村信用社增资扩股计划的审核审批、增资扩股合规性和资本充足率真实性以及央行专项票据申请的审查上报工作，分三批上报了全省127个县（市）区农村信用社票据发行申请，云南省农村信用社改革试点资金支持方案顺利实施，促进了农村信用社各项信贷、财务指标等状况的明显改善，综合实力得到显著增强。

【维护金融稳定】　成立了云南省金融稳定分析小组，定期分析和判断云南省金融稳定状况；根据金融风险监测的需要，重点加强了对金融业的风险状况、跨业经营风险状况、民间金融活动、高风险金融机构风险状况以及非法金融活动风险等的监测。为支持工商银行适应股份制改革的需要，支持云南省农村信用社的发展，更好地支持地方经济建设，经中国工商银行、云南省政府同意，工商银行云南省分行与云南省农村信用社联社协商，将工商银行云南省分行所属的45个县、区支行的所有业务、资产、负债和人员等全部移交云南省农村信用社联社。经过多方努力，划转工作顺利完成。

【推进诚信建设】　“银行信贷登记咨询系统”数据质量不断提高，“个人信用信息基础数据库”建设稳步推进。在昆明市建立了银行信贷登记咨询系统季度通报制度，完善了查询制度，出台“中国人民银行昆明中心支行银行信贷登记咨询系统关联企业查询子系统使用管理规定”，规范了全省的查询操作行为。截止2005年末，“银行信贷登记咨询系统”收录借款企业户数达70 871户，人民币贷款入库余额为2 996.83亿元，入库余额占金融机构全部人民币贷款余额的85%；全年新发卡达3 918户，年审率为69.42%，与上年同期相比年审率上升19.75个百分点，年审合格率达99.94%。各商业银行月均查询达7 000余次，为商业银行防范信贷风险发挥了重要作用。与此同时，积极推进个人信用信息基础数据库建设，全面开展非银行信息采集工作，有针对性地与地方政府及各相关单位建立了沟通渠道，完成了个人住房公积金缴存相关信息的采集。截止2005末，云南省已开通“个人信用基础数据库”全国联网查询业务的商业银行共有12家1 000多个营业网点，全省商业银行共启用管理员用户266人，普通用户1 142人。

积极推动地方社会信用体系的建设工作。结合实施营造优良的金融生态环境与推动云南省县域经济发展战略，制定了“宣传先行、以点带面”的工作步骤，以个人征信系统的联网运行为契机，在全省7所重点高校举办了“珍爱信用记录，享受幸福人生”为主题的信用宣传活动，积极营造“诚实守信”的良好氛围。在曲靖市麒麟区和昆明市东川区开展了信用社区建设试点。

【支持涉外经济发展】　积极推动涉外经济和跨境投资便利化并取得重要进展，境内涉外机构外汇账户保留现汇收入最高可达100%，极大地方便了企业的资金运用；实行出口退税自动核销，加快了退税速度，实现了当月核销当月退税；简化放宽跨境投资审批手续和权限，授权8个州、市境外投资资金审批权；对缅甸、老挝、越南的边境贸易结算办法逐步完善，支持河口县农业银行率先推出人民币与边贸国货币的现钞兑换业务，促进了边贸人民币结算的广泛使用，人民币区域化、国际化战略迈出新步伐；中泰金融合作取得实质性进展，在全国率先实现了云南边境地区与泰国北部边境地区一般贸易人民币结算，为云南外贸发展找到了新的突破口。

【提高金融服务水平】　金融机构金融服务水平进一步提高，完成了大额支付系统在全省的推广工作，6月27日，云南省各州市的人民银行、商业银行、地方性中小金融机构的1 472个机构成功接入大额支付系统，按时完成大额支付系统的推广工作。同时全省农村信用社联合社及所属101个县级社也于同一日顺利接入支付系统，走上现代化支付清算“高速公路”，中小金融机构通汇难的问题得到极大的缓解。以人民币银行结算账户管理系统为依托，加强云南省银行结算账户管理。完成人民币银行结算账户管理系统的模拟运行，6月30日，账户管理系统顺利上线，截至12月，全省共使核准类账户和报备类账户共233 597户进入账户管理系统，并导入个人银行结算账户39 153 119户，云南省银行结算账户管理得到加强，为建立良好的支付结算秩序奠定了基础。新的金融产品不断推出，为客户提供了从贷款发放、理财服务到个人消费结算等多方面的金融服务，受到广大消费者的欢迎。国库基础核算准确、及时，国库资金防范和事后监督加强。

（郑　滨）

【银行业基本情况】　截至2005年末，昆明地区有银行业持证机构879个（含泰京银行昆明分行、昆明市邮政储蓄机构网点），其中：国有商业银行479个，股份制商业银行118个，昆明市商业银行72个，昆明市农村信用社121个，银行从业人员18 159人。各项存款余额为2 594.61亿元，比上年末增加349.20亿元，增长15.55%，各项贷款余额为1 838.94亿元，比上年末增加354.56亿元，增长23.88%。

【监管工作】　采取有效措施，狠抓不良贷款“双降”。持续监管贷款分类准确度，严格考核不良贷款分类偏离度；动态跟踪各类信贷资产的迁徙变化，加强风险预警；重点监测新增不良贷款和股改行不良贷款，严格监控新发放贷款的质量状况；对不良贷款余额及占比较高或出现反弹的银行业机构进行重点监测。年末，辖内银行业金融机构不良贷款余额和比例实现了“双降”。认真履行职责，加强风险提示。结合现场检查和非现场监管发现的问题进行风险预警。对国有商业银行、城市商业银行、农村信用社、资产管理公司、信托投资公司及邮政储蓄机构进行了现场检查，对存在问题依法进行了处理；密切关注国家宏观调控政策的实施效应，对经济运行中的不稳定因素可能给银行业金融机构带来的风险及时进行提示。深入开展案件专项治理工作，切实防范操作风险。认真落实中国银监会防范操作风险的13条措施，督促各银行业金融机构严格落实案件两级双线问责制；严肃查处了一批案件，并对涉案人员作了相应处理。

【改革发展】　全省第一家农村合作银行——昆明官渡农村合作银行于2005年12月30日正式挂牌成立；2005年，根据昆明市行政区划调整的新情况，及时组建了五华、盘龙两个县级农村信用联社；呈贡、安宁、寻甸3个县区农村信用社先后成功改制为一级法人机构；14个县（市）区农村信用社先后分两批申请获得央行专项票据总额3.0915亿元，其中用于置换不良贷款2.8810亿元，弥补历年挂账亏损0.2105亿元。

积极支持国有商业银行股份制改革，完成工商银行45个县域机构整体划转云南省政府并交由省农村信用联社管理的工作；支持中行、建行做好机构网点和人力资源的战略调整，对其机构扁平化管理存在的问题提出监管建议，促进建立风险控制的长效机制。

【金融创新与服务】　推动小企业贷款制度创新，银行业切实改进对中小企业融资服务。各银行业金融机构认真贯彻《银行开展小企业贷款指导意见》，加快面向小企业的金融产品与服务创新，努力完善小企业贷款组织服务体系，各银行（信用社）相继出台了支持中小企业发展的信贷办法、服务规定，创新小企业贷款机制初见成效。

积极配合省政府开展“百户企业评银行活动”。组织辖内12家银行、100家各类企业积极投身历时9个月的活动中，针对银行内控机制、经营水平、服务质量等15个方面进行了评议。17家银行联合签署了《改善金融服务促进经济发展承诺书》，银行综合建设有效推进，金融服务水平进一步提升。

【文明创建】　云南银监局系统推进反腐倡廉，强化对权力、监管的再监督。加强制度建设；在本系统认真组织了“三项清理”；继续发挥廉政监督员和廉政监督卡的监督作用，共聘请廉政监督员273人，发出廉政监督卡199份，收回179份，反馈情况较好。

积极推进精神文明建设。一年来，围绕监管能力和监管文化建设积极开展创先争优活动，有力推进了文明建设，营造了良好的工作氛围。云南银监局机关被昆明市政府批准为“2004～2006年昆明市文明单位”。精神文明建设与监管工作相互促进、共同提高，取得了丰硕成果。

（云南银监局）

【保险业务持续增长】　2005年昆明市保费收入31.51亿元，同比增长15.4%，保费占全省总保费81.03亿元的39%；保险深度3%，与上年度持平，保险密度620元，比上年提高48元。其中财产险公司保费收入12.78亿元，同比增长23.79%，占全省产险公司总保费的40.88%，同比提高4.12个百分点；平均综合赔付率46.19%，同比下降9.17个百分点；产险保险深度1.2%，密度251.5元。保费收入中，企财险保费1.50亿元，机动车险保费8.70亿元，货运险保费0.66亿元，人身意外伤害险保费1.60亿元。寿险公司保费18.73亿元，同比增长10.4%，占全省寿险市场总保费的37.6%，同比下降1个百分点；占全市保费收入的59%，同比下降6.2个百分点；全年支付赔款（给付）2.82亿元。寿险保险深度1.76%，密度368.6元。保费收入按险种分，寿险保费15.60亿元，意外险保费0.77亿元，健康险保费2.36亿元。

【保险机构稳步增加】　截至2005年底，全市共有保险主体16家，其中，财产险公司（含出口信用保险公司）11家，寿险公司5家；有保险专业中介机构52家，其中代理公司18家，代理公司分支机构22个，经纪公司2家，经纪公司分支机构7个，公估公司4家。

【保险市场特点】　结构调整继续推进。昆明市财产险继续保持快速增长势头，寿险扭转负增长局面。2004年财产险增长率为6%，2005年达到23.7%，迈上发展的快车道。寿险在调整中加快发展，由2004年负增长10.2%，转变为同比增长10.4%的好成绩，增长率高于全省6个百分点；新型产品保费增幅较大。2005年普通寿险保费同比减少3.93亿元，负增长100.4%；分红险保费9.58亿元，增长率为50%；万能寿险保费1.92亿元，增长率为626.8%，创历史最高；航意险维持共保。2005年全国航意险市场有的地区共保体解散，有的暂时维持。昆明市航意险共保体在动荡中坚持共管，全年保费收入1 800万元，同比下降5%；产品销售个人代理占主渠道。2005年昆明市寿险业务57%来自保险营销员，14.6%来自银行、邮政代理，公司直销业务只占到26%。

【保险创新能力增强】　产品、服务和管理迈出新步伐：永安产险推出“云之南”意外险，华安产险推广“禽流感”保险，太保寿险开展“农户小额贷款保险”业务；人保公司开展“车险快捷理赔服务”活动；平安人寿探索健康险医保管理模式，平安产险建立结案回访管理制度；新华人寿开展电话、手机短信销售业务，有5家证券营业部代理保险业务。保险监管出台新举措：整合监管资源，实行专职监管，提高了监管效率和专业化水平。实行投保提示，监管关口前移，积极防范欺诈误导。制定了加快保险专业中介发展的指导意见，健全中介机构股东风险提示制度。诚信建设取得新突破：云南保监局组织开展了全省保险诚信评议，并把昆明作为评议调查地区。通过评议活动，各保险公司对反映出的问题深入分析，积极主动整改，经营管理和服务水平得到明显提高。监管部门摸清了保险行业诚信服务现状和突出问题，了解了公众对保险产品和服务的需求，为监管创新奠定了基础。评议活动有效推动了保险诚信建设，提升了保险持续发展能力，在全国首创了经验，得到保监会、省政府的充分肯定。保险宣传形成新机制：保监局牵头各保险公司，围绕省政府9号文件、公司形象、保险知识、典型人物、产品服务等内容，在《云南日报》和《春城晚报》刊登稿件100多篇，有效地整合宣传资源，起到了树立保险行业形象、普及保险知识、提升公众保险意识的积极作用。发展环境有效改善：取得政府支持。省政府出台了《云南省人民政府关于促进我省保险业加快发展的意见》，首次就保险工作下发专门文件，省委、省政府领导就保险工作作出4次书面批示和多次指示；加强沟通协调。保监局就营销员税收、医责险、健康险、意外险等问题，分别与有关部门积极协调，争取政策，取得一定成效。

【强化监管防范风险】　整顿市场秩序：对中介统一发票、公司内控制度执行力、欺诈误导、数据真实性等问题进行专项检查治理；督促保险行业协会牵头产险公司签订了财产险、车险和车险竞投标3个自律公约；针对美国万通保险亚洲有限公司澳门分公司在昆非法销售保险行为，举行了全国首例涉外行政处罚听证会，依法实施行政处罚，严厉打击“地下保单”。加强风险防范：加强风险预警。对退保率、应收保费率等异动指标提出风险警示和质询，深入分析车贷险、房贷险业务风险状况、特点和成因，关注万能险等新型产品风险；化解经营风险。指导5家在昆寿险公司配合公安机关破获特大雇凶杀人骗赔案，挽回经济损失145万元；提高数据质量。开展保险统计数据专项调查，定期排查各公司数据中存在的问题；抓好信访工作。认真贯彻国务院《信访条例》和保监会《信访工作办法》，强化工作责任，及时调解处理信访案件，维护社会稳定；完善监管制度。制定实施了高管人员任前征询、寿险从业人员流动管理和保险兼业代理机构管理等制度办法。

【进一步发挥保险功能】　发挥经济补偿功能。2005年昆明保险业共提供风险保障15 323.56亿元，支付赔款和给付8.72亿元，同比增长25.79%。如平安寿险对光大旅行社旅游团老挝车祸赔付150万元，太保寿险对四川稻城重大交通事故赔付69.4万元，永安保险对泰资企业光华饲料公司遭受泥石流损失赔付87.8万元；支持对外贸易和投资。2005年出口信用保险云南分公司向出险企业支付赔款3 000余万元，帮助企业调查了近600多个国外客户的资信情况，支持了境外投资、资本性货物出口和国际工程承包，帮助企业融资2亿多人民币；发展“三农”保险。总结完善烤烟保险经营模式，研究探索森林火灾保险和失地农民养老保险，开展农业保险综合试点。研究制定了《加快县域保险发展的指导意见》，推动县域保险市场发展。开展县域保险需求调查，掌握农村居民保险需求情况，为产品、服务创新提供依据；服务和谐社会建设。配合“平安云南”建设，大力发展旅游、社区公众、火灾等责任险，完善了律师执业责任险和医疗责任险。积极支持教育等公益事业的发展，彰显勇担社会责任的行业精神。“十五”期间，太平洋保险集团在云南捐赠625万元，援建22所希望小学。平安人寿在昆明实施“精英励志计划”，为在校大学生发放总额达30万元的奖学金。

（丁江萍）

【“十五”期间云南上市公司基本情况】　截至2005年底，云南上市公司与上年同。“十五”期间云南企业通过上市融资总共募集资金29.238亿元，其中首发募集10.86亿元，配股募集9.13亿元，增发募集5.248亿元，发可转债募集4亿元。截至2005年底，云南22家上市公司总股本57.38亿元，流通股21.71亿元；总市值321.26亿元，流通市值119.24亿元。

【云南上市公司前三季度业绩】　总体来看，云南22家上市公司1～3季度业绩继续保持高速增长。合计主营业务收入较上年同期增长50.47%，净利润同比增幅达36.11%（见下表），其中净利润同比增幅达到50%以上的有7家公司，业绩同比均有不同程度下降的8家公司，亏损7家公司。

项目	主营业务收入（万元）	净利润（万元）
2005年1～9月	2 495 920.30	171 110.17
2004年1～9月	1 658 754.51	125 715.84
较上年同期增长	50.47%	36.11%

影响云南上市公司业绩变化的因素：有色金属价格在高位运行，使云南铜业、驰宏锌锗、锡业股份等企业的业绩继续大幅增长；化工行业近几年景气度不断提高，云维股份、云天化、马龙产业主营产品价格不断上涨、利润大增；国有控股上市公司的行业整合开始产生良好的效果；募集资金项目的完成，为文山电力、云天化取得良好效益产生了较大影响；云南白药、锡业股份等一批上市公司核心竞争力不断提高，新产品附加值得到提升。另一方面，部分上市公司由于受自然灾害、原材料价格上涨、电力供应不足、电价上涨、出口退税政策调整等客观因素的影响，导致业绩与上年同期相比有所下滑；个别公司因持续经营能力弱化导致继续亏损；有的公司因主要控股子公司负责人违规操作导致巨额损失。

【上市公司基本特点】　资源类上市公司达11家，占全省上市公司总数的一半，主要分布在有色金属或非金属矿产品资源、生物医药资源、水电资源、旅游资源和化工资源行业。2004年以来，上述11家公司的主营业务收入、净利润同比实现大幅增长，拉动全省22家上市公司合计主营业务收入、净利润同比增长50%和36%，高于全国平均增长水平；云南上市公司总体运行平稳，没有发生影响全国的恶性事件；云南22家上市公司都是由国有企业改制、重组后上市，受旧体制影响较大，给公司的规范运作和监管工作带来一定难度。

【申请直接融资情况】　截止2005年末，云南省共有3家公司申请再融资，4家拟上市公司申请首发：名流置业申请增发1.2亿A股，云天化提出不超过1亿股增发申请，锡业股份申请发行6.5亿元可转换公司债券；云南地矿资源、云南罗平锌电、昆明世博园、云南绿大地4家公司提出首发申请，7家公司都已进入证监会发行部审核程序。云南盐化申请首发A股股票已通过发审委的核准，正在等待发行上市。4月以来，因股权分置改革，发行审核工作暂停，与全国一样，云南企业没有在资本市场上融资。

【股权分置改革工作进展情况】　困扰资本市场多年的股权分置问题，从4月底的改革试点到全面推开，市场接受了改革的总体思路和基本原则，改革顺利进行。特别是全国股权分置改革工作座谈会后，各省和重点企业改革的进度明显加快。2005年末全国已有403家上市公司进行了股权分置改革，这些公司的总市值已经超过沪深两市总市值的40%。与全国相比，云南省股权分置改革工作进展较缓，截至年末，云南省22家上市公司中，已有1家公司丽江旅游完成股权分置改革。另有云内动力、云维股份、名流置业、锡业股份4家公司进入股改程序。已完成和进入股改程序的5家公司的市值占全省上市公司市值的20.4%。

【证券经营机构基本情况】　截止2005年末，全省共有2家证券公司（红塔证券、太平洋证券），36个证券营业部（两家已停业，拟迁出），24个证券服务部，1家证券投资咨询公司。其中2家证券公司全部位于昆明，还有28个证券营业部（占全省80%）和4个证券服务部位于昆明，全省证券业主要集中于昆明。

全省客户保证金余款15.96亿元，A股、基金托管市值64.37亿元，总成交630.88亿元，A股、基金成交515.96亿元，B股成交2.03亿元，网上交易量198.37亿元，除网上交易量比上年同期增长外，其余指标均比上年同期有所下降，主要是市场行情持续低迷，证券公司风险不断爆发，投资者信心遭到打击，交易量萎缩，同时资产管理和三方监管业务由于出现较大风险被严格限制或禁上所致；截止年末全省累计开户数572 534户。

截至年末营业的34个证券营业部19个盈利，实现税前利润1 566.52万元；15个亏损，累计亏损额3 217.67万元，盈利面56%，主要原因是证券经营机构在盈利模式单一的情况下受全国市场低迷影响，交易量大幅下降，收入相应大幅减少。

【红塔证券】　红塔证券股份有限公司（下称红塔证券）注册资本13.86亿元，属中等规模券商。截至2005年末，公司总资产21.71亿元，净资产14.83亿元，净资本13.10亿元，利润8 046万元。根据上海证券交易所提供的会员信息，红塔证券的利润总额位居第四名，净利润位居第四名、净资产收益率位居第七名、营业利润率位居第一名、净资产位居第十五名、净资本位居第十四名。红塔证券成立3年来，盈利能力和行业排名逐年提高。公司财务状况良好，资产的流动性较强，是国内资产质量较好的证券公司之一。年底已通过保证金独立存管方案评审。

【太平洋证券】　太平洋证券是2005年1月注册成立的综合类证券公司，注册资本6.5亿元。目前，公司有员工293人，70%以上的员工拥有6年以上的证券从业经历。年底，太平洋证券总资产9.36亿元，净资产5.95亿元，净资本2.77亿元，代买卖证券款3.31亿元，由于证券市场的不景气以及公司大规模营业网点的建设工作，累计亏损5 365万元。11月，该公司已通过保证金独立存管方案评审。

【平稳托管三风险营业部】　随着证券公司风险的释放和处置，全国有部分证券公司被托管、清算或关闭，在被处置的证券公司中，有3家公司在昆明的证券营业部被托管，即民安证券昆明安康路营业部、广东证券昆明春城路营业部、西北证券昆明丹霞路营业部。2005

年6月10日、11月4日、12月9日，鉴于民安证券、广东证券、西北证券严重违法违规经营，中国证监会决定委托国信证券、中国证券投资者保护基金公司、南京证券分别从当日收市后起，对民安证券、广东证券、西北证券公司的经纪业务及所属证券营业部、服务部实施托管。受云南省政府的指定，中国证监会云南监管局承担了客户保证金和个人债权甄别小组的组建工作，积极协助甄别小组开展保证金和个人债权的甄别工作，保证投资者的合法权益和营业部风险的平稳处置。云南监管局在省政府的关心支持下，认真贯彻中国证监会相关文件精神，积极协助托管组做好客户资产的清理、电脑数据资料的清理冻结、员工与客户的稳定、协调等工作。顺利完成了对上述3家营业部的托管协调工作。托管期间，3家营业部均无大的波动。

【期货经营机构】　由于滨海期货出现挪用492万元客户保证金违规行为，经证监会同意对其进行了特别处理，并积极与其债权人（昆明市商业银行）协商，努力通过低成本化解风险方式来处置。由昆明市商业银行先垫付492万元用于补足被挪用的保证金缺口，中国证监会同意昆明市商业银行成立一家新的期货公司。为此，云南监管局积极向证监会期货部汇报并经同意后，协调上海等3家期货交易所，对滨海期货采取停止开新仓的限制措施，并进行客户保证金的清退工作。已完成330名客户保证金的清退工作，尚剩余的350名客户大部分为休眠账户，剩余客户保证金31.45万元。2005年6月24日，滨海期货向中国证监会报送了《关于申请解散滨海期货经纪有限公司的请示》及相关材料。中国证监会已批复同意滨海期货解散，滨海期货的风险得以彻底化解。

滨海期货公司解散后，云南省有两家期货经纪公司：云南日盛期货经纪公司和云晨期货经纪公司（全部位于昆明）。截至年末辖区期货经纪公司累计完成代理交易额616亿元，较上年同期下降46%。代理交易量1 229 725手，较上年同期下降42%。客户保证金余额为8 939万元，较上年同期下降47%；手续费净收入为1 179万元，较上年同期下降33.4%。2家期货经纪公司均盈利，总体盈利133万元。

（中国证监会云南监管局）

中国工商银行
云南省分行营业部

【存　款】　本外币各项存款总额468.04亿元，比年初增加27.28亿元；人民币各项存款总额456.80亿元，比年初增加26.08亿元。

【贷　款】　本外币贷款余额290亿元，其中项目贷款余额为74.96亿元，比年初增加18.3亿元。五级分类后三类不良贷款比年初减少21.50亿元，不良贷款占比4.89%，比年初下降6.43个百分点，实现了不良贷款余额和占比双降的目标。

【利　润】　全辖实现经营利润7.98亿元，同比增加8 849万元，收息完成率达90.38%，创造营业部收息完成率历史最高水平。

【首季“开门红”】　牢牢把握发展这一主线，及时把任务指标分解下达到各支行、各处室，与行长、处长签订责任状，提早部署落实全年工作。抓住一季度稳存增贷、清收不良的黄金季节，锁定目标，强化措施，主动出击，加大优质市场营销。部领导挂钩大户营销和清收，深入基层行帮助指导工作；各支行、各处室积极响应，密切配合，缜密组织实施方案，千方百计开展工作，实现了首季“开门红”：人民币各项存贷款、不良贷款压降、中间业务、效益、收息率等主要经营指标完成情况创近6年来同期最高水平，有效资产较上年同期增加54.98亿元，储蓄存款净增11.4亿元，项目贷款增长快，竞争了一批优秀公司客户和优秀项目，有力支撑了全年效益的实现。

【中间业务快速发展】　切实加强组织领导，建立中间业务督导机制和每月例会制度，安排部署中间业务工作，分专业按进度下达中间业务收入计划任务，对中间业务实行双向考核。成立中间业务核心团队，强化责任意识，提高工作效率，推动中间业务发展。发挥上下联动、部门联动的作用，进一步整合资源，加强对集团客户、高端客户的营销，严格按日监测收入进度，分专业落实责任到岗到人，全力挖掘收费渠道，积极推进中间业务核算精细化管理，确保应收尽收。打破常规营销模式，在存量客户定位、产品种类、客户宣传解释上下功夫，大力拓展银行卡、外汇中间业务、电子银行、代理保险、个人理财、投资银行等潜力类业务。全年实现中间业务收入1.47亿元，同比增加4 559万元，增幅44.82%，人均中间业务收入高于全国、全省平均水平。

【个人金融业务】　深化“大个金”发展战略，突出旺季营销，积极参加昆明市第一届理财博览会，大力发展个人结算、个人消费、个人理财等业务，核心竞争力项目维护工作成效显著，理财金账户、新一代个人网上银行等品牌的影

贷款咨询　（工商银行省分行营业部　供稿）

个人客户经理业务技能培训　（工商银行省分行营业部　供稿）

响力扩大，扎实开展“引导分流客户工程”，提升了个人金融结算产品的竞争力。12 月末，累计发展理财金账户 1.48 万户，实现个人结算业务收入 1 432万元，各项代收代付业务手续费收入 792.7 万元。全年有 9 个网点被总行评为优质文明服务示范窗口单位，三八储蓄所、董家湾储蓄所、城市开发支行被总行授予“优质文明服务先进单位”称号，北京路储蓄所入选总行第六届最佳个人理财中心。

【电子银行业务】　确定“电子银行服务示范工程”示范网点，完善电子银行业务考核办法，召开电子银行新闻座谈会，进一步密切与各大媒体的合作关系，树立良好的电子银行品牌形象。发挥全辖整体优势，实行全员营销，以科技服务平台为支撑，举办大型企业电子银行演示会，深入大系统、大客户开展现场演示营销，开展路演活动和金融家大型促销活动，积极向企业高层领导和财务人员推介个人网上银行产品。全年新增企业网上银行1 678户，新增个人网上银行 5.36 万户，累计实现网上银行交易金额3 311.4亿元，实现电话银行交易金额 10.6 亿元。

【银行卡业务】　锁定重点营销目标，制定合理有效的营销方案，开展牡丹卡积分兑奖活动，积极参加昆明银联公司大型促销活动，以公务用卡为突破口，采取灵活多样的产品推介方式，逐户上门营销集团办卡，开展牡丹卡网上购票业务，培养了一大批集团客户购票使用牡丹卡贷记卡结算。进一步完善信用卡营销机制，把营销目标锁定在个人优质客户，完成了中石化、中石油 110 个加油站 POS 机的安装任务，建立牡丹卡市场营销联系人制度，提高牡丹卡服务综合水平，年末累计新发信用卡 1.2 万张，直接消费交易额 7.3 亿元。

【国际业务】　加强信息交流，深入支行落实基础客户，加大重点大户走访力度，认真研究客户授信需求，有针对性地提出服务方案，首开全省工行首笔大额外汇金融衍生产品业务。积极营销欧元贷款，采用货币互存方式，引入外汇同业存款；大力发展贸易融资业务，加大个人外汇理财业务推广力度，全年推出 8 期个人外汇理财业务，外汇理财金额累计达 324 万美元，国际结算量达 7.13 亿美元，结售汇达 1.64 亿美元。

【调整信贷结构】　积极应对国家宏观调控以及总行信贷政策调整给信贷营销工作带来的新要求，提高市场应对力，组建营业部、支行两级核心营销团队，实行牵头营销，联动营销，准确把握营销目标，深度拓展优质信贷市场。抓住云南及昆明地区经济发展机遇，多方捕捉信息，从股东入手，从高级管理层入手，及早介入新客户、新项目，对符合总行信贷投向的优质系统大客户，针对不同行业特点及个性化需求，大力开展项目前期金融服务，对原有优质客户进行深度营销，准确把握信贷政策，切实把好评级、授信和审查审批关，积极推动票据业务创新，做好个人贷款营销工作，稳健发展传统表内外信贷业务。全年累计办理票据贴现 61.25 亿元，累计发放个人贷款 14.18 亿元；新增贷款 92.75%投入 A 级（含）以上和定性评级优质客户，新增贷款收息率达 100%。

【清收处置不良贷款】　树立抢收意识，突出主攻目标，以不良贷款大行和不良贷款大户为工作重点，实行分层次挂钩清收转化处置工作机制，对不良贷款大户逐户明确营业部与支行联动的工作班子，落实清收责任；综合利用现金清收、还款免息、以物抵债、呆账核销等多种手段，对法人客户不良贷款进行梳

保持共产党员先进性教育活动专题报告会　（工商银行省分行营业部　供稿）

理和调查估值，逐户制定切实可行的清收处置预案，明确时间表和进度计划，加大依法诉讼的力度，注重运用法律手段，防范和化解金融风险。全年清收转化处置不良资产14.89亿元。

【平稳移交县域支行】　全面落实省政府、总行、省分行关于机构移交的各项要求，加强组织领导，成立县域支行整体移交工作领导小组和突发事件应急领导组，明确职责分工，制定营业部机构移交工作整体实施方案。部领导带队蹲点驻守移交县支行，现场直接指导移交和测试工作，提前介入稳定工作，确保整个移交工作依法合规、稳步实施、队伍稳定，没有发生劳资纠纷、人员上访等事件，各项业务成功对接，顺利完成了富民、禄劝、嵩明、寻甸4家支行机构移交工作，为全省移交支行探索了经验。

【加强内控外防管理】　深入开展依法合规大检查、操作风险专项检查和“回头查”工作，进一步加强案件查处和防范工作，贯彻落实党风廉政建设责任制，抓好安全保卫工作，切实开展“扫雷工程”活动，加强结算管理，加大会计检查力度，提升系统控制能力，完善和理顺全辖内控组织体系，全辖经营管理水平和案件防范能力得到加强，全年实现安全经营无案件和重大事故。

【安全保卫工作】　实施不间断安全检查，全年安排各种检查10次，组织整改复查2次，历时204天，参加检查71人（次），检查面100%。加大安防教育力度，不断提高全员安防意识，全年成功堵住诈骗案件和针对银行治安案件共8起，涉案金额2 900余万元，协助公安机关抓获犯罪嫌疑人11人。大力加强营业网点安全硬件建设，加装和改造了24家支行的监控设备，为145个网点安装互锁联动门，大大提升了物防、技防的科技水平。加强日常工作精细化管理，注重保卫队伍建设，协调对保安队伍的教育管理。全年召开安全保卫工作会议和“三防一保”分析会议8次，协查案件57件，开展安全教育4次，组织预案演练2次。

（文成举　王　颖）

中国农业银行云南省分行营业部

【存　款】　各项存款增量再创历史新高。截至年末，各项存款达300.3亿元，较年初增加56.7亿元，同比多增8.6亿元，完成分行年度确保计划的149%，力争计划的126%，占全省总增量的32%，存款业务增量占比在全市4大国有银行中排名第一。其中：储蓄存款余额151.7亿元，较年初增加25.5亿元，同比多增8.9亿元，完成分行年度确保计划的150%，力争计划的127%；对公存款余额148.6亿元，较年初增加31.3亿元，同比增量持平，完成省分行年度确保计划的149%，力争计划的125%。

【贷　款】　贷款投放成效显著，结构更趋合理。人民币各项贷款余额267.5亿元，较年初净增56.4亿元，贷款业务增量占比在全市4大国有银行中排名第一。新增贷款主要投向总、分行确定的重点优良客户。

【中间业务】　全年代理保费1.38亿元，实现手续费收入288万元。代理销售基金3 000万元，实现手续费收入46万元。银行卡新增发卡42.5万张，完成计划的345%；卡存款达48亿元，较上年末增加12亿元，完成计划的158%。国际业务结算量达2.33亿美元，同比增加1.28亿美元，完成计划的106%。票据业务实现飞跃，全年票据承兑金额达21.83亿元；票据贴现金额达13亿元，利息收入1 235万元；票据转贴现金额达11万元，利息收入354万元。

【资产质量】　不良资产“双降”、“双控”任务圆满完成。全年共清收“两呆”贷款本息4.4亿元，完成分行年度计划的130%；处置抵债资产1.26亿元，完成分行下达年度计划的114%；盘活不良贷款本息1.78亿元；年末五级不良贷款余额较年初下降5个百分点，不良贷款绝对额与占比均实现“双降”。

【利　润】　经营效益创历史最高水平。全年实现考核利润5.58亿元，同比多增2.75亿元，完成分行下达年度计划的127%。全辖22个支行全面实现盈利。

【市场营销】　营销效率提高，营销活力迸发。营业部在2004年进行市场细分，确定营销重点，初步建立三级联动营销体系，引入模拟利润考核，实行营销奖励的基础上，2005年更加注重营销效率的提高，对目标客户试行项目招标，有效整合了营销资源；继续加大营销奖励力度，激发营销活力；完善存量客户维护细则，提高重点客户的依存度；努力提高运作效率，全年召开贷审会60次，700多人（次），审议通过事项537项，有效地提高了营销效率和竞争力。客户基础不断夯实，各项业务全面提速。锁定高端客户，公司业务再获突破。继续加大对系统性、集团性客户和重点项目的营销力度，将电力、交通、电信、冶金、化工、烟草、高新技术等重点行业中的高端客户锁定为营销目标客户，一大批高端客户纷纷落户农行，同时还储备了一批优质客户群。挖掘合作潜力，机构业务效益彰显。通过不断深入挖掘与重点院校、三甲医院、广电、政府机关、金融同业等重点优良客户的合作潜力，抓住农行中标全省国家助学贷款契机，与全省23所高校签订合作协议，并由资产业务扩展到批量代收学费、校园卡等增值业务，实现了银校合作良性互动；加强与新闻媒体行业合作；开办了实时代收地税税款、代理省级财政系统发工资业务等代理业务；与事业法人类客户合作领域进一步拓宽，综合收益明显提高。

【个人业务】　以“迎新春”活动为起点，扩大储蓄客户资源，储蓄存款净增25.48亿元，完成任务的147%，增量市场占比达27.91%；在全辖正式推出贵宾客户差异化服务，在全辖所有网点设立贵宾窗口，全年共发出VIP贵宾金、银卡800张；个人理财业务进入实施阶段。审慎发展个人贷款业务，加大个人贷款业务管理力度，个人住房贷款成为个人类贷款增长的主要动力。

【农业信贷】　积极履行农贷工作新职能，积极落实总行金融服务“三农”云南行动计划，积极拓展生物制药行业，重点支持省分行授牌的农业产业化龙头企业，加大对县域优良客户优势项目的营销，全年新营销优良客户10户。全年涉农贷款累计发放36.7亿元，累计收回27.4亿元，比年初增加9.22亿元，发放扶贫贴息贷款1.25亿元，发放小额扶贫贷款2 797万元，累计收回2 653万元。

【金融创新】　成功实施“校园一卡通”工程。网上银行、现金管理平台和债市通等新业务的营销推广工作取得成效，网上银行累计交易额达140亿元，并为多家客户开办了现金管理平台业务和债市通业务。积极稳健地开办银行承兑汇票业务，全年票据承兑金额达21.83亿元，票据贴现金额达13亿元。积极开办个人通知存款，存款余额达9 162万元。办理进口押汇、减免保证金开证、提货担保、出口押汇、假远期信用证等业务，使国际结算量和开立进口信用证两项指标双双突破2亿美元大关。加强硬件设施建设，全年增加ATM自动柜员机68台，新布放POS机574台，优化了服务手段，增强了服务能力。

【内部控制】　年初完成事后监督大队与审计中心人员的合并，上收县级支行审计人员，实现了统一管理。认真开展经营成果真实性、抵债资产专项审计、内控评价、自律监管以及行长任期（离任）审计的后续审计，充分运用计算机辅助审计手段，加大非现场审计力度，改变了过去重查轻处的现象，对单位罚款12个（次），金额27 651万元；对个人罚款104人（次），金额23 400元。

严格信用等级评定、授信管理和信贷审查，提高审查效率，重点增强了贷款的合法合规性审查，从源头上防范和控制信贷风险；进一步加强贷款到期收回，促进信贷资金良性运行；加大在线监测力度，全年累计进行实时监测200余次，下发整改通知30多次。

严格实施风险客户退出计划，并充分发挥贷款审查的优势，对确已失去产业优势、无前景、效益差的新增客户不予受理；严格新发放贷款逾期问责追究等制度，促使信贷管理逐步迈上健康有序的轨道。

【网点布局】　继续按照精简高效和集约经营的原则，对现有基层网点当前经营状况及未来发展潜力进行全方位的调查测评，全年重新调整2个网点到交通发达、金融资源丰富的区域。注重提升网点服务功能，实施精品网点建设工程，新增翻牌支行10个，全面提高了网点竞争能力。

【安全保卫】　努力把安全保卫责任制落到实处，真正做到齐抓共管，群防群治。根据实际情况召开城区支行安全保卫会议15次，各支行结合实际进行不同形式安全防范和规章制度教育65次，参加人数近4 000人（次）；各支行组织防暴（消防）预案演练490余次；加强枪支弹药管理，杜绝了涉枪案件及事故的发生；中心库安全完成了对90多个营业网点的库包接送、现金调运任务和28台离行式ATM机的上门收款任务。

（赵海月）

中国建设银行股份有限公司云南省分行昆明地区机构

【存　款】　截止2005年末，建行昆明地区机构本外币全口径存款余额415.44亿元，比年初新增38.96亿元，其中：企业存款234.27亿元，储蓄存款176.99亿元。

【贷　款】　截止2005年末，建行昆明地区机构本外币各项贷款余额295.50亿元，比年初新增50.37亿元，五级分类不良贷款率2.53%。

【利　润】　2005年，建行昆明地区机构实现中间业务收入7 516万元，实现经营利润8.1亿元，同比增加3.9亿元。

【积极支持地方经济建设】　2005年是建设银行实施股份制改造上市关键的一年，10月27日，中国建设银行成功在香港上市，市值名列全球银行前10位，同时荣膺国际知名媒体多项大奖，获得了国内外普遍赞誉。建行昆明地区机构以股改上市为主线，根据“现代新昆明”发展战略，以大力支持地方经济建设为己任，结合昆明市的资源优势和经济特色，对昆明地区电力、交通、能源、市政公用设施建设、基础设施建设、生物资源开发、高新技术产业开发、科教文卫、财政和行政事业单位进行了信贷支持，进一步加大对地方优势产业、个人金融服务等重点行业、客户以及中小企业客户的支持力度，主要业务呈现出良好的发展态势，各项贷款增长额和增长率均创历史最高水平，积极促进了地方经济全面、快速和良性的发展。主要采取了以下措施：加强组织保障。成立由行长任组长、副行长任副组长的“现代新昆明”金融服务工作领导小组，全面加强对昆明地方经济建设支持和服务的组织领导。倾斜信贷资源。针对昆明地区经济进入新一轮快速增长期的形势要求，积极履行与省市政府签订的金融合作协议，建行昆明地区机构加快了信贷投放的进度，加大了信贷投放的力度，各项贷款余额占全省建行贷款余额的53%，新增额占全省建行各项贷款新增的68%。并从信贷投入和资源配置上加大对昆明地区的支持和倾斜力度，近3年来建行昆明地区机构累计为昆明市建设提供贷款支持500亿元以上。

强化服务意识。建行昆明地区机构将昆明市政府及其各类政府性投融资主体列为重点客户，在省分行成立了专门的对口经营部门，由省分行直接经营、直接管理。专门为昆明市各类政府融资主体信贷业务设计了业务操作流程；简化了政府信用贷款审批手续，解决了业务操作瓶颈；延长昆明市政府信用贷款项目的贷款期限；扩大信用贷款的使用和范围，从以往单纯的搭桥贷款扩大到满足其阶段性的融资缺口；提高整体工作效率，满足政府项目对资金需求的时

建行云南省分行举办“乐当家”理财卡首发仪式暨昆明地区个人VIP客户答谢会活动

（王煜城　摄）

效性。

【业务发展】 2005年，建行昆明地区机构充分发挥扁平化管理的整合优势，坚持以发展为主题，强化营销，优化结构，积极巩固和拓展公司、机构业务，大力发展个人银行业务和战略性业务。努力拓展绩优目标客户，壮大优质公司客户群体。实施公司和机构业务整合营销，发挥本外币联动，资产、负债、中间业务联动的优势与作用，加大市场拓展力度，深入开展“双增”、“双百”营销活动，努力实现从单个产品营销向综合服务营销的“四个转变”，大力拓展机构客户、优质中小企业客户，与一批重要客户签订了战略合作协议，逐步实现中小企业客户与大型客户协调发展的目标。

全面推进个人银行业务发展。加大资源投入力度，加快网点改造和分销渠道建设步伐，加强个人客户经理队伍建设，加大整体联动营销力度，适时推出“利得盈”、“个人账户金”等新产品，个人银行业务综合营销能力不断增强，储蓄存款继续保持较快增长，有力支撑了负债业务的稳步发展。

积极推进产品服务创新，促进中间业务、电子银行、信用卡、外汇等业务全面发展。及时出台《中间业务整体推进方案》，把中间业务作为战略性业务来抓，充分利用电子银行业务在产品创新、市场拓展和差别化服务等方面的竞争优势，努力将电子银行业务培育为新兴的价值创造渠道；注重信用卡发卡质量与效益，拓宽贷记卡分销渠道；加强本外币业务整体联动，促进外汇业务持续健康发展。

【资产质量持续向好】 2005年，建行昆明地区机构继续将提高资产质量、控制不良贷款作为工作重点。通过强化考核和分类指导力度，逐步构建起全面、完整、科学、有效的风险管理工作质量考核评价机制，强化激励约束，调动各级机构压缩不良资产的积极性。定期进行风险预警分析和通报，开展专项检查，建立季度风险专题分析会议制度，推行重大风险事项报告制度，建立重点监测项目报告制度，省分行与昆明地区机构签订风险管理目标责任书，按月重点监测资产质量指标计划进度，对5 000万元以上关注贷款和1 000万元以上不良贷款进行季度监测报告，较好地促进了信贷资产质量管控工作。加大对不良资产的盘活处置力度，以抵债资产和非剥离债转股为重点，加快非信贷类不良资产的处置进度；积极组织调研活动，完成了对重点产品和业务，重点地区或项目的专项监测报告，提出有针对性的风险控制措施和建议。强化风险预警分析，从行业、区域、产品、客户等不同维度，对全行信用风险状况及变化趋势进行综合研究分析。进一步完善审批机制，理顺审批工程流程，强化客户信用等级评定和额度授信审批工作，确保了资产质量的稳步提高。

【推进服务文化建设】 2005年，建设银行总行将建立以客户为中心的理念和机制作为股份制改革的一项重要内容，明确提出“牢固树立和认真实践‘以客户为中心’的服务理念，大力推进服务文化建设，努力为客户提供最好的银行服务”的服务文化建设主题。按照总行精神，建行昆明地区机构以着力解决影响和制约服务质量的突出问题为切入点，开设“服务案例和投诉意见信箱”，重新修订“客户投诉管理流程”，充分发挥95533信息收集功能，广泛收集正反面服务案例和来自内外部的客户需求，从各个业务块面和会计核算等方面提出了科学合理提高服务质量和效率的流程改进措施，努力探索建立服务文化建设长效机制的有效模式。查找影响服务质量和服务效率的“瓶颈”问题，组织高级管理人员开展专题研讨，引导员工换位思考，掀起“为客户提供最佳服务”大讨论，明确了推进服务文化建设的目标和措施。认真开展柜面服务大比拼劳动竞赛活动，积极探索构建“前台为客户服务，后台为前台服务，全行为客户服务”的管理体系。同时，建行昆明地区机构加大科技支撑力度，将全国建行数据集中（DCC）工程项目作为科技和业务发展史上的一个最为关键的基础性战略项目来抓，按照组织工作到位，培训工作到位，风险防范工作到位，协调配合到位的要求，通过共同努力，确保了昆明地区各机构DCC工程项目顺利上线。并针对新系统上线运行中存在的问题，优化和完善DCC系统运行管理，确保DCC系统上线后柜面业务的平稳运行和网点的正常营业，新旧业务系统实现了顺利平稳过渡。

【依法合规经营】 2005年，建行昆明地区机构按照“建体系、抓管理、保安全”的工作思路，注重教育引导，精心组织专项治理工作，共抽调257名业务骨干，组成52个检查小组，对所有基层机构进行检查，共检查基层机构288个，并及时督促整改。以专项治理和效能监察为契机，强化问责力度，加强对基层机构负责人及各级管理人员的执行能力、遵章守纪情况的管理监督，充分发挥问责制的震慑作用。全面启动违规行为积分管理办法，加强对员工操作行为的动态管理，从根本上遏制违规行为发生。

加大案件防查力度，强化权力监督制约，努力建立健全惩治和预防腐败体系，大力开展党风党纪宣传教育，进一步规范了领导人员廉洁从业，全行反腐倡廉工作氛围更为健康。

认真履行合规性监督职能，全方位提高安全防护水平，坚持“依法治行”方略，以完善法律风险预警机制，实现法律风险防范前移为工作重心，努力健全全行法律风险管理体系，为全行各项业务健康发展提供了有力的支持和保障。对信访事件及时澄清事实，纠正错误，严明纪律，较好地维护了全行改革、发展和稳定的良好局面。

（聂 绳）

中国银行云南省分行昆明地区机构

【各项业务全面协调持续发展】 2005年，中行昆明地区各机构网点，紧紧围绕中行省分行工作部署，牢固树立和贯彻落实科学发展观，按照资本约束优先、质量控制优先、绩效考核优先和战略重点优先原则，坚持发展是第一要务，正确处理发展与风险、规模与质量的关系，强化资本约束，调整业务、客户和机构布局结构。经过一年的努力，内涵式、集约化经营方式和以质量效益为中心的增长方式初具雏形；经营状况明显改善，盈利能力显著提高；业务和收入结构得以调整，中间业务收入快速增长，负债业务平稳发展；资产质量进一步提高。

【公司治理结构进一步完善】 在坚持民主集中制原则的同时，各级行不断完善公司治理结构，建立健全相关规章制度，特别是在用人、贷款审批、资产处置、大宗物品采购、财务费用开支等经营管理活动重大事项上，在涉及风险控制和业务发展重大事项及专业性较强的事项上，严格按程序通过党委会、资产处置委员会、采购评审委员会等决策性会议和专业委员会会议进行决策，有效杜绝了“一言堂”、“一个人说了算”和违反程序操作情况的发生。

【人力资源管理改革稳步实施】 人力资源管理改革不仅是股份制改革的重要组成部分，更是事关员工切身利益的关键问题。为此，各行在认真总结前两年岗位公开竞聘成功经验的基础上，本着尊重历史、实事求是、平稳过渡的原则，始终坚持公开、公平、公正，加强宣传教育，精心组织，周密安排，积极稳妥地在全辖稳步推进改革。经过一年的努力，"职位能上能下、人员能进能出、收入能高能低"的新型人力资源管理体系和有效的激励约束机制基本建立，经营管理、专业技术、技能操作三支队伍已经成型，顺利实现了新旧职位体系的平稳过渡，切实做到了改革过程中"思想不散，人心不乱，管理不松，工作不断"。

【管理达标工作成效初显】 2005年是中行各机构网点实施新三年发展规划的第一年，也是省分行党委确定的"管理工作达标年"。为此，中行昆明地区各机构深入开展了管理工作达标活动。一方面从决策、管理、操作和执行4个层面入手，以业务流程整合为契机，通过对各岗位职责、业务流程和规章制度的疏理，明确每一个岗位工作职责和权限，同时，严格按照省分行《业务操作风险控制指引》的相关规定开展各项业务，各职能部门以《指引》为标准，拟定相关工作督查重点，规范各项业务操作流程，真正做到流程标准化、操作规范化和管理制度化。另一方面，将管理达标工作作为"从严治行、强化内控"的切入点，坚持"标本兼治、综合治理"原则，结合案件专项治理工作和"查找风险点"等活动，认真查找经营管理、内部控制和风险防范等方面的薄弱环节，完善对重点环节和重点业务的监控标准，严格执行基层网点负责人强制休假和轮岗代职制度，在全辖营造依法经营、合规操作的良好氛围，为建立合规文化奠定了坚实的基础。从实施效果来看，管理达标工作对整体管理水平的提高起到了较大的促进作用，在全国金融系统案件高发的情况下，为各项业务的健康发展提供了有力保障。

【内控机制不断健全】 加强内部控制、防范风险是银行健康发展的基础。中行昆明地区各机构严格遵照省行部署，从整合业务流程入手，在积极推进关口前移和技术创新的同时，运用技术手段提升内部控制水平，有效防范违规违纪案件的发生。认真落实账户异常情况实时监控制度。组织专门人员监控账户资金流动情况，对大额、可疑、频繁交易等账户情况进行识别、监控，及时检查异常情况，提高防范水平；依据事后监督的相关管理制度，统一规范事中、事后监督具体操作流程，保证事后监督的独立性。对已完结的业务操作和经营活动实施独立的全面检查和监管，实施早发现、早预警、早处置；切实推行个人金融业务集中管理模式，推广在线审批系统，实现零售贷款前、中、后台分离，进一步降低开展零售贷款业务的风险；积极转变网点服务模式和业务处理模式。集中化处理操作性业务，将简单业务移到自助设备上，减轻柜台压力。加强复核和后督，前、后台分离，优化人力资源配置，提高销售能力，改善服务质量，加强检查监督。改进授权控制办法，加快影像系统建设，落实授权控制，为集中授权创造条件，解决"一手清"的问题。营业网点的分级授权实行由"双人"、"双机"运行；实施严格的押品管理和信息档案管理，控制授信操作风险。实现全行授信发放审核内容、工作标准和操作流程的规范和统一。加强对押品管理和现场核查的力度。

通过业务流程整合，内控的手段更加完善，内控的内涵更加丰富，全行的内控水平得到了有效提升，防案能力进一步增强。

【网点转型步伐加快】 2005年，中行昆明地区所辖网点对现有的各项活动和业务流程进行梳理、精简、整合和集中，通过实施交叉销售和服务转型方案，建立了有效的、集约化的、标准化的业务运作体系，加强和改善了网点竞争力，提高了网点单产能力和集约化生产水平，使中行网点从操作型网点逐步转型为有效运作的销售型网点，体现现代化银行网点的经营理念，使每一个机构网点成为具备相当竞争力的战斗单位，全行的交叉销售能力和核心竞争力明显提高。

【服务水平大幅提升】 为实现文明优质服务水平同业一流的目标，中行昆明地区各机构网点以开展网点达标为契机，不断提升文明优质服务质量。结合实际制定统一的文明优质服务实施细则，就服务礼仪、业务技能、业务须知、客户满意率、营业环境、服务设施等进行量化，对服务的规范性做出详细的要求和规定；将省分行提出的"客户满意率100%、星级柜员牌使用率100%、客户评价率90%、业务技术能手率90%、星级柜员率90%、一线对二线保障评价优良率90%、硬件设施完好率95%、无过失客户投诉率为零"的8项指标，作为网点文明优质服务的考核标准，全面提高网点达标率和整体服务水平；加强对"星级柜员牌"的使用管理，积极推进"星级柜员"的评定工作，以客户评判促进各基层网点柜员服务技能的提高；加大业务培训力度，通过建立以"全员合规培训为基础、以专业岗位合规为纵深"的培训体系，开展业务练兵活动，有效提高各级机构员工业务素质。

（黄丽莉）

交通银行昆明分行

【存　款】 截止12月31日，交通银行昆明分行人民币各项存款余额达到164.6亿元，较上年末增加13亿元，增长8.6%。全年日均存款较上年增长9.7%。其中，储蓄存款余额57.3亿元，较年初增加5.9亿元，增长10.3%。

【贷　款】 人民币各项贷款余额96.39亿元，较上年末增加13.85亿元，增长16.8%。

【国际业务】 全年累计完成国际结算业务2.53亿美元，同比多完成5 233万美元，增长26%。

【利　润】 全年完成中间业务收入2 608万元，比上年增加272万元，增长11.6%。实现拨备后利润1.45亿元，比上年增加3 225万元，完成总行计划的102.5%。

【授信业务管理】 加强授信指导，促进业务发展。结合交总行相关政策及云南省实际情况，制定《交通银行昆明分行关于2005年授信管理工作的意见》，将10个行业列为年度支持行业，为业务发展指明了方向。

加强风险管理，把风险关口前移。按照世行项目流程要求，加强授信审查工作，对集团客户及关联企业授信、异地授信、授信用途及额度核定等方面进行深入审查；做好信贷结构调整工作，配合营销部门对优势行业的重点客户做好授信评审，严格控制信用放款，确保新增贷款的安全性和综合效益体现；注意防范信用风险，落实尽职责任，加强贷前、贷中、贷后的全过程管理，严格遵循业务规程，提高风险意识，切实提高发展质量。先后制定了《交通银行昆明分行集团客户授信实施细则》、《关于对土地储备贷款和城市基础设施建设贷款的操作指引》等文件，加强对集团客户、土地行业等贷款授信的规范和风险指导。

积极调整结构，开展业务创新。坚持业务发展与风险防范相统一的原则，以风险收益最优化为核心，在国家宏观调控政策和交总行信贷政策的指引下，积极引导营销部门进行信贷结构调整，促进分行各项业务发展。在行业投向上，加大对支持类行业信贷支持力度，从中筛选优质客户，提高总量，扩大合作。在业务品种上积极开拓创新：通过开办“应收账款转让”、“仓单质押”等新业务，大力促进授信业务发展；将贷款、票据、国际结算、抵（质）押财产代理保险等金融产品组合运用，加快中间业务的增长，提高综合效益。

【公司业务】　正确处理加快发展和控制风险的关系，加强结构调整。根据云南省经济发展形势，调整确定一批重点营销行业，经过不懈努力，客户结构得到优化调整，与一批重点客户的合作关系得到进一步巩固和发展。围绕新的绩效考核办法，加大了贷款的投放力度和结构调整力度，确定了重点支持行业和减持行业减退计划，在资产业务增长压力较大的情况下，始终严格授信项目审查，认真按照放款审查流程规范操作，在年初转贴现到期收回4亿多元的情况下，贷款业务仍有较大增长。至年末，对公贷款余额比年初增长11.7亿元；电力、交通、电信等重点支持行业的贷款余额有较大增长；1~5级客户对公贷款余额较年初增长11.8个百分点；8~10级客户对公贷款占比较年初下降0.7个百分点。及时调整激励考核机制，促进业务结构的合理调整。通过制定具有明确激励导向作用的考核办法，初步建立了以经济利润为中心的经营目标考核体系。

从业务经营总体情况看，全行业务从以负债业务为主逐步向资产负债业务并重方向转变，资产业务发展快于负债业务，结构调整步伐有所加快，资产配置向资本消耗较小、效益较高的资产转变，经营效益有所提高；积极争取交总行支持，实现总分联动。加强上下联动，先后争取到国家开发银行云南省分行的担保联合贷款等项目，并与其签订了全面合作协议。

【私人金融业务】　积极开展重点营销和业务竞赛活动。开展“爱行亲身体验”、“代发类、代扣类”等业务的重点营销活动；开展以“创品牌服务，展一流风采”为主题的私金业务“百日优质服务”竞赛活动；评选“优质服务精品网点”、“优质服务明星”；通过规范化标准运作，为私金业务提升服务水平打下了坚实基础。在此基础上，四季度推出私金业务“百日营销”竞赛活动，通过干部员工的共同努力，全年储蓄存款较年初增加5.9亿元。

进一步加大形象和产品宣传的力度。加大在报刊、广播、电视、户外广告等媒体的宣传力度；举办电子产品推介会，设立“速汇金”国际汇款业务旗舰店，成功参加昆明首届理财博览会等活动，努力扩大交行社会形象和业务产品的知名度。

加快网点调整和渠道建设，积极尝试新的服务方式。强化私金业务、中间业务、国际业务的整合，突出私金业务的战略地位，成立分行理财中心，重新组建、调整客户服务中心、个贷中心，进一步整合私金业务产品，推出个性化、差异化的私金服务，寻找扩大业务发展的增长点。至年末，VIP客户比上年末增加33.8%。

进一步加强营销合力，如通过全行动员，成功完成“施罗德基金”销售任务，受到了交总行表扬；通过开展精细营销、重点营销、组合营销及一对一的上门营销宣传，使交行太平洋双币贷记卡发卡工作取得可喜成效。截止12月31日，发卡量完成交总行下达年度计划的489.98%，位于8家同批上线分行中的第一位，计划完成率居全国交行系统第一名。

【内控和风险管理】　全面开展风险点排查工作。成立风险排查与内控检查小组，在全行范围内进行“拉网式”检查，重点排查重点的部位、岗位、业务的风险环节以及内控的执行情况，对发现的问题督促网点及时进行整改，促进各类业务人员依法合规办理业务；明确风险管理责任，增强各部门负责人的风险意识，分行分别与其签订了具有明确责任及义务的《风险管理责任书》；建立内控评审会制度，定期分析研究内控管理相关问题，通过加强沟通协调，督促落实整改，确保全行各项业务安全运行、稳健开展；按照交总行组织架构调整要求，完成预算财务部和会计结算部的组建，初步实现预算财务部对全行业务状况的分析监控和宏观调控职能，以及会计结算的集中管理职能；圆满完成分行本部和3个异地省辖行的数据大集中系统一期工程正式投产运行的上线任务，实现了核心账务系统的成功切换和正常运行，进一步强化了全行业务操作的管理；按照交总行风险管理板块架构整合的要求，重新调整了风险管理组织架构，进一步明确风险监控、贷后检查和资产保全三者之间的工作关系；进一步建立和完善风险管理制度，先后拟定“风险监察名单授信客户管理办法”、“非信贷资产管理暂行办法”等规章制度，为全面推行新的风险管理机制夯实了基础；继续加大分行不良资产存量部分的清收工作。

【人力资源改革】　进一步加大人力资源改革力度，抓住培养、选拔、使用、考核等重要环节，完成干部调配；加大了干部交流轮岗的力度，多名年轻干部被选配调整到支行工作；继续推进公开竞聘工作，对一部分支行副行长以及营销经理等职位进行了公开竞聘。

（古勇坚）

昆明市商业银行

【存　款】　截至年末，全年本外币全口径存款余额196.45亿元，比年初新增39.89亿元，在云南省11家股份制商业银行中，市商行的人民币存款总额排名第一。

【贷　款】　本外币各项贷款余额121.65亿元，比年初新增26.38亿元，在全省11家股份制商业银行中，市商行的人民币贷款总额排名第一。

【利　润】　2005年，实现账面利润1.21亿元，比上年增加0.38亿元，增长46.53%。

【创新产品和特色服务】　在公司业务方面，市商行大力推进的资产转让和回购业务、票据承兑业务、财务顾问和理财业务均取得有效成果，全年实现收入3.32亿元，有力地支持了全行的发展。在国际业务方面，推出了年利率2.85%的2年期美元定期存款业务，使外汇一般性存款较年初增长，达1 030万美元，是省内全年外汇储蓄存款新增最高的商业银行。在金融机构业务方面，通过创新服务，实现债券自营交易量2 255亿元，在全国113家城市商业银行中排名第十二位，比上年提高15位。在票据业务方面，以多项创新继续保持旺盛的服务能力，贴现、转贴现业务的市场占有率由年初的20.46%上升至24.43%，比排名第二位的其他商业银行高出8.63个百分点。在个人金融业务方面，走出了拓展群体性代理业务的经营拓展路子，尤其是在拓展“五保合一”客户群体中获得有效的进展。

2005年市商行还以特色和优势业务为切入口，利用一级法人特有的同业市场交易、债券市场交易和代理等多种渠道，结合票据等优势业务，推进客户理财业务和综合化经营，在促进债券、票据业务大幅增长的同时，也尝试了综合化产品经营的路子，提高金融服务水平并获得了良好的效益。长春支行和华山支行被确定为票据业务特色支行后，为全行进一步发挥票据业务市场优势形成有力支点，使票据业务在“质”和“量”两个方面均有较大提升。

【优化信贷投放】 灵活高效地为地方经济发展提供及时优质的服务，信贷投放量大幅提升。2005年中，全行紧密跟踪市场，为地方经济热点和发展重点提供了及时到位的服务，并充分利用一级法人的优势和信贷资产转让等创新的融资方式，为经济建设筹集资金。累计向市场投放的资金总量达到258亿元，授信12亿元，有力地支持了昆明市土地清理工作，为东南二环路沿线拆迁这一重点市政工程项目贷款6亿元；为列入“倍增计划”的企业授信15亿元，有力地支持了昆明市经济的发展。在服务市场和客户的过程中，市商行积极为客户提供最优化的融资方案，仅为昆洛公路综合管网工程提供的融资组合模型方案，就为客户节约直接融资成本近700多万元，实现了客户和银行的“双赢”。

【加强和改善对中小企业的金融服务】 为全面贯彻落实银监会《银行业开展小企业贷款业务指导意见》，对中小企业客户的服务工作进行了全面摸底，提出了改进中小企业融资的具体措施，并为此出台了《关于加强对中小企业客户营销的实施细则》等内部制度，在加强风险控制的同时，确保了对中小企业融资的支持力度。广场支行多年来积极开展“助业贷款”拓展小企业和小商户，在对云纺商业市场营销中获得了良好的商业机会和经营效益，对优化贷款结构、稳定收入来源起到非常积极的作用。

【加强风险控制】 加强基础管理制度和流程建设，完善风险控制的制度体系，优化业务处理流程。制定《信贷政策指引》、《行长授权管理办法》、《异地贷款管理办法》、《贷后管理办法》、《信贷档案管理办法》等一系列规章制度，建立“授信业务报备制度”、“行长授权报告制度”，加强了规范管理和督办整改，在一定程度上改变了信贷基础管理工作薄弱的状况。

明确风险责任，建立激励约束，控制新增风险。为推进不良资产的存量处置和增量控制，制定《不良资产清收考核办法》，对存量不良贷款的清收实施激励。另外，还通过实施《贷款虚拟拨备考核管理办法》，对近3年中新发放而形成不良的贷款以及违规发放的贷款提取虚拟拨备，明确了新增不良的风险责任，促使支行理性经营并进行价值化发展。

统筹全面考虑，分门别类地建立存量风险的系统处置渠道。按照“立足本行、依托政府、精确分类、逐笔落实、明确奖惩”的思路，组织推进不良贷款的剥离工作。通过上划不良资产集中管理、建立与支行联动的不良资产处理模式，强化了不良资产的整体管理工作。2005年通过信托方式处置不良资产12亿元；通过其他方式清收、处置、化解多类不良资产，回收现金1.7亿元，重组转化2 547万元。通过处置，各支行的经营环境和条件有了极大的改善，信贷资产质量情况已经全面真实地得到反映，截至2005年末，按照贷款质量五级分类原则进行分类，全行不良贷款余额为11.75亿元，不良贷款率为9.66%；2005年度新增信贷风险控制在1个百分点以内。

【强化内部管理】 进一步完善激励约束机制，建立了经营和管理目标责任制，强化了管理者的目标责任。2005年初实行的《经营管理目标责任制考核实施办法》，以签订责任书的形式，明确了各支行及部门负责人的经营管理目标责任。

加强会计建设，改进和完善了业务流程。为提高数据集中化处理的程度，保障数据的真实完整和数据处理的高效，市商行对全行会计数据处理的流程进行了改进，并专门成立运行核算中心，集中负责全行会计数据处理的运行与维护、总行本级业务的集中核算与清算等业务，使会计数据管理的及时性、全面性和有效性得到有效提高。通过会计信息处理流程的改进，市商行清算能力得到进一步提高，交易成功率走在全省银行业的前列。另外，出台《昆明市商业银行会计基础工作等级管理办法》，完善了会计工作考核制度；针对近两年操作风险时有发生的情况，加大会计检查监督的频率，进一步规范了现金、重空、有价凭证等的管理，改进并统一规范了柜面人员和一线会计人员的交接班制度，提高对操作风险的防范能力。

积极推进案件综合治理工作，保卫工作水平和防范风险能力得到提高。按照银监会《关于加大防范操作风险工作力度的通知》，以案件专项治理工作为契机，对全行会计业务、个人汽车消费贷款和住房按揭贷款、非信贷资产、表外业务、票据业务等开展专项检查工作，强化了内部控制的监督检查和纠错机制，加大了对支行负责人离（任）期经济责任的稽核审计，积极建设风险控制长效机制。建立健全了重大事件报告制度和处置突发事件预案，形成了一套自上而下的风险预警、报告和处理机制。同时还进一步加强防范信用风险和市场风险的工作，对原有的信贷审批管理模式和流程实施了一定程序的改造。另外，安全保卫工作得到重视和加强，内部管理和“五防二保”的工作取得实效，对案件的反应能力和跟踪处理能力进一步加强；2005年发生的案件都能够得到迅速处理，并能够将损失控制在最小的程度内。

积极重视人才选拔培养，团队建设得到有效推进。2005年大力加强培训工作，尤其是对员工业务素质和岗位技能的培训，共举办各级、各类培训752期，培训16 121人（次），全行人均培训时间为91.4小时，有效地提高了员工素质和工作效率。2005年下半年举行的干部公开选拔竞聘活动，使一批工作努力、思想上进、理论扎实、思维开拓的员工脱颖而出，走上了领导岗位。

（周　玮）

昆明市农村信用合作社联社

【概　况】 全市农村信用社围绕年初制定的工作思路和工作目标，不断加大改革力度，大胆探索创新，防范化解金融风险，改进金融服务，改革和发展成效显著，各项业务工作取得了“三增加两下降两调整两提高两突破”的成绩，整体综合实力在全省农村信用社高居首位，在全市金融机构排列第四位。

【存　款】　各项存款突破200亿大关。截至2005年末，全辖存款余额为231.76亿元。同比增加60.18亿元，增幅达35.07%，较年初净增60.4亿元，增幅35.24%，存款规模占全省农村信用社的30.4%。

【贷　款】　贷款增长。截至2005年末，全辖贷款余额为143.68亿元，同比增长43.97亿元，增幅达42.67%，较年初净增42.97亿元，增幅42%。

【利　润】　2005年，全市信用社业务总收入突破10亿，实现盈余6 424万元，盈利水平大幅度提高。

【资产质量】　资产质量得到有效改善。截至2005年末，全辖不良贷款余额较年初净降3.04亿元；不良贷款占比较年初下降7.04个百分点。整体抗风险能力提高。截至2005年12月末，资本充足率达8.16%，比年初提高了1.04个百分点。资本充足率的提高和资产质量的逐年好转，使全市农村信用社的整体抗风险能力进一步增强。

【改革试点工作成效明显】　根据国务院、省政府深化农村信用社改革的会议精神和工作部署，昆明市及时成立了以廖晓珊副市长为组长，市级各有关部门为成员的“昆明市深化农村信用社改革试点工作领导小组”，并制定了《昆明市深化农村信用社改革试点方案》。2005年5月18日，市政府专题召开了全市深化农村信用社改革试点工作会议，对农村信用社的改革进行了部署。改革工作进展顺利。增资扩股成效明显，至年末，股本金余额44 441.6万元，较2004年末增加了8 564.2万元；清欠工作取得了一定成效，至年末，全市共清收机关、事业单位和国家公职人员拖欠农村信用社贷款和担保贷款370余户，1 056万元；央行专项票据申请工作取得实效，全市13个联社共获得了30 915万元的专项央行票据，对改善信用社的资产质量起到了积极作用；清产核资工作有序开展。同时，产权制度改革取得突破。组建了全省第一家农村合作银行——昆明官渡农村合作银行，安宁、寻甸、呈贡3个县统一法人社挂牌开业。根据昆明市区划调整，先后组建了盘龙、五华两个区联社，填补了五华、盘龙两区合作金融史上的空白。按照省政府和省联社的总体部署，完成了对工行寻甸、嵩明、禄劝、富民4个县支行整体接收工作。

【服务“三农”】　积极支持农村小城镇建设，为其提供配套项目贷款。全市农村信用社根据各级政府对小城镇建设的规划，围绕征地、住房、供水、供电、县乡公路等基础设施建设积极给予信贷支持，为推动小城镇建设提供了有力的资金保证。2005年，全市信用社向38.9万户农户和农业经济组织发放贷款99.85亿元，农户贷款面为48.71%。截至2005年末，支农贷款余额达43.29亿元，占各项贷款余额的30.12%，较年初增加了10.45亿元，增幅为31.8%，解决了农户生产生活资金需要，为农民增产增收提供了保障，真正体现了为“三农”服务的办社宗旨。

【资金营销】　在保证支农资金需要的前提下，按照分层次占领市场的营销策略，市联社积极指导部分联社有侧重地参与一些高新现代农业、基础设施、生态资源保护、经济开发园区等项目，推出适宜不同层次客户需要的贷款品种，如呈贡县、西山区农村信用社适时推出银政合作、银教合作项目贷款和国家公职人员贷款等，一方面提高了资金的合作效率，拓展了业务空间，另一方面支持当地经济、教育事业发展，取得了双赢的效果。

（杨云祥　李　红　滕庆华）

中国人民财产保险股份有限公司昆明市分公司

【业　绩】　充分发挥经济补偿功能。2005年，人保财险昆明市分公司累计支付赔款总额28 331.8万元，为支持企业生产、安定人民生活、促进昆明市的经济快速发展做出了应有的贡献；超额完成利润目标。2005年，人保财险昆明市分公司实现香港口径利润总额达到省分公司下达计划的136.16%，人均创利17.62万元；全年上缴营业税2 528万元。

【全面启动“金牌服务工程”】　2005年，通过整合全系统服务资源、完善服务体系，人保财险在系统内启动为期3年的“金牌服务工程”，从服务承诺、服务标准入手，向社会推出以理赔服务为重点，效率和规范为主题的各类活动。强化客户服务和品牌宣传。以打造并始终保持业内第一服务品牌为目标，倡导全员、全流程客户服务理念，立足于建立先进的客户服务规范和标准、完善的服务质量监测和考评体系、高效的客户服务机制、具有综合功能的客户服务平台和高素质的客户服务队伍，使公司的客户服务工作走上规范化、专业化轨道，服务能力达到行业领先水平。

【开展“理赔质量年”活动】　针对公司以前存在的理赔制度规范执行不到位、赔案质量不高、处理周期偏长等突出问题，2005年市公司在全系统深入开展以“提高理赔质量、加快理赔速度”为目标的“理赔质量年”活动；严格规范标准。完善理赔管理的各项规章制度和任务流程，实现理赔处理的标准化和规范化，确保理赔工作的严肃性；强化监督制衡。加强理赔各关键环节的管控，提高现场查勘率，建立城市事故车辆拆检点，推进汽车修理厂协作网建设，全面实行医疗审核和医疗跟踪提前介入，开展定损复查，推行赔案结案前和结案后审查制度。推广运行赔案流转管理系统，实施理赔流程的闭环式管理，实时了解和跟踪赔案处理状态；对外承诺服务。推出车险“理赔无忧”服务承诺。对于出险原因清楚、责任明确、不涉及第三方保险赔偿、定损金额在5 000元以下的车辆，承诺为被保险人安排从索赔到汽车修理的全程服务，并且被保险人可在定损后7日内到指定地点提车。凡被保险人自行修车的，承诺在提供索赔单证后3日内领到赔款。

“理赔质量年”活动的推出，受到了广大客户的广泛好评和赞誉，服务形象明显改善。2005年，人保财险昆明市分公司车险当年报案并在当年结案的案件，从报案到结案的平均时间约为51.6天，而上年报案并在上年结案的案件从报案到结案的平均时间约为159.9天，理赔周期缩短32.29%，提速108.3天。理赔提速明显。此外，分公司还不断延伸服务范围，推出“规范服务达标”、“应急救缓百日服务”活动，加大客户回访力度，开展客户满意度调查。

【非车险业务发展迅猛】　2005年，人保财险昆明市分公司非车险业务（含“两险”）实现保费收入20 329.9万元，净增保费5 271.2万元，增长35%，险种占比42.1%，比上年同期上升12.1个百分点。其中“两险”实现保费收入4 432.7万元，完成年计划任务的104%，同比增长10.35%，险种占比9.2%。非车险业务的快速发展成为支撑全年业务发展的强大动力。业务结构调整步伐加快，成效明显，实现协调有效发展。

【成为北京2008年奥运会惟一保险合作伙伴】　9月15日，北京奥组委与人保财险总公司在北京万春园签署《北京2008保险合作伙伴赞助协议》，人保财险正式成为北京2008年奥运会唯一保险合作伙伴。

人保财险将充分发挥品牌、市场、人才、产品、技术、网络、客户、服务等优势，协助北京奥组委把北京2008年奥运会办成一届“有特色、高水平”的奥运会，并以此为契机，促进中国人保财险品牌与奥运品牌的成功对接，促进公司文化与奥运文化的紧密融合，促进企业目标与社会价值的同步实现。

【创新车贷险清收手段】　针对市分公司车贷险逾期金额和逾期率居高不下的突出问题，2005年，人保财险昆明市分公司及时调整车贷险清收策略，实行“集中人员、集中清收、明确责任、加强考核、强化管控”的工作流程。打造专业化清收队伍；健全完善管理制度；建立清收责任机制，加大量化考核力度；加强与执法部门沟通，争取外力支持；积极开展清收突出，拔“钉子户”和“清户”等专项活动，确保车贷险风险控制体系有效运转。

截止12月末，市分公司车贷险未了责任1.57亿元，同比下降69.78%；逾期金额1 984万元，同比下降60.06%，有效化解了公司潜在经营风险。

【数据质量明显提高】　强化数据录入源头的质量管理，保证录入操作的规范性、及时性、准确性、完整性，提高数据的可靠性；制定数据质量考核奖惩措施和数据定期核对清理制度，并按规定对理赔数据定期进行核对与清理；完善和发挥综合数据信息系统功能，提高数据资源使用效果。以提高数据的质量水平和使用效果为保证，充分发挥信息技术在风险管理和内控方面的作用。

（杨子荣）

中国人寿保险股份有限公司昆明市分公司

【业　绩】　2005年，中国人寿昆明分公司实现总保费收入59 564万元，同比增长8.81%，股份公司保费收入48 097万元，同比增长13.75%。总保费增长率在全国80个大中城市中排名第十八位，新单保费增长率4.23%，在全国80个大中城市中排名第二十位，长险首年保费增长率10.15%，在全国80个大中城市中排名第十二位，意外险保费增长率6.27%，在全国80个大中城市中排名第二十九位。全市设有县级业务发展机构20个，乡镇营销服务部32个，机构网点遍布城乡。

【赔款支出及利润】　共为250余万人（次）提供了保险保障服务，保险金额高达7 726亿余元，共支付各种保险赔款（给付）金额达1亿元，为安定人民生活，维护全市经济环境的稳定发展作出了积极的贡献。全年共上缴税金442万元，股份公司完成净利润1 037万元。

【中介业务】　拓展代理渠道，培养新生优势。在原有合作关系的基础上，建立了遍及城乡的兼业代理网络，网均产能达98.4万元。2005年，中介业务保费收入1.5亿元，市场占有率达46%，比2004年的8.35%提高了37.65个百分点，中国人寿已成为昆明中介市场的主导者和领跑者，逐步承担起上规模的责任；夯实队伍基础，打造精英团队。各支公司高度重视中介业务的发展，都指定一名副经理分管中介工作，初步建立了一支110余人，综合素质相对较高、爱岗敬业的客户经理和渠道经理的专职员工队伍，为打开中国人寿在昆明中介市场的局面，拓展中介业务奠定了良好的基础。中介队伍人员士气高涨，信心倍增，专业水平不断提高，工作业绩节节攀升，涌现出了一批优秀的管理干部、优秀客户经理和渠道经理；加强业务培训，提高队伍素质。针对中介业务经营的专业要求，在分析研究的基础上分层次开展了培训工作。通过培训，加深了相互了解，达到了认同合作、认同公司、认同产品的目的，沟通了双方的联系，为长远的合作奠定了良好的基础；业务重推动，企划夺先声。因时制宜、因行制宜，先后与各代理部门联合制定了企划案，明确计划目标、奖励措施和考核办法，加快业务的发展。

【个险业务】　科学计划，做好推动。开展“开门红”、“飞龙行动”、“急速挑战，争领先锋”企划方案，第三阶段业务推动方案、大决战方案，策划了辉煌十周年庆活动，以新单业务和期交业务为重点，进行了一系列的培训、启动。各支公司认真贯彻落实企划方案的各项部署，充分调动全体员工的展业积极性，通过竞赛把全体员工的注意力、积极性吸引到业务发展上来；上下互应，整体联动，充分发挥客户恳谈会的功效。公司上下根据业务情况适时组织VIP客户恳谈会，强化会前邀约、会中宣导和会后追踪，并不断改进说明会的内容和形式，收到了较好的效果；组建分公司收展队，提升续收率。为了做好客户的服务工作和续期保费的收取工作，防范代理人挪用、贪污保费行为，分公司通过成立收展队，至年底，全市续收率达到93.74%。同时，为了进一步做好收展工作，公司又派出人员出外学习，打造个险销售的精英团队；围绕县域业务建设网点，打牢县域公司业务发展根基，召开昆明分公司营销网点建设工作会，分析了县域保险业务发展的现状，明确了县域保险业务发展的指导思想、战略目标和发展策略，做到了政策到位，保障到位，此外，整合销售网点资源，按照“效益最大化”的原则，对现有网点存在的问题进行了认真梳理和排查。

【团险业务】　精心组织，加大团体寿险拓展力度。随着竞争的加剧，各公司对大企业、大行业、大业务的争夺也日益激烈，销售竞争逐渐演变为综合实力的较量。为了更好地适应市场竞争，分公司成立了“大客户服务领导小组”和“大单业务领导小组”，从组织上和制度上保证大单业务的竞争需求，保证对大客户的服务品质。全辖各支公司也成立了相应的大单业务拓展小组，加强对大企业、大行业的公关宣传。在销售方式上积极引进团险现场销售模式，为今后团险销售个性化、专业化探索了一个新的方法。在农村市场上积极探索失地农民养老保障问题，为失地农民养老保障打下基础。

加大意外险发展力度，努力实现利润最大化。公司一直把意外险的发展放在工作的主要位置，各季度业务企划案也重点突出意外险的发展力度和奖励力度，每个季度企划都结合季度形势提出发展目标，引导全辖各单位根据公司的经营指导思想有计划有步骤地进行发展。此外，广泛建立意外险兼业代理渠道，全方位发展意外险，不断加深和原有代理机构的合作。通过公司上下的共同努力，实现了业务和利润的同步增长。

加强学平险业务的指导和协调工作。为了保证学平险业务稳健持续的经营，分公司在反复调研的基础上进行了认真的市场分析，制定了学生康健保险推广方案，并与市教育局、市“教育基金会”联合召开“学生安全保险工作会”，会议明确了新时期学生安全保险工作的重点，安排部署了全市学生保险工作，对学生康健保险进行广泛宣传。及时下发《2005年学生安全保险工作指导意见》，明确了销售策略和实务处理办法，在市场主体增加和条款变化的情况下，保证了业务的平稳发展。

【改革取得新突破】 整合机构资源、理顺组织架构，搭建发展平台，将新迎与官渡、海口与西山、安宁与昆钢公司进行合并，降低经营成本，提升公司经营运作效率；推进人力资源制度改革，清除负面因素，对机关各部门和基层公司的中层干部，根据能力和政绩考核，进行新的聘任。出台《关于机关职工交流到基层公司锻炼的规定》，大大激发了员工的工作积极性和责任感、危机感；完善绩效考核管理办法，下发《关于2005年二季度对基层公司班子成员进行绩效考核的通知》，充分调动基层公司班子成员的工作积极性，加强责任意识和忧患意识，真正体现多劳多得的按劳取酬原则。

【严格规范管理】 严把核算关，坚持"一支笔"当家理财制度，狠抓开源节流，增收节支，严格控制费用支出，减少了不必要的开支，使管理更具科学性、稳定性；进一步加强业务中心、财务中心、客户服务中心的建设，切实规范管理流程和实务操作，狠抓核保核赔质量管理，切实把好业务进口、出口关，加强业务、财务单证和档案管理；完善内外服务，优化品牌形象。认真组织开展客户回访工作，及时妥善解决各类客户投诉和纠纷，搞好诚信评议活动，为客户提供优质、高效的服务。借助公司寿险营销发展十周年之机，在电视台、广播电台、报纸等媒体组织了一些富有成效的品牌策划和公关宣传，为业务发展创造了良好的外部环境；开展遵纪守法教育，正本清源，加大了案件的查处力度。

【队伍建设】 借智引智，借力发展，采取"走出去，请进来"的方式，举办了两期高管人员培训班，学习先进公司的经验，管理人员队伍素质有所提高，为2006年的发展打好基础；重视培训，提高专业化销售技能。开展有针对性的各类培训班23期，参训人数共计8 860人（次），并邀请广州、深圳、台湾、浙江等地的优秀讲师，对业务员进行培训，提高业务员的展业能力，促进业绩提升。同时推广总公司的招募甄选计划，加强持证上岗考试，至年底，持证率达到64.74%；组建近50人的兼职讲师团，讲师队伍建设迈上了一个新台阶；抓好党风廉政建设工作和效能监察工作的落实，进一步强化公司管理人员的责任意识，完善公司制度，堵塞管理工作中的漏洞，增强了领导干部的勤政廉洁意识。

（冯雁云）

中国太平洋财产保险股份有限公司云南分公司

【业　绩】 2005年太保产险云南分公司保费收入30 394.70万元，同比增长6.71%，完成年度预算目标的104.81%。其中车险收入18 783.61万元，同比增加430.80万元，增长2.3%。企财险收入6 630.95万元，同比减少179.99万元，减少2.64%。水险收入1 162.86万元，同比增加23.13万元，增长2.02%。人意险收入1 725.53万元，同比增加551.73万元，增长47%。其他非车险收入2 091.75万元，同比增长108.05%；财务已决赔付率38.59%，同比上升2.47%。其中车险财务已决赔付51.19%；综合结案率89.55%，同比上升0.28%。其中车险结案率89.77%，同比上升1.13%；应收保费率6.61%，同比上升2.4%，控制在总公司下达预算目标内；利润完成2 500万元，为预算目标的100%。

【科学调整业务结构】 2005年上半年，公司全辖业务发展一直处于高速的发展态势，业务最迅猛时同比增长80%。这样的发展速度，一方面给分公司全辖的管理、售后服务等工作带来了较大的压力，另一方面，根据精算数据显示，私家车、营运车简单赔付率和满期赔付率已呈逐月上升的趋势，如不及时加以调整，将会给下半年乃至以后的经营管理形成潜在的风险。对此，分公司党委、总经理室班子经过多次调研，反复研究，于5月份作出了调整车险费率、控制私家车和营运车发展速度的决策。至9月末，根据车险发展态势和精算数据，又再次对车险费率进行了调整。实践证明，年度中两次调整车险费率的决策，避免了车险经营潜在风险的发生，是符合云南分公司走稳健经营和有效益的发展之路的重要举措。与此同时，大力拓展非车险业务，尤其是人意险业务，经过努力，人意险业务净增551万元，比上年同期增长47%。总体仍保持了较好的业务结构。

【重大项目有新突破】 重大项目业务稳中有增。年初，分公司总经理室针对云南保险市场主体增加，重大项目业务招标过程中出现的一些新情况、新问题，及时研究成立了3个由领导班子成员挂帅的大项目招标业务工作联系协调领导小组，11月又成立了分公司招标项目办公室。由于全辖组织工作到位，并十分注重平时关系的协调，关键时期公关协调各环节的工作措施得当，一些业务上下联动，从而确保了公司在烟草、电力、民航、铁路、公路、通讯、冶金、部分省地市县级政府采购招标项目业务的总体稳定，没有出现"闪失"，大项目业务收入仍处于稳中有升的态势。

【防范经营风险】 健全和完善各项管理规章制度，切实防范经营管理风险，真正做到稳健经营。高度重视应收保费管理，继续加强对应收保费的清收管理工作，建立完善了应收保费责任到人、定期清理清收的管理制度，稽核部定期或不定期的进行督促检查，通过年内组织的几次大清理，对应收保费情况基本做到了心中有数，并掌握在可控制范围；加强了单证管理，进一步提高单证使用的核销工作，缩短核销周期。对个别机构、部门在单证管理上出现的问题，及时在全辖通报和处罚；加强对银行账户、保费、手续费等的管理力度，分公司上下严格执行收支两条线管理，计财部、稽核部实施动态监控；在各种会议上始终强调杜绝小金库、账外账、假赔案、坐支保费等情况发生，一经发现将给予严肃处理；对全辖小额固定资产实行集中采购，或报批后采购，杜绝未经批准擅自购置资产等现象的发生；抓紧风险资产清收工作，并取得实质性成效，收回风险资产100余万元；完成了定期对分支机构的常规稽核、专项稽核，并配合集团大区办、总公司、保监局完成了相关检查和稽核，督促做好各项整改工作，在有的方面还得到了上级公司和保监局的肯定和好评。

（冷少萍）

中国太平洋人寿保险股份有限公司云南分公司

【业　绩】 2005年是太保寿险吸引外资参股合资成功，加大业务结构调整步伐，强化专业化管理非常重要的一年。太保寿险云南分公司始终坚持“稳健经营，以效益为中心”的经营指导思想，实现了个险期缴业务与意外险业务的较快发展，业务结构调整成效显见，促进了公司稳步健康发展，为下一步公司的改革发展打下了良好的基础。截止2005年12月31日，分公司累计完成总保费60 240.9万元，同比增长23.58%，给付及赔款支出5 047万元。

【业务稳步发展】　2005年寿险外部市场复杂多变、竞争激烈，在集团公司、总公司的指导下，在云南保监局的正确监管指导下，太平洋寿险云南分公司通过整合各类资源，强化内部风险管控，从个险、团险、银行保险方面夯实基础、壮大团队、发展渠道、稳步发展，业绩稳步增长，效益明显增加。

全年，分公司以个人传统期缴和个人分红期缴业务为重点，加强政策引导和组织推动力度，通过中心城市发展战略、绩优机构拉升战略、落后机构改造战略三大战略以及加大培训力度、促进有效人力增长、加大对中心支公司个险发展的支援、服务和指导力度等举措的实施，努力促进个险业务走内涵式发展的道路；分公司进一步加大意外险业务的拓展力度，大力发展有效益的年金险业务，意外险业务增幅明显，团体险大项目攻关水平和专业化展业技能进一步提高；2005年是银行保险探索和实现业务转型力度最大的一年。针对市场状况和存在的困难，分公司银邮渠道采取了积极的应对措施，在进一步修订完善《基本法》的基础上，积极推动银行保险业务结构多元化，银邮渠道经营理念进一步转变，单一销售某一险种的局面得到改善，银行保险业务出现恢复性增长。

【提升服务品质】　2005年7月1日到9月30日，太平洋寿险推出“关爱服务在太保”的主题活动，在全省范围组织了重点对所有VIP客户、保单失效客户、业务员离职后的“孤儿单”客户等开展的关爱回访，力争做到“倾情大回访、服务无盲区”，让客户真正感受公司的真诚关爱。2005年度，太平洋保险被全国30多个省、市、自治区消费者推选为“中国保险服务市场消费者最满意品牌”。

分公司坚持始终将95500客服热线作为一个服务窗口，以优质服务创品牌的理念，不断提升电话服务质量，从而在社会上赢得良好的声誉。在“3.15”消费者权益保障日到来前夕，《中国保险报》对全国几家知名保险公司的电话服务热线进行了抽查，太平洋保险95500客户服务电话被评为“中国呼叫中心十大满意品牌”。

推广“一站式”服务是太平洋寿险努力为客户提供便捷服务的又一项举措，分公司营业大厅通过实施“综合柜员制”管理，全年营业，节假日无休的作息时间，为客户带来更多方便的服务。太平洋寿险还在全公司开展柜面大厅形象评比活动，统一对各机构营业大厅布局、指引标识、环境整洁、物品摆放、相关服务告知、宣传材料、服务人员着装、服务用语、工作态度等进行评比，使各营业机构柜面大厅环境与人员精神面貌更加规范。

急难救助服务作为太平洋寿险的一项特色服务，太平洋寿险在全国数十座大中城市设立了相应的服务网络，利用遍布全国的网络，为持有公司金卡、银卡的客户提供了一系列紧急援助服务。4月，太平洋寿险与国际SOS救援中心签订合约，自此，太平洋寿险借助SOS遍布全球的网络，更将急难救助服务从国内延伸至海外。

【诚信建设工作】　2005年，云南保监局全面部署开展全省保险诚信评议活动，太平洋寿险云南分公司将诚信评议与其自身开展的诚信建设紧密联系，将其视为贯彻太保总公司科学发展观，实践“诚信天下、稳健一生”企业核心价值观的重要举措来抓。8月17日，太平洋寿险云南分公司在《春城晚报》慎重公布服务承诺，同时在全省各营业大厅、办公职场张贴告知；期间，公司正式聘请了来自太保客户、新闻媒体、消费者协会、医疗单位、法律部门、企业等27位各方人士作为公司的“诚信、服务质量社会监督员”。依照全省诚信评议活动并结合公司的各项要求，客户服务工作在强势启动达标考核及自查自纠、限期整改等有力措施的促动下有了更好的推进。分公司在评议活动中得到来自保险监管机关的通报表彰及社会公众的充分肯定。在太保总公司“柜面服务形象评比活动”中，云南分公司荣获了“2005年太平洋寿险全系统柜面评比员工精神面貌奖第二名”。

【充分发挥保险的社会作用】　一直以来，太平洋寿险以快速、优质的理赔服务为客户送出及时、周到的关爱。2005年10月6日，一辆载有15名昆明游客的车辆在稻城县至乡城县途中发生车祸，造成7人死亡、2人失踪、1人重伤、5人轻伤的重大交通事故。太平洋寿险云南分公司总值班领导接到电话报案后，立即通知领导班子取消休假，启动重大事故紧急预案，迅速组成现场调查小组，乘飞机赶往事发地，在伤者返昆治疗后，公司理赔人员再次到医院进行了探视，并为此次理赔服务特别开辟了重大理赔事件绿色通道。10月18日，太平洋寿险云南分公司举行首次赔付会，向罹难者家属及重伤者家属进行首次赔付，共计49.2万元。罹难者家属为太平洋寿险云南分公司能够在这样短的时间内把赔款送到感到欣慰。灾害无情人有情，突发的事件常常让人猝不及防，保险的意外与功用就在于此，在风险发生以后，能够对随后的救治提供经济补偿。同时，针对社会上存在“理赔难”看法，郑重作了理赔时效的承诺，95500客户服务电话全天24小时接受客户的咨询、监督与投诉。

太平洋寿险云南分公司在自身发展壮大的同时不忘回馈社会，多次出资为云南省、昆明市、红河州两会参会代表在会议期间提供人身意外伤害保险；组织员工向东南亚等遭受地震海啸的灾区捐款23 061.6元，并通过云南红十字会机构把捐款汇往海啸灾区；2月25日，分公司向云南省科协六届三次全委会的全体参会委员赠送一年期总保额1亿元的人身意外伤害保险；4月、12月，曲靖马龙县旧县镇龙海太保希望小学、保山腾冲县滇滩镇太保希望小学分别正式挂牌，至此，太保集团在“十五”期间向云南省捐资625万元援建的22所希望小学全部建设完成。

【强化风险管控】　为强化风险管控，分公司将风险防范纳入干部员工培训体系，多次召开全辖风险防范专题会议，对单证管理、印章管理、资金管理等提出了严格的风险防范要求。针对营销服务部管理基础薄弱问题，分公司加强了对营销服务部的检查和指导。分公司班子成员在全年多次带队分赴辖内各中心支公司和各营销服务部指导检查工作，在推动业务发展的同时及时查找和发现问题，有效杜绝了风险事件的发生。从集团公司、总公司对分公司稽核结果来看，分公司的财务管理、业务管理及行政管理方面的水平正在逐步提升，各项数据的真实性得到体现，基础管理工作得到加强。年内，分公司党委、总经理室多次率队对各个机构进行巡回检查，及时发现和解决各级机构存在的问题，使风险防范于未然。

（彭　怡）

对外贸易

【概　况】　据昆明海关统计，2005 年 1～12 月昆明地区实现进出口总额 34.45 亿美元，同比增长 31.9%，其中出口 17.36 亿美元，同比增长 25.43%，进口 17.08 亿美元，同比增长 39.4%。进出口贸易基本持平。市属外贸进出口总额82 088万美元，同比增长 31.82%，其中出口 55 640 万美元，同比增长 15.9%；进口26 448万美元，同比增长 85.36%。进出口总额完成省下达全年目标的 121%，其中出口完成 107%。全年昆明市外贸实现进口、出口双增长，进出口总额突破 8 亿美元的可喜成绩。2005 年昆明市对外贸易有以下特点：

【昆明外贸与地区经济相互促进，协调发展】　全市 2005 年外贸在贸易总量、市场广度和产业深度等方面全面提高。“十五”期间，昆明地区 GDP 由 673.1 亿元上升到1 062.3亿元，同期外贸进出口额由 13.41 亿美元发展到 34.45 亿美元，外贸依存度也由 16.32% 提高到 26.59%。详情见下表。

“十五”期间昆明外贸发展对地区 GDP 拉动情况一览表

年份	GDP 总值（亿元）	外贸进出口（亿美元）	外贸依存度（%）	出口增长对 GDP 贡献率（%）	出口增长对 GDP 增长拉动率（%）
2001	673.1	13.41	16.32	23.23	1.97
2002	730.1	14.81	16.63	16.75	1.54
2003	814.0	17.79	17.92	10.98	1.13
2004	942.1	26.14	22.75	24.49	2.93
2005	1 062.3	34.45	26.59	24.00	2.64

一方面昆明地区经济的提速增长，为昆明市外贸搭建了发展的平台。另一方面，外贸特别是出口作为拉动经济增长的三驾马车之一，对地区经济发展起到了积极的促进作用，2005 年出口增长对 GDP 增长的贡献率为 24%，按出口分析法计算，出口对 GDP 的拉动率为 2.64 个百分点。与其他地州相比，全市外贸涉及行业面较广，进出口商品组成相对丰富，对拉动地方经济发展的作用最明显。

【发挥商务部门综合协调及服务职能】　2005 年，市商务局通过加强调研，落实重点企业联系制，推行外贸联席会议机制以及强化业务跟踪、指导与服务等多种方式，促进关贸、检贸、税贸、银贸、运贸间的沟通与协作，切实为企业解决生产经营中的困难。通过举行贸易情况通报会、组织企业与国外商界对口交流座谈、参加国内外各类经贸交流活动等方式，为企业寻找国际市场商机创造条件。2005 年，市商务局先后组织企业参加了昆交会、首届昆明农业博览会、南宁东盟博览会、越南国际贸易博览会、沙迦中国商品交易会、法国第戎国际博览会、中泰果蔬贸易研讨会、与马来西亚商界对口座谈等活动，均取得了较好的效果。同时合理利用国家、省、市各类优惠政策和资金，广泛支持全市有实力的企业拓展国际市场。2005 年共向省里申请中小企业国际市场开拓资金项目近 60 个，争取到资金扶持 321 万元。此外，结合昆明市实际，市商务局继续扶持和培育出口商品基地。全年分别对三个高附加值农产品、花卉产品基地建设项目共给予了 80 万元的资金支持。

【重点外贸企业进出口增幅明显】　随着国家进出口经营资格的完全放开，外资企业进出口平稳增长。通过加大宣传，使得登记进出口经营资格的企业数量不断增加，至2005年末，市属具有外贸经营资格的企业已累计达到1 076户，其中2005年新增276户。积极组织和动员新获权企业参加各类外贸业务培训，搭建与国外交往的平台，支持和指导广大企业特别是新办外贸经营权登记的企业开展国际贸易业务，从企业数量上为完成目标任务提供了保障。全年有出口实绩的企业达305户，比上年增加145户，有进口实绩的企业161户，比上年增加37户。登记出口经营资格的企业数量不断增加，特别是有进出口实绩企业数目的不断扩大，客观上使昆明市外贸保持高速增长成为可能。

2005年昆明市出口前10位的企业，其出口占到出口总额的46%。重点外贸企业出口大幅增长，直接拉动了全市出口的增长。在磷化工、综合贸易、机电、农产品、纺织等行业的出口骨干企业：南磷集团、乾润设备、祥丰化肥、云机集团、晨农绿色产品、云南纺织集团等，全年出口均有大幅增长。进口方面，云南明晨进出口公司、云南佳迅实业有限公司、昆明超泰经贸有限公司、昆明汉林经贸有限公司等企业进口额的快速增长，有力拉动了全市进口的增长。

2005年昆明市重点市属外贸企业进出口增长情况表

序号	企业名称	本年完成额（万美元）	上年同期（万美元）	增长幅度（%）
出　口				
1	云南南磷集团进出口有限公司	8 901	5 478	62.5
2	昆明乾润设备进出口有限公司	1 948	1 213	60.6
3	云南明晨进出口有限公司	1 618	1 084	49.3
4	云南祥丰化肥股份有限公司	843	414	103.6
5	云南纺织（集团）股份有限公司	795	549	44.8
6	云南云机集团进出口有限公司	788	210	275.2
7	云南滇源经贸有限责任公司	526	327	60.9
8	昆明晨农绿色产品有限公司	512	290	76.6
进　口				
1	云南明晨进出口有限公司	7 703	868	787.4
2	云南佳迅实业有限公司	1 011	447	126.2
3	昆明超泰经贸有限公司	570	201	183.6
4	云南物产进出口股份有限公司	271	70	287.1
5	昆明汉林经贸有限责任公司	167	48	247.9

昆明地区外贸企业保持平稳增长态势。外资企业完成进出口总额30 649万美元，增长29.3%，其中出口17 642万美元，增长17%；进口13 007万美元，增长50.7%。具体为：昆明地区有进出口实绩的外资企业达130户，约占昆明地区参检外资企业总数的23%，其中98户进出口业绩呈现正增长，占有实绩外资企业总数的75%。

【资源型、高耗能产品保持出口持续增长】 随着中国在国际贸易中地位的不断提高，近两年国家对出口商品退税政策进行了大幅调整，对资源型、高耗能、高污染产品出口实施调低退税率、取消退税乃至征税等限制措施，如：国家取消了黄磷出口8%的退税，同时还将出口关税由10%增加为20%。而昆明市的实际情况是：资源型初加工商品、高耗能产品在整个出口商品中占有较大比重，2005年磷化工产品占全市出口总额的20.5%，国家宏观调控政策

市商务局领导深入禄劝县扶贫点指导工作　（市商务局　供稿）

的实施，理论上势必对昆明市出口造成负面影响。而实际情况是昆明市经营上述产品的几个龙头企业的出口非但没有下降，反而还实现了较大的增长，如：南磷集团2005年出口达8 901万美元，同比增长62.5%。原因主要有两条：一是企业通过多年不断壮大，其规模经济的优势得以逐步体现。公司出口磷化工类产品占全市同类产品出口的50%以上，公司主营产品在国际市场上始终保持着一定的市场份额，这为平抑国际市场价格波动起着积极的作用。二是应对政策变动，企业通过挖潜革新、减少生产能耗、降低生产成本，调整产品结构等措施，化解政策变动带来的经营成本增加。企业一方面抓好节能降耗，利用自备电厂的优势降低生产成本，使得黄磷平均成本下降30%；另一方面，公司调整产品结构，积极开发和生产下游深加工产品，如：今年公司将磷酸等深加工品的产量扩大了48.1%，这既提升了产品附加值，又跳出了国家政策限制的范畴。

主要出口产品增长情况对比图

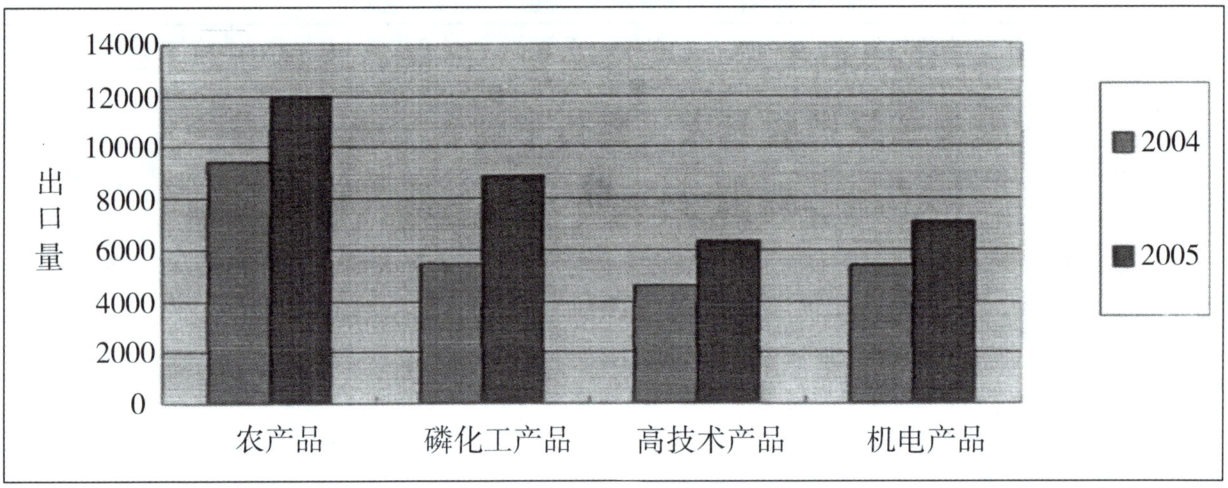

【促进农产品、高技术产品出口】 2005年，全市传统优势产业如：磷化工、机电产品等的出口均保持了较高的增长幅度，其中：磷化工品出口16 066万美元，增长49.2%；机电产品出口7 064万美元，增长31.3%。

昆明市经营机电产品出口的企业多为老的国有企业，2005年全市国有机电企业逐步走出了改革改制的阵痛期，重新焕发出生机。如：云南CY集团有限公司曾经是市内机电行业出口的排头兵，2000年出口创汇曾突破了1 000万美元，后因经营体制制约，出口持续下滑，2004年生产经营落入谷低，仅完成出口创汇210万美元。2005年通过引进沈阳机床集团有限公司与云南CY集团有限公司进行战略性重组，使得企业重新焕发生机。目前公司在巩固原有客户，完善售后服务体系，拓展新兴市场、确保生产供应、调动员工积极性等方面均摸索出一套行之有效的运行模式。CY集团去年共生产车床7 800台，是历史最高水平的两倍，实现出口创汇1 019万美元，自营出口788万美元，同比增长275.2%，产品销往36个国家及地区。CY集团的成功是国有出口型机电企业深化改革，引进先进管理模式，促进老企业焕发生机的最好例证。

市商务局不断加大对农产品，特别是高附加值农产品出口的扶持力度。

各洲出口分布图

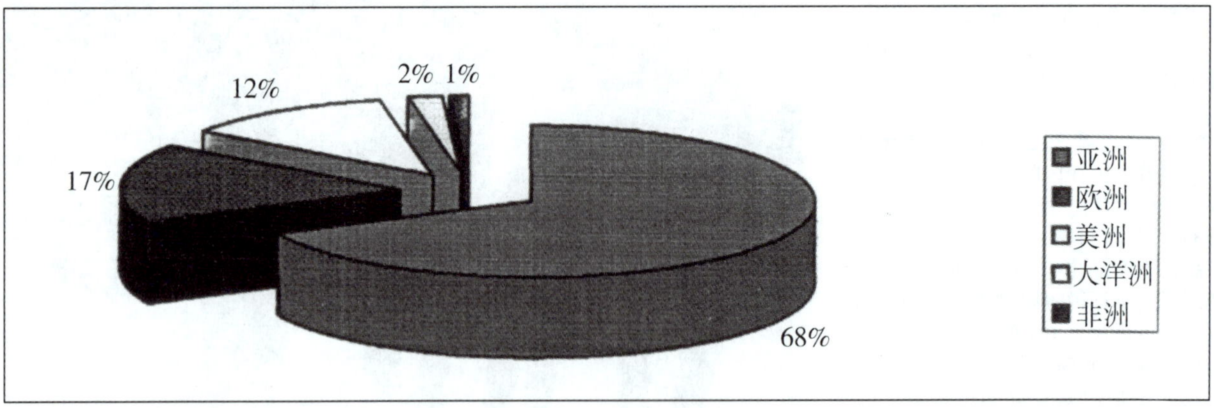

2005年昆明市信用体系建设工作会议　（市商务局　供稿）

2005年共安排80万资金，对农产品基地建设中的农产品深加工、农产品冷库建设、花卉专业冷库建设等三个项目进行扶持。充分利用国家对农业出口企业投保出口信用保险可享受扶持资金的优惠政策，协助近20家市属农业企业办理出口信用保险业务。通过上述努力，使得全市农产品出口突破1亿美元大关，达1.2亿美元，同比增长了27.5%。此外，高技术产品出口也达6 293万美元，同比增长36.6%。

以争取国家中小企业国际开拓资金为手段，支持企业从事高技术产品进出口业务。2005年全市实现高技术产品进出口1.2亿美元，同比增长35.3%，高技术产品进出口占到全市进出口总额的15%。

【贸易方式进一步合理化】　2005年，全市加工贸易实现进出口12 179万美元，同比增长12%，占外贸进出口总额的14.8%，其中加工贸易出口7 301万美元，同比增长18%。

2005年度昆明市属进出口商品一览表

单位：万美元

代号	名称	2005年	2006年	美元较上年增减（%）
1	铜	6 771	823	722.7
2	其他初级形状的塑料	5 011	587	753.7
3	珍珠、宝石	1 444	2 637	－45.2
4	印刷、书本装订机械	909	1 048	－13.3
5	其他金属矿砂（铅、锌、锡等）	763	297	156.9
6	硫磺及黄铁矿	741	93	696.8
7	测量、检验、分析及控制用仪器	663	706	－6.1
8	光电管	537	261	105.7
9	药品	521	177	194.4
10	钟表零件	512	479	6.9

【市场多元化取得新进展】　2005年，昆明市对外贸易伙伴达114个，比上年增加26个，其中，亚洲仍是最主要贸易伙伴，与其贸易达5.4亿美元，同比增长24%，占进出口总额的66%；欧洲为昆明市第二大贸易伙伴，2005年与欧洲贸易达1.3亿美元，同比增长19.8%，占进出口总额的15.8%。北靖洲为昆明市第三大贸易伙伴，2005年与北美洲贸易达1.2亿美元，增幅高达98%，大有后来居上之势。此外，对拉丁美洲、大洋洲的贸易也保持了较强劲的增长态势，分别增长了275%、149%。

【进出口贸易发展趋于平衡】　2005年1～12月全市外贸实现进口26 448万美元，同比增长85.4%，其增幅远高于出口15.9%的增长，贸易顺差有所缩小，进、出口贸易发展进一步趋于平衡。全市从亚洲进口16 358万美元，增长83.2%、从美洲进口6 142万美元，增长211%；从欧洲进口3 546万美元，增长10.2%。主要进口商品有：铜6 771万美元，增长722.7%；塑料原料5 011万美元，增长753.7%；钻石原料1 444万美元，下降45.2%；印刷及书本装订机械909万美元，下降13.3%；其他金属矿砂763万美元，增长156.9%；硫磺及黄铁矿741万美元，增长696.8%。

招商投资

【外资工作完成情况】　2005年，已分别完成市政府书面下达合同外资16 000万美元、实际利用外资6 600万美元目标任务的164.6%和125.2%。

积极为企业服务，派专人在市便民

服务中心窗口，配合市交警部门，对昆明地区外商投资企业的货车、客车入城通行证进行审核换证，为正常生产经营的企业共审核换发了各种通行证400多份，极大地方便了企业办理有关手续，企业较满意。

【外企年检】 认真做好2004年度全市外商投资企业的联合年检工作。按照商务部和省商务厅要求，昆明市试行企业上网进行联合年检，商务、工商、财政、外管、海关、税务等部门同时上网进行对企业进行年检，这在西部省份城市还是第一家。市商务局认真对待这一工作，除了单位出资为企业印制了年检须知等资料外，还热情地通过电话回答企业如何利用互联网上网年检有关疑难问题的咨询，或企业来人时，市商务局外资年检经办人员为企业进行现场指导和有关实际操作，企业对这一做法较满意。2005年参检企业近400户，参检外商投资企业盈利情况总体要好于2004年。由于昆明市为西部网上年检的试点城市，许多未搞网上年检的城市纷纷前来考察学习。仅2005年下半年，就接待了来自成都、武汉、杭州、青岛、广州等城市外商投资企业联合年检有关部门。

实行定期与企业联系制度，主动了解企业资金到位的动态情况，并积极帮助企业协调在资金到位过程的有关困难和问题，以使企业资金正常按时到位。重点突出了外商投资企业的合同履约、资金到位以及外资统计工作。

积极配合省、市人大对国家涉侨涉台两法执法情况的检查工作。按照省、市检查组的要求，市商务局组织了部分涉侨涉台企业参加省、市人大执法检查组的座谈会。通过座谈会，企业向检查组反映许多长期难以解决的问题。通过配合本次省、市人大执法检查组的检查，经参与协调，一些涉侨涉台企业多年未解决的复杂问题，得以解决。

充分发挥昆明市外商投资企业处长联席会议制度工作机制的有效积极作用，通过各部门相互交流工作经验，已经形成各部门加强为企业共同服务，切实改善昆明的投资环境的良好氛围。企业在生产经营中只要碰到困难和问题，只要向市商务局反映，有关处室就立即与涉及的处长联席会议单位的处长进行联系和协调，最终将问题解决，给企业以满意的结果。全年已帮助企业协调供电、用地、税务、治安、外籍人员子女就学等数十起问题。

【处理好外商投资企业的投诉受理工作】 只要一接到投诉，就及时调查了解情况，责成有关部门认真解决，最后将处理结果告知企业。2005年共正式受理企业投诉3起，均得到圆满解决。

【坚持外商投资企业座谈会制度】 2005年1月份，召开了迎新春外资企业座谈会雷晓明副市长主持会议。市商务局邀请了近200家企业参加座谈会。在会上，根据一些企业提出的涉及征用土地，占道经营，道路建设，企业周边环境脏、乱、差等问题，进行现场办公，并责成相关单位尽快解决企业提出的问题。通过座谈会的形式，努力营造和改善了全市的投资环境。

【组织协调外企各项工作】 完成了昆明市重点保护外资企业有关服务优惠措施的组稿工作。按照上海的做法，昆明市将对销售额、纳税额及出口创汇到达一定指标的外资企业实施有关优惠措施和重点服务。根据市政府有关领导的指示，市商务局对市政府有关部门提出的优惠服务措施意见等进行归纳和组稿，已上报市政府，待讨论批准后即可操作实施。

1. 发挥市外商投资企业联合工会的作用，积极参加市总工会组织的各项活动。组织外资企业参加市总工会模范职工之家、模范职工小家、优秀积极分子、优秀工作者、荣誉积极分子评选，5家外资企业、7名个人获得表彰。

2. 积极参加与省外商投资企业协会联系有关工作，组织部分企业参加了2004年云南省优秀外商投资企业的活动，并获得了“出口企业、高利税企业、高营业额企业”等荣誉和表彰。3. 全年共办理外商投资企业注销和变更等124件。

（邹　江）

经贸合作

【利用外资情况及分析】 据统计，2005年全市新批设立外商投资企业77户，合同利用外资26 332万美元，与2004年同期相比增长51.2%；实际利用外资8 261万美元，与2004年同期相比增长32.6%。

在2005年新批设立的77户外商投资企业中，投资者主要来自美国、韩国、新加坡、加拿大、萨摩亚、德国、法国、意大利、菲律宾、马来西亚、捷克共和国、缅甸、日本、爱尔兰、塞浦路斯、维尔京群岛、毛里求斯、澳大利亚、香港、台湾等国家和地区。与前几年相比，国外投资的来源地进一步扩大，利用外资的数量明显增多，对昆明市经济发展的拉动作用也逐渐增强。

投资项目涉及制造、餐饮、房地产、农业、租赁和商业、交通运输、仓储、应用软件、基础软件、自来水的生产和供应、花卉种植、家禽饲养、居民服务和技术、咨询、科学研究、地质勘查、文化和娱乐业等。

2005年，美国加州集团、马来西亚南发集团、绿野集团、卡扎那歇尔公司、新加坡佳大集团、香港恒隆集团、瑞安集团、骏豪集团、中联盛集团、中欧可持续发展交流基金会、日本丸红株式会社等国外著名企业纷纷到昆进行投资考察，寻求投资机会，部分企业已经在昆达成投资意向。

【利用内资情况及分析】 据统计，2005年全市组织实施国内经济合作项目481个，项目协议投资总额594.7亿元，同比增长9.1%；实际引进市外到位资金143.4亿元，同比增长23.8%。其中实际引进省外到位资金61.8亿元，同比增长45.3%。2005年组织实施的481个国内经济合作项目具有以下特点：1. 投资领域日趋广阔。2005年实施的投资项目涉及农业、林业、畜牧、煤炭开采和洗选、有色金属矿采选、医药制造、计算机服务、房地产、科技交流和推广服务业等60个行业。2. 利用内资呈现二、三产业增长的态势。第一产业的实际到位资金为0.6亿元，第二产业的实际到位资金为75.6亿元，第三产业的实际到位资金为67.2亿元，分别占全市实际到位资金总额的0.43%、52.73%和46.84%；一定程度上体现了昆明市工业强市和城镇化进程加快的趋向。3. 与省外合作力度加大。2005年，实际引进省外到位资金61.8亿元，占实际引进资金总数的43.1%。投资者主要来自北京、天津、河北、辽宁、江苏、浙江、陕西等28个省市。4. 独资项目到位资金比重较大。实施的481个项目中，独资项目258个，实际引进到位资金113.1亿元，占实际引进到位资金总数的78.9%；实施合资项目205个，实际引进到位资金25.4亿元，占实际引进到位资金总数的17.7%；实施合作项目13个，实际引进到位资金3.8亿元，占实际引进到位资金总数的2.6%；实施股权转让项目5个，实际引进到位资金1.1亿元，占实际引进到位资金总数的0.8%。

2005年深圳华侨城集团、广东恒大集团等国内著名企业到昆进行投资考察，昆明市对华侨城集团、长城集团、云药集团等一批国内知名企业集团拟在昆的投资项目进行了推进。

【昆交会招商引资】 2005年昆交会，签订利用外资项目24个，项目投资总额79 029万美元，协议利用外资54 846万美元；签订内资项目69个，项目协议投资总额215.6亿元，协议引进市外资金143.7亿元。期间，市投资促进局负责制作了《昆明投资指南》，并在全球《财富》论坛会议特刊、香港《文汇报》、香港《大公报》等对外新闻媒体上广泛宣传了呈贡新城、高新技术产业开发区、经济技术开发区、安宁传统工业区、北部五县区、空港经济区等六大产业发展重点区域及主城核心区、滇池度假区及其他县区的投资环境和重点招商项目。

【区域合作】 2005年，市投资促进局牵头组织相关单位及企业189人次携带166个项目和100多个产品先后参加了首届中国天津经济合作与投资洽谈会、第七届福州"海峡两岸经贸交易会"、第二届泛珠三角省会城市市长论坛、第二届泛珠三角区域经贸合作洽谈会、第九届中国国际投资贸易洽谈会等，达成了一批商品供销合同（协议）和经济合作意向协议。同时还积极组织相关部门先后参加了泛珠三角省会城市市长论坛、第二十届全国十五城市政协工作研讨会暨政府经济合作会、西南经济区市长联席会第十六届会议、云南省市长联席会第十五次会议等区域会议，寻求区域内各方的经济合作与交流。在第二届泛珠三角省会城市市长论坛会上，昆明与福州缔结为友好城市；在"广博会"期间，与泛珠三角省会城市签署了《关于推动泛珠三角省会城市产权交易机构合作框架协议》，昆明的对外交流与合作进一步扩大。

为认真落实省政府2003年迪庆现场办公会会议精神，根据《昆明市—迪庆州2005年度友好协议》，完成了2005年度帮扶迪庆州532.59万元项目的调研、资金的协调拨付工作。

【重大项目】 2005年，经过各级、各部门的努力，在市投资促进局的牵头协调下，昆明自来水公司与法国威立雅水务集团签订了股权转让协议，昆明市交通局与马来西亚亿升亚洲有限公司昆明南连接线高速公路有限公司签署了《BOT建设国道昆明南连接线高速公路项目协议书》；呈贡新城管委会与新加坡佳大集团签署了合作框架协议；中美合资企业昆明金兴泽环境资源产业有限公司投资的五华垃圾焚烧发电厂奠基，项目总投资4 000万美元；同时，一批在建的重大项目，如昆明二电厂项目、广东美的企业集团项目、经开区光电子产业等项目取得实质性进展，有的项目签订了实施合作协议，有的项目已投产，资金到位情况较好，进展顺利，为2005年的招商引资奠定了坚实的基础。

【外地驻昆机构和来昆投资企业的管理服务】 2005年，昆明市努力做好外来投资商到昆投资、设立办事处、代表处、联络处的服务工作，积极到外地驻昆机构、外来投资企业做好服务工作，认真受理外来投资企业的投诉。年内，完成了仙都制衣、大潮房地产、惠百佳公司拆迁、四川新希望、云南妇女儿童医院、国美物流公司要求政策落实的投诉受理，完成了希陶公司、四川通威公司、银德房地产等公司在生产经营中存在问题的投诉受理。通过做好外来投资企业的服务，全市的投资软环境进一步得到改善。

充分利用昆明市外地驻昆机构管理协会的资源，及时召开了协会第二届第二次理事会，并到重点会员单位进行深入调研，进行了现代新昆明建设招商项目的广泛推介。通过这一渠道，吸引了大量与协会会员单位有紧密联系的外来投资者到昆明投资兴业，达到了"以商招商"的目的，积极地促进了昆明市招商引资工作。

（吴瑞菁）

出入境检验检疫

【概　况】 2005年，云南检验检疫局共受理报检106 086批次；货值294 179万美元，与2004年同期相比批次增长13.83%；货值增长5.99%。签发各类证单496 751份；其中签发一般产地证4 034份，签发普惠制原产地证5 307份；签发《中国—东盟自由贸易区》优惠原产地证明书2 900份；签发《中华人民共和国金伯利进程毛坯钻石证书》88批。检疫查验出入境人员345万人次、交通工具30万辆（架、艘、节）次。检出植物有害生物8 278批次，检出率16.9%；完成外商财产鉴定32批，货值776.56万美元，对外索赔31批次，索赔金额207万美元；出入境人员健康体检90 144人次，其中HIV阳性376例。

【有效防止禽流感从境外传入】 2005年2月中旬，越南老街省和河江省的局部地区相继发生了高致病性禽流感疫情。越南老街省发生疫情的疫点与云南的河口县仅一河之隔，距离中越边境线仅有4公里。面对高致病性禽流感等重大动物疫病防控工作的严峻形势，云南检验检疫局严阵以待，严防死守，采取有力措施，将疫情抵御在国门之外。中越边境一线的河口、文山、红河检验检疫局立即成立防控领导机构，明确责任，将防控工作任务落实到每一个人；加强必要的物资和技术储备，做好应对突发动物疫情的各项准备；及时购买防治高致病性禽流感药品、消毒器及防护设备配发到口岸一线；进一步完善各项防控措施，狠抓落实；派出督查组二次到一线督查，以上各项措施的落实，有效防止了禽流感在云南境内的传入和传出。

【销毁非法入境活牛】 2005年8月17日，德宏检验检疫局根据《中华人民共和国动植物检疫法》的相关规定，对从该地区盈江县非法贩运入境的16头活牛，进行了扑杀和深埋等销毁处理，对承运活牛的交通工具及污染场地进行了严格的消毒。这是云南检验检疫局继2004年大规模公开销毁非法入境的牛副产品后又一次对非法入境的活动物进行的公开销毁处理。从2004年初到2005年6月，德宏检验检疫局先后截获非法入境偶蹄动物6批60余头，并作出了全群扑杀或退运出境的处理，非法贩运活动物的势头有所遏制。2005年少数不法分子又从边境一线贩运境外活牛入境，而此时期，正值境外口蹄疫疫情的高发期，为保护人民健康和社会经济安全，在证据确凿、执法程序合法的基础上，对该批非法入境活牛作了销毁处理。

【销毁非法入境动物产品】 在2004年打击非法入境动物产品取得阶段性胜利的基础上，2005年继续保持对打击非法入境动物产品的高压态势，坚持在昆明地区各大冷库、货物集散地进行经常性巡查，先后出动440人次，查获非法入境动物产品5批，计30.68吨，在履行相关法律程序后，做了监督销毁处理。3月8日，昆明海关缉私局查获一批计1 068件，重27.5吨的非法牛副产品，并进行了立案调查，将查扣货物移交云南检验检疫局做了销毁处理。

【加强进出境水果蔬菜检验检疫管理】 花卉、蔬菜、粮豆是云南建设绿色经济强省的重点产品。2005年经检验检疫合格出口的新鲜、速冻、盐渍、脱水蔬菜达5 370批次，96 520吨，货值2 709美元，与2004年同期比较分别增长了67.8%、38.6%和33.9%。出口水果2 971批次，80 998吨，货值1 925万美元，同比增长122.3%、35.5%、50.1%。为扩大云南省农产品的出口，云南局分别出台了出口花卉、蔬菜、粮豆检验检疫分类管理办法，对监管模式进行具体实践和完善，加大了基地备案、生产加工存放单位登记注册、出口食品卫生登记注册、木质包装除害处理库登记备案及相关认证认可工作的管理力度。

【出口鲜松茸检验检疫与监督管理】 云南共有11家企业具有鲜松茸出口经营权。2005年云南检验检疫局共计检验检疫出口鲜松茸2 927批，1 174吨，出口创汇4 116万美元。为了确保鲜松茸顺利出口，云南局加大了监管力度。重新拟订了《云南出入境检验检疫局鲜松茸检验检疫操作规程》、《云南出入境检验检疫局鲜松茸现场检验检疫抽样操作规程》和《出口松茸农残及异物风险排查连接图》；积极推行“良好企业名单”和“黑名单”制度，推动出口企业诚信体系建设；严格批次管理，实行一个出口批次对应一个样品；方便企业，对鲜松茸出口企业首次全部实行电子报检；检测人员24小时不间断进行检验、检测及签证。

【查办违法案件】 2005年云南检验检疫局依法行政，严格执法，加大对违法案件的查办力度。一是对昆明爱美科光电有限公司进口旧机电设备一案展开调查，按程序监督该公司将旧设备作退运出境处理；二是对昆明尼克曼生物化学科技有限公司从台湾进口的价值42万美元用于生产豆腐的旧设备无备案手续、涉嫌不如实申报一案进行调查处理，依法处以罚款。三是对泰国入境旅客非法携带宠物犬一案进行调查，将违法携带入境的宠物犬进行了处理。

【做好昆交会入境展品的检验检疫】 一是建章立制，规范昆交会进境展品的检验检疫和监督管理，制定了《云南出入境检验检疫局“昆交会”入境展品检验检疫、监管部门工作协调机制》和《中国昆明进出口商品交易会入境展品参展须知》。二是做好入境展品检疫审批和标签审核管理工作。制定了《中国昆明进出口商品交易会进境动植物及其产品检疫审批和监管办法》和《中国昆明进出口商品交易会进境预包装食品、化妆品标签审批和监管办法》，解决了多年来存在的部分参展物品办理检疫审批手续难、时间长等问题。三是建立以入境口岸检验检疫为主和展会现场监督抽查相结合的检验检疫监管模式，严把入境展品质量关。

【检疫犬首次在昆明空港执勤上岗】 结合“云南边陲安全卫生检验检疫屏障建设”的总体思路，2005年，云南检验检疫局在昆明机场口岸积极开展“人—机—犬”的检疫查验工作新模式。这种模式是利用检疫犬嗅觉反应的灵敏性在旅客行李中进行搜检。这种查验方式，一是提高动植物及其产品的检出率，避免或降低动植物病虫害传入的风险；二是大大加快旅客通关速度，减少开箱率；三是加大检验检疫法律宣传力度，提高威慑力。7月，两条史宾格检疫犬经过4个月培训后首次在昆明空港上岗。半年的工作，两条检疫犬共截获禁止入境携带物1 922批次，7 774公斤。从送检物中检出有害生物桔小实蝇、辣椒实蝇、番石榴实蝇、罗望子果象、臀纹粉蚧属等各类检疫性病虫害，送检批次检出率达47.6%，同时加快了旅客通关速度。

【艾滋病防治】 针对云南省是中国HIV疫情最严重的省份。云南检验检疫局采取各种措施，切实加强艾滋病的防治工作。一是加大宣传工作，组织设计印发了2万份HIV宣传画下发到各口岸。二是举办了二期由云南各口岸卫生检疫工作人员参加的艾滋病防治知识和检测技术培训班，为开展防治艾滋病的宣传、咨询、行为干预、检测打下良好基础。三是在7个口岸开展为期三个月的艾滋病免费检测工作，共检测出入境人员1 728人次，检出HIV阳性感染者28例。四是与云南省商务厅联合签发了《关于加强出国劳务人员体检工作的通知》，开展对出国劳务人员出国前的预防咨询、宣传教育工作和回国人员的监测力度。

【有效防止霍乱疫情传入】 2005年7～10月，中缅边境地区缅方瓦城等地发生霍乱疫情，有百余人染病，多人死亡。面对严峻的疫情态势，云南检验检疫局在中缅边境口岸采取以下防控措施，有效防止了疫情的扩散蔓延。①加强检疫查验和传染病监测工作。在霍乱防治期间，共查验出入境人员234 058人次；验收健康申明卡18 091份，其中申报有高热、腹泻、呕吐等症状的5人；现场检验查验有高热、腹泻、呕吐等症状的27例，其中送医院就诊的18例，确认霍乱感染1例。②密切注视疫情发展情况，严格对口岸入境人员、饮用水、水产品、蔬菜水果、交通工具等实施检验检疫查验及卫生处理。霍乱防治期间，共检疫查验出入境交通工具4 192辆次；卫生处理交通工具4 192辆次；处理呕吐物、排泄物5次。③加强对来自缅甸的入境人员、交通工具、饮用水、水产品、蔬菜水果、货物等实施卫生检疫。霍乱防治期间，共对7批入境水产品进行了退货处理，对21批入境水果进行了退货或销毁处理。④开展对出境人员霍乱预防投药工作，加大宣传咨询工作力度。⑤与地方卫生部门及有关单位建立联防联控机制，对疑似病人进行就地隔离、就地检测、就地治疗。

【突发公共卫生事件处理】 为加强对口岸突发公共卫生事件处理的能力，云南检验检疫局采取三条措施。一是成立领导小组，设立应急办公室，建立应急指挥中心，形成口岸突发公共卫生事件应急指挥体系。二是制定突发公共卫生事件应急预案，针对突发卫生事件的严重程度和危害程度，分别采取不同的控制措施和处置办法。三是建立突发公共卫生事件互相通报机制，与省卫生厅联合下发通知，明确了通报内容、通报项目、通报方式。

【实施快速核放，行政许可“一个窗口”对外服务】 全面推进检验检疫监管工作模式的改革，促进扩大出口，完善快速核放系统，2005年1月14日正式启动“出口货物快速核放系统”，云南省首批纳入出口货物快速核放系统的有云南锡业公司和云南红塔集团公司，企业从报检到取证仅需要半小时即可完成，至今已完成快速核放593批次，货值7 398万美元，企业真正享受到该系统带来的快捷高效的服务，推进了“大通关”工程进程。根据国家行政许可法的有关规定，为减少办事环节，简化工作程序，提高工作效率，方便行政许可相对人申请检验检疫行政许可。通过精心准备，于2005年6月27日“一个窗口”

商品检验检疫　（检验检疫局　供稿）

正式对外受理，全年共受理 202 份申请，补正告知 40 份，发证 135 份，接受咨询 500 多次。新注册的进出口企业在同一个窗口就可以清楚报检的程序和所需的手续，以及如何申请行政许可或注册等。将以前办理一件事需要跑几个部门变为只要到受理窗口就可以解决，极大地方便了客户，提高了工作效率，减少了工作环节，收到较好的社会效益。

【优质服务】　云南检验检疫局技术中心利用自身的技术优势，为企业排忧解难，帮助企业提高管理和技术水平，促进企业生产出口。昆明芊卉园艺公司是云南最大的兰花生产企业之一，植检实验室的同志深入企业，开展了兰花病毒病监测鉴定和防治服务，仅上半年就在公司的组培扩繁苗中检测了 82 个品种 600 多瓶、200 多万株组培苗，发现了建兰花叶、齿兰环斑等病毒，避免了带病种苗的扩繁，为企业生产健康兰花种苗提供了保障。动检实验室的同志深入猴子繁殖基地，对可能影响出口猴子质量的环节如饲养、日常兽医卫生、疫病防治等进行技术指导，提高了灵长类动物中心的猴子饲养管理、卫生防疫和技术水平，全年检疫出口了 7 个批次、900 多只猴，促进了云南省高质量实验动物的顺利出口。云南滇源经贸有限责任公司是云南省蔬菜出口量最大的企业，食品实验室的同志深入公司生产基地，了解输日荷兰豆、甜豆种植过程的农药控制管理和生产加工出口情况，为公司提供从农药采购合格验收、原料生产基地选址和原料收购中的检测技术支持，帮助企业从源头把关。年内，对公司 200 多批 300 吨、价值 300 多万美元的输日荷兰豆和甜豆进行了农残检测，有效保护了云南省相关产业的健康发展。

【“屏障建设”课题通过科技成果鉴定】经过 2004 ~ 2005 年的艰苦努力，云南局完成了总局下达的“屏障”软科学课题研究，并由科学出版社出版发行了《云南边陲安全卫生检验检疫屏障建设理论与实践》专著。2005 年 5 月 21 日，国家质检总局科技司在昆明主持召开了“云南边陲安全卫生检验检疫屏障建设”科技成果鉴定会，来自国家局标准法规中心、信息中心、卫生检疫司、科技司、中国检验检疫科学研究院以及福建、秦皇岛、上海、天津、广州、湖南检验检疫局各有关领域的 13 名资深专家组成的鉴定委员会，对云南检验检疫局承担并完成的这项国家质检总局 2003 年度软科学研究重点项目进行了评审和鉴定。通过听取课题负责人、局长程迪龙就课题研究的背景和目的、研究过程、依据的理论原理和方法、取得的成果、获得的经济效益和社会效益、推广应用前景、存在的问题和困难、今后努力的方向等十个方面的报告后，充分发表意见，一致认为，该课题研究成果为国内首创，达到国内领先水平，同意该课题通过科技成果鉴定。该项目已获国家质检总局 2005 年“科技兴检奖”二等奖。

【试行检验检疫官制度】　根据国家质检总局的统一部署，2005 年，云南检验检疫局试行检验检疫官制度。新制度改变了以前公务员管理中单一按领导职务与非领导职务分类的做法，把行政执法类公务员从综合管理类公务员中分离出来，这是公务员制度的一项重大改革，有利于推进检验检疫系统公务员队伍管理的科学化，有利于与国际检验检疫界的合作与交流。

【召开第二届职工运动会】　2005 年 9 月 27 ~ 28 日，云南检验检疫系统第二届职工运动会在云南腾冲举办，这是云南局历史上规模最大、创意新颖、组织规范、内容丰富的一次群众性体育盛会。历时 3 天的运动会以“团结、奋进、健康、和谐”为主题，来自省局及 10 个分支局 2 个办事处的 120 名运动员组成 4 支代表队，分别参加了篮球、乒乓球、羽毛球、保龄球、拔河 5 个项目的比赛及 3 个趣味运动项目的角逐。

【大理检验检疫局挂牌成立】　2005 年 10 月 28 日，经过两年多的筹备工作，由地方出资 1 600万元的大理检验检疫局如期建成，大理检验检疫局正式挂牌成立办公。在成立大会上，云南局局长程迪龙与大理州州长赵立雄共同签署了设施权属移交书，大理局所有设施由地方移交云南局，全额由地方投资建设分支局，这在云南局历史上是首次。

【外事活动】　2005 年 10 月 12 日 ~ 24 日，应云南省政协邀请，云南局局长程迪龙参加云南省文化教育访问团赴台湾进行了为期 10 天的考察访问。11 月 21 日 ~ 28 日，应意大利卫生部邀请，经国家质检总局批准，云南局局长程迪龙率云南局有关专家赴意大利卫生部进行访问，开展技术交流与合作。

（孙根娣　杨　旭）

昆明海关

【概　况】　2005 年，昆明海关税收净入库 6.6 亿元；监管进出口货物 447 万吨，进出口总值 24.3 亿美元；监管进出境旅客 285 万人次，行邮物品28.6万件；查获各类走私案件 767 起，案值 3 303.6万元，向检察机关移送起诉 91 人；查获毒品走私案件 70 起，缴获各类毒品 583.1 公斤。

【综合治税】　2005 年，昆明海关通过

边境巡查　（昆明海关　供稿）

中国—东盟自由贸易区建设、泛珠三角区域合作、“一站式”建设等课题，为云南省全面实施“走出去”战略积极建言献策，落实通关便利措施，搭建平台，积极为创造云南良好的投资软环境做贡献；通过向地方党政及时提供贸易统计数据，充分发挥了海关统计咨询服务、辅助决策作用；准确定位云南省加工贸易的发展方向，积极促成了高新开发区保税仓库的启动，在昆明出口加工区的前期筹备中做了大量工作；继续落实税收优惠政策，坚持“依法减免”，年内享受进口减免税收优惠政策的行业涉及航空、化工、烟草、贵金属、冶金、能源、有色、科源、农业，信息产业、替代种植等，对支持省内大型项目的基本建设、骨干龙头企业的技术改造和产业升级、推动云南经济结构调整、带动相关产业发展、推动云南科技与教育事业的发展等方面发挥了重要作用，受到各级党政的高度评价及社会各界的广泛好评。

加大税收监控、报关单证及数据审核力度、严格减免税审批、积极开展反价格瞒骗和专项稽查行动、建立健全监管机制、内联外协等一系列措施，积极构筑关区综合治税格局，进一步提高了征管水平，确保应收尽收。全年税收净入库6.6亿元，较上年增长45.7%。

【打击走私】　2005年，昆明海关按照“打防结合”的工作思路，积极实施反走私综合治理，共筑反走私防线，充分运用刑事、行政两种执法手段，继续保持关区打私高压态势。重点打击价格瞒骗、加工贸易渠道走私以及其他非涉税物品走私，成功查处一批走私大要案，有效维护了正常贸易秩序，促进了地方经济的健康有序发展；认真组织开展清理规范边境地区外商自用车辆和出入境外籍车辆工作，成效明显；同时，按照“禁毒人民战争”和“禁毒防艾”工作的统一部署，以情报为先导，依托口岸监管现场，采取有力措施，严厉打击毒品走私活动，缉毒工作捷报频传，战绩斐然。全年共查获各类走私案件767起，案值3 303.6万元，向检察机关移送起诉91人；通过自侦、协查、联合办案等方式查获毒品走私案件70起，缴获各类毒品583.1公斤。

【监管通关】　2005年，昆明海关按照“管得住、通得快”的要求，整合监管资源，强化各项业务基础工作，进一步完善关区陆路边境口岸监管模式，不断完善通道管理制度，加强边境进出境机动车辆管理，不断规范关区边民互市贸易管理；顺利完成航空口岸旅客申报制度改革的各项任务，在旅检现场实施“一机两屏”通关模式；积极推动“一站式海关检查”，以“多点报关、口岸验放”模式试点工作成功为起点，采取各项措施，推动“泛珠”合作，进一步提高了关区通关效率。全年共监管进出口货物447万吨，进出口总值24.3亿美元，同比分别增长8.9%，38.1%，监管进出境旅客285万人次，行邮物品28.6万件。

【服务地方】　2005年，昆明海关正确处理“把关”与“服务”的关系，积极支持云南省经济发展，继续研究和推动

【加强关区人文环境建设】　2005年，昆明海关积极开展保持共产党员先进性教育活动，以先进性教育成果推动班子建设、队伍建设、基层建设和党风廉政建设，干部队伍思想稳定、精诚团结、精神面貌焕然一新，取得预期成效。紧紧围绕“以人为本、从业治关”的目标和要求，以建设和谐海关为切入点，加强关区人文环境建设，对内，加大财力物力向基层倾斜的力度，较好地改善了基层单位的工作、生活条件；对外，加强与地方党政的多方面、深层次的沟通联系，与相关执法部门建立协作配合机制；以各级领导班子建设为重点，从严治关、科学管理，努力提高队伍建设、基层建设和党风廉政建设工作水平，不断建设“政治坚强、业务过硬、值得信赖”的准军事化纪律部队。全年有2个基层海关被评为“全国文明单位”；1个基层海关被评为“全国精神文明创建工作先进单位”；25个集体和19人次受到海关部署和省、部级以上表彰；5人荣立二、三等功。

（濮靖川）

旅游·风景区

旅　　游

【概　况】　2005年，昆明旅游工作围绕昆明旅游二次创业确定的发展思路和工作目标，抓住GMS会议及2005中国国际旅游交易会在昆召开的契机，着力做好景区点的建设、服务质量的提高、旅游环境的改善、旅游市场的开拓和旅游诚信体系的建立等重点工作，经努力，较好的完成全年的旅游接待任务，实现预定的工作目标。

2005年，全市共接待海外旅游者69.65万人次，同比增长41.2%；实现旅游外汇收入1.73亿美元，同比增长32%；接待国内旅游者1 971.09万人次，同比增长15.4%；国内旅游收入124.08亿元，同比下降2%；旅游业总收入138.45亿元，同比增长0.7%。

2005年11月1日昆明市举行了有省委常委、市委书记杨崇勇，市委副书记、市长王文涛参加的首届昆明市旅游产业发展大会。大会提出未来5年，昆明旅游产业应紧紧围绕居住在昆明、休闲在昆明、养生在昆明、体验在昆明这个主题，推动昆明旅游产业从单一的观光型向观光、休闲、度假、康体、会展、商务复合型转变，努力把昆明建成国内外重要的观光、休闲目的地和面向东南亚、南亚的国际旅游休闲度假胜地。一个时期内，昆明加快旅游业的发展要按照“围绕一个主题，促进两个转变，实现五个突破和打造六大景区”这个要求来做。“一个主题”即居住在昆明、休闲在昆明、养生在昆明、体验在昆明；“促进两个转变”即促进昆明旅游产品结构从单一的观光型向观光、休闲、度假、康体、会展、商务复合型转变，旅游产业增长方式从粗放型向集约型转变；“实现五个突破”即在科学制定旅游发展战略规划上实现新突破、在展现历史文化内涵和民族风情特色上实现新突破、在宣传促销上实现新突破、在加强城市建设改造和提升城市形象上实现新突破、在创新体制机制上实现新突破；“打造六大景区”即打造石林、世博园、阳宗海、环滇池休闲度假区、轿子雪山、安宁温泉6大景区。

【旅游产业领导工作】　旅游业发展大会，是2005年度昆明旅游的一个重要事件，会议确定的旅游业发展思路和战略目标，不仅为昆明旅游长远发展提供了领导组织保证，而且标志着旅游在全市经济社会发展中的地位更加突出，为今后做好工作指明了方向、提供了动力。为保证会议的顺利召开，在参加省委、省政府组织的赴四川旅游考察的基础上，由市委常委、宣传部长张红苹，市委常委、盘龙区委书记杨宁，市政府副市长雷晓明等领导带队，组织14个县（市）区党政主要领导和旅游局长、市旅游产业领导小组部分成员单位负责人赴四川九寨沟考察学习当地旅游业跨越式发展的经验。这是昆明市近年来规模最大、规格最高、人数最多的一次旅游业专题考察；组织旅游规划、政策研究专家分3个小组分别赴桂林、黄山、三亚考察学习3地实施政府主导、旅游业市场化运作及开发模式等方面的成功经验，为理清昆明市下一阶段旅游业发展思路提供借鉴；由市委杨崇勇书记、市政府王文涛市长等主要领导带队，按照旅游发展环境、旅游景区建设、旅游接待服务体系、旅游宣传营销和旅游发展宏观政策5个专题进行调研，广泛接触企业、专家、游客和相关部门人员，听取他们对昆明市旅游业存在问题、发展政策等方面的意见和建议，掌握5个领域发展的基本情况；调整充实市旅游产业领导小组，领导小组直接由市长任组长，市委、市政府分管领导任副组长，充实了领导小组成员单位，加强领导小组对旅游业的领导和协调职能。

【旅游软硬件建设】　GMS会议是2005年在昆明召开的重大国际性会议，旅游部门紧抓GMS会议的契机，加快全市旅游咨询服务体系建设步伐，完成17台多媒体触摸屏旅游信息查询系统的铺设工作，进一步强化旅游咨询服务机构的信息咨询、线路推荐等旅游服务功能，为游客提供全面、准确的旅游信息服务；旅游厕所建设取得突破性进展，旅游厕所作为旅游发展环境配套建设的重点内容，按照市政府的有关要求，全市主要景区点和旅游集散地的28座1～5星级旅游厕所全部纳入2005年度的工程建设范围，至年底，其中22座已完成建设任务并通过验收；加强对城市主要道路和重要旅游场所标识标牌的检查管理工作，按照市迎接GMS会议旅游文化服务和整治分指挥部的安排部署，对照《中国优秀旅游城市检查标准》中“城市的现代旅游功能”语言环境提出的“城市主要道路有中英文对照的交通指示牌（方向）”要求，市民政局、市建设局、市城管局、市文化局、市质监局、市旅游局、市交警支队等部门组织人员对市区主要交通干道等重点地段的标牌设置内容、中英文对照等进行检查，对存在问题进行整改。

【协办第七届中国国际旅游交易会】第七届中国国际旅游交易会于2005年11月24～27日在昆明国际会展中心举行。本届旅交会共有81个国家和地区参展，3 100余家旅游各领域、各类型的商家参会，共设国内展台1 268个、国际展台696个，有1 186名海外买家前来洽谈业务，旅交会的国际影响力日益增强。作为东道主，昆明市对办好此次国际旅游交易会高度重视，建立市政府主要领导挂帅的专门领导机构和工作班子，制定详细工作方案，分解细化工作任务；认真组织招展、布展和宣传促销，提高昆明的知名度和影响力；加大城市环境营造，有序推动市容市貌整治及旅游市场综合管理工作，保证了本届旅交会的顺利召开；积极推进旅游区域的交流和合作，成功接待海外买家团和国内重要来宾；积极配合，做好各项综合保障工作。在国家旅游局和省组委会的指导和帮助下，完成各项任务，云南省交易团对昆明参展团富有成效的工作予以了肯定，昆明市被评为“最佳组织奖”、“优秀展台奖”两项殊荣。

【老景区升级和新产品开发】 老景区的提升改造取得进展。由文化、旅游、国资等部门共同组成课题小组，研究并提出云南陆军讲武堂的旅游开发方案。这一项目待市政府审查认可后正式进行旅游产业开发，将成为昆明市较为重要的文化旅游项目之一。同时对云南民族村进行战略性重组改造，该项目已经完成引入战略合作伙伴的前期工作并正在进行对外招标。西山、大观楼申报国家4A级景区工作取得重要进展，并已完成市级推荐和省级初评工作。

旅游新产品和项目开发建设步伐加快。针对旅游产品单一、旅游项目开发滞后的局面，积极推进一批对昆明市未来旅游产业结构升级有重要意义的文化和生态旅游项目。富民伽峰山苗族文化园和晋宁郑和宝船两个项目已正式列为省市两级文化产业建设重点，并正在争取文化产业和贷款等方面的优惠政策。禄劝、寻甸两县把红色旅游开发建设作为当地旅游业发展的重点项目之一，至2005年底，项目规划工作及经费申报工作都在积极进行中，争取2006年正式启动建设。轿子山旅游开发建设全面推进，公路交通设施、景区接待服务设施和转龙旅游小镇建设进展顺利，市政府专项补助资金已拨付到位，为各项建设任务按时完成提供了前提。

【旅游规划编制工作】 在2004年完成《昆明旅游二次创业实施纲要》的基础上，按照市政府领导的要求，组织专家对《实施纲要》进行充实完善和修订；组织拟订《昆明旅游业“十一五”规划》提纲，正式启动“十一五”规划的起草和编制工作，截至2005年底，“十一五”规划草案已经完成；以轿子山为重点，围绕轿子山沿线旅游景区点、旅游乡镇、基础设施、救援保障措施等内容，对北部五县区的旅游资源及相关问题进行多次调查研究，起草并上报《昆明至轿子山沿线一期旅游开发方案》；各县（市）区根据现代新昆明建设需要及四区区划调整情况，邀请专家、学者对当地旅游发展状况进行重新定位，进行“十一五”规划编制的前期准备。

【开拓海内外旅游客源市场】 积极开展年度旅游主题促销活动。根据国家旅游局确定的年度旅游主题（2008北京奥运旅游宣传主题年），并结合昆明市的实际，在全市范围内征集、整合、编印《2005昆明旅游系列活动项目》、《昆明旅游》（中英、中韩、中日）、《中国昆明轿子山》宣传册及《体验昆明》、《昆明康体旅游指南》、《昆明旅游文史》等书籍。举办“迎接世界旅游日——相约春城，体验昆明”宣传展，为海内外旅游者和广大市民推出了特色鲜明、形式活泼、丰富多彩的各类旅游资源和文化活动。

加强城市形象品牌宣传，积极开拓海内外旅游目标客源市场。根据昆明旅游目的地功能定位及丰富的旅游资源，调整营销策略，先后组团参加中国昆明旅游商品交易会、中国国内旅游交易会、亚泰国际旅游博览会、广州博览会、纪念郑和下西洋600周年庆祝活动等十余次国内外举办的重要旅游会展活动及促销活动，有效宣传了昆明市的旅游资源。

发挥媒体和社会各界作用，强化宣传促销力度。为扩大影响，增强昆明旅游在国内外市场的吸引力和影响力，旅游行政主管部门有针对性地邀请法国航空公司电视记者、意大利电视记者、新西兰知名作家及国内有影响力的记者对昆明进行体验、报道。通过采访、撰写、拍摄、著书等形式，全方位宣传昆明旅游。编印“新昆明、新形象”旅游特刊，大力宣传昆明。同时组织“走进奇彩东川，文化艺术创作团”67人踏勘轿子山、红土地进行艺术创作，从较高层次为下一步轿子山旅游宣传作准备。

打造会展品牌，认真办好一系列节庆活动。按照市政府确定的“培育品牌，打造精品”的要求，精心策划并完成中国昆明国际文化旅游节的组织实施工作。市和县（市）区旅游主管部门及有关部门相互支持和配合，共同组织并完成“中国昆明民族风格时装赛装节”、“中国昆明花卉节”、“百龙闹春龙狮大赛”、“中国昆明原生态体育文化旅游节”、“东川小江泥石流汽车越野赛”、“郑和下西洋600周年庆祝活动”、“GMS旅游文化月”等活动，这些活动的实施有效提升了节庆会展活动的影响力和知名度，为城市品牌营销增添新亮点。

加强区域合作，构建联合促销平台。加强区域合作是2005年旅游宣传

昆明市旅游产业发展大会 （市旅游局 供稿）

促销工作的一个突出特点。按计划，市、县两级旅游主管部门先后组织和参加了在昆明举行的“第四届滇东南喀斯特旅游协作区”、“第二届滇中南亚热带风光风情旅游协作区”年会，还参加了在玉溪召开的“第一届滇中南亚热带风光风情旅游协作区年会”、“旅游企业供需见面会”，“滇东南喀斯特景观旅游协作区在桂林召开的旅游推介会”，广州泛珠江三角洲旅游协作年会，长沙南方旅游城市协作年会等。在长沙的旅游城市协作年会上，昆明市与南方各旅游城市签订《中国南方旅游城市合作宣言》及《中国南方旅游城市协作体章程》，加强了与南方优秀旅游城市的旅游合作和西部旅游城市合作。昆（明）迪（庆）合作项目完成援助香格里拉县尼汝生态旅游景区建设、援建香格里拉永胜村希望小学等工作。同时，长江三角洲、珠江三角洲等国内主要客源地的合作也取得积极进展，截至2005年底，开发昆明、辐射云南地州（市）和中国西部的精品旅游线路已基本形成。

努力构建旅游联合促销体系，制定宣传促销奖励机制，充分依托旅游企业、国内外大旅行社和旅游组织的作用，对重点客源市场进行针对性营销。

经过认真调研，市旅游局拟订《昆明市旅游宣传促销奖励办法》，使之形成政府主导、企业参与、内外联动的整体促销态势，努力扩展旅游宣传促销空间。同时昆明旅游咨询部门也发挥了积极作用，在建立城市旅游信息平台，提高城市旅游咨询服务水平方面做了大量工作。

【旅游服务质量规范】 按照惯例，组织开展2004年度旅行社年检工作，完成193家国内旅行社业务年检，并对94家国内旅行社换证、变更业务工作进行审核处理，评出国内旅行社综合10强，并予授牌，增强了旅行社的竞争意识和忧患意识；组织开展2004年度导游人员年审工作，对全市5 114名导游进行年审，并对通过年审的4 400名导游IC卡进行刷卡处理；按照国家《旅游饭店星级评定标准》规定，强化旅游饭店质量管理，对部分四星级以下酒店进行复核和评定。

【旅游市场治理整顿】 加强旅游市场监管力度，规范企业经营行为，把规范旅行社、旅游汽车、导游人员的经营和服务行为作为全年监察工作的主要内容，把严厉打击“黑社”、“黑车”、“黑导”和规范“一日游”经营活动，打击取缔各种非法经营行为作为监管工作的重点，指导企业建立诚信经营、满意服务的行业准则，较好保证旅游市场秩序的规范和优化；加大旅游投诉的管理和旅游案件的审理，1～10月接受重大旅游投诉31起，一般性旅游投诉和旅游咨询电话12 000起，协调理赔30 644元，审结旅游投诉案件26件，罚没金额8万余元，旅游案件比2004年同期下降15%；加强旅游安全工作的监督和管理，旅游行政部门和旅游监察部门积极与公安、消防、卫生、交通、质监等部门协调配合，把对旅游行业的消防安全、食品卫生安全、旅游交通安全、景区索道安全的监督和管理作为一项经常性的工作任务，强化督促和检查，认真抓好落实。2005年全市范围内没有发生重大旅游安全事故，一般性旅游事故也低于往年。

【三个“黄金周”旅游接待】 为保证“黄金周”旅游接待的圆满完成，市假日旅游协调领导小组对“黄金周”早计划、早安排，“黄金周”前期加大旅游市场整治力度，旅游监察部门及交通、公安、交警、工商等单位加大联合执法力度，对旅游市场进行全面治理整顿；市假日旅游协调领导小组“一室四中心”提前进入工作状态，精心策划，认真做好各项准备，确保“黄金周”旅游接待各项工作的到位；市假日协调领导小组及各成员单位，坚持值班，加大市场监管力度，旅游监察部门坚持24小时值班并与110、120电话联动，确保“黄金周”期间出现的各种问题得到及时有效解决；做好假日统计预报工作，及时向全国和省假日办报送接待情况，统计工作有条不紊、信息准确无误；加大假日旅游市场整治和旅游投诉处理，三个“黄金周”期间，共出动市场检查人员528人次，共接听旅游咨询投诉电话1 834起，实现2005年度“黄金周”旅游接待健康、安全、秩序、质量“四统一”目标。

【旅游立法取得新进展】 随着新《云南省旅游条例》颁布，2005年，市旅游局在原有相关旅游法规规章的基础上，根据轿子山景区资源状况及其在昆明旅游业发展中所处的环境和地位，经过认真调查研究，进行了《昆明市轿子雪山保护和管理条例》的制定，《条例（草案)》已进入省人大审议批准程序。《昆明市乡村旅游服务管理办法》已制定完成并将颁布实施，旅游法规建设取得新进展。

【旅游教育培训】 2005年旅游教育培训工作围绕队伍素质、行业管理、旅游执法、市场开拓以及宣传促销等主要工作及业务特点，以解决管理部门的执政能力建设、队伍素质建设为重点，以全面提高旅游业员工的整体素质和水平为目标。强化旅游管理部门的教育和培训工作，邀请国家旅游局政策法规司原司长、中国社会科学院旅游研究中心研究员魏小安到昆明进行现代旅游知识专题讲座，邀请云南省旅游局局长罗明义教授进行云南（昆明）旅游现状、地位及未来发展趋势专题讲座，极大拓宽了全市旅游管理人员的眼界；近300名旅游管理人员参加国家及省、市各级各类素质提高培训，增长了知识，提高了工作水平和能力；常规教育培训工作取得重要进展，全年共完成常规培训19期，参训人数达7 786人次，其中完成导游年检培训4 222人，完成新导游岗前培训1 000余人，完成新导游取证培训1 150名，完成旅游车驾驶员培训350人，完成其他导游人员培训1 000余员；为迎接GMS会议，举办导游人员泰语学习培训班，除国际、国内旅行社导游人员外，参加培训的还有负责接待GMS会议的五星和四星级宾馆饭店、昆明会展中心的服务人员、部分大专院校泰语语种的导游学员，人数达220多人。

嵩明、安宁等旅游行政主管部门，饭店、导游、旅游交通等旅游行业组织、旅游企业，针对当地情况及行业特点组织大量的教育培训工作，为全市旅游人才队伍建设及旅游从业人员的素质提高奠定了基础。

旅游热线推介

花都园林浪漫游

世博园—金殿—黑龙潭—植物园；圆通山—圆通寺—翠湖公园。

历史文化民族风情游

大观楼—西山—云南民族村；近日楼—金马碧鸡坊—真庆文化广场—昆明市博物馆—官渡古镇。

自然景观一日游

九乡—石林

康体休闲生态一日游

筇竹寺—郊野公园—团结乡滑草场；呈贡斗南花市—乡村高尔夫球场—春城湖畔高尔夫球场。

都市欢乐购物游

近日楼—金马碧鸡坊—顺城街商业区—景星花鸟市场；近日楼—金马碧鸡

坊—螺蛳湾批发市场—尚义花市—七彩云南。

都市逍遥美食游

北大门美食娱乐街；世博吉鑫“宴舞”、翠湖休闲娱乐区。

精品旅游线路

东川：

红土情梦幻画中游；泥石流奇观探秘之旅。

寻甸：

国家级森林公园钟灵山—登山寻秘，古寺残椽、塔林赫然；凤龙湾景区—溪流寻幽，听瀑布群虎啸龙吟，看苗姑歌舞别具风采；牛栏江休闲漂流—戏水寻趣，饱览农家田园风光；万亩草原北大营—纵马寻情，领略回归自然的神韵，体验绿色生态之旅；清水海—碧波荡漾，舒展胸襟，感受自然。

晋宁：

郑和故里一日游；盘龙古寺一日游；柏柳庄丽荷生态园一日游；双河乡核桃园彝家乐一日游。

富民：

富民休闲度假游：白花山庄、明熙苑度假山庄、伽峰山庄乡村营地、龙腾苑度假山庄；乡村自然生态游：永定马场、乡村果园生态游；线路推介：昆明—安宁温泉—安宁青龙峡—富民螳螂川峡谷—富民各景区点—西山区仙桥洞景区—昆明；昆明—宜良各景点—禄劝—武定狮山—昆明。

安宁：

自然生态温泉旅游；休闲生态观光旅游：青龙峡风景区、玉龙湾东南亚文化影视城、三炷香公园；线路推介：一日游线路　A线：昆明—玉龙湾影视基地—安宁城区—安宁温泉—昆明；B线：昆明—安宁城区—温泉青龙峡—富民—昆明。二日游线路　昆明—玉龙湾影视基地—安宁城区—温泉—青龙峡—富民—昆明。

禄劝：

轿子雪山奇观生态探秘之旅；禄劝冬瓜河二日游；禄劝大白水瀑布户外二日游。

盘龙区：

真庆文化广场。

呈贡县：

一日游线路推介：昆明—斗南花街—三台山公园—果园—昆明；昆明斗南花街—三台山公园—梁王山旅游区—昆明；昆明—斗南花街—三台山公园—七彩云南—昆明；昆明—乡村高尔夫—七彩云南—昆明。二日游线路推介：昆明—三台山公园—万溪冲农家乐；万溪冲—斗南花街—昆明；昆明—斗南花街—三台山公园—梁王山旅游区（土林孔雀岛天鹅湖）；梁王山旅游区—山观三海—昆明。

官渡区：

历史古镇一日游；生态农业一日游。

昆明市旅游精品线路推介：

石林—九乡喀斯特地貌游；西山—民族村—大观楼民族风情游；金殿—世博园—黑龙潭精品园艺游；陆军讲武堂—东西寺塔文化街—金马碧鸡坊—真庆文化广场历史文化游；安宁温泉—青龙峡康体休闲游；团结乡—卧云山农业生态游；官渡古镇—斗南花卉市场文物赏花休闲游。

（叶　莹　刘智晖）

云南民族村

【景区简介】　云南民族村位于昆明市西南郊的滇池之滨，占地面积89公顷，是中华人民共和国国家民族事务委员会文化宣传司首批民族文化工作联系点、国家首批AAAA级旅游景区、CIOFF中国委员会民间传统文化基地。

云南民族村主要景观有傣寨白塔、白族大理三塔、彝家图腾柱、纳西东巴文化、佤族木鼓、布朗族婚俗、基诺族太阳鼓、拉祜族芦笙舞、雪域高原的藏族佛寺、哈尼族的龙巴门、德昂族的龙阳塔、景颇族的木脑纵歌、壮族的铜鼓文化、摩梭人母系社会形态、亚洲群象表演、女子骑巡队、普洱留香茶艺馆、民族风味美食、民族文化、民俗展示等。

云南民族村以云南众多少数民族所共有的茶文化为资源，依托村内的民族文化氛围，建设民族茶文化大观园，反映以云南最有特色的普洱茶为主的地方茶文化以及国内外著名的茶文化，让游客亲历茶叶的展示、制作、加工、营销过程，增添游客的游兴和对民族茶文化的深度体验。云南民族村将努力完成对其余阿昌族、普米族、傈僳族等12个民族村寨的建设，使云南民族村成为真正的“民族文化大观园”。

【年度收入概况】　云南民族村2005年游客量122.42万人次，比2004年同期增长6%；总收入比2004年同期增长15%；实现利润比2004年同期增长28%。上缴所得税352万元，同比增长24.7%。2005年旅游节期间接待团队33 594人次，占总游客数的19.78%，比上年同期上浮近4.5个百分点。2005年火把节期间共接待游客71 075人，与2004年同期接待游客人数、门票收入相比，分别增长74.4%和74.7%。

【年度接待统计】　2005年1～12月，配合上级有关部门完成接待任务共120次，累计人数1 636人。主要是以云南省政府外事办公室、昆明市政府外事办公室、云南省军区外办等单位接待为主。一级警卫接待3次，分别是库克总理和汤加副首相一行、印尼前总统一行、全国人大常委会副委员长顾秀莲一行。二级警卫接待3次，分别是韩国副

云南民族村傣寨白塔　（陈玉婷　供稿）

2005年环球小姐中国赛区总决赛在云南民族村举行　（陈玉婷　供稿）

总理兼科技部长吴明一行、老挝副总理一行、尼泊尔重要外宾一行。2005年1～12月，共举办专场晚会11场，参观人数累计达1 370人。

【新建工程项目】　云南民族村对总长4.5千米的景区道路进行全面翻新、整治，主干道全部采用青石板铺设，铺设面积近32 000平方米。更换主游路沿线的路灯及各村寨内景观灯，配合村寨表演需要配备背景音响系统。对村内十多个建成多年的村寨进行翻新修缮；加强园林绿化改造和管理，引入专业公司承担景区环卫保洁，新增一批供游客休闲娱乐的亭阁、石桌凳、绿化小品等设施。主游路改造完成后，村内电瓶车能够通达全村各景点；新建导游接待中心、咖啡屋、傣寨孔雀苑、大象表演看台，扩建骑巡队马场，使景区硬件设施更加适应旅游市场需求，景观质量大幅度提升，景区面貌焕然一新；新建云南民族村广播系统、电视监控系统，大大提高游客旅游时的安全系数，加快旅游信息的传播速度。

【宣传力度】　2005年，云南民族村加大宣传促销力度，投入资金150余万元。充分利用媒体力量，通过领导专访、景区活动介绍等方式向社会展示民族村。2005年在各类报纸上的宣传报道150余条，平均每隔3天就有民族村的信息在报纸上出现，加上电视、广播的宣传广告，大大提高了民族村的曝光率，使云南民族村的经营取得明显成效。

（陈玉婷）

石林风景名胜区

【概　况】　2005年，石林风景区全年共接待游客221.7万人次，同比增长6%，其中国内游客199万人次，同比增长3%，海外游客22.7万人次，同比增长44%，比2004年净增11.7万人次。石林管理局全年创直接收入1.67亿元，同比增长11%，其中门票收入1.6亿元，同比增长11%；全县旅游经济总收入5亿元，同比增长15.56%；圆满完成县委、政府安排的各项目标任务。

【打造世界知名品牌】　申报世界自然遗产是石林人民多年的愿望，十多年来，石林县人民为此进行了不懈努力。按国家建设部的指示，石林纳入“中国南方喀斯特”遗产申报，石林县积极争取省、市各级党委、政府的重视和支持，举全县之力，组建了强有力的遗产申报工作组，借鉴2004年申报世界地质公园的成功经验，按政府搭台、专家策划、共同运作的方式，科学组织实施。同时，于2005年4月起着手进行5A级旅游景区和创建“全国文明风景旅游区”的申报工作，省、市文明委检查了石林申报“全国文明风景旅游区”工作，得到好评和肯定。

【营销石林成效显著】　利用报刊、电台、电视台、广告公司等多家媒体，多形式进行宣传，提供播出石林旅游新闻30多条；在《新华每日电讯》、《中国旅游报》、《春城晚报》、《假日旅游》、美国《侨报》、法国《欧洲时报》等报刊刊登石林旅游宣传形象广告、景区介绍等；与云南电视台、中央电视台、香港阳光卫视、澳门莲花卫视等媒体合作拍摄播出《石林之夜》、《石林篇》6集撒尼系列专题片、《阿诗玛》专辑等15部石林旅游宣传片；先后与吉林、杭州、广东、广西、法国、意大利的电视媒体合作，免费拍摄播出石林纪录片、风光风情片，多渠道宣传，扩大石林在东南亚及欧洲的影响；与广告公司合作，以昆明、北京、上海为中心，在客源量较大的机场、火车站等发布石林旅游形象广告，播放宣传片；制作并展出设于景区内的《石林旅游》、《石林风貌》和《局活动掠影》专栏展版8期。组织人员参加首届中国景区博览会暨中国景区宣传月活动、2005第七届北京旅游咨询展暨王府井旅游文化节、2005第三届中国上海国际风景名胜区暨旅游供应商展览会、上海豫园中国日（节）——云南民俗风情展演暨滇东南喀斯特精品之旅活动、厦门首届海峡两岸旅游博览会、“自名导游赞罗平”竞赛活动、2005中国（桂林）国内旅游交易会、2005年（昆明）中国国际旅游交易会、在北京举办的“科学看云南”科普画廊会展等宣传营销活动。同时，在中央电视台春节联欢晚会上，石林代表云南省向全国人民拜年，在春节期间举办“2005年昆明市原生态体育旅游项目现场会暨启动仪式”，举办2005年“环球小组”大赛中国赛区总决赛《石林之夜》现场拍摄活动，并冠予单项奖“石林最具人气小姐奖”。积极配合参与2005中国昆明国际文化旅游节活动，成功举办2005年中国石林火把节活动、2005“石林之夜”中秋交响音乐晚会、昆明市第八届少数民族传统体育运动会等，多渠道、全方位地宣传营销石林，成效显著。

【科学规划】　科学规划是石林旅游业持续健康发展的保证。通过几年的努力，石林风景区管理局完成《石林风景名胜区总体规划（修编）》，按申报遗产要求完成《石林风景名胜区管理规划》编制，编制完成《石林风景名胜区（世界地质公园）大叠水景区退耕区生态恢复与景观恢复实施方案》，完成《石林旅游发展规划》编制，完成《长湖、大叠水景区的保护性规划》初稿编制；《石林生态建设规划》正在积极编制中，

石林风景区 （石林风景区管理局 供稿）

与新加坡CPG集团签约，委托进行石林风景区保护与开发战略性研究，为科学编制各项规划，保护旅游资源，建设、改造、提升和扩大石林游览区奠定了基础。

【完善设施和改善环境】 完成游客接待中心建筑面积近4 000平方米的主体工程；积极推进石林旅游服务区中区的开发建设，聘请国内外专家对原设计方案进行创新设计；昆石公路、九石阿公路、西石公路交会处环岛工程已全面动工，确保与西石公路同步投入使用；完成景区电网改造工程，实现景区全部电网入地；完成石林主景区有碍景观设施第一期拆迁改造工作，并按总体规划要求修建游路设施，整治环境，扩大景区容量，第二期拆迁改造工作顺利进行。

完成石林世界地质公园特级保护区退耕还林、造林、绿化的总体规划；完成景区生物多样性调查建档工作；大叠水景区完成造林区域绿化；景区内种植各种苗木1.2万株，轮换摆放草（花）15万盆；提升了景观品位，改善了景区环境。

【数字景区建设】 景区数字化是石林风景区与世界接轨和创世界名牌的重要基础。在原设备与网络运行正常，实现网络联通与共享上网的基础上，正进行“数字石林”的可行性研究和工程建设方案论证，停车场智能管理系统、视频管理系统工程建设已完成并投入使用。

【强化资源保护】 加强景区资源保护网络建设，完善4级资源保护网络。及时召开涉及保护区内的7个乡镇、30个村民委员会、72个自然村的领导座谈会，与30个村民委员会签订《石林风景名胜区资源保护责任书》，采取专项资源保护费补助方式，解决了保护区内群众和集体的根本利益，充分调动各级保护组织的积极性，完善资源保护的规章制度，层层落实，责任到人。对保护区内村民私挖乱采铁矿石的行为进行严厉打击，全年乱采石案件共发案4起，私挖铁矿石发案3件，均已进行严肃处理。

【强化安全生产】 全面落实安全生产目标责任制，确保旅游安全万无一失。年初与景区43家责任单位签订《2005年旅游安全生产目标责任书》，签订率100%；每月开展一次景区旅游安全生产大检查，对发现的安全问题进行督促整改；每月召开一次安全生产工作会议。全年重大旅游安全事故为零。

【标准化管理】 继续完善“三标一体”国际标准化管理，针对体系运行中出现的一些新问题，对部分程序文件进行修改完善，并整理汇总各处室作业文件，形成石林风景区管理局全体员工的指导性文件《作业指导书汇编》；充分调动全局职工进行环境因素和危险源识别，并邀请相关部门人员进行评价，提高员工对环境因素及危险源识别、评价和控制能力；按程序规定在全局范围内进行内部审核、管理评审，确保体系运行的有效性、可行性；11月，顺利通过深圳鹏程国际认证公司第三次监督审核。

（钟文佑）

九乡风景名胜区

【景区简介】 九乡风景名胜区是国家重点风景名胜区、国家AAAA级旅游区，国际洞穴协会会员。风景区总面积为277.8平方千米，位于云南昆明市境内，距昆明90千米，距石林风景名胜区28千米，是独具特色的国际观光型喀斯特地质公园。

九乡风景区溶洞景观 （九乡风景区管理局 供稿）

2005年昆明市雨季开始的特点是：全区雨季开始日期较常年偏晚至特晚，1998～2004年连续7年雨季开始偏早的趋势自此中断；全区各地陆续进入雨季，雨季开始日期最早和最晚的地区相差半个月。

5. 主汛期降雨正常稍多，大雨暴雨次数较常年偏多

2005年主汛期昆明降雨量达615毫米，较历史同期偏多23毫米，属正常略多。各县（市）区中降雨最多的地区是嵩明达804毫米，最少的地区是东川为387毫米。与历史同期相比，大部地区降雨量属正常稍多，其中嵩明、寻甸降雨量较历史同期属偏多，宜良、石林、安宁、西山较历史同期正常稍多，富民、西山略多，禄劝、呈贡、晋宁、东川较历史同期稍少。

昆明地区2005年主汛期降雨量及与历史同期比较

	昆明	禄劝	富民	嵩明	宜良	石林	呈贡	晋宁	安宁	西山	东川	寻甸
2005年（mm）	615	561	547	804	607	591	418	507	603	692	387	767
历史平均（mm）	592	575	507	576	509	529	463	514	529	687	392	589
比较（mm）	23	－14	40	229	98	62	－46	－7	74	5	－6	178
距平百分率（%）	4	－2	8	40	19	12	－10	－1	14	1	－1	30

6月，全区大部地区降雨正常偏多、气温特高。7月降雨分布不均，北部地区偏多，中部和南部地区偏少，气温较常年偏高。8月单点大雨暴雨较为频繁，全区气温正常稍高，大部地区降雨属正常至偏多，日照时数较历史同期偏少幅度较大。6月上旬、7月上旬和下旬是主汛期的三个高温时段，全区性的降雨过程较少，日照较多。6月中旬、7月中旬和8月上中旬是主汛期降雨的高峰时段，局部地区出现了洪涝灾害并诱发泥石流、山体滑坡等地质灾害，冰雹、大风、雷电等气象灾害也时有发生，造成城区部分地区积水，部分乡镇的房屋被毁、农作物受到损失，一些地区出现人员伤亡。7月19日昆明地区出现了中到大雨局部暴雨的大气，其中禄劝24小时降雨量达95毫米，这也是2005年全区日降雨量最大的一次，暴雨造成掌鸠河水位迅速上涨，洪水淹毁了沿岸数千亩农作物，屠宰场生猪被淹死，灾情涉及禄劝县的6个乡镇，当地水库出现险情，禄撒公路中断，损失严重。8月10日寻甸县出现日降雨量达91毫米的暴雨，城关乡沙坝塘村六组的7名村民在干完农活回家途中突遭山洪暴发，导致5人死亡1人受伤。8月全区共出现大雨以上的站次共计33次，较常年同期23次偏多了四成，其中昆明城区接连出现了6场较大的降雨，部分道路和小区多次被淹。全区主汛期共出现大雨和暴雨82站次，较常年同期偏多了15站次。

昆明地区2005年主汛期大雨以上次数统计及与历史同期比较

（单位：次数）

	昆明	禄劝	富民	嵩明	宜良	石林	呈贡	晋宁	安宁	西山	东川	寻甸	合计
2005年6月	2	2	2	2	3	2	1	2	2	2	0	3	23
2005年7月	2	2	2	5	3	2	1	2	1	2	1	3	26
2005年8月	5	1	5	1	4	2	2	3	3	4	0	3	33
合计	9	5	9	8	10	6	4	7	6	8	1	9	82
历史同期	6	6	5	6	6	6	4	5	5	8	4	6	67
比较	3	－1	4	2	5	1	0	2	1	0	－3	3	15

2005年主汛期昆明市降雨正常稍多，对水库蓄水有利，东北部地区嵩明、寻甸等地降雨偏多，特别有利于松华坝水库的蓄水。主汛期全区大部地区长时间气温较高，大春作物生长期热量充足，尤其是7月上旬和下旬全区大部气温偏高，日照时间较长，有利于大春作物的中期生长。但7月中旬出现阴雨寡照天气，导致水稻孕穗期出现冷害，空秕率增加；8月全区日照较常年偏少幅度较大，8月下旬冷空气活动较为活跃，全区出现了连阴雨天气过程，东北部的寻甸县连续出现低温天气，达到当地的水稻抽扬期低温冷害的标准，大春作物的光合作用受到影响，是导致2005年大春作物减产的又一个原因。主汛期暴雨洪涝集中发生在作物旺长期和产量质量形成期，其危害程度属中等略偏重。

6. 9月下旬出现连阴雨，9～10月全区气温偏高降雨偏少

2005年9月昆明月平均气温为19.3℃，较常年偏高1.6℃，降雨109毫米，较常年偏少一成。各县（市）区大部地区气温正常至偏高，除禄劝、寻

旬外大部地区降雨偏少。9月上中旬气温偏高、日照时间长，有利于提高大春作物的千粒重和单产。9月下旬22～30日的9天中，昆明累计降雨量55毫米，累计日照时数仅12小时，达到秋季连阴雨的标准，对大春作物的收晒有一定影响。

10月昆明气温为16.9℃，偏高1.8℃，降雨91毫米，较常年属正常。各县（市）区大部气温较常年偏高，降雨则较常年偏少。10月降雨偏少对大春作物收晒有利，下旬24日和29～30日大部地区下了透雨，对改善土壤熵情和小春作物按节令适时播种提供了水分条件。

昆明地区2005年9～10月气温与降雨量及与历史同期比较

	昆明	禄劝	富民	嵩明	宜良	石林	呈贡	晋宁	安宁	西山	东川	寻甸
九月平均气温（℃）	19.3	18.9	19.3	18.1	20.2	19.8	18.5	18.0	18.8	15.3	22.7	18.3
历史同期（℃）	17.7	19.0	18.8	17.2	19.5	18.6	17.6	17.6	17.9	14.8	22.5	17.4
比较（℃）	1.6	－0.2	0.5	0.9	0.7	1.2	0.9	0.4	0.9	0.5	0.2	1.0
九月降雨量（mm）	105	148	83	135	48	54	48	60	85	108	79	209
历史同期（mm）	122	127	108	134	113	118	89	103	105	143	97	139
比较（mm）	－17	21	－25	1	－65	－64	－41	－43	－20	－35	－18	70
距平百分率（%）	－14	17	－23	1	－57	－54	－46	－42	－19	－25	－19	50

续　表

	昆明	禄劝	富民	嵩明	宜良	石林	呈贡	晋宁	安宁	西山	东川	寻甸
十月平均气温（℃）	16.9	16.6	17.1	15.7	17.7	17.4	16.2	15.9	16.3	13.0	19.5	15.7
历史同期（℃）	15.2	16.3	16.4	14.3	16.8	16.1	15.0	15.2	15.1	12.3	19.3	14.5
比较（℃）	1.8	0.3	0.7	1.4	0.9	1.3	1.2	0.7	1.2	0.7	0.2	1.2
十月降雨量（mm）	91	61	46	58	116	66	66	69	53	62	52	91
历史同期（mm）	87	90	70	80	80	73	72	76	74	106	71	84
比较（mm）	4	－29	－24	－22	36	－7	－6	－7	－21	－44	－19	7
距平百分率（%）	5	－33	－34	－28	44	－10	－8	－9	－28	－42	－26	8

7．全区雨季于9月底至10月初结束

2005年昆明雨季于10月5日结束，较常年属正常稍早。各县（市）区中，富民、石林、呈贡、西山等地在9月下旬结束，这些地区雨季结束较常年偏早了10～15天。昆明、禄劝、嵩明、晋宁、安宁、东川、寻甸在10月上旬结束，较常年属正常稍早。宜良由于10月降雨量偏多，中到大雨的降雨过程较多，其雨季结束日期直到10月31日，是全区2005年雨季结束最晚的地方。

2005年昆明地区各县（市）区雨季结束期

	昆明	禄劝	富民	嵩明	宜良	石林	呈贡	晋宁	安宁	西山	东川	寻甸
雨季	10月	10月	9月	10月	10月	9月	9月	10月	10月	9月	10月	10月
结束日	5日	5日	23日	5日	31日	24日	24日	4日	4日	29日	8日	6日

8．11～12月气温偏高，12月下旬南支槽带来丰沛降雨

11月上旬气温特高，8～9日受南支系统影响全区出现了一次明显的降雨过程，昆明、安宁、西山出现了大雨，其余地区为小到中雨。中旬大部地区气

温正常，部分地区气温正常稍低，降雨偏少，18～21日受冷空气影响出现阴冷天气。23日全区出现了一次小到中雨的天气过程。全区11月气温偏高，大部地区降雨偏少、日照较常年稍多。

12月上旬昆明市以晴好天气为主，气温特高。中旬冷空气活动过程较多，昆明静止锋较为活跃，全区阴冷天气较多，部分地区气温较常年同期偏低。下旬23～27日受南支波动影响，昆明市为阴间多云有阵雨天气，26和27日的降雨较大，26日全区小雨局部中雨，27日大部地区出现大雨，这场全区性的大雨在昆明市12月的气候历史上是少见的。昆明27日的日降雨量达36毫米，石林、安宁、寻甸27日的降雨量超过了各自有气象记录以来12月的日最大降雨量。此次降雨过程对缓解昆明市冬季旱情、增加土壤墒情、降低森林火险等级较为有利。12月气温偏高，降雨特多。

昆明地区2005年11～12月气温和降雨量及与历史同期比较

	昆明	禄劝	富民	嵩明	宜良	石林	呈贡	晋宁	安宁	太华山	东川	寻甸
11月平均气温（℃）	13.0	12.5	12.5	11.6	13.6	13.6	12.5	12.1	12.2	9.9	16.9	11.6
历史同期（℃）	11.5	11.8	12.2	10.3	12.7	12.2	11.3	11.5	11.0	9.0	16.0	10.6
比较（℃）	1.5	0.7	0.3	1.2	0.9	1.4	1.2	0.6	1.2	0.9	0.9	1.0
11月降雨量（mm）	39	6	13	21	22	3	13	12	43	48	4	13
历史同期（mm）	39	33	33	40	41	44	37	42	36	50	29	38
比较（mm）	0	－27	－20	－19	－19	－41	－24	－30	7	－2	－25	－25
距平百分率（%）	0	－82	－60	－47	－46	－93	－65	－72	19	－4	－86	－66
12月平均气温（℃）	10.2	9.8	10.2	8.3	9.9	9.6	9.5	9.4	9.6	6.9	11.7	8.2
历史同期（mm）	8.2	8.1	8.6	7.1	9.0	8.7	8.1	8.3	7.7	6.3	12.8	7.4
比较（℃）	2.0	1.7	1.7	1.2	0.9	0.8	1.3	1.1	1.9	0.6	－1.1	0.8
12月降雨量（mm	38	17	19	42	41	63	27	35	37	44	16	37
历史同期（mm）	13	10	12	13	14	15	12	14	11	18	8	11
比较（mm）	25	7	7	29	27	48	15	21	26	26	8	26
距平百分率（%）	189	62	54	233	193	331	124	149	225	140	91	229

【业务质量不断提高】 气象探测方面：全年全市无重大责任事故，地面测报错情率为0.1‰，辐射错情率为0.0‰，探空五项指标达标，无错情，农业气象测报错情率0.0‰。

气象通信与预报服务方面：昆明地区小图报发报及时率依然保持在全省前列，2月份和3月份昆明地区的小图报及时率都为99.94%和100%，保持全省第一，其余月份的及时率也均保持在99.66%以上，均名列全省前5名以内；汛期雷达观测天数和发送有关雷达产品拼图资料均在98%以上，雷达通信系统故障率低于0.4%。

在全市气象探测职工的共同努力下，2005年全市的气象业务测报质量保持了较高水平，全市共有52人取得了地面测报上岗证；12个台站百班验收及业务检查，共有36个百班通过验收，获得了省局百班无错情奖。

【气象决策服务】 2005年市气象局共发布《昆明农业气象信息》36期，专题服务13期，《农业综合信息》32期，共600余份，对避免和减轻重要天气过程造成的灾害起到了积极作用，完善了市气象局的气象服务体系，提高了决策气象服务的准确度。

在短期气候预测中，根据小春作物生长和大春作物播种期间的气候特点、雨季开始及汛期气候趋势等气候情况，向市政府及有关部门提供及时的预测预报和气象情况反映；准确预测了冬季气温趋势、倒春寒、夏季低温、秋季连阴雨、年气温、1～4月降雨量、主汛期降雨量等关键期天气；年降雨趋势预测基本准确。雨季开始以后，每日向市政府农业处、秘书处、政府值班室、市委六处及水利局、防汛办、滇管局等单位提供雨情服务。遇有“三性”天气时，及时向市政府及有关部门通报，并做好跟踪服务。在已发的11期《昆明地区气象情况反映》及9期《昆明地区天气快报》中，向政府有关部门通报了各种气象情况，包括：1月下旬天气实况反映：2005年元月下旬气温偏高到特高，其中31日最高气温全区普遍突破有记录以来的历史极值；3月出现倒春寒天气情况反映：3月2～4日昆明地区出现降温降雨，局部降雪的天气，全区达到了倒春寒标准；9月22～29日出现的秋季低温连阴雨天情况反映；昆明地区初夏旱情况反映：2005年初夏旱情是1997年以来最重的一年。获得了各级政府的好评和认可。

【气象防灾、减灾服务】 由于2005年全市气候异常，雨季开始较晚，针对严峻的抗旱形势，市委、市政府多次召开紧急会议，安排部署抗旱工作。3月1日，安宁市率先开展人工增雨工作以降低森林火险等级，禄劝首次开展人工增雨，为云龙水库蓄水提供保障，随后石林、嵩明、宜良、晋宁等7个县相继开展了人工增雨工作。经统计，全市40个增雨作业点共作业280余次，发射炮弹951发，作业效果都极为明显，极大地缓解了全市旱情。

2005年昆明市人工增雨作业效果较为显著的是官渡区宝象河水库。5月28日测量水库水位高程为2 036.68米，水库存水量仅有356.56万方，不到丰水年最高库容量1 900万方的18.8%，水库径流区5月降水量仅为16.2mm，但经过历时152天的艰苦作业后，水库水位高程为2 048.52米，除去6月～10月28日正常供水390.77万方外，还逐步增加了1 059.35万方，是5月蓄水量的近3倍。松花坝流域阿子营、白邑开展的人工增雨作业，在昆明站降雨与历史同期相比偏少的情况下，松花坝蓄水仍达到9 000多万方，为今冬明春城镇生产生活用水提供了一定保障。

【公益气象服务】 为了让社会公众能够得到准确、及时的天气预报信息，市气象局每天通过网络为《云南信息报》、《生活新报》、《都市时报》3家单位提供24小时短期预报、36小时白天夜间分时段天气预报、5日滚动中期天气预报、24小时全国预报、48小时全国预报、云南地州天气预报、云南主要风景区预报、昆明城市环境预报、世界天气预报、东盟10国天气预报等十类共23份预报产品，预报内容丰富，形式多样。还于7月开播数字电视《天气预报》栏目，设置昆明地区气候特点、24小时天气预报、生活气象级数、中期天气预报、气象小知识、景区天气预报、旅游气象资讯、气象资料等8个版块内容，成为第一批昆明本地制作的数字电视栏目之一。这些形式多样的公益气象服务贴近群众生活，受到广大观众及市民的欢迎和认可。

【专业气象服务】 在专业气象服务方面，市气象局坚持以用户需求为导向，以用户的满意度作为评价专业气象服务优劣的标准，认真做好专业气象服务。2005年，围绕在昆明举办的“郑和下西洋600周年纪念活动”、“中国国际旅游交易会”、“大湄公河次区域经济合作第二次领导人会议”（GMS）等重大国内国际会议，市气象局积极做好会议期间的气象服务；8月，与民航昆明新机场项目筹备组签订了《关于嵩明小哨民用机场自动站建设及气象条件观测评估合同》；在浑水塘新建了6要素的自动气象观测站，建立了人工观测网点，开始进行数据采集等前期工作，观测期限一年。及时到位的专业气象服务保证了这些活动和建设项目的顺利进行，受到了广大用户的一致好评。

【编制“十一五”气象事业发展规划】 按照省局、市委、市政府及市发改委的要求，市气象局成立了以局领导牵头的“十一五”规划编制领导小组，组织有关职能处室、直属单位和相关部门，紧密结合做好规划专题深化研究、起草工作，紧密结合中国气象事业发展战略研究成果，依据中国气象局关于《气象事业“十一五”发展规划编制实施意见》、《气象事业“十一五”发展规划专题研究实施意见》和《云南省“十一五”气象事业发展规划方案》以及《昆明市国民经济和社会发展第十一个五年计划纲要》进行编制，把贯彻和体现“三个气象”的发展理念作为规划的主线，进一步明确“十一五”期间重点任务、重点领域、重点工程，经多次研讨，反复修改，形成《昆明市气象事业发展“十一五”规划》框架，将发展战略落实、细化到具体可操作的业务和项目建设中。同时，积极参与相关的农村经济、突发事件、防灾减灾、民用卫星、新能源和可再生能源、生态环境、水资源综合利用等领域的专项规划编制工作。按照“成熟一个，建设一个”的原则，统一规划、统一布局、统一标准、统一协调，有步骤地推进8项重点工程建设，主动争取将气象事业发展项目纳入当地经济社会发展规划中。

【人才培养与科研】 2005年，市气象局新聘任工程师4人，申报中级职称的9名专业技术人员已全部取得工程师任职资格；申报高级职称的3名专业技术人员有2人取得高级工程师任职资格。共有1人被评为昆明市中青年学术和技术带头人后备人选，使全局的“昆明市中青年学术和技术带头人后备人选”人数变为2人；1人被选为官渡区科学技术协会委员；4人被推荐参加“云南省科普人才”评选。

2005年完成课题项目1项，在研课题项目1项。作为主要完成单位完成的课题《昆明市农业与气象数字化服务系统研究》获2005年昆明市科技进步三等奖。论文《对农业气象服务方法的认识》发表在《云南气象》2005年第1期；论文《昆明市暴雨强度公式分析》、《蚕豆生长季温度定量指标域的研究》参加云南省气象学会交流。论文《紫外线强度模型研究》获昆明市第八届自然科学优秀论文二等奖。

在新研制的“雷达产品自动接收应用系统”中，专门为从事“人工降雨、人工防雹”的广大地、县气象局增添了“炮点、雹云位置测定”作业指挥信息。完成了省局气象科技青年基金《云南省新一代天气雷达拼图业务系统》，并于6月中旬开始对省、市气象台、省局业务处、省局装备中心以及部分地州市气象局提供试用。

不断加强通信系统建设，3月完成了全市光纤网的建设，开通了全市IP电话；以可视会商系统建设为契机，根据网络拓扑结构，整合网络资源，规范网络管理，加强客户端防病毒监控和防火墙管理；将办公网和兴农网的维护纳入统一的网络管理。

【监测网络建设】 在市政府及各县政府的支持下，经过多方争取和努力协调，昆明市由首批50个自动雨量站和10个多要素无人自动气象站组成的监测网络基本建成，已在安宁、寻甸、嵩明完成了自动雨量站的安装，多要素自动站已安装4台，另有6台尚在安装之中。监测网络有效地提高了昆明市的雨情实时监测水平以及中小范围和局地性灾害天气的预测能力，为昆明市气候资源、山地资源开发、农业结构调整以及生态旅游建设规划等提供了科学依据，对开展人工增雨防雹、防洪抗旱、气象水文业务研究、水库蓄水、农业生产指导等都有着重要的作用。

【昆明气象基准站搬迁】 昆明气象基准站因气象观测环境受到严重破坏，失去了气象要素的“代表性、准确性、比较性”的要求，经中国气象局和云南省气象局、市气象局考察、选址、论证，征得昆明市规划局同意，决定昆明站搬迁至昆明市南郊草海生态公园内。昆明气象站搬迁项目设计总用地面积6 666.7平方米，总建筑面积751.2平方米，框架结构，8度抗震设防。功能含基准自动站和探空雷达改型相配套的功能用房，总体布局呈园林庭院式，设计分为3个区域：业务用房区、业务值班区、观测区。经过周密的计划，昆明站的搬迁工作已经进入了业务试运行阶段，探空L波段雷达于11月初在新站落户，已进入平行观测阶段；地面站的搬迁工作也正在紧密进行之中，已进入了仪器安装阶段。

【加强执法队伍建设】 市气象局于2005年4月成立昆明市气象局行政执法支队，并建立健全执法支队工作制度，杜绝了有案不查、查处不力等行为，全年查处违法案件30余起。同时，加强执法培训，全局职工已有91人获得执法证件，占本地区职工总数的80%。

【贯彻实施《气象探测环境和设施保护办法》】 《气象探测环境和设施保护办法》颁布后，中国气象局、建设部对《办法》的贯彻实施十分重视，要求在全国范围内开展气象探测环境和设施保护标准备案及执法等工作。昆明市气象局领导十分重视，与市规划局、市建设局联合下发了关于转发中国气象局、建设部《关于加强气象探测环境保护的通知》的通知，要求各县（市）区气象局、建设局、规划局围绕《气象探测环境和设施保护办法》，结合本地区实际，加强领导，周密安排，认真组织做好气象探测环境和设施保护标准的备案及执法工作。通过保护标准的备案及执法，进一步增强了全社会保护气象探测环境和设施的意识，形成“建设项目各方主动保护气象探测环境和设施，全社会共同监督”的良好局面。

【首次召开防雷听证会】 昆明市气象局于2005年8月4日举行了首次“气象行政执法听政会”，主要内容是按照相关法律法规，对开发商小区防雷装置未经验收便擅自投入使用的违法行为进行行政处罚。听证会经过证人证言、当事人申辩和双方辩论等环节后，昆明市行政执法支队对开发商的违法行为依法作出行政处罚决定，并当场下发行政处罚决定书，开发商接受了处罚并进行了整改。

【首次开展多部门防雷安全专项联合执法检查】 昆明市气象局针对昆明市防雷工作开展的实际情况，于9月27～28日，由市防雷减灾办牵头，联合市政府法制办、市公安局、市消防支队、市规划局、市安监局等6个部门组成综合执法队，在全市范围内对涉及房地产、娱乐、教育等和人民生命生活密切相关的行业，进行了防雷安全执法检查，这也是昆明市第一次会同有关部门就防雷安全的专项活动开展大检查，同时邀请了多家媒体全程跟踪报道。联合执法检查组对云南江东房地产集团有限公司、师专附中、锦华国际酒店等被抽查的8家单位进行了认真的检查后，按照检查中暴露的问题提出了整改措施。

此次联合执法活动对昆明市防雷安全工作是一个有力的推动，既宣传了防雷安全知识，又提升了气象部门的社会形象，促进了社会管理职能的进一步完善。截止11月底，全市防雷受检单位共960家，完成新建建（构）筑物图纸审核280个（其中昆明4区199个）、施工监督及竣工验收项目92个。

【首次推出报灾有奖活动】 为了及时了解雷击事故造成的灾害，杜绝雷灾隐患，昆明市防雷减灾办和市防雷设施检测所联合于7月27日开通报灾电话0871－4160327，推出报灾有奖活动，并在昆明市《生活新报》等媒体上对这一措施进行了大力宣传，市民凡发现雷击灾害可以拨打电话，一经查实将对信息提供者给予30至50元的奖励。还在各大报纸进行了大量宣传，在《昆明日报》设立专版，详细介绍了有关防御雷电灾害的法律法规、防雷机构的职责。

【规范国有资产管理】 在2003年国有资产统计工作的基础上，2005年对全市气象部门2004年固定资产进行了清理统计，全市正式开始使用固定资产管理系统，按要求全部录入“中央行政事业单位固定资产管理系统”，借助数据库技术实现对资产购置、日常管理、处置等环节实行全过程动态管理，使管理简便易行、省时省力，为部门资产的宏观调控和有序流动提供条件。同时，为规范昆明市气象部门国有资产的管理，下发了《气象部门固定资产管理暂行办法》、《气象部门房地产权管理暂行办法》，逐步实现管理工作的规范化、制度化。

【加强安全管理，提高气象灾害预警能力】 坚持“安全第一，预防为主”的安全生产工作方针，组织制定了《昆明市气象局安全生产责任状考核细则（试行）》和《昆明市气象局2005年安全生产责任状考核表》。各县（市）区气象局、各直属单位与市局签订了《2005年昆明市气象局安全生产责任状》并认真贯彻落实，做到了一把手亲自抓安全生产工作。

不断提高气象灾害预警能力，制订《昆明市重大气象灾害预警应急预案》，对《昆明地区气象灾害数据库》进行校对和补充，11个县区市的12种气象灾害都已校对补充完成，加强气象灾情收集上报，做好气象灾害评估。该系统的业务投入将对昆明地区灾害性天气的预报提供必备的基础资料，为相关气象服务提供及时的背景资料和翔实数据，促进气象灾害业务的标准化和现代化。

认真学习市政府和省局关于安全生产的有关文件，按要求在全市气象部门范围内先后三次开展安全生产大检查，督促各单位对存在的问题进行切实整改，排除安全隐患，杜绝了安全生产责任性事故的发生。

完善车辆安全管理制度，保证行车安全。定期对车辆进行检修、维护；对日常公务用车，严格执行管理办法及派车制度，日常行车做到专人专车，保证公务用车和行车安全。单位与行车驾驶员签订《车辆行车安全责任书》，增强驾驶员的安全意识和责任感。

加强消防安全管理，为认真做好消防安全工作。根据季节特点，春季主要抓好防火安全工作，定期检查消防工作，与相关单位负责人签订《消防安全、治安综治责任书》，落实消防安全工作逐级责任制。积极开展安全生产大检查，促进安全生产工作。

【加强文明创建，开展机关作风评议】 市气象局2005年继续保持省级文明单位称号，8个县局继续保持市级文明单位称号，2个县局创建文明单位成功，文明单位创建率达100%。

根据市委机关作风评议领导小组办公室的部署，市气象局积极动员，有计划有步骤地开展机关作风评议活动，向市五大班子、市级各部门、各有关服务对象、新闻媒体、社会公众和基层业务单位发放《昆明市气象局征求意见表》100多份，就市气象局在气象业务、气象服务、气象科普宣传、气象行政执法、行风建设等方面的工作广泛征求意见和建议，并将回馈意见进行了归纳整理，及时向局党组作汇报。

（姚　愚　刘　祎）

社会科学

【召开昆明市社科界构建社会主义和谐社会理论座谈会】 为深入学习、研究和宣传社会主义和谐社会的伟大理论，昆明市社科联于3月15日举行了昆明市社科界构建社会主义和谐社会理论座谈会，省、市社科界的专家、学者及市社科各学会、社科院（所）的理论工作者50余人参加了会议，特邀了市委宣传部、市人大、市政协领导出席了会议。与会的领导、专家就和谐社会与社会主义本质、和谐社会理论与科学发展观、构建和谐社会的理论意义和现实意义、政府在构建和谐社会中的作用、昆明在构建和谐社会中的理论与实践问题，社会科学研究在构建和谐社会进程中的作用等进行了热烈的交流和探讨。市委宣传部领导总结了会议交流的主要内容，提出了昆明市社科界在学习、宣传、研究构建和谐社会中的具体要求。

【组织召开“和谐社会·平安昆明”理论研讨会】 昆明市社科联、社科院与昆明市政协共同组织于5月26日召开了“和谐社会·平安昆明”理论研讨会，特邀请省内外政协领导，社科界有关专家、教授、学者，昆明市委、市政协、县（市）区政协领导和有关专门委员会、研究室的领导及昆明市社科界专家、学者120余人出席会议。昆明市政协主席徐之信在会上作了重要讲话。中共昆明市委副书记、市委政法委书记田云翔作了《深化认识，突出重点，充分发挥人民政协在构建和谐社会中的作用》的讲话，中共昆明市委常委五华区委书记高劲松作了《关注外来务工群体，努力构建和谐五华》的讲话。中共昆明市委常委、宣传部长张红苹，昆明市人大常委会副主任寸镇洋出席了会议。会议共收到论文70多篇，内容十分丰富。与会领导、专家、学者就和谐社会的理论创新，和谐社会的本质要求，构建和谐社会是基本问题，和谐社会的实践与理论意义作了交流。对昆明的贫富差距，城乡差距和地区差距问题，“三农”问题，就业问题，社会保障体系问题，城市管理问题，城镇居民住房难，非公经济就业劳动者合法权益保护问题，群众上访问题，民族、宗教问题，公共安全应急体系问题，思想道德问题，外来务工群体问题等作了分析和研究，指出这些问题只有在构建和谐社会·平安昆明过程中逐步解决。同时，对走向和谐社会的通道、充分发挥政府在构建和谐社会中的作用、努力扩大就业，健全社会保障体系、解决党政机关工作人员腐败问题、加强城市管理、建设生态文明村、发挥工会在建立协调稳定的劳动关系方面的作用、加强思想道德建设，营造良好的社会氛围、加强公共安全应急体系建设、创新外来务工人员教育、服务和管理机制、用科学发展观指导生态建设等提出了建议，对昆明市构建“和谐社会·平安昆明”具有重要的参考价值。

【组织开展纪念郑和下西洋600周年活动】 2005年7月昆明市社科联、昆明郑和研究会、昆明老干部书画协会组织开展了纪念郑和下西洋600周年书法、绘画展示活动。共征集评选参展作品150余幅，先后在晋宁郑和公园、昆明藤泽友谊馆展出。这些作品，充分展示了郑和敢为天下先，不畏艰险，克服重重困难，奋力拼搏的创业精神；勇于开拓、扩大对外开放，爱国爱乡的敬业精神。在历时15天的展览中观众达5 000余人，在广泛征求参观者意见的基础上，评委会共评选出70余幅作品分一、二、三等奖，给予了表彰奖励。7月26～27日，昆明市社科联、昆明郑和研究会组织召开了纪念郑和下西洋600周年理论研讨会。来自全国部分大中城市社科界、大专院校和云南省多年从事郑和研究的专家、学者共65人出席了研讨会。省社科联和市委宣传部领导出席了会议并向大会致辞。云南省郑和研究会副会长朱惠荣教授，副秘书长马颖生等省内外专家、学者在会上作了学术成果交流。通过学术交流，使我们更加缅怀伟大的航海家郑和，他历时28载、七下西洋的壮举，开创了中外航海史、外交经贸史上的先河；对郑和七下西洋在造船技术、航海线路、定位指南、仓储运输、医药技术、农桑栽培、经贸往来、对外开放与交流作出的多项杰出贡献形成了共识。

【召开纪念抗日战争胜利60周年理论研讨会】 为纪念抗日战争胜利的伟大功绩，昆明市社科联、社科院和云南省中国近代史研究会共同于8月25日组织省、市社科界专家、学者，社科院各研究所、社科各学会工作者60余人召开了纪念抗日战争胜利60周年理论研讨会。会议由昆明市社科联主席龙东林、副主席余文斌、云南省中国近代史研究会会长吴宝璋共同主持，昆明市委、市人大、市政府、市政协有关领导出席了会议。会议共收到论文30余篇，省党史办副主任赵晓澜、云南大学教授徐康明，云南师范大学教授吴宝璋等专家、教授作了学术交流。中共昆明市委常委、宣传部长张红苹在致辞中指出：抗日战争对昆明产生了重大影响，为适应抗战的需要，昆明的城市规模、交通设施、产业基础、文化教育事业都得到了空前的大发展，在那场正义与邪恶殊死搏斗的战争中，昆明人民向世界、向国人充分展示出的团结奋斗、不怕牺牲、勇往直前的精神，是今天昆明精神的重要来源，是那个时代的昆明人用智慧、意志、汗水和鲜血浇灌出来的宝贵精神财富。它从一个侧面展示了“春融万物、和谐发展、敢为人先、追求卓越”的精神。

【召开纪念昆明建城1 240周年理论研讨会】 按照市委八届六次全会关于纪念昆明建城1 240周年的决定，进一步扩大对外开放，充分展示和宣传昆明历史文化名城的内涵，昆明市社科联、社科院于10月25日组织召开了纪念昆明建城1 240周年学术研讨会。昆明市社科学会、社科院（所），省、市历史学、历史地理学、考古学、建筑学等方面的专家、学者60余人出席了会议。专家、学者阐述了公元765年，南诏置拓东城一事，在刻于公元766年的国家级文物《南诏德化碑》和成书于公元8～9世纪间的《蛮书》等文献中有明确记载，是昆明有确切历史记载的开始；被国务院公布为第二批文物保护单位的地藏寺经幢（又为大理国经幢）从历史的角度见证了昆明城市发展的历程，古经幢的来历，印证了现今昆明城市的雏形——始于南诏、大理时期拓东城最初形成的史实；在文献相互印证的基础上，在城市建设中，沿盘龙江两岸，在原建城的城址上，发现了多处南诏时期文化层，其中有大量的黑色黏土文化层和具有丰富史料价值的文物，发掘出土的大型建筑材料以及生活用品充分表明当时拓东城已是一个具备了相当军事、政治、经济功能的都市型城市。南诏兴筑拓东城后，自南诏王凤伽异开始，历代国王都亲自巡驻拓东城，大量移民迁至滇池沿岸。随着拓东城的兴盛，云南省的政治中心开始东移，拓东城成为南诏的“东京”和“上都”。滇池地区的政治、经济、文化中心也从滇池东南的昆阳—晋城一带向地势平坦的拓东城转移。拓东城奠定了昆明城市发展的格局，在云南城市发展史上占有极为重要的位置。历史文献记载、考古实物佐证、碑刻文字确切，充分证明了昆明建拓东城至今城市建设已有1 240年。纪念昆明建城1 240年，就是要从多元文化、多种民族和谐相处的开放变革的历史经验中寻找昆明市发展的历史规律，为建设现代新昆明续写光辉灿烂的篇章。

【开展评选昆明历史上三个“十大”活动】 按照昆明市委决定，为开展好纪念昆明建城1 240周年活动，昆明市社科联、社科院按照昆明市委宣传部的具体要求，与《都市时报》联合承办开展了评选昆明历史上“十大历史事件、十大历史建筑、十大历史名人”活动。

评选三个“十大”其时间界定为上自有文献记载的春秋时期，下自中华人民共和国建国。内容兼顾各个不同时期和不同领域的事件、建筑和人物。自6月初至10月16日截止，历时近5个月时间，以省、市历史学、考古学、历史地理学、建筑学方面的权威专家、学者为主撰稿，同时向社会广泛征集参评文稿。活动共收到参评文稿141件，事件类文稿44件，建筑类文稿38件，名人类文稿59件。经《都市时报》专版连续刊发后，受到社会各界的高度关注，很多读者纷纷给报社打电话、写信、发短信或询问评选事项、内容和要求，积极推介和提供重大事件、名人、名建筑的相关资料。据不完全统计，截至10月16日，为此次活动给报社的来信、来电、来稿已超过2 000余件，社会反响较大。在媒体公开评选的基础上，10月19日，昆明市社科联、社科院、《都市时报》共同组织了有关专家对三个“十大”展开了热烈的讨论，在反复比较斟酌后，按照少数服从多数的原则，投票表决，最后确定的评选结果是：

十大历史事件：庄蹻入滇、南诏建拓东城、元在昆明设省会、南明政权移都昆明、修筑滇越铁路和石龙坝电站、护国首义、开辟滇缅公路与驼峰航线、西南联大等校在昆建校、一二·一运动、昆明起义。

十大历史人物：赛典赤·瞻思丁、郑和、兰茂、钱沣、孙髯、担当、蔡锷、聂耳、龙云、缪云台。

十大历史建筑：南诏大理塔幢（东西寺塔与地藏寺经幢）、筇竹寺、圆通寺、曹溪寺、金刚宝座塔、太和宫金殿、大观楼、西山历史建筑群（龙门石窟、三清阁、太华寺、华亭寺）、云南陆军讲武堂、胜利堂。

三个“十大”的评选突现了昆明历史文化名城的内涵，为纪念昆明建城1 240年注入了重要内容，为昆明精神的张扬奠定了史料基础。

【召开纪念护国运动90周年理论座谈会】 2005年12月25日是云南护国起义90周年纪念日，昆明市社科联与云南省中国近代史研究会于12月22日共同组织举办了纪念护国运动90周年理论座谈会。省市大专院校、党校，社科界的专家、学者、有关社科学会研究人员，市委宣传部、市人大、市政协、市志办领导共60余人出席了会议。

为反抗袁世凯复辟帝制，1915年12月25日，云南宣布独立。蔡锷、李烈钧、唐继尧分任护国军一、二、三司令，开赴讨袁战场。在他们的推动下，全国反袁浪潮高涨，黔、桂、粤、川、陕、湘、浙等省宣告独立，北洋军人心涣散，袁世凯陷入众叛亲离、四面楚歌的境地，1916年3月，被迫取消帝制。云南首发护国起义，是云南近代史上的大事，也是中国近代史上的大事。孙中山给予了护国起义最为公正的评价：“云南起义，其目标之正确，信心之坚强，士气之昂扬，作战之英勇，以及民心之振奋，响应之迅速，与黄花岗之役，辛亥武昌之役，可谓先后辉映，毫无轩轾，充分表露中华民族之正气，使筹安丑类胆战心惊。”云南护国起义，是中国近代史上罕见的关键性的历史转折点，它奠定了中华民族的复兴，谱写了云南近代史上最辉煌的篇章，是云南历史文化的最亮点，它所表现的为广大人民利益挺身而出的爱国主义精神、不畏强权敢为天下先的无畏精神、为正义事业甘于牺牲的奉献精神，体现了“先天下之忧而忧，后天下之乐而乐”的传统道德精髓，是一笔最宝贵的精神财富。弘扬“护国”精神，继承光荣传统，对振奋军心民心，增强民族凝聚力，构筑先进文化，促进生产力发展，有着不可估量的价值。

【开展国际学术交流】 2005年3月，市社科院接待了来访的韩国中央研究院国际部的负责人员，双方就开展学术交流的有关事项达成了意向协议。7月，韩国中央研究院邀请昆明市社科院龙东林院长就云南多民族文化的长期共存现象作一研究论文。论文经韩国中央研究院推荐入选韩国“世界生活文化论坛”。“世界生活文化论坛”是一个国际性的学术组织，参加本次论坛的有来自24个国家和地区的80多位学者。9月2～7日，龙东林院长一行应论坛主办单位邀请赴韩国首尔参加国际学术会议。会议期间龙院长发表了题为《云南多民族共存现象背后的制度安排》的论文，并就论坛的主题“东亚民族的共存与发展”问题发表了演讲。龙东林院长的论文和演讲受到韩国媒体的关注，韩国MBC电视传播集团主办的“亚洲教育论坛”邀请龙东林等4位中、美、日、韩的学者参加电视访谈节目。韩国“公民权利论坛”也就云南少数民族文化的保护问题专门邀请龙院长到该论坛作学术交流报告。

【承办2005年全国城市社会科学院院长联席会议】 2004年全国城市社科院院长联席会议决定2005年全国城市社科院院长会在昆明举行，由昆明市社科院承办。为办好此次会议，市社科院专题向市委作了请示，得到市委有关领导的高度重视。10月18～19日，上海、南京、深圳、广州等全国24个城市的140余位代表参加了会议。中央宣传部理论局、中国社会科学院有关领导到会指导。会上，中宣部理论局邵文辉介绍了“马克思主义理论创新工程”的最新进展，中宣部指导全国哲学社会科学研究工作的基本思路和国家社科基金的立项情况。中国社科院机关党委副书记高翔在会上做了重要讲话，详细介绍了中共中央政治局常委会听取中国社科院工作汇报的情况和中国社科院“十一五”发展规划的要点。与会的全国城市社科院院长交流了各地贯彻中共中央（2004）3号文件的情况，研讨了社科院的科研工作和管理工作，探讨了在新形势下社科院体制改革的思路与做法。

【年度社科规划课题招标立项与评审验收】 2005年初，制定发布了《2005年度社科规划课题指南》。到3月25日止，共向社会征集66个课题，经社科规划办领导初审，确立了31个课题在《昆明日报》上专版公开发布。至6月10日共收到42个课题按程序正式申报。7月1日召开了昆明市社会科学学术委员会，对申报课题进行立项评审，共有26个课题列入年度规划课题进行研究。按照课题管理规定将于2006年7～8月进行评审验收。

2004年立项研究的规划课题为37项，是“十五”期间最多的一年，截止2005年11月15日，组织专家评审验收26个，占总课题的70%，尚有11个课题将于2006年一季度评审验收。

【完成重大事项和活动的调研撰稿任务】 昆明市社科联、社科院按照市委要求，完成了代市委起草的《繁荣和发展哲学社会科学的实施意见》修订稿；组织有关人员撰写了以市委、市政府名义在《云南日报》、《昆明日报》上专版发表的《纪念义勇军进行曲诞生暨聂耳逝世70周年纪念》文章；撰写和参与起草了省委常委、市委书记杨崇勇的5份重要文稿；撰写了市委常委、宣传部长张红苹在纪念抗日战争胜利60周年大会上的讲话稿；撰写了纪念昆明建城1 240周年理论专辑文稿。

【开展重大科研课题研究】 紧密结合市委、市政府中心工作，开展了《平安昆明创建的理论与实践》系列研究课题；完成了《五华区外来务工人员教育、服务、管理体系》课题，五华区已付诸实施。完成了《西山区产业发展布局研究》、《2005年昆明市经济社会发展春季报告》、《2005年昆明市经济社会发展秋季报告〈蓝皮书〉》；完成了《昆明水源区保护政策措施调研》的分担任务；组织完成了昆明市发改委下达的《“十一五”期间昆明促进非公经济发展的战略思路》、《“十一五”昆明现代物流业发展研究》；完成了大型多媒体光碟《中国历史文化名城——昆明》的出版；完成了昆明市社科院《昆明社科研究》创刊出版发行工作。启动了撰写编辑《当代中国城市发展·昆明卷》前期工作、《昆明历史文化名城信息系统》课题的前期技术工作、《宜良县文化产业发展规划》研究、《“十一五”昆明哲学社会科学发展规划》、大型文化图书《中国历史文化名城——昆明》编辑出版工作、《现代新昆明流动人口管理研究》、《昆明人口发展战略研究》、《昆明在“两廊一圈”中心的地位、作用与功能研究》等工作。

【学会工作】 2005年，全市社科各学会以邓小平理论和“三个代表”重要思想为指导，围绕市委、市政府的中心工作和挂靠单位工作实际，认真贯彻党的十六大四中、五中全会精神，全面学习贯彻落实中央、省委《关于繁荣发展哲学社会科学的实施意见》，按照省、市委宣传部、省社科联安排，开展了以“三项学习教育”活动为核心的理论学习和宣传工作。昆明市社科联于9月份召开了全市45个学会秘书长会议。进一步检查落实开展“三项学习教育”活动的情况，安排布置了两年一届评选表彰先进学会、学会先进工作者和关心支持学会工作的好领导等事项。“三项学习教育活动”极大地提高了广大社科工作者的政治理论水平，使学会工作更加健康有序、蓬勃发展。

各学会充分发挥学科特点，团结和依靠社科工作者，广泛开展了对在改革开放中，特别是现代新昆明建设中出现的新情况、新问题的调研工作，以及科普、咨询服务活动。充分发挥座谈会、理论研讨会和报刊园地，交流和展示科研成果，为党委和政府提供有价值的决策参考。据不完全统计，2005年全市社科学会、协会、研究会召开理论研讨会50多次，社科工作者撰写论文1 500多篇在各种会议、报刊上发表交流。举办报告会、专题学科和学术讲座50多场。各学科知识竞赛10多次，科研成果展览10多场。特别是与有关学科学会主办的“昆明社科学会茶文化、茶产业理论研讨会”、“昆明市社科学会农村商品流通工作研讨会”等，主题明确、内容丰富，与会专家、学者交流论文达35篇，为党委、政府和行业工作部门提出有价值建议45条。

为进一步总结、评比、表彰、奖励全市社科先进学会、学会工作者和关心、支持学会工作的好领导，推动昆明市社科学会健康发展，昆明市社科联于2005年12月19日召开了表彰、奖励大会，对2003～2004年在社科学会工作中做出突出贡献的昆明市社会化管理学会、昆明市民族茶文化促进会等20个先进学会，董新华、沈晓进等41名学会先进工作者，张显忠、杨建萍等19位关心、支持学会工作的好领导进行了表彰奖励。

（一）先进学会（20家，按材料申报先后排名）

社会化管理学会
教育研究会
妇女工作理论研究会
实用心理学研究会
图书馆学会
统计学会
家庭教育研究会
民族茶文化促进会
广播电视学会
思想政治工作研究会
法学会
党史学会
档案学会
审计学会
群众文艺学会
哲学、科学社会主义学会
财贸企业管理工作研究会
警察学会
民族理论研究会
延安精神研究会

（二）学会先进工作者（41人，按材料申报先后排名）

李建伟　王　瑞　杨　琼　贾玉华
张立英　郭绍华　栾　勤　鲁克聪
饶铁军　关学智　程志雄　汝　林
曾汝弟　张治图　张芳赐　沈晓进
何仕华　曹卫华　翟书华　兰娟娟
董新华　魏志刚　李锦荣　顾建英
俞菊美　董继荣　张顺朝　段　云
宋海昆　缪　雨　李德生　孙显义
段　经　段文龙　宋文学　冯　英
赵　昆　石东山　许　洪　周绍清
李淑芳

（三）关心支持学会工作好领导（19名，按材料申报先后排名）

昆明市劳动和社会保障局　副局长　李素荣

昆明市教育科学研究院　院长　饶又明

昆明市妇联　党组书记、常务副主席　郭跃红

昆明市文化局　调研员　秦桂珍

昆明市统计局　局长　徐晓青

昆明市实用心理学研究会　会长　罗云威

昆明市民族茶文化促进会　会长　张顺高

昆明市广播电视局　副局长　宋玉玲

昆明学院（师专）　党委委员、副校长　封海清

昆明市司法局　局长　杨建萍

中共昆明市委党史办　调研员　张光福

昆明市档案局　局长　李　蔚

昆明市审计局　调研员　王文兴

昆明市文化局　副局长　朱建国

中共昆明市委党校　党委书记、常务副校长　张显忠

昆明市财贸企业管理工作研讨会　会长　李天瑜

昆明市公安局　调研员　李　云

昆明市民委　党组书记、主任　赵殿桦

昆明市延安精神研究会　副会长兼秘书长　黄君坦

【编辑《昆明社会科学》】 昆明市社科联主办的《昆明社会科学》理论学术刊物，以邓小平理论和“三个代表”重要思想为指导，坚持科学发展观和正确的理论宣传导向，围绕市委、市政府中心工作，紧密结合昆明市经济、政治、文化建设和全面建设小康社会，推进现代新昆明建设的各项战略决策和理论与实

甸外大部地区降雨偏少。9月上中旬气温偏高、日照时间长，有利于提高大春作物的千粒重和单产。9月下旬22～30日的9天中，昆明累计降雨量55毫米，累计日照时数仅12小时，达到秋季连阴雨的标准，对大春作物的收晒有一定影响。

10月昆明气温为16.9℃，偏高1.8℃，降雨91毫米，较常年属正常。各县（市）区大部气温较常年偏高，降雨则较常年偏少。10月降雨偏少对大春作物收晒有利，下旬24日和29～30日大部地区下了透雨，对改善土壤熵情和小春作物按节令适时播种提供了水分条件。

昆明地区2005年9～10月气温与降雨量及与历史同期比较

	昆明	禄劝	富民	嵩明	宜良	石林	呈贡	晋宁	安宁	西山	东川	寻甸
九月平均气温（℃）	19.3	18.9	19.3	18.1	20.2	19.8	18.5	18.0	18.8	15.3	22.7	18.3
历史同期（℃）	17.7	19.0	18.8	17.2	19.5	18.6	17.6	17.6	17.9	14.8	22.5	17.4
比较（℃）	1.6	-0.2	0.5	0.9	0.7	1.2	0.9	0.4	0.9	0.5	0.2	1.0
九月降雨量（mm）	105	148	83	135	48	54	48	60	85	108	79	209
历史同期（mm）	122	127	108	134	113	118	89	103	105	143	97	139
比较（mm）	-17	21	-25	1	-65	-64	-41	-43	-20	-35	-18	70
距平百分率（%）	-14	17	-23	1	-57	-54	-46	-42	-19	-25	-19	50

续　表

	昆明	禄劝	富民	嵩明	宜良	石林	呈贡	晋宁	安宁	西山	东川	寻甸
十月平均气温（℃）	16.9	16.6	17.1	15.7	17.7	17.4	16.2	15.9	16.3	13.0	19.5	15.7
历史同期（℃）	15.2	16.3	16.4	14.3	16.8	16.1	15.0	15.2	15.1	12.3	19.3	14.5
比较（℃）	1.8	0.3	0.7	1.4	0.9	1.3	1.2	0.7	1.2	0.7	0.2	1.2
十月降雨量（mm）	91	61	46	58	116	66	66	69	53	62	52	91
历史同期（mm）	87	90	70	80	80	73	72	76	74	106	71	84
比较（mm）	4	-29	-24	-22	36	-7	-6	-7	-21	-44	-19	7
距平百分率（%）	5	-33	-34	-28	44	-10	-8	-9	-28	-42	-26	8

7．全区雨季于9月底至10月初结束

2005年昆明雨季于10月5日结束，较常年属正常稍早。各县（市）区中，富民、石林、呈贡、西山等地在9月下旬结束，这些地区雨季结束较常年偏早了10～15天。昆明、禄劝、嵩明、晋宁、安宁、东川、寻甸在10月上旬结束，较常年属正常稍早。宜良由于10月降雨量偏多，中到大雨的降雨过程较多，其雨季结束日期直到10月31日，是全区2005年雨季结束最晚的地方。

2005年昆明地区各县（市）区雨季结束期

	昆明	禄劝	富民	嵩明	宜良	石林	呈贡	晋宁	安宁	西山	东川	寻甸
雨季	10月	10月	9月	10月	10月	9月	9月	10月	10月	9月	10月	10月
结束日	5日	5日	23日	5日	31日	24日	24日	4日	4日	29日	8日	6日

8．11～12月气温偏高，12月下旬南支槽带来丰沛降雨

11月上旬气温特高，8～9日受南支系统影响全区出现了一次明显的降雨过程，昆明、安宁、西山出现了大雨，其余地区为小到中雨。中旬大部地区气

践问题，以倡导科学思想，推动理论创新，联系省情市情，探索实践规律为办刊宗旨，发表的理论文章涵盖了昆明市委、市政府、市人大、市政协重大决策事项，重大理论研讨会、重大纪念活动的领导讲话；涵盖了政治、经济、文化、教育、建筑、近代史、地方史、考古、行政管理、民族、宗教、社会、文学等多个学科。2005 年共编辑出版发行6 期（双月刊），刊登文章 135 篇，文字总量 120 余万字。《昆明社会科学》期刊，已成为昆明市社科界专家、学者交流科研成果，探讨理论共识的重要园地，成为市委、市人大、市政府、市政协领导联系社科界专家、学者，吸纳专家咨询建议的纽带和桥梁，成为昆明市社会科学界内容最丰富、质量最高，学术氛围最浓的理论学术刊物。2005 年被中国人民大学书报资料中心全文转载文章 1 篇，索引收录 5 篇 5 条。

【社科成果书籍编辑出版】 编辑了《昆明城市现代化建设研究》，全书共 42 万字；编辑出版了《2003 年度社科规划课题研究成果》；与市政协共同编辑出版了《和谐社会·平安昆明》研讨会文集；编辑《中华民族伟大复兴的历史转折》——纪念抗日战争胜利 60 周年理论研讨文集，以及《2005 年历史的辉煌》——纪念昆明建城 1 240 周年、郑和下西洋 600 周年、护国运动 90 周年理论研讨会文集。

【科普工作】 按照市委、市政府要求，市社科联积极组织参与市科技局、市科协、盘龙区共同于 2005 年 5 月 14 ~ 20 日举办的科学技术普及周活动：

组织科研院所、社科学会在东风广场开展了法律、家庭教育、昆明历史文化、昆明建城史、婚姻家庭、茶文化等咨询服务工作；组织昆明市社科界近年来研究出版的各类科研成果书籍 1 200 余册，向广大市民无偿献书，前来咨询和受书的市民达2 000人次。

开展科普进社区、进企业活动。5 月 16 日在拓东社区市规划局会议厅由市社科联主席、社科院院长龙东林主讲了“昆明历史文化保护”的专题讲座，并进行了多媒体演示，市规划局的工作人员、科研院所人员、大专院校学生、新闻工作、社区代表 50 余人到会听了讲座。5 月 17 日在昆明高新技术开发区举办了“企业文化建设研究”讲座，市社科联主席、市社科院院长龙东林就什么是企业文化，企业文化分为器物文化、制度文化和理念文化三个层面，为什么要建设企业文化，建设企业文化要处理好的几个关系等内容作了详细介绍。

开展科技下乡活动。按照市委、市政府关于昆明市松花坝水源保护区的有关规定，市社科联积极对水源保护区实施循环经济进行了课题研究。经调研选定了比较贫困、居住在山区的嵩明县百邑乡金钟村委会白龙潭小组，投资 8 万余元，为 22 户村民修建了现代环保沼气池，经施工单位近 3 个月的安装调试，市社科联与有关技术部门共同验收合格，使村民用上了干净卫生的沼气，解决了煮饭、烧水等问题。据估算，用上沼气灶，每年每户上山砍柴做燃料可减少三分之二，全村每年少砍柴达 110 吨，又可以做到还树于林，还绿于山。此举为松花坝水库水源保护作出了贡献，为水源区村寨实施循环经济提供了经验。

按照省社科联安排，组织昆明大学、昆明师范高等专科学校、昆明市委党校、昆明电视台、昆明广播电台、昆明广播电视网络中心、昆明日报、昆明市社会科学院（所）共 8 个单位进行调查研究，完成了全市哲学社会科学获得省、部级奖优秀成果、副高职称以上优秀人才建立数据库的前期工作。

（沈　德）

教育·文化

教 育

【概　况】　2005年，全市有幼儿园461所、学前班1 713个，在园在班儿童13.55万人，较上年增加846人；小学1 491所、教学点501个，在校学生47.04万人，较上年增加1.19万人；初中269所（含完中初中部和九年一贯制学校），在校学生19.21万人，较上年增加424人；普通高中83所，在校学生7.14万人，较上年增加7 573人；中等职业学校54所（含职业中专），在校生3.69万人，较上年增加8 008人，其中，市属普通中专6所，在校学生1.54万人，较上年增加7 400人；市属技校2所，在校生0.2万人；市属高校2所，在校学生1.3万人，较上年增加700人。

全市有省一级高完中17所，一级初中17所，一级小学43所，一级幼儿园61所；国家级重点职业学校7所，省部级重点职业学校4所，省级示范职业学校3所。

全市有中小学教职工45 435人，其中专任教师39 865人。教师的学历合格率分别是：小学97.64%、初中98.54%、高中93.88%。小学教师中，大专和大专以上学历占61.42%；初中教师中，本科和本科以上学历占54.29%。

【教育综合改革与发展】　2005年4月，省委、省政府在文山州、红河州召开教育综合改革现场会议后，昆明市认真学习贯彻落实会议精神。市委、市政府组织14个县（市）区主要领导、市有关部门领导赴文山、红河学习考察；市教育局也组织了各县（市）区教育局局长和市属学校领导到两州学习考察。

省委常委、市委书记杨崇勇对贯彻全省教育综合改革会议精神、推进全市教育改革与发展工作作重要指示："昆明市教育改革与发展一定要高标准、严要求，把目标瞄准北京、上海等教育发达地区。要缩小与先进发达地区的差距，就必须实现突破性的发展。实现突破性的发展，根本的出路在于改革。要从投融资体制、人事体制、分配体制、行政管理体制这些最实质的问题着手。把改革的重点放在高中阶段教育。"

市委副书记、市长王文涛指示："现代新昆明建设越来越需要大批各方面合格人才；广大人民群众对享有优质教育的愿望越来越迫切。昆明教育不仅要改，而且要改好。"

5月，市委、市政府成立昆明市教育综合改革领导小组，加强对全市教育综合改革与发展工作的领导。领导小组由市委常委副书记杨远翔任组长，市委常委、市委组织部部长张荣明、市政府副市长王奇英任副组长，有关部委办局负责人为成员。

6月3日，市委、市政府印发《关于推进教育综合改革试点工作加快我市教育事业发展的意见》，明确了全市教育综合改革的总体目标。6月17日，市委、市政府召开昆明市教育综合改革工作会议，确定五华区、安宁市、石林县为全市的试点地区，启动了教育综合改革试点工作。

7月8日，市教育综合改革领导小组印发了《关于推进体制机制创新，加快我市普通高中教育发展的实施意见》、《昆明市中等职业教育改革与发展实施意见》、《关于深化学校人事制度改革的实施意见》、《昆明市人才服务中心教育分中心工作实施意见》、《昆明市关于加快民办教育发展的实施意见》、《关于建立中小学贫困学生救助长效机制的实施意见》、《昆明市学校后勤服务社会化改革的实施意见》等配套文件。

7月15日，昆明市人才服务中心教育分中心正式挂牌成立，标志着新一轮教育系统干部人事制度改革正式启动。8月9日，昆明市教研室更名为昆明市教育科学研究院正式挂牌，为提高全市教育科研水平搭建了新的平台。

【学前教育】　学前教育作为九年义务教育的延伸，对提高九年义务教育的质量有重要作用。2005年，昆明市充分调动乡镇、村、社区和社会力量举办幼儿园的积极性，以发展农村幼儿园为重点，新建农村幼儿园20所，增收幼儿3 000余人，提高了农村幼儿园的入园率。全市幼儿入园、入班率由57%提高到60%。

【特殊教育】　坚持把特殊教育作为义务教育的组成部分同步规划实施，并给予重点扶持。2005年，投入1 000万元建成昆明盲哑学校综合教学大楼；东川区的联合国儿基会残疾儿童随班就读实施项目、盘龙区的残疾儿童随班就读支撑保障体系研究实验项目也顺利开展。全市有盲哑、工读、残智学校4所，12个残智辅读班，108个随班就读校点，在校学生2 200人，残疾儿童小学入学率为95%，初中入学率为85%。

【高中阶段教育】　高中阶段教育规模扩大。市级投入资金2 255万作为发展高中阶段教育专项资金，新建成高标准的安宁中学，启动了禄劝县一中迁建、寻甸县职业中学改扩建等一批高中阶段学校建设项目，组建了昆明市中等职业教育集团、石林县高中教育集团。2005年，全市初中毕业生6.15万人，高中阶段学校招生4.95万人（其中普通高中招生2.85万人，净增学位0.9万人；中等职业学校招生2.1万人，较上年增长24%），升学率79.69%，较上年提高5.34个百分点。优质普通高中规模进一步扩大，优质普通高中人数占普通高中招生总人数的46.5%，较上年提高6.7个百分点。

高中教育教学质量明显提高。2005年高考成绩喜人，学科奥林匹克竞赛成绩突出。全省普通高校报考人数149 934人，昆明市为20 731人，占全省的13.82%；考试成绩全省600分（不含加分）以上的人数共2 263人，昆明市为566人，占25.01%，较2004年的122人增加444人，增幅为全省第一；文科、理科、外语三类考生前10名的30名考生中，昆明市占17名，文科和外语类第一名均为昆明市考生。全市高考上线率达68.88%，较上年提高5个百分点，其中本科上线率48.67%（2004年为37.97%），专科上线率20.21%（2004年为23.72%）。2004学年度全国数理化三个学科奥林匹克竞赛中，昆明市参赛学生在云南赛区选拔中成绩优秀，代表云南省参加全国决赛的11名选手中，昆明市有10人，其中2人获得金牌。在2005学年度全国数理化奥林匹克云南赛区的比赛中，昆明市参赛学生保持了较强优势，又有10名学生获得参加全国决赛资格。

【职业教育与成人教育】 职业教育坚持走内涵发展的路子，为昆明市经济社会发展服务，为加快城市化进程和转移农村劳动力服务。2005年，市属中等职业学校招生16 000人，比上年增加2 965人。毕业生获双证率达到95%以上，推荐就业率达到90%以上，部分学校毕业生供不应求。郊县（区）职业学校校均规模由2004年的380人提高到2005年的430人。全市共有27 722人参加成人高考，占全省的三分之一；自学考试首次实现一年4次开考，79 287人报名、报考科次154 145科次，均占全省的35%。成人教育本着为“三农”服务的宗旨，大力开展各种农村实用技术培训、乡镇成人小学教育和农民“绿色证书”培训，全年共组织农村实用技术培训50.45万人次，“绿色证书”培训1.21万人。城市继续开展从业人员的岗前培训和各种技能培训。扫除青壮年文盲3 000余人，全市青壮年文盲率下降到1%。

【民办教育】 认真贯彻《民办教育促进法》，积极推进多种形式的办学体制改革，鼓励并支持社会力量举办各级各类教育。全市开办高中层次教育的民办学校达到25所，高中招生中多种体制办学比例达22%。2005年，市级安排补助经费307.8万元，对招收公费学位的民办高中学校，在部分民办学校安排一定比例的公办教师，实行民办公助。安排经费220万元，作为义务教育阶段民办教育专项补助奖励经费。

【改善农村办学条件】 努力排除中小学危房，改善农村办学条件。2005年，市级投入资金1 000万元，排除中小学危房5万平方米。引进“明德小学”项目资金、胡文虎基金会资金、万达集团资金建设农村希望小学，农村学校办学条件明显改善。结合排危工作，撤并59个农村教学点，新建30所农村寄宿制学校，全市的省定、市定寄宿制学校达到531所，在校学生7.51万人。积极实施“初中达标工程”，大力推进农村初中示范学校建设，创建农村示范初中14所。

【招生工作】 坚持“积极稳妥、尊重历史、面对现实、服务学生”的原则，协调县（市）区做好区划调整后各级各类学校的招生考试工作。2005年，全市小学招生7.99万人，适龄儿童入学率99%；小学毕业生6.8万人，98%以上进入初中就读；初中毕业生6.15万人，高中阶段学校招生4.95万人（其中普通高中招生2.85万人，净增学位0.9万人，中等职业学校招生2.1万人），升学率为79.69%，较上年提高5.34个百分点。

【解决教育热点难点问题】 认真贯彻落实“两免一补”政策，切实保障农村学生和困难家庭子女享受义务教育的权利。2005年，全市共安排“两免一补”专项资金3 887.142万元，救助贫困学生158 060人。认真贯彻落实《昆明市做好进城务工就业农民子女义务教育工作的实施意见》，经各级教育行政部门和学校共同努力，基本解决了外来务工就业人员子女的就学问题，四个城区公办学校共安排5.1万名外来人员子女就学，给7 621名“四证”齐全的学生和1 032名非公企业经营者子女免除了借读费。

克服困难，全面完成分离国有企业办学任务。全市应移交的国有企业办学校151所，已全部完成移交工作。由于工作细致扎实，分离的学校教学秩序正常，教师队伍稳定，教育质量稳定提高，社会、企业、学校满意。

深入推进治理教育乱收费工作，确保人民群众的切身利益。在2005年春、秋两季教育收费专项检查中，受理举报案件和上级批转案件240件、举报电话330个、信访件88件，接待上访12起，查处清退违规收费18.7万余元。

【教师队伍建设】 努力提高教师整体素质，采取“走出去，请进来”的办法有针对性地对教师进行培训，首次组织骨干教师到国外培训，并组织了一批学校领导和优秀教师到省外学习进修和挂职锻炼。发挥主城区优质教育资源的辐射和带动作用，组织了第三期152名郊县区教师到主城区学校挂职锻炼和进修学习，带动郊县区和边远贫困山区教师队伍建设。充分发挥“名师工作室”的示范和辐射作用，促进教师素质整体提高。成立了“昆明市中小学教师继续教育中心”，切实加强省级示范性教师进修学校的创建工作，盘龙区教师进修学校、五华区教师进修学校率先成为省级示范性教师进修学校。全市中小学教师在职学历进修人数达4 350多人，全年共有37 475人次的教师参加培训和考试，参加率达96%，考试合格率达90%，人均培训不低于45学时。

【教育督导评估】 坚持督政与督学并重的工作方针，开展对县级人民政府教育工作的督导及中小学校的督导评估。把完善农村义务教育管理体制、“两基”巩固提高工作、推进素质教育工作的监测作为督政和督学的主要内容，通过督导评估确保教育法律法规、规章的贯彻实施，确保教育经费按规定增长。积极开展中小学达标晋级工作和等级评估工作，提高中小学管理水平和教育教学质量，促进教育事业健康、持续、稳定发展。

【德育工作】 认真贯彻《中共中央国务院关于进一步加强和改进未成年人思想道德建设的若干意见》，加强青少年学生养成教育、公民道德建设。认真开展校园文化建设、平安校园创建活动，努力推动青少年校外教育基地建设，积极开展青少年安全教育。全市中小学民族团结教育开展面达到100%。结合

"昆明精神"大讨论，各级各类学校开展的爱国主义教育、社会主义教育、集体主义教育、弘扬民族文化、法制教育、艺术教育，形式多样、生动活泼。广大青少年学生文明礼貌、诚实守信、遵纪守法、珍爱生命的良好风尚逐渐形成，为教育改革与发展和青少年学生健康成长创造了良好的环境。

【信息化建设】 昆明教育信息港的功能不断完善，已基本做到新闻的及时发布与日日更新，市教育局机关文件能及时上网，"三好学生"评选、"骨干教师"与"学科带头人"评选、"杰出园丁"评选等工作均在网上公示；开通了昆明市教科院网、昆明市语言文字网、中小学德育网、教育人才网、自考网、信息技术教研网站等；设计开发了自学考试查分、招生问答、语言文字服务、中小学升学咨询、电教工作信箱等互动平台；开发了网络教学平台"教育博客"系统，开展网络教学应用。

【勤工俭学】 农村学校充分利用土地资源，以食堂、菜地、猪场等为基地，因地制宜开展勤工俭学活动，把勤工俭学作为改善办学条件、救助贫困学生的重要举措，为巩固提高"两基"成果服务，取得良好的经济效益和社会效益。2005年，全市勤工俭学活动开展达到98.5%，农村中小学以种养殖为主要形式的生产实践活动开展达到85%；全市勤工俭学收入用于补助教育经费的资金达9 403万元，其中443万元用于资助困难家庭学生。

【语言文字工作】 认真落实《中华人民共和国国家通用语言文字法》和《云南省国家通用语言文字条例》，围绕建设现代新昆明战略目标，开展推广普通话和加强社会用字管理工作，成功举办昆明市第八届推普周活动。209所学校实现普通话校园语言达标。昆明市一类城市语言文字工作受到教育部、国家语委、省教育厅的多项表彰。

【学校体育卫生艺术教育】 认真开展学生防治艾滋病教育、禁毒教育、开展师生心理健康教育和学生体质调研，启动了"学生饮用奶计划"，增强学生自我保健意识。2005年4月11～14日，昆明市成功举办了第三届国际学生奶大会，来自近40个国家的来宾出席会议，为历届国际学生奶大会参会国家和代表最多的一次，市教育局在会上作了交流发言；参会代表们考察了4所学校，对昆明市的工作给予了很高的评价和赞誉。昆明市推广学生奶的工作由8个县区增加到13个县区，日供奶量由8万份增加到10万份。2005年，昆明中学生代表队在全省第十届中学生运动会上获得金牌总数第一、奖牌总数第一、团体总分第一的好成绩。

【编制教育事业"十一五"规划】 参照教育部列出的重大研究项目，按照《昆明市国民经济和社会发展第十一个五年规划》明确的教育工作目标任务，结合昆明市教育改革与发展中的热点和难点问题，市教育局初步制定了教育事业"十一五"发展规划。

"十一五"时期，昆明教育事业发展的总体目标是：改革办学体制和投融资体制，形成多渠道筹措办学经费和多元化办学的格局；改革行政管理体制，转变政府职能，落实学校办学自主权；创新人事和分配机制，充分调动广大教育工作者的积极性、主动性和创造性；推进新课程改革，全面提高教育教学质量；扩大优质教育规模，建立和完善与昆明经济、社会发展相适应的现代化教育体系，促进各级各类教育全面、协调、可持续发展，为现代新昆明建设提供智力支持和人力资源。发展目标是：学龄前儿童入园（班）率达到80%以上，普及学前教育；小学入学率保持在99%以上，辍学率控制在1%以内；初中入学率保持在98%以上，辍学率控制在2%以内。普及高中阶段教育，毛入学率达到85%以上，高中阶段在校生人数增加到18万人，优质高中在校生达到75%。全市高等教育毛入学率达到20%以上，建成昆明学院。各类职业技术培训和多样化的继续教育、成人教育得到较大发展。青壮年非文盲率保持在95%以上，人均受教育年限达到12年。各级各类学校教师学历水平基本达到《教师法》规定的标准，小学教师专科以上学历比例达到80%以上，初中教师本科以上学历比例达到70%，高中教师本科学历比例达到95%。

（马淑惠）

文　化

【文化体制改革】 按照《昆明市文化体制改革方案（试行）》文件精神，在市委、市政府的高度重视和关心下，在市委宣传部等相关委办局的积极协调和督促指导下，昆明交响乐团、昆明市民族歌舞团、昆明市儿童艺术剧团、昆明市花灯剧团、昆明市滇剧团整合、组建为昆明市歌剧舞剧院，保留昆明交响乐团、昆明市民族歌舞团、昆明市儿童艺术剧团三块牌子。整合组建后的"昆明市歌剧舞剧院"仍保留为差额拨款事业单位，实行院长负责制，管理与营销更为严格、科学和规范，将以崭新的面貌面向社会、面向市场、面向群众。5家专业艺术表演团体全年共演出344场，观众53.4万人次，演出收入达196.59万元，实现了经济效益和社会效益双丰收。

昆明剧院、春城剧院和长春剧院由自收自支的事业单位顺利转制为国有文化企业。转制后的3家剧院将按照建设现代企业的要求，以资产为纽带，以市场为依托，加快企业的体制创新、机制创新、管理创新和结构调整，建立起与社会主义市场经济体制相适应的人事管理制度、劳动用工制度、分配制度，真正成为自主经营、自负盈亏、自我约束、自我发展的企业法人实体和市场竞争主体。3家剧院通过改制优化整合资源，焕发新的活力，在激烈的市场竞争中得到长足的发展。

【举办首届中国昆明"聂耳杯"合唱节】 2005年9月12日～17日首届中国昆明"聂耳杯"合唱节在昆明隆重举办，在此期间举行了聂耳之魂民族音乐会、中国名曲音乐会、友好邻邦的音符——越南歌舞剧院交响乐团专场演出活动，并有来自香港、湖北、贵州、大理、曲靖、德宏、楚雄、玉溪和昆明等省内外108支合唱团6 000余人参加了"聂耳杯"合唱节比赛。此次活动为打造昆明名人品牌，弘扬人民音乐家聂耳的精神，传播先进文化，推动云南民族文化大省建设作出了积极贡献。

【参加首届西部文化产业博览会】 2005年12月8～11日，由国家文化部、国家广播电影电视总局、中华人民共和国新闻出版总署、云南省人民政府主办的首届西部（昆明）文化产业博览会在昆明隆重举行。市文化局积极配合省文化厅起草了首届西部文化产业博览会总体方案，并完成了昆明市的招展招商及其他各项任务。此次博览会是贯彻落实省委、省政府建设民族文化大省和大力发展文化产业的大动作，是舞起云南文化产业龙头的大展示，是昆明文化产业的大宣传，为文化企业提供了展示、展销、展介和展演的平台，达到招商引资、项目推介、交易洽谈、展示博览、扩大影响、树立形象的目的，促进和推动了昆明文化产业的发展，实现了经济效益和社会效益的双丰收。

【社会文化活动】 2005年，市文化局组织和举办了“昆明市2005年春节龙狮展演活动”、“云南省滇剧花灯艺术周演出”、“昆明市纪委反腐倡廉文艺汇演”、“新加坡纪念郑和下西洋600周年纪念晚会”、“瑞士民间艺术交流团交流演出”等大型文化活动，极大丰富了人民群众的文化生活。在群众文化活动中，积极探索群众文化活动市场运作的思路，在2005年中国昆明文化旅游节期间组织的“春之城”文化广场演出活动、“第二届昆明民族民间鼓舞大赛”活动中，尝试与民营企业进行合作，通过与企业的引资合作，迈出了社会文化活动引资的可喜一步，为今后群众文化活动的运作积累了经验。在推进农村电影“2131工程”中，组织百家放映单位、筹集经费百万余元，为全市167个乡（镇）1 200个行政村、5 000多个放映点放映各类影片20 433场，观众达500多万人次。按全市1 375个行政村设放映点计算，点均20.29场，规划点放映普及率达86.9%，困补点普及率达100%，对提高全市各族农村群众的科技意识和劳动素质、促进农业生产和农村经济的发展起到了积极作用。各级博物馆、纪念馆充分发挥爱国主义教育基地的作用，免费向未成年人开放，为青少年健康成长提供了良好的活动场所和优质服务。同时，各县（市）区也结合实际，突出自身特点，创造性地开展工作。盘龙区“盘龙江艺术节”、石林县彝族火把节、嵩明“兰茂文化节”成为各自的文化品牌。官渡区文物保护点以及禄劝、寻甸的红色文化旅游等，特色鲜明，成效显著。

【文艺创作】 2005年，昆明市各专业艺术表演团体坚持“三贴近”原则，按照“一手抓精品，一手抓市场”的工作思路开展文艺创作。在纪念郑和下西洋600周年之际，市文化局组织市民族歌舞团创作排演了音乐剧《郑和与海》。该剧历时3年，于2005年7月8日正式公演，首轮演出20场，收入60余万元，受到各地专家和国内外广大观众的好评，获得了良好的社会效益和经济效益。该剧的大胆创新和成功运作，为专业艺术团体的生存、发展和艺术创作，积累了一些成功经验。2005年，全市各项艺术成果和各类专业艺术人才在全国和省市的各项评比中多次获奖、成绩斐然。由昆明市民族歌舞团创编的舞蹈作品《美丽的大脚》，在第三届CCTV舞蹈大赛中荣获三等奖和优秀作品奖，并在省委宣传部、省文化厅组织召开的“近期全国性重要文艺活动云南获奖作品表彰会”受到表彰。昆明市民族歌舞团创作作品《美丽的大脚》、《驼峰情》在第二届中国舞蹈节暨第五届中国舞蹈“荷花奖”评奖中荣获三等奖。由东川区文体局选送的彝族神鼓舞荣获第七届中国民间艺术表演奖“山花奖”。由昆明市儿童艺术剧团创作的戏剧小品《油漆匠与清洁工》在珠海举办的“中国戏剧奖，小戏小品奖”终评大赛也取得较好成绩。昆明市滇剧团在省委宣传部、省文化厅举办的云南省滇剧花灯艺术周中，获得振兴滇剧花灯艺术贡献奖（集体一等奖）。吴岚在云南省滇剧花灯艺术周中表演的《铁弓缘·待嫁》，获得剧目传承奖和优秀表演奖。陈应祥、杨晓萍等创作的歌曲《同心浇开和谐花》获得中纪委《纪检监察之歌》优秀奖。区健宁创作的歌曲《中国赶上好时候》获得省委宣传部颁发的“省精品工程奖”。在云南省委宣传部、省电视台举办的“2005云南省青年歌手电视大奖赛”中，昆明市组织的两个参赛队在大赛中，昆明二队获得团体第二名，昆明一队获得团体第三名；在个人决赛中，昆明市参赛选手获得1个金奖、4个银奖、3个铜奖和1人被评为优秀歌手。

【文化交流】 实施“走出去”战略，对外文化交流日趋活跃。为加大昆明市文化项目和文化产业的宣传和推介力度，市文化局组织昆明市的5家专业剧团与“瑞士民间艺术交流团”作交流演出。昆明红叶少年合唱团受邀赴法国参加“第16届欧洲管弦乐艺术节”演出，昆明花灯剧团赴新加坡参加“纪念郑和下西洋600周年纪念晚会”演出。昆明花灯剧团赴香港特区参加香港特区“2005年庆中秋文艺演出活动”，进行了为期5天的演出，受到当地群众的热烈欢迎和赞扬。在增进对外文化交流活动的同时，向国外和港澳台地区充分展现了云南和昆明的民族文化艺术，在为国家的总体外交服务、为全省及全市的改革开放和经济建设服务、扩大影响、宣传昆明等方面，发挥了积极作用。

【文化市场管理】 加大文化市场监管力度，继续深入持久开展“扫黄”“打非”专项治理工作。对网吧、电子游戏室、歌舞厅等文化娱乐场所的违法、违规经营现象进行专项整治。2005年全年共出动文化执法人员1 930人次、车辆833台次，收缴非法书刊4.8万余册、非法音像制品24.9万余盘（片）、违规电子游戏电路板338块、电子游戏机188台、电脑软件3 000盘（片），罚款21.5万元，在打击非法印刷制品危害社会和违法、违规经营扰乱文化市场的同时，保护了合法经营单位和个人的切身利益，营造了一个良好的文化市场环境。

积极为人民群众排忧解难，认真办理各类群众举报。2005年1～10月份，共出动执法人员761人（次），车辆351台（次），办结省文化厅和市政府领导的批示件5件、“12345”市政府便民热线投诉件28件。查处“12318”文化市场举报及群众来信来访399件，受到了文化经营户和广大人民群众的赞扬和认可。

【文物保护及开发利用】 大力宣传《文物保护法》，认真贯彻落实“保护为主、抢救第一、合理利用、加强管理”的文物工作方针，突出重点，扎实做好文物保护各项基础工作。完成了聂耳墓环境整治，整个面貌焕然一新。7月17日，省市共同在聂耳墓举行纪念聂耳逝世70周年活动，省委副书记、省长徐荣凯，省委副书记丹增，省委常委、市委书记杨崇勇，省委常委、省委宣传部部长晏友琼，省人大常委会副主任王义明，省政协副主席李先猷等省市领导及各界群众200余人参加了纪念活动；9月12日，接待日本藤泽市代表团拜谒聂耳墓活动，副市长廖晓珊代表市政府参加了活动；9月14日，圆满完成接待原中央政治局常委、国务院副总理李岚清拜谒聂耳墓的重要任务，整个接待工作得到了省、市领导的高度评价。

完成了昆明市11项省级文物保护单位申报第六批国家级文物保护单位的工作。组织全市县（市）区文管所开展全市国有、非国有不可移动文物由个人或非文化（文博）单位进行维修使用情况调查工作，指导并监督各县（市）区和直属单位做好文物维修工作，先后对国家级重点文物保护单位大理国经幢，省级重点文物保护单位升庵祠、寻甸柯渡红军中央总部驻地旧址、官渡法定寺和土主庙、咸阳王瞻思丁墓，市级重点文物保护单位钱沣墓、冰心默庐、周培源旧居以及一大批县（市）区级文物保护单位进行抢救性维修；完成了7项国家级重点文物保护单位的记录档案和49项省级重点文物保护单位维修调研工作。指导石林县文管所完成了“阿诗玛”申报国家级非物质文化遗产代表作的工作；审核通过了晋宁石寨山古墓群整体规划方案；与省文物局、市宗教局、市佛教协会和五华区有关部门商讨制定维修、保护五百罗汉的紧急方案。根据中共中央办公厅、国务院办公厅印发的《2004～2010年全国红色旅游发展规划纲要》精神，积极打造昆明红色旅游文化精品线路：充分利用五华区环翠湖周边的文物，打造环翠湖红色旅游精品线路；积极培育开发东川区、禄劝县和寻甸县等3条红色旅游线路，充分发挥文物在经济发展中的作用。

【文化基础设施】　昆明市文化艺术生产基地自2003年11月18日开工以来，整个工程进展顺利，已完成投资3 000万，主体工程项目全面竣工。昆明市艺术生产基地将成为新整合组建的昆明市民族歌舞剧院的办公和排练地点，也将建设成为高层次、高起点的文化产业发展基地。昆明市图书馆装修改造工程已立项，工程计划投入900万元，装修改造后的新馆将以崭新的面貌面向广大群众，也将为广大读者提供更为优雅、舒适的借阅环境。同时，积极做好市博物馆二期建设工程的前期工作；配合有关部门完成聂耳国际艺术交流中心（聂耳音乐厅）的初步选址及有关工作，并作为昆明市重点招商引资项目在第十三届昆交会上进行了招商。

【文化十件实事全面完成】　2005年市文化局全面完成了年初制定的“十件实事”：加大文化市场监管力度，为GMS会议提供良好的文化市场环境；完成了聂耳墓的环境整治工作；聘请了10位昆明市文化产业发展顾问；与市政府研究室共同完成了《昆明市文化事业和文化产业发展规划（2006～2010年）》；对昆明市图片社进行资产、产权审计和评估，为该企业资产盘活、谋求发展新路提供可靠的政策支持和法律依据；选派局机关干部到国家文化部文化产业司挂职学习，选派专业艺术和经营管理等方面的人员到省外学习，为优秀人才的脱颖而出创造良好的环境；制定出台了《昆明市文化市场管理奖惩办法》；完成了现代音乐剧《郑和与海》的首轮公演；拍摄制作完成了寻甸柯渡红军长征纪念馆专题片。

（陆　涛）

文学艺术界联合会

【《滇池》杂志】　2005年，《滇池》杂志进行第一次大改版，由创刊以来的64个页码扩至96个页码，封面、版式都作了新的设计，力求显现图文时代的潮流。内容上，重新确立了“中篇看场”、“昆明本土”、“滇池论坛”等主打栏目。除正常出版12期外，还开辟了“纪念抗战胜利60周年专栏”和“纪念聂耳逝世70周年专栏”。组织了2005年度“滇池文学奖”的评奖活动，共有5位作者获奖，分别是：冉冉的组诗《夜行的火车》、刘晓津的非虚构作品《回忆田丰》、胡学文的中篇小说《走过歌声飘落的地方》、黄尧的短篇小说《苦主》、黄代本的系列散文《在泥鳅河流过的地方》。

【作家协会】　5月，昆明市作家协会在宜良召开“旅游与文学”笔会，省市委宣传部领导和与会作者80余人共同探讨了新时期文学创作的机遇和责任。还召开了第五次作代会，选举产生了新一代作协领导班子。参加了由市文联组织的为期4天的“现代新昆明采风活动”，分别到西山、晋宁、呈贡、官渡等县区进行采风。

组织作家参加了由市政府组织的东川轿子雪山旅游采风活动和在思茅举办的滇东南八地笔会。12月，举办了《本土诗歌研讨会》。长篇创作方面：存文学的长篇传记文学《拉祜县长》、《傣族名将》由云南人民出版社出版；郑千山的散文集《品茗》由云南美术出版社出版；杨林森的散文集《天涯履痕》由云南美术出版社出版；于海青诗集《生命远方》由重庆出版社出版；赵慧的评论集《马瑞麟创作研究》由中国文史出版社出版。中篇创作方面：张庆国的《子弹》、《暗箭》分别在《当代》、《大家》发表；黎泉的《月亮出来亮旺旺》在《小说界》发表；雷平阳的组诗《秋风辞》在《人民文学》发表；陈约红的《土城》、《鬼亲》在《青年作家》发表；邹昆凌的《邹昆凌组诗》在《大家》发表。何群创作的三十集电视剧《深喉》由华谊影视公司拍摄并播放。凌伟良的《想象的复活》（组诗）获云南省副刊协会举办的云南好作品三等奖；雷平阳的组诗《秋风辞》获中国作协举办的“人民文学奖”；黎泉的《拔根鸡毛给你猜》获“边疆文学奖”。

【美术家协会】　元月8日，在市博物馆举办了尚丁先生旅美美术创作及艺术理念讲座。11月，美协主席陈崇平等12位画家到圭山等地采风写生。15日，40人参加市文联迎春晚会，11件作品由昆明电视台拍卖后捐赠希望工程。元月起，先后有25位画家参加市文联组织的笔会和“三下乡”活动。5月20日，陈崇平等10多位画家参加了省美协等在国贸中心举办的艺术品交易会。27日，美协第五次代表大会召开，选举产生了新一届领导班子。7月2～8日，胡晓幸30件水彩画作品在日本藤

云南本土文学研讨会　（李永坤　摄）

泽市展出。8月9日，102位画家的216件作品在“云南人家”全部售完，共筹资8万多元全部捐赠给“春风行动”第二期助学活动。9月，征集20件少儿作品参加俄罗斯画展，5件作品入选展出。9月2日，为纪念抗战胜利60周年，赵力中大型历史画6幅在海埂名古屋展出。9月1~8日，组织8位画家参加了由市政府组织的轿子山采风活动。10月13日~11月6日，胡晓幸等12位画家的30件作品在马来西亚吉隆坡展出。11月19日，刘荣春等在昆明会堂举办画展。11月20~26日，杨作霖、甘家玮的14件油画作品参加省美协组织的澳门学术交流展。11月30日，陈崇平等13人的13幅作品参加了在云南省博物馆举办的纪念“一二·一”运动60周年展。12月19日，在云南民族博物馆展出“昆明记忆——风景画双年展”。12月底，与仁恒公司组织29位画家的144件作品进行拍卖。

【书法家协会】 元月至2月，组织26位书法家参加由市文联组织的“三下乡”免费赠春联及书法作品活动。在市文联和电视台举办的迎春晚会上，赵翼荣等6位书法家各捐赠一件作品拍卖，所拍金额全部捐给希望工程。5月，召开了书法家第五次代表大会，选举产生了新一届领导班子。11月，在云南美术馆举办纪念抗战胜利60周年书法展，124件作品展出。

【摄影家协会】 摄影比赛活动方面：举办了“情满圆通春来早”、“昆明轿子山风光风情”、“荷花杯”、“茶道马帮”、“新亚洲体育城老爷车”、“新盘龙电信杯”、“数字昆明”网络等摄影大赛和比赛。摄影展览方面：举办“八小时之外”县处级领导干部摄影展览、“昆明轿子山风光风情”摄影展览、“荷花杯”摄影展览、纪念抗战胜利60周年和云南解放56周年摄影展览、昆明、红河、曲靖、玉溪四地州市摄影展览。采风活动方面：组织协会新老会员20余人到松花乡、双龙乡等地进行采风活动；组织协会会员300余人赴新亚洲体育城进行采风创作；组织5次60余人赴元阳、元谋、武定、东川等地进行采风活动。交流活动方面：建立了昆明摄影家协会摄影网站，为协会会员提供了一个广泛交流的平台；编辑出版《影像云南》摄影画册，由云南民族出版社出版；出版《昆明摄影》刊物11期；协会会员耿云生、石明、陆江涛等参加了“平遥国际摄影艺术节”、“桂林国际摄影节”、“连州国际摄影年展”、“上海艺术节”等国际性、全国性摄影活动。顺利进行了协会换届工作，选举产生了新一届领导班子；2005年度发展新会员88人，使协会会员发展到900人。

【音乐家协会】 2005年协会共完成各类演出15场。举办了“聂耳杯”第二届青少年艺术大赛。参加了由昆明电视台、昆明市文联主办的纪念聂耳逝世70周年——讲聂耳、说聂耳的梅子开讲活动。邀请瑞典瓦斯特罗交响乐团到昆明演出。6月举办了“拨浪鼓”少儿展演大赛。协会与企业协办“千手观音”艺术团“我的梦”在昆明的演出。8月，完成“春城杯”青少年键盘全国邀请赛；青少年吹奏乐分会举办了“巴乌和葫芦丝”全国邀请赛；与乐器企业共同举办了云南省第三届“敦煌杯”民乐大赛。9月，举办了高菲菲古筝协奏曲音乐会，共演出两场。顺利进行了协会换届工作，选举产生了新一届领导班子。

【戏剧家协会】 开展“昆明民俗”课题研究，荣获市政府三等奖。协会主席秦桂珍、副主席周为华参加中国剧协第六次代表大会，周为华荣任理事。组织筹办“昆明市纪念抗战胜利六十周年文艺演出”，在市中心近日公园连续上演两场，深受群众欢迎。组织创作人员赴掌鸠河采风，并开展相关题材各种风格的艺术创作。举办刁成志、李良正剧作集《滇云如歌》、《耦耕集》的赠书活动。罗新元创作话剧《似梦非梦的扇子》报送中国剧协；杨丽明创作话剧《走过咖啡屋的女人》在《春城文化》刊登；刁成志的电视连续剧《昆明往事》将由北京长城影业文化传播公司投拍。

【曲艺家协会】 编辑出版了《笑咪乐呵新昆明》一书，内容为反映本土文化特色的优秀曲艺作品58篇，由云南民族出版社出版。积极参加“三下乡”演出活动，分别到富民、呈贡、西山等地慰问演出。“六一”儿童节组织曲艺团到“少管所”慰问演出。顺利进行了协会的换届工作，选举产生了新一届领导班子。“八一”建军节到驻滇某部慰问演出，精彩节目深受部队官兵欢迎。举办“纪念抗战胜利60周年演出活动”。8月，举办了一期主题为“开拓曲艺文化市场、发展曲艺事业”的曲艺创作表演研讨班。承办昆明首届“新童谣、新故事”大赛，共有600多名少儿参加。组织曲艺采风团一行20人到嵩明、寻甸等地采风。

【舞蹈家协会】 筹办“昆明市首届儿童舞蹈新作展演比赛”。参加中国第二届舞蹈节暨第五届中国舞蹈“荷花奖”的组委会工作。副主席侯跃的集体舞蹈《美丽的大脚》获全国第三届CCTV电视舞蹈大赛优秀作品奖；参加中国第二届舞蹈节“荷花杯”，获编导铜奖，参加表演的10人获十佳表演奖，同时接受中央电视台“幕后栏目”专访。杨涛创作的三人舞“驼峰情”参加中国第二届舞蹈节“荷花杯”，获编导铜奖。刘

“三下乡”活动现场 （李永坤 摄）

全市档案工作会议　（市档案局　供稿）

超创作的独舞“蝶恋花”获第二届中国舞蹈节“荷花杯”民族新蕊奖编导铜奖。段媛媛的彝族舞蹈“山寨跳跳”等参加第三届“小荷风采”全国少儿舞蹈展演，获“小荷之星”金牌。

【民间文艺家协会】　2005年春节期间，协会组织下属10多个文艺团队到西山公园进行了为期5天的文艺演出。编辑出版了《昆明人·风俗大观》，由云南民族出版社出版。“五一”期间，协会组织工艺美术师在海埂公园开展民间工艺美术现场表演活动。6月，在市博物馆举办了“庆祝抗战胜利60周年大型抗战藏品展”，观众达万人。筹办“昆明市第四届民间文艺调演”。顺利完成了协会的换届工作，选举产生了新一届领导班子。

【儿童文学研究会】　与金马小学等学校合作编辑出版《春城少年》6期。4月28日，在官渡区金马中学挂牌成立“昆明市文学苗圃”，首批发展小会员50人。组织作家到创作基地讲课两次，并利用《春城少年》为小会员作品出专刊1期。5月开始与曲艺家协会联合举办“昆明市首届新童谣新故事大赛”，10月下旬进行了决赛。8月，与省作协联合举办了新时期云南儿童文学创新研讨班，邀请北京、上海、浙江、四川等地的著名儿童文学作家、专家、编辑到昆明讲课。协助北京《东方少年》杂志在云南民族中学、金马中学等挂牌成立了小记者协会。向内蒙、新疆、湖南及云南的思茅等贫困地区学校捐赠《春城少年》杂志1万余册。儿研会副会长汤萍的侦破冒险系列小说（4部）出版。顺利进行了协会的换届工作，选举产生了新一届领导班子。组织儿童文学作家到官渡、盘龙等学校举办讲座5次。

（李永坤）

档　　案

【全市档案工作会议】　2005年，昆明市档案工作暨“双先”表彰会于1月12日召开。云南省档案局法规宣教处处长龙岗、昆明市人大常委会副主任林爽爽、市人大教科文卫委员会主任邓世平、市政协副主席孙世光、市政府副秘书长杨皕、市人事局助理调研员谭宗玮、市档案局（馆）长李蔚等领导出席了会议。来自昆明市城建档案馆、14个县（市）区档案局（馆）、市级机关、企事业单位和开发区分管档案工作的领导、档案工作者及受表彰的先进集体、先进工作者代表200余人参加了会议。会议由市档案局（馆）傅建屏副局（馆）长主持。昆明市人事局助理调研员谭宗玮在大会上宣读了表彰全市档案系统先进集体和先进工作者的决定，表彰先进集体34个、关心档案工作的好领导22名、先进工作者94名。省、市领导为先进集体和先进个人颁了奖。

会上市档案局（馆）洪世华副局（馆）长传达了全国、全省档案局（馆）长会议精神，市政府副秘书长杨皕在会上讲话，她对档案战线受到表彰的先进集体、先进工作者表示祝贺，并受市政府秘书长李峰的委托对2005年全市的档案工作提出了三点意见：提高认识，增强做好档案工作的紧迫感和责任感；服务大局，努力把档案工作提高到一个新水平；抓住机遇，加强档案基础建设。昆明市档案局（馆）长李蔚在会上指出：此次档案工作暨“双先”表彰会对过去5年里为档案事业发展做出突出贡献的先进集体和个人进行表彰，为广大档案工作者树立了光辉的典范，希望档案工作者以先进模范为榜样，树立爱岗敬业和争创一流的思想，接着他总结了2004年全市档案工作取得的成绩及

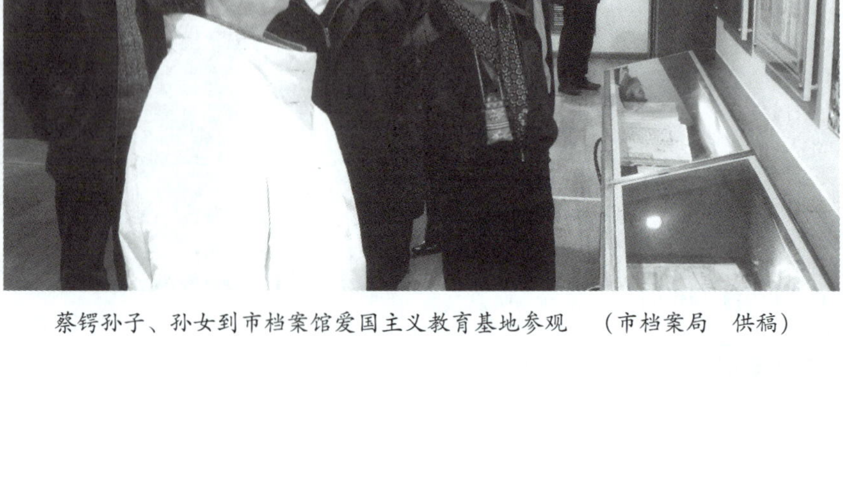

蔡锷孙子、孙女到市档案馆爱国主义教育基地参观　（市档案局　供稿）

存在的问题，对2005年全市的档案工作进行了部署：认真做好档案事业发展“十一五”规划的编制工作；依法行政和依法管理档案；加强档案馆（室）功能建设；加快档案信息化建设步伐；加强档案编研和学会工作；努力提高档案服务水平；积极推进档案事业发展“八项工程”；加强档案干部队伍建设；积极完成各级党委、政府和部门交办的任务。省档案局宣教处处长龙岗代表省档案局（馆）杨汝鉴局（馆）长在会上作了讲话，市人大副主任林爽爽作了重要讲话，他们都对2004年全市档案工作取得的成绩给予了充分肯定，并对2005年全市档案工作提出了新的要求。

【领导班子调整】 2005年6月、9月，原昆明市档案局（馆）长傅建屏、洪世华相继调离及提前退休，中共昆明市委、市委组织部、昆明市人民政府分别于2005年7月27日和8月8日任命田道华为中共昆明市档案局（馆）党组成员、昆明市档案局（馆）副局（馆）长；于2005年11月28日任命李蜀昆为昆明市档案局（馆）副局（馆）长；于2005年12月13日和12月14日任命闻达为中共昆明市档案局（馆）党组成员、昆明市档案局（馆）机关党总支书记。昆明市档案局（馆）领导班子配备健全，有利于积极开展工作。

【档案事业发展“十一五”规划制定】 2005年，昆明市档案局（馆）依据《中华人民共和国档案法》和国家、省、市档案工作的配套法律法规，以及全国、云南省档案事业发展“十一五”规划，结合昆明市经济和社会发展“十一五”规划、现代新昆明建设的要求和昆明市档案工作的实际，汲取国内先进地区好的可行经验，经多次调研，广泛征求意见，进行不断修改完善，研究制定了《昆明市档案事业发展“十一五”规划》。《规划》从档案事业发展的指导思想和奋斗目标、档案事业发展的工作任务、档案法制建设、档案馆建设、档案室建设、档案信息化建设、档案服务功能建设、档案事业发展的保障措施几个方面，为新世纪、新阶段昆明市档案事业的发展绘制了新的宏伟蓝图。各县（市）区档案局（馆）也先后完成了“十一五”规划的编制工作。

【档案法制建设】 市档案局2005年认真组织《档案法》及其配套法规的贯彻学习和宣传工作。按照市政府法制办要求，对仍在贯彻执行的《昆明市各级档案馆开放档案暂行办法》、《关于体制改革中档案整理、移交和管理的处理办法》两份规范性文件进行了清理上报；进行了《档案法》及其相关法规的执法职责梳理上报工作；按照省档案局的要求，组织开展了档案安全大检查，对全市13个县（市）区档案局、52个机关档案室进行了自检自查，并于8月向云南省档案局上报检查结果。

【档案业务指导】 2005年，市档案局有关人员分别到石林、嵩明和昆明市公证处、市委组织部、市儿童福利院、市国土资源局、五华分局等机关及部分乡镇，对档案人员进行业务指导；分别对昆明市公证处、昆明市委组织部、市儿童福利院、市审计局、市人事局、中国农业银行昆明市护国支行、中国农业银行经济开发区支行的档案管理工作进行了考核验收；对2个破产企业的档案工作进行了复查、指导；对机关、事业单位的档案工作进行年检，参检率达100%。

【档案基础业务建设】 市档案馆不断丰富馆藏，加大档案接收征集力度，充分发挥保管利用中心的作用。2005年共接收市委组织部“三讲”办，市政府商业网点办公室、市人事局、市商务局档案1 378卷；接收市政府办公厅、市人事局、市国土资源局、市工商局、市城市管理局、市公用事业局等单位的现行文件184份，至此，昆明市现行公开文件中心各类现行文件已有6 874份；征集到了云南陆军讲武堂文物管理所与广州方面合办的“百年黄埔”照片展板110块，光碟2张；同时，昆明市档案馆分类、整理、编排、理顺档号、排列上架文书档案2 864卷、印章档案463枚。做好档案保护工作，完成馆藏重点档案抢救。清理并托裱修复了馆藏30全宗第1目民国档案1万余页，对新接收进馆的文书档案、会计档案及1 378卷资料进行了真空灭菌、杀虫处理。购置了4台去湿机和4台加湿机调节库房温湿度。

【档案信息服务】 市档案局2005年围绕全市的中心工作，深层挖掘档案信息资源，积极为社会提供利用档案信息。编辑出版了《昆明市档案志》计20万字，印数800册；《兰台精粹2004～2005年昆明市档案论文集》计20万字，印数500册；配合市档案馆晋升“四星级”的工作，组织完成了《档案史料研究论文集》、《昆明市档案馆通过媒体宣传档案工作情况》、《昆明市档案馆利用档案参与地方文化活动的交流与合作情况》等编研工作，汇编档案资料计40余万字；完成昆明市社科规划课题《护国运动史料收集、整理及分析》，收集汇编档案史料7万字、图片21幅，撰写题为《护国运动的辉煌——珍贵档案史料再现》研究论文1.2万字，并经专家组评审课题通过，其课题中一些资料和照片为首次公开，具有很高的学术价值。

实施档案服务机制创新举措，继续开展档案寄存中心工作。市档案馆对昆明市旅游局结算中心、重庆长钢广汉实业公司昆明办事处开展寄存财务档案41米。寻甸县寄存档案计11 235卷（册）。为配合电子政务网建设，市档案馆鉴定并经市保密局审定，向社会开放4 687卷档案文件级条目。2005年，全年接待现行公开文件利用者289人次，接待电话、信函等查阅者93人次，提供文件419件，复印资料329页，接待查档利用者1 196人次，提供档案2 889卷，复印档案3 840页。昆明市档案馆爱国主义教育基地全年接待省、内外同行和大中专院校参观阅览者400余人次，石林县档案馆接待1 870人参观，嵩明县档案馆自2002年建成至今共接待6 500余人次，为群众了解党和政府的方针、政策、领导资政决策、经济建设、工作查考、落实政策等积极提供档案信息。

【档案现代化建设】 “昆明市档案信息资源数据库”项目建设，一期工程于8月28日顺利通过专家组验收；二期工程于10月份启动，正在实施中。电子政务中的档案信息化建设获云南省档案创新一等奖，市档案局连续三年被评为昆明市信息化建设先进单位。抓好档案数字化转换工作，完成档案著录4万余条，著录总数已达168万余条，其中，案卷级20万余条，文件级148万余条；扫描照片档案1万余张，扫描印章档案463枚；现行公开文件著录1 815条，扫描5 700项，共有现行文件9 779条，原文1.17万页。进一步完善档案管理局域网络的建设与管理，更新、扩容档案管理局域网，及时更新内容，现行公开文件由单机版更换升级为网络版，36万条档案原文提供网上查询，80万条开放档案目录和现行公开文件目录供网上查询，并注重加强局域网络的安全管理，登录上网采用实名制用户和密码相结合，较好地保障了档案查询和档案现代化管理工作的顺利进行；完成了电子政务网门户网站的建设，实现了档案局（馆）介绍、传播档案知识、发布档案信息、宣传档案法规、网上档案查询、网上档案数据传输等功能；目前在政务网上提供了近100万条档案和现行公开文件目录及近20万页原文的查询服务。

昆明市官渡、西山、五华、盘龙、安宁、嵩明、晋宁、石林、东川9个县（市）区档案馆，完成著录档案106.05万条；西山、五华区档案馆扫描档案71 166页。五华区档案局完成了“通过电子政务网络连接4区档案信息资源库”的工作，实现了档案信息资源共享。

【档案干部队伍建设】 为提高全市档案干部队伍素质，昆明市档案局加强档案业务培训，于9月13～15日举办了“市级机关电子公文归档管理培训班”，培训学员57名；10月17～19日举办了县（市）区“八项工程”验收评审员培训班，培训学员60人；各县（市）区采取以会代训的方式，举办了“八项工程”、档案管理软件电子文档基础知识、信息化建设培训班，培训学员1 258人；由昆明市档案局组织全市档案专兼职人员190余人，分别参加省档案局举办的档案专业基础设施知识培训班、继续教育培训班、重点建设项目档案管理培训班、电子公文归档管理培训班、“八项工程”验收评审员培训班、高职人员研修班和家庭档案管理研讨班。2005年，昆明市档案系列专业技术评审委员会重组了中级评委会和初级评委会，全市共有1人晋升为副研究馆员，14人晋升为馆员，7人晋升为助理馆员。

【档案学会工作】 2005年3月18日召开了昆明市档案学会年会，李蔚理事长对2004年昆明市档案学会工作作了总结，部署了2005年学会的工作，洪世华副理事长作关于昆明市档案学会理事人员变动说明。会上对昆明市第五届档案学科优秀论文获奖者8名及优秀组织单位3个进行了表彰。2005年，学会围绕全市档案工作，积极开展各项学术研讨活动及工作。对《昆明档案》期刊封面进行更新设计，调整充实期刊内容，全年完成《昆明档案》1～4期20万余字的组稿、编辑、刊印、发行（3 200册）任务，刊载各类简讯和档案学术文章200余篇，并与北京、上海、沈阳、曲靖、楚雄等22家省内外刊物进行交流；组织完成了“2005年第六届昆明市档案学科优秀成果”评选活动，共收到论文52篇，经初选48篇参评，评出一等奖3篇，二等奖5篇，三等奖17篇，五华区档案局、石林县档案局荣获组织奖。另外，组织全市档案系统18篇论文参加2005年云南省档案学术论文研讨会，其中1篇代表昆明市在大会上进行交流。2005年9月，昆明市档案学会组织部分常务理事、会员30余人，赴新疆、西安等地档案馆考察学习；协助五华区、盘龙区档案局组织会员60余人分别赴深圳、厦门和北京等地学习考察。通过考察学习，学到了许多先进经验和管理模式，开阔了视野，拓宽了思路，受益匪浅。2005年昆明市档案学会被社科联评为先进学会，李蔚局（馆）长被评为关心学会工作的好领导，2人被评为学会先进工作者。

【档案目标管理“星级”评定】 昆明市档案馆认真贯彻实施云南省档案事业“八项工程”，即云南省档案馆建设工程、州市档案馆建设工程、县（市）区档案馆建设工程、党政机关档案室建设工程、乡镇机关档案室建设工程、企事业单位档案室、社区（村委会）档案室建设工程、家庭档案建设工程，制定了《昆明市档案馆建设工程申报“四星级”档案馆工作实施方案》，并具体组织实施，经全局干部职工努力，于2005年12月27日通过了省档案局的考核验收，以总评分136.5分的较好成绩在全省率先荣获云南省州、市“四星级”档案馆称号。昆明市14个县（市）区档案馆有10个制定了实施计划，9个成立了领导机构，已有5个通过了星级评定。

（俞菊美）

文物及博物馆

【馆藏文物腐蚀病害损失调查和馆藏文物信息录入工作】 根据云南省文物局《关于开展国有馆藏文物腐蚀损失普查和馆藏文物信息化建设的通知》精神，昆明市博物馆于2005年1～4月，全力投入到馆藏文物腐蚀病害损失调查登记和馆藏文物信息录入填报两项工作当中。“国有馆藏文物腐蚀病害损失调查”主要是对馆藏文物腐蚀病害损失情况的摸底调查，以及文物专项经费、库房基本情况调查等。“馆藏文物信息录入填报”是为了建立全国统一的博物馆藏品信息系统，规范博物馆藏品信息采集著录行为，协调各单位的信息处理与交换，内容涉及文物名称、类别、年代、地域、质地、功用、工艺技法、完残等诸多项目。为确保该两项工作的顺利进行，市博物馆进行了充分的准备，明确责任，各负其责，首先由文物保管员认真核对各分类账并按要求分类统计，之后由总账管理人员汇总，最后进行网上填报，做到数据清楚，统计准确，如期完成了工作任务。两项工作的圆满完成，进一步掌握了市博物馆现有馆藏文物的腐蚀病害损失情况，规范了馆藏文物的信息统计，为今后加强馆藏文物的保管工作提供了详实的资料数据。

昆明市档案学会年会　（市档案局　供稿）

【国际博物馆日宣传活动】 每年的5月18日是国际博物馆协会发起的“国际博物馆日”。2005年“国际博物馆日”的主题是“博物馆沟通文化的桥梁”。为宣传“5·18国际博物馆日”，进一步扩大博物馆的社会认知率和影响力，建立起博物馆与公众良好的互动关系，根据国家文物局和省文物局的有关通知精神，昆明市的“国际博物馆日”宣传活动于5月18日在昆明市博物馆和石井社区举行。活动当天市博物馆各展厅免费向市民开放，并特设文物免费鉴定服务。与此同时，为了突出本次国际博物馆日“博物馆沟通文化桥梁”的主题，拉近博物馆与人民群众的距离，市博物馆还与石井社区联合在岔街盛兴超市前广场举办流动博物馆活动，通过一定数量的实物和活动展板，向市民宣传历史文化名城保护和文博知识，让博物馆真正体现“三贴近”，走进社区、走进群众，丰富人民群众的精神文化生活。

【博物馆义工组织建设】 为了进一步发挥博物馆宣传、教育的职能和“文化桥梁”的作用，体现“三贴近”的原则，更好地服务社会、服务大众，让更多的群众认知博物馆、走进博物馆，昆明市博物馆于5月18日首次向社会公开招募博物馆义务工作者，此举在社会上引起不小的反响，短短一天时间就有100多人来咨询和报名。年内，昆明市博物馆又数次开展招募义工的活动，累计招募义工近300人，有在校学生、机关干部、军人、警察、公司职员、离退休人员等，涵盖了社会的各个层面，充分表现出市民对博物馆的关注与热情。义工组织的建设是昆明市博物馆进一步走向社会，使博物馆不孤立于人民群众的生活之外，让社会大众共同关注博物馆、共同管理博物馆、共同建设博物馆的一次有益尝试。经过半年多的实践和探索，义工的管理逐步走向规范，他们在博物馆展览的宣传、制作与举办过程中，在流动博物馆的宣传活动以及展厅服务等方面，均做出了积极的贡献。

【文物保护法执法检查】 为保证《文物保护法》的贯彻施行，省人大常委会执法检查组于6月13～14日对昆明市近年来实施《文物保护法》的情况进行了检查。检查组由省人大常委会副主任梁公卿带队，省人大常委会教科文卫委员会主任和副主任、省人大常委会委员、省人大代表等10余人组成，省文物局领导陪同检查。检查组在听取有关文物执法工作汇报的基础上，实地查看了曹溪寺、昆明市博物馆、真庆观和官渡古镇等文物保护单位保护工作的情况。同时着重检查了昆明市学习宣传《文物保护法》、文物工作“五纳入”和贯彻实施《文物保护法》中存在的问题及今后的整改措施等，对昆明市今后贯彻执行文物保护法是一次有力的促进和推动。

【纪念国歌诞生70周年暨聂耳逝世70周年活动】 2005年是《义勇军进行曲》诞生70周年，7月17日又是曲作者、人民音乐家聂耳逝世70周年的纪念日。7月17日上午，云南省委、省政府在昆明聂耳墓前隆重举行仪式，纪念《义勇军进行曲》诞生70周年暨人民音乐家聂耳逝世70周年。省长徐荣凯，省委常委、省委副书记丹增，省委常委、省委宣传部部长晏友琼，省委常委、昆明市市委书记杨崇勇等领导，以及聂耳在昆亲属参加了拜谒仪式并向聂耳墓敬献花环。省长徐荣凯在拜谒仪式上发表了纪念讲话，随后军乐队演奏国歌《义勇军进行曲》，合唱团合唱聂耳《卖报歌》等脍炙人口的歌曲，纪念和缅怀人民音乐家聂耳。拜谒仪式结束后，参加仪式的领导和来宾参观了聂耳纪念馆。

【文物执法培训】 为强化全市文物执法力度，加强文物执法队伍建设，提高文物执法人员业务素质，在昆明市形成文物执法的良好氛围，营造文物保护的法律环境，市文物办与市法制办于9月中旬联合在升庵祠举办了全市文物行政执法培训班。来自全市14个县（市）区文体局、文管所和市属文博单位、文管所的领导及工作人员共61人参加。培训结束后考试合格者，由省法制办统一颁发《行政执法证》。昆明市是云南省第一个举办文物行政执法培训，并取得文物行政执法资格的城市。此次培训，为各级文物管理部门工作人员开展下一步的文物行政执法工作奠定了基础，对加强文物行政执法队伍建设，提高昆明市文物行政执法人员素质，强化昆明市文物行政执法力度，起到极大的促进作用。

【文物维修】 2005年，昆明市的各级文物保护部门坚持“保护为主，抢救第一、合理利用、加强管理”的文物工作方针，严格按照“不改变文物原状”、不破坏文物保护单位历史风貌的文物维修原则，确定维修方案，实施维修工程。先后对国家级重点文物保护单位聂耳墓，省级重点文物保护单位升庵祠、寻甸柯渡红军中央总部驻地旧址、官渡法定寺和土主庙、咸阳王瞻思丁墓，市级文物保护单位钱沣墓、冰心默庐、周培源旧居以及一大批县（市）区级文物保护单位进行抢救性维修。审核通过了晋宁石寨山古墓群整体规划方案。针对筇竹寺五百罗汉由于时间久和超载货车引起震动等原因，部分出现损坏的紧迫现状，市级文物部门及时与省文物局、市宗教局、市佛教协会和五华区有关部门联系，在筇竹寺召开现场办公会，商讨制定维修、保护五百罗汉的方案。

【考古调查及发掘清理】 2005年，昆明市的考古工作严格按照《文物法》、《昆明历史文化名城保护条例》开展，切实把履行文物保护的义务落到了实处。1月1～12日对禄劝大松树乡阿巧石棺墓进行清理。4月21～22日，对嵩明凤溪山青铜地点进行调查。4月18日，对西站蔡家村排污工程出土的一晚清残墓进行调查。5月10日～6月9日，对宜良高古马剑齿象化石地点进行调查清理。6月24日，接都市条形码电话，在省财政厅宿舍建设工地发现“民国二十九年二月交通银行建”碑一块，于6月30日收藏，另有一水泥地下建筑，推断是民国时交通银行的金库。6月28日，昆明市博物馆考古部、晋宁县文管所共同对晋宁县化乐乡南山村委会段明村大黑山恐龙化石出土点进行实地调查，发现4块化石，分别属于胫骨、腓骨、肢骨、椎体各部分，初步断定其为蜥脚类恐龙。8月12～21日，由省考古所主持昆明市博物馆参加对晋宁——安宁公路修建工程的考古调查，在西山区白塔村发现新石器——青铜时代的遗址，初步确定其在公路范围内的分布面积为5 000平方米。8月24日～9月15日，对小松山出土文物进行了室内整理。8月中旬至9月上旬，由省考古所主持，昆明市博物馆人员参加，对官渡新机场工地进行考古调查，9月18～24日，对凤溪寺建设用地进行了进一步的考古调查。11月8～22日对呈贡县雨花片区云南医学高等专科学校建设用地进行考古调查。

【开展“流动博物馆”活动】 为进一步解放思想，转变观念，更好地发挥博物馆宣传教育的功能，2005年，昆明市博物馆继续策划开展“流动博物馆”活动。分别深入到官渡区石井社区、寻甸县团结乡、禄劝县大松树乡、宜良县北古城镇、宜良县的蓬莱乡、呈贡县七甸乡和云南省未成年犯管教所开展了7次流动博物馆活动，接待观众近9 000余人次，真正体现“三贴近”，有效发挥了博物馆在普及科学文化知识，提高人民群众科学文化素质和思想道德水平中的独特作用。

【举办“纪念抗日战争胜利60周年大型抗战藏品展”】 由昆明市文联和昆明市文物博物馆协会联合主办的“纪念抗日战争胜利60周年大型抗战藏品展”，于6月25～30日在昆明市博物馆举行。本次展览共展出抗战时期的1 300余件实物和百余幅照片，包括吉普车、枪支、钢盔、弹药箱、望远镜、档案资料、指北针、烟盒等，全部出自昆明陆战靴探索协会会员和其他民间收藏者之手。这样大规模的抗战藏品的集中展示在昆明市尚属首次，而且其中大部分展品是首次向公众展出，因此引起了社会的广泛关注。展览期间咨询电话不断，观众络绎不绝，短短6天时间接待观众达9 000余人次，收集到观众留言1 200多条。

【“昆明市廉政文化作品展”】 由中共昆明市纪委、昆明市监察局主办，中共昆明市委宣传部、中共昆明市委组织部、中共昆明市市级机关工委、昆明市文化局和昆明市妇女联合会协办的“昆明市廉政文化作品展”，于11月16～20日在昆明市博物馆举行。在16日上午的开展仪式上，省纪委副书记陈方宏莅临祝贺并作了重要讲话，市委副书记、市纪委书记李培山致开幕辞。市委常委、市委宣传部部长张红苹，市委常委、市委组织部部长张荣明，市政协主席徐之信，市人大常委会副主任林爽爽，市政府副市长李江等领导出席了开展仪式，并为展览剪彩。本次展览是为贯彻落实中共中央《建立健全教育、制度、监督并重的惩治和预防腐败体系实施纲要》，大力加强廉政文化建设而举办的，展览以“弘扬廉政文化，建设和谐昆明”为主题，共展出书法、绘画、漫画、电脑动漫等作品近500幅（件），以生动形象的文化作品诠释了“立党为公，执政为民”的重要意义，警示观者“以廉为荣，以贪为耻”。为期5天的展览共接待机关、企事业单位和社会各界的观众近14 000人。

【其他展览】 2005年，昆明市博物馆还先后承办了“文博系统迎春艺术作品展”、“李国柱书画展”、“云南省电力女职工才艺展”、“航天及陆海空军事科普教育展”、“云南农民画展”、“云南艺术学院八四级同学艺术作品展”、“世界大型奇异蜘蛛标本科普展”、“昆明大学建筑工艺系毕业作品展”、“纪念郑和下西洋600周年全国名家书画展”、“胡道昌·大山包油画展”、“纪念抗战胜利60周年云南省老干部书画展”、“台北故宫博物院珍藏书画展”、“国防科技成果展”、“胡祝山国画作品展”、“台北、昆明现代艺术交流展”、“云南知名画家轿子雪山采风作品展”、“全国第七届水彩、粉画展”和“雪山行——省美协赴香格里拉采风作品展”。全年共承办展览20个，接待观众近14万人次，是昆明市博物馆自1997年开馆以来举办展览最多的一年。

【昆明市全国重点文物保护单位】

名称	所在地	公布时间
地藏寺经幢	拓东路71号（市博物馆内）	1982年2月
太和宫经殿	金殿公园内	1982年2月
云南陆军讲武堂旧址	翠湖西路22号	1988年1月
聂耳墓	西山公园太华寺与三清阁之间的山坡上	1988年1月
金刚塔	官渡区官渡镇	1996年11月
石寨山古墓群	晋宁县	2001年1月
邛竹寺五百罗汉	邛竹寺	2001年1月

（班　文）

新闻媒体

广播电视

【宣传工作】 2005年，市广电系统充分利用广播电视媒体宣传阵地，深入持久地宣传了邓小平理论、“三个代表”重要思想和党的路线、方针、政策。紧紧围绕市委、市政府的中心工作，服务大局，把握导向，突出重点，充分发挥了广电传播媒体的宣传主导作用，为全市学习宣传贯彻“三个代表”重要思想和党的十六大、十六届四中、五中全会精神提供了强有力的舆论支持。及时报道全市广大干部群众和各行各业通过学习“三个代表”重要思想和党的十六大、十六届四中、五中全会精神，统一思想、振奋精神、开创工作新局面的情况和先进典型、先进经验，突出了对保持共产党员先进性教育活动的宣传；圆满完成了2005年省、市“两会”、市委全会、市政府全会及事关全市大局的重要采访报道；把加快推进现代新昆明建设、全面建设小康社会的宣传摆在突出位置，采取多种多样的形式和手段进行了广泛宣传；对经济工作、重点工程建设、国企改革、“三农”问题和防治“非典”、“禽流感”等事关全市大局的宣传报道，推出了一批有质量、有声势、有影响、有效果的节目；对2005年举办的国际旅游节、昆交会、第二届中国舞蹈节、旅交会、首届中国西部（昆明）文博会及三个旅游黄金周的宣传报道，精心组织，认真安排，为宣传昆明、营销昆明发挥了重要的作用。

【昆明市广播电视节目政府奖评选】 市广电局充分发挥节目评奖工作的激励示范作用，以评促优，以优带动整个节目质量的提升。2005年，圆满完成2004年度昆明广播电视政府奖的评选工作，从昆明人民广播电台、昆明电视台、昆明教育电视台及14个县（市）区广电局或编辑室报送的155件参评节目中，评选出85件获奖作品，其中一等奖15件，三等奖26件，三等奖44件。这次评选，推出了一批精品力作，引导和推动了全市各播出机构把创优工作贯穿到日常的节目制作之中，促进了节目质量的提升和办台水平的提高。同时，改进了评奖方式，将节目评选会与观摩点评会分开进行，请专家评委和优秀节目主创人员以互动方式点评节目，让采、编、播人员更直观、更生动地学习到节目制作的好经验、好做法，提高了新闻从业人员素质，体现了“公开、公正、公平”的评奖原则。

【广播电视节目（主持人）获奖】 2005年，昆明人民广播电台制作播出的广播节目《寻找父辈的记忆——格瑞格先生昆明了心愿》，捧回中国广播影视大奖广播节目对外新闻奖，获国家级奖励殊荣。中国广播影视大奖是国家广电总局设立的惟一的国家级大奖，每两年评选一次。这次由昆明人民广播电台何方采制、尹莉播音的节目在全国1 305件作品中脱颖而出，是昆明电台获得的国家级最高奖项，也是2005年昆明广播电视宣传工作获得的惟一国家级奖项。昆明电视台摄制的纪录片《梯田边的孩子》、《阿鲁兄弟》分别荣获第十届全国少数民族题材电视“骏马奖”二、三等奖；昆明电视台自办栏目《晚间关注》荣获“2003年度中国广播电视新闻奖十佳栏目”和“全国电视百佳栏目”；拍摄的4集京剧电视连续剧《瘦马御史》荣获第23届全国电视剧“飞天奖”三等奖。《走进昆明：两个老昆明的旅行人生》节目荣获“2003年度（第七届）中国彩虹奖对外广播节目”三等奖。昆明人民广播电台节目主持人杜小兵、曾克荣获中国广播电视学会节目主持人委员会“第六届百优广播节目主持人”称号。

【节目播出和传输】 2005年，昆明人民广播电台完成了自动化播出系统二期及升级改造工程，广播节目通过有线网络已下传至各县（市）区机房。昆明电视台实现了摄、录、编设备的智能化和网络化管理，建成了6个频道全数字硬盘播出系统、35个站点的非线性编辑系统、数字新闻直播系统、体育节目直播系统、4＋2讯道EFP数字系统和广告部录像机数字化改造等项目。昆明市广播电视网络中心在四城区的有线电视用户达80万户，率先在全省建设完成了第一个数字电视服务平台，积极开展网络增值业务和数字业务，开通了专网，完成了海口至晋宁、海口至安宁，武定至禄劝，禄劝至东川，昆明至寻甸、东川，昆明至呈贡、宜良、石林，昆明至嵩明等干线的建设，进行了昆明——晋城——昆阳——昆明环湖主干光缆的建设，各县（市）区光缆环网已建成。

【广播电视行业管理】 2005年，市广电局加大了行业的管理力度，改进管理方式，提高行政效率，做到了按章办事、依法行政。重点加强了对卫星地面接收设施的管理，将集中整治与日常管理相结合，同时对有关设施实行了标识性的管理。加大了对行政审批和行政执法工作的清理、检查和调整，将“接收卫星传送的境内电视节目许可证”行政审批权下放到了安宁市和东川区广电局，并加强了督促检查；制定下发了《昆明市广播电视局关于进一步明确和调整审批、审核、备案事项的通知》，为接受群众监督，实行了便民窗口告知承诺制、便民窗口首席代表制，行政审批更加公平、公正、公开和规范、透明。2005年度共受理电视节目卫星地面接收设施办证686件。

【节目收转安全管理】 为防止非法有害信息对昆明市广播电视的渗透，市广播电视局加强了对四城区的宾馆、酒店及安装了卫星地面接收设施的相关单位的管理，明确了各责任单位的职责，严禁擅自收转卫星传送的电视节目，特别是境外电视节目；建立应急保障体系，确保广播电视信号的安全收转和传输；对小前端上岗人员进行排查和加强思想教育，建立小前端传输中央电视台一套节目的两个信号源，不将模拟信号和受到攻击的转发器信号作为信号源；确保重要节目、重大活动、重点时段转播中央电视台节目的绝对安全，停播时间为零秒；落实小前端24小时值班制度，重点设施责任落实到人；禁止小前端开办自办节目等。市广电局共与92家单位签订了《昆明市小前端有线电视收转和传输安全责任书》。

加大了对电视卫星地面接收设施的稽查力度，两次组织有关人员进行专项整治，查处违规设施6起。全年共出动稽查和巡逻车辆580余台（次），出动执法人员3 000余人（次），抓获违规人员60人，收缴了一批非法经营使用的卫星地面接收设施。办理境内卫星电视节目许可证的审批、年检和境外卫星电视节目许可证初审共187个。

完成了中央电视台少儿频道落地和转播中央人民广播电台一套广播节目的任务。加强无线电频率管理，对全市发射功率100W以上的台站进行了统计上报，对广电系统内的调频台、中波台、电视发射台、差转台的参数进行了收集。进行了新技术新设备引进的审核管理和技术维护管理的年检评比工作，提高了播出系统的安全运行水平。参加了全省科学技术论文评选，市广电系统共获得2个先进集体和3个先进个人。

【拍摄电视连续剧《长河东流》】 《长河东流》是由昆明电视剧制作中心拍摄的首部36集电视连续剧，全部投资通过民间融资完成。《长河东流》（原名《谁主沉浮》）是一部大制作、大投入、大气魄的历史作品，反映了明末清初中国政治舞台和国内形势复杂起伏的风云变化，讲述了一个生动的历史故事和塑造了一批鲜活的历史人物。这部被省委副书记丹增称为“第一部云南自己的电视剧”，总顾问为丹增、杨崇勇、晏友琼；顾问杨远翔、张红苹、王奇英；监制周忻、段自力、宋玉玲、罗英华。由国内著名导演潘小阳总策划，彭军导演。2005年通过了国家广电总局和中央电视台的联合审查，进入发行阶段，中央电视台已购播。

【安全播出】 2005年，市广电局采取强有力措施，完善快速反应指挥系统，加大对敏感日、重点时段和重要时期的安全防范，确保了党和政府的声音安全优质地传入千家万户，确保了昆明市广播电视阵地的一方平安。2005年“法轮功”分子对广播电视攻击破坏加剧，安全播出的形势非常严峻。市广电局严格按照国家广电总局和省广电局的要求，在省广电局安全播出指挥部的领导下，与省、市“610”办密切配合、协调工作，把安全播出作为各项工作的重中之重，同心协力，全力以赴，沉着应对，严防死守，建立了一套灵活的、易操作的、高效的运行机制，坚持24小时值班制度，加强请示报告制度。尤其是在GMS会议期间，市广电局及时下发了《关于做好GMS会议期间安全播出工作的通知》，启动了安全播出紧急处置预案，对重点部位加强了防范，领导靠前指挥，确保了GMS会议期间播出传输的安全。由于制度健全、措施有力、防范到位、调度得当，确保了全年安全播出万无一失，实现了播出安全年。

【广播电视“村村通”建设】 2005年是国家广电总局确定以建立健全农村广播影视公共服务体系为目标的“农村服务年”。为把党和政府的声音传入家家户户，进一步扩大农村广播电视覆盖范围，市政府已连续三年将“村村通”建设列入为民办的十件实事之一，已经完成1 102座自然村“村村通”工程建设任务。2005年，广播电视“村村通”再次被昆明市政府列为为民办的十件实事之一，并被提高为民心工程、德政工程，建设任务是近年来最繁重的，要完成527座建站任务，不仅数量多，而且随着工程的延伸，向自然条件艰苦、施工困难的边远山区发展。建站模式主要采用闭路“8+2”小前端建网、开路“4+2”小前端发射、中频分配两种。市广电局成立了工作领导小组，进行了调查摸底，制定了建设方案，签订了责任书，上报了在网上公示的有关资料。对全市县（市）区、乡（镇）业务骨干进行了技术培训，完成了市里的设备招标、采购等。市政府共投入资金627万元，昆明市各县（市）区政府及市广电系统筹资近200万元。省、市设备器材到位后，市广电局投入了大量的人力、物力和精力，组织了设备器材的发放工作。各县（市）区广电局和有关部门，按照下达的任务，积极组织施工，抓紧建造，完成20户以上自然村和新通电行政村广播电视“村村通”建站任务，解决了边远贫困地区3.5万用户、12万人收听、收看广播电视难的问题。527座“村村通”工程建设于11月底全部完工，12月全面组织调试、验收。

【建立政府新闻舆论监播系统】 按照市委、市政府的要求，为及时掌握广播电视媒体涉及昆明市新闻舆论监督的情况，收集有关批评性的意见，为市委、市政府领导决策提供准确信息，2005年初，昆明市广播电视局开展科技创新，引进先进技术和设备，开发建立了广电节目播出智能数字化监播、监测系统，实现新闻舆论监播和广告监测智能数字化，提高了对广电媒体播放监控的整体水平。这套智能数字化监播、监测系统的基本原理，主要是利用不同的音频特征，创建各异的初始识别样本，以达到对后续播放的新闻专题、广告节目自动识别。系统的数据存储采用高速度、大容量和容错性很强的磁盘阵列，以满足海量广播电视节目的自动录像和长期存储。操作员终端软件专门为新闻舆论监督监播量身定做，同时应用了语音识别和图像识别两大前沿技术，自动识别出需要的内容。通过这套系统可简便直观地浏览节目的监测纪录，并生成各种用户需要的统计报表和分析结果。

这套智能数字化监播监测系统，2005年10月1日正式投入使用后，基本实现了对电视台新闻专题、广告节目播出的自动识别和分析统计的任务，可大量节省人力，减少运行成本，降低劳动强度，提高工作效率。这套系统自投入运行以来，采集录制了135条涉及昆明市的舆论监督报道的新闻节目，其中29条已刻录成DVD片上报有关领导和相关部门。

【广告播放管理】 为加强对昆明市广

播电视广告的监管，加大对虚假违法广告的整治力度，切切实实把关系广大人民群众切身利益的重点商品（服务）广告整顿和规范好，2005年，市广电局按照国家广电总局《广播电视广告播放管理暂行办法》，开展了打击虚假广告专项整治工作。市广电管理部门利用现有的先进设备仪器和专业技术人才，建立了广播电视广告自动识别监测系统，实现了对市广电媒体拥有的7套电视节目、2套广播节目的广告进行适时监控，为全市广播电视广告监测数据的采集、对违法违规广告的认定和查处，提供了有力的依据和保证。广告监管方式的创新不仅完善了科学监测机制，提高了监测工作的预见性、准确性、主动性，而且有效地实施了对广告经营活动的动态监管，加大了政府对广播电视广告播出监管的力度。

（溥 杰）

昆明人民广播电台

【新闻宣传报道】 2005年，昆明人民广播电台紧紧围绕市委、市政府中心工作，唱响主旋律，打好主动仗。新闻宣传基调保持平稳，报道任务圆满完成。

2005年，全国和省市级的重大会议、会展、节庆、活动以及专项宣传接连不断，报道任务十分繁重。昆明电台组织实施的主要报道包括：保持共产党员先进性、迎接GMS会、弘扬昆明精神、纪念抗战胜利60周年、《义勇军进行曲》诞生70周年、红军长征胜利70周年、郑和下西洋600周年、昆明建成1 240周年、2005年中国国际旅游交易会、中国昆明进出口商品交易会、中国昆明国际旅游节、首届西部文博会、首届昆明农博会、世界学生奶大会、省市两会、深化文化体制改革、抗旱、防治禽流感、创建国家园林城市、建设节约型社会、云南环保世纪行等。

【《直播中国·走进昆明》特别节目面向全国听众】 2005年6月23日10点10分至11点30分，中央人民广播电台中国之声、中共昆明市委宣传部、中央人民广播电台云南记者站和昆明人民广播电台联合播出了《直播中国·走进昆明》特别节目。节目分为《鲜花绽放的家园》、《人文历史的魅力》、《和谐舒展的旋律》3个部分，通过昆明悠久历史的沉淀和活色生香的民俗文化，以及现代新昆明的建设成就，展现了春城昆明的魅力与生机。中共云南省委常委、昆明市委书记杨崇勇，老挝驻昆明总领事蓬沙瓦先生以及聂耳侄女、云南民族电影制片厂作曲家聂丽华女士等嘉宾做客直播室参与节目。节目在中央人民广播电台第一套节目和昆明人民广播电台阳光频率、都市调频同步播出，中国广播网、昆明广播网在线广播。

【全面报道纪念抗战胜利60周年】 为纪念抗战胜利60周年，昆明人民广播电台新闻中心与都市调频于2005年7月21～29日，派出3名记者前往保山市的腾冲、龙陵、隆阳等县区的滇西抗战故地进行采访报道。在当地宣传部门以及众多采访对象的热情帮助和大力支持下，通过不懈努力，滇西之行取得圆满成功，获得了一大批珍贵的采访素材。从8月上旬起，昆明电台在《都市新闻网》和《走进昆明》两个栏目中重点推出19集纪念滇西抗战录音系列专题《永不褪色的记忆——滇西抗战故地行》，并编发三组专题报道在中国国际广播电台播出。

9月3日上午，昆明电台都市调频加盟全国城市电台广播联盟，参与以回顾各大城市抗日战争为线索，展现中华民族精神和人民热爱和平共同心愿的大型特别节目《中国城市广播联盟纪念中国人民抗日战争暨世界反法西斯战争胜利60周年特别节目——城市的战争回忆》。昆明电台都市频道在直播进行中的12：20～12：30时段里，就抗战时期各大学纷纷迁往昆明的情况、抗战期间在昆知识分子的生活状况、抗战时期知识分子眼中的战争和战争对西南人民造成巨大伤害的情况作了报道。

【“放歌昆明”原创歌曲大赛启动】 由中共昆明市委宣传部和昆明市广播电视局主办，昆明人民广播电台作为独家承办单位承办的“经典昆明”系列活动之“放歌昆明”原创歌曲大赛活动启动歌会，2005年11月25日晚8：00在云南艺术剧院唱响，揭开了昆明这一盛大赛事的帷幕。启动歌会上，云南省本土的年轻歌手们放声歌唱美丽的家乡云南，歌唱新昆明的独特魅力。

【透明直播“文博会”】 2005年12月8日上午10点，“首届中国西部（昆明）文化产业博览会”在昆明国际会展中心隆重开幕。昆明人民广播电台的主持人在5号展馆透明演播室向全市听众直播开幕式的盛况和相关信息。

开幕当天，省委副书记丹增，市委副书记、市长王文涛，市委常委、宣传部长张红苹等领导先后来到电台透明直播间，听取了台领导对直播间的介绍，与采编播人员亲切交谈，对于昆明电台近距离现场报道的做法给予了充分肯定。在现场直播过程中，不少人在透明直播间外驻足观看，拍照留念。参加本次“文博会”的一些媒体同行也纷纷前来采访报道、参观取经。

【节目品牌形象推广】 2005年昆明人民广播电台两套节目不断调整节目结构、推广品牌形象，实现新跨越。

阳光频率以城市生活台的明确定位，以“做本土最好广播”的理念，坚持节目质量为核心，品牌推广和市场营销为重点，积极探索节目对象化和专业化发展的改革。通过整合频率资源、调整节目布局，理顺内部关系，多元市场开发，努力提高频率的社会效益和经济效益。在确保正确舆论导向的前提下，进行了一系列敢为人先的大胆尝试。节目的质量有了显著提高，频率影响力明显提升，经济创收稳步增长。

都市调频本着坚持正确的舆论导向，充分发挥电台喉舌作用的原则，在完成各项宣传任务的同时，认真办节目，努力抓创收，并提出了办品味广播的思路。节目创优取得重大突破。2005年国家级外宣奖彩虹奖取消，代之以中国广播电视节目奖2004年度优秀对外广播新闻奖，全国获奖数量大幅减少到5件，都市调频采写播出的外宣节目以其特有的分量成为全国获奖的5件作品之一，取得节目创优的又一次重大突破。

【中共昆明人民广播电台委员会、纪律检查委员会成立】 在中共昆明市委的关心重视下，2005年6月17日，经中共昆明市委常委会会议讨论决定：成立中共昆明人民广播电台委员会、纪律检查委员会。调整配备了新的领导班子：梁永实任昆明人民广播电台副台长（主持工作）；李耀武为正县级副台长；罗力争任中共昆明人民广播电台委员会副书记、纪委书记。

8月26日，根据台长办公会研究，结合昆明人民广播电台改革与发展的总体规划和实际情况，昆明人民广播电台出台了深化人事制度改革方案。部门领导干部职位实行缺位竞争上岗，内设10个职能部门。经过公示、报名、资格认定、竞职考试、民主测评、组织监督、组织考察、台长办公会审定等步骤，对昆明电台部门领导干部职位进行了人事任免。

【节目创优】 2005年，昆明电台精心制作的节目有1件荣获国家级最高奖项——中国广播影视大奖广播电视节目对外新闻奖，26件作品获2004年度省级政府奖。

12月，由何方采制、尹莉播音的《寻找父辈的记忆—格瑞格先生昆明了心愿》捧回了中国广播影视大奖广播电视节目对外新闻奖，这是昆明电台2004年度新闻宣传作品的代表之作。在12月28日举行的云南广播电视政府奖颁奖会上，昆明电台的26件优秀节目获得2004年度省级政府奖。其中《微笑》、《竹笛手杖的设计者米润新》、《中国的月亮》、《素描中国20年平民聆听史》4件作品分别获文艺、播音、主持一等奖。另外22件作品分别获省级政府奖二、三等奖，奖项涵盖新闻、社教、文艺、广告、播音、主持、论文等。

（蔡　明）

昆明电视台

【西山发射台供配电系统改造及变压器增容安装工程完工】 2005年1月，昆明电视台西山发射台供配电系统改造及变压器增容安装工程完工，将两台200KVA变压器增容为S11—400KVA，对高低压供配电屏进行改造安装，以10KV“T”级搭火点至低压所有出线开关止。该工程严格按照施工图纸、说明文件和国家颁发的有关工程规范和标准操作，质量达到国家规定的电力安装工程标准。此次工程的完工确保了昆明电视台广播电视信号的发送和发射台的用电安全。

【开设新栏目】 2005年度，《昆明新闻》专门开辟《时代先锋》特别栏目，大力宣传优秀党员的先进事迹，着力展现基层党组织为民办实事、办好事的事例，使《昆明新闻》中的“云岭先锋、保持共产党员先进性”栏目不仅天天有内容（全年共播出相关新闻300多条），而且有亮点、有广度、有深度；除了做好动态报道外，《昆明新闻》、《晚间·关注》、《街头巷尾》、《昆明新闻·县（市）区版》中开设专栏《啄木鸟》，持续对城市建设、管理中存在的问题作了客观、全面、深入的反映，并定期制作成光盘，报送市委、市政府主要领导，受到市领导的充分肯定。在《昆明新闻》中推出《全民参与·共治交通》专栏，高密度、大容量宣传全市交通环境综合整治工作取得的成果。精心制作了3集大型系列专题片《解析昆明交通》和大型专题特别节目《解析昆明公交专用道》，对昆明市交通建设取得的成就、存在的问题，目前的现状、解决的办法等作了深入浅出的分析，得到了市领导的表扬。同时还组织人员前往广州、杭州、南京等地采访，用镜头记录这些大城市发展公交、解决交通的成功做法，在观众中产生了较大的反响。与往年相比，《昆明新闻》信息量更大，题材面更广、服务性更强。

【庆祝建台20周年】 2005年3月16日，是昆明电视台“建台20周年”的纪念日。昆明电视台成立于1985年3月16日，2001年7月1日，昆明电视台与原昆明有线电视台合并为新的昆明电视台，拥有综合、生活、文娱、体育、影视和新闻6个频道，每天播出新闻、社科和体育等节目共计90多个小时，电视受众约300多万人。2002年，昆明电视台进入全国“百强媒体”行列。经过20年的奋斗，昆明电视台已发展成为一家技术力量雄厚、设备设施比较先进的省会城市电视台，形成了“热爱昆视、建设昆视、振兴昆视”的团队精神，推出了一系列优秀节目，造就了一支极具发展潜力的专业人才队伍。台庆期间，以“增强凝聚力，提升形象”为宗旨，本着对内简朴、节约，对外隆重、大方和以最小的投入获取较大经济、社会效益的原则，举办系列庆祝活动。3月16日晚20：00，在1 000平方米演播厅举办了“走过20年”台庆晚会。市委副书记、市长王文涛，市委常务副书记杨远翔等领导出席。了台庆晚会，100余名党员面对党旗重温了入党誓词，晚会节目大部分由播音员、主持人、职工创作演出，以回顾过去、展望未来为主线，颂扬了昆视人爱岗敬业，锐意改革，团结向上，奋斗进取的精神风貌。

【推出日播法制栏目——《说法》】 2005年6月26日，昆明电视台在国际禁毒日推出了云南省电视史上首次进行日播的法治类栏目——《说法》，该档节目每期30分钟，由“视野”、“热线”和“拍案”3个版块构成，关注普通大众法律生活，提供法律帮助指导；讲述百姓寻常难事烦事，提炼现实生活法律价值；是故事性与服务性兼而有之的法治新闻类栏目。该栏目开播以来，在昆明市及周边地区群众中形成了较大的影响力，收视率稳定在3个点。《说法》是昆明电视台现有栏目中首个实行对外发行的栏（节）目，由于该栏（节）目制作精良，所拍的部分节目已发行到浙江台、太原台、成都台和长沙台，中央台和湖南台也转播过该节目，有两部片子还荣获了中国广播电视协会创优节目三等奖。《说法》每天的首播时间是综合频道19：00，重播时间是综合频道00：43，新闻频道00：15，10：20，13：25，20：25。

【四讯道EFP便携系统投入使用】 2005年，昆明电视台购买了四讯道EFP便携系统，此套全数字制作系统具备直播能力，有可扩展性，易于安装便于携带，包括摄像机、切换台、录像机、字幕机、应急切换矩阵、监视系统、音频系统和通话系统等设备，金额共计402万元。此套设备全部采用航空箱式结构，箱体之间采用单线多芯连接，比转播车有更大的灵活性和机动性，与转播车对接后可以承担大型节目的实况转播。最大优点既可以在室内使用，也可在室外使用；可以在城市使用，还可在乡村使用，相当于一个便携式演播厅，是一个独立的制作系统，可以单独承担中小型节目的现场录制和直播，如果用于拍电视剧，便于一次合成，可以减少后期节目制作量。四讯道EFP便携系统经过安装及验收后投入到紧张的工作中，并取得了较好的效果。

【民生新闻节目《街头巷尾》开播】 2005年6月6日，昆明电视台全新的民生新闻节目《街头巷尾》开播。《街头巷尾》原是昆明电视台建台初期的名牌栏目，开播于1986年9月27日，是国内电视界最早关注民生、反映民情、开展舆论监督的电视栏目之一，由于历史的原因，该栏目于1992年初停办。全新的《街头巷尾》是昆明电视台为进一步整合新闻资源、搭建新闻频道整体而集中人力、物力、财力打造的一档崭新的新闻栏目，“关注民生、服务百姓”是这一节目的宗旨。《街头巷尾》在整合名牌栏目《晚间·关注》的基础上，又承沿其“贴近生活、贴近实际、贴近群众”的宗旨，继续围绕市委、市政府的中心工作，充分发挥舆论监督和引导的作用。该栏目长达50分钟，推出了许多小版块：“记者帮你忙”、“市民有话说”、“市民语录”、“主播到你家”等，开播以来在收视率、美誉度、广告创收等方面均取得不俗的成绩。

【体育赛事直播和转播】 2005年，体育频道的赛事直播和转播工作在全台各相关部门的协助配合下，无论从直播的场次还是直播的质量上都有了大幅度的提升。有计划、有步骤地拓宽了赛事转播面，先后转播了英超、欧冠、CBA(中国男篮职业联赛)、NBA、国际跳水冠军巡回赛、世界羽毛球锦标赛、温布尔登网球公开赛、澳大利亚网球公开赛、中国跤王争霸赛等高水平的比赛，以及“联合十运专题报道”的转播。直播场次接近200场，时间累计近500小时，收到了良好的社会反响。

【隆重举办纪念抗战胜利60周年大型音诗文艺晚会——《共同走过的历史》】 2005年9月10日20：00，昆明电视台在1 000平方米演播厅隆重举办纪念抗战胜利60周年大型音诗文艺晚会——《共同走过的历史》，晚会分为《序》、《烽烟四起》、《英勇抗战》、《团结抗日》、《迎接胜利》等几个部分，晚会中加入了互动采访的内容，陈香梅女士和抗战老兵亲临晚会现场。晚会力求在结构及表演方式上有所突破，把音、诗、歌、舞和电视手段结合起来，以全国抗战、滇西抗战、和平愿望为主线，通过电视大屏幕史料及3组朗诵者的朗诵，把4个板块连接起来，整台晚会生动地展示了“牢记历史、缅怀英烈、远离战争、珍惜和平”的主题。

【录制大型音诗晚会《鲜花绽放的昆明》】 2005年11月1日20：00，为纪念昆明建城1 240年，大型音诗晚会《鲜花绽放的昆明》在昆明电视台1 000平方米演播厅举办，11月12日在昆明电视台综合频道播出。作为昆明市建城1 240年的重大纪念活动之一，《鲜花绽放的昆明》是一台规格较高的晚会，由昆明电视台承办。晚会从策划、创作、排演到录制，历时半年有余，串词十数次易稿，力争精益求精。整台晚会分为3个篇章：《千年昆明》、《百年昆明》、《鲜花绽放的昆明》，主题是“缅怀先辈的丰功伟绩，赞美家乡的辉煌历史，讴歌当代昆明精神，展示未来新昆明的宏伟蓝图”。通过全体人员的努力，这台晚会以精品面貌呈现在观众面前，是昆明隆重纪念建城1 240年系列活动中的一部重头戏。该台晚会荣获2005年度昆明市广播电视政府奖广播电视文艺一等奖。

【圆满完成大型节目活动摄制工作】 2005年，昆明电视台各部门通力协作，精心组织大型节目活动的拍摄制作，先后完成昆明市首届“未来之星”比赛的拍摄与播出、“2005六城市春节晚会——《姹紫嫣红中国年》”(后经中国教育台播出)、第十三届“美在花城”广告新星大赛、《不屈的昆明》——纪念世界反法西斯战争胜利暨抗日战争胜利60周年音乐会、云南师大纪念抗战胜利60周年晚会——《共同走过的历史》、《纪念中国人民抗日战争暨世界反法西斯战争胜利60周年大型交响合唱音乐会》，以及大型电视音诗晚会《鲜花绽放的昆明》等。

【成立“品牌工作部”】 2005年11月15日，根据工作需要，昆明电视台成立“品牌工作部”，负责全台节（栏）目品牌营销工作，在地区竞争日益激烈的情况下，努力通过各种形象宣传和市场营销活动，重新获得昆明观众对昆明电视台的认同，提升昆明电视台在昆明地区的电视媒介品牌形象。根据全台各个频道、各个栏目的实际情况，制定全年详细的品牌推广计划，包括媒介推介计划、营销活动计划等。12月，品牌工作部制作了综合频道、生活频道、影视频道和新闻频道的宣传日历张贴在昆明市新闻中心、五华和西山两个区的部分居民小区，通过多种方式推出了对《街头巷尾》、《说法》、《新尚大管家》和《非常板扎》等栏目和影视剧场的宣传。这些活动的推广为提升昆明电视台在电视观众心目中的品牌形象起到了很好的促进作用。

2005年昆明电视台主要获奖作品

序号	时间	授奖单位	内　容
1	2005.3	中国电视艺术家协会中国视协电视文艺委员会	昆明电视台《2005姹紫嫣红中国年——六城市春节晚会》荣获2005年电视文艺学术奖春节文艺晚会三等奖。
2	2005.10	中国广播电视协会	昆明电视台选送的《家庭式拐卖》，被评为三等奖（长片类）创优节目。
3	2005.10	中国广播电视协会	昆明电视台选送的《调零的花季》，被评为三等奖（短片类）创优节目。
4	2005.10	中国广播电视协会	昆明电视台创作的《风流的湖》获2005“云南红杯”中国纪录片国际选片会入围纪录片。
5	2005.10	中国广播电视协会	昆明电视台选送的《开启尘封的记忆——讲述〈一双绣花鞋〉的故事》，被评为节目导视类一类创优节目。
6	2005.10	中国广播电视协会	昆明电视台选送的《〈街头巷尾〉栏目形象创意》，被评为形象创意类二类创优节目
7	2005	中国广播电视协会城市广播电视台委员会 中国广播电视协会	昆明电视台选送的《清风车影“云南人喜爱车型”活动宣传片》，被评为节目导视类三类创优节目。

续　表

序号	时间	授奖单位	内　　容
8	2005	中国广播电视协会城市广播电视台委员会 中国广播电视协会	昆明电视台选送的《动感昆明》，被评为形象创意类三类创优节目。
9	2005	中国广播电视协会城市广播电视台委员会 中国广播电视协会	昆明电视台选送的《说法》，被评为形象创意类三类创优节目。
10	2005	中国广播电视协会城市广播电视新闻研委会	昆明电视台创作的《虎头大三弦》节目，被评为2004年度社教三类创优节目。
11	2005	中国广播电视协会城市广播电视新闻研委会	昆明电视台负责创作的《梅子开讲》节目，被评为2004年度社教三类创优节目。
12	2005.8	国务院防治艾滋病工作委员会办公室	全国艾滋病防治影视作品征集展播活动入围作品专题片段——《红丝带与你同行》

（陈　洁　李志荣）

广播电视网络中心

【网络收入突破亿元】　2005年，网络中心领导及全体职工以顽强进取的精神，多方开发网络资源，积极拓宽创收渠道，至12月底止，累计完成网络收入总额1.1546亿元，比2004年增加收入1 200多万元，取得了良好的经济效益和社会效益。

【四城区所有乡镇和大的村庄实现联网】　按国家广电总局网络建设要求，2005年内建设完成了银海花园、吴井小区、中环路、高新区、马街等17条主干光缆及95个子片区的支线光缆建设。新建光接点大部分已开通，并临时开通了世纪城、新亚洲体育城的光缆信号。乡、镇联网方面开通了小河、双龙、小哨、谷律、厂口、散旦等乡，所有大的自然村全部覆盖。正抓紧苏家塘、北市区、护国三个片区的5条主干光缆的建设。至11月底，累计完成新建光缆742 982公里，熔接光缆78 217芯，新开通光机666台，安装交接箱9个，总计开通光机1 420台。

【数字电视整体转换取得进展】　2005年1月12日，昆明市广播电视网络中心在海逸大酒店召开了新闻发布会，宣布在昆明市正式启动数字电视业务。经过近一年的积极努力，先后制定了《2005年数字电视促销方案》、《昆明市数字电视整体转换实施方案》等实施办法，并于10月29日在西山区高新苑、泰和园首次进行数字电视整体平移，成功转换了350余户数字电视用户，标志着昆明市有线电视由模拟电视跨入数字电视的整体转换阶段。至12月底，数字电视用户已发展近万户，付费频道《家庭影院CHC》销量为全国第一，数字电视在昆明的发展有了良好开端。

【有线电视用户】　随着昆明城区建设规模扩大，新建小区数量剧增，为坚持按国家《广播电视管理条例》“一城一网”的原则办事，维护昆明市有线电视用户市场的稳定，2005年，市广播电视网络中心各部门通力协作，积极稳妥开发用户市场，先后签下了“世纪城”、“体育城”等一批有较大规模的群体用户，截止12月底，累计签约用户达10万多户，安装入网7万多户，另外新开数据专线44条、新增Internet宽带上网用户327户，创造了历年用户发展的最高水平。

【微波数字化改造】　为实现微波开路发射的数字化，2005年市广播电视网络中心通过近半年的努力，基本完成了微波传输技术设备方面的数字化改造，积极推进了昆明市无线收视的数字化进程。

【县（市）区光缆网带宽扩容】　为满足广电网络开展多种业务的需求，自2005年3月以来，网络中心实施了对原622兆光缆网带宽的升级扩容，使昆明至10个县（市）区光缆网带宽达到2 500兆，为县（市）区传数字电视奠定了基础。

【新增服务窗口】　市广电网络中心为积极寻求自身的发展，适应市场的需求，开拓进取，积极思变。2005年，市广电网络中心新设了客户服务中心、高广联公司、数字电视运营小组。客服中心的设立，使中心有了统一的对外窗口，形成了对用户的一站式服务，有效解决了用户收视故障报修难、投诉难的问题，提升了昆明市广播电视网络中心的声誉和社会形象。

【完成《昆明广播电视网络技术管理规范》（试行）汇编】　为统一技术标准，规范广播电视网络建设及施工工艺，2005年，昆明市广电网络中心组织技术人员集体攻关，通过近半年努力，完成了广播电视网络施工工艺和技术标准汇编，形成了较为系统的《昆明广播电视网络技术管理规范》（试行），使昆明市广播电视网络建设及施工有了可循的章程和可检测的标准，这在全省尚属首部。

【网络维护与服务】　为了提高服务质量，2005年网络中心一线维修人员不分白天黑夜，不分节假日，只要用户出现收视故障，就及时赶赴现场为用户排忧解难；各服务窗口取消午休，随时为前来办事的用户提供服务；设立客服中心，一站式解决用户的报修和投诉问题；加强光缆网络的建设和改造，提高网络的传输质量和用户收视效果。年内用户故障报修率为0.311%，当日故障处理率为98.5%。3个播出平台（模拟节目平台、数字节目平台、模拟数字混合平台）48套模拟节目，108套数字节目，实现了优质播出，取得安全优质播出传输1 241 572小时（其中模拟前端411 631小时，数字前端829 941小时）的良好业绩，得到了昆明广大市民的认可和好评。

【加强对外包用户的清查和管理】　市广

电网络中心在用户市场的管理方面存在一批由施工队负责维修、管理的外包用户，个别施工头少报、瞒报用户数量，骗取有线电视安装费和收视费，有的问题反映较严重。针对这一情况，网络中心一面主动请市公安局经文保分局调查涉案施工队，请会计师事务所对有关部门进行内部审计，一面积极组织人员对外包用户进行全面清理，深入查实外包情况。通过2005年的清查和整顿，基本查清了外包单位、外包用户数量、外包收视费收缴等情况，并结合实际制定了《外包用户管理试行办法》、《外包用户整改实施计划》等管理方案，加强了这块工作的管理，有效堵塞了漏洞。

【强化网络传输安全管理】　保证广播电视网络的传输安全，历来是网络中心的重要工作。为确保网络传输安全，中心加强安全教育，强化职工安全意识。不论领导和职工都能以高度的政治责任感坚守岗位，履行职责。中心总前端及重要岗位都严格执行24小时值班制度，1～11月份累计光缆突发事件抢修338次，抽测光机149台，前端、分前端巡测93次，巡检光机、电杆232次，抢修调试光机144台，巡检光缆6 818公里。认真扎实的工作，确保了2005年度节假日、重大会议、敏感时段的安全播出，有效防范了3月14日、17日、18日、21日多次发生的“法轮功”攻击亚洲3S卫星事件和7月2日攻击亚太6号同频播出反动内容事件，避免了恶劣的负面影响，保证了昆明市广播电视网络传输安全，顺利完成了全年度的传输播出任务，被昆明市授予“安全播出先进集体”的荣誉称号。

（樊广林）

昆明日报

【报社领导班子调整】　2005年6月17日，中共昆明市委常委会会议讨论决定，成立中共《昆明日报》社委员会、纪律检查委员会。孙学敏任中共《昆明日报》社委员会书记、《昆明日报》社总编辑；赵健吾任《昆明日报》社副总编辑、《都市时报》总编辑（试用期一年）；闵晓阳任《昆明日报》社副总编辑（试用期一年）；王晓洁任《昆明日报》社副总编辑（试用期一年）。卓维华保留正县级待遇，免去《昆明日报》社总编辑职务；王建军明确为正县级别，免去《昆明日报》社副总编辑职务。7月2日，市委组织部、宣传部领导到报社宣布新班子任命决定，报社新班子正式上任。此次班子调整，完成了报社新老班子的交替，班子成员均从报社内部产生，是报纸复刊20年从未有过的。

【中层干部选拔任用】　在报社新班子的带领下，《都市时报》、《昆明日报》以选贤任能、知人善任、惟才是举为准则，通过竞岗选配了两报的中层干部。《都市时报》在2005年1月初，就按规定完成了中层干部聘任、首席记者和首席编辑的公开竞聘工作。8月25日至10月14日，《昆明日报》开始推行全员竞争上岗制，报社机构改革、中层干部全员竞争上岗工作全面展开，《昆明日报机构改革方案》在“公开、公正、公平”的原则下，实行公开、透明的阳光作业，面向社内外选拔人才，全社所有人员在同一起跑线上“赛马”，这在《昆明日报》历史上还是第一次。报社内部有37名职工、社外有4人参加竞岗。10月24日，22名竞争上岗的中层干部，经过编委会的讨论通过，正式进入为期3个月的试用阶段，试用期结束，经过试用总结、编委会评议审批后将正式上岗。

此次工作拓宽了识人、选人的视野，促使优秀人才脱颖而出，激发了干部的团结意识、大局意识、开拓创新意识和事业心、责任感，是报社新领导班子从实际出发，革故鼎新，讲政治、讲团结、讲正气、重事业的具体表现。通过竞争上岗，激活了用人机制，破除了论资排辈、暗箱操作的积弊，为建立一支精干高效、团结奋进、适应事业发展需要的干部队伍探索出了一条新路子。

【调整机构设置】　2005年7月，报社新班子走马上任之后，对原有机构、人员进行了一系列的整顿和改革：7月中旬将《昆明日报》发行部划并到《都市时报》发行中心，实行两报的联动发行，将空载率达75%以上的8辆运报车节省出5辆，降低了发行成本，提高了工作效率；将《昆明日报》内设机构进行归并整合，依业务需要设立综合新闻中心、经济新闻中心、党委办公室、报社办公室、技术部、印刷厂6个部门，使机构从原来的14个减少了8个，中层干部精简为22个，将重兵集中到了一线，减少了扯皮，增进了和谐，提高了战斗力；果断结束旧体制造成的车管弊端。报社公字号车辆多、车况差、牌子杂、管理乱、效益低、矛盾大的弊端，形成了业务用车紧缺，新购车辆落户困难，大批公车散落私人手中，用车隐患突出的尖锐矛盾和怪圈。7月中旬至8月20日，报社果断收缴报社46辆公字号车辆，公开拍卖了其中的27辆，解决了多年历史遗留问题和不公平用车现象，并将留用的车辆统一交社办管理，不再给部门和私人配车，保障了报社业务和经营用车。

【确立报业灵魂内涵】　报魂是报社的企业文化，是报社的旗帜，是报社的感召力和原动力，是报社的奋斗方向和伟大目标。多年来，《昆明日报》一直没有确立报魂，缺乏凝聚员工的力量。

昆明日报社领导班子　（《昆明日报》社　供稿）

2005年新班子上任后，在统一全社员工思想的基础上，借鉴时报报魂成功的理念，在广泛征求全体员工的意见之后，经编委扩大会议讨论通过，借8月8日昆明日报复刊20周年庆典之际，报社正式向社会公布了《昆明日报》报魂、办报目标：办中国西部最好的党报；报业精神：团结和谐，创造卓越；办报宗旨：全心全意为人民服务；发行理念：《昆明日报》，给您好看。报社印刷厂也据实提出了厂魂：印中国最好的报纸。报魂成了激励全社员工奋发向前，创造卓越的动力，成了昆明日报社走向兴旺的旗帜。

《昆明日报》社组织参加首届中国西部文化产业博览会

（《昆明日报》社　供稿）

【版面调整】　为进一步拉开与对手的差距、保持领军地位，《都市时报》4月13日第7次改扩版，在新闻内容、版面设置、版式包装等方面进行了较大的变革和整合，新设核心、第一重点、第二重点、言论等版面，将每天最重要、最可读的新闻放在前几版，重点突出，重点包装，增强报纸的层次性、权威性、可读性、厚重感。在版式上也充分突出设计理念，注重图片使用，标题字号改超粗黑为大标宋，改变同城媒体“千报一面”的局面。改扩版使时报更广泛地引起各级领导、读者、商家关注，发行量和广告节节攀升，取得很好的社会效益和经济效益。该报在保持新闻可读性和贴近性的同时，更加注重了新闻的权威性和信息量，以充分发挥主流强势媒体的作用。推出了“结伴上大学”、“高考爱心直通车”活动，中秋节“寻找昆明最大团员家庭”的活动和报道；同时较好地把握了舆论监督报道的尺度，如《大胆城管欺骗代市长》、《国税公车闹市连撞7人》、《违法车狂拖交警20米》、《北京路“猫盖屎”工程》、《松花坝保护区树木遭盗伐》、《偷渡车震裂五百罗汉》、《昆明楼盘洋名泛滥》、《松花坝保护区又现车潮》等，监督有力，社会反响强烈。王文涛市长专门就松花坝保护区树木遭盗伐一文作出批示，充分发挥了主流媒体的作用。

11月16日，《昆明日报》推出了复刊20年来规模最大、最彻底的改扩版。报社编委会经过反复讨论和研究，最终确立了报纸改版的实施方案，确定把《昆明日报》办成云南唯一的省会中心城市综合类政经大报。改版的《昆明日报》以独创的全新版式、独特的新闻视觉、党报独有的高端时政信息和贴近民生、关注民情的报道，以及党报独具公信度的舆论监督报道，赢得了社会和广大读者好评，赢得了市委领导的认可。改版推出的《盘龙87名科级领导写“小楷”》、《海口举报者日夜遭追杀》、《本报昨致函西山区吁请关注张秋》、《昆明42万驾驶员明年换驾照》、《西山警方调查打人民警》、《本报和警方昨救出5名包身工》等一系列独家报道，引起了社会各界的关注和好评。尤其是典型报道《位卑未敢忘忧国》及由此引发的昆明日报与五部门联手推出的“2005感动昆明十大民工评选”活动，提升了昆明日报的影响力，5309999的热线不断，党报的权威性、公信度日益显现。

【出版《铁证》特刊】　2005年是纪念中国抗日战争胜利60周年暨世界反法西斯战争胜利60周年，时报策划并成功面世的《铁证》特刊，从7月7日到9月9日共出版46期，赢得了省市领导、社会各界和广大读者的好评。省委副书记丹增每天都仔细阅读，并打电话到报社指导和了解相关细节；特刊出版后，中央电视台、中央人民广播电台、《光明日报》、《中国青年报》、《大公报》等媒体均争相报道，《南方都市报》、《都市快报》等10多家全国顶尖都市类报纸老总来昆明研讨；驻滇部队官兵认真收集并组织学习特刊，认为这是一份极好的爱国主义教材；省国防教育办7月20日组织了7名副师级以上的干部举行专题研讨会。国家博物馆领导盛赞特刊。12月，时报出版了7 000册《铁证》特刊合订本，广受各界好评。《铁证》特刊是都市时报献给纪念中国抗日战争胜利60周年的一份厚礼，成为全省纪念中国抗日战争胜利60周年暨世界反法西斯战争胜利60周年活动的一大亮点，是云南媒体的骄傲，是昆明日报社、《都市时报》对社会、对国家践行社会责任的具体表现。

【参加中国西部文博会】　2005年12月8～11日，首届中国西部文化产业博览会在昆明举办，《昆明日报》、《都市时报》在文博会上以“红色火焰、蓝色海洋”两个主题展示了昆明日报社的风采。展会期间，报社送出共计6万份的《昆明日报》及特刊《骄傲昆明》、《都市时报》及特刊《彩云雕龙》的精美套餐，以及《铁证》特刊合订本，让中外来宾深切感受到两报强大的影响力，充分展示了昆明日报社在云南、昆明文化产业中的成就和所做出的贡献。

【发行工作】　《昆明日报》社历来重视报纸的销售工作，一直都是一把手亲自抓。都市时报将“每天都是征订日”落在具体工作中，常抓不懈。自2005年6月起，都市时报就全面展开征订工作，采取了许多有力措施：“为民服务团”活动，品牌工作室活动等，按照4个“战役圈”的战略抓死征订工作，使报纸上了飞机、进了的士，发行稳中有升，全年收回报款1 300余万元。《昆明日报》7月份并入时报发行中心发行时，印量仅2.3万份，征订数为20 700份。截止2005年12月31日，《昆明日报》有效发行达到46 300份，其中征订比上年增长24%，报纸已经摆上报摊，已有近2 000份报纸进入地州读者手中。《都市时报》发行突破20万份，最高点的7月7日达到30万份，《昆明日报》最高点达8万份。

【对外交流】 2005年的对外交流与合作，迈出了新的步伐：继续办好香港《大公报·昆明新闻》版，办好《欧洲时报·昆明版》、印尼《国际日报·昆明时刊》。2005年12月经过与熊德龙先生进一步商谈，将在《国际日报》上增加昆明新闻版面，新增都市时报的新闻，使两报快步走出国门，让世界了解昆明，认识《昆明日报》和《都市时报》；与澳大利亚瓦加瓦加市的报纸签署了合作备忘录，双方同意互相交换稿件，互派人员学习参观；继续巩固了与新疆《消费晨报》的友好报社关系，接待了他们的学习参观人员，报社将在适当时候派人前往新疆学习参观，开拓思路，交流办报经验；与华商报、现代快报、城市晚报达成了互派人员学习的初步意向。

【稿件获奖】 2005年，《昆明日报》共有33篇稿件（版、专栏）在全国、省、市的新闻奖评选活动中获奖：《东川发现驼峰坠机》等7篇作品及版面在“中国报业协会党报分会2004年度新闻奖”评选中获得一、二、三等奖和好版面奖；《小哨一村人22年没户口》等5篇稿子荣获第二十一届云南新闻奖二等奖、三等奖、专项奖；《记者暗访机关作风》等3篇作品获得第七届云南报业新闻奖一、二、三等奖；《东川95%农民吃上真盐》、《昆明需要什么样的“城市精神”》等18篇作品获昆明市第七届好新闻奖一等奖3个、二等奖8个、三等奖7个；都市时报周宏荣获中国记者协会“全国先进新闻工作者”称号；摄影作品《母爱比天高》获全国新闻摄影金奖，这是云南省获得的最高奖项。还有30人获5项省级好新闻，14项市级好新闻奖；《都市时报》在国家工商总局、中国广告协会“2004年广告经营百强评比”中，名列70位，在报纸排名中名列36位，在单张报纸中名列21位，同时被昆明市广告协会评为平面媒体广告一级资质企业。

【报业经营】 2005年，受国家宏观调控影响，房地产、汽车、手机、家电等大行业广告投放锐减，特别是国家工商总局加大对平面媒体医疗、药品、保健品广告监管力度，给全国报业带来相当的压力。面对严峻的形势，报社领导采取了一系列措施：率领广告经营人员认真研究新情况，千方百计开劈新财源；带队赴广州、上海招商；在全报社继续推行风险抵押金制，将全体员工的利益和报社效益紧紧捆在一起，风雨同舟向前闯；坚持每季度、每半年开经营分析会，准确把握局势，及时制定应急措施，实行广告款催收日报制度，借报纸改扩版之机全面组织创收，使《昆明日报》的经营工作实现了新的突破，比原定目标增长了22%。在发行方面全年狠抓回款工作，严防跑冒滴漏，做到应收尽收。通过全体员工的艰辛努力，2005年昆明日报社总营业额达到1.36亿元，实收1.24亿元，继2004年收入过亿后又创新高。

（孙丽玲）

卫生·体育

卫　生

【新型农村合作医疗】　新型农村合作医疗制度提前3年覆盖全市农村。在总结安宁、寻甸两个试点县（市）成功经验的基础上，2005年在全市全面推行新型农村合作医疗制度。14个县（市）区成立了县、乡两级合作医疗管理机构，在卫生局内增设农村合作医疗管理办公室，配备专职人员，从组织机构上保证了新型农村合作医疗的全面开展，并基本实现新型农村合作医疗电算化管理。

2005年，安宁、寻甸两个试点县（市）进入第三轮筹资阶段，农民个人筹资到位率100%，列入医疗救助范围的“五保户”和特困户参合率达100%。自2003年9月首轮启动参合农民报销补偿工作以来，截至2005年底，报销补偿农民达46.13万人，占参合农民总数的86.22%，报销补偿总金额2 732.2万元，占资金总额的77.22%。

2005年4月，市委、市政府决定在8个县区全面推进新型农村合作医疗制度，在没有列入中央和省级扩点县之前，由市级财政安排专项经费对参合农民进行补助。11月1日正式启动8个县区参合农民报销补偿工作。截至12月31日，8个县区共为参合农民门诊减免、住院报销41 487人次，合计减免、报销468.45万元。

盘龙、五华、西山、官渡四区政府继续组织开展以乡统筹为主的合作医疗大病补偿工作。四区平均参合率为89.86%，四区全年累计门诊减免、住院报销6 986人次，累计减免、报销815.25万元。同时，经省、市两级初级卫生保健委员会对区、乡、村三级现场评审、考核，官渡区在全省率先达到了第二轮农村初级卫生保健规划合格标准。

截至2005年底，全市应参合农民人数2 960 834人，实际参合农民人数2 669 773人，平均参合率达到90.17%，农民个人筹资到位率为100%。

【社区卫生服务】　2005年，市委、市政府把社区卫生服务基本业务用房的建设列入市政府为民办十件实事之一，投入资金480万元，新建和改扩建24个社区卫生服务机构。在五华、盘龙等6区（市）开展了创建全国社区卫生服务示范区活动，盘龙、五华区已列入全国社区卫生服务示范区；实施了“专家进社区工程”；建立26个流动人口卫生服务站，开展了对流动人口的卫生服务。

组织246名社区卫生服务机构医务人员参加了中国全科培训中心《中国全科医学杂志》为期一年的全科医生函授培训；开展了全科医生、全科护士的转岗培训；积极探索创新之路，在海口成立了云南省首家由8个成员单位组成的社区卫生服务集团，覆盖7.3万人口。

至2005年底，全市共建社区卫生服务机构176个，14个县（市）区均建立了社区卫生服务机构，总覆盖人群185.9万，进入社区服务的医务人员达2 464人。全年社区门诊服务达173.1万人次，平均每一诊疗病人医疗费用为37.32元。

【艾滋病防治】　2005年，市政府调整充实了防治艾滋病领导机构，成立了33个成员单位组成的昆明市防治艾滋病工作委员会，下设办公室在市卫生局，定编5人。市级财政下拨2 000万元防治艾滋病工作经费。制定出台了《2005年昆明市防治艾滋病宣传教育工作方案》，《2005年昆明市重点人群艾滋病干预工作实施方案》，在全市全面开展了防治艾滋病宣传教育活动。向社会公开招聘2 500名艾滋病志愿义务宣传员，参与艾滋病防治宣传工作。在市疾控中心建立艾滋病确认实验室，在14个县（市）区疾控中心建立艾滋病初筛实验室和自愿咨询检测点。继续对9类人群开展HIV筛查监测，在市、县医疗卫生机构开展自愿咨询检测。在市中医医院和市三院开展中医中药治疗艾滋病的试点工作。全面启动预防母婴艾滋病传播工作，统一制定实施了相关方案、工作制度和流程。开展美沙酮替代治疗降低毒品危害工作，选定省精神病医院、市疾控中心、晋宁县疾控中心、市戒毒所4个单位，在城乡建立起美沙酮社区维持治疗试点，晋宁县、省精神病医院维持治疗试点已通过国家级验收。

开展重点人群艾滋病干预工作。组建了200人的高危人群干预工作队和220人的入户宣传队。在全市的公共服务行业从业人员健康体检中增加艾滋病、性病预防性检查。将吸毒人群、“小姐”和同性恋者等艾滋病高危人群的行为干预纳入项目管理，实施健康促进项目。东川区和宜良县实施了全球基金艾滋病项目。在全市100多家宾馆、酒店开展了推广使用安全套工作，全市通过营销网络共售出115万多支安全套，在四区流动人群集中的公共场所安放安全套自动售套机816台。

全市共建立自愿咨询点（VCT）16

个，完成自愿咨询检测11 758人，孕产妇检测20 590人。在监测检测的105 948名各类人群中，检出HIV阳性感染者1 097人。昆明地区自1987年发现首例HIV感染者以来至2005年底，累计报告HIV感染者4 615人。艾滋病防治工作获得全省一等奖。

【人才培养与卫生科技】 2005年4月28日，“昆明市人才服务中心卫生分中心”挂牌成立，积极开展人事代理和人才引进工作。成立了“昆明市医疗卫生机构人事代理工作委员会”，建立完善了全市卫生专业技术高级专家库、昆明市卫生专业技术人才信息库、大中专毕业生信息库、卫生医疗机构招聘需求信息库，加大重点人才的选拔、培训、引进力度，创造良好的环境，做到进得来、留得住、干得好。2005年全市引进医学博士2名，硕士19名，副主任医师职称以上专业人才25名。

全市卫生系统有市级中青年学术和技术带头人19人，后备人选16人。2005年度43项科研课题结题，经成果鉴定或评定，其中20个科研课题获昆明市科学技术奖，占全市59项科技奖励项目的33.9%，其中获二等奖3项，三等奖17项。在20项获市级奖励的成果中，又有5项获云南省科学技术奖科技进步类三等奖。昆明市延安医院2005年6月5日挂牌成立了“云南心血管病医院”，并同时挂“昆明心血管病中心”和“中德心血管技术协作中心”牌。市卫生局出台了《昆明市医疗卫生单位内设研究机构（技术中心）管理暂行办法》，进一步规范和管理内设研究机构和医疗卫生技术中心。3月16日、17日两天，由昆明市卫生局、昆明市总工会联合举办了昆明市职工医疗急救技术技能竞赛。市属、县（市）区属医疗机构中，持有《中华人民共和国医师执业证书》的62名选手参加了竞赛，展示了人民医生的形象和时代风采，提高了全市医疗急救水平。7月20日，昆明市卫生系统10名医生、10名护士由市人民政府命名为“十佳医生”、“十佳护士”，受到表彰。

【卫生监督执法】 2005年，经市编委批准，昆明市卫生监督大队更名为昆明市卫生局卫生执法监督局，人员编制增至80人。

在重点开展打击非法行医专项整治行动中，全市共开展集中打击183次，依法取缔无证行医“黑诊所”2 353家（次），没收销毁各种非法户外广告牌69块、各种药品及器械4 702箱（件）、标值100.76万元，没收违法所得4 984.5元，罚款13.25万元，使非法行医违法犯罪活动的猖獗势头得到了有效遏制。

整顿和规范食品市场、医疗服务市场秩序。2005年共实施卫生行政罚款259家（次），罚金54.05万元，其中食品行业167家（次），29.46万元；医疗机构59家（次），21.63万元；公共场所行业38家（次），2.96万元。加强各类大型活动的卫生保障工作，共承担了“GMS会议”、“2005年中国昆明国际文化旅游节”、“2005年中国昆明国际旅游交易会”等省、市政府举办的32个大型活动，保障了党和国家领导人、中央部委、省级领导、中外来宾和参会代表12万余人次的食品卫生安全，未发生1起集体性食物中毒、食源性疾患及工作责任事故，各项卫生保障任务实现了零差错。

【处理突发公共卫生事件】 全年共处理突发公共卫生事件93起，处理及时率达100%。加强鼠疫、霍乱、疟疾、结核病等重点疾病的防治工作，全市乙类传染病发病报告率290.52/10万，低于省下达的450/10万的指标。全市孕产妇死亡率控制在46.45/10万。婴儿死亡率控制在15.40‰，5岁以下儿童死亡率控制在12.64‰。住院分娩率达87.83%，孕产妇和儿童的健康指标保持稳定。全市卫生系统以“医院管理年”活动为契机，规范医疗行为、提高医护质量、保障医疗安全。加强了血液管理工作，确保用血安全。

【企业医院分离改制】 2005年3月4日，昆明重型机械工业总公司破产清算组和昆明市卫生局圆满完成了昆明重型机械厂医院的移交工作。市卫生局受市人民政府委托接收的昆明重机厂医院的职工和资产，并入昆明市第二人民医院继续保持医疗功能。昆明地区累计有43家企业医院分离改制，实行了“资源整合，资产重组，股份制改造，整体移交，自主经营、联合办院等多种形式的分离企业办医院”。

【卫生基本建设】 2005年，中央国债投入昆明市农村卫生基础设施建设项目460万元，其中：安宁市100万元（4个卫生院建设项目）；寻甸回族彝族自治县360万元（13个卫生院建设项目）。疾病预防控制体系建设项目15个，国债投入资金910万元，建设5个项目，省专项投入760万元，建设10个项目。突发公共卫生事件医疗救治体系建设项目12个，国债投入资金1 034万元。

【爱国卫生运动】 开展城市卫生整治迎接GMS会议。组织发动广大群众开展了3次全市性的以环境卫生大整治为重点的全民爱国卫生运动，整治背街小巷、城中村、城郊结合部和铁路沿线等的卫生死角、脏乱差现象。7.2万名市区两级班子成员、机关干部、团员青年、武警官兵和“春城义工”等参加清理卫生死角808个，清洗小广告12.85万条，清理占道摊点5 408起，清扫街路1 098条，清运垃圾1 504.9吨。实现了“市容市貌焕然一新、国内国外眼前一亮”的目标，向海内外展现了“春城”良好的城市形象。

创建云南省卫生村实现了零的突破。五华区沙朗白族乡大村、官渡区六甲乡福保村申报创建云南省卫生村通过省爱卫会检查考评，基本达到了省级卫生村标准，分别成为云南省第二个、第三个省级卫生村，为昆明市农村卫生工作树起了新的旗帜，积累了宝贵的经验。

56个单位被命名为“昆明市爱国卫生红旗单位”和“昆明市无吸烟先进单位”。继续推进爱国卫生“细胞工程”建设，市爱卫会组成考核检查组对新申报的第七批50个爱国卫生红旗单位、16个无吸烟先进单位进行了考核验收，有43个单位被命名为“昆明市爱国卫生红旗单位”，其中五华区15个、盘龙区1个、官渡区10个、西山区5个、东川区4个、安宁市2个、石林彝族自治县3个、晋宁县2个、宜良县1个；有13个单位被命名为“昆明市无吸烟先进单位”，其中官渡区12个、石林彝族自治县1个。

有害生物防制工作。全市有害生物防制工作以迎接GMS会议和创建国家卫生城市为中心，把“四害”控制在不足危害的程度，以防止鼠传疾病和病媒传播疾病的发生为目标、确保人民群众身体健康为目的，扎扎实实地组织开展了春冬两季以灭鼠为重点的除“四害”活动。坚持综合防治措施，全市初步建成18条除“四害”示范街路。进一步加快全市除“四害”市场化运作的步伐，首批审核通过了三家除“四害”消杀服务企业A级资质。继续开展灭鼠、灭蚊、灭蟑螂先进城区（县城）活动，官渡、西山、石林、晋宁四区县继续保持了昆明市灭蟑螂先进城区（县城）的荣誉称号，富民县继续保持了昆明市灭鼠先进县城荣誉称号。

第十七个“爱国卫生月”活动。2005年4月开展的全国第十七个“爱国卫生月”以“巩固创卫成果，净化城乡环境，整治卫生死角”为主题开展活动：精心组织在全市城乡广泛深入地开展大规模的宣传活动，营造迎接GMS会议和“创卫”工作氛围，进一步提高人民群众的爱国热情和健康意识，4月9日，全市14个县（市）区集中组织开展了大规模爱国卫生宣传日活动，参加人员达70 146人，摆放展板1 583块，悬挂宣传标语1 186条，制作并发放了9类共90万份宣传材料，宣传面达40多万人次；掀起了综合整治城乡环境的新高潮，城市卫生面貌明显改善。据统计，全月参加卫生大扫除人员110多万人，出动车辆9 361辆，清除卫生死角7 596个，清运垃圾1.5万余吨，清洗小广告58万多条，清除农村“五堆”8 080堆，为净化美化城乡环境，预防疾病传播，提高人民群众生活质量作出了贡献。

3.24万农民喝上自来水。2005年，全市又有3.24万人告别饮水难，喝上了自来水，其中：宜良县3 100人，晋宁县3 200人，寻甸回族彝族自治县9 000人，石林彝族自治县3 000人，呈贡县200人，嵩明县2 000人，东川区3 700人，安宁市4 700人，西山区1 500人，禄劝彝族苗族自治县2 000人。

农村改厕2.33万座。其中，宜良县300座，官渡区2 400座，富民县300座，呈贡县1 900座，晋宁县3 000座，嵩明县5 500座，寻甸回族彝族自治县1 500座，石林彝族自治县1 000座，东川区900座，禄劝彝族苗族自治县4 100座，西山区900座，安宁市1 500座。

昆明市2005年度除“四害”培训及药物经费使用统计表

县（市）区	举办培训班		灭鼠用药（吨）	杀虫药剂（吨）	除四害经费（万元）	粉块检查			
	培训班次	人数				布粉块	有效粉块	阳性粉块	阳性率（%）
五华区	26	1 270	13.5	5.2	52.9	8 566	8 186	120	1.25
盘龙区	15	4 300	20.55		45	10 440	9 455	275	2.63
官渡区	25	765	37.5	2.5	27.99	12 799	12 269	217	1.77
西山区	21	1 145	37.2	4.9	137.28	763	742	13	1.75
安宁市	2	187	42.3	0.767	54.6	473	469	10	2.13
呈贡县	1	28	82	1.55	68.2	2 800	2 700	57	2.06
禄劝县	1	70	4.7		9.84	432	399	5	1.25
石林县	8	195	5.6	0.801	9.6	1 672	1 648	24	1.45
富民县	6	846	10.6		6.91	1 602	1 541	45	2.92
晋宁县	15	1 800	41.8	1.7	67	655	640	19	2.97
宜良县			233	0.733	186.7	620	580	11	1.9
嵩明县	3	1 692	58		42.1	402	355	3	0.85
寻甸县			11.7		20.7	523	470	15	3.2
东川区	2	128	16.52		11.3	540	523	22	4.2
昆明市	1	180	—	—	45	—	—	—	—
合计	126	12 606	614.97	18.15	785.12	42 287	39 977	836	2.09

【医疗卫生服务能力】 2005年，昆明地区拥有各级各类卫生事业机构2 575个，床位28 710张，人员40 808人。其中卫技人员33 123人，其他技术人员1 939人，管理人员2 425人，工勤人员3 321人。

昆明地区平均每千人口有床位5.6张（医院病床4.5张，市辖区为7.5张，县为2.0张）；卫生技术人员6.5人（市辖区为11.3人，县为2.5人）；执业（助理）医师3.0人（市辖区5.2人、县为1.2人）；注册护士2.3人（市辖区4.2人，县为0.8人）。分述如下：

机　构　2005年，昆明地区2 575个机构中，有医院218个（其中综合医院152个，中医医院19个，中西医结合医院3个，民族医院1个，专科医院43个）；卫生院137人；疗养院9个；门诊部55个；诊所、卫生所、医务室1 989个；专科防治所、站6个；疾病预防控制机构18个；妇幼保健机构18个；卫生监督机构15个；医学科研机构6个；其他卫生事业机构104个。按经济类型分，国有590个，占22.9%；集体74个，占2.9%；联营57个，占2.2%；私营1 795个，占69.7%；其他59个，占2.3%。

床　位　2005年，昆明地区有医疗卫生床位28 710张，其中医院床位22 744张，占总床位的79.2%。800张及以上床位的医院有4所；500—799张床位的医院有6所；200—499张床位的医院有10所；100—199张床位的医院有34所；99张床位以下的医院有158所。

137个乡镇卫生院有床位2 432张，占昆明地区总床位的8.5%。疗养院床位1 866张，占6.5%。在全部床位中，国有机构有24 522张，占 85.4%；集体、联营、私营有1 877张，占 6.5%；其余机构2 311张，占 8.0%。

人　员　2005 年，昆明地区医疗卫生机构总人数为40 808人，其中医院有27 515人，占总人数的 67.4%；乡镇卫生院有2 228人，占 5.5%；疗养院有 558 人，占 1.4%；门诊部、诊所、医务室5 725人，占 14.0%；疾病预防控制机构1 595人，占 3.9%；妇幼保健机构1 053人，占 2.6%；其余机构2 134人，占 5.2%。

在40 808总人数中，国有机构有31 320人，占 76.7%；集体及联营机构有1 177人，占 2.9%；私营机构有5 549人，占 13.6%；其他机构2 762人，占 6.8%。

医疗服务　2005 年，昆明地区各级各类医疗机构共诊疗1 554.22万人次，（门诊1 349.96万人次，急诊 115.30 万人次，门、急诊占总诊疗人次的 94.3%）。其中 218 个医院共诊疗 1 170.45万人次（门诊1 003.64万人次，急诊 98.24 万人次，门、急诊占总诊疗人次的 94.1%）。全年出院 43.45 万人次，每日门、急诊入院人数为 3.92 万人。住院手术 13.43 万人次，危重病人抢救 12.22 万人次，抢救成功率 95.66%。平均开放病床21 587万张，平均病床周转 20.13 次，病床使用率为 73.79%，出院者平均住院日 12.85 天。

卫生部门所属的 54 个医院共诊疗 859.61 万人次，占昆明地区总诊疗人次的 55.31%，门、急诊占总诊疗人次的 95.10%。出院 34.13 万人次，占昆明地区医院收治病人总数的 78.55%。住院危重病人抢救 11.38 万人次，抢救成功率为 96.2%。住院手术 12.87 万人次。平均开放病床14 317张，占昆明地区的 66.3%。出院者平均住院日为 14.18 天，病床周转 23.84 次，病床使用率 92.2%。

137 个乡镇卫生院全年共诊疗 204.79 万人次，其中门、急诊 199.92 万人次，占总诊疗的 97.62%，平均开放病床2 230张，出院 6.68 万人次，每日门、急诊的入院为 3.36 人次。全年平均病床周转 29.93 次，病床使用率为 43.89%，出院者平均住院日 4.51 天。

（顾　凝　杨雨春　代　玲　张　德）

红十字会

【红十字会法规宣传】　为了让更多的市民支持和参与红十字事业，昆明市各级红十字会充分利用“5·8”世界红十字日、无偿献血宣传日、“12·1”世界艾滋病日等有利时机，在公共场所设立宣传点、发放宣传资料、开展义诊咨询等活动，大力宣传红十字法和红十字知识。全年累计发放宣传资料 10 余万份，设置宣传展板 400 余块，咨询人次达 28 000余次；各市直属团体会员单位开展宣传义诊2 500余人次。

【参与国际救援】　2005 年，昆明市红十字会国际人道救援和灾害救助工作取得成绩。在印度洋地区地震海啸灾民社会募捐活动中，紧急行动，组织广大红十字会干部和志愿工作者开展募捐活动。工作人员不辞辛苦、任劳任怨、夜以继日、默默无闻地工作在募捐第一线。云南移动昆明分公司免费为昆明市红十字会向 100 余万用户发布募捐短讯；昆明优势时代广告公司在城市黄金地段，免费为昆明市红十字会制作摆放了 17 块大型宣传展板；4 个区的红十字会及街道办事处红十字会张贴募捐宣传海报3 000余张，印发宣传材料和感谢信 2 万份。通过强有力的宣传，许多单位和个人纷纷来电咨询、踊跃捐款。仅 1 个月就募集捐款 295 万元，及时全额上交省红十字会，这是历史上昆明红十字会参与国际救援活动规模最大的一次。

【灾害救助】　2005 年，昆明市东川、嵩明、西山、禄劝、呈贡、富民、寻甸等均遭受不同程度的旱灾。昆明市红十字会先后到部分县（区）受灾乡镇进行灾情考察，并及时向省红十字会上报灾情，积极争取到总会和省红十字会的支持。向禄劝分发了 2 万余件旧衣物，120 床旧棉被；向寻甸县灾民分发了 25 000余件旧衣物和价值1 000余元的棉被。省红十字会下拨了衣物、消杀药、消毒液等价值 11 万余元的救灾物资全部分配给东川区 7 个地震乡镇。中国红十字会提供了价值89 964元的娃哈哈矿泉水 833 箱，受益人数近5 000人。同时，动员广大市民、单位为受灾地区群众进行募捐。共接收捐款 14 万余元、衣物31 558件、文具5 539件，所有款项报市财政局采购办批准，进行了物资采购；衣物、文具等及时发放到旱情严重的东川、寻甸，支持了灾区的抗旱救灾工作。

【“红十字博爱送万家”活动】　2005 年昆明市红十字会继续开展“红十字博爱送万家”活动。春节期间，与省红十字会、市卫生局联合对昆明市疾病预防控制中心螺丝塘病区麻风病休养员进行慰问，为病区休养员提供了衣物、大米、肥皂等物品。2 月 6 日又在安宁市青龙镇海庙村举行“红十字博爱送万家”活动定点救助仪式，向每户村民提供了总价值7 000余元的棉被、衣物和食品，台商蓝文庆先生还向 9 位 60 岁以上的老人每人发放了 100 元慰问金。各县（市）区红十字会和团体会员单位在春节前夕也纷纷开展了形式多样的“红十字博爱送万家”慰问活动。

【初级卫生救护培训】　为认真落实《云南省人民政府关于切实加强红十字会工作的通知》，实现“争取在 2010 年以前，县级以上（含县级）城市中有 5%的居民通过救护培训，乡（镇）和行政村中有 1%的居民通过救护培训”的目标，2005 年昆明市红十字会组织了 59 名教师参加了省红十字会的彩票公益金师资培训；同时，利用第十个“世界急救日”，与省红十字会联合在世博园门口开展“救护与弱势群体”为主题的世界急救日宣传活动，为过往群众做急救示范表演，讲解有关急救的方法步骤以及现场指导群众如何进行急救。

【无偿献血宣传】　2005 年 6 月 14 日，昆明市红十字会与市卫生局、昆明血液中心联合在东风广场、昆百大忠爱坊、百汇商业广场举行了以“献血，赠送生命的礼物。谢谢你们”为主题的内容丰富、形式多样的宣传活动，发放各种宣传资料 5 万余份，近 300 多市民参与无偿献血，献血量达 7 万余毫升。全年参与无偿献血人数达2 001人次，采血总量为154 440.19毫升，制作知识竞赛公益性广告 1 期，举办各种培训班 10 期，参加人数达 850 人次。

各县（市）区红十字会也积极参与到无偿献血宣传活动之中。安宁市红十字会在无偿献血宣传活动中发放“献血常识”、“献血法规”、“血液知识”等宣传卡片 500 余份；嵩明县红十字会举办全县临床用血知识培训班，开展《献血法》颁布 7 周年纪念活动，并邀请市无偿献血先进事迹报告团到会演讲。市儿童医院大力宣传无偿献血，该院职工徐慧等多次参加无偿献血。

【红十字青少年工作】　2005 年 8 月 15 日，昆明市红十字会作为 2005 年海峡两岸红十字青少年会员夏令营的协办基层单位，圆满完成了以“关爱连接你我他”为主题的、昆明地区营员的选拔，以及由来自大陆、台湾、香港和澳门特别行政区营员组成的夏令营惜别晚会的筹划和组织工作。与教育部门配合，组织城区青少年会员开展“为贫困地区献爱心、送温暖募捐活动”，为孤寡老人、烈军属做好事。五华区红十字会组织了40余名红十字青少年开展夏令营活动；西山区红十字会成立“爱心基金会”，号召全区在校学生每天每人节约一分钱，帮助生活困难的同学24名。昆明市红十字会通过市教育局将争取到的天津市红十字会捐赠的索尼耳机1 200个、足球3 000个，全部发放到了14个县（市）区的中小学校。

【昆明阳光家园红十字服务站】 开展艾滋病防治知识宣传。在云南/澳大利亚红十字会的支持下，成立了“昆明阳光家园红十字服务站”。先后实施完成澳大利亚红十字会、中英性病/艾滋病防治项目办公室、国际艾滋病联盟的项目，开展了宣传、综合行为干预、关爱服务和生产自救等工作。2005年完成各种培训班182期，共培训学员3 319人，回收被污染针具9 872只，发放安全套5千只；生产云南手绘工艺壁挂372幅，编织红丝带等中国结1 841只，获得捐赠及销售额达13 827元，使16名戒断者、感染者通过参加生产自救而得到一定的生活资助。开展戒断人员家访、面对面咨询、电话访谈和一帮一互助小组活动，对200余名目标人群提供心理支持；为20余名药物滥用者提供了转介服务；为6人提供了自愿咨询检测服务。

接待国内外各级红十字会，其他非政府组织和新闻媒体等部门访问20次、访问者达230人次。参加省内外项目工作会议7次，广泛宣传了市红十字会艾滋病防治关怀工作。与国际艾滋病联盟、戴托普、国际人口组织、欧洲前景集团等驻昆从事艾滋病防治关怀工作的非政府组织建立了广泛的联系和合作。红十字国际委员会罗宾·班克森戴尔女士及加拿大红十字会项目经理张云红女士等考察了昆明阳光家园红十字服务站项目工作，对昆明市红十字会在艾滋病预防宣传、生产自救项目、技能培训等工作中所取得的成绩给予了充分肯定。

针对目前昆明娱乐行业服务人员对艾滋病知识了解甚少等情况，9月2日，昆明市红十字会与“欧洲前景集团”合作，对在娱乐场所从业的目标人群进行预防艾滋病干预项目，并取名为“昆明阳光家园红十字服务站健康亭”，目的是让每个从业人员都得到预防艾滋病的知识，减少疾病的传播。2005年底，共发放安全套10 000余只，培训娱乐场所从事商业性服务女性600多人。各县（市）区、直属单位也积极参与艾滋病防治宣传，累计发放宣传资料20 700余份，受教育群众达3万多人次；市健康教育所开展了同性恋人群预防艾滋病同伴教育项目，建立了“春雨茶室”，使之成为在这一特殊人群中进行艾滋病预防同伴教育的沟通点。为在同性恋中预防艾滋病传播探索出一条很好的路子。

组织志愿者加入市艾滋病预防入户宣传队。2005年，昆明市成立了艾滋病防治入户宣传队，昆明市红十字会组织了23名由各社区红十字会选送到阳光家园的特殊人群，通过培训参加入户宣传队，参与艾滋病预防宣传工作。这种做法目前全国仅昆明市一家，得到了全国妇联副主席莫文秀的高度赞扬。她到阳光家园考察，与志愿工作者和学员亲切交谈，肯定了市红十字会所取得的成绩，并题词：“阳光家园、充满阳光”。市委副书记田云翔对市红十字会积极参与全市禁毒与防治艾滋病工作给予了充分肯定，并指示红十字会要充分发挥社会团体的作用，积极探索非政府组织参与艾滋病防治工作的模式，为昆明市的禁毒、防艾工作作出贡献。

（昆明市红十字会）

体　育

【体育“三下乡”活动】 2005年1月11～15日 昆明市体育局组织开展“体育三下乡”（即体育场地器材、体育科普书籍、体育健身活动下乡）活动。由市体育局局长陈国富任组长，和少柏、谭敏副局长任副组长的共40余人组成的“体育三下乡”活动工作组，分别到禄劝县转龙乡、乌蒙乡，寻甸县凤仪乡，东川区法者乡慰问，举行了武术表演、象棋对弈挂盘讲解、体育文艺表演。市体育局机关篮球队还与转龙乡篮球队进行了友谊赛。向4个乡赠送了体育器材和体育书籍。

【昆明市健身气功管理办公室成立】 为搞好昆明市健身气功的管理工作，积极开展健身气功活动，2月18日，昆明市机构编制委员会办公室下达“关于成立昆明市健身气功管理办公室的批复”，同意成立昆明市健身气功管理办公室，为昆明市体育局下属的正科级财政拨款事业单位，核定编制2名，设主任1名。

【承办云南省第十届中学生运动会】 3月26～31日，昆明市体育局与昆明市教育局、共青团昆明市委共同承办了由云南省教育厅、云南省体育局、共青团云南省委主办的云南省第十届中学生运动会。运动会共设4个项目：田径、游泳、篮球、足球，男、女8个组别，分两个赛区：一个是昆明市体育场田径赛区，一个是海埂基地游泳、篮球、足球赛区。全省除丽江市外的15个州、市的982名运动员参加了比赛。昆明市派出107名运动员参加了全部项目的比赛并以金牌60枚、银牌50枚、铜牌38枚、总分1 306.7分的成绩获总分第一、金牌数第一。昆明代表团获得“体育道德风尚奖”。

【举办全民健身活动】 4月1日至5月9日，由昆明市人民政府主办、昆明市体育局承办，每逢双休日在金碧广场、盘龙区东风广场和桃源广场、五华区北门广场、官渡区官渡广场、海埂公园、团结乡滑草场举行16个项目的展演和比赛。武术、街舞参加了开幕式展演。项目有：草墩象棋、围棋、首届街头3对3篮球争霸赛、中老年健身操比赛、首届户外嗒嗒球比赛、人工岩壁攀岩比赛、体育舞蹈团体比赛、自行车攀爬表演赛等。3对3篮球赛共进行了444场，3 000多人参加角逐。市体育局组织100人参加了团结乡万人赤足登山。

【全市体育工作会议召开】 4月5日，昆明市人民政府召开全市体育工作会议。14个县（市）区分管体育的副县长，体育局、文体局局长，市体育局领导、中层以上干部及新闻单位记者参加会议。会议主题是传达全省体育局局长会议精神，总结2004年全市体育工作，安排布置2005年体育工作，表彰优秀体育企业，进一步加快昆明体育产业发展。受到表彰的企业是：昆明进出口商品展示销售体育活动中心、昆明福保文化城有限公司、昆明天浩体育用品有限公司、金海马健身娱乐有限公司、昆明红塔体育中心、昆明康骏体育运动有限公司。

【参加云南省第八届残运会】 5月9～15日，云南省第八届残疾人暨第二届特奥会在海埂训练基地举行，有16个州、市和华夏中专共17个代表队参加。

本届比赛设有田径、游泳、射击、自行车、轮椅击剑、乒乓球、举重、盲人门球、坐式排球、聋人篮球、脑瘫足球共11个竞赛项目。昆明市代表团共派出108名运动员参加所有项目的比赛。经过7天紧张激烈的争夺，昆明市代表团共获得金牌54枚、银牌45枚、铜牌19枚，并获得团体总分第一名、金牌总数第一名、奖牌总数第一名的历史最好成绩。

【国民体质检测】 从5月14日起昆明市官渡区文体局、呈贡县文体局、晋宁县文体局3个监测站点开展2005年国民体质检测工作，此项工作一直持续到9月底。3个监测站点出色完成了检测工作，受到了国家体育总局和云南省体育局的表彰。

【举办2005年全国壁球公开赛】 6月9~12日，2005年全国壁球公开赛在昆明市体育中心壁球馆举行。来自北京、上海、湖北、武汉、云南、昆明及澳大利亚、巴基斯坦、德国、苏格兰等国家和地区的54名男女运动员参加比赛。此次比赛由国家体育总局小球运动管理中心一部、中国壁球协会主办，昆明市体育局协办。比赛设国内男子组、国际男子组、国内女子组3个组别。经过4天的角逐，共进行了131场次的比赛，各组录取前八名给予奖励。

【联合举办“6·20”全民健身周活动】 6月19日上午9：00~11：30，省、市体育局，省、市全民健身指导委员会在昆明海埂民族村隆重举行纪念《体育法》、《全民健身计划纲要》颁布实施10周年，联合举行云南昆明市分会场大型群众健步走活动。共有省级机关、铁路系统、市级机关、省市老年体协计7 000余人参加。省政府、市政府领导出席了活动。本次活动为全国联动活动，首都北京为主会场，在天安门举办，有1.6万人参加。全国各省市都举办了规模性的纪念活动。

【射击、自行车运动员在全国比赛中取得优异成绩】 7月11~16日在呼和浩特市举行全国射击锦标赛，昆明市9名运动员、教练员参赛，共获金牌4枚、银牌2枚、铜牌4枚。

8月8~14日在贵州省六盘水市举行全国自行车比赛，昆明市12名运动员、教练员参加，共获金牌2枚、银牌2枚、铜牌4枚。

【举行第二届西部地区体育舞蹈锦标赛暨深、港、澳地区邀请赛】 8月12~14日，为纪念《全民健身计划纲要》颁布实施10周年，由昆明市体育局、官渡区人民政府主办，昆明市体育舞蹈协会、官渡区文体局协办的“官渡杯”第二届西部地区体育舞蹈锦标赛暨深、港、澳地区邀请赛，在官渡区体育馆举行。本次比赛得到官渡区政府的大力支持，给予了8万元赞助。共有1 200多对选手2 400人次参加比赛，共设81个组别，创造了昆明市、云南省体育舞蹈参赛人数、对数、组别数之最。

【参加云南省第十届运动会预赛暨年度赛】 8月15~24日，昆明市组队参加2005年云南省体育局分别在昆明、易门、大理、思茅等地举行的云南省第十二届运动会预赛，昆明市派出田径、自行车、排球、沙滩排球、射击5个项目93名运动员、教练员参加了比赛、共获金牌55枚、银牌30枚、铜牌25枚。

【举行“全国第十届运动会”火炬传递活动】 8月19日，在昆明世博园广场举行“全国第十届运动会‘我们万众一心’中国石林杯火炬传递仪式”活动，省委书记白恩培出席火炬传递交接仪式。本次活动是一次全国性的传递活动，通过活动，引导全国人民适应我国的深刻变化，团结一心，增强互信，激发社会活力，形成平等友爱融洽和谐的人际环境，加快构建社会主义和谐社会进程。市体育局群体处负责组织了晋宁县的秧鼓和舞龙参加了开幕式的表演，组织了西山区、官渡区、五华区、盘龙区的4 500名群众参加了火炬传递跑活动，全程2 000米。

【纪念《全民健身计划纲要》颁布实施10周年】 8月27日，昆明市全民健身指导协调委员会及成员单位在东风广场隆重举行纪念《中华人民共和国体育法》和《全民健身计划纲要》颁布实施10周年暨“国际体育运动年”庆祝活动，此次活动的主题是“回顾历史，展示成就，展望未来”。联合国把2005年定为“国际体育运动年”，昆明市以实际行动响应国际奥委会在各个国家开展体育活动的口号，响应国家体育总局提出的隆重纪念《体育法》、《纲要》颁布实施10周年的要求。五华、盘龙、官渡、西山4个区及29个单项运动协会、10个运动俱乐部，共展示10个项目，这是全市群众体育的一次大聚会、大展示。通过这次全民健身展演，在全市大力倡导人人参与、健身利民；提倡科学健身、远离疾病、健康生活，营造和谐社会的健康生活理念。昆明市全民健身成果展有98块展板，并开展和展示了热气球升空、国民体质检测、健康咨询、改装越野车、人工壁攀岩、象棋车轮战、自行车攀爬表演、掰手腕比赛、嗒嗒球比赛等35项活动。

【东川小江流域被授予“中国泥石流汽车越野赛道”】 9月16日，昆明市东川区小江流域被授予“中国泥石流汽车越野赛道”的授牌仪式在昆明市人民政府举行。中国汽车运动联合会主席石天

昆明市2006年新春全民健身展演活动 （市体育局 供稿）

曙、昆明市人民政府副市长雷晓明亲自授牌，这是迄今为止全国被批准授予的唯一一条泥石流汽车越野赛道。

【举办健身气功展演活动】 9月29日，在西山区碧鸡广场举行“全国健身气功展演活动云南省昆明分会场”展演活动。“科学练气功，共建和谐社会”是这次活动的主题。易筋经、五禽戏、六字诀、八段锦4种健身气功是中华民族的文化瑰宝，千百年来深受人民群众的喜爱，要保护广大群众习练健身气功的热情，同时加强健身气功规范化管理。市体育局批准了全市首批健身气功活动站（点）：盘龙区真庆广场、昙华寺公园、嵩明县老年大学、东川区老年大学、寻甸县老年大学、安宁市广场、呈贡、晋宁等8个活动站。

【举办全市健身活动】 10月5～6日，为纪念《体育法》、《纲要》颁布10周年，市体育局在红塔体育中心举办游泳、保龄球、网球、羽毛球、棋牌活动。同时全市14个县（市）区都举行不同形式的体育活动，所辖的体育公共设施、场馆免费或半价面向群众开放，使广大群众在国庆期间都享受到参加体育活动的乐趣。10日，由市体育局、市老年人体育协会、市老龄委组织的“敬老节”昆明市老年人登山活动，在金殿公园举行，并进行各种健身活动展示，共有直属老体协会员2 100人参加。

【举办第八届少数民族传统体育运动会】 11月5～10日 昆明市第八届少数民族传统体育运动会在石林县举行，共设摔跤、武术、秋千、表演项目、陀螺、射弩、双拐（高脚竞赛）、抢花炮等8个项目。昆明市区划调整后，全市14个县（市）区首次全部组团参赛。本届民运会共有运动员、教练员902人，代表团、领队、工作人员191人，裁判员、仲裁130人，助理裁判员67人参加，石林县、官渡区、富民县、禄劝县、寻甸县、晋宁县参加全部8个项目的比赛。其余县区参赛项目也达到70%～90%。比赛规模、参赛人数、项目设置、经费投入都是历史上最多的一次。寻甸县、官渡区、石林县、五华区、禄劝县、盘龙区分别荣获团体总分前六名，在61个小项比赛中，共产生63枚金牌。表演项目的比赛共决出7个一等奖、7个二等奖、8个三等奖。

【参加西部文化产业博览会】 12月8日，由市体育局组织红河雄风拉力运动有限公司、新亚洲体育城、澳瑞特、禧康商贸、金海马健身中心、银滩体育娱乐中心、市体彩中心组团参加首届中国西部（昆明）文化产业博览会“体育产业馆”布展参展工作。市体育局受到组委会的表彰，获优秀组织奖。

【举行迎新年健康跑活动】 12月31日，在滇池路举行了“安利纽崔莱健康跑——为2007年世界特殊奥林匹克运动会加油暨云南省昆明市全民健身健康跑活动”。此次活动由昆明市人民政府、云南省体育局主办，昆明市体育局、云南省群众体育指导中心承办，昆明市总工会、昆明市妇联、共青团昆明市委、昆明市教育局、昆明市公安局、滇池国家旅游度假区管委会、昆明市卫生局、先行咨询（上海）有限公司协办。本次活动采用个人自愿报名参加的方式进行，共有近万人参加了活动。健康跑活动结束后，在民族村广场举行了体育展演活动。

【市体育局等单位被国家体育总局评为“全国群众体育先进单位”】 《全民健身计划纲要》实施10年来，昆明市群众体育事业取得了令人瞩目的成绩，城乡居民的健身、健康意识普遍提高，群众性健身活动普遍开展，国民体育状况逐步增强，群众健身的环境和条件有了改善，参加体育健身活动的人数不断增加，全民健身体系已逐步形成。这些成绩的取得，得到了上级部门的认可并受到表彰。昆明市体育局、昆明市老年人体育协会、昆明市第一中学、昆明市官渡区人民政府、昆明市五华区人民政府、昆明钢铁集团有限公司、昆明市盘龙区鼓楼科街道办事处、昆明市宜良县狗街镇人民政府被评为全国群众体育先进单位；和少柏、贾昭辉、李跃、马加强、王建中、陈卫东被评为先进个人。在全国第十届运动会期间，国家主席胡锦涛接见了出席运动会的全国群众体育先进单位的代表。

【“十五”期间昆明体育事业成果】

<table>
<tr><th colspan="2">群众体育</th><th>竞技体育</th><th>体育产业 / 场地建设</th></tr>
<tr><td>体育人口</td><td>200万，
占总人口36.2%</td><td rowspan="11">参加全国第三届城市运动会获4枚金牌、1枚银牌、6枚铜牌，在参赛的78个城市中列22位。在省会城市中列14位。
参加省十一届城市运动会获128枚金牌、72枚银牌、59.5枚铜牌，保持十一连冠称号。
“十五”期间，昆明籍运动员在国际重大比赛中获13枚金牌、10枚银牌、12枚铜牌。
在全国各类比赛中获42枚金牌、23枚银牌、22枚铜牌。
参加云南省各类比赛获1 077.5枚金牌、825枚银牌、762.5枚铜牌。
建立联办训练点17个。
向云南省体工队输送79名后备人才。</td><td rowspan="11">完成电脑销售体育彩票15.8亿，每年体育产业营业性收入1.7亿，体育从业人员4 178人。年经营额收入18 069.13万元。
体育产业对昆明GDP的贡献率：0.4%。</td></tr>
<tr><td>国家青少年体育锻炼标准参与面</td><td>95%</td></tr>
<tr><td>国家青少年体育锻炼标准达标率</td><td>98%</td></tr>
<tr><td>省体育传统学校、市体育传统学校</td><td>8所；54所</td></tr>
<tr><td>国家青少年俱乐部</td><td>9所</td></tr>
<tr><td>社会体育指导员</td><td>2 020人</td></tr>
<tr><td>全国体育先进县</td><td>2个</td></tr>
<tr><td>省体育先进县</td><td>1个</td></tr>
<tr><td>省体育特色乡镇</td><td>10个</td></tr>
<tr><td>市体育先进乡镇</td><td>57个</td></tr>
</table>

续　表

<table>
<tr><th colspan="2">群众体育</th><th>竞技体育</th><th>体育产业 / 场地建设</th></tr>
<tr><td>全国亿万农民健身活动先进单位</td><td>7个</td><td rowspan="16">向省少体校输送58名运动员。
全市共有体育专业技术人员202人，其中，高职12人、中职124人、初职66人。</td><td rowspan="16">昆明市共有体育场地5 647个，面积1 321万平方米。
昆明市公共体育设施面积26万平方米。
社会对外公共体育场地面积350万平方米。</td></tr>
<tr><td>全国20大全民健身景观</td><td>1个</td></tr>
<tr><td>举办市少数民族传统体育运动会</td><td>2届</td></tr>
<tr><td>举办市农民运动会</td><td>1届</td></tr>
<tr><td>全国体育先进社区</td><td>7个</td></tr>
<tr><td>云南省体育先进社区</td><td>16个</td></tr>
<tr><td>云南省体育特色先进社区</td><td>46个</td></tr>
<tr><td>举办社区运动会</td><td>2届</td></tr>
<tr><td>参加体育锻炼的老年人</td><td>35万
占全市老年人55%</td></tr>
<tr><td>全市有单项运动协会</td><td>31个</td></tr>
<tr><td>建有晨、晚练点</td><td>475个</td></tr>
<tr><td>健身路径、健身乐园</td><td>153条；2个</td></tr>
<tr><td>健身广场、壁球馆</td><td>各1个</td></tr>
<tr><td colspan="2">“十五”期间共举办全民健身活动1 124项次</td></tr>
<tr><td colspan="2">吸引参加体育锻炼的人170万次</td></tr>
<tr><td colspan="2">参加省五届农运会获金牌第一；参加省残运会获金牌数、团体总分、奖牌数3项第一。</td></tr>
</table>

（张伟岱）

社　会

人民生活

【市民收入与支出】　2005年，昆明市城镇居民月人均可支配收入为801.33元，比上年的753.82元年增长6.3%，居民家庭收入增长是由于，一方面国有、集体等企业不断深化改革，减员增效成效斐然，经济效益不断提高，同时国家机关、事业单位职工也提高了职工的工资和补贴，使居民家庭职工的月人均工薪收入达1 593.15元，比上年的1 427.44元增长11.6%。另一方面，城镇个体经济蓬勃发展，个体经营者收入也提高较大，月人均达1 363.56元，比上年的1 164.5元增长17.1%。再者，离退休职工的离退休金及城镇居民最低生活保障标准也相应得到提高。在居民收入稳步提高的同时，居民消费也不断增加，与收入相比，消费支出增幅相对偏低。2005年城镇居民家庭消费支出为603.98元，比上年的585.42元仅增长了3.2%。

【市民食品消费】　2005年，居民家庭用于食品的消费支出月人均为266.27元，比上年的252.42元增长5.5%，居民月人均对主要食品的购买量分别为：粮食6.5千克、油脂0.5千克、肉类2.3千克、禽类0.7千克、蛋类0.7千克、水产品0.7千克、鲜菜14.1千克、干鲜瓜果4.3千克。在购买量上并没有较大的变化，而消费质量在逐步提高，各种方便、快捷的成品、半成品备受广大消费者所青睐，到超市购买净菜，熟食品，到餐馆就餐等越来越被普遍市民所接受，在外用餐支出月人均为66.20元，比上年的64.85元增长2.1%。

【市民衣着消费】　人们越来越关注衣着消费的多样化、时装化和个性化，穿戴讲究款式、色彩搭配，突出气质、追求品牌等特征日趋明显。尤其是在中青年人中，追赶潮流，展示个性，体现风貌已成时尚；老年人的衣着也一改过去那种灰、蓝、黑的单调色彩，古板式样；少年儿童的衣着不仅式样更是与青年人争妍斗奇，价格上互不相让。2005年平均每居民家庭购买服装17.1件，鞋4.3双；月人均用于衣着的消费支出为55.09元，比上年的51.61元，增长6.7%。

【家庭设备用品消费】　目前，居民家用设备的品种不断增多，功能更加齐全，售价持续走低，经过多年的普及，居民对洗衣机、电风扇、电冰箱、微波炉等家用电器的需求比较平稳。居民家庭用于设备用品及服务的支出月人均为22.18元，比上年的21.73元增长2.1%。

【市民医疗保健消费】　如今居民对自身的健康更加重视，无论在食品饮用、衣着穿戴、还是住房装修、居住环境等诸多方面，人们都会考虑生活环境是否有益于健康。近年来，各类医疗机构不断改进医疗设备，提高医疗技术水平；社区医疗机构的建立、家庭病床的设置、家庭医生的就诊，以及城镇基本医疗保险制度建立，进一步完善了医疗服务体系，不断满足人们日益增长的医疗保健需要。医疗保健用品及医疗服务纷纷进入普通居民家庭，并不断被人们所接受。同时，政府部门加大了对医院乱收费的整治，使2005年居民家庭用于医疗保健类的支出月人均为59.2元，比上年的58.37元增长4.1%。

【市民交通和通讯】　随着城区面积的不断扩大，新建、扩建、改建城区道路，大力发展城市公共交通及交通畅通工程的实施，使昆明的交通状况大为改观。居民外出已很方便，不仅可以选择不同的交通工具，还可以乘坐飞机、软卧列车、小轿车等，驾车外出旅游已成为居民家庭的新时尚。在居民家庭经济实力显著增加的今天，轿车梦想已成为现实，购买小轿车已成为居民家庭消费的新亮点。2005年居民家庭用于交通（购买交通工具、车辆使用、维修服务、交通费）方面的支出月人均为33.72元，比上年的31.44元，增长7.3%。到2005年末，平均每百户城镇居民家庭拥有家用小汽车8.68辆，比去年的6.9辆，增长25.8%。

在大力发展交通的同时，昆明的通讯事业也得到了长足的发展，遍及大街小巷的IC电话、公用电话，极大地方便了居民的信息交流。同时居民家庭的通讯设施迅速改善，移动电话已成为居民购买的新宠。2005年平均每百户居民家庭拥有移动电话127.2部、比去年的111.26部增长14.3%，用于购买通信工具和通信服务的支出月人均为47.91元，比上年的46.13元增长3.9%。

【市民教育文化娱乐及服务】　在物质生活不断改善的同时，精神文化生活也已成为居民生活不可缺少的重要组成部分。满足不同层次消费的卡拉OK厅、夜总会、影视厅、音乐茶座、游戏娱乐厅、台球、保龄球、大型水上娱乐场等遍及大街小巷。休闲度假，驾车外出，健美、美容，保龄球，气功等，应有尽有。加之电视机的普及和与其配套的录像、摄影机、影碟机、家庭影院系统、家用电脑互联网等进入百姓家庭，使广大居民不出家门就能饱览祖国的大好河山及世界各国风光，了解天下大事，真可谓文化生活丰富多彩。近几年来，市场上文娱耐用消费品的价格持续走低，家电产品已普及多年，居民购买转向，使居民用于文化娱乐的消费支出增幅有所回落。2005 年居民月人均用于文娱用品的支出为 16.28 元，比上年 16.9 元减少 0.62 元，文化娱乐服务为 16.68 元与上年 16.78 元基本持平。截至 2005 年每百户居民家庭已接入有线电视、电视机 91.16 台，家用电脑 33.22 台，接入互联网计算机 8.24 台。

【市民居住水平及消费】　随着住房福利配给制度的结束，住房商品化改革，加速了房地产业的迅速发展，昔日的乡间田野，转眼之间变成高楼林立的城市住宅。近几年来，新建的居民住宅小区不断涌现，加上旧城改造，大量拆迁了几十年前的陈旧住宅，使居民的居住条件大为改善。到 2005 年末，城镇居民人均房屋使用面积已达 22.81 平方米，比上年的 21.74 平方米增长 4.9%，目前有 60.4% 的居民购买了房改房，7.53%居民购买了商品房。18.95% 的居民是原有私房，租赁住房的居民只占 11.67%，近 76.5% 的居民住进了单元式配套住宅；98.6% 居民已独用自来水，69.16% 居民家中有厕所浴室；47.92%居民使用管道燃气，41.68% 的居民使用液化石油气。83% 居民家中安装了固定电话。

【低收入居民生活现状】　在执政为民，以人为本的科学发展观的指导下，各级党政部门更加注重和关心人民生活。随着全面建设小康社会的推进，不断提高和改善人民生活已是当前各级党政部门的重要工作之一。城镇最低收入居民家庭的生活状况更是牵动着各级党政领导的心。自 2004 年 10 月，昆明市将最低社会保障标准由 190 元提高到 210 元，先后提高离退休职工的离退休金和医疗保障等，使最低收入居民家庭收入增长加快。2005 年城镇最低收入居民家庭的月人均可支配收入为 262.85 元，比 2004 年增长 6.5%，增幅超过总体可支配收入增幅 0.3 个百分点，消费性支出为 261.44 元，比 2004 年增长 3.2%，其增幅与总体水平持平。

但是从长期来看，低收入居民家庭生活的改善却比较缓慢，在最低收入家庭中，人月均可支配收入 262.85 元仅是平均收入水平的 32.8%，吃、穿、住的开支月人均分别为：156.37 元、13.53 元、35.02 元，维持生存基本开支就要用去近 78% 的可支配收入，他们担心孩子读书受教育的花费，及突发特殊情况，对未来尤其担心的是生病，因为绝大多数困难家庭少有或没有医疗保障。

（李　苇）

【农村经济持续发展】　工资性收入 868.11 元，同比增加 180.78 元，增长 26.3%。工资性收入大幅增长主要得益于乡村干部、教师、行政事业单位政策性增加工资，在非企业组织中劳动得到的收入同比增长 52.4%；市、县两级加大对劳动力转移外出务工管理力度，特别是随着各地基础设施力度投入加大，为劳动力就地转移增加了就业机会，在本乡地域内劳动得到的收入同比增长 12.9%。

家庭经营收入 3 998.6 元，增加 665.39 元，同比增长 20.0%。第一产业纯收入 1 596.93 元，比上年同期增长 10.8%，其中农业纯收入 1 381.98 元，比上年同期增长 19.6%；农牧业对农民收入的贡献率达 58.4%。农民税费减免和各种农业补贴对建立农民增收长效机制具有深远的影响，全年税费支出比上年同期减少 33.0%，也是成为拉动农民增收的绝对因素。农民从家庭经营活动中得到的现金收入人均3 376.79元，比上年同期增长 26.9%，其中，从第一产业得到的收入人均2 623.61元，同比增长 30.3%，出售农产品的收入1 526.12 元，同比增长 34.5%，人均出售畜产品收入 995.11 元，同比增长 22.2%。牧业收入同比增长 16.0%。农民从农业生产中得到的收益有了极大提高的同时，农村社会商品销售也极为活跃，农村居民从第三产业得到的收入 682.41 元，同比增长 26.2%。三次产业各具活力，有力促进了农村经济社会协调健康发展。

农民家庭经营纯收入1 893.54元，增长 9.1%，对农民增收贡献率为 58.1%。家庭财产性收入和转移性收入 532.35 元，同比增长 2.5%。昆明市继续执行种粮直补、良种补贴和购买大中型农机具补贴等扶持政策，同时，农村转让承包土地经营权收入和土地征用补偿收入增长都比上年同期增长 14.0%，也是促成农村居民家庭收入增长的重要来源。

2005 年，全市农民人均年现金纯收入2 949.22元，比上年增长 427.4 元，增长 16.9%；现金收入4 740.88元，比上年增长 908.27 元，增长 23.7%。

【生产、生活水平明显提高】　由于生产资料价格涨势不减，全省生产资料价格指数 105.9%，导致全市农村居民家庭经营费用大幅增长，人均达1 899.54 元，比上年增长 481.2 元，同比增长 33.9%。第一产业费用同比增长 2.0%，其中农业生产资料人均支出 505.97 元，与上年同期相比增加 120.83 元，增长 31.4%。农村居民家庭生产费用的涨幅始终大于收入的涨幅，在一定程度上抑制了农民收入的增长。

农村居民人均生活消费支出 2 984.74元，比去年同期增长 592.32 元，增长 24.8%。吃、穿、住、用以及教育、健康、交通、通讯等各项支出全面增长。

2005 年农村居民恩格尔系数为 42.4%。从农户财产和生活消费及设备拥有情况看，农民消费水平明显提高。文化教育、娱乐消费增加。农村居民人均用于文化教育、娱乐服务方面的支出达 350.2 元，比去年增长 47.5%，文化娱乐生活也越来越丰富。医疗保健用品消费支出增加，农民健康状况逐步改善。农村居民医疗保健用品消费支出人均达 239.22 元，比上年同期增长 2.0%。随着农民收入的不断增加，农民对健康保健方面的重视程度越来越高，农民医疗保健用品方面的支出也在逐年上涨，农民健康状况也在逐年改善。

农村居民居住条件不断改善。2005 年农民人均住房面积达 35.61 平方米，人均用于住房的支出达 425.54 元。农村居民住房无论是在住房结构（如钢混凝土结构、砖木结构）还是在居住条件（如住房卫生条件、能源使用情况、饮用水情况）等方面都有不同水平的提高。

农村居民家庭耐用消费品除黑白电视机和自行车呈逐年减少趋势外，其他家庭耐用消费品都呈逐年上升趋势。

农村居民收入增加，生活消费水平提高，在享受改革发展成果的同时，生活质量明显提高。在建设小康社会的征程上，随着城乡一体化进程的推进，全市农村经济社会将更加健康发展，朝着建设社会主义新农村的目标迈进。

（关学智）

物　价

【发挥价格杠杆作用】　继续推进以城市供水价格为重点的公用事业价格改革工作。在认真完成考察调研和主城区城市原水、自来水供应和污水处理成本调查的基础上，提出比选方案报市政府和省发改委，11月8日，市发改委与省发改委联合召开了“昆明市主城区供排水价格调整听证会”，使新的昆明城市供水价格顺利出台，于2006年1月1日在全市执行。其中城市自来水供水价格由原来的1.8元/吨调整为2.8元/吨（含0.75元污水处理费）。为迎接GMS会议的开展，配合市政府交通整治，缓解交通压力，适时调整了机动车各类停放服务收费标准，出台《昆明市机动车停放服务收费管理规定》，全面清理、整顿和规范了昆明市机动车停放服务收费管理，有效地解决了机动车辆占道停放的突出问题。同时，积极响应国家提倡“公交优先”的政策策略，解决了公共交通实施卡收费问题，推进公交IC卡的实施。为改善昆明城市卫生环境，加快垃圾处理步伐，促进垃圾处理产业化和垃圾处理的良性循环，经过认真筹备起草了《关于制定〈昆明市垃圾清运处置服务价格管理办法〉工作方案》以及相应的收费标准；为解决煤气产、销环节价格倒挂，研究拟定《昆明市主城区煤气价格调整工作方案》，两个方案目前正在开展各项前期工作，待报市政府同意后按有关程序召开听证会和开展报批工作。按照市政府对城镇廉租住房建设的要求，认真组织草拟《昆明市城镇实物配租廉租住房租金标准（送审稿）》已上报市政府。进一步加强对学生教材、出租汽车、成品油、液化石油气价格开展调研工作，为政策调整提供素材资料。

【规范行政事业性收费】　按照国家和省关于清理和规范行政事业性收费的要求，以“清费、治乱、减负”为收费管理工作重点，继续对全市行政事业性收费进行清理和规范。根据市委、市政府的指示精神，由市发改委与市财政局、市监察局、市法制办组成了“清理小组”，对全市的清理工作进行规划和部署。在2004年清理行政事业性收费取得初步成绩的基础上，建立了动态管理机制，按照中央和省对行政事业性收费的管理要求，适时进行清理和规范，做到收费项目清晰、标准对接准确。经过清理，依法取消70项，保留目前执行的项目271项。其中，中央公布的305项目录中昆明市执行的有167项，省级现存130项中，执行的有104项，执收部门37家。制作了《昆明市行政事业性收费汇总表》，挂上互联网公示，下发《昆明市城镇居民（企业、农村）缴费公示目录》36万余册，大大提高了工作效率。按照中宣部、国家发改委等八部委中宣发文件精神，年初启动了昆明市2005年“百城万店诚实标价”活动，以规范市场明码标价为切入点，拓展明码标价宣传的深度和广度；积极推行诚实标价，倡导诚信经营。

【组织价格专项检查】　昆明市物价检查所在市发改委党组和行政的领导下，围绕党和政府的中心工作和政府关注、群众关心、社会反映强烈的价格收费热点问题和服务于现代新昆明建设的大局，按照“放得开、管得好”的总要求，把工作重点放在整顿和规范市场价格秩序上。开展以涉农、教育、医疗为重点的各项专项检查，查处与人民群众利益密切相关的价格和收费服务违法行为。全年共查处各类价格违法案件4 642件，收缴罚没款285万元，退还消费者205万元。在“元旦”、“春节”、“五一”、“十一”黄金周期间加大市场监管力度，增加了对价格欺诈等不正当价格行为的查处，切实规范经营者的价格行为，确保市民过上了愉快、祥和的节日。特别是GMS会议在昆明召开期间，及时下发了《关于GMS会议期间开展市场价格专项检查的通知》，组织检查人员在全市范围内开展市场价格监督检查，检查规范超市、市场、商铺、景区、景点及相关单位近万家，维护了市场价格的稳定。紧紧围绕为政府分忧，为群众解难的宗旨，高度重视12358价格举报工作。全年共受理各类价格举报和价格咨询4 414件，办结率为99.9%，其中查处举报案件373件，退还消费者金额55.789万元，没收非法所得2.494万元，罚款6.989万元。

【积极开展价格监测、价格认证和成本调查工作】　围绕贯彻落实国家发改委下达的《全国主要商品和服务价格监测报告制度》、《全国重要商品价格监测报告制度》等规定，加强制度建设，完善监测网络，改进监测手段，提高监测质量，确保各类价格监测信息准确及时上报，为各级党委政府实施宏观经济调控和价格监管发挥了积极作用。全年对成品油、家用电器、生产资料、化肥和民用液化气价格和供应情况进行监测，形成35篇分析报告，25篇被采用，2005年被评为云南省价格监测工作第一名。认真贯彻《云南省涉案财物价格鉴证管理条例》，昆明市价格认证工作在规范价格认证行为、维护司法公正、解决价格纠纷和维护当事人的合法权益方面开展工作。全年受理委托业务305件，鉴证标的额1 751.84万元，其中受理涉案物品认证292件。落实国家《重要商品和服务价格成本监审暂行办法》，完成国家发改委指定昆明市的蔬菜、生猪、禽蛋等11种全国“菜篮子”工程调查品种2005年度生产成本收益数据库的收集、整理工作，上报国家发改委。完成省发改委部署昆明市的2005年地域性粮食、油料、烤烟等8种农产品成本收益调查系列前期工作。

（何　波　李世新　沈　然）

人口与计划生育

【“奖优免补”工作】　工作中，始终坚持议事制度、“四权分离”制度、监督检查制度、责任追究制度、信访工作责任制度5个制度，严格把好见面关、公示关、资格确认关、责任关、兑现关5个关。截止9月底，全市新领取《独生子女父母光荣证》27 590户（占全省20%），兑现一次性奖励20 662户，高考加分1 050人，占全省70.5%，中考加分3 683人，占全省84%，享受“义务教育奖学金”小学生29 912人、初中生14 777人，占全省26%，发放养老生活补助4 473人，占全省7.7%。

【流动人口计划生育管理】　属地管理责任制全面推行，建立建账管理制度、月例会制度、信息报告制度、有奖举报制度。免费为流动人口开展查孕查环、妇科病普查3万多例，政策外怀孕终止妊娠4 962例，市级财政直接拨付手术补助费98万元。全国信息交换平台运转正常，录入信息4 483条（占全省三分之一），接收反馈信息1 820条。

【优质服务】　加强基层计生服务站（所）建设，开展创建“优质服务先进县”活动。晋宁县探索的“两改三抓五上门”服务模式（即：改革管理体制、改善服务方式；抓好知情选择、群众利益、服务保障的落实；做好宣传、药

举办纪念人口与计划生育法实施三周年知识竞赛　（市计生委　供稿）

具、政策、信息、技术服务上门工作），通过了国家人口计生委的评估验收。全市施行各种计划生育手术172 113例（其中，卫生医疗机构98 204例，计生服务站所73 909例），确保人口控制任务的完成。

【推广使用安全套防治艾滋病工作】　星级宾馆和重点场所按照省政府要求都摆放了安全套，安装自动售套机830台，销售安全套135万只。市人口计生委自行开发的“非洲菊”品牌安全套直接服务供应全省10个州（市），做好防治艾滋病工作。探索的安全套社会营销模式，得到了国家人口计生委的肯定。国家药具发展中心到昆明市召开了有北京、上海、天津、重庆4个直辖市人口计生委主任、药具站长和有关专家参加的全国安全套社会营销现场会，向全国推广昆明市的经验。

【依法行政、政务公开】　凡涉及群众直接利益的事项，全市计生系统都建立了“三公开、三公示、一评议、一见面”的监督机制（即：政策规定、办事程序、办理结果三公开，奖励对象的生育、节育及兑现情况在乡、村、组三公示，召开村民大会对村民的生育、节育、奖励等工作情况进行评议，乡、村干部对奖励对象实行见面复核），市、县、乡三级计生部门对外公布了政策咨询电话和举报电话。推行首问负责制，坚持每月10日为主任接待日，共接待群众来信来访757人次，咨询、举报电话3 790个，来信27件，回复率达99.6%。办理市人大建议6件，回复率达100%。

【宣传教育工作】　坚持“大联合、大宣传、出精品”的工作思路，与市财政局联合在12条线路30辆公交车开辟了计划生育公益宣传，与市计生协会联合在昆明电视台举办了“奖优免补”知识竞赛，与昆明日报社联合开展了每月一期的“春城人口”栏目宣传。《中国人口报》等国家、省、市报刊登载人口计生工作情况43篇、《中国人口》等网站登载28则。

【项目工作】　争取到两个国际项目（“青少年性与生殖健康教育”、“促进流动人口生殖健康研究”）、3个国家“十五”重大科研课题项目（宫内节育器失败原因及预防技术对策的研究、宫内节育器失败原因及预防技术对策的研究——哺乳晚期放置、宫内节育器避孕效果回顾调查）、3个国家人口计生委项目（综合统计改革试点研究和2个“预防艾滋病宣传教育”）、1个省级项目（“预防艾滋病宣传教育”），分别在盘龙区、西山区、晋宁县、禄劝县、石林县、安宁市、嵩明县实施。市计生协会开展的“三结合”项目，覆盖嵩明等6个县（市）区，接受“三结合”资金帮扶的计划生育家庭均取得了良好经济效益。

【干部队伍建设】　加快人事制度改革，建立了人员准入机制、选拔任用机制、干部监督机制，与市人事局联合发文《关于加强基层计划生育干部管理的意见》对基层计生宣传员进行公开招聘、竞争上岗，在计生管理队伍和技术队伍中开展岗位技能竞赛。

认真开展民主评议机关作风和“党风廉政教育月”活动，综合满意率95.92%，比上年提高2.72个百分点，市人口计生委年终评议排名25位，党风廉政建设获二等奖。做好扶贫帮困工作，与禄劝县九龙乡、崇德镇贫困党员结对子24对，慰问了111名党员；捐赠5万元帮助挂钩扶贫点——禄劝县转龙镇中槽子村架桥修路，捐赠2万元建盖转龙镇卫生综合楼。

省市领导看望流动人口独生子女家庭　（市计生委　供稿）

【人口发展战略研究】　完成了“十一五”人口发展规划的编制。制定《昆明人口发展战略研究》课题方案，确定4个大课题和12个子课题，经市政府同意，已全面启动。

【计划生育协会工作】　全市2 665个计生协会组织和74万会员，协助各级政府积极做好“奖优免补”政策宣传、民主监督和群众思想工作。开展“贴近基层、贴近会员、贴近群众”的以“奖优免补”政策为主要内容的文艺宣传；以高校、大中型企业、集贸市场为重点，继续建立流动人口计划生育协会。计生协会植根群众、宣传群众、服务群众的作用得到充分发挥。

一年来，全市共有17个集体、16名个人受到国家表彰，4个集体、15名个人受到省级表彰。晋宁县获“全国计划生育优质服务先进县”称号，盘龙区、晋宁县六街乡、安宁市八街镇、石林县维则乡、昆明卷烟厂、昆明铁路局、云南大学、昆明市人口计生委、昆明市文化局社会文化处9个集体和戚琼仙、杨莲芝、史荣3人被中宣部、中央文明办、国家人口计生委、教育部、民政部、文化部、广电总局、全国总工会、共青团中央、全国妇联等10部委授予全国婚育新风进万家活动先进集体和先进个人。昆明市计生协会、呈贡县大渔乡、安宁市草铺镇草铺村、寻甸县城关乡建设村、官渡区吴井街道石井社区、云南大学6个集体和张必明、龙熙、崔云莲、戴文忠、林爽爽、庄毓纹、张为民、杨美淮、王嘉积、朴玉雪、王丕雄11人获得中国计划生育协会先进集体、先进个人称号。晋宁县人口计生局、张为民、戴宏平获得全国人口计生系统药具工作先进集体、先进个人称号；熊晶被省委宣传部、省人口计生委、省财政厅、省人事厅授予第一届云南人口奖；李永芬、胡斌、李惠麟、黄丽英、杨城、李奉学、徐燕、晋文仙获得云南人口和计划生育先进工作者；市计划生育药具管理站、晋宁县人口计生局、西山区海口镇计生办、禄劝县屏山镇计生办4个集体和张为民、宋萍、戴宏平、邓琼芳、刘志花、张继仙、代秀珍、陈建昆、沈树江、李惠麟10人获得云南省人口计生系统药具工作先进集体、先进个人称号。

经考核，2005年省政府下达的5项指标、省人口计生委下达的5项指标、省人口计生委下达的12项指标全面完成，昆明市被评为全省一等奖第一名。

（张　宏）

人事工作

【召开全市人事工作会议】　全市人事工作会议于2005年1月19日召开。14个县（市）区政府分管人事工作的领导、人事（人事劳动和社会保障）局局长、办公室主任，市级50多个委、办、局人事（干部）处长，三个开发（度假）区和呈贡新城管委会人事部门的领导以及有关事业单位的分管领导参加了会议。省人事厅、市委、市人大、市政协领导以及党群口各部门、省直有关驻昆单位人事部门的领导应邀参加了会议。会议的主要任务是：认真学习贯彻党的十六届四中全会、全国和省市人才工作会议以及2005年全国、全省人事工作会议精神，落实市第八次党代市、市委八届五次全会和市政府全会确定的目标任务，总结2004年人事工作，安排部署2005年全市人事工作任务，表彰事业单位人事制度改革工作先进单位和先进个人。市政府副市长廖晓珊到会并作重要讲话。市委组织部副部长、市人事局局长管宏亮在会上作题为《不断提高执政能力，努力开创人事工作新局面》的工作报告。

【学习宣传《中华人民共和国公务员法》】　在全市公务员队伍中开展了公务员法的培训学习。按照统一组织、统一教材、统一考试、分级实施的要求，培训采取自学、集中辅导和讲座等形式进行。强化公务员法的学习辅导，邀请中国国防大学郭伟涛教授在昆明会堂举办了公务员法相关讲座。开展师资培训，选派20余人参加由省人事厅组织的师资培训，在此基础上结合昆明市实际，举办了市级师资培训班，各县（市）区、各单位共154名公务员参加。随后，14县（市）区、各单位开展了以讲座、集中辅导为主要形式的一系列培训工作，市、县属及国家、省直管单位全体公务员参加了培训。12月2日，全市共有近4万名公务员参加了全省统一考试。使公务员对公务员法有了进一步的了解和认识，为下一步贯彻执行奠定了坚实基础。12月30日，省委组织部、省人事厅、市委组织部、市人事局在东风广场联合开展了《公务员法》宣传日活动。

【公务员管理】　严格执行《国家公务员录用暂行规定》，坚持“凡进必考”以及“公开、平等、竞争、择优”的原则，认真开展春、秋两季招考录用国家公务员工作。2005年，全市共计录用国家公务员1 464人，其中：公开招考录用1 102人，录用硕士以上88人，调任录用12人，军转安置录用213人，连选连任录用11人，上级部门招考等其他录用38人。

改进和完善公务员考试录用办法。提出面试工作新举措，即调整面试考官比例，由过去的“4+3”模式（招考单位4名考官加外派3名考官）改为“3+4”模式（招考单位3名考官加外派4名考官），实行面试考生不报姓名的制度；加强面试考官队伍管理。组织各县（市）区、市级各部委办局选派的959人参加公务员大幅度考官培训。其中，取得初级考官资格证854人，取得三级考官资格证105人；规范新的录用体检标准。与市卫生局联合转发省人事厅、省卫生厅《关于转发公务员录用体检通用标准（试行）》，确定昆明市第一人民医院为2005年昆明市市级机关录用公务员的定点体检医院。

按照《国家公务员暂行条例》的有关规定，承办市政府任免县（处）级领导职务139人；审核市属各委办局公务员（含参公管理事业单位）科级干部任免备案444人（其中跨部门轮岗交流45人）；审核备案主任科员及其以下公务员非领导职务4 270人；审核备案公务员辞职19人，辞退6人；备案受行政处分公务员31人，立案调查公务员申诉案件2起；按照中央及省市委文件精神，组织实施新录用公务员下基层进行锻炼。

【国家公务员年度考核】　组织完成了2004年度公务员考核。全市共有77家单位29 154名公务员参加考核（不含市管干部和市直党群部门，下同），其中：优秀等次4 277人，占考核总人数的14.67%；称职等次24 130人，占考核总人数的82.77%；基本称职等次13人，占考核总人数的0.45‰；不称职等次11人，占考核总人数的0.38‰；不定等次725人，占考核总人数的2.5%。机关工勤人员参加考核4 265人，其中，优秀等次624人，占考核总人数的14.63%；称职等次3 252人，占考核总人数的76.24%；基本称职等次3人，占考核总人数的0.7‰；不称职等次4人，占考核总人数的0.93‰；不定等次21人，占考核总人数4.92%。针对考核内容、方法单一，考核易流于形式的实际状况，专门成立公务员绩效考核办法调研工作组，积极进行考察调研，研究制定公务员绩效考核办法。

【人才引进和人员调动】　2005年，全市共引进各类人才1 171人。其中：引进硕士及高级职称以上高层次人才126人；本科或中级职称人才1 144人。进一步做好引进人才的服务工作，落实相关待遇，共为19名博士发放了博士津贴，审批4名博士入住“博士公寓”，并对部分高层次人才实施跟踪管理。为五华区卫生系统和昆明市财经商贸学校办理了10名卫生专业技术人员和8名教师的人才引进手续。为因原工作单位不同意调出、造成辞职的11名紧缺人才重建了人事档案，解除了引进人才的后顾之忧。积极推荐向云峰等6名中国留学人员及高层次人才到昆明呈贡新城管委会、市文化局等单位工作，并全部办理了就业手续。组织33家用人单位到北京参加2005年全国人才交流大会暨第十三届高级人才洽谈会，在北京大学生就业之家举办昆明专场人才招聘会，招聘急需紧缺的各类人才和应届硕士、博士毕业生。办理机关工作人员、企事业单位管理人员和专业技术人员的调动651人。其中：博士1人、硕士9人、本科382人、大专198人、中专及其以下61人；高级职称64人、中级职称145人、初级职称51人。为37名市级机关中层干部办理了轮岗交流手续。为市经委超编的19名人员办理了分流安置手续。完成了2004年13名具有干部身份退役运动员的安置工作。

【大中专毕业生就业工作】　2005年，昆明市生源的大中专毕业生共14 435人，回昆明报到登记的有7 467人。为全力促进高校毕业生就业，拟定了《关于做好2005年大中专毕业生就业服务工作的意见》：建立健全大中专毕业生就业服务信息网络，进一步发挥人才市场在毕业生资源配置中的基础性作用；引导毕业生到基层、到农村就业；鼓励毕业生自主创业、自谋职业。截止11月底，已就业的大中专毕业生共有3 468人，占回昆明报到登记的46.4%。在已就业的3 468人中，按学历划分：博士3人、硕士41人，占就业人数的1.3%；本科1 814人，占就业人数的52.3%；大专1 047人，占就业人数的30.2%。按就业渠道划分：进入机关476人，占就业人数的13.7%；进入事业单位1 082人，占就业人数的31.2%；进入国企295人，占就业人数的8.5%；进入非国企240人，占就业人数的6.9%；以其他形式就业的毕业生共有1 375人，占就业人数的39.6%。

【高层次人才培养】　积极开展市校合作，与浙江大学签订了2005年度合作培养行政管理硕士研究生协议，全市（含县〈市〉区和市级机关各部委办局）共推荐了152人报名，有28人通过全国统一的研究生入学考试。目前，昆明市浙江大学行政管理硕士研究生在读已达80人。

【出国（境）培训及引智工作】　加强出国培训和外国专家智力引进工作。顺利完成国家外专局资助的云南中科胚胎工程生物技术有限公司的“肉、奶、水牛生长基因添加剂技术及人才引进”和昆明锦绣绿色种业有限公司的“甜椒杂交新品种的选育项目”。选派3名符合条件的人员到成都参加“西部地区人才培训计划”集中面试。组织学员参加国家外专局召开的“培华项目成果总结交流会”和“西部人才培训计划成果总结交流会”。全市共派出培训143人次，其中：参团培训27人，自行组团培训116人。

【事业单位人事制度改革】　积极推进全市事业单位以聘用制为核心的人事制度改革。2005年全市共有257家事业单位11 518人与单位签订了聘用合同。进一步完善事业单位工作人员公开招聘制度，加强对招聘全过程的指导、管理和监督，为51家事业单位补充工作人员256人（其中，工作人员248名，工勤人员8名），为事业单位真正选用到素质高、能力强的人才。对推进事业单位人事制度改革工作做出突出成绩的30个先进单位和28名先进个人进行了表彰。

【职称评审】　为进一步规范职称评审工作，2005年重新调整组建了昆明市51个高、中级专业技术职务评审委员会和卫生技术高级任职资格推荐专家委员会，新组建了昆明市公安机关刑事科学技术、技术侦察队伍初级专业技术资格评审委员会。新核定或重新核定了13家市属事业单位专业技术职务结构比例。完成了2004年度专业技术职务评聘统计工作。全市共有140 277名专业技术人员，具有专业技术职务资格的112 761人，其中：正高级职称273人，副高级职称5 294人；中级职称38 444人；初级职称68 750人。高、中、初级专业技术职称结构比例为1:7:12，专业技术人员队伍结构进一步趋向合理。

【专家队伍的选拔管理】　加强专家队伍的培养、选拔管理工作。开展了云南省政府特殊津贴人员选拔工作，确定“省贴”推荐人选7人，上报省人事厅参加全省的评审；组织开展云南省第三届科技兴乡贡献奖推荐评选工作，全市共有20人获得云南省第三届科技兴乡贡献奖；加强对高级专业技术人员的管理，开展了昆明市“高级专业技术人员数据库”建库工作；协调配合有关部门，组织开展对有突出贡献优秀专业技术人员春节慰问活动。

【事业单位年度考核】　加强对事业单位专业技术人员队伍的管理，组织完成事业单位2004年年度考核工作。2004年全市事业单位共有人员85 435人，参加考核人数82 828人，其中：优秀等次11 697人，占参加考核人数的14.1%；合格等次69 149人，占参加考核人数的83%；基本合格等次113人；不合格等次70人；不定等次1 799人。

【教育培训】　开展以公共管理硕士（MPA）核心课程为主要内容的“8＋X”培训工作。2005年8～9月，对昆明市市级党政机关初任、任职公务员，开展“8＋X”培训试点工作，共770名公务员参加了培训学习。召开县（市）区“8＋X”培训试点工作协调会，对培训形式、施教机构、培训安排等提出了具体要求。截止11月12日，五华区、盘龙区、安宁市、富民县“8＋X”县（市）区试点班培训、考核圆满结束，共培训公务员346人。8～12月，在全市大规模开展专业技术人员素质教育培训，全市共4万余名专业技术人员参加了培训考试。组织市级机关640名公务员参加信息化与电子政务培训，提高公务员的办公自动化水平。

【机关事业单位工资福利及离退休人员管理】　加强机关事业单位工资福利管理工作，认真开展全市各级党政群机关、参照公务员管理事业单位、全额拨款事业单位、差额拨款事业单位、经费自理事业单位在编在职工作人员及离退休人员的津贴和补贴两次全面清理和上报工作。对全市贯彻执行《云南省机关事业单位工资福利与退休管理规定》的情况进行了检查。全市机关事业单位共有4个县（市）区、18个市级部门涉及人数875人发现错误，其中862人已进行纠正处理。完成2004年、2005年各县（市）区和市级369家机关、事业单位（含差额、自收自支）正常晋升职务、级别工资、年终一次性奖金、连续三年考核优秀及事业单位6%晋升工资的工作。下达了4个县（市）区机关、事业单位273名工人技师岗位职数及市级单位109名工人技师岗位职数。为全市201名离退休抗战老战士、老同志颁发中国人民抗日战争胜利60周年纪念章。

【军转安置工作】　认真贯彻党中央、国务院的军转安置政策。2005年省下达昆明市安置计划760名，其中：计划安置613名（含团职干部78名），自主择业147名。另安置随调配偶6名。针对繁重的军转安置任务，积极探索改革军队转业干部安置政策，实行计划分配和自主择业相结合，较好地完成了军转安置工作任务。进一步做好企业军转干部的解困维稳工作，建立昆明市企业军转干部数据库。据统计，全市共有企业军转干部3 860人；认真落实解困政策，及时兑现企业军转干部解困资金，共发放中央、省、市三级解困资金8 266 506.62元；认真做好企业军转干部的维稳工作，建立"包保"责任制，确保企业军转干部解困稳定工作落到实处。

【人事信息】　加强人事信息化建设，完成"昆明人才网"的全面升级改版工作。自改版以来，日访问量均在1万人（次）以上。部署安排全市公务员数据库建库工作，并举办昆明市公务员数据库建库工作培训班，共有90人参加培训，公务员数据库已进入信息录入和审核阶段。加强人事信息宣传工作。全年编发《人事信息摘要》11期，信息37条；编发《昆明市人事局人事工作信息简报》83期（含保先教育专辑29期），信息43条，其中被市委办公厅信息处采用5篇、市政府办公厅信息处采用1篇、省人事厅采用10篇、国家人事部采用1篇。组织召开县（市）区人事系统信息宣传培训工作会，对14县（市）区人事（人事劳动和社会保障）局办公室负责信息宣传工作的领导和信息员及市人事局机关各处（室）、单位负责信息宣传工作的信息员进行了培训。

【人事法制工作】　根据《全国人事系统法制宣传教育第四个五年规划》和《关于在全市开展法制宣传教育与依法治市工作的五年规划（2001～2005年）》的总体安排，认真开展人事普法宣传活动。全市共组织1 106名人事干部参加普法学习和考试，进一步提高依法行政能力和"学法、知法、懂法、用法"的自觉性。加强人事争议仲裁工作，按照《云南省人事争议仲裁暂行办法》有关规定，依法组成仲裁庭审理人事争议仲裁案件。2005年共收到人事争议仲裁申请3件，其中1件不在受案范围，另外2件按照《云南省人事争议仲裁暂行办法》有关规定，依法组成仲裁庭进行审理，1件以调解结案，1件由仲裁庭裁决结案。全年承办人大代表建议和政协委员提案共26件，其中：省人大代表建议1件，省政协委员提案1件，市人大代表建议8件，市政协委员提案16件，均在规定时限内办理完毕，办理满意率为100%。

【人才市场建设】　建立流动党（团）及工会组织；成立昆明市人才服务中心卫生分中心和教育分中心；有形市场与无形市场建设初见成效。2005年，全市共组织人才交流会51场，向社会提供了5万余个就业岗位，为2万余人办理就业或再就业手续；提供网上招聘职位3 607个，参加网上人才交流20万人次。召开文化产业人才专场招聘会和首届中国西部文化产业博览会，为文化产业提供人才服务；健全完善人事考试和培训体系。全年共组织公务员录用、事业单位补充招聘、职称外语、职称计算机及各类人事考试200余场，参加考试29 928人次，其中：2005年春季招考国家公务员笔试考试10 430人次；市级事业单位补充人员考试1 677人次；职称外语等级考试7 198人次；经济专业技术资格考试3 646人次；干部计算机考试1 621人次；公安部门110接警员考试507人次；市国土资源局等7家单位科级干部竞争上岗考试205人次；网络远程报名考试4 644人次。此外，还组织职称外语、信息化建设与电子政务、城镇退役士兵安置等各类考前培训班，全年共计培训19 739人次。

【拓展人事代理工作】　依托档案管理、社会综合保险和流动党群组织三大服务平台支持，以公共人事服务为核心，以市场需求为导向，积极探索开发多渠道、多层面的人事代理服务内容，先后与卫生分中心、教育分中心、省教育厅就业指导中心达成档案管理、业务指导协议；建立健全人才综合保障服务平台，提供完整、便捷的代办"五保一金"业务，增强人事代理业务的吸引力和竞争力。2005年共接收人事档案1 270份，转出371份，与265家单位签订人事代理协议，为1 300人办理人事代理手续；为809人开具调档函；为116名引进人才办理落户手续；与600多人签订人才派遣协议；为79家单位近800人办理各类社会保险，480人办理住房公积金。

（黄　梅）

劳动和社会保障

【就业再就业工作取得显著成绩】　市委、市政府把新增就业岗位6万个，解决5.2万人就业，其中下岗失业职工再就业1.5万人，转移输出劳动力5万人"，做为为民办好的10件实事的首件。通过一年的努力，全市共开发就业岗位76 125个，城镇新增就业人员62 378人，促进32 017名下岗失业人员实现再就业，其中，"4 050"失业人员就业5 673人。农村富余劳动力转移就业84 010人，其中转移到省外11 173人。开展就业再就业培训37 135人，其中，培训下岗失业人员29 171人，培训劳动预备制度人员7 964人。城镇登记失业率控制在2.39%。全面超额完成了省、市下达的工作任务，圆满落实了为民办好的就业再就业实事。

【"两个确保"继续得到巩固】　确保国有企业下岗职工基本生活和企业退休人员养老金按时足额发放是劳动保障工作的重中之重，在工作中加大工作力度、抓紧抓落实。全市共筹集再就业资金13 166万元，使用再就业资金5 731.4万元，其中发放下岗职工基本生活费3 232万元；全市共发放21万企业离退休人员养老金12.3亿元，按时足额发放率为100%。

【城镇职工基本养老保险制度逐步完善】　截止2005年底，参保单位11 252户，参保总人数达74万多人；2005年共征收养老保险基金9.07亿元，支出12.3亿元，按照足额发放了21万企业离退休人员养老金，发放率为100%；继续规范职工退休审批制度，认真贯彻执行增资调待工作的有关政策，3 995名离休人员从2005年5月份起，人均每月增加养老金200元，18.7万名退休人员从2004年7月1日起，人均每月增加养老金50元。

【医疗保险】　医疗保险政策体系进一

步完善，城镇职工基本医疗保险工作稳步推进，医疗保障和管理服务水平不断提高。截止2005年底，参保单位9 395户，参保人数107万人，其中参加市级统筹的职工总人数达到79.5万人，城镇用人单位参保覆盖率超过90%。2004年共征收各项基金7.8亿元，支出5.9亿元；对医保个人账户每月低于40元的市属国有企业退休人员实行补助，完成了239家市属国有企业70 899名退休人员个人账户补助资金的划账工作，划入资金938万元，落实了为民办理的实事；加强“两定机构”管理，不断完善和调整医疗保险住院结算管理办法，探索建立医疗费有效调控机制，参保人员的基本医疗需求得到切实保障，医疗保险管理服务质量得到明显加强；全年支付离休干部医疗费5 182万元，离休干部医疗待遇得到切实保障。

【失业保险】 失业保险确保基本生活、促进再就业的作用得到有效发挥。截止2005年底，参保单位11 602户，参保人数69.97万人；失业保险基金收入持续增长，核定应缴基金2.76亿元，全年失业保险基金征收入库2.95亿元，其中地税部门征收2.86亿元。全市共有57 070名失业人员享受失业保险待遇；为破产清算期间的2 431名企业职工发放了基本生活费，保障了企业破产改制期间职工的基本生活，确保了企业改制顺利进行。全市共有24 840人领取《再就业优惠证》，共管理失业人员档案142 320份，签订劳动事务代理服务协议34 363份，结转失业人员档案26 542份，为失业人员异地及时享受失业保险待遇提供了重要保障。

【工伤、生育保险】 工伤、生育保险制度进一步完善，覆盖面逐步扩大，确保了参保人员的保险待遇。截止2005年底，全市参加工伤保险的单位10 959户，参保职工33.27万人，新增工伤保险参保户数2 600户，新增参保人员3.12万人，完成了扩面任务的105%；参加生育保险的单位11 388户，参保职工33.09万人，新增生育保险参保人员6.03万人，完成扩面任务的400%。完成工伤认定1 560件，审核工伤保险待遇1 183起，审核生育保险待遇3 188人(次)。

【农村社会保险】 农村社会养老保险工作健康发展。农保职能从民政部门划转劳动保障部门管理以来，参保人数达31万人，有1万多名参保老人领取了养老金。

【社区劳动保障】 社区劳动保障平台基本建立，企业退休人员社会化管理服务工作逐步完善。全市在各街道办事处（镇）建立劳动保障事务所140个，在社区建立劳动保障服务站339个，事务所配备工作人员406人，服务站配备工作人员1 433人，落实补助工作经费1 100万元。确定工作职能，制定相应的规章制度，社区劳动保障平台的作用不断发挥，多渠道、多层次的企业退休人员社会化管理服务工作全面启动，建立退休人员社会化管理服务个人信息20多万人，占企业退休人员总数的95%，有1.28万退休人员移交社区管理服务，3.45万退休人员依托企业型社区管理。

【社会保险基金】 社会保险基金监督机构作用发挥明显，基金安全、完整，运行正常。“十五”期间，建立了社会保险基金监督机构、完善制度，配备专兼职人员29人。2004、2005两年对社会保险参保单位缴费基数开展“拉网式”大检查，两年共查出少报漏报缴费基数11.92亿元，应补缴7 762万元，实际补缴1 444万元；2005年开展了对银行金融机构医疗保险基金计息情况检查调研，查出建设银行、工商银行两家银行少计市财政专户医疗保险基金利息1 130多万元，其中建行515万元，工行615万元。至年底，已全部补计到账。

【职业技能培训】 年初制定工作计划，认真开展职业技能培训、鉴定工作。完成对全市2 087名机关事业单位技术工人等级晋升报名、初审，评审初级工505名、中级工1 026名、高级工791人、技师421人，培训、鉴定高级工以上的技能人才1.5万人。在昆明地区职工技能“提升”活动中组织指导培训2 851人，对取得职业资格证书的373名技师、775名高级工补贴了培训费、鉴定费23万元。市技工学校进一步整合教育资源，对535名毕业生进行就业推荐和免费完成了全市118名农村贫困家庭子女、富余劳动力的职业培训工作，得到社会的肯定和赞誉。全年技工学校计划在昆明招生1 500人，实际招收1 891人，超额完成了招生任务，受到省厅的好评。

【劳动合同管理、劳动关系调整更加规范】 全年共办理劳动合同备案、登记手续58 900多人（次），审查集体合同783户，涉及153 000多人（次）。

积极配合国有企业改制，认真做好职工劳动关系调整工作，完成国有企业深化改革三年中涉及劳动和社会保障方面的成本测算、职工安置、社会保险续接、劳动关系调整等工作。经核实劳动保障有关事宜的市属改制企业172户，涉及职工113 179人，费用22.74亿元；在确认40户市属单位兼并破产关闭企业职工安置渠道和社会保障办法明确及资金到位的前提下，出具了《职工安置意见书》，涉及33 753人，涉及费用10.48亿元。

【劳动关系双方合法权益得到维护】 针对当前劳动关系呈现多元化、复杂化的特点，一方面大力推进劳动关系协调三方工作机制，召开了5次三方协调会，对劳动关系调整中出现的问题和矛盾进行了磋商。另一方面，进一步改进办案方式、规范办案程序、加强对办案的管理和监督，提高办案效率，受理劳动争议案件669件，结案633件，结案率保持在95%以上。

【劳动保障监察】 全年通过主动监察、举报专查、劳动保障执法年审等方式，共对74 615户（次）用人单位及职业介绍机构实施了监察，涉及劳动者158万多人（次）；参与处理突发事件210件，涉及劳动者2万人。通过上述工作，共清退童工40人，补办流动就业证卡近3万人（份），补签劳动合同8.9万人。为1 888名劳动者清退风险抵押金46万多元，为94 000多名劳动者追发工资等待遇近6 000万元；督促7 326户缴费单位办理社会保险登记，涉及劳动者22万人，督促5 424户用人单位依法缴纳社会保险费，涉及劳动者15.6万人，涉及保险费5 000多万元。审查用人单位劳动规章5 773件，纠正与劳动保障法律、法规不符的规章制度2 481件；纠正违反职业资格和职业培训规定的单位19户，取缔非法职业介绍机构52户。

【劳动保障评估、规划与调研工作】 开展了“十五”评估工作，撰写《昆明市劳动和社会保障事业发展“十五”规划评估报告》。在认真完成市委、市政府下达的昆明市“十一五”规划课题《努力扩大就业、再就业、健全社会保障体系、促进昆明经济社会全面发展》的基础上，经科学研究，编制出《昆明市劳动保障事业发展“十一五”规划(草案)纲要》。完成国家劳动和社会保障部2005年度重点课题及昆明市2005

年度社会科学规划课题《进城务工人员及失地农民社会保险问题剖析及对策研究》的调研工作。

【就业、再就业形势严峻】 劳动力供求矛盾突出。从劳动力的供给方面看，当前及今后一段时期的就业、再就业主要受到来自以下四个方面的压力：城镇新增劳动力、原滞留在再就业服务中心的失业人员、国有企业就业转失业人员、转移到城市就业的大量农村富余劳动力。全市城镇每年新增12～13万劳动力。结构性就业矛盾明显。在总量矛盾突出的情况下，下岗失业人员由于受文化素质、职业技能的制约，再就业越来越困难，失业周期也越来越长，甚至有的生活发生了困难，形成一批就业弱势群体。因此，就业形势上呈现出总量矛盾与结构性矛盾交织的状态，就业弱势群体也有持续扩大的趋势。解决好下岗失业人员的基本生活保障和再就业问题，已经成为关系经济改革顺利进行及社会经济生活中最为紧迫的问题。

【社会保险支付压力越来越大】 当前和今后一个时期，人口老龄化、就业形势多样化、农村城镇化以及经济全球化对社会保障带来了巨大的压力，社会保险的可持续发展面临挑战。按国际通行标准，已进入老龄化社会，老年人口增加，必然给养老、医疗等社会保险直接带来巨大的支付压力。在退休人员逐年递增的情况下，全市基本养老保险基金当期收支缺口不断增大，2004年达到2.9亿元，2005年达到3.3亿元。同时，老年人口的疾病发生率高，住院率高，医疗支出大，基本医疗保险在支付方面将越来越不堪重负。此外，随着国有企业富余人员转向市场和结构性失业人员进一步增加，领取失业救济金的人增多，失业保险也面临着很大的挑战。

【劳动关系协调难度增大】 在社会主义市场经济体制建立的过程中，非公经济组织大量产生，个私经营等成为吸纳就业的主渠道，同时，国企改革和经济结构调整及非正规就业形式的发展进一步推动就业方式多元化，劳动关系也逐步趋于多元化、复杂化。此外，企业工资分配方式和分配关系不合理的问题仍然存在，企业内部平均主义和部分垄断行业收入偏高的问题仍较突出，工资分配宏观调控体系和企业工资决定机构尚不完善，用人单位克扣、拖欠职工工资现象时有发生，给劳动用工管理、劳动关系调整、劳动争议仲裁、劳动保障监察等带来许多新情况、新问题。

（市劳动和社会保障局办公室）

住房公积金管理

【概　况】 2005年，在市委、市政府的正确领导下，全市住房公积金管理行业认真贯彻落实国务院新修订的《住房公积金管理条例》和《国务院关于进一步加强住房公积金管理的通知》的文件精神，坚持以科学发展观为指导，按照“管委会决策，中心运作，银行专户存储，财政监督”的原则，认真履行《条例》赋予的职能，务真求实，开拓进取，坚持原则，努力工作，较好地完成了住房公积金管理的各项工作，积极促进和推动了全市住房公积金管理的健康发展。截止2005年底，全市共有7 089个单位建立了住房公积金制度，缴存职工达到64.8万人，住房公积金缴存比例为：财政预算单位8%；非财政预算单位8%～15%；累计归集住房公积金78.11亿元，累计归集住房公积金余额57.7亿元；累计发放住房公积金个人贷款17.99亿元，累计发放住房公积金个人贷款余额11.64亿元，为22.43万户职工家庭改善住房条件提供了资金上的支持，当年实现住房公积金增值收益2 514.8万元。

【住房公积金管理机构调整】 根据《国务院关于进一步加强住房公积金管理的通知》的文件精神。2005年，全市住房公积金管理机构调整工作在市机构调整工作领导小组的正确领导下，经过认真的调查研究，完成了机构调整的各项前期准备工作，为机构调整工作的顺利实施奠定了良好基础。为加快机构调整工作步伐，确保各县（市）区住房公积金管理机构顺利整体上划移交，市中心专门成立了“机构调整工作推进小组”，深入县（市）区积极开展整体上划移交接收前的各项准备工作，对10个县（市）区管理部的资产、债务再次进行清算和审核，与各县（市）区人民政府进行积极有效的协调衔接。于2005年11月完成了对各县（市）区住房公积金管理机构的整体上划移交接收工作，实现了“统一制度、统一核算、统一管理”的工作目标。

【住房公积金缴存管理】 2005年，结合全市经济发展和住房公积金缴存管理的实际，市中心积极探索缴存管理的有效途径，着重开展了与工商银行“直归双系统模式”的试运行工作和开发编制机关、事业单位住房公积金缴存工资基数审核程序以及依据《条例》对全市缴存职工发放住房公积金对账凭证。通过上述工作的开展和实施，有效地规范住房公积金的缴存管理，进一步提升住房公积金的归集量和覆盖面，为全面实现直归管理方式奠定了基础，制止部分单位随意欠缴、少缴住房公积金的违规行为，遏制一些单位随意克扣职工住房公积金的违法行为，有效地统一全市住房公积金的缴存基数标准，依法维护了单位缴存职工的合法权益。2005年，全市归集住房公积金23.9亿元。其中：中心本级归集12.8亿元，累计归集余额28.3亿元；各县（市）区管理部归集4.9亿元，累计归集余额12.1亿元；省直、铁路分中心和石油管理部归集6.2亿元，累计归集余额17.3亿元。

【住房公积金贷款管理】 2005年，市中心狠抓住房公积金个人贷款业务的培训工作，努力提高人员素质和扩大住房公积金人人贷款业务承办面，成立“贷款风险控制提质增效工作推进小组”，建立贷款分级审批及风险控制责任机制，有效地提高了资金的使用效率和资产质量。针对贷后管理存在的问题，积极做好贷后管理工作，采取跟踪、督促、检查等手段，使银行各经办网点的贷后管理工作得到了有效规范，逐步形成制度化，及时掌握和分析逾期贷款情况，采取上门催收、电话催收和法律诉讼等多种手段，较好地扼制了逾期贷款的上升势头，最大限度地降低了资金风险，确保了贷款的资产质量。2005年，全市贷款6.84亿元，累计贷款17.99亿元，累计贷款余额11.64亿元。其中：中心本级完成个人住房贷款3.47亿元，累计贷款9.25亿元，累计贷款余额6.66亿元，逾期率控制在0.077‰以内；县（市）区管理部完成个人住房贷款1.38亿元，累计贷款5.69亿元，累计贷款余额2.86亿元，逾期率控制在7.8‰以内；省直、铁路分中心完成个人住房贷款1.99亿元，累计贷款3.05亿元，累计贷款余额2.12亿元，逾期率控制在0.11‰以内。

【财务核算与管理】 2005年，全市住房公积金的财务核算与管理得到进一步加强，确保资金的良好运营。完善10家委托银行的管理流程，下发《关于逐笔划拨住房公积金置换组合贷款资金的通知》和《关于明确住房公积金置换组合贷款会计核算单据传递要求的通知》，对办理业务的银行实行准入制度，确保前台业务工作的正常进行，提高资金使用效率；使用票据打印机实现电子签发支票，极大地提高了工作效率；制定下发《住房公积金提取、转移、业务票据及印章管理规定》，对支票实行领用和缴销制度，规范内部会计控制管理，保证资金的及时、准确；在工行、招行全面推行电子网络银行，缩短资金运作时间，规范资金结算关系；积极完成与10家委托银行的收益和支出结算，做到“应收尽收，应付尽付”。2005年，全市实现住房公积金增值收益2 514.8万元。其中：中心本级1 332万元，各县（市）区管理部773.4万元，省直、铁路分中心和石油管理部409.4万元。

【信息网络系统建设】　2005年，市中心全面启动信息系统的升级改造和开发论证工作，成立“信息化建设工作推进小组”，将中心机房整体划出，独立工作，为中心信息网络系统建设搭建了良好的技术支持和保障平台；重装服务器，由双机热备改成单机服务器，在一定程度上缓解了死机问题；解决银行接口程序与公积金直归程序并存的冲突问题，基本保障中心业务的正常进行；开通了昆明市住房公积金网站，实现两个系统之间的数据转换，为广大市民提供上网查询个人住房公积金明细的功能，开通住房公积金贷款委托银行在中心网站上注册查询公积金缴存情况的功能，使银行及时掌握客户住房公积金缴存情况，为市民办理公积金贷款节省了时间；对中心网络布线和接点进行全面清理和规划，重新绘制网络布线图和对部分编口进行布线标识，为日后升级改造和线路维护奠定了基础。

（李云华）

安全生产监督管理

【安全生产会议】　2005年3月15日，市政府召开全市安全生产工作会议，市政府领导、14个县（市）区政府、三个开发（度假）区管委会分管领导和14个县（市）区、三个开发（度假）区安全生产监督管理局局长、市属行业主管部门领导、重点企业领导、部分中央属、省属企业领导共245人参加了会议，市政府副秘书长刘玉坤主持会议。会议的主要任务是：贯彻落实全国全省安全生产工作会议精神，总结2004年安全生产工作，分析安全生产形势，兑现2004年安全生产目标责任书，签订2005年度安全生产责任书，安排部署2005年度安全生产工作。陈鹰副市长作《认清形势，强化管理，以求真务实的精神切实搞好全市安全生产工作》的重要讲话。会上，市政府与14个县（市）、区，21个行业管理部门签订了2005年安全生产目标管理责任书，兑现了2004年安全生产先进单位，兑现奖金39.5万元。各地区、各部门结合实际分别将目标责任制落实到乡镇、街道办事处和所属单位，将责任目标进行层层分解、层层落实，一级抓一级，一级对一级负责，进一步强化了安全生产目标责任的落实。10月18日，安全生产警示教育会在昆明市级机关会议中心（兰花宾馆）召开，各县（市）区、三个开发（度假）区分管领导和安监局负责人及有关企业、安全部门负责人共583人参加了会议。会上，发生事故的有关企业，对事故的经过、原因、性质和认识等，进行了全面、深刻的剖析；领导重视、管理规范的安全生产先进典型单位进行经验交流，分析安全生产形势，提出了工作要求。

【安全生产信息】　为使社会各界和广大人民群众充分了解安全生产法律法规和安全生产方针政策，更好地利用电子信息功能，发挥网络信息优势，经过近60天的紧张筹建，昆明市安全生产信息网，于2005年7月26日正式建成运行。网站的建设是昆明市安监局为适应政务工作信息化的需要，全面提升政务工作服务水平和公开化程度的重要举措，是加强安全生产宣传教育的重要信息平台，是政府部门和企事业单位以及社会各界沟通和信息交流的重要纽带。网站设有行政许可、政务公开、政策法规、办事指南、宣传教育、安全举报等栏目。政务电子化办公等一系列电子政务应用系统将陆续建成并投入使用。

【非煤矿监督管理】　全市非煤矿山安全监督管理工作，继续贯彻落实国家和省深化非煤矿山安全专项整治工作精神，巩固非煤矿山专项整治成果，促进全市非煤矿山安全生产形势稳定好转。2005年，非煤矿山安全监督管理工作，围绕“以控制生产安全事故指标为中心，杜绝重特大事故，减少一般性事故”的工作目标，按照《非煤矿矿山企业安全生产许可证实施办法》的有关规定，非煤矿山企业取得安全生产许可证，必须依法进行安全评价。制定工作计划，明确目标，落实工作职责，加大工作力度，建立主要领导亲自抓，分管领导具体负责的工作机制。为避免非煤矿山安全生产出现“先天不足”，从源头上把好安全生产关，确保非煤矿山的可持续生产，依据《非煤矿矿山建设项目安全设施设计审查与竣工验收办法》及法律法规的规定，聘请有关专家对昆明城市投资开发公司青龙采石场、宜良县兴宝石场等8家新建非煤矿山安全设施的设计进行了审查、竣工验收。组织开展非煤矿山安全生产检查，竭力消除各类事故隐患。全年共出动8 223人次对非煤矿山开展安全检查，查出事故隐患1 724条，下达现场整改指令书854份，复查率95%。对5个突出的重大隐患，在报纸上登载曝光，请社会公众进行监督、整改。

【危化品监督管理】　2005年继续深化危险化学品专项整治工作，与公安、工商部门紧密配合，加强对全市1 006家危险化学品从业单位的监管，确定了重点危险源监控单位317家。按照国务院、省政府对危险化学品安全专项整治工作的安排部署，市委、市政府高度重视，成立了以分管市领导为组长，13部门主要负责人参加的危险化学品安全专项整治工作领导小组，制定下发《昆明市开展危险化学品安全管理专项整治工作方案》，在全市范围内开展危险化学品专项整治工作。专项整治工作采取日常监督检查与重点检查相结合，开展对危险化学品生产、储存、经营、使用等环节进行整治，查出事故隐患600余条，下达事故隐患整改指令书60余份，复查率98%，集中消除了事故隐患。对5户新、改、扩建的危险化学品生产企业，严格按照《危险化学品安全管理条例》规定进行审查，报市政府批准4户。对剧毒化学品使用单位进行严格审核，依法取缔1户不具备安全生产条件的剧毒化学品使用单位，限期整改5户。

【烟花爆竹管理】　根据《昆明市人民政府办公厅关于印发昆明市安全生产监督管理局主要职责内设机构和人员编制调整意见的通知》精神，原市公安局承担的烟花爆竹生产经营单位的安全生产监督管理职能划入安监局监管。为进一步理顺全市烟花爆竹安全监督管理体制，按照《云南省安全生产监督管理局、云南省公安厅关于印发〈云南省烟花爆竹安全监管职能移交方案〉的通知》和《云南省烟花爆竹安全监管职能移交方案》精神，结合实际，制定下发《关于贯彻落实〈云南省烟花爆竹安全监管职能移交方案〉的实施意见》，指导县（市）区开展烟花爆竹职能移交工作。

【煤矿安全监督、监察】 按照国务院、省政府的要求，在全市组织开展煤矿瓦斯治理和整顿关闭两个攻坚战，成立了以分管领导为组长的整顿领导小组，从严加强煤矿安全管理工作，针对石林县非法采煤突出的问题，召开现场整治工作会议，坚决取缔、炸封非法矿点。在煤矿安全监管工作中，积极配合煤炭行业管理部门，探索煤矿安全管理办法，结合实际，制定严格的安全防范措施，开展定期和不定期安全检查，及时消除事故隐患，确保煤矿安全生产。同时，加强煤矿整顿验收工作，从严把关，关停了一批不具备安全生产条件的煤矿，有效杜绝重特大事故的发生。经评估，全市共有84对矿井达到了B类，其中露天矿24对、井工矿60对；65家煤矿取得了安全生产许可证，资源整合仍然关停整改19对，力争全市煤矿矿井控制在70对以内。

【安全生产月活动】 安监局联合有关部门共同制定了《2005年昆明市“安全生产月”活动方案》。6月12日，在东风广场隆重举行全国安全生产月主题宣传咨询日活动。省、市有关领导和安委会成员单位及各行业职工参加活动。期间开展丰富多彩的文艺演出及宣传、咨询活动。省、市有关部门和企业20家单位在现场摆放了50多块宣传展板进行法律法规、安全知识和事故案例宣传，发放各类宣传资料7万余份，出动50余辆宣传车，上万市民以观看表演、图片展览等不同形式参加了活动，提高全民安全意识，进一步强化人人关注安全、关爱生命的良好氛围。活动期间，通过中国移动云南分公司、中国联通云南分公司向全省300万移动用户和向昆明地区80万联通手机用户发送安全提示语和问候短信息。为了使新闻宣传做到电视有图像、广播有声音、报纸有文章，会同各县（市）区安监部门，与新闻媒体合作开展宣传报道，在云南电视台、昆明电视台播出《中国安全生产报告》、《法佑平安》等节目。制作和悬挂“遵章守法，关爱生命”、“以人为本，安全第一”等宣传标语。制作了以“遵章守法，关爱生命”为主题的公益性广告每天在昆明电视台二台、四台播出。按照宣传活动方案，各社区都在各自主要聚集活动场所张贴“安全生产月”活动的招贴画、条幅，并通过黑板报、墙报、宣传栏、知识竞赛等方式将安全知识送到千家万户。学校开展了安全演讲、辩论、主题班会、队日等活动。

【宣传教育培训】 为增强全市生产经营单位主要负责人的安全意识，明确职责，督促本单位安全生产管理人员做好安全生产工作，进一步促进全市安全生产形势稳定好转。年初，制定下发《关于对全市生产经营单位主要负责人进行培训的通知》，要求各县（市）区安监局对行政辖区内从事生产经营活动的单位（包括中央企业、省属企业在内）的主要负责人进行集中培训。2005年举办各类培训班126期，共培训各层次安全生产管理人员14 933人，提高了生产经营单位各层次人员的安全意识。针对“三违”现象严重，导致事故多发的情况，在全市范围内开展反“三违”教育活动。通过开展活动，培养“我要安全”理念，提高“我会安全”技能，强化“我懂安全”素质，增强安全法制观念，树立强烈的安全意识和责任意识，筑牢安全生产防线。全市生产经营单位按照要求积极开展活动，如云纺、芬美意等企业举办了“三违是安全生产的大敌”展览，昆明明珠化工公司开展了反“三违”知识竞赛，云南水泥厂、昆明氧气厂、昆明市二农场、三农场等开展了“向违章违纪行为告别”、“拒绝违章，从我做起”等签名活动。根据国家安监总局、省安监局关于开展“平安中国——《安全生产法》知识竞赛”活动有关文件精神，组织生产经营单位的主要负责人和广大从业人员学习《安全生产法》，观看电视宣传片《法佑平安》，结合《安全生产许可证条例》和《国务院关于进一步加强安全生产工作的决定》的相关内容及本行业的相关安全生产法规，开展竞赛答卷活动。

【安全生产质量标准化】 安全生产质量标准化是强化企业安全管理，预防事故发生的基础性工作。为进一步规范非煤矿山企业安全生产工作，落实企业安全生产责任制，全面推动安全质量标准化工作。2005年制定下发了《昆明市实施金属非金属矿山企业安全质量标准化工作方案》，提出了年度工作目标和2008年近期规划，切实加强非煤矿山基础工作建设，督促矿山企业规范安全投入机制，促进企业持续改进安全生产条件，提高安全生产管理水平，建立矿山企业安全生产长效管理机制，实现本质安全。

【行政许可】 安全生产许可证的颁发和管理工作是一项非常重要的工作。年初，制定了工作计划，进一步明确目标和具体工作任务，落实有关部门及其工作人员的工作职责，切实加大工作力度；建立了主要领导亲自抓，分管领导具体负责的工作机制，以确保安全生产许可证颁发工作依法、有序和规范运作。同时，坚持安全生产许可证颁发管理工作高起点、高标准和高质量，符合条件的依法颁发许可证，准其生产；安全生产条件较差，存在安全隐患的，督促其尽快整改，整改完毕后进行安全评价和发证。全市99%的非煤矿山与安全评价机构签订了评价合同，985家进行了安全评价，855家分别进行了省、市级评审，645家企业向当地主管部门申请办理许可证，受理603家，发放许可证355本。颁发危化品乙种经营许可证76份，烟花爆竹销售许可证1 363份，办理剧毒化学品使用审核60多户（次）。通过评价和评审，提高了准入门槛，规范了企业安全管理工作和职工的安全行为，提升了安全生产管理水平。

【安全文化】 安全生产是生产经营单位赖以生存的基础。企业的安全生产工作，领导重视是关键，制度健全是保障，遵章守纪是条件，倡导企业安全文化、树立正确安全理念更为重要。2005年，为加强安全文化建设，交流安全生产管理先进经验，组织昆明彩印有限公司、云南变压器电器有限公司和昆明市财经商贸学校等各类型的20家单位，开展安全文化交流活动，所撰写的安全文章在云南省人民政府新闻办公室编辑出版的大型刊物《泰山重责》上刊发，并受到省安监局好评。云南昆阳磷肥厂有限公司从现场突击安全检查入手，落实责任，使安全生产工作有人管、有人抓，敢抓、善管，展开“全方位预防”、“建自主管理模式，筑安全生产长堤”的管理模式，使各类事故隐患消灭在萌芽状态，公司上下始终坚持“安全生产工作只有起点，没有终点”的思想观念。

【依法行政，严格执法】 认真贯彻执行国家安全生产法律法规，依照安全生产法律法规和“四不放过”原则，对发生的安全生产伤亡事故依法组织查处。2005年发生67起生产安全事故，时限内批复结案率100%，对39名事故责任人和2家事故责任单位给予经济处罚

107.3万元，依法追究刑事责任1人，追究行政责任9人。为了保证生产安全，加大对安全生产预防性处罚力度，对2户存在安全隐患，经整改不合格的企业处罚4万元，对企业负责人处罚1万元。及时处理云南马龙集团股份有限公司安宁分公司泥磷事故泄漏等5个重大危险化学品事故，对辖区内317个重大危险源进行建档监控，对查出的1 824条各类安全隐患，下达安全隐患整改指令书916份，督促企业整改，有效地消除了安全隐患。

（黄国财）

民　政

【概　况】　2005年，民政工作紧紧围绕全市改革发展和稳定大局，坚持“以人为本、为民解困”的工作宗旨，以群众满意为标准，以改革创新为动力，以制度建设作保持，切实加强自身建设，突出重点，紧扣热点，克服难点，认真履行“三个服务”的职能，使各项重点工作落到实处，常规工作稳步推进，难点工作有新的突破，形成了良好的发展态势。推进了城乡社会救助体系建设，完善了救助机制，加大了救助力度，使困难群众的基本生活进一步得到保障。城乡群众自治组织的自治能力得到增强，民间组织健康发展。加快了社会福利社会化的进程。以争创双拥模范城（县）为重点，加大优抚安置工作的力度，促进了优抚安置政策的全面落实。严格依法行政，实行规范管理，开展文明服务，民政专项事务管理水平和服务质量得到提高。由于各级民政部门的努力工作，较好地实现了全年预定的各项工作目标，为构建和谐社会作出了应有的贡献。

【城乡最低生活保障】　2005年，昆明市城市居民最低生活保障工作资金落实，管理规范。全市年末有低保对象45 784户、81 246人（占非农业人口4.1%），共发放低保金10 606.2万元，月人均补差107元。14个县（市）区城市居民最低生活保障标准为每人每月156～210元（9个县、市、区为210元，2个县为183元，2个县为169元，1个县为156元），保障标准在全省处于前列，较好地保障了城镇低收入人群的基本生活，对维护稳定大局和经济发展起了积极的促进作用。低保工作信息化管理二期工程建设已基本完成，为基层信息建设配发专用电脑80台，网络从县（市）区延伸到了乡镇和社区（单位）。城市低保金社会化发放的覆盖面已达到90%以上。市民政部门还配合房管部门对全市37 411户城镇低收入家庭住房情况进行了调查，掌握了基本情况。

据调查统计，全市农村有特困户29 105户74 650人，经过核定登记，全部发放了救助证，并凭证发放了救助粮2 511.4吨、救助款近700万元，保障了特困户的基本生活。为了进一步解决好农村特困户的生活困难问题，市民政局研究拟定了《昆明市关于开展建立农村特困居民最低生活保障制度工作实施方案》和《昆明市农村特困居民最低生活保障暂行办法》上报市政府，拟在全市农村建立特困居民最低生活保障制度，改革和完善社会救济制度，建立健全社会保障体系。

【救灾救济】　实行市民政局24小时救灾值班制度；加强民政系统救灾专用车辆管理，确保救灾应急需要；在进一步落实市、县两级民政部门救灾工作分级管理、救灾资金分级负担、救灾款专户管理等项制度的同时，以提高自然灾害应急处置能力和综合协调能力为重点，充实救灾应急队伍，加强救灾物资储备，完善自然灾害处置预案，确保民政部门在重大灾害发生后做到：第一时间到达灾情现场；第一时间核查灾情上报；第一时间将救灾物资运抵灾区。市民政局的救灾抢险应急分队还积极参加了市政府组织的化学物品泄露突发事件演练。

2005年8月5日22时14分发生的会泽5.3级地震，造成东川区相邻的7个乡镇同时受灾，共成灾7 774户、29 545人；民房倒塌2 419间，损坏开裂27 370间；形成滑坡隐患点37个（属于重点隐患9个，涉及农户718户2 873人，其中4个重大山体滑坡隐患点危及343户1 369人的生命安全），灾害造成直接经济损失1 200万元。市民政局接报后立即启动《昆明市民政局自然灾害应急处置预案》三级响应，连夜赶赴灾区开展救灾工作，3次向灾区紧急调运帐篷450顶，彩条布200卷、被子衣服各500套，为开展灾后救助提供了充分的物质保障，使救灾工作顺利进行。

2005年昆明市自然灾害频繁，雪灾、风灾、冰雹灾、旱灾、洪涝、地震等自然灾害相继发生，山区、半山区尤为严重，减灾救灾任务重于往年。据统计，含东川地震在内，全市农作物受灾263.09万亩，绝收53.68万亩（减产70%以上）；受灾人口233.2万人次，因灾死亡31人、伤病57人；因灾倒损民房4 156户11 096万人；因灾造成饮水困难50.7万人、大牲畜32.3万头（匹）。农业受灾直接经济损失4.75亿元。各级民政部门按照党委、政府的统一部署，积极组织抢险救灾，妥善安置灾民，全年共下拨救灾经费2 221.3万元（省级补助1 253.8万元，市级投入967.5万元），切实保障了灾民和困难群众的正常生活。各县（市）区对重灾户发放了《灾民生活救助卡》，保证他们的生活困难能够及时得到解决。针对近年来全市范围泥石流、山体滑坡呈逐年上升的趋势，市民政局积极协调国土资源、财政等有关部门，对受地质灾害隐患威胁的农户做了深入的调查核实，向市政府上报了处置方案，落实了2 575户的搬迁经费，搬迁工作已大部分完成。在努力做好救灾工作的同时，各县（市）区民政部门从各自实际出发，积极筹集资金和物资，帮助灾区群众开展自救互救，确保了灾区的社会稳定。

【救灾捐赠】　广泛宣传，精心组织，全市经常性社会捐赠活动有声有色，成效显著。全年共组织全市性救灾捐赠活动五次，分别是抗旱救灾捐赠、“爱我西藏·支援西藏”阳光计划一元捐活动、“神州见证·爱心永恒”大型公益活动、为会泽“8·5”地震东川区灾民捐赠活动、“扶贫济困送温暖”活动等。共接收全市14个县（市）区及市级机关、企事业单位、驻昆部队共200多个单位捐款200多万元，全部用于支援灾区，其中市委、市政府以全市军民名义向昭通市、曲靖市、文山州和广西梧州市遭受地震、洪涝灾害的灾区捐赠了80多万元，体现了昆明各族人民对灾区群众的真情和关爱。

【农村五保户供养】　2005年4月，市民政局转发了民政部、财政部、国家发改委《关于进一步做好农村五保供养工作的通知》，要求各县（市）区结合农村税费改革后五保供养方面出现的新情况、新问题，加强对五保供养工作的领导，切实保障五保对象的基本生活。各县（市）区民政部门经过调查研究，进一步落实了五保供养经费，多数县（市）区已将五保供养经费列入财政预算，有的县区还将集中供养五保户的供养标准按城市低保标准给予全部保障，切实保险了五保经费的筹集和开支。据统计，全市有农村敬老院94所（乡镇办86所，村社办8所），农村五保户

6 503人。全年共发五保供养金 378.3 万元。其中：集中供养 769 人，发供养金 89.9 万元，年人均1 169.5元；分散供养5 734人，发供养金 288.4 万元，年人均 502.9 元。此外，未正式纳入五保供养而给予临时救济的全市尚有3 139人，共发给临时救济 74.9 万元，年人均 238.4 元。合计全市共有9 642人列入五保供养范围，发给供养金 453.2 万元。针对全市部分农村敬老院建院时间长、房屋破损较多的情况，市民政局在进行全面调查的基础上，安排福利彩票公益金 207 万元，用于 33 所敬老院的房屋维修和完善生活设施，使农村五保户的生活条件得到改善。

【城乡医疗救助】 为认真贯彻落实《昆明市实施农村医疗救助暂行办法》，更好地对农村特困居民进行医疗救助，市民政局协同卫生、财政部门，结合实际工作中遇到的困难和问题，制定了较为详细的补充规定。目前，除五华、盘龙、官渡、西山 4 区外，其他 10 个县（市）区已全面启动实施了新型的农村合作医疗。2005 年全市共支出农村医疗救助经费 125 万元，其中：资助特困群众43 574人，交纳参加农村新型合作医疗费 43.574 万元；大病救助近 400 人，支出救助经费 81.4 万元，在一定程度上缓解了农村困难群众看病难、就医难的问题。

根据国务院办公厅转发民政部等四部门《关于建立城市医疗救助试点工作意见的通知》和省民政厅的安排，在五华、安宁、嵩明 3 个县（市）区进行了试点摸底调查和测算，初步确定救助方式为：医疗救助、基本医疗救助、重大疾病救助。五华区 9 月 19 日率先出台了《五华区城市居民医疗救助暂行办法》，至年底已救助1 134人，支出救助经费 37 万元。安宁、嵩明的暂行办法尚在审批中。

【城乡群众自治组织和社区建设】 在全市第二届村民委员会换届选举工作结束后，市、县两级民政部门把贯彻落实中办国办《关于健全和完善村务公开和民主管理制度的意见》作为工作重点，积极探索和建立党委和政府统一领导、有关部门共同参与、民政部门组织协调的村委会工作领导体制和工作机制，并在石林县和安宁市进行了以村务公开、民主管理为主要内容的村民自治试点，会同司法部门开展“民主法制示范村”创建活动，使昆明市村务公开和民主管理工作进入了新的阶段。

四区区划调整后，市民政局积极协调、指导各区认真做好村（社区）居委会的规模调整工作，监交四区移交村（社区）委会 81 个。经过整合，现全市共有社区居委会 315 个（含撤销村委会后新建的 57 个），村委会1 256个，形成比较合理的组合和布局。同时，深入推进社区建设，顺利完成了第三批“万家社区图书室援建工作”，新建的城市社区居委会中有 18 个已得到援建。“全国百城社区建设情况”东川区的调查工作已圆满完成。

【社会福利】 按照“政府引导，社会参与”的发展思路，大力推进社会福利社会化的进程，全市社会福利机构的管理、监督和指导得到加强，福利机构的审批进一步规范。西山区被确定为全国“社会化养老示范区”。2005 年全市注册的养老机构 45 个，总床位5 055张，入住老人2 230人（其中 6 家国有养老机构入住 710 人，10 家集体养老机构入住 323 人，29 家民办养老机构入住1 197 人）。为孤残儿童进行手术康复治疗的“明天计划”进展顺利，现已投入经费 70 万元，有 30 名孤残儿童接受手术治疗得到康复。

市民政局直管的福利事业单位充分发挥了“窗口”和示范作用。昆明市社会福利院老年公寓改造后已投入使用，老人休养的环境和条件大为改善，共收养各类人员 484 名；儿童收养进一步规范，收养登记切实做到依法、公开、公正、公平、廉洁。全年共办理儿童收养登记 334 件（其中国内收养 230 件，国外收养 103 件，涉台收养 1 件），安置弃婴、孤儿 150 余名，代管打拐儿童和犯属子女 11 名，家庭寄养儿童 423 名；市精神病院加强内部管理，医疗水平进一步提高，经济效益持续增长。全年共收治病人 553 人，治愈出院 576 人，比上年增长 20%；西郊农场产业调整继续深化，全年共安置“三无”对象 14 人，管理服务水平进一步提高，所经营的旅游、休闲项目也取得长足发展。

【福利企业】 2005 年全市福利企业在改制中得到巩固和发展，除注销 3 家外，变更 15 家，新审批 9 家。经过年检年审，全市 123 家福利企业全部合格，共安排5 671人就业（其中残疾人 2 692人），年销售总收入达209 576万元，退税15 398万元，较好地解决了部分有劳动能力残疾人的就业和生活问题，在全市经济社会发展中起了重要的促进作用。五家市属福利企业改制工作的成果得到巩固，原民政建筑公司的破产已进入实质操作阶段，进展平稳。

【双拥工作】 2005 年，市双拥工作以争创第七届省级双拥模范城（县）和第五次争创全国双拥模范城为契机，大力推动军地互动，深入开展共建、共创活动。市双拥办制定出台了 17 个政策法规，使全市双拥工作步入了规范化、制度化、社会化、经常化的轨道。深入开展“双拥八进（进乡村、进社区、进街道、进企业、进机关、进学校、进连队、进景区）活动，使双拥工作纵横贯通、城乡结合、全面覆盖，形成了机关与基层齐动、军队与地方互动、节日与平时联动的大好局面。各级党委、政府和有关职能部门从部队所需、地方所能着眼，坚持“特事特办，好事多办，急事快办”的原则，以深厚的感情和扎实的工作，积极为部队排忧解难。市、县两级全年共拨款2 500多万元，用于部队水、电、气、路等基础设施建设，改善了部队战备训练条件，解决了部队后勤保障、生活设施和国防建设中的一些困难问题。市、县两级共办理军官家属随迁、随调和安置就业 200 多人，妥善解决了子女的入托入学问题，积极为部队解除后顾之忧。市委、市政府在“八一”和元旦、春节期间慰问各驻昆部队时，赠送部队基层单位摄像机、照相机 150 台，慰问资金达 114.1 万元。驻昆各部队发扬拥政爱民光荣传统，积极支援地方重点工程建设，参加抢险救灾、城市整治、植树造林、扶贫帮困、捐资助学、处置突发事件等，共投入兵力 4 万多人次，动用机械车辆1 000余台次；发动官兵捐款 120 余万元，捐赠衣被 15 万余件，为解决贫困、受灾地区群众困难做出了突出贡献。

【优抚工作】 2005 年全市共有优抚对象14 938人，除去不享受定抚、定补的“三属”1 320人外，共有享受定抚、定补的重点优抚对象13 618人，其中残疾军人3 831人、伤残国家机关工作人员 104 人、伤残人民警察 42 人、伤残民兵民工 22 人、“三属”845 人、红军失散人员 3 人、在乡老复员军人7 196人、带病回乡退伍军人1 575人。中央、省和市、县两级共下发抚恤补助费4 200 多万元，根据民政部、财政部 2005 年文件规定，民政部门及时核定提高了重点优抚对象的抚恤补助标准，并积极协调经费，及时足额地发放到重点优抚对象手中。这次提高抚恤补助标准是历年来幅度最大的一次，分别提高 360～

9 060元，人均提高1 128元，比原来翻了一番，使优抚对象充分感受到了党和政府的关怀和照顾。全市残疾军人伤残等级套改和换发新伤残证的工作全部完成，共套改伤残等级及换证3 704人，同时为符合条件的127人办理了评残、调级、补证、伤残登记等。14个县（市）区已全部建立重点优抚对象抚恤补助标准自然增长机制，落实资金130多万元，确保优抚对象生活水平随当地人民生活水平的增幅而提高。2005年全市有义务兵4 357人，家属优待金兑现面达100%。其中农村义务兵2 384人，发放优待金442.9万元，户均优待1 858元，达到上年全市农民纯收入的72%；城镇义务兵1 973人，发放优待金113.8万元，每户优待在240～800元之间，户均优待557元。“爱心献功臣”活动继续开展，市、县两级财政共投入解“三难”资金194.1万元（市级41.4万元，县级152.7万元），重点帮助647户“三难”优抚对象解决了住房难、治病难、生活难的问题。春节、“八一”期间，全市共安排慰问金480万元（市级投入138万元，县级投入342万元），走访慰问重点优抚对象2.8万人次、复退转军人8 000人次、军属1.2万人次。各级民政部门还及时认真解决优抚对象的上访问题，给予必要的临时救济，充分体现了党和政府对优抚对象的关怀。

【军队离退休干部安置管理】 军休干部两个待遇进一步落实。及时传达学习中央、省、市有关文件，组织大家参加有益的社会活动。较好地落实各项生活待遇，全年共落实离退休费11 016.57万元、离退休管理机构经费585万元。各级党政领导春节、“八一”对军休干部和退休无军籍职工进行了亲切慰问。民政部门还组织军休系统工休人员2 500余人参加了向贫困山区儿童献爱心、捐资助学“一帮一”活动和“扶贫济困送温暖”活动，捐款15余万元。还举办了“昆明市军休干部庆‘八一’文艺汇演”，组织参加了省第三届“夕阳红杯”文艺体育项目比赛并获得8个奖项，丰富军休干部的晚年生活，充分体现党和政府对他们的关怀。全市8个干休所通过“保先”教育，进一步完善了内部管理，改进了服务，在民主测评中满意度达到98%以上。

【复退军人安置】 退役士兵安置工作紧紧围绕适应市场经济发展和国家、军队各项改革的要求，采取考试与考核相结合的办法和安置就业与自谋职业相结合的措施，充分体现公开、公正、公平、竞争的精神。2005年全市共接收退役士兵2 132人，其中回农村安置的762人，符合在城镇安置的1 370人（转业士官309人，复员士官213人，义务兵830人）。到年底，城镇退役士兵已安置就业1 368人（安置率达99.85%），其中行政事业单位385人、国有企业400人、非国有企业59人、自愿申请并经审批办理自谋职业524人（士官129人，义务兵395人）。全市共筹措退役士兵安置经费1 645.7万元，确保了退役士兵安置政策的落实。

【军供工作】 军供站牢记为军队和国防建设服务的宗旨，坚持搞好平战结合，在全站职工中深入开展文明素质教育和职业道德教育，并按宾馆要求进一步完善服务设备设施和对职工进行业务培训，推行激励机制，从而较好地改善了接待部队条件，提高了服务水平和接待能力，圆满完成了日常接待任务和各项应急供应任务。全年共接待过往部队63 720人次，补贴优惠部队55万元，赠送部队纯净水530箱、手提包400个、肥皂盒4 200个、雨伞等纪念品2 100多份，收到部队感谢信5封、匾8块。由于各项工作成绩突出，被民政部和总后勤部评为“正规化建设先进单位”“基层窗口行风建设先进单位”，获得市“文明管理先进单位”和区“计划生育先进单位”、“初保先进单位”、“综合治理先进单位”等光荣称号。

【区划地名管理】 继续组织协调好四区区划调整后行政区域界线的勘定及街道办事处的整合工作；加强行政区划边界线的维护管理，市级界线完成了昆明——楚雄市界线的联检和档案资料上报，县级界线完成了东川——寻甸、宜良——石林、五华——嵩明、官渡——宜良4条界线的联检和档案资料上报；积极配合有关部门做好边界线两侧资源权属的调处工作；按照市委、市政府的决策和安排，及时做好市级行政中心搬迁呈贡的材料上报工作；按照《中共昆明市委、昆明市人民政府关于深化乡镇改革的实施意见》及《昆明市乡镇撤并工作意见》的要求，展开全市乡镇机构改革工作，其中东川区、盘龙区、官渡区、安宁市、富民县、嵩明县、晋宁县、石林县、禄劝县、宜良县的乡镇撤并方案及行政区划调整方案已报省政府并获批准。西山区、寻甸县的乡镇行政区划调整方案也经市深化乡镇机构改革领导小组及市政府常务会议讨论通过后，上报省政府审批。撤并后，全市将减少26个乡镇，撤并面为20.47%（不含呈贡县的乡镇基数）。

地名管理严格执行《昆明市地名管理规定》，坚持先申报、后审批的程序。全年共完成地名命名、更名89个，其中街、路、巷命名更名34条，住宅、商务楼命名、更名55个。市民政局经与规划、房管等6个部门共同研究，制定下发了《关于加强昆明市地名管理工作的通知》，规定凡住宅小区、大楼（厦）、新建道路、改扩建道路名称的命名，必须在领取建筑许可证前到民政局办理标准地名的审批，否则其他部门不得办理相关手续，不得开工建设和对外宣传，从源头上解决了以往地名命名的盲目性、随意性和不规范性的问题。

【民间组织管理】 按照“培育发展和监督管理并重”的方针，突出重点、加强指导，促进民间组织健康发展：加大了对农村专业经济协会和行业协会的培育力度。全市新登记农村专业协会68个（比上年增加38个），市级登记注册行业协会62个；积极开展民办非企业单位自律与诚信建设活动，有15个民办非企业单位向全市800多家民办非企业单位发出了自律与诚信的倡议，另有30个民办非企业单位120多人在东风广场举办了主题为“立足自律诚信，真情回报社会”的广场服务活动，均产生了积极的社会影响。严格依法审批登记，加强监督管理，全市共登记注册民间组织1 719个，其中社团764个、民办非企业单位955个。民间组织中属于市级登记管理的有424个（社团314个，民办非企业单位110个）。市民政局2005年共办理各类民间组织登记80件，对已登记注册的283个社团及93个民办非企业单位进行了年检，参检率达95%。此外还举办三期社团和民办非企业单位会计业务培训班，完成了“昆明市民间组织发展促进会”的筹备工作。

【婚姻管理】 按照省民政厅关于婚姻集中登记的要求，2005年全市共设置国内婚姻集中登记机关19个、涉外婚姻登记处1个，乡镇婚姻登记处54个。办理国内结婚登记77 682人、离婚15 766人，办理涉外结婚登记518人、离婚60人。为了进一步规范婚姻登记，各级民政部门在加强《婚姻法》、《婚姻登记条例》宣传教育的同时，重点抓了以下工作：认真执行民政部《婚姻登记工作暂行规范》，做到婚姻政策公开、办理程序公开、收费价格公开、登记工作公开，并公开服务承诺，使管理与服务有机结合，提高了群众的满意度；投入经费19万元，帮助部分县区完善婚姻登记设备设施，使集中登记机关全部实行了计算机管理、计算机出证，部分乡镇婚姻登记处也配备了计算机，加快了婚姻登记信息化进程。部分县区还实现了婚姻档案微机管理；严格实行婚姻登记员培训考核制度和上岗资格认证制度，坚持100%达标，提高了管理服务水平。

【老龄工作】　认真及时办好老年优待证，全年共办理省优待证15 000本、市优待卡28 292份；积极开展老年人意外伤害保险工作，农村、城市60岁以上老人凡自愿者均可参保；指导抓好县区老龄事业发展促进会的建设，年内有呈贡、寻甸、西山3个县（区）成立老龄事业发展促进会；充分发动社会力量，为老年人多做好事，如开展“孝心进社区工程”活动，免费为老年人体检、咨询18 000多人次；组织了“我为贫困老人捐献一元钱”活动，全市中小学生和机关事业单位共捐款44.9万元，全部作为老年人事业发展基金；积极开展农村高龄贫困老年人助养工作，已有450多名80岁以上特困高龄老人得到助养；珍奥昆明办事处为全市22个社区医疗点捐献了价值132 000元的医疗器械；举办各种老年人专题活动，如大型游园联欢、门球赛等。通过以上工作，在全社会倡导了敬老、爱老、助老的良好风气。此外还编制了《昆明市老龄事业十一五规划发展纲要》，积极开展老龄工作争先创优活动，评选表彰了昆明市“敬老十大孝星”、“四大助老楷模”，五华、官渡、西山、安宁4个区（市）及25个村、15个社区、32个单位、32名个人被评选为老龄工作先进单位和先进个人，15名“孝亲敬老之星”和10名敬老主题教育优秀组织者受到表彰。

【城市救助管理】　认真贯彻执行国务院《城市生活无着流浪乞讨人员救助管理办法》，坚持以人为本精神，按照自愿救助、无偿救助的原则，广泛宣传，做好引导，规范管理和服务。全年共救助各类求助人员6 530人次，其中护送返乡1 526人次（含未成年人1 404人次），资助返乡4 204人次，充分体现了党和政府对这部分困难人群的关爱，对维护正常社会生活秩序起了积极作用。

【殡葬管理】　各级殡管部门继续认真贯彻执行《昆明市殡葬管理条例》，积极推进殡葬改革。加强殡葬改革宣传教育，认真组织开展好清明、冬至期间两个殡葬改革宣传月活动，并通过电视台和报纸杂志进行殡葬法规的宣传，大力倡导移风易俗、厚养薄葬的新风尚，改革丧葬陋习。依法行政，加强殡葬管理，抓好对各县（市）区殡管工作的经常性指导和检查；加强对尸体的管理，严把医院太平间尸体进出关。全年共制止偷、抢运尸体并动员其火化13起；加强公墓管理，及时对祥和陵园等违法违规事件进行查处，对西山、五华、盘龙等地出现的乱埋乱葬进行整顿治理；加强经营行为的规范和行风建设，督促各经营单位认真履行物价审批手续并严格按标准收费，做到服务程序公开、服务项目公开、收费标准公开，在提高服务质量上下功夫，得到群众好评。加强基础设施建设，创造文明祭奠环境，其中东川区、宜良县殡仪馆在做好原有设备改造维修的同时，积极引进资金，新建和更新了三台火化炉，购置殡仪车4台，提高了服务能力。据统计，2005年，全市4个殡仪馆共火化遗体14 225具，11个公墓共接埋骨灰3 285具，均比上年增加。城乡火化率达到42%（其中城市达到98%，农村达到17%）。

【福利彩票】　市福彩中心加强组织机构和人员建设，认真做好市场调查、选点、布点和协调工作，使全市电脑彩票市场布局更为合理，管理逐步完善，销量稳步上升。全年共销售电脑彩票4亿元。在经过多方考察论证后，推出“中福在线”即开型福利彩票。6月下旬“中福在线”金实销售大厅正式开业后，运行正常，销量稳步上升。到年底共销售彩票618万元，为福彩销售创出了一条新路。2005年省下拨昆明市可供使用的福利彩票公益金1 500多万元，在严格标准、规范运作、安全运行的前提下分别拨付到各县（市）区，推动了全市各项社会福利事业的发展。

（曾　筹）

扶贫开发

【概　况】　认真贯彻落实党的十六届四中、五中全会和全国、省、市扶贫开发工作会议精神，以全省扶贫开发工作思路调整为契机，以开展保持共产党员先进性教育活动为动力，进一步解放思想，与时俱进，完善思路，加大政策扶持力度，增加投入，整合资金，突出重点，通过整村推进、劳务输出、产业扶贫等三项重点工作的有效开展，以及小额信贷、易地开发、挂钩帮带等行之有效的扶贫开发措施的落实。全市解决了2万绝对贫困人口的温饱、巩固提高了4万低收入贫困人口的温饱水平，贫困地区人民群众的生产生活条件进一步改善，扶贫开发工作取得新进展，开创了新局面。

【扶贫开发工作的主要成效】　市委、市政府按照“三个代表”重要思想和“立党为公、执政为民”的要求，以高度的政治责任感和使命感，切实加强对扶贫开发工作的领导，进一步加大了贫困地区基础设施和教育卫生等社会事业建设的工作力度和投入力度，贫困地区基础设施条件进一步改善，教育卫生等社会事业进一步发展，人民生活水平进一步提高。据不完全统计，市级财政在寻甸、东川、禄劝3个国家扶贫开发工作重点县区及富民、嵩明、石林、宜良、晋宁等5个有扶贫任务的县：投入水利建设资金2 598万元，实施重点水利、水土保持、集雨水窖、人畜饮水、五小水利等工程，完成4个水库除险加固，新建水库3个，续建水库6个，治理水土流失面积121.5平方千米，建成集雨水窖8 015个，新增灌溉面积2.4万亩，改善灌溉面积2.5万亩，解决人饮困难8.6万人；投入交通建设资金190万元，修建乡村等级公路47.7千米，建桥4座，8个县区1 030个村委会通等级公路的有823个，占79.9%。贷款3.17亿元，在3个扶贫开发工作重点县修建通乡油路506公里；投入农业综合开发资金941万元，进行中低产田改造和无公害蔬菜基地、良种繁殖基地建设；投入教育事业建设资金8 790万元，排除D级危房3万平方米，新建寄宿制学校24所，15.8万贫困学生享受“两免一补”政策，新建中学4所，改扩建中学11所。积极引进台商、港商捐赠资金380万元，建希望小学9所；卫生事业市级投入266万元，建设村卫生室133个，对1 638名在岗乡医进行农村基层卫生员中等医学专业学历教育。投入资金1 800万元实施新型农村合作医疗，参合农民人数2 169 945人，参合率达到89.8%；农业人口独生子女家庭“奖优免补”新领证的户数20 838户，兑现一次性奖励金1 689.85万元，享受义务教育“奖学金”小学生18 346人，发放奖学金354.196万元，符合养老生活补助3 797人，兑现补助金251.95万元。2005年全市相当于少生27 590人，其中

3个国家扶贫开发重点县区少生6 793人，促进了“少生快富”工程的实施。2005年，全市取消了农业税和烤烟特产税以外的特产税，将寻甸、禄劝、富民、嵩明、石林、宜良、晋宁等7个县确定为粮食作物良种补贴县，受补贴种粮户95 035户、33.696万人，共补贴资金218.5万元，促进了农民群众收入的增加。

【整村推进扶贫工作】 省、市共投入财政扶贫资金6 020万元（其中省级1 515万元，市级4 505万元），实施整村推进贫困村省级101个村，每个村省级补助15万元，市级配套5万元；市级200个村，每个村市级补助20万元。项目根据文件提出的“63211”目标要求，按照整合资金，量力而行，缺什么补什么的原则进行规划，共规划实施项目1 487件。其中修建灌溉沟渠68千米，建设灌溉引水管道32.8千米，维修坝塘12个60余万立方米，治理河堤4.7千米，修建滚水坝27道，建成水浇地10 770亩；架设人饮管道308千米，修建蓄水池126个，新建小水窖120个，解决了108个村3.52万人的饮水安全问题；新修维修乡村公路131条428.85千米，新修村间水泥路37条11.1万立方米，建桥梁17座，建涵洞191道；架设高压输电线路31.66千米，解决了9个村527户2 374人的照明和生活用电问题；新建科普文化室17间1 020平方米；冻精改良大牲畜5 342头，购置种畜1 982头，新建和改造卫生厩2 059间12 354平方米，建青贮池2 645个5 298立方；建沼气池2 777口，节能改灶3 976眼；危房改造210户；种植经济林果9 200亩，生态林2 100亩；科技培训5.7万人次（以上项目工程不含市级第二批100个整村推进贫困村规划实施的项目）。加强了贫困村的基础设施建设，有效地改善了贫困地区人民群众的生产生活条件。

实施省级巩固温饱奔小康示范村6个，每个村省级补助10万元，规划实施项目24件，其中：新修村间水泥路3条4 114平方米，建设三面光沟渠2 500米，建成水浇地63亩，危房改造54户，种植经济林果200亩，购置种畜65头，实施周转畜（牛）23头，建三位一体沼气池60口，节能灶60眼，安装与卫生厕配套的太阳能热水器60套，农村适用技术培训6期370人次。进一步加强了基础设施建设，有效地改善了村容村貌，为巩固温饱奔小康奠定了基础，为整村推进起到了示范，为新农村建设积累了经验。

完成了东川区1 250个小水窖的建设任务，基本解决了50个村民小组，1 339户4 737人的饮水问题。

【产业扶贫】 为认真实施好“一体两翼”战略，切实做好产业扶贫开发工作，昆明市加强工作协调力度，积极协调相关部门加大对贫困地区产业扶贫开发的工作力度和投入力度，市级产业化经营专项资金、生物资源开发创新、农业综合开发等资金，都向贫困地区特色产业和扶贫龙头企业倾斜。整村推进中种植经济林果9 200亩，生态林2 100亩，冻精改良大牲畜5 342头，购置种畜1 982头，科技培训5.7万人次。小额信贷发放扶贫信贷资金2 844.88万元，用于发展种植业1 408.18万元，占49.5%；养殖业834.5万元，占29.3%；农产品加工业246万元，占8.6%。农业产业化经营专项资金在寻甸、东川、禄劝、富民、嵩明、石林、宜良、晋宁等8个有扶贫任务的县区投入1 245万元，扶持龙头企业、公司、协会和合作社77个，实施贫困地区农业产业化项目13个。生物资源开发创新2005年共实施项目13个，其中在寻甸、东川、禄劝、富民、嵩明、石林、宜良、晋宁等8个有扶贫任务的县区实施项目7个，总投资252万元，实施晋宁县食用加工型玫瑰种苗基地及示范园建设，寻甸县抗病外销加工型马铃薯种薯基地建设，嵩明魔芋种植基地建设，寻甸县、宜良县、人工食用菌反季节规模化生产示范推广项目，东川区3 000亩紫甘薯原料种植基地和年加工3 000吨紫甘粉生产线建设，寻甸县板栗深加工及产品开发项目，寻甸县板蓝根、丹参等中药材原料种植基地建设等项目。科技及产业开发中央财政安排东川区产业开发扶贫资金100万元，在东川区阿旺镇的木多、新碧嘎和铜都镇的营盘3个省级重点村委会，实施农村猪种改良项目。扶持养猪示范户400户，引进1 000头父母代PIC种猪，扶持1 000户贫困户科学养猪，改造卫生厩500户，科学养殖技术培训1 000人次。通过扶持贫困农户发展养殖业，增加贫困农户收入，实现稳定解决温饱。

【扶贫劳务输出】 按照全市农村工作会议及劳务输出工作会议的要求，扶贫办积极配合市农村劳动力转移办公室，突出做好贫困地区劳动力的培训和转移输出工作。各县区扶贫、农业、劳动就业部门和市级挂钩帮带扶贫单位，落实领导责任和负责人，全力以赴地认真抓好此项工作。2005年共投入农村劳动力培训转移经费1 188万元，其中市级专项资金622万元，县级投入298万元，乡级投入113万元。全市共完成农村劳动力培训119 210人，转移83 609人，其中，东川、寻甸、禄劝3个国家扶贫工作重点县区完成培训43 939人，转移28 518人；嵩明、富民、晋宁、宜良、石林5个有扶贫任务的县完成农村劳动力培训37 624人，转移22 499人。全面超额完成了市政府与8个县区签订的转移贫困地区农村剩余劳动力7.26万人的目标任务。根据省扶贫办的安排，在考察的基础上，把云南省民族中专和寻甸县高级职业中学申报为云南省贫困地区劳动力转移培训基地，使劳动力转移培训工作有了载体，为进一步做好扶贫劳务输出工作创造了条件。

【易地扶贫开发】 在抓紧寻甸县内转移安置200人项目竣工扫尾工作的同时，积极配合市发改委，按照就地、就近、小规模集中安置为主的原则，完成了2006年寻甸、东川1 108人易地开发扶贫可行性研究和项目规划工作，目前项目正在组织实施。

【信贷扶贫】 全市共发放小额信贷扶贫资金2 844.88万元，用于发展种植业1 408.18万元，占49.5%；养殖业834.5万元，占29.3%；农产品加工业246万元，占8.6%；其他355.9万元，占12.5%。共组建中心组175个，小组2 275个，扶持农户10 111户。有效地解决了部分贫困群众扩大再生产所需的生产垫本，促进了贫困地区产业结构调整，增加了贫困群众收入。据调查，在获贷农户中，年人均增收200～400元的农户占近50%，400～600元的占近40%，600元以上的占10%左右。扶贫项目贴息贷款。市级立项审批，通过农业银行贷款12 544万元，通过信贷扶持，有效地促进了贫困地区种养殖业及加工等龙头企业的发展，促进了农户增收脱贫。

【扶贫化肥】 为扶持贫困农户的粮食生产，补助部分生产农用物资，确保当年解决温饱、巩固和提高低收入贫困人口目标的实现，市级财政继续预算250万元扶贫化肥专项补贴资金。按照有关要求，依法进行招标采购，直接购买“金沙江牌尿素1 200吨，统一组织无偿供给667元以下的贫困农户，根据贫困农户人口的多少，每户供给1～2包，让贫困农民直接受益，解决贫困农户部分生产农用物资，受益农户达3万余户。

【挂钩帮带扶贫】　市、县区党政机关各级各部门高度重视挂钩帮带扶贫工作，市县区党政机关共有486个单位，深入到挂钩扶贫点开展工作，到点调查9 532人（其中：处级856人，科级以下8 676人），直接投入资金2 631.3万元，其中市级73家挂钩单位投入资金1 116.73万元，解决了2.5万人的安全用水问题，建小水窖536个，建沼气池476口，修建灌溉沟渠33.7千米，建水浇地1.78万亩，种植经济林果4 000亩，发展马铃薯种薯基地3 500亩，新修扩修乡村公路104千米，建桥4座，建希望小学2所，建教学楼5幢，建篮球场6块，建科技综合楼1幢、村办公用房4幢，建农村集贸市场3个；援助物资折款262.4万元；引进资金432万元，引进技术29项，引进人才82人；劳务输出10 005人；办培训班358期，培训人数29 181人；帮扶党员干部人数7 962人，被帮扶农户数10 338户，捐助资金121万元，捐助物资折款61.2万元；帮扶贫困学生6 018人。通过定点挂钩帮带扶贫，加快了贫困群众脱贫致富的步伐，增进了党政机关、企事业单位与人民群众的血肉联系；培养锻炼了机关干部，提高了机关干部深入实际、分析解决实际问题的能力；弘扬了中华民族扶贫济困的传统美德，在全社会形成关心、支持扶贫工作的良好氛围。

【建立贫困户档案】　按照省扶贫办的要求，针对新时期未解决温饱人口和低收入贫困人口出现“大进大出”的现象，对这两部分人口进行建档立卡，录入电脑，实行动态跟踪管理，确保瞄准贫困人口，提高扶贫效率。各县区高度重视，精心组织，抽调人员，全力以赴地开展贫困户建档立卡工作，做到村有卡、乡有册、县有簿。

【扶贫规划参展工作】　完成《昆明市“十一五”规划扶贫开发课题研究报告》和省扶贫办布置的《昆明市“十一五”扶贫开发规划》、《昆明市实施〈中国农村扶贫开发纲要〉中期评估报告》的编撰和上报工作。参加昆明首届国际农业博览会，组织昆明市扶贫开发成果展，展示扶贫成果，宣传扶贫规划。积极组织云南海潮茶果有限公司代表昆明市参加“2005年中国首届扶贫项目经贸洽谈会暨国家重点扶持地区资源开发展览会”。

【扶贫宣传信息】　为进一步扩大扶贫开发的社会影响力，营造良好的社会舆论氛围，引导全社会参与到扶贫开发，加快贫困区全面建设小康社会的进程。先后在《云南经济日报》、《昆明日报》两次刊登昆明扶贫专版；参加昆明首届国际农业博览会，积极主动配合中央电视台《经济半小时》记者到寻甸县采访劳务输出，宣传扶贫劳务输出；2005年，共报送市委办公厅各类信息14篇（期），市委办公厅采用5篇，其中以“单篇独期”采用3篇，以“综合”采用1篇，其他采用1篇，省扶贫办采用3篇；编辑扶贫开发简报30期，及时反映扶贫开发的动态和宣传典型经验；编辑出版《昆明扶贫开发》第九册一书，供从事扶贫工作的干部学习借鉴。

（市扶贫办）

残疾人工作

【残疾人扶贫工作】　市政府召开昆明市扶助贫困残疾人工作会议，转发由残联、民政、教育等13个部门联发的《关于进一步加强扶助贫困残疾人工作实施意见》，从残疾人扶贫解困工作，推进就业，将贫困残疾人纳入社会保障体系、城乡医疗保障范围，扶残助学，建立关爱贫困残疾人长效机制等10个方面，提出了残疾人扶贫工作的具体意见，明确了政府各职能部门的职责任务。

加大危房改造力度。争取中国残联彩票公益金农村贫困残疾人危房改造任务50户，市级农村贫困残疾人危房改造任务100户，省财政投入12.5万元，市级65万元，县级财政落实配套45万元。区划调整前无危房改造任务的五华、盘龙、官渡、西山4区积极争取政府支持，投入13.7万元为17户残疾人进行危房改造。

建立健全残疾人社会保障体系。各地残联积极协助民政部门将符合条件的城镇贫困残疾人纳入最低生活保障，农村贫困残疾人纳入救济救助范围。2005年，全市共有6 517名城镇残疾人纳入最低生活保障，有1 004名农村贫困残疾人纳入民政救助范围。五华、盘龙、官渡、西山、呈贡县（区）对纳入低保的残疾人按照其家庭人均月均收入与当地城市低保标准的差额提高20%发放，各县（市）区也加大了对贫困残疾人临时困难补助力度，切实解决贫困残疾人生活困难问题。

出台《促进北部五县（区）残疾人工作实施意见》，加大政策、资金、项目的倾斜力度。为北部五县危房改造120户，举办职业技能实用技术培训49期，培训3 554人，教育补助投入近20万元，完成白内障复明手术469例，带动了北部五县区残疾人教育、就业、康复工作的全面发展。

2005年底召开扶贫工作现场会，在石林县北大村建立“昆明市残疾人农业培训扶贫基地”。结合农村产业结构特点，采取“纳入规划，联合企业，适当补贴”的扶贫措施，以“公司＋基地＋农户”的扶助方式，从项目选择，技术指导，种苗提供，收购销售等环节给予帮扶，逐步实现由“救济型扶贫”到“开发型扶贫”的根本转变。扶贫基地为第一批17户贫困残疾人提供黑山羊养殖。

【无障碍设施建设】　按照《昆明市创建无障碍设施建设示范城实施方案》，全市城市道路和建筑物无障碍设施全面建设。目前全市主城区的“三横四纵”主干道共铺设盲道53.5千米，支路次干道铺设盲道78千米，缘石坡道2 000处，36个旅游公厕，29家三星级以上宾馆，机场、火车站、世博园等公共场所均设有无障碍设施。建设单位在改造建设城市道路及新项目工程中，已把无障碍设施建设纳入城市建设总体规划，为2007年全国残运会在昆明召开打下良好物质基础。

【基础设施建设逐步配套完成】　大部分县区综合服务设施已按“十五”规划完成建设投入使用。除安宁市综合服务设施正在建设中，东川区、呈贡县正积极办理征地筹建外，其余各县不断完善和提升已建成综合服务设施的服务功能，为残疾人提供医疗训练、就业技能培训、康复体能锻炼等多项服务。

【残疾人就业信息网建成使用】　市政府拨款31万元建设残疾人就业信息网，残疾人用工信息形成开放式的、覆盖全市的网络系统，为广大残疾人提供劳动资源，用人单位，政策法规等信息。为残疾人劳动就业情况的科学预测和规范管理提供了技术支持和数据来源。

【康复工作】　中国残联彩票公益金项目为45名聋儿配发了助听器，40例肢残儿童矫治手术，30例大腿假肢安装，及用品用具、麻风畸残用具的发放，对聋儿家长和康复干部开展培训。

根据全国康复办公室和省精神病防治康复工作实施方案规定的目标、任务，对全市开展精神病防治的区（市）进行了“十五”末期检查、评估、验收工作。

促成了珠江狮子会为105名寻甸县贫困白内障患者实施免费复明手术，复明率100%。盘龙、西山区以CBR项目为盲人开展定向行走，日常生活技能训练内容，加强对社区康复员的培训。五华区利用辖区医疗资源，为2 683名残疾人提供康复训练、心理咨询、知识普及、用品供应、转价服务等康复服务。

【劳动就业】 开展实用技术和职业技能培训93期，培训农村残疾人5 808人次，培训城镇残疾人373人次。农村培训以种养殖技术、家庭手工业、加工业为主，城镇以手机修理、保健按摩、电脑操作、雕刻绘画、岗前培训为主要内容。

结合全国助残日，举办大型供需招聘会，多渠道鼓励残疾人就业。共安置、推荐各类残疾人到各级机关、社会团体、企事业单位就业1 090人，集中就业630人，个体就业400人，收取残疾人就业保障金1 133.1万元。市残联、市财政局、市地税局、省直征分局联合制定的《昆明市残疾人就业保障金征收使用管理办法》下发实施。

【残疾人教育】 加大对残疾学生教育助学投入力度，不断拓展社会捐资助学渠道。全市共资助残疾学生、残疾家庭子女、考取大中专院校的贫困残疾家庭学生计5 080名，共资助、减免（含教育部门）各项扶残助学经费135.84万元。其中：盲童入学项目资助234人，资助经费3.51万元；集善嘉年华助学131人，资助6.55万元；春雨行动助学241人，资助7.23万元；彩票公益金助学资助9.2万元；扶残助学项目下拨1.36万元；扶残助学轮助项目资助1.55万元；市政府对考取大中专89名残疾学生和残疾人子女资助18.9万元；“两免一补”减免3 200余人，减免费用65万元；市政府2005年为民办实事救助贫困中小学残疾生1 073名，资助18.55万元。

【文艺体育】 组织开展丰富多彩的文体活动，报送17件作品参加第三届云南省残疾人事业好新闻奖评选活动，获一等奖1件，二等奖3件，三等奖2件；“在祖国怀抱中”全国残疾人摄影大赛中获优秀奖1件。第五届云南省残疾人艺术汇演中昆明队获团体奖第一名，特别组织奖以及表演一等奖2个，二等奖3个，三等奖6个，舞蹈《快乐人生》参加全国艺术汇演获金奖，石林县彝族声乐节目《阿老表》获特别金奖，3人入选中国残疾人艺术团。

云南省第八届残疾人运动会上，昆明代表团共获金牌51枚，银牌45枚，铜牌19枚，取得团体总分第一、金牌总数第一的优异成绩。

【基层组织建设和专门协会活动】 石林县、官渡区、东川区、西山区召开代表大会，完成换届工作，县区残联领导班子得到了调整充实，基层组织进一步建立完善。

制定《昆明市社区及村委会残疾人工作规则》，要求在已整合好的社区及村委会召开残疾人代表大会，成立残疾人协会或残疾人之家，配备社区残疾人专职委员、村委会残疾人联络员，县（市）区残联每年给残疾人协会下拨工作经费，社区及村委会要建立残疾人活动室或残疾人之家。五华区91个社区居委会、11个村委成立了社区（村）残疾人协会，配套了工作经费，招聘一批有工作能力的残疾人走上专职委员岗位。盘龙区作为全国82个社区残疾人工作示范区之一，在建立社区残协，选举社区残协主席，结合残联业务开展社区残疾人工作进行了大量探索。西山区、官渡区、石林县也在城区、农村基层组织建设上开展了试点。

专门协会发挥桥梁纽带作用，开展有特色、有实效和有针对性的活动。肢残协会对残疾人三轮摩托车使用情况，开展社会调研，向市政府法制办、市公安交警支队反馈意见，为《昆明市道路交通安全条例》的修改谏言献策。聋人协会、盲人协会在国际聋人节、国际盲人节组织了丰富多彩的郊游和学习活动。

【维权、信访工作】 抓好全市残疾人信访工作和残联信访干部培训，对来信来访的残疾人做到回复率100%。妥善处理集体到市政府上访的卖唱盲人问题；及时向市公安局反馈48名残疾人提出有关三轮摩托车的发证、管理意见；协助宜良县解决50余名三轮摩托车营运残疾人到省政府上访事件，将矛盾化解于基层。

法律援助市残联分中心，受理法律援助申请2人，为残疾人提供法律服务，依法保护残疾人的合法权益。

【残疾人抽样调查工作】 按照国家、省抽样调查工作要求，成立了昆明市第二次全国残疾人抽样领导小组和办公室，制定《昆明市第二次全国残疾人抽样调查工作方案》。被抽中的盘龙区、禄劝县、晋宁县完成了二、三、四级样本框的编制，成立调查队、医疗队，参加省抽样办组织的调查培训，为入户调查做好了准备工作。

（庞　文）

人 物

【昆明市第二十届特等劳动模范名单】
（40名）

陈世岗　昆明云内动力股份有限公司铸工车间
杨国钊　昆明电机有限责任公司发电设备厂发电机装配组
王文坤　交大昆机科技股份有限公司技术中心
彭　力　昆明力神重工有限公司技术中心轧机设计室
陈　文　昆明电缆股份有限公司塑缆分厂
段志红　昆明铣床厂三车间铣工组
杨定龙　云南CY集团有限公司齿轮车间滚床组
何　缨　东风云南汽车有限公司总装配厂
李如芬　云南纺织（集团）股份有限公司一分厂加工一班
赵本才　云南第五公路桥梁工程有限责任公司油路分公司
周忠明　云南昆明交通运输集团有限公司恒立分公司
郎永林　昆明玻璃制瓶厂
张　玲　昆明市汽车修理二厂
林　涛　昆明大学
何明会　云南省精神病医院中西医结合科
马友林　昆明市民委回民殡葬服务处
陈智容　昆明市社会科学院经济研究所
杨琼娥　昆明公交集团有限责任公司二公司五车队
崔莹涛　昆明自来水集团有限公司五水厂生产科
刘全光　昆明市排水设施维修管理处东片所二班
傅　杨　昆明市植保植检站
马　骏　昆明市林业科学研究所
张　红　昆明市中级人民法院审判监督庭合议庭
周　磊　昆明市公证处
李　安　昆明市公安局刑侦支队技术处
钱　云　昆明市公安局交警支队六大队北站岗
杨祖荣　昆明滇虹药业有限公司供应部
姬奉新　昆明吉庆祥食品有限责任公司
栗　宏　五华区人民检察院控告申诉检察科
朱美华　昆明市坤华种子有限公司
刘丽萍　西山区春苑小学科研室
尹小华　呈贡县邮政局
夏竹媛　宜良县计划生育局办公室
季永能　晋宁县六街乡林业站
潘加海　禄劝县第一中学
马彦华　寻甸县第一人民医院外二科
肖　生　昆明高新阳光有限公司
马清叁　昆明铁路局运输处调度中心
曹剑成　昆明卷烟厂生产二部
代和平　昆明钢铁股份有限公司一轧厂生产准备保障作业区导卫组

【昆明市第二十届劳动模范名单】
（159名）

马建辉　昆明电机有限责任公司电器车间
子建华　昆明云内动力股份有限公司柔性线安装调试实施小组
朱崇兵　昆明云内动力股份有限公司动力设备科
鲍国华　昆明力神重工有限公司锻造分公司水压机车间机修班
赵树培　昆明电缆股份有限公司
周　力　昆明铣床厂技术中心
施　华　东风云南汽车有限公司制造中心
杨卫平　云南纺织（集团）股份有限公司二分厂日班
文天国　昆明新飞林人造板有限公司刨花板分公司
赵建刚　昆明市化学工业总公司
曹正全　昆明市建材工业总公司民爆器材仓库
赵云锦　云南云桥建设股份有限公司项目
邓小顺　中国云南路桥建设集团股份有限公司
杨树洲　云南第一汽车工贸有限公司专用汽车改装厂
陈永福　昆明市第二汽车运输服务有限公司三车队
温加祥　昆明彩印有限责任公司
杨峣英　云南金花针织有限公司质监处验布组
张宗朝　昆明市水泵厂
李永祥　昆明锅炉有限责任公司总装车间
曹国军　昆明明珠化工有限公司生产车间
颜发友　云南水泥有限公司制成车间
邹晓凤　云南省医疗器械厂
郝蜀琼　昆明市第一中学
赵金菊　昆明市盲哑学校党政办公室
徐照南　昆明市技工学校制造技术中心
杨　帆　昆明市教工第二幼儿园
杨　华　昆明铁路机械学校实验室
田建中　昆明市疾病预防控制中心
陈　婧　昆明市第二人民医院
马越明　昆明市儿童医院
张　哲　昆明新华书店连锁有限公司电脑中心
包朝阳　昆明剧院
申建明　昆明市人事局转业军官安置处
聂致顺　昆明市政府机关第三幼儿园
李新文　昆明市体育学校

罗延龄　昆明市环境监测中心监测室
贾云辉　昆明市旅游培训中心
李兴芝　云南海外旅游总公司
李仕权　昆明铁路国际旅行社（集团）
童　敏　昆明七彩云南实业股份有限公司名茶苑
陈　宁　昆明市旅游质量监督管理所市场监察处
胡铁军　昆明市工程质量监督站
莫　云　昆明煤气（集团）控股有限公司
李立群　昆明市市政工程公司第一分公司
房　俊　昆明市城市客运交通管理处
向　浩　昆明市住房制度改革领导小组办公室
马树华　昆明市金殿名胜区苗圃温室区
张绍文　昆明市农机物资供应站
鲁光泽　国营昆明跑马山实业总公司综合食品厂
刘　亮　云南合众软件开发（集团）有限公司
熊学良　云南大互通工贸有限公司
刘红岩　云南沃森生物技术有限公司
周　密　昆明中友科技产业集团有限公司
赵俊三　昆明云金地科技有限公司
谢　进　昆明市广播电视网络中心用户发展部
李祥林　国家广电总局（昆明）五〇一台
王凯石　昆明市人民检察院公诉二处
陈　廉　昆明市国家安全局二处
彭　铮　昆明市公安局禁毒支队三大队
陈康胜　昆明市殡仪馆车队
李幼章　昆明市精神病院
李艳华　昆明市计划生育服务中心附属医院
马玉英　晋宁县计划生育局
王幼玲　云南红酒业有限公司
赵志强　昆明醋酸纤维有限公司设备项目部
李雁翎　昆明劲勋化工有限公司
颜　语　昆明星耀集团实业有限公司
莫　非　云南汇和集团
郑革锋　云南南磷集团股份有限公司
李红燕　云南中炬石化集团有限公司
赵云昆　云南华丰集团股份有限公司
尚开伟　昆明万能出租汽车有限公司
张锡葵　昆明蔬菜调味品（集团）股份有限公司
张泽明　昆明旅游服务集团公司摄影公司国际影楼
王筱殳　昆明市财经商贸学校学生处
李维香　昆明市粮油饲料产品质量检验中心
张纯德　昆明市农业生产资料有限公司农药仓库
张永明　昆明市果品公司冷冻厂制冷车间
朱　红　昆明市第二十四中学
王丽萍　五华区环卫处清运二队公厕管理
向　群　金棋子时装有限公司云南总代理
贺纯玲　五华区人民医院虹山社区医疗服务站
马　伟　五华公安分局螺蛳湾派出所
保宫玉　盘龙公安分局董家湾派出所
王　勋　盘龙区勋兴渔具店
刘振昆　昆明市第十中学
解桂珍　昆明泰翔达餐饮有限责任公司稻香餐厅
高安华　盘龙区城管局绿化工程服务中心
夏云山　官渡区中对龙中心学校
金正辉　官渡区人民检察院
丁奉友　官渡区人民医院麻醉科
黄训斌　官渡区阿拉乡普照村村委会
杨　洪　昆明市福保彩印包装厂
苏国俊　云南云安集团股份有限公司
李富能　西山区海口镇云龙村民委员会
毕继福　西山区城市管理局市政设施管理处
朵永寿　西山区人民医院急诊科
张　钧　西山区公安分局禁毒大队
何关权　东川区碧谷镇嘎德村委会
赵成芬　东川区第三中学高三年级
姜红星　昆明滇北建材有限公司
白惠萍　东川陶瓷厂
马丽萍　安宁市昆钢第四中学
李　昆　安宁市公安局连然派出所刑侦中队
张敬雄　安宁市畜牧兽医站
杨伦新　云南祥丰化肥股份有限公司二车间
张　东　安宁市县街乡白登村民小组
黄琼英　安宁市中医院妇产科
李　捷　呈贡县水务局水利勘测设计队
李树贤　呈贡县委政策研究室
晋桂芳　呈贡斗南镇七步场社区居委会
杨丽萍　呈贡县龙城镇中心学校
李洪波　宜良县公安局社会保安服务部
杨常经　宜良县环境卫生管理站
张福坤　宜良县妇幼保健所
吴　金　宜良县第二中学
王福邦　昆明东昇化有限责任公司
程树才　晋宁县新街乡孙家坝村委会
刘子富　晋宁县农业局农业技术推广学校
晋春燕　晋宁县第一中学
普天福　晋宁县人民法院执行局
陈　鹏　晋宁县公安局交警大队昆阳中队
何茂龙　石林县劳动就业服务局
严华明　云南梦达尔集团公司
李艳芬　石林天合烟叶复烤有限责任公司生产部
黄平兴　石林县委机要局、保密局
李鸿平　石林县教育局
蒲长文　嵩明县嵩阳镇山脚村委会麦冲村民小组
汪学存　嵩明县第四中学
吴加友　嵩明县人民法院
肖峻岭　嵩明县人民医院麻醉科
王安邦　嵩明珺琨包装材料有限公司
李新民　富民县赤就建筑建材经营公司
郑　蕾　富民县永定小学
张谷昌　富民县公安局刑侦大队
张贵华　富民县永定镇永二村委会
杨　金　富民县大营镇柬刻村
李振海　昆明骏丰水泥有限责任公司
余兴有　禄劝县公安局刑侦大队技术中队
尤道贵　禄劝县烟草公司九龙烟叶站
杨大卫　禄劝县财政局
赵万喜　禄劝县公安局皎西乡派出所
郭定生　寻甸县水务局凤龙湾水库管理所
姜万生　寻甸县第一中学
李文忠　寻甸县旭东化工厂
马学云　寻甸县城关乡中桥村委会下古城村
李　玲　昆明市高新技术开发区第一小学
王增勇　昆明天达阳光科技有限公司
王洪波　云南昆船技术服务有限公司
杨立雄　昆明经济技术开发区第一中学
何学葵　云南绿大地生物科技股份有限公司
杨建昆　云南民族村水电队
荀怀民　云南红塔体育健身娱乐有限公司财务部
王循律　昆明电信分公司外部设施管理部 PAS 网络
王贵彦　中国华电集团公司云南昆明发电厂
许　龙　昆明市烟草公司烟科所
汤国清　嵩明县烟草公司
武云昆　昆明钢铁股份有限公司热轧板厂
段群智　昆明钢铁股份有限公司动力能源分公司技控车间

【云南省第十八届劳动模范名单】

耿家盛　昆明力神重工有限公司拉丝成套设备制造分公司
刘会珍　云南纺织（集团）股份有限公

司纺织三分厂
夏文英　新人人海鲜酒楼又一村酒店
郑淮和　昆明开关厂技协
赵素梅　昆明市公共汽车总公司一公司八车队
完　成　昆明市公安局交警支队机动大队得胜桥岗
毕首金　官渡区白汉场中心学校
蒋立虹　昆明市延安医院
王中弥　昆明市第一人民医院
卢　伟　昆明市商业银行西山支行
孙学敏　昆明日报社
周小明　中共昆明市委办公厅办文处
张建兴　晋宁县公安局刑侦大队技术中队
胡成光　云南 CY 集团有限公司主轴丝杆车间磨床组
李世荣　交大昆机科技股份有限公司产品装配厂
王生贵　东风云南汽车有限公司总装配厂技术科
李继明　昆明万通实业（集团）有限公司
刘自昇　禄劝县水电集团公司
龚艳琼　昆明市寻甸县钟灵山农业科技开发有限公司
余庆荣　昆明市公共汽车总公司
王　忠　云南天外天天然饮料有限责任公司
熊小铬　昆明市残疾人联合会
杨抒阳　昆明空间金属结构有限公司
杨宗祥　云南祥丰化肥股份有限公司
张艳萍　昆明风驰传媒有限公司
阮鸿献　云南鸿翔药业有限公司
张立志　禄劝县人民法院

【2005 年全国劳动模范名单】

耿家盛　昆明力神重工有限公司拉丝成套设备制造分公司
刘会珍　云南纺织（集团）股份有限公司纺织三分厂
夏文英　新人人海鲜酒楼又一村酒店点心部
郑淮和　昆明开关厂技协
苏云安　云南云安集团股份有限公司
魏光虹　昆明市第十中学
范乃建　昆明市强制戒毒所所长
李绍明　昆明市晋宁县乐月表奶牛合作社
王安康　云南南磷集团股份有限公司

【昆明市第五批中青年学术和技术带头人及后备人选名单】　（共 45 人）

一、带头人（9 人）

胡　斌　昆明中铁大型养路机械集团有限公司
段　浩　中国船舶重工集团公司第 705 研究所昆明分部
傅　杨　昆明市植保植检站
吴　明　云南医药工业股份有限公司
柳　露　昆明市延安医院
常　敏　昆明市中医院
温先敏　云南名扬药业有限公司
吴建宇　昆明榕风生物技术有限公司
柳清菊　昆明中友丰钰科技有限公司

二、后备人选（36 人）

郭忠诚　昆明理工恒达科技有限公司
高雪梅　昆明市规划编制与信息中心
李昕成　云南建工混凝土有限公司
何祖训　云南神农农业产业集团有限公司
杨增明　云南本善制药有限公司
赖　涛　昆明积大制药有限公司
马　波　云南沃森生物技术有限公司
曾　艳　昆明农业气象试验站
罗康敏　昆明市黑龙潭公园
张铁松　昆明市儿童医院
张茂镕　昆明市疾病预防控制中心
张　曦　昆明市延安医院
李　超　昆明市第一人民医院
何丽明　昆明市盘龙区疾病预防控制中心
姜莉芸　昆明市中医院
李莉华　昆明市第八中学
孙　青　昆明市第十中学
钟　兴　五华区教育局教育科研中心
王　荔　昆明大学
徐源宏　云南昆船设计研究院
黄为峰　昆明烟机集团三机有限公司
胡　江　昆明市森林病虫防治检疫站
刘绍奎　云南省烟草禄劝县公司
李天祥　禄劝撒坝火腿研究会
邵抚民　西山区农业局产业办
马　骏　昆明市林业科学研究所
宁勤奎　昆明滇虹药业有限公司
王京昆　昆明上云中药制剂研究开发有限公司
吉树全　石林县园林绿化管理站
杨晏斌　昆明市妇幼保健院
董振邦　昆明市第十中学
蔡志远　昆明榕风生物技术有限公司
刘世生　石林彝族自治县史志办公室
吴彦勤　昆明高等师范专科学校
郝玉昆　昆明市环境科学研究所
杨　英　昆明市环境科学研究所

市及县（市）区概况

昆明市

【位置面积】　昆明位于中国西南边陲，云南中部湖盆群的中心地带，拥有富饶的滇池盆地，具有优越的地理位置。昆明作为云南省的省会、西南地区的中心城市之一，是中国联结东南亚、南亚通道上的枢纽，具有重要的区域地位。昆明地区地处云贵高原中部，处于金沙江、南盘江、红河的分水岭地带。地势由北向南呈阶梯状逐渐低缓。大部分地区海拔在1 500～2 800米，为山原地貌，最高点在北部禄劝县轿子山马鬃岭，海拔为4 247米，最低点在禄劝县普渡河与金沙江交汇处，海拔仅746米。主城中心区海拔1 891米，三面环山，南濒滇池。

昆明城市坐落在滇池盆地北部，位于北纬24°23′，东经103°23′。2005年，昆明辖区总面积为21 111平方公里。

【行政区划】　2005年昆明市辖5区1市8县。昆明城区四区区划调整整合后，全市共有社区居委会315个（含撤销村委会后新建的57个），村委会1 256个，形成较合理的组合和布局。

【人口民族】　年末全市户籍总人口508万人，其中非农业人口211.21万人，少数民族人口74万人，占总人口数的14.6％。万人以上的少数民族有8个，即彝族391 337人，占总人口的7.7%、回族146 922人，占总人口的2.9%、白族71 443人，占总人口的1.4%、苗族45 013人，占总人口的0.89%、傈僳族17 289人，占总人口的0.34%、壮族13 835人，占总人口的0.27%、傣族13 101人，占总人口的0.27%、哈尼族10 649人，占总人口的0.21%。全年出生人口58 796人，人口自然增长率为6.23‰。

【气　候】　2005年昆明年平均气温为16.7℃，比历史同期平均值偏高1.8℃，比2004年偏高1.1℃，创下了自1951年有气象记录以来年平均气温的最高值。2005年昆明市降雨量以寻甸最多，达1 239毫米，东川最少为677毫米，昆明的年降雨量为976毫米。与2004年的降雨量相比，除嵩明、宜良、寻甸偏多外，其余大部分地区均偏少。2005年昆明总日照时数为2 054小时，与2004年相比，除昆明、晋宁、西山偏少外，其余大部分地区均偏多。1～2月昆明“暖冬”气候特征明显，但冬季气温波动大。3月2～7日，昆明遭遇强“倒春寒”，为上世纪70年代以来排名第二的“倒春寒”，仅次于1986年3月上旬的“倒春寒”。4～5月出现严重的初夏干旱，与历史上的1963、1969、1983、1987、1997年的5月各旬的气象资料相比，2005年5月的气温是历史上最高，平均相对湿度最低。2005年初夏的旱情是全市、全省最重要的气候事件，其影响范围、强度、持续时间及对社会生产和人民生活的影响程度来看，均刷新了历史记录，是1951年以来的第一位。

【经济综述】　全市经济总量和地方财政收入分别超千亿、百亿大关，实现“双突破”。全市生产总值1 062.3亿元，增长11.1%，人均生产总值17 588元。三次产业全面发展，呈快速增长态势，其中一、二、三次产业分别实现增加值77.31亿元 、483.24亿元和501.79亿元，比上年增长5%、14%和9.3%，三次产业比重为7.3：45.5：47.2，经济发展跃上新台阶。“十五”期间，全市累计实现生产总值4 225.63亿元，年均增长10.2%，超额完成“十五”计划确定的年均增长9%的目标。财政总收入220.9亿元，其中，地方财政收入110.5亿元，增长29%。地方财政支出133.42亿元，比上年增长27.5%。“十五”期间，累计完成地方财政收入376.12亿元，年均增长17.5%，超额完成年均增长7%的“十五”计划目标；累计完成地方财政支出467.12亿元，年均增长13.7%。完成固定投资522亿元，增长20%，其中房地产投资140亿元，增长30%。“十五”期间，累计完成全社会固定资产投资1 874.54亿元，特别是后三年连续上了三个台阶，当年完成的投资额由2002年的291.90亿元跃到2003年361.65亿元、2004年435.08亿元、2005年522亿元，分别突破300亿元、400亿元、500亿元投资规模，实现“三级跳”。农业实现增加值77.3亿元，增长5%。工业实现增加值387.1亿元，增长11.9%，规模以上工业企业实现利润总额82.9亿元。第三产业实现增加值501.8亿元，增长9.3%。社会消费品零售总额415.5亿元，增长12.2%。旅游业接待海内外游客超过2 000万人次，总收入138.5亿元。

市级扶持的龙头企业发展到100多家，有4户企业被认定为国家级龙头企业。坚持产业兴市、工业强市，制定实施工业发展纲要，设立工业发展基金，扶优扶强。完成重点技改项目134项，总投资81.4亿元，烟草、机电等支柱产业和生物医药、高新技术等新兴产业进一步发展壮大。第三产业快速发展。加大对县区支持和扶持，市级财政“十五”期间累计转移支付20.8亿元，县域经济在全市发展中的作用逐步增强。

【农业】 2005年全面落实各项支农政策，继续强化农业基础，加大对农业支持力度，加快农业结构调整和农业产业化发展步伐，提高农业综合生产能力，努力增加农民收入，农村经济保持稳步增长。粮食生产总体平稳，烤烟质量和效益稳步提高，蔬菜、花卉、畜牧业等特色产业快速发展。实现农林牧渔业总产值116.28亿元，比上年增长5.5%；林业产值3.74亿元，增长22.5%；牧业产值40.38亿元，增长11%；渔业产值3.46亿元，增长0.8%；农林牧渔服务业产值4.03亿元，增长4.2%。随着种植业、养殖业结构的调整，农业优势产业得到进一步提升。2005年粮食播种面积扭转了连续4年下降的局面，达到24.68万顷，比上年增加139公顷，粮食产量达到113.4万吨。

【工业】 实施工业强市战略，坚持新型工业化道路，深化国有企业改革，提高工业经济的整体素质和综合竞争力，工业企业在调优、调强和结构优化升级中不断发展。2005年全市实现工业增加值387.14亿元，比上年增长11.9%，其中国有及年产品销售收入500万元以上的非国有工业企业（以下简称规模以上工业企业），实现全市全部工业增加值320.81亿元，增长13.2%，占全市全部工业增加值的82.9%。在全市规模以上工业企业中，轻工业实现增加值156.66亿元，重工业实现164.15亿元，分别比上年增长13.7%和12.8%，轻重工业比为48.8∶51.2。三年深化国企改革任务基本完成，企业改革面达93%，分离企业办学校151所、50张床位以上企业办医院27所。

工业企业经济运行质量不断提高。2005年规模以上工业企业实现销售产值985.55亿元，产销率和综合经济效益指数分别达到99.7%和246.1%，均保持较高水平；工业经济效益继续提高。实现利税总额201.45亿元，增长7.3%，其中利润总额82.92亿元；人均全员劳动生产率达到15.33万元。粗钢产量325.39万吨，钢材384.48万吨，十种有色金属74万吨，水泥516.5万吨，化肥（折纯量）84.1万吨，卷烟671.89亿支，煤气64.9亿立方米，自来水生产量238 921.16万吨，发电量124.24亿千瓦小时。全年建筑业总产值340亿元，增长28.2%，实现增加值96.1亿元，增长23.4%。

【商贸、物价】 不断完善政策措施，创新招商引资工作机制，改善投资环境，提高对外开放的水平，积极推进国内经济协作。全年新批外商投资企业77户，实际利用外资8 261万美元，增长32.6%，实际引进市外到位资金143亿元，增长23.8%。三个国家级开发区健康发展，2005年实现财政总收入13.7亿元，增长36.7%。高新区、经开区通过国家验收，信息产业基地、光电子产业基地、出口加工区等启动建设。进出口贸易快速增长。2005年全市进出口贸易总额实现344 452万美元，增长32%，其中出口173 586万美元，增长25.4%；进口170 866万美元，增长39.4%。“十五”期间，进出口贸易总额年均增长24.5%，高于同期社会消费品零售总额增幅12.9个百分点。进出口贸易总额由2000年的11.51亿美元，上升到2004年的26.1亿美元，再上升到2005年的34.45亿美元，连上两个10亿美元台阶。随着中国东盟自由贸易区的建立，昆明与东盟国家的贸易往来不断加强，贸易额上升较快。2005年全市对东盟国家的进出口贸易额达到6.86亿美元，增长34.4%，“十五”期间，年均增长26.7%。

国内消费品市场繁荣，商品丰富，物价平稳，极大地满足了城乡居民的消费需求。全年全市实现社会消费品零售总额415.49亿元，增长12.2%。按经济成分看，非公有制经济增长快速，全年实现零售额362.75亿元，同比增长15.2%，占全市比重提高到87.3%，同比上升了2.3个百分点；从城乡看，城市实现消费品零售额366.04亿元，增长12.3%，农村实现消费品零售额49.45亿元，增长11.1%。

城镇居民消费价格总指数在上年增长较快的基础上呈现大幅回落，全年城镇居民消费价格总指数为102%，比上年同期回落4.5个百分点。

【科技、教育】 组织实施科技项目及课题132个，总经费5.5亿元，通过评价的科技成果95项。科技进步奖获奖成果59项。国家863软件专业孵化器昆明基地一期建设通过科技部验收，滇池入湖河流水环境治理技术与工程示范项目列入863重大科技专项。荣获“全国科技进步先进市”称号。

教育管理体制和办学机制改革稳步推进，教学质量进一步提高。年末昆明地区共有普通高校30所，在校学生18.81万人；普通中学278所，在校学生26.35万人；小学1 491所，在校学生47.04万人。小学适龄儿童入学率97.75%。加强高中教育质量管理，高考成绩较大幅度提高。

【昆明呈贡新城开发建设】 2005年2月25日，市委、市政府出台《关于加快昆明呈贡新城开发建设的决定》，4月28日市政府出台《昆明市人民政府关于对昆明呈贡新城管理委员会下放市级行政审批权限的通知》，对呈贡新城建设产生巨大的推动作用。2005年完成呈贡新城控制性详细规划编制。项目进展情况如下：重点项目方面，5月8日市级行政中心搬迁项目一期用地942亩正式移交，至8月，省政府确定的第一批进入新城的云南师范大学2000亩、云南民族大学1 000亩、昆明医学院1 032亩、云南中医学院610亩建设用地已全部移交。昆医附一院二部已进行规划设计，基本明确师大附中、附小、昆明市第三中学迁建的基本原则和方式。产业项目方面，确定将云南白药集团公司整体搬迁作为云南国际云药港的第一个项目率先启动。9月，已移交信息产业园建设用地4 802亩，昆明国际集装箱中心站项目已完成1.2亿元投资。6月与云南官房集团签订物流中心开发建设框架合作协议。8月，云南诺士达集团中标“春城财富中心”项目。基础设施方面，6月，“呈贡新城2～6万吨/日供水项目”开工建设。根据马来西亚石康集团与呈贡县自来水公司的协议，组建了呈贡石康水务公司。11月，新城雨花片区市政基础设施“中庄路”（暂定名）开工建设，计划2006年底通车。7月，石龙路改扩建工程开工。其他还完成了一系列项目的建设用地规划选址工作及意向调研。

（方玉红）

盘龙区

【年内大事】 2月4日，盘龙区保持共产党员先进性教育活动正式启动。

2月18日，盘龙区召开迎接GMS会议交通及环境综合整治动员大会。

3月，盘龙区正式推行农村教育“两免一补”政策。

3月10日，区开通昆明市首条学生公交车专线。

4月25日，盘龙区实施社区整合，将35个社区整合为47个社区。

5月1日，根据昆明市政府《加强松华坝水源保护通告》的要求，盘龙区在马家庵村等地设立检查点，严格限制进入水源保护区的车辆和人员。

5月23～31日，盘龙区对原有16个派出所进行全面整合，派出所增至21个。

6月，区教育局对区属龙泉中学等10所学校校长职位进行公开选聘。

6月8日，盘龙区"三横四纵"道路整治工程竣工。

6月23日，区政府采购中心主持开标云南省首例采购"石油天然气"服务项目。

6月30日，区人民政府成立有60名成员的专家顾问团。

7月8日，盘龙区正式启动街道、乡机构改革。

7月12日，东二环路征地拆迁启动。

7月28日，盘龙区命名第一批民族民间文化保护名录。

9月11日，第二十五届"盘龙江艺术节"在桃源广场开幕。本届艺术节采取政府指导、企业出资、冠名参与的市场化方式运作。

9月12日，中共中央政治局常委、国务院副总理黄菊在白恩培、徐荣凯、王文涛等省市领导的陪同下到盘龙区东华街道办事处考察调研再就业工作。

10月26日，盘龙区人民检察院荣获全国文明单位称号。

11月1日，盘龙区广播电视村村通工程开工，共涉及松华、双龙两个乡及茨坝街道办事处21个村民小组，约60个自然村，1 593户人家。

【区划、人口】 盘龙区位于昆明市主城区东北部，东、南面与官渡区相连，北接嵩明和富民两县，西临五华区，辖区面积339.79平方千米，其中建成区面积45.79平方千米。辖东华、拓东、鼓楼、联盟、龙泉、金辰、青云、茨坝8个街道办事处和双龙、松华两个乡，共有47个社区和16个村委会。2005年末，全区总人口38.8869万人，其中，非农业人口34.7194万人，占总人口的89.28%；少数民族人口4.065万人，占总人口的10.45%。人口密度每平方千米1 144.44人。2005年全区共出生1 839人，出生率5.1‰，死亡1 165人，死亡率3.23‰。人口自然增长率为1.87‰。全面开展农业人口独生子女"奖优免补"工作，2005年全区共有237户农业人口独生子女家庭领取"一次性奖金"，39户农业人口独生子女家庭领取养老补助金。

【经济综述】 2005年全区完成地区生产总值106亿元，同比增长11%，其中，第一产业增加值完成1.43亿元，同比增长5.02%；第二产业增加值完成24.82亿元，同比增长14.2%；第三产业增加值完成79.75亿元，同比增长10.2%。非公经济增加值完成49.8亿元，占GDP的47%。工业总产值完成62.93亿元，同比增长20.2%，规模以上工业企业实现利润2.84亿元；建筑业总产值36亿元。财政总收入完成13.75亿元，同比增长58.29%，其中，地方收入完成6.94亿元，同比增长86.49%；上划收入完成6.81亿元。2005年全区固定资产投资33.5亿元，同比增长20%，固定资产投资保持增长态势。社会消费品零售总额完成78亿元，同比增长21%。批零贸易业、住宿餐饮业收入336亿元。完成农牧渔业总产值2.17亿元，同比增长3.8%。第一、第二、第三产业经济结构比为1.34:23.4:75.26，第三产业仍然是盘龙区的支柱产业。

加快企业改革步伐，顺利通过国企3年改革验收，改制面达100%，被评为昆明市深化国有企业改革先进单位。加快集体企业改革改制工作，2005年共有21户集体企业（含挂靠企业）改制，参与改制职工508人，改制总资产1.5亿元。扩大对内对外开放，引进外资企业19户，实际到位外资553.8万美元；引进内资企业232户，国内资金9.24亿元。非公经济快速健康发展，新发展个体工商户8 657户，注册资金10 923万元；新发展私营企业2 276户，注册资金60 404万元。

【城市建设】 2005年，以迎接GMS会议环境整治工作及东二环路盘龙段拆迁为契机，加大城市建设和管理的力度。改造和修复"三横四纵"5条干道共260 973平方米，改造和修复12条支路、次干道面积近2万平方米。新建5座垃圾中转站、3座公厕，改造5座旅游公厕。新建和改造24条街、巷的494组路灯，亮灯率达98%以上。集中开展背街小巷市容市貌专项整治活动。创建辖区北京路、穿金路"绿美亮净"示范街。实施绿化、美化、亮化工程，在主要街、路、广场摆放鲜花69.8万盆，新增绿地面积14.4万平方米。完成9条河道的清淤整治。在全市首创社会治安和城市管理综合巡查机制，率先推行绿地建设管养市场化运作，启动网格化城市管理试点工作。启动"浑阿线"龙泉段城市干道（7204道路）建设工程前期工作。该工程委托昆明市政设计院进行可行性研究。完成小双公路的修建任务。

【环　保】 年内，开展"绿色系列"创建活动，佳园小区、江东花城分别荣获国家、省"绿色社区"称号；金实小学被评为"绿色学校"。组织联合行动对长虫山石灰窑和江东花城羊肠大、小村各种小、黑加工厂进行强行取缔。加强危险废物监督管理和建设项目环境管理。开展"四禁"查处，重点对违反市政府"禁煤"、"禁白"规定以及企业违法排污行为进行查处。年内按新的行政区划，建成45.79平方千米的"烟尘控制区"并对建成区范围内的3 028家"烟控"对象进行核查，巩固"烟尘控制区"成果。完成41.63平方千米"噪声达标区"重建任务，顺利通过市政府验收领导小组的最后验收。加强对餐饮业环境监督管理，共完成200余家餐饮业污染治理建设任务。加强水源区管理，实施重大环境保护项目，重点对松华坝鱼塘餐饮业进行规范化管理，实行临时排污许可证制度，对所有鱼塘开征排污费，有效控制鱼塘餐饮业无组织排放污水，减少污水对盘龙江和滇池造成的直接污染；严禁在水源区内审批任何可能造成污染的建设项目，确保水源区饮水安全；推广农村生态卫生旱厕，完成1 618座生态卫生旱厕的建设任务；对省、市、区整治违法排污企业的重点蓝龙潭长虫山片区29座石灰窑进行关停整治；组织开展生态乡镇建设，完成麦冲村开发乡村旅游、加快城乡一体化发展排污管网规划方案。

【农　业】 年内，盘龙区实现农林牧渔业总产值2.17亿元，同比增长3.8%，其中，农业产值1.56亿元、畜牧业产值0.46亿元。粮食产量1.05万吨、蔬菜产量5.57万吨、烤烟产量585吨。全区小春粮食播种17 377.5亩、蔬菜10 027.5亩。小春粮食总产量达3 272.4吨、蔬菜总产量18 118.5吨。全区计划种植大春作物41 100亩，实际完成41 457.7亩。"昆明绿色经济示范区"规划已通过国家有关专家的论证，正向省农业厅作项目申报。示范区占地197亩的生态农业示范园玉米长势好，共展示6大类218个玉米新品种，是全国乃至东南亚玉米育种先进水平的一次集中展示。农博会期间，昆明市种子公司在该基地召开全国性玉米制种现场会，示范园建设的思路、科技水平得到全国玉米界专家学者的一致好评。云南省普洱茶认证中心经省工商局审核批准，选定在“昆明绿色经济示范区”中落户。组织60多个展位参加2005年9月9～13日召开的“2005首届昆明国际农业国际博览会”，签约6个项目金额2.2亿元，被市“农博会”组委会评为“最佳组织奖”。做好农村沼气建设，至10月30日，已建设沼气池51口，占任务数的102%。完成节柴改灶任务200眼。推广太阳能热水器3 411户7 093平方米，占计划数的141.86%。

【畜牧业】 年内，加强重大动物疫病防治，切实做好强制免疫工作。加强动物检疫和屠宰检疫的力度，全面推广实施产地检疫和免疫标识制度，对区内2个生猪定点屠宰场、53个肉类市场屠宰的牲畜进行现场同步检疫，使上市肉品达到“放心肉”标准。两个定点屠宰场全年检疫屠宰生猪25万头，全区家畜耳标佩戴为猪18 720头、牛5 280头、羊9 840只。2005年全区畜牧业生产持续健康发展，全年肉类总产达2 756吨、禽蛋产量1 200吨、牛奶产量223吨；肉猪出栏32 800头、肉牛出栏573头、肉羊出栏5 140头、家禽出栏152 300只；生猪存栏27 545头、肉牛存栏5 096头、肉羊存栏10 960只、禽类存栏163 300只。畜牧业产值达4 630万元。

【林　业】 盘龙区林业用地面积约2万公顷。2005年，盘龙区加大造林绿化步伐，松华乡种植元宝枫500亩，改善水源区生态环境，提高景观观赏价值。完成滇池面山造林任务，义务植树46.9万株。在松华乡的团结村委会设立封山育林区，面积为3 000亩。加强林木采伐管理，严格发放采伐许可证。对辖区内的采石、采砂、采矿企业、木材加工企业、林木种苗生产经营企业进行清理整顿。加强珍稀濒危陆生野生动物保护，对辖区所有野生动物驯养、繁殖、经营场所进行清理整顿，严厉打击非法捕捉和经营利用陆生野生动物的行为。成立盘龙区森林防火指挥部，制定森林防火目标管理责任制，加大森林防火宣传，在森林火灾的扑救上，坚持走“以专为主，专群结合”的道路，组建一支45人的专业扑火队，分别驻扎在金殿水库大坝和龙泉街道办事处中坝村委会。加强水源保护，营造生态经济林，为加快改善盘龙区松华坝水库的水体质量，更好地把生态保护和经济发展结合起来，与省林科院、西南林学院等院校开展调研，形成关于松华坝水源保护区建设减污增收生态经济林的项目报告，力争在5年内完成各个项目。严格限制进入水源保护区的车辆和人员，减少火灾隐患，有效地保护松华坝水源区森林资源。

【水　利】 年内完成15项水利工程基本建设，工程总投资431.1333万元，包括松华乡小偏箐水库除险加固工程、茨坝石关居民小组人畜饮水工程、团结村、上雷打石等11项人畜饮水工程建设、盘龙江橡胶坝建设工程。2005年8月15日茨坝一门九箐水库出现险情后区政府投资17.3563万元，按“拆除坝体、修建蓄水池”的方案对大坝进行拆除。

对辖区内盘龙江等9条河道88.14千米河段进行大规模清疏，取缔盘龙江金刀营段44户养猪户和废品收购点，使盘龙江金刀营段的周边环境差和河道污染严重等问题得到缓解。对羊青河云山村段河堤乱建乱占的违法行为进行清理整治，拆除河堤违章建筑30余处。明确河道管理目标责任制，保洁员增加到98名，负责河道日常保洁工作。全年投入河道保洁经费45余万元，河道保洁工作取得明显成效。

制定抗旱保障措施，解决饮水较为困难的石关、马家庵、小陆海等12村组3 000余群众的饮水和抗旱栽种及保苗问题，保证15 000余亩烤烟、蔬菜及粮食作物的抢种和保苗工作；争取市自来水公司等有关部门的支持，完成茨坝石关居民小组人畜饮水工程；完成饮水较为困难的松华乡团结村等11项人畜饮水工程建设，保障人畜饮水。做好防汛抢险工作，组建区和街、乡两级防汛抢险应急分队和预备抢险队伍，与各街道签订城区水淹点防汛工作责任书；加强对水库、坝塘、河道等汛前安全检查，密切监测水情、雨情，进一步落实水库、坝塘、河道及城区水淹点的责任制和责任人。2005年入夏昆明市出现前旱后涝的天气，东大沟郭家凹河段等河堤坍塌，农作物受灾1 043.9亩。2005年全区水库蓄水工作总体完成较好，全区小（二）型以上水库完成蓄水461.21万方，超计划蓄水10.21万方。

【教　育】 2005年盘龙区地段内的适龄儿童100%依法进入小学接受教育，小学生的巩固率达到100%，毕业率、升入初中入学率均达到100%，初中毕业率达100%，教办初中毕业生94.5%进入高中阶段学习。全区各级各类小学招生8 527人，毕业5 448人；初中招生4 542人，初中毕业4 344人；普高招生2 375人，毕业1 745人；职高招生331人，毕业495人；特殊教育招生5人，毕业7人；在园幼儿15 021人。

全面推行农村教育“两免一补”，努力实现农村免费义务教育。鼓励大中专毕业生到农村任教，为全区学校（园）公开招聘教师100人，向农村学校和薄弱学校输送人才。逐步建立城乡学校校际间和城乡学生间“一对一”帮扶机制。加强农村现代远程教育项目点的建设。做好残疾儿童、流动人口子女、贫困、特困家庭子女的入园、入学工作，对1 276人次减免学杂费14.17万元。利用单位和世界宣明会资助款51 545元对709人次进行资助。妥善解决外来务工人员子女入学问题，10 023名中、小学生进入城区学校（除松华、双龙两乡外）学习。做好企业分离办学接收工作。

确定昆十中、昆十一中、昆明实验中学、盘龙职业高级中学等4所中学为教育综合改革试点学校。选择具备条件的幼儿园进行公办转民办的改制。昆明实验中学晋升省一级学校通过晋级达标评审。盘龙职业高级中学正式被批准晋升为云南省省级重点职业学校。盘龙小学晋升省级示范小学。昆十中创办国有民办全日制初级中学——昆明市盘龙区白塔中学，2005年6月，学校开始面向全市招收小学毕业生。开展成人教育，2005年，在盘龙辖区内共有民办教育机构56个，63个教学点，参加培训25 016人，已结束全部培训课程1 172人。年内，共扫盲41人，超额完成市教育局下达的35人的扫盲指标。

积极推行校长公选制，面向全区所属教办学校的干部、教师公开选聘双龙中心学校等12所学校的校长，公开选聘15名校级干部。强化教师培训，把山区、农村和新城区的师训工作作为重点。建立4个师训工作站。在2005年全省师训工作现场会上，盘龙区作为全省首批校本培训实验区进行经验交流，获得较高评价。在全市率先开通首条学生公交专线，为中小学生就学提供便利。

【科　技】 2005年5月14～20日盘龙区举办以“科技以人为本，全面建设小康——构建和谐社会，创建平安盘龙”为主题的大型科技、科普宣传活动，并作为云南省科技活动周的主要承办单位之一及开幕式主会场所在地。参加活动社区、驻区公共单位40余家，人数5 600余人，直接受益人数达3万余人。实施人才强区战略，成立60名专家组成的盘龙区人民政府专家顾问团，组成7个专业小组和1个省外专家组，对盘龙区经济、科技、社会事业发展中的中、长期战略目标，提供经济、技术论证。年内，共有3人被评为2005年昆明市中青年学术和技术后备人选。全年受理各类科技项目54项，共申请资金3 205.73万元。加大对民营科技型中小企业的支持力度，第一批立项12项，安排科技创新资金126万元，项目涉及一、二、三产业。帮助企业申报2005年昆明市科技计划项目，共立项4项，获得市级55万元拨款。实施县市区科技示范工程和农业科技进村入户示范工程，着力抓好“松花坝水源保护区生态林业科技示范工程”和“昆明顺洪食品有限公司绿色蔬菜产品生产示范推广”项目的组织和实施。建成全国首个中学生袖珍科技馆。认真完成全国第一次科普调查、“十一五”科技发展规划编制和区政务公众信息服务网站运行管理工作。2005年，盘龙区荣获“全国科技进步先进区”称号。

【文　化】　年内，推行市场化运作方式，办好第二十五届盘龙江艺术节。本届艺术节采取政府指导、企业出资、冠名参与的方式运作，实现社会效益和经济效益的“双赢”。共展演17台大型文艺节目，参与的演职人员达1万余人，观众7万余人次。同时还深入社区和乡村，举办以抗战题材为主的电影放映月和盘龙江龙舟赛等文化体育系列活动。加强群众文化阵地建设，完成区属10家文化站的评估定级工作。对全区民族民间文化遗产进行认真调研，申报认定12个保护项目。区图书馆开办公益性视频讲座《名家讲坛》，与北京网库互联科技有限公司合作，开设“网库中国114网络信息中心盘龙区图书馆黄页”。年内，区图书馆被文化部评定为“一级图书馆”。重新公布由官渡区划入盘龙区的“龙川桥”、“严济慈、蔡希陶旧居”、“中国营造学社旧址”、“中央机器厂门楼”、“中央研究院历史语言研究所旧址（含冯友兰旧居）”等5个区级文物保护单位。完成区级文物保护单位“曾恕怀旧居”的维修工作。加强对辖区各类文化经营点的管理，开展集中整顿和专项治理，加大对“黑网吧”的打击力度，严厉查处和打击“网吧”违规接纳未成年人行为、不按规定进行入场登记或入场登记不全等问题。深化文化体制改革，积极探索文化事业单位建设发展新路子，积极推进区文化馆、图书馆、文物管理所3个公益性事业单位和昆明人民曲剧团的改革。

【卫　生】　年内，继续深化医疗卫生体制改革，将区红十字会医院、区正义卫生院整体并入区中医院，医疗卫生资源配置进一步优化。区中医院形成以糖尿病、肿瘤、心血管病等为重点的特色专科。积极探索社区卫生服务工作的新模式，“疏堵结合”推进全区社区卫生服务工作的健康发展，年内，在罗丈村、小庄村、菠萝村、小厂村等地设社区卫生服务网点共8个，逐步解决了城郊结合部、城中村流动人口“看病难、看病贵”问题。探索新型农村合作医疗管理和农村初级卫生保健工作方法，解决农民“看病难”问题，及时拨出2005年合作医疗政府引导金，确保区划交接后新一轮农村合作医疗工作继续开展，农民能及时报账。核定贫困医疗救助金、核拨贫困孕产妇救助金、建设10个村卫生室、核拨全区74名乡村医生补助经费、核定初保和合作医疗工作经费保证农村卫生工作的开展。选派有工作经验的临床医务人员到山区卫生院进行支援和锻炼，区人民医院、区中医院对乡卫生进行定点帮扶，每周五定期安排中、高职专家进行义诊和咨询。组织各医院体检组深入到24个自然村，为1 500余农民免费体检。2005年全区参加农村合作医疗人数为42 058人（包括农转非人员、学生在内），参合率为81.5%。针对实际情况，区政府对山区乡参合农民给予每人每年10元补助、办事处参合农民每人每年5元补助，并规定山区乡总集资不低于25元/人/年，办事处总集资不低于35元/人/年。2005年全区共筹集农合资金1 415 001.84元。构建疾病预防控制体系、疫情信息网络体系，全面提高突发公共卫生事件的处理能力，做好疾病的预防监测工作，重点疾病得到有效控制。依法行政，加大各项卫生监督执法力度，继续实施食品放心工程，切实抓好食品卫生专项整治。加强对学校、建筑工地集体用餐卫生监督管理。2005年，辖区孕产妇系统管理率达到93.74%，高危管理率达100%，孕产妇死亡率控制在40/10万，全年全区无孕产妇死亡。启动“全国7岁以下儿童体格发育调查工作”，共调查各年龄组儿童3 237人。

围绕“市容市貌焕然一新，国内国外眼前一亮”的工作目标，做好迎接GMS会市容及环境卫生的各项工作，共组织开展29次全民义务劳动，清理卫生死角1 098个；出动单位2 356家，10.7万余人次，清运垃圾8 196吨。

【体　育】　加强基础设施建设，在金实小区、王旗营社区修建2条健身路径，在中坝村委会修建篮球场，市体育局在桃源街修建健身路径1条。各街道办事处、乡配备一定数量的体育器材并因地制宜地建设3个以上的健身锻炼简易场地。到双龙乡开展体育“三下乡”活动，揭开盘龙区农村体育工作的新篇章。举办盘龙江龙舟邀请赛，共有包括辖区民营企业在内的23支代表队600名运动员参加比赛。盘龙代表团参加昆明市第八届少数民族体育运动会，取得团体第六名的较好成绩。全年向市体育局输送优秀运动员19名。组织参加全国、省、市有关体育比赛，均取得好的成绩。探索体育事业单位改革发展新路子，注册成立盘龙区国家青少年体育俱乐部，年内共有团体会员单位41个，个人会员2 000余人，20名资深教练受聘担任俱乐部的兼职教练。区体育馆全年接待群众20余万人次。

【社会治安综合治理】　年内，围绕创建“平安盘龙、构建和谐社会”工作目标，把执法为民作为对政法工作的本质要求，充分发挥政法部门的职能作用，坚持“严打”方针，严厉打击刑事犯罪；狠抓社会治安综合治理各项工作措施的落实，不断完善打、防、控长效机制。开展农村“城中村”出租房管理的试点工作，打击查禁制贩“假证”、粘贴涂写“假证”小广告违法活动，净化市容环境。全面落实辖区行业场所治安管理的各项规章制度，严格落实预防、查禁、打击娱乐行业场所的各类社会丑恶现象的责任和措施。开展禁毒斗争，创建“无毒”社区，实施“五心”工程，47个社区均成立帮戒小组，建立社区矫正点10家。开展严打专项行动，全年共破获各类刑事案件6 146件，区检察院共受理提请批准逮捕的各类刑事案件849件1 422人，批准逮捕748件1 155人，受理移送起诉案件772件1 206人，依法提起公诉474件716人。区法院共受理各类刑事案件610件，审结548件，结案率为89.84%。在开展“民主法治示范社区（村）”建设活动中，创建“马家营民主法治示范村”，推动规范盘龙区基层落实“四民主”和“两公开”制度工作。

【人民生活】 2005年，盘龙区城镇居民人均可支配收入11 000元，同比增长7%；人均消费支出为8 713.34元，同比增长7%。农民人均纯收入4 200元，同比增长8.7%，农村居民人均消费性支出3 831元。城乡居民收入差距较大，部分农村特别是水源保护区群众生产生活较为困难。

2005年，进一步完善社会保障体系，全年新建19个劳动和社会保障服务站，提供有效就业岗位15 760个。城镇登记失业率为2.46%。农村富余劳动力转移就业3 305人。全年参加职工基本养老保险企业1 890户、46 065人，个体缴费人员21 709人，总计参统人员7.8万人，累计发放养老金14 601万元，社会化发放率达100%，切实保障了全区参统离退休人员的基本生活。2005年医疗保险参保人数13.6万人，医疗保险基金征缴收入达到1.7亿余元，失业保险实现国有企业、事业单位的全覆盖，非公经济参统达到50%以上。失业保险金实现社会化发放，全年征缴失业保险金4 550万元。参加工伤保险的职工3万余人，收缴基金178.95万元；参加生育保险的职工3万人，收缴基金191.91万元。全年为45 362户次76 117人次发最低社会保障金9 982 446元。启动廉租住房分配工作，解决300户城镇“双困户”的住房困难，基本完成农村电网改造“民心工程”。

（吴焰红）

五华区

【年内大事】 1月19日，区开展“五华就业日”活动。

2月1日，青年路道路改造工程竣工。

2月4日，区保持共产党员先进性教育活动正式启动。

2月5日，区检察院被评为首届全国十佳检察院。

2月22日，区以扶农助农为中心的“春风行动”全面启动。

3月3日，国际劳工组织官员到三合营社区考察。

3月9日，公安五华分局整合派出所：保留17个老所，缓建4个新所，撤销4个旧所。3月16日零时起，按照新辖区履行职能。

4月4日，区“数字城管快车”建设项目正式启动。7月7日项目完成，正式投入使用。

5月26日，五华区被评为全国社会治安综合治理工作先进集体。

6月5日，五华区农村信用合作联社成立。

8月4日，五华、西山两区行政区域界线勘定。

8月16日，区全面启动创建国家园林城市工作。

9月13~14日，五华区召开首次农村养老保险工作会。

9月20日，即日起施行五华区城市特困居民医疗救助暂行办法。

10月20日，五华区新机关行政中心落成典礼举行。

11月10日，区开展外来务工人员“维护春城新形象，做合格市民”签字宣誓活动。

12月9日，“昆明老街”命名并揭牌。

12月9日，首届西部文博会上五华展团5个项目签约23亿元。

【区划、人口】 五华区位于昆明市西北部，是昆明市城区之一。总面积397.86平方千米，海拔1 880~2 600米。年末总人口683 592人，其中，男352 777人，占51.61%，女330 815人，占48.39%，农业人口51 349人，占7.52%，少数民族96 335人，占14.09%。人口自然增长率2.49‰（含流动人口），人口密度每平方千米1 718.17人。区机关驻华山西路1号。下设护国、大观、华山、龙翔、莲华、红云、丰宁、黑林铺、普吉9个街道办事处，沙朗、厂口2个乡，88个社区。

【经济综述】 2005年五华区主要预期目标再创历史新高。全区预计实现生产总值216亿元，首次突破200亿元。财政总收入18.47亿元，其中，地方财政收入7.88亿元，比上年同期增长13.73%；实现社会消费品零售总额138.59亿元，比上年同期增长48.1%；城镇居民人均可支配收入达到9 480元，比上年同期增长6.5%；农民人均纯收入预计达到4 200元，增长7.39%；人口自然增长率为1.84‰，有效控制在5‰以内；城镇登记失业率2.9%，低于3%的控制目标。

【城市建设】 2005年是区城市规划、建设、管理和环境整治投入最大、城市面貌改善较为明显的一年。五华区抓住城管权限下放的有利条件，坚持高起点、高标准做好规划编制工作，强化城市规划与土地利用、经济社会发展等规划的衔接，完成区9个分区控制性详细规划、南屏街正义路步行体系规划、祥云片区城市形象设计的编制，开展沙朗、厂口两个乡的村镇规划编制和五华区绿地系统规划编制的前期工作。以迎接GMS会议为契机，投入资金1.44亿元，进行城市基础设施建设，城市面貌发生新的变化。完成文林街、教场北路等5条道路的改扩建工程。实施人民中路、东风西路、青年路、金碧路等4条城市主干道和护国路、圆通街、新闻路等33条次支路的改造整治工程。实现华山西路、正义路、五一路等10条道路架空线入地。完成三合营片区交通微循环整治工程。对弥勒寺路口、建设路路口等10个道路路口实施以渠化改造为主要内容的整治。建成了学府路、青年路等13对公交港湾站台。启动昆大线下段（黄土坡至黑林铺）改造工程和昆永复线的道路建设改造前期工作。拆违拆临工作效果明显，全年拆除违法、临时建筑4.3万平方米，拆除违法广告牌7 364平方米。美化亮化辖区159栋建筑，改善了城市形象。旧城改造全面展开，文明街、顺城街等片区拆迁改造达到15.1万平方米。为探索城市管理长效机制，抓住昆明市推行数字化城市管理工作的机遇，借鉴北京东城区“万米单元网络”城市管理新模式，仅用3个多月时间就在全市率先建成了五华“数字城管快车”，城市管理水平明显提高。根据昆明市创建国家园林城市、国家环保模范城市和国家卫生城市的要求，集中力量加强环境保护和城市环境建设，对辖区300多家排污企业进行有效控制，加快污染源治理步伐。开展“禁煤”、“禁磷”、“禁白”工作，完成“噪声达标区”重建工作，区域环境噪声明显下降。积极推进农村生态旱厕建设，全年完成家庭旱厕829个、公共旱厕5个，超额完成市政府下达的建设任务。绿地建设明显加快，完成五华广场、西站绿地、景星苑绿地等29万平方米的绿地建设工程，城市绿化覆盖率达到31.32%。退耕还林完成1.1万亩天然林保护工程公益林建设项目。完成滇池面山造林540亩，滇池保护工作全面完成各项任务。红水塘垃圾卫生填埋场渗滤液处理前期研究已经完成，垃圾焚烧发电项目已开工建设。

【农村工作】 围绕促进农民增收、农

业增效、农村发展的目标，区从政策、资金、项目等方面，加大对“三农”工作的支持力度。召开五华区第一次农村工作会议，出台关于加强“三农”工作促进农村经济社会全面发展的意见等7个支农惠农政策。以上措施对在区划调整后迅速建立健全五华区农村工作体系，平稳承接和保持农村工作的连续性，最大限度地克服由于不熟悉“三农”工作影响农村发展的不利因素，起到至关重要的作用。针对“三农”工作的实际情况，区政府及时对财政投入作出调整，加大对“三农”工作的投入。全年投入资金4 337万元，用于促进农业发展、改善农村发展环境、减轻农民负担等方面。在全区基本建设资金和需求矛盾十分突出的情况下，坚持对提高农业综合生产能力、民房搬迁、农村学校危房改造等项目予以倾斜，共实施涉农基本建设项目41个，有效地改善农村的生产生活条件。年内成功战胜多年不遇的特大旱情，化解了高致病性禽流感等畜禽疫病对农业生产的影响，提前三年取消除烤烟以外的农业特产税，免征农业税。烤烟、林果、粮食、蔬菜、畜牧产品的产量和效益显著提高，全区第一产业预计实现总产值1.76亿元。农民人均纯收入预计达到4 200元，较上年增加289元。全年实现粮食总产483.7万千克，烤烟收购24 500担，均价达到11.2元/千克，蔬菜总产量1 803.81万千克，10月底畜牧存栏528 813头（只）。

【就业和社会保障】 切实完善就业服务体系。开展“五华就业日”和“再就业援助月”活动，全年成功开发有效就业岗位14 593个，实现新增城镇就业人数13 639人。加快实施农村富余劳动力转移就业和劳务输出，农村富余劳动力转移就业4 274人，职业技能培训5 975人，超额完成工作任务。健全和完善社会保障体系，全区参加养老保险8.8万人，养老金社会化发放率达到100%。失业人员失业金按时足额发放，发放《再就业优惠证》15 138本和失业保险金2 632万元。城市居民最低生活保障金制度进一步完善，对低收入群众实现应保尽保。扩大医保覆盖面，全区参保单位达到1 787户，177 612人，为10 846名灵活就业和自谋职业人员办理参保手续。积极整合劳动社会保障社区平台，调整建立50个社区服务站，3个单位型服务点，劳动保障平台设置更加科学、合理。社会救助体系进一步健全，五华区城市特困居民医疗救助工作已正式实行，在全省首创的“慈善爱心超市”顺利启动，城镇最低收入家庭廉租住房分配圆满完成。大力推行新型农村合作医疗保障制度，全区已有23个村（居）委会农户参保，占全区农业人口总数的80%。提前两年实施了农村义务教育“两免一补”政策。开展了农村社会养老保险工作。全面启动建立健全外来务工人员教育服务管理体系的工作，认真组织实效月活动，努力为外来务工人员创造良好的就业和生活条件。重视解决辖区企业拖欠农民工工资问题，完成清欠2 690余万元。

【科　技】 继续完善科技创新、科技项目管理、科学技术奖励等工作体系。实施“产业结构调整科技示范工程”和“农业科技进村入户示范工程”。成功承办第二届中国昆明电脑节，活动的品牌效应不断提高。省院、省校合作不断深化，五华科技园二次创业发展规划研究顺利通过省级验收。完成以滇虹药业有限公司和昆明北理工科技孵化器有限公司承担的产业结构调整科技示范工程项目和厂口乡养殖、种植一体化建设项目为主体的农业科技进村入户示范工程项目合同的签订。五华科技园区企业获得国家、省、市各级科技扶持资金740万元，其中有4个项目获得“国家中小科技型企业创新基金”资助，实现科技园科技项目申报国家级项目扶持零的突破。到2005年10月，五华区域内申请获得的发明专利达422件。

【教　育】 五华区作为全市教育综合改革试点县区，积极实施各项改革措施，制定出《关于深化教育综合改革加快教育事业发展的意见》等10个教育改革文件。进一步加大教育资源整合力度，推进干部、人事、分配、评价制度的改革，组织完成中、小学校长的公开选聘。全区3所学校公开竞选，9所学校公开考核，43所学校公开选聘55名校长，其中原任校长40名，占72.7%，新任校长15名，占27.3%。继续提升教育教学水平，提高师资队伍素质，培养骨干教师，先后培训250余名骨干教师；选拔培养校、区两级教育科研人员300余人，有在职的省特级教师28人，市级学科带头人66人，市级骨干教师28人，区级学科带头人258人，区级骨干教师293人，教坛新秀109人。抓好校园基本建设，建成昆明市第一职业中专综合教学楼，总投资990万元，建筑面积8 021平方米；总投资100万元，维修改造18所农村中小学近9 000平方米的危旧校舍。发展农村教育，出台《五华区对农村义务教育阶段学生实施“两免一补”的办法》等政策。全区有中学生1 288人，小学生4 121人享受“两免”（免教科书费和杂费），有中学生490人，小学生1 230人享受“一补”（补助生活费）。强化校园安全工作。做好8所国有企业办学分离的接收工作。2005年，幼儿园入园率100%；中小学入学率、巩固率均为100%；中小学无辍学生。有学习能力的残疾少年儿童入学率持续保持100%；100%的小学毕业生全部升入中学，毕业合格率达99.98%。

【卫　生】 以建立健全全区疫病预防控制体系和突发公共卫生事件医疗救治体系为重点，完成区疾控中心的改扩建项目。施行每季度检查辖区内省、市、区级医院疫情报告一次，至10月31日，发生法定传染病20种，2 219例，处理各类疫情89起，收到传染病报告卡4 415张，转卡2 196张。完成接种乙脑、甲肝、伤寒疫苗9 671人次；卡介苗、脊灰疫苗、百白破、麻疹疫苗、乙肝的预防接种216 769人（份）。以创建“全国社区卫生服务示范区”为契机，优化和整合卫生资源，建立较为完善的社区卫生服务网络，社区卫生服务体系基本建立，覆盖人群54.9万人，覆盖率90%以上。2005年社区卫生服务累计门诊149 104人次，转诊239人次，急诊1 297人次，家庭病床57人次，留、观19 974人次，综合满意度达90.46%。建立健全农村医疗卫生网络，实施沙朗、厂口两个乡7个村卫生室的建设。启动新型农村合作医疗，参合人数达65 005人，参合率超过80%。加大对艾滋病的防控和教育宣传力度，提高艾滋病知识的知晓率。深入开展爱国卫生运动，推动爱卫工作向农村延伸，沙朗乡大村被省爱卫办命名为全市第一个“云南卫生村”。

【文　化】 确定全区文化产业发展的重点。积极参加首届昆明文化产业博览会，组织五华区文化产业项目的招商和推介活动。加大整顿和规范文化市场秩序的力度，开展“扫黄”、“打非”活动，净化文化市场，保护知识产权。销毁收缴的各类盗版软件及音像制品计20余万片。开展丰富多彩的群众文化活动，成功组织、承办了省、市大型文艺演出9场；组织全区性大型文艺演出10场；组织、承办广场宣传文艺演出17场；组织、承办节日慰问、联欢演出5场；组织节目参加省、市、区比赛活动和演出活动11场；组织举办“文化进社区”文艺演出2场，全年组织文化活动和文艺演出54场、次，观众累计达25万余人。民族民间传统文化保护工作成绩显著。出版《五华文化丛书》，创作了曲目《忠诚的旋律》、《太阳女》、《痛》，精心编排了民族音乐曲目20个，排练了独唱节目82个、合唱节目10个、重唱节目14个等一批有质量的文艺作品。挖掘整理以“红色之旅”为代表的区特色旅游资源。到11月初，图书馆接待读者82 233人次，借阅书刊38 164册，咨询服务11 772条。2005年1～11月，在全区9家街道办事处、2个乡，举办了“五华讲坛进社区”讲座，全年开办讲座20场，平均每场的听众达到245人，受到了广大听众的欢迎和好评。完成乡村广播电视“村村通”一期工程，结束厂口乡较偏远的22个自然村1 527户村民长期不能收听收看广播电视的历史。

【体　育】　深入贯彻实施《全民健身计划纲要》，群众体育活动广泛深入开展，全年举办区级各类培训16次，受训人员5 300人次，办事处、乡、社区组织培训34次，受训人员6 600人次。农村体育基础设施进一步改善。举办首届“丰收杯”农民篮球比赛，130余名运动员、13支队伍参加33场次比赛。举办区级活动7项次，参加人员47 500人次，办事处、乡、社区组织活动85项次，参加人员94 000人次。组团参加昆明市第八届少数民族运动会，获得6枚金牌、5枚银牌、7枚铜牌，团体总分第四名的好成绩。参加各级比赛15项次，特别是组队参加昆明市中小学生田径运动会，获得26枚金牌、19枚银牌、26枚铜牌的佳绩，荣获小学组第一名（9连冠），初中组第三名，高中组第一名的历史最好成绩。全年获金牌137枚（其中国家级12枚、省级49枚、市级76枚），银牌115枚（其中国家级23枚、省级45枚、市级47枚），铜牌97枚（其中国家级11枚、省级33枚、市级53枚）。

【精神文明建设】　继续将深入贯彻落实《公民道德建设实施纲要》作为精神文明建设工作的首要任务，以加强和改进未成年人思想道德建设和提高外来务工人员文明素质为重点，不断深化公民思想道德建设。积极开展“弘扬昆明精神，构建和谐五华”、“传统美德伴我行”、“五华红色之旅”、“五华区外来务工人员‘维护春城新形象，做合格市民’活动”、“改陋习、树新风”、“科技、文化、卫生三下乡”等大型宣传教育活动。推进“优秀文明市民”、“文明单位”、“文明社区”和农村“十星级文明户”、“八星级文明小组”创建活动，全区精神文明建设出现新的气象，城区文明程度和市民文明素质逐步提高。

【获　奖】　2005年五华区先后荣获“第一次全国经济普查先进集体”、“全国社会治安综合治理先进集体”、“全国群众体育先进单位”、“全国科技进步先进城区”、“全国老龄工作先进区”及“全省民族团结进步模范集体”、“云南省老龄工作先进区”、“云南省第七届双拥模范城”、“省级文明单位”、“云南省平安区”、“云南省妇女儿童工作先进单位”、“全省殡葬改革工作先进单位”等多项荣誉。

（李晓燕）

官渡区

【年内大事】　1月9日，云南省滇剧花灯艺术周开幕式在官渡广场举行。

1月28日，区委、区政府对69户纳税先进企业进行表彰奖励。

2月5日，官渡保持共产党员先进性教育活动全面启动。

5月13日，昆明市“保护滇池巾帼行动”在官渡区六甲乡小河嘴村启动。小河嘴村被命名为“保护滇池巾帼行动”示范村，20户村民被命名为“保护滇池巾帼行动”示范户。

5月26日，官渡区举行“驼峰航线”纪念浮雕揭幕仪式，区长海文达和原“飞虎队”的翻译官胡芝为浮雕揭幕，原“飞虎队”陈纳德将军的夫人陈香梅女士为浮雕送来题字。

8月12～14日，由昆明市体育局和官渡区政府主办，昆明市体育舞蹈协会、官渡区文体局承办的“官渡杯”第二届西部地区体育舞蹈锦标赛暨深、港、澳地区邀请赛在官渡区体育馆举行。来自10个地区的41支代表队、2 400多人次参加了比赛。

8月16日，全国第二届部分基层检察院检察长论坛在官渡召开。

8月16～17日，省卫生厅组织各州（市）卫生局领导和有关专家，对官渡区实施的《云南省农村初级卫生保健规划（2003—2010年）》工作进行复核评估。经过认真评估，官渡区在昆明市率先达到农村初级卫生保健标准。

9月7日，区政府举行鼓励企业发展扶持奖励兑现会，云南誉成隆经贸有限公司、海子乳业有限公司、大腾酒店等19家企业获得扶持奖励金。

9月13日，首届云南聂耳音乐周暨昆明“聂耳杯”合唱节广场展演活动在官渡广场举行。来自省内外的10多支合唱团进行了精彩的合唱表演。

9月20日，泰国合作社代表团对官渡区供销社进行了访问。

10月16日，官渡区赴北京、成都科级干部研修班（共63人）在中共中央党校举行开学典礼。

11月18日，昆明市图书馆学会2005年年会暨第十届学术研讨会在官渡区召开，来自14个公共图书馆和玉溪、红河等地、州的80多名代表参加了会议。

11月19日，昆明市第八届少数民族传统体育运动会闭幕。官渡区组成的103人的代表团参加了所有项目的比赛。取得了金牌23枚、银牌22枚、铜牌9枚。以金牌数第一、奖牌总数第一、表演项目一等奖和团体总分第二的佳绩。

12月6日，重庆合川市与官渡区签订了流动党员共同管理协议，重庆合川红岩（昆明官渡）流动支部正式挂牌成立，至此全区共为新经济组织中的流动党员建立总支（支部）43个。

12月9日，“官渡区关爱党员和党组织资金专户”成立。

同日，“官渡区委公开招考干部动员大会”在官渡会堂召开。

【区划、人口】　官渡区是昆明市五区之一，全区总面积572.2平方千米。全区辖4个街道办事处，7个乡镇（包括1个民族乡），30个社区居民委员会，60个村民委员会。2005年全区年末总人口499 959人，其中男性259 013人，女性240 946人；少数民族人口49 670人，其中彝族27 993人。人口自然增长率0.465‰。

【经济综述】　全区生产总值完成128.86亿元。财政总收入完成194 620万元，其中：地方财政收入完成83 329万元，上划市级收入完成39 587万元，上划省级收入完成12 323万元，上划中央收入完成59 381万元。全区一般预算收入主要项目完成情况是：工商各税收入41 658万元，其他各项收入13 615万元。在全区财政总收入中，乡镇（街道）累计完成收入51 236万元。其中：地方财政收入完成16 917万元。全区财政总支出97 037万元。社会固定资产投资完成67.25亿元。

现代服务业快速发展。完成东聚建材、中林建材、东聚汽配大车配件城等市场建设，区域性商贸中心区功能不断完善。昆明国际会展中心扩建项目投入使用，关上中心区会展功能进一步拓展。房地产业继续保持良好发展态势，世纪城、新亚洲体育城等项目进展顺利。全区房地产项目投资达43亿元，竣工面积128.7万平方米，销售面积336万平方米。

都市旅游优势项目进一步发展，全年接待游客100万人次，实现旅游总收入2.1亿元。官渡古镇被列为全省首批重点开发建设旅游小镇。

现代物流业快速发展，完成盛达物流昆明汽车枢纽东站一期工程、云南浩宏金属配送中心一期工程建设。

金融业健康发展。组建昆明官渡农村合作银行，辖区金融机构年末各项存款余额169.84亿元，贷款余额79.43亿元。消费市场繁荣活跃，社会消费品零售总额完成67.85亿元。

工业经济活力增强。投资20亿元的昆明国际印刷包装城全面启动。投资2.12亿元，完成了昆明凯宏管桩生产线、滇新锰铁公司“高炉废气综合利用示范”项目等11项新上和技改项目。2005年，区域工业总产值预计完成135.67亿元，规模以上工业产销率98.7%。

农业经济发展平稳。投资5 585万元，实施农业产业化项目3个。“华曦土鸡蛋”成为中国第一个获欧盟有机食品认证的禽蛋类产品。

非公经济发展迅猛。按照国家税收优惠政策，全年减免企业税收6 498.8万元。放宽市场准入条件，简化登记注册手续，年内新登记个体工商户8 007户，私营企业634户。非公经济占全区经济总量的比重达73%。

招商引资成效显著。引进国内外投资项目248项，协议引进资金142.5亿元，实际到位资金106亿元，是区划调整前2004年的2倍，引资总量和资金到位率是官渡区历史上最高的一年。

【农　业】　2005年全区农业总产值117 771万元（其中畜牧业产值40 172万元）。全区完成小麦种植面积9 752亩，平均单产200千克/亩；完成蚕豆种植8 750亩，水稻栽插面积5 070亩，旱育秧面积3 236亩，包谷种植25 140亩，马铃薯种植6 020亩，杂粮种植3 180亩。全年大春总产共完成1 930万千克。完成蔬菜播种面积13.5万亩，同比增37%，上市量26 127万千克，同比增29%，其中外销蔬菜7 660万千克，占上市总量的29%；总产值为25 217万元，同比增50%；完成花卉种植11 440亩，全区鲜切花年产量约5.7亿枝，产值2亿元，花卉外销达85%。

全区共推广完成无公害蔬菜生产8.5万亩，占播种面积的63%，无公害产量达19万吨，占总产量的73%。

开展优质水果示范700亩，推广果实套袋43万个。全区完成水果产量355万千克。

【畜牧业】　全区畜牧业产值40 172万元，畜牧业产值占农业总产值的34.11%（按当年现行价计算）。全区生猪存栏134 855头，比上年增加16.12%。乡镇农村年末生猪存栏129 345头，比上年增加17.24%。奶牛存栏6 760头，比上年减少5.92%，产鲜奶19 753.7吨，比上年减少2.07%。乡镇农村年末有奶牛饲养户438户，存栏奶牛2 245头，比上年增加5.39%，产鲜奶6 633.7吨，比上年减少0.63%。家禽存栏3 250 267只，比上年增加41.49%，出栏家禽2 240 211只，禽肉产量4 295.7吨，禽蛋产量26 647.8吨，肉蛋产量居昆明市首位。

【林　业】　2005年全区林业实现“全年无火灾”的奋斗目标。年内受理采伐申请27份，按程序审批报请上级批准后核发林木采伐许可证23份，批准采伐林木蓄积2 723.477立方米；受理征占用林地10起，经上级部门批准的7起，面积79.9068公顷。年内全区森林病虫害监测率95%以上、防治率90%以上，造林种苗地检疫率95%以上，森林病虫害发生率控制在1.2%以内。

严厉打击破坏森林资源和野生动物资源的违法犯罪行为。立林业行政案件6起，其他处理案件23起，与上年相比查处率大幅度提高。

年末全区林业用地面积32 652公顷，其中有林地面积24 641公顷，活立木蓄积量510 600立方米。天然林保护工程25 602公顷，退耕还林工程253公顷。

全年人工造林1 000亩；封山育林3 000亩；完成义务植树82.933万株，占市级计划70万株的118.5%。森林管护38.4万亩，为下达任务38.2万亩的107%；对已完成的3 800亩退耕还林地（其中退耕地造林200亩，荒山还林3 600亩）进行了补植补造和抚育；退耕还林林权证发放试点发放林权证33户，涉及退耕地200亩。

【教　育】　全区共有幼儿园49所，其中教办14所，省一级幼儿园7所，等级幼儿园占全区公办园总数的57%；幼儿教师1 150名，在园儿童13 965名，幼儿入园、入班率80.5%。全区小学92所，其中教办小学32所，省一级示范小学5所，小学等级学校占全区公办学校总数的15%；小学教师2 130名，其中公办1 841名，小学教师学历合格率98.35%，新补充教师学历合格率100%。在校小学生38 168名，小学适龄儿童入学率100%，残疾儿童入学率为100%。小学巩固率为100%，小学升初中录取率为100%。全区共有中学30所，其中省一级完中5所，省二级一等完中3所；省一级初级中学3所，公办中学等级学校占全区公办学校总数的52%。全区共有中学教师3 186名；在校中学生28 125名。年内参加中考学生5 826名，录取各级各类学校3 883人，升学率为66.65%；参加高考3 222人，录取各类大学1 776人，升学率为55.12%。

【文　体】　文体工作全面推进，文化产业异军突起，官渡区被列为市特色文化产业试点区。在市第八届民运会上，官渡区取得金牌、奖牌总数第一的优异成绩。2005年荣获“全国群众体育先进单位”称号。继续保持“全国文物工作先进县（区）”、“扫黄打非”先进单位等荣誉。关上街道办事处被国家体育总局评为“全国优秀全民健身活动站（点）”，太和街道办事处被国家文化部评为“文化先进社区”，官渡区电影公司被国家广电总局评为“全国农村电影工作先进集体”，被省文化厅、人事厅评为“文化工作先进集体”。

1月26日，在官渡古镇金刚塔广场启动元旦、春节“三下乡”活动。2月10～22日，邀请昆明市民族歌舞团、昆明市花灯团、昆明市职工艺术团分别到六甲乡、大板桥镇等9个乡镇、街道办事处进行32台专场慰问演出。区电影公司组织电影放映小分队，为基层群众放映电影124场。2月3日在官渡古镇金刚塔广场举办“官渡区第三届舞龙大赛”，共有20支龙队参赛，呈贡、嵩明、富民的龙队也前来参赛。

精心组织历时5天的聂耳音乐周暨首届昆明“聂耳杯”合唱节官渡广场展演活动，来自区内及贵州、云南艺术学院、昆明市外国语学校的20余支合唱团参加演出。

11月16～22日，在官渡广场举行第二届中国舞蹈节暨第五届中国舞蹈荷花奖评奖活动，来自广州、青海、安徽、湖南、山东、贵州等地的优秀节目参加了中国舞蹈荷花奖评选。通过以“舞蹈进社区”为主题的全国舞蹈精品节目在官渡区展演。

继续深入开展“扫黄打非”斗争，对音像、出版物市场、娱乐市场、“网吧”、电子游戏室进行整治。制定了《官渡区关于开展暑期网吧专项整治方案》，协调公安、工商、教育、法治办、文明办等有关部门开展联合执法，集中力量对网吧进行专项整治，严厉打击接纳未成年人、超时经营及网上传播有害文化信息等违法违规行为。实行“分组包片”负责制。对全区网吧及印刷经营单位法人进行了5期培训。

保护性修缮省级文物保护单位官渡土主庙、法定寺大殿的彩绘；划定第二批区级文物保护单位保护范围、建设控制地带；完善第二批区级文物保护单位的“四有”工作；完成了官渡区全国重点文物保护单位妙湛寺、金刚塔、地藏寺经幢的“四有”专项档案的电子文本制作，上报国家文物局。

积极参加昆明市第八届少数民族传统体育运动会，组织103人的代表团参加了所有项目的比赛，获金牌23枚、银牌22枚、铜牌9枚，夺得金牌数第一、奖牌总数第一、表演项目一等奖的佳绩，创造了官渡区参加历届民运会的最好成绩。

【卫　生】　进一步完善城乡卫生服务网络建设，积极推进农村药品“两网”建设，建立网点84个。积极开展区人民医院传染病科建设项目和区疾控中心检验室改建项目。在市项目办的支持下，6月启动区人民医院传染病科建设，8月启动区疾控中心检验室改建工程。项目建设工程于12月竣工。

规范疫情管理，实行网络直报，并严格进行疫情报告督查。

积极开展农村合作医疗，大力开展以大病统筹为主的新型农村合作医疗，开展合作医疗的村（居）委会75个，占全区村（居）委会总数的100%；参合人数147 369人，占全区农业人口总数的94.6%，合作医疗基金筹资总额4 993 301元。共补偿住院病人2 667人次，补偿金额2 219 485元。实施贫困家庭救助17人，发放救助金26 500元，补助82 353元资助7 923人参加合作医疗。

全区建立社区卫生服务机构26家，其中社区卫生服务中心16家，社区卫生服务站10家。完成6个社区卫生服务中心新（改）建工作。农村初级卫生保健在全省率先达到合格标准。

以实施“食品放心工程”为重点，积极推进食品卫生市场准入制度。推行食品卫生监督量化分级管理制度，加强对各类食品的监督检查和卫生质量监测。加强食品生产经营企业的卫生许可证发放管理和日常卫生监督，严厉查处违反卫生法律、法规的行为，保证食品卫生安全。全年办理验换《卫生许可证》3 992个，培训食品从业人员7 245人，实施行政处罚2 701家次，监督检查社会办医833家次，取缔非法行医261家次，受理、查处举报49起，处理医疗纠纷26起。监督公共场所2 490家次，公共场所发证1 758个。集中力量开展食品经营、公共场所、医疗机构的监督管理，进一步理顺卫生监督执法管理。

紧紧围绕迎接GMS会议在昆召开及创建“国家卫生城市”和全区中心工作，在全区掀起了加强除害防病、改善城乡环境卫生、整治市容市貌等“洁净官渡”的爱卫、创卫活动。

【科　技】　全年组织实施了科技项目共34项，投入项目扶持经费148万元，省市科技项目经费扶持620万元。推荐部分项目参与市级以上科技项目的申报，如：云南邦格动物保健品有限公司的“优质环保复合预混料饲料研制与开发及产业化”等项目。在科技项目组织实施过程中，注重培养对全区战略发展有重大影响的关键技术项目，不断提高全区重点产业和重点企业自主创新能力和核心竞争力，使一批产业链长、关联性大、支持力强的企业脱颖而出，如：昆明中铁大型养路机械集团有限公司承担的“大型铁路养护设备产业示范项目”通过运用二维、三维CAD软件实现虚拟设计、虚拟装配技术，研发生产国内先进的大型养路机械，同时通过项目的实施，带动区域企业10家，外协生产值达1 000万元。从2001年开始，连续5年对昆明华曦牧业有限公司给予立项支持，经过多年来的精心培育，11月11日华曦被正式授予了“欧盟有机食品认证书”，成为欧盟有机食品认证委员会在中国颁授的首例有机鸡蛋认证证书，创造了“中国第一蛋”品牌。华曦在发展自己的同时，带动2 000多农户共同致富。

结合区情，组织实施科技示范工程方案，以项目为载体，以区属企事业单位为依托，把在大板桥开展的“优质烤烟生产中标准化技术培训入户工程”作为“农业科技进村入户示范工程”，为烤烟种植的农户建立了长效技术服务机制；工业上以昆明滇新锰铁有限公司的“高炉废气综合利用示范”项目和昆明中铁大型养路机械集团有限公司的“大型养路设备产业化示范工程”项目作为产业结构调整科技示范工程，有力地促进了区域经济快速发展。

全区共申报专利257件。积极组织申报科学技术成果，全年共获得省级科学技术奖二等奖1项，省合作奖1项，市级科学技术成果奖7项。

【交　通】　坚持依法行政，文明执法，依法查处和制止各类侵占、破坏公路路产路权的行为，从严查处公路超限超载运输行为，综合治理公路“三乱”，顺利通过国务院纠风办全国公路无“三乱”城市检查。

年末官渡区管养的区、乡、村公路里程为610.93千米和省管移交公路45.53千米。为了进一步提高公路养护质量，规范管理，通过几年的经验总结，采取了以奖代补的措施进行管养。年初与各乡镇签订考核责任书，通过对各乡镇管辖的公路进行量化评分、量化考核，兑现各有关乡镇以奖代补资金39万余元。为迎接GMS会议在昆召开，创造一个良好的道路交通环境，对管辖范围内的重点路段进行了检查，及时修复破损路面，消除交通安全隐患。

2005年雨季期间，昆峨线K4＋700—K7＋000段、昆胜线K1＋200—K3＋000段出现严重破损；昆胜线下穿南昆铁路处排水设施阻塞，长期积水；民小公路金汁河岸大面积坍方，4个路段一度接近断交。为解决“行路难”的热点问题，投入资金85.3万余元，对上述路面进行了修复。同时，对哨关公路、小普公路、官矣公路等路面、排水沟等进行修复，投入资金90余万元。在昆明市交通局组织的2005年度县公路养护查评中，官渡区养护查评分为100分，并列全市第一。

治超工作取得了阶段性成果。按照省、市交通部门要求，着重抓好路政管理工作。全年路政巡查237天，查处各种违法案件2 792起，立案查处率百分之百，收回被侵占的公路路产3 408平方米。

【水　利】　2005年全区动工水利工程198件，其中岁修疏挖工程179件，水利工程19件，总投资40 593.8万元（含宝象河防洪整治工程35 700万元、大清河清淤工程2 957万元），以上工程共完成各种土石方量及混凝土方量103.97万立方米。改善灌溉面积20 000亩，新增水浇地2 400亩，改善人畜饮水1 020人。投资4 851.3万元，对大清河、枧槽河进行清淤整治。

2005年入春以来，官渡区旱情严重，全区受旱总面积达到35 319亩，因旱人畜饮水困难3 837人，大牲畜606头。为保障人畜饮水和抗旱保苗供水，安排116万元抗旱防汛经费，积极实施人工增雨，同时组织20辆8～10吨的运水车支持抗旱工作。在雨季洪涝期间，区委、区政府及时投入防汛经费78.7万元，并发放各种防汛工具、设备，保障了正常度汛。

结合城市水土保持和山区景观化水土流失治理，完成了《官渡区水土保持总体规划》、《官渡区水土保持十一·五规划》。总计完成水土流失整治9 550亩（其中水保林5 050亩，坡改梯4 500），合6.37平方千米，超额完成了滇池流域水土流失综合整治3平方千米的治理任务。对东三环连接线、东连接线、沾昆铁路、昆洛路等大型建设项目进行了现场水土保持监督执法检查18次，切实把“三同时”制度落到实处。同时对大板桥镇、阿拉乡20家采石场换证进行年审，宣传水土保持法律法规，征收补偿费7.75万元。

【环境保护】 加大农村面源污染控制力度，新建400亩农村面源污染控制示范区。严格执行建设项目环境管理制度，环保投资达2.58亿元。完成建成区42.61平方千米烟尘控制区。创建绿色活动取得可喜成绩，银海森林住宅小区创建了国家级、省级“绿色小区”；浅水湾、锦苑花园、绿洲花园和天成园林居已申报市级“绿色小区”；小哨中对龙小学、东骏幼儿园和小板桥镇第一幼儿园获“绿色学校”称号。

严格管理建设项目，全年依法审批建设项目707项，项目总投资29.30亿元，其中，环保投资1.32亿元，环保投资占总投资的4.5%。办理环境保护竣工验收11项，建设项目审批率和“三同时”执行率均达100%。

加强对违法排污企业的整治力度，共出动746人次，对辖区内的648家排污企业进行专项执法检查。对检查出存在违法行为的67家企业进行当场处罚，对116家企业进行立案调查，并对109家企业下达限期改正通知书。积极开展“禁煤、禁磷、禁白和禁铅”的检查工作。共收缴燃煤设备514台（眼）；检查18 726包洗涤用品，其中无磷18 385包，无磷率为98.18%；收缴不可降解塑料袋18 350个，不可降解泡沫饭盒60 657个。

农村面源污染得到有效控制，应用无公害蔬菜生产技术，控制滇池面源污染，在滇池湖滨带2 000公尺范围内的官渡镇龙马村委会建立400亩中心示范区，实施无公害蔬菜生产技术示范。同时推广昆明丰乐有机肥厂的有机肥，减少使用化学肥料；依法取缔七甲畜禽养殖场，每年减少粪尿排放7.98万吨，直接减少了向滇池排放污水8.4万吨，化学耗氧量63.25吨、氨氮12.26吨和总磷228吨。

2005年全区工业废水排放达标率为95.8%，工业粉尘排放达标率为100%，工业烟尘排放达标率为97.1%，工业二氧化硫排放达标率为94.1%，工业固体废弃物处置利用率为100%。

【城市建设】 区委、区政府紧紧围绕“走出城郊型，融入都市圈，建设中心区”的工作思路及建设“创业在官渡，购物在官渡，居住在官渡，休闲在官渡”的奋斗目标，积极探索和建立城市管理长效机制。

按照“三横四纵”改造工程中官渡区的“二横一纵”改造任务，完成北京路、人民东路、东风东路的改造工程。修复、改扩建董家湾路、吴井路、官渡广场周边等6条道路，整个工程共计长6 286米，完成沥青罩面113 966平方米，安装街道流水石16 041米，铺筑人行道41 959平方米，拆迁建筑物1 000平方米，迁移路灯80组。总投资4 000余万元。

对市内9条道路进行整治，整治道路共计7 480米；清洗、粉刷173栋临街建筑物，共完成74.2万平方米。拆除防盗笼23 740.89平方米，拆除关上南路示范街防盗笼6 956.55平方米。全面实施“傍晚行动”专项整治，取缔流动摊点、占道经营16 163起，检查拉运建材渣土车辆1 456辆（次），处罚763辆。新建6座垃圾中转站、4座公厕，改造15座公厕，完成82个垃圾房的建设，设置果皮箱2 300只；加大“门前三包”的检查、监督力度，签订“门前三包”责任书8 116份。规范设置门头招牌及广告牌。新装路灯261组，改造路灯668组。完成盘龙江、广福路东段灯光亮化工程。按照市城管局要求，完成世博大厦、国际会展中心、省证券大厦、德胜大厦4幢建筑及福德立交桥的灯光亮化工作。全区环卫设施建设在昆明市检查评比中，夺得“环卫设施建设”优秀奖。

加强市政路政管理，对道路进行日常维护维修，及时更换损坏的市政设施。对辖区道路下水道进行两次清挖，部分道路下水道多次清理。严格道路开挖、开口、围栏的审批工作，并搞好审批后的管理。查处各种违章900余起。

以“五无、六净”、全日保洁为标准，按照定人员、定标准、定经费的原则，对道路清扫保洁进行全面承包。定期对道路进行洒水压尘。全年共清扫清运垃圾89 339.4吨，洒水62 552吨。突击整治卫生死角，突击清运垃圾647.5吨。

【社会保障】 就业再就业工程以增加就业岗位为目标，以落实再就业优惠政策为主线，以强化再就业服务为手段，以加大资金投入为保障，以帮助困难群体就业为重点，举办各类劳动交流会10场，开发有效就业岗位9 400个，介绍、推荐下岗失业求职人员14 850人次，帮助4 910名下岗失业人员实现再就业。多渠道拓展就业岗位，大力促进就业和再就业。城镇新增就业人员7 860名。开展再就业援助，帮助1 233名特殊困难群众和605名“4050”人员实现再就业。全区城镇登记失业率控制在3%以内。城镇居民人均可支配收入8 843元，农民人均纯收入4 950元。社会保障水平进一步提高，按时足额发放失业救济金1 084万元，机关、企事业单位离退休人员养老金4 909万元，工伤生育保险金172万元，城市居民最低生活保障金1 100万元。切实维护劳动者合法权益，为2 025名农民工追讨拖欠工资668.8万元。全面推行了农村特困户最低生活救助、医疗救助等制度。新型农村合作医疗不断巩固和发展，参加人数占农业人口的94.6%。全区基本养老保险参保单位2 042户，参保人员45 297人，核定基本养老保险费135 781 574元。全年为26 428名离退休人员发放养老金207 520 341元；失业保险参保单位2 376户，参保职工105 440人，核定失业保险费6 718万元。全年为31 000人次发放失业救济金1 084万元、医疗补助金87万元；医疗保险参保单位1 353户，参保人员109 200人，核定医疗保险费1.12亿元。签订服务协议的定点医疗机构和定点零售药店分别为23家和13家；参加工伤、生育保险2 042户，参保职工31 430人，核定工伤保险费324万元，核定生育保险费336万元。

（缪开和　加三益）

西山区

【年内大事】 1月12日下午，省、市、区妇联共同对团结乡龙潭村委会和青松园等24户首批被命名的“巾帼乡村生态旅游示范户”授牌。

2月4日，西山区正式启动保持共产党员先进性教育活动。

4月23日，西山区团结乡棋台村委会棋台、利者村民小组山林发生山火，经及时组织扑救，26日上午8时山火被扑灭。

5月，在云南省水土保持工作会议上，西山区被水利部长江水利委员会命名为“长江流域水土保持示范城市”，同时被云南省水土保持委员会评为云南省水土保持先进集体。

7月18日，西山军粮供应站被国家粮食局、财政部、解放军总后勤部授予全国军粮供应管理先进单位称号。

8月10日下午，中央巡回检查组副组长徐锡安到西山区调研非公经济企业开展保持共产党员先进性教育活动的情况。

8月26日，中央督察组副组长、中办督察室巡视员杨树华等检查组一行，到西山区检查公安工作。

9月6日上午，西山区政府参与承办的水文化与水环境保护国际会议召开。来自美国、瑞典、挪威、日本等20多个国家相关领域的专家和国内专家、学者100余人出席会议。

9月12日，西山区“民族农民大专班”开班典礼在省委党校举行。被“民族农民大专班”正式录取的60名高中毕业回乡青年，来自山区民族地区19个贫困村委会。经两年系统学习后将被安排到村委会工作。

9月14日，原中共中央政治局常委、国务院副总理李岚清，在省、市、区领导和有关部门负责人的陪同下，到西山森林公园拜谒聂耳墓。

9月15日，云南省民营企业家暨西山区招商引资推介会在谷律乡卧云山卧云仙居召开。

9月19~23日，区政府主办的新西山首届体育运动会开幕。共53个代表队2 000余人参赛。

9月26日上午，全国妇联副主席莫文秀到金碧街道办事处巡津新村社区视察“拒毒防艾”工作。

10月13日上午，西山区举行老年大学成立开学典礼。

10月18日，区委、区政府召开西苑街道办事处、团结镇成立大会。

10月26日，中共中央办公厅副主任、中央先进性教育活动领导小组副组长毛林坤等领导一行，在省、市领导的陪同下，到西山区棕树营街道办事处土堆社区居委会检查指导第二批先进性教育活动。

10月27日，西山区重建的36.78平方千米“环境噪声达标区”通过由环保、城建等相关部门组成的市级验收组验收。

10月31日，由昆明市人民政府投资1 600万元启动的滇池草海东风坝及老干鱼塘综合整治二期生态修复工程全面竣工，实现水域大型水生植物覆盖率不低于30%的目标，并通过专家评审和工程验收。

11月4日，西山区被中国科协正式确定为第三批全国科普示范城区创建单位，创建周期从2005年11月至2007年8月。

12月9日，区委、区政府在团结镇召开西山区建设社会主义新农村工作会议，部署全区建设社会主义新农村、统筹城乡区域协调发展工作。

12月9日下午，区委、区政府在团结镇永靖村委会清水关举行“村村通”油路工程启动仪式。

12月30日，区委、区政府举行“数字城管”系统启动仪式。

【行政区划】 继2004年9月1日昆明市行政区划调整后，为解决辖区街道办事处中普遍存在区域面积差别较大、人口数量和密度及产业布局不合理等问题，进一步优化资源配置，理顺社区隶属关系，推进城乡一体化进程和区域经济发展，促进新西山经济社会协调发展，2005年2月3日，区委、区政府决定整合金碧、永昌、土桥、前卫、棕树营、福海6个街道办事处，马街街道办事处、碧鸡镇、海口镇、团结彝族白族乡、谷律彝族白族乡维持原行政区划不变。整合后，全区设10个乡、镇、街道办事处（减少1个），即设马街、金碧、永昌、前卫、福海、棕树营6个街道办事处，碧鸡、海口2个镇，团结彝族白族乡、谷律彝族白族乡2个乡。10月18日，撤销西苑开发区管理委员会，成立西苑街道办事处；撤销团结乡、谷律乡，成立团结镇。

至2005年12月，全区形成7个街道办事处3个镇的行政管理新格局，下辖62个社区居委会，35个村委会。

【面积、人口】 新区划调整、整合后，全区土地总面积791.14平方千米，城区面积拓展到42平方千米。至2005年末，全区有户籍人口42.07万人，其中男性21.22万人，女性20.85万人；非农业人口32.01万人，农业人口10.06万人。汉族人口35.77万人，占总人口数的85%；少数民族人口6.31万人，占总人口数的15%。有彝、白、回、苗4个世居少数民族，人口最多的少数民族彝族有2.59万人，占少数民族人口的41.1%；白族1.62万人，占少数民族人口的25.7%；回族1.24万人，占少数民族人口的19.6%；苗族1 564人，占少数民族人口的2.5%；其他少数民族6 997人，占少数民族人口的11.1%。全年出生人口3 555人，死亡人口2 154人，人口自然增长率为3.24‰。

【经济综述】 在区委、区政府的领导下，全区各族人民全面完成了“十五”计划和2005年的各项目标，国民经济快速增长，综合实力不断提升，农业综合生产能力显著提高，设施农业初见成效，区属工业成为经济发展重要支柱，第三产业高速增长，商贸旅游服务业成为最具活力的产业。全区上下呈现出农业、农村经济平稳发展，工业经济快速发展，城乡市场繁荣活跃，人民生活明显改善，财税保持较快增收的良好局面。

全年实现区域生产总值124.73亿元，比上年增长11.6%，其中第一产业实现增加值2.35亿元，比上年下降14.5%；第二产业42.67亿元，增长7.6%；第三产业79.71亿元，增长14.8%，三次产业结构比重为1.9∶34.2∶63.9，第二第三产业成为推动西山区经济发展的主要动力。全年完成总体财政收入17.002亿元，比上年增长134.72%，其中地方财政收入完成6.902亿元，比上年增长70.17%；完成固定资产投资54.38亿元，增长49.3%，完成区域社会消费品零售总额63.8亿元，增长12%；实现农业增加值2.35亿元，农村经济总收入267亿元。城市居民人均可支配收入8 831.48元，增长8.8%；农民人均纯收入达4 978.19元，增长8.59%。

【农牧业】 全年完成粮食播种面积5 398.73公顷，总产量2 860万千克，确保了粮食安全，实现农业总产值3.6亿元。全年结构调整种植蔬菜和经济作物2 706.67公顷，产值6 459万元。完成烤烟种植313.34公顷，收购烟叶

227.5万千克，收购总值955万元。种植无公害蔬菜996.6公顷，在2005年首届昆明国际农业博览会上，全区共组织21个企业参展，签约金额达人民币2 478万元。区市级农业产业化龙头企业——昆明天使食品总厂生产的“天使”牌土豆片获此次博览会优质农产品金奖。完成“村账乡（镇、处）代管”试点工作，海口镇11个村委会和74个村民小组的7 500万元集体资金已全部收到镇“财务代管中心”代管。开展农村富余劳动力转移技能培训和引导性培训7 968人。

全年生猪出栏11.4万头，肉牛出栏1 746头，肉羊出栏9 390万只。肉类总产达1 082万千克，牛奶产量479.7万千克。畜牧业养殖产值1.27亿元，增长1.4%。

【林业、水电】 大力优化全区生态环境，全年治理水土流失23.65平方千米，加大天然林保护工程的实施力度，管严公益林，搞活商品林，放开人工林，使林业经济效益、社会效益和生态效益协调统一；完成人工造林100公顷，全民义务植树62万株，天保工程封山育株666.67公顷，全区天保工程森林管护面积达到3.63万公顷；种植以花椒和核桃为主的干果经济林3万株。新开挖防火通道和生土防火阻隔带17.57千米，配备了数字西山林业信息管理及林火扑救指挥系统的硬件设施，森林防火基础设施建设得到进一步加强。

加强农业农村基础设施建设，把人饮解困、村镇供水、节水增效、“五小”水利工程、山区抗旱水源建设、坝区防洪排涝和小流域综合治理作为农村水利建设的主要内容，完成计划农田水利工程26件，总投资2 255.5万元，其中完成三多水库除险加固和厂口新建闸水库加固扩建续建工程，建成水浇地193公顷，蓄水池30个，小滴水窖190个，改善灌溉面积666.67公顷，解决和改善了1.39万人、0.78万头大牲畜的饮水问题。

采取多项有效措施，抗御了50年不遇的严重旱情，确保了人民群众的生产、生活用水安全；城郊农村电网改造工程前期工作进展顺利，为解决全区城乡原有供电设施落后、群众负担过重、制约经济发展的问题打下基础。

【工业、乡镇企业】 全区进一步确立了“工业强区”战略，优化产业结构，促进企业技术改造、技术创新，工业发展活力增强。努力推进新型工业化进程，按照“发挥比较优势，突出产业特色，发展规模聚集”的要求，做好海口工业园区规划建设工作。引导、支持磷化工、机电、精密仪器等产业向园区集中，支持、帮助云南三环化工有限公司、海口磷矿等骨干企业进行资源整合、技术改造，提升产品档次。工业生产逐渐成为全区国民经济快速增长的动力，区域工业总产值达98.4亿元。规模以上工业以及重工业仍是全区工业发展的主导力量。出口交货值不断增长，化学原料及化学品制造业，电气机械及器材制造业，有色金属压延加工业，医药制造业，仪器和仪表制造业，通用设备制造业等成为西山区工业经济发展的支柱产业，磷矿石、磷肥等主要产品产量保持较快增长。工业产销衔接较好，产销率达93%。全区规模以上工业企业完成工业增加值17.23亿元，比上年增长14%；完成销售产值82.6亿元，比上年增长18%。

至年末，全区共有乡镇企业2.38万个，比上年增长4.4%；从业人员14.42万人，比上年增长14.8%；完成营业收入344.95亿元，比上年增长0.9%；总产值206.6亿元，比上年下降11.74%；增加值42.28亿元，比上年增长17.68%；完成利润13.472亿元，比上年增长5.85%；上交税金5.676亿元，比上年增长14.46%。主要产品产量为：砂及河沙551.9万吨，磷矿251万吨，磷肥1.69万吨，过磷酸钙4 751吨，氟硅酸钠5 700吨，水泥预制构件6.67万立方米，生铁2.96万吨，电磁线1 096吨，钢门窗11.06万平方米，望远镜118.8万具，房屋竣工面积8.99万平方米，货运量2 673万吨。

2005年全区非公企业达2.37万个，从业人员13.63万人，增加值34.759亿元，上交税金5.113亿元，非公经济占全区经济总量的56.2%。

【商贸、工商管理】 年内，区委、区政府制定商贸兴区战略，站在用科学发展观统领经济社会发展全局的高度，提升改造螺蛳湾商贸城，形成立足全省、面向东南亚的商务中心区，依托广福路和东盟使馆区的区位优势，建成大商汇项目。区委、区政府大力改善投资环境，整顿和规范市场经济秩序，加上区划调整后西山区大型住宿餐饮企业和年成交额上亿元专业市场明显增多，在全区形成了大流通、大市场的格局。全区第三产业发展迅速，以云安会都为代表的会展经济、以螺蛳湾为代表的休闲购物、以大商汇、明波市场长廊为代表的市场建设、以农家乐为代表的旅游度假等行业蓬勃发展。

全年新登记注册个体工商户7 538户，比上年增长87%，年末全区个体工商户达到2.99万户；新登记注册企业705户，比上年增长55%，年末全区各类企业达3 519户。完成1.58万户个体工商户的设立、变更、注销登记。认真做好“高致病性禽流感”防控工作，共出动128人次，车辆56台次，巡查市场78个次，经营户586户次，与市场经营户签订责任书39份，与市场经营户签订责任书293份。共受理消费者咨询389件，投诉983件，解决955件，建议上诉人民法院39件，为消费者挽回经济损失60.36万元。

【财税、金融】 全年完成总体财政收入17.002亿元，比上年增收9.758亿元，增长134.72%，其中地方财政收入完成6.902亿元，比上年增收2.846亿元，增长70.17%；上划中央“两税”收入完成4.091亿元，比上年增长68.39%。全年实际完成地方财政支出5.818亿元，其中区级支出4.079亿元，乡镇、街道办事处、管委会支出1.04亿元。各项存款余额121.66亿元，比上年增长44.6%；各项贷款余额54.65亿元，增长30.77%。2005年，全区国税、地税局共组织税收收入12.24亿元，其中地税7.314亿元，国税4.93亿元。

【招商引资】 加强对内对外经济合作，不断扩大招商引资规模，主动为项目方做好各项服务工作，以服务促进招商引资工作的开展。全年新上项目83个，协议总投资约57.11亿元，到位资金约22.16亿元。全区引进市外投资项目48个，合同投资55.27亿元，实际到位资金20.45亿元，合同利用外资总额680万美元，到位400万美元。6月6～10日，在2005年中国昆明进出口商品交易会上，西山区签约7个招商引资项目，协议引进资金6.2亿元，其中上亿元项目4个。

【城乡建设】 围绕现代新昆明建设，加快城乡基础设施建设。以迎接GMS会议为契机，多渠道筹措建设资金，加大城市基础设施投入，加快道路交通、市容市貌、城市绿化等建设。完成主城区“三横四纵”道路综合治理工程；完成气象路拓宽改造工程；对人民西路、金碧路、青年路、采莲路等19条次支道路进行瑕疵修复、路灯维护等工程；加大环卫基础设施建设力度，新建12座公厕、5座垃圾中转站、50间垃圾收集间；积极配合市政府，全面实施南二环路西山区段重大市政基础设施建设征地拆迁。妥朵公路通车，棋台公路、老昆富线（浑水塘—谷律）改建工程、西册公路路面工程、双哨公路改扩建工程4条通村油路建设相继启动，4条公路建设完工后全区将实现“村村通油路”的工作目标。区法院审判法庭建设进展顺利，完成区医院传染病区建设，区疾病预防控制中心检验用房改造项目顺利实施并投入使用。

完成主城区12个分区的控详规编制工作。启动螺蛳湾片区、福荣里片区、马街片区等3个修建性详规的编制；组织实施海口镇工业园区、白鱼口片区、长坡物流片区3个集镇规划编制；安排部署了西山区河道两侧景观、市政公用设施（环卫）规划、集贸市场布点规划、城市绿化景观系统规划等11项专业规划的编制工作。

【城市管理、环境保护】 区政府及时根据昆明市城市管理权限下放和区划调整后城市管理面积增大的新形势，召开西山区第一届城市管理工作会，初步建立“两级政府、三级管理、六级网络、重心下移”的城市管理长效机制。按照“人随事转、费随事转、物随事转、利随责生”的原则，紧紧依靠街道、依靠社区的力量，加强城市市容环境综合整治，以占道经营整治为重点，狠抓“门前三包”，加强入城道口、城郊接合部脏、乱、差的整治，加大对违法违章乱搭乱建行为的处罚力度；对106幢临街建筑实施“穿衣戴帽”工程；投资980万元积极建设“数字城管”，推进城市管理工作的科学化、规范化。全面完成清理整顿完善用地手续后续工作，全区完善用地手续1 880宗，面积1 195.1公顷，完成率达到98%以上，收取总费用10亿多元，其中土地出让金9.205亿元。

年内共建成生态卫生旱厕5 421座，全部通过市级验收。区划调整后，西山区在城市建成区内开展4类噪声功能区、计42.14平方千米（含滇池国家旅游度假区12平方千米）的“噪声达标区”重建工作，建成“环境噪声达标区”面积36.78平方千米，占全区城市建成区总面积的87.28%。5月，在各办事处区域开展违法使用燃煤和不可降解塑料餐饮具的查处工作，查处餐馆151家，现场收缴并销毁燃煤风炉270个、不可降解塑料餐饮具4 690个，罚款1.7万元。6月，区房管局完成对草海生态区房屋情况的摸底调查，调查的范围涉及福海、马街街道办事处及碧鸡镇。结果显示，在滇池草海生态区28平方千米范围内（其中滇池水域面积12平方千米），有居住小区35个，民房2 234栋，乡镇企业119个，涉及的各类建筑总占地面积达354.94万平方米，总建筑面积达703.75万平方米，总投资额约27.55亿元。

滇池治理和管理保护工作稳步推进。建成滇池沿湖农村垃圾收集间167间，控制农村面源污染；出动入滇河道保洁员、滇池水葫芦、漂浮物打捞人员5万人次，清除垃圾漂浮物5 984.44吨，打捞水葫芦、水白菜、野菱角467公顷约9万吨；完成滇池西岸截污工程管线部分、湿地、生态填料床、泵站的征地共计24.09公顷；王家堆生态湿地建设项目全部完工，航空疗养院生态湿地建设项目全面铺开；积极配合市滇池管理局完成东风坝二期综合整治工程。

【科　技】 全年共计投入农业科技项目经费84万元，完成西山区苹果无公害栽培技术研究与推广、优质草莓新品种引种示范、营养液深水漂浮栽培叶菜类种植研究示范、西山区地道中药材资源引种驯化开发研究、劳动力转移培训、旱厕改造等14个项目。投入科技资金53万元，支持企业实施了出口型核桃仁脱衣技术开发、中药“藿香万应胶囊”新剂型开发、腰果壳制作摩擦材料中的摩擦粉、新型医用滴眼剂塑料包装材料制备技术开发、黄连素精粉提取工艺技术完善、灯台叶颗粒系列产品临床前研究6个工业项目，带动企业自主投入科技创新资金1 600余万元。11月4日，西山区被中国科协正式确定为第三批全国科普示范城区创建单位。区科协积极组织参加第二十届全国青少年科技创新大赛，海口新华小学学生王林的画《乘着动力纸飞机去上学》、马街小学学生余然的画《行星切割机》在全国评比中分别获一等奖。

【教育、文化】 继续实施科教兴区和人才强区战略，坚持把教育放在优先发展的地位。基础教育资源规模不断壮大，形成了教育体系完备、教育网络健全、教育层次多样、区域特色明显的西山教育结构体系。小学合格率达到并一直保持在100%，初中阶段入学率100%，巩固率保持在99.98%，高中录取率达87.6%，教育教学质量明显提高。棕树营小学升为云南省优级甲等示范学校，永昌小学晋升为云南省一级二等示范学校。投资1 600万元，加强中小学校基础设施建设，完成团结中学、律则小学学生宿舍建设及昆十九中、西山一中科技综合楼教育基础设施建设，北师大昆明附中建设工程进展顺利；投入“两免一补”资金176.62万元。

积极开展群众性文体娱乐活动，先后举办了观音山调子会、第十九届西山音乐节“民族魂”合唱比赛、首届螺蛳湾文化旅游购物节等大型活动。在中国昆明首届“聂耳杯”合唱节中西山区参赛节目取得1个一等奖、4个二等奖和10个三等奖。圆满完成第二届昆明冬季花卉节和’2005中国昆明国际旅游节民族风格时装比赛的参展参赛工作。成功举办新西山首届体育运动会，全区各街道办事处、乡镇及区属各部、委、办、局共53个代表队2 000余人，参加了10个项目的比赛，决出金、银、铜牌399枚。

【卫　生】 年内，完成区医院传染病区建设项目、2个社区卫生服务中心、4个社区卫生服务站和20个农村卫生所建设任务。进一步扩大新型农村合作医疗试点覆盖面，全区62个社区居（村）委会有59个开展合作医疗工作，参合群众12.76万人，占全区农业人口的90.75%，全年报销金额达164.45万元。计划生育“奖、优、免、补”政策兑现率达100%。

【人民生活、社会保障】 继续推进城镇职工基本养老保险、医疗保险、失业保险、工伤和生育保险的覆盖面；启动离休干部医疗保险、非参保特殊人员医疗保障工作；稳步推进区农村养老保险工作，实现了社会保障五险“一站式”服务。全区共有6.56万人参加农村养老保险，投保率为56%。2005年累计发放各类社会保险金1.86亿元。提供有效就业岗位1.11万个，城镇新增就业人员8 435人，城镇登记失业率控制在3%以内。农村富余劳动力转移就业9 771人，实现转移收入3 980万元。城镇居民人均可支配收入达8 831.48元，比上年增长8.8%；农民人均纯收入实现4 978.1元，比上年增长8.59%。

全年共接收安置城镇退伍士兵196人，参加考试考核157人，实际选岗79人，申请自谋职业117人。年内，西山区被评为全省退役士兵安置工作先进单位。

【法制建设】 进一步改善执法环境，对区公安分局警务资源进行了整合，增加了2个派出所，加大了经费投入。坚持“打防结合，预防为主”的方针，依法严厉打击各类违法犯罪活动，全年共立各类刑事案件7 171起，破各类刑事案件3 545起，摧毁犯罪团伙 51 个 185 人涉案 252 起，抓获犯罪嫌疑人1 313名。加强巡逻防范和群防群治，全年共接处警 2.1 万起，共捕获现行 970 起 1 419人，移交相关部门后打处 185 起 277 人。缴获毒品 188.5 千克，缴获毒资 900 余万元，强制戒毒1 492名。大力创建无毒社区。妥善处置各类群体性事件，维护了社会稳定。2005 年西山公安分局被公安部评为 2003 ~ 2004 年度全国优秀公安局，再夺“春城卫士杯”。同时，永昌派出所被评为全国优秀公安基层单位。

（罗桂莲）

东川区

【年内大事】 1月 4 日，市委、市政府召开东川再就业特区建设工作现场办公会，协调解决建设中遇到的困难和问题。

1月 28 日，东川再就业特区第四片区——腊利片区正式开工建设。

2月 3 日，中国著名影视明星张丰毅无偿出任东川再就业特区形象大使，代市长王文涛向其赠送昆明市金钥匙。

2月 4 日，东川区保持共产党员先进性教育活动正式启动。

4 月 16 日，区委二届二次常委会提出东川特区精神：诚信和谐，负重提速，创新图强。

4 月 20 日，省长徐荣凯、常务副省长秦光荣、副省长李新华率领省市有关领导到东川调研再就业特区建设情况。

5月 1 ~ 4 日，’2005 中国昆明东川泥石流汽车越野赛在小江泥石流河滩上举行，有包括“帕拉丁”在内的 28 个车队参赛，中央电视台参与报道，新浪网全程合作，图文直播。

6月 3 日，召开深化乡镇机构改革动员大会，决定把原来的 14 个乡镇合并为 7 镇 1 乡。

7月 2 日，召开推进教育综合改革动员大会，东川区教育综合改革正式启动。

7月 7 日，区政府出台《关于命名第一批民族民间文化保护名录的通知》。

7月 11 日，启动第二批保持共产党员先进性教育活动。

8月 5 日晚 22 时 14 分，会泽、巧家、东川三县区交界处发生里氏 5.3 级地震，东川区的播卡、拖布卡两地受灾较为严重，有2 819间房屋成为严重危房，面积达 6.3 万平方米。卫生、水利、通讯等设施不同程度受损。

8 月 13 日，由区委区政府主办、区委宣传部及区文联承办的纪念抗日战争胜利 60 周年实物图片展在东川剧院广场开展。共展出驼峰航线、东川风光展板 30 块，牯牛驼峰航线飞机残骸 43 件。

8 月 31 日下午，由中国人民对外友好协会、美中航空历史遗产基金会等主办的纪念抗日战争暨世界反法西斯战争胜利 60 周年联谊会在北京人民大会堂举行，驼峰航线美军在东川坠机残片首次在京展出。

9 月 16 日，中国汽车运动联合会在昆授予东川小江河谷越野赛道“中国泥石流汽车越野赛道”称号。

10 月 17 ~ 18 日，东川区彝族神鼓队代表云南省参加在山西临汾举办的中国民间鼓舞大赛，获得第一名，入围 2005 年中国山花奖评选。

10 月 22 日，董志禄在家乡磨盘村创办的“梦石轩”奇石收藏馆举行揭牌剪彩仪式。此馆属省内第一家私人藏石馆。

11 月 11 日，呈贡县委书记赵德光率呈贡县党政领导到东川再就业特区考察，并签订了有关农业开发项目合作协议。

12 月 14 日，原东川矿务局退休人员管理服务机构及退休人员移交社会化管理签字仪式在昆明举行。原有色社保东川办事处所管辖的职能、资金、办公设施、人员等全部整体移交东川区政府。

12 月 17 日，中国汽车运动联合会副主席万和平一行 5 人到东川检查 2006 年泥石流汽车穿越赛筹备工作。

12 月 21 日，借首届“特区建设杯”篮球友谊赛开幕之机，国内著名的 6 位演艺界人士宋晓英、乌仁齐齐格、李靖飞、陆树铭、张云海、何纾到东川为再就业特区群众作表演，东川区人民政府授予 6 位人士“东川区荣誉市民”称号。

【区划、人口】 东川区位于昆明市最北端，国土面积1 858.79平方千米，区政府所在地新村，城区面积 5 平方千米，距昆明直线距离 125 千米。2005 年，经过乡镇机构改革，全区由原来的 4 镇 10 乡变为 7 镇 1 乡，分别为铜都镇、汤丹镇、拖布卡镇、因民镇、阿旺镇、乌龙镇、红土地镇和舍块乡。下设 148 个村民委员会、11 个社区居民委员会。

年末全区总人口 88 042 户 305 584 人，比上年末增加 2 950 人，增长 0.97%，其中男性 159 664 人，女性 145 920人；农业人口 235 142 人，非农业人口 70 442 人；少数民族 20 368 人，占总人口的 6.7%。人口自然增长率 7.5‰。

【经济综述】 2005 年，全区经济总量快速增长。完成地区生产总值 11.4 亿元，按可比价格计算，比上年增长 18%，是区划调整以来增速最快的一年。非公经济成为东川经济发展的重要力量，产值占全区生产总值的 51.3%，比上年提高 2.8 个百分点。全区三次产业同步增长，其中第一产业完成增加值 2 亿元，增长 4%；第二产业完成增加值 5.6 亿元，增长 34.7%；第三产业完成增加值 3.8 亿元，增长 9%。三次产业结构为 17.5:49.1:33.4。人均生产总值3 877元。经济运行中存在的主要问题有：经济结构性矛盾突出，经济增长方式有待进一步转变，对外开放工作需进一步加强；基础设施建设任务繁重，就业和社会保障工作需进一步强化；财政收支矛盾突出，农民增收的长效机制还未真正形成。

【农　业】 2005 年，农业基础设施建设得到加强，农业和农村经济保持了较好的增长态势。全年投入农田、水利建设资金1 229.2万元，修建各类水利、水保工程 38 件，治理水土流失面积 14 平方千米。完成 5 个省级重点村、10 个温饱村、3 个市级重点村、2 个帮带项目等扶贫项目；185 个省级重点自然村、70 个市级重点自然村“整村推进”扶贫规划编制完成，并实施了第一批 33 个省、市重点自然村的“整村推进”扶贫项目。年内，把劳务输出作为增加农民收入的一项重要产业来抓，成立了区、乡两级劳务输出部门，全年培训农村劳动力15 650人，转移输出农村劳动力9 144人，新增转移收入2 300多万元。全年减少农村低收入人口（人均纯收入 924 元以下）1.1 万人。

全年完成农业总产值 3.84 亿元，同比增长 4.4%。粮食总产量67 221.7 吨，比上年下降 5.8%；蔬菜产量 54 589.7 吨，增长 2.6%；水果产量

3 657.6吨，增长3.2%；肉类产量14 498.4吨，增长29.6%；大牲畜年末存栏58 962头，增长4.7%；家禽存栏307 819只。

全年完成封山育林6万亩，实施人工造林1.1万亩，人工模拟飞播2万亩，年末拥有耕地面积12 878公顷，森林覆盖率达到31.9%。

【工业、乡镇企业】 2005年，随着东川再就业特区建设不断推进，通过加大招商引资力度，克服能源原材料涨价和电力、运力不足等不利因素，全区工业经济保持良好的运行态势，整体运行质量好、效益高，工业增长幅度创历史最高水平，成为经济增长的最大支撑点。支柱产业和骨干企业带动力不断增强，有色金属产业群、化工产业群、黑色金属产业群、机械产业群四大产业群初现端倪。

全年实现工业总产值21亿元，比上年增加8.3亿元，增长65.4%；完成工业增加值4.1亿元，增长34.5%，占全区地区生产总值的36%。工业经济效益增幅迅猛，全区工业企业综合经济效益指数达170%，比上年提高15.7个百分点，企业实现利润总额1.5亿元，是上年的3.54倍，创历史新高。主要工业产品产量：精矿含铜16 263吨，增长15.78%；电解铜945吨，下降60.48%；水泥189 952吨，增长17%；大输液6 601万瓶，增长17.4%；铝锭2 495吨，下降68.1%；黄磷7 236吨，下降32.4%。

2005年，年末全区乡镇企业达1 585个，增长11.15%，从业人员14 999人，增长33%。完成增加值1.47亿元，同比增长16.67%；营业收入5.1亿元，同比增长22.6%；上缴税金2 379万元，增长15.7%。

【再就业特区建设】 2005年，东川再就业特区建设成效显著。一是基础设施建设进展顺利。至年末，累计完成投资2 669.2万元，四方地工业园区已完成5.8千米的主次干道路基工程、北环路路基工程，9.5千米的供水管网，建成抽水泵站1座、水厂1个、蓄水池4个，35KV过渡变电站1座；截污干管、雨水收集管网主干道等排污工程及主次干道二期油路工程正在加紧建设；2座110KV变电站和工业废渣堆放场正在筹建。二是加大对外开放和招商引资力度。至年末，来东川再就业特区洽谈投资的投资者达1 000多起，确定项目129个，总投资约23.5亿元。其中已有48家企业建成投产，在建企业42家，另有39家企业正在筹建之中。年内，特区企业实际完成固定资产投资2.6亿元，占全区固定资产投资的34.7%，完成工业总产值11.8亿元，占全区工业总产值的56.2%，特区建设拉动地区生产总值增长11个百分点。三是切实落实再就业特区的相关政策和措施。全年累计实际返还各项税款5 283万元，其中补上年返还税款494万元；吸纳下岗失业人员959人。

【固定资产投资及基础设施建设】 2005年，全区完成固定资产投资7.5亿元，同比增长41%。在总投资中，房地产投资增长较快，全年实际投资5 000万元，比上年增长97.3%。

重点项目完成情况较好。龙东格公路已完成龙东段41千米的建设任务，55.5千米的东格段预计2006年底全线通车；通乡油路进展顺利，新杨公路已改造完成通车，布格和杉木的通乡油路正加紧建设；坝塘水库完成投资5 196万元，其引水工程、蓄水工程、输水工程、移民安置工程等进展顺利。野牛坝水库完成招投标工作，移民搬迁工作启动；城市污水处理厂、城市生活垃圾处理厂项目申报工作完成，新村路改扩建方案已确定。

【城乡建设、环保】 2005年，完成东川城市规划编制及城市消防规划编制，完成腊利片区、城市片区控制性详细规划编制。完成把桂苑街改为步行街的相关技术工作和新村路改造工程初步方案制定的协调工作。投入20万元沿街新装塑料果皮筒350对，不锈钢果皮筒16只，树立公厕标志牌19处，对城市路灯定期或不定期进行检查维修，城区路灯亮灯率达95%以上。

年内，辖区内的自然保护区、森林公园、水源保护区、居民稠密区内没有新建、扩建、改建有污染的企业。在铜都镇、乌龙镇、拖布卡镇、阿旺镇共建300个生态卫生旱厕，居民对环境状况的满意率达到90%。主要饮用水源地水质达标率为100%。每周的空气质量报告均告之公众。城市人均公共绿地面积20.4平方米。全年有108个建设项目申报和正在办理环保审批手续，有64户企业纳入排污许可证管理。6项市政府下达的污染物总量控制指标均未超过年度控制计划。辖区内10家重点企业中，9家实现达标排放，其中废水排放达标率为98.35%；烟尘排放达标率74.92%；二氧化硫排放达标率94.14%；粉尘排放达标率100%。固体废弃物综合利用率大大提高。查处44件环境违法案件，征收排污费188万元。全年清运垃圾17 333.5吨，粪便1 650吨。

【商贸、物价】 全年实现消费品零售总额33 877万元，同比增长10.36%。市场价格总体水平基本稳定。全区商品零售物价指数100.6%，比上年增长0.6个百分点；居民消费价格指数100.7%，比上年下降0.7个百分点。部分肉食类涨幅较大，其中牛肉上涨12.5%，水产品上涨12.2%。

【财税、金融】 随着入驻东川再就业特区企业陆续建成投产，财源基础得到充实，税基进一步扩大，为财政持续增收创造了条件。全年实现财政总收入21 269万元，比上年增长81%，剔除再就业特区预计返税资金10 288万元，完成10 981万元，增长18%。地方财政收入9 042万元，增长61%，剔除再就业特区预计返税资金3 600万元，实际完成5 442万元，增长9%。地方财政支出52 716万元，增长43%，剔除涉及再就业特区各项专项资金和地方返税资金11 432万元，实际支出41 284万元，增长15%。

年末全区金融机构各项存款余额23.96亿元，比上年增长19%，其中城乡居民储蓄存款16.66亿元，增长13%；金融机构年末各项贷款余额7.56亿元，增长22%。

【教　育】 2005年，通过采取进一步调整学校布局，优化教育资源配置，打造优质高中等一系列措施，教育综合改革不断深化，教育事业不断发展。全区收缩校点15个，撤并小学1所，完成东川区高级中学、东川一中等6所学校的校长公选。出台《未成年人思想道德建设实施方案》，聘请北京《知心姐姐》杂志社的家庭教育专家在全区作5场《心理健康与家庭教育》专题报告会，听课的家长近5 000人次。在全区中小学基本普及现代远程教育项目，远程教育进入应用阶段。年末，全区有完全小学125所，在校小学生28 147人，入学率99.5%；中学14所，在校学生11 205人，初中入学率98.5%，升学率72.9%；普通高中阶段教育毛入学率50.3%。全区青壮年人口非文盲率99.01%。小学、中学教师学历达标率分别为96.56%、98.07%。

【文化、体育】 2005年，认真开展“文化、科技、教育、法律”四下乡活动，丰富群众文化生活。落实“2131”工程，在各乡镇放映科教片及故事片电影815场，观众达23.52万人次。专业人员创作文学作品10万余字。区文化馆文学创作人员在报纸杂志发表作品12篇，有3幅摄影作品编入《中国画报》、《人民画报》。《红土情歌》在第七届当代摄影艺术邀请赛中获铜奖。东川歌舞团编排的《彝族神鼓》年内获得山花奖等多个大奖。东川奇石协会组织105件作品参加“世博园杯”云南第二届赏石展，获金奖9个、银奖10个、铜奖14个、优秀奖24个。广泛开展群众文化活动，组织参加昆明市“百龙闹春”活动，承办东川区春节系列文艺活动、东川特区建设周年文艺晚会等大型群众文化活动。策划、组织和举办的各级各类文化表演、展示活动达10次，业余文化团体开展的各类演出活动达70余次，丰富了群众的文化生活。加大对文化市场的管理力度，不断规范文化市场秩序。年内收缴盗版录音带482盒，盗版和淫秽光碟2 980片，集中销毁盗版和淫秽光碟1.62万碟，盗版录音带1 400盒。

全年开展“全民健身宣传周”体育活动展演等25次较大型全民健身运动，3 600余人参加活动。完成2005年中国昆明东川泥石流汽车越野赛工作，小江流域汽车越野赛道被中国汽车联合会授予“中国泥石流汽车越野赛道”称号。在昆明市第八届少数民族传统体育运动会上，获1金1银2铜。4次组队参加昆明市中小学生田径、游泳、射击等比赛，获9金6银3铜。

【卫　生】 2005年，新型农村合作医疗制度在全区展开，群众参合率达87%。新建村卫生室30个，乡村卫生服务管理一体化覆盖率达100%，重点抓好汤丹、拖布卡、乌龙、阿旺、姑海、新田等乡镇卫生院的人事分配制度的改革试点工作，启动了新村、碧谷、绿茂等3个卫生院人事分配制度改革工作。精神病院住院楼、区人民医院传染病区改建等工程完工。全球基金艾滋病防治项目立项和结核病项目基金第四轮工作全面启动，促进了艾滋病和结核病的有效防治。制定各类应急预案20个，建立健全应急处置领导小组和应急队伍，配备相应的设备。各医疗机构引进和推广新技术项目40个，在省级以上刊物发表论文40篇。年末全区每千人拥有卫生技术人员2.7人，卫生机构床位数3床。

【广播、电视】 2005年，做好全区149.52千米光缆干线、42个光节点维护工作，出动2 600多人次对光缆网络进行维修，新装用户422户，年末有线电视用户达15 466户。完成“村村通”已建站点的各种数据的统计和台账资料的整理，定期和不定期维护站点200余次，修理站点设备180台次，完成65座站点升级和40座站点的新建。建成宽带局域网6个，发展个人用户51户。全年共播出稿件5 829篇。上报上级电台电视台稿件251篇，被采用207篇。配合相关部门制作教育体制改革、农村合作医疗、财政、劳务输出等专题片15个。开通“168”互动点歌台，利用公共频道资源以固定时段插播的形式播放各类影视片。年末全区广播、电视人口覆盖率均达98%。

【社会治安综合治理】 2005年，认真落实矛盾调处工作责任，积极化解社会不安定因素。全年排查出重大矛盾纠纷34件，调处17件，处置各类群体性事件18起。组织开展形式多样的反邪教宣传教育活动，近10万人接受教育。印制4.5万份《东川区中、小学法制教育手册》发放到中、小学生手中，组织普法宣讲团开展法制讲座10场次，组织全区干部参加法制教育统一考试。

年内开展“飓风行动”、“夏季风暴”等专项行动，有力维护了人民群众的生命财产安全。全年区公安分局共立各类刑事案件971起（其中补立年前案件66起），侦破刑事案件430起，抓获犯罪嫌疑人362人，刑拘327人，摧毁犯罪团伙29个91人。缴获赃款、赃物折款人民币160余万元，抓获上网逃犯78人。查获毒品3 285.7克，捣毁零星贩毒窝点5个、吸毒窝点11个。发现受理治安案件1 360起，查处864起，查处违法人员1 029人。区人民检察院受理提请批捕的各类刑事犯罪案件137件220人，审查后，批准逮捕112件175人；受理移送审查起诉、不起诉案件132件221人，审查后，按管辖权移送市检察院10件23人，向区法院提起公诉104件157人。区人民法院受理各类案件1 320件（含旧存案件57件），审结、执结1 260件，结案率95.45%。其中刑事案件136件，结案率100%。

【精神文明建设】 2005年，围绕构建和谐社会，大力开展公民道德建设，推动精神文明建设活动广泛深入开展。开展《怎样做文明市民，树立特区良好形象》大讨论及遵守“社会公德、职业道德、家庭美德”教育活动。先后制定下发实施《东川区加强和改进未成年人思想道德建设宣传教育活动方案》、《关于2005年全区未成年人思想道德建设工作长效工作机制的意见》等多种文件，举办未成年人思想道德教育研讨班1期，定期组织中小学生观看爱国主义优秀影片，运用《东川特区》报纸、宣传栏和广播电视等形式开展禁毒和预防艾滋病宣传活动，营造有利于青少年健康成长的社会环境。推荐并通过市文明委考核验收市级文明单位6个，市级文明村2个，创建文明村镇先进乡镇1个，创建十星级文明户先进村1个，区级文明单位4个，文明村3个。

【人民生活、社会保障】 2005年，城乡居民生活水平稳步提高。年末全区在岗职工1.4万人，比上年下降2.78%；发放在岗职工工资总额16 535万元，比上年增长2.97%；在岗职工年平均工资12 579元，增长15.4%。据抽样调查，城市居民人均年可支配收入8 356元，增长10.9%；人均年消费支出5 824.8元，增长9.3%。年末城镇居民人均拥有居住面积18.32平方米，每百户拥有摩托车30辆，手机115部，彩电109台，电脑17台。农村居民人均纯收入1 388元，增长6.3%。年末农村居民拥有居住面积16.98平方米，每百户拥有电视85台，摩托车6辆，洗衣机7台，固定电话26部，移动电话23部。

全年共培训下岗失业人员4 014人，提供就业岗位6 054人，城镇登记失业率下降7个百分点；加强养老、医疗、失业保险管理，确保国有企业下岗职工基本生活费和离退休人员养老金的按时足额发放。原矿务局离退休人员的移交工作正常推进。认真落实城市居民最低生活保障制度。切实做到“应保尽保”。年末失业保险参保人数达12 856人，医疗保险参保职工36 610人。农村受灾群众和特困户的生产生活得到妥善安排。

（刘　荣）

安 宁 市

【年内大事】 1月8日，安宁市“村村通”油路工程正式启动。工程涉及道路总长54.79千米，总投资3 500万元。

1月13日，瑞士金钱集团投资建设的金钱饲料（昆明）有限公司正式投产。

2月5日，安宁市召开保持共产党员先进性教育活动动员大会。

3月4日，凌晨1:00，安宁市境内开始大范围降雪，至中午13:00降雪量逐渐加大，部分乡镇积雪厚度约3~5厘米。灾害涉及农户115 721人，农业直接经济损失估算近650万元。

3月，安宁市移民村的9所基督教堂建设全部竣工。

5月12日，凌晨零点30分，位于草铺境内的云南马龙产业集团有限公司安宁分公司一铁制黄磷储存罐因磷泄漏引发火灾，经数百名军民奋力扑救，至15日10时30分，燃磷全部扑灭，16时，事故处理完毕。

5月18日，越南代表团一行26人到安宁考察城市规划建设。

5月23~27日，安宁市有关部门在全市开展拉网式的医疗机构专项整治工作，整治范围为10乡镇的114家医疗机构。

6月6~7日，安宁市副市长刘毓新代表市政府在昆交会上与7个投资方代表签订投资项目建设协议，协议引资共计人民币4.5亿元。

6月6日，昆明盐矿更名为云南盐化股份有限公司安宁工业园区。

6月15日，安宁市市长李喜与昆明盛博龙投资开发有限公司董事长正式签订昆明巴富特莱国际健康城建设项目投资建设合同。

6月27日，安楚高速公路全线双向通车。

6月28日，南部非洲上海工商联合会会长钱海明到安宁市进行投资考察。

7月1日，上海台商协会代表到安宁洽谈塑料机加工项目投资事宜。

7月16日，国家石化项目专家考察团到安宁市进行初选址考察。

7月18日，云南省经济委员会在安宁召开“安宁工业园区可行性研究报告”、“总体规划”评审会。经论证，实地了解，参会专家一致同意可研报告，并通过总体规划评审。至此，安宁工业园区成为云南省第三个通过评审的省级工业园区。

7月，安宁市推行农村合作医疗现场减免报销制度。

7月，山东省东营市考察团到安宁学习考察创建全国文明城市及城市建设、管理工作经验。

8月10日，副省长李汉柏率省公安厅、省财政厅领导到安宁市检察禁毒工作。

8月17日，昆明市公安局正式将代管三年的罗白公安分局移交安宁市。

8月18日，上午国务院副总理曾培炎一行，在白恩培、徐荣凯、李新华等省领导陪同下到富瑞公司视察。

8月18日，云南吉龙房地产开发有限公司与安宁市经济贸易局就拟投资开发的“昆明安宁森林温泉国际会务休闲中心”建设项目举行签字仪式。

9月1日，安宁市推行中小学农村寄宿制学生生活补助，把原来只补助小学的做法推广至高（职）中。

9月2日，省绿化委员会组成检查组，对安宁市申报“全国绿化模范城市”工作进行检查。检查结果：按照评选标准，硬性指标全部达到或超过指标要求。

9月20日，日本自然能源促进会成员到安宁考察学习再生资源应用推广情况。

10月12日，云南省政府第一批命名了20个“云南省生态乡镇”。其中安宁市八街镇、温泉镇名列其中。

10月13日，安宁市举行撤县设市10周年盛大庆祝活动。整个活动由交响音乐会、部分公益性项目竣工剪彩仪式、大型文艺演出组成。中央国家机关领导，省、昆明市党政军领导和机关各部门领导，安宁市友好、近邻县（市、区）领导，安宁市历任老领导和各级领导干部、知青代表、群众参加了庆典活动。

10月17~18日，安宁市正式申报创建国家园林城市并接受国家园林城市专家考评组的检查验收。

10月21日，国家发改委副主任李盛霖率调研组一行8人到安宁市调研农村合作医疗、文化服务体系建设等工作。

10月26日，安宁市初评为全国创建文明城市工作先进城市并在北京人民大会堂举行的全国精神文明工作表彰大会上受到表彰，安宁市委书记吴勇刚出席了表彰大会。

11月23日，中美合作公民教育项目交流、协作会议开幕式在安宁中学举行。

11月25日，云南省第六届年鉴系列优秀成果评选揭晓，《安宁市年鉴》（2004年版）获得综合特等奖，位列市（县）区年鉴综合特等奖榜首。

11月，安宁市被省政府命名为“云南省2005年度平安县（市区）”。

11月30日，安宁市“名、特、优、新”优质葱生产项目通过农业部专家及相关领导组成的验收组的验收。

12月18日，安宁市举行太平新区“造镇计划”、“西山新城”建设项目开工仪式。

12月底，安宁市连然镇投资300万元统筹建设村民小组基层活动阵地，该活动阵地总建筑面积为3 452平方米。

12月　第五届全国县域经济基本竞争力评价结果揭晓，安宁市入围西部县域经济基本竞争力百强县（市）第四名。

【区划、人口】　2005年末，安宁市辖7镇、3乡，有68个村民委员会，386个村民小组，14个社区居民委员会，25个居民小组，辖区总面积1 321平方千米，全市总人口26.5万人，比2004年下降0.7%。其中：农业人口12.07万人，占总人口的45.6%；非农业人口14.43万人，占总人口的54.4%。在总人口中，男性为13.92万人，女性为12.59万人，所占比重分别为52.5%和47.5%。全市有少数民族人口33 656人，占总人口的12.7%。世居少数民族人口主要有白族10 315人，彝族11 974人，苗族3 461人，回族3 249人。全市的计划生育工作不断加强，人口增长得到有效的控制，人口的素质和质量不断提高，全年出生人口2 520人，出生率为9.47‰；死亡人口941人，死亡率3.54‰；自然增长人口1 579人，自然增长率为5.93‰。

【经济综述】　2005年，安宁市国民经济继续保持了增长的态势，各项社会事业全面发展，人民生活水平稳步提高。

全市国民经济仍然保持了增长的态势，综合实力继续增强，但增长速度有所减缓。据初步核算，全年实现生产总值75.03亿元，比2004年增长5.1%。人均生产总值（按户籍平均人口计算）28 207元，比2004年增长5.4%。

三次产业共同推动经济发展。第一产业实现增加值4.91亿元，比2004年增长4.7%，拉动经济增长0.3个百分点；第二产业实现增加值46.22亿元，比2004年下降2.3%，影响经济下降3.1个百分点。其中工业实现增加值41.4亿元，比上年下降6.2%，对生产总值的贡献率为51.8%，影响经济下降2.6个百分点；第三产业实现增加值23.9亿元，比2004年增长21.8%，拉动经济增长7.9个百分点。一、二、三产业增加值的比重为6.5:61.6:31.9。全市生产总值占昆明市的7.1%。非公经济实现增加值17.25亿元，占全部生产总值的23%。全市工农业总产值

211.65亿元，比2004年增长30.9%。

个体私营经济增长较快，全市共有个体工商户10 132户，比2004年下降25%；私营企业790户，比2004年增长了86.3%；个体私营企业从业人员18 066人，比2004年下降47.7%；全年实现营业收入67.95亿元，缴纳税金5 024万元，个体私营经济实现增加值8亿元，对GDP的贡献率为10.7%。

2005年，全市实现社会消费品零售总额12.48亿元，比2004年增长8.1%；商品零售物价指数为100.5%；比2004年提高0.5个百分点；居民消费价格指数为102%，比2004年提高2个百分点。财政收支快速增长，全年实现财政收入13.68亿元，比2004年增长5.6%。其中：地方财政收入6.37亿元，比2004年增长12.4%；上划中央财政收入7.31亿元，比2004年增长0.3%；全年地方财政支出9.13亿元，比2004年增长12.1%。

金融机构各项存款余额为73.91亿元，比年初增长18.5%；金融机构各项贷款余额为60.62亿元，比年初增长20.3%；金融机构现金收入112.92亿元，现金支出119.92亿元，分别比2004年增长12.9%和13%；全年净投放现金7亿元，比2004年增长15.1%。

【农　业】　安宁市委、市政府始终把增加农民收入，提高人民生活水平作为根本出发点，按照“稳粮调结构，规模建基地，配置大产业，提质增收入”的方针，继续加大对农业及农田水利设施的投入力度，加大科技推广力度，大力发展高产、优质、高效的城郊型农业，实现了农村经济稳定增长，农民收入逐年增加。但农业基础设施依然薄弱，产业化、规模化水平还不高。2005年，全市实现农林牧渔业总产值7.16亿元，比2004年增长10%；实现农林牧渔业增加值4.91亿元，比2004年长了4.7%；受产业结构调整的影响，粮食产量达49 018吨，比2004年增长7.6%；平均亩产量达418千克，比2004下降1.9%；烤烟生产完成了双控的目标，烤烟产量达4 665吨，比2004年增长6.4%；中上等烟比例达到100%，综合收购价格比2004下降5.4%，实现产值5 333万元，税收1 838万元。蔬菜、水果、油料等农产品产量均有不同程度的增长，蔬菜总产量144 970吨，比2004年下降13.1%；水果总产量14 777吨，比2004年增长8.3%；油料总产量2 468吨，比2004年下降4%；畜牧业生产得到快速发展，2005年畜牧业产值达2.9亿元，占农林牧渔业总产值的40.5%，比2004年提高2.8个百分点；主要畜产品产量：猪、牛、羊肉产量达17 452吨，比2004年增长4.8%；家禽出栏392万只，比2004年增长50.2%；禽蛋产量3 619吨、牛奶产量3 575吨，分别比2004年增长81.8%和1%；2005年末大牲畜存栏23 071头，生猪存栏127 815头，羊存栏33 543只，分别比2004年末下降1.1%和增长7%、0.8%；大牲畜出栏6 410头，出栏率27.5%；生猪出栏198 086头，出栏率165.9%；比2004年提高2.2和6.1个百分点。乡镇企业快速发展，2005年，全市有乡镇企业6 983户，比2004年增长6%；从业人员46 143人，比2004年增长9.3%；乡镇企业实现营业收入59.3亿元，比2004年增长25.3%；实现增加值13.79亿元，比2004年增长37.1%；实现利税6.6亿元，比2004年增长33.3%。

【林　业】　2005年绿化造林、护林防火工作取得较好成绩。全年完成造林面积1 300亩，比2004年下降7.8%。年内没有发生森林火灾。森林覆盖率38.61%。全面实施了禁伐天然林工作及长江中上游水源林保护工作，植被覆盖率达64.3%，十乡镇均实现了灭荒目标。

【工　业】　2005年市工业企业加大改革力度，积极开拓市场，工业支柱产业的作用继续增强，工业生产实现了稳步增长，但经济效益有所下滑。2005年全市完成工业总产值204.46亿元，比2004年增长31.8%，全年实现工业增加值41.4亿元，比2004年下降6.2%；主要工业产品产量：钢323.3万吨，比2004年增长20.8%；钢材374万吨，比2004年增长38.6%；生铁337.7万吨，比2004年增长12.8%；焦炭148.4万吨，比2004年增长1.8%；化肥（折纯量）32.6万吨，比2004年下降45.3%；原盐24万吨，比2004年增长2.6%；煤气615 315万立方米，比2004年增长4%；铁矿石44.5万吨，比2004年下降40.3%；磷矿石190.4万吨，比2004年下降56.6%；水泥80.2万吨，比2004年增长22.6%；砖6 577万块，比2004年增长11.6%；硫酸104.5万吨，比2004年增长390.6%。全员劳动生产率561 062元/人，比2004年增长289.1%；资产负债率为44.9%，比2004年回落10个百分点；实现利润11.88亿元，比2004年下降62.2%；利税总额20.84亿元，比2004年下降49.9%。

【交通、邮电】　2005年，全市交通运输业平稳发展，交通运输条件进一步改善。全市货运量达5 384万吨，比2004年增长20%；货运周转量59 224万吨千米，比2004年增长25%；客运量为4 556万人，比2004年增长13.2%；客运周转量54 672万人千米，比2004年增长10.4%；全市共有机动车28 443辆，比2004年增长12.7%，其中：载货汽车3 988辆，比2004年下降1.7%；载客汽车11 988辆，比2004年增长17.6%。

邮电通信业迅猛发展。全市实现邮电业务总量11 484万元，比2004年增长19%；全市拥有固定电话67 613部，比2004年下降20%；全市固定电话普及率为25.5%，比2004年回落6.2个百分点；在网移动电话用户89 006户，比2004年增长61.9%；邮政系统全年订销报纸333.25万份，比2004年增长0.2%；订销杂志20.76万份，比2004年下降4.1%。办理函件38.1万份，比2004年下降31.5%。

【财政、金融、保险】　2005年，经济的持续发展，为财政收入的持续增长创造了有利的条件，全市财政收入达13.68亿元，比2004年增长5.6%，其中：地方财政收入达6.37亿元，比2004年增长12.4%；上划中央财政收入达7.31亿元，比2004年增长0.3%，财政支出达9.13亿元，比2004年增长12.1%。

金融行业继续加大对金融风险的防范和对贷款的监管力度，成效显著，金融机构不良资产比2004年明显下降。2005年末，金融机构各项贷款余额为60.62亿元，比2004年末增长20.3%；各项存款余额为73.91亿元，比2004年末增长18.6%，其中：城乡居民储蓄存款余额为40.66亿元，比2004年末增长21.5%；全年金融机构现金收入为112.92亿元，比2004年增长12.9%；全年金融机构现金支出为119.92亿元，比2004年增长13%；全年净投放现金7亿元，比2004年增长了0.7%。保险事业持续发展，2005年全市保险金额为159.65亿元。各种保费收入为8 615万元，比2004年长了1.1%，其中：财产保险保费收入为5 240万元，比2004年增长1.5%；人寿保险保费收入为3 375万元，比2004年增长0,4%；有8.35万人参加了人寿保险，占总人口数的31.5%，比2004年提高0.4个百分点。2005年支付已决案赔款2 840万元，比2004年下降3.2%，其中：支付人寿保险案赔款336万元，比2004年增长

21.7%；支付财产保险案赔款2 504万元，比2004年下降5.8%。

【商品市场】 2005年，全市城乡市场货源充足，粮、烟、肉、禽、果等农副产品价格有所上升，农民增收步伐有所加快。2005年，商品销售总额67.41亿元，比2004年增长19.4%；社会消费品零售总额12.48亿元，比2004年增长13.6%，其中：城市零售额8.99亿元，比2004年增长16.5%；农村零售额3.49亿元，比2004年增长6.7%；公有制经济零售额1.08亿元，比2004年增长33.3%；非公有制经济零售额11.4亿元，比2004年增长12.1%；公有制经济、非公有制经济零售额所占比重分别为8.7%和91.3%。集市贸易成交额为5.66亿元，比2004年增长5.4%。2005年社会消费品零售物价指数100.5%，比2004年提高了0.5个百分点；居民消费价格指数102%，比2004年提高2个百分点。

【外贸、旅游】 2005年，安宁市继续加大招商引资和对外开放的力度，以工业园区为依托，招商引资工作取得新的进展，全年共引进大项目38个，其中：内资项目28个，外资项目10个，协议引资98.17亿元（其中：外资协议引资18 722.9万美元）；开工项目计划投资超过13.6亿元，到位资金3亿元，实际完成投资2.6亿元。2005年，全市共有“三资”企业10个，全年实现营业收入10.29亿元，比2004年增长51.3%，实现利润0.71亿元，比2004年增长61.4%；上缴税金3 012万元，比2004年增长108%。全市工商企业完成出口总额9.52亿元，比2004年增长22.4%；创汇11 793万美元。全年共接待游客120.54万人次，比2004年增长4.5%，旅游综合收入1.19亿元，比2004年增长7.2%。

【科、教、文、卫、体】 以科技工作与旅游和生态三个结合为重点，加速科技成果向现实生产力的转化。2005年，组织实施科技项目22项，评审科技成果12项，申报科技项目12项，举办各类技术培训678期，培训农村劳动力58 626人次，农村科技网络建设得到巩固和加强，农村能源工作有了新的突破。引进先进的专利和技术，开展了能源示范村的建设项目，使安宁市农村能源朝着多元化、综合互补的方向发展。开发生产“高效节能环保气化灶”、“沼气热水器”和“沼气饭煲”，“高效节能环保气化灶”已推广2 020台，沼气覆盖率达51.7%。

教育工作以调整教育结构、优化资源配置为主线，以进一步巩固提高“两基”成果为重点，以大力提高教育教学质量和办学效益，不断提高学生素质为目标，加强教师队伍建设，实施科教兴市发展战略。2005年全市学龄前儿童入学率100%，初中毛入学率100%，普通高中录取率46.7%，高考综合上线率87.5%，高考录取率81.3%。2005年末，全市有幼儿园19所，在园人数6 690人；全市有小学在校学生24 434人、中学在校学生11 788人；中小学在校学生分别比2004年增长4.2%和5.1%。职业技术学校在校学生1 573人，比2004年增长18.1%；成人自学考试累计开考110个科目，报考2 075人次，报考3 434科次。素质教育全面推进，提高完成“两基”任务，人均受教育年限达到8.6年。

文化事业蓬勃发展，成功协办了安宁撤县设市十周年系列庆典活动。文化活动以节目活动为载体，以传统春节系列活动为主线，强化农村“四基”建设，举办了“安宁美”读书演讲活动；全市共有电影放映单位14个，文化馆（站）11个，文艺表演团体8个，表演场所11个，博物馆1个，公共图书馆藏书13.76万册。

体育工作以广泛开展全民健身活动为主线，积极组织承办各项群众性体育活动，举办、承办、协办各类体育比赛活动20余项，承办了中华人民共和国第十届运动会“繁荣安宁”杯女子排球预选赛，举办了安宁市全民健身周暨第二届气排球比赛；举办了“五四杯”桥牌赛；举办了2005年安宁市老年“迎新”门球赛；组队参加云南省“花腰傣杯”羽毛球邀请赛，并取得了第六名的好成绩；举办了篮球、田径、排球、中国象棋、桥牌、气排球等裁判员培训共8次。

医疗卫生工作通过深化城镇医疗体制改革，完善了卫生监督和疾病预防控制体制的改革，加强卫生、医政、药品的监督和管理。2005年常驻儿童五苗接种覆盖率达98%，食品卫生监督覆盖率100%，全面推进新型农村合作医疗工作，农村合作医疗覆盖率96.4%。年末全市共有卫生机构228个，病床2 250张，专业卫生技术人员1 722人。

【广播、电视】 广播电视事业进一步发展，有线电视光缆已经通达全市95%的村（居）委会。全市广播人口覆盖率100%，电视人口覆盖率98%。安宁人民广播电台开办了新闻、农业、艺术、服务类广播栏目5个。

【城乡建设】 全市投资环境不断改善，投资规模稳步增长，2005年完成固定资产投资45.21亿元，比上年增长58.9%。按经济类型划分，国有单位投资37.33亿元，比上年增长54.4%，占全部固定资产投资的82.6%；集体单位投资1.14亿元，比上年增长45.5%，占全部固定资产投资的2.5%；城乡个人投资0.54亿元，比上年下降37.5%；其他单位投资6.2亿元，比上年增长135.9%，占全部固定资产投资的13.7%。

【人民生活】 城乡居民的生活水平逐年提高。2005年末，全市在岗职工年末人数为50 364人，比2004年下降6.8%；工资总额为107 249万元，比2004年增长9.3%；在岗职工年平均工资21 715元，比2004年增长19.4%；城镇居民人均可支配收入11 189元，比2004年增长15.7%；人均生活消费支出7 281元，比2004年增长7.5%；城镇居民人均储蓄存款余额为22 452元，比2004年增长了17.7%。2005年，农民人均纯收入3 759元，比2004年增长了7.8%；全年农民人均生活消费支出3 295元，比2004年增长16%。农民人均储蓄存款余额为6 846元，比2004年增长50%。

生活环境继续得到改善。城乡居民的居住条件明显改善，城镇居民人均住房使用面积24.08平方米，与2004年基本持平；95%的城镇居民居住上单元配套住宅；98%的城镇居民使用上管道煤气或液化气。农村居民人均居住面积35平方米，比2004年增长12.2%；住房质量继续得到提高，住房中钢筋混凝土结构的比重达到55.1%。社会福利事业进一步发展，2005年，全市参加社会养老保险的职工62 845人，比2004年增长1.7%；收缴社会养老保险金33 065万元，比2004年增长0.9%；享受社会养老保险金的离退休职工45 634人，比2004年增长3%；全年共发放社会养老金41 185万元，比2004年增长1.9%。参加医疗保险的职工76 234人，比2004年增长1.5%；收缴医疗保险金13 241万元，比2004年增长6.3%；享受城镇居民最低生活保障的人数达139 392人次，全年共发放保障金1 104万元。全市办社会福利院6个，病床180张，在院人数106人。

【环境保护】 环境保护事业进一步加强，环保投资逐年增加，环境质量逐步改善。2005年环保投资达17 900万元，环保投资指数达2.4%。环境综合整治取得了较好成绩。城市集中饮用水源地水质达标率达到100%，工业废水排放达标率92.97%，比2004年回落0.05个百分点；空气中二氧化硫、二氧化氮和可吸入颗粒物年均值均分别达到国家环境空气质量三级、二级和一级标准；工业烟尘排放达标率96.67%，比2004年回落了1.17个百分点；工业二氧化硫达标率99.82%，比2004年回落了0.11个百分点；工业粉尘排放达标率80.61%，比2004年回落了2.78个百分点；建成区绿化覆盖率为38.75%；汽车尾气达标率为86.46%。

（张丽华）

呈贡县

【年内大事】 1月28日，呈贡县首次采用无预算标底的方式开展乡村医疗机构医疗药品集中招标采购。

2月1日，共青团呈贡县委（呈贡县青年志愿者分会）被团中央授予“第五届中国百个优秀青年志愿服务集体”称号。

3月4～10日，呈贡县七甸乡松茂村委会首次组织党团员和部分青年进行军事化训练。

4月8～10日，呈贡县永达车队夺得’2005中国“丽江温泉杯”玉龙雪山越野汽车大奖赛俱乐部杯穿越赛、个人场地赛、大排量赛3项全国冠军。

4月12日，呈贡县委抽调100名机关工作人员组成“先锋工作队”，下派到呈贡新城规划区范围内的村（居）委会，驻村帮社，开展工作；全县各乡镇也抽调一半机关干部到村（民）委会帮助工作，有效地化解了因征地、拆迁引发的各种矛盾。

4月23日，由中宣部、《人民日报》社、《光明日报》社、《解放军报》社、中央电视台等新闻单位的记者、编辑、主持人组成的“四个一批”新闻考察团到呈贡考察，就“发展农村特色经济、加强基层党组织建设”等方面的内容进行采访调研。

4月28日，市级310项行政审批权下放呈贡新城管委会、呈贡县人民政府。

5月8日，呈贡新城管委会分别与云南师范大学、云南民族大学、云南省中医学院、昆明医学院、云南省高等医学专科学校签订迁建合作协议。

5月9日，昆明市委、市政府在呈贡新城管委会召开呈贡新城建设现场办公会。

5月16日，昆明市市级行政中心建设启动仪式在呈贡县举行。

5月20日，“呈贡斗南花卉综合标准”通过由省、市、县专家组成的专家组的审定。

6月3日，呈贡县在吴家营乡召开云南民族大学迁建项目征地动员会。

6月7日，呈贡新城管委会与昆明医学院第一附属医院、中华涂料有限公司、官房集团举行项目协议签字仪式。

6月8日，呈贡实康水务有限公司成立揭牌仪式暨日供水2～6万吨自来水建设项目开工典礼在呈贡县举行。

6月10日，中共中央政治局委员、广东省委书记张德江、省长黄华华率广东省党政代表团到呈贡参观。

7月5日，来昆参加GMS会议的越南总理潘文凯一行到呈贡参观昆明国际花卉拍卖交易中心和隆格兰园艺股份有限公司。

7月11日，白恩培、徐荣凯、秦光荣、杨崇勇、王文涛、杨远翔等省市领导以及云南师范大学、昆明理工大学、昆明医学院、云南省艺术学院等高校的领导到呈贡调研。

7月29日（农历6月24日），呈贡县在三台山公园举办呈贡新城首届山歌文化节。

7月29日，呈贡县人民政府公布了全县首批8项挂牌文物名单。

8月25日，中非论坛非洲代表团访滇团一行130余人到呈贡县隆格兰园艺股份有限公司、斗南花卉市场、昆明国际花卉拍卖交易中心参观。

8月28日，呈贡县斗南镇乌龙浦村民郭建良在滇池中捕获一条长1.38米、宽30厘米、重31千克的大青鱼。

8月30日，老挝和平团结委员会代理主席本宝·桑宋沙一行8人到呈贡斗南花卉市场、昆明晨农绿色产品有限公司种植基地和蔬菜加工中心参观。

9月10日，由云南省人民政府邀请的原美国飞虎队·驼峰老兵访华团一行120余人到呈贡县参观原二战遗址——呈贡飞机场机窝（停机坪）、修飞机场用过的石碾子。

9月15日，云南省文化产业重要项目之一的韶山藏书楼建设工程在呈贡县马金铺乡韶山冲举行奠基仪式。

10月1日，呈贡县举行纪念抗战胜利60周年暨“冰心默庐”维修竣工揭牌仪式。

10月10日，副省长程映萱率领省财政厅、省银监局领导到呈贡县检查农村信用合作社深化改革工作。

11月2日，西藏自治区政府副主席次仁一行到斗南参观。

同日，省人大常委会常务副主任牛绍尧率省人大代表团到呈贡县七甸乡胡家庄视察村容整治、生态旱厕推广和湖滨绿化等生态建设情况。

11月7日，市委、市政府在呈贡宾馆召开专题研讨会，就昆明经济技术开发区、高新技术开发区、滇池国家旅游度假区参与呈贡新城建设、加快全市招商引资等工作进行研究。

12月9日，呈贡县委、县政府决定在马金铺乡和吴家营乡建设2万亩的失地农民就业园，一期规划建设5 000亩。

12月26日，《呈贡工业园区总体规划》及其《可行性研究报告》通过省市专家评审。

12月27日，云南省部分在昆高校呈贡新校区建设项目在呈贡新城主干道前卫营段举行奠基仪式。

12月29日，昆明呈贡新城管委会和云南省投资公司在呈贡新城管委会签订《战略合作意向书》，2006年内将有人民币20余亿元的新城建设资金通过云南投资公司组织实现。

【区划、人口】 2005年末，呈贡县辖龙城、洛羊、斗南3个镇，七甸、吴家营、大渔、马金铺4个乡，共有36个社区居民委员会、29个村民委员会，辖区面积461平方千米。全县共有51 603户，总人口159 641人。其中，男性80 232人，占总人口数的50.26%；女性79 409人，占总人口数的49.74%；农业人口127 441人，占总人口数的79.84%；非农业人口32 200人，占总人口数的20.17%；少数民族人口6 231人，占总人口数的3.9%。少数民族人口中回族人口2 838人，占少数民族人口数的45.55%，占全县总人口数的1.78%。年内共出生人口1 349人，出生率为8.55‰；死亡人口748人，死亡率为5.6‰；人口自然增长率为3.81‰。全县人口密度为每平方千米346人。

【经济综述】 2005年，全县地区生产总值实现26亿元，比上年增长20%。其中，第一产业实现增加值4.68亿元，比上年增长7.3%；第二产业实现增加值15.34亿元（规模以上工业企业实现增加值7.94亿元，比上年增长

18.9%），比上年增长22.6%；第三产业实现增加值5.98亿元，比上年增长18.2%。三次产业结构从上年的21.4:54.4:24.2调整为18:59:23。积极开展招商引资工作，全年审批新上、技改项目40个，计划总投资26.8亿元。全社会固定资产投资完成16.75亿元，比上年增长18.9%。财政总收入完成4.3亿元，比上年增长81.6%，其中地方财政收入实现2.01亿元，比上年增长62.56%。社会消费品零售总额完成7.3亿元，比上年增长12.3%。金融机构各项存款余额373 343万元，比上年末增长35.91%；贷款余额151 126万元，比上年末增长29.59%。城镇居民可支配收入9 807元，比上年增长2.48%；农民人均纯收入达到4 569元，比上年增长8.92%。切实保障困难群众的基本生活，累计发放低保金114.52万元，享受低保金的人员为10 532人次。

【农　业】　县委、县政府始终把农业作为经济工作的重点来抓，坚持“三农”服务为重点，抓科技、调结构、建市场、促流通。狠抓各项科技措施的落实，促进全县粮食和菜、花、果特色产业的稳步发展。一是积极开展农业实用技术和农业科技培训，进一步增强广大农户的科技意识、市场意识、竞争意识，提高农业从业人员的劳动技能。二是认真实施农业科技项目，大力推广平衡施肥技术，积极实施生态村和农村小型公益户用沼气池项目。全县共推广平衡施肥技术5万亩，建成户用沼气池150口，推广改造节能灶100眼，建设生态旱厕405个，加强了1 100口户用沼气池的建后管理。三是大力发展菜、花、果特色产业。以实施无公害栽培，推广标准化种植，提升产品质量，增加菜农收入为目标，引进蔬菜新品种17个，推广科技项目6项，累计推广面积6.8万亩；组织认证无公害蔬菜生产基地1.1万亩，认证无公害蔬菜品种2个；实施无公害蔬菜综合技术示范推广8.13万亩。年末，全县已认证的无公害蔬菜基地为3.3万亩，已认证的无公害蔬菜品种为15个（其中获得绿色食品认证的产品7个）。以市场为导向，扩大特色花卉种植比例。全县共引进新品种20个，组织生产试验73组；完成花卉标准化生产示范5 100亩。示范园为窗口，引进水果新品种、新技术，通过试验示范辐射带动全县水果产业的发展。年内，全县引进、推广红梨优良品种1 000亩，推广果实套袋新技术600余亩。四是加强动植物检疫、防疫，确保种植、畜牧业安全、健康发展。五是培育扶持壮大农业龙头企业，充分发挥其示范带头作用。年内，组织20户农业企业申报了省、市级龙头企业，其中19户企业被评为市级龙头企业，并争取扶持资金345万元。六是充分发挥市场对农业的促进作用。年内，龙城蔬菜批发市场蔬菜交易量为14.5亿千克，交易额14.35亿元；斗南花卉市场鲜切花交易量为16.5亿枝，交易额14亿元；昆明国际花卉拍卖交易中心拍卖鲜切花7 812.5万枝，交易额2 479万元；呈贡农业生产资料市场交易农药、化肥、农膜、种子131万吨，交易额6亿元。七是加强农业执法。年内，全县共开展农资打假、农产品质量卫生安全大检查9次。2005年，全县小春播种面积完成3 070.5亩，总产量49.92万千克，平均单产493千克；大春播种面积10 776亩，总产量496.96万千克，平均单产253.3千克。蔬菜播种面积14.35万亩，蔬菜上市总量3.41亿千克（其中外销2.79亿千克），实现总产值3.71亿元。花卉种植面积3.15万亩，品种66个，总产量14.26亿枝，实现产值3.15亿元。水果种植面积稳定在2.2万亩，总产量1 182万千克，产值2 699.1万元。年末实现生猪存栏2.53万头，出栏4.87万头；禽存栏168.24万只，出栏141.46万只；牛存栏9 305头，出栏1 846头；羊存栏10 122只，出栏3 253只；肉类总产量6 696.9吨，奶类总产量12 287.7吨，禽蛋总产量7 207.6吨，畜牧业产值1.81亿元。

【工　业】　继续推进和深化国有企业改革。对县商业总公司、呈贡宾馆的资产进行公开拍卖；顺利完成了县蔬菜和燃料公司的关闭注销工作，44名职工得到妥善安置，全面完成市政府下达的国企改革目标任务。重视安全生产，防止重大事故发生。在电力供应紧张的情况下，加强企业用电的调配协调，保证重点企业生产用电，促进工业经济持续增长。转变政府职能，为企业发展搞好协调服务。全年实现工业增加值10.47亿元，比上年增长31.45%；上缴税金0.53亿元，占地方财政收入的26.4%，实现了速度和效益的同步增长。

2005年，全县非公经济实现增加值4.77亿元，比上年增长14.2%。

【水利、交通】　2005年，投入资金2 673.79万元，完成水利工程建设项目679件。其中，河道治理工程1件、人畜饮水工程5件、集镇供水工程1件、“五小”水利工程3件、小型水库病险处理工程1件、水毁修复工程3件、节水灌溉工程2件、水土保持工程2件、其他工程9件、岁修工程650件、计划外工程2件。新增防渗渠道2.05千米，疏浚河道2.37千米，清淤渠道430.21千米，新建水池20个、小水窖100个，建养殖池4个，安装检修闸1道，新建闸房100平方米，新增灌溉面积1 000亩，新增节水灌溉面积1 000亩，改善灌溉面积4 100亩，治理水土流失面积20平方千米，解决了5 800人、700头大牲畜的饮水困难。认真实施水保生态修复工程，完成治理面积0.57平方千米。渔业生产持续稳步发展，年内全县投放斤两鱼种590吨，夏花苗种17.1万尾，养殖产量1 608.5吨。

年内，投资1 200万元（省市补助500万元，昆洛公路指挥部出资200万元，乡村筹资160万元，其余缺口资金由施工单位进行贷款，县政府安排贴息并逐年纳入县财政预算进行赔付），完成了呈七公路11千米路段的改扩建工程；完成了石龙公路大修工程的验收；完成了云南师范大学建设需占用的三铝线1.7千米、昆明医学院建设需占用的老昆洛公路1.3千米的改线方案；对全县的公路进行日常养护；修复吴雨、关高、松白等公路损坏的档墙；抢修了斗南公路；对昆洛公路K0+850—K2+000路段进行了路基换填保通抢修。认真开展运政稽查工作，检查车辆10 635台，查处违章车辆1 354台，补收运管费及罚款65万元。

【城乡建设与管理】　积极开展呈贡新城各项规划的编制工作。组织完成了洛羊物流中心、大冲工业片区、斗南龙城片区、吴家营中心片区、雨花文教片区、大渔片区、包龙片区、环湖湿地保护区8个功能片区控制性详细规划的编制工作，完成了景观规划、通信系统、供电系统、交通系统4个专项规划的设计工作。设计成果经公示、修订后，已上报有关部门审批。展开了呈贡新城规划范围内村庄搬迁并点规划的编制。

加强基础设施建设。总长1 950米，总投资约6 000万元的石龙公路改扩建工程9月14日正式动工。投资281万元，完成了全长2 265米，建设面积2万平方米的兴呈路绿化亮化工程建设。加大县城基础设施建设维护力度，完成长480米、面积3 840平方米的沿河路南幅道路路面改造工程，并配套完成了400平方米的道路绿化。

加强城市管理。将县城20余万平

方米的主、次干道的清扫保洁工作面向社会公开招标。投资15万元挖掘垃圾填埋坑4万立方米；投资4万元对人场垃圾进行消毒处理。加大市容市貌的整治力度，共清理户外违章小广告5万条，清除户外违规布标250余条，查处取缔占道经营750余起（处罚420起）。加强供水管网的建设与维护。年内，全县实现供水150万立方米，产值255万元。

加大对建筑市场的监督管理力度。依建设程序办理建筑工程施工许可证14宗，补办建筑工程施工手续1宗。办理建设工程项目备案15宗。完成13户施工企业资质的年检。建筑施工企业各工种从业人员进行执证上岗安全生产培训。完成了2 331.97万元拖欠工程款的清欠工作。加大建设工程的安全质量监督。年内，与县属10户施工企业签订了《2005年工程质量目标责任书》，全年办理受监工程6个。

投资12万元完成了兴呈路配套的绿化工程、斗南路绿化改造、小王家营绿化补植等工作。完成富康东路、县疾控中心路口、环城南路的绿化、亮化工作。

【电　信】　年内，共发展固定电话用户3 819部，发展小灵通用户7 965部，发展宽带用户1 123部，发展来电显示用户（含PAS）5 421部，发展彩铃用户438部，完成业务收入2 994万元，比上年增长11.59%。年末县电信光缆已通达各行政村，实现了全县行政村村村通电话；全县电话设备总容量52 525门，固定电话用户数28 009部，固定电话普及率28部/百人；“小灵通”网络已覆盖全县7个乡镇，用户数已达到11 175部；宽带业务（ADSL）已可在全县各行政村安装。

【生态、环保】　2005年，全县共完成义务植树45万株、滇池及新城面山造林2 500亩、中幼林抚育1 500亩、封山育林5 000亩、低效林分改造1 000亩、天保工程人工造林1 000亩、领导样板林200亩，与中日友好协会签订造林合同1 476亩，完成森林管护201 945亩，培育各类苗木200余万株。森林防火工作取得较好成绩，年内共发生无森林受害火灾1起，一般森林火灾1起，过火面积49.6亩。年末，全县森林覆盖率为51.3%。

积极开展生态环境保护工作。对建设项目进行了环境影响评价，年内共审批建设项目93个，批准87个，未批准6个。对符合“三同时”要求的7个建设项目进行了验收，项目总投资1 440万元，环保投资54万元，环保投资占总投资的3.75%。加大老污染源治理的督查力度，总投资390万元，环保投资68万元的穆盛达乳业有限公司等3个限期治理项目通过市、县验收。加大排污许可证管理力度，为5个单位换发了正式排污许可证，对37个单位进行了环保年检，新确定10个单位实施排污许可证制度。关闭了昊家营片区的11个耐火泥粉加工厂。依法查处环境违法行为，对6户违法排污企业进行行政处罚，收缴罚金1.2万元。认真开展环保专项行动及专项调查。在“2005年整治违法排污企业　保障群众身体健康环保专项行动”中，全县的47户企业被列为整治对象，经过多次现场督查及督促整改，15户重点监管企业和32户违法排污企业中的20户于10月25日通过了环保考核验收，其他12户违法排污企业已责令停产并由工商部门处理。积极开展农村生态环境建设与保护，完成了总投资50万元的胡家庄生态示范村一期工程建设并通过了市级验收；投资76.78万元开展土家村面源污染控制示范村一期工程建设；全力推广农村生态卫生旱厕，年内共完成家庭式生态卫生旱厕建设1 922座，完成公共生态卫生旱厕9座；完成了彩龙村、土家村、邓家村、七甸村4个生态卫生旱厕示范村建设任务。

认真开展滇池保护和治理工作，滇池治理取得新的突破。认真开展形式多样的滇池保护的宣传。如，在斗南镇可乐小学开展了“滇保知识进我家，保护滇池靠大家”的主题活动；在大渔小学开展了“护我滇池，共建美好家园”的保护滇池系列活动，收到了明显成效。圆满完成241亩生态湿地建设的土地调整，修筑各种收割管理道路2 000余米，开挖总面积10亩的积沉淀塘2个。继续推广“榕风1号”秸秆还田和生物技术，积极发放菌剂，实施“榕风1号”秸秆还田和生物技术22 180亩。积极做好人湖河道和滇池水体的保洁，先后组织人员2 147人次，出动人力船、艇228只次，打捞垃圾1 342吨，清理滇池水体中烂船60余艘；组织人员1 194人次、机械车辆70台次、船（艇）206艘次，打涝、清运马料河、捞渔河等河道人湖口和乌龙共湾等滇池水域的垃圾（漂浮物）1 180吨，清理垃圾600余吨、淤泥170余吨，县域内滇池水域景观得到明显改善。完成了滇池水体保护界桩的重建。加大渔政执法监督检查力度，有力地保护了滇池的渔业资源。

【社会保障】　积极开展职业技能培训，共培训各类人员844人（下岗失业人员603人，劳动预备制人员241人）。认真落实下岗失业人员再就业优惠政策，积极开展“再就业援助行动”，组织44户用工单位到破产企业——原十四冶一公司职工集中居住区进行现场招聘，达成就业意向145人。年内共提供就业岗位1 763个，实现就业1 068人（其中下岗失业人员566人、特殊困难群体161人、“4 050人员”56人）。积极开展劳务输出，共实现农村富余劳动力转移就业3 660人。认真开展失业保险，全年共核定失业保险193户9 407人6 293 756元，核定欠费77户5 981人2 045 907.52元；共发放失业保险金9 565人次2 973 588元。

稳步推进社会保障工作。年内，养老保险费征收完成10 479 372元，离退人员养老保险金支付完成31 299 257元；工伤保险费征收完成192 086元，工伤保险金支付完成9人共9 442元；生育保险费征收完成175 269元，生育保险金支付完成14人共72 155元。

医疗保险运行平稳。2005年，全县共有293个单位（企业63户）的15 209人（企业8 592人）、937名自谋职业和灵活就业人员参加了基本医疗保险（在职人员11 313人、退休人员3 896人）。年内，全县应征基本医疗保险费2 841万元，实收2 840万元，征缴率为99.97%。

【商贸、旅游】　年内，全县共审批新上和技改项目40个，总投资26.8亿元。县供销社购进商品总值3 598万元，比上年减少2 944万元；商品销售总值3 769万元，比上年减少2 562万元；利润10万元，比上年增加5.1万元。县粮食局全年共购进粮食1 063.4万千克，完成销售收入2 145万元，实现利润18.7万元。县烟草公司销售卷烟7 626箱，销售收入7 683万元，实现利润751万元，上缴税金234万元。

加大对县内旅游企业和旅游线路的宣传力度，组织县内有关旅游企业制作花车10辆参加“第二届昆明冬季花卉节”为期5天的花车展出；积极组织人员参加第三届“昆明春天杯”民族风格时装大赛的初赛、复赛和决赛；组织梁王山旅游度假区参加滇东南、滇中六地市在玉溪的旅游产品采购会，收到了较好的效果。精心准备，热情服务，认真做好旅游接待工作，春节、五一、十一

3个旅游黄金周，全县共接待游客32.36万人，旅游收入1 715.45万元。年内，全县累计接待国内外游客194.42万人次，完成旅游收入1.47亿元，营业税及附加完成268.37万元。

【财税、金融】 2005年，全县地方财政收入完成20 126万元，为调整预算19 729万元的102.19%，比上年增收7 759万元，增长62.56%。地方财政一般预算支出完成24 794万元，为调整预算23 640万元的104.88%，比上年增支7 618万元，增长44.35%。其中，县本级支出16 968万元，比上年增支5 406万元，增长46.76%；乡镇级支出7 828万元，比上年增支2 209万元，增长39.33%；基金预算支出531万元，比上年增支474万元，增长831.58%；省市级补助支出3 774万元，比上年增支985万元，增长35.32%。

2005年末，全县金融机构各项存款余额373 343万元，比上年末增加98 650万元（其中储蓄存款增加87 577万元），增长35.91%；各项贷款余额151 126万元，比上年末增长29.59%。首次设立了政府贷款偿贷保证金制度，以县财政可用资金的5%作为偿贷保证金，为金融的资金安全创造了条件。

【科　技】 全年共组织实施科技项目15项，其中市级项目7项（新立项目5项）、县级项目8项，总投资2 268.84万元（其中企业自筹1 995.34万元），总产值75.4万元，增加收入17.5万元。积极开展科技宣传和培训，全年共刊出宣传栏38期，黑板报503期；举办各种类型的科技培训班204期，共培训各类人员13 674人次，其中科技示范户2 243人次，骨干4 940人次，妇女6 781人次，复转军人679人次，使人民群众的科技水平进一步提高。开展送科技下乡，服务农村群众，全年共组织科技人员100人次深入农村，赠送各种科技宣传资料6 000份，科技书籍1 100册，为群众提供咨询服务2 510人次。认真开展科技网络建设，全县有科技示范乡1个、示范村19个、示范户1 757户，农村科技示范户的户均收入达到9 382.8元。

【教　育】 加大教育基础设施建设的力度。投资22.73万元，完成全县中小学校舍修缮4 380平方米；投资69万元，完成下庄小学714.8平方米综合楼建设；投资260万元、建筑面积2 348.2平方米的马金铺中学综合楼已开始建设；总投资1 700万元的七甸乡12年一贯制学校建设已举行奠基仪式；投资91.2076万元，为中小学新配置了计算机网络教室8个，全县中小学计算机网络教室达到26个、卫星接收点64个、光盘播放点66个、多媒体教室14个；教师住宅小区——园丁小区已开工建设。组织教师开展各种有针对性的专项培训，提高教师队伍素质。全县1 431名教师参加了各级各类培训4 236人次，总培训时间为126 192学时。重视实验教学普及工作。认真贯彻“两免一补”和“三免费”政策，巩固“两基”成果。年内，全县农村义务教育阶段享受“两免一补”的学生3 763人，兑现杂费、学生生活补助费89.437万元；全县小学适龄儿童入学率为100%，初中毛入学率为109.4%，在校学生巩固率小学为100%、初中为99.68%。积极发展民办教育。年内，新审批了5个民办幼儿园（班），全县民办幼儿园达到18所；在已有3所民办学校的基础上，新引进民办学校2所，新增教学班15个，在校学生585人。年内，全县参加初中升高中（中专）考试1 814人，录取1 547人，录取率为85%；普通高考参加考试364人，上线263人，综合上线率为72%。年末，全县共有职业高级中学1所，在校学生126人；中学10所（教育部门办7所、社会力量办3所），在校学生8 024人；小学51所（社会力量办2所），在校学生16 673人；幼儿园23所（社会力量办16所），在园幼儿5 694人（含小学附设学前班2 549人）。

【卫　生】 全县7个乡镇23 468户共65 531人参加了新型农村合作医疗，占全县应参加人员的60%。从7月1日，全县正式启动新合医报销工作。启动了20所村卫生室的新建工作。6所乡镇卫生院共投资50万元购置了部分医疗设备，拓宽了医疗服务项目，进一步满足了人民群众的就医需求。年内，全县乡镇卫生院共诊治病人83 283人次，业务总收入2 522 788.34元。认真开展艾滋病、结核病等疾病预防控制工作。加强疫情监测管理，有效防止了甲类传染病的发生。年内，全县常住人口共发生乙类传染病报告11种363例，无死亡报告，发病率为230.81/十万。加强基础免疫工作。加强妇幼保健工作，全面落实妇女儿童的保健措施，完成了全国第四次儿童体格发育调查715人，对0~7岁儿童进行了3·2·1儿童体检及高危儿童筛查，共检查儿童5 985人。加大卫生执法力度。对全县1 984户食品生产经营单位实施有效卫生监督6 086次，监督覆盖率为100%；办（换）发卫生许可证2 343个；举办从业人员培训班12期，共培训4 124人，培训合格率100%；对不符合卫生要求的食品生产经营单位进行了行政处罚136起。加强公共场所和学校卫生监督，对全县336户公共场所经营单位实施有效卫生监督1 008户次，对不符合卫生要求的22户进行卫生行政处罚；对全县49所大中专院校、中小学和幼儿园进行了春、秋季食品卫生安全监督检查。积极开展了打击非法行医专项行动，取缔“性病诊所”及无证行医58户次，查处无证坐堂行医6户，处理旧法接生54起。加大医疗药品的集中招标采购，在县级医疗机构医疗药品集中招标采购的基础上，3月1日，对全县各乡镇卫生院、村卫生室使用的药品实行统一招标采购。

【文化体育、电视】 先后组织开展了全县春节文化下乡活动和春节文化系列活动，组织40条“板凳龙”和5条“大龙”参加了“昆明市第二届百龙闹春”活动，举办了“呈贡县职工文艺展演暨第五届青年文化节”、“呈贡县首届新城建设山歌文化节”和每月一次的广场文艺展演。积极组织人员和文艺节目参加了市级有关单位（部门）举办的各种比赛和文艺汇演并取得了较好的成绩。积极开展传统文化的保护工作，全县有7项传统文化被列入市级保护并上报省级备案。加强对文化市场的管理，共检查网吧2 000余户次、电子游戏室250余户次、音像制品经营户150户次、书刊经营75户次，取缔违法经营摊点58个，处罚违规经营户35户。投资20余万元对市级文物保护单位“冰心默庐”进行了维修并对外开放；首次对全县的8项文物进行了挂牌保护；积极实施“2131”工程，放映电影982场，观众14万余人次。先后组织开展了春节系列体育活动、呈贡县“三八”妇女运动会、新世纪呈贡县首届农民运动会等群众体育活动。在竞技体育工作中，认真组织人员参加全国、省、市组织的各种比赛，共获金牌5枚、银牌10枚、铜牌12枚。

加大有线电视网络建设，投资100余万元，架设光缆53千米，新开通光节点30余个，完成入网用户1 800户、并网2 000余户。年内，共制作、播出电视新闻100余期760条。

【社会治安综合治理】 主动开展矛盾纠纷的排查调处工作。全县26名县级领导对呈贡新城建设中涉及征地、拆迁的25个重点村（居）委会实行包保工作责任制；机关干部包干联系村（社），开展下访工作；下派90名“先锋工作队”队员驻村帮社，了解社情民意和群众关心的热点、难点问题，化解矛盾，维护农村稳定。年内，全县共调解各类矛盾纠纷946件，调处成功928件，调解成功率为98.05%；及时制止群体性械斗事件5件；劝阻和平息群众上访事件19起1 310余人次。年内，全县共立刑事案件1 335件，破案847件，摧毁犯罪团伙19个，抓获逃犯74名，打处犯罪嫌疑人701人，缴获赃款及赃物折合人民币220.78万元；受理各类治安案件1 125件，查处926件，查处违法人员1 937人；立经济犯罪案件20件，涉案总金额216万元，共破合同诈骗案16件，挽回经济损失305万余元；查破毒品案件87件，抓获毒品犯罪嫌疑人94人，缴获毒品海洛因22.81千克，缴获毒资人民币53.09万元，捣毁吸毒窝点25个，强制戒毒464人，办理劳动教养181人。县检察院受理公安机关提请批捕的各类犯罪案件221件388人，经审查，批捕208件367人。县法院共受理各类案件1 788件，结案1 719件。年内，共审批炸药718.74吨、雷管102.24万发、导火索40.725万米，收缴民用枪6支。

【精神文明建设】　先后组织开展了“三讲一树”和“改陋习、树新风”系列活动，“爱我中华、心系国防”演讲比赛，启动了以“勤俭节约，防腐成才”为主要内容的廉政文化进校园活动。组织开展丰富多彩的文体活动，丰富了全县人民的精神文化生活。认真开展“扫黄打非”，净化全县文化市场和社会环境。在农村广泛开展了“十星级文明户”创建活动，参与农户为38 531户，占全县农户总数的95%以上。加强对文明单位、文明村创建工作的指导，不断提高创建质量。年内，全县到届重新申报并通过考评的县级文明单位56个、县级文明村13个，新申报并通过考评的县级文明单位10个、文明村3个，新申报并通过考评的市级文明单位13个、文明村2个。

【人民生活】　高度重视解决失地农民问题，研究制定了《关于解决失地农民基本生活保障的试行办法》等7个配套政策规定。认真落实“平安呈贡”创建工作措施，各类治安案件受理数比上年下降22%，“两抢”案件比上年下降36%。切实保障困难群众的基本生活，千方百计增加农民和职工收入，使城乡人民的生活水平进一步提高。年内，全县农民人均纯收入达到4 569元，比上年增长8.92%，城镇居民可支配收入为9 807元，比上年增长2.48%；城乡居民储蓄存款比上年增加87 577万元；社会消费品零售总额7.3亿元，比上年增长12.3%；社会保险、福利事业得到进一步发展，全县所有低保对象实现了“应保尽保”的目标；城乡居民居住条件和居住水平得到进一步改善和提高，城镇居民人均住房面积34.16平方米，比上年增长0.6%；农村居民人均住房面积57平方米，比上年增长7.5%。

（唐荣华）

晋宁县

【年内大事】　1月8日，双龙水库加固工程顺利通过市水利水电工程质量监督中心站、新兴水利水电建设监理公司、昆明市水利水电勘测设计院等7家单位的验收。

1月28日，香港邮政署署长蔡宛微女士、澳门邮政局副局长刘惠明女士参观郑和公园。

2月6日，晋宁县第一批保持共产党员先进性教育活动正式开展。

2月9日，新街乡古城村委会60套扶贫安居房正式落成。

3月21日，晋宁县遭遇8级大风袭击，造成部分农作物受灾、民房受损。

3月16日，第四批老挝县委书记考察团离开晋宁，为老挝培训100名县委书记的工作任务圆满完成。

5月17日，省委常委、省委政法委书记李明朝到晋宁检查调研“平安创建”工作。

5月9日，由市、县两级投资建设的电子阅览室在晋宁县图书馆建成并投入使用。这是全市8个县（市）区中第一个建成的电子阅览室。

7月11日，郑和下西洋600周年纪念活动在晋宁展开。

7月15日，省委副书记丹增，省委常委、市委书记杨崇勇，省委常委、省委宣传部长晏友琼等省、市领导率12个门类的文学艺术家及多家新闻媒体的记者100余人到晋宁采风创作。

8月15日，突降暴雨，晋城映山塘水库出现险情。富有花建厂水库后坝坡滑坡300平方米，坝体出现裂缝，顺流左岸山体滑坡，出现险情。

9月21～23日，全国十省区十二县（市）区政协横向联谊会第十五次会议在晋宁召开。

11月22日，国家计生委专家组一行5人，在省、市计生委领导陪同下到晋宁检查验收创建国家级计划生育优质服务先进县工作。

12月8日，投资1.2亿元的县城东凤路东段、官张路建设动工。

【区划、人口】　2005年，全县辖昆阳、晋城、古城、宝峰4镇，二街、中和、上蒜、六街、化乐、新街6乡及双河、夕阳彝族乡，129个村委会、4个居民委员会。总面积1 230.86平方千米，耕地面积21 000亩，年末总人口89 982户，274 163人，比上年增0.5%，其中男性136 076人，女性138 076人，男女比例为98.56∶100，农业人口221 929人，非农业人口52 234人，分别占总人口的80.95%和19.05%；少数民族人口28 349人，占总人口的10.34%，其中世居民族彝族、回族、哈尼族25 578人。全年出生2 689人，死亡616人；迁入2 507人，迁出3 563人，人口自然增长率为3.11‰。

【经济综述】　全年国内生产总值完成23.29亿元（现价），比上年增长9.2%。其中：第一产业完成6.24亿元，比上年增长4.9%，第二产业完成9.96亿元，比上年增长11.2%，第三产业完成7.09亿元，比上年增长10.1%。一、二、三产业的比重为26.8∶42.8∶30.4。完成固定资产投资3.8亿元，比上年下降9.1%。社会消费品零售总额5.28亿元，增长13%。完成工农业总产值41.85亿元，增长21.8%。完成工业总产值32.29亿元，增长24.6%，乡镇企业完成增加值6.45亿元，增长18.3%，实缴税金8 146万元，增长30.4%，完成非公经济增加值9.92亿元，增长50.9%，占全县生产总值的比重提高到42.6%。完成了24户改制企业的归档工作。实现农业增加值6.24亿元。城乡居民人均可支配收入为9 170元，增长5.4%，农民人均纯收入为3 228元，增长4.8%。完成财政收入2.294亿元，增长50.6%。其中：地方财政收入完成1.338亿元，增长34.8%，上划中央财政完成9 559万元，增长71.7%；地方财政支出2.836亿元，增长38%，其中县级财政支出2.146亿元，乡级财政支出6 900万元。接待国内外游客91万人次，总收入1 070万元。农村推行税费改革，减轻农民负担742万元，减负率达60.75%。落实招商引资项目29个，计划总投资5.133亿元，实际到位资金2.577亿元。其中：市内投资项目12个，实际到位资金0.674亿元，市外投资项目17个，实际到位资金1.903亿元，落实外资项目1个，实际利用外资148万美元。在纪念郑和下西洋600周年活动期间，签订投资协议10个，协议总投资为79亿元。

【工　业】　仅至9月底，规模以上工业增加值完成42 020万元，同比增长69%，完成年计划的96%；工业销售收入完成730 730万元，同比增长48%；规模以上工业利税总额完成23.332万元，同比增长249%；规模以上工业利润总额完成15 555万元，同比增长46.8%。全年完成工业总产值32.29亿元，比上年增长24.6%。以发展为载体，项目为支撑，不断调整优化工业结构，努力推进工业化进程。磷化工、建筑建材、铸造、光学仪器等支柱产业得到巩固和加强，精密机床、农副产品深加工发展迅速，工业片区经济增长加快，企业收入增多。晋城、化乐工业片区有21户铸造企业完成了项目立项审批，昆明技恩西精密机床有限公司、恒裕通磷化工有限公司、日本大荣贸易株式会社的久啦（昆明）食品有限公司、昆明金恒达食品有限公司、云南科创玻璃技术有限公司等项目相继在古城、二街、上蒜、昆阳工业片区落户。片区经济带动作用明显增强。完成企业改革归档24户50余卷。认真对待和处理改制遗留问题。工业产品主要有：磷矿石、磷肥、磷酸一铵、硫酸、黄磷、光学仪器、水泥、铸造件等。

【农　业】　全县实现农业增加值6.24亿元。粮食播种面积21.95万亩，总产量7 544.3万千克。烤烟完成收购总量670万千克，完成农特税1 612万元。鲜切花种植面积30 000亩，产量14.95亿枝，创产值4.49亿元，发展各类花卉公司、企业和产销实体50余家。蔬菜种植面积11.5万亩，总产值31 680万元，形成一村一品种植样板7个。出栏肉猪25万头，肉牛6 500头，肉羊14 000只，肉禽250万只；存栏生猪15.5万头，家禽90多万只，奶牛6 782头，产鲜奶19 000吨，产值3 040万元，建成孙家坝、月表、绿源、联盟、现代、十里等8个奶牛合作社。农业总产值达95 600万元，增长13.1%。县内未发生高致病性禽流感、“W”病等重大动物疫情。实施沼气示范村建设，新建农村用户沼气池600口，引进玻璃钢沼气池2口，沼气池综合利用推广15.2公顷。推广节柴灶1 000眼。培训“核心农户”98班7 986人（次），进村入户指导19 851人次，绿色证书培训30个班1 800人。检查农资经营单位300余家，农药品种731个，兽药、饲料及饲料添加剂33个品种，无违禁兽药和饲料销售。建立起3个乡（镇）的信息服务站。接待咨询群众180余人，发放相关材料300余份。转移农村剩余劳动力5 036人，完成任务的101.2%。

【林　业】　完成天然林保护公益林建设6 000亩及市级项目5 700亩的“作业施工设计”。育华山松百日苗200余万株，组织营造林工程招标及造林地块指认工作。完成人工造林7 165亩，占任务数的99.5%；封山育林7 000亩，占任务数的100%；市级幼林抚育500亩，占任务数的100%；四旁义务植树79.126万株，占任务数的113%。对1999年以来的天保工程项目进行了认真的自检自查。严格执行森林采伐限额管理规定，共采伐活立木蓄积88.52立方米，开出木材再次运输证4 355立方米。完成“十一五”森林限额采伐编制上报工作。调查处理涉林案件86件。查处野生动物案件4件，放归野生动物13只。全力以赴抓好森林防火，共发生森林火情7次，过火面积277.43公顷，受害面积28.32公顷，受害率0.51‰。兑现退耕还林面积2 000亩，涉及农户798户。聘请天保管理人员221人对现有90万亩森林资源进行有效保护。发生森林病虫害面积2.75万亩，防治面积1.28万亩，防治率49.8%。县境内森林覆盖率为53.3%。

【水　利】　农田水利建设投入资金2 930.06万元，累计投入劳力467.5万个。重点工程主要有双龙水库除险加固工程、益州水库建设工程和打黑二坝建设工程等。完成农村人畜饮水工程13件，解决了0.35万人、0.1万头牲畜的饮水问题。完成水保工程2件，小（二）型水库除险加固工程2件，河道治理工程2件，烤烟水浇地工程31件，小型水利工程14件，岁修工程129件，小坝塘除险加固工程1件，新增灌溉面积2.54万亩，改善灌溉面积4.2万亩，水土流失治理面积21.13平方千米，新增节水灌溉面积0.16万亩。河道治理0.8千米，新建水池8个、水窖708个，新增蓄水能力0.8万立方米，支砌三面光沟渠38条227千米，安装各种管道35.45千米。柴河、大河两座水库向昆明供自来水2 571.71万立方米，县城供水187.13万立方米，水质综合合格率为99%。引进鱼苗600万尾，大闸蟹2.3万只，放养大头鲤鱼种苗318千克，移植原种大头鲤10万尾。

【乡镇企业】　乡镇企业保持了持续、健康发展的势头。完成增加值76 446万元，比上年增长25.1%，完成工业产值207 354万元，同比增长25.6%，实交税金13 071万元，同比增长73.8%。新上、技改、扩建项目37个，计划总投资44 518万元，实际完成投资19 424万元。在37个项目中，投资在400万元以下的22个，400万元以上的15个。全年共争取省、市乡镇企业局扶持资金67万元。二街黄磷厂、宝峰、双河铁厂、中正公司等企业的经济效益逐步凸现出来。年末，全县乡镇企业共有7 988户，比上年增加5户，从业人员达44 158人，比上年增加2 115人。

【招商引资】　共落实招商引资项目29个，计划总投资5.13亿元，实际到位2.57亿元。其中：市内投资项目12个，实际到位资金0.674亿元；市外投资项目17个，实际到位资金1.9亿元；落实外资项目1个，实际利用外资148万美元。在纪念郑和下西洋600周年活动期间，签订投资协议10个，协议总投资79亿元。

【交通、邮电】　上六公路新改线段3.77千米建设完工，完成投资226.33万元。抓紧宝夕公路部分路段大修的前期准备工作。对昆阳码头航道作了疏浚，疏挖工程量为42 089立方米，完成投资84万元。完成古城镇大修厂起点段工程建设任务，完成投资32万元。积极做好安晋公路建设的协调工作。加强县乡公路的养护和路政管理，依法制止违章建筑、构造物179.75平方米，清理公路杂物26 231平方米。共检查货运车辆19 916辆。审换道路运输经营许可证5 913户。上路稽查251天，检查车辆28 630辆次，补收交通规费20.53万元，罚款13万元。境内干线畅通，基本无“三乱”。

邮政业务汇总收入完成461.52万元，比上年增长4.62%，收支差完成146.24万元，比上年增长12.38%。全员劳动生产率实现12.47万元，业务总量实现4 468.78万元。利用纪念郑和下西洋600周年活动，开发反映晋宁地方经济建设成就个性化邮票1 000版，实现收入3.6万元，制作县国税局形象化年册300册，创收4.98万元，为盘龙寺制作邮资明信片42万枚，茶花殿邮资明信片10万枚，实现函件收入52万元。移动公司至11月，完成业务收入1 900万元，新业务完成350万元，话务量收入完成1 920万元，用户发展3 000户，新增用户市场占有率65%。推出“农村移动桌机”及“无线IP公话”。

【城建、环保】　完成《晋宁县“十一五”规划期间城镇建设发展思路》的编修及《郑和广场建设项目建议书》、《东风路片区开发项目建议书》等的修订，并对开发建设项目做包装储备。启动郑和公园一期改建项目，完成了三宝楼和北大门的维修彩画，北大门到马哈只墓道路及绿化、塑像、广场浮雕、罗盘广场、玉皇阁修缮等重点工程，工程建设投资355.64万元。配合昆阳镇共投资65万元对护城河作了清淤。官张路、东风路东段改建工程进入招标程序。县城污水处理厂一期及配套管网工程竣工验收。对全县16家建筑施工企业和200余名项目经理作了资质年检；对全县在建工程作9次安全大检查；清理拖欠农民工资工作如期完成；清欠工程款2 113.73万元。路灯亮灯率为98%，补种草坪2 000余平方米，修剪绿化带1.1万平方米。完成房产公私权属登记780件，发放产权证2 791本，交易251件，交易金额2 138.42万元。严把建设项目环保审批关，全年申报项目77个，办理设立项目77个，否决项目6个，环境影响评价执行率100%，“三同时”执行率100%，工业企业污染治理设施运转率99%，工业企业废水、烟尘排放达标率100%，二氧化硫、粉尘排放达标率90%以上，工业废物处置率95%，“环评”执行率达100%。对已审批污染性建设项目进行现场监察。全年竣工试生产并已申请验收应执行“三同时”项目15个，执行“三同时”合格项目15个。坚持对39家重点污染源企业及80台套污染物处理设施每月现场监理1次，每季度对85家一般工业企业及97台套污染处理设施现场监理1次，在2家企业安装了运行监控器。按季对柴河、磨南德等饮用水源地和自然保护区进行监测。做好农村面源污染控制。建成生态卫生旱厕10 207个。投资49.7万元在古城镇开展滇池面源污染控制示范村建设，保护了滇池，美化了农村。

【财税、金融】　全县完成财政收入2.2943亿元，增长50.6%。其中：地方财政收入完成1.3384亿元，同比增长38.4%；上划中央财政收入完成9 559万元，增长71.7%。地方财政支出2.8326亿元，增长38%。其中：县级财政支出2.1462亿元，乡级财政支出6 900万元。收支矛盾仍显突出。金融运行平稳，县农村信用社各项存款余额为10亿元，比上年增加3亿元；各项贷款余额6.6亿元，比上年增加2.9亿元；存贷比例为62%。其中：农户及农业经济组织贷款2.9亿元，农村工商业贷款1.5亿元，其他贷款2.2亿元，贴现846万元。全年累计发放各项贷款114 557万元，增加46 165万元；收回各项贷款93 531万元，增加26 294万元。全县信用社共建立农户经济档案9 732户，核定贷款额度2 490万元，发放贷款证9 180本。

【旅　游】　进一步完善晋宁旅游开发项目库，围绕郑和文化、古滇文化、宗教文化项目，调整、充实、完善开发项目库，储备了18个集生态、休闲、康体、娱乐为一体的文化旅游项目。完成旅游接待人数79.2万人次，旅游收入833.5万元。积极配合参与郑和名人文化园、宝峰乐苑和盘龙寺文化主题公园3个大型旅游开发项目的前期策划准备工作。在郑和公园新建了1座三星级旅游厕所。

【科　技】　广泛开展科学技术普及工作，大力推广农村先进实用技术，提高农民依靠科技进步增收致富的能力。在新街乡三合村发展科技示范户核心农户100户。推进农业科技信息化，加大科技服务“三农”力度，成立科技服务队，进村入户分类指导，建立科技人员到户、科技成果到田、技术要领到人的长效服务机制，培训科技乡土人才队伍。新街乡种植浅水藕近6 000亩，平均亩产值达3 000元，示范户人均收入高于本县农民人均收入4%。引进云南花果叶公司落户宝峰镇，建成了昆明市最大的食用玫瑰种苗种植基地。向省市厅局、科协、生物资源创新办公室申报各类生物资源创新、科普、科技计划项目23项。其中《莲藕开发在滇池湿地建设中的推广运用》、《晋宁县科技进村入户工程》、《地面青贮应用技术研究》、《无公害生鲜牛奶标准化生产技术研究示范》等5个科技计划项目获市科技局列项扶技。开展各种农业科技培训395期58 590人次。组织开展“三下乡”活动，“4·26”世界知识产权日宣传活动。开展烤烟、蔬菜、花卉、科普小常识等科普宣传活动，组织科普宣传39次，出黑板报387期，广播宣传620次，科普讲座61次，人数7 487人次，播放科普录像227场，观众32 492人次，印发宣传资料22 092份。组织8所中小学校学生87人参加第二十届市青少年科技创新大赛，上报参赛作品95件，获奖46件。建成了晋城镇富有村委会、古城镇中谊村村委会、新街乡孙家坝村委会3个县级“巾帼科技示范村”。年末全县共有科技示范村26个，科技示范户3 154户，农村专业技术协会13个。其中县级1个，乡（镇）级5个，村级7个，会员913人。

【教　育】　全县有各类教育机构（中小学、幼儿园）145所，教职工2 392人，其中：高中3所，90个班级，学生4 419人；乡（镇）中学11所，183个班级，学生9 195人；小学教育点119个，792个班级，学生27 482人；幼儿园20所。9年义务教育普及率达到98.6%，适龄儿童入学率达到100%，顺利完成了驻晋国有企业办学校移交地方管理的工作。全县期末检测小学总体成绩稳步提高：初中总平均分390.39分，比上年提高5.58分，总及格率53.19%，比上年提高0.85个百分点；高考上线273人，上线率72.61%，比上年提高19.95个百分点。为晋宁一中、二中配置了4.5万元的图书。确定了6 011名中小学生为享受免费教科书的对象，并向社会公示名单，提供教科书6 011套，免费金额25.25万元；补助农村寄宿制小学生4 600人，补助资金46万元；补助残疾初中学生28人，金额0.84万元，残疾小学生74人，金额1.11万元，农村家庭贫困初中学生1 600人，金额32万元。对“两基”基础表册进行了核实整理，顺利通过了市级组织的验收。加强教育信息化建设，投资289.5万元为全县中小学配建了47个模式一（光盘播放点）、69个模式二（含光盘播放点和卫星接收站）、11个模式三（含光盘播放点、卫星接收站和多媒体教室、计算机教室），在全县农村中小学全面启动了现代远程教育项目工程。举办了“晋宁地区中小学生田径运动会”。

【文化、体育】　积极开展群众喜闻乐见的文艺活动，认真组织各种文艺培训和辅导。组织了40余人的“云岭先锋”工程及“先教”活动文艺演出及文化服务队伍，在“三下乡”活动中深入农村，为农民群众表演文艺节目，发送农业科技资料2 500余份，放映电影5场。组织了300余人的龙狮、秧鼓队在县城为群众进行了表演，并赴昆明参加了市政府组织的“百龙闹春”巡演及广场文艺演出。配合宝峰镇成功举办了正月十六调子会，配合相关单位在郑和公园举办了“闹春”调子会。发挥历史文化资源优势，加大对外宣传力度，包装了一批“人有我精，人无我有”的文化项目。组织调查小组在全县进行了10余次专访，调查掌握了100多个独具民族特色的文化项目。组织晋宁滇中秧佬鼓队赴昆参加2005年中国昆明国际文化旅游节民族民间鼓舞大赛，获第一名；组建晋宁县文艺代表队参加市反腐倡廉文艺调演，参加昆明市首届聂耳音乐合唱节；派出文艺骨干20余人次承担晋宁县老年大学的音乐、戏剧、舞蹈等课程的讲授。抓实业务文艺创作，收到论文2篇，花灯、小品、歌剧、相声等作品31件。购买图书馆自动化集成软件(ELAS)，配置了“全国文化信息资源共享工程”设备1套，购置12台电脑，初步建成了晋宁第一个共益性的电子阅览室。加强文物的保护和管理，对全县30多个被国家、省、市、县列为文物保护的单位进行有效保护，完成县新公布的6项县级文物保护单位的实地勘测，划定保护范围及建设控制地带，完成了绘图、拍照、立碑工作；完成了“马哈只墓碑”申报第六批全国重点文物保护单位的工作；配合省考古所对县内新街乡梁王山和上蒜乡小平山作了勘探和发掘。继续开展好农村电影“2132”工程，6个放映队下乡放映电影1 230场次，观众达135 000人次。结合“扫黄”、“打非”工作，出动人员100余人次，收缴各种淫秽盗版光碟1 250片，书籍78册，取缔无证经营书摊5个，处罚接纳未成年及违章经营网吧3户，电子游戏室、歌舞厅8家。积极组织群众开展群众性体育活动，协助县老体协举办门球赛和健身舞培训班2期，参训人员110人。

【卫　生】　全县有乡级以上医疗机构27家，比上年增加9家。大力推进“乡村卫生服务管理一体化”，完成了乡(镇)卫生院上划县级管理工作，农村药品“两网”建设顺利完成。启动了新型农村合作医疗，全县参加人数为195 711人，参合率88%。县城荣获“云南省甲级卫生县城”称号。初步建立了疾病预防控制体系。食品药品放心工程取得阶段性成果。积极开展艾滋病防治工作，农村巡回医疗队深入12个乡镇开展为民服务活动49场次。推进和规范药品集中招标采购工作，县级非营利性医疗机构招标采购药品1 699种，组织专业技术人员参加全国九城市儿童体检发育调查。加大卫生监督执法力度，食品卫生预防性审查50家，换发食品卫生许可证1 600份；公共场所卫生换发公共场所卫生许可证351份；职业卫生监督检查20户；饮用水卫生监督检查20户；学校卫生监督检查44家。继续实施食品放心工程。共处理突发公共卫生事件13件，其中医疗纠纷8起，食品卫生5起，结案率100%。开展社区卫生服务，有社区卫生工作人员24人，开展计划免疫共2 680人，服脊灰糖丸4 000人，打各种防病疫苗250人，开展各类健康知识讲座11次，建立健康档案1 758份，计生技术服务147人次。

【人民生活】　严格执行农村税费改革政策，减轻农民负担742万元，减负率达60.75%。城镇居民人均可支配收入为9 174元，比上年增长10.4%，农民人均纯收入3 228元，比上年增长6.6%。认真落实城镇最低生活保障制度，抓好基本养老保险工作和再就业工作。全县领取低保人数1 325户，2 841人，累计发低保资金204.65万元，人均差补81元。全年共发放失业救济金346.54万元，其中：救济金308.69万元，医疗补助24.99万元。农民工补助金3.73万元，培训补助8.75万元，丧葬补助0.37万元。为8 893名离退休人员按时足额发放养老金6 852万元，足额发放率和社会发放率100%。全县共有参统企业、单位2 224户，参保人员13 764人。生育保险基金收入152万元，支付124万元；工伤保险收入184万元，支出39万元；农村参保人员7 071人，领保人员176人，发放农保基金6.4万元，基金结余584.77万元。接收安置军转干部7人，退役士兵7人；通过公开招聘录取大中专毕业生就业82人。收集提供有效就业岗位2 120个，完成目标任务的100%；实现城镇新增就业1 836人，完成目标任务的102%。共有521名失业人员实现了再就业，转移农村富余劳动力5 021人，2 072人到劳动市场求职，介绍成功1 263人。

【广播电视】　年内，共采编播新闻128组，计1 157条，制作专栏节目27期，专题片9集（部）。新闻节目时间总长2 202′55″，比上年同增加34′40″分钟。摄制电视专题片《先锋之歌》等3部。4件作品在参评市广播电视政府奖时获奖。累计外送昆明电视台一套和六套播出的稿件为208条，采用率100%。全县广播电视覆盖率达到100%。全县10个乡（镇）实现有线电视节目传输光缆大联网。建成一个上联中央、省、市，下联县、乡、村的统一宽带网络。架设光缆354.24千米，计954芯千米，有线电视网可传输35套电视节目。全县有线电视用户总数达45 803户，新增用户1 402户，比上年增长3%。完成20座“6+1”的升级和10座“村村通”工程建设任务，共解决了10个村社近1 000余户山区群众看电视、听广播难的问题。

【精神文明建设】　继续推进“美德进万家”、“知我家乡、爱我家乡、建我家乡”和“改陋习、树新风”等系列主题教育实践活动，开创公民道德建设新局面，丰富社会主义精神文明建设的内容。申报市级文明单位19个，文明村4个，市级先进乡（镇）1个，创建“十星级文明户”2 105户，市级文明小城镇1个，文明社区1个，先进村1个，县级文明单位（村）28个。年末，全县共有文明单位（村）398个（含当年新建的51个）。其中：省级20个，市级116个，县级262个。

【社会治安综合治理】　成立了创建“平安晋宁”领导小组，县委、政府领导挂帅，制定切实可行的工作方案和工作计划。大张旗鼓宣传，打击震慑犯罪，掀起禁毒人民战争高潮。认真排查矛盾纠纷，化解矛盾，全力维护社会稳定，全县共排查矛盾纠纷13起，妥善调处12起。深化“严打”整治，打击违法犯罪，共立各类普通刑事案件1 305件，综合破案565件，受理治安行政案件1 877起，查处1 471起。共抓获处理违法犯罪人员2 960人。县检察院共审查批捕119件178人，提起公诉112件198人。县法院共受理各类案件1 447件，审结1 266件。司法行政部门共受理各类民间纠纷641件，调解成功629件，破获各类毒品案件104件，抓获各类作案人员68人，缴获精制毒品13 166.38克，毒资64 530元。共查处吸毒人员330人，强戒240人，劳教90人。加强治安防范，落实综合治理各项措施，层层签订责任制，构建社会治安整体联动防范体系，基本做到街面有巡逻，村组有巡防，单位有保安。全县共有专兼职巡防队 152 支1 113人。基层治保会 133 个 684 人，调解会 145 个 775 人。

（吴永华）

富民县

【年内大事】 1月1日，“富民县地名书法展”开幕。

2月4日，富民县保持共产党员先进性教育活动正式启动。

2月23日，县文体局组织秧歌队，歌舞队在县城主要街道进行“踩花街”活动，晚上在体育广场举行龙灯汇耍欢度元宵。

3月4日，全县普降大雪，9个乡镇不同程度受灾，款庄、散旦、东村部分高寒山区受灾严重。

5月31日，副省长李汉柏到富民视察看守所新建工程建设情况。

6月16日，省政协常务副主席孟继尧一行到富民县政协调研。

同日，富民县招商引资暨非公有制经济工作会议召开。

同日，富民葫芦塘电站正式投入使用。

7月8日，富民西环路改扩建工程开工。

7月26日，富民县“滇丰”牌大树杨梅被中国绿色食品发展中心认定为绿色食品 A 级产品，名称为“滇丰”牌杨梅。

7月27日，富民县地震监测中心大楼落成投入使用。

8月10日，昆禄公路旁大营小河突然涨水，出现 30 年不遇的洪灾，给沿河两岸农田造成严重灾害，洪水淹没昆禄公路部分路段。

8月16日下午3时左右，富民县罗免乡遭受暴雨袭击，局部地区遭受冰雹，至下午4时左右，降雨量高达 40.5 毫米，给农作物、房屋及各类基础设施造成不同程度损坏，受灾总面积达 1 035亩，成灾 495 亩，绝收 75 亩，直接经济损失 75 万元。

9月9～13日，富民县组织 11 家企业参加 2005 年首届昆明国际农业博览会，签约合作项目4项，金额9 467.5万元。“滇丰”牌杨梅获优质奖，富民展区荣获优秀布展奖。

9月30日，县委召开富民县首次人才工作会议，对评出来的8位优秀专家进行表彰。

10月12、23日，县委派出两批干部赴浙江异地培训。

10月13日，富民县水利工程管理体制改革工作顺利通过市级验收。

10月19日，国家农发办对富民县 2002～2004 年农业综合开发工程进行考评验收，评为省级先进单位，此工程共投入资金2 019万元。

11月18日，投资 625 万元的黄坡水库改扩建工程破土动工，工期1年。

12月15日，《黎阳星火》一书出版发行。

12月16日，市政府北部五县区发展调研领导小组到富民对工业规划进行调研。

12月19日，富民县永定镇“花大桥”通过竣工验收，正式投入使用。

12月底，首本《富民年鉴》公开出版发行，全书有 44 个彩页，71 万字。

【区划、人口】 2005 年 10 月，开展撤乡并镇工作，撤销了勤劳乡、者北乡，并入永定镇、大营镇、罗免乡。年末富民县辖永定镇、大营镇和罗免、赤就、款庄、东村、散旦 5 乡 73 个村民委员会 500 个自然村，城南、城北、马街 3 个居民委员会。辖区总面积 993 平方千米，耕地面积6 916公顷，全县总人口 140 325 人，比上年增 2 713 人，增长 1.93%，其中：男性70 253人，占总人口的 50.1%，女性70 072人，占总人口的49.9%；非农业人口数18 550人，占总人口的 13.2%，农业人口数121 775 人，占总人口的 86.8%；少数民族人口 19 243人，占总人口数的 13.7%，其中世居民族彝族10 448人，苗族7 004人，白族 752 人，回族 490 人，哈尼族 104 人，壮族 81 人，傣族 77 人，傈僳族 104 人。人口密度为每平方千米141.3 人；全年出生人口1 850人，人口自然增长率为 7.17‰，死亡人口 603 人，死亡率 4.33‰。

【经济综述】 全年完成国内生产总值 8.66 亿元，比上年增长 10.9%，其中一、二、三产业分别实现增加值 2.49 亿元、3.22 亿元和 2.95 亿元，增长 6%、13.2% 和 12.7%，三次产业结构比为 29:37:34。人均生产总值完成 12.5 亿元，比上年增长 10.4%。完成农业总产值 4.9 亿元，实现财政总收入8 826万元，占调整预算的 101.3%，比上年增长 29.4%，其中一般预算收入4 422万元，占调整预算数的 102.2%。财政总支出 19 103万元，比上年增长 23.6%。完成社会消费品零售总额 3.14 亿元。非公经济全年上缴税收6 336万元，占全县工商各税的 78%，占全县生产总值的比重达 42%。

【工　业】 全年完成工业总产值 7.63 亿元，比上年增长 13.1%。全县规模以上工业企业共 16 家，产销率为 94%，实现税收2 479万元。启动了永定兴源冶化工业基地建设，完成了大互通钛白粉厂、和平化工厂等重点企业技术改造项目。建成葫芦塘电站、金旺达钢结构设备有限公司结构产品项目，桂西纸业、锐意金属拿爱施复合化肥、大玛钠铁矿等 17 个工业项目相继投产。年内，完成钛白粉 1.59 万吨，比上年增长 56.1%，发电量 1.3 亿 kwh，比上年增长 13.4%，饲料级磷酸氢钙 15.46 万吨，比上年增长 19.9%，水泥 6.86 万吨，比上年减 8%，黄磷5 225吨，比上年减 41.2%，磷酸3 497吨，比上年减 68%，芦荟罐头2 390吨，是上年同期的 3 倍。另外，10 万吨/年硫酸项目、30 万吨/年磷酸氢钙、10 万吨/年造纸项目等一批在建项目正抓紧建设。

【农　业】 全年完成农业总产值 4.9 亿元，比上年增 9.8%，全年粮食作物播种面积175 125亩，粮食总产量稳定在 58万吨，全年种植烤烟 2 万亩，收购 5.2万担，为年计划的 100%，收购均价 11.27 元，实现农特税 658 万元，烟农收入2 990万元，再创双控以来最好成绩。巩固提升板栗、茭瓜、葡萄等传统优势产业的效益和品质，蔬菜、花卉、林果等特色产业不断发展，三项产业实现产值 1.13 亿元。水果产量在全市各县区中位居第一，种植面积不断扩大，全县种植大树杨梅19 900亩，葡萄 7 613亩，产量10 416.7吨，产值2 086万元，樱桃种植2 624亩，产量 405 吨，产值 110 万元，蔬菜种植51 004亩，产量 3 969.92万千克，产值4 962.4万元，花卉种植 830 亩，产量 243 万枝，产值 1 944万元。引种示范鹰嘴脆蜜桃、红心仙桃、冬桃、晚熟葡萄等。无公害和绿色产品生产规模进一步扩大。滇丰牌大树杨梅通过国家 A 级绿色食品认证，全年种植 600 亩，产量1 200吨，此品牌被农博会组委会评为“优质农产品”。“款庄牌”茭瓜获国家无公害产品认证”；2002～2004 农业综合开发顺利通过国家验收。落实“两免”、“三补贴”政策，从 2005 年起，全县实行免征农业税和取消烤烟以外农业特产税政策，为农民减负 197 万元，对种粮农民直接补贴资金共 30 万元。年末全县生猪存栏 12 万头，出栏 15 万头；大牲畜存栏

3.5万头，出栏0.52万头；羊存栏5.4万只，出栏1.5万只，家禽存栏57.3万只，出栏46.6万只，禽蛋产量2 504吨，肉类总产1.5万吨，奶产量68吨。

继续实施天然林保护工程，林森管护862万亩；封山育林2 500亩；完成公益林建设2 000亩；退耕还林4 000亩，引种曼地亚红豆杉1 087亩，20万株；全县义务植树完成33.5万株，1 532亩，平均成活率85%；森林防火基础设施建设投资17.5万元，新修防火公路3千米；全年办理石塘、采矿临时占用林地手续12件，办理林木采伐手续15件，发放林木采伐许可证488.115立方米，收缴育林基金1.5211万元，调查全县岩溶面积320.22平方千米，占总面积的31.9%，查处涉林违法案件72件。

全年完成沼气池990口，完成率为124%，推广地膜、微灌等设施，昆明海宇公司改造、新建温室大棚400亩，农户建大棚100亩，地膜推广应用5 520亩。品世食品、滇宇花卉、永定科技示范园、勤劳无公害蔬菜基地、净红鸵鸟养殖公司等龙头企业不断壮大，农业产业结构调整进一步优化，农民增收致富门路不断拓宽，农民人均纯收入达3 091元，比上年增9.84%。组织参加“农博会”，已签招商引资合作项目4项，金额达946.5万元，富民展区被评为优秀布展奖。

【旅游业】 乡村旅游开发全面推进，初步形成了以度假山庄为龙头的休闲度假旅游，以特色林果、土特产品为载体的农业观光旅游和“农家乐”为平台的乡村旅游发展格局。旅游经济持续快速增长，2005年全县接待游客达65万人次，实现营业收入5 700万元，比上年增长62.5%和42.5%。

【水　电】 年内水管体改工作顺利通过省级、市级验收；抓好“长治”七期工程，率先在全省运用法国SPO卫星金色影像及35高新技术进行调查设计，组织专家对富民县“长治”工程2005～2006年实施小流域初步设计进行审查验收。全面启动2005年度小流域综合治理工程，已完成50%，完成赤就磨丹东小流域、款庄小流域的水保林、植物篱的移栽定植任务，完成伽峰生态园区的水池、分水池建设。全年完成各类水利工程422件，累计投资3 907.36万元，比上年增79%，完成工程量311万立方米，建成三面光沟渠6条，全长19.7千米，建成各类集雨小水窖2 950个，各类蓄水池56个，全县新增灌溉面积800亩，改善灌溉面积13 000亩，治理水土流失面积21.61平方千米。新增地方电力装机39 004瓦。解决和改善了9 322人、4 286头大牲畜饮水困难问题。富民供电有限公司全年完成售电量2.59亿kwh，实现工业总产值2 848万元，产品销售收入2 662万元。6月葫芦塘电站正式投产发电。

【交通运输】 全年新建改建公路16条，新增公路里程42.7千米，东散公路富民至小水井段已列入市通达工程项目。投入资金15万元加强对乡村公路的维修养护，乡村道路通行条件得到改善。重视和加强县乡公路建、管、养工作，治理公路“三乱”成效明显，清除侵占公路案件12起1 907平方米。加强对水毁路段的及时抢修，共清理水毁坍方35 800立方米。抓好交通安全，无重特大事故发生。

【城乡建设】 采取市场化运作方式，完成了永定桥重建。对县城部分街道路面进行维修。西环路改扩建工程进展顺利，县城电网改造、电力通讯、有线电视专业管线路入地及配套工程接近尾声，县委机关办公楼、民政残联办公楼、法院办公楼等新建和改造工程完工投入使用；看守所改扩建工程已进入扫尾阶段，经典别墅小区和明熙苑小镇开发建设步伐进一步加快。抓好建设领域拖欠工程款、农民工工资的清欠工作，完成了28项工程2 035.1万元的清欠任务。完成工程项目招标10项，招标总额2 488万元，发放许可证21项，办理房屋产权交易201户，发《房产证》473户、《准建证》516户。土地收购储备交易工作取得新成效，全年完成政府各类储备用地20余亩，招拍出让国有土地66亩，办理土地转让14亩，收回资金200万元，实现土地收益1 000余万元。审批矿山2个，下矿检查60余次。全年查处各类国土资源违法案件10件，积极开展“地球日”、“土地日”宣传活动18次，发放宣传单2 500余份。

【财政税务】 全年完成财政总收入8 826万元，占调整预算数8 710万元的101.3%，同比增2 007万元，增29.4%，其中地方一般预算收入完成4 422万元，增1 143万元，增34.9%。财政总支出完成19 103万元，占年度预算20 479万元的93.3%，同比增支3 648万元，增23.6%。全年土地出让金预算收入2 232万元，实际收入1 510万元，支出1 609万元，结转下年收入722万元，结转下年支出623万元。年内试行了县对乡新的财政管理体制，严格依法理财，加强财政监管，保障基本支出。县地税局全年组织入库地方税收4 351万元，比上年实际完成数减少1 022万元，减幅为18%，入库社会保险费2 240.5万元，平均征收率达96%以上。入库资源费1.1万元。全年累计查补、入库地方税收325.8万元，加大税控收款机推广应用力度，率先在全市地税系统推广应用MIS系统数据集中，使税收征管基础信息更集中、统一、规范。县国税局全年组织税收4 107万元，比上年增长14.59%。完成成品油零售企业“以进控销”管理系统的录入及纳税评估、机动车辆税收“一条龙”管理的清分比对检查，进行小票数据的核对清分，对32户纳税户进行检查，共查补税款151 696.45元，罚款39 120.96元，加收滞纳金28 180.84元。

【金融保险】 年末全县金融机构各项存款余额为109 027万元，比上年增16 414万元，增长17.72%。各项贷款余额为68 848万元，比上年增加10 751万元，增长18.51万元。年中县工商银行被撤销并给农村信用联社。人民保险公司全年保费总收入550万元，为年计划调整数670万元的82%。人寿保险公司全年保费总收入525万元。

【邮政电信】 全年邮政业务总收入完成193万元，业务成本减少到191万元，邮政储蓄收入103万元，储蓄余额5 300万元；开展邮政礼仪营销，使用户发展到1 000余户，实现收入35万元；代理保险、CDMA销售上也取得重大突破；完成烟草配送收入10.4万元。电信全年完成业务总收入606万元，完成了全县村村通建设工程，网络覆盖全部行政村，全县装机12 000部；移动公司建成移动电话基站18个，全县共有基站40个，农村通讯条件进一步改善，全年完成业务总收入1 500万元。

【科　技】 年内争取市级科技资金110万元，组织实施科技项目10项，其中富民大树杨梅特色产业开发项目荣获2005年昆明市科技进步三等奖。建立科技示范户100户800亩，举办农函大班11个，新招学员743人，进行实用技术培训15 000人次，举办科普知识讲座10期2 866人次，发放各类技术资料10 000余份，科技咨询3 000人次。组织青少年科技创新大赛，参赛作品7幅，获奖作品5幅。在2所学校展出科普展板87块。编印了《杨梅丰产栽培技术》、《冬桃高产优质栽培技术》、《鲜食葡萄栽培技术》、《无公害茭瓜生产栽培技术》等科技系列丛书12 000册。建立了560多乡土人才信息资料库。扶持兰花协会开展首届兰花展。新成立了养猪、养鸡、养牛3个农技协会。建成富民科技投资讯网。

【文化体育】 组织锣鼓队、腰鼓队、文艺队、龙灯队、狮子队200多人正月十五踩花街，正月十六组织灯会展。深化文化体制改革，稳步推进县图书馆、文化馆等公益性事业单位改革。小水井苗族合唱团知名度进一步扩大，开始从富民走向全国，参加聂耳杯、北京师范大学的演出；制定了《富民县文化产业发展规划（2005年—2010年）》，认真进行文化资源和文化市场调查及民间文化普查。积极开展文化“三下乡”活动；举办了第五届文艺调演，参赛节目62个。组织50人龙灯队参加昆明市2005年百龙闹春大型游演活动，获得三等奖；抓好体育、文物管理和保护工作，组团参加了昆明市第八届少数民族传统体育运动会和昆明市中小学生田径运动会；深入开展全民健身运动。

文化产业发展绩效明显，县委宣传部、县文产办在抓项目、积极组织招商引资方面取得明显绩效。2005年新增投资1 700多万元。认真进行文化资源和文化市场调查，拟定“三个一、三个亿”的文化产业发展思路，即在三年内重点发展“苗族文化园及民族文化影视拍摄基地”、“富民彩玉石工艺品”、“富民观光农业文化体验”等三个文化产业项目，力争三年后每年每个项目实现产值1亿元。组织参加首届中国（昆明）西部文化产业博览会，抓好文化产业项目的立项申报工作。认真做好茭白叶工艺品等产业项目储备。编制《富民县文化产业项目投资》指南。

【教　育】 素质教育全面加强，“两基”成果进一步巩固。对6 885名贫困学生实行了“两免一补”，涉及金额173.31万元。深化教育改革，完成以县一中、永定中学、永定小学三校为改革试点工作，推行“三制”改革和县一中的后勤社会化改革。加大教育投入，完成10所中小学校舍建设，建设了东村阻库小学、罗免小学、小甸小学、款庄小学、散旦小学、甸头小学、县二中、款庄中学的学生宿舍和教学楼。争取国债资金建设款庄中学教学楼。争取昆明电视台支持，筹建小水井苗族小学。将原南营小学扩建成免费小学。争取胡文虎基金建东元小学。2005年中考报考1 256人，成绩名列全市郊县区第三名，高考报考253人，上线率达73.1%，创历史最好水平；小学毕业生1 946人参加毕业统一考试；组织中小学幼儿园学生美术书法比赛，收到作品3 399件，获奖作品165件，从中选送100件参加全国评选，富民县被评为全国组织工作先进集体。重视师训工作，与云南师大共同管理19个科目教学任务，利用双休日和寒暑假参加以上学科培训，培训教师2 633人次；组织小学校长岗位培训和小学数学骨干教师培训。组队参加市中小学运动会，获得初中组第四名和小学组第八名的成绩。全县师生在各级各类竞赛活动中，有712名学生获得国家、省、市、县级的各类奖项，183名学生受到省市县级的表彰奖励，有教师612人次在课堂教学竞赛和论文评选中获奖。

【卫　生】 启动新一轮初级卫生保健工作，组织推行新型农村合作医疗制度，成立富民新型农村合作医疗管理委员会，11.6万农民参加，参合率达95.3%，占应参人数12.19万人的91%，筹集新型农村医疗资金107.84万元，513人享受医疗报销补偿，报销金额达13.43万元。建立健全县、乡、村三级医疗、预防、保健卫生网，提高了应急处理突发公共卫生事件的能力。认真开展艾滋病、性病监测、高致病禽流感防治等工作。安排农村中医药建设发展经费10万元。先后组织开展3次全县性孕产妇普查和儿科建设基础调查工作。开展社区卫生服务试点工作，永定镇卫生院社区卫生服务中心正式挂牌成立。

【精神文明建设】 进一步加大对《富民县贯彻公民道德建设实施纲要的实施意见》的督促落实力度。与9乡镇签订责任书，全面推行实施《富民县德育分年级实施意见》，加强中小学生的道德规范教育。开展群众性精神文明创建活动。年内共创建省市文明单位11个、文明村3个，县级文明单位27个，县级文明村9个，文明社区1个。

【广播电视】 全年电视台、电台共制作播出新闻1 800条，专题42部，知识问答43期；送省电视台、电台播出的新闻230条，播出电视剧60多部，科教片15部，社教片17部；全面实施全县光缆联网和改造，年末有线电视网络已覆盖了永定镇、大营镇、勤劳乡、罗免乡、赤就乡5个乡镇。有线电视用户1 700户，覆盖人口76 500人。在有线电视覆盖不到的地区，实行“村村通”工程建设，年内完成33座，覆盖2 423户8 979人。至2005年末全县共建成工程122座，实现对20户以上的自然村进行覆盖，全县电视人口覆盖率93.02%。全年共组织在各级报刊、电台、电视台刊登播出宣传富民的文章图片、新闻987篇（条）。

【人民生活】 人民生活进一步改善，农民人均纯收入3 091元，增长9.8%，在岗职工人均年收入12 156元，城镇居民人均住房面积28平方米，城镇居民最低生活保障标准人均提高20元，按时足额发放低保金724万元，发放农村特困户救助款30万元，使821户1 181人得到救助。救灾救济工作及时有效，争取各级财政救灾款68.5万元及物资，救济人数8679人次。全县年内开发有效就业岗位792个，城镇新增就业人员646人，安置下岗从业人员320人。全县培训农村富余劳动力4 163人，组织输出2 702人，其中省外输出305人。全县年内征缴养老保险546.1万元，征缴失业保险金51.7万元，发放失业保险金30.5万元，征缴医疗保险金1 254.92万元，启动机关事业单位工伤保险金23.7万元和生育医疗费统筹工作，收缴工伤险金13.7万元，收缴全县农村养老保险金20.65万元，发放6.7万元，安置大中专毕业生就业64人。

【社会治安综合治理】 成立了“平安富民”创建工作领导小组，制定平安富民创建工作《实施意见》、《实施方案》和《社会治安治理要点》，层层分解落实任务。在全市平安创建工作会上作了经验交流。以创建平安富民为载体，全力维护社会治安及政治稳定。各乡镇按“六有”、“六化”、“六无”标准，细化评估指标，组织开展创建“平安单位”、“平安社区”、“平安村组”工作。全县确定了560名治安信息员和维稳信息员，建立系统的信息收集网络。公安机关加大对各种违法犯罪的打击力度，组织开展“飓风行动”、“春季严打整治”、“夏季风暴”等专题行动，先后侦破了一系列恶性案件，摧毁了一批犯罪团伙，抓获嫌疑人198人。全年共受理治安案件483起，查处470起728人，县检察院全年受理公安机关提请批准逮捕案件98件187人，审查后批准逮捕94

件181人，受理公安机关和本院侦查部门移送审查起诉案件121件222人，审查后决定提起公诉97件，不起诉3件7人，报市检察院审查起诉19件33人，受理贪污贿赂犯罪11件。县法院全年受理刑事、民事、行政、执行案件1 067件，审结1 028件，结案率96.3%。

（吴佳姆）

宜良县

【年内大事】 3月9日下午，市长王文涛在宜良县主持召开市长办公会，专题研究阳宗海旅游度假区规划问题。

3月20日，昆明市水稻生物多样性育秧现场会在宜良县召开。

4月3日，由水利部移民局、省移民局等单位组成专家验收组，对柴石滩水库移民搬迁、专项设施迁建和库底清理等淹没处理工程进行全方位检查。验收组认为，柴石滩水库移民搬迁安置工作有特色，值得推广，工程级别评定为优良。

4月19日，副省长程映萱率市烟草公司及有关部门领导到宜良县调研烤烟生产工作。

5月20日，国家烟草专卖局副局长何泽华在副省长程映萱等有关领导的陪同下，到宜良县实地查看小水窖建设情况。

5月27日，宜良县汤池镇、狗街镇、九乡乡被省政府命名为“云南省生态乡镇”。

6月10日，县长郭子贞代表县政府与云南官城投资有限公司总经理杨祥就云南（草甸）旅游文化产业园区项目签订总投资8.8亿元人民币的投资意向协议书。

6月15～16日，省政府教育督导团检查组一行6人到宜良县检查“两基”、“普实”工作。

6月16日，2005年昆明市建设工程项目招投标工作会在宜良县召开。

6月20日，国家烟草检查组在省、市烟草公司及昆明卷烟厂等有关领导陪同下，到宜良县检查4 000亩部分替代进口烟示范工作。

8月8日，省委常委、市委书记杨崇勇，副省长刘平，省长助理刘才明率省、市相关部门领导到阳宗海西北岸就阳宗海旅游度假区规划和开发建设等工作召开现场办公会。

8月10～11日，国家稽查组、省重点建设项目稽查组特派员李世新一行4人在省、市有关部门领导的陪同下到宜良县稽查南盘江（宜良段）防洪工程二期治理工作。

9月9～13日，在昆明国际农业博览会上，宜良县李烧鸭食品有限公司的无公害烧鸭、鸭杂软罐头荣获博览会优质农产品金奖。

10月18日，由省农业厅、市政府主办，市水利局及宜良县承办的“2005云南省珠江渔业资源增殖放流活动”在宜良县狗街镇举行。

10月20日，草甸至汤池二级公路开工建设。

同日，“九石阿”公路控制性工程—柴石滩特大桥成功合拢。大桥全长636米，主桥分别为边跨120米、中跨220米、边跨120米的三向预应力连续钢构桥，为云南省第二座大跨径连续钢构桥，桥面距水面167米，在云南同类桥梁中排名第一。

11月2日，省人大常务副主任牛绍尧一行40余人，到宜良县视察阳宗海水污染综合防治工作。

11月15日，宜良县雄蜂酒业公司“雄蜂酒”首批300余件出口起运美国，这是全省酒类食品首次打入美国市场。

12月6日，国家农业部常务副部长尹成杰到宜良县调研高致病性禽流感防控工作。

【区划、人口】 2005年全县设6镇6乡，下辖133个村民委员会和4个居民委员会。土地总面积1 886平方千米，耕地18 658公顷，比上年减0.03%，其中：水田10 599公顷，比上年增0.08%。人口119 928户，409 394人（男性203 908人，女性205 486人），比上年末增3 301人，增0.8 %，非农业人口43 830人，比上年增1.3%，占总人口的10.7%；少数民族人口34 068人，占总人口的8.3%。主要少数民族人口：彝族25 436人，回族4 861人，苗族1 950人。全年出生6 008人，出生率10.17‰；死亡2 654人，死亡率5.87‰；人口自然增长率4.31‰。

【经济综述】 全年实现国内生产总值45.3亿元（现价，下同），比上年增11.2%，完成“十五”计划的105.99%，五年平均增9.68%。其中：第一产业13.34亿元，比上年增8%，五年平均增7.95%；第二产业13.17亿元，比上年增14.5%，五年平均增12.1%；第三产业18.79亿元，比上年增13.4%，五年平均增9.38%；农村经济总收入完成38.86亿元，比上年增7.1%。农村经济纯收入完成12.25亿元，比上年增2.2%。第一次全国经济普查工作中，宜良被评为省级先进县。

【农、牧、渔、林】 全年实现农牧林渔业总产值20.71亿元，比上年增7.3%，完成“十五”计划的114.8%，五年平均增8.97%。粮播面积32 359公顷，比上年增1.5%，粮食总产17.9万吨，比上年增1.8%，其中：水稻8.37万吨，包谷4.99万吨，小麦1.6万吨，蚕豆1.5万吨，油料产量998吨，比上年增10.4%。全县烤烟统一集中漂浮育苗1.4亿株，移栽面积10万亩，大田轮作面积65%；收购烟叶26.6万担，上等烟比例达37.2%，中等烟比例达62.8%，均价10.98元；烟农收入1.6亿元，烤烟农特税收入3 410万元。蔬菜种植面积8.71万亩（其中无公害蔬菜8万亩），产量18.9万吨，比上年增0.7%，总产值1.73亿元，比上年增17.1%。花卉种植规模、档次、面积、品种都取得突破性进展，面积突破万亩，百亩以上的重点花卉企业8户，种植大户500余户，产值超亿元。全年完成水利工程建设项目778件，总投资0.46亿元，新增灌溉面积4 800亩，改善灌溉面积2.42万亩。治理水土流失面积13.91平方千米；新建人畜饮水工程46件，解决了1.56万人和5 620头大牲畜的饮水困难问题；新建15立方米的小水窖5 481个，新增水浇地面积2 280亩，改善水浇地面积8 556亩。9月20日全面启动柴石滩库区支锅石村65户230人及零星移民23户66人移民搬迁工作。县城区玉桥河防洪工程预计投资885.25万元，已完成投资787.72万元，占工程总投资的90%。贾龙河、英雄大沟、东河、西河和城区小直河水毁修复和除险加固工程完工，小型水利续修岁修、配套、除险加固工程完成318件。农业机械化和现代化程度进一步提高，农业机械总动力2.15亿瓦特，比上年减16.7%。积极开展农机跨区作业，完成作业面积4.6万亩，收入300余万元。农村用电量8 297万度，比上年增2.4%。化肥施用量（纯量）1.63万吨，比上年增6.5%，农膜使用量1 090吨，比上年增3.6%，农药使用量495吨，比上年减6.5%。

年末生猪存栏25.88万头，比上年减6.9%，全年生猪出栏47.6万头，比上年增2.6%；养鸭1284万只，比上年增8.8%；出栏商品鸭1042万只，比上年增6.8%；奶牛存栏8717头，比上年增18.2%；牛奶产量2.5万吨，比上年增47.8%。大牲畜存栏6.88万头，比上年增4.86%；出栏大牲畜0.98万头，比上年减7.26%；羊存栏9.5万只，比上年增7.38%；羊出栏4.1万只，比上年增5.8%。肉类总产5.9万吨，比上年增2.3%，禽蛋产量0.2万吨，比上年减12.0%；水产养殖面积1.66万亩，产量0.79万吨，比上年增4.8%，产值7 213万元。

林业全年绿化造林3.008万亩，其中"珠防工程"9 000亩、退耕还林3 000亩、荒山造林5 000亩、封山育林5 000亩，市级重点造林项目：阳宗海流域造林500亩，政府样板林200亩，低次林改造800亩，幼林抚育1 000亩，工程封山育林5 500亩，育苗80亩。义务植树94.9万株。全县森林覆盖率达46%。

【工业、非公经济】 制定了《宜良县2005～2007年三年国企改革工作意见》，列入全市企业改革的8家国有企业和县属工业集体企业改革，已完成2家。鼓励和扶持非公企业发展，在新昆明建设的带动下，宜良建材行业产品生产供不应求，工业经济发展态势良好。全年完成工业总产值27.01亿元，比上年增21.3%。其中国有及年销售收入500万元以上非国有企业完成18.78亿元，比上年增21.9%；年销售收入500万元以下非国有企业完成8.3亿元，比上年增19.9%。全社会完成工业增加值9.87亿元，比上年增16.2%，其中规模以上工业企业完成增加值6.9亿元，比上年增15.8%。县城电网改造顺利完成。

非公经济不断壮大，全县个体工商户达1.07万户，从业人员1.64万人，注册资金1.41亿元；登记注册私营企业507户，从业人员9 186人，注册资金5.1亿元；内资企业498户，注册资金17.3亿元。新增外资企业5户、私营企业83户，个体工商户验照9 741户，企业年检758户。乡镇企业全年营业收入39.1亿元，比上年增14.7%；增加值完成7.8亿元，比上年增12.4%；上缴税金4 406万元，比上年增10.1%。在全县实现的社会消费品零售总额中，非公经济比重占93.5%。

【交通运输】 全年完成公路建设投资额8 520万元。九（乡）石（林）阿（庐古洞）公路建设年内完成投资5 000万元，南盘江特大桥于10月2日顺利合拢，路基工程已全部完工，转入路面工程施工；投资800余万元完成宜良县马街至嵩明小新街9.2千米通县油路建设；投资1 800万元大修小渡口至狗街公路剩余路段柏油路面；投资220万元大修汇东桥到北古城柏油路面；10月20日启动草汤公路建设；农村公路通达建设完成投资额700万元，修通了禄丰村经路纳至弥勒西二6.4千米砂砾石路面，耿家营至羊桥10.6千米砂砾石路面，白车勒至禄丰村火车站7.4千米沙砾公路，以及汤池阿乃公路4千米的沥青砼路面。全年完成货运量392万吨，比上年增37.2%，货运周转量1.96亿吨/千米，比上年增54.84%；年客运量401.2万人，比上年增115%。

【邮电通信】 邮政实现业务收入466.7万元，比上年增2.24%，完成业务总量492.5万元，物流配送由单一的烟草配送发展到农资、电脑、药品、保健品等多元化方向发展，实现较好的经济和社会效益。电信业实现业务收入3 200万元，比上年增6.5%。全县固定电话用户3.52万户，比上年减9.2%，电话普及率9.8%；通过投资对小灵通机站进行扩容，小灵通基站达530个，12个乡镇开通小灵通通信服务，用户达1.8万户。互联网用户2 000户，比上年增20.5%，其中，宽带网用户1 700户，比上年增18.8%。全县中国移动通讯基座发展到51座，投资2 000万元新建20个"兴边富民移动通信工程"基站，彻底解决了全县边远贫困山区通信难问题，中国移动通信年营业收入1930万元，比上年减48%，移动用户达3.2万余户，比上年增18.5%。中国联通通讯基站达40个，全县实现无缝覆盖，实现营业收入1 000万元，用户3万余户，其中CDMA用户近1.5万人。

【城市规划、建设、环保】 完成了城市总体规划修编，并通过了专家评审，经县人代会审议通过，报市政府审批。完成鱼龙石桥空地绿化及铺装石板人行道及改造工人文化宫门口小花园的绿化。全县完成住宅投资1亿元，竣工面积11.7万平方米。上网清理拖欠工程款9项，完成涉及资金459.2万元的清欠工作。

制定《宜良县2005～2007年推进企业清洁生产行动计划》，建设项目环境影响评价制度执行率100%，"三同时"执行率达100%。取缔了2家工艺落后、污染严重的"五小"企业，搬迁了1家居民住宅区内的铸造厂。工业固体废物处置率达90%。实现辖区内工业企业排放达标率达100%；对23户存在油烟扰民的宾馆饭店进行限期整改，新建油烟治理设备2套、污水隔油沉淀池6套；采取建畜禽粪便沉淀池等有力措施对乡镇畜禽养殖"粪便、废水污染进行治理。对未经批准擅自在城区和水源保护区建养殖厂（点）及白条鸭加工点的20余家个体户予以取缔。建成生态卫生旱厕300个，遏制了畜禽养殖"两废"对环境的污染；新增除尘率达98.8%的静电除尘设备，继续加大对宜九公路沿线、东山面山轧石厂粉尘污染治理，取缔影响环境的10家轧石厂和4家洗沙厂；坚持开展"禁白"、"禁铅"、"禁磷"、"禁煤"工作。开展"生态乡镇"和"绿色示范学校"创建活动，汤池、狗街镇和九乡乡被评为首批"云南省生态乡镇"，宜良县高级职业中学、狗街一中、匡山小学评为"省级绿色学校"。阳宗海污水处理厂日处理污水3 480立方米。年内依法查处各类环境违法案件36件，环境污染信访、投诉75件。环保投资指数为3.2%。

【商贸、旅游】 全年实现社会消费品零售总额7.7亿元，比上年增11.4%，其中：公有制经济0.5亿元，占6.5%，比上年减32%；非公有制经济7.2亿元，占93.5%，比上年增16.1%。引进外资项目2项，协议投资65万美元，创办昆明华丞石材有限公司和昆明川达食品有限公司增资扩大生产规模；引进国内经济合作项目20项，协议总投资21.9亿元人民币，到位资金5 781万元人民币。成功举办了2005年旅游花街节和首届烤鸭美食节。全县旅游景区景点接待游客102.8万人次，比上年减20%；经济总收入1.88亿元，比上年增9.6%。

【财政、金融】 全年总体财政收入3.67亿元，比上年增14.3%，其中：上划中央、省"三税"1.64亿元，比上年增16.9%；地方财政收入2.2亿元，比上年增12%；基金收入完成1 044万元，比上年增8.1%；地方财政支出2.9亿元，比上年增15.1%。

年末金融机构各项存款余额40.6亿元，比上年增长14.9%，其中：城乡居民储蓄存款28.7亿元，比上年增12.2%；金融机构各项贷款余额20.8亿元，比上年增10.6%；全年金融机构现金收入85亿元，比上年增6.2%，现金支出84亿元，比上年增3%，货币净回笼1.05亿元。

【科　技】 全年实施科技项目19项，其中：省、市科技项目6项，县项目13

项。在南羊镇中乐村开展科技进村入户示范，实现示范优质稻亩增185元；在奶牛饲养户中开展以玉米秸秆为主的地面青贮示范，并逐步推广；在8个种鸭饲养场和12个商品鸭饲养场开展禽流感综合防治示范，拟订了种鸭、商品鸭禽流感预防程序。充分利用县域经济发展的比较优势，突出区域特色，坚持干果要改良，鲜果要精品，竹木要扩大的示范思路，选择实施科技试验示范项目，为扩大推广提供技术储备和示范。在竹山、马街乡开展红花等中药材示范种植；在九乡引种高产脱毒红薯示范种植；在北古城、草甸镇和耿家营乡引种红梨、幸水梨等优质品种和低产板栗园改造示范；完善马街乡竹产业示范配套建设。开展实用技术培训773期，6.3万人次。举办了科技周，开展形式多样的科普宣传活动。组织中小学生开展科技创新活动，3项成果获市创造发明三等奖。

【教　育】　制定《宜良县中小学生评价制度改革实施意见》、《宜良县教育科学研究课题管理实施意见》等，将近年来行之有效的教育管理制度编为《宜良县教育制度汇编》印发全县各学校。推进教育综合改革，选定3所县级学校和12所农村小学进行教育管理体制、校长竞聘、教师聘任、分配制度、后勤社会化及义务教育改制等改革试点工作；公开招聘教师，推进教师招聘和分配改革。实施教育平安工程、高中教育发展工程、民心助学工程和“两基”、“普实”巩固提高工程等4项工程。把高中教育发展工程与宜良一中异地搬迁工作结合起来，完成了宜良一中异地搬迁各项申报立项和规划招标工作；由县政府出资25万元，完成了1 000名（中学800名、小学200名）贫困学生助学工作。完成了省教育厅安排的春季小学5 787人、中学3 480人，秋季小学8 300人、中学4 280人免费发放教科书工作；认真推行义务教育“一费制”收费办法。全年排除中小学危房5 627平方米。全县校舍建筑面积48万平方米，比上年增3.4%。中小学在校生5.7万人，其中高中（含职高）0.5万人，初中1.4万人，小学3.8万人。学龄儿童入学率100%。幼儿园校舍面积2.47万平方米，在园幼儿1.14万人。探索成、职校多种办学形式，县高级职业中学围绕具有潜力的特色优势产业，开设实用技术课程，年内农村劳动力转移培训1 000人，县高级职业中学创建为“国家级农民科技培训星火学校”，耿家营中学被评为“云南省劳动实践示范学校”。全县1 136人参加普通高校招生考试，903人达到最低录取控制线，上线率79.5%，居全市第三名，宜良一中、二中被评为“昆明市2005年高考综合质量优秀学校”；3 754人参加中考，总平均分458.4分，居全市第二名。

【卫　生】　完成15个村卫生室的建设工作。9月29日，启动新型农村合作医疗工作，参加人数达31.2万人，参合率达86.68%。全县卫生机构有床位1 162张，卫生专业技术人员796人，其中医生354人，医疗卫生软、硬件进一步提升。多形式开展预防艾滋病知识宣传活动，卫生人员参加各级组织的艾滋病母婴阻断培训517人次。开展了孕产妇艾滋病筛查工作。加大禽流感、鼠疫、霍乱等传染性疾病的预防监测工作和计划免疫工作。对2 592户食品经营户审核换发了卫生许可证。全县儿童“四苗”接种率98.63%，覆盖率94.9%，乙肝疫苗接种率97.62%，孕产妇系统管理率96.7%，住院分娩率96.99%，婴儿死亡率8.99‰。

【文化、体育】　举办县级以上文体比赛、展演、健身和各类文化培训活动22项次，参加人数近万人次，观众16万人次。12个乡镇举办群众文体活动26项次，参加人数万余人，观众43.5万人次。金秋艺术团参加首届昆明“聂耳杯”合唱节并获组织奖，舞蹈《虎戏》、《叉舞》分别获昆明市第八届少数民族运动会表演项目二、三等奖，1人参加首届中国星声乐器乐大赛云南赛区选拔赛获铜奖，歌手李金泽参加“第12届CCTV青年歌手电视大奖赛”中华全国总工会代表队选拔赛，获优秀歌手奖。全县参加各级各类竞技体育比赛6次17项，1人获得首届中国传统武术节一等奖，3人获二等奖。夺得省级金牌1块，市级金牌19块、银牌29块、铜牌27块。对471户文化、娱乐市场经营户进行了年审，成立了“宜良县网吧协会”，加强对网吧的管理。收缴有政治性的非法广告2 000张、封建迷信出版物5 000册，取缔盗版音像摊点15户。

【广播、电视】　创办《宜良宣传》内部刊物，开设10余个栏目，对全县各行各业在经济社会发展中涌现出来的事迹及时宣传报道；《宜良之窗》网站已跟50余个知名网站建立了友情链接，网上发布宜良动态新闻信息300余条，访问《宜良之窗》网客日均达4 000人次。年内建成37个村的“村村通”工程，新增有线电视用户10 000户，新增光缆60千米，全县达390千米，广播电视覆盖率达99.6%和99.3%。

【人民生活】　职工年工资总额2.69亿元，比上年增3.6%；人均工资14 230元，比上年增14.6%。农村经济总收入38.86亿元，比上年增7.1 %，农村经济纯收入12.3亿元，比上年增2.2%，农民人均纯收入3 308元，比上年增158元，增5%。全县取消农业税871.46万元，兑付粮食直补资金270万元，兑付农机具购买补助资金60万元，贫困人员与上年相比减少860人。城镇居民人均住宅面积23.6平方米，比上年增2.44平方米；农村人均居住面积18平方米，比上年增0.98平方米。社会保障体系进一步加强，医疗保险参保单位达269户，参保职工17 473人；养老保险参统企业149户，参保职工6 564人，离退休人员3 325人。收缴养老保险基金2 360万元，支付离退休人员养老金2 460万元，社会发放率100%；参加工伤保险统筹企业148户，参保职工6 458人，参统覆盖率100%；参加生育保险统筹单位和企业142户，参保职工5 561人，参统覆盖率100%；参加失业保险的单位212户，参保职工11 000人。失业371人，发放失业救济金225万元。城镇低保实现动态管理。全年提供就业岗位1 179个，就业和再就业培训2 991人，610人实现就业。农村劳动力输出培训8 749人，转移输出5 892人，被昆明市委、市政府评为一等奖。县劳动保障执法队为74名农民工追缴用人单位拖欠工资17 979元。农村养老保险、低保工作稳步推进，有2 010户2 691人领取了农村低保金，累计发放低保金333.79万元。全县发放救济粮24万千克，救济款148万元。

【精神文明建设】　继续实施宜良县精神文明建设“八大工程”，以《公民道德建设实施纲要》为主要内容，以突出重点、贴近实际的讲文明树新风为主题的系列创建活动及道德实践活动为载体，整体推进群众性精神文明创建活动并向广度和深度发展。2005年宜良县被评为云南省第七届双拥模范县，连续四次获省级双拥模范县称号。全年创建市级文明先进乡镇1个、文明小城镇1个、文明单位（村）18个、十星级文明户先进村2个。考评命名第二十二批县级文明单位（村）26个，狗街镇被评为全国文明先进乡镇。完成了届期内省市县三级文明单位（村）的复查工作。

【社会治安综合治理】 推进依法治县进程，完成“四五”普法最后一年的各项普法任务。全县150个人民调解委员会调解各类纠纷1 467件，成功1 432件，成功率97%。公安工作以创建“平安宜良”为工作中心，通过开展各项专项行动，“严打”整治不断深化。全年刑事案件立案1 822件，比上年增8.4%；综合破案972件，破案率53.3%，比上年增4.8%；立重特大案351件，破案228件，破案率65%；破获毒品犯罪案136件，缴获毒品海洛因23.6745千克、冰毒1.013千克，特别是成功破获陈文学等人贩毒网络案、王天礼等3人重特大贩毒案和首例冰毒案，受到市委、市政府和市公安局的表彰奖励。全年抓获各类犯罪嫌疑人624人，逮捕461人。治安案件立案1 813件，查处1 182件，处罚违法人员2 123人。全县受理交通事故223起，查处交通违法行为12 435起。检察院批捕案282件495人，其中受理毒品案35件64人；起诉受理案284件484人。法院受理各类审判执行案件1 914件，审执结1 909件，审执结率97.5%。其中：刑事案253件，审结247件；民商事案1 213件，审结1 210件；行政案5件，审结5件；民商事执行案441件（不含旧存）。执结445件（含旧存）。

（徐守云）

石林彝族自治县

【年内大事】 1月5日，石林花果山生态农场组织申报的2 300亩三种优质梨品种，通过国家A级绿色食品认证，这是石林县首例农产品获得国家绿色食品认证。

1月5日，中国科学院古脊椎动物与古人类研究所研究员黄慰文在通过多年古人类研究和实地到石林考察评估的基础上，修改了1961年由他本人提出的石林旧石器时代是3～5万年前的结论，并提出石林旧石器时代产生于80万年前的结论。

1月17日，石林众友电缆桥架有限公司注册的“石林”、“石林众友”两个商标被云南省工商行政管理局认定为云南省著名商标。

2月10～11日，昆明市原生态体育旅游活动在石林举行，这是昆明市举办的第一次原生态体育旅游活动。

2月13日，市、县2005年度重点水利工程之一的石林县威黑水库防渗二期工程开工。

3月9日，阿着底民族刺绣产品技术协会成立。

3月21日，《云南日报》报道，石林县被列为云南省培育县域文化产业的10个文化产业特色县之一。

3月29日至4月3日，由中央电视台《华夏文明》栏目摄制组与石林县共同合作拍摄的《华夏文明——石林篇》在中央电视台中文国际频道播出。

4月7日，石林风景名胜区迎来“环球小姐”大赛中国赛区总决赛的50名佳丽。

4月12日，由中央电视台中视传媒文化发展有限公司和上海陶源文化传播有限公司联合拍摄，石林县委、县人民政府协拍的电视连续剧《阿诗玛新传》在石林开机。

4月25日，民政部、卫生部、国务院法制办、人口与计生委、财政部联合到石林调研婚前医学检查情况。

6月23日，石林县委、县人民政府下发《关于加强人才工作的实施意见》。

6月28日，昆明医学院第二附属医院石林天奇医院建成开业。天奇医院系云南省医疗设施最完善的县级医院。

7月6日，石林县人民政府公布第一批县级民族民间传统文化保护名录，内容包括12个类别。

7月20日，中央先进性教育第六巡回检查组到石林县路美邑乡检查指导工作。

7月28日，首届“中国石林论坛”在石林开幕。

8月22日，石林高中教育集团成立。

9月3日，石林籍运动员毕红荣在第十届全国体育运动会上为云南队夺得首金。

9月11～13日 石林恒晟乳制品厂、石林鸿鑫生态农场、石林绿汀甜柿产品开发有限公司的系列农产品获2005年首届昆明国际农业博览会银奖。

10月12日，维则乡被命名为云南省首批生态乡镇。

10月19日，全国政协副主席李蒙率全国政协赴云南视察团一行50多人视察石林。

10月22日，参加第四届内地、香港、澳门卫生行政高层联席会议的代表到路美邑卫生院参观。

10月27日，由省、市、县财政共同出资328万元，石林生龙生态农业有限公司从澳大利亚引进的50只“努比亚”种羊空运到昆明。

10月29日，国家林业局重点项目“杂种核桃良种选育及区域化试验”协作会议在石林召开。

11月4日，石林县出租车客运服务正式投放市场。

11月5～9日，由昆明市人民政府主办，市民委、市体育局和石林县政府承办的昆明市第八届少数民族传统体育运动会在石林县举办。

11月15日，全省农田水利建设现场会在石林县召开。

11月23日，巴江污染治理一期工程通过市验收。

11月29日，在北京举行的中国节庆活动国际论坛颁奖晚会上，“中国石林火把节”荣获“IFEA（国际节庆协会）中国最具发展潜力十大节庆活动”称号。

12月16日，2005年全国汽车场地越野锦标赛“昆明领跑杯”总决赛在石林拉开序幕。

12月20日，石林县便民服务中心启动。

12月28日，以建设“阿诗玛文化景观大道”为目标的石林中路改扩建工程开工建设。

12月31日，阿诗玛生态文化园在石林奠基开工。

【区划、人口】 石林彝族自治县位于昆明市东南部，属昆明市所辖的远郊县。东部和南部与红河哈尼族彝族自治州泸西县、弥勒县接壤，北部与曲靖市陆良县相邻，西部和西北部与昆明市宜良县毗连。2005年，全县辖2镇8乡，有88个村委会和4个社区居委会，459个村民小组和49个居民小组，377个自然村。县域总面积1 725平方千米。县城鹿阜镇距昆明78千米，县城海拔1 679.8米。全县年末人口233 622人，其中，男性117 783人，占总人口的50.42%，女性115 839人，占总人口的49.58%；非农业人口25 681人，占总人口的10.99%；少数民族人口80 825人，占总人口的34.6%。彝族人口78 835人，占少数民族人口的97.54%。全县人口出生率为11.06‰，死亡率为5.31‰，自然增长率为5.75‰。

【经济综述】 2005年全县实现地区生产总值169 032万元，为年计划163 600万元的103.3%，增10.08%。其中：第一产业49 100万元，增5.57%；第二产业53 034万元，增 11.21%；第三产业66 898万元，增12.43%。一、二、三产业的比重为29.05:31.37:39.58，经济结构不断优化。

【旅游业】 积极推进石林旅游设施建设，完成游客接待中心建筑施工、石林主景区有碍景观设施第一期拆迁改造工程和景区电网改造，营造良好的旅游环境。加大宣传促销力度，不断提高石林知名度，有力促进了石林县旅游业及餐饮、住宿、交通、购物、娱乐等相关行业的发展，旅游业综合效益明显提高。石林景区全年游客突破 220 万人次，比上年增长 10%，其中海外游客 22.7 万人次，增 44.35%。景区旅游门票收入1.6亿元，比上年增 6.7%；旅游综合收入 5 亿元，比上年增长 11.1%。

【农　业】 以调整农业产业结构为中心，大力扶持龙头企业发展，积极推进农业产业化进程，努力实现农民增收。2005 年，全县实现农业总产值91 392万元，为计划的 105.17%，增 9.88%。

粮食生产再创历史新高，粮食总产达119 822.9吨，增 1.66%，实现粮食产值19 926万元，增 3.5%。烤烟生产战胜了 50 年罕见的高温等自然灾害，取得良好成绩，全县烤烟种植面积8 032公顷，收购烟叶15 600吨，实现收购总值16 780万元，均价为 10.66 元，种烟农户户均收入达5 490元，烟农人均收入1 279元。畜牧业生产快速发展，产业化经营迈出新步子。全年山羊年末存栏 166 649 只，增 6.07%；出栏 69 153 只，增 8.11%。生猪存栏 163 196 头，增 6.75%；出栏190 416头，增 17.23%。牛存栏45 839头，增 3.7%，出栏7 168头，增 19.05%。家禽出栏697 536只，禽蛋产量1 153.5吨。实现畜牧业产值29 536万元，增 9.6%。果蔬生产继续保持了稳定发展，实现绿色产业产值8 523.86万元，其中：蔬菜产量6 689.5万千克，增 12.32%，产值6 550万元，增 9.6%；水果产量1 047.8万千克，增53.08%，产值 1 973.86 万元，增37.74%。农业基础设施进一步改善，全年完成水利建设工程 788 件，总投资3 169.7万元，新增和改善灌溉面积15 710亩，节水灌溉面积2 200亩，解决和改善了11 320人及5 950头大牲畜的饮水困难。扶贫工作成效明显，投入扶贫工程专项资金 288 万元，完成农田水利及人饮工程 6 件、道路修建项目 10 件、建设沼气池 750 口、节能灶 876 口。

【工业、非公经济】 不断加大工业生产投入，云南官房水泥有限公司技改扩建、云南众友集团等一批企业的发展壮大，为工业经济的发展注入了新的活力。工业经济创造的增加值为35 762万元，占 GDP 的比重为 21.16%。全年实现工业总产值112 167.6万元，比上年增长 13.25%。

民营经济持续发展，完成增加值39 500 万元，为计划的 102.1%，增14.4%；工业产值62 000万元，为计划的 104%，增 25.26%；工业增加值14 700万元，为计划的 100%；实交税金3 800 万元，增 16.4%；从业人员30 600人。民营企业新上项目 26 个，完成固定资产投资10 248万元。到 2005 年底，个私企业已发展到5 220户，注册资金61 007万元，从业人员12 297。

【财税、金融】 2005 年，实现地方财政收入11 791万元，完成调整预算，同比增长 10%；地方财政支出28 154万元，同比增长 32%。年末全县各项存款余额 196 507 万元，比年初增长16.99%，其中，储蓄存款104 561万元，比年初增长 17.09%；各项贷款余额153 706万元，比年初增长 13.49%；年末人均储蓄存款4 505元。

【招商引资】 招商引资领域不断拓宽，外引内联成效明显，全年招商引资新上项目 17 个，到位资金10 170万元；结转上年在建项目 14 个，到位资金10 350万元，全年招商引资实际到位资金20 520万元。初步形成了全方位、多层次、宽领域的开放格局。

【基础设施建设】 2005 年编制完成石林现代化城市发展概念规划、石林中路沿线控制性详细规划等一系列重要规划。石林旅游服务区中区和阿诗玛文化生态园开工建设，县城东城区市政道路和管网设施实现全面配套，昆明医学院第二附属医院石林天奇医院、县人武部新营房建成投入使用，小宗土地建设全面开工。县城环城西路、石林中路立交桥至彩色喷泉段改造如期完成。城市绿化进一步加强，建成区绿化覆盖率提高到 26%。城市管理、综合执法取得阶段性成果，交通秩序、经营秩序、卫生保洁得到改观，人居环境明显改善。九石阿旅游专线石林段建设工程通过验收，西石一级公路石林段路基通车，石蒙高速公路石林段完成选线和踏勘，鹿平公路大可至平田段改造、石林中路扩建一期工程开工，改造修缮乡村公路107 条 179 千米。县管水利工程管理体制改革顺利完成，启动了威黑水库灌区中低产田改造工程，威黑水库二期防渗加固等重点工程竣工，新增和改善灌溉面积 1.6 万亩。县城电网改造与建设顺利推进，35 千伏板桥变电站增容及石林景区、县城东城区、石林中路电缆工程相继建成，邮政、电信、广播电视等信息网络覆盖面不断扩大，经济社会发展的基础设施条件进一步改善。

【生态环境保护】 加大生态环境建设投资，做好 22.35 万亩的国家重点公益林防护，环境质量保持良好水平，城市基础设施建设进一步加强。完成环境保护规划和巴江河污染治理一期工程。完成县级封山育林 2.2 万亩，新造林地管护 10.01 万亩，政府样板林 200 亩，市级幼林抚育 624 亩，义务植树 90 万株，森林病虫害防治 5.08 万亩，全县森林覆盖率达到 45.4%。重视城市绿化美化，县城公共绿地面积达到 39.9 万平方米、单位附属绿地面积 48.4 万平方米、生产绿地面积 3.8 万平方米，人均公共绿化面积达 13.92 平方米，绿地率达 23.99%，绿化覆盖率达 26%。

继续治理整顿土地和矿业市场秩序，加大对煤矿、非煤矿山和矿产品加工企业的治理整治力度，及时查处无证开采、越界开采，制止私挖滥采、取缔以探代采违法行为，全县炸毁盗采和私挖滥采煤矿井 100 余口，查处各种案件30 余件，有力地打击了非法采矿行为，使辖区内的矿业秩序明显好转，杜绝了重特大事故的发生，减少了一般性事故。年内，开发整理土地 0.8 万亩，实现了人口、资源、环境的协调发展。

【交通邮电】 2005 年底石林县境内公路里程数 841.738 千米，其中：国道82.32 千米，省道 75.698 千米，县道179.7 千米，乡村道 384.35 千米，旅游专线 75.56 千米，专用线 44.11 千米。九石阿旅游专线石林段工程全面完工，经验收合格后，交昆明市九石阿公路有限责任公司经营和管理。石林中路扩建工程于 12 月开工。年内完成西石公路县境内 16 千米的征地拆迁工作。鹿平公路开工建设。2005 年，全县汽车客运量为 24 769 170 人，客运周转量为131 478 660人千米。铁路运输客运量为41 205人，客运周转量为24 241 779人千米；铁路货运量为230 383吨，货运周转量为33 230 792吨千米。

2005 年，电信完成业务收入1 503.33万元，占计划的 100.42%。安装固定电话5 371户（拆除3 900户，实际净增1 471户），销售小灵通2 057部（拆除2 801部，实际负增长744部），ADSL业务完成503户。至2005年底，在用固定电话使用户21 000户，小灵通使用户3 600部，ADSL使用户1 000户。

2005年邮政业务收入207万元，完成计划的103.5%，其中：函件完成14万元，包件完成15.93万元，汇兑完成18.4万元，特快专递完成7.13万元，报刊完成36.71万元，储蓄完成63.36万元，集邮收入完成17.78万元，物流业务完成22.27万元，信息增值业务完成6.22万元，其他业务收入完成5.2万元。

【科教卫生】 加强科学普及，2005年成立农村专业技术协会9个，创建市级以上科普示范基地4个，荣获全国农村科普工作先进集体称号，科技对经济社会发展的推动作用明显增强。全面启动了教育综合改革，组建了石林高中教育集团，高中普及率提高到58%；继续实施义务教育“集、靠、收”战略，“九年一贯制”改革试点取得成功，“两基”教育成果得到巩固；基础教育课程改革、学校危房改造、支持欠发达地区教育工作取得新的成效，职业教育、成人教育、幼儿教育等各类教育均衡发展。广泛开展爱国卫生运动，省甲级卫生县城创建成效显著。公共卫生体系、三级医疗预防保健网进一步完善，疫病防控能力明显增强，有效防止了高致病性禽流感等重大疫病的传入和发生；全面启动了农村新型合作医疗补偿报销机制，参合率达97%。稳步推进农村药品“两网”建设，药品购销秩序明显好转，城乡居民健康水平进一步提高。气象监测预报质量稳步提高，人工影响天气成效明显。

【文化体育】 文化体育事业蓬勃发展，电视连续剧《阿诗玛新传》在石林县成功拍摄，彝族撒尼语口传叙事长诗《阿诗玛》申报国家级非物质文化遗产代表作取得重大进展，组队参加第二届中国国际民族民间鼓舞大赛获银奖，中国石林火把节被国际节庆协会评为中国最具发展潜力的十大节庆活动之一；成功举办了2005年全国汽车场地越野锦标赛“昆明领跑杯”总决赛，圆满完成昆明市第八届民运会承办任务，石林县获表演、摔跤、抢花炮第一名，射弩第三名，双拐第四名和团体总分第三名，并以14枚金牌列金牌总数第二名。群众性文化体育生活丰富多彩，石林县被评为昆明市民族传统体育先进集体。残疾人体育运动成绩突出，何称恩在全国残疾人田径锦标赛上获男子甲组T36级800米和1 500米项目第一名，省残运会获400米、800米、1 500米三项第一名。2005年5月出版发行了2005版《石林年鉴》。2003、2004年版《石林年鉴》在年底评奖中，分获省级二等奖、一等奖。《石林彝族自治县志》续修工作进展顺利。

【人民生活】 2005年，石林县保持人口低生育水平，人口自然增长率为5.57‰，新增农业人口家庭领取独生子女父母光荣证2 669户；启动了7个阿诗玛民族文化生态村建设试点工作。人民生活进一步改善，农民人均纯收入3 089元，按现价比上年增12.7%；城镇居民人均可支配收入9 760元，比上年增5.2%；在岗职工年平均工资11 571元，比上年增6.26%。全额兑现了县城东城区教师经济适用住房补贴。1%人口抽样调查和第一次经济普查接近尾声。国防教育、国防动员和人民防空工作扎实开展，双拥工作继续加强，退役士兵得到妥善安置，荣获全省双拥先进县称号。农村富余劳动力转移就业5 261人，救济灾民和困难群众5万人次，社会保障体系进一步健全，妇女、儿童、老年人、残疾人合法权益得到保障。人事、扶贫、档案、民族宗教事务管理等事业取得了新成绩。

就业和再就业工作进一步加强。农村剩余劳动力转移5 261人，其中：输出省外702人，省内1 219人；城镇新增就业人数706人。社会保险覆盖面进一步扩大，失业救济金足额发放；农村社会养老保险运行平稳，扩面工作正在展开，符合条件的困难群众获得最低生活保障。

全县市场货源充裕，价格稳定，人民生活必需品供应正常。全年社会消费品零售总额完成64 791万元，比上年增17.4%；组织供应化肥43 500吨、农药340吨、农膜408吨，确保农业生产资料市场有序运行。

【民主法制和精神文明建设】 2005年，深入开展精神文明创建活动，加强未成年人思想道德建设，城乡文明程度进一步提高。政府职能进一步转变，建立健全了政务公开、承诺服务、效能考核等一系列制度。加强诚信建设，融洽了银企、银政关系，推进信用行业、信用单位建设，信用环境明显改善。继续推进依法治县进程，积极支持、自觉接受县人大及其常委会的法律监督、县政协的民主监督、社会各界的群众监督和新闻媒体的舆论监督，办结人大代表议案、建议和政协提案366件，满意率100%。“四五”普法和“三五”依法治县工作通过市级验收，公民的法律意识和依法办事能力得到提高。进一步完善法律服务体系，落实行政执法、廉政建设责任制，反腐倡廉、纠风治乱、审计监督深入推进。乡（镇）行政区划调整和机构改革准备工作基本就绪，“民主法制示范村”创建工作取得实效，村民自治有序推进。认真办理群众来信来访，积极排查调处社会矛盾和民间纠纷，清理建设领域拖欠工程款8 250万元。坚决落实安全生产责任制，加强安全生产监管，强化公众聚集场所安全工作，开展重点行业和领域的安全生产专项整治，安全生产平稳运行。加大社会治安综合治理和重案要案侦破力度，深入开展各种“严打”整治专项行动，初步构建了突发公共事件应急体系，“无毒县”创建工作通过省级验收，“平安石林”创建活动广泛开展，全县保持了政治稳定、民族团结、社会和谐发展的良好局面。至2005年底，全县已创建省级文明单位（村）16个，市级文明单位（村）85个，县级文明单位（村）193个。

（刘世生　毕晓冬）

嵩明县

【年内大事】 2月5日，嵩明县第一批保持共产党员先进性教育活动正式启动。

3月2日，省委组织部长李江到嵩明调研先进性教育活动情况。

3月4日，嵩明县突降大到暴雪，全县23万亩农作物，400余亩设施农业不同程度受灾。

3月16日，马（街）厂（口）公路柏油路面工程开始启动，油路全长92千米，境内有75千米，至年底已建成通车。

4月3日，美国漂浮育苗专家贝尔·托马斯到嵩明考察烤烟漂浮育苗工作。

4月11日，省政协主席杨崇汇等到嵩明调研粮油工作。

5月22日，省委副书记王学仁、市委副书记李培山等到嵩明调研春耕生产、抗旱及县域经济发展工作。

5月30日，自4月以来持续干旱，许多稻田开裂，部分玉米苗干枯，卷叶萎缩、秧苗、烟苗枯死，部分地区人畜吃水困难，抗旱保苗和人畜吃水问题严峻，遇到47年以来最严重的旱情。昆明市召开紧急会议，保苗抗旱，确保人畜饮水。省长徐荣凯、副省长孔垂柱到嵩明检查抗旱和春耕生产。

6月18～19日 嵩明县小新街、白邑、小街普降大到暴雨，降雨量达55.5～80毫米，部分农作物被淹，河堤、道路被冲，受灾农作物达3 945亩。

8月23～26日 为纪念抗日战争胜利60周年，在嵩明县城举行《红土情》大型图片展览。

9月20～22日 全国汽车拉力锦标赛第四站比赛在嵩明举行。

11月6～26日 嵩明举办首届兰茂文化节，开展兰茂书画笔会、文艺调演、百龙大会。26日中央电视台"激情广场"栏目组织策划，宗庸卓玛等10余位著名歌唱家、演员应邀表演，省市花灯艺术团及县部分演员也参加演出。王学仁、杨远翔、李培山等省市领导及昆明市14个县（市）区的主要领导、嵩阳镇2万多干部群众观看文艺演出。

【区划、人口】 2005年全县辖3镇6乡106个村（居）民委员会，辖区面积1 357.29平方千米，年末总人口348 268人，比上年增加4 472人，总人口中女性172 012人，男性176 256人，农业人口312 384人，非农业人口35 884人，少数民族人口23 023人。其中回族16 507人，苗族3 185人，彝族3 090人。全年出生人口5 408人，死亡1 937人，人口自然增长率7‰。

【经济综述】 全县生产总值完成19.15亿元，比上年增长12.2%，其中第一产业完成56 930万元，增长5%；第二产业完成80 170万元，增长19.3%；第三产业完成54 400万元，增长10%。全社会固定资产投资完成66 890万元，增长30%。农民人均纯收入3 006元，增长9.2%，地方财政收入完成11 401万元，农村经济总收入69.2亿元，增长10%。社会消费品零售总额74 530万元，增长12.2%。

【农 业】 认真落实农村税费改革政策，持续加大农业投入，改善农业生产条件，农业综合生产能力进一步提高。积极调整和优化农业结构，粮、烟、畜、渔、菜、花、果七大主导产业持续增长。2005年粮食种植面积30 306公顷，粮食总产14万吨。种植蔬菜9.68万亩，蔬菜产量达19.86万吨，外销量达12.91万吨，实现产值12 912.71万元。花卉产业发展迅速，年内种植1.37万亩，实现产值28 787.18万元。实现农村富余劳动力转移就业5 623人，转移收入达1 740.65万元。全年进行中低产田改造4 000亩，完成优质马铃薯基地，嵩明无公害蔬菜基地建设。累计年内种植水果4.9万亩，总产量达1.87万吨，实现产值3 500万元。年内建小型曲流布沼气池600口，节能改灶910口，改省煤节能灶69 187口，推广液化气2 716台。

全年共完成营造林2.28万亩，其中人工造林4 800亩，天保工程人工模拟飞播4 000亩，封山育林1.3万亩，义务植树91.8万株，完成政府样板林200亩。

全县完成各类水利工程574件，建成坡改梯11 132亩，封禁治理2.65万亩，经济果木林7 200亩，保土耕作9 600亩，治理水土流失40平方千米，基本农田建设6万亩，水土保持林1.32万亩，改造中低田地4 000亩，建成优质烟基地13 640亩，建成无公害蔬菜基地6 800亩。

年末生猪存栏17.8万头，比上年增697头，增长0.4%，肥猪出栏29.1万头，比上年增13 859头增5%，生猪出栏率为163.6%。大牲畜存栏5.5万头；山绵羊存栏5.4万只，比上年增2.2%；家禽存栏113.12万只，比上年增长16.6%，出栏156.3万只，比上年增17.5%；禽蛋产量2 611.6吨，比上年下降76.6吨，降2.8%。

【工 业】 牢固树立工业强县的理念，突出杨林工业开发区在工业发展中的龙头地位，改造提升和拓展建筑建材、五金加工、机械铸造、酿酒、化工等非公经济。2005年，全县非公经济保持了持续、快速，健康发展的良好态势，全县非公经济增加值完成6.97亿元，比上年的6亿多元净增9 620万元，增幅16%；现价工业产值完成21.94亿元，比上年的18.1亿元净增38 077万元，增幅21%；实缴县内税金11 544万元，比上年增1 237万元，增幅12%；工业增加值完成29 252万元，比上年净增4 462万元，增幅18%；从业人员41 484人，比上年增加2 348人。主要工业产品，水泥产量48.13万吨，饮料酒产量16 472千升，砖15 634万块，黄磷16 633吨。对外开放进一步扩大，招商引资取得新进展。在组织兰茂文化节系列活动中，共组织了35家企业的37种产品进行展示，帮助企业开拓市场，组织招商引资项目推介会暨签约仪式，会上签订了美国博尔、马来西亚金玉米、荷兰温德迷尔、安祖公司等9个招商项目，协议资金总额达3.32亿元。

全县共引进项目125个，协议投资额共计29.86亿元，实际到位资金3.452亿元，其中，外资协议资金达840万美元，实际到位资金0.8亿元。

【经济开发区建设】 园区经济快速增长，综合实力明显增强。在限电等影响企业发展因素增多的情况下，开发区整体经济运行良好，新上项目建设进展顺利，全年新建成投产企业6户，全区投产企业达32户，在建企业4户，全年完成现价总产值4.56亿元，比上年增16%；完成工业增加值8 530万元，比上年增长18%；实交税金2 088万元，比上年增长7.2%，从业人员达3 280人。招商引资成效显著，全年洽谈项目100余次，接待项目方、企业客商500余人，共引进项目18个，签订正式协议10个，签订意向性投资协议8个，协议资金9.65亿元，实际到位资金2.1亿元。其中内资项目16个，最大项目为昆理工鑫博科技有限公司金属复合板项目，协议投资8 000万元。外资项目2个，协议资金140万美元，其中，云南大力神金属构件有限公司年产5 000吨脚手架项目，实际到位外资108万美元。

【交通、邮电、电力】 切实加强公路建设管护，依法加强路政、运政管理，积极支持配合中央、省、市建设昆沾铁路复线和昆曲高速公路改扩建工程，完成了马（街）厂（口）公路嵩明段78千米的柏油路建设工程，白（邑）兔（耳关）二级公路4.7千米建设工程。启动军（马场）长（松园）公路建设；提高了347千米乡公路等级，全县道路硬化率达20%，实现了乡乡通油路。不断完善县城建设，先后启动了兰茂公园、金叶花园、兰茂商业广场和县城南入城口改造，完成了过境公路、玉泉路、水真路、香海路中段、兴旺街南段等市政建设工程。全年完成邮政业务收入272.03万元，完成年计划的100.75%，同比增长11.04%，实现收支差36.5万元，邮政局全年累计增长邮政储蓄余额859万元，年终储蓄余额达4 042万元。全县有移动基站32个，在网移动用户6万余户，覆盖率75%。县供电有限公司全年完成购电量17 459万千瓦小时，完成售电量16 096万千瓦小时，电力销售收入7 858万元，实现净利润529万元。

【商业、贸易】 全年社会消费品零售总额74 530万元。至2005年10月30日全县实有内资企业371户，比上年同期减少0.8%，注册资本（金）48 011万元，比上年同期下降7.1%；私营企业358户，比上年增18.9%，投资者1 185人，比上年增13%，雇工12 393人，注册资本（金）71 549万元，比上年增长24.6%，个体工商户6 392户，比上年增加4%，从业人员12 644人，比上年增加4.2%，注册资本（金）5.37亿元，比上年增加11.5%。开展了农资价格、成品油价格、医疗收费价格和中小学教育收费等专项检查。积极参与农博会，编印《投资指南》、《绿色嵩明》、《招商引资推介册》，在“农博会”期间，共发放宣传资料3.2万册，播放绿色嵩明电视片250期，接待各类咨询人员近8 000人次。围绕开展食品安全整治，开展“扫黄”、“打非”，加强文化市场监管，开展“红盾护农打假”，大力整治农资市场；强化医疗机构监管，严厉打击非法行医，全面推进药品放心工程。全面加强卷烟市场秩序整顿，有力打击不法行为。年内销毁假冒伪劣香烟14个品种34件，过期、假冒药品115个品种400千克，副食品、饮料、卫生、生活用品40余个品种达20吨，销毁各类假冒伪劣商品23.5吨，价值20万元。全年共受理消费者投诉229件，解决投诉229件，接待来访、咨询497人次，全县共计建立商标档案75户，查处一起假冒“步步高DVD商标侵权”案件，没收假冒DVD机4台。

【财政、金融】 国税局全年共组织税收收入（含车购税，免抵调库）8 970万元，比上年同期增长7.28%，增收601万元，完成市局年度计划7 750万元的114.28%。地税局共组织地方税收入（含文化事业建设费）9 704万元，比上年同期入库的8 797万元增收907万元，增长10.3%，完成市局下达计划7 660万元的126.68%，增收2 044万元，其中：工商税累计入库7 013万元，比上年同期增长19.3%；农业税累计入库2 691万元，比上年同期减收230万元，下降7.87%。

2005年全县财政总收入完成16 750万元，完成预算数的102.7%，比上年同期增2 409万元，增16.8%。地方财政收入完成11 401万元（县本级地方财政收入完成4 921万元），加上中央税收返还2 961万元，市级一般性转移支付5 810万元，专项补助4 390万元，冲减历年部分暂付款项和上解上级支出后可用财力为23 423万元，全县财政总支出30 383万元，同比增加支出6 078万元，增25%。全县地方财政支出23 493万元，本级地方财政支出11 989万元。

年末各项存款余额27.45亿元，比年初增加32 266万元，增长13.32%；各项贷款14.7亿元，比年初增加30 577万元，增幅为26.25%。

【旅　游】 围绕《昆明旅游二次创业》实施纲要，抢抓昆明轿子山生态旅游区开发的良好机遇，认真搞好旅游项目规划，组织开展旅游节庆活动，全县共接待游客27.8万人次，同比增10.8%，实现旅游收入1 810.11万元，同比增6.5%。重点抓好旅游项目的规划，一是做好轿子山生态旅游业嵩明县阿子营旅游点开发，编制了百合花交易市场、停车场、标志性建筑，集镇美化亮化等项目已经立项；二是积极做好杨林旅游小镇申报及规划，按照“整体规划分步实施，修旧如旧”的原则，从古镇历史文化走廊兰茂文化长廊等方面编制了《杨林古镇旅游开发方案》；三是做好旅游小寨规划申报工作，初步拟定了西山、山脚等10个旅游村寨上报市旅游局。

年内组织各旅游景区（点）在春节期间开展各种文艺演出活动，丰富游客春节文化生活，圆满完成了全国汽车拉力锦标赛嵩明站赛事活动的接待任务。

【教　育】 全县共创建省级文明学校8所，市级文明学校22所，县级文明学校80所。选派了8名学校领导干部和17名骨干教师到昆明市主城区学校挂职锻炼和在职进修；组织机关科室长和县直学校校长前往宣威、红河、文山学习考察。从中青年优秀教师中选拔领导干部11人充实到学校干部队伍。下大力气培训教师队伍。在全省范围招考112名优秀大中专毕业生（其中，选招外县毕业生28名），教师的专业结构进一步改善。2005年初中升高中（中专）考生4 745人，其中昆一中录取35人，各类学校共录取3 455人，录取率为72.81%；高考报名1 098人，上线率75.6%，录取率为69.13%；重点上线80人，重点率为7.29%，600分以上9人，实现了历史性的突破。

组织万名学生参加第十六届学生艺术节绘画比赛，80幅作品获奖。组织全县中小学生参加县兰茂文化艺术节的“兰茂诗韵”朗诵，“嵩明之歌”演唱比赛活动；组织100人的教育方队参加中央电视台“激情广场”演唱活动。

认真组织实施发展高中阶段教育的“建一调二扩三”工程，投资900余万元建成可容纳60个教育班规模的县一中新教学楼已投入使用，县四中扩建工程已启动，投资40万元的学生宿舍已完工。全县招收高中新生规模不断扩大，由2002年的1 282人增加到2 198人，增长58.33%。

“两基”各项指标达到昆明市的要求，全县幼儿入园入班率达68.2%，正常儿童入学率达100%，残疾儿童入学率达93.8%，小学在校学生辍学率0.04%。15周岁初等教育完成率达100%；初中阶段毛入学率达100.07%，残疾少年入学率达100%，17周岁人口初级中等教育完成率达99.8%。“普实”水平明显提高，高中演示实验平均开出率100%，分组实验开出率97.4%，初中演示实验开出率98.96%，分组实验开出率98.66%，小学自然演示实验平均开出率为99.1%，分组实验开出率为98.3%。

全县共筹集资金39.2万元对2 679名贫困生实施了帮扶救助。圆满完成农村中小学现代远程教育工程试点工作。19所中学建起了36个网络微机室，29所小学建起了网络微机室并开设信息技术课程，42所学校接入互联网，实现了“校校通”。积极发展山区、民族地区教育，投入资金150多万元为三转弯、大哨等12所山区小学兴建了微机室，为阿子营乡增配了20多套电脑。年内在教育工作会和建党节、教师节表彰了100名优秀教师、10名优秀校长、139名师德师风先进个人、优秀班主任、177名学科教学质量优秀教师，5名优秀教师被评为市级骨干教师。

【科　技】 为保护好水源区的生态环境，为昆明市提供优质清洁的生产生活用水，嵩明县科技局申请开展“松华坝水源保护区面源污染控制集成技术示范”项目，围绕化肥、秸秆、粪便、水土流失等主要污染源，在松华坝水源保护区实施面源污染控制集成技术示范和进村入户工程，编写出版集成技术方面科普图书，举办专家讲座100场次，发放科普图书和资料2万余份，培育乡村农业面源污染控制技术骨干100人，环保小卫士100人，同时重点示范推广新鲜秸秆直接还田成肥技术2万亩，控释肥料替代常规化肥技术5 000亩，百合减肥保产清洁种植技术500亩，培训农民5 000人次，关键技术普及率达到90%。

县科技局组织科技人员深入企业和杨林干花基地调查，形成《关于依靠科技进步推动县域工业企业发展》的调研报告。邀请云南艺术学院设计专家到杨林干花基地调研，为杨林干花包装出谋划策。至年底共拟订社会领域科技发展项目4个，工业企业项目3个上报市科技局审批立项，已立项6个，争取资金216万元。

认真开展农业科技项目的实施和组织管理，全县亚麻种植面积3 120亩，平均亩产584.8千克，单价0.978元，平均亩产值571.9元，扣除成本为农民增加收入104.2万元。在“科技宣传周”活动中，展现本县各行业的科技成就图片展板142幅（块），发放科技图书资料1.78万份（册），接待科技咨询人数达3 672人次。开展科普日活动，共展出展板132块，发放各类科技、科普资料22 870份（册），配合县委开展科技下乡活动9场次，发放科技宣传资料6 910份（册），组织参加全市“素质教育”工程培训460人次。全年开展农村党员和基层干部培训班207期，培训人数2万余人次，举办稻作、花卉、蔬菜、养牛等专业的农函大培训班16期、650人。表彰农村青年星火带头人30名。开展农村乡土人才调查，全县各类乡土人才879人。

【文化、体育】 2005年成功举办了全国汽车拉力锦标赛第四站比赛和云南嵩明首届兰茂文化节。稳步实施广播电视“村村通”工程，网络覆盖率达98%，荣获全国“广播电视工作先进集体”荣誉称号。

组织文化小分队深入全县9个乡镇进行专场慰问演出。春节前后，在全县城乡的民间花灯、龙狮表演队200支，演出300余（次），观众达10万余人，为群众放映电影890余场次，观众达46.2万余人。年内组织“小脚老奶舞龙队”参加云南省国际文化旅游节开幕式表演，并获好评。

加强馆站业务建设，组织剧目、小品、歌舞演唱等剧本28个，17个剧目参加全县文艺调查，《中国民族民间器乐曲集成》（嵩明卷）书稿，荣获国家文化部、国家民委、中国文联颁发的编纂成果三等奖。组织各乡镇文化站进行民族民间传统文化保护工程项目普查，收录文字28万，图片200余幅，录音资料20盘。

县委宣传部制作《嵩明之歌》MTV光盘2 000碟，云南电视台大棚车栏目拍摄《兰茂专辑》4期在云南电视台1台播出，分别在省市媒体上大力宣传嵩明。

兰茂文化节期间，11月26日举行“百龙大会”展演，中央电视台“激情广场”栏目在嵩明主持大型文艺演出，同时举行杨林肥酒创制125周年纪念活动，印发《兰茂研究文集》，发行兰茂纪念邮票，举办兰茂书画笔会、书画展览、邮票展、兰茂生平事迹展等一系列文化活动。云南华庭地产在嵩明黄龙大街开发建设兰茂公园，8月底竣工投入使用。

积极组织各类体育比赛，举办了“金鸡灵通杯”家庭篮球邀请赛、“商行杯”篮球运动会、“农行杯”暨“劳动杯”足球运动会等赛事活动。在全市中小学田径运动会上，王江东和张福芬分别获得高中男子组跳远，高中组400米和800米两项第一名。8月在嵩明兰茂广场安装了第二条健身路径。恢复成立了县老年人体育协会。

【卫　生】 加强城乡公共卫生建设，完成了县人民医院、县妇幼保健站整体搬迁，启动新型农村合作医疗制度，参合率达92%。大力实施农村药品“两网”建设工程和“平价药品惠民”工程，全县药品价格综合降幅达25%，实现了城乡同质同价。

积极深化农村卫生改革，加强乡镇卫生院的管理，切实解决农民群众“看病难、看病贵”问题。县卫生局公开招聘9个乡镇卫生院院长，制定《嵩明县乡镇卫生院管理规范》，签订了《乡镇卫生院院长任期目标责任制》，量化任期内固定资产保值增值、财务管理、经济责任、医、防、保等各项工作指标。健全财务制度，设立大型购置，基建工程等项目的报批审核制度，深化乡镇卫生院人事和分配制度改革。

在嵩阳镇两个村委会开展新型农村合作医疗试点工作的基础上，在全县全面推开。至10月底，全县9个乡镇参合群众28.68万人，参合率93.15%，共为1 150名门诊患者，685名住院病人报销医疗费22.75万元。完成全县106个村委会乡医管理工作，共聘任了乡村医生231名。积极开展计划免疫、结核病预防、鼠疫、霍乱、艾滋病等疾病的预防控制。

【城建、环保】 完成水真路上下段、香海路中段、兴旺街南段等路面市政工程和药灵路供排水工程，玉泉路路基、路面、人行道工程、兰茂公园投入使用，南入城口拓宽改造主体工程全面完成，兴云路拆迁进展顺利。城区路灯改造顺利完成并投入使用，县城绿化美化力度加大，市容市貌有较大改善。

进一步规范建筑业管理，全年共监督工程17项，总投资5 900余万元，建筑面积6.7万平方米。全年共办理产权证744宗，产权面积19万平方米，抵押办件696宗，抵押金额1.2亿元。

滇池管理局加强对松华坝水源区的监督管护，对冷水河和牧羊河进行整治。一是打捞河内杂物、漂浮物、清除河床杂草及面源垃圾；清理河道内的淤泥、沙石等阻塞物，同时全面清理街道卫生及河道沿岸的村镇垃圾。二是认真贯彻市政府关于在水源保护区内禁磷、禁铅、禁用一次性塑料餐饮具、禁止销售、使用不可自然降解塑料袋、禁用高毒高残留农药的规定。年内组织了两次检查，并处罚了部分销售者。对黑龙潭周围的餐馆、娱乐场所的污水排放及流入松华坝水库河道的积污及时逐一调查处理。积极引进治污项目，解决农业面源污染，推广“榕风1号”秸秆还田成肥技术1万亩。配合县环保局、农业局等部门完成生态旱厕677座。

2005年共审批涉及环保的改扩建项目35个，项目总投资4 892万元，其中环保投资366万元，竣工验收项目5个，建设项目环境影响评价执行率达100%。对辖区8家符合发证条件的企业纳入排污许可证管理范围，核发和变更了排污许可证，本县实施排污许可证的企业有56家，辖区内所有工业企业废水达标率达95.7%，烟尘达标率100%，二氧化硫、粉尘达标率100%，工业固体废物处置率达95%。完成企业排污申报登记105家，征收排污费49.2万元。

【精神文明建设】 开展“共铸诚信、建设诚信嵩明”、“改陋习、树新风”、“怎样做文明公民，维护嵩明美好形象”的大讨论活动。2005年全县上报国家级文明单位1个，市级文明单位（村）19个，创建文明（村）镇工作先进乡（镇）1个，创建“十星级文明户”工作先进村1个，县级文明单位（村）45个，在届内省级文明单位中评选“创建省级文明单位”2个。创建市级文明单位1个。创建市级文明村示范村1个，“群星文明工程”稳步推进，认真开展“星级个体工商户”评选活动，95户三星以上的个体户被命名、表彰、挂牌。建成“七星级文明学校”1个、“六星级文明企业”1个、“九星级文明机关”1个、“九星级文明乡镇”1个已通过县文明委考评。累计评选出“昆明市优秀市民”89名，评选“嵩明县优秀文明公民”9名。

【社会治安综合治理】　完善了《嵩明县维护社会稳定工作规范》，建立了处理信访突出问题及群体性事件联席会议制度，坚持一月一排查，并将排查出来的矛盾纠纷，按照调处矛盾纠纷的要求，明确县级责任单位和协助单位，定时调处，由县委、政府“两办”负责督促办理。年内排查出影响社会稳定的矛盾纠纷41起，调处41起，调处率100%，调处成功37起，成功率90.2%。

开展“民主法治示范村”工作，年内有1个村申报为国家级“民主法治示范村”，1个被命名为省级“民主法制示范村”，5个村委会被命名为市级“民主法治示范村”，44个村委会被县委授予“民主法治示范村”荣誉称号。大力开展创建平安嵩明、构建和谐社会活动，强化社会治安综合治理，依法打击各类犯罪活动，维护全县改革、发展、稳定的大局。全县全年共立各类刑事案件1 124件，与上年同期相比，下降了18.27%，共立各类经济案件7件，挽回经济损失342.67万元。

【社会保障】　初步建立了职工基本生活保障、失业保险和城镇居民最低生活保障。至2005年11月底共发放《再就业优惠证》2 424本，从事个体经营享受工商、税务、卫生部门减免税403人次，减免金额183.06万元，为公益性岗位人员代缴社会保险补贴7.96万元，为失业职工1 219人实现了再就业。全年共输出农村劳动力5 721人，县内转移3 099人，省内转移1 861人，向广东、上海等地输出761人。劳动人事社会保障局与昆明煤气公司、云南天创科技有限公司、昆明烟厂等5家企业进行劳务派遣合作，年内派遣就业333人。

为全瑞劳动保障事务代理服务所代缴社会保险费1 832人次，代缴养老、医疗保险金403.85万元。2005年本县参加失业保险单位264个、0.78万人，申报缴纳失业保险费278.91万元，发放失业救济金1 117人次、358.64万元。2005年社保局共审核发放省级统筹企业离退休人员1 637名的离退休金1 031.86万元，审核发放县级统筹差额及自收自支事业单位190名离退休人员退休金237.1万元。

认真执行医保政策，严格抓好统筹基金收管支三个环节，全县参保单位312个1.53万人，至2005年11月底收缴各项基金1 678.42万元。

【人民生活】　农民人均纯收入3 006元，全县职工10 837人，年工资总额为14 173万元，人均12 899元，比上年增4.7%；城乡居民储蓄存款余额171 613万元，比上年增11.3%。全县社会消费品零售总额74 530万元，增长12.2%。社会保障体系日趋完善，提供有效就业岗位3 350个，安置下岗失业人员1 219人。城镇职工医疗保险制度改革稳步推进，居民最低生活保障实施应保尽保，机关、企事业单位离退休人员养老金发放率100%。

（黄勤昌）

禄劝彝族苗族自治县

【年内大事】　1月8日，乌东德电站第一座跨江施工吊桥竣工投入使用。

2月3日，全县保持共产党员先进性教育活动正式启动。

3月7日，掌鸠河引水供水工程附属工程之一——云龙乡集镇迁建工程正式竣工并举行搬迁庆典。

5月15～19日　省委常委、市委书记杨崇勇、省人大副主任梁公卿、副省长李新华到轿子雪山考察。

5月18日，省长助理邹纲仁一行27人视察乌东德电站。

5月27日，召开县级机关紧急抗旱动员大会，共筹集捐款211 568.4元，用于解决旱情较为严重地区的人畜饮水。

6月1日，县内首座通过招商引资兴建，装机容量2×6 300千瓦的水电站——小河口电站，正式投产发电。

6月25日，中国工商银行禄劝支行整体移交禄劝农村信用社联合社，并于6月28日对外营业。

7月11日，在全县教育改革工作会议上，县民族中学被定为首批改革试点单位。年薪10万元面向全省公开招聘校长。

7月12日，召开全县农村合作医疗工作会议，正式启动农村合作医疗。

7月17日，副省长李汉柏到禄劝调研政法工作并视察县公安局指挥中心建设进展情况。

7月23日，禄劝轿子雪山申报“世界自然保护遗产”工作正式启动。

8月2日，全市烤烟生产中后期管理工作会议在禄劝召开。

8月15日，禄劝2004年扶贫开发项目通过市级验收。

9月23日，三峡工程总公司工程师黄华等15位专家抵达禄劝，开始乌东德进场公路论证。

9月25日，禄劝通过招商引资引进的第一家民营非营利性二级综合医院——禄劝忠爱医院正式开业。

11月11日　召开全县扶贫开发整村推进规划和贫困户建档立卡工作会，全县完成贫困户建档立卡51 992户198 578人。

11月19日　县内第一个休闲公园——民族文化广场竣工投入使用。

同日　总投资198万元的县城白塔山公园建成投入使用。

11月24～25日　举行禄劝彝族苗族自治县成立20周年庆典活动，全国人大民委、国家民委祝贺团团长、国家民委机关党委书记马继祖，省祝贺团团长、云南省民委副主任李勇，市祝贺团团长、市委副书记李培山到会讲话并向禄劝赠送锦旗。

11月25日，举行20周年县庆项目推介会暨项目签字仪式，签约江边电站、汇鑫化工总厂、马鹿塘白水河电站、翠华高钛渣厂4个项目。

【区划、人口】　禄劝彝族苗族自治县位于滇中北部，是昆明市远郊县，东与寻甸、东川相连，南与富民县接壤，西与武定县毗邻，北界金沙江与四川省会理、会东两县相望。县城所在地屏山镇距昆明公路里程72千米。2005年，全县辖15乡3镇，有192个村民委员会、2个社区居民委员会。国土面积4 249平方千米，耕地面积363 300亩。年末总人口450 135人，总人口中，男性234 297人，女性215 838人；非农业人口26 191人，占总人口的5.82%；少数民族人口137 500人，占总人口的30.55%。少数民族人口中，彝族99 926人，占少数民族人口的72.67%；苗族12 973人，占少数民族人口的9.43%；傈僳族14 196人，占少数民族人口的10.32%；其他少数民族人口10 405人，占少数民族人口的7.57%。全年出生4 713人，死亡1 985人；迁入2 118人，迁出2 979人。全县人口自然增长率3.85‰。

【经济综述】　2005年，全县生产总值完成153 820万元，比上年增15%，其中，第一产业61 965万元，第二产业34 883万元，第三产业56 972万元，分别比上年增长4.6%、26.1%、13.8%。工业总产值完成46 391万元，比上年增长37.45%；农业总产值完成114 130万元，比上年增长3.33%。全县地方财政收入完成9 196万元，比上年增长17.91%；全县农村经济总收入110 729万元；固定资产投资总额完成86 509万元，比上年增长58.25%；社会消费品零售总额完成33 671万元，比上年增长12.7%。

【农、牧业】 全县粮豆播种面积60.2万亩，比上年减少0.99%，粮食总产17 573.4万千克，较上年增长0.5%。其中，夏粮种植24.7万亩，产量3 256.8万千克；秋粮种植35.5万亩，产量14 316.6万千克，比上年增长0.7%；全年种植蔬菜30 542亩，产值4 108万元；栽桑417亩，养蚕3 129张，产茧90 000千克；新植咖啡60亩，生产咖啡豆30 000千克，建成示范园450亩；新辟果园600亩。种植烤烟82 400亩，累计收购烟叶1 145万千克，均价12.08元/千克，烟农售烟收入14 365万元，完成烤烟农特税3 160万元。

全年畜牧业总产值54 680万元，比上年增加产值3 609万元，增长率7.1%。全年生猪出栏400 786万头，肉牛出栏39 000万头，羊出栏156 200万只，禽出栏1 149 559只，分别比上年同期提高0.02、0.06、0.01和0.48个百分点。全年肉类总产4 143.1万千克。

【水利、林业】 年内，农田水利基本建设成效明显。全年共完成各级投资1 136.74万元，其中，农业综合开发项目318万元，片区开发项目115.74万元，水利专项资金703万元。建成各类水利工程729件，增加蓄水能力5.4万立方米，新增灌溉面积2 000亩，恢复灌溉面积10 000亩，改善灌溉面积30 000亩，治理水土流失面积5平方千米，解决和改善了8 000人、4 000头大牲畜的饮水困难，全县水利化程度达65.5%。

继续推进林业全面发展，加强对生态环境的保护，积极开展森林防火和病虫害防治工作。全年完成人工造林7 850亩，人工模拟飞播造林21 000亩，人工封山育林46 000亩，中幼林抚育1 600亩，县级样板林200亩，全民义务植树95万株。完成中德合作云南二期造林补植补造38 310亩，退耕还林补植补造11 998.2亩。

【工 业】 工业企业进一步发展，全年工业总产值完成46 391万元，比上年增长37.45%。努力发展个体私营经济，全县乡镇企业营业收入完成182 000万元，比上年增长15.2%。电力建设取得新进展，3月20日，装机2×6 300千瓦的小河口电站投产发电。建成撒营盘至大荞地57千米输电线路。投资1 236万元改造县城区电网，年末完成“一户一表”改造1 500户；西部农网改造第一批1.2万户全部开工建设，工程进展顺利。年末，全县装机容量达2.4万千瓦，共完成发电量9 405万千瓦时。

【交通、邮电】 交通状况进一步改善，年内，全县共投入交通建设资金1 440万元，新修乡村公路23.3千米；县乡沥青路面改造271千米（在建）；新建桥梁（南塘河）2座。测量设计公路110.3千米，上报建设立项申请资料11份。第二批5条通乡油路（禄劝至寻甸马街、转龙至四方井、茂山至云龙、撒营盘至大松树、硝井至则黑）建设进展顺利。年末，全县公路总里程达2 172.42千米，159个村（居）民委员会通公路。加强公路养护工作，全年共投入公路养护资金317 686元，好路率由上年的79.16%提高到85.42%。加强路政管理，全年共制止和处理涉路违法案件54件，收回路产损失3 000元。开展道路运输资格审验，新增客运车辆40辆，共审验各类机动车2 284辆，审验客运、维修、搬运装卸、运输服务业441户；征收运输管理费91.72万元，小型拖拉机养路费35.95万元，征收交通规费1 353万元；龙潭收费站完成通行费征收772万元。

全年完成邮政业务收入195万元，完成年初计划的100%，同比增长0.02%。完成电信业务收入1 504.73万元，完成年计划的100.65%；固定电话装机2 248部，完成年计划的77.7%；小灵通业务完成3 390部，完成年计划的135.6%，新增小灵通基站34个。年末，全县交换机总容量32 232线，固定电话用户17 896户，小灵通用户7 189户，宽带用户980户。

【财税、金融、保险】 全年全县财政总收入完成12 227万元，完成预算的106.5%，比上年实际完成数10 437万元增收1 790万元，增长17.2%。其中，上划中央“两税”收入完成3 031万元，为预算的104.3%，比上年实际完成数2 641万元增收390万元，增长14.8%；地方财政收入完成9 196万元，为预算的107.2%，比上年实际完成数7 796万元增收1 400万元，增长17.91%。全县财政总支出完成39 646万元，比上年实际完成数31 081万元增支8 565万元，增长27.6%。

年末，全县金融机构各项存款余额140 551万元，比年初增加19 967万元，增长16.56%。其中：企业存款余额32 338万元，比年初减少61万元，负增长0.19%；居民储蓄存款余额81 566万元，比年初增加11 200万元，增长15.92%；农业存款余额23 009万元，比年初增长11 359万元，增长97.5%；财政存款2 604万元，比年初增加1 502万元，增长136.3%。全县金融机构各项贷款余额76 023万元，比年初增加12 280万元，增长19.26%。其中：短期贷款余额44 160万元，比年初增10 184万元，增长29.97%；中长期贷款余额31 863万元，比年初增加2 096万元，增长7.04%。

2005年，人保财险禄劝支公司全年收入保险费8 185 231.71元，同比减少1 168 745.56元，负增长12.49%。处理各类赔案1 493件，支付赔款6 727 378.51万元，比上年减少709 503.36元，综合赔付率82.19%，比上年升2.68个百分点，实现利润350 699.74元。

【城乡建设】 2005年，共办理《建设工程规划用地许可证》165份，《选址意见书》8份，《规划用地许可证》282份；完成石材加工市场规划，规划用地面积163.28亩，总投资800万元；完成云龙集镇小广场规划，规划用地面积2 116平方米；完成乌东德集镇道路工程规划，规划道路面积10 600平方米；完成马鹿塘乡小集镇建设工程规划、设计规划道路面积12 000平方米；完成南村综合集贸市场规划，规划用地面积27 730平方米；完成县城七队小区规划，规划用地面积52.52亩；完成全县城镇建设“十一五”计划编制工作。进一步加强县城基础设施建设力度，完成县城民族文化公园和白塔山公园建设。民族文化公园总面积31 538.77平方米，其中道路和广场19 561.54平方米，绿地5 826.03平方米，水域6 055.2平方米，公厕96平方米，总投资860万元。白塔山实有高度135.4米，河岸至山顶距离315米，从山顶到山脚共设人行阶梯13段，合计829步，休息平台13个，工程总投资198万元。两项工程于2005年3月23日开工，11月19日竣工投入使用。完善县城公共基础设施建设，新增路灯13盏，安装高臂节能灯43盏，更换路灯主线560米，节能灯180盏。逐步完善乡镇集镇建设，投资290万元，新建马鹿塘小集镇，工程进展顺利；引入资金开发县城居民住宅区，至2005年末，县城共建成4个住宅小区，占地总面积69 700平方米，建筑总面积12.6万平方米，建成住房762套。

【环保、旅游】 加强环境宣传及法制教育活动，鼓励公众参与舆论监督，开展多形式、多层次环境宣传教育活动。加强危险废弃物监督管理工作，对危险废弃物使用单位、医疗机构等单位认真开展危险废物登记管理工作，通过调查分析完成了危险废物登记28家。实施排污许可证制度，落实排污总量控制计划，辖区内工业企业达标排放率100%，工业固体废弃物处置利用率达到100%，对县水泥厂等65家排污企业征收排污费共计19.86万元。与云南省生物多样性与传统知识研究会合作，组织云龙水库水源区生态农业技术方案研究及实施，建设生态农业示范点，努力控制水源区农村面源污染。认真开展农村生态卫生旱厕建设，全年共建设农村生态旱厕5 209个。加强环境监察力度，全年进行现场监察195次，及时查处擅自建设项目，下达限期治理通知书3家，取缔非法生产小石厂、小砂厂7家，当场处罚4家。加强环境监测工作，全年共完成上报监测数据4 298个。

加快旅游业发展步伐，编制《禄劝彝族苗族自治县旅游业发展“十一五”计划和2020年远景目标》；配合市旅游局开发轿子雪山旅游黄金线路，启动沿线旅游基础设施的建设，积极推进轿子雪山景区的开发建设，投入资金30万元，完成转龙旅游集镇的规划编制。在原有《轿子山旅游区开发规划》的基础上，修编《轿子山自然保护区规划》。配合市法制办公室制定《轿子山保护管理条例》。8月，禄劝至马街、转龙至四方井的公路改造和油路铺设工程全面启动，工程进展顺利；四方井至下坪子7.14千米的旅游专线路面硬化工程竣工；景区标识标牌（含海拔标高）制作完成待安装。皎平渡红色旅游区经国务院审定为全国100处重点红色旅游区之一，计划投资1 100万元进行保护建设。年内，到皎平渡进行革命传统教育的人员达40 000人次。

【科　技】 全年共投入科技开发经费300万元，科普经费26.75万元，科技发展基金25万元。全年共举办农村富余劳动力转移就业培训6期；举办科技进村入户示范工程技术培训15期1 200人次。开展以“科技以人为本，全面建设小康，构建和谐社会，创建平安禄劝”为主题的科技活动周。发放科技书刊15 000册，发放科普资料6万余份，放映科教电影、录像900场次，共建科普宣传栏384平方米，办黑板报560期，赶科普街6场次。实施农村党员、基层干部“素质教育”、“科技之光”、“科技致富”等工程。邀请省专家协会专家开展“科技之光服务工程”知识讲座1期，参训54人。开展农村实用技术培训2 230场次，参训115 960人次。全年实施科技项目9个，主要从事撒坝火腿开发，全县已注册专门从事撒坝火腿开发的龙头企业6个，专业户47户，全年撒坝火腿初加工250万千克，产值5 800万元。

【教　育】 全年共投入教育经费14 708.06万元，用于全县各学校日常开支；省、市下达禄劝“两免一补”经费687.948万元，教职工捐资105万元，共救助农村贫困学生28 616人，免除农村独生子女“一费制”教育费2 299人，免收金额20.302万元。年内投资314.31万元，对全县15所中小学校实施排危工程，排除D级危房5 469平方米，新建校舍6 021平方米；加强农村中小学寄宿制建设，对民族中学初中部等6所学校实施校舍建造，新建教学楼740平方米，学生宿舍3 380平方米；引进和捐助资金369万元，新建小学校舍2 254平方米，建成职业中学学生宿舍1 896平方米。

年末，全县有幼儿园16所、235班，在园幼儿6 622人，幼儿入园率37.87%；教职工160人，其中专任教师109人。小学348所，在校学生1 360班、43 916人；教职工2 183人，其中专任教师2 119人。普通中学20所，其中，完全中学4所，初级中学16所，在校学生25 270人；教职工1 488人，其中专任教师1 336人。职业高级中学1所，在校学生624人，教职工51人，其中专任教师38人。全年有高中毕业生1 648人和三校生242人参加高考，638人升入省内外高等院校，录取率33.76%；初中毕业生4 420人参加中考，被各类学校录取2 622人，升学率59%。

【文化、体育】 弘扬民族文化，整理民族文化遗产，精心打造具有地方民族特色的文化产业，“罗婺神鼓”、“罗婺神韵”、“法嘎王”、“红色文化旅游”、“民族工艺”、“彝族土司府”等民族文化赢得了社会的关注和好评。“罗婺神鼓”在大赛中两次荣获国家级银奖；“民族工艺”在“中国首届民族自治地区民族文化博览会”上荣获“优秀布展奖”；“红色文化旅游”已由国家发改委立项。文艺创作和演出喜获丰收，全年共创作剧节目26个，上演54场，观众达8万多人次。加强文化市场管理，全年县城区文化市场共出动检查人员800余人次，收缴违禁书1 000余册，盗版光碟420余盘，淫秽光碟30盘，当场处罚接纳未成年人网吧1户，责令搬迁2户。10月，联合公安、工商对乡镇文化市场进行全面清理整治，共清理9个乡镇，收缴涉黄、盗版光碟470余盘，处罚接纳未成年人网吧2户。加强文物保护工作，投入资金7万元，对九龙“月牙亭”、“普渡河铁索桥红军烈士墓”进行维修。加强地方史志工作，按时出版发行《禄劝年鉴》；在禄劝彝族苗族自治县成立20周年之际，出版发行《跨越千年——禄劝彝族苗族自治县成立二十周年巡礼》一书。

倡导全民健身运动，组织群众自办体育比赛。在昆明市第八届少数民族运动会上，禄劝代表队获金牌1枚，银牌4枚，铜牌4枚，团体总分第五名的好成绩。

【卫　生】 年末，全县拥有医用房屋总面积78 231.4平方米，有乡镇以上医疗卫生机构26个，其中民营机构2个。病床位798张，在职医务人员756人，其中，卫生专业技术人员615人。全县设村级卫生所194个，乡村医生422人。加强初级卫生保健工作，改扩建村卫生所15所。积极推进“乡村卫生服务管理一体化”，全县180个村卫生所按要求开展工作，“乡村卫生一体化”管理率达92.78%。加强妇幼保健工作，深入开展《母婴保健法》宣传，做好孕产妇和儿童系统管理。建立健全疫情监测网络和疫情报告制度，实行疫情“日报告”和“零报告”；安全规范接种预防疫苗，巩固计划免疫成果，四苗接种率达90%，乙肝疫苗接种82%，计划免疫保偿率85%。

年内，投入资金72.12万元，全面启动农村合作医疗，至11月，全县农村总人口389 845人，有366 423人参加合作医疗，参与率为94%，筹集参合资金3 664 230元。11月1日至12月16日，全县农村人口门诊就医减免9 504人次、减免金额164 415.76元，住院病人报销补偿1 424人次，补偿金额462 382.77元。

加大医疗卫生市场整顿力度，全年查处非法行医33起。加强卫生监督力度，深入开展以食品放心工程为主的市场管理，全年开展食品卫生市场整治5次，销毁假冒伪劣食品4 000千克，从业人员体检3 481人，发放卫生许可证1 453户。整顿和规范药品流通市场，全年查处违法案件53件，涉及药品127批次，货值1.6万元，共处罚金1.9万元，取缔无证经营药品户1户。广泛开展爱国卫生运动，全年清除卫生死角284处，疏通沟渠347条，清运垃圾234.5万千克；开展春秋季灭鼠活动，县城区灭鼠覆盖率达100%；投资534.7万元，完成农户厕所改造4 142座，建成公厕109座；投资5.7万元，完成改水项目1件，全县农村自来水普及率达72.9%。

【扶　贫】　认真落实中央、省、市扶贫政策，以贫困村为战场，以贫困人口为对象，以改善贫困地区生产生活条件和增加收入为重点，以减少贫困人口为目标，坚持开发式扶贫的方针，全力推进扶贫开发工作。一、整村推进：项目投资954.4万元，完成拖木嘎等10个省列重点扶持村、舒姑等6个市列重点扶持村、砍邓等8个安居温饱村、大松树民族特困乡二期项目建设，共计实施扶贫项目147件，受益农户8 258户。二、劳动力转移培训：投入资金80万元，对12 764名农村富余劳动力进行转移培训，转移和输出农村富余劳动力9 768人。三、产业化扶贫：投入资金50万元，以“公司＋基地＋农户”的方式，新建加工型马铃薯种薯繁育基地200亩。四、社会扶贫：继续动员社会力量参与扶贫开发，省市24个挂钩扶贫部门献真情、真扶贫，共投入资金630万元，为贫困地区群众办实事150多件；县级65个挂钩单位投入帮扶资金381.2万元，办实事115件；5 288名机关、事业单位干部职工捐资124.32万元，结对帮扶贫困户3 043户。五、农用物资供应：全年共发放扶贫化肥31.2万千克，扶持贫困农户1 800户。

【移民工作】　做好掌鸠河引水工程移民搬迁安置后续工作，云龙水库下闸蓄水后，水库周边村的交通、通讯、电力等基础设施大部分被淹没，严重影响村民生产生活。年内，修通云龙联合村委会至撒营盘三蒙村委会的环湖乡村公路27千米；投资20.68万元，架设联合村委会和宗德上村输电线路6.7千米；新建撒营盘安康石拱公路桥1座。对水库周边29个就地安置村1 172户4 333人进行后续扶持，发放补助大米58万千克，新修进村公路11条13.5千米，新建以资新村石拱桥梁1座。加强县内安置移民的后续扶持工作，发放春耕农肥350包，帮助解决4个村农网改造资金25 800元。年末，历时2年的云龙乡集镇迁建工程顺利结束，新集镇建设征用土地总面积636.138亩，充分考虑自然、生态、环保等因素，严格按照“三横二纵二场”的整体规划进行施工，一次性完成房屋、道路、水、电、美化、亮化、通讯、广场等工程建设。

【社会保障】　全年开发就业岗位910人，办理《再就业优惠证》196本，城镇新增就业772人，其中下岗失业人员再就业405人，其他失业人员就业367人。加强劳动保障执法监察力度，对298户用人单位实施劳动保障监察，查处了18起劳动保障突发事件，共涉及劳动者7 566人；查处拖欠农民工工资18起，涉及农民工151人，追发工资27万元；追缴社会保险欠费90万元。进一步加大劳动工资宏观调控力度，做好企业工资备案和集体协商工作，年内19家企业建立起工资集体协商制度，企业工资发放报县劳动保障部门备案。全年审查登记新订和续订的城镇劳动合同604份，督促签订农民工劳动合同381份。在屏山、撒营盘、转龙3镇建立劳动保障事务所，在屏山镇南街、北街2个社区建立劳动保障服务站，将159名企业退休人员移交社区管理。养老、工伤保险范围逐渐扩大，人员逐渐增多，年内，新参加养老保险人员135人，农民工参加工伤保险429人；6月1日，职工医疗保险实现与全市联网。年内，全县参加企业养老保险的单位48户，参保人员3 569人，征收养老保险费952.6万元，为1 228名企业退休人员发放养老金928.5万元；参加医疗保险的单位79个，参保人员12 292人，征收医疗保险费1 875.3万元，全年支付参保人员住院医疗费877.2万元，报销离休干部及二等乙级以上革命伤残军人医疗费用241万元；参加失业保险的单位114户，参保人员8 935人，征收失业保险费204.6万元，全年为509名就业转业人员发放失业保险金143.4万元，支付失业人员培训补助25万元；参加工伤保险的单位54户，参保人员2 238人，征收工伤保险费26.4万元，全年为31名工伤职工支付工伤保险金35.7万元；参加生育保险的单位46户，参保人员1 796人，征收生育保险费18.44万元，全年为26名女工支付生育保险金12.2万元。

【人民生活】　2005年，人民生活水平有所提高，全年投入扶贫资金2 819万元，解决了3 840人的温饱问题，提高了12 200人低收入家庭的生活水平，贫困地区人均纯收入由754元提高到900元，人均占有粮食从350千克增加到399千克。全县农民人均纯收入1 632元，比上年增长6.1%；农民人均占有粮食411千克。社会消费品零售总额完成33 671万元，比上年增长12.7%；职工年均工资15 587元，比上年增长28.1%；城乡人均储蓄金额1 812元。全县共有839人享有城镇居民最低生活保障，全年累计发放低保资金和节日慰问金104.2万元；投入救灾救济款468.9万元，救济受灾和困难人口110 033人。

（孙显芳）

寻甸回族彝族自治县

【年内大事】　1月10日，副省长李新华一行到云南南磷集团、金所工业片区、先锋矿区、清水海、塘子工业片区及钟灵山生态园进行调研。

1月12～13日，寻甸县境内普降大雪，降雪量达到17毫米，地面积雪厚度8厘米。14～15日，全县仍持续阴雨天气，气温较低。降雪及持续阴雨天气造成小麦、蚕豆等农作物受灾9 280亩，成灾6 500亩，冻死大牲畜73头（只），造成经济损失738万元。

1月19日，昆明市文化科技卫生“三下乡”活动在寻甸县七星乡举行启动仪式。

2月4日，寻甸县正式开始保持共产党员先进性教育活动。

3月10日，寻甸县第十三届人民代表大会第三次会议补选孔贵华（回族）为寻甸回族彝族自治县人民政府县长。

4月11日，昆明市加快北部县区经济社会发展工作会议在寻甸举行。

4月14日，县委副书记张国友率领国土资源局、安全生产管理局、煤炭行业管理办公室等单位和涉及乡（镇）的负责人到河口乡召开现场办公会议，专题研究非法小煤窑的关闭工作。

5月12日，寻甸县域经济发展项目推介会在昆明官渡大酒店召开，省市100余家单位和企业参加了会议。在推介会上，寻甸共推出了18个招商项目。

5月16日，省政协主席杨崇汇、秘书长龙忠志等到寻甸调研指导工作，并召开了有县五机关主要领导、县政协班子成员及相关单位负责人参加的座谈会。

5月19日，省委常委、市委书记杨崇勇，省人大常委会副主任梁公卿，副省长李新华，省交通厅长杨光成，市委常委、市委秘书长宋黎明到寻甸县柯渡红军长征纪念馆调研红色旅游工作。

8月12日，云南省专家协会、昆明市委组织部由17名知名专家教授和医务工作者组成的“送医下乡”专家服务小组，深入到寻甸县河口乡贫困群众中开展“科技之光”工程送医送药服务活动。8月30日又组织4名专家到寻甸县开展改良肉牛育肥技术培训。

9月9～13日，首届昆明国际农业博览会在昆明国际会展中心举行。寻甸县共6家单位、3个协会、12家企业参展，共展出产品13类295种。共销售各类产品159件、美国黑杨2万株，销售额达11.72万元；签订招商协议2项，总投资5 000万元。

10月12日，由省委宣传部和省委党史研究室联合制作的反映云南地方历史的大型图片展览——《红土情》在寻甸县科技馆开幕。展览为期7天，期间共有3 800余人次参观。

10月12日，仁德镇南钟社区第三村民小组青年刘兆祥，经多年探索，试验研制出“环保型低消耗发电装置”。该项目于2004年9月27日申请国家专利，2005年10月12日被国家知识产权局授予专利权，并获实用新型专利证书。

10月20日，国家发展和改革委员会常务副主任李盛霖、云南省副省长吴晓青等领导到寻甸县调研农村卫生服务体系建设工作情况。

11月7～8日，县经济和商务局首次举办工业企业清洁生产培训班，标志着寻甸县推行清洁生产工作正式启动。

11月9日，在为期5天的昆明市第八届少数民族传统体育运动会上，寻甸县夺得金牌9枚、银牌11枚、铜牌15枚。以团体总分39分跃居全市第一名，奖牌总数第三名。

12月21～23日，寻甸县召开科学技术协会第四次代表大会。

【区划、人口】 2005年，全县辖16个乡镇，173个村民委员会。辖区总面积3 598平方千米。年末全县总人口505 351人，其中：非农业人口33 038人，农业人口472 313人，人口自然增长率为6.22‰。少数民族人口108 074人，占总人数的21.8%，回族58 550人，彝族43 002人，苗族6 267人。

【经济综述】 寻甸县以经济建设为中心，以结构调整为主线，以科技进步为动力，以提高人民生活水平为根本出发点，深化改革，实施农业富民、工业强县、城镇化等战略，克服“非典”、禽流感、特大旱灾等困难，圆满完成“十五”各项计划目标。全县呈现经济发展、社会稳定、民族团结、生活提高的良好局面，为“十一五”奠定坚实基础。2005年，全年国内生产总值17.3199亿元（按可比价计算，下同），比上年同期增长16.6%，其中：一产业实现增加值63 401万元，比上年增长4.3%；二产业实现增加值42 319万元，比上年增长64.9%；三产业实现增加值67 479万元，比上年增长9.8%。

【农业和农村经济】 落实“多予、少取、放活”的政策及实行减免农业税的改革，极大调动了农民生产的积极性，农业生产实现了平稳发展。2005年全县一产业实现增加值63 401万元，比上年增长4.3%。粮食、烤烟、畜牧等主要农产品全面增长，其中：烤烟收购创历史最高水平。2005年，全县粮食产量为18.773万吨，比上年增加3 762吨，增长2%；烤烟收购值18 028万元，比上年增长7.3%；肉产量为55 599吨，比上年增长8.6%。油料、蔬菜等其他农产品也得到发展。2005年农林牧渔业实现总产值10.9449亿元，比上年增长6%，其中：畜牧业实现产值48 657万元，比上年增长12.2%。实施退耕还林、天然林保护工程，有效改善生态环境，缓解了水土进一步流失，促进了农业的可持续发展。森林覆盖率达31.5%。农业结构调整明显，农业科技得到广泛使用。农林牧业产值比例由2000年的59.9∶4.7∶34.6∶0.8调整为2005年的48.7∶5.4∶45∶0.9，养殖业比例得到较大提升。2005年，农业综合生产能力进一步增强：全县化肥施用量（折纯）28 608.4吨；农村用电量4 682.9万kwh；农业机械总动力19 019万瓦特；有效灌溉面积27.6万亩。全县粮食平均亩产由2000年的229.9千克上升到2005年的240千克。2005年，全县农村经济人均总收入为3 043元，增长85.3%，农民人均纯收入1 890元，比上年增加178元，增长62.9%。农村经济收入结构正在发生改变，从事二、三产业、外出务工等非农收入快速增长，养殖业的收入比重继续上升。

【工业和建筑业】 国企改革、市场化运作焕发了企业的生机，全县二产业快速发展，成为全县经济发展的亮点，速度效益创历史新高：2005年，全县二产业实现增加值42 319万元，比上年增长64.9%。其中：工业实现增加值31 033万元，比上年增95.6%。2005年全县工业投资为51 458万元，比2000年翻3.4番，年均增长61%。实现工业总产值96 364万元，比上年增长89.1%。县建筑业受投资的带动取得较快发展，实现增加值11 286万元。

【投资、贸易】 2005年全县完成投资89 569万元，比上年增长56.1%，5年累计投资达22.893亿元，年均增长29.8%。投资格局发生明显改变，非公有制投资和工业、市镇建设投资加大，农村水、电、路等基础投资得到加强。社会购买力进一步提高，城乡市场繁荣，消费旺盛：2005年全县社会消费品零售额为48 466万元，比上年增长11.5%。消费观念、结构发生较大改变，投资消费双向带动，全县经济发展充满活力。“十五”期间，全县生产总值年均增长率为10.4%，比“九五”快2.4个百分点。其中第二产业年均增长20.9%，比“九五”快10.2个百分点。固定资产投资年均增长率比“九五”快10.8个百分点。

【邮电、交通、旅游】 2005年全县三产业实现增加值67 479万元，比上年增长9.8%。通讯业得到快速发展，2005年城乡居民每百户拥有移动电话：农村为15部、城镇为154部，电话使用得到普及。通乡油路的实施，不但使交通业得到快速发展，路面质量也得到提升。2005年，全县公路里程为1 456.7千米。旅游业发展更为迅速：旅游人次和收入分别由2000年的3.8万人次，224.25万元增加到2005年的14.8万人次，1 184万元。

【财政、金融、保险】 财政、金融运行平稳，对全县经济支持力度加大。全年财政总收入15 316万元，比上年增长23.5%，其中：地方财政收入9 830万元，比上年增长16.1%；地方财政支出43 299万元，比上年增长28.7%。年末金融机构各项存款余额达178 531万元，比上年增加25 076万元，增长16.34%；各项贷款余额97 002万元。人均生产总值由2000年的1 940元增加到2005年

3 438 元，增长 59.7%，年均增长 9.8%。2005 年末，全县参加养老保险的企业职工达4 192人，离退休参保1 574人，发放养老金 913 万元。参加医疗保险的职工15 992人，退休参保3 467人；参加农村新型医疗合作的农民有447 737人；得到最低生活保障的城镇居民3 419人，发放低保款 282 万元；参加失业保险的职工9 997人，和谐社会发展取得一定进展。

【科、教、文、卫、体】 2005 年末全县在校初中生有24 262人，初中毛入学率达 98.15%；高中在校生6 804人，毛入学率达 60.1%；学龄儿童毛入学率达 99.3%。教学质量有了质的提高，高考上线率达 84.3%。文化科技取得大发展，群众文化得到推广，一批文学作品获省市奖。民族体育再放光彩，在市民族体育运动会上争金夺银。产品科技含量也有大提升，农产品质在不断更新换代，工业产品的质量也有提高，源源不断涌向国际市场，科技正成为全县经济发展的增长点。新型农村合作医疗的改革，成为新一轮卫生事业发展的契机：2005 年全县卫生机构 22 个，卫生技术人员 642 人，床位数 506 张。中心医院、乡镇卫生院的规模、设备有了较大改善，看病难有所缓解。

【人民生活】 2005 年，城镇居民人均可支配收入9 152元，比上年增加 498 元，增长 5.8%，年人均增长 8.8%；农民人均纯收入1 890元，比上年增加 178 元，增长 10.4%，年人均增长 10.3%。物价平稳，职工工资快速上升，减免农业税，帮助进城务工农民争取利益的政府行为，使“十五”期间成为城乡居民最得实惠时期。2005 年城乡居民储蓄存款余额为104 951万元，比上年增加15 838万元，增长 17.8%，年均增长 17.4%。“十五”期间是城乡居民生活质量显著改善时期，2005 年城镇居民人均生活消费支出7 970元；农村居民人均生活消费支出1 521元。家庭装修、旅游、汽车、电脑正成为城镇居民消费热点；钢混房屋建筑、教育、通讯消费是农民增长最快的消费，生活方式正向城市靠拢。到 2005 年末，城镇居民人均居住面积为 24.15 平方米，农民人均居住面积为 21.99 平方米，宽敞、舒适、明亮的家居环境已进入寻常百姓人家。

【精神文明建设】 2005 年寻甸县的精神文明建设成果丰硕，2005 年度，公示的各级文明单位（村）共有 120 个，其中市级文明单位 11 个，文明村 4 个；县级文明单位 64 个，文明村 41 个。2005 年底共评出十星户 980 户、九星户2 540户、八星户3 900户、七星户4 156户、六星户4 581户，一至五星户7 002户、一至十星户23 159户。按六星以上挂牌，挂牌户数16 157户。2005 年，寻甸县共评选出 90 名优秀文明市民，按照市文明办分配的名额评选推荐了 6 名。县委、政府结合寻甸县实际，开展“创平安寻甸，树立寻甸新形象”活动，开展思想道德教育和社会治安整治，全力打造寻甸“平安”品牌和“诚信”品牌。

（寻甸县史志办）

附　录

昆明市2005年国民经济和社会发展计划执行情况与2006年国民经济和社会发展计划草案的报告

——2006年2月19日在昆明市第十二届人民代表大会第一次会议上

昆明市发展和改革委员会

一、2005年国民经济和社会发展计划执行情况

2005年是“十五”计划的最后一年。全市各族人民在市委、市政府领导下，认真贯彻落实国家和省的各项部署，积极应对发展中出现的新情况和新问题，全面推进现代新昆明建设，呈现经济平稳较快增长、各项社会事业不断进步的良好局面。

市十一届人大六次会议确定的主要宏观预期目标全面完成，“十五”计划的主要奋斗目标顺利实现。2005年，全市生产总值突破千亿元，达1 062.3亿元，增长11.1%；地方财政收入突破百亿元，达110.5亿元，增长29%；全社会固定资产投资522亿元，增长20%；社会消费品零售总额415.5亿元，增长12.2%；居民消费价格指数上涨2%；城镇居民人均可支配收入9 616元，实际增长4.2%；农民人均纯收入3 258元，实际增长9.3%；城镇登记失业率控制在3%以内；人口自然增长率为6.23‰。

围绕全市经济社会发展目标，2005年主要做了以下工作：

（一）以产业为支撑，促进经济平稳快速增长

紧紧围绕现代新昆明建设这个中心，加强对经济工作的指导协调和服务，克服电力和运输紧张、严重干旱和禽流感疫情等不利因素影响，全市经济继续保持良好发展势头。

农业和农村经济稳步增长。从省会中心城市的特点和实际出发，推进农业结构调整，加快产业化步伐，提高农业综合生产能力，努力增加农民收入，第一产业增加值增长5%。稳定粮食生产，产量达113.4万吨；中上等烟叶比例占98%；蔬菜播种面积85.3万亩；花卉种植面积8.8万亩；安排资金405万元，扶持种禽基地8户、种畜基地9户，畜牧业占农林牧渔业总产值的比重达34.7%；洋蓟、马铃薯等特色产业种植规模扩大，并转向精深加工。市财政安排3 700万元，扶持龙头企业140户和21个产业化经营项目，带动农户48万户。加强农产品安全生产和质量监管，通过认证的无公害蔬菜基地达37.4万亩，蔬菜农药残留平均超标率下降2.4%。

工业经济平稳增长。实施工业强市战略，加强工业规划布局指导，扶持企业技术改造与创新，促进资源及行业整合，积极为中央省属企业服务，全市工业增加值增长11.9%。抓紧制定工业园区规划，指导工业集中发展，争取省级资金1 000万元，推进工业园区建设。市财政投入5 200万元，扶持云内动力、云变、滇虹药业等一批重大技改项目。支持卷烟、机床、钢铁、电机等行业引进合作伙伴，整合企业资产。积极为中央、省属和列入省“倍增计划”的企业协调解决电力、运输供应和用地困难。重点产业和开发区支撑作用增强，卷烟、有色冶金、化工、医药和电力等产业保持较快增长，经

济技术开发区、高新技术产业开发区工业增加值分别增长31.3%和20%。

商贸、旅游、房地产等服务业稳定增长。支持区域性辐射面广、带动性强的专业批发市场建设，加强房地产业调控，整顿和规范市场秩序，第三产业增加值增长9.3%。配合省做好呈贡王家营国际物流中心规划建设和空港物流园区前期工作。实施旅游二次创业，加大旅游与会展、文化产业结合，促进旅游从单一观光型向复合型转变，全市旅游业总收入138.5亿元。调整优化商品房供给结构，出台商品房预售管理办法、廉租房分配和管理工作意见，建成廉租房1 800余套。加强对粮食、成品油等重要商品市场监管，开展食品、药品等市场和涉农价格收费专项整治，市场价格水平稳定，消费环境继续改善。

（二）抓好重点基础设施项目实施，推动现代新昆明建设

围绕加快新城建设、完善主城功能和加大滇池污染治理，多渠道筹措资金，协调解决建设中遇到的困难和问题，争取国家、省补助资金3.1亿元，保证了重点项目顺利实施。年初确定的38项重点项目，完成投资72亿元，其中11项完工。

新城建设初见成效。新昆洛公路朱家村至呈贡新区段基本建成。首批5所高校搬迁、信息产业园区和物流中心等项目开工建设，昆南集装箱中心站征地工作基本完成。清水海引水工程争取亚行贷款已上报国家发改委。空港经济区概念规划编制通过评审。

主城功能得到提升。以改善城市供水、交通和环境整治为重点，强化城市建设与管理。掌鸠河引水供水工程云龙水库蓄水3.2亿立方米，输水管及隧洞掘进超过95公里，净水厂一期投入试运行、二期工程开工建设，输配水工程基本建成。官南立交、南三环二期建成通车，东、南二环改造征地拆迁基本完成，朱家村立交、东三环和国道东连接线工程进展加快，广福路改造开工建设。实施“三横四纵”、60条支路和次干道整治改造，建成西昌路公交专用线和昆明火车站公交站台；启动西郊垃圾焚烧发电项目。加大城市道路综合管线规划建设管理，拆除违章建筑200万平方米，整治背街小巷、城中村和城郊结合部等卫生死角，城市面貌有较大改善。

滇池污染治理力度加大。滇池北岸水环境综合治理工程通过日本国际协力银行正式评估。枧槽河综合治理工程完工，大清河综合整治和滇池西岸截污工程基本完成，宝象河系统整治工程进展顺利，船房河截污综合整治工程开工，草海污染底泥疏浚二期和乌龙河综合治理工程已开展招投标前期工作。建成农村家庭生态卫生旱厕5.3万个、公共生态卫生厕所180多座，建设湖滨生态带3.3平方公里。

（三）改善发展环境，努力扩大对内对外开放

深化行政审批制度改革，继续清理和减少行政审批事项。加强项目跟踪服务和推进落实，实行重大项目联合审批，提高办事效率。公开办事程序，严格依法行政，推进诚信政府建设，改善投资创业环境。实施国内经济合作项目481个，实际到位市外资金143亿元，增长23.8%；新批外商投资企业77户，实际利用外资8 261万美元，增长32.6%。全市进出口贸易总额34.4亿美元，增长32%；高新技术产品出口增长33.8%。

（四）积极创造条件，支持县域经济快速发展

加强对县区的政策扶持，改善生产生活条件，抓好扶贫和农村劳动力转移输出工作，促进县域经济协调发展。将部分市级行政审批权下放呈贡新区管委会和县（市）区，规范财政转移支付制度，调动县区发展的积极性。出台加快北部县区和少数民族地区发展政策，设立1亿元发展专项资金。东川再就业特区建设加快，解决2 000多人就业。改善县区基础设施条件，昆明至轿子雪山公路大修工程开工，15条乡乡通油路工程基本完工，改造电网4.4万户。实施各类水利工程5 759项，解决6.4万人饮水困难。

加大扶贫开发力度。发放小额贷款2 845万元；实施以工代赈项目11项；投入国债资金1 046万元，实施东川、宜良易地扶贫搬迁969人；完成省级101个、市级200个贫困村整村推进建设任务。重视农村劳动力转移培训，全年共培训近12万人，转移输出8.4万人。

（五）重视社会事业发展，关心和改善人民生活

坚持经济与社会全面协调发展，增加公共事业和公共设施投入，着力解决人民群众关心的实际困难和问题，努力构建和谐昆明。实施科教兴市战略，推进科技进步与创新。争取国家、省科技经费6 620万元，扶持重点科技项目；支持7家企业创建技术中心，增强企业自主创新能力。实施教育综合改革，完成三个试点县第一阶段改革任务。新建高中3所；改造农村中小学危房5万平方米，农村义务教育阶段贫困家庭学生免收杂费、课本费并补助寄宿生生活费共3 887万元，救助贫困学生15.8万人。

积极发展文化、广播电视、卫生等社会事业。以五华、西山、石林为试点，推行文化体制改革，12家国有文化事业单位改革全面开展。基本建成市文化艺术生产基地，建成527座农村广播电视接收站。市突发公共卫生事件指挥中心工程和15个疾病预防控制中心完工，建成24个社区卫生服务中心（站）和200个村卫生室，新型农村合作医疗制度全面启动。落实农业人口独生子女“奖优免补”政策，稳定低生育水平。加强基层公检法基础设施建设，广泛开展“平安昆明”活动。

从解决群众最关心的现实问题入手，不断提高人民群众生活水平和质量。强化就业和再就业工作，扩大就业规模。完善劳务市场基础设施建设，市劳动力市场主体工程完工；收集开发有效就业岗位7.6万多个，新增城镇就业人员6.2万人。不断扩大社会保险覆盖面，完善社会保障体系和救助体系。7万余名市属国有企业退休人员获医保补助，四城区残疾人低保金标准提高；农村社会养老保险人数达33万人，加大政府投资项目拖欠工程款清欠力度，完成2005年清欠任务。解决5.1万进城务工人员子女就学。

同时，经济社会发展中还存在许多困难和问题。制约发展的体制和机制障碍仍然突出，深化改革的任务艰巨；农业基础设施薄弱，农民增收渠道不多，贫困问题仍然严重；投资结构不合理，工业投入严重不足，产业发展缺乏后劲。此外，解决交通拥堵、保护生态环境、缩小城乡差距、增加就业、大力发展社会事业特别是农村社会事业仍面临严峻挑战。

二、2006年全市经济社会发展预期目标和工作措施

2006年是实施“十一五”规划的开局之年，做好今年的经济工作对全面推进现代新昆明建设意义重大。根据市委八届七次全会精神和市政府对2006年工作的总体要求，我市经济和社会发展宏观预期目标建议为：

全市生产总值增长10%以上；单位生产总值能耗下降3%；地方财政一般预算收入增长10%；全社会固定资产投资增长20%；社会消费品零售总额增长12%；居民消费价格指数上涨3%左右；城镇居民人均可支配收入增长7%；农民

人均纯收入增长6%；城镇登记失业率控制在4%以内；人口自然增长率控制在6.5‰以内。

实现上述目标，主要抓好以下九个方面的工作：

（一）重视解决“三农”问题，推进社会主义新农村建设

按照国家和省的要求，编制我市社会主义新农村建设规划。大力发展现代农业，提高农业综合生产能力，着力改善农村基础设施和农村公共服务设施建设，加大扶贫攻坚力度，抓好农村劳动力培训转移，努力增加农民收入。

提高农业综合生产能力。稳定提高粮烟生产，加快发展优质花卉、无公害蔬菜、草食家畜和家禽等特色产业。推广优质高效粮食作物面积170万亩，粮食总产量稳定在110万吨。优化烤烟生产布局，向石林、宜良、寻甸、嵩明、晋宁、禄劝等适宜地区和种植大户集中，提高烟叶质量。增加1万亩花卉种植面积，建设6万亩无公害蔬菜生产基地。加快畜牧业发展，突出良种繁育和动物防疫，继续扶持8个种畜、9个种禽基地，抓好动物疫病防治。大力扶持带动性强的重点龙头企业，发展农产品精深加工，推进农业产业化经营，力争产值上千万元的龙头企业达50户。加强农村社会化服务体系建设，引导和支持农民发展合作经济组织30个以上，新建乡镇信息服务站40个。

加强农村基础设施和生态环境建设。完成嵩明上游、呈贡横冲和晋宁双龙水库除险加固工程收尾及竣工验收工作，完成东川坝塘水库主体工程，启动云龙水库农灌用水替代工程；推行节水灌溉，新增灌溉面积2.3万亩，改善灌溉面积6.2万亩。发展农村集中供水，解决10万人饮水困难和饮水安全。建设530公里乡乡通油路，实现全市乡乡通油路目标，改造500公里以上行政村公路。新建沼气池1万口，配套进行改圈、改厕、改厨，建设家庭、公共生态卫生旱厕4.2万个和612座，新建节柴改灶2万户。实施天然林保护工程，公益林建设15.7万亩，治理水土流失面积235平方公里。

加快农村公共服务建设。巩固提高普及九年义务教育成果，对义务教育阶段的农村学生免收杂费，贫困家庭学生提供免费课本和寄宿生活补助；改造中小学危房3万平方米，新建、改扩建寄宿制学校31所，建成示范初中10所以上。继续实施电影放映工程，建设20个乡镇综合文化站和100个村及文化活动室，新建351座广播电视接收站。推进新型农村合作医疗制度，改造20个乡镇卫生院，新建200个标准的村卫生室。继续实施计划生育“奖优免补”政策，加强基层服务网络建设，改扩建2个县级和7个中心乡（镇）服务站（所），10个普通和7个简易乡（镇）服务所。

努力增加农民收入。充分挖掘农业内部增收能力，发展农产品加工业、服务业等劳动密集型产业，提升农产品的竞争力和附加值，拓宽农民增收渠道。落实各项惠农措施，继续执行粮食直补及良种、化肥和农机具补贴政策，加强涉农收费价格检查，巩固农村税费改革成果，努力稳定农民经营性收入；加强对农民外出就业的技能培训、信息引导和服务，增加非农收入。加大扶贫力度，实施省级、市级400个贫困村整村推进工作；实施以工代赈项目9项，完成东川、寻甸易地搬迁1 100多人，解决2万绝对贫困人口温饱问题，提高6万低收入贫困人口的温饱问题。培训农村富余劳动力10万人以上，转移输出8万人。

（二）落实工业强市措施，促进工业集中发展

继续实施工业强市战略，优化工业布局，加大工业投入，增强企业科技自主创新能力，促进全市工业持续、快速、健康发展。全市工业增加值增长14%。

加强工业布局指导。加快工业聚集区基础设施建设，引导工业向六大产业片区和县（市）区工业发展集聚区集中，保障工业建设用地，重点抓好昆明出口加工区、呈贡新区、信息产业和光电子基地建设，推进生物资源多样性可持续利用产业基地前期工作，促进东川再就业特区和杨林、海口、呈贡、安宁工业园区发展。大力实施工业发展“倍增计划”，加快烟草及配套、光电子信息、生物及医药、机械制造、冶金、磷化工等产业集群化。

多渠道增加工业投入。力争全年工业投资增长高于固定资产投资增幅。发挥新型工业发展资金的引导作用，争取国家和省资金支持，运用贷款担保、政府贴息等方式，加大银行对企业信贷扶持力度，提高对民营企业和科技型企业的贷款比重。主动为中央、省属企业做好协调服务，支持红云昆烟、云内动力和昆明电缆等50项企业重点技术改造项目。引进国内外具有较强带动作用和较大关联效应的知名企业、品牌企业落户昆明，提高工业在招商引资中的比重。重视和支持中小企业发展，帮助改善发展环境。

（三）提升服务业水平，扩大消费需求

加快旅游业发展转型，改造提升商贸业，大力发展文化、物流等现代服务业，积极发展金融、保险、信息咨询、中介和社区服务等新兴服务业，引导房地产业健康发展，改善消费环境，拓宽消费领域，增强消费对经济增长的拉动作用。

推进旅游二次创业。实施旅游精品战略，改造提升石林、世博园、阳宗海、环滇池旅游圈、轿子雪山、安宁温泉六大景区。提高石林接待设施档次，做好申报世界自然遗产工作。对世博园、金殿周边农村进行整体规划，积极申报世界文化景观。高水平规划开发建设阳宗海，强化康体休闲旅游功能。改造提升云南民族村，建成轿子雪山公路主进场道路，保护开发安宁温泉旅游资源。推进星级旅游厕所、旅游咨询服务体系和旅游信息化建设。整合会展资源，培育昆明出口商品交易会等具有地方特色的会展品牌。改革会展管理和办展模式，推进会展市场化、产业化。

大力发展文化、现代物流产业。拓宽文化产业投资渠道，扶持发展广播影视、文化旅游、文化娱乐、体育服务等文化产业项目，推动文化产业集团化和规模化。制定物流业发展规划，配合省抓好昆南集装箱中心站建设。

着力扩大消费需求。开拓农村市场，积极发展农产品、农业生产资料和消费品连锁经营，推进“万村千乡市场工程”；加强农村水电路等基础设施和公共文化设施建设，为扩大农村消费需求创造条件。优化商业网点布局，大力发展连锁经营、配送服务和社区便民店。完善住房消费政策，引导增加普通商品房建设，规范住房销售、中介与物业服务收费行为，扩大住房消费。加快个人信用信息征集和企业信用体系建设，促进消费信贷发展。加强市场监管，开展教育、医疗价格收费检查，以及食品、药品安全整治工作。

（四）推进重点项目建设，促进投资较快增长

按照建设宜居城市的要求，加快呈贡新区和空港经济区建设，以道路交通、园林绿化、生态环境治理、城市综合整治为重点，实施重点基础设施项目42项，总投资548亿元，年度计划投资130亿元。

集中力量推进新城建设。加快建设呈贡核心区60公里次干道、供排水管网等基础设施；抓好市级行政中心建设，配合省加快高校搬迁、昆医附一院等项目建设。配合省完成新机场建设征地拆迁工作，完成新机场路BOT招标并开工建设。

加强交通体系建设。建成高海公路、国道东连接线、东三环、新昆洛公路入城段和北京路北延长线公交专用道，新

建眠山、海源寺、南市区公交停车场和北市区立体公交停车场，实施二环路、广福路改扩建，抓紧城市轨道交通前期工作。

实施创建国家园林城市、卫生城市、环保模范城市工程，完善主城功能。掌鸠河引水供水工程实现试通水，搬迁虹山煤气储备站。启动一批城市公园、绿地建设项目。加大以滇池治理为主的水环境整治，启动滇池北岸水环境综合治理，完成滇池西岸截污、船房河和乌龙河综合治理及宝象河系统整治工程，开展新、老运粮河综合整治前期工作。加快草海生态区建设，实施盘龙江中段综合整治、草海底泥疏浚二期等工程。推进农村面源污染治理，完善滇池沿湖农村垃圾清运处置系统。新建20座以上城市垃圾中转站、100座公共旅游厕所，开工建设危险废物处置场，推进东、西郊垃圾焚烧处置场及配套设施建设。整治市容市貌，加强户外广告、城中村、城郊结合部和农贸市场管理。

（五）发挥资源优势，促进县区经济协调发展

根据各县（市）区的功能定位、产业基础和发展现状，实施分类指导，培育特色经济和优势产业，支持县（市）区之间开展多种形式的资源合作开发，促进县域经济协调快速发展。

加快主城四区、安宁和呈贡产业结构优化升级，大力发展现代服务业、高新技术产业、先进制造业和都市旅游业。选择一批乡镇编制满覆盖的城乡规划，推进城乡一体化。抓住新城建设和旅游转型的机遇，重点支持石林、宜良、晋宁发展旅游、农副产品加工和现代农业，发展特色产业。完善财政转移支付政策，重点支持产业集聚区的基础设施建设和教育、卫生等社会事业；用好1亿元的北部县区经济社会发展专项资金，加快北部五县区发展。依托资源优势，大力发展能源、重化工、农副产品加工业等特色明显、优势突出、带动作用较强的产业和特色经济，增强自我发展能力。加大对少数民族和民族地区的扶持力度，市级财政安排515万元民族机动金，优先安排与少数民族群众生产生活密切相关的公益性项目。

（六）推进体制机制创新，实现招商引资新突破

深化投资体制改革。落实企业投资自主权，实行企业投资核准制和备案制。进一步规范政府投资行为，健全重大项目决策机制，推行完善代建制，严格政府投资监管，提高政府投资效益。按照集中财力办大事的原则，2006年市级财政预算安排基本建设资金37 325万元，其中：10 059万元用于社会事业发展项目；安排前期经费917万元，主要用于清水海调水、轨道交通规划、乌东德电站进场道路、规划展览馆等一批“十一五”重大项目前期研究工作。改变政府投资方式，增强投融资平台的资本运作能力。积极引导社会投资参与城市基础设施建设，盘活基础设施存量资产，提高直接融资比重。加强银政、银企合作，积极争取金融机构的支持。提高利用外资的规模和质量。强化责任落实，健全招商引资目标考核和激励奖惩机制。简化审批程序，提高办事效率，重点项目市级审批环节限时一月内办结。坚持引进外资与产业结构调整相结合的原则，以六大产业片区为重点，抓好支柱产业链延伸性招商。加强招商引资项目前期工作，推进国道南连接线、二环路内客运站搬迁等项目。

（七）强化资源节约，大力发展循环经济

以提高资源利用效率为核心，着力推进节地、节水、节能工作，大力发展循环经济，促进经济增长方式转变，增强可持续发展能力。

提高土地资源集约利用水平。坚持最严格的基本农田保护制度，推进土地整理，实行耕地总量动态平衡。盘活土地存量，严格执行建设项目控制指标要求，科学配置城乡建设和二三产业用地，新增建设用地控制在6万亩以内。完善现行土地征用程序，健全土地补偿机制，严格执行经营性用地招拍挂制度。

加强水资源保护和合理利用。切实做好松华坝、云龙水库、清水海等重点水源区保护，保证饮用水安全。充分运用水价机制，推动节水工作。推广滴灌、喷灌等农业新型灌溉节水技术，推进园林绿化、景观用水、洗车等利用再生水，在新建住宅小区推广利用再生水。加强地下水资源管理，严格控制开采地下水资源。

发展循环经济。工业集聚区基础设施规划和建设要充分考虑废渣、废气、废水的统一处理和排放，产业的引进和发展要符合循环经济的要求。全面推行清洁生产，积极推进安宁、晋宁、海口循环经济试点。以冶金、化工、建材等重点耗能行业和企业为重点，推广节能降耗技术，促进资源的高效利用和循环利用。一切建设项目，必须严格执行环境影响评价和环境保护“三同时”制度。从资金、税收、土地等方面支持资源回收利用行业发展。适时推进煤气价格、垃圾处置和医疗废弃物处置收费调整工作，进一步理顺公共产品价格机制。

（八）推进科技进步与创新，加快社会事业发展

继续深化科技体制改革，建设以企业为主体、市场为导向和企业、高校、科研院所相结合的创新体系，促进科技创新要素和其他社会生产要素有机结合。加大财政科技经费投入，鼓励社会力量增加科技投入，实施一批重大科技计划项目，提升重点产业核心竞争力。发挥科技型中小企业技术创新基金作用，培养5～10家科技型企业。完成知识产权试点城市任务，启动建设国家知识产权示范城市。

优先发展教育事业。推进办学体制改革，形成以政府为主导、多种办学体制共同发展的格局。巩固提高普及九年义务教育成果，扩大“两免一补”范围，对义务教育阶段城市困难职工子女免收杂费和课本费。扩大高中阶段教育规模，开工建设西山区高标准中学、云南师大附属世纪金源学校，实施一批中学改扩建，优质高中扩招2 500人，优质高中在校生比例提高到55%。大力发展职业教育，扩大招生规模，培养应用型、技能型人才，实施一批职业中学改扩建。抓好昆明学院建设。

继续加强公共卫生体系建设。推进城市医疗体制改革，科学确定市、县公立医院的功能定位、规模和结构，加强收支管理，把公立医院真正办成为群众提供优质、低价服务的公益性医院。鼓励支持社会力量举办医疗机构，满足人民群众多层次的健康需求。抓紧省精神病院、市第三人民医院传染病住院楼主体工程建设，做好市第一人民医院北市区分院、市中医医院呈贡新区分院、南市区儿童专科医院等项目前期工作。加强艾滋病、禽流感等重大疫病防治工作，做好疫情监测，完善疾病信息网络。重视人口与计划生育工作，加强流动人口计划生育管理。

抓好文化、广播、体育等公益性设施建设。完成市图书馆改造、第七届全国残运会主馆场、老年大学、社区服务基础设施国债试点项目、社会福利院康复楼建设。启动市体育学校、市救助管理站综合楼建设。开展城市规划展览馆、市群众文化活动中心前期工作。推进数字电视试点工程。

（九）积极关注民生，努力构建和谐社会

按照以人为本的要求，以扩大就业、健全社会保障、改善人民生活、保障公共安全等人民群众最关心、最直接、最

现实的利益问题为着力点，推进和谐昆明建设。

做好就业和社会保障工作。完成市劳动力市场建设，做好市人才市场建设前期工作，健全就业服务体系。加大职业技能培训，提高劳动者素质，扩展公益性岗位，充分发挥社区就业服务平台作用，收集开发有效就业岗位7.7万个，城镇新增就业人员5.8万人。积极筹集资金，确保国有企业下岗职工基本生活费和企业离退休人员养老金按时足额发放。以私营、个体及灵活就业人员为重点，扩大社会保险覆盖面。逐步将外来务工人员纳入工伤保险范围，建立多层次的工伤保险体系。建立农村社会养老保险制度，出台配套措施；实施城市医疗救助和农村低保试点工作。

建设平安昆明。高度重视容易引发群体事件的重大问题，妥善处理征地、移民安置就业、房屋拆迁改造、国有企业改革等工作中涉及群众利益的各种矛盾和问题。切实解决群众住房困难，新建廉租房1 625套，安排落实以解决困难企业职工住房为主的经济适用住房计划90万平方米。继续做好建筑领域拖欠工程款的清欠工作。改善外来务工人员子女入学条件，扶持主城四区各建一所蓝天学校。大力发展社区卫生服务，建设24个社区卫生服务中心和40个流动人口卫生服务站，全面实施医保、省市专家进社区工程，推进平价医院或平价病房建设，继续实施平价药品“惠民工程”，努力减轻群众医药费用负担。实施社会治安打防控体系、基层政法系统基础设施建设，加快市强制戒毒所扩建、市行政治安拘留所、收容教育所和强制戒毒劳教所搬迁建设。重视安全生产，深入开展煤矿、道路交通、危险物品、建筑等安全整治，切实把安全生产的要求和措施落实到生产经营的各个环节。

今年是实施“十一五”规划的开局之年，任务十分繁重。让我们在中共昆明市委的正确领导下，在市人大、市政协的监督帮助下，全面贯彻落实科学发展观，振奋精神，开拓创新，自加压力，埋头工作，为完成经济和社会发展的各项任务而努力工作，为顺利实现“十一五”奋斗目标打下坚实基础！

附表1

2006年经济社会发展预期目标

指标名称	单位	2005年计划	2005年实际		2006年计划	注
		增长率（%）	完成	增长率（%）	增长率（%）	
一、全市生产总值	亿元	10	1 062.3	11.1	10以上	本表中绝对值按现价计算，增长速度按可比价计算。2005年实际完成数和增长率为统计局快报数。
二、单位生产总值能耗	%				－3	
三、一般预算收入	亿元		90.7	24.9	10	
四、全社会固定资产投资	亿元	20	522	20	20	
五、社会消费品零售总额	亿元	12	415.5	12.2	12	
六、城镇居民人均可支配收入	元	6.5	9 616	4.2	7	
农民人均纯收入	元	5	3 258	9.3	6	
七、居民消费价格指数上涨	%	4		2	3左右	
八、城镇登记失业率	%	4以内		3以内	4以内	
九、人口自然增长率	‰	8以内		6.23	6.5以内	

附表2

2006年市级重点基础设施项目

单位：亿元

序号	项目名称	责任单位	总投资	累计完成投资	2006年投资计划	备注
			548	163	130	
一	续建项目（18项）		212	160	54	
1	掌鸠河引水供水工程	掌鸠河管理局	39.4	40.7	3.9	
2	新昆洛公路（朱家村至呈贡）改扩建	市建设局	30.1	25	5	
3	国道东连接线	东绕城公司	29.3	23.6	5.7	招商引资项目
4	东南二环拆迁	市土地投资公司	35	25	10	
5	主城东三环	市建设局	10.8	7.8	3	
6	高海公路改扩建	市交通局	26.8	18	8	省、市补助资本金，公司融资
7	龙－东－格公路	市交通局	9.9	7.1	2.8	
8	乡乡通油路	市交通局	10.5	4.7	5.7	

续　表

序号	项目名称	责任单位	总投资	累计完成投资	2006年投资计划	备　注
9	大清河综合治理	市滇管局	3.5	3	0.5	国债项目
10	滇池西岸截污	市滇管局	1	0.9	0.1	国债项目
11	船房河截污综合整治	滇池投资公司	3.5	0.5	2.5	国债项目
12	东川坝塘水库	东川区	2	0.7	1.2	
13	宝象河水系防洪整治	市水利局	3.5	1.2	1.7	
14	虹山煤气储备站搬迁	煤气公司	2.3	0.9	1.4	市财政补助征地费，公司投资
15	南市区、眠山等公交停车场站	公汽公司	2	0.3	1	市财政补助征地费，公司投资
16	市强制戒毒所扩建	市项目管理中心	0.6	0.2	0.4	
17	市老年大学	市项目管理中心	0.29	0.04	0.25	
18	农村卫生旱厕改造	市环保局	1.7	0.4	0.5	
二	新开工项目（24项）		336	3	76	
1	滇池北岸水环境综合治理	滇池北岸管理局	38	1	4.7	
2	广福路改造	市建设局	18.3	0.5	15	
3	昆明新机场高速公路	空港经济区	20		5	招商引资项目
4	新昆洛公路入城段改造	官渡区政府	4.4		2.5	概算调整待批复
5	主城国道南连接线	市交通局	35		5	招商引资项目
6	北京路北延长线公交专用道及道路整治	市政公用局	1.8		1.8	
7	主城交通综合治理	市建设局交警支队	4.7		0.5	
8	乌龙河截污综合整治	滇投公司	1.0		0.8	
9	滇池污染底泥疏挖及处置二期工程	市滇管局	1.7		0.7	
10	盘龙江中段水环境治理	盘投公司	1.0		0.8	
11	草海生态恢复及湿地建设	市滇管局、各县区	4.9		1	
12	危险固体废物处理处置场	市环保局	1.7		0.8	
13	掌鸠河云龙水库农灌用水替代工程	掌鸠河管理局	5.5		0.5	
14	市级行政中心搬迁	市机关事务管理局	6	0.6	2	
15	重点水源区保护	市环保局、水利局	3		0.5	
16	市行政治安拘留所搬迁	市公安局	0.5		0.5	
17	市司法局戒毒劳教所搬迁	市司法局	0.6		0.4	土地资产置换
18	市收容教育所搬迁	市公安局	0.6		0.6	
19	市体育学校搬迁	市体育局	1.3		0.8	
20	主城二环系统改造	市城投公司	49		5	
21	昆明新机场征地	空港经济区	36		15	
22	昆明生活垃圾焚烧处置场	七星山水投资公司	3.5	0.5	1.5	招商引资项目
23	五华生活垃圾焚烧处置场	绿色双星投资公司	2.5		1	招商引资项目
24	创建园林城市项目	市园林局	95		10	
三	前期项目					
1	轨道交通规划					
2	乌东德电站禄劝大松树进场公路					
3	清水海调水工程					
4	安宁马料河水库					
5	昆沙路改造					
6	西坝路改造					
7	南市区儿童专科医院					
8	市第一人民医院北市区分院					

昆明市2005年地方财政预算执行情况和2006年地方财政预算草案的报告

——2006年2月19日在昆明市第十二届人民代表大会第一次会议上

昆明市财政局

一、2005年地方财政执行情况

2005年，在市委的正确领导下，全市财税部门认真落实科学发展观，坚持依法治税、依法理财，加强收入征管，优化支出结构，深化财政改革，完善监管机制，充分把握全市经济持续发展的良好机遇，克服了严重旱情等不利因素，财政预算执行情况良好，财政保障能力不断增强，圆满完成了市十一届人大六次会议确定的财政工作任务，有力地促进了全市经济社会的协调健康发展。

（一）全市财政收支预算执行情况

全市财政总收入完成2 209 025万元，为预算的111.4%，比2004年完成数（同比，下同）增长19.4%。地方财政收入完成1 104 617万元，为预算的119.6%，增长29.0%；地方财政支出完成1 334 226万元，为预算的96.5%。

全市地方一般预算收入完成906 655万元，为预算的115.7%，增长24.9%；地方一般预算支出完成1 149 219万元，为预算的96.4%。

全市地方一般预算收支平衡情况是：地方一般预算收入906 655万元，上级补助收入382 486万元，调入资金10 089万元，上年结转结余110 976万元，收入方总计1 410 206万元；地方一般预算支出1 149 219万元，上解上级支出192 235万元，支出方总计1 341 454万元。收支相抵，年终结转结余68 752万元。

全市地方基金预算收入完成197 962万元，为预算的141.2%，增长51.5%；地方基金预算支出完成185 007万元，为预算的97.6%。

全市地方基金预算收支平衡情况是：地方基金预算收入197 962万元，上级补助收入9 342万元，上年结转结余15 371万元，收入方总计222 675万元；地方基金预算支出185 007万元，调出资金5 004万元，支出方总计190 011万元。收支相抵，年终结转结余32 664万元。

（二）市级财政收支预算执行情况

市级财政总收入完成1 376 242万元，为预算的108.3%，增长17.7%。地方财政收入完成630 758万元，为预算的116.1%，增长44.1%；地方财政支出完成610 449万元，为预算的93.2%。

市级地方一般预算收入完成502 426万元，为预算的120.0%，增长55.7%；地方一般预算支出完成485 918万元，为预算的92.3%。

市级地方一般预算收支平衡情况是：地方一般预算收入502 426万元，上级补助收入382 486万元，下级上解收入80 533万元，上年结转结余85 881万元，收入方总计1 051 326万元；地方一般预算支出485 918万元，上解上级支出192 235万元，补助下级支出334 768万元，支出方总计1 012 921万元。收支相抵，年终结转结余38 405万元。

市级地方基金预算收入完成128 332万元，为预算的103.1%，增长11.6%；地方基金预算支出完成124 531万元，为预算的97.0%。

市级地方基金预算收支平衡情况是：地方基金预算收入128 332万元，上级补助收入9 342万元，上年结转结余6 918万元，收入方总计144 592万元；地方基金预算支出124 531万元，补助下级支出8 745万元，支出方总计133 276万元。收支相抵，年终结转结余11 316万元。

（具体指标详见附件1表一至表四）

以上数字均为快报数，待全市财政决算编制完成并上报省财政厅批复后，再就有关变化情况向市人大常委会作专题报告。

（三）预算执行主要特点

1. 财政收入持续稳定增长

全市地方财政收入增长29.0%，超额完成预算180 659万元，表明我市财政工作总体水平有了新的提高，财政增收与经济增长呈现出良性互动、协调发展的态势。分析超预算增收的主要因素：

一是全市经济规模扩大。2005年，新昆明建设加快推进，固定资产投资规模稳中有升，消费需求总量增加，加上持续多年积极财政政策的累计成效显现，全市经济发展速度、质量、效益同步提高，为财政增收奠定了稳固基础。

二是财源结构优化拉动。工业强市战略和扶强扶优政策的全面实施，产业结构调整优化步伐加快，烟草、钢铁、电力、化工、冶金等重点税源经营规模扩大，经济效益提高，加之非公经济加快发展，增值税、企业所得税、营业税等主体税种增量明显。

三是收入征管再上台阶。完善后的市对区财政体制运行平稳，属地征收有序开展，四区增收态势良好；财税部门恪尽职守，协同治税，进一步提高了税收征缴、管理、稽查的综合水平，税源增收潜力得到有效挖掘；加强非税收入征管，推进“收缴分离”和“罚缴分离”，加大土地市场整顿力度，非税收入保持较快增长。

2. 公共财政建设步伐加快

2005年，市财政支出按照保障公共性的要求，整合调整存量，合理配置增量，着重保证全市公共需求的基础性投入和政府为民办实事的实施。

一是确保政策履行职能的日常运转需求，提升政府经济调节、市场监管、社会管理和公共服务的水平。

二是保障农业、科学、教育三项法定增长支出。及时拨付抗旱救灾、禽流感防控资金，认真落实粮食直补、良种补贴、农业税免征、农村劳动力转移、“两免一补”等各项政策，推动农业产业化、农业综合开发、农村扶贫，积极支持信息化建设和科技型中小企业技术创新。

三是增加社会保障性支出。重点用于保障国有企业下岗职工基本生活费、健全再就业服务体系、落实企业离退休人员养老金、完善城市最低生活保障制度、扩大农村新型合作医疗试点和逐步建立城乡特困户医疗救助体系。

四是加大对各项社会事业的投入。推动文化产业发展，支持医疗卫生体系建设，落实农村独生子女家庭“奖优免补”政策。

五是促进新昆明建设。保证基本建设和城市维护的投入，继续完善城市基础设施；发挥财政贴息聚合资金的作用，确保新昆洛公路、官南立交桥等重点工程建设；推动新型工业化，扶持高新技术产业发展，激励重点企业实施技术创新；落实国企改革准备金，积极推进新一轮国企改革。

3. 财政运行质量日益提升

一是完善了市对县区转移支付管理办法。坚持扶持与激励并举，加大了对困难县区的转移支付力度，实施转移支付39 339万元，一定五年不变，解决了困扰县区多年的人员工资、机构运转、社会保障等刚性支出缺口问题，进一步均衡了各县区的公共支出保障水平。

二是深化部门预算改革。认真梳理预算编制、预算执行的环节和流程，改进预算分配关系，创新预算决策机制，坚持事权与财权相结合，部门工作与部门预算相结合，同时完善定员定额标准，加强结余资金管理，提高了预算决策水平和预算编制质量。

三是推进国库集中支付改革。市本级政府45个工作部门及所属264个基层单位纳入国库集中支付试点；政府采购、人员工资、车辆保险等支出实行财政直接支付；会计集中核算向国库集中支付的转轨工作顺利完成；各县市区的国库集中支付改革试点有序展开。

四是推动政府采购增量扩面。依照“上规模、促规范、严管理”的目标，理顺管理关系，完善工作制度，在扩大采购规模和拓宽采购范围的基础上，采购整体效益明显提高。全市政府采购规模达93 352万元，增长40.3%，资金节约率5.1%。

五是创新投融资体制。优化财政投资结构，合理界定投资范围，重点保障公共领域投入；做强做大投融资平台，采取注入资产等措施，增强城投公司等投融资主体的综合实力；整合各项资源、资金、资产，认真清理了市本级党政机关事业单位的不动产，加强了与国内银行的合作，积极争取国际金融组织和国外政府贷款；完善偿债风险准备金管理制度，科学筹划偿债方案，落实还款资金来源。

六是健全财政监管机制。自觉接受人大监督，积极配合审计开展工作；加强财政投资评审，开展了预算环节评审和专项资金评审试点，完成项目送审金额29 642万元，审减2 271万元，审减率7.7%；创新资金的跟踪问效，对市级教育、科学、农业三项法定增长支出开展绩效评价工作；规范会计管理，对会计信息质量和会计师事务所执业质量进行检查，实施会计信息库建设，精心组织各类专业技术考试和培训。

七是整顿规范财经秩序。认真清理清退全市1 627户党政机关和事业单位用公款购买个人商业保险，清理金额603.21万元，清退率为100%；全面清理全市机关事业单位建设领域政府拖欠工程款。

八是加快财政信息化建设。按照建设“金财工程”和电子政务的要求，认真推进“预算执行管理信息系统”的开发应用。通过信息化平台，从根本上转变了理财观念、管理方式，实现了财政管理的“阳光作业”，推进了资金的规范使用、有效监控，财政运行更为公开透明。

总结过去的一年，全市财税部门狠抓增收节支不放松，财政收入迈上了新的台阶，财政改革实现了新的突破，财政管理取得新的成效，圆满完成了全市“十五”财政发展目标。在充分看到成绩的同时，我们也清醒地认识到：财政收入对烟草、电力等传统重点税源依存度较高，培植新兴财源还要狠抓不放；财政支出投向还存在“越位”和“缺位”现象，公共财政职能的有效发挥需要进一步增强；财政资金使用不规范、效益不高的问题依然存在，需要继续深化财政改革；尽管2005年较好地缓解了县乡财政困难，但增强县乡财政自我发展、自我平衡的能力必须常抓不懈。对上述问题，我们将高度重视，积极采取措施加以解决，争取尽快取得明显成效。

二、2006年地方财政预算草案

2006年我市财政预算安排和财政工作的指导思想：以邓小平理论和“三个代表”重要思想为指导，认真贯彻十六届四中、五中全会和中央经济工作会议以及市委八届七次全会精神，以科学发展观统领财政工作，坚持以人为本，坚持依法理财，按照构建和谐昆明和节约型城市的要求，依托协同理财治税，保持财政收入稳定增长，完善公共财政体系，保障全市公共需求，深化财政改革，加强财政监督，提高财政运行质量，促进现代新昆明建设和全市社会经济的协调持续健康发展。

按照上述指导思想和我市“十一五”发展规划，编制了2006年预算草案。

（一）全市财政收支预算

全市地方一般预算收入997 320，比2005年同比增长10%；地方一般预算支出1 028 446万元。

全市地方一般预算收支平衡情况是：地方一般预算收入997 320万元，上级补助收入238 542万元，收入方总计1 235 862万元；地方一般预算支出1 028 446万元，上解上级支出207 416万元，支出方总计1 235 862万元。收支平衡。

全市地方基金预算收支及平衡情况是：地方基金预算收入197 962万元；地方基金预算支出197 962万元。收支平衡。

（二）市级财政收支预算

市级地方一般预算收入547 644万元，比2005年同比增长9%；地方一般预算支出413 661万元。

市级地方一般预算收支平衡情况是：地方一般预算收入547 644万元，上级补助收入238 542万元，下级上解收入72 711万元，收入方总计858.897万元；地方一般预算支出413 661万元，上解上级支出207 416万元，补助下级支出237 820万元，支出方总计858 897万元。收支平衡。

市级地方基金预算收支及平衡情况是：地方基金预算收入122 651万元；地方基金预算支出122 651万元。收支平衡。

（具体指标详见附件2表一至表四）

2006年市级财政预算由市级各部门的预算组成，三个开发区的财政预算在报告中以附件的形式反映（具体指标详见附件3表一至表三），各部门的预算将在相应部门预算草案中详细反映，全部预算单位的部门预算将报送市人代会。

（三）市级财政支出安排的重点

2006年，市级财政按照《预算法》的要求，在优先保障人员工资支出和机关正常运转的基础上，严格落实事关全市改革发展稳定的各项预算，新增财力重点投向促进全市经济社会可持续发展的公共领域。

1．继续加大对“三农”的投入

以统筹城乡发展、建设社会主义新农村为出发点，加快城乡一体化进程，推进现代化农业建设，全面深化农村改革，大力发展农村公共事业，努力增加农民收入。安排农口支出32 614万元，比上年增长9%，其中农业综合开发资金2 139万元，农业产业结构调整和产业化经营专项经费3 100万元，实施200个市级重点村扶贫专项资金2 000万元，配套省级重点村扶贫专项资金500万元，农村劳动力转移培训资金500万元。

2．保障教育、科技、文化、卫生等社会事业的投入

安排教育支出45 334万元，增长11%，其中“两免一补”经费3 000万元，农村中小学危房改造1 200万元；安排科学支出及科技三项费13 551万元，增长9.7%；医疗卫生资金16 886万元；文化产业发展资金3 000万元；解决农业人口独生子女家庭一次性奖励遗留问题经费5 140万元。

3．完善城乡社会保障体系

安排社会保障性支出40 459万元，重点用于行政事业单位离退休人员退休金、城镇居民最低生活保障、下岗职工基本生活费、东川再就业特区补助、农村新型合作医疗、“4050”人员经费、送温暖资金等。

4．保障新昆明重点工程建设和长远发展

发挥财政资金的放大效应，安排国内银行贷款贴息资金11 800万元，预计可向银行贷款37.7亿元，支持今年新昆明重点工程建设（具体项目详见附件4）。为维护政府性融资的诚信度和公信力，规避和防范财政风险，保证新昆明建设的长远发展，足额安排到期还本付息资金。

5．推进工业强市战略实施

安排新型工业化发展资金6 500万元，科技型中小企业技术创新资金1 500万元，重点支持各类企业实施自主创新，增强市场竞争力。

6．促进全市城乡统筹协调发展

为了切实加大缓解县乡财政困难的工作力度，促进各县区公共服务水平均等化，推进全市经济社会协调发展，市级财力向困难县区转移支付39 339万元。

7．保障市委、市政府确定的重点项目资金需要

安排滇池污染治理经费2 532万元，松花坝水源保护区专项经费1 284万元；公交优先发展专项资金3 108万元，粮食风险基金3 000万元，信息化专项资金2 640万元，艾滋病防治经费800万元，禁毒专项经费1 000万元；安排园林城市创建经费5 074万元，空港经济区规划经费2 000万元；安排预备费14 500万元。

三、推进2006年财政任务圆满完成的主要措施

2006年是“十一五”规划的开局之年。我们将紧紧围绕“十一五”发展规划，按照市委的工作部署和市人大本次会议确定的财政工作任务，坚持“一要吃饭，二要建设，三要科学发展”的原则，狠抓收入征管，严格支出管理，以改革促发展，用管理求效益，不断增强财政增收的持续性、收支结构的科学性、理财行为的规范性和资金使用的有效性，全面完成2006年的财政收支任务，促进全市经济社会事业又快又好发展。

（一）发挥政策效能，服务经济发展

一是密切关注全市经济运行态势，科学分析财经运行中出现的新情况、新问题，及时提出有针对性的措施建议；增强政策解读能力，提高政策执行力，最大限度地发挥政策资源对财源建设、经济发展的推动力。

二是注重创新财政扶持方式，充分发挥财政政策和财政资金的组合效应，拓宽投资渠道，引导、吸附和聚合社会资金，加快城市基础设施建设，推进呈贡新城、昆明新机场等重点项目建设。

三是积极完善推进工业强市的财政政策，坚持服务重点、扶持重点，继续支持烟草、钢铁、冶金等重点税源实施技术升级、产品更新，推动产业结构优化，激励企业做强做大；认真研究促进循环经济、高新技术产业、先进制造业和现代服务业发展的财政政策，涵养新兴财源，夯实增收基础。

四是充分发挥转移支付制度的激励作用，建立市县两级的财源建设联动机制，继续发挥县区政府培植财源、发展经济的效率优势，扶持县区发展特色经济和优势产业，努力实现各县区产业布局合理、均衡有序发展。

（二）积极组织收入，确保增收目标

一是加强税收征管。认真做好新财政管理体制继续推进的衔接工作，确保属地征收执行到位；把握工作的主动权，深入分析、积极应对税制改革对我市财力的影响；狠抓基础管理，完善征管手段，强化税务稽查，加大对重点税源的调研和监控力度，不断提升征管质量和服务效率，做到依法征税、应收尽收。

二是严格非税收入管理。整合非税收入征管职能，加快管理制度建设，抓紧制定征收措施，逐步实现项目审批、预算编制、票据管理、收入监缴和资金核算等环节的统一管理；规范行政事业性收费管理，积极挖掘土地增收潜力，督促行政执收执罚部门切实履行职责，努力提高非税收入对财政增收的贡献度。

（三）深化财政改革，规范预算管理

一是全面深化部门预算改革。完善预算编制机制，科学界定管理权责，明确收支范围，规范编制程序，努力使部门预算编制的层次、方法和管理都有新的突破，形成优化部门预算的长效机制；改进项目支出管理方法，建立严格的项目遴选、论证和审核制度，提高项目资金配置效率；强化预算约束，突出预算刚性，加强支出进度管理，提高预算执行质量。

二是推进国库集中支付改革。加快改革进度，力争将市本级政府所有工作部门以及所属单位纳入国库集中支付；继续完善银行账户、资金收付、会计核算、用款审核等管理制度，尽量简化拨款程序，逐步建立高效、安全、透明的国库单一账户体系；加强对县（市）区的培训和指导，使县级国库集中支付改革取得实质性的进展。

三是加大政府采购改革力度。依法完善评标、专家管理等制度，加强对采购代理机构的监管，规范采购行为，确保政府采购公平、公正、公开；扩大政府采购范围和规模，降低采购成本，提高资金使用的整体效益；创新采购形式，积极尝试全市联合采购。

（四）完善监管体系，优化运行环境

一是加强财政监督。积极配合外部监督，扩大财政监督覆盖面，逐步形成联合监管机制；深化财政投资评审，健全评审程序，提高评审质量；加大对专项资金和重点项目的跟

踪问效力度；扩大财政支出绩效评价试点范围，完善评价体系和评价标准，重视评价结果应用，作为今后预算安排的重要依据。

二是规范会计秩序。加强会计队伍和行业诚信建设，严格会计从业资格管理，有重点地开展《会计法》和《云南省会计条例》执行情况检查；推进会计信息库的完善和应用，实现会计管理服务的信息化，保证会计信息质量。

三是强化政府债务管理。严格审批权限和程序，依据承受能力，合理确定举债规模；明确偿债责任，健全借用还相统一、责权利相结合的管理机制；增强工作主动性，提高监管层次，每年向市人代会报告市级当年政府信用贷款项目计划；维护政府信誉，及时偿还到期的政府信用银行贷款项目本息；加大监管力度，对或有负债实行有效监控，增强防范财政风险能力。

（五）加强内部建设，提升理财水平

一是规范财政行政执法。全面梳理财政行政审批事项，简化办事程序，提高工作效率；加大改革宣传力度，开辟社会监督渠道，广泛听取和积极采纳财政服务对象的合理建议，不断改善工作质量。

二是推进财政信息化。加快财政业务软件系统整合步伐，做好财、税、库、行的横向联网工作，建立综合业务数据处理平台；积极实施法制宣传、财政业务、信息查询、会计管理和涉财事务的网上办理，拓展财政服务的广度和深度。

三是强化财政内部管理。增强创新意识，通过深化改革、完善机制来解决财政工作中出现的困难和问题；增强服务意识，改进工作作风，服务基层，为民理财；增强学习意识，加强政治、法律、业务、技能培训，推进财政系统文化建设，提升整体素质和理财能力。

各位代表，新的一年，我们将在市委的正确领导下，在市人大的监督帮助下，认真执行市人代会及其常委会的决议，齐心协力，锐意进取，开拓创新，扎实工作，圆满完成全年财政工作目标，为推进现代新昆明建设和全市经济社会的持续稳定发展做出新的贡献。

附件1：表一

2005年昆明市地方财政一般预算执行情况表

单位：万元

项　　目	2005年预算数	2005年完成数	完成预算	增幅	项　　目	2005年预算数	2005年完成数	完成预算
一、增值税（25%）	181 867	196 937	108.3%	17.9%	一、基本建设支出	137 118	128 724	93.9%
二、营业税	244 704	252 769	103.3%	13.6%	二、企业挖潜改造资金	49 052	46 732	95.3%
三、企业所得税（16%）	39 245	53 285	135.8%	41.2%	三、地质勘探费			
四、企业所得税退税	–				四、科技三项费用	22 256	15 516	69.7%
五、个人所得税（16%）	16 704	17 348	103.9%	14.2%	五、流动资金			
六、资源税	3 743	6 736	180.0%	97.9%	六、农业支出	44 239	43 425	98.2%
七、固定资产投资方向调节税	–	1 126		6 523.5%	七、林业支出	12 006	11 928	99.4%
八、城市维护建设税	95 257	90 009	94.5%	3.0%	八、水利和气象支出	20 217	19 542	96.7%
九、房产税	38 969	38 997	100.1%	7.1%	九、工业交通等部门的事业费	6 148	5 964	97.0%
十、印花税	10 889	13 396	123.0%	34.1%	十、流通部门事业费	3 703	3 287	88.8%
十一、城镇土地使用税	11 468	12 313	107.4%	17.0%	十一、文体广播事业费	28 999	28 720	99.0%
十二、土地增值税	586	1 467	250.3%	175.2%	十二、教育支出	152 343	152 219	99.9%
十三、车船使用和牌照税	6 849	7 444	108.7%	17.4%	十三、科学支出	5 058	4 728	93.5%
十四、屠宰税	–				十四、医疗卫生支出	46 582	46 113	99.0%
十五、筵席税	–				十五、其他部门的事业费	39 400	35 467	90.0%
十六、农业税	–	186		–93.7%	十六、抚恤和社会福利救济	42 973	41 505	96.6%
十七、农业特产税	19 620	19 837	101.1%	4.1%	十七、行政事业单位离退休支出	64 320	61 727	96.0%
十八、牧业税	–				十八、社会保障补助支出	67 144	66 143	98.5%

续　表

项　　目	2005年预算数	2005年完成数	完成预算	增幅	项　　目	2005年预算数	2005年完成数	完成预算
十九、耕地占用税	7 866	11 295	143.6%	50.9%	十九、国防支出	390	390	100.0%
二十、契税	27 396	50 614	184.7%	99.5%	二十、行政管理费	113 527	112 481	99.1%
二十一、国有资产经营收益	3 028	37 477	1 237.7%	1 273.8%	二十一、外交外事支出	719	476	66.2%
二十二、国有企业计划亏损补贴	－3 103	－3 133	101.0%	1.0%	二十二、武装警察部队支出	873	858	98.3%
二十三、行政性收费收入	21 908	21 913	100.0%	9.0%	二十三、公检法司支出	107 807	105 165	97.5%
二十四、罚没收入	22 600	36 926	163.4%	79.7%	二十四、城市维护费	107 242	105 905	98.8%
二十五、海域场地矿区使用费收入	－				二十五、政策性补贴支出	6 846	6 784	99.1%
二十六、专项收入	31 364	35 456	113.0%	14.4%	二十六、支援不发达地区支出	10 560	10 448	98.9%
其中：排污费收入	1 601	2 769	173.0%	31.9%	二十七、海域开发建设和场地使用费支出	70	30	42.9%
城市水资源费收入	157	449	286.0%	180.6%	二十八、专项支出	27 345	25 511	93.3%
教育费附加收入	29 606	32 238	108.9%	12.2%	其中：排污费支出	3 750	3 441	91.8%
矿产资源补偿收入	－				城市水资源费支出	39	39	100.0%
二十七、其他收入	2 828	4 257	150.5%	64.3%	教育费附加支出	22 953	22 031	96.0%
					矿产资源补偿支出			
					二十九、其他支出	74 598	69 431	93.1%
					三十、总预备费	819		
一般预算收入小计	783 788	906 655	115.7%	24.9%	一般预算支出小计	1 192 354	1 149 219	96.4%
上级补助收入		382 486			上解上级支出		192 235	
上划两税税收返还收入		164 599			原体制上解支出		139 825	
所得税基数返还收入		72 062			专项上解支出		49 410	
原体制补助收入					其他上解支出		3 000	
专项补助		101 298			年终滚存结余		68 752	
转移支付补助收入		39 356						
其他补助收入		5 171						
调入资金		10 089						
上年滚存结余		110 976						
地方财政一般预算收入总计		1 410 206			地方财政一般预算支出总计		1 410 206	

附件1：表二

2005年昆明市地方财政基金预算执行情况表

单位：万元

项　　目	2005年预算数	2005年完成数	完成预算	增幅	项　　目	2005年预算数	2005年完成数	完成预算
一、工业交通部门基金收入	369	1 436	389.2%	174.0%	一、工业交通部门基金支出	674	536	79.5%
二、商贸部门基金收入					二、商贸部门基金支出	773	421	54.5%
三、文教部门基金收入					三、文教部门基金支出	36	36	100.0%
四、社会保险基金收入					四、社会保险基金支出			
五、农业部门基金收入	93	133	143.0%	111.1%	五、农业部门基金支出	5 027	5 012	99.7%
六、土地有偿使用收入	135 328	192 636	142.3%	52.0%	六、土地有偿使用支出	179 782	175 890	97.8%
七、政府住房基金收入					七、政府住房基金支出	1 510	1 500	99.3%
八、其他部门基金收入	890	1 200			八、其他部门基金支出	818	614	75.1%
九、地方财政税费附加收入	3 490	2 557	73.3%	2.7%	九、地方财政税费附加支出	998	998	100.0%
基金预算收入小计	140 170	197 962	141.2%	51.5%	基金预算支出小计	189 618	185 007	97.6%
上级专项补助收入		9 342			调出基金		5 004	
上年滚存结余		15 371			年终滚存结余		32 664	
地方财政基金预算收入总计		222 675			地方财政基金预算支出总计		222 675	

附件1：表三

2005年昆明市市级地方财政一般预算执行情况表

单位：万元

项　　目	2005年预算数	2005年完成数	完成预算	增幅	项　　目	2005年预算数	2005年完成数	完成预算
一、增值税（25%）	114 328	120 515	105.4%	29.5%	一、基本建设支出	102 251	94 674	92.6%
二、营业税	123 597	126 123	102.0%	99.3%	二、企业挖潜改造资金	25 422	23 128	91.0%
三、企业所得税（16%）	29 853	40 658	136.2%	57.0%	三、地质勘探费			
四、企业所得税退税	0				四、科技三项费用	17 787	10 969	61.7%
五、个人所得税（16%）	9 506	9 994	105.1%	24.9%	五、流动资金			
六、资源税	45	59	131.1%	-29.8%	六、农业支出	13 817	13 072	94.6%
七、固定资产投资方向调节税	0	1 125		112 400.0%	七、林业支出	2 499	2 386	95.5%
八、城市维护建设税	52 216	49 075	94.0%	-10.8%	八、水利和气象支出	2 439	2 389	97.9%
九、房产税	20 074	20 304	101.1%	50.6%	九、工业交通等部门的事业费	3 300	3 106	94.1%
十、印花税	2 895	3 658	126.4%	-22.8%	十、流通部门事业费	1 597	1 182	74.0%
十一、城镇土地使用税	5 481	6 237	113.8%	56.0%	十一、文体广播事业费	14 108	13 636	96.7%
十二、土地增值税	0	244			十二、教育支出	30 199	28 584	94.7%
十三、车船使用和牌照税	2 927	3 294	112.5%	-39.1%	十三、科学支出	3 547	3 431	96.7%
十四、屠宰税	0				十四、医疗卫生支出	15 898	15 332	96.4%

续　表

项　　　　目	2005 年预算数	2005 年完成数	完成预算	增幅	项　　　　目	2005 年预算数	2005 年完成数	完成预算
十五、筵席税	0				十五、其他部门的事业费	19 675	16 323	83.0%
十六、农业税	0				十六、抚恤和社会福利救济	12 070	10 630	88.1%
十七、农业特产税	0				十七、行政事业单位离退休支出	11 621	11 617	100.0%
十八、牧业税	0				十八、社会保障补助支出	53 272	52 216	98.0%
十九、耕地占用税	2 912	4 590			十九、国防支出	12	12	100.0%
二十、契税	12 596	24 727	196.3%	239.5%	二十、行政管理费	35 977	33 343	92.7%
二十一、国有资产经营收益	2 817	36 511	1 296.1%	1 347.7%	二十一、外交外事支出	710	469	66.1%
二十二、国有企业计划亏损补贴	－3 000	－3 000	100.0%	0.0%	二十二、武装警察部队支出	677	672	99.3%
二十三、行政性收费收入	16 343	16 919	103.5%	12.8%	二十三、公检法司支出	46 191	43 325	93.8%
二十四、罚没收入	9 291	22 867	248.0%	172.9%	二十四、城市维护费	72 584	70 878	97.6%
二十五、海域场地矿区使用费收入	0				二十五、政策性补贴支出	4 195	4 150	98.9%
二十六、专项收入	14 649	15 214	103.9%	－13.0%	二十六、支援不发达地区支出	7 059	7 053	99.9%
其中：排污费收入	900	1 723	191.4%	17.9%	二十七、海域开发建设和场地使用费支出	40		0.0%
城市水资源费收入	39	322	825.6%	600.0%	二十八、专项支出	5 896	4 992	84.7%
教育费附加收入	13 710	13 169	96.1%	－17.6%	其中：排污费支出	3 443	3 441	99.9%
矿产资源补偿收入	0				城市水资源费支出	39	39	100.0%
二十七、其他收入	2 173	3 312	152.4%	64.7%	教育费附加支出	2 214	2 087	94.3%
					矿产资源补偿支出			
					二十九、其他支出	22 597	18 349	81.2%
					三十、总预备费	819		
一般预算收入小计	418 631	502 426	120.0%	55.7%	一般预算支出小计	526 259	485 918	92.3%
上级补助收入		382 486			上解上级支出		192 235	
上划两税税收返还收入		164 599			原体制上解支出		139 825	
所得税基数返还收入		72 062			专项上解支出		49 410	
原体制补助收入					其他上解支出		3 000	
专项补助		101 298			补助下级支出		334 768	
转移支付补助收入		39 356			上划两税税收返还补助		102 822	

续　表

项　　　目	2004年预算数	2004年完成数	完成预算	增幅	项　　　目	2004年预算数	2004年完成数	完成预算
其他补助收入		5 171			所得税基数返还补助		8 884	
下级上解收入		80 533			原体制补助		12 733	
原体制上解		55 400			专项补助		100 226	
专项上解		20 881			转移支付补助		87 489	
其他上解		4 252			其他补助支出		22 614	
上年滚存结余		85 881			年终滚存结余		38 405	
地方财政一般预算收入总计		1 051 326			地方财政一般预算支出总计		1 051 326	

附件1：表四

2005年昆明市市级地方财政基金预算执行情况表

单位：万元

项　　　目	2005年预算数	2005年完成数	完成预算	增幅	项　　　目	2005年预算数	2005年完成数	完成预算
一、工业交通部门基金收入	369	1 164	315.4%	122.1%	一、工业交通部门基金支出	510	372	72.9%
二、商贸部门基金收入					二、商贸部门基金支出	815	421	51.7%
三、文教部门基金收入					三、文教部门基金支出			
四、社会保险基金收入					四、社会保险基金支出			
五、农业部门基金收入	30	16			五、农业部门基金支出	106	74	69.8%
六、土地有偿使用收入	123 110	126 565	102.8%	10.5%	六、土地有偿使用支出	124 754	121 464	97.4%
七、政府住房基金收入					七、政府住房基金支出	1 510	1 500	99.3%
八、其他部门基金收入		50			八、其他部门基金支出			
九、地方财政税费附加收入	1 000	537	53.7%		九、地方财政税费附加支出	700	700	100.0%
基金预算收入小计	124 509	128 332	103.1%	11.6%	基金预算支出小计	128 395	124 531	97.0%
上级专项补助收入		9 342			专项补助下级支出		8 745	
上年滚存结余		6 918			年终滚存结余		11 316	
地方财政基金预算收入总计		144 592			地方财政基金预算支出总计		144 592	

附件 2：表一

2006 年昆明市地方财政一般预算收支预算表

单位：万元

项　　目	2005 年完成数	2006 年预算数	增幅	项　　目	2006 年年初预算数
一、增值税（25%）	196 937	217 996	10.7%	一、基本建设支出	81 997
二、营业税	252 769	280 068	10.8%	二、企业挖潜改造资金	52 296
三、企业所得税（16%）	53 285	56 482	6.0%	三、地质勘探费	
四、企业所得税退税				四、科技三项费用	15 713
五、个人所得税（16%）	17 348	19 083	10.0%	五、流动资金	
六、资源税	6 736	9 500	41.0%	六、农业支出	39 513
七、固定资产投资方向调节税	1 126			七、林业支出	9 464
八、城市维护建设税	90 009	98 110	9.0%	八、水利和气象支出	20 384
九、房产税	38 997	42 702	9.5%	九、工业交通等部门的事业费	8 888
十、印花税	13 396	14 602	9.0%	十、流通部门事业费	3 247
十一、城镇土地使用税	12 313	13 298	8.0%	十一、文体广播事业费	27 617
十二、土地增值税	1 467	1 608	9.6%	十二、教育支出	157 583
十三、车船使用和牌照税	7 444	8 188	10.0%	十三、科学支出	5 017
十四、屠宰税				十四、医疗卫生支出	46 320
十五、筵席税				十五、其他部门的事业费	32 609
十六、农业税	186			十六、抚恤和社会福利救济	30 486
十七、农业特产税	19 837	21 622	9.0%	十七、行政事业单位离退休支出	69 881
十八、牧业税				十八、社会保障补助支出	36 859
十九、耕地占用税	11 295	12 402	9.8%	十九、国防支出	294
二十、契税	50 614	55 473	9.6%	二十、行政管理费	108 328
二十一、国有资产经营收益	37 477	3 028	-91.9%	二十一、外交外事支出	294
二十二、国有企业计划亏损补贴	-3 133	-6 150		二十二、武装警察部队支出	441
二十三、行政性收费收入	21 913	45 200	106.3%	二十三、公检法司支出	96 386
二十四、罚没收入	36 926	42 834	16.0%	二十四、城市维护费	70 289
二十五、海域场地矿区使用费收入				二十五、政策性补贴支出	7 595
二十六、专项收入	35 456	56 166	58.4%	二十六、支援不发达地区支出	7 009
其中：排污费收入	2 769	3 323	20.0%	二十七、海域开发建设和场地使用费支出	
城市水资源费收入	449	17 381	3 771.0%	二十八、专项支出	28 553

续　表

项　　　目	2005 年完成数	2006 年预算数	增幅	项　　　目	2006 年年初预算数
教育费附加收入	32 238	35 462	10.0%	其中：排污费支出	3 046
矿产资源补偿收入				城市水资源费支出	1 115
二十七、其他收入	4 257	5 109	20.0%	教育费附加支出	26 965
				矿产资源补偿支出	
				二十九、其他支出	43 079
				三十、总预备费	28 304
一般预算收入小计	906 655	997 320	10.0%	一般预算支出小计	1 028 446
上级补助收入		238 542		上解上级支出	207 416
上划两税税收返还收入		164 599		原体制上解支出	153 808
所得税基数返还收入		72 062		专项上解支出	50 418
原体制补助收入				其他上解支出	3 190
转移支付补助收入		1 881			
其他补助收入					
地方财政一般预算收入总计		1 235 862		地方财政一般预算支出总计	1 235 862

附件 2：表二

2006 年昆明市地方财政基金收支预算表

单位：万元

项　　　目	2005 年完成数	2006 年预算数	增幅	项　　　目	2006 年年初预算数
一、工业交通部门基金收入	1 436	1 436	0.0%	一、工业交通部门基金支出	1 436
二、商贸部门基金收入				二、商贸部门基金支出	
三、文教部门基金收入				三、文教部门基金支出	
四、社会保险基金收入				四、社会保险基金支出	
五、农业部门基金收入	133	133	0.0%	五、农业部门基金支出	133
六、土地有偿使用收入	192 636	192 636	0.0%	六、土地有偿使用支出	192 636
七、政府住房基金收入				七、政府住房基金支出	
八、其他部门基金收入	1 200	1 200		八、其他部门基金支出	1 200
九、地方财政税费附加收入	2 557	2 557	0.0%	九、地方财政税费附加支出	2 557
地方财政基金预算收入总计	197 962	197 962	0.0%	地方财政基金预算支出总计	197 962

附件 2：表三

2006 年昆明市市级地方财政一般预算收支预算表

单位：万元

项　　　目	2005 年完成数	2006 年预算数	增幅	项　　　目	2006 年年初预算数
一、增值税（25%）	120 515	132 687	10.1%	一、基本建设支出	37 325
二、营业税	126 123	138 668	9.9%	二、企业挖潜改造资金	17 261

续 表

项　　　目	2005年完成数	2006年预算数	增幅	项　　　目	2006年年初预算数
三、企业所得税（16%）	40 658	43 097	6.0%	三、地质勘探费	
四、企业所得税退税				四、科技三项费用	10 330
五、个人所得税（16%）	9 994	10 893	9.0%	五、流动资金	
六、资源税	59	65		六、农业支出	17 820
七、固定资产投资方向调节税	1 125			七、林业支出	3 397
八、城市维护建设税	49 075	53 001	8.0%	八、水利和气象支出	5 498
九、房产税	20 304	22 694	11.8%	九、工业交通等部门的事业费	6 489
十、印花税	3 658	3 951	8.0%	十、流通部门事业费	2 314
十一、城镇土地使用税	6 237	6 674	7.0%	十一、文体广播事业费	18 714
十二、土地增值税	244	265		十二、教育支出	35 123
十三、车船使用和牌照税	3 294	3 590	9.0%	十三、科学支出	3 221
十四、屠宰税		0		十四、医疗卫生支出	16 886
十五、筵席税				十五、其他部门的事业费	14 440
十六、农业税				十六、抚恤和社会福利救济	9 431
十七、农业特产税				十七、行政事业单位离退休支出	13 808
十八、牧业税				十八、社会保障补助支出	17 220
十九、耕地占用税	4 590	4 994	8.8%	十九、国防支出	
二十、契税	24 727	26 977	9.1%	二十、行政管理费	49 033
二十一、国有资产经营收益	36 511	2 817	－92.3%	二十一、外交外事支出	294
二十二、国有企业计划亏损补贴	－3 000	－6 000	100.0%	二十二、武装警察部队支出	332
二十三、行政性收费收入	16 919	39 372	132.7%	二十三、公检法司支出	43 036
二十四、罚没收入	22 867	26 640	16.5%	二十四、城市维护费	24 410
二十五、海域场地矿区使用费收入				二十五、政策性补贴支出	4 890
二十六、专项收入	15 214	33 284	118.8%	二十六、支援不发达地区支出	5 899
其中：排污费收入	1 723	2 154	25.0%	二十七、海域开发建设和场地使用费支出	
城市水资源费收入	322	16 776	5 109.9%	二十八、专项支出	11 226
教育费附加收入	13 169	14 354	9.0%	其中：排污费支出	900
矿厂资源补偿收入				城市水资源费支出	115

续　表

项　　　　目	2005年完成数	2006年预算数	增幅	项　　　　目	2006年年初预算数
二十七、其他收入	3 312	3 974	20.0%	教育费附加支出	10 211
				矿产资源补偿支出	
				二十九、其他支出	27 505
				三十、总预备费	17 759
一般预算收入小计	502 426	547 644	9.0%	一般预算支出小计	413 661
上级补助收入		238 542		上解上级支出	207 416
上划两税税收返还收入		164 599		原体制上解支出	153 808
所得税基数返还收入		72 062		专项上解支出	50 418
原体制补助收入				其他上解支出	3 190
转移支付补助收入		1 881		补助下级支出	237 820
其他补助收入				上划两税税收返还补助	113 190
下级上解收入		72 711		所得税基数返还补助	9 225
原体制上解		55 401		原体制补助	12 733
专项上解		15 566		转移支付补助	87 580
其他上解		1 744		其他补助	15 092
地方财政一般预算收入总计		858 897		地方财政一般预算支出总计	858 897

附件2：表四

2005年昆明市市级地方财政基金预算收支预算表

单位：万元

项　　　　目	2005年完成数	2006年预算数	增幅	项　　　　目	2006年年初预算数
一、工业交通部门基金收入	1 164	371	-68.1%	一、工业交通部门基金支出	371
二、商贸部门基金收入				二、商贸部门基金支出	
三、文教部门基金收入				三、文教部门基金支出	
四、社会保险基金收入				四、社会保险基金支出	
五、农业部门基金收入	16	30		五、农业部门基金支出	30
六、土地有偿使用收入	126 565	121 100	-4.3%	六、土地有偿使用支出	121 100
七、政府住房基金收入				七、政府住房基金支出	
八、其他部门基金收入	50	450		八、其他部门基金支出	450
九、地方财政税费附加收入	537	700		九、地方财政税费附加支出	700
地方财政基金预算收入总计	128 332	122 651	-4.4%	地方财政基金预算支出总计	122 651

附件3：表一

2006年昆明市高新开发区地方财政收支预算表

单位：万元

项　目	2005年完成数	2006年预算数	增幅	项　目	2006年年初预算数
一、增值税（25%）	15 984	18 034	12.8%	一、基本建设支出	12 744
二、营业税	7 161	8 497	18.7%	二、企业挖潜改造资金	
三、企业所得税（16%）	2 472	2 830	14.5%	三、地质勘探费	
四、企业所得税退税				四、科技三项费用	500
五、个人所得税（16%）	1 106	1 251	13.1%	五、流动资金	
六、资源税		-		六、农业支出	
七、固定资产投资方向调节税				七、林业支出	
八、城市维护建设税	1 969	2 026	2.9%	八、水利和气象支出	
九、房产税	1 411	1 741	23.4%	九、工业交通等部门的事业费	400
十、印花税	626	678	8.3%	十、流通部门事业费	
十一、城镇土地使用税	474	541	14.1%	十一、文体广播事业费	20
十二、土地增值税	209	227		十二、教育支出	825
十三、车船使用和牌照税	2	10	400.0%	十三、科学支出	160
十四、屠宰税				十四、医疗卫生支出	20
十五、筵席税				十五、其他部门的事业费	1 500
十六、农业税				十六、抚恤和社会福利救济	22
十七、农业特产税				十七、行政事业单位离退休支出	14
十八、牧业税				十八、社会保障补助支出	17
十九、耕地占用税				十九、国防支出	
二十、契税				二十、行政管理费	2 000
二十一、国有资产经营收益	165	188	13.9%	二十一、外交外事支出	
二十二、国有企业计划亏损补贴				二十二、武装警察部队支出	
二十三、行政性收费收入	210	917	336.7%	二十三、公检法司支出	520
二十四、罚没收入	19	37	94.7%	二十四、城市维护费	2 000
二十五、海域场地矿区使用费收入				二十五、政策性补贴支出	
二十六、专项收入	842	974	15.7%	二十六、支援不发达地区支出	
其中：排污费收入				二十七、海域开发建设和场地使用费支出	
城市水资源费收入				二十八、专项支出	870
教育费附加收入	842	974	15.7%	其中：排污费支出	
矿产资源补偿收入				城市水资源费支出	
二十七、其他收入	25	32	28.0%	教育费附加支出	870
				矿产资源补偿支出	
				二十九、其他支出	2 594
				三十、总预备费	1 615

续　表

项　　　目	2005年完成数	2006年预算数	增幅	项　　　目	2006年年初预算数
一般预算收入小计	32 675	37 983	16.2%	一般预算支出小计	25 821
一、工业交通部门基金收入				一、工业交通部门基金支出	
二、商贸部门基金收入				二、商贸部门基金支出	
三、文教部门基金收入				三、文教部门基金支出	
四、社会保险基金收入				四、社会保险基金支出	
五、农业部门基金收入				五、农业部门基金支出	
六、土地有偿使用收入				六、土地有偿使用支出	
七、政府住房基金收入				七、政府住房基金支出	
八、其他部门基金收入				八、其他部门基金支出	
九、地方财政税费附加收入				九、地方财政税费附加支出	
基金预算收入小计	0	0		基金预算支出小计	
地方财政收入合计	32 675	37 983	16.2%	地方财政支出合计	25 821
上级补助收入		671		上解上级支出	12 833
所得税基数返还收入		671		原体制上解支出	6 214
				专项上解支出	586
				其他上解支出	6 033
地方财政收入预算总计		38 654		地方财政支出预算总计	38 654

附件3：表二

2006年昆明市经济技术开发区地方财政收支预算表

单位：万元

项　　　目	2005年完成数	2006年预算数	增幅	项　　　目	2006年年初预算数
一、增值税（25%）	8 676	10 070	16.1%	一、基本建设支出	12 053
二、营业税	1 967	2 603	32.3%	二、企业挖潜改造资金	1 650
三、企业所得税（16%）	4 738	5 466	15.4%	三、地质勘探费	
四、企业所得税退税				四、科技三项费用	200
五、个人所得税（16%）	443	501	13.1%	五、流动资金	
六、资源税		-		六、农业支出	
七、固定资产投资方向调节税				七、林业支出	
八、城市维护建设税	1 724	1 773	2.8%	八、水利和气象支出	
九、房产税	1 014	1 251	23.4%	九、工业交通等部门的事业费	53
十、印花税	1 464	1 586	8.3%	十、流通部门事业费	
十一、城镇土地使用税	213	243	14.1%	十一、文体广播事业费	
十二、土地增值税	15	16		十二、教育支出	569
十三、车船使用和牌照税	3	15	400.0%	十三、科学支出	

续　表

项　　　目	2004年完成数	2005年预算数	增幅	项　　　目	2005年年初预算数
十四、屠宰税				十四、医疗卫生支出	285
十五、筵席税				十五、其他部门的事业费	1 299
十六、农业税				十六、抚恤和社会福利救济	
十七、农业特产税				十七、行政事业单位离退休支出	
十八、牧业税				十八、社会保障补助支出	
十九、耕地占用税				十九、国防支出	
二十、契税				二十、行政管理费	1 219
二十一、国有资产经营收益	10	11		二十一、外交外事支出	
二十二、国有企业计划亏损补贴				二十二、武装警察部队支出	
二十三、行政性收费收入	6	26		二十三、公检法司支出	315
二十四、罚没收入	6	12	100.0%	二十四、城市维护费	695
二十五、海域场地矿区使用费收入	757	876		二十五、政策性补贴支出	
二十六、专项收入				二十六、支援不发达地区支出	
其中：排污费收入				二十七、海域开发建设和场地使用费支出	
城市水资源费收入	757	876		二十八、专项支出	341
教育费附加收入				其中：排污费支出	
矿产资源补偿收入				城市水资源费支出	
二十七、其他收入	26	34	30.8%	教育费附加支出	341
				矿产资源补偿支出	
				二十九、其他支出	300
				三十、总预备费	700
一般预算收入小计	21 062	24 483	16.2%	一般预算支出小计	19 679
一、工业交通部门基金收入				一、工业交通部门基金支出	
二、商贸部门基金收入				二、商贸部门基金支出	
三、文教部门基金收入				三、文教部门基金支出	
四、社会保险基金收入				四、社会保险基金支出	
五、农业部门基金收入				五、农业部门基金支出	
六、土地有偿使用收入				六、土地有偿使用支出	
七、政府住房基金收入				七、政府住房基金支出	
八、其他部门基金收入				八、其他部门基金支出	
九、地方财政税费附加收入				九、地方财政税费附加支出	
基金预算收入小计	0	0		基金预算收入小计	
地方财政收入合计	21 062	24 483	16.2%	地方财政收入合计	

续　表

项　　　目	2005年完成数	2006年预算数	增幅	项　　　目	2006年年初预算数
上级补助收入		139		上解上级支出	4 943
所得税基数返还收入		139		原体制上解支出	2 461
				专项上解支出	281
				其他上解支出	2 201
地方财政收入预算总计		24 622		地方财政支出预算总计	24 622

附件3：表三

2006年昆明市旅游度假区地方财政收支预算表

单位：万元

项　　　目	2005年完成数	2006年预算数	增幅	项　　　目	2006年年初预算数
一、增值税（25%）	100	114	14.0%	一、基本建设支出	1 052
二、营业税	5 573	6 524	17.1%	二、企业挖潜改造资金	550
三、企业所得税（16%）	560	598	6.8%	三、地质勘探费	
四、企业所得税退税				四、科技三项费用	
五、个人所得税（16%）	86	97	12.8%	五、流动资金	
六、资源税	59	65		六、农业支出	11
七、固定资产投资方向调节税				七、林业支出	
八、城市维护建设税	251	258	2.8%	八、水利和气象支出	
九、房产税	258	319	23.6%	九、工业交通等部门的事业费	
十、印花税	66	72	9.1%	十、流通部门事业费	
十一、城镇土地使用税	75	86	14.7%	十一、文体广播事业费	11
十二、土地增值税	20	23	15.0%	十二、教育支出	154
十三、车船使用和牌照税	2	11	450.0%	十三、科学支出	
十四、屠宰税				十四、医疗卫生支出	22
十五、筵席税				十五、其他部门的事业费	935
十六、农业税				十六、抚恤和社会福利救济	
十七、农业特产税				十七、行政事业单位离退休支出	
十八、牧业税				十八、社会保障补助支出	
十九、耕地占用税				十九、国防支出	
二十、契税				二十、行政管理费	1 755
二十一、国有资产经营收益		-		二十一、外交外事支出	44
二十二、国有企业计划亏损补贴				二十二、武装警察部队支出	22
二十三、行政性收费收入		-		二十三、公检法司支出	385
二十四、罚没收入	33	65	97.0%	二十四、城市维护费	715
二十五、海域场地矿区使用费收入				二十五、政策性补贴支出	286

续　表

项　　目	2005年完成数	2006年预算数	增幅	项　　目	2006年年初预算数
二十六、专项收入	107	124	15.9%	二十六、支援不发达地区支出	
其中：排污费收入				二十七、海域开发建设和场地使用费支出	
城市水资源费收入				二十八、专项支出	
教育费附加收入	107	124	15.9%	其中：排污费支出	
矿产资源补偿收入				城市水资源费支出	
二十七、其他收入	14	18	28.6%	教育费附加支出	
				矿产资源补偿支出	
				二十九、其他支出	275
				三十、总预备费	944
一般预算收入小计	7 204	8 374	16.2%	一般预算支出小计	7 161
一、工业交通部门基金收入				一、工业交通部门基金支出	
二、商贸部门基金收入				二、商贸部门基金支出	
三、文教部门基金收入				三、文教部门基金支出	
四、社会保险基金收入				四、社会保险基金支出	
五、农业部门基金收入				五、农业部门基金支出	
六、土地有偿使用收入	1 110	1 110		六、土地有偿使用支出	1 110
七、政府住房基金收入				七、政府住房基金支出	
八、其他部门基金收入				八、其他部门基金支出	
九、地方财政税费附加收入				九、地方财政税费附加支出	
基金预算收入小计	1 110	1 110		基金预算支出小计	1 110
地方财政收入合计	8 304	9 474	14.1%	地方财政支出合计	8 261
上级补助收入		157		上解上级支出	1 370
所得税基数返还收入		157		原体制上解支出	1 122
				专项上解支出	231
				其他上解支出	17
地方财政收入预算总计		9 631		地方财政支出预算总计	9 631

附件4：

昆明市市级2006年度重点建设项目政府信用贷款计划表

单位：万元

序号	项目名称	建设规模及主要建设内容	总投资	2006年贷款计划
	2006年建设项目合计		1 896 244	376 850
一	续建项目（9项）		1 002 845	137 600
1	掌鸠河引水供水工程	云龙水库4.84亿立方，日供水60万吨。	394 000	12 200

续　表

序号	项目名称	建设规模及主要建设内容	总投资	2006年贷款计划
2	通乡油路	全长1 209公里。	104 700	37 000
3	农村卫生旱厕改造	控制滇池流域农村面源污染，在水源地周边建设生态卫生旱厕		3 000
4	主城区宝象河防洪整治工程	河道整治11公里，其中开河渠2.33公里。	30 075	15 000
5	东川坝塘水库	总库容1 840万立方米，移民安置1 123人，输水线5公里。	19 963	1 500
6	新昆洛公路改扩建	全长26公里，城市一级主干道，双向八车道。	301 170	40 000
7	城市东三环道路	全长8.3公里，城市一级主干道，双向八车道。	108 143	10 300
8	船房河综合治理	截污干管9 249米，河道整治5 796米，雨水管渠10 358米。	35 194	15 000
9	乌龙河截污综合整治工程	截污干管3 751米，河道整治1 287米。	9 600	3 600
二	新开工项目（13项）		893 399	239 250
1	广福路改扩建	全长14.5公里，绿线控制108米，红线控制45－68米，双向八车道。	183 099	80 000
2	新昆洛公路入城段	全长4公里，城市一级主干道，地面双向六车道，高架双向五车道。	44 000	19 200
3	滇池北岸水环境综合治理工程	包括截污干管364公里，新建污水处理厂30万吨，改扩建三、五、六污水处理厂	383 000	5 000
4	草海底泥疏挖二期工程	疏浚面积5.26平方公里。	18 700	2 000
5	草汤公路	全长10公里，二级公路。	10 400	4 400
6	危险废弃物处置中心	新建危险废弃物处置中心前期征地	17 000	2 000
7	主城区交通综合整治	含交通管理智能控制系统。		30 000
8	昆安高速公路征地拆迁	昆安高速公路征地拆迁市级配套	41 600	6 650
9	云龙水库农灌用水替换工程	包括真金万、关坝、三家村、石门坎和火铲等五个中小型水库，可置换云龙水库3 000万立方米农业灌溉用水。	55 600	10 000
10	昆明新机场征地费	昆明新机场征地拆迁	40 000	40 000
11	创建园林城市绿化工程	市级承担的公园、绿地系统建设。	100 000	30 000
12	市级医院建设	儿童医院新扩建征地、市级医院特色专科专项扶持		5 000
13	南市区公交枢纽场	建设南市区公交枢纽场站征地		5 000

备注：财政年度预算安排还本付息资金偿还到期的政府信用银行贷款项目本息。

昆明市中级人民法院工作报告

——2006年2月21日在昆明市第十二届人民代表大会第一次会议上

昆明市中级人民法院院长　**杨玉兰**

“十五”期间的主要工作

“十五”期间，在中共昆明市委的领导下，全市法院自觉接受人大及其常委会的法律监督和政协的民主监督，依靠政府的大力支持，坚持以邓小平理论和“三个代表”重要思想为指导，认真践行司法为民宗旨，紧紧围绕公正与效率主题，着力抓好审判工作、队伍建设、法院改革三件大事，奋发努力实现了新的跨越和发展。全市法院“十五”期间共受理刑事、民事、行政、执行和减刑假释各类案件339 961件，比“九五”期间多出7万余件，审结324 948件，结案率平均为96%。2005年共受理各类案件64 596件，审结61 893件，与上年基本持平；其中，中级法院受理各类案件23 444件，审结22 635件，分别比上年上升6.27%和7.39%。五年来，全市法院审判和执行工作保持了结案上升、未结案下降的良好运行态势，全面完成了各项审判和工作任务。

一、以审判工作为中心，维护稳定服务大局

——*充分发挥职能，全力维护稳定。*全市法院始终把维护国家安全和社会稳定、营造公正高效的司法环境和切实保障人民群众合法权益作为审判工作的出发点和立足点。刑事审判坚持贯彻依法从重从快方针和稳准狠原则，突出重点，狠抓大要案的审理，对“法轮功”骨干分子利用邪教组织破坏法律实施危害国家安全的严重犯罪，对杀人、爆炸、抢劫、绑架、伤害等严重危害社会治安的暴力性犯罪和抢夺、盗窃、诈骗、敲诈勒索、拐卖妇女儿童等多发性犯罪，对走私、贩卖、运输毒品的毒枭、首犯、累犯、惯犯，始终坚持罪刑法定，从严惩处；对社会影响大，人民群众关注的贪污、贿赂、挪用公款、徇私枉法、玩忽职守、巨额财产来源不明等职务犯罪加大公开审判和打击力度；同时，积极参与整顿和规范市场经济秩序，依法惩处走私、制假贩假、偷税骗税、金融诈骗、非法集资、虚开增值税发票、侵犯知识产权等破坏社会主义市场经济秩序和非法出版、传播淫秽物品、聚众赌博等破坏社会主义精神文明的犯罪。五年共审结各类刑事案件36 377件，判处罪犯39 397人，其中判处五年以上有期徒刑、无期徒刑和死刑11 281人，占判处罪犯总数的28.63%。在对罪犯依法适用主刑的同时，还注重适用附加刑，五年对罪犯单处或并处罚金、没收财产、剥夺政治权利28 925人，占判处罪犯总数的73.42%。民事审判注重强化民权意识，坚持平等保护原则，通过审理婚姻家庭、损害赔偿、民事侵权等常规案件，依法保护弱势群体和无过错方的合法权益，促进社会文明进步；通过审理急剧上升的劳动争议、商品房销售、房屋拆迁、建筑承包、消费权益、社会保障等矛盾易激化的热点案件，依法疏导排解纠纷；通过审理合同、金融、期货、证券等商事案件，依法规范交易行为，防范金融风险，避免国有资产流失，维护市场经济秩序；通过审理涉及“三农”、非公经济和军人纠纷案件，大力促进农村产业化、非公经济和国防建设发展；通过审理涉外、涉港澳台和知识产权案件，努力营造良好投资环境，保护智力成果，推动科技进步。五年共审结各类民商事案件145 544件，诉讼标的金额为284亿元，分别比“九五”期间上升14.99%和30.47%，为营造公平、诚信、和谐社会环境，服务经济社会协调发展作出了积极努力。行政审判在依法审理好治安、交通等行政案件的同时，通过对税收、土地使用权确认、企业登记、产权界定、社会保障、工商行政管理、技术质量监督等行政案件的审理，加大对经济行政案件的审理力度；通过进一步拓宽行政审判领域，加强对市政管理、城建拆迁、山林土地、环境保护、计划生育等涉及人民群众切身利益行政案件的审理，切实解决群众反映强烈的焦点、热点问题，既支持行政机关依法行政，又依法保护公民和其他组织的合法权益。五年共审结各类行政诉讼案件2 769件，是“九五”期间的6.35倍。中级法院还依法审结国家赔偿案件36件，办理行政非诉执行案件2 598件，有力地促进了社会主义民主法制建设。在各类案件的依法审理中，全市法院始终把大案要案的审判作为重点，尤其是对全国关注的杨天勇抢劫、杀人犯罪集团案，马加爵故意杀人案，大毒枭谭明林走私、贩卖、运输毒品案，李嘉廷职务犯罪系列案以及对红河、吉利驰名商标认定和一批有社会影响的民事典型案件的依法成功审结，为维护群众安居乐业，彰显国家禁毒坚强决心，有力惩治腐败犯罪，营造昆明良好法制环境作出了积极的贡献。

——*着力攻坚执行，注重维护民权。*中级法院始终把攻克“执行难”放在维护司法权威、践行司法为民的高度狠抓落实。通过不断更新执行理念，改革执行方式，规范执行程序的监督制约，集中推出执行预备立案、取消预收执行费、实行债权凭证等制度，积极开展执行积案清理，促进了便民利民服务，提高了执行效率；通过启动全国联网加大对逃避执行债务人的举报、追查，重视对执行法律的宣传释明，严格执行期限和回告，规范公开拍卖变卖，建立执行风险提示，对全市法院执行工作实行统一管理等举措，努力最大化地实现当事人的债权；通过全市法院上下联动，集中力量多次开展“执行风暴”、“百日集中执行”等专项行动，对关系人民群众切身利益的民工工资拖欠、人身损害赔偿以及赡养、扶养、抚养等案件进行重点执行，共实现债权2.1亿元，对涉及133个单位的建筑工程款、银行贷款和数百名民工工资进行了公开发还；通过率先在互联网上建立昆明法院执行威慑网，进一步加大执行力度，敦促债务人履行义务，推进社会诚信体系建设。全市法院五年共执结案件61 634件，比“九五”期间执结案件数上升24.38%，占全省法院执结案件总数的三分之一；执行标的金额达395亿元，是“九五”期间的

5.86倍，执结率为88%，比全国法院平均执结率高出8个百分点。中级法院执行局被评为全国法院先进集体、昆明市“人民满意的政法部门”和“平安创建”先进集体。

——强化质量管理，提升执法水平。一是不断强化质量意识，始终坚持“质量就是生命，责任重于泰山”的观念，明确提出法官不重视办案质量就是严重失职，坚持以质量论业绩，反对司法随意，强调细节意识。二是以抓案件质量为切入点，通过评析典型案例，开展对改判、发回重审案件的专项调研，召开全市法院案件质量工作会，通报案件检查情况，分析存在问题，统一执法原则，落实规范执法要求，强化了审判质量管理的制度和措施。三是重视质量管理机制建设，不断健全完善案件质量评查机构及网络，确定案件评查范围、标准和程序，改进完善评查方式，建立案件质量监督检查情况报告、案件差错认定联席会议制度，明确错案追究责任，设置案件质量督导组织，充分发挥立案庭、审监庭和纪检监察部门在案件质量管理中的骨干作用。四是积极启动案件质量评查建议书制度，将案件质量差错直接反馈给审判业务庭和法官个人，以此予以警示并限期整改。五是重视加强调解工作，按照“能调则调，当判则判，调判结合，案结事了”的原则，不断增强调解意识，改进调解程序，明确调解范围，积极推行指导调解、诉前调解、诉讼调解、诉讼调解、执行和解等多种行之有效的方法和措施，全市法院民事案件调解率已由过去的30%上升为41.32%，有的基层法院调解率达70%以上，富民县法院被最高人民法院评为“全国人民调解先进单位”。六是依照审判监督程序，对各类申诉、检察机关抗诉和上级法院指令再审的案件依法审理，五年共审结各类再审案344件，占已结案件总数的0.11%，其中依法改判和部分改判97件，占已结再审案件的28.2%；全市法院审结的一审案件改判率和发回重审率呈逐年下降趋势，经过对超期羁押和超审限案件的清理，基本做到了在法定时限内结案。

——强化人权保障，落实司法为民。全市法院积极努力从救济民权、减轻民负、解除民忧、保障民意和体现民愿等方面认真落实各项为民利民措施。更加注重实施宽严相济的刑事政策，坚持对具有法定从轻和减轻情节的犯罪人，依法从宽处理，对不构成犯罪或证据不足、指控罪名不能成立的不予追究，五年来共对345名被告人依法宣告无罪；坚持保护被告人的诉讼权利，依法为符合司法援助条件的4 422名被告人指定了辩护人，对确有悔改和立功表现的70 162名服刑人员予以减刑或假释。重视法律释明，推行诉讼风险告知，加强诉讼指导，通过规范立案，实行首问负责，搞好窗口服务，推广远程立案、传真受案、巡回办案、假日法庭等措施，落实司法便民利民。重视加强信访工作，坚持院长、庭长、承办法官三级接待制度，不断改进完善信访报告、动态分析和协调联动制度，五年来，全市法院未发生重大涉诉信访案件，中级法院被评为全市涉诉信访工作一等奖。坚持对经济确有困难的进城务工人员、“五保户”、城市低保人员等弱势群体实施司法求助，对追讨工资、工伤抚恤等诉讼予以快捷审理，对符合法定条件的当事人予以司法救助，五年来共对9 129件案件依法缓、减、免收诉讼费2 148万元。

——延伸审判职能，参与综合治理。一是积极参与“平安创建”活动，正确处理好依法打击与化解矛盾的辩证关系，坚持法律、法庭、法官进社区乡镇，既依法开庭审理案件，又快捷就地解决纠纷，维护社区乡镇稳定。二是妥善处理群体性和敏感案件，认真结合审判与执行工作重视抓好排查疏导，落实信访接待责任制，耐心细致地宣传、释明法律，努力把矛盾纠纷化解在基层和萌芽状态。三是对审判中发现的治安隐患和管理漏洞，及时提出司法建议，并注重联系审判实际，不断改进完善防止矛盾激化的预警机制。四是重视审理好未成年人犯罪案件，始终坚持教育、感化、挽救的方针，对符合法定条件的青少年犯注重多适用缓刑、管制等非监禁刑，并努力做好庭前、庭中和庭后帮教工作。五是认真实施减刑、假释案件的公示和听证，组织开展减刑、假释案件执法检查，积极配合监管机关、基层群众组织对假释、缓刑人员和少年犯做好回访考察与社区矫正工作。六是重视加强法制宣传，坚持以新闻发言、法庭直播、走进法院、市民连线等形式，对人民群众进行直观生动的法制宣传教育，不断加强审判机关与人民群众的沟通联系；坚持公开审判、以案释法，五年来召开宣判大会120余场次，有近百万公民到庭、到会旁听；积极成立“昆明法院网站”，加强与新闻媒体合作，不断拓展信息空间，扩大信息资源利用，加大法制宣传力度。

二、以队伍建设为根本，提高素质增强能力

一是重管理抓教育，树立正确权利观。认真组织开展“一教育三整顿”、“人民法院为人民、公正司法树形象”、法官职业道德教育等活动，尤其是通过开展保持共产党员先进性教育活动，进一步增强法官的职业责任感和使命感，强化法官必须公正司法、甘于奉献、廉洁严谨的职业形象要求。二是积极开展“规范司法行为、促进司法公正”专项整改活动。按照最高人民法院的统一部署，全市法院加强领导，明确整改重点和目标，针对人民群众集中反映的少数案件裁判不公、执法程序不规范、裁判文书说理不充分等问题，对审判和执行是否规范、是否文明、是否廉洁进行执法检查，并组织全市法院1 300余名法官和干警进行了集中培训和严格考试，专项整改活动取得了阶段性成效。三是坚持以建设学习型法院为载体，努力提升职业素质。通过组织专家讲座、法官论坛，开展岗位练兵、组织庭审观摩，进行法律文书讲评和强化审判调研，举办“强司法能力，重审判艺术”大讨论活动，着力增强法官服务大局、依法办案、驾驭庭审、化解矛盾、判决说理和自强素质的能力。四是重视人才培养，强化干部培训。五年来通过远程教育、与院校挂钩、集中封闭培训等方式，全市法院有2 000余人次法官干警完成了岗位业务轮训；有340余名审判骨干赴国家法官学院进修学习获得结业；有150余名法官先后被派往香港、澳门大学及国外进行培训学习。中级法院还通过开展法官助理选任，从基层遴选优秀法官，进一步优化司法资源配置。五是积极推进法院文化建设，不断探索队伍管理新路子。通过电视剧《大法官》拍摄、法官合唱团组建、创先争优活动开展、进行革命传统教育、组织寓教于乐集体活动，逐步形成了昆明中院以法官为主体，以体现公正效率为特征，以精神、制度和物质文化为主要内涵的法院文化建设新格局。六是重视加强法官职业道德教育，深入推进党风廉政建设。逐级签订党风廉政责任书，落实“一岗双责”，建立廉政台账，严格考核和兑现奖惩；认真执行领导干部任职廉政谈话、干警违法违纪预警提示和戒勉制度，组织开展典型案例警示和“倡廉、兴廉、促廉、守廉”专题教育，坚持以廉洁执法确保公正执法。七是重视加强基层基础建设，不断改善执法条件。中级法院依靠政府支持，改建立案大厅，增设审判法庭，建成全国首家具有人文气息的诉讼接待中心，完成高科技智能化法庭建设，开发了高效、规范的书记员计算机软件，实现了局域网络的创建和升级，被最高人民法院评为“全国法院信息网络宣传先进单位”；中级法院《关于进一步加强法院基层建设的实施意见》被市委首次以党内文件印发，对加强基层班子建设、提高执法水平和改进队伍作风起到了积极的推动作用；全市基础建设不断推进，已有12个基层法院审判综合楼在“十五”期间建成或投入使用，并按照国家标准实现达标，使省会法院的执法形象和硬件建设得到进一步改善提高。五年来，中级法院和14个基层法院全部进入县级以上文明单位行列，有11个基层法院被党委评为落实党风廉政责任制先进集体，有3个基层法院受到最高人民法院表彰，有9个基层法院荣立集体三等功；中级法院连续4年无重大违法违纪，先后被省法院评为无错案、无超审限、无重大违法违纪的“三无”法院，被省委、省政府评为全省“人民满意的政法单位”，多次荣获国务院和最高人民法院的专项奖励，中级法院行政审判庭、审判监督庭、执行局、研究室、法警支队、纪检监察室和政治部先后被最高人民法院评为全国法院先进集体。全市法院共有500余人次法官干警被评为优秀法官、办案能手和服务标兵，分别受到国家和省、市级的表彰奖励。

三、以司法公正为目标，坚持改革推动发展

五年来，围绕公正高效的执法要求，中级法院始终坚持以改革求发展，勇于探索实践，取得了10项主要改革成效：一是率先在全省法院进行了审判长公开选任，中级法院首批37名审判长和资格审判长在规范选任程序中脱颖而出，使审判方式改革得到进一步深化。二是以机构改革为契机，结合云南打击毒品犯罪形势和省会中院实际，设置了专项打击毒品犯罪的刑事审判机构，实现了突出民商事审判的大民事格局。三是围绕人民群众关注的执行立案、执行收费、加强执行权监督制约和实施统一协调管理原则，率先在全省法院推出8项执行工作改革，得到最高人民法院充分肯定。四是积极推行审判委员会改革，注重从活动方式、制度管理、职责调整、骨干培养等方面进行探索，提高审判委员会的质量效率，所推行的做法被最高人民法院以重要信息通报全国。五是重视规范化实施案例指导制度，连续3年组织开展“办精品案件，创公信品牌”活动，共评出50例精品案件，其中部分案例先后被《最高人民法院公报》、《中国审判案例要览》、《中国法庭教学案例》刊载、选编和用于教学指导。六是实施了大立案机制构建和再审制度探索为重点的审判程序及审判监督改革，实现了立审、审执、审监的分立，积极推行以审限预警为中心的审判流程管理；顺利完成了告诉申诉向新的再审制度的转变，实现了突出再审案件审理，强化审判质量总结，明确国家赔偿确认的审判监督职责。七是认真贯彻落实全国人大常委会《关于完善人民陪审员制度的决定》，全市法院共依法选任224名人民陪审员参与了各类案件的审理，加强了诉讼民主的监督与透明。八是率先在全国法院建立以立案庭、审监庭、纪检监察和政治部为主体的四个监督中心机制，积极探索审判监督的科学评价体系，规范内部监督管理，建立案件质量评查制度，努力把管案、管事与管人相结合，最高人民法院在昆明召开了现场会总结推广。九是在全省法院首家实行民事一审法律文书网上公开，引起全国法院关注，得到社会好评。十是率先在全省法院完成了书记员、法警的聘用和单列，确定了书记员“集中管理，分散使用，适时轮岗，定期考核”的管理模式，任命了首批执行员，基本实现了法院干部的分类管理；探索建立法官大会制度，增强法官主人翁责任感，实行法官为主体的民主监督。

四、以健全制度为保障，自觉接受监督

人民法院的性质和职业特点，决定了人民法院必须坚持党的领导，自觉接受人大的法律监督和政协的民主监督。五年来，全市法院始终牢固树立大局意识，坚持人民法院的改革发展、队伍建设和重大执法活动向党委请示汇报，毫不动摇地在审判工作中认真贯彻党的路线方针政策，不断落实“定纷止争、案结事了”的办案指导思想，努力实现法律效果与社会效果、严格执法与热情服务的有机统一。同时，全市法院不断强化“人大、政协意识”，深刻认识人大、政协监督就是支持、就是关心、就是促进的硬道理，努力从接受监督的形式、内容及程序的完善上进一步制度化和规范化；坚持与人大代表、政协委员加强联系，有计划地组织、邀请人大代表、政协委员旁听法院重大案件审理；认真接受人大代表、政协委员对法院工作的视察、检查，采取多种方式，主动听取人大代表、政协委员对法院工作的意见和建议；坚持定期向人大代表、政协委员通报法院重大审判工作和执法活动。五年来共接受市人大常委会对法院开展严打斗争、民事审判、执行工作、队伍教育整顿等专项检查7次，认真按照制度做好人大对有关执法和案件的督办工作，坚持按规定要求完成人大代表、政协委员提出的议案、建议、提案和其他督办事项250余件，做到件件有登记、有落实、有反馈。2005年“两会”提交的3件建议和7件提案，均面商听取意见予以办结，对所涉16个具体案件亦全部办理答复。

回顾五年来的工作，我们深切地体会到，坚持党的领导，自觉接受人大政协监督，服从服务全局，是人民法院发挥职能作用维护社会稳定的根本保证；端正办案指导思想，树立现代司法理念，重视不断强化法官职业素质，是人民法院公正执法维护司法权威的必然要求；统一思想，明确目标，完善机制，改革创新，是推动人民法院与时俱进发展的重要途径；固本强基，认识到位，措施到位，夯实基层基础工作是全面提升队伍整体形象的有效保障；党委、政府、社会各界，特别是人大代表和政协委员对法院工作的支持、理解，是积极促进法院建设的不竭动力。五年来，正是依靠这些经验的指导和实践，全市法院工作才能顺利推进跃上新的平台。在肯定成绩的同时，我们也清醒地认识到工作中还存在的困难和问题，尤其是当前全市法院工作还面临着四个不适应：一是法院的整体执法水平与人民群众的司法需求还不相适应；二是审判工作的规范管理与公正高效的执法要求还不相适应；三是法院的人员力量不足与繁重的审判任务还不相适应；四是有的基层法院设施简陋、经费欠缺、信息化程度低、办案条件落后与省会城市的法制形象还不相适应。同时，对进一步更新司法理念，强化办案指导思想，对少数案件仍然存在的执法不规范以及队伍作风纪律的进一步转变，还要引起高度重视，切实在今后的工作中积极采取措施，不断加以改进。

“十一五”期间的总体思路和2006年的主要任务

今后五年是我国经济社会实现新发展的重要阶段，也是人民法院新一轮改革的重要时期。全市法院“十一五”期间改革与发展的总体思路是：以邓小平理论和“三个代表”重要思想为指导，深入学习贯彻党的十六届五中全会精神，始终坚持科学发展观和“公正司法，一心为民”的指导方针，认真践行公正与效率世纪主题，牢固树立社会主义司法理念，深入开展“平安创建”活动，着力落实依法建院、从严治院、人才兴院、科技强院的发展目标，增强司法能力，提高司法水平，充分发挥人民法院的审判职能作用，为维护公平正义，构建和谐社会，实现“十一五”规划和现代新昆明建设的奋斗目标提供有力的司法保障。据此，全市法院2006年要认清形势，紧紧围绕诉讼制度改革、审判质量管理、规范司法行为、提升职业素质、大力推进信息化建设、加强基层基础工作，全面贯彻落实《人民法院二五改革纲要》，着力抓好以下工作重点：

一、以“公正司法，一心为民”指导方针统揽法院工作全局

坚持“公正司法，一心为民”是党的全心全意为人民服务宗旨在人民法院工作中的具体体现，是新时期人民法院衡量全部司法活动的根本标准。全市法院要以公正司法为己任，以司法为民为基点，以司法体制改革为动力，坚持发展第一要务不动摇，切实履行维护稳定的第一职责不懈怠，筑牢广大法官和干警的政治思想根基，培养对人民群众的深厚感情，全面增强司法能力，提高司法水平，努力为创建“法制云南”、“平安昆明”与构建和谐社会提供良好的法律服务和保障。

二、依法行使审判职权，全力维护社会和谐稳定

要认真贯彻全国和省、市政法会议精神，继续坚持运用法律武器，依法惩处各类严重刑事犯罪，全力维护国家安全和保障人民群众生命财产不受侵犯，要坚持打击与保护并重，坚持无罪推定、疑罪从无的司法理念和宽严相济的刑事政策，使严打斗争取得更好的法律和社会效果。要进一步增强做好民事审判工作的执法责任感，加大对非公经济、深化国企改革的法律服务和保障，保护市场权利主体，维护市场交易秩序，促进诚实信用环境的营造。要更加重视抓好诉讼调解和指导人民调解工作，把诉讼调解和人民调解紧密结合起来，进一步健全解决社会矛盾纠纷的有效机制，依法维护人民群众切身利益。行政审判要支持和促进依法行政，维护公司和其他组织的合法权益，依法协调好公共权力与公民权利的关系。要继续加强执行工作，加大清理执行积案的力度，积极推行执行和解，强化执行威慑机制，进一步改进执行作风、切实规范执行行为。要坚持以人为本，努力杜绝超期羁押和超审限问题发生，重视维护公民的诉讼权利，努力营造讲事实、讲证据、讲法律、尊重人、关心人的民主诉讼氛围。

三、坚持深化审判改革，确保公正效率

全市法院要认真按照最终高人民法院“二五”改革纲要提出的目标，紧紧围绕改革和完善诉讼程序制度、审判指导制度、执行体制与工作机制、审判组织与审判机构、司法审判与人事政务管理、规范内部监督与接受外部监督、推进人民法院体制改革等八项任务抓好落实。改革中要坚持以开拓创新推动法院发展的理念与行动实施改革；坚持以规范司法行为、增强司法能力为价值取向实施改革；坚持以体现法院公正、高效、文明、廉洁的执法成效实施改革；坚持在党委领导和上级法院的监督指导下，以有利服务全局和推动法制建设实施改革，做到积极稳妥、前后衔接、有序推进。

四、重视加强法官职业化建设，全面提升队伍素质

要以法官职业化建设为目标，采取有效措施，通过学习实践，强化职业意识，树立职业道德，增强职业技能，不断提高法官适用法律的能力、驾驭庭审的能力、制作裁判文书的能力，努力造就一支职业法官群体；通过积累与丰富审判实践经验，练就高超本领，树立司法权威，赢得社会公信，努力造就一支资深法官群体；通过公正执法，树立典型，加大争创，弘扬正气，唱响主旋律，努力造就一支优秀法官群体。要更加重视法官的勤政廉洁，坚持以廉为本，以廉为荣，正确行使审判权。要更加注重对干警的人文关怀，关注法官的职业风险，建立有效机制，保障受到投诉或查处法官的正当权利，依法维护好法官的职业尊荣和人格尊严。要继续大力推进法院文化建设，全面展现法官干警蓬勃向上的精神风貌，不断营造法院机关风清气正、团结活跃的工作环境与氛围。

五、大力推进信息化建设，不断加强基层基础工作

要重视加快科技强警，发展信息化技术，逐步实现“数字化管理”体系，全面推进法院信息化建设。要进一步加强法院信息宣传工作，健全宣传网络，发挥网站作用，引导公民、法人和其他组织遵守宪法和法律，积极推动全民法制教育。要重视加强基层法院班子和队伍建设，切实加强对基层法院的业务指导，建立有效监督评价办法，完善审判指导机制，促进两级法院工作整体发展；要积极组织开展社会主义法治理念教育，切实树立依法办案的司法中立观，坚持准确理解和适用法律，不断改进司法管理方式，全面增强司法能力和水平；要继续紧紧依靠政府的大力支持，制定规划，明确标准，分期分批完成40个人民法庭审判职业化、管理规范化、设置合理化、建设科技化、装备现代化的目标，努力使全市法院能有一个好班子，有一支好队伍，有一批好法庭，有一套好制度，有一个好环境。

各位代表，“形象系于公正，法威存于民心”，在市委的坚强领导下，全市法院将不负信任，不辱使命，立足新起点，再创新业绩，为实施“十一五”规划开好局、起好步，为不懈追求司法公正、树立司法公信、维护司法权威，为积极创建“平安昆明”，构建和谐社会，推进现代新昆明建设做出新的贡献！

昆明市人民检察院工作报告

——2006年2月21日在昆明市第十二届人民代表大会第一次会议上

昆明市人民检察院检察长　**王汝能**

五年检察工作主要情况

昆明市第十一届人民代表大会第一次会议以来，全市检察机关以邓小平理论和“三个代表”重要思想为指导，深入贯彻党的十六大精神，认真落实科学发展观，在市委和省检察院的领导下，在市人大及其常委会的监督、政府的支持和政协的民主监督下，围绕“强化法律监督，维护公平正义”的检察工作主题，以争创一流业绩为目标，打牢各项工作基础，发扬团结拼搏精神，检察工作全面健康发展，为我市经济社会发展创造和谐稳定的社会环境作出了贡献。

一、充分发挥检察职能，全力维护社会和谐稳定

维护社会稳定是全市检察机关首要的政治任务。五年来，我们始终坚持“严打”方针不动摇，积极投入“严打”整治斗争和禁毒人民战争，参与打击“两抢一盗”、禁赌等专项整治行动，充分发挥批捕、起诉职能，稳准狠地打击了各类严重刑事犯罪活动。共受理提请批准逮捕各类刑事犯罪案件32 083件50 855人，审查后，批准逮捕29 044件44 885人，比上五年分别上升31.2%和27%；受理移送审查起诉各类刑事犯罪案件35 167件56 907人，审查后，向法院提起公诉29 567件46 221人，比上五年分别上升35%和31.6%。

（一）严厉打击严重刑事犯罪。坚决打击爆炸、杀人、伤害、绑架、强奸等严重暴力性犯罪，批准逮捕4 338人，提起公诉4 492人；突出打击严重影响群众安全的抢劫、抢夺、盗窃等多发性犯罪，批准逮捕25 021人，提起公诉25 501人；严惩制造、贩卖、运输毒品等涉毒犯罪，批准逮捕6 913人，提起公诉6 539人；依法惩治利用“法轮功”等邪教组织破坏法律实施的犯罪，批准逮捕127人，提起公诉106人。坚持对重特大案件适时提前介入，强化引导侦查取证工作，依法快捕快诉了马加爵故意杀人，李宗波抢劫杀人，谭明林走私、贩卖、运输毒品等一批严重刑事犯罪案件。

（二）依法惩治破坏社会主义市场经济秩序的犯罪。积极参加整顿规范市场经济秩序工作，与公安、工商、税务等20多个行政执法单位建立了行政执法与刑事执法相衔接的工作机制，防止以罚代刑和追诉不力；开展打击制假售假、侵犯知识产权犯罪立案监督专项工作，惩处制售假冒伪劣产品、走私、金融诈骗、偷税骗税等严重危害市场经济秩序的犯罪，批准逮捕921人，提起公诉990人。

（三）认真落实检察环节平安创建工作的各项措施。做好群众来信来访工作，共处理群众来信8 615件，接待来访5 440人，其中集体上访57件；工作中坚持检察长接待日和两级检察长联合接待制度，落实控告申诉工作“首办责任制”，努力化解社会矛盾，五华、盘龙两个区检察院被授予“全国检察机关文明接待示范窗口”。参加全国法制宣传日、国际禁毒日活动，主动送法进社区、进乡镇，与有关单位在省第三监狱建立“昆明市预防犯罪警示教育基地”，广泛进行了法制宣传教育。开展创建“青少年维权岗”活动，派出检察官到部分中小学担任法制副校长，坚持“教育、感化、挽救”的原则，设立专门办理未成年人犯罪案件的机构，办案中注重维护其合法权益。五华、官渡、西山三个区检察院被共青团中央、最高人民检察院授予“优秀青少年维权岗”。

二、加大查处和预防职务犯罪工作力度，推动反腐败工作深入开展

全市检察机关按照中央反腐败斗争的总体部署，坚持“一要坚决，二要慎重，务必搞准”的办案原则，正确处理打击、保护和预防的关系，严肃查办国家工作人员职务犯罪案件，全面推进预防职务犯罪工作。五年共受理贪污贿赂、渎职等职务犯罪案件线索3 500件，初查2 601件，立案侦查959件1 168人。通过办案为国家挽回直接经济损失9 788.57万元。

（一）突出办案重点，严惩了一批腐败分子。集中力量查办大案要案，共立办贪污贿赂5万元、挪用公款10万元以上大案420件，其中50万元以上特大案件89件，大案占查办案件总数的50%；查处涉嫌职务犯罪的县处级干部115人，占查办案件总数的11.3%；查处司法机关、行政执法机关涉嫌职务犯罪的人员137人。如省发改委投资处原处长黎尚志、市规划局原局长李德昭、省交警总队原副总队长李开源等被查处。

（二）关注社会热点，积极查办发生在群众身边的职务犯罪案件。查处了涉嫌职务犯罪的农村基层组织工作人员98人，如宜良县黄泥村梨花庄原党支部书记赵体健与他人合伙贪污13.7万元，寻甸县功山镇原镇长胡顺荣等12人贪污嵩待高速公路征地拆迁被偿款被查处；查办国有企业、事业单位涉嫌贪污、挪用、私分国有资产等职务犯罪的人员573人，如昆明地区部分大专院校的61名工作人员在教材采购过程中涉嫌贪污、贿赂犯罪被查办。

（三）渎职侵权检察工作取得新进展。共受理国家机关工作人员徇私舞弊、滥用职权等渎职侵权案件线索523件，立案侦查119件159人，其中大案25件、要案5件。如原昆明市公安局禁毒支队警察黎明等人私放在押人员被查处。开展了查办破坏社会主义市场经济秩序的渎职犯罪和国家机关工作人员利用职权侵犯人权的专项活动，查办了刑讯逼供、非法拘禁等侵犯公民权利的犯罪案件20件30人。

（四）大力开展预防职务犯罪工作。积极建设社会化预防网络，与金融、交通、财政等系统的140个单位建立了预防职务犯罪工作联系制度，推动行业内控机制的完善。在市县两级党校、行政学院开设预防职务犯罪课程，授课146次；在五华监狱建立“昆明市预防职务犯罪警示教育基地”，9 251人接受了警示教育。对滇池治污排污、朱家村立交、云南民族大学呈贡校区等新昆明建设中的重点工程实行了同步预防。联合建筑、税务等单位开展预防对策研究，形成调研论文57篇；与市人大内司委联合完成《昆明市预防职务犯罪地方立法研究》课题。预防职务犯罪工作从个案预防向系统预防，从事后预防向同步预防的方向发展。

三、全面加强诉讼监督，促进司法公正和维护法制统一

全市检察机关针对人民群众反映强烈的问题和诉讼监督的薄弱环节，加大诉讼监督工作力度，增强人权保障意识，努力维护社会公平正义。

（一）强化刑事诉讼监督工作。以纠正有案不立、有罪不究为重点开展刑事立案监督，要求公安机关对不立案的114件案件说明理由，监督后，公安机关主动立案47件，检察机关通知立案46件。以纠正有罪判无罪和量刑畸轻畸重为重点进行刑事审判监督，提出抗诉101件，法院已改判28件。注意纠错防漏，对应当逮捕而未提请逮捕的，追捕54人；对应当起诉而未移送审查起诉的，追诉57人。正确行使逮捕权和起诉权，对不符合法定逮捕、起诉条件的，依法不批准逮捕5 175人，不提起公诉1 627人。

（二）民事审判和行政诉讼监督工作取得新的进展。共受理当事人不服法院民事行政生效判决、裁定的申诉2 106件，立案审查1 170件，对认为确有错误的，提请抗诉211件，提出抗诉94件，发出再审检察建议41件，经法院再审后，已改判和调解结案95件；对人民法院判决、裁定正确的案件做好当事人的服判息诉工作，维护司法裁判权威。

（三）加强对刑罚执行和监管活动的监督。对2002年以来的55 476件减刑、假释、保外就医案件进行专项检查，针对存在的问题，通过发出38份纠正违法通知书、137份检察建议等措施，对不符合条件的308件案件予以了纠正。落实防止和纠正超期羁押的长效机制，开展清理超期羁押专项行动，确保了检察环节无超期羁押，对其他诉讼阶段超期的208件案件进行了纠正。开展派驻监狱、看守所检察室的规

范化建设，19个检察室被最高人民检察院评为规范化检察室。查处14名监管场所工作人员涉嫌职务犯罪案件，办理在押人员重新犯罪案件49件，维护了监管场所的安全和稳定。

（四）注重保障人权，有效维护申诉人的合法权益。开展集中处理涉法涉诉上访案件专项活动，对涉及检察机关的18件信访案件，采取挂牌督办、落实责任等措施进行办理，现已全部办结。受理刑事申诉案件370件，立案复查141件，改变原决定22件；受理申请刑事赔偿案件59件，对确有错误的28件予以赔偿；对服刑人员申诉案件进行专项清理，纠正错案2件。

（五）延伸检察职能，为非公有制经济发展服务。树立平等保护各类市场经济主体合法权益的观念，制定和完善为非公有制经济发展服务的措施，依法惩治侵害非公企业权益的各类犯罪，在办理案件中注意维护非公企业正常的生产经营秩序；建立了与部分非公企业的联系制度，通过调研座谈、法律咨询、举办讲座等方式提供法律服务，努力营造有利于我市非公经济健康发展的法治环境。

四、以提高法律监督能力为目标，切实抓好队伍建设

全市检察机关牢固树立“立检为公，执法为民”的执法观，以思想政治建设为先导，不断规范执法行为，强化接受监督的意识，在建设政治坚定、业务精通、廉洁高效、执法公正的检察队伍上取得了实效。

（一）以领导班子为重点，加强思想政治建设。用邓小平理论和“三个代表”重要思想武装头脑，开展“三观”教育，建设“学习型”领导班子，增强了班子处理复杂问题和驾驭工作大局的能力。不断优化班子结构，在市委的领导下，配合组织部门调整充实了24名基层检察院的正副检察长，其中配备了4名党外副检察长。实施“云岭先锋”工程，开展保持共产党员先进性教育活动，进行党员先进性标准大讨论，认真查找、整改思想上和执法中存在的问题，广大党员的理想信念进一步坚定，执法为民的自觉性进一步增强。严格执行领导干部“六个严禁”的要求，坚持“党风廉政建设教育月”制度，实行院领导定期上党课、纪检监察部门负责人列席检委会制度，党风廉政建设责任制得到全面落实。五年来，未发现干警违法违纪的问题。

（二）以教育活动为契机，促进执法行为的规范。开展了执法作风大检查、“强化法律监督，维护公平正义”教育活动、“规范执法行为，促进执法公正”专项整改活动，针对办案的重点部门和岗位，采取案件清理复查、案件回访考察等方式，认真查找执法不规范的问题，并及时进行整改，修订完善了65项规章制度，保证各个执法环节都有章可循、有规可守。通过一系列的教育活动，进一步统一了执法思想，转变了执法作风，规范了执法行为。

（三）以检察文化建设为载体，检察队伍综合素质有新提高。积极探索检察文化建设，形成了“夯实基础、团结拼搏、构筑一流”的昆检精神，编写《昆明检察论坛》丛书，举办以“检察文化与规范执法”为主题的检察长论坛。积极创建学习型检察院，通过邀请专家授课、举行法庭抗辩赛等形式进行岗位练兵；对全员进行专项业务培训和计算机等专业技能培训，支持干警参加司法考试，市检察院和五华区检察院被国家检察官学院确定为“教学示范基地”；鼓励干警提高学历层次，全市检察人员中大学本科以上学历的占74.4%，15人取得硕士学位，1人在读博士。通过拓宽人才培养的方式和途径，优化了队伍的知识结构，干警的综合素质得到了提高。

（四）以基础建设为依托，提升基层检察院整体形象。认真落实《人民检察院基层建设纲要》，按照“巩固、发展、创新”的要求，对基层检察院实行动态管理，定期进行思想政治建设和业务工作巡察，坚持市检察院领导联系基层院制度，加强工作指导，帮助解决实际困难。积极推进基层检察院业务用房、专业技术用房建设，在当地党委和政府的领导、支持下，目前8个院的建设任务已完成，2个院在建设中，4个院已批准立项。

（五）自觉接受监督，为检察权的正确行使提供保障。定期向人大及其常委会报告工作，向政协通报工作，主动接受人大常委会开展的“严打”整治斗争等执法检查，积极配合市人大常委会完成监所检察、禁毒等专项调研工作；完善与人大代表和政协委员联系制度，采取邀请视察、写信通报检察工作情况等形式，认真听取人大代表、政协委员的意见和建议，不断改进工作；办理人大常委会交办督办案件、人大代表建议、政协委员提案81件，及时报告情况；聘请人大代表、政协委员、学者担任特约检察员和专家咨询委员会委员，发挥其联系群众、决策咨询和外部监督的作用。

五年来，有32个集体、84名个人受到省级以上表彰。其中，五华区检察院被评为全国“十佳”检察院，盘龙区检察院被评为“全国文明单位”，官渡区检察院被最高人民检察院授予“人民满意检察院”，市检察院荣获“全国基层检察院建设组织奖”，一个集体被最高人民检察院评为“优秀侦查处”，两人被评为“优秀公诉人”，一人被评为“优秀司法警察”。

五、加大改革创新力度，推动检察工作与时俱进

全市检察机关遵循检察工作规律，深化检察改革，创新工作机制，实施科技强检战略，为检察工作注入了生机与活力。

（一）检察工作机制创新取得新进展。按照检察工作特点，科学设置机构，合理配置人员，全面实行竞争上岗、双向选择，对中层干部进行动态考核和末位诫勉谈话，推进了机构和人事制度改革。成立大要案侦查指挥中心，建立侦查人才库，形成指挥有力的全市职务犯罪案件侦查一体化机制，在突破重大案件、窝案串案上发挥了显著作用。全面实行主诉、主侦检察官办案责任制，明确责、权、利，选拔了主诉、主侦检察官102名。完善引导侦查取证的具体办法、公诉证据审查规则，建立公诉案件审查与辩护律师意见交换制度。对案件进行繁简分流，实行普通刑事案件简化审理，节约了诉讼成本。对公诉文书进行改革，规范公诉用语，体现了司法文明。

（二）人民监督员试点工作初显成效。2004年以来，全市两级检察院全面开展人民监督员试点工作，选任了88名人民监督员，其中人大代表、政协委员63人。人民监督员对检察机关立案侦查的60件犯罪嫌疑人不服逮捕决定、拟撤销、拟不起诉的三类案件进行了监督，同意检察机关拟办意见55件，不同意5件，其中检察机关采纳2件，其余3件与人民监督员统一了对处理意见的认识。

（三）科技强检工作迈出新步伐。建成了集语音、数据、视频为一体的全市检察综合信息网，实现了与上级检察院信息网的连接，拓展了办公、办案的新途径。在重点案件出庭公诉中实行多媒体示证，建成“举报电话自动受理”，“侦查指挥、审讯监控”系统，在互联网上设立“昆明检察网站”，建立刑事犯罪数据库，办公自动化程度和办案现代化水平得到明显提高，市检察院被评为全国检察机关“信息化建设先进单位”。

五年的实践，我们深刻地认识到：做好新时期的检察工作，必须以邓小平理论和“三个代表”重要思想为指导，牢固树立科学的发展观，始终坚持公正执法、执法为民；必须坚持党的领导，自觉接受人大、政协和社会各界的监督，增强政治意识和大局意识，切实把党的主张和人民的意志落实到检察工作中，围绕全市中心工作，把促进昆明经济社会发展作为检察工作的出发点和落脚点；必须突出“强化法律监督，维护公平正义”的工作主题，抓住检察业务这一中心环节，全面履行法律监督职责，正确处理执行实体法与程序法、打击犯罪与保障人权、查办案件与预防犯罪、法律效果与社会效果的关系；必须遵循宪法原则和司法规律，以改革为动力，冲破不合时宜的执法观念、管理模式的束缚，以观念的创新推动工作机制和工作方法的创新；必须坚持以人为本，把队伍建设摆在突出位置，从严治检，加强教育、监督和管理，提高检察队伍的整体素质。

回顾五年的工作，我们虽然取得了一定成绩，但还存在一些问题和困难，主要是：少数检察干警进取精神不强，执法观念尚需进一步更新；一些检察干警的综合素质不适应新形势的要求，存在不敢监督、不善监督的问题；有的内部管理制度落实不够，需采取措施加以改进；民事审判和行政诉讼监督还存在薄弱环节，需加大监督力度；部分县区检察院的办案经费紧张，人少案多的矛盾仍然突出。这些问题我们将高度重视，以实事求是和改革创新的精神认真研究，加以解决。

“十一五”期间检察工作主要思路和2006年工作要点

“十一五”时期，是全面建设小康社会和现代新昆明建设的关键时期，“十一五”规划是引领未来五年经济社会发展的行动纲领，为“十一五”规划顺利实施提供法律保障是检察机关的重要政治任务。全市检察机关的总体思路是：坚持以邓小平理论和“三个代表”重要思想为指导，认真贯彻党的十六届五中全会精神，用科学发展观统领检察工作，围绕“强化法律监督，维护公平正义”的工作主题，全面履行法律监督职责，稳步推进检察改革，大力加强执法规范化、队伍专业化和管理科学化建设，努力提高法律监督能力，为我市顺利实施“十一五”规划、构建和谐昆明和建设现代新昆明提供良好的法制保障。2006年是实施“十一五”规划的开局之年，我们将重点抓好以下几个方面的工作：

一、用科学发展观统领检察工作，树立正确的执法观。认真学习党的十六届五中全会精神，全面贯彻科学发展观，落实执法公正、一心为民的政法工作指导方针，开展社会主义法治理念教育；深入实践“强化法律监督，维护公平正义”的主题，树立“立检为公，执法为民”的执法观，把严格依法办案与贯彻党的刑事政策结合起来，处理好打击与保护、惩治与预防、局部与全局等关系，促进全市检察工作健康协调发展。

二、依法严厉打击各种严重刑事犯罪，促进营建稳定和谐的社会环境。重点打击杀人、绑架、爆炸等严重暴力性犯罪和“两抢一盗”等多发性侵财犯罪，深入开展禁毒和禁赌专项斗争，严厉打击扰乱金融秩序、生产销售伪劣产品等严重经济犯罪，依法打击重大环境污染、非法采矿、盗伐滥伐林木等破坏自然资源的犯罪和侵害农民合法权益、危害农村社会稳定的犯罪。

三、依法查办和积极预防职务犯罪，促进营建廉洁高效的执政环境。坚持“教育、制度、监督”的原则，突出查办职务犯罪大案要案和利用人事权、司法权、审批权进行权钱交易的案件；依法查办在企业改制、征地拆迁、重点工程建设中的职务犯罪；及时查办发生在基层的以权谋私侵害群众利益、可能诱发群体性事件的职务犯罪案件。严肃查处失职渎职导致发生重特大安全生产事故的犯罪，以及非法拘禁、刑讯逼供等侵犯人权的犯罪。积极参加治理不正当商业行为工作，坚决依法惩治商业贿赂犯罪。把预防和查办职务犯罪摆在同等重要的位置，继续对新昆明建设中的重大工程项目开展同步预防，完善与相关行业系统的预防制度，发挥警示教育基地的作用，推动预防工作向纵深发展。

四、全面加强诉讼监督工作，促进营建公平公正的司法环境。在刑事诉讼监督中，既要纠正有案不立、有罪不究、量刑畸轻畸重、逃避刑罚执行等问题，又要纠正滥用刑事追诉手段插手民事经济纠纷、违法立案，严重违反程序，滥用和随意改变强制措施，超期羁押等问题。在民事行政诉讼监督中重点纠正审判人员贪赃枉法、徇私舞弊导致错误裁判的案件。要坚持把查处司法不公背后的职务犯罪作为强化诉讼监督的重要手段，使诉讼监督与查办职务犯罪紧密衔接、相互促进。

五、围绕检察职能积极化解社会矛盾，促进营建安定有序的社会环境。进一步畅通群众诉求渠道，依法及时合理解决群众反映的问题，努力减少重复信访、越级上访。建立各类群体性事件处置预案和信息预警机制，依法妥善处置群体性事件。对未成年人犯罪、初犯、偶犯、过失犯和轻微犯罪案件，坚持“教育、感化、挽救”的方针，实行轻缓的刑事政策。

六、推进执法规范化建设，深化检察改革。认真落实和完善办案工作规范制度，引入绩效考核和质量管理，把加强规范化建设与推进业务、队伍和信息化建设有机结合起来，科学构建“三位一体”的管理机制；逐步实行讯问职务犯罪嫌疑人、询问证人等收集言词证据活动全程录音、录像制度；建立和完善检察机关对侦查活动中违法行为的调查机制和对超期羁押的监督制度；完善查处刑讯逼供行为的工作机制，建立对渎职司法人员进行调查和建议更换办案人的机制，完善渎职案件移送查处机制；继续抓好人民监督员制度试点工作，确保检察机关正确行使侦查权。

七、坚持素质兴检，全面加强队伍建设。探索建立科学的领导干部实绩考核评价指标体系，提高领导干部贯彻科学发展观的能力、驾驭全局的能力、处理利益关系的能力和务实创新的能力。以执法办案第一线的检察官为重点，分级、分类组织各种专项业务培训，建立岗位练兵的长效机制。加强对检察人员忠诚、公正、清廉、严明的职业道德教育，严肃查处违法违纪案件。全面推行基层检察院的分类考核和科学评价机制，逐步解决制约基层检察工作发展的问题，发挥先进检察院的示范辐射作用，形成基层检察院比学赶帮、协调发展的良好态势。

“十五”时期昆明经济社会发展成就辉煌

“十五”时期，全市各族人民在市委、市政府的正确领导下，以邓小平理论和“三个代表”重要思想为指导，认真贯彻落实党的十六大和十六届三中、四中、五中全会精神及省委、省政府的一系列重要指示精神，按照落实科学发展观和构建和谐社会的要求，大力推进现代新昆明建设，实施工业强市、科教兴市等战略，解放思想，振奋精神，开拓创新，扎实工作，有力地促进了全市经济持续、健康、快速发展，城市建设和发展进一步加快，社会事业取得新进步，人民生活水平进一步提高，圆满完成了“十五”计划确定的主要发展目标，全市改革开放和现代化建设取得了令人瞩目的成就。

一、综合经济实力显著增强

“十五”时期，市委、市政府紧紧抓住经济建设这个中心，积极面对资源、运输供求矛盾、非典疫情、高致病性禽流感和各种自然灾害的挑战，努力解决经济运行中的新问题新矛盾，千方百计加快经济发展，经济发展跃上新台阶，实现了“五个突破”，即生产总值突破千亿元，地方财政收入突破百亿元，固定资产投资突破500亿元，社会消费品零售总额突破400亿元，农民人均纯收入突破3 000元。

2005年，全市生产总值达到1 062.34亿元，突破了千亿元大关，比上年增长11.1%。其中一、二、三次产业分别实现增加值77.31亿元、483.24亿元和501.79亿元，比上年增长5%、14%和9.3%，三次产业比重为7.3:45.5:47.2。“十五”期间，全市累计实现生产总值4 225.63亿元，年均增长10.2%，超额完成“十五”计划确定的年均增长9%的目标；三次产业分别累计实现增加值319.86亿元、1 934.27亿元和1 971.50亿元，年均增长4.2%、11.2%和10.2%。2005年人均生产总值达到17 588元。

2005年完成地方财政收入110.46亿元，突破百亿元大关，比上年增长29.0%，“十五”期间，累计完成地方财政收入376.12亿元，年均增长17.5%，超额完成年均增长7%的“十五”计划目标；完成地方财政支出133.42亿元，比上年增长27.5%，“十五”期间，累计完成地方财政支出467.12亿元，年均增长13.7%。

（一）农村经济

全市继续强化农业基础，加大支农力度，加快农业结构调整和农业产业化发展步伐，提高农业综合生产能力，努力增加农民收入，农村经济保持稳步增长。2005年实现农林牧渔业总产值116.28亿元，比上年增长5.5%，其中畜牧业总产值40.38亿元，占全市农林牧渔业总产值的比重为34.7%。“十五”时期，累计实现农林牧渔业总产值497.02亿元，年均增长5.5%。

随着种植业、养殖业结构的调整，农业优势产业生产得到进一步提升。2005年粮食播种面积扭转了连续4年下降的局面，达到24.68万公顷，比上年增加1 395公顷，粮食产量达到113.4万吨。烤烟产量8.60万吨，比2000年增加了4 604吨，年均增长1.1%；烤烟收购量169.0万担，其中，中上等烟收购量占到98%。蔬菜、花卉等优势产业在结构调整中不断发展。2005年蔬菜产量169.1万吨，比2000年增产43.09万吨，年均增长6.1%；花卉产量31.60亿枝，比2002年增产10.76亿枝，年均增长14.9%。肉类总产量33.2万吨，禽蛋产量5.80万吨，牛奶产量8.80万吨，分别比2000年增产8.92万吨、2.75万吨和4.13万吨，年均增长6.5%、13.7%和13.5%。

（二）工业经济

实施工业强市战略，坚持新型工业化道路，深化国有企业改革，提高工业经济的整体素质和综合竞争力，工业企业在调优、调强和结构优化升级中不断发展。2005年全市实现工业增加值387.14亿元，比上年增长11.9%，其中国有及年产品销售收入500万元以上的非国有工业企业（以下简称规模以上工业），实现工业增加值320.81亿元，比上年增长13.2%，占全市全部工业增加值的82.9%，比2000年提高了23.4个百分点。在全市规模以上工业企业中，2005年轻工业实现增加值156.66亿元，重工业实现164.15亿元，分别比上年增长13.7%和12.8%，轻重工业比为48.8:51.2。“十五”期间全市全部工业增加值年均增长10.6%。

工业企业经济运行质量不断提高。2005年规模以上工业企业实现销售产值985.55亿元，产销率和综合经济效益指数分别达到99.7%和246.1%，均保持较高水平；实现利税总额201.45亿元，其中利润总额82.92亿元；人均全员劳动生产率达到15.33万元。“十五”时期，综合经济效益指数不断提高，产品产销率5年均保持在98%以上，规模以上工业企业实现销售产值年均增长21.3%，企业利税总额、利润总额和人均全员劳动生产率年均增长幅度均在两成以上。

二、固定资产投资规模扩大

2005年，全市固定资产投资完成522亿元，比上年增长20%。“十五”期间，累计完成全社会固定资产投资1 874.54亿元，年均增长15.4%。固定资产投资总规模“十五”后三年连续上了三个台阶，当年完成的投资额由2002年的291.90亿元跃到2003年361.65亿元、2004年435.08亿元、2005年522亿元，分别突破了300亿元、400亿元、500亿元投资规模，实现“三级跳”。

2005年，房地产开发投资完成140亿元，比上年增长30%。“十五”期间，全市累计完成房地产开发投资452.24亿元，年均增长11.8%。

“十五”前四年，新增了18.1万吨的电解铝、90万吨的热轧钢板、2.2万吨的合成氨、24.2万吨的自来水供水能力等年生产能力；增加水库容量9.32亿立方米；新建公路692.47公里、改建公路407.8公里；建设自来水管道60.79公里。这批重点工程项目的建成投产，为昆明经济的发展，市政基础设施和城乡生态环境的明显改善，人民生活水平的提高发挥了重要作用。

三、内外贸易成效显著，对外开放不断扩大

（一）国内市场

消费品市场繁荣，商品丰富，物价平稳，极大地满足了城乡居民的消费需求。2005年全市实现社会消费品零售总额415.49亿元，比上年增长12.2%，“十五”期间，年均增长11.6%。

（二）进出口贸易

进出口贸易快速增长。2005年全市进出口贸易总额实现344 452万美元，比上年增长32.0%，其中，出口173 586万美元，进口170 866万美元，分别比上年增长25.4%和39.4%，“十五”期间，进出口贸易总额年均增长24.5%，高于同期社会消费品零售总额增幅12.9个百分点。进出口贸易总额5年连上两个10亿美元台阶，由2000年的11.51亿美元，上升到2004年的26.1亿美元，再上升到2005年的34.45亿美元。

随着中国东盟自由贸易区的建立，昆明与东盟国家的贸易往来不断加强，贸易额上升较快。2005年全市对东盟国家的进出口贸易额达到6.86亿美元，比上年增长34.4%，“十五”期间，年均增长26.7%。

（三）对外开放

创新招商引资工作机制，改善投资环境，提高对外开放的水平。2005年实际利用外资8 261万美元，增长32.6%，实际引进市外到位资金143亿元，增长23.8%。“十五”期间，累计批准设立外资投资企业363户，实际利用外资2.6亿美元，实施国内经济合作项目1 588项，实际引进市外到位资金330.8亿元。三个国家级开发区健康发展，2005年实现财政总收入13.7亿元，增长36.7%。高新区、经开区通过国家验收，信息产业基地、光电子产业基地、出口加工区等启动建设。

（四）旅游业

不断发挥旅游品牌优势，优化旅游环境，努力提高旅游项目的多样化和文化品位。“十五”中期昆明旅游业虽然受到“非典”和“禽流感”的影响，旅游业有所下滑，到了“十五”末期，旅游市场逐步升温。

2005年旅游总人数达到2 040.74万人次，其中海外旅游人数69.65万人次，国内旅游人数1 971.09万人次，分别比上年增长16.1%、41.2%和15.4%。“十五”期间，年均分别增长12.0%、6.0%和12.3%。2005年实现旅游总收入138.45亿元，比上年增长0.7%，“十五”期间，年均增长6.3%。

四、社会事业蓬勃发展

（一）人口

继续贯彻计划生育的基本国策，落实计划生育“奖优免补”政策。2005年末，全市按户籍统计的总人口为508.47万人，“十五”期间累计增加27.53万人，年均增加5.51万人。2005年人口自然增长率为6.23‰，比2000年降低了1.5个千分点；人口平均预期寿命达到74.3岁，五年时间提高了0.6岁。

（二）教育事业

积极实施科教兴市战略，加大教育投入，重视人才培养。2005年末，普通高等院校达到30所，比2000年增加16所；普通高等院校在校学生18.81万人，普通中等专业学校在校学生7.99万人，普通中小学在校学生73.39万人，“十五”期间，分别年均增长22.1%、10.2%和3.0%。高中阶段教育毛入学率由2000年的50%提高到2005年的75%，人均受教育年限由2000年的8年提高到2005年的10年。

（三）文化、卫生事业

积极推进文化产业发展，不断满足人民的文化生活需求。2005年全市广播电视综合覆盖率达到96%，比2000年的86%提高了10个百分点；2005年全市公共图书馆藏书3 929千册，年均增加49千册。

“十五”时期，全市公共卫生体系建设进一步加强，成功抵御“非典”冲击，扑灭“禽流感”疫情。社区卫生服务组织进一步健全，2005年末全市社区卫生机构达到158个，“十五”期间，累计增加124个，年均增加近25个。

五、城市发展深入推进，城乡面貌显著变化

（一）城市建设

继续提高城市公共设施水平，以适应城市现代化和改善人民生活水平的需要。建成区面积由142平方公里增加到212平方公里。建成市中心区步行街，新建改扩建41条道路，城市人均拥有道路面积由8.5平方米增加到10.1平方米。建成20个城市公共绿地，城市绿地率25.7%，绿化覆盖率26.8%。加快县城和中心集镇建设，城镇化率达到57%。

（二）环境保护

高度重视环境保护，积极改善人居环境，促进经济、社会、资源和环境的可持续发展。环境保护投入不断增加，环境监测和执法力度不断加大，昆明环境状况有比较明显的改善。2005年环保投资指数达2.62%。全市环境保护投资“十五”累计达到104.70亿元，年均增长15.1%，由于环保投入的增加，昆明工业废水排放量和烟尘、粉尘排放量明显减少，工业废水排放达标率和城市污水处理率等指标大大提高。2005年空气优良天数达到363天，优良率为99.5%。

六、物价平稳，人民生活水平不断提高

（一）物价水平

全市物价总水平保持基本稳定。城镇居民消费价格总指数“十五”时期平均为101.98%，年均上涨1.98%；商品零售价格总指数平均为100.24%，年均上涨0.24%；工业品出厂价格指数平均为100.87%，年均上涨0.87%；原材燃料动力价格指数平均为102%，年均上涨2%。

（二）人民生活

“十五”时期，城乡居民生活水平不断提高，城乡居民收入持续增长，生活质量得到提升。2005年城镇居民人均可支配收入9 616元，比上年实际增长4.2%，“十五”年均实际增长6.6%，实现了“十五”计划确定的年均实际增长6%以上的目标。2005年农民人均纯收入3 258元，比上年实际增长9.3%，首次超过城镇居民人均可支配收入增幅，“十五”年均实际增长5.9%，实现了“十五”计划确定的年均实际增长5%以上的目标。

2005年城镇居民和农村居民人均住房面积分别达到22.5平方米和35.6平方米，比2000年增加了10.6平方米和9.6平方米；每百户城镇居民拥有汽车8.7辆、家用电脑33.2台，分别比2000年增加6.4辆、16.5台；每百户农村居民拥

有彩色电视机 95.2 台、洗衣机 52.7 台、电冰箱 14.2 台，分别比 2000 年增加 38.2 台、14.7 台、7.2 台。

综上所述，过去的五年，昆明经济实力进一步增强，各项社会事业全面进步，人民生活水平不断提高，生态环境继续改善。“十五”时期取得的辉煌成就，为昆明“十一五”又快又好的发展奠定了坚实基础。

昆明市国民经济主要指标（一）

指　标	单　位	2000 年	2001 年	2002 年	2003 年	2004 年	2005 年	2005 年比 2004 年增长（%）	2001—2005 年年平均增长（%）
一、人口									
年末总人口（户籍数）	万人	480.94	487.52	494.81	500.79	502.92	508.47	1.1	1.1
自然增长率	‰	7.73	6.80	6.85	6.90	6.50	6.23		
二、生产总值	亿元	626.29	673.06	730.08	814.01	946.14	1 062.34	11.1	10.2
人均生产总值	元	10 884					17 588		
三　农业									
农林牧渔业总产值	亿元	81.58	85.86	90.15	95.73	109.00	116.28	5.5	5.5
主要农产品产量									
粮食产量	万吨	123.24	120.63	117.49	113.96	114.86	113.40		
烤烟	万吨	8.14	7.78	8.08	7.90	8.19	8.60	5.2	1.1
蔬菜	万吨	126.01	133.52	146.25	162.71	167.35	169.10	1.0	6.1
水果	万吨	7.17	7.77	7.15	8.21	9.22	9.60	4.5	6.0
肉类产量	万吨	24.28	25.76	27.31	28.95	30.90	33.20	7.6	6.5
牛奶产量	万吨	4.67	6.46	6.32	6.66	7.87	8.80	11.9	13.5
肉猪出栏数	万头	235.63	245.83	256.02	270.00	284.00	296.20	4.3	4.7
肉羊出栏数	万只	37.99	38.12	42.31	45.00	51.00	53.90	6.0	7.2
四、工业									
工业增加值	亿元	240.00	252.32	265.84	294.54	362.54	387.14	11.9	10.6
主要工业产品产量									
钢材	万吨			201.66	243.84	289.2	384.48	32.0	16.9
十种有色金属	万吨	37.50	40.24	42.38	41.68	52.27	74.00	41.9	14.6
水泥	万吨	361.18	341.00	369.00	393.00	430.00	516.50	17.6	7.4
发电量	亿千瓦小时	30.37	40.27	78.06	105.67	114.81	124.24	8.0	32.5
卷烟	亿支			656.58	668.04	661.34	671.89	1.6	40.5

昆明市国民经济主要指标（二）

指　标	单　位	2000 年	2001 年	2002 年	2003 年	2004 年	2005 年	2005 年比 2004 年增长（%）	2001—2005 年年平均增长（%）
煤气	亿立方米	31.91	37.34	44.01	54.71	60.95	64.90	3.9	15.3
自来水生产量	万吨	29 928	23 544	23 825	22 550	21 246	23 891	11.7	－4.4
五、固定资产投资									
全社会固定资产投资总额	亿元	239.11	263.91	291.90	361.65	435.08	522.00	20.0	15.4
房地产开发投资	亿元	63.91	66.15	68.34	70.07	107.68	140.00	30.0	11.8
六、国内贸易									
社会消费品零售总额	亿元	239.53	265.28	293.00	328.41	370.46	415.49	12.2	11.6
国有及国有控股	亿元	69.89	69.30	48.46	45.33	29.84	24.87	－16.6	－18.7
集体及股份合作	亿元	43.33	31.81	32.03	27.17	25.74	27.87	8.3	－8.4
个体私营经济	亿元	87.68	114.98	150.59	185.65	236.85	277.08	17.0	25.9
七、对外经济贸易									
海关进出口贸易总额	万美元	115 068	134 097	148 117	177 927	260 972	344 452	32.0	24.5
# 出口	万美元	71 298	78 033	89 500	100 633	138 397	173 586	25.4	19.5
进口	万美元	43 770	56 064	58 617	77 294	122 575	170 866	39.4	31.3
八、旅游业									
国际旅游人数	万人次	52.02	59.08	69.97	42.67	49.33	69.65	41.2	6.0
旅游外汇收入	万美元	13 707	15 824	18 080	11 325	13 073	17 251	32.0	4.7
国内旅游人数	万人次	1 106	1 897	1 936	1 549	1 708	1 971.09	15.4	12.3
国内旅游收入	亿元	90.47	128.04	126.36	109.05	126.61	124.08	－2.0	6.5
旅游业总收入	亿元	101.89	141.22	141.42	118.48	137.50	138.45	0.7	6.3
九、财政									
财政总收入	亿元	119.46	123.02	120.72	135.15	185.02	220.90	19.4	14.5
地方财政收入	亿元	56.34	59.84	57.23	62.95	85.64	110.46	29.0	17.5
地方财政支出	亿元	70.27	72.05	76.28	80.70	104.67	133.42	27.5	13.7
十、金融（增幅是与年初比）									
年末金融机构存款余额	亿元	1 138.28	1 295.21	1 469.12	1 770.26	2 162.37	2 544.27	16.4	17.5
# 企业存款	亿元	527.74	593.07	602.50	714.05	960.14	1 044.95	8.4	14.6
储蓄存款	亿元	443.83	504.64	597.01	708.53	826.11	993.81	20.3	17.5
年末金融机构贷款余额	亿元	840.31	943.77	1 055.10	1 261.24	1 467.51	1 796.37	24.6	16.4
十一、物价指数									
城镇居民消费价格总指数	%	97.5	100.6	99.2	101.6	106.5	102.0	2.0	2.0
商品零售价格总指数	%	97.0	98.1	97.3	100.7	104.6	100.5	0.5	0.2
工业品出厂价格指数	%	101.93	98.28	98.55	100.79	104.50	102.25	2.25	0.9
十二、城镇居民家庭生活									
人均可支配收入	元	7 563	7 790	7 381	7 979	9 046	9 616	4.2	6.6
人均年消费性支出	元	6 845	6 927	6 149	6 472	7 025	7 248	3.2	5.5
十三、农村居民家庭生活									
农民人均纯收入	元	2 220	2 318	2 441	2 581	2 909	3 258	9.3	5.9

注：所列数据为年快报数或预计数。

昆明市2005年国民经济和社会发展统计公报

2005年，全市各族人民在市委、市政府正确领导下，坚持以邓小平理论和“三个代表”重要思想为指导，认真贯彻落实党的十六大和十六届三中、四中、五中全会精神及省委、省政府的一系列重要指示精神，以科学发展观统领经济社会发展全局，国民经济持续、健康、快速运行，社会事业全面发展，人民生活水平不断提高。

一、综合

经济总量：三次产业全面发展，呈快速增长态势。初步核算，2005年昆明市生产总值（GDP）1 062.34亿元，按可比价格计算，比上年增长11.1%，经济总量首次突破千亿元大关，经济发展跃上新台阶。其中第一产业增加值77.31亿元，比上年增长5.0%；第二产业增加值483.24亿元，比上年增长14.0%；第三产业增加值501.79亿元，比上年增长9.3%。三次产业比重为7.3:45.5:47.2。

二、农业

全面落实各项支农政策，继续强化农业基础，加大对农业支持力度，加快农业结构调整和农业产业化发展步伐，农村经济保持稳步增长。粮食生产总体平稳，烤烟质量和效益稳步提高，花卉、畜牧业等特色产业快速发展。2005年实现农林牧渔业总产值116.28亿元，比上年增长5.5%。其中农业产值64.67亿元，增长1.5%；林业产值3.74亿元，增长22.5%；牧业产值40.38亿元，增长11.0%；渔业产值3.46亿元，增长0.8%；农林牧渔服务业产值4.03亿元，增长4.2%。

主要农产品产量如下：

	2005年	比上年±%
粮　　食	113.4万吨	—
#谷　物	91.3万吨	—
油　　料	1.4万吨	2.1
#油菜籽	1.1万吨	—
烤　　烟	8.6万吨	5.2
蔬　　菜	169.1万吨	1.0
花　　卉	31.6亿枝	16.3
水　　果	9.6万吨	4.5

主要畜产品产量和牲畜存栏头数如下：

	2005年	比上年±%
肉类总产量	33.2万吨	7.6
#猪肉	25.4万吨	5.4
牛奶产量	8.8万吨	11.9
肉猪出栏数	296.2万头	4.3
家禽出栏数	2 764.2万只	17.0
肉羊出栏数	53.9万只	6.0
猪年末存栏数	211.2万头	3.0
羊年末存栏数	111.8万只	2.5
大牲畜年末存栏数	73.1万头	0.3

全年完成造林面积32.42万亩，比上年增长6.3%；零星四旁植树1 074万株，比上年增长1.3%；完成天然林保护1 243万亩。

三、工业和建筑业

全市积极实施工业强市战略，坚持新型工业化道路，2005年工业生产继续保持良好的增长态势。全年完成工业增加值387.14亿元，比上年增长11.9%。其中国有及年产品销售收入500万元以上非国有工业企业（以下简称规模以上工业企业）实现增加值320.81亿元，增长13.2%。

工业经济效益继续提高。全市规模以上工业企业实现销售产值985.55亿元，增长26.6%；实现利税201.45亿元，增长7.3%，其中利润总额82.92亿元；产品销售率99.66%，工业经济效益综合指数246.09%。

主要工业产品产量如下：

	2005年	比上年±%
粗　　钢	325.39万吨	20.5
钢　　材	384.48万吨	32.0
十种有色金属	74.00万吨	41.9
水　　泥	516.50万吨	17.6
化肥（折纯量）	84.10万吨	4.2
卷　　烟	671.89亿支	1.6
煤　　气	64.90亿立方米	3.9
自来水生产量	23 891.16万吨	11.7

各项经济效益指标如下：

	2005年	比上年提高
工业经济效益综合指数(%)	246.09	-7.66个百分点
总资产贡献率（%）	30.94	-4.71个百分点
资本保值增值率（%）	127.06	11.59个百分点
流动资产周转率（次）	1.74	6.1%
成本费用利润率（%）	9.48	-3.44个百分点
全员劳动生产率（元/人）	153 251	14.42%
产品销售率（%）	99.66	-0.8个百分点
资产负债率（%）	53.46	-1.3个百分点

全年建筑业总产值340亿元，增长28.2%，实现增加值96.10亿元，比上年增长23.4%。

四、固定资产投资

全市固定资产投资规模继续扩大。全社会固定资产投资总额达522亿元，比上年增长20.0%，其中房地产开发投资140亿元，增长30.0%。

五、交通运输、仓储邮政业

交通运输、仓储和邮政业基础设施条件进一步改善。2005年全市交通运输、仓储和邮政业完成增加值70.82亿元，比上年增长6.7%。

六、国内贸易和物价

2005年，消费品市场平稳运行。全年实现社会消费品零售总额415.49亿元，比上年增长12.2%。按经济成分看，非公有制经济增长快速，全年实现零售额362.75亿元，同比增长15.2%，占全市比重提高到87.3%，同比上升了2.3个百分点；从城乡市场看，城市实现消费品零售额366.04亿元，增长12.3%，农村实现消费品零售额49.45亿元，增长11.1%。

价格水平：城镇居民消费价格总指数在去年增长较快的基础上呈现大幅回落，全年城镇居民消费价格总指数为102.0%，比上年同期回落了4.5个百分点。

七、对外经济贸易及旅游

不断完善政策措施，加大对外开放力度，积极推进国内经济协作。全年新批外商投资企业77户，实际利用外资8 261万美元，比上年增长32.6%。

进出口贸易快速增长。全年海关进出口贸易总额344 452万美元，比上年增长32.0%，其中出口173 586万美元，增长25.4%；进口170 866万美元，增长39.4%。

旅游业稳步增长。全年共接待海内外游客2 040.74万人次，比上年增长16.1%，其中国内游客1 971.09万人次，增长15.4%，旅游收入124.08亿元，下降2.0%；海外游客69.65万人次，旅游外汇收入17 251.49万美元，分别增长41.2%，32.0%。旅游总收入138.45亿元，增长0.7%。

八、财政、金融

深化财政改革，优化支出结构，完善监管机制，财政保障能力不断增强。全年财政总收入完成220.90亿元，比上年增长19.4%，其中地方财政收入完成110.46亿元，增长29.0%；地方财政支出133.42亿元，增长27.5%。

金融运行平稳。年末金融机构各项存款余额2 544.27亿元，比年初增长16.4%，其中企业存款余额1 044.95亿元，增长8.4%，储蓄存款余额993.81亿元，增长20.2%；各项贷款余额1 796.37亿元，增长24.6%，其中短期贷款726.81亿元，增长18.5%；中长期贷款934.47亿元，增长27.1%。全年金融机构现金收入4 203.92亿元，现金支出4 050.49亿元；全年现金净回笼153.43亿元。

九、社会事业

科技：2005年组织实施科技计划项目132项。通过评价的科技成果95项。科技进步奖获奖成果59项。

教育：教育管理体制和办学机制改革稳步推进，教学质量进一步提高。年末共有普通高校30所，在校学生18.81万人；普通中学278所，在校学生26.35万人；小学1 491所，在校学生47.04万人。小学适龄儿童入学率97.75%。

文化：基层文化建设得到加强，文化基础设施不断完善，文化产业健康发展。年末广播电视综合覆盖率为96%；文化事业机构272个，其中，公共艺术表演团体18个；公共图书馆17个，博物馆4个；公共图书馆藏书3 929千册。

卫生：城镇医疗卫生体制改革不断深化，社区卫生服务机构达到158个。推进新型农村合作医疗，全市86%的农民享受农村基本医疗保障。

体育：全民健身活动蓬勃开展，竞技体育成绩突出。成功举办了市第八届少数民族传统体育运动会。

十、人口、人民生活和社会保障

2005年末全市户籍人口508.47万人，比上年末增加5.55万人，人口自然增长率6.23‰。

人民生活不断改善，城乡居民生活水平不断提高。2005年城镇居民人均可支配收入达9 616元，比上年实际增长4.2%；人均消费性支出7 248元，比上年增长3.2%。农村居民人均纯收入达3 258元，比上年实际增长9.3%。

社会保障体系继续健全，社会福利事业不断加强。城镇职工基本养老保险制度逐步完善，城镇职工基本医疗保险工作稳步推进，医疗保障和管理服务水平不断提高，失业保险覆盖面进一步扩大。城镇登记失业率控制在3%以内。

高度重视环境保护，环境保护事业不断发展，环保投资不断增加，全市环保投资指数达2.62%。

（市统计局）

注：公报所列数据为年快报数或预计数，增幅为同比口径计算。

各县市区主要经济指标及排序（一）

地　区	年末总人口（万人）			土地面积（平方公里）			人口密度（人/平方公里）		
	2004 年	2005 年	位次	2004 年	2005 年	位次	2004 年	2005 年	位次
五华区	85.45	89.09	1	398	398	13	2 147	2 238	1
盘龙区	62.46	63.47	4	340	340	14	1 837	1 867	2
官渡区	74.23	74.56	2	552	552	11	1 345	1 351	3
西山区	68.2	66.79	3	791	791	10	862	844	4
东川区	28.17	28.15	10	1 952	1 952	3	144	144	11
呈贡县	18.84	21.45	13	461	461	12	409	465	5
晋宁县	27.41	28.02	11	1 231	1 231	8	223	228	8
安宁市	31.41	31.27	9	1 321	1 321	7	238	237	7
富民县	14.37	14.52	14	992	992	9	145	146	10
宜良县	40.85	40.96	7	1 852	1 852	4	221	221	9
石林县	23.19	23.49	12	1 719	1 719	5	135	137	13
嵩明县	33.89	33.97	8	1 357	1 357	6	250	250	6
禄劝县	42.82	43.07	6	4 249	4 249	1	101	101	14
寻甸县	49.22	49.76	5	3 598	3 598	2	137	138	12

注：年末总人口为常住人口。

各县市区主要经济指标及排序（二）

地　区	生产总值（当年价、万元）			人均生产总值（当年价、元）			地方财政收入（万元）			地方财政支出（万元）		
	2004 年	2005 年	位次	2004 年	2005 年	位次	2004 年	2005 年	位次	2004 年	2005 年	位次
五华区	2 746 962	3 021 658	1	31 676	34 624	1	69 251	78 756	2	77 777	89 761	3
盘龙区	1 055 097	1 210 807	4	16 861	19 230	4	64 841	69 425	3	56 748	79 451	4
官渡区	2 073 458	2 309 133	2	29 579	31 039	2	98 661	83 329	1	83 134	97 037	1
西山区	1 117 627	1 247 272	3	15 759	18 479	5	40 558	69 019	4	44 587	65 916	5
东川区	97 700	112 978	14	3 471	4 012	12	5 601	9 042	13	36 958	52 716	6
呈贡县	250 804	264 777	7	13 351	13 144	6	12 403	20 162	7	20 046	29 099	11
晋宁县	205 863	237 200	8	7 517	8 559	8	9 673	13 384	8	20 461	28 362	12
安宁市	739 945	750 300	5	23 614	23 941	3	56 643	63 683	5	81 478	91 338	2
富民县	106 471	120 165	13	7 440	8 316	9	5 932	4 486	14	15 554	19 428	14
宜良县	415 209	461 721	6	10 209	11 287	7	18 139	20 355	6	25 359	29 187	10
石林县	149 809	170 566	11	6 457	7 308	10	10 705	11 791	9	21 396	28 154	13
嵩明县	180 478	204 991	9	5 336	6 042	11	10 052	11 401	10	24 327	30 383	9
禄劝县	139 717	154 301	12	3 262	3 593	13	7 796	9 196	12	31 081	39 646	8
寻甸县	154 765	176 132	10	3 155	3 559	14	8 464	9 830	11	33 666	43 299	7

注：因四区区划调整及税收分享等原因，2005 年与 2004 年数据不可比。

各县市区主要经济指标及排序（三）

地 区	耕地面积（公顷）			农林牧渔业总产值（当年价、万元）			粮食总产量（吨）			人均粮食产量（公斤）		
	2004 年	2005 年	位次	2004 年	2005 年	位次	2004 年	2005 年	位次	2004 年	2005 年	位次
五华区	1 874	1 832	13	17 272	17 435	14	15 615	12 807	12	18	15	14
盘龙区	1 877	1 786	14	20 869	21 651	13	10 631	10 260	13	17	16	13
官渡区	7 121	6 592	10	115 434	117 771	2	26 494	22 773	11	38	31	11
西山区	4 491	4 039	12	38 469	36 467	12	31 078	26 816	10	44	40	10
东川区	12 968	12 878	7	37 632	39 727	11	71 357	67 222	7	254	239	8
呈贡县	6 221	6 097	11	81 277	95 656	6	6 801	5 696	14	36	28	12
晋宁县	14 000	13 940	6	84 556	95 210	7	85 736	75 443	6	313	272	7
安宁市	8 063	8 011	8	65 115	71 589	9	45 541	49 018	9	145	156	9
富民县	6 867	6 916	9	47 875	51 104	10	60 709	58 127	8	242	403	5
宜良县	18 665	18 658	4	192 974	207 078	1	176 128	179 228	2	433	438	2
石林县	16 613	16 613	5	83 570	91 392	8	117 837	119 823	5	508	513	1
嵩明县	20 421	20 267	3	87 755	103 626	5	141 855	142 828	4	419	421	3
禄劝县	24 086	24 220	2	110 454	114 130	3	174 860	175 734	3	408	409	4
寻甸县	33 361	33 188	1	101 458	109 449	4	183 968	187 730	1	375	379	6

各县市区主要经济指标及排序（四）

地 区	烟叶总产量（吨）			其中：烤烟（吨）			蔬菜（吨）			水果总产量（吨）		
	2004 年	2005 年	位次	2004 年	2005 年	位次	2004 年	2005 年	位次	2004 年	2005 年	位次
五华区	1 143	1 030	10	1 143	1 030	10	14 062	14 004	14	2 659	2 343	13
盘龙区	580	585	12	580	585	12	68 060	58 086	9	2 771	2 048	14
官渡区	1 435	1 524	9	1 435	1 524	9	280 548	234 781	2	5 614	5 549	5
西山区	711	655	11	711	655	11	79 391	68 181	7	6 087	5 157	7
东川区	54	42	13				53 196	54 590	11	3 542	3 658	10
呈贡县							309 559	341 770	1	12 201	11 820	3
晋宁县	6 700	6 515	6	6 700	6 151	6	148 739	176 134	5	4 701	5 026	8
安宁市	4 383	4 665	7	4 383	4 665	7	166 660	144 970	6	13 650	14 777	2
富民县	2 370	2 714	8	2 368	2 714	8	36 288	39 051	13	18 151	19 347	1
宜良县	13 140	15 504	2	13 133	15 504	2	187 903	189 668	4	4 192	4 353	9
石林县	16 326	15 914	1	16 326	15 914	1	59 556	66 921	8	6 845	10 478	4
嵩明县	9 791	10 185	5	9 790	10 184	5	170 330	200 156	3	5 570	5 365	6
禄劝县	10 980	11 745	4	10 978	11 744	4	52 324	55 847	10	3 137	3 273	11
寻甸县	14 345	15 474	3	14 308	15 442	3	46 876	46 577	12	3 034	3 115	12

各县市区主要经济指标及排序（五）

地　区	油料总产量（吨）			年末大牲畜存栏头数（头）			当年猪出栏数（头）			农民人均纯收入（元）		
	2004年	2005年	位次	2004年	2005年	位次	2004年	2005年	位次	2004年	2005年	位次
五华区	33	19	13	8 493	8 355	13	43 149	40 728	13	3 911	4 254	5
盘龙区	10	22	12	7 908	7 020	14	33 528	37 437	14	3 863	4 269	4
官渡区	69	63	11	17 103	16 318	10	166 502	163 585	8	4 595	4 949	2
西山区	234	254	9	16 789	14 926	11	113 986	114 018	11	4 584	4 978	1
东川区	980	1 098	5	56 301	58 962	5	109 031	139 285	10	1 306	1 388	14
呈贡县	3	3	14	8 925	10 437	12	42 770	48 732	12	4 195	4 568	3
晋宁县	3 018	2 534	2	28 423	28 826	8	257 307	255 098	5	3 029	3 229	8
安宁市	2 573	2 468	3	23 325	23 071	9	187 241	198 086	6	3 487	3 759	6
富民县	236	330	8	35 407	35 028	7	158 930	152 380	9	2 813	3 091	9
宜良县	904	998	6	65 615	68 807	4	464 296	476 293	1	3 150	3 308	7
石林县	709	856	7	69 926	71 964	3	162 428	190 416	7	2 741	3 089	10
嵩明县	106	103	10	57 131	54 710	6	276 895	290 754	4	2 754	3 006	11
禄劝县	835	1 164	4	145 143	136 686	2	381 336	397 089	3	1 538	1 632	13
寻甸县	3 608	3 678	1	188 321	195 806	1	441 698	458 689	2	1 712	1 890	12

各县市区主要经济指标及排序（六）

地　区	猪牛羊肉产量（吨）			人均猪牛羊肉产量（公斤）			社会消费品零售总额（万元）		
	2004年	2005年	位次	2004年	2005年	位次	2004年	2005年	位次
五华区	3 822	3 668	13	4	4.2	14	931 827	1 385 858	1
盘龙区	2 656	2 801	14	4	4.4	13	931 045	810 358	2
官渡区	12 727	13 210	10	18	17.8	11	898 755	678 358	3
西山区	9 552	9 561	11	13	14.2	12	395 115	662 020	4
东川区	10 878	14 029	8	38.6	49.8	9	30 696	33 975	12
呈贡县	3 331	3 861	12	17.7	19.2	10	66 857	73 841	8
晋宁县	19 276	20 022	5	70.4	72.2	7	46 719	52 805	10
安宁市	16 651	17 448	7	53.1	55.7	8	109 824	124 791	5
富民县	14 103	13 604	9	98.6	94.2	3	29 274	31 436	14
宜良县	42 025	41 955	2	103.3	102.6	2	69 564	77 520	6
石林县	16 700	19 359	6	72.0	82.9	6	55 188	64 792	9
嵩明县	29 163	30 641	4	86.2	90.3	5	66 426	76 993	7
禄劝县	38 276	39 602	3	89.4	92.2	4	29 877	33 671	13
寻甸县	49 869	54 239	1	101.7	109.6	1	43 462	48 465	11

注：五华、盘龙、官渡、西山四区2004年数据为区划前数据。

各县市区主要经济指标及排序（七）

地　区	全社会固定资产投资（万元）			人均地方财政收入（元）			全社会固定资产投资（万元）			人均地方财政收入（元）		
	2004 年	2005 年	位次	2004 年	2005 年	位次	2004 年	2005 年	位次	2004 年	2005 年	位次
五华区	420 706	615 682	2	799	902	6	284 531	440 000	3	1 808	2 032	1
盘龙区	279 223	356 037	4	1 036	1 103	3	25 839	39 313	13	415	311	12
官渡区	636 346	672 500	1	1 407	1 120	2	62 726	64 300	12	446	498	8
西山区	175 600	185 928	5	572	1 023	4	56 070	68 200	10	461	505	7
东川区	53 146	75 000	9	199	321	11	51 457	66 890	11	297	336	10
呈贡县	141 224	167 500	6	660	1 001	5	54 324	86 509	8	182	214	13
晋宁县	41 817	38 243	14	353	483	9	57 383	89 569	7	173	199	14

索　引

说　明

1. 本索引采用主题分析方法，按主题词首字笔画笔顺排列。
2. 本刊的特载、人物、大事记、市及县（市）区概况、附录等部类未作索引。
3. 索引的主题词后面的数字表示内容所在页码，数字后面的拉丁字母（a、b、c）表示该页自左至右的栏别。

二　画

三　画

四 画

五　画

六 画

七 画

八 画

九　画

十　画

十一画

十二画

十三画

十四画

十五画

十六画

十七画

非笔画